Encyclopedia of Social Welfare Studies 2nd edition

エンサイクロペディア
社会福祉学 第2編

編集代表　古川孝順
編集幹事　今井小の実・岩崎晋也・金子光一
空閑浩人・柴田謙治・湯澤直美

中央法規

第２編の刊行にあたって

本書は、2007年12月に刊行した『エンサイクロペディア社会福祉学』（仲村優一・一番ヶ瀬康子・右田紀久恵＝監修／岡本民夫・田端光美・濱野一郎・古川孝順・宮田和明＝編集）の続編にあたる「第２編」である。初版は、往時のわが国の社会福祉学界の総力を結集した1300頁を超える大著になったが、幸いにも社会福祉の現業、研究、教育の世界に多数の読者を獲得するところとなり、それぞれの領域に大きなインパクトを与えてきた。

爾来18年、わが国における社会福祉、そして社会福祉学の研究は、質量両面において、かつてない変化、発展と変容を経験してきた。この間の社会福祉と社会福祉学の変化は、往時の社会福祉と社会福祉学の延長線上において捉えられるものではない。なかでも、この10年、わが国の社会福祉と社会福祉学は、その基盤となる社会そのものが超少子高齢化を加速し、年々70～80万の人口が減少する人口逓減社会に転じるなかで、これまでにない、大きな転機、画期にさしかかっている。

わが国の社会福祉は、通説的にいえば、第二次世界大戦後の戦後改革の過程において推進された社会福祉制度の再編成（戦後福祉改革）を起点に、多数の曲折を含みつつも、質量ともに、改革時の想定をはるかに超える拡大、展開を経験してきた。実際、今日のわが国の社会福祉は、質量ともに、戦後間もない時期の福祉三法体制はもとより、高度成長期の福祉六法体制をはるかに凌駕する生活支援を提供するとともに、それを支える膨大な国費、自治体による財政負担、そして国民（地域住民）による国税、住民税、消費税、介護保険料、受益者負担、そして活動の提供を必要とする領域に発展し、さらには市場的な関心を惹起する巨大な領域に発展している。

社会福祉に関する研究や教育にも、そのような社会福祉の展開に呼応し、それを支える形で、質量ともに大きな発展がもたらされてきた。ちなみに、わが国における社会福祉に関する研究を支え、牽引してきた日本社会福祉学会（1954年設立）、社会事業史学会（1973年設立）、日本ソーシャルワーク学会（1984年設立）、日本地域福祉学会（1987年設立）の機関誌を繙けば、そこには厳格な査読制度を通過した、多数の優れた研究論文が掲載されている。また、大学院教育の充実を物語るように、毎年少なからぬ数の博士学位論文を基礎にした研究書が刊行されている。そして、社会福祉の実践と社会福祉に関する研究と教育を架橋するシステムともいえる社会福祉専門職の国家資格制度も年々充実してきた。ちなみに、2024年度は、国家試験によってそれぞれおよそ１万8000人の社会福祉士、4900人の精神保健福祉士、６万人の介護福祉士が誕生している。

このような近年のわが国の社会福祉にかかる状況は、いずれも社会福祉の発展、充実を物語るものであり、喜ばしい展開であるといって過言ではないであろう。しかし、そこには、社会福祉学の研究、その発展という視点からみて気がかりな側面が含まれていないわけではない。それは、社会福祉学の研究が、したがってそれを反映する社会福祉学の教育においても、関心が研究としてまとまりやすい事象、エビデンスを取得しやすい事象、学会誌等の学術雑誌に採択されやすい事象に傾斜しがちに思えるところである。社会福祉の教育においては、国家試験に焦点化した教育課程が形成され、試験科目にかかわる知識や技術を偏重した、あるいは正誤を重視した教育に傾斜しがちにみえることである。

わが国における社会福祉学研究の展開を顧みれば、その初期においては、国による政策としての社会福祉の成立の経過や意義に焦点化したマクロ視点の研究と、支援提供の過程に必要とされる知識や技術に焦点化したミクロ視点の研究が対峙し、しかも全体として社会福祉政策や支援過程の現実を批判し、そのあるべき姿を問う当為論的、べき論的な研究、そして教育が展開されてきた。そのことからすれば、社会福祉の歴史、政策や支援過程の現実を法則定立的に追求することに焦点化した認識論的、ある論的な研究を重視し、そこに研究課題をしぼったモノグラフ（個別課題論文）的な研究が一般化してきたこと、また、社会福祉の事象を関連する諸科学のもつ視点や枠組みを援用して解明する応用科学、学際科学的な研究が増加してきたことは、社会福祉学の発展として歓迎すべきことである。

しかし、同時に、近年におけるこのような研究の傾向が、社会福祉学研究にある種の拡散化、遠心化の傾向をもたらしていることも事実である。もとより、社会福祉学の研究対象としての社会福祉そのものは、国や近現代社会という地理的な範域や歴史的な展開を超えた普遍的な側面をもちつつも、現実的には一国的な、しかも今日的な社会経済的、政治的、文化的な状況のもとで、形成され、展開されている政策であり、また、それを具体化する多様な制度、事業・活動の全体である。そのような、社会経済的、政治的、文化的な事象、リアリティをもつ事象としての社会福祉の現実、今日のありようを解明し、将来を展望するためには、社会福祉の全体像を視野に収める、いわば求心的な視野、枠組み、論理に依拠する研究が必要とされる。

その意味において、本書は、「社会福祉のエンサイクロペディア」であることを超え、「社会福祉学のエンサイクロペディア」であることを目指した初版のねらいをそのまま継承している。編別構成についても同様である。第２編では一部を除いて、基本的に初版のそれを継承している。変更を加えたのは、大項目Ⅰを「21 世紀社会福祉の戦略」から「社会福祉学の思考軸」に改め、初版の大項目Ⅵと Ⅷを第２編ではⅥ「社会福祉の運営」に統合するとともに、Ⅹの「地域福祉への統合」を削除した部分である（初版と本書の編別構成については「凡例」の対照表を参考にされたい）。

このような措置は、前述の初版刊行以降の 18 年における社会福祉と社会福祉学にかかわる状況の変化と、それにかかわる編集委員会の判断によるものである。大項目Ⅰの「社会福祉学の思考軸」は、第２編の編集委員会発足の折に、編集代表者として、本書の骨格、背骨を示す素案として提示した「社会福祉の全体像と、それにかかわる議論の筋道」をその後の状況と議論の変化を踏まえつつ、肉付けしたものである。「社会福祉学の思考軸」は、社会福祉の全体像を可能な限り一貫した視点、枠組み、そして論理によって把握し、提示するという目的を全うするため、編集代表者の責任において単独で執筆した。ただし、その趣旨は、本書の全体を「社会福祉学の思考軸」の視点、枠組み、論理によって、体系化し、あるいは統一しようとするものではない。その内容は、各項目における議論の標準として構成した準拠枠ではない。一つのレファレンス、参照枠としての位置づけである。Ⅱ以下の大項目においては、その冒頭に、編別構成を含め、それぞれの大項目の編集方針、また、初版刊行後の 18 年間における当該領域に関する社会福祉の変化を踏まえた社会福祉学の変容、発展にかかわる編集担当委員による概説を設けている。読者には、参照枠としての「社会福祉の思考軸」とそのような概説を照応しつつ、大項目ごとに設定した事項について読み進め、それぞれに関心を寄せる社会福祉の領域について、読者独自の視点と枠組み、論理を構築する手がかりとされることを期待したい。

本書の刊行については、初版以来、社長の荘村明彦氏、編集担当者の照井言彦氏をはじめとする中央法規出版株式会社の関係者諸氏に一方ならぬご理解とご尽力を頂戴してきた。衷心より御礼を申し上げたい。最後に、本書第２編が初版同様に社会福祉界に受容され、かつ将来に向けて、一定の期間を置きつつ、初版以来の『エンサイクロペディア社会福祉学』の趣旨をそのまま継承する続版が編纂され、刊行されることを願って擱筆する。

2025 年３月

編集代表　　古川 孝順　記す

CONTENTS

Ⅳ 社会福祉の思想と理論

Ⅴ 社会福祉の構成

Ⅵ 社会福祉の運営

Ⅶ 社会福祉の実践方法

VIII 社会福祉の実践分野

IX 社会福祉の国際的展開

編集代表・編集幹事・編集委員・執筆者

編集代表

古川孝順
東洋大学名誉教授

編集幹事（五十音順）［ ］内は編集担当の大項目（＝部）

今井小の実［Ⅲ］
関西学院大学

金子光一［Ⅲ・Ⅴ・Ⅸ］
東洋大学

岩崎晋也［Ⅱ・Ⅳ］
法政大学

柴田謙治［Ⅵ・Ⅸ］
金城学院大学

空閑浩人［Ⅳ・Ⅵ・Ⅶ］
同志社大学

湯澤直美［Ⅴ・Ⅷ］
立教大学

編集委員（五十音順）［ ］内は編集担当の大項目（＝部）

坏　洋一［Ⅴ］
荻野剛史［Ⅸ］
木原活信［Ⅳ］
志村健一［Ⅷ］
野口友紀子［Ⅲ］
和気純子［Ⅶ］
朝倉美江［Ⅸ］
金子　充［Ⅱ］
小松理佐子［Ⅵ］
田中智子［Ⅷ］
蜂谷俊隆［Ⅲ］
浅野貴博［Ⅶ］
木下武徳［Ⅷ］
坂田周一［Ⅴ］
永田　祐［Ⅵ］
原田正樹［Ⅱ］

執筆者（五十音順）

秋元美世（東洋大学）
浅野貴博（ルーテル学院大学）
岩崎晋也（法政大学）
荻野剛史（東洋大学）
掛川直之（立教大学）
金子光一（東洋大学）
木下武徳（立教大学）
久保美紀（明治学院大学）
小松理佐子（日本福祉大学）
志村健一（東洋大学）
竹本与志人（岡山県立大学）
永田　祐（同志社大学）
畑本裕介（同志社大学）
原島　博（ルーテル学院大学）
平岡公一（東京通信大学）
藤井博之（長野大学）
牧田幸文（福山市立大学）
結城康博（淑徳大学）
Virág Viktor（日本社会事業大学）
坏　洋一（東京都立大学）
石井洗二（四国学院大学）
大島隆代（文教大学）
奥西栄介（神戸学院大学）
加瀬　進（東京学芸大学）
金子　充（明治学院大学）
木原活信（同志社大学）
倉田康路（西南学院大学）
斉藤弥生（大阪大学）
新保美香（明治学院大学）
田中智子（佛教大学）
西﨑　緑（熊本学園大学）
蜂谷俊隆（美作大学）
原田正樹（日本福祉大学）
平野寛弥（上智大学）
古川孝順（東洋大学名誉教授）
松端克文（武庫川女子大学）
湯澤直美（立教大学）
朝倉美江（金城学院大学）
今井小の実（関西学院大学）
岡部　茜（大谷大学）
小野道子（東洋大学）
門　美由紀（東洋大学人間科学総合研究所）
川島ゆり子（日本福祉大学）
空閑浩人（同志社大学）
髙良麻子（法政大学）
柴田謙治（金城学院大学）
高端正幸（埼玉大学）
田中友佳子（芝浦工業大学）
野口友紀子（武蔵野大学）
林　浩康（日本女子大学）
引土絵未（日本女子大学）
福原宏幸（大阪市立大学名誉教授）
保正友子（日本福祉大学）
山本美香（東洋大学）
和気純子（東京都立大学）

＊所属は2025年３月現在

凡　例

編集・構成

・本書は、社会福祉学ならびに関連領域の研究者、院生、学生などが社会福祉学の全体像を把握できるように、鳥瞰図的な視点に立ち、社会福祉の現状に基づく社会福祉学の今日的な到達点を示し、将来展望についても可能な限り明らかにすることを意図して編集した。

・上記の趣旨から、本書では大項目主義を採用し、社会福祉学研究の全体像を体系的に理解できるように編集した。具体的には、「社会福祉学の思考軸」「社会福祉の基盤」「社会福祉の歴史」「社会福祉の思想と理論」「社会福祉の構成」「社会福祉の運営」「社会福祉の実践方法」「社会福祉の実践分野」「社会福祉の国際的展開」という９部で構成するとともに、合計 62 にわたる中項目（＝章）を体系的に配列している。

・本書は、2007 年に発行した『エンサイクロペディア社会福祉学』の続編にあたる。そのため、本書では、初版を発行して以降、およそ 20 年間の社会福祉の動向を踏まえた最新の研究成果、今議論しておくべき課題や今後の方向性を明らかにすることで、現時点における社会福祉学の到達点を示すことを目的としている。なお、初版と第２編との大項目（＝部）の関連性は、次のとおりである。

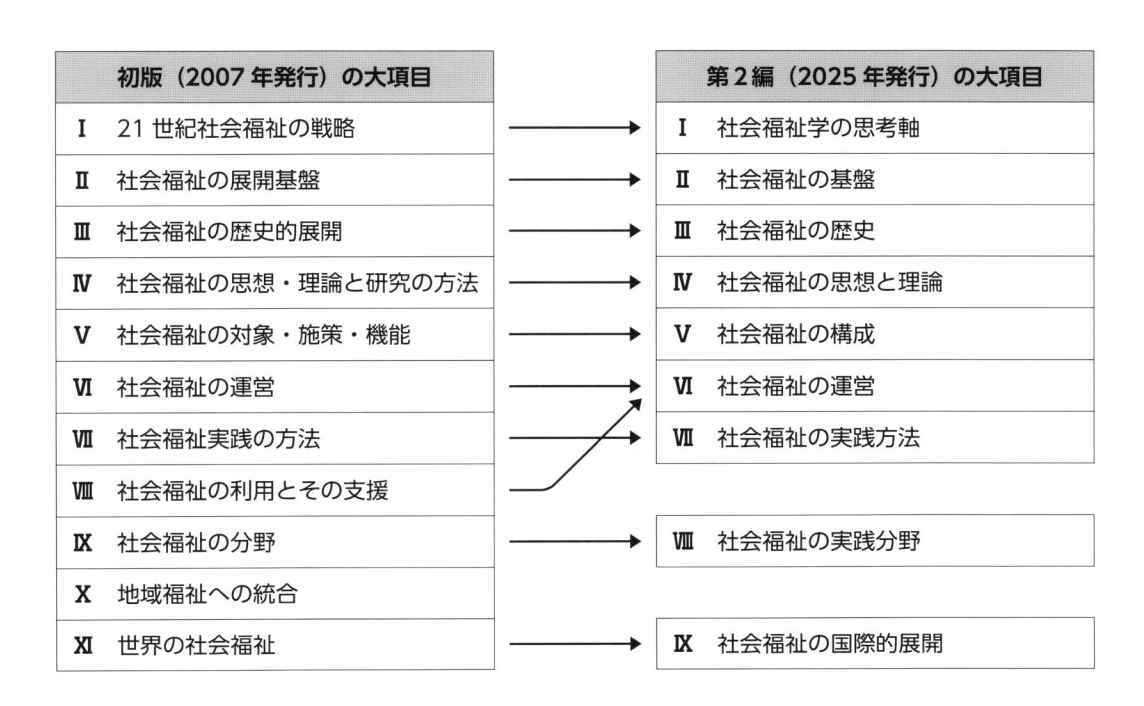

初版（2007 年発行）の大項目	第２編（2025 年発行）の大項目
Ⅰ　21 世紀社会福祉の戦略	Ⅰ　社会福祉学の思考軸
Ⅱ　社会福祉の展開基盤	Ⅱ　社会福祉の基盤
Ⅲ　社会福祉の歴史的展開	Ⅲ　社会福祉の歴史
Ⅳ　社会福祉の思想・理論と研究の方法	Ⅳ　社会福祉の思想と理論
Ⅴ　社会福祉の対象・施策・機能	Ⅴ　社会福祉の構成
Ⅵ　社会福祉の運営	Ⅵ　社会福祉の運営
Ⅶ　社会福祉実践の方法	Ⅶ　社会福祉の実践方法
Ⅷ　社会福祉の利用とその支援	
Ⅸ　社会福祉の分野	Ⅷ　社会福祉の実践分野
Ⅹ　地域福祉への統合	
Ⅺ　世界の社会福祉	Ⅸ　社会福祉の国際的展開

・各部の冒頭には、概説として、当該大項目（＝部）を設定する意義のほか、編集方針、大項目における中項目（＝章）の構成について解説する内容を設けた。

・本文中、ゴチック体の色文字の語句は、項目における KEY WORD として選択したものである。

表記

・文中の表記は、常用漢字・現代かなづかいを原則とした。
・暦年の表記は西暦を原則としたが、日本の事象については、必要に応じて日本年号を併記しているところもある。
・外国人名は、原則として、カタカナ（ファミリーネームのみ）と欧文（ファミリーネームはフルスペル、ファーストネーム・ミドルネームはイニシャル）を併記した（例：バイステック（Biestek,F.P.））。カタカナの表記にあたっては、日本国内で一般化している呼び名を用いた。
・欧文略語は、原則としてフルスペルを併記したが、一般化しているもの（例：QOL）については、和名やフルスペルを省略しているものもある。
・文中の敬称は省略した。

執筆者名

・各中項目（＝章）の執筆者をタイトルの次に明記した。

文献

・文中の肩番号は、注もしくは引用であることを示している。両者は本来、その性格や機能を異にするものであるが、紙幅の関係から、便宜上同じ枠組みのなかで明示したことをお詫びしておく。なお、当該引用文献名は、各項目の末尾に掲載した。
・各項目の末尾に参考文献を掲載した。これは、本文内容をまとめるにあたり、執筆者が参考にした文献を示すものである。
・各項目の末尾に、必要に応じて推薦図書を掲載した。これは、より詳しい理解を求める読者のために、文字どおり執筆者が推薦する文献を示すものである。
・文献（外国文献）については、書籍と雑誌は『　』（“　”）、論文等は「　」（‘　’）で示し、併せて、編・著者、発行元、発行年を表記した。

索引

・巻末に事項索引ならびに人名索引を掲載した。事項索引、人名索引ともに、英文→和文の順番に掲載している。
・英文の配列にあたっては、アルファベット順とした。
・和文の配列にあたっては、次の基準に従った。
①現代かなづかいによる五十音順の配列とした。
②長音記号は直前文字の母音として読み取っている。（例：ソーシャルワーク→ソオシャルワアク）
③促音、拗音は、直音と同様に扱っている。
④清音、濁音、半濁音の配列については同格に扱っている。ただし、同配列となったものは、清音→濁音→半濁音の順とした。

I　社会福祉学の思考軸

概　説

古川孝順
（以下、大項目Ⅰにおいてはすべて単独執筆）

1.「社会福祉学の思考軸」設定の意義

本書『エンサイクロペディア社会福祉学 第２編』において取り上げる大項目および中項目は、領域的には社会福祉学研究の全般にわたっている。その内容は、それぞれの項目を執筆する担当者の個別の視点や枠組、判断に委ねられている。しかし、その一方において、本書は、社会福祉学についてのエンサイクロペディアとして、今日における社会福祉学の知識や理論の体系について、一定の範囲において標準的、体系的に取りまとめ、読者に提供することを課題としている。

このため、本書を編纂するにあたり、われわれ編集幹事と編集委員は、それぞれに執筆の視点や枠組み、内容については、個々の項目担当者の判断に委ねることを前提に、編集代表者がその責任において、本書購読のガイドラインあるいは社会福祉学理解の手がかりとなる思考軸として、社会福祉学における研究の視点と枠組み、理論について一般的、概括的に言及する項目としての大項目Ⅰを設定することにした。社会福祉学について理解を深めるガイドラインとして、あるいは本書に設定されているそれぞれの項目について吟味し、考察するにあたってのレファレンスとして活用されることを期待したい。

2.「社会福祉学の思考軸」編集の方針

以上の趣旨に従い、この大項目Ⅰを執筆するにあたり、三つのことを前提にしたい。第一に、ガイドラインあるいはレファレンスとして執筆するとはいえ、今日の社会福祉学は言葉の本来の意味においてガイドラインやレファレンスとして提供できるほどにその体系化、標準化が進んでいるわけではない。したがって、ここに提示する議論の内容は、執筆する編集代表者個人の責任に帰属するものである。ただし、執筆にあたっては、社会福祉学の全体像を把握するための視点や枠組み、考察の手順、留意点を提示することを目標とし、可能な限り首尾一貫し、体系的、理論的なものになるように意を配るようにしたい。

第二に、本書は、社会福祉学のエンサイクロペディアであって、社会福祉のエンサイクロペディアではない。本書のねらいは、初版刊行以来の社会福祉の動向について整理し、とりまとめることにあるわけではない。また、近年における社会福祉の動向を評価し、そのあるべき姿を提示することを目的とするものでもない。もとより、執筆の過程において、社会福祉の動向や内容についてしばしば言及する。また、少なからず評価的な言辞に及ぶこともあり得よう。しかし、それは議論の素材としての言及である。ねらいは社会福祉の動向の把握や批判、改善策の提起にあるわけではない。

第三に、この大項目Ⅰの目的は、社会福祉の全体像をできるだけ系統的、体系的、かつ理論的に解明し、理解するうえでの手がかり、思考軸として活用できるように、必要な視点と枠組みを設定し、提示することにある。比喩的にいえば、社会福祉は本来的に歴史的、社会的な所産であり、建築物のようにあらかじめ設計図があって構築されたものではない。しかし、社会福祉は単なる偶然や恣意の所産ではない。長い歴史的な経過のなかで、また、それを取り囲む社会的、物質的両面に及ぶ環境的な諸条件との交互作用のなかで、一定の系統性、体系性をもつ形に形成され、展開されてきたものである。社会福祉学のねらいは、そのような系統的、体系的な特性を抽出し、いわば社会福祉の解体新書、解剖図

（設計図）を構築することにある。それは、最初は手さぐりの産物であり、仮説（仮構）としての解剖図であるにすぎない。しかし、試行錯誤の産物として出発したものであれ、それが一度構築されれば、われわれは、次にはそれを手がかりにしてより効果的、効率的に次のステップ、多様な仮説を踏まえた理論の構築、その検証と再構築に進むことが可能となる。

3.「社会福祉学の思考軸」の構成

このようなねらいと方針を具体化するため、本項目に、１「社会福祉の輪郭」、２「社会福祉学の性格と構成」、３「社会福祉の展開基盤」、４「社会福祉の基本的性格」、５「社会福祉の存立構造」、６「社会福祉の施策体系⑴――骨格・対象・主体」、７「社会福祉の施策体系⑵――政策・運営・支援」からなる８章を設ける。

１「社会福祉の輪郭」においては、社会福祉が研究の対象とする社会福祉それ自体をどのように把握するか、その手がかりについて論じる。２「社会福祉学の性格と構成」においては、そのような社会福祉を把握する科学としての社会福祉学がいかなる性格をもつものとして構築されるべきか、またその構成について論じる。３「社会福祉の展開基盤」では、社会福祉が展開する基盤としての総体社会をどのように把握するか、また社会福祉の起点としての生活、自律生活、自律生活協同体、生活システム（生活維持システムと生活支援システム）の構成、内容について論じる。４「社会福祉の基本的性格」では、社会福祉を生活支援システムを構成する社会的生活支援施策群の一つとして捉え、その基本的な性格について論じる。５「社会福祉の存立構造」では、社会福祉の歴史的な成立、展開がどのように把握されてきたかを考察し、それを踏まえて社会福祉の存立の根拠、論理について論じる。

次に、以上の各章における考察を前提に、６「社会福祉の施策体系⑴――骨格・対象・主体」においては、社会福祉を相互に連結し、規定しあう政策システム、運営システム、支援システムを脊柱に構成される一つの施策体系として捉えることを確認しつつ、社会福祉の対象となる生活問題とそれに社会的・公共的に対応する社会福祉の主体について論じる。７「社会福祉の施策体系⑵――政策・運営・支援」においては、社会福祉の政策システム、運営システム、支援システムそれぞれについて、そのあらましと論点を個別に考察する。

それぞれの大項目における論稿はそれぞれの大項目の編集方針のもとに組み立てられ、記述されているが、その内容を咀嚼（そしゃく）し、考察するにあたり、必要に応じて本項目の記述が参照枠、レファレンスとして活用されることを期待する。

われわれ編集幹事と編集委員は、そのような研究者や実践家、そして学生や院生を含めて、社会福祉に関心を寄せる多数の人々が、以下に展開する社会福祉学の解体新書、解剖図に関心を寄せ、それぞれに独自の解体新書を構築する手がかりとして活用されるように願っている。

参考文献

本項の執筆には、先達によるレガシーともいえる先行研究を含めて、多数の文献や資料を参照することになる。しかし、そのすべてをここに掲載することは必ずしも現実的ではない。そのため、本項と同一の内容を口語体で執筆し、先行して刊行した『社会福祉学の道しるべ――社会福祉の解体新書を求めて』（中央法規出版、2024 年）をはじめとして、関連する近著数点を挙げておきたい。原典、出典についてはそれらを参照していただきたい。

- 『古川孝順社会福祉学著作選集（全７巻）』中央法規出版、2019 年
- 『福祉ってなんだ』岩波新書（岩波ジュニア新書 583）、2008 年
- 『福祉改革研究――回顧と展望』中央法規出版、2012 年
- 『社会福祉の新たな展望――現代社会と福祉』ドメス出版、2012 年
- 『社会福祉学の原理と政策――自律生活と生活協同体の自己実現』有斐閣、2021 年
- 『社会福祉学原理要綱』誠信書房、2023 年

1 社会福祉の輪郭

1. 社会福祉と社会福祉学

1）固有な研究の対象と研究の方法

研究史的には、社会福祉学の研究の揺籃（ようらん）はおよそのところ1910年代の頃までさかのぼることができる。しかし、わが国のアカデミックコミュニティにおいては、**社会福祉学**はなかなか科学の一領域として認知され得なかった。その理由は、人文科学あるいは社会科学においても、物理学や生物学などの自然科学がモデルになり、固有な研究の対象とそれに照応する研究方法をもつことが必要不可欠の要件、規準とみなされてきたからである。長い間、社会福祉学はこの規準を充足していない、充足することができないとみなされてきたのである。実際、現在においても、ある意味においてそういわざるを得ない。社会福祉という研究の領域はたしかに存在している。しかし、社会福祉学は成立し得ないという言説がアカデミックコミュニティに行きわたっているかのようである。

わが国のアカデミックコミュニティにおいては、ある研究の領域が一箇の科学、学問として認知されるためには、それ以外の科学、学問と明確に区別することのできる独自固有の研究対象とそれに照応する独自固有の研究方法をもつことが不可欠とされる。社会福祉学は、これらの要件を十分に充たしていないとみなされているのである。

2）社会福祉と社会福祉学の異同

そのためもあってか、社会福祉の世界においてすら、社会福祉学という用語法は必ずしも定着しているとは言い切れない。たとえば、**社会福祉**という言葉は、しばしば社会福祉と呼ばれる社会的な事象とそれについての研究活動やその成果を意味する社会福祉学という２通りの意味で使われている。社会福祉という一つの言葉が社会福祉そのもの、つまり研究の対象としての社会福祉と、その社会福祉を研究の対象とする科学ないし学問の名称として用いられている。便利なようにも思えるが、混乱のもとでもある。

社会福祉と社会福祉学が異なることは、社会福祉のそれぞれの使い方に概論という言葉をつけ加えてみると容易に理解することができる。社会福祉についての概論と社会福祉学についての概論とでは、その内容は明らかに異なったものとなる。社会福祉概論には、社会福祉と呼ばれている社会的な事象について、そのあらましを述べることが期待される。社会福祉学概論は、そのような社会福祉を対象とする研究活動やその成果について、そのあらましをとりまとめたものとみなされる。むろん、社会福祉学概論にも社会福祉そのものについての議論が含まれている。ただし、そこで言及されている社会福祉は社会福祉そのものではない。研究の対象として捉えられた社会福祉である。社会福祉と社会福祉学は、別々のカテゴリーに属するものとして扱われなければならない。

2. 社会福祉の範囲

次の課題は、それでは、研究の対象となる社会福祉と呼ばれる社会的な事象の範囲をどのように把握し、捉えるかということである。社会福祉とはこれこれこういうものであるということを明確にいえればよいが、事柄はそれほど平易ではない。これまで多数の研究者たちがそれを試みてきた。社会福祉の概念を規定する、あるいは社会福祉を定義するという作業であるが、これがどうして簡単なことではない。最も理解しやすい理由は、われわれが社会福祉と呼んでいる、あるいは呼ぼうとしているものの輪郭や内容が社会や時代によって異なり、変化しているからである。

1）制限列挙主義

かつて、1951年に社会福祉事業法（現在の社会福祉法）が制定されたとき、社会福祉事業（社会福祉を推進する事業）を定義することが簡単ではないということから、**制限列挙主義**と呼ばれる方法が導入された。社会福祉事業法において取り扱う社会福祉事業として、第一種社会福祉事業、第二種社会福祉事業という概念が導入された。これら二つのうちのどれかに含まれている事業、それらの全体が社会福祉（事業）というわけである。

たしかに、社会福祉とは何かということを簡潔に示す方法としては便利ではある。しかし、その後、社会福祉の内容には大きな変化がみられた。たとえば、1990年代末の社会福祉基礎構造改革のなかで、かつて敗戦直後の窮乏期以来、社会福祉に含まれていた公益質屋を営む事業が社会福祉事業から除外され、介護福祉その他の事業や活動が新たに社会福祉に追加された。なかでも、介護福祉の追加は、単に一つの新しい事業や活動が追加されたという以上に、社会福祉全体のありように大きな変化をもたらすことになった。近年においては、災害被災者への支援も社会福祉の新しい領域として発展しつつある。

社会福祉は、社会や時代によって変化してきた。これからも変化するであろう。そのことに着目すれば、社会福祉は、閉ざされた体系というよりも、むしろ境界のゆるやかな開放体系として理解するのがよいように思われる。その限りでは、社会福祉に含まれる、あるいは含められてよいと思われる事業や活動を列挙するという方法は、**社会福祉の輪郭**を定める方法として一定の有効性をもつかにみえる。

しかし、社会福祉を開放体系とみなすという理解が妥当だとして、その指摘だけで社会福祉の輪郭をつかむ作業が完結するわけではない。たしかに、社会福祉といってよい事業や活動を列挙するという方法は、列挙する側からみると簡便な方法である。ただ、それらしい事業や活動の一覧表をみせられても、そこから掲載された事業や活動に内在する共通性や特性を読み取ることは難しい。社会福祉事業の一覧表をみせられたとしてもそこから社会福祉とは何か、それを的確に読み取り、整序し、理解するという作業は簡単なものではない。

2）社会福祉の特性

そこで、少し違った角度から社会福祉の輪郭や内容を探る方法が試みられてきた。ウイレンスキー（Wilemsky, H. L.）とルボー（Lebeaux, C. N.）は、1958年に刊行された『産業社会と社会福祉』において、社会福祉とそれ以外のものを区別する基準になる特性を列挙している。ウイレンスキーらによれば、社会福祉は、①フォーマルな（正規な）組織であること、②社会的な財源（スポンサーシップ）と責任（アカウンタビリティ）によって運営されていること、③利益の追求が主要な動機になっていないこと、④人々のニーズ（ヒューマンニーズ）を統合的、総合的に捉えていること、⑤人々の消費的なニーズに直接的に対応していることという五つの特性から構成されている。そのうち、①、②、③は社会福祉の基本的な性格が社会的・公共的なものであることを意味している。④、⑤は社会福祉がその課題に対してとるアプローチの仕方にみられる特性である。

かつてわれわれも、これにならって、社会福祉を構成する特性として、①生活課題（ニーズ）対応性、②統合的総合的対応性、③規範性、④社会性・公共性、⑤非営利性、⑥継続性、⑦安定性の七つを設定したことがある。七つの特性のうち、①から④は社会福祉の内容にかかわる特性（内実的特性）である。⑤から⑦は社会福祉の組織にかかわる特性（外形的特性）である。

いずれの試みも、このような特性をもっている事業や活動の総称をもって社会福祉とみなそうという趣旨である。社会福祉の事業や活動についての観察や先行研究から社会福祉に共通していると思われる一連の特性を抽出し、次に、逆にそのような特性によって構成される枠のなかに入る事業や活動をもって社会福祉とみなすということである。社会福祉と呼べる事業や活動を列挙するという方法よりも、いくぶんかは科学的な手続きにみえる。社会福祉の輪郭や特性について一定のイメージを形成するのに役立つかもしれない。しかし、個々にみると、設定された特性の内容、意義は必ずしも明確とばかりはいえそうにない。

3）対象の特性による把握

そうしたなかで、わが国の社会福祉学にみられる大きな特徴の一つは、伝統的に、社会福祉の対象のもつ特性を論じることによって社会福祉の輪郭や内容を明らかにしようとする試みが、社会福祉学研究に不可欠な方法として採用されてきたことにある。わが国においては、**社会福祉の対象**を社会政策の対象と比較し、その違いを明らかにすることを通じて、社会福祉の政策としての特性やその内容を明らかにしようとする研究が大きな潮流を形成してきた。そこでは、社会福祉の対象を社会的問題、あるいは生活問題として捉え、そのことによって社会福祉を、労働問題を対象とする社会政策と区別するという研究の方法がとられてきた。

社会的問題、生活問題についての議論は後に譲るとして、わが国の社会福祉学研究においてはこのような対象論を契機に政策を中心に社会福祉を論じる潮流とは別に、それに並行する形で、社会福祉における援助の方法や技術（ソーシャルワーク）を中心に社会福祉を論じる潮流が形成されてきた。しかも、それら政策論を中心に社会福祉を論じる議論と支援の方法を中心に社会福祉を論じる議論の間に深刻な二項対立的な関係が生み出されることになった。前者の政策を中心にした社会福祉研究を「**政策論**」と呼び、後者の支援の方法を中心にした社会福祉研究を「**援助論**」ないし「**技術論**」というのが通例であるが、それら政策論と援助論とでは、社会福祉の対象についての理解はもとより、社会福祉そのものの特性や内容についての理解も、相互に相容れるところがないという状況が出現することになったのである。

3. 社会福祉の一体的把握

しかし、そうとはいえ、現実の社会福祉は一つのまとまりのある全体、統合性、組織性、論理性を内在させる一個の社会的な事象として存在している。それがどのようなものであるのか、それを的確に把握分析し、いかにすればそれをよりよいものにすることができるのか、最終的にはそのことを解明することが社会福祉学の課題となる。

1）政策論と支援論の拮抗

社会福祉にはいく通りかの次元があり、それぞれの次元に応じて違った姿形を見出すことができる。わが国の社会福祉は、基本的には国の施策として、国会の審議を経た法律に基づき、所管官庁である厚生労働省や都道府県・市町村などを通じて実施されている。社会福祉に関する研究のなかには、もっぱらそのような国による政策の次元に着目している議論がある。一方、社会福祉には、福祉事務所、児童相談所などの多様な相談機関や施設が存在する。そこでは、生活困窮者、子ども、障害者、高齢者に対して専門的な知識や技術を活用した相談助言、保育、養護、療護、介護などの支援の事業や活動が行われている。社会福祉のいわば最前線である。おのずと、その次元に焦点化した議論が展開される。

わが国では、大学において社会福祉に関する研究が本格的に展開され始めるのは、およそのところ1950年代以降のことである。その過程において、社会福祉のどこに、どの次元に着眼し、焦点化するかの違いによって、前述の政策論と援助論と呼ばれる大きな二つの潮流が形成されてきたのである。そこには、社会福祉をそれが国の政策として形成され実施されているという次元において把握すべきか、あるいは、社会福祉を利用する人々に対する援助（以下、「支援」に統一する）の知識や技術という次元において捉えるべきかという基本的な認識の違いがある。いずれが社会福祉の本来的な性質、本質に迫る筋道かという、社会福祉学の研究の方法論にかかわる深刻な意見の対立、見解の相違が含まれている。そこから、政策と支援、いずれの次元に社会福祉の本質をみるのか、どの次元に焦点化することが社会福祉の研究方法として正鵠を射ているのか、そのことを中心に議論が展開されることになる。こうして、政策か支援かという、二項対立的、二者択一的な議論が展開される事態が生まれてきたのである。

今日の視点に立っていえば、どちらの次元に焦点化しようとも、最終的に捉えられるべきは社会福祉の全体像である。政策か支援か、その一方だけでは社会福祉は成り立たない。社会福祉の現実は、政策という次元と支援という次元があって初めて成立する全体、両者相まつ一つの全体として、**トータルシステム**として成り立っている。そのことは明白である。しかし、一度生じた議論の対立はなかなか収束され得ない。

2）マクロとミクロのあいだ

そうしたなかで、わが国の社会福祉の現実は、1950年代末から1960年代にかけて大きな転機を迎えることになる。後にもみるように、第二次世界大戦後のわが国の社会福祉は、大衆的な窮乏と混乱のなかで、貧困層に対する限定的な救済政策として再構築された。しかし、やがてそれは、わが国が未曽有の高度経済成長を経験する過程において、低所得層さらには一般階層に属する人々までを視野に入れた施策に拡大し、発展する。高度経済成長とともに、わが国の社会福祉は新たな時代を迎えることになった。

そのような社会福祉の現実に直面して、研究者たちにも、社会福祉の全体をトータルに一体的なものとして把握し、理解しようとする機運が芽生えてきた。しかし、もとより、**社会福祉の一体的把握**は、政策と支援のどちらかへの一体化ではあり得ない。意味をもち得るのは、政策と支援をつなぎあわせ、結びつけるという方向での一体化である。政策が社会福祉のマクロ次元のシステム、支援がミクロ次元のシステムであるとすれば、その中間点、マクロとミクロのあいだに、両者を架橋し接続するメゾ次元のシステムが存在することに着目した一体化の試みである。マクロ、メゾ、ミクロそれぞれの次元のシステムをつなぎあわせ、結びつけることによって社会福祉の全体を一体的に、トータルシステムとして把握するという方向が模索され始めたのである。

3）社会福祉の三位一体的把握

われわれもまた、社会福祉における政策次元のシステムと支援次元のシステムのあいだに、両者を架橋し接続するシステムを運営の次元として設定するという手法を通じて、社会福祉をマクロ、メゾ、ミクロという3通りの次元から三位一体的に構成された一つの全体として把握し、分析するという研究の方向を追求してきた。ちなみに、ここでいうシステムは、複数の相互に有機的に規定しあう要素から構成される一つの全体であり、各要素の総和を超えて規定しあい、連動し、統一体として機能する組織を意味している。さらに、そのような政策、運営、支援というシステムを構成する要素群もまた、それぞれにサブシステムとして運動し、機能する存在である。

こうして、社会福祉は、政策、運営、支援という相互に接合し、規定しあい、一体的、有機的に運動し、機能する一連のサブシステムから構成されるトータルシステム、全体的な組織体として捉えられることになる。その意味において、**図1**の「**社会福祉のシステム構成**」は、社会福祉を把握する起点となる視点と枠組みを提示している。

4）社会福祉のシステム構成

さらに、**図1**は、そのような認識の方法を前提に、社会福祉の性格、構造、機能を理解する手がか

図１　社会福祉のシステム構成

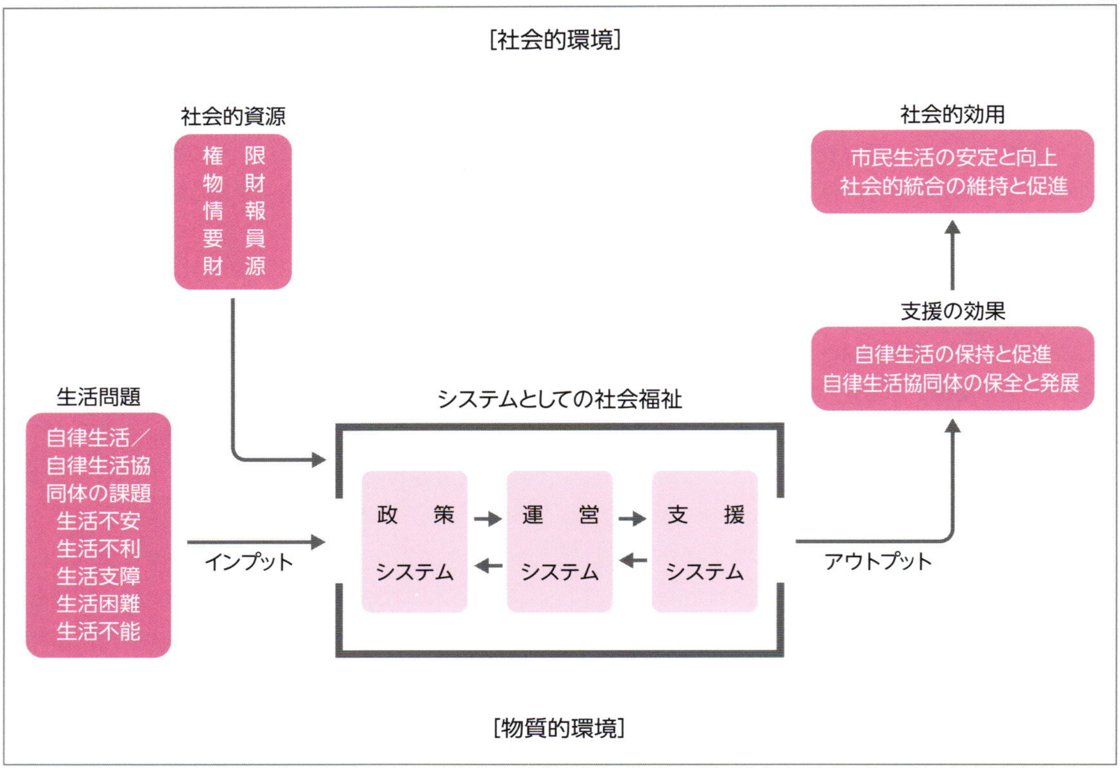

りにすることを意図して作図されている。図の中心に位置するのは、「システムとしての社会福祉」である。それは、社会福祉が政策（ポリシー）、運営（アドミニストレーション）、支援（プラクティス）という３通りの要素（サブシステム）から構成されるトータルシステムとして存立している。ちなみに、ここで運営としている部分は、社会福祉の構造に着目する場合には、制度ないし制度運営に置き換えることも可能である。その場合、サブシステムの構成は、政策、制度、支援ということになる。

こうして、その全体、トータルとしての社会福祉は、社会的・経済的・政治的・文化的な諸条件からなる社会的環境、自然環境や人工環境からなる物質的環境から構成される総体社会――社会福祉にとっての外部環境であり、展開の基盤、舞台となるもの――において、それらのもたらす多様な条件を契機として形成され、運営され、実施される施策の体系として捉えられることになる。

4. 社会福祉の試論的規定

1）社会福祉の概観

ここで、これまでの議論を前提に社会福祉の全体を概観しておこう。引き続き**図１**を参照されたい。現代社会においては、社会福祉の基本的な枠組み、機構は、国家による施策（政策・運営・支援からなる体系）として策定され、施行されている。国家は、外部環境としての総体社会を前提に、社会福祉という施策を策定し、推進するために必要とされる社会的な諸資源、すなわち一定の権限、物財、情報、要員、財源を準備し、システムとしての社会福祉を構築する。社会福祉は、それを受けて、「社会的な啓発と規整」「購買力の提供」「生活資財の提供」からなる「生活支援の方策手段（事業や活動）」を創出する。「生活課題」をかかえ、社会福祉による支援を必要とする人々（利用者）は、そのような生活支援を利用することによって、みずからの生活課題の克服を図り、「生活の自律と協同」を回復させ、保持し、発展させる。

社会福祉の役割は、生活課題をかかえる人々を利用者としてインプットし（受け入れ）、生活支援という方策手段を活用して、人々の「自律生活の保持と促進」「自律生活協同体の保全と発展」という社会的な成果をアウトプット（産出）することにある。そして、社会福祉はそのような過程を通じて、外部環境としての総体社会に対して、「市民生活の安定と向上」「社会的統合の維持と推進」という社会的な効用（影響）をもたらすことになる。

社会福祉は、直接的には個々の利用者に対して生活課題を解消、軽減緩和し、その生活の自律と協同を支援することを課題としている。そして、そのことを通じて、社会福祉は、最終的には、市民生活に安定と向上をもたらし、社会的統合の維持と推進に寄与することになる。そのことは、取りも直さず、社会福祉が現代社会において生活支援的な機能と社会制御的な機能を同時的にもつことを意味している。

2）社会福祉の定義

さて、ここまでの議論を通じて、われわれが社会福祉なるものをどのように捉え、探究しようとしているのか、多少とも理解が深まったものと思われる。そこで、最後に、そのことを踏まえつつ、われわれが試論的に作成した**社会福祉の定義**を提示しておきたい。

社会福祉とは、現代社会において、生活上の不安、不利、支障、困難、不能などの多様な課題をかかえる人々に対して、国民の社会的な権利、国ならびに自治体の責務として提供される生活支援の施策であり、人々の生活の自律と協同を保全し、促進させることを通じて、市民生活の安定向上、社会の維持・推進を目指す社会的公共的な方策手段の体系である。

より具体的には、社会福祉とは、生活上に不安、不利、支障、困難、不能などの生活課題をかかえる人々に対して、その生活の自律と協同の保持、促進を支援し、市民生活を向上させ、社会の統合を推進するために、国ならびに自治体によって計画、策定され、民間の組織や団体さらには地域住民による参画のもとに、社会的公共的に推進される一連の生活支援の施策であり、かつそれらを支え、方向づける専門的な知識と技術の総体である。

この概念規定は、社会福祉を一般的に規定した部分と、それをより具体的なレベルにおいて捉え直した部分から構成されている。むろん、定義としては簡にして要を得るべきだが、社会福祉についての理解を深めるためには、さらにそこにさまざまの注釈を付け加え、その意義を敷衍（ふえん）することが必要とされる。それが、以下の各章における課題となる。

2 社会福祉学の性格と構成

1. 学際科学としての社会福祉学

固有の研究対象とともに、科学に不可欠とされるもう一つの条件は、その対象にみあう固有な研究の方法が確立されているかどうかということである。

1）学際科学の応用領域

わが国における**社会福祉学研究**の本格的な展開は、第二次世界大戦以降のことである。社会福祉学の研究は、最初のうちは哲学、歴史学、経済学、法律学、社会学、さらには心理学や教育学などの既成諸科学の応用研究として展開された。戦後黎明（れいめい）期の社会福祉学をリードした孝橋正一、岡村重夫、竹内愛二、吉田久一、小川政亮、石井哲夫、小川利夫などによる研究がそうである。いずれも、既成科学の研究方法を社会福祉の研究に適用した研究であった。孝橋の基礎科学は経済学、岡村は哲学、竹内は社会学、吉田は歴史学、小川政亮は法学、石井は心理学、小川利夫は教育学である。わが国における社会福祉学の研究は、既成科学を出自とする研究者たちによる**学際科学的な研究**として始まった。

しかし、学際科学といいながら、その実態は、それぞれの研究者が自らの基礎科学をよりどころに、社会福祉の多様な次元、あるいは多様な位相を研究の対象に定め、その成果を報告しあうというものであった。それぞれの研究者の報告を集めてみても、そこから社会福祉の全体像が浮かびあがるというものではなかった。個別にみれば、それぞれがそれぞれに意義深い社会福祉についての研究であった。ただ、そのような社会福祉研究を俯瞰（ふかん）してみても、そこには個別の基礎科学による研究が散在するばかりでモザイクにもなっていなかった。

2）固有科学への志向と批判

そうした状況に対して、まず岡村重夫によって、後には一番ヶ瀬康子らによって、社会福祉の全体像を把握しようとする研究が試みられる。むろん、岡村と一番ヶ瀬らとでは依拠する研究の視点も枠組みも異なっていた。それでも、そこには、社会福祉にかかる政策や制度の次元と支援の方法や技術の次元を統合的・統一的に把握し、社会福祉学を**固有の科学**として構築しようとする試みとして、一定の共通点が存在していた。基礎科学の応用研究の集積としての社会福祉研究とは異なった視点や枠組みがみられた。なかでも、岡村は、自らの研究の方法論を、経済学や法学、社会学などの既成の諸科学による研究の方法論に比肩し得る視点や分析枠組みをもつ固有の方法論として展開した。

しかし、そうした試みに対して、三浦文夫や星野信也は、社会福祉における政策や制度の次元と支援や技術の次元とではそれぞれ別個の視点や分析枠組みをもつ科学に依拠した研究を必要とするものであり、両者を一体的に捉えることを可能にする固有の科学など成立し得ないとする批判的な言説を展開した。それは、固有の科学方法論をもつ単一科学としての社会福祉学の成立の可能性を明確に否定する言説であった。

三浦の基礎科学は社会学であり、星野のそれは政治学である。たしかに、三浦や星野の議論にも一理が存在する。単純化していえば、社会福祉における支援の方法や技術、なかでもその臨床的な展開の過程を社会学や政治学の手法によって十全に把握し、解明することは不可能であろう。逆に、社会福祉が国家による政策として展開されるに至る論理や政策が策定され、運営、実施される過程の全貌を心理学や精神医学の手法によって的確に捉え、分析把握することも不可能であろう。科学史的にみれば、社会的な事象と生理心理的な事象を一体的に捉える科学など期待し得ないというわけである。

3）一体的把握の必然性

仮にそうであるならば、社会福祉の研究は、いくつかの既成科学の応用分野にとどまることにならざるを得ない。既成科学の方法が適用され得る次元や位相、あるいは分野が研究の対象となり、その成果が個々に提出されるという状況に終始することになりかねない。社会福祉学という言葉が用いられているにしても、その内容は、社会福祉のどこかの次元や位相を研究の対象にしているというレベルにとどまることになる。そのような研究は、多様な科学による応用的な研究の集積、その算術的総和という結果にならざるを得ないであろう。

しかし、社会福祉の実態、現実はどうであろうか。社会福祉は、国家による政策という次元と支援の方法や技術という異なる次元を併せもち、かつ運営という次元を媒介項にその全体が相互に依存し、規定しあうという関係にある。政策としての社会福祉は、支援としての社会福祉なしにはその目的を達成し得ない。逆に、支援としての社会福祉は、政策による規定を受けるが、それなしに目的を達成することは不可能である。さきにみたように、社会福祉は政策、運営、支援という３通りの次元から構成される一箇のトータルシステムとして存立している。社会福祉は、そのようなものとして一体的に把握される必要がある。

さらにいえば、社会福祉をそのようなものとして把握することなしには、社会福祉における専門職養成を課題の一つとしている社会福祉の研究も教育も成立し得ない。社会福祉の研究や教育の世代的な再生産、維持・発展は、それを支え、推進する科学、社会福祉を一箇のトータルシステムとして**一体的に把握する科学**としての社会福祉学の構築を不可欠の要件とする。

2. 統合・融合の科学としての社会福祉学

1）学際科学としてのアプローチ

そうだとすれば、社会福祉学をどのように構築するのか。まず、三つのポイントを確認したい。第一のポイントは、研究の対象としての社会福祉は、政策の策定から支援の実践まで多様な次元、そして位相から構成されており、多様な科学によるアプローチを必要としている、それが現実だということである。社会福祉は、単一の科学、たとえば経済学や社会学によって、あるいは心理学や精神医学によってその総体を捉え、分析解明することは不可能である。**学際科学的なアプローチ**を不可欠の要件、前提としている。

その意味においては、わが国の社会福祉の研究が多様な既成科学による応用的な研究として、その限りにおいて学際科学的な研究として始まったことは、いわば必然的な成り行きであった。社会福祉研究の学際科学的な性格は、ソーシャルワークについてもそのまま当てはまる。**ソーシャルワーク**は、一見すると単独の独立したディシプリン（学問）のようにみえ、しばしばそのようなものとして主張される。しかし、ソーシャルワークも、歴史を遡及（そきゅう）すれば、社会学、精神医学、心理学などの既成科学の知識や技術を応用し、活用する形で発展してきた。その意味において、ソーシャルワークもまたまぎれもない学際科学である。

いずれにしても、社会福祉学は学際科学として発展してきたし、今後においてもそうであり続けるほかはない。社会福祉のなかでも、たとえば法制的な位相、医療福祉的な位相、住環境や生活支援機器の位相などについては、法学、医学、工学に依存する研究にならざるを得ないであろう。これが第一のポイントである。

2）「あるべきもの」の探求

しかし、社会福祉学は近接し、あるいは関連する既成科学による応用研究の単なる算術的な総和として成り立つわけではない。社会福祉が社会的・公共的な施策として存立する根拠を解明し、その発展を支えるためには、社会福祉学は「あるもの」についての法則定立的な認識科学を基盤にしつつも、それを超えて**「あるべきもの」を探求する科学**、課題解決科学や問題発見科学、総じていえば設計科学として構築される必要がある。これが第二のポイントである。何よりも、学際科学として始まった社会福祉研究の成果を一つのまとまり、系統性・体系性をもった学問、科学の領域に統合し、融合させる営みが必要とされる。社会福祉学を既成科学のように「あるもの」について探求する科学、つまりその成立や運動の機序や過程を法則定立的に探求する科学から、その成果を基盤にしつつ「あるべきもの」を構想し探求する科学、設計科学として追究することが求められる。

3）社会福祉学構成の枠組み

第三のポイントは、社会福祉学が「あるべきもの」を探究する科学であるとして、次に必要な作業は、その内容をどのように構成し、構築するかということである。学際科学的な研究の成果を算術的に寄せ集めるだけでは、社会福祉学にはなり得ない。多様な学際科学的な研究の成果を一つにまとめあげ、統合し体系化することが求められる。

岡村重夫は、学際科学的な研究の成果を一つの科学にまとめあげるためには、そのことを可能にするよりどころ、規準が必要であると指摘した。岡村のいうよりどころは、社会福祉学に固有な分析の視点や枠組みといってよいであろう。岡村の言説は、社会福祉を、人々の生活と社会的諸制度との社会関係を基軸に、人々の生活のサイドから、生活の内側から捉えようとしたことで知られている。岡村によれば、経済学や法律学は、また社会学においても、人々の生活そのものというよりも、そこから外在化され、制度化された経済、法律、集団や組織という社会的な諸制度と活動のありように焦点化した科学である。それに対して、社会福祉学は、人々と社会的諸制度が取り結ぶ社会関係を人々の生活のサイド、その内側から主体的に捉え、そこに生起する生活上の諸問題に接近する。そこに既成科学には認められない、新たな科学としての固有性が存立しているという。岡村は、人々と社会的諸制度との間で取り結ばれる社会関係、とりわけその主体的な側面に焦点化し、生活の主体性、全体性、統合性のもつ意味を強調している。

このような岡村の言説は、社会福祉における歴史的・社会経済的な諸要因のもつ意味を軽視しているとする強い批判にさらされてきた。その一方において、岡村の生活をキー概念とする立論の方法は、一番ヶ瀬康子らによる生活問題の議論に継承されたとみることができる。一番ヶ瀬は、労働力の商品化に着目しつつも、労働力の消費過程における諸問題を労働問題、労働力の再生産の過程における諸問題を生活問題として区分し、社会福祉を生活問題の解決、軽減、緩和を目指す国家の政策として捉えている。

さらに、一番ヶ瀬は、社会福祉を社会権的基本権の一つである生活権（生存権）の保障を目指す政策として位置づけている。この後者の生活権の保障という視点は、学際科学的な研究の成果を取捨選択し、統合し、体系化するうえで重要な手がかりになり得る着想といってよい。

しかし、生活権保障というだけでは、学際的な研究を統合し、体系化する規準として十分ではない。生活権保障の内容を個別に具体化し、分析の枠組みや尺度として利用し得るものに発展させる必要がある。われわれは、そのことを考え、岡村や一番ヶ瀬による先行研究を踏まえつつ、新たに「**自律生活**」と「**自律生活協同体**」、換言すれば「生活の自律性と協同性」という概念を導入することを提起してきた。繰り返しになるが、社会福祉に関する学際科学的な研究の成果を社会福祉学という固有な科学の体系として統合し、融合化し、体系化する手がかりとするための措置である。自律生活、そして自律生活協同体の意味、その詳細については次章においてあらためて取り上げる。

4）先端的科学としての社会福祉学

社会福祉学は、たしかに、経済学、法学、社会学、心理学などの既成の法則定立的な科学、認識科学と横並びに対置できるような科学にはなり得ないであろう。われわれは、むしろ、社会福祉学を、認識科学的な営みを基礎、基盤に、それらの諸科学による応用科学的、学際科学的な研究の成果を一つに統合し、体系化し、融合化するところに成立する新しい科学として位置づけたい。社会福祉学の目標は、既成の科学に接近することにあるわけではない。社会福祉学は、ますます多様化、複雑化、高度化し、同時に限界化しつつある現代社会に対峙する新しい科学、学際科学的なアプローチを基盤とする新しい科学のありようを追究する先進科学の一つである。

3. 社会福祉学の構成

それでは、そのような社会福祉学は、どのように構成され、どのような構造をもつことになるのか。**図１**の「**社会福祉学の構成**」は、第二次世界大戦後の社会福祉学の研究史を踏まえつつ、社会福祉学がどのような構成、構造をもつものとして推進されてきたのか、そのことを整理し、図示したものである。

図１は、３通りの同心円によって構成されている。中心にある第一の層は、社会福祉学の原理論的な研究、いわゆる社会福祉学原（理）論に相当する研究の領域である。第二の層は、その社会福祉学原論を踏まえて展開される社会福祉学の個別分野を構成する領域である。第三の層は、これまで社会福祉学の基盤となってきた、また、現にそれぞれの領域における研究や実践を支えている諸科学、社会福祉にとって学際的な諸科学を列挙した領域である。以下、順次、各層の内容について概観していこう。

1）原理論的研究

第一の層の**社会福祉学原論**の課題は、端的にいえば、第一に、社会福祉そのものの存立の必然性、その論理、根拠、過程について明らかにすることにある。第二に、そのような社会福祉を研究の対象とする社会福祉学の存立の必然性、その根拠、構成、性格について明らかにすることが課題となる。第三に、社会福祉学の視座、視点、分析と総合の枠組み、論理など、総じていえば社会福祉学における研究方法の基本的なありようについて明らかにすることが課題となる。原理論の領域には、以上の課題を扱う研究領域に加えて、社会福祉学原論の第四の課題として、それに寄与する社会福祉の哲学、思想、歴史に関する研究が含まれている。

2）施策体系の研究

第二の層は、**社会福祉の施策体系**に関する研究の領域である。それは、まず社会福祉の対象論、主体論、方法論に分割される。次に、その方法論が政策論、運営論、支援論に区分されている。対象論は、前章において言及した社会福祉と社会福祉学というコンテクストでいえば、社会福祉という社会的・公共的な施策が対峙している問題状況ないし課題状況である。対象論においては、そのような問題状況ないし課題状況がどのような性格をもつものとして把握され、理解されるのか、その問題状況がいかにし

図１　社会福祉学の構成

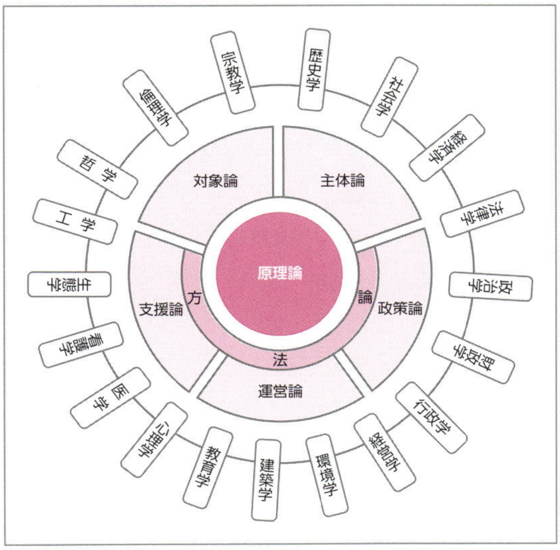

て社会福祉の政策課題として位置づけられるのかが研究の課題となる。

主体論においては、誰が、なぜ、どのような理由に基づいて、そのような対象（政策課題）に対峙し、対処することになるのかということが研究の課題となる。研究史的にみると、国家、自治体、民間の団体や組織、事業者、専門的支援者、地域住民などの多様な公私の団体や組織、また私人が社会福祉の主体としてみなされてきた。国家、自治体、民間の団体や組織、事業者、私人など、それぞれが社会福祉の主体として登場してきた歴史的・社会的な経緯や論理、各種主体間の位置関係、役割関係、権力関係などの研究が主体論に含まれる。

次に**方法論**である。ここでいう方法論は、社会福祉の主体がその対象となる問題あるいは課題状況に働きかける、その方法、すなわち方策手段（政策、運営、支援）についての議論である。その意味での方法論を構成するのが、政策論、運営論、支援論という３通りの範疇になる。これらの範疇は、そのまま先に言及したシステムとしての社会福祉を構成する政策、運営、支援という次元に照応する。政策論、運営論、支援論それぞれの内容については第６章（社会福祉の施策体系(1)）・第７章（社会福祉の施策体系(2)）において概観する。

3）学際科学の位相

第三の層においては、社会福祉学に近接し、多様な形において社会福祉の研究に関与してきた**学際的な諸科学**を例示している。**図１**に取り上げている学際科学の数は、哲学から工学まで19に達する。しかし、これが社会福祉に関与する科学のすべてというわけではない。研究の領域によっては、列挙した科学以外の科学を援用するということも十分にあり得ることである。また、援用される科学の種類も、関与の深度も、広狭、濃淡さまざまである。たとえば、哲学、歴史学、経済学、法学、社会学などは社会福祉研究のほぼすべての領域にかかわるといってよいかもしれない。心理学、精神医学、教育学、医学、看護学などの関与は、社会福祉でも支援に関する研究の領域が中心となろう。

もとより、社会福祉学の研究が**図１**に例示する学際的諸科学のすべてについて通暁し、習熟することを必須の要件とするというわけではない。援用すべき科学の種類や範囲は、設定された研究の領域によって、また研究の視点や視角によってそれぞれ多岐にわたる。たとえば、大河内一男や孝橋正一の業績を解読しようとすれば経済学、なかでもマルクス経済学についての一定の知識と理解が必要となろう。同様に、小川政亮、吉田久一、三浦文夫、石井哲夫、小川利夫などの業績を解読するには、それぞれ法学、歴史学、社会学、心理学、教育学についての一定の知識と理解が求められる。社会福祉学を出自とする研究者であっても、たとえば一番ヶ瀬康子や右田紀久惠の業績を理解するためには、それぞれ経済学や法学に関する一定の知識と理解が必要とされよう。

むろんのこと、援用すべき科学の選択は研究者個々人の判断による。研究者が自ら設定した研究の領域や課題の内容、研究の方法によって、必要とされる学際科学の種類も、習熟の範囲や深さも、おのずと異なったものとなろう。しかし、いずれにしても、自ら設定した研究領域について、関連する科学のサイドからその応用研究として実施されている研究を理解し、咀嚼（そしゃく）しようとすれば、一定のレベルにおいて、その科学に関する体系的な知識や研究方法についての理解が求められるのは当然である。

4）独自な理論体系の構築

さらにいえば、社会福祉学は、その目的を達成するために、これまで経済学や社会学、心理学などの既成の科学を援用してきた。そうした諸科学の知識や理論を借用し、援用してきた。しかし、最終的には、社会福祉学には、それに独自の固有な社会理論、人格（パーソナリティ）理論や行動変容理論をもつことが求められることになる。たとえば、地域福祉計画を策定しようとすれば、どのような地域社会のありようを目指すのか、その目的、目標を構想することが必要となる。目指すべき地域社会像を構築しなければならない。そうするには、社会福祉学は、社会学による地域社会論の導入、援用から始めるにしても、やがては独自固有の社会理論をもつことが求められる。同様に、さまざまの生活課題をもつ人々に対して、その生活について、自らの意志や判断に基づいて目標を定め、その実現を目指して自律的に行動できるように支援するというのであれば、そのように行動する力、自律や協同の力（パワー、すなわち性質や能力）がいかにして形成されるのか、社会福祉学に独自固有な人格理論や行動理論を構築することが必要にならざるを得ない。

社会福祉学に独自固有な、社会福祉学にふさわしい社会理論、あるいは人格理論や行動変容理論を構築することは、むろん容易なことではない。しかし、現実には、社会福祉にかかわる専門職は、それぞれの日常的な支援の経験を通じてそれなりに形成した社会理論、人格理論や行動変容理論に依拠しながら社会福祉の業務にかかわっているはずである。そのような日常的・経験的な知識を意識的に精錬し、国内外の先行研究と照合しながら、関連諸科学とは明確に区別される、社会福祉学に**独自固有な理論体系**に発展させていかなければならない。社会福祉学の構築には、そのような着実で創造的な作業が求められる。

4. 社会福祉学研究の位相と次元

1）社会福祉学の位相

社会科学のなかでも物理学や生物学などの自然科学的な認識科学（法則定立科学）をモデルとする経済学や社会学においては、研究の対象となる経済事象や社会事象の形成のメカニズムや運動の過程を取り上げ、それを関連する要素と要素との間の関係、なかでも因果的な規定関係の所産として体系的に説明することが重要な課題となってきた。これに対して、社会福祉学においては、一定の社会的な問題（課題）状況に対して、一定の目的、目標のもとにそれに対処すること、そのために方策手段を講じ、適用し、その成果について評価することが求められる。どのような方策手段をもってすれば、よりよい成果が得られるかを解明することが課題となる。

日本学術会議による科学のありようについての議論を援用していえば、自然科学的な方法論をモデルとする伝統的な経済学や社会学は「あるものの探求」を課題とする認識科学である。それに対して、社会福祉学は「あるべきものの探求」を課題にする設計科学である。

社会福祉学においてはまず、何をもって解決すべき問題状況、課題とみなすのか、それに対してどのような解決の方向、目標を目指すのか、そのことを判断する基準、それを構成する価値に関する**規範科学的なアプローチ**が必要とされる。次に、社会福祉が対処する問題状況に対してより適切かつ効果的な方策手段を講じるためには、問題状況の性格、その原因や形成の過程、メカニズムについての**認識科学的なアプローチ**が必要とされる。また、過去において適用された方策手段について、策定の経緯や結果を明らかにし、評価するという側面においては、歴史科学的なアプローチが必要となる。

そのような規範科学的なアプローチと認識科学的なアプローチによる研究の成果を踏まえて、社会福祉は、解決すべき問題状況に対して最も効果的とみなされる方策手段を企画立案し、法令として策定しなければならない。社会福祉は、総体としての社会資源のなかから、想定される施策の策定、実施に必要とされる権限、物財、情報、要員、財源の質量、組み合わせを考量し、決定することが求められる。そこに必要になるのが**設計科学的なアプローチ**である。

そして最後に必要となるのが、**実践科学的アプローチ**である。社会福祉は、策定された方策手段をどのように適用し、実施するのか、その結果を新たな方策手段の策定、運営、実施にどのようにフィードバックするのか、そのことを吟味しなければならない。その前提になるのは、社会福祉の利用者に対して対面的な状況、関係において生活支援を提供する過程についての実践科学的な研究である。

こうして、社会福祉学は、「設計科学」としての位相を中心に、「規範科学」「認識科学」「実践科学」

という4通りの位相をもつ複合的な科学として構築することが求められる。あらためて整理していこう。社会福祉学の**規範科学としての位相**は、社会福祉が、対応することを求められる生活問題（課題）をいかなる判断規準に基づいて実際に対処すべき課題として認識し、どのような目的、目標を設定して方策手段を設計するのか、その基盤となる価値、思想について考察する位相である。

認識科学としての位相は、そのような規範科学の位相を受けて、社会福祉が対応しようとする問題状況、その性格、原因、形成過程について、それらを規定する諸条件と要素間の因果的な規定関係を明らかにすること、過去や諸外国における類似の施策についてその形成の経緯や過程、また成果や失敗について明らかにし、策定されるべき施策の策定に寄与する位相である。

設計科学としての位相は、そのような規範科学的アプローチ、認識科学的アプローチによる探求とその成果を活用して、必要かつ適切な目的のもとに問題状況に対して妥当かつ有効な方策手段を企画立案、法令化し、その運用実施の手順、手法を定める一連の過程について、科学的に分析し、比較衡量してよりよい施策の構築に寄与する位相である。

実践科学としての位相においては、社会福祉の方策手段を具現化し、実施する過程について分析、吟味、実践し、その結果を施策の運営改善、再構築の過程にフィードバックすることが課題となる。社会福祉は、方策手段が企画立案され、法制化されたところで完結するわけではない。それは運営され、実施されなければならない。社会福祉の最前線は、相談機関やセンターにおいて、施設や地域において、そして対人的・対面的なセッティングにおいて展開される支援活動である。そこでは、実践科学としての位相が重要な役割を担うことになる。

2）位相と次元の交錯

さらに、これらの社会福祉学の規範科学、認識科学、設計科学、実践科学という4通りの位相は、政策、運営、支援という社会福祉の3通りの次元とのかかわりにおいて、それぞれに独自の課題を担うことになる。**社会福祉学研究の実際**は、社会福祉学の4通りの位相と社会福祉の3通りの次元が交錯するところにおいて展開される。**表1**の「社会福祉学研究の位相と次元」は、そのことをマトリックスとして表示したものである。

表1　社会福祉学研究の位相と次元

研究の位相	研究の性格	研究課題の次元		
		政策の次元	運営の次元	支援の次元
課題の設定	規範科学（べき論）	政策課題の設定	運営課題の設定	支援課題の設定
実態の把握	認識科学（ある論）	政策課題の実態分析	運営課題の実態分析	支援課題の実態分析
施策の設計	設計科学（できる論）	政策の企画と策定	制度の設計と構築	支援の方針と計画
施策の展開	実践科学（する論）	政策の運用	制度の運営	支援の展開

ここで、それぞれの位相と次元によって構成されるマトリックスについて個々に取り上げ、細部にわたって説明を加えることは避けることにしたい。ここでは、後に試みる社会福祉の施策体系についての考察との重複を避け、今後における議論の手がかりとなる論点について概括的に提示するにとどめることにしよう。

3）規範科学としての位相

何のために、いかなる理念のもとに、どのような目的、目標をもって人々の生活支援に取り組むのか。この議論は、規範科学としての位相に求められる課題である。しかし、目的、理念、目標の内容は、社会福祉の次元によって少しずつ異なっている。たとえば、目的、理念、目標を一般的な用語法にいう生活の自立という言葉を用いて論じるとしよう。政策の次元においては、生活の自立という言葉はもっぱら生活に対する自己責任、自立自助という発想と結びついている。身辺的にも、社会的、経済的にも自分自身の力、自力で生活できるように支援することをもって、政策の目的、理念、目標が語られていることが多い。

しかし、支援の次元においては、自分自身の力で生活を維持することが困難な人々をそのまま取り残すわけにはいかない。周囲の人々の援助や生活に必要な移動や視聴にかかる機能を補う機器を利用して維持される自立生活があり得るのではないか。そのような周囲を頼みにする自立を含めた、自分自身の意思、判断、希望に基づいて維持されるような生活、すなわち自律的な生活こそが支援の目的、目標になるべきだとする議論がある。同じように目的、理念、目標を掲げつつ、政策の次元と支援の次元でその内容が異なることがある。

運営の次元においてはどうか。そこでは、そのような政策的に設定された目的、理念、目標と支援の次元において求められる目的、理念、目標との間で、象徴的にいえば自立と自律の衝突、葛藤、折りあいの政治的なドラマが展開される。その結果によって、支援の内容は異なり、利用者の生活再建の方向が定まることになる。

4）認識科学としての位相

認識科学の位相と３通りの次元が交錯するところにおいては、それぞれの次元にかかわる論点について認識科学的な研究が課題となる。政策の次元との関係でいえば、まず社会福祉の対象となる生活問題、生活課題の性格や形成過程についての研究が必要となる。社会福祉の歴史的な発展に大きな転機をもたらしたのは、貧困についての認識科学的な研究である貧困調査とその結果であった。

著名なチャールズ・ブース（Booth, C.）やシーボム・ラウントリー（Rowntree, B. S.）による貧困調査は、貧困が低賃金や景気の変動などの社会的な要因によって形成されていることを明らかにし、そのことがイギリスにおいて社会事業を含む多様な社会政策（ソーシャルポリシー）が成立する重要な契機となった。その後の社会福祉の展開においても、貧困問題をはじめとする生活問題や生活課題に関するさまざまな調査研究とその成果が重要な契機となった。

運営の次元においても、地域福祉計画をはじめとする各種の福祉計画を策定するには、まずそれぞれの市町村や地域社会における生活問題や生活課題についての実態調査が行われなければならない。計画の策定には、権限、物財、情報、要員、財源の現状や将来の見込みについての研究が必要となる。過去の計画についての評価も必要とされる。いずれも、認識科学的なアプローチが求められる作業である。

支援の次元においては、利用者のかかえる生活課題、それをもたらした要因、利用者や家族のもつ自律生活力や地域社会のもつ自律生活協同力についてのアセスメントが必要とされる。過去の事例についての研究も不可欠である。ここでも認識科学的なアプローチの適用が求められる。

5）設計科学としての位相

設計科学としての位相においても、たとえば福祉計画の策定という課題に関して、３通りの次元において同様の事態が生み出される。政策、運営、支援、どの次元においても計画的であることが求められる。しかし、その内容は、政策、運営、支援それぞれの次元によって異なったものとなる。

政策の次元における計画は、まずもって社会福祉が国による政策全体の一部分であることが前提となる。政策としての社会福祉は、労働政策のみならず、産業政策、財政政策、司法政策、さらには対外政策などとの調和、調整、協働が求められる。社会福祉の個別の政策においても、雇用、所得、教育、保健、医療その他の一般的な生活支援施策との整合性を確保しつつ、個別の生活問題に対応する方策手段が設計されなければならない。

運営の次元においては、国の設定する目的や目標、制度的な枠組みと調整しつつ、それぞれの自治体や地域社会の実態に適合した実施計画としての福祉計画の設計が求められる。そこでは、ナショナルミニマムの確保とともに、コミュニティオプティマムの実現が課題になる。

支援の次元においては、個々の利用者の生活課題に即した、自律生活や自律生活協同体の再建や向上を目指した支援計画（ケアプランないしサービスプラン）の策定が求められる。そこにおいては、明らかに、設計科学的なアプローチが必要とされる。

6）実践科学としての位相

実践科学の位相についていえば、政策や運営の次元において設定された方策手段の目的、理念、目標が支援を支える枠組みとなり、その基盤となる。しかし、同時に、それらは支援の方向や内容を制約する枠組みとなる。たとえば、介護保険においては、実践の次元において選択し、適用が可能なサービスの種類や頻度など、利用し得る資源には政策的（制度的）な制約が伴う。最適・最良のサービスを実現するケアマネジメントを志向するにしても、明らかにそこには克服しがたい政策的な制約が存在する。

支援の次元における実践科学的アプローチの中心的な課題は、支援を必要としている人々や家族の生活課題に応じて、適用すべき支援方法を選択し、その内容を吟味し、それを提供するために必要とされる知識や技術の開発や普及に努めることにある。そのことは言をまたない。

しかし、そこで実践科学的アプローチの役割が終わるわけではない。政策や運営の次元においても実践科学的なアプローチが必要とされる。政策や運営の次元においても、政策や運営の過程や結果があらかじめ想定した経過をたどり、設定された効用をもたらしているかどうか、的確に評価することが必要とされる。そのことは、政策過程や運営過程における実践科学的アプローチの必要性を物語っている。

社会福祉学の研究を発展させるためには、個々の位相や次元に焦点化した研究をいっそう深めることが求められる。しかし、それと同時に、これまでかいまみてきたような、それぞれの位相と次元が交錯する局面に留意し、社会福祉の全体に目配りした研究、蟻の眼と鳥の眼をともに備えた生活機軸の複眼的な研究を推進することが必要とされる。

3 社会福祉の展開基盤

1. 起点・機軸としての生活

社会福祉の起点、機軸となるもの、それは人々の生活であり、それをどのように維持し、支えるかということである。

社会福祉の出発点、そして依るべき、あるいは堅持されるべき機軸は、人々の生活とはどのようなものであり、それは社会のなかでいかに維持・存続させられてきたのか、現に維持されているのか、また社会的に支えられているのかということにある。以下、そのような立ち位置、視点、視角を前提に据えながら、生活の意義、生活のもつ基本的な特性、その基盤となる社会総体の構成、生活維持のダイナミズム、生活を支える社会的な支援システムの基本的な枠組みについて、順次考察する。

1）生活の意義

まず、生活とは何か、生活をその基底においてどのように捉えるか。生活、英語表記でいえばライフ（life）には、生命、日々の暮らし、人生（生涯）という３通りの契機が含まれている。**生活**とはこれら３通りの契機によって織りなされる一つの全体である。

最も簡略にいえば、そのような生活は、生命と活力の維持、再生産を自己目的とする活動として捉えることができる。生活は、自己組織性、自己保全（防衛）性、自己実現性をもつ日常的な活動であり、総じていえば自律性を志向する活動として営まれている。その意味において、生活はそのまま自律生活を意味している。

自律生活とは、人々が自ら支配し、自らがそのありようをコントロール（制御）する自由と力（パワー）、すなわち性能（性質と能力、以下「力」という）をもつ生活にほかならない。そのような自律生活は、自立力、自存力、結縁力、対処力、回復力によって構成される**自律生活力**によって生成され、維持・存続され、発展する。

2）システムとしての生活

そのような生活の基本的な特性は、総じていえば、生活が、多数の生活にかかわる要素から有機的に組織される一つのシステムとして形成され、自存し、運動しているということにある。

ここでいうシステムは、第１章（社会福祉の輪郭）において一度言及したが、複数の相互に有機的に結びつき、規定しあう要素から構成される一つの全体であり、それぞれの要素の総和を超えて行動し、機能する有機的な組織体を意味している。生活をこのような意味でのシステムとして捉える視点、そして枠組みが、われわれの議論の特徴になる。

生活システムは、さまざまなレベルにおいて形成される。まず、個人や家族の内側に形成される生活システムがある。個人や家族の生命や活動を生み出し、支える領域において形成される生活システムである。いわば生活にかかわる内部システムである。それは、人々の年齢、性別、生理的、身体的な諸条件、パーソナリティ、生活関係などから構成される内部構造をもっている。

他方、生活システムは、個人や家族とその外側に位置する社会的、経済的、政治的、規範的など、多様な条件をもつ社会的な環境、また自然や建造物などの物質的な環境からなる外部環境との間に交互作用（代謝関係）を保持している。このような個人や家族とその外側に位置する諸制度との関係のなかに形成される生活システム、いわば外部生活システムは、社会総体のなかでみれば、社会、経済、政治、規範にかかわる諸システムにかかわりつつ、それらを制御する部位に位置している。このような生活システムは、近隣社会や地域社会の次元においても、同様に抽出することが可能である。

重要なことは、これらの生活システムは、相互に区別されるが、別々のものではないということである。単位あるいは次元を異にする多様な生活システムは、重層的、一体的に形成され、相互に影響しあい、規定しあうという関係にある。

3）生活の分節化と統合

個人や家族を単位とする生活システムは、さまざまな領域から構成されている。生活システムは、一般的にいえば、身体的・心理的・社会的な領域から構成されている。もう少し具体的にいえば、それは、栄養摂取、健康、育児や介護、学習、就労、レクリエーション、趣味・文化活動、近隣関係などの複数の領域ないし分野に分節化されて営まれている。それら分節した生活の領域は、その一つひとつが多様な外部環境とかかわりつつ、それぞれに分立し、固有の論理をもって運動している。そのような生活システムは、個人や家族の成長とともに分節化を積み重ね、領域の数は次第に拡大し、かつ多様化する。

生活システムは、個人や家族の成長とともに、その内部に多様に分節化した領域をもつことになる。しかし、それぞれの領域は、個々に独立し、独自に運動しているというわけではない。それらは相互に規定しあい、統合され、生活は一つの全体として存在し、営まれている。生活システムの内側においては、さまざまな領域に分化し、分節化しようとする遠心性とそれらを統合し、一つの全体として存続し、機能しようとする求心性とが拮抗している。個人であれ、家族であれ、そのような生活システムを一つの全体として統合し、保全し、維持し、向上させるためには、そこに一定の調和、協働が必要とされる。

こうして、生活システムは、分節性、全体性、そして統合性を、その基本的な特性としてもつことになる。総じていえば、生活システムは、亀甲（亀の甲羅型の）構造を内包する一つの全体として（as a whole）存在し、営まれる。

4）生活の主体

このような特性をもつ生活システムの主体を**生活者**ないし**生活人**と呼ぶことにしよう。後に示すように、われわれは、われわれがそこに住み、構成している社会の総体（**総体社会**）を「社会システムとしての協同社会」「経済システムとしての資本主義社会」「政治システムとしての市民（民主主義）社会」「規範システムとしての文化社会（civilized society）」という４通りの下位システム（位相）からなる**四層構造社会**として把握している。

これらの総体社会を構成している下位システムのそれぞれの位相に照応させていえば、人々は、社会システムとの関係においては、社会人（社会的人間）、経済システムとの関係においては経済人（経済的人間）、政治システムとの関係においては政治人（政治的人間）、規範的システムとの関係においては文化人（規範的人間）として行動している。すなわち、生活の主体としての生活者ないし生活人は、総体社会の４通りの位相との関係でいえば、社会人、経済人、政治人、文化人という、いわば４通りの顔（位相）をもって活動し、行動しているということになる。

しかし、生活人はそれら４通りの顔をもって個々ばらばらに行動しているわけではない。それを統合しているのが生活人という位相である。生活人は、社会人、経済人、政治人、文化人という４通りの顔、位相を総括し、統合する位置に存立している。生活人は、その意味において、社会、経済、政治、文化という、それぞれの生活の位相を統合し、作動させる主体、すなわち生活システムを代表し、制御する主体となる。

このような、われわれのいう生活人、生活システムの主体について、もう少し具体的にみていこう。

ここでいう生活人は、資本主義社会において、自らの労働力を商品として雇主に販売し、賃金を取得することによって生活を維持している人々、一般に雇用者（被用者）と呼ばれる人々である。もとより、資本主義社会には、雇用者のほかにも、農林業、漁業、商業などを自営して生活する多様な自営者が存在している。それ以外にも、金利や地代、配当などで生活する人々がいる。しかし、自営者やその他の人々は比率でいえば総人口の10％程度というところであり、残りは雇用者である。その意味において、ここでの生活に関する議論は、雇用者の生活を前提に進めることになる。

雇用者は、自らの労働力を雇用主に販売して（就職して）取得する賃金をもとに、資本主義的な商品市場から生活に必要な生活資財（生活資料や生活サービス）を購買し、それを消費することによって生活を維持する人々を意味している。雇用者は、単身生活者であることもあれば家族を構成していることもある。近年においては、核家族化と少子化、さらには非婚化によって家族の単身化、小規模化に拍車がかかるという状況にある。高齢や障害のある単身生活者、ひとり親家族なども増加している。生活についての議論は、雇用者という生活構造を基底に、そうした個別の事情を念頭にしなければならない。

5）生活の自律性

われわれは、先に生活の意義において言及したように、生活を、自己組織性、自己保全（防衛）性、自己実現性をもつ活動、総じていえば内発的、主体的に自律性を志向する活動として捉えてきた。また、そのような自律的な生活を支える力、すなわち自律生活力を構成する要素として、自立力、自存力、結縁力、対処力、回復力を挙げてきた。**生活の自律性**やそれを支える自律生活力の意義については、後にもしばしばふれることになる。ここでは今一度、生活の自立と自律の違い、自立と自律を区別することの必要性と重要性について言及しておきたい。

繰り返しになるが、社会福祉に限らず、サミュエル・スマイルズ（Samuel Smiles）の『自助論』にもみられるように、資本主義社会においては歴史的に生活の自立ということが重視されてきた。ここでいう生活の自立は、自己責任による生活の維持、すなわち自助による自立である。生活保護の領域においては、今日においても、経済的な自立の達成が目標とされ、そのための支援のありようが自立助長と呼ばれている。生活保護受給者の就労による生活の自立、すなわちわれわれのいう**自助的自立**の支援が重要視されてきたのである。

しかし、そのような意味での自立が可能なのは、長い人生においても就労（就業）が可能な壮年期だけである。人間は誕生から成人するまでの時期、そして高齢期の生活については、多かれ少なかれ、家族をはじめとする誰かの力に頼らなければならない。そうしなければ、生活はおろか生命の維持すら難しい。障害や傷病があれば、壮年期であっても自立生活の維持は困難である。生活のためには、誰かに、何かに頼る、依存することが必要となる。それは、自立のための依存である。われわれは、このような、誰かに、何かに頼り、依存して維持される自立の状態を**依存的自立**と規定してきた。

むろん、自立は人々の生活に欠かせない。**自立**は**自律**の基盤であり、機軸である。しかし、自助的な自立だけが自立ではない。たとえその一部を誰かに依存せざるを得ない、あるいは何かしらの補助的な生活機器を利用せざるを得ないとしても、重要なことは、人々が自らの生活の主体になっているということ、自らの生活を支配し、コントロールすることができているということ、その自由と力をもっているということである。

すなわち、生活の一部に家族や専門職への依存、生活機器の利用などが含まれているとしても、日々何をするか、どう生きるか、それを自らの意思と判断に基づいて選択し、実現することができている生活、それがわれわれのいう自律生活である。われわれのねらいは、そのような意味での生活の自律を利用者の生活に確保し、維持、促進するように支援すること、自律生活をもって社会福祉を分析し、評価するよりどころ、基準にするということである。

6）生活の協同性

そのような人々の自律生活は一人では維持され得ない。人々は、生物学的な意味においてであれ、社会的な意味においてであれ、生きるためには家族、親族、友人、近隣社会、地域社会などの生活のための協同の組織、すなわち**生活協同体**を必要とする。人々の生活は、生活協同体という基層的な社会組織の一員であることによってはじめて可能となる。人々は、人類としての歴史を通じて、初めは親や親族との間に、やがては近隣の人々との間に依存的な生活関係を取り結び、それを基盤、バネとして徐々に身辺的・心理的・社会的・経済的・人格的な自立力を獲得し、自律生活の形成、維持発展を目指すことになる。このような、生物学的人間から社会的人間への発展、心理学や社会学において社会化と呼ばれる過程は、個人的であると同時に協同体的な過程として追求され、達成される。

人々は、そうした人類史的な過程を通じて、愛他主義、あるいは利他主義と呼ばれる行動様式を獲得してきた。近年の発達心理学の研究のなかには、そのような人間の行動様式は、後発的、社会的に学習され、獲得された資質というよりも、それ以前に、人類に本来的・本源的な資質として内面化され、受け継がれてきたとする報告も存在する。

そうしたことからいえば、人々の自律生活と生活協同体は本来的に表裏の関係にあるといって過言ではない。生活協同体は自律生活のための協同体、すなわち**自律生活協同体**である。その意味において、人々の自律生活に認められる特性は、そのまま自律生活協同体のもつ特性を構成する。自律生活協同体は、自律生活と同様に、自己組織性、自己保全（防衛）性、自己実現性をもち、自律性（自己統治性：self-governance）を志向する。自律生活協同体は、自らを統治し、維持発展させるために、自立力、自存力、結縁力、対処力、回復力からなる自律生活力（自律生活協同体に則していえば、自律生活協同力）をもち、自らの課題を自ら解決し、その将来のありようをコントロールする意思、自由な判断と決定を志向し、その実現を目指して行動する。

このような自律生活協同体の成立とその特性は、歴史的意味での共同体にみられる、日常的な生活や生産活動における親族間や近隣社会の相互扶助活動、住居の補修や葬送などにかかわる結いやもやいなどの互助組織の存在によって裏づけられる。それらは、自律生活協同体の自己組織性、自己保全性、自己実現性という特性の歴史的な具現化として理解することが可能である。宗教的な動機と結びついた慈善活動などについても、その延長線上にある行動として捉えることができる。

さらには、わが国の近世において多発した一揆や強訴（ごうそ）などについても、自律生活協同体のもつ自己組織性、自己保全性、自己実現性の発現として理解することが可能である。従来、一揆は、貧窮した農民による生活の困窮や不満に起因する心情的・刹那的・政治的な暴発として、あるいは抑圧的・権力的な封建的統治に対する政治的・階級的な抵抗行動として扱われてきた。しかし、近年の歴史研究においては、一揆は、農村のみならず寺院などの宗教団体などにもみられた行動様式であり、長期にわたって自己組織的に集合し、議論し、支配的当事者との交渉をも重ねつつ、課題の解決、処理を図るという協同的な行動様式の一部であり、優れて社会的な行動であったとする見解もみうけられる。

このようにみれば、自律生活協同体は、歴史的・具体的な人間社会の態様を超えて、社会の基層に底流する、いわば社会存立の源泉としてこれを理解することができる。その意味において、自律生活協同体は、社会の歴史的なありようを超えて、社会そのものの基底に通社会的に存立する基層社会であり、社会福祉の淵源、根源としてこれを位置づけることが可能となる。

7）社会・歴史への参画

生活人としての人々の存在は、総体社会のもつ４通りの位相との相互作用を通じて総体社会のもつ社会的・歴史的な諸条件に規定され、方向づけられている。しかし、それは相互作用（代謝的関係）の一つの側面にすぎない。人々は総体社会に規定されつつも、同時に自律生活の主体、自律生活協同体の構成員として、総体社会のさまざまのレベルに働きかけ、そのありようを形成し、方向づけることを通じて、歴史の形成に参画してきた。

社会福祉を、人々の生活を起点、機軸として把握、分析し、そのありようを構想し、設計するということは、そのまま社会福祉をこのような特性を有する人々の自律生活と自律生活協同体の自己組織性、自己保存（防衛）性、自己実現性というサイドから捉え、分析、構想し、そのありようを設計するということを意味している。

こうして、社会福祉を社会科学的に把握し、分析する社会福祉学は、端的にいえば、社会福祉を人々の自律生活と自律生活協同体の保全、維持存続、発展をキーワードに、総体社会、なかでもその社会環境的な諸条件との相互規定的関係（インタラクション）という視点から主体的に捉え、分析するとともに、これからのありようを構想、設計することをもって課題とする設計科学として、これを位置づけることが可能となる。

8）先行研究の批判的継承

このような、社会福祉を人々の生活のサイドから捉えるという視点は、すでに言及したように、萌芽（ほうが）的には岡村重夫によって提起されていた。岡村は、個人と社会制度との間に取り結ばれる社会関係、なかでもその主体的な側面に着目することによって、既成の経済学、政治学、社会学その他の社会諸科学とは明瞭に一線を画する社会福祉に固有な視点、枠組みを構築することができると主張した。このような視点、枠組みの設定は明らかに岡村に独自のものであり、その功績であるといって過言ではない。

けれども、そのような岡村の独自な視点、枠組みは、逆に岡村の社会福祉理論に独特の狭隘（きょうあい）性をもたらすことになった。岡村は、社会関係の主体的側面というそれまでにない境地、視野を開拓した。しかし、その分だけ、社会制度そのものの社会関係の客体的な側面のもつ比重を軽視しているとする強い批判を招き寄せることになった。たしかに、われわれには、社会福祉の社会的な環境を構成している多様かつ複雑な諸条件の存在とそれが人々の生活、そして社会福祉にもたらす影響力、規制力を適切に評価することが求められる。

しかし、もとより、そのような社会的な環境の影響力、規制力を重視する視点、枠組みだけをもって社会福祉のありようを的確に把握、分析し、将来を展望し、構想することは不可能である。社会的環境のもつ客観的な影響力、規制力を的確に評価するとともに、人々の生活のもつ主体的な位相、生活の自律と協同を志向する生活人としての位相を重視しなければならない。その限りにおいて、われわれは、岡村の生活を社会福祉分析の起点とし、機軸にするという基本的な構想を再評価することができる。

たしかに、生活を起点とし、機軸にするという岡村の社会福祉学研究の方法、視点や枠組みは、第二次世界大戦後の社会福祉学の揺籃（ようらん）の時代においては、重要な、ある意味において画期的な意味をもっていた。しかし、明らかにそれだけでは不十分であった。そのため、われわれは、これまで総体社会の外部環境的な諸条件のもつ影響力、規定力とそのメカニズムを基本的な枠組みとして展開されてきた大河内や孝橋による社会福祉研究の方法をあらためて吟味するとともに、岡村以後の一番ヶ瀬康子や真田是（なおし）その他によって発展させられてきた社会福祉学研究の方法、すなわち人々の生活のありようと生活問題の視点に立脚することを起点にしつつ、社会環境の影響力、規定力を組み込んだ分析の視点と枠組みを再評価し、社会福祉学研究の素材として批判的に継承することに努めてきた。われわれには、さらにそこに、社会福祉の今日とこれからを分析するにあたって必要とされる視点や枠組みを適切、的確に追加して組み込み、新たな社会福祉学研究の方法を構築するという作業が課せられている。

2. 生活維持システム

さて、社会福祉を人々の生活を起点、機軸にして捉え、分析するという視点に立とうとすれば、次にはその生活のなかに、いかなる条件、論理によって、社会福祉による対応を必要とする問題や課題が形成されるのか、そのことを明らかにしなければならない。そのためには、まず、その前提になる作業として、人々の生活と社会福祉がそこに存立し、展開している社会、すなわち社会福祉の基盤、舞台としての総体社会の構造、そのありようについて、あらためて考察する必要がある。

1）総体社会のシステム構成

もとより、社会の構造、ありようは、人類の歴史とともに、また地域とともにさまざまに異なり、多様である。ここでのねらいは、今日における社会福祉の前提、展開の基盤になる社会について、考察することである。さらに、その議論を踏まえて、これからの社会福祉を展望し、構想する方法論的な手がかりを構築することにある。

ここからの議論においては、社会福祉の展開の基盤、舞台になる社会として、時代的には、16 世紀このかたの近現代社会、なかでも 19 世紀の後半以降の近現代社会を取り上げることにする。地域的には、イギリス、アメリカ、そして我が国における近現代社会のありようを念頭にしつつ、議論を進めることにしよう。

すでにふれてきたことの再確認になるが、われわれは、近現代における歴史的社会のありようを「社会システムとしての協同社会」「経済システムとしての資本主義社会」「政治システムとしての市民社会」「規範システムとしての文化社会」という４通りの位相――以下、これらのサブシステムを総称するとき「社会構成システム」という――から構成されたトータルシステム、「総体社会」として捉え、そのように規定してきた。

図 1 総体社会のシステム構成

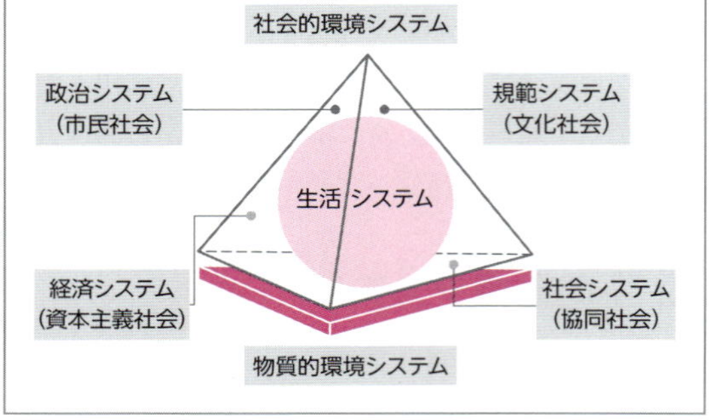

図 1 の「**総体社会のシステム構成**」はそのことを示している。**図 1** に示すように、総体社会のありようを理念型的にほぼ正三角錐の形状をもつ存在として想定すると、その基底の部分を構成しているのは、社会システムとしての協同社会である。そして、そこから、協同社会を基盤にして、経済システムとしての資本主義社会、政治システムとしての市民社会、そして規範システムとしての文化社会という３通りの位相が立ち上がり、相互に支えあい、規定しあいつつ、トータルシステムとしての総体社会を構成している。

2）生活システム

つまり、総体社会は、社会システム、経済システム、政治システム、規範システムという４通りの社会構成システム（サブシステム）がそれぞれの方向から相互に依存しあい、規定しあいつつ、一つに結合し、統合するという形で全体を構成している社会である。そして、そのような総体社会の中心に位置しているのが、ほかならぬ「**生活システム**」である。**図 1** において、生活システムは、総体社会を意味する正三角錐の内部に球体として表示されている。生活システムは、一箇の独立した社会構成システムとして独自の論理をもち、自己組織的、自己保全的、自己実現的に存立する空間、場と組織であり、生活維持の体系として存立し、機能している。

われわれは、社会福祉の展開基盤となる総体社会を４通りの社会構成システム、すなわち社会システム、経済システム、政治システム、規範システムから構成された四層社会として捉えることから議論を始めてきた。しかし、もとより、われわれが社会福祉の起点として焦点化すべきは、何よりも、それらの社会構成システムの中心に位置している生活システムである。その生活システムは、「**生活維持シス**

テム」と「**生活支援システム**」という二つのサブシステムから構成されている。

やや議論を先取りしていえば、社会福祉は、そのうちの後者、生活支援システムを構成している社会的、公共的な生活支援施策の一部分として生成し、発展してきた。しかし、そのような社会福祉の姿形を明らかにするには、まずもって、近現代社会において、人々の生活を構成し、下支えしているシステムそのもの、すなわち前者の生活維持システムがどのような構造をもち、どのように機能しているのか、そのことの考察から始めなければならない。

3）自律生活力

先にみたように、生活の英語表記はライフ（life）である。そこには、①生命、②日常的な生活の営み（暮らし）、③人生（生涯）という３通りの意味が含まれている。人々は、生命を維持するためには、生理的にも心理的にも無力な、親による保護、親族や近隣社会による援助などの周囲の環境的諸条件に完全に依存せざるを得ない状態で誕生する。人々は、生命を保持し、成長し続けるためには、一定の期間のうちに、自らの生命と活動を自ら自律的に維持し、向上・発展させるために必要とされる力あるいは性能（パワー）を獲得する必要がある。

人々は、生きるためには、周囲に働きかけ、活動するなかで、多様な課題あるいは問題状況を自らの意思と判断に基づいて制御しコントロールすることを通じて、自己組織的に生活を形成し、保全し、発展させる力、すなわち**自律生活力**、自らに恃（たの）む生活（セルフリライアンスライフ）の力を獲得（仮にその過程をパワーメントと呼ぶことにしよう）し、向上させていかなければならない。

しかし、先にも言及したように、人々には、まずは、生物学的な存在として誕生した人類が社会的な存在になる過程、心理学や社会学にいう社会化と呼ばれる過程を歩むことが求められる。そのような社会化の過程において獲得される基本的で、生活の機軸になる力を自立力と呼ぶことにしよう。人々は、まず家族や近隣社会、やがては学校その他の社会的な集団や組織からなる社会システムと接点をもつことを通じて、身体的、心理的な、そして社会的な自立を達成する。次に、人々は、労働市場や消費財市場などの経済システムと接点をもち、交互作用を繰り返すことによって、日常生活を生きるために必要とされる生活資料や生活サービスを取得し、自己の生命と活力を維持・存続させ、さらにはその世代的な再生産を行う（子を産み、育てる）にあたって、その物質的な基盤となる経済的な自立力を獲得する。

加えて、人々は、成人するとともに、一定の条件のもとに政治システムと接点をもち、選挙活動や社会行動その他の手段を通じて、総体社会の政治過程に参画し、政治的に自立する。また、規範システムと接点をもち、出自の社会に一般的な生活の習慣や慣行、価値を内在化し、あるいは新たに創造する活動に参画することによって人格的に自立する。

このような自立力はいずれも、人々がその自由な意思と判断によって生命を維持し、日常生活を営み、固有な人生を形成するうえでその基盤となる力であり、性能である。その意味において、自立力は、人々の自律生活を支える諸力のなかで、その中核、機軸を構成する力である。

4）自律生活力の構成

人々の自律生活力は、そのような①自立力（セルフインディペンデンスパワー）を中心に、②自存力（サステナンスパワー）、③結縁力（ネットワーキングパワー）、④対処力（コンピテンスパワー）、⑤回復力（レジリエンスパワー）という５通りの力によって構成されている。②自存力、③結縁力、④対処力、⑤回復力は、いずれも①の自立力の一部として、あるいはそこから派生し、分節される形で、形成される力である。

さて、①の自立力についてはすでにふれた。②の自存力は、それぞれの年齢、性別など条件に応じて取得された自立力を前提に、環境的その他の要因が生活にもたらす影響、負荷に対して、所与のレベルにおいて、従前の生活の質量を維持し、護ろうとする力のことである。③の結縁力は、人々の相互のつながり、結びつき、すなわち生活の協同あるいは生活のための協同の基礎、基盤となる生活関係を構築し、維持しようとする力のことである。④の対処力は、生活上に課題や負荷が形成されたときに、人々が、自らの意思と判断に基づいて対処の方法を講じ、課題を解決し、あるいは負荷を克服する力のことである。⑤の回復力は、生活上の課題や負荷によって生活に緊張や瓦解の危機が生じたときに、あるいは生活を維持しえない状況に陥ったときに、困難を克服して従前の生活に復帰し、あるいは新たな生活のありようを形成し、構築しようとする力、すなわち生活再建の力のことである。これらの力、性能、なかでも③の結縁力以下の力、性能はいずれも、人々が社会的にバルネラブルな存在として、その自律生活を保全・防衛し、存続・発展させるうえで重要な役割を担っている。

5）自律生活力のレベルと内容

これらの自律生活力を構成する個々の力、性能は、まずは生活の主体である個々人の属性として捉えられる。しかし、それらは、個々人のもつ身体的・心理的な属性による規定に加え、生活の基本的な単位となっている家族（世帯）の人数、性別、年齢、健康、生活の物質的な基盤を取得する職業、職種、所属する階層や組織、日常的に接触し、内在化される価値観や文化などの諸条件の影響のもとに形成される。その意味では、個々人のもつ自律生活力には、家族のもつ自律生活力がそのまま反映されるといってよい。逆に、家族の自律生活力は家族個々の自律生活力によって規定される。

自律生活力は、個々人のみならず、家族を単位として測定し、評価することが可能である。ただし、家族の自律生活力は、家族構成員の自律生活力の単なる総和、あるいは平均値というわけではない。家族としての自律生活力は、基本的には生計維持者の自律生活力を中心に、構成員の年齢や健康状態、傷病や障害の有無や程度によって異なる。生計維持者が一般的・平均的な自律生活力をもっていても、日常的に介護を必要とする家族員が含まれていれば、家族としての自律生活力のレベルは低下することになる。家族としての自律生活力は、おのずとそのような家族構成員のもつ要素を加味して、総合的に判断することが必要になる。

こうして、自律生活力を構成する個々の自立力、自存力、結縁力、対処力、回復力の状態、そのレベル（自立度、自存度、結縁度、対処度、回復度）や内容、総じていえば自律生活力のレベル（自律生活度）の内容は、個人や家族によって多様に異なったものになる。そのような自律生活力要素の状態をレーダーチャートに表示することができれば、支援を必要とする個々人や家族のもつ自律生活力のレベルや内容を的確に把握し、評価することが可能になろう。

一般に生活システムというとき、それは個人や家族（世帯）を単位として営まれる生活を前提としている。しかし、生活システムは、先にも言及したが、近隣や友人などからなる近隣社会、さらには地域社会を単位とする生活組織、すなわち自律生活協同体についても、同様に形成される。そこにおいても、個々人や家族の場合と同様に、生活の自律と協同を支える各種の力、性能、すなわち自律生活協同力を構成する要素の状況、レベルや内容を測定することができる。近隣社会や地域社会を単位とする自律生活協同体についても、基本的には、その自立力、自存力、結縁力、対処力、回復力の状態をもとに、自律生活力や自律生活協同力を測定してレーダーチャートに表示し、評価することが可能である。

6）生活維持システムの展開

図2の「生活維持システムの展開」は、そのような個人や家族、近隣社会など各種の生活組織を主体とする生活システムのうち、総体社会との交互作用のなかで、人々が自律生活を形成し、活動する状況を生活維持システムの展開図として表示したものである。**図2**においては、総体社会を構成する４通りの社会構成システムを、個人や家族、近隣社会を主

体とする「生活維持システム」をその基盤において支えつつ、同時にそのありように影響を及ぼし、規定する社会的環境として描出している。もとより、個人も家族も、近隣社会も、社会的環境に対して単に被規定的な存在として生活を営んでいるわけではない。個人、家族、近隣社会は、社会的環境に規定されつつも、中長期的には、それとの交互作用を通じて社会的環境に働きかけ、それを変容し、変革する存在である。人々がその存在の基盤、日常生活の舞台として形成する生活維持システムは、そのことを前提にして把握され、理解されなければならない。

さらに、**図2**においては、総体社会を構成する要素として社会的環境に加え、物質的環境が記載されている。物質的環境は自然的環境と人工的環境に区分することが可能であった。自然的環境は、地形、河川、海浜、植生など地理や気候など自然的な環境要素にかかわる諸条件である。人工的環境は、建造物、街路、電気、上下水道、ガスなどのライフライン、交通機関などの人工的な環境要素にかかわる諸条件から構成されている。

自然的環境は、暴風、地震、豪雨のように、しばしば苛烈な形で直接的に個人や家族に影響を及ぼし、その生活システムを破壊する。さらに、自然災害はライフラインの損壊など生活インフラストラクチャーに影響を与えることを通じて人々の生活システムに大きな影響を及ぼすことになる。地球的規模の温暖化の拡大とその災害が懸念される状況において、社会福祉にとっても、自然的環境と生活システムとの関係は今後ますます重要視されることになろう。他方、建造物、街路、交通機関などの人工的環境のありようは、障害のある人々にとっては、移動や職業の選択など、その生活システムを直接的、間接的に規定する重要な負荷要因となる。しかし、障害は、人々の身体的・精神的な状況そのものではない。身体的・精神的な機能の状況と物質的環境や社会的環境との関数として捉えられるべきものである。その意味において、障害は、物質的環境、そして社会的環境によってもたらされる生活の障壁として理解される必要がある。

図2　生活維持システムの展開

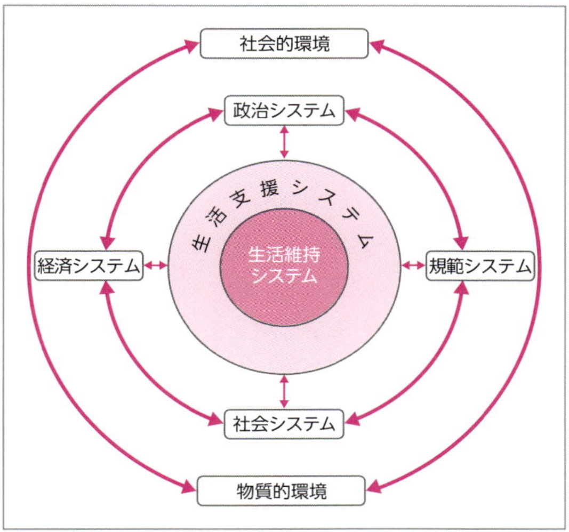

3. 生活支援システム

1）生活維持システムの不調

総体社会を構成する４通りの社会構成システム、すなわち社会システム、経済システム、政治システム、規範システムは、いずれも多様かつ複合的な規定関係のもとに、人々の生活を可能にし、維持するための基礎、基盤、社会的なインフラストラクチャーとして機能する重要な要素、構造物である。いずれの社会構成システムも、人類史的には、個々人や家族（世帯）による自律的な生活、そして親族、友人、近隣社会などの自律生活協同体の内側に自然発生的に胚胎した機能がさまざまな歴史的経過のなかで徐々に自己組織化され、外部化され、社会制度化されたものである。その限りにおいて、いずれの社会構成システムも、個々人や世帯の自律生活、あるいは親族、友人、近隣などの自律生活協同体にとって必要不可欠なシステムである。それらは、生活の保全、維持・存続、向上に順機能的に寄与するシステムとして形成されてきた。

しかし、いずれの社会構成システムも、それが自己組織化され、外部化し、社会制度として形成され、機能する過程において、一般的・普遍的な構造や機能をもつことになる。また、一部においては、構造の歪みや一部機能の肥大化、極大化など、生活に直接的に負荷を与えるような状況が形成される。こうして、社会構成システムのありようは、しばしば人々の生活に対して逆機能性をもつことになる。

他方、それぞれの社会構成システムにとって客体となる個人、家族、世帯、あるいは近隣社会（以下、生活主体という）の側にも、年齢、性別、健康、身体的能力、知的能力、意思判断能力、生活の習慣や慣行、価値意識など、多様かつ複雑な条件が存在する。それぞれの社会構成システムが一般的に設定する理念型的な客体像に合致する人々、たとえば自己完結的な社会人、経済人、政治人などの存在は、実際には限られている。そこには、多様な形で個人差、個体差が形成される。むしろ、それが一般的な状況である。

2）生活支援システムの形成

こうして、それぞれの社会構成システムと生活主体とのあいだに、齟齬や不調和、葛藤が形成されることがある。たとえば、労働力の販売（求職）と購買（雇用）、生活資料の販売（供給）と購入（消費）、参加と制限（規整）、受容と排除などの、相互規定的・輻輳的な相互関係を媒介項として、不健康や傷病、生活の不安、不利、支障、困難、不能、社会的な差別や排除、暴力や虐待、逸脱や犯罪などの多様かつ複雑な生活問題や社会問題が形成される。

こうした状況に対して、総体社会は、近現代社会の長い歴史と経緯のなかで、生活問題や社会問題を軽減・緩和し、あるいは回避し、生活主体の生活を保全し、維持・存続させ、最終的には総体社会それ自体の保全、維持・存続、発展を図るために、さまざまな生活支援の活動や施策を、当初は自己組織的に、後には社会的・公共的に、形成してきた。それらの施策の総体が「**生活支援システム**」を構成する。社会福祉はそのような生活支援システムを構成する多様な活動や施策の一部として成立し、発展してきた。われわれの課題は、そのようにして近現代社会において形成され、発展させられてきた社会福祉について、その基本的な性格と特性、成立の背景と契機、存立の論理、構造と機能を抽出し、その意義を明らかにすることにある。以下、その議論を進めるにあたり、生活支援システムを構成する多様な「**社会的生活支援施策**」群を社会福祉とそれ以外の施策群に区分し、後者の社会福祉以外の社会的生活支援施策群を「**一般的生活支援施策**」と呼ぶことにしよう。

一般的生活支援施策群は、(a)制度規整的施策、(b)国民涵養的施策、(c)市場補完的施策、(d)環境整備的施策に分類することができる。(a)制度規整的施策は、社会構成システムが一般的に期待する国民（施策の客体ないし利用者）としての要件を欠いている、あるいはそれが低位な状況にある人々に対して、それらの要件を補完し、あるいは補強することを目的とする施策群である。人権擁護施策、司法施策、判断力低位者施策などがこれに含まれる。(b)国民涵養的施策は、国民国家を構成し、それを支える国民、とりわけ労働者や兵力となる国民に必要とされる健康状態や体力、知識や技術の育成、維持・存続、強化を目的とする施策群である。健康施策、保健施策、医療施策、教育施策、育成施策などがこれに含まれる。(c)市場補完的施策は、労働力、生活資料や生活サービス、住宅などの市場原理主義的な需給関係に起因する弊害を規整することを目的とする施策群である。雇用施策、所得施策、住宅施策などがこれに含まれる。(d)環境整備的施策は、自然的環境や人工的環境による生活の混乱や破壊、障壁を除去・緩和し、国民生活の安心、安定の促進を目的とする施策群である。被災者施策、まちづくり施策などがこれに含まれる。

これらの一般的生活支援施策は、比喩的にいえば、総体社会を構成するそれぞれの社会構成システムとのあいだに展開される一般的、あるいは平均的な交互作用をもってしては生活の形成、維持・存続を確保することが困難な、あるいはそれを期待し難い人々に対する一般的に普遍主義的なセーフティネットとして機能する施策群である。

次の論点は、それでは、社会福祉は、そのような一般的生活支援施策群に対してどのような位置関係において存立しており、いかに機能しているかということである。

4 社会福祉の基本的性格

1. 社会福祉と一般的生活支援施策

1）社会事業の古典的概念規定

社会福祉と一般的生活支援施策群との関係に論及した古典的な言説に、1950 年に社会事業研究所がパリで開催された国際社会事業会議に提出した社会事業の概念規定がある。むろん、この概念規定は社会事業と一般的生活支援施策との関係について考察することを目的にしたものではない。しかし、そこにはわれわれの論点にかかわって興味深い文言が含まれている。すなわち、この概念規定は、社会事業を、社会保険、公衆衛生、教育などの一般対策と「ならんで、またはそれを補い、あるいはこれにかわって」、不特定の個人や家族に保護、助長、処置を行う社会的な組織的活動であると規定している。

この社会事業研究所による概念規定の要点は、社会事業が一般対策に対して「並立性（ならんで）」「補足性（補い）」「代替性（かわって）」をもつ施策だという部分にある。概念規定にいう社会事業は、現在にいう社会福祉の前身、先駆形態である。一般対策は、われわれのいう一般的生活支援施策に置き換えて捉えることができる。そうすると、社会福祉の基本的な性格は、それが一般的生活支援施策に対して並立性、補足性、代替性をもつところに求められるということになる。

2）孝橋正一の補充性と代替性

この社会事業研究所による社会事業の概念規定は、第二次世界大戦後のわが国における社会福祉学研究の起点になったといって差し支えないであろう。まず着目すべきは、**社会福祉の補充性と代替性**である。周知のことであるが、**孝橋正一**は、社会事業（社会福祉）は社会政策に対して補充的、代替的な位置関係にあると主張した。その根拠は、社会政策が社会問題の根幹を形成する労働問題に対応するのに対して、社会事業はその労働問題から関係的・派生的に形成される「社会的問題」に対応するというところにあった。社会事業は、孝橋によって、その前身となる救貧施策や慈善事業の時代を含めて、資本主義国家の基幹的な政策としての意義をもつ社会政策を補充し、それが成立する以前においてはやがて来たるべき社会政策の機能を代替してきた施策ないし事業として位置づけられた。この規定は、わが国における社会福祉学の研究に大きな影響を残してきた。

3）一番ヶ瀬康子の固有性

これに対して、**社会福祉の並立性**、つまり社会福祉のそれ以外の一般的生活支援施策、なかでも社会政策に対して区別され得る固有性をもつことを指摘し、強調したのは**一番ヶ瀬康子**であった。一番ヶ瀬は、社会福祉を世帯（家庭）のなかで営まれる労働力の再生産過程において形成される「生活問題」（形としては孝橋のいう社会的問題に照応する）に対応し、対処する固有な施策として把握している。その論拠は、社会政策が労働市場における労働力の需給関係、売買や消費（就業）の過程において形成される労働問題に対応する施策であるのに対して、社会福祉は家庭（世帯）のなかで営まれる労働力の再生産過程において形成される生活問題に対応する施策であるというところに求められている。

もとより、一番ヶ瀬も社会福祉が一般的生活支援施策に対して補充性や代替性をもつことを認めていないわけではない。しかし、一番ヶ瀬による議論の核心は、社会福祉のもつ並立性にある。つまり、社会福祉は、生活問題への施策としてほかの一般的生活支援施策に並立する固有な施策であるということの論証、そしてその根拠となる固有性の解明にあった。

4）社会福祉のL字型構造

われわれは、このような先行研究の議論を踏まえつつ、社会福祉と一般的生活支援施策との関係を「**社会福祉のL字型構造**」として捉えてきた。**図1**の「社会福祉のL字型構造」を参照されたい。**図1**のねらいは、先行研究にいう社会福祉の並立性に相当する領域をアルファベットのL字の縦棒の部分に、一般的生活支援施策を補充し、あるいは代替する生活支援の領域をL字の横棒の部分——一般的生活支援施策と社会福祉が交錯する部分——になぞらえ、視覚化することによって社会福祉と一般的生活支援施策との関係をより構造的に、かつより理解しやすい形において、把握することを可能にすることにある。

図1　社会福祉のL字型構造

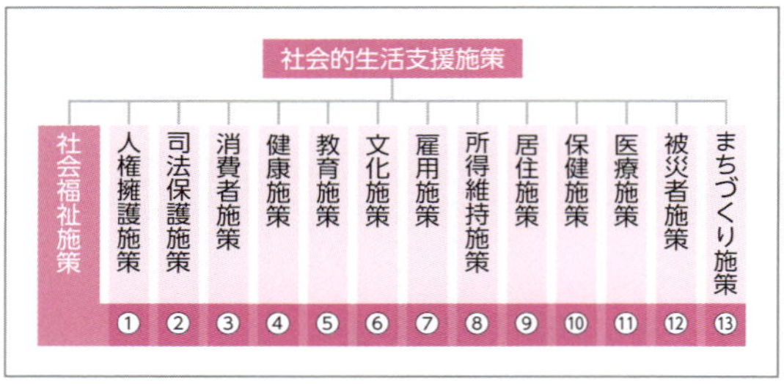

※横棒部分の例示
①人権生活支援＝被差別支援／虐待支援／権利擁護／法律扶助
②司法保護生活支援＝司法福祉／更生保護／家事調停
③消費者生活支援＝高齢者・未成年消費者支援
④健康生活支援＝健康相談／高齢者スポーツ／障害者スポーツ
⑤教育生活支援＝障害児支援／病児支援／学習支援／スクールソーシャルワーク／教育扶助
⑥文化生活支援＝児童文化支援／障害者文化支援／福祉文化支援／レクリエーションワーク
⑦雇用生活支援＝高齢者・障害者・母子・若年者・ホームレス就労支援
⑧所得生活支援＝生活保護／児童手当／児童扶養手当／特別児童扶養手当
⑨居住生活支援＝低所得者住宅／高齢者・障害者・母子住宅／ケア付き住宅／住宅改良
⑩保健生活支援＝育児相談／妊産婦相談／精神保健福祉相談／難病相談
⑪医療生活支援＝低所得者医療／医療扶助／医療ソーシャルワーク／精神保健福祉
⑫被災者生活支援＝災害時要援護者支援／生活再建／生活相談／災害ボランティア活動／コミュニティ再生
⑬まちづくり生活支援＝福祉のまちづくり／つながり支援／社会参加支援／ユニバーサルデザイン

われわれのここでの目的は、社会福祉をそれ以外の一般的生活支援施策と区別し、それらの施策と並立する部分とそれらの施策を補充し、代替する部分を併せもつ施策、そのことにおいて固有性、独自性をもつ施策であると主張し得る根拠、そしてそれを支える論理を明らかにするということにある。われわれは、そのための手がかりとして、社会福祉のもつ固有性を、①領域としての固有性、②アプローチ（接近方法）としての固有性、③支援方法としての固有性の3通りに区分する。さらに、これら3通りの固有性のうち、①領域としての固有性を、ⓐ本来的・並立的固有性とⓑ先導的・相補的固有性に、②アプローチとしての固有性を、㋐個別的・統合的アプローチと㋑連携的・開発的アプローチに、それぞれ区別する。

2. 領域としての固有性

1）本来的・並立的固有性

さて、まずは社会福祉の**本来的・並立的固有性**である。

かつて、社会福祉の政策論的研究においては、社会福祉（社会事業）が歴史的、淵源的に対応してきた生活問題、たとえば生活の困窮やそれに関連する、あるいはそこから派生する、住居の不備、不潔、疾病、不就学、障害、寝たきりなどの問題状況は、個別的かつ専門的な一般的生活支援施策が充実していけばおのずと解消され、縮小するものと考えられた。たとえば、大河内一男は、将来的に社会政策（雇用施策や所得維持施策）が充実した後においては、国民の生活は改善され、それまで貧困問題に対処してきた社会福祉は徐々に縮小し、社会教育や文化活動などを内容にする施策に変化するという趣旨の議論を展開している。しかし、実際には、今日においてもそのような状況は起こっていない。

たしかに、わが国においても、高度経済成長期に入り、所得維持施策や医療施策などの一般的生活支援施策が拡充されるなかで、従来の日常的に生活に難渋するという絶対的な貧困は徐々に縮減していった。しかし、貧困が消滅したわけではない。絶対的な貧困に代わって、新しい貧困（相対的貧困）と呼ばれる状況が出現してきた。また、経済的な生活の状況と関連しつつ、認知症高齢者問題のように、購買力の提供という手法だけでは対処することの難しい、あるいは対処できないような新しい生活問題が形成され、社会的・公共的な対応が求められるようになった。

社会福祉が対応している生活問題の根幹には、独力では自足的な生活を可能にするだけの生活資料や生活サービスを確保することができないという基本的な問題が横たわっている。たとえば、単身の子ども、高齢者、障害者、無業者、ホームレス、ひきこもりなどのように、日常的に生活資料（衣食住）を確保する性能（稼得能力）や就労の機会を欠いている人々の場合がそうである。それに加えて、生活問題を抱える人々のなかには、身辺の介助、保育、養護、介護、療育、療護などの家族による日常的な生活サービス（役務）を必要とする人々が多数含まれている。その一方において、少子化や高齢化、核家族化、単身化などに伴う家族の構造や機能の変化、過密や過疎、転勤などによる人口の移動や近隣社会における生活関係の縮小化などに伴い、生活サービスを提供し、自律生活の保全、維持存続を支えるべき家族内外の生活関係の希薄化、脆弱化が急速に進行してきている。

しかも、人々の生活には先に言及したような分節性と全体性・統合性という構造があり、生活の混乱や危機は、分節を越えて互いに影響しあい、しばしば複合化、多様化し、高度化する。そうした生活問題の状況は、定住、家族や居宅の存在、社会保険への加入などを支援提供の前提とする、所得維持施策、医療施策、教育施策などの、問題ごとに特化され、専門化された一般的生活支援施策だけでは十分な対応を期待することは不可能である。家族その他の同居者がいても、家庭内の虐待や暴力、ひきこもり、徘徊などのように、家族を支える生活関係そのものが生活の不安定化、緊張、混乱の源泉になっているような生活問題についてはなおのことである。一般的生活支援施策を充足させるだけでは十全な対応が期待できないのである。

そのような、家族の有無や構成、居宅の有無や状況などの生活の根幹にかかわる要因を内包するような生活問題には、社会福祉による対応が求められる。それが、社会福祉にとっての本来的に固有な領域である。個別的に専門分化した一般的生活支援施策では対応することができない。そして、そのような状況においては、社会福祉による対応が強化されることによって、逆に一般的生活支援施策による対応も有効性を高めることができる。

こうして、生活の根幹にかかわる生活問題への対応は、社会福祉にとってはそれに本来的な独自固有の領域を構成し、かつそのことによって一般的生活支援施策に対して並立的な位置関係を形成することになる。

2）先導的・相補的固有性

次に、**先導的・相補的固有性**である。

わが国においては、社会福祉の存在意義や特性は、社会福祉それじたいについてというよりも、一般的生活支援施策には属さない施策、あるいは一般的生活支援施策によっては十分に対応することのできない課題に対応する施策として議論されるのが通例になってきた。ほかの施策では十分に対応し得ない問題に対応する二次的な施策、それが社会福祉であるという、いわば消去法的な議論の組み立て方である。研究史上、社会福祉が社会政策を機軸に、それを補充し代替する施策として論じられてきたことのスティグマとでもいうべき状況である。

しかし、自らの力で生活に必要な衣食や住宅（生活資料）、保育や養護、介助や介護（生活サービス）を得られない人々に対する社会的な生活支援、人々による互助的な活動、宗教家による慈善や政治権力者による救済活動は、一般的生活支援施策が成立するはるか以前の時代に始まっている。鰥寡孤独（妻のいない夫、夫のいない妻、孤児や子のない老人、寄る辺のない独り者）の困窮者は、古代以来、抑制的、救恤的な形であれ、宗教者あるいは政治権力者による慈善活動や救貧事業の対象とされてきた。

そうした人々に対する慈善的・政治権力的な救済の活動や事業は、中世、近世の社会においても微弱ながらも継承される。近現代の社会、それも19世紀末から20世紀初頭の世紀転換期になって、そこから貧困、失業、傷病、衛生、住宅などに特化した社会的・公共的な支援の活動や事業が国家による施策として形成されることになる。それがわれわれのいう一般的生活支援施策である。そのような施策は、淵源的にいえば、近世、近代初期の原初的・選別主義的な慈善活動や救貧事業、さらには萌芽的な共済事業を継承したものであった。しかし、それらは、慈善事業や救貧事業、共済事業の単なる量的な拡大や発展ではない。一部の施策は、専門特化された目的と方策手段をもち、かつ普遍主義的、一般的に運用実施されるべき施策として、たとえば初等教育や社会保険のように、先行する救貧事業や共済事業のなかから分離、外在化され、優先的に施策化され、社会制度化されていった。

しかし、一般的生活支援施策の登場によって、伝統的な慈善事業、救貧事業、共済事業が消滅してしまったわけではない。救貧事業に関しては、支援の方法が施設保護から居宅保護に切り換えられ、児童救済施設（プアロースクール）の小規模化、里親制度の導入などの一定の改善が行われた。また、それ以外に、児童虐待防止や妊産婦に対する保健サービス、学童に対する保健サービスや給食サービスなどの新しい事業も加わった。貧困者に対する金銭的な救済活動から切り離された慈善事業は、民間の相談援助機関として科学化、専門職化する。こうして、一般的生活支援施策とは別に、改善され、近代化された慈善事業や救貧事業、そこから分離、発展した保護事業、新たに登場してきた保健サービス事業の総体としての社会事業が成立し、それがやがて社会福祉に展開する。そのような経緯のなかから誕生し、継承されてきた特性が、われわれのいう社会福祉の先導的な固有性である。

こうした歴史的な背景のなかで、社会福祉と一般的生活支援施策との関係をみると、一般的生活支援施策の一定の部分は、社会福祉の先駆形態である慈善事業、救貧事業そして共済事業を淵源としつつ、そこから派生的に専門分化、独立し、普遍主義的、一般的に運用実施される施策として社会制度化されたものである。その意味において、社会福祉は、一般的生活支援施策に対して先導的な固有性をもつことになる。

その一方において、社会福祉は、一般的生活支援施策が成立した後においては、その存在を前提に運営、実施されることになった。そして、逆に、一般的生活支援施策もまた、社会福祉の存在を前提に運営、実施されることになった。一例を挙げれば、社会福祉の一部である公的扶助（生活保護）は一般的生活支援施策である所得維持施策（失業保険や年金保険）の存在を前提にしている。そして逆に、その所得維持施策は困窮者一般に対応する公的扶助の存在を前提に運用・実施されている。こうして、社会福祉は一般的生活支援施策に対して相補的な関係において固有性をもつことになる。

3. アプローチとしての固有性

1）個別的・統合的アプローチ

さて、社会福祉のもつアプローチ（接近方法）にみられる固有性である。その第一は、**個別的・統合的アプローチ**ということであった。

この社会福祉のアプローチにみられる固有性は、生活それ自体のもつ構造や機能、そしてそれを反映する生活問題の特性にかかわっている。繰り返しになるが、社会福祉が対応する生活問題の基本的な特性はその社会的起源性と社会的対応責任性にある。つまり、社会福祉の対象となる生活問題とは、社会的に形成され、社会的に存在し、社会的、公共的な対応を必要とすると社会的、公共的に認められた問題、社会問題である。しかし、そのような生活問題の当事者は、日常的な生活実態のレベルにおいていえば、個人や家族（世帯）、あるいは近隣社会である。われわれは、そのように社会問題としての生活問題がその当事者である個人や家族、近隣社会のレベルにおいて覚知され、社会的、公共的な支援を必要とする問題状況として社会的、公共的に認識されるとき、そのような問題状況を生活課題と呼ぶことにしよう。逆にいえば、生活問題は、そのように個別的に覚知された生活課題が社会的に集積され、問題化したものである。

生活課題は、担い手の年齢や性別によって、あるいは家族内のポジションによってさまざまな形をとる。その内容や形成の要因や過程に留意してもう少し一般的にいえば、生活課題は、生活主体（個人、家族、近隣社会）のもつ自律生活力や自律生活協同力（自立力・自存力・結縁力・対処力・回復力）とそれぞれの生活主体（当事者）の生活に不調や危機をもたらしている生活負荷要因の関数として形成される。したがって、生活課題の内容は、生活主体のもつ自律生活力や自律生活協同力の状態と生活負荷要因の種類や状態、つまり質や量によって、多様な内容と形をとることになる。社会福祉は、そのような生活課題の多様性に即して個別的に対応する。すなわち、個々の生活主体と生活課題の個別的な状況に留意して個別的なアプローチを展開する。

他方、社会福祉による支援には、統合的なアプローチが求められる。先に、われわれは、生活にみられる特徴の一つとしてそれが分節化し、亀甲構造をもつことに言及した。つまり、人々の生活は、基本になる衣食住というそれぞれの領域に加えて、健康、心理、学業、仕事、趣味、友だちや近所との付き合いなど、多様な領域に分節化している。それらの領域は、基本的には、それぞれが独立している。しかし、同時に、それぞれの領域は相互に影響しあい、規定しあうという関係にある。人々の生活は、そのような分節的かつ輻輳（ふくそう）的な諸領域の全体として成り立っている。

こうして、生活課題は、初めは健康、衣食、あるいは仕事などの独立した領域の内側で個別に形成されたものであっても、やがて分節の壁を越え、近接する生活の領域に浸潤していき、ついには輻輳しあい生活の全体に波及することになる。生活システム全体の存続にかかわる課題に発展するような例も多々みうけられる。

社会福祉には、そのような状況に対応するため、発端になった生活課題のみならず、近接する生活領域への影響、さらには生活システムの全体的な状況を視野に入れた包括的かつ統合的な対応の仕方が求められる。生活が家族（世帯）単位で営まれているような場合には、発端は家族の誰かに起こった生活の危機であっても、しばしば家族全体の生活が巻き込まれることになる。同居している祖父や祖母が認知症を発症したということになれば、医療費の負担が増え、家族の衣食も圧迫され、介護に手をとられて乳幼児の養育もままならないという状況が起こり得る。このような生活課題に対しては、生活課題の態様に即した個別的なアプローチとともに、家族の生活システムの全体に着眼し、多様な一般的生活支援施策と連携し、協働する包括的・統合的なアプローチが必要となる。

2）連携的・開発的アプローチ

このように、包括的・統合的なアプローチを展開しようとすれば、一般的生活支援施策との連携や新たな社会資源やサービスの開発という視点をもつ**連携的・開発的アプローチ**が不可欠のものとなる。多様で、複合化し、高度化した生活課題については、社会福祉による支援だけでは十分な成果を上げることができないからである。

多様で、複合化し、高度化した生活課題については、社会福祉だけで対応することは難しい。難しいというよりもむしろ不可能だという現実がある。先には認知症になった高齢者の生活課題を取り上げたが、児童虐待問題などもそうである。児童虐待という生活課題は被害者である子どもの問題として顕在化するのが一般的である。虐待による負荷は子どもの身体や心理に影響を及ぼすだけではない。学童であれば、学業にも影響が及ぶ。しかも、虐待の加害者は親（保護者）であることが一般的である。必然的に、児童虐待という問題状況は家族生活の全体を巻き込む生活課題となる。実際、児童虐待には収入の不安定や困窮、親の職場への不適応、さらには近所付き合いなどの多様な要因がかかわっているという指摘がなされている。

このような課題状況に対処しようとすれば、社会福祉だけでは十分ではない。教育、医療、所得、住宅、雇用、司法（警察）などの関連する一般的生活支援施策を社会資源として活用した支援のありよう、すなわち**多分野横断的なアプローチ**が必要となる。そこでは、必要とされる施策間の調整、連携、協働などを内容とする連携的・協働的なアプローチが求められる。そこでは、社会福祉を推進する専門職は、教師、医師、看護師、保健師、あるいは心理カウンセラー、職業カウンセラーなどの多様な専門職と調整、連携、協働しつつ生活課題の解決、軽減、緩和にあたることになる。もとより、社会福祉の専門職が常にそのような多分野横断的アプローチの中心的なアクターになるわけではない。医師や看護師、あるいは教師が中心的な役割を担うということも一般的にあり得ることである。しかし、歴史的にも、実際的にも、社会福祉の専門職はそのような連携的・協働的なアプローチを本来的な役割、領域としてきたといっても過言ではない。

実際、社会福祉の支援は、その歴史を通じて、本来的にそのような役割を担う専門職の活動として発展してきたのである。社会福祉は、社会資源を活用するということを重要視してきた。関連する施策を含め、多様な社会資源を活用することによって、生活課題の解決、緩和軽減にあたる施策、事業、活動であるとみなされてきたし、そのように自らを規定してきた。その意味において、社会福祉の専門職には、多分野横断的アプローチにおいて中心的な役割をもつことが期待される。

先に、一般的生活支援施策は社会福祉にとっては社会資源であるとした。しかし、むろん社会資源は一般的生活支援施策だけではない。たとえば、寺院や神社の施設（建物や設備）が支援活動の拠点として活用されていれば、その施設は社会福祉にとっては社会資源を意味する。そのような活用の仕方を含め、社会福祉にとって、社会資源の活用は重要な意味をもっている。しかも、既存の施策や施設を活用することで事足りるわけではない。既存の施策や施設で生活課題の解決、軽減、緩和を実現することができないときには、既存施策の拡張、さらには新たな施策の導入を求め、社会的に働きかけることが求められる。そのことを含めて、日常的に新たな社会資源を開発するという活動が必要とされる。これが、社会福祉の開発的アプローチである。あるいは、**社会福祉の開発的機能**といってもよい。

4. 支援方法としての固有性

1）歴史的な背景

社会福祉の第三の固有性は、支援方法としての固有性である。

歴史的にみれば、社会福祉の方法は、院内救済（in-door relief：施設入所による支援）から院外救済（out-door relief：居宅による支援）、現物提供（benefit in kind）から現金提供（benefit in cash）に変化してきた。

このような支援方法の変化は生活課題の内容とかかわっている。かつて、三浦文夫は、生活課題（福祉ニーズ）を貨幣的ニーズと非貨幣的ニーズに区分し、社会福祉による支援は貨幣的ニーズから非貨幣的ニーズに移行しつつある、非貨幣的ニーズが拡大しつつあると指摘した。この指摘は、貨幣的ニーズが貨幣に対するニーズ、非貨幣的ニーズが貨幣以外のものに対するニーズと理解され、批判の的となった。しかし、一般的な所得をもつ個人や家族であっても、高齢や障害、虐待や暴力などによる生活課題については、必要とされる生活資料や人的サービス、なかでも後者の介助や介護などの人的サービスを市場において購買し、確保することは容易ではない。社会福祉による生活支援が必要となる。そのような貨幣の提供によって充足することが困難な生活課題が三浦のいう非貨幣的ニーズである。今日では、超少子高齢社会化の進行、家族の縮小、単身化、虐待、ひきこもりなどにより、三浦のいう非貨幣的なニーズはますます増加し、高度の生活資料や人的サービスを提供する必要性が拡大する傾向にある。

新しい変化もみられる。世紀転換期以降、子ども、障害者、高齢者に対する差別や虐待が拡大してきたことに伴い、行政組織、企業、団体などを含め社会の全体に対して、人権の尊重、擁護、合理的配慮、差別や虐待の禁止を求める施策が導入されてきた。子どもに対する虐待を防止し禁止する施策は第二次世界大戦以前にさかのぼるが、その全面的な見直しを含め、高齢者、障害者、女性にかかわる生活課題に対応する社会的な啓発や規整を意図した施策が展開されてきた。

こうしたことから、社会福祉による生活支援の方策手段は、大別して、①社会的啓発と規整、②購買力（現金）の提供、③生活資財の提供に区分される。さらに、③生活資財の提供は、ⓐ生活資料の提供、ⓑ生活サービスの提供、ⓒシステム的サービスの提供に区分することができる。

2）社会的啓発と規整

社会的啓発と規整には、行政、企業を含め、社会全体に対して、障害のある人々に対する差別の禁止や合理的配慮の拡大を求める働きかけ、あるいは子ども、高齢者などに対する虐待を防止し、禁止する活動の浸透を求める社会的啓発の施策と、不適切な行為や虐待を見聞きした国民や医師などに対する通報や通告の責務を課す社会規整的な施策が含まれている。一般的生活支援施策のなかにも、社会的な差別や排除を受けやすい人々、人権が損なわれやすい人々に対して、人権を擁護し、保障することを目的とする人権擁護施策が含まれている。しかし、それらの人権擁護施策は、国民一般に対するより一般的・包括的な施策である。社会福祉による社会的な啓発と規整は、それを補い、よりいっそう深め、具体化した措置である。

3）購買力の提供

購買力の提供は、生活を維持するのに必要な生活資財（生活資料や生活サービス）を市場において取得するうえで必要な購買力を金銭（貨幣）という形で提供する方法である。購売力の提供には、関連する施策を視野に入れていえば、三つの方法が存在する。第一には、あらかじめ一定の期間保険料を拠出することを前提に、高齢や失業など一定の条件（保険事故）に該当する状況になったときに、一定額の金銭を年金や手当として提供するという手法である。社会保険の制度は、この方法を中心に構成されている。

第二の方法は社会手当である。社会手当には児童手当や特別障害給付金などが含まれる。社会保険と違い、事前の拠出を必要とせず、また、貧困や生活の困窮を前提にしているわけではない。その目的は、次の公的扶助とは異なっている。社会手当は、原則として所得の有無や水準にかかわらず、子どもの養育や障害などに伴って形成される生活課題への対応を目的としている。

第三の方法は、公的扶助である。公的扶助は、保険料などの事前の拠出を前提とせず、最低生活の維持が困難ないし不可能な状態にあることを資格要件として、一定額の金銭を提供するという手法である。支給ないし提供される金銭の額を決定する基準は、社会保険は従前生活水準であるが、公的扶助は最低生活水準である。公的扶助は、わが国の制度の名称でいえば生活保護であるが、健康で文化的な最低限度の生活を保障することを目的にしている。

4）生活資料の提供

次に、**生活資料の提供**である。生活資料の提供は、居宅において衣食や生活機器などを現物（現品）の形で提供する支援の方法である。歴史的にみると、かつて社会福祉の支援は、救貧院や労役場などのいわゆる収容施設への入所を前提に行われてきた。そこでは、衣食という生活資料と介助、養育、療育などの生活サービスが現物の形態において、一体的に提供されていた。このような施設入所という形での生活支援の方法は、19世紀末、商品経済が発展し、生活資料が市場で購入できるようになったこと、施設入所という抑制的、抑圧的な制圧支援のありように対する批判が高まってきたことから、居宅（在宅）を前提に金銭を支給するという生活支援の方法に改められた。今日においては、公的扶助（生活保護）は、前述のように、金銭提供が原則になっている。居宅による生活資料の現物形態による提供は、被災者支援など限定的である。

5）生活サービスの提供

生活サービスの提供は、生活支援の一部あるいは全部を人的サービス（専門職員による労働作業＝役務）という形で提供する生活支援の方法である。具体的には三つのタイプが存在する。第一のタイプは、保育所などの地域施設で提供される保育サービスである。第二のタイプは、養護、療護、介護などと呼ばれる生活型の施設において提供されるレジデンシャルワーク（ケアワーク）である。第三のタイプは、相談援助機関や地域社会で提供されるソーシャルワークである。これら３通りのサービスに共通していることは、それらが人の働き、役務として提供されるということである。

しかし、三つのタイプが重なりあう機会や領域は限られている。施設の数、職員数などからみて、最も規模が大きいのは保育サービスである。歴史的にみて古いのは、養護、療護、介護などの救貧施設の登場とともに始まった生活型施設による生活支援である。しかし、児童、障害者、高齢者など施設の種類ごとに発展してきたこともあり、それがネックになってか、レジデンシャルワークとしての一般化は実現するにいたっていない。

ソーシャルワークは歴史的、淵源的にはイギリスやアメリカの慈善組織協会における友愛訪問活動や慈善団体の組織化、ＹＭＥＡその他の青少年支援活動に始まる。わが国においては、第二次世界大戦後の生活保護（公的扶助）を中心とする社会福祉の制度改革（戦後福祉改革）を契機に組織的に導入された。以後、ソーシャルワークは、さまざまな曲折を経て、社会福祉の各領域において、相談援助などを中心に、生活支援の科学的・専門的な知識や技術として活用されるにいたっている。また、医療、保健、教育などの一般的生活支援施策の領域においても、生活支援の知識や技術として活用されている。

もとより、人的サービスを中心的な支援の内容とする社会的生活支援施策は社会福祉以外にも存在している。たとえば、教育、保健、医療などがそれにあたる。教育、保健、医療などは、それぞれに専門的な知識や技術を要する高度に専門分化された人的サービスである。しかし、そうした個別に専門化した人的サービスを個々に提供するだけでは、今日の複雑に錯綜した高度な生活課題に対して十全に対応することは難しい。それらを活用しつつも、日常的な暮らしを支える支援、つまり最低生活費の提供、家事サービス、養育、介助、介護などの生活保持サービス、生活関係の混乱や歪みによる虐待や暴力などに対応する生活基盤の再建や生活関係の修復のための回復的サービスなど、生活の全体を整え、支えることに特化した社会福祉の人的サービスの活用が必要となる。

6）システム的サービスの提供

最後に、**システム的サービスの提供**である。購買力（金銭）を提供するという生活支援の方法は、支援を受ける人々が、市場において生活維持に必要な生活資料（衣食住）や、生活サービスを自らの意思と判断によって取得し、管理する能力をもっていることが前提になる。また、身辺処理、食事の準備、住居の維持管理など、日常的に暮らしを維持できるだけの能力をもっていることが前提になる。単身の子ども、高齢者、重度の障害者など、そうした能力が十分に期待できない人々に対しては衣食住にかかる生活資料と養育、介護、療護などの生活サービスを一体的に提供する生活（居住）施設による生活支援が必要になる。われわれは、このような支援の方法を生活資料の提供と生活サービスが一体化されて提供されるサービスという意味でシステム的サービスと呼んでいる。

わが国においては、第二次世界大戦以後、貧困に対する支援が居宅による金銭提供になって以後においても、子ども、障害者、高齢者、母子に対する支援ではメインストリームであり続けた。しかし、1980年代以降、システム的サービスは、施設による生活支援の弊害が指摘されるようになったこと、経費がかさむこと、高齢や障害があっても地域社会における自立した生活を希望する人々が増加してきていることから一面において縮小される傾向にある。

しかし、他方においては、一般的な所得を有していても、認知症高齢者など独力で必要かつ適切な人的サービスを確保することのできない複雑で高度な生活課題を抱える家族が増加する傾向にある。それだけに、一部においては、専門的なシステム的サービスの提供に対する期待が増大してきている。

5. 社会福祉と一般的生活支援施策の交錯

最後に、社会福祉と一般的生活支援施策が交錯するところ、つまりL字型構造の横棒にあたる領域について若干のパターンを例示し、理解を深めることにしたい。

1）補完型
——公的扶助と所得維持施策

先にふれたように、歴史的には、生活困窮者への対応は、長いこと宗教家や篤志家による慈善事業やその時々の政治権力者による救貧事業という形態で実施されてきた。それが、19世紀末から20世紀にかけての世紀転換期になると、イギリスに国家的施策としての失業保険や年金保険が登場し、施策の中心はこれに置き換えられた。かつての慈善事業や救貧事業は、失業保険や年金保険などの所得維持施策を前提に、それを補完する形で金銭による居宅扶助方式の救貧事業に転換される。今日にいう公的扶助の前身である。

このような経過を前提にいえば、社会福祉の一部分としての公的扶助は、世紀転換期以前においては唯一の貧困救済施策としてやがて登場する失業保険や年金保険などの所得維持施策を代替し、それ以後においては、さまざまの事情で所得維持施策の適用から除外された、あるいは所得維持施策によってしても最低限度の生活を維持できない困窮者に対する補完的なセーフティネット策、つまり、所得維持施策を補完する最終的な救貧施策として機能することになった。逆にいえば、失業保険や年金保険は、公的扶助の存在を前提とすることによって、制度加入の強制や一定期間の拠出を要件とする防貧施策としてこれを設計し、運用することが可能になったのである。

2）代替型
——障害児施設と特別支援教育

19世紀の後半になると、先進資本主義国において、そしてわが国においても、国民に対して一定期間の就学を義務づける施策、義務教育の制度が導入される。国民国家形成の要件となる国民の涵養（かんよう）を目的とした施策である。ただし、国民の涵養といっても、その実質は、わが国の例でいえば、殖産興業、富国強兵を目指す労働者と兵力の育成のための施策である。そのため、障害のある子どもたちについては、就学の義務が免除された。子どもたちの側からいえば、就学の機会が閉ざされたことになる。この状態は、戦前はむろんのことであるが、第二次世界大戦後においても、特別支援教育が義務化されるまで継続されてきた。

この間、障害のある子どもたちの教育は、事実上、肢体不自由児施設、精神薄弱児通園施設、精神薄弱児施設などの児童福祉施設によって担われてきた。むろんのこと、これらの障害児施設は教育のための施設ではない。障害その他の理由により在宅で生活できない、あるいは家族では必要な療育が期待できない子どもたちを受け入れる児童福祉施設である。そのような児童福祉施設が、施設における生活指導の一環として、障害児に対する教育を担ってきた。つまり、障害児施設は、本来、学校において実施されるべき障害児教育、今日の特別支援教育を代替する機能を果たしてきた。なかでも、精神薄弱児通園施設は、より直截（ちょくせつ）な形で、今日の特別支援教育を代替してきたのである。

3）相補型
——医療福祉と医療施策

けがや病気で病院を受診する、あるいは入院するということになると、医療費の負担のみならず、家事、看病などその影響は生活の全体に及ぶことになる。その間の事情は、生活の分節性や全体性、統合性について検討した際にも言及した。けがや病気は一般的生活支援施策でいえば保健施策や医療施策の対象であるが、ことはそれだけでは収まらない。けがや病気の影響は、医療費、就労、看病、生活関係への影響など家族生活の多様な分野に及ぶことになる。逆に、そのような影響による生活の不安や困難が、けがや病気の治療に影響する。

また、長期にわたる受診や入院のために就労の機会をもてなかった人々や障害を抱えることになった人々の生活を再建するには、治療の方針や療養の形態など医療サイドの協力や調整が欠かせない。そのため、これまでにも、社会福祉と医療施策は互いに相補う形で活動を展開してきた。社会福祉と医療施策が交錯する、相補う分野、それが医療福祉と呼ばれる領域である。病院によっては、医療福祉が病院機能の一部を担う重要な部局として組織化され、位置づけられている。

4）先導型
——福祉避難所と被災者支援施策

近年わが国は、阪神・淡路大震災をはじめ、度重なる地震や洪水など、国民の生活を脅かす災害によって甚大な被害を被ってきた。そうしたなかで、被災者の避難生活さらには生活再建の過程における社会福祉の役割が着目されるようになり、災害復興と社会福祉の連携の手始めとして、2013 年の災害対策基本法の改正により、市町村に対して社会福祉施設の一部を高齢者、障害者、乳幼児その他の特に配慮を必要とする人々の二次的な避難所として指定することが義務づけられた。社会福祉施設の施設設備と機能が被災者支援の施設として法的に位置づけられたことになる。この改正は、社会福祉にとっては活動領域の拡張を意味している。もとより、社会福祉は、それ以前から、ボランティア活動の調整、管理など、社会福祉専門職による被災者支援活動を先導的に展開してきた。被災者福祉ともいうべき新たな分野への発展が期待されるところである。

5 社会福祉の存立構造

ここまで、社会福祉の成立、展開の基盤、そして基本的な性格をどのように捉えるか、そのための視点、枠組みについて検討してきた。本章の課題は、その議論を踏まえつつ、社会福祉は何ゆえに、いかなる理由によって成立し、存在するのか、その理由、根拠を歴史的な経緯によりつつ論理的・理論的に考察することにある。

このことについては、これまでにも多数の先達によって議論が行われ、さまざまな言説が提起されてきた。今日においても精力的に新たな研究が展開されている。ここでは、そのような議論、言説を踏まえつつ、社会福祉の成立過程や存立構造に関する議論を概括的に提起することによって、社会福祉についての理解をいっそう深める手がかりを提供する。

1. 社会福祉史分析の枠組み

多少話が前後するが、本章において最終的に意図しているのは、社会福祉はなぜ今日のような姿形で存立しているのか、その背景と理由、そして論理を明らかにするということである。そのためには、まず、社会福祉がいかにして今日の姿形において存立することになったのか、その経過や経緯、歴史を知る必要がある。ただし、社会福祉の成立、展開の過程が明らかになれば、そのことによって直に社会福祉が存立する理由やその論理が明らかになるということにはならない。逆に、社会福祉に関する理論研究の発展がなければ、社会福祉の歴史研究も進展しない。ここでは、そのような理論研究と歴史研究の関係を前提に、社会福祉の歴史をどのように捉えるのか、その方法と枠組みを整理することを先行させ、その作業を通じて社会福祉の成立と展開の過程を概観することにする。

1）わが国の社会福祉史研究

周知のように、わが国の**社会福祉史の研究**は、1960年代から1970年代にかけて吉田久一、一番ヶ瀬康子、高島進などの先達によって基礎が築かれてきた。そこには、要約すると、3通りの視点が含まれている。第一に、社会福祉の歴史を近代以前の慈善的活動に始まり、それが近代初期の慈善事業、中期の感化救済事業、後期の社会事業、そして現代における社会福祉に展開してきたとする視点である。第二に、そのような展開のありようを資本主義という経済システムを基軸とする資本主義社会の展開の過程に照応する変化として理解するという視点である。第三には、そのような社会福祉の発展、展開は、初期における民間の個人や団体による宗教的な色彩の濃い活動や事業を中心とする形態から、しだいに多様な政治権力による施策へ、そして最終的には現代資本主義国家による施策として展開される施策に発展してきたとする視点である。

歴史の捉え方にも研究者によって異なる部分がある。たとえば、社会福祉史研究を先導してきた吉田は、その初出が科学的な用語法ではないという理由から、1960年代以前の施策に社会福祉という言葉を使うことに難色を示した。高島は、社会事業以前の慈善事業から感化救済事業までを慈善事業として一括し、社会福祉は慈善事業、社会事業、そして社会福祉という3通りの段階を経て発展してきたとする三段階発展論を唱えた。しかし、そのような微妙な違いを含みつつも、先に3通りに整理した研究の視点は、今日の社会福祉史の研究にほぼ定着し、基本的な分析枠組みを構成しているといってよいであろう。

2）新たな枠組みの構築

表1の「社会形態の展開と社会福祉」は、そのような社会福祉史の分析枠組みを踏まえつつ、そこに3通りの新たな視点を組み込んだ枠組みである。第一に、社会福祉の展開基盤となる社会システムという視点を導入し、それを歴史的社会を通じてそれらに通歴史的に底流する基層社会としての自律生活協同体を基盤に、近代以前の共棲社会、近代初期の共同社会、中期の利益社会、後期の協同社会（宥和社会と協調社会）、そして現代の乖離社会（格差社会と縮小社会）に区分した。第二に、経済システムとしての資本主義の展開を生成期と発展期からなる初期資本主義期、金融独占期と国家独占期からなる盛期資本主義期、そして1980年代以降の後期資本主義（ポスト資本主義）期に区分した。第三に、社会福祉の展開過程を、まず近代以前の慈善活動、近代初期から中期にかけての救済事業、19世紀の末期から20世紀の前半にかけての社会事業、中葉以降における社会福祉に区分し、そのうえで初期資本主義生成期の救済事業に慈善事業、救貧事業、発展期の救済事業に慈善事業、救貧事業、共済事業、そして社会福祉に国家型社会福祉、多元型社会福祉、自助型社会福祉という下位区分を導入した。

わが国では、イギリスやアメリカを社会福祉の先進国ないし典型国として位置づけ、両国における社会福祉の成立、展開のありようを比較の基準、あるいは分析の基準として、社会福祉の歴史を研究してきた。そこには、わが国の社会福祉もいずれの時期にかイギリスやアメリカのそれにキャッチアップする、キャッチアップしたいという期待も秘かに込められていた。もとより、イギリス、アメリカとわが国では、社会福祉が成立した時期も内容も異なる。しかし、そのずれ、タイムラグを考慮しつつ大まかにいえば、イギリスやアメリカにおいても、そしてわが国においても、社会事業の成立は19世紀の後半から20世紀の初頭の世紀転換期にかけてのことであり、それが20世紀の中葉、第二次世界大戦の前後に始まる福祉国家志向の時代に社会福祉に展開する。そして、1970年代末から80年代を分水嶺とするポスト福祉国家の時代に、その社会福祉が変容し始める。つまり、近現代における社会福祉史の展開のエポックは、第一には社会事業の成立であり、第二にはその社会福祉への展開、そして第三にはポスト福祉国家期における社会福祉の変容である。

表1の社会形態の展開は、そのような社会福祉の展開を基礎づけるものとして設定されている。もとより、社会福祉の歴史は、社会福祉にかかる活動や

表1　社会形態の展開と社会福祉

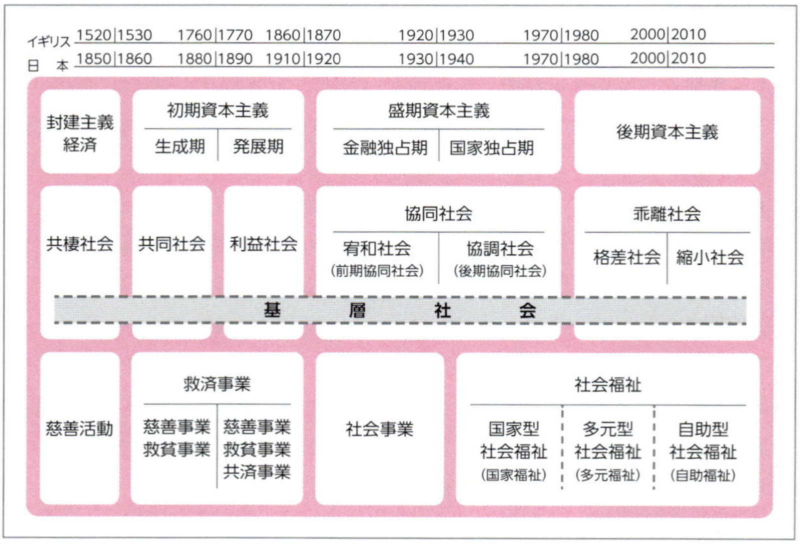

事業、施策、関与した人物の事跡や支援方法の変化などに関する史実をただ時間軸上に列挙すれば、それで明らかになるというものではない。それらの史実がどのように形成されてきたのか、いかなる要因や条件によって形成されてきたのか、相互にどのように結びつき、どのような結果、影響を残したのか、それらのことを明らかにする必要がある。そのためには、社会福祉の成立、展開の過程をその基盤となる総体社会の構成要素、すなわち**表1**に含まれている社会システム、経済システムに政治システム、規範システムを加えた4通りの社会組成システムと関連づけ、分析しなければならない。そのことについては、次項以降において詳細に考察する。

3）社会福祉史における社会と国家の発見

ところで、**表1**の表題は社会形態の展開と社会福祉となっている。社会福祉における社会システムのもつ重要性を示唆したものである。ここでは、そのことについて今少し議論を重ねておきたい。19世紀末から20世紀初頭の社会事業の成立に関して、池田敬正は、その時期に起こった「社会の発見」が重要な契機となったと指摘している。社会の発見という言葉は、一般的には、社会を対自的に捉え、社会の全体を一度自分自身と切り離し、社会のありようと、そのなかでの社会と自己との関係を客観的・論理的に認識できるようになることを意味している。

社会福祉史に即して多少具体的にいえば、雇用や自営によって生活する階層の人々が、自らの生活の困窮やその苦痛を社会との関係において、さらにいえばそれを資本主義社会という経済システムのありように結びつけて理解し、その解決を求めて社会に働きかけるようになったということである。その一方において、一部の開明的な資本家や知識人、宗教家たちが貧困に代表される諸問題を低賃金や寡少所得などの社会経済的な要因によってもたらされる問題、すなわち社会問題であることを見出し、社会による解決を求めるようになる。社会の発見の二つの側面である。

われわれは、さらにそこに3通りの変化をつけ加えたい。第一に、産業革命を契機とする資本主義の確立がもたらした利益社会のなかで賃金による雇用という社会的な身分によって生活の協同性から切り離されてきた人々が、雇用者としての生活のなかで自らを組織化し、連帯して新しい形での生活の協同性を取り戻そうとして行動し始め、そのことを通じて社会を発見したということである。第二に、社会の発見が起こった19世紀の後半は、国民国家の形成の時期と重なっている。王侯や貴族、聖職者の私的な領地とそこに隷属する人民という支配関係が崩壊し、一定の国土（領土）とそこに居住する国民（民族）から構成される国民国家の形成が目指され、そのなかで、国土に居住する人々の全体が一つの社会を構成する存在として認識されるようになり、国民としてその求心力を高揚させる施策が必要とされ始めた。第三に、そのような過程において、国家もまた発見された。国民国家の形成、発展が志向されるなかで、王侯や貴族、聖職者の意志、利害の私的な執行機関であった国家（政府）に、徐々に王侯や貴族、聖職者、そして新興の資本家たちからなる上層の社会と雇用者や小商人、零細な農民を中心とする下層社会の利害の対立や緊張を調整、緩和し、国民のすべてを構成員とする国民国家としての求心性と統合性を高め、社会的な秩序、体制の維持存続を図る機関として行動するという統治機関としての新たな役割と機能が期待されるようになった。

このような「**社会の発見**」と「**国家の発見**」は、歴史的社会にその基層として通底する自律生活協同体を呼びさまし、その活性化、自己組織化、そして新たな発展として協同社会が形成される。そこに社会事業成立の契機が胚胎される。

2. 社会政策と社会事業

1）国家の施策としての社会事業

明治維新によって近代国家として成立したわが国の政府は、明治の初期、1874年に抑制的・制限救済的な恤救（じゅっきゅう）規則を制定したものの、社会体制の根幹にかかる転換、経済の資本主義化に伴う国民生活の困窮に対して何ら積極的な対策を講じようとしなかった。社会の近代化、資本主義化が進み、国民の不満、社会不安の高まりに対応する形で帝国議会が成立してからも、政府提案や議員による貧困救済法案が数次にわたって廃案に追い込まれるという状況が継続した。

明治末期の、日露戦争後の厳しい不況、労働争議などによる社会的緊張が高まるなかにおいても、救貧にまさる善後策として防貧が掲げられ、国民に対する感化、あるいは風化を通じて親族協救、隣保相扶による自助の強化を求める感化救済事業が推進された。そうした経過のなかで、政府は、1917年に内務省に救護課を設置し、1918年に社会課に改称した。さらに、1921年には、それを外局としての社会課に発展させ、明治末年以来の労働組合運動、社会主義運動、米騒動に象徴される社会問題の拡大に対処した。わが国における「社会の発見」と「国家の発見」である。

わが国における**社会事業**は、この時期に、このような背景のなかで成立したとされる。さらに、1929年には、施行は3年後に延引されることになったものの、貧困の救済を国家の責務とみなす公的扶助義務主義を前提に、明治初期の恤救規則以来の救貧施策となる救護法が制定された。

結果として不十分なものに終わったとはいえ、こうした1920年代を画期とする国政の大きな転換、国政における「社会の正当化」と「国家機能の転換」を、論理的・理論的にどのように合理化し、従前の抑制的な救貧行政との整合性をいかにして確保するか、そのことは、社会局を中心に新たに社会行政を担うことになった官僚たちにとって、また過酷な労働や生活の困窮にかかわる社会問題に関心をもち、社会政策や社会事業に関与した、あるいはそれを推進しようとした研究者たちにとっても、まさに喫緊というべき課題であり、理論問題であった。

2）社会政策と社会事業
——断絶と連続

新たな社会行政を担った内務官僚たちによる社会有機体説に依拠した社会事業理論の展開や、昭和初期のマルクス主義的な社会経済理論に依拠して展開された社会問題や社会政策に関する言説の提起は、その間の事情を物語っている。そうしたなかで、その後のわが国における社会事業についての理論的研究に多大な影響を及ぼし、そこに一定の方向性を与えることになったのは、周知のように、社会政策を専攻する**大河内一男**によって1938年に提起された社会事業に関する言説と、第二次世界大戦後にそれを批判的に継承し、発展させた**孝橋正一**の社会事業に関する先駆的な言説であった。

大河内と孝橋によって提起された社会事業理論の決定的な特徴は、社会事業を論じるにあたって、**社会政策**を資本主義制度維持施策の根幹に据え、それを基準に、社会事業を社会政策に代位（代替）し、あるいはそれを補完（補充）する施策として位置づけたことにある。このような、社会政策と社会事業の位置関係、端的にいえば社会政策を主とし社会事業を従とする軒先理論的な言説は、大河内や孝橋の理論を継承するにせよ、それを批判して異説を展開するにせよ、あるいは論外において無視するにせよ、その後の1950年代から1970年代にかけてのわが国における社会福祉学の研究に、見過ごすことのできない、決定的ともいえるほどの影響を及ぼしてきた。また、今日においても陰に陽に及ぼしている。

大河内や孝橋の社会事業に関する理論的な研究には二つの隘路（あいろ）が含まれている。第一の隘路は、大河内や孝橋による社会事業の理論においては、社会政策が前提的に議論の中心に位置するもの、基準として扱われ、社会事業はそのような社会政策を代位（代替）しあるいは補完（補充）する第二次元な施策として位置づけられ、そのことによって社会事業の地位が措定されているということ、そのことにある。第二の隘路は、そのことのゆえに、大河内や孝橋の社会事業論が、社会事業以前の慈善事業や救貧事業を社会事業理論の枠内に適切に、あるいは的確に組み込むことに成功していないということにある。

3）大河内一男の社会事業論

繰り返すことになるが、大河内や孝橋が社会事業に関する理論を立ち上げるにあたって、その基軸に据えているのは、社会政策と呼ばれる一連の施策である。大河内は、まず、社会政策が歴史的に資本主義の一定の発展段階において国家による政策として成立する経過と理由について、そしてその必然性について、明らかにする。次に、そのような社会政策との関係において、社会事業を位置づけ、その性格を明らかにする。大河内によれば、労働者に備わる労働力は、資本主義経済にとって基本的かつ不可欠な生産的要素であり、それを確保できるかどうかは、資本主義制度の維持・存続にとって看過することのできない重大な関心事である。失業、低賃金、過重労働などの労働力の販売や消費の過程にかかる諸問題、すなわち労働問題の存在は、そのような不可欠の生産的要素である労働力の順調な確保、再生産を脅かすことになる。

大河内によれば、雇用を継続し、賃金を引き上げ、労働条件を改善するうえで必要な経費を負担することは、個々の企業にとっては、直接的にその利益を損なう要因となる。しかし、そのような個々の企業、すなわち個別資本の利害に従うだけでは、労働力の担い手である労働者の生活と世代的再生産は破壊され、結果的には資本主義制度の存続が脅かされることになりかねない。そのため、資本主義制度は、自らの保全、維持・存続を図るためには、個別資本の利害を超え、総資本の観点から、労働問題に対処せざるを得ない。こうして社会政策が、そのような総資本の意思の執行機関としての国家による合理的・合目的的な政策として成立する。

これに対して、社会事業の対象となる窮乏、孤児、母子、廃疾、傷病、老齢などの生活上の諸問題は、生産的要素としての労働力の維持、再生産、消費という経済的な秩序から一時的に、あるいは永続的に、除外された人々を担い手（以下、当事者という）とする状況である。そのため、資本主義社会においては、それらの諸問題は、宗教的な慈善事業や政治権力による抑制的・救恤的な救貧事業による対応があればそれでよいとみなされてきた。

実際、社会政策成立の以前においては、慈善事業や救貧事業、さらにはイギリスにおいては上層の労働者を中心に形成された共済事業（友愛組合）が、やがて成立することになる社会政策の機能を代替してきた。しかし、新たに社会政策が成立したといっても、それによって経済秩序外的な人々の担う生活上の諸問題を含むすべての社会問題に適切に対応できるというわけではない。困窮児童、障害者、高齢者、寡婦などの生活にかかわる諸問題については、雇用者に焦点化する社会政策——具体的には労働政策や社会保険——によって直接的かつ効果的な解決、軽減、緩和を期待することは難しい。

そのため、社会政策が成立した以後においても、それらの社会政策が取り残す諸問題については、社会政策と同一の時期に成立することになる社会事業が社会政策を補完し、あるいは代替する形で対応することになったとされる。このような社会事業の位置づけが第一の隘路である。

われわれのいう第二の隘路は、そのような社会事業の性格や成り立ちについての議論の内側に胚胎する。それでは、その社会事業は一体どこからきたのかということである。大河内による社会事業の成立の経緯や内容に関する説明をみると、社会事業は、実質的には、従前の慈善事業や救貧事業を継承するもの、それらが再構成されたものとして捉えられている。しかし、大河内は、慈善事業や救貧事業そのものの性質や慈善事業や救貧事業が社会事業に移行する、あるいは転成する経緯やその論理について十分に立ち入った議論を展開しているわけではない。しかも、その一方において、大河内は、社会事業について、すでにみたように、将来的に社会政策が十分に機能する状況になったときには、社会文化的な生活一般を増進するための諸施策——図書館、公園、保健衛生、教育、レクリエーションを中心とする施策群——に転化する、発展すると主張している。我々はそこに大河内の社会事業観の一端を見出すことができる。

このような、国家による労働問題への政策的対応である社会政策を根幹、規準におき、そのような社会政策を代替、補充する施策の体系として社会事業を捉えるという理論的な議論の組み立て、すなわち社会政策を媒介項に設定し、そのことを通じて社会事業を国家による政策として位置づけ、説明するという大河内に特徴的な社会事業理論の方法は、基本的にはそのままの形で孝橋に継承される。

4）孝橋正一の社会事業論

孝橋によって新たに追加された議論の核心は、社会政策の対象を労働問題――社会の基礎的・本質的課題――とし、社会事業の対象をその労働問題から関係的・派生的に形成される「社会的問題」――すなわち社会における関係的・派生的課題――であるとしたことにある。たしかに、孝橋によるこのような社会的問題という概念の設定は、社会事業についての理論的な理解を大河内から一歩前進させることになったといってよい。

孝橋は、社会事業を社会にとっての基礎的・本質的な課題である労働問題（社会問題）から関係的・派生的に形成される社会的問題に対応し、社会政策を補充、代替する施策であるとした。そのことによって社会事業を国家の政策として位置づけようとしたのである。このような社会事業の性格づけは、社会事業を資本主義制度の維持・存続を目指す資本主義国家の政策として規定するという目的からいえば、より適合的なものになったといってよいであろう。しかし、この孝橋の社会事業理解のなかにも、さきに大河内についてみた２通りの隘路がそのまま引き継がれている。

第一に、社会事業を資本主義経済における生産的要素である労働力の保全、確保を目的とする社会政策を基準に、それを補完し、代替する施策とみなすという枠組みによって、社会事業の、さらにはその展開形態である社会福祉の全体について、その性格を的確に把握することが可能かどうか、そこには大きな疑問が残る。一般に、19 世紀末から 20 世紀の初期に成立した児童保護施策や乳幼児・妊産婦保健サービスは、社会事業の一部を構成する施策として捉えられる。これらの施策には、資本主義の生産的要素である将来労働力の確保という側面が認められる。その意味で、社会政策を補充し、代替する社会事業の一部というにふさわしいかもしれない。しかし、障害者や高齢者の保護にかかる施策についてはどうであろうか。労働力の保全、確保を目指す社会政策を補充、代替する社会事業の一部という説明では十分な説得力をもち得ない。ちなみに、後に一番ヶ瀬康子は、社会福祉の分野論を展開するにあたって障害者を永続的な欠損労働力、高齢者を衰退した労働力と規定し、そのことによって批判を受けることになった。労働力という視点だけでは障害者や高齢者の生活問題は十全に理解され得ないのである。

第二に、大河内における議論と同様に、社会事業とそれに先行する慈善事業や救貧事業との関係が十分に論じられていない。社会事業の国家による政策としての位置づけ、そしてその必然性の解明を重視するあまり、慈善事業や救貧事業についてはむしろ社会事業との違いを強調することに力点が置かれている。たとえば、孝橋は、慈善事業家が慈善事業に邁進（まいしん）することになった経緯や思想についての研究、慈善事業についての動機論的な研究では、政策としての社会事業の成立過程は成立の必然性を説明する議論にはなり得ないという。たしかに、理論的にはそのとおりであろう。しかし、現実には、そのような政策としての社会事業の内実は従前の慈善事業や救貧事業をそのまま継承するものとなっている。社会事業と異なった存立の論理をもつ慈善事業や救貧事業がいかにして政策としての社会事業に転成するのか、あるいは社会事業を構成する活動や事業としてそこに組み込まれるのか、その説明は明確かつ的確なものでなければならない。

3. 自律生活と自律生活協同体の社会的・国家的組織化

1）慈善事業・救貧事業・共済事業

従来、**慈善事業**については宗教的慈善心による活動や事業として、**救貧事業**については初期資本主義期の絶対主義的・家父長主義的な政治権力や盛期資本主義期の自由放任主義的な政治権力による救済事業として、**共済事業**については上層の商工業者、農民、労働者による共済的な互助活動として説明されてきた。大河内や孝橋は、そのような慈善事業や救貧事業、共済事業が、社会政策や社会事業が成立する以前においては、事実としてそれらの機能を代替してきたという。社会政策と社会事業が成立した後においては、共済事業はその一部が認可団体として社会保険制度に組み込まれ、慈善事業や救貧事業については社会事業を構成する事業として組み込まれ、社会政策を補充しあるいは代替する存在になったと説明している。

しかし、このような説明では、慈善事業、救貧事業、共済事業そのものについての説明としても、また社会政策、社会事業との関係についての説明としても、十分ではない。慈善事業、救貧事業、共済事業と社会政策、そして社会事業との関係については、連続と断絶の契機を含む社会的、国家的な組織化の過程として一体的・統合的に捉えられ、説明される必要がある。

2）自発的社会福祉と法律による社会福祉

ここで、**岡村重夫**による「自発的社会福祉」と「法律による社会福祉」という概念を思い起こしたい。岡村のいう「**自発的社会福祉**」は、民間の個人または集団が法律による強制や事業の委託によらず「まったく自発的に他人の生活困難を援助する活動」を意味している。他方、「**法律による社会福祉**」は、生活困難に対する援助の責任が国や地方公共団体にあることを前提に、その制度的な枠組みも援助の内容も法律によって規定された事業を意味している。

自発的社会福祉は、協同体のなかの相互扶助や結い、合力（こうりょく）などとして、人類の起源とともにある活動や組織として説明されている。それに対して、法律による社会福祉は、社会の一定の発展段階において、その社会経済的な諸条件によって規定され、国家の施策として成立した社会福祉のことである。

岡村によれば、社会福祉はこの両者によって構成されている。しかし、原理的には、両者は別個の存在である。しかも、社会福祉の原点は、前者の自発的社会福祉にある。そして、自発的社会福祉は法律による社会福祉が成立した後においても、その狭隘性や硬直性に対抗し、それを克服するよりどころとして機能してきたという。

しかし、そのような経緯が存在するにもかかわらず、岡村は、両者の関係は、自発的社会福祉が先行し、それが一定の歴史的な段階において、法律による社会福祉に発展したという位置づけの仕方をしているわけではない。今日においても、自発的社会福祉と法律による社会福祉は社会福祉という傘のもとに併存しているということになる。

われわれは、岡村の自発的社会福祉を社会福祉の淵源として位置づけ、しかも法律による社会福祉が成立した後においても並行して存在し続け、しばしば法律による社会福祉との関係において、その短所、欠陥に働きかけ、その改善をもたらしてきたとする見解について異議を差し挟もうとするものではない。しかし、社会福祉（厳密には、その前身としての社会事業）を、それに先行する慈善事業、救貧事業、共済事業が再編成され、社会的、国家的に再組織化されることによって生み出された国家の施策として捉えるという観点からいえば、岡村の自発的社会福祉は、その自発性、内発性、対抗性という基本的な性格の継承を留保条件として認めるにしても、近代社会の一定の発展段階において社会的に再編成され、最終的には国家による施策としての社会事業のうちに一体的に組み込まれていった、国家による社会事業の一部分として再組織化されていったとみなすのが妥当であろう。

3）自立と社会共同の社会福祉

関連して、ここで**池田敬正**による社会福祉史の言説にもふれておきたい。池田は、歴史家として、社会福祉の歴史を人類史の始期における互助的な活動に始まり、慈善的・救貧的な活動や事業から今日の社会福祉に至る一連の活動、事業、施策を一つの連続体をなすものとして一体的に把握しようと試みている。そのような社会福祉把握のキー概念になるのが「**自立と共同**」あるいは「**自立と社会共同**」である。そして、その自立と共同を形成し、発展させる淵源は、人類に普遍的な互助性、愛他性（利他主義ないし愛他主義）にあるという。

池田は、互助活動や慈善活動から今日に至る社会福祉の歴史を、人間と社会にとっての人類史的な課題である「個の発見」と「社会の発見」を契機とする自立と共同の発現、展開の過程として把握しようと試みたのである。

このような池田の言説には、大河内や孝橋の社会政策を基軸とする社会事業論にみられる歴史認識の方法に対峙しようとする意図が込められている。しかし、池田のいう自立と共同あるいは自立と社会共同というキー概念に、社会福祉の歴史的な形成を推進するダイナモ、力動性がどこまで含まれているか、その点については疑問とせざるを得ない。社会福祉の淵源として、人類史的な互助性や愛他性に遡及（そきゅう）し、個の発見、社会の発見という人類史的な課題を媒介的な契機として組み込むにしても、そのことによって社会福祉史の曲折を捉え、社会福祉の全体像を理解することは難しい。

4）自律生活と自律生活協同体の自己組織化と自己保全（防衛）

われわれは、このような、岡村や池田による社会福祉理解の言説に含まれる難点を克服するという意味を含め、岡村のいう自発的社会福祉の起源、あるいは池田のいう自立と共同ないし社会共同の起点となっている人々の互助的な活動を、人々の自律生活と自律生活協同体の存続と発展を志向する**自己組織性**、**自己保全（防衛）性**、そして**自己実現性**の発現、展開として捉えることを提起してきた。慈善事業、救貧事業、共済事業の形成、発展は、淵源的には、そのような自存的な自律生活と自律生活協同体による自己組織化の、ついで社会的な組織化の、そして最終的には国家による組織化の過程として、これを捉えることができる。慈善事業、救貧事業、共済事業の形成、その社会事業への転成、展開は、つまるところ、自己組織的、自己保全的、自己実現的な自律生活と自律生活協同体の社会、そして国家による組織化の過程にほかならない。

世界で最初に社会事業を成立させたイギリスを例にしていえば、近世から近代にかけて経済システムとしての資本主義が生成、発展し、成熟するにつれ、自律生活と自律生活協同体を基層とする人間社会の歴史的な形態は、共同社会、利益社会そして協同社会へと変容する。資本主義生成期の共同社会においては、人々の生活の困窮に対する対応、生活支援は、可視的な近隣社会としての教区を単位として自己組織的に推進される。支援の方策は、慈善事業と家父長主義的な政治権力による救貧事業（救貧法）である。これらの活動や事業は、その基本において、教区社会の基層にある自律生活協同体が教区外から流入する浮浪者や乞食のもたらす危機的状況に対して自らの利害を防衛し、確保しようとして自己組織的に、また家父長主義的な政治権力を介して展開したものである。その意味において、慈善事業や救貧事業は、内向きの、自己組織的な活動であり、事業であった。

産業革命によって資本主義が確立し、利益社会が形成される時期になると、自由放任主義的な夜警国家政策をとる政治権力によって抑圧的・求援抑制的な救貧事業（1834年救貧法）が展開される。しかし、そのような利益社会の基底において、教区社会の利害を超えた自律生活協同体の自己保全（防衛）的な組織化、すなわち慈善的活動の社会的組織化が萌芽的に進行する。利益社会の後期になると新興中産階級を資金提供者とする世俗的な慈善事業が急速に拡大し、リバプールやロンドンなどの大都市を単位として社会的な組織化（慈善組織協会の形成）が推進される。その一方、家父長主義的な地主や開明的な資本家を含む、上層の農民や労働者たちによる自発的・互助的な共済活動としての友愛組合や生活協同組合などの共済事業が登場し、その一部は全国的な規模をもつ組織に発展する。慈善事業も共済事業も、いずれも自律生活と自律生活協同体の自己保全（防衛）的・自己実現的な社会的組織化である。

このような資本主義発展期における慈善事業や共済事業の形成、発展は、旧来の歴史的社会としての共同社会が蚕食され、利益社会化が進展するなかで、その基層に継承されてきた自律生活、自律生活協同体に本来的な自己組織的、自己保全（防衛）的なダイナモ、活動を契機とする協同社会の形成、すなわち自律生活と自律生活協同体の社会的・国家的な組織化、自己実現の過程として、これを捉えることが可能である。

5）国家による組織化

19 世紀の後半に始まる協同社会の組織化は、教区社会を基礎とする自己組織的な慈善事業、救貧事業、共済事業の社会的な組織化にとどまらない。そのような可視的な近隣社会を超えた総体社会の発見、組織化は、労働組合運動、社会主義運動、大学セツルメント運動、さらにはフェビアン協会などの社会的な組織や団体を主軸に推進される。こうした、個々別々に始まった運動や活動は、やがて相互に結びつき、輻輳（ふくそう）して拡大し、大きなうねりとなってイギリス社会の全体を覆うように発展する。

そうしたなかで、労働者たちは、国会に代表を送り込む議会的社会主義の道を選択し、21 世紀の初頭には労働党を結成する。労働組合運動や社会主義運動などによる自律生活と自律生活協同体の社会的組織化の運動は、議会活動を自らの目的を達成する方策手段として位置づけ、国会議員としての活動を通じて**国家を媒介とする組織化**を目指すことになる。19 世紀末の「社会の発見」と協同社会の組織化は、労働者たちを中心に、国民が国家を自らの意思の執行機関として取り込む行動と過程、すなわち「国家の発見」を含んで推進される。こうして、世紀転換期のイギリスにおいて、自律生活と自律生活協同体の自己組織化、社会的組織化、そして国家機構を媒介とする国家的な組織化を通じて、社会事業の基盤となる歴史的社会としての協同社会が成立する。

4. 社会事業成立の構造

1）イギリスにおける社会的施策の展開

さて、ここまでの議論を前提に、社会事業がどのような過程と内容をもって成立することになったのか、あらためてその歴史的な経過と経緯を確認しておこう。

社会事業は、イギリスにおいてはわが国に先立って 1870 年代から 1920 年代にかけて、わが国においては 1910 年代末から 1930 年代にかけて成立した。この時期、世紀転換期には、イギリスにおいても、またわが国においても、労働者の失業、低賃金、過重労働などの労働問題や貧困、多子、虐待、非行、栄養不良、不衛生などの国民生活の混乱や困窮に対応する社会的公共的な施策が多数成立していった。先に設定しておいた社会政策と社会事業の成立にかかわる第一の論点、社会政策を補充代替する社会事業という社会事業理解の方法にかかわるため、その過程についてあらためて確認することにしたい。

イギリスでこの時期に成立した社会的施策には、大幅な改正が行われたものを含めると、義務教育法（1870 年）、労働組合法（1871 年）、乳幼児生命保護法（1872 年）、工場法（1874 年改正）、公衆衛生法（1875 年改正）、雇主責任法（1880 年）、疾病予防法（1883 年）、児童虐待保護法（1889 年）、労働者階級住宅法（1890 年改正）、労働者賠償法（1897 年）、失業労働者法（1905 年）、労働争議法（1906 年）、学童給食法（1906 年）、学童保健法（1907 年）、無拠出老齢年金法（1908 年）、児童保護法（1908 年）、最低賃金法（1909 年）、職業紹介所法（1909 年）、国民保険（健康保険・失業保険）法（1911 年）などがある。これらの施策と並行して、救貧行政の一部が改革され、現金給付による居宅保護が実現する。児童施設の小規模化、里親制度への移行、救貧施設の障害者施設化、高齢者施設化なども徐々に進行していった。

2）わが国における社会的施策の展開

わが国においても、1919年の内務省社会課、1922年の社会局（外局）の設置を含め、職業紹介法（1921年）、健康保険法（1922年）、工場労働者最低年齢法（1923年）、労働争議調停法（1926年）、救護法（1929年）、労働者災害扶助法（1931年）、少年教護法（1933年）、児童虐待防止法（1933年）、方面委員令（1936年）、母子保護法（1937年）、社会事業法（1938年）などが制定されている。そのかたわら、民間（私設）による社会事業も整備される。従来の慈善事業を継承する**民間社会事業**は国によって再編・再組織化され、国による規整の対象に組み込まれる。民間社会事業は、公費による助成を受けるとともに、社会事業行政による管轄のもとにその一端を受託することになる。また、関東大震災を直接的な契機に、小規模ながら公営住宅も導入されている。住宅政策の萌芽である。

3）社会的施策の多様性

これらの施策は、いずれも社会改良、社会の改善、改革を目指した施策である。イギリスを例にしていえば、それらは、大別して、(1)労働組合の結成、団体交渉、罷業、低賃金、劣悪な労働条件などにかかわる諸施策、(2)傷病、失業、退職後の生活にかかわる諸施策、(3)生活困窮者、孤児や棄児、母子、虐待、非行などに対する諸施策、(4)教育、公衆衛生、保健サービス、公営住宅などに関する諸施策の4通りに分類することができる。(1)の施策群は、労働市場における労働力の価格（賃金）や就労の条件にかかわる施策、いわゆる労働政策である。(2)の施策群は、産業革命期に始まる共済事業を部分的に継承し、労働者、雇主、国による事前の拠出と給付によって生活の窮乏化を予防し、防止しようとする社会保険である。(3)の施策群は、従来の慈善事業、救貧事業を継承し、改良された事後救済的な救貧事業、年齢や心身機能の状態など被保護者の属性ごとに専門分化し、枝分かれした保護事業である。(4)の施策群は、従来の慈善事業や救貧事業から専門分化した、あるいはそれらと並列する関係において新たに形成されてきた国民一般を対象とする施策群である。

わが国の社会政策を基軸にした社会事業論においては、これら4通りの施策群のうち、(1)の労働政策と(2)の社会保険施策が社会政策として扱われ、(3)の救貧施策・保護施策が社会事業として位置づけられてきた。(4)の施策群については、社会政策や社会事業の外側にある国民一般を対象とする公共的な施策として扱われてきた。

たしかに、これらの世紀転換期に成立した社会的施策群のうち、中心に位置したのは社会政策を構成する**労働政策**と**社会保険**である。いずれも労働者を対象にした施策である。無拠出老齢年金は国民一般を対象にしていたとはいえ、中核は労働者である。また、支援の方法をとっても、同様に国民的な生活の窮乏、混乱に対応する施策でありながら、社会保険は事前対応的・防貧的な施策であり、社会事業は事後対応的・救貧的な施策である。

4）社会政策基軸論の狭隘性

これらの事情に焦点化すれば、社会政策を基軸的な施策とし、そのことと関連させて社会事業を論じるという理論構成も理解できないわけではない。労働者以外の国民一般を対象とする諸施策が二次的な位置に置かれていることについてもそうである。しかし、それにもかかわらず、社会政策が充実すれば社会事業やその他の社会的な施策の必要性が解消されるというわけではない。

扶養者や介助者のいない孤児、傷病者、障害者、高齢者などの要保護者には、金銭（購買力）の提供と同時に人的な生活サービス（役務）の提供が必要とされる。虐待や非行などの要保護者には専門的な一般の商品市場においては取得することのできない生活サービスが必要とされる。また、貧困層の児童にも教育が必要であり、住居のない要保護者には住宅の整備が必要である。上水道や下水処理の整備など工場地帯の衛生環境の改善も必要とされる。

19 世紀末から 20 世紀の初頭にかけて形成される社会的、公共的な諸施策のなかで労働者の賃金や労働条件、健康などにかかる諸問題に対する施策が中心的、基軸的な位置にあったことはたしかである。しかし、さきに 4 通りに分類した多様な施策群は相互にかかわりあい、密接に依存しあっている。そのことに着目すれば、社会政策を基軸として位置づけ、それとの関係において社会事業を論じるという軒先理論的な視点や枠組みは狭隘にすぎた。むしろ、世紀転換期の施策群の全体に共通する性格、それらに期待された社会的な役割や機能を重視し、社会事業を含めて、関連する施策のありようを社会的施策の総体との関係において、しかも個別に捉えるという視点や枠組みを準備する必要があった。

5）ソーシャルポリシーとしての社会福祉

そのようなコンテクストにおいて、われわれは、19 世紀末から 20 世紀初頭に成立し、登場してきた施策の全体をイギリスやアメリカでいうソーシャルポリシーの萌芽的な形態として捉え、社会福祉をそのようなソーシャルポリシーの一つとして位置づけるという視点、枠組みを提起してきた。「社会福祉のＬ字型構造」はそのことを示している。ここでいう**ソーシャルポリシー**は、わが国においては広義の社会政策と訳されることもあるが、われわれの視点と枠組みに置き直していえば、それはわれわれのいう社会的生活支援施策に相当する。すなわち、われわれのいう生活支援システムを構成する社会的生活支援施策群である。第 3 章の「社会福祉の展開基盤」、第 4 章の「社会福祉の基本的性格」で試みた議論をもう一度参照されたい。

これら世紀転換期におけるソーシャルポリシー、社会的生活支援施策の導入は、自律生活と自律生活協同体を基層とする協同社会の国家による組織化を意味している。経済的利害の対立、社会的な緊張や不安、逸脱などによって流動化する近現代社会の、国家による、国家を媒介とした協同社会の組織化、統合化である。19 世紀後半における「社会の発見」を受継ぎ、発展させた「国家の発見」ともいうべき展開である。盛期資本主義前期（金融独占期）の政治権力は、国家主導による義務教育、公衆衛生、労働政策、社会保険、社会事業、保健サービス、公営住宅などの社会的諸施策を導入することによって、対内的には労働者を中心とする中・下層の国民やその支援勢力を体制内的に組織化し、国民国家としての求心力を高め、国力を維持増進させ、対外的には帝国主義的な植民地政策を推進したのである。

この時期、従前の慈善事業や救貧事業、共済事業を特色づけていた自由主義的・道徳主義的な、あるいは自由放任主義的・求援抑制主義的な政策思想は、それなりに緩和され、社会改良を志向し、支える政策思想が形成された。イギリスでいえば、その一つは保守的・帝国主義的な利害に立つ**国民的効率**（**ナショナルエフィシエンシー**）論であり、ほかの一つは改革推進派による**国民的最低限**（**ナショナルミニマム**）論である。両者は救貧法の改正やそれに代わるべき施策のありようについては、基本的なところで対立しあい、相容れなかった。しかし、国民的効率論と国民的最低限論は、金融独占的な経済状況下において、一般国民の生活への不満を緩和し、社会的な秩序、体制の維持に努めつつ、国際的緊張に対処し、国家を存続させ、資本主義制度を維持・存続させることについては、それほどの違いは存在しなかった。そうしたなかで、国民の参政権が徐々に拡大され、労働者たちの団結権、団体交渉権、罷業（ストライキ）権などの社会権的な諸権利（労働三権）が承認され、労働条件や賃金における最低限の保障が実現する。

わが国においても、イギリスに比べれば不十分なものであったとしても、それなりに社会的な諸施策の発展がもたらされた。昭和の初期には、満 25 歳以上の男性に限られてはいたが、普通選挙権が認められ、公的扶助義務主義を前提とする救護法も成立した。しかし、生活の最低限保障については、国家の責務（公的扶助義務）にとどまり、国民の権利とする水準には到達し得なかった。国民に対する社会権的生存権（生活権）の保障は第二次世界大戦後に持ち越されることになった。

そのような限界を内包しつつも、19 世紀中葉の資本主義の確立、発展とともに形成され、一般化した自助的自立を組織原理とする利益社会は、19 世紀の後半から 20 世紀にかけての自律生活と自律生活協同体の自己保全（防衛）的、自己実現的な組織化、再構築を目指す社会的な活動や運動を契機として、明らかに協同社会に転換してきた。それは、自律生活と自律生活協同体の社会的な組織化、さらには国家による組織化を意味していた。しかし、そのような国家による協同社会の組織化、形成は、対内的には労働者や国民一般を宥和して体制内化（宥和社会化）するレベルにとどまり、対外的には海外進出を支える労働力と兵力の涵養、確保を目指す帝国主義政策の一環としての組織化という側面を濃厚にもっていた。

5. 社会福祉への展開

1）福祉国家体制の形成

こうして成立した社会事業は、20 世紀のなかば、歴史的には次のステージとされる**社会福祉**に展開する。その背景にあるのは**福祉国家の形成**である。周知のように、世界で最初に福祉国家を成立させたのはイギリスである。イギリスの人々は、ドイツ人は戦争国家（warfarestate）を目指したが、イギリス人は福祉国家（welfarestate）を構築したと自賛した。第二次世界大戦後の 1940 年代後半のことである。その後、福祉国家政策は、イギリス連邦諸国、ヨーロッパ大陸へ、そしてアメリカ合衆国などの先進資本主義諸国に拡大する。わが国も、第二次世界大戦後の戦後（福祉）改革を契機に各種社会的施策の整備に努め、1970 年代の初頭には先進国最後の福祉国家としてその体制を整備した。社会福祉は、そのような福祉国家を支える政策の一部として成立する。

このように、社会福祉を福祉国家の政策として把握するという視点に立てば、社会事業から社会福祉への展開は、イギリスにおいてはおよそ 1940 年代、アメリカにおいては 1960 年代、わが国においては 1970 年代ということになる。ただし、わが国の場合には、第二次世界大戦後の戦後（福祉）改革のなかで大正期以来の社会事業を支えてきた施策の体系、すなわち政策も制度も、また支援のありようも大幅に改革されたことに鑑み、第二次世界大戦以降の施策をそれまでの社会事業と区別して社会福祉とみなす見解が一般化し、定説化している。

概括的にいえば、福祉国家の成立、そしてそれを基盤とする社会福祉の成立は、第二次世界大戦以降の時期ということになる。しかし、それに先立って福祉国家と社会福祉のありように大きな影響を与えた歴史的な背景、経緯がある。福祉国家、そしてその一環としての社会福祉が成立する背景には、ドイツにおけるワイマール基本法第 151 条にみられる国民の社会権的生存権に関する規定の採択（1919 年）、アメリカにおけるニューディール政策の一環としての社会保障制度の成立（1935 年）、イギリスにおいて福祉国家建設の青写真となったベバリッジ報告（1942 年）の成立がある。

ワイマール基本法を嚆矢とする社会権的生存権の思想は――憲法上に生存権を明記する例はわが国やイタリアなど少数にとどまるものの――福祉国家政策を法理念的に支える思想の淵源となっている。ニューディール政策、その一環としての社会保障法の成立は、資本主義制度の維持、国民生活の維持、国民としての統合に対する国家の責任と役割、その意義と方法を物語る先例となった。ベバリッジ報告は、国民の統合を促進し、維持する象徴として国民の生活を脅かす５巨人悪（five giant evils）――窮乏（want）、無知（ignorance）、疾病（disease）、密住（陋隘）（squalor）、無業（idleness）――に対応する施策、すなわち窮乏に対する社会保険と関連サービス、無知に対する教育、疾病に対する国民保健サービス、密住に対する公営住宅の増設、無業（失業）に対する雇用の拡大（完全雇用）を推進する諸施策の実現を約束した。

このような歴史的な背景を踏まえて、イギリスにおいては、第二次世界大戦直後に成立したアトリー労働党内閣がベバリッジ報告の実現に努め、世界最初の福祉国家、先のドイツの戦争国家に対比される福祉国家を成立させた。わが国においても、1960年代の高度経済成長と保革伯仲の時代を背景に、1960年代から70年代の初頭において、一般階層を対象とする国民皆保険・皆年金体制、低所得階層に対する福祉サービス、貧困階層に対する公的扶助、さらには各種の児童手当に代表される社会手当の実施を基幹的な政策として組み込む福祉国家体制が成立する。

1940年代後半に福祉国家体制が成立したイギリスと、1960年代から70年代の初頭に成立したわが国とでは、戦争直後の混乱から安定を志向する時代と高度経済成長による拡大と混乱の時代という時代的背景の違いがある。しかし、最大公約数的にいえば、イギリスの場合も、わが国の場合も、大小の混乱を内包しつつも、労使の協調による国民生活と社会秩序の安定と発展を目指すという理念、目標が現実的に国民の間に共有されていた時代、協調社会（後期協同社会）の構築が実現した時代であった。イギリスもわが国も、そのことを前提に、福祉国家施策の拡充を目指し、そのことによって労働者を中心とする国民一般の体制内化を促進し、国民国家としての求心力を高めるという目標に向けて一定の成果を上げることができたのである。

2）福祉国家の枠組み

それでは福祉国家とはどのようなものであったか。ここでは、**福祉国家**の枠組みを構成する要件を六つに整理する。

第一の要件は、経済システムとしての資本主義が、盛期資本主義後期の国家独占資本主義的な経済体制のもとにおいて、一定の程度成熟していることである。資本主義制度を維持するために、国家がより直接的に、金融政策や財政政策を通じて直接的、政策的に経済過程に介入するというシステムが形成されていることである。

第二の要件は、国民生活の安定を図るために、雇用の安定や創出を目指す政策が実施されていることである。国家による金融政策や財政政策を通じて資本主義経済の安定化を図るとともに、景気政策や公共事業の導入によって雇用の安定や新規雇用の創出を図る完全雇用政策が促進されていることが肝要である。

第三の要件は、社会システムとして協同社会の後期にあたる協調社会が成立していることである。労働者と雇主の労使協調関係を機軸に、中間階層をブリッジにして一定の求心力と一体感をもつ協調的な社会が国民社会として成立していることが前提となる。わが国についていえば、保革伯仲と保革協調が表裏の関係において共存する協調社会の形成が福祉国家成立の基盤となった。

第四の要件は、政治システムとしての民主主義の成熟である。まず、普通選挙を通じて国民の政治参加が推進され、国民に自由、平等、私的所有を認める市民権的基本権が承認されていることが求められる。ついで、そのことを前提に団結権、団体交渉権、罷業権をはじめとして、最低賃金制度、労働条件や環境の最低限を確保する権利とともに、国民一般に健康で文化的な最低限度の生活を営む権利、すなわち社会権的生存権を認める社会権的基本権が承認されていることが要件となる。

第五の要件は、規範システムにかかわって、個人の生命、自由、平等、人格の尊厳などの市民的な価値や社会の安全、安心、安寧、平和などの理念が社会的に志向され、文化社会として共有されていることである。

第六の要件は、以上の要件が充足されていることを前提に、社会権的生存権の保障を目的とする所得維持施策（社会保険・社会手当）、保健施策、医療施策、住宅施策、社会福祉などの各種のソーシャルポリシー（社会的生活支援施策）が国家による政策の中心的な課題として位置づけられ、推進されていることである。

これらの要件が成熟していることが福祉国家の基本的な要件である。

3）社会福祉の要件

それでは、そのような福祉国家を支える政策体系に組み込まれて成立する社会福祉はどのような特徴を備えているのか、それを明らかにすることが次の課題である。以下、先行形態としての社会事業との違いも念頭に置きながら、整理していこう。

i　生活課題の一般化

社会福祉の対象となる**生活課題**の当事者や内容が社会事業の対象に比べて拡大し、一般化した。社会事業が対応したのは、貧困階層を当事者とする生活の困窮（絶対的貧困）、孤児や棄児、母子、重度の障害や老齢による困窮や自立生活の困難や不能などの限定的な生活課題であった。それに対して、社会福祉は、基層部にそのような生活課題への対応を引き継ぎながらも、低所得階層から中間階層、さらには一般階層を当事者とする一般的・普遍的な生活課題に対応することになった。具体的には、社会福祉は、保育の困難、家庭内の虐待や暴力、非行、社会的な差別や排除、高齢や障害に伴う家族による介助や介護の困難、大気、食品、薬品などの公害にかかわる傷病や障害などの多様な生活課題を対象にする。生活課題の当事者や内容が社会構造や家族構造の時代的な変化に伴い、貧困階層を当事者とする生活課題から徐々に低所得階層から中間階層、さらには国民一般を当事者とする生活課題に拡大してきたのである。

ii　国家の資源配分機関化策

そのような生活課題の変化に伴い、社会福祉を日本国憲法第25条にいう国民の社会権的生存権に対応し、国家の責務として実施される施策として捉える社会意識が徐々に定着し、1960年代には、第二次世界大戦直後に成立した生活保護法、児童福祉法、身体障害者福祉法、社会福祉事業法に加えて、母子福祉法、精神薄弱者福祉法、老人福祉法が制定され、いわゆる**福祉六法体制**が実現する。また、国民皆保険・皆年金体制が成立したことに対応して、児童扶養手当、重度障害児扶養手当、そして1971年の児童手当などからなる社会手当制度が整備される。こうして、社会福祉は、すべての国民にその生存の権利を保障することを目的に、国家の責任と義務において策定し、実施されるべき施策の体系として認識されることになる。かつての社会事業の時代の、国家を労使間の利害の対立、衝突を回避し、調整する融和的な調整機関として捉える認識から、国民一般の生活保障に必要とされる社会的な資源を適正に配分することに責任を負う**資源配分機関**として捉える認識に徐々に転換し、実態的にもそのように機能する方向に変化していった。

iii　実施体制

国家を責任主体とする社会福祉は、政府が策定し、国会によって審議・採択された社会福祉関係法令を施行するという実施体制のもとで実施された。ただし、国が社会福祉の利用者（生活支援の受給者）に対して直接的に購買力（現金）や福祉サービス（生活資料や生活サービス）を提供するわけではない。かつて、20世紀末から21世紀初頭にかけての世紀転換期福祉改革以前においては、社会福祉は、法令によって定められた国の権限を自治体の首長ないし自治体そのものに委任（**機関委任・団体委任**）するという体制によって実施された。そのことを前提に、公的扶助や福祉サービスの提供は、自治体の設置する福祉事務所、児童相談所などの相談・実施機関を通じて実施された。福祉サービスの実務的な提供は、国や自治体の設置する支援機関、施設ほか、社会福祉法人その他によって設置される民間の施設に措置委託するという形で実施された。

iv　普遍主義的支援

社会事業による貧困者の保護は、厳格な資格審査によって適用基準に適合した困窮者や扶養者や保護者のない孤児、高齢者、障害者などを施設に入居させるという**選別主義的な方法**によって行われてきた。それに対して、社会福祉による支援は、徐々に所得の有無、水準にかかわらず、国民一般を対象にもっぱら生活課題の有無や種別、程度を基準にした**普遍主義的な支援**の方向に続行していった。むろん、生活保護（公的扶助）のように生活支援の内容によっては、利用者が選択され、限定される場合がある。しかし、国民一般を対象にする普遍主義的な生活支援の提供をベースに、普遍主義と選択主義を組みあわせた**選択主義的普遍主義による支援**の提供が原則となった。

v　支援の方法

社会福祉による支援の方法は、①社会的啓発、②購買力の提供、③生活資財の提供に大別することが可能である。生活資財の提供は、さらに、(a)生活資料の提供、(b)生活サービスの提供、(c)システム的サービスの提供に区分される。生活資料は衣食住の現品形態での提供である。生活サービスは相談助言、保育、養護、療護、介護など専門職による人の働き（役務）の提供である。システム的サービスは、生活（入居）施設のように、物的サービスと人的サービスが結合されたサービスである。購買力の提供（生活保護・社会手当）を除けば、当初のうち、社会福祉による生活支援は依然として生活施設への入居を中心としたものであったが、一部において訪問サービス、通所サービス、短期入所サービスなどによる在宅（居宅）型のサービスを中心とする地域福祉型サービスの萌芽的な発展がみられた。

vi　ソーシャルワークの拡大

社会福祉においては、生活支援の方法・技術として、また支援の領域として、**ソーシャルワーク**が重要な役割を担うことになった。ソーシャルワークは、当初のうち、生活保護制度の運用を円滑にし、要保護者の自立助長を促進する支援の方法、技術として導入された。しかし、やがて生活課題の一般化、個別化、多様化、複雑化が進むにつれ、社会福祉のみならず医療、教育、司法などの関連領域を含めて、多様な領域において相談助言、生活再建、連絡調整などを内容とする支援の方法、技術として発展することになった。

vii　社会的契機

社会福祉への発展は、保革伯仲と呼ばれる政治的、社会的な状況を背景に、生活保護行政の改善、保育所の設置、高齢者福祉や障害者福祉の改善拡大、各種公害被害者支援の導入などにみられるように、当初は社会福祉関係者、労働組合運動や社会主義運動、革新政党などによる社会的、政治的な圧力が推進力となって、後にはそこに当事者や支援者による当事者運動、専門職従事者や施設経営者団体（業界団体）などによるソーシャルアクションや社会運動などによる社会的、政治的な圧力も加わる形で発展がもたらされた。

以上、1960年代から70年代にかけての福祉国家体制の準備期から成立期における社会福祉のありようを整理してきた。当初のうち、社会福祉の一部は必ずしも当事者に喜ばれ、国民一般に歓迎されるような水準、状態ではなかった。しかし、前身である社会事業との比較においていえば、社会福祉は、質量両面からみて、明らかに一歩前進した内容をもつ生活支援の施策になった。社会福祉は社会的、公共的な生活支援施策の新しいステップとして認識されるようになっていった。そうしたなかで、実務的にも、研究や教育の領域においても、従前の社会事業に代わって、社会福祉という用語の使用が定着することになる。

こうして、社会福祉は、多様な社会的生活支援施策の一つとして重要な役割をもつという認識が拡大していった。社会事業の社会福祉への展開は、ウイレンスキーとルボーの議論を援用していえば、経済的不況や社会的混乱に応じて出現し、不況や混乱が収まると社会の背景に後退する選別的・限定的な社会事業から、社会のなかに恒常的に存在し、社会の第一線において活動する制度的な社会福祉への展開を具現化し、発展し続けるかに思われた。

6. 社会福祉の変容

しかし、そのような社会福祉の基盤になった福祉国家は、1970年代末にはその頂点を迎えることになる。それまで第二次世界大戦後における資本主義世界、復興と発展を象徴する指導的原理とみなされてきた福祉国家の推進は、一転して、「市場の失敗」ならぬ「**国家の失敗**」を象徴する施策として集中的な批判を浴びることになった。福祉国家は、達成すべき理念や目標としての存在から、批判の対象、克服すべき存在に転化する日を迎えることになった。福祉国家政策の一環としての社会福祉も、当然のことながら、集中的な福祉国家批判の埒外(らちがい)ではあり得なかった、イギリスやアメリカにおいて、そしてわが国においても、**福祉国家批判**を前面に掲げる政治権力が登場してきた。わが国では、それまでの保革伯仲時代の社会福祉施策が一斉に「バラマキ福祉」として批判の対象となり、「福祉の見直し」を求める「福祉改革」が推進されることになった。

1）変容の背景

福祉国家批判は、行財政改革という形をとり、その一環として福祉改革が遂行された。そのような、第二次世界大戦後の基本路線を覆すともいえる改革が求められるようになった背景には、1960 年代末以来のスタグフレーションの進行、1970 年代初頭のオイルショックによる景気の変動、国家財政の悪化、そして福祉国家体制のなかで増幅されてきた中央集権主義や福祉官僚主義、税や社会保険料拠出による国民負担の増加、福祉国家政策によって国家と国民が直結されたことによる中間組織・中間社会の空洞化などの、社会経済的、政治的諸条件の変化が存在した。また、1990 年代初頭のソビエト連邦の崩壊を中心とする東欧社会主義体制の後退も福祉国家批判を増幅させる要因になった。

社会福祉の展開基盤となる協同社会も大きな変動にさらされた。わが国でいえば、児童人口の顕著な減少、高齢者人口比率の拡大による超少子高齢社会化が始まり、所得格差の著しい拡大、人口の大都市集中、限界集落化の進行によるコミュニティの脆弱(ぜいじゃく)化、自己責任や自立自助を強調する社会意識の拡大などにより、かつての社会福祉を支えた協同社会後期の協調社会は後退し、やがて個人主義が浸透し、人間関係の希薄化、無関心化に特徴づけられる乖離(かいり)社会が出現する。

このような状況のなかで、イギリスにおいては、そしてわが国においても、国家財政の引き締め、国有企業の民営化、行政権限の下方委譲、管理委託化、民営化が推進される。イギリスでは早くも 1960 年代の後半、パーソナルソーシャルサービス改革による社会福祉の分権化、多元化、地域社会化が始まった。わが国においても、そのイギリスの改革をモデルに、1970 年代の末から 80 年代にかけて社会福祉の分権化、多元化、地域社会化が推進され始めた。

われわれは、このような行財政改革、それに伴う社会福祉の変容を福祉国家体制下における「国家型社会福祉」から、行財政改革、そして社会福祉基礎構造改革による「**多元型社会福祉**」への転換、さらには 21 世紀の世紀転換期福祉改革による「**自助型社会福祉**」への移行として捉えてきた。このような社会福祉の転換は、1980 年代を分水嶺として始まり、90 年代さらには 21 世紀を迎えて大幅に加速されていった。もとより、この時期の福祉改革に限定されることではないが、改革にはいつでも功罪両面が含まれている。そのことを踏まえつつ、以下、多元型社会福祉、自助型社会福祉として捉えられる 1980 年代このかたの現代社会福祉のありようを箇条書き的に整理しておこう。

2）変容の状況

i　多元型社会福祉

1980 年代以降においても、国家の政策としての社会福祉という社会福祉の基本的な枠組みは従前と変わらない。社会福祉の基本的な枠組みは国家による政策として策定され、関連する法令に基づいて、運営、実施されている。ただし、その運営と実施の過程については、世紀転換期の行政改革によって法定受託事務と自治事務という新たな体制が導入されたことに伴い、都道府県や市町村などの自治体、なかでも市町村とそれに照応する地域社会が中心的な役割を担うことになった。社会福祉の運営と支援の過程は、民間化、民営化が促進されるなかで、従来の社会福祉法人に加え、特定非営利活動法人その他の非営利団体、企業法人、個人などの多様な組織や団体の参画を得て推進されることになった。端的にいえば、多元型社会福祉はそのような社会福祉のありようを意味している。

ii　生活課題の変容

1980年代以降、社会福祉の対象となる生活課題にも大きな変化がみられた。生活課題の中核ないし基盤となるのは依然として貧困問題である。わが国の相対的貧困の割合を示す貧困率は先進7か国中第1位という危機的な状況にある。非正規雇用による若年の生活困窮者数も増加した。他方、子どもの保育、高齢者の介護、障害者の地域生活移行ニーズなどの生活課題にみられるように、一般的な所得や家族構成では確保することの困難な生活サービスに対する需要のいっそうの拡大がみられる。家族による子ども、障害者、高齢者に対する虐待や配偶者への暴力、一般市民や家族その他による子ども、障害者、高齢者に対する不適切な差別や虐待、外国籍の居住者の生活の不利や困難、災害被災者の生活再建問題など、生活課題の多様化、複雑化、高度化が進行している。

iii　社会福祉の分権化

社会福祉の基本的枠組みは、国の策定する関係法令によって設定されている。そのことに変わりはない。しかし、世紀転換期の地方自治制度の大幅な改革により、機関委任や団体委任の制度は廃止され、従来の委任事務は**法的受託事務**と自治体に本来的な固有の事務を意味する**自治事務**に改められた。国と自治体との関係は従前の上下の関係から対等の関係に改められた。そのなかで、社会福祉のうち生活保護については、新たに都道府県ならびに市の法定受託事務とされた。生活保護については、国民の生存（生活）を保障する最終的なセーフティネットとして、法定受託事務という形で国の責任において生活の国民的最低限を保障するという生活保護法の趣旨が維持された。それに対して、それ以外の福祉サービスについては、都道府県や市町村、なかでも市町村の自治事務として位置づけられることになった。福祉サービスの運営ならびに支援は、基礎自治体としての市町村のもつ多様性、個別性を重視するという趣旨から、自治事務として推進されることになったのである。

iv　地域住民・地域社会の主体化

社会福祉の分権化に基づき、基礎自治体としての市町村に期待される責務、役割が顕著に拡大された。同時に、そのことに伴い、市町村という行政上の区画によって包摂される住民の集合体である地域社会の役割に対する期待が大きく拡大した。なかでも、地域社会を構成する地域住民が、社会福祉を目的とする事業を経営する者、社会福祉に関する活動を行う者とともに、地域福祉を推進する者（地域福祉の主体）の一員として位置づけられることになった。こうして、今日、社会福祉は、国によって定められた法的な枠組みを前提にしながら、市町村を中心とする基礎自治体と地域社会を車の両輪として位置づけ、運営され、実施される地域福祉（社会福祉法にいう「**地域における社会福祉**」）として位置づけられるに至っている。そこには自助型社会福祉への傾斜が内包されている。

v　適用範囲の拡大

他方、社会福祉の適用範囲は継続的に拡大してきた。従前の国家型社会福祉においては、適用対象は生活保護法以下の福祉六法体制にいう要保護者、児童、母子、身体障害者、知的障害者、高齢者などであった。多元型社会福祉においては、これに要介護高齢者、生活困窮者を対象とする施策が新設されたほか、発達障害者、家庭内暴力の被害者、社会的差別や排除の被害者などが新たに適用対象に加えられている。待機児童対応が進み、保育サービスの適用対象も拡大してきている。このほか、自然災害の被災者なども社会福祉による支援の適用対象となってきている。こうして、1980年代以降、緊縮財政政策のため、一部において適用対象の抑制がなされつつも、その総体をみると介護福祉（保険）、生活困窮者施策の導入、保育サービスの拡大、放課後障害児サービスの導入などにより、社会福祉の適用範囲は大きく拡大する傾向にある。

vi　計画行政化

都道府県や市町村に地域福祉計画をはじめとして各種の福祉（保健）計画の策定が求められることになり、同時に地域社会に対してもそれに呼応する活動計画の策定が期待されることになった。福祉計画の導入以前においては、社会福祉に関する行政は、単年度会計制度に基づき、事後処理的・事後救済的な事務として行われてきた。しかし、1990 年代以降、市町村を中心に地域福祉計画を中心に、自治体に高齢者、子ども、障害者について福祉（保健）計画を策定することが求められるようになったことに伴い、中長期的な見通しをもって社会福祉施策を展開することが求められるようになった。

vii　提供組織の多元化

世紀転換期以降、地方自治改革が推進されるなかで、第一種社会福祉事業を別にして、第二種社会福祉事業に区分される支援サービスの提供に関しては、自治体、社会福祉法人に限らず、所定の条件を充足すれば、民間非営利団体、営利法人、さらには個人であっても提供事業者になることが可能となった。そのうち、営利法人や個人などのいわゆる**準市場セクターの参入**については、社会福祉の本来的な性格に抵触するという見解が存在する。しかし、その一方において、社会福祉に伝統的な参入障壁に風穴を開け、民間の創意工夫、事業意欲を刺激する措置として評価する見解もみうけられる。

viii　専門職化

1987 年に社会福祉士と介護福祉士、1997 年に精神保健福祉士、2003 年には保育士の資格が国家資格として法制化された。それ以前においては、社会福祉主事、児童福祉司、保母が社会福祉にかかわる資格とされてきた。社会福祉主事と児童福祉司は任用資格、保母は一定の教育課程の終了を条件に付与される資格であり、新たに**専門職資格の法制化**が期待されてきた。ただし、社会福祉士その他の新たな資格はいずれも名称独占の資格であり、業務独占が認められているわけではない。その意味においては、専門職の資格として十全なものとはいえない。しかし、いずれも国ないし自治体による資格試験によって付与される専門職の資格であり、社会福祉による生活支援の専門職化、科学化に寄与することになった。

ix　包括的多分野横断的アプローチ

わが国の社会福祉は、かつて福祉六法体制と呼ばれたように、生活水準、年齢、性別、障害の種類など利用者のもつ属性ごとに、また支援の方策手段、内容ごとに、縦割り型の専門分化が推進されてきた。縦割り型の専門分化は、社会福祉の内部に限らず、社会的生活支援施策のレベルにおいても同様に追求された。かつては、専門分化は、支援の多様化、高度化を意味するものとして歓迎された。しかし、近年、生活問題の多様化、複雑化、高度化が進むにつれ、個人はもとより家族（世帯）においても、必要とされる支援サービスの多種化、複合化、重複化が進むとともに、一部においては縦割型施策のもたらす制度の谷間問題が注目され、多分野横断的なアプローチによる包括的、かつ重層的な支援体制の構築が期待されるようになっている。

x　社会的契機

1980 年代以降、社会福祉が多元化してきたことの背景には、行財政改革の圧力、自己責任や自助自立を求める社会意識の再燃と拡大、労働組合運動や社会主義運動の減退、政財界による生活支援サービス提供事業に対する新規参入圧力などさまざまの要因があった。その一方において、生活支援を求める当事者や支援者による社会運動、SNS を通じた働きかけ、また各種の支援提供事業者の業界団体による社会的、政治的な圧力、国際連合などの国際機関による人権関係条約の採択・締結と国内法整備への社会的かつ国際政治的な圧力があり、それらが関連する施策の新設や改善、拡大や多元化に対して大きな社会的な圧力要因、契機となってきた。

2015 年の国連サミットによる「持続可能な開発目標」（SDGs）の採択を含めて、これからの社会福祉のありようを考えるうえでは、松下圭一の言説を援用していえば、国政府つまり国レベルの政府機関に加えて、あるいはそれ以上に、国際機関（国際連合）といういわば国際政府の動向と都道府県・市町村、なかでも市町村を中心にする自治体政府の動向に注目する必要がある。

3）直面する課題

さて、ここまで、19 世紀末から 20 世紀初頭にかけての世紀転換期以降、近現代社会の初期に萌芽的な形で社会的に組織化され、社会制度化されてきた慈善事業、救貧事業、共済事業がどのような歴史的なコンテクストのもとに、多様な社会的、経済的、政治的、規範的な諸条件、それらの因果的な組みあわせと論理によって、国家政策としての社会事業に転成し、さらに社会福祉に展開してきたか、概括的に考察してきた。また、その社会福祉が、1980 年代を分水嶺に 20 世紀末から 21 世紀初頭にかけて、どのように変容してきたかをかいまみてきた。

今日、わが国の協同社会は明らかに格差と分断によって乖離社会化しつつある。21 世紀も 2020 年代半ばに差しかかるなかで、わが国の社会は、人口の顕著な逓減的縮減、超高齢社会化の増進、子ども人口の縮小、傷病・疾病の拡大、家族の構造と機能の変化、長期にわたる経済的不況、所得格差の拡大、若年者にみられる就労機会の減少、孤独や孤立、虐待や暴力、差別や排除、自然災害の多発など、さまざまな生活にかかわる難題を抱えるようになっている。

わが国の社会福祉は、今や多様に複雑化し、高度に複合化した生活問題（課題）に直面させられ、社会的、公共的な対応に苦慮するという状態にある。そうしたなかで、われわれには、今日の多元型社会福祉を特徴づけている分権化、地域化、普遍化、計画化、多元化、専門職化、そして多分野横断化、重層化は、いかなる状況にあり、何をもたらしているのか、あらためて客観的かつ理論的に的確に分析し、評価し、その成果をこれからの社会福祉の展開に結びつける作業が求められている。

なかでも、地域共生社会の形成、発展が政策的に理念化され課題化されるという状況のなかで、それを支える市町村が果たして適切・的確に機能しているかどうか、国と対等の立場に立つことができているのか、市町村格差が生み出されていないか、新たな公民、公私関係のなかで国や自治体による責任回避が生じていないか、地域住民・地域社会の主体化が求められるなかで地域住民に過重な期待、負担がかかっていないか、多元型社会福祉の推進が自助型社会福祉の推進に転化していないかなど、検討すべき課題が山積している。

われわれの社会福祉学は、果たして、それらの諸問題を的確かつ適切に評価し、今日の社会福祉に必要とされる改善や改革につなげる力量をもち得ているかどうか、そのことがあらためて問われている。

6 社会福祉の施策体系(1)
骨格・対象・主体

1. 社会福祉の骨格構造

さて、ここまで、社会福祉の概念、歴史、そしてその基本的な性格について論じてきた。それなりに理解が得られたであろうか。次の課題は、社会福祉の施策そのものについて、総合的・体系的かつ理論的に把握、分析し、理解を深めることにある。

1）分野論としての体系把握

従来、この課題は、社会福祉の施策体系の分野論ないし領域論として展開されてきた。社会福祉のテキストなどをみれば明らかなように、今日においても、その傾向は変わらない。その背景には、わが国において、社会福祉の施策が利用者の年齢、性別、障害の種類、家族構成、生活課題などの属性ごとに個別の、相互に独立した縦割り型の制度として法制化されてきたという事情がある。そのために、社会福祉の施策体系についての議論が法制度ごとの分野論、領域論として、捉えられ、論じられてきた。

そうしたなかで、法制度による区分を基礎にしながらも、そこに独自の規準、枠組みを導入して分野を体系的に論じる試みも提起されてきた。一番ヶ瀬康子による「社会福祉事業体系」論がそうである。一番ヶ瀬は、先にも言及したように、社会福祉の対象を労働力の家庭（世帯）における再生産の過程において形成される生活問題として規定している。一番ヶ瀬は、その生活問題を利用者の労働力の態様に対応させ、貧窮問題、児童問題、老人問題、身体障害者問題、精神薄弱者問題などとして範疇（はんちゅう）化し、それによって区分するという形で分野の体系化を試みている。依拠する法制度にそのまま従う形で分野を区分するという方法に比べれば、それなりに理論的な施策体系論になっている。しかし、社会福祉の体系を分野として論じるという意味では、法制度を基準にする議論と変わるところがない。

分野論を軸とする施策体系論は、一番ヶ瀬の場合も含めて、それぞれの分野ごとに、設定されている支援サービスの種類、その形態、内容、提供する機関や施設、利用の資格と手続き、利用の過程、個別的な支援の方法や技術について記述し、支援提供の具体的な過程とそこにおける困難や問題点に言及するという構成になるのが一般的である。

われわれは、このような分野論の記述を通じて、社会福祉を構成する制度の内容がどのようなものなのか、それなりに理解することができる。しかし、そのような分野論がどれほど精緻に記述されたとしても、社会福祉の全体にかかる骨格、骨組がどのように構成され、いかに機能しているのか、そのことを的確に把握することは期待できそうにない。

社会福祉を体系的に理解し、推進しようとするとき、まず必要とされるのは、社会福祉が対応しようとしている生活問題、あるいは生活課題とはいかなる性質をもつ事象であるかを明らかにすることである。ついで、社会福祉を構成する施策の総体、すなわちそれを構成する個々の政策、制度や事業がいかなる状況のもとに、いかなる要因と理由によって、いかにして国や自治体の施策として、あるいは民間の団体や組織による活動として形成され、運営されているのか、そして最終的にはそれがどのような知識や技術を介して利用者に提供されているのかを解明し、それらが個別的あるいは社会的にいかなる成果ないし効用を生み出しているのか、それらのことを系統的・体系的に明らかにするということである。そこにおいては、縦割り型の分野論を超えて、社会福祉の全体を横に輪切りにしつつ、それらを系統的・体系的に接続し、再構成するような理論的な研究の方法が必要とされる。

2）社会福祉の三位一体構造

このことは、社会福祉の全貌を対象としての生活問題（課題）の把捉から、政策の策定、制度の構築と運営、支援の提供と利用にいたる経過を一連の過程、一つの全体として扱い、総合的・体系的に分析し、理解するという作業を意味している。しかし、わが国の社会福祉研究は、そこにもやっかいな問題をかかえてきた。すでに第1章（社会福祉の輪郭）において言及したように、わが国においては、第二次世界大戦直後から1970年代の頃まで、社会福祉にかかる政策と社会福祉における支援の方法、なかでもそのための知識や技術であるソーシャルワークを、実態としてそれが社会福祉の一部分をなすことを認めつつも、理論的には別々のもの、相互に相容れぬ存在として取り扱ってきた。しかし、それでは、社会福祉の全体像を総合的・体系的に理解することは不可能であった。

われわれは、そのことについて、これまで、社会福祉の政策にかかる「政策システム」と支援（援助）にかかる「支援システム」を両端に配置し、その中間に制度の運営にかかる「運営システム」を挿入することによって両者を架橋し、政策、運営、支援を三位一体的・統一的に把握することを目指し、そこに必要とされる視点と枠組みを提示してきた。われわれのいう「**社会福祉の三位一体構造**」的把握である。その概要は、すでに第1章において、「社会福祉のシステム構成」として示してきたところである。

次に掲げる**図1**「**社会福祉の施策体系**」のねらいは、その「社会福祉のシステム構成」を踏まえつつ、さらにそれを社会福祉の全体像を把握する枠組みに発展させ、「社会福祉の施策体系」として描き出したものである。**図1**の意図は、社会福祉の脊柱を構成する政策システム、運営システム、支援システムを主軸に、政策システムと支援システムを架橋する部分、運営システムと支援システムを媒介する部分、そして社会福祉の対象としての生活問題、評価システム、社会行動システム、さらに支援展開システムを描いた部分を追加し、社会福祉を支える骨格構造の全体像を描出することにある。

図1の今一つのねらいは、骨格構造の中心に位置している政策システム、運営システム、支援システムについて、それぞれにそれを構成するサブシステムとその相互の関係を示すことにある。政策システムを構成するサブシステムは、「対象設定システム」「政策立案システム」「政策決定システム」「政策運用システム」である。運営システムを構成するサブシステムは、「政策運用システム」「制度運営システム」「支援提供システム」である。そして、支援システムを構成するサブシステムは、「支援提供システム」「利用支援システム」「支援展開システム」から構成されている。

これらのサブシステムは、まず、それぞれの上位システムとなる政策システム、運営システム、支援システムの性格や内容を理解する手がかりになる要

図1　社会福祉の施策体系

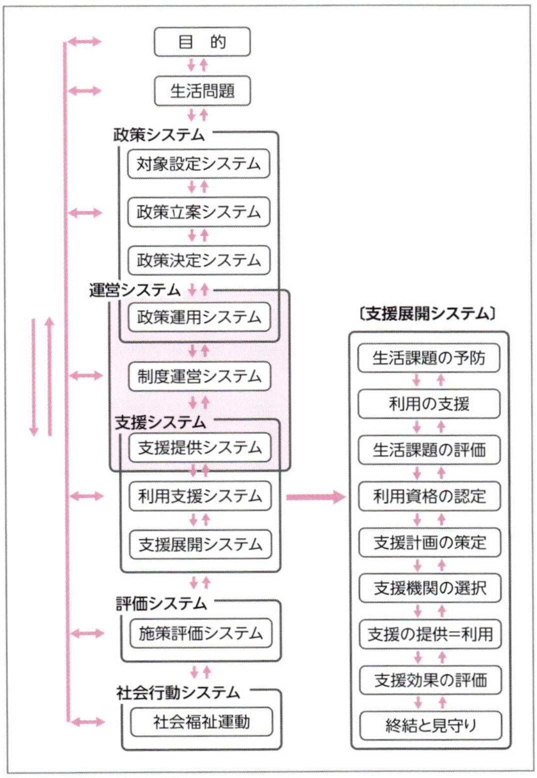

素である。次に、それぞれのサブシステムのうち「政策運用システム」は、政策システムの一部であると同時に運営システムの一部を構成するものとして設定されている。同様に、「支援提供システム」は、運営システムと支援システムの一部を構成するものとして設定されている。このことは、政策運用システムが政策システムと運営システムを架橋し、連結させるという役割をもち、支援提供システムが運営システムと支援システムを架橋し、連結させるという役割をもっていることを意味している。さらにいえば、政策運用システムと支援提供システムは、社会福祉の政策、運営、支援を架橋し、結びつけ、一体化するという役割を担っていることになる。運営システムは、政策運用システムと支援提供システムを両端にもつことによって、社会福祉を三位一体的に構造化する位置にある。社会福祉における運営システムのもつ重要性を示すものである。

加えて、**図1**においては、支援展開システムの内容を示す諸要素が別枠に抽出されている。支援展開システムは、「生活課題の予防」「利用の支援」「生活課題の評価」「利用資格の認定」「支援計画の策定」「支援機関の選択」「支援の提供＝利用」「支援効果の評価」「終結と見守り」という要素からなり、その全体が一体的・統合的な過程として構成されている。

以下、このような社会福祉の施策体系を構成するそれぞれのシステムについて、要点に絞って、その概略を考察していこう。

2. 社会福祉の対象

社会福祉を成立させる第一の契機は、その対象によって与えられる。社会福祉は対象あってこその社会福祉である。つまり、社会福祉はそれが対応すべき、解決、緩和・軽減すべき、あるいは促進すべき事象——問題や課題——があって初めて、成立、発展の契機が与えられ、かつその内容や性格が規定される。

1）社会的問題と生活問題

このため、先行する社会福祉学の研究はいずれも、その対象、すなわち解決すべき事象の内容、形成の経過、そしてその性格を明らかにするところから始まっている。なかでも重視されてきたのは、社会福祉の対象の形成と性質を、その歴史的、社会経済的な背景、条件、要因との関係において把握するということである。一言にしていえば、研究の第一の焦点は、社会福祉の対象をいかにして社会的に形成され、社会的に解決すべき事象として解明し、理解するかということに絞られてきた。社会福祉の対象が歴史的、社会経済的な起源をもち、社会的に解決されるべき社会問題として形成されてきたという事実が、社会福祉が社会的、公共的な施策、最終的には国家の施策として成立する、あるいは成立させられなければならない必然的な契機として捉えられてきたのである。

周知のように、孝橋正一は、社会福祉（社会事業）の対象を社会問題の核としての労働問題から関係的派生的に形成される「社会的問題」として把握しようとした。一番ヶ瀬康子は、社会福祉の対象を、職場における労働力の消費過程に生起する労働問題との対比において、家庭（世帯）における労働力の再生産過程において生起する「生活問題」として捉えようとした。そのねらいはいずれも、社会福祉の社会的、公共的な成立を論証する契機を対象の社会的起源性と社会的対応責任性に求めることにあった。孝橋の**社会的問題論**、一番ヶ瀬の**生活問題論**は、それらが歴史的、社会経済的な起源をもち社会的に対応すべき問題あるいは課題であるということの解明、それらの形成の過程と機序、メカニズムの解明として、一定の成果を上げてきたといってよい。

2）生活問題論の難点と克服の試み

そのような対象把握のコンテクストのなかで、一番ヶ瀬は一歩を進め、貧困者、児童、高齢者、障害者などを当事者として形成される生活問題の態様を、貧困者をはじめとするそれぞれの当事者のもつ労働力の態様とその労働市場における評価、取り扱われ方をよりどころにして明らかにしようと試みた。しかし、そこには難点も含まれていた。たとえば、一番ヶ瀬は、児童を未来労働力、高齢者を衰退労働力として捉えている。その視点はよしとするにしても、そこには、それでは児童や高齢者にみられる生活上の諸問題のすべてを、児童が未来労働力であり、高齢者が衰退労働力であるという規定から始めて的確かつ十全に説明し切れるのかという疑問が生じる。

副田義也は、この疑問から出発して、労働力の賃金との交換、その賃金による市場での生活資財（生活資料と生活サービス）の購入と消費、それによる労働力の再生産という過程に時間軸や空間軸などの要素を加えた生活構造論を適用することによって生活問題の多様性、複雑性に接近しようと試みた。また、われわれは、**社会的バルネラビリティ**（社会的な生活の脆弱（ぜいじゃく）性）という概念を導入して、生活問題の多様性、複雑性を解明する試みを提起してきた。われわれの試みは、社会的にバルネラブルな状態にある人々、すなわち社会的に生活の不調や障壁などの困難に陥りやすい人々という概念を導入することによって、生活問題を労働力の態様に限らず、そのことを含めて多様な歴史的、社会的、経済的、政治的、文化的な要因によって生活上に形成される諸問題として把握しようとするものである。問題形成の過程やメカニズムについては、問題の態様ごとに個別に解明するという新たな枠組みを提起してきたのである。

3）政策の対象と支援の対象

問題の内容や形成のダイナミズムのほかに、社会的起源を重視する対象論には、もう一つの難点が含まれていた。政策の対象と支援（実践）の対象との関係をどのように把握し、説明するかという問題である。たとえば、一番ヶ瀬の生活問題論は、社会福祉の政策レベルにおける対象把握の方法としては、孝橋を超えてそれなりに成功を収めているといってよい。しかし、その一番ヶ瀬の生活問題論も、支援（実践）レベルにおける対象の把握、すなわち個人、家族、近隣社会などの個々の利用者（当事者）のレベルにおける生活上の諸問題を的確に把握し、分析する枠組みにはなり得ていなかった。生活問題把握の方法をどのようにブレークダウンし、あるいは組み換えれば、社会問題としての生活問題と利用者個々の経験する生活上の問題を相互に結びつけて把握し、分析するための枠組みを手にすることができるかという論点が残されていた。

この論点は今日においても、明確に整理され、克服されているわけではない。端的にいえば、今日においても、政策の対象としての生活問題と支援レベルの個人や家族、近隣社会の生活上の諸問題は事実上別個の問題として扱われている。そのことは、たとえば、支援レベルで利用されているアセスメント票の構成をみれば明らかである。われわれは、アセスメント票から、相談の主訴となっている具体的な生活上の諸問題の内容やその背景となる利用者の生活歴、家族構成など、問題が形成された直接的な背景や要因、経過などを捉えようとする意図を読み取ることは可能である。しかし、アセスメント票のもつ射程はそこまでである。その射程は、個人や家族、近隣社会が経験する生活上の諸問題の背後に伏在し、その形成過程を規定したと考えられる社会的、経済的な、あるいは政治的、文化的な状況や要因にまでは及んでいない。

4）社会問題論の抽象性・多義性の克服

周知のように、三浦文夫は、このような社会福祉における対象論の難点を克服しようとして、支援レベルにおける対象の問題を政策レベルにおける対象の問題と明確に切り離し、**福祉ニーズ論**として展開する方向を選択した。三浦は、支援レベルにおける対象の認識を、社会的問題論や生活問題論のもつ抽象性や多義性から解き放つために、「依存的状態」や「要救護性」という概念を導入した。すなわち、三浦は、「ある種の状態が、ある種の目標や一定の基準からみて乖離の状態にある」場合を依存的状態

＝広義のニーズと呼び、そのような状態のうち「改善回復等を行う必要があると社会的に認められたもの」を要救護性＝狭義のニーズとして捉えることを提起した。このうち、社会福祉の対象となるのは、後者の要救護性＝狭義のニーズである。このような三浦の対象論は支援レベルにおける対象論として理解しやすいし、支援レベルのアセスメント票にも容易に適用することが可能である。しかし、このような三浦の対象論においては、支援レベルの対象論である要救護性論と社会問題論的な政策レベルの対象論とのかかわり、結びつきは、事実上、切断されてしまっている。

5）生活問題と生活課題

われわれは、このような社会福祉における対象論の展開を念頭に、ここであらためて、一番ヶ瀬の政策レベルの「社会問題としての生活問題」という対象把握の方法を踏まえつつ、個人、家族、近隣社会などの社会福祉の利用者（当事者）の抱える生活上の諸問題を支援（実践）のレベルにおいて「**生活課題**」として捉え直す視点、そして枠組みを提起しておこう。それは、簡潔にいえば、政策レベルの対象としての生活問題と支援レベルの対象としての生活課題を相互に連続しつつ、表裏の位置関係にあるものとして捉え直すということである。社会福祉の支援において対象となるのは、直接的には利用者（当事者）となる個人や家族、近隣社会のかかえる生活課題である。その生活課題を一般化し、社会的なレベルにおいて捉え直したときに社会問題としての生活問題という概念が成立する。そのような生活課題のありようを把握するための視点と枠組みが**図２**の「生活課題の構造」である。なお、ここまでの論点の一部はすでに第４章（社会福祉の基本的性格）において言及している。そのことを前提にさらに考察を重ねよう。

図２　生活課題の構造

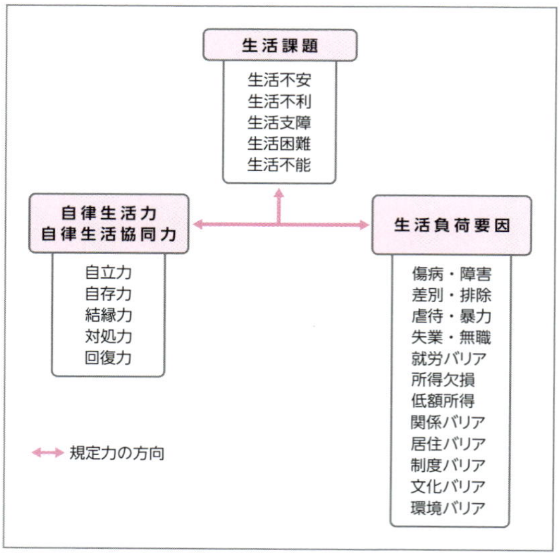

さて、**図２**の生活課題の構造にみるように、生活課題についての議論は、「生活課題」「生活負荷要因」「自律生活力・自律生活協同力」という３通りの要素から構成される。生活課題は、個人、家族、近隣社会の生活において、社会福祉による支援を必要とする状態を意味している。われわれは、社会福祉にかかる議論の起点として、社会福祉の政策レベルにおける対象を生活問題として捉えてきた。その生活問題を、個人、家族、近隣社会などの利用者（当事者）のレベルあるいはサイドから捉えた問題状況、何らかの社会福祉による対応（支援）を必要とする問題状況として捉え直したもの、それが生活課題である。すなわち、生活課題は、当事者としての個人、家族、近隣社会に内在化された生活問題、内在的に捉え直された生活問題である。そして、先に指摘したように、逆に、そのような個人、家族、近隣社会を当事者とする生活課題を一般化し、社会のレベルにおいて捉えたものが生活問題である。

ちなみに、ここでいう生活課題は**生活支援ニーズ**という表現に置き換えることも可能である。さらに一般的に、**福祉ニーズ**といっても不都合ではない。ただし、ここでいうニーズは、マズロー（Maslow, A.）のニーズ階層論などにみられるような心理学的なニーズ、なかでも人々の内奥から生まれ、内側に存在するニーズではない。生活課題は、個人、集団、近隣社会などの生活主体のもつ状況と外部環境との交互作用のなかで形成される状態であり、かつ、社会的、公共的に何らかの支援を必要とする状況にあると認められた状態を意味している。そのような状態は、生活者自身によって自覚されていることもあれば、そうでないこともある。ここではその両方を含めて、生活課題ないし生活支援ニーズ（福祉ニーズ）と呼ぶことにしよう。

6）生活課題の態様

そのような生活課題の態様は、①生活不安、②生活不利、③生活支障、④生活困難、⑤生活不能の五つに類型化することができる。生活課題の内容、性格や重さは、それを引き起こす生活負荷要因の種類と生活主体のもつ自律生活力やその基盤となる自律生活協同体にみられる自律生活協同力の状況によって異なったものとなる。支援を必要とする程度や必要とされる支援の種類は、そのような生活課題の態様によって異なったものとなる。

簡潔にいえば、①生活不安は、就労、育児、加齢などにかかわって、生活の先行きが覚束ない、生活が不安定といった状態を意味している。②生活不利は、傷病や障害、差別、排除などによって生活に不利益が生まれている状態のことである。③生活支障は、保育サービスの欠如、傷病や障害、加齢、家族の介助や介護などによって生活上に日常的に支障が生まれている状態を意味している。④生活困難は、不安定な就労、低額所得、傷病や障害、引きこもりなどによって、一般的・平均的な生活の水準や様式において生活を維持することが困難な状況に陥っている状態である。⑤生活不能は、所得の欠落や寡少、傷病や重度の障害、単身などのため、生活を維持することが不可能に陥っている状態を意味している。

7）生活負荷要因

生活負荷要因は、生活者の生活に直接的・間接的に負荷（ストレス）をかけ、生活課題を引き起こす要因である。そのような要因については、生活課題を説明する過程においてさまざまに例示してきたところである。再掲すれば、生活負荷要因は、①生活者の傷病や障害、②社会的な差別・排除、③家庭内の虐待・暴力、④失業・無職、⑤雇用機会の欠如、障害、高齢などによる就労バリア、⑥傷病や障害、高齢などによる所得の欠損、⑦自営その他の低額所得、⑧ハラスメントその他による社会関係のバリア、⑨低所得、障害、高齢などに伴う居住バリア、⑩外国籍、無戸籍などに伴う制度バリア、⑪外国籍や多様性に伴う文化バリア、⑫気候・災害などの環境バリアなどに分類することができる。これらの要因は、それぞれが個別に生活課題を生み出す要因となり得る。しかし、一般的には、複数の要因が複合化し、輻輳して生活課題が引き起こされていることが多い。

このように、社会福祉の対象としての生活課題は、多様な生活負荷要因によってもたらされる。ただし、生活負荷要因が存在すれば、あるいはそれらが出現すれば、必ずそこに生活課題が形成されるというわけではない。形成されることもあれば形成されないこともある。そこには、生活負荷要因の強さや種類がかかわっている。しかし、それとともに、そこには、先にふれたように、生活主体（当事者）のもつ自律生活力や自律生活協同力の状態が密接にかかわっている。生活課題は、生活負荷要因と自律生活力、自律生活協同力の関数として形成される。

8）自律生活力と自律生活協同力

自律生活力、そして**自律生活協同力**は、すでに第３章（社会福祉の展開基盤）で言及したように、生活者の自律生活と自律生活協同体を形成し、維持し、発展させる力、あるいは性能（パワー）であり、①自立力、②自存力、③結縁力、④対処力、⑤回復力から構成されている。起点になるのは、自律生活、自律生活協同体である。我々のいう「自律」は「自助的自立」とは別のものである。自律生活力、自律生活協同力は、生活主体の、自らの心身の状態を含め、生活を規定する諸要素（生活環境）を自らの意思と判断に基づいてコントロール（制御）し、自らの生活を維持し、行動する力、性能のことである。そして、生活環境をコントロールするには、身体的・精神的に、社会的・経済的に、政治的・文化的に、そして人格的に、それを支え、可能にする力ないし性能（パワー）が必要となる。その基になるもの、それがすなわち①自立力である。

その意味において、自立力が自律生活力や自律生活協同力の中核になる。しかし、それは、あえて繰り返すが、自助的な意味での自立力ではない。何らかの事情で自立の力が十分でなければ、それを補う手段に頼ること、補助具や介助に依存することをためらう必要はない。自立のために依存することを含めて、自らの生活環境を自らコントロールして営む生活こそが自律生活であり、それを支えるのが自律生活力であり、自律生活協同力である。次に、②自存力は、生活負荷をもたらす要因に遭遇することがあっても、一定の水準や様式において維持されてきた従前の生活を安定的に保全しようとする力、性能である。③結縁力は、生活を支える生活関係、家族を含めて人とのつながりや結びつき、頼れる関係を創出し、維持する力、性能のことである。④対処力は、生活に負荷がかかる状況が生じたときに、それをもたらした負荷要因、先に例示したようなさまざまな生活負荷要因に対して、適切に対処し、コントロールする力、回避し、除去し、あるいは改善する力である。⑤回復力は、多様な負荷要因によって生活が揺らぎ、損なわれたときに、それを従前の状態を復元、再建し、さらには新しい生活のありようを構築する力、性能のことである。われわれはこのような力、性能を社会化と呼ばれる過程を通じて獲得（パワーメント）する。

われわれの生活は、常に多様な生活負荷要因にさらされており、生活の維持存続、発展が損なわれる可能性に取り囲まれ、その影響を受けやすい脆弱性（社会的バルネラビリティ）をもっている。そこに、さまざまの生活課題が形成される。そうした状況のなかで、生活の主体である個人、家族、近隣社会が、生活課題のもたらす危機的な要因を回避し、解決し、軽減・緩和して生活の自律と協同を保持し、あるいは再建し、維持・存続させ、発展させようとする過程を側面から支援（エンパワー）すること、それがすなわち社会福祉による生活支援である。

ここまで取り上げてきた生活課題、生活負荷要因、自律生活力そして自律生活協同力は、いずれも通常の一般的・平均的な生活を営む生活主体を前提にしたものである。貧困者、生活困難者、子ども、高齢者、障害者など、その年齢、性別、健康、機能、生育歴、就学や就労、住居、生活環境などさまざまな条件によって、生活課題も、生活負荷要因も、自律生活力や自律生活協同力も、いずれも異なったものになる。社会福祉の生活支援を効果的・成功裏に行うためには、そのような生活主体のもつ状況を、一方においては、俯瞰的・普遍的に生活問題として把握するとともに、他方においては微視的・個別的に生活課題として分析し、把握することが求められる。

9）支援対象のフレーミング

しかし、そのような生活課題も、それが当事者や支援者によって自覚され、支援を求めるという状況になったとしても、そのすべてが社会福祉による支援の対象になるというわけではない。通例、当事者や支援者が生活課題とみなすもののうち、実際に支援施策の対象（客体）となるのは、その一定の部分である。施策の策定から運営の支援の提供に至る過程において、多様な主体による生活問題ないし生活課題の対象化、われわれのいう**フレーミング**（対象としての切り取り、選別）が行われるからである。支援の具体的な対象は、最終的には利用資格の審査という形でフレーミングされる。そのことについては、次章においてあらためてふれることになる。

3. 社会福祉の主体

ここでいう**社会福祉の主体**は、簡潔にいえば、社会福祉に責任をもち、推進する団体や組織、専門職などを意味している。その意味での社会福祉の主体は、社会福祉のどこに、つまりどのレベル（次元）に、あるいはどのフェーズ（位相）に焦点化するかによって、さまざまに姿形を変えて登場する。

1）推進主体の構成

われわれは、これまで社会福祉を政策、運営、支援という３通りのレベルにおいて捉えることを前提に考察してきた。この前提に立つと、社会福祉を推進する主体は、大枠でいえば、政策の主体、運営の主体、支援の主体に区分される。具体的には、政策の主体に国、運営の主体に都道府県や市町村をあて、支援の主体には福祉サービス（生活支援サービス）の事業者や専門職をあてるという形で考察してきた。しかし、20世紀末から21世紀にかけての世紀転換期福祉改革によって、推進主体の性格は著しい変化を経験することになった。

政策の主体は、今日においても、基本的には、国ないし国政府である。さらにいえば、社会福祉を中心的に所轄している厚生労働省である。わが国における社会福祉の基本的な枠組みは、国による法令という形で設定されてきた。わが国の社会福祉の大きな特徴ともいえる部分である。この部分は変わっていない。基本的にとした理由は、世紀転換期福祉改革に基づき、社会福祉の事務が、一部の法定受託事務を除いて、自治体政府、つまり都道府県や市町村、なかでも市町村の固有な事務（自治事務）として位置づけられるようになったことにかかわっている。

この新しい、社会福祉の市町村の自治事務としての位置づけは、自治体政府としての市町村が社会福祉の政策主体としての位相をもつようになったということを意味している。つまり、市町村は自治体政府として、それぞれの範域、行政区画の内部においては、従前の運営主体としての位相のみならず、政策主体としての位相をもつことになったのである。

さらに、世紀転換期福祉改革に基づき、行政（政府）機関としての市町村に加えて、その基盤を構成する地域社会そのものも、その地域における社会福祉（地域福祉）の推進主体として位置づけられることになった。地域社会には、それ以前から市町村政府の策定する各種の福祉計画に連動する民間の活動計画を策定することが期待されてきたが、改革を通じて推進主体としての地域社会の役割は一層明確なものとなった。さらに、それに加えて、それぞれの地域社会に居住し、あるいはそこで活動する地域住民が、社会福祉を目的とする事業を経営する者、社会福祉に関する活動を行う者（地域住民等）が相互に協力し、地域福祉の推進に務めることになった。市町村のみならず、地域社会を構成する地域住民が直接的に地域福祉（地域における社会福祉）を推進する政策主体としての性格をもつことになったのである。

こうして、世紀転換期福祉改革に基づき、自治体政府としての市町村とその基盤を構成している地域社会は、国との関係においては、社会福祉の運営主体という位相をもつとともに、それぞれの市町村と地域社会の内部においては、地域福祉の推進主体、つまり地域福祉の政策主体、運営主体、さらには支援提供の主体としての位相を併せもつということになった。

社会福祉における福祉サービスの直接的な提供にかかわる支援提供主体は、利用者に直接的に生活支援を提供する事業や活動に携わる主体である。福祉サービスにかかわる事業の提供には、国、自治体から社会福祉法人、民間非営利団体、互助団体、協同組合、会社法人、私人と、多種多様な事業者が関与している。さらに具体的に支援活動の主体に焦点化すると、社会福祉関連の各種の専門職を中心に、医師、看護師、心理士、療法士、ボランティアなどがそれにあたっている。これらの支援提供主体の一部は、地域福祉の推進というコンテクストから捉えると、先にみたように、支援提供主体の位相に加え、政策主体、運営主体という位相を併せもつことになる。

さらに、これら政策、運営、支援にかかわる主体以外に、一般市民、納税者などの直接的・間接的なステークホルダー（利害関係者）が社会福祉の推進主体として位置づけられることがある。むしろ、これからの社会福祉を考えるとき、社会福祉の推進主体についての議論は、積極的にこれら外部のステークホルダーをも含める形で展開されなければならない。

ここまでみてきたように、社会福祉の主体は、世紀転換期福祉改革の以前と以後とではかなり異なった様相をもつことになった。世紀転換期福祉改革以後の社会福祉は、国政府を中心とした社会福祉政策の基本的な枠組み、自治体政府として国との関係においては運営主体、内部的には政策主体としての性格をもつ市町村、そして地域福祉の推進主体としての地域社会という枠組みのもとに展開されてきた。これらの改革は、おおむね、社会福祉の新たな展開、社会福祉における市町村や地域社会の自律性、自由な判断や裁量性を高める改革として歓迎されてきた。しかし、そこには、改革に伴うさまざまな難題が含まれている。

2）社会福祉における国と自治体

かつての機関委任事務、団体委任事務という建て付けの時代には、社会福祉にかかる政策を策定するのは国政府であり、都道府県や市町村は国政府の指揮監督のもとに、国の委任する事務を運営し、実施する機関という位置づけであった。しかし、世紀転換期福祉改革以降、社会福祉のうち生活保護は都道府県・市の法定受託事務、福祉サービスは都道府県・市町村なかでも基礎自治体としての市町村の自治にかかわる固有の事務、自治事務として実施されることになった。国と自治体を対等の関係にするという地方行政改革の趣旨からすれば、福祉サービスにかかる部分については、自治体政府としての**都道府県**と**市町村**、なかでも市町村が社会福祉政策の中心的な推進主体になったと理解されるところである。

しかし、実質的にみると、市町村の権限と役割は、各種の福祉計画の企画立案や支援事業の実施事務に限られている。新たな地方自治体制のもとにおいても、社会福祉の基本的な枠組みは国政府によって設定される。市町村が地域福祉の推進主体になるといっても、その役割は運営主体としてのそれにとどめられている。もとより、これまでにも市町村は、国による枠組みの外側において、市町村の単独事業として独自に社会福祉にかかる事業や活動を実施し、政策主体としての機能を発揮していた。その機能を拡張することは可能であろう。しかし、その場合、費用その他、必要とされる条件の整備は、市町村が単独で負担することになる。財政的に余裕のある市町村を別にすれば、自治体政府としての市町村が政策主体として独自の施策を展開し得る可能性、自由度は限られたものとなる。

市町村における人々の生活は、それぞれの市町村のもつ自然環境、人口規模、階層構造、社会組織、産業構造、生活の慣行や習慣、文化などの諸条件の影響を受けて営まれている。おのずと、生活課題の性格や内容も市町村によって多様であり、個別的である。世紀転換期福祉改革の目的の一つは、そのような生活や生活課題の多様性や個別性（ダイバーシティ）に対応することにある。しかし、そのようなダイバーシティ重視の対応には、同時的に格差形成の可能性が潜んでいる。実際、世紀転換期福祉改革以降、福祉サービスには、市町村による質と量両面における差異、格差が形成されてきている。

この傾向は、世紀転換期福祉改革のなかで市町村の事業を公共団体や公共的団体のみならず、NPO法人や民間事業者等に委託することを可能にする指定管理者制度が導入されたことによって、一層拡大する傾向にある。財政基盤の脆弱な市町村ほど、社会福祉施設をはじめとして、生活支援サービスの運営を外部の事業者に委託する傾向が強いとされる。その典型は、公立（設）保育所の民間化（民間団体への経営委託）である。一部の市町村においては、ダイバーシティを重視する生活支援サービスの自治事務化によって、かえって生活支援サービスに看過し難い格差の拡大、事業の縮減、質の低下がもたらされている。

かつて、三浦文夫は、生活課題の多様性、個別性への対応を課題とする生活支援（福祉）サービスにおいては、ナショナルミニマム（国民的最低限）は成り立たないと主張した。その直接的な理由は、金銭を提供する生活保護においては、定量的（金額的）に国民的最低限を算出することが可能であるが、福祉サービスについては定性的なものであるため国民的最低限を設定することは困難であり、むしろ多様であることに意味があるということにあった。たしかに、人的サービス（役務）という形で提供されることの多い福祉サービスについて、平均値や最低限を定量的な手法で算出することは容易ではない。しかし、福祉サービスの領域において拡大しつつある市町村間の格差は看過し得るものではない。何らかの是正策を講じる必要があろう。

3）推進主体としての地域社会

世紀転換期福祉改革以降、社会福祉における市町村の役割は飛躍的に拡大した。加えて、そのような市町村の母体である**地域社会**が地域福祉（地域における社会福祉）の推進主体として期待されるようになった。より具体的には、地域社会は、市町村の福祉計画と連動する活動計画の策定者であるとともに、それらの計画を含む地域福祉の推進主体、すなわち企画策定、運営、そして支援提供の主体として期待されている。しかし、地域社会にそのような役割、活動を求めるにしても、地域社会とはなにか、それは誰によって、あるいはどのような組織によって代表されるのか、またどのような形で意思決定がなされるのか、そうしたことについては必ずしも明確ではない。地域社会に地域福祉の推進主体としての役割を期待するにしても、誰が地域社会を組織化し、代表して地域福祉にかかる計画を策定し、運営、実施するのか、明確に規定されているわけではない。

社会福祉法の建て付けに戻ると、そのような組織たり得るのは、まずは市町村の**社会福祉協議会**ということになろう。また、社会福祉法は、地域住民、福祉サービスの事業者や関連する活動に携わる活動者（地域住民等）に地域福祉の推進に努めることを求めている。しかし、地域住民のすべてが社会福祉協議会の会員となるわけではないし、福祉サービスの事業者や活動者についても同様である。社会福祉協議会の実態も市町村によってさまざまである。社会福祉協議会が市町村の連携組織として実質的に地域福祉の推進にかかわっているところばかりではない。社会福祉協議会は事業の実施に専念し、社会福祉協議会以外の民間の組織や団体が主要な役割を果たしている市町村も多々存在している。

地域福祉を推進する地域社会の組織や活動のありようについて、現行以上に、法令その他によって規整を加えることは、地域福祉の理念からみて適切ではない。むしろ、地域社会の、それを構成する地域住民、団体や組織の自主性、主体性に委ねるのが望ましいであろう。いずれにしても、立ち入った議論が必要とされる。

4）主体と対象の互換性

世紀転換期福祉改革には、重要な意味をもつ論点が今一つ含まれている。それは、地域福祉を推進する立場にある**地域住民**の位置づけについてである。一連の改革が提起され、推進されるなかで、一般住民は、一時期は支援者であってもいつでも利用者の立場に変わる可能性をもち、逆に現在の利用者も支援者の立場に変わる可能性を有しているということを根拠に、主体と対象の互換可能性が強調されてきた。地域福祉の推進において、その利用者が支援者・推進者に立場を変える可能性、さらにいえば一般住民が相互に立場を入れ替える可能性をもつことの重要性が指摘され、その互換性こそが「地域共生社会」構築の基盤、根拠になり得ることが強調されてきた。

たしかに、今日の社会においては、誰もがいつでも多様な生活課題に遭遇し、社会福祉の利用者（生活課題の当事者）になり得る可能性をもっている。そして、人々がいつでも生活課題をもつ状態になり得る、支援を必要とするようなバルネラブルな状態（社会的脆弱性）に陥る可能性をもっているという自己認識を深めることは、生活課題を自らの生活を取り囲む社会の構造や機能の延長線上にある社会的な問題として捉える社会科学的な想像力を刺激し、社会福祉に対する理解を的確なものにする可能性を有している。

また、生活支援を利用したことのある当事者がその経験をいかしてよき支援者に転身するということも十分にあり得ることである。しかし、そのような、立場の入れ換え効果の可能性を根拠にして、地域社会における互助活動や支援活動への参加を働きかけることは、地域住民に対する過大な期待であり、**自己責任主義**を強要する契機にもなりかねない。そこには、地域福祉に参画することに消極的な地域住民をどのように遇するのか、また生活支援サービスの利用のみを期待するフリーライダーの存在をどのように扱うかという難題が潜んでいる。地域共生の理念を、自己責任主義的・道徳主義的な自助社会、互助（共助）依存社会の形成に転化させるようなことにならないような慎重な議論が求められる。

5）生活支援サービスの提供主体

第二次世界大戦後の戦後福祉改革以来、生活支援サービスの提供は、国や自治体の直営か社会福祉法人として認可された民間の事業者に対する措置委託という方式によって行われてきた。しかし、1980年代前後から、その周辺で有料老人ホーム事業者、民間のホームヘルプ組織、ボランティア団体などの互助団体による生活支援に近似するサービスの提供が始まった。さらに、1990年代にはNPO法人その他の民間非営利団体の参加が認められ、生活支援サービス提供主体（事業主体）の多様化、多元化が進行した。世紀転換期福祉改革以降になると、そこに会社法人や個人が事業者として参加するという形で、事業主体の多様化・多元化がさらに拡大してきた。

今日においては、指定管理者制度の導入によって、第二種社会福祉事業をはじめ社会福祉を目的とする事業や社会福祉に関する活動については、国・県・市町村による公設公営型の事業が顕著に縮小する一方において、社会福祉法人（含公設民営）や社団法人に加え、財団法人、宗教法人、医療法人、営利的会社法人、個人事業者まで多種多様な事業者の参入が許容され、まさに社会福祉の多元化が一般化、日常化する状況にある。

1990年代には、すでにこのような**事業提供主体の多元化**の意義や実態についての議論が始まっている。たとえば、三浦文夫は、事業主体を「公共的福祉供給組織」「非公共的福祉供給組織」「行政型供給組織」「認可型供給組織」「市場型供給組織」「参加型供給組織」に類型化して、多元化を論じている。同様に、われわれもまた、事業主体を「公設公営型供給組織」「認可団体型供給組織」「インフォーマルセクター（近隣支援型活動組織）」「市場原理型供給組織」に分類し、各類型の特徴や意義について考察してきた。

このような類型論的な議論は、その後生活支援サービスの提供主体を「公的セクター」「民間セクター」「ボランタリーセクター」「準市場セクター」さらには「市場セクター」などに類型化する形で継承される。そうしたなかで、特に着目されたのは「準市場セクター」論である。準市場セクターには、公的セクターのもつ中央集権主義、福祉官僚主義、先例主義などによる硬直性、参入障壁性を打破し、先導的・開発的な試みを導入する可能性をもつ事業形態として期待が寄せられた。

しかし、これらの議論には、しばしば政策主体のレベルにおける多元化と事業主体（生活支援サービス提供主体）のレベルにおける多元化が混在している。主体のレベルによる違いを明確化した議論が必要とされる。社会福祉総体のありようにかかわる政策主体のレベルにおける多元化と生活支援サービスの事業提供主体のレベルにおける多元化では、主体類型別の性格や効用の違いを論じるにしても、主体類型間の関係、役割や機能の分担について論じるにしても、基本的に別建ての議論として論じることが求められる。

ちなみに、われわれが社会福祉の政策と呼ぶレベルにおいて社会福祉を国家や自治体機関に委ねるべきか、あるいは市場原理に委ねるべきかという議論を試みるとすれば、それは社会福祉に関する根源的な概念の組み立て直しに直結する議論になろう。他方、生活支援サービスの事業提供主体のレベルにおける議論であれば、その内容は、たとえば、社会福祉法人をはじめとする各種の公法人、NPO法人、医療法人などの非営利法人、各種の営利法人によって、提供される福祉サービスにどのような違いが生み出されるのか、さらにはそのことが社会福祉の運営や利用に対してどのような効用、意味をもつかを解明する議論になろう。いずれにしても、性急な政治主義的な、あるいは利益至上主義的な結論に陥るようなことにならないように、慎重に議論を積み重ねる必要がある。

6）支援活動の主体

社会福祉の最終的な実施、実現の過程を担うのは、支援活動レベルの主体、すなわち一般的にいう社会福祉の実践主体である。社会福祉における支援が具体化され、利用者に提供される過程を担うのは、社会福祉の専門職を中心とする、医療、看護、心理、教育などの各種の専門職とそれを支える事務系から構成される職員組織である。

生活保護を含め、社会福祉の実施、実現の最終的な過程は、そのような専門的な職員による専門的な人的サービス（役務）の提供、そのために必要とされる各種専門職相互の連携、協働によって支えられている。社会福祉の個別の施策に従い、それぞれ生活支援について必要な職員の職種や員数を選択し、配置する手立てを講じるのは、政策レベルの課題である。設定された要員を確保し、組織化し、稼働させる過程は運営レベルの課題である。生活支援の実施、実践のレベルにおける課題は、それらの要員によって、社会福祉の生活支援を具現化し、利用者のもとに提供すること、あるいは利用者と協働して生活支援を実現することにある。生活支援の実現、支援活動を支える主体こそが、社会福祉にとって最も重要な主体であるといって過言ではない。支援レベルにおける主体が確保され、適切に機能しなければ、社会福祉そのものが存立し得ないからである。

その意味において、1980 年代末以降、社会福祉士、精神保健福祉士、介護福祉士をはじめとして各種の**社会福祉専門職の資格制度**が導入され、定着してきたことは、わが国の社会福祉を前進させる大きな、そして重要な契機となった。今後においても、社会福祉の専門職にかかる研究と教育、また現任訓練の改善、向上によって、支援レベルを支える実践主体としての専門職集団の発展がもたらされることを期待したい。

他方、近年においては、高齢社会化による生活課題が質量ともに拡大し、高度化するなかで、支援の担い手となる職員に関する議論は、専門職の確保というよりもむしろ単なる労働力、要員としてのマンパワーの確保というニュアンスで議論される傾向にある。外国籍の介護職従事者の確保が語られるときには特にそうである。しかし、介護職従事者は単なるマンパワーではない。介護と呼ばれる社会福祉の専門的な生活支援を具体化し、支える社会福祉の重要な専門職である。外国籍の介護職者が主体的、自発的に、そして専門職者としての動機づけをもって活動できる条件を整備することは喫緊の課題である。介護職を社会福祉の専門職として適切に位置づけるとともに、地域社会の一員として定住し、生活することを可能にする環境条件を整備することが不可欠の要件となろう。

7）国・自治体・地域住民

最後に、ここまでの議論を踏まえ、社会福祉の主体としての国と自治体の関係、国・自治体と地域住民との関係について、あらためて整理しておきたい。

資本主義国家は、20 世紀の中葉以降、福祉国家体制を構築し、維持する過程において、あらかじめ徴収した国税（所得税など）や住民税を原資に、一定の権限、物財、情報、要員、財源を調達して、社会福祉と呼ばれる一連の施策の体系を策定し、それを自治体を通じて生活支援という形に変換、具現化し、国民に提供することを通じて国民の自律生活と自律生活協同体の保全、維持存続、発展を図るという営みを展開してきた。このような、国が社会福祉をその政策として策定し、それを自治体を通じて実施するという基本的な枠組みを根底から覆すような事態は今後とも起こり得ないであろう。しかし、20 世紀中葉に設定された枠組みが恒常不変のものというわけではない。

実際、わが国の社会福祉は、1980 年代以降、なかでも世紀転換期福祉改革以降、かなりの改革を経

図３　社会福祉における国・自治体・地域住民

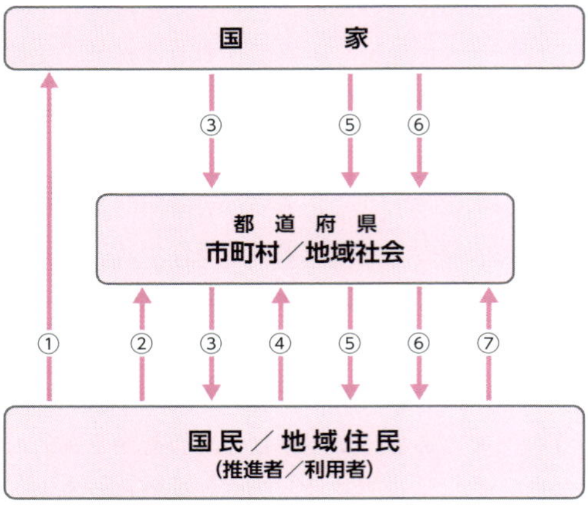

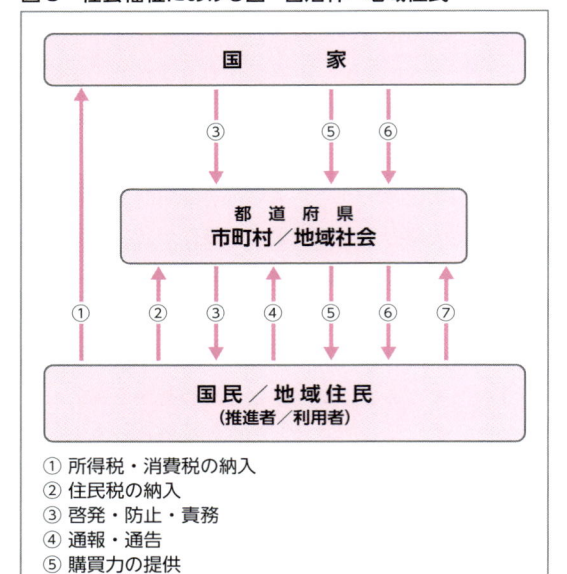

① 所得税・消費税の納入
② 住民税の納入
③ 啓発・防止・責務
④ 通報・通告
⑤ 購買力の提供
⑥ 生活資財の提供
⑦ 介護保険料・受益者負担金の納入

験してきた。第一には、繰り返しになるが、かつて国政府の自治体政府に対する機関委任事務や団体委任事務として実施されてきた社会福祉が、自治体政府、なかでも基礎自治体である市町村政府による法定受託事務と自治事務に改められた。第二に、その過程において、市町村と地域社会の連携が求められ、地域住民も社会福祉の事業を経営する者や社会福祉に関する活動を行う者とともに、地域福祉の推進者、政策主体的、支援実施主体的な機能を併せもつ推進主体として位置づけられることになった。世紀転換期福祉改革は、社会福祉の推進における市町村政府や地域社会、さらには地域住民の比重を一挙に拡大させる改革であった。

図３の「社会福祉における国・自治体・地域住民」を参照されたい。**図３**は、以上のような世紀転換期福祉改革を踏まえて、社会福祉における国政府、自治体政府、地域社会、国民／地域住民の関係に一定の整理を加えたものである。ここまでふれてきたことに結びつけ、必要な説明を追加しておこう。ちなみに、ここでいう地域住民は国民を居住している市町村という単位でカテゴライズ（範疇化）した概念である。地域社会は、そのような地域住民によって構成されている集合体ないし団体として議論を進めよう。

まず、一般的にいうと、国政府と地域住民（国民）との関係は、国が国民／地域住民から徴収した①所得税・消費税その他の国税をもとに、一定の権限、物財、情報、要員、財源を動員し、社会福祉という施策を策定し、実施する。市町村政府は、国の負担金と②住民税、さらには⑦介護保険料や受益者負担金を財源として、社会福祉施策を具現化し、地域住民に提供するという関係にある。地域住民は、そのような施策の受益者（利用者）になるとともに、児童、障害者、高齢者に対する合理的な配慮、権利の擁護、禁止行為の遵守、通報、通告などに一定の責務を負う。また、地域住民は地域社会の構成員として地域福祉の推進主体となることが求められる。

多少具体的にいえば、まず、③国は子ども、障害者、高齢者等に対する差別や虐待を防止するために行政機関、企業、事業者、地域住民に対して、社会的な啓発や規整を行う。④地域住民はそれに対応して、差別や虐待の防止、禁止を遵守する責務を負うとともに、通報や通告の義務を遂行することが求められる。

次に、⑤社会福祉のうち生活保護、各種社会手当による購買力が、自治体政府に対する法定受託事務という経路を介して、地域住民に向けて提供される。さらに、⑥市町村政府と地域社会は、地域住民に対して生活支援に必要とされる生活資財（生活資料・生活サービス・システム的サービス）を提供する。

こうして、今日、国民／地域住民は、このような過程を通じて、国政府や自治体政府に対して所得税や消費税、保険料、受益者負担金を納入する義務を負うとともに、そのことによって社会福祉による生活支援の利用者となるという位置関係に組み込まれている。同時に、地域住民は福祉サービスの事業者等とともに、地域における社会福祉（地域福祉）の推進者（推進主体）となることが求められている。

7 社会福祉の施策体系(2)
政策・運営・支援

1. 社会福祉の政策

社会福祉における政策の研究、あるいは政策という視点に立つ社会福祉の研究には３通りのパターンが存在する。第一のパターンは、社会福祉の総体を国の政策という視点からマクロに捉え、なぜ社会福祉が国の政策、国による方策手段として位置づけられることになったかを探求し、そのことを通じて社会福祉の基本的な性格を明らかにしようとする研究である。第二のパターンは、利用者の範疇（はんちゅう）ないし属性ごとに策定された個別の政策（施策）について、その成立の過程、構造、内容、機能などを個別に明らかにしようとする研究である。第三のパターンは、政策の企画立案、制度設計、法制化、法令の運用、実施、そして結果と評価に至る経過を一連の政策過程として取り上げ、それを規定する要因やメカニズム、思想や理論などを横に俯瞰（ふかん）する形で明らかにしようとする研究である。

これら３通りのパターンのうち、わが国の社会福祉学において最初に取り組まれたのは第一のパターンに属する研究である。わが国で一般的に政策論と呼ばれる研究の系譜がこれに相当する。第二のパターンに属するのは、典型的には、社会福祉に関する法制度を構成してきた生活保護法、社会福祉事業法、児童福祉法、身体障害者福祉法、老人福祉法などの成立過程やその後の展開に関する研究である。第三のパターンに属する研究には、個別政策の企画立案から実施に至る過程や政策効果についての研究、地域福祉計画その他の福祉計画についての研究が含まれる。

1）社会福祉の政策論

第一のパターンに属する社会福祉政策についての研究は、すでに第５章（社会福祉の存立構造）において言及したように、第二次世界大戦直前の1938年に提起された大河内一男による社会事業の研究を嚆矢（こうし）とする。この大河内の議論は、戦後になって孝橋正一によって批判的に継承・発展され、さらに1960年代、1970年代には一番ヶ瀬康子、真田是（なおし）、高島進らによる社会福祉の政策研究が展開された。

大河内や孝橋による社会事業論、一番ヶ瀬や真田、高島らによる社会福祉論の特徴は、そのいずれもが、近現代社会が資本主義社会であることを前提に、社会事業あるいは社会福祉を資本主義国家の政策として捉えているところにある。ただし、同様に資本主義国家の政策であっても、それぞれの時代における経済、社会、国家のありようを反映して、社会事業と社会福祉とではその内容が異なっている。

社会事業は、労働組合や社会主義運動による社会的な圧力や緊張の高まりに対処する社会政策を補充・代替し、労働者や困窮者、孤児、障害者、高齢者など低下層社会のかかえる貧困、傷病、浮浪などの社会問題（社会的問題）を軽減・緩和し、社会秩序の安定化、資本主義制度（体制）の維持・存続を意図して展開される国家の政策、方策手段として捉えられてきた。それに対して、社会福祉は、そのような社会事業の発展形態として、貧困層、中間層を含む国民一般を対象に、生活問題を軽減緩和するとともに、健康で文化的な生活を営むことをその権利として保障することを通じて、福祉国家としての求心力、統合力を高め、その存続、発展を図ろうとする政策、方策手段として位置づけられてきた。

国家による政策という視点から端的にいえば、社会事業は、19世紀中葉以降、国民国家が帝国主義的に展開するなかで、従前の慈善事業、救貧事業、共済事業を再編して継承し、発展させることを通じて、社会的秩序、体制の安定化、資本主義制度（体制）の維持存続を図る国家の政策として成立した。これに対して、社会福祉は、20世紀の中葉、そのような社会事業の新たな展開として福祉国家政策の一環に組み込まれる形で成立し、国民の生活を安定化させ、福祉国家型資本主義の発展に寄与する政策として発展してきた。

この過程は、社会福祉の国家型社会福祉としての展開を物語っている。しかし、その国家型社会福祉は、1980年代を分水嶺として多元型社会福祉に移行した。さらに、20世紀末から21世紀初頭の世紀転換期福祉改革以降、地域共生社会が政策化されるなかで、自助型社会福祉ともいうべきものに移行しようとしている。国の政策としての社会福祉がどこへ向かおうとしているのか、あらためて批判的かつ理論的に考察しなければならない。

2）個別政策の研究

政策研究の第二のパターンは、利用者の属性や目的によって範疇的に形成される個別的な方策手段としての社会福祉政策についての研究である。たとえば、困窮者、児童、母子、障害者、高齢者などの生活問題（利用者のサイドからいえば生活課題）の解決や緩和、軽減を目指して分野別に個別に策定されている政策についての研究である。

個別政策についての研究は、これまで主として、第二次世界大戦の直後、戦後福祉改革の一環として制定され、あるいは改正された社会福祉関係法、すなわち生活保護法、児童福祉法、身体障害者福祉法、社会福祉法などの法令について、それぞれの法令の企画立案過程に関する記録や国会の審議にかかる議事録などを発掘、分析し、編集刊行するという形で進められてきた。関係資料の発掘や整理を中心に手数と労力を要する基礎的な研究であるが、次にみる社会福祉の政策過程の解明にも寄与する重要な研究となっている。

近年においては、社会福祉関係政策の成立、展開の過程を取り上げ、政策課題（生活課題）の対象化、つまりフレーミングの状況やその論理、それらの時代的な推移、個々の政策において採用されてきた方策手段の種類や内容、それらを規定した要因、政策実施の結果など、細部にわたって分析・考察した研究の成果が刊行されている。そこには、政策実施の基準、要領などにかかる補助的な規程についての研究も含まれている。

そのような研究を代表する業績として、たとえば、寺脇隆夫らの第二次世界大戦前後の社会福祉関係法の制定過程に関する研究、岩田正美による戦後社会福祉政策の横断的な展開過程の分析とその理論的な意義を包括的に取り上げた研究、岩永理恵や副田義也の生活保護行政に関する通歴史的な分析がある。また、オーラルヒストリーという新たな方法論による研究として、菅沼隆らによる厚生行政に関与した官僚たちに試みたヒアリングとその記録の刊行がある。菅沼らの研究は、社会保障、社会福祉の戦後史におけるエポックメイキングな政策の企画立案、実施にかかわってきた厚生官僚に対するヒアリングを通じて、政策の企画立案から施行にいたる過程を明らかにしようとするものである。なかでも、児童福祉に関して、この領域において自治体の吏員、厚生官僚、そして後には大学の研究者として政策の形成、運用の過程に関与してきた柏女霊峰の詳細なヒアリングの記録が刊行されており、児童福祉にかかる政策の展開過程を知るうえで貴重な業績になっている。

3）政策過程の研究

政策研究の第三のパターンは、個別政策を越えて社会福祉政策の全体に共通する企画立案、策定、法制化からその施行、運用、実施、そして経過や結果の評価に至る政策過程に焦点化した研究である。すなわち、政策目的の策定から方策手段の企画立案・設計、法案の作成、審議会などの審議機関による審議、議会による審議と制定、そして所管官庁による施行、運用、実施、評価に及ぶ一連の過程についての俯瞰的な研究である。

政策過程にかかわって検討すべき事項、論点は多岐にわたる。項目的に列記してみると、政策過程にかかる研究の課題は、①政策課題・目的・理念・目標の設定に始まり、②生活課題の対象化（フレーミング）、③先行施策の検証、④制度の設計（企画立案）、⑤審議会等による審議、⑥業界その他の利害関係者（ステークホルダー）のヒアリング、⑦法案の作成、⑧議会（国会・地方議会）による審議、⑨施行・運用にかかる下位規程の策定、⑩実施要領・マニュアルの作成、⑪政策の施行・運営・支援の実施、⑫成果・効用の評価、⑬政策の修正・改変案の作成、実現に至るまで多岐にわたる。さらに、④制度の設計（企画立案）だけを取り上げてみても、そこには政策目的を達成するための方策手段の選択、必要な機関や施設、利用資格、利用手続きなどの設定、財源調達の方法、マンパワーの設定などさまざま局面が含まれており、政策過程研究を行き届いたものにするためには、そこまで掘り下げた研究が必要とされる。

ここで取り上げた事項の個々について敷衍（ふえん）する余裕はないが、その一部を例示しておきたい。たとえば、政策策定に関する研究の重要な課題の一つは、人々の生活上に形成されている生活課題が政府（管轄官庁）によって政策の対象として策定される経緯、過程について明らかにするということである。生活課題が形成され、その解決や軽減・緩和が政策課題として取り上げられたとしても、そのすべてが政策の対象になるわけではない。政策の対象になるのは生活課題の一部であったり、生活課題を抱える人々の一部であることが多い。政策が策定される過程において、生活課題の一部分が政策対象として選別され、切り取られるのが一般的である。生活課題の対象化、フレーミングと呼ばれる過程である。その過程には、専門的・科学的な判断基準を含め、政治的、経済的、社会的、規範的などのさまざまな要因や判断（価値）基準の関与が想定される。

政策の策定にあたって、生活課題はどのような課題ないし問題として捉えられているのか、いかなる視点や視角、価値規範に基づいて国の関与すべき生活課題として捉えられているのであろうか。そのことによって、政策の対象となる生活課題の範囲や内容、解決のために導入される方策手段は異なったものとなる。たとえば、就労していない生活困窮者について、就労に必要なスキルが不足していることが原因となっているという認識に立てば、スキル（技能）の改善、向上や新たなスキルの習得を目指すリスキリングが課題解決の方向になる。就労意欲の低位性という認識に立てば、その向上・維持を図る方策手段が導入されよう。同様に、児童や高齢者に対する虐待、家庭内暴力、非行行動、ひとり親などについても、その捉え方によって、導入される方策手段の内容は異なったものになる。

実施要領やマニュアルの作成過程やその内容についての研究もまた、政策過程研究の重要な課題である。それらは政策とはかかわりのない事項とみなされることも多い。しかし、通常、要領やマニュアルは管轄官庁の通達や通知として位置づけられ、そのようなものとして機能している。広い意味において、法令の一部分である。そこには、おのずと政策的な判断が濃厚に含まれている。実際、社会福祉における生活支援の方法や内容は、たとえば、児童養護のケア形態をとっても、介護サービスの種類にしても、政策的な枠組みによって規整され、方向づけられている。実施要領やマニュアルについての研究は、社会福祉における政策過程研究の重要な一部分である。

ただし、政策の形成過程について詳細を知り、研究の対象にする作業にはさまざまな困難が伴うことになる。政策過程は、それぞれの政策を所管する管轄官庁の内部で進行する。公開される各種の審議会や委員会、研究会等の議事録や報告書、国会や自治体議会の議事録などを除けば、そこにかかわる情報に接近する機会は限られている。そのため、生活課題がフレーミングされ、政策対象化される過程においてどのような議論がなされたのか、そこでどのような要因が考慮され、いかなる判断基準が適用されたのか、またそこにどのような利害関係者（ステークホルダー）の意向や利害が関与しているのか、それらを明らかにすることは容易なことではない。しかし、社会福祉にかかる政策の改善、向上を図るには、そのような政策過程にかかわる情報の公開とそこに踏み込んだ実証的かつ理論的な研究の進展が不可欠とされる。

再三にわたり強調してきたように、第二次世界大戦後 1970 年代頃までの社会福祉学の研究は、社会福祉を資本主義国家の政策として捉え、そこに社会福祉の基本的な性格（本質）が存するということをいかに的確に、理論的に説明することができるか、そのことを軸に展開されてきた。その結果として、社会福祉の政策に関する研究は、個々の政策の組み立てや実施の過程、成果や効用を具体的・客観的に評価し、批判するというよりも、それがいかに資本主義の制度や体制の維持存続に資するような内容になっているか、その背景や根拠を剔出（てきしゅつ）し、批判するというスタイルになることが多かった。わが国の社会福祉政策論は、政策論といいつつも、その実際は現実の政策とは距離を置いた社会福祉の本質論として展開されてきた。政策過程についての客観的、実証的な研究の意義は、それ自体のもつ重要性にとどまらない。そこには、社会福祉学の原理論的な研究に厚みを加え、その発展をもたらす重要な契機が含まれている。

2. 社会福祉の運営

1）社会福祉のガバナンス

社会福祉の運営にかかる諸問題をどのように扱うか、それが次の課題である。「運営」については、用語としてむしろ「経営」とすべきだとする言説もみうけられる。そこには、経営としないことへの批判も含まれている。辞書的な詮索はあまり意味をもたないと思われるが、議論の内容にかかわることであり、ここで若干言及しておきたい。

『大辞林』（電子版）によれば、運営は「組織や機構などを動かし、うまく機能するようにすること」を意味している。経営については「方針を定め、組織を整えて、目的を達成するよう持続的に事を行なうこと」とある。比べてみると、経営には「方針を定め、組織を整え」るという文言が含まれている。経営には、運営に比べて、より目的志向的かつ動態的な意味内容が込められているように思われる。その点、運営は、定められた所与の組織や機構を作用させ、機能させるという意味にとどまっており、その限りにおいて受動的・ルーティンワーク的な印象は避けられない。

他方、和英辞典をみると、運営も経営もオペレーション、アドミニストレーションとある。『オックスフォード現代英英辞典』で確認すると、オペレーションの意味は、『大辞林』にいう運営に近い。アドミニストレーションは、「ビジネス、学校、その他の制度を計画、組織化し、動かすための諸活動」とされている。

われわれのいう、社会福祉の三位一体構造における運営は、内容的には、所与の組織や機構をただ作用させ、機能させるという意味ではない。方針や計画の策定、組織化の活動を含んでいる。前記の英英辞典にいうアドミニスレーションにあたる。ただし、われわれは後述する理由に基づき、市町村と地域社会による社会福祉の運営を、国による政策や行政（ガバメント）、地域社会における協同の活動（コーポラティブ）と区別して論じる際には、運営をガバナンスと表記する。

ちなみに、社会福祉の研究に経営という用語を最初にもち込んだのは、周知のように、三浦文夫による『社会福祉経営論序説――政策の形成と運営』（1980 年）である。三浦はそこで、都市経営という用語法の存在を先例としてひきあいに出しながら、社会福祉にかかわる政策の形成と実施を社会福祉の経営として論じている。この三浦の議論は、一部においては、社会福祉の研究に新たな視点と手法を導入するものとして歓迎された。しかし、同時に、「社会福祉の経営」という発想は、社会福祉に利益追求の観念をもち込むものとして、強い批判を被ることにもなった。三浦の構想には、先行する孝橋正一らによる「社会福祉政策論」の手法に対する批判が含まれていた。逆に、三浦に対する批判には、政策研究の方法に対する批判とともに、わが国では一般的に、経営という用語が「会社、商店、機関など、主として営利的・経済的目的のために設置された組織体を管理運営すること」(『日本語大辞典』)を意味する言葉として用いられてきたことが根深くかかわっていた。

すでに明らかなように、ここまでのわれわれの議論のなかには、三浦の社会福祉経営研究のもたらした業績を批判的に継承する部分が少なからず含まれている。ただし、われわれは、経営という言葉のもつ一般的な用語法との混同を避けるために一貫して運営という用語を用いてきた。それは、われわれが社会福祉を、その基本的な性格として、「営利的・経済的目的のために設置された組織体」とは異質な存在とみなしているからである。

2) 運営の原理と原則

さて、かねてわれわれは、社会福祉の運営のありようや生活支援の実施過程を分析し、評価するための準則、枠組みとして9通りの「**社会福祉運営の原理と原則**」を提起してきた。そのうち、運営の原理を構成する要素が(a)権利性、(b)普遍性、(c)公平性、(d)総合性であり、原則を構成する要素が(e)有効性、(f)接近性、(g)選択性、(h)透明性、(i)説明責任性である。

これらの社会福祉の運営に関する原理と原則を構成する諸要素は、いずれも、1990年代のわが国における社会福祉のありようと、当時の福祉行財政改革にかかわる議論を整理することを意図して構成したものである。その後、すでに三十余年の歳月が経過している。この間の社会福祉の変容やそれをめぐる議論の変遷を踏まえれば、今日、社会福祉の運営を論じる視点や枠組みについて、あらためて考察し直すことが求められる。

かつて、第二次世界大戦後から1980年代の頃まで、社会福祉の運営や管理といえば、それはもっぱら社会福祉施設や社会福祉協議会の運営や管理について研究する領域とみなされてきた。そこでは、社会福祉施設や社会福祉協議会における権限の布置や執行の体制、事業推進の手順、財政の運用、人事管理、労務管理、リーダーシップやチームワークなど、社会福祉にかかる組織体の内側における活動のありようや現任訓練の方法などが主要な研究の課題とみなされてきた。もとより、今日においてもこれらの事項についての研究が重要な意味をもつことはあらためて指摘するまでもないことである。しかし、ここでは、運営にかかわる議論の基盤を整理するという意味あいを含めて、社会福祉の運営という課題が社会福祉の全体においてどのような位置づけにあり、いかなる意味をもつか、そのことについて考察することから議論を始めよう。そうすることが、個別の運営に関する研究を推進する近道になると思われるからである。

3) 社会福祉運営の三層構造

われわれがここでいう社会福祉の運営(ガバナンス)は、国政府の法令等によって設定された基本的な枠組みを前提としつつ、都道府県および市町村、なかでも「基礎自治体としての市町村」、そして「自治体政府としての市町村」が、その基盤となる地域社会のもつ社会的、経済的、政治的、規範的な諸条件ならびに地域住民の生活の実態に応じて、相互に連携しつつ、多様な生活課題に対処するために、自発的、主体的に目的と目標を定め、計画を企

図1　社会福祉運営の三層構造

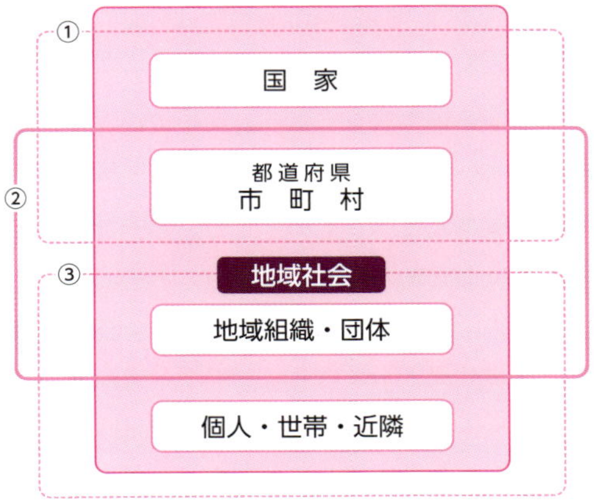

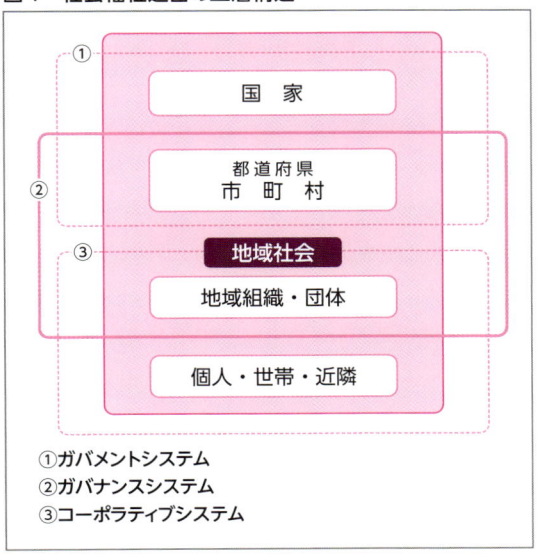

①ガバメントシステム
②ガバナンスシステム
③コーポラティブシステム

画立案、策定し、必要とされる機関や施設、組織、財源、要員を準備するとともに、社会福祉の事業を適切かつ効果的に実施する体制を整え、推進することを意味している。そのような意味における社会福祉の運営は、**図1**の「**社会福祉運営の三層構造**」にみられるような体制のもとに展開されている。

世紀転換期以前、1990年代までの社会福祉は、国政府がその責務とされる社会福祉の事業を策定し、それを機関委任事務や団体委任事務という行政の枠組み（ガバメントシステム）を通じて、都道府県や市町村の首長、ないし都道府県や市町村という自治体に委任して実施するという体制のもとに運営されてきた。都道府県や自治体は、この委任制度に基づいて、それぞれの都道府県や市町村における社会福祉の事業を公設公営という形で直接的に実施し、あるいはその一部について社会福祉法人その他の民間団体に委託（措置委託）して行うことが認められていた。

わが国の社会福祉は、第二次世界大戦後の戦後福祉改革から世紀転換期の地方自治行政の改革に至るまで、国家（中央政府）を中心にする中央集権的、福祉官僚主義的な**ガバメントシステム**に基づいて実施されてきた。しかし、世紀転換期以降、社会福祉は、その一部に法定受託事務という形で中央集権的なシステムを残存させながらも、基本的には、都道府県と市町村、なかでも基礎自治体である市町村とその母体である地域社会の連携と協同による運営が求められるように変化してきた。社会福祉はもっぱら地域における社会福祉（地域福祉）として、自治体政府としての市町村と地域社会を単位に、その**ガバナンスシステム**（自己統治＝自治システム）に基づいて運営されるべきものとして位置づけられることになったのである。

さらに、そのような地域における社会福祉の運営には、地域住民と地域社会において社会福祉の事業や社会福祉に関する活動を行う各種の組織や団体が協力し、その推進主体として参加、参画することが期待されるようになった。すなわち、社会福祉における**コーポラティブシステム**（協働システム）の活用である。

こうして、今日の社会福祉は、国政府中心のガバメントシステムを大枠として、自治体政府としての市町村と地域社会によるガバナンスシステム、地域社会の内部におけるコーポラティブシステムという３通り、三層からなる運営システムを通じて実施されるという構造になっている。運営という視点に立てば、その中心に位置するべきは、自治体政府としての市町村と地域社会によって構成される組織や団体によるガバナンスシステムである。

４）ガバナンスの課題

このような社会福祉の運営システム構築の基点は、1980年代を分水嶺とする福祉国家批判の潮流のなかで推進され始めた福祉改革、すなわち社会福祉の分権化、地域化、計画化、多元化に遡及することができる。わが国の社会福祉は、1980年代に始まる福祉改革、90年代に始まる基礎構造改革から世紀転換期福祉改革を通じて、基礎自治体としての市町村を中心に、それを支える地域社会の意志や意図、利害を反映させやすい運営体制、運営システムに変化してきたといっても過言ではない。そのことは、1980年代以降の福祉改革以来の社会福祉改革の積極的な側面として評価することができる。その一方において、1980年代以来の福祉改革が市町村や地域社会の、なかでも地域社会を構成する地域住民の責任を拡大し、それに依存する方向に移行してきていることもまた事実である。しかし、地域住民の主体化を梃子（てこ）にするコーポラティブシステムへの過大な期待は、かえって社会福祉の根元を掘り崩す可能性を内包している。

社会福祉の新しい運営システムを適切に機能させるためには、国と都道府県・市町村との関係、都道府県と市町村との関係、市町村と地域の組織や団体との関係、そして地域福祉の推進主体として位置づけられた地域住民の役割と参画の方式についての、客観的で慎重なチェックと評価を行い続けることが求められる。

さらに、社会福祉の分権化や地域化には、国政府から自治体政府としての都道府県や市町村への権限委譲（デボリューション）のみならず、国や自治体から民間への事業委託などの民間化、さらには民営化（プライバタイゼーション）が含まれている。

社会福祉を適切に運営し、地域住民に対し、高い品質の生活支援を提供し続けるためには、分権化や地域化、さらには民間化、民営化が地域社会依存、地域住民依存の社会福祉に傾斜することのないように、運営過程についての絶えざるプロセス評価やアウトプット評価を実施する客観的・批判的な研究が必要とされる。実際、社会福祉の分権化や地域化は、一部において、国の自治体に対する実質的な指揮命令権の温存、そして自治体の国に対する依存、自治体間の格差の拡大をもたらしている。民間化、民営化の推進は、社会福祉事業の民間、民営に対する過剰な権限の委譲と依存をもたらしている。いずれも、自治体政府による社会福祉の空洞化の進行が懸念される状況である。ガバメント、ガバナンス、コーポラティブという三層から構成される運営システムについて、システム相互間の関係を含めて、絶えざる評価と改善の努力が必要とされる。

5）社会福祉の計画化

社会福祉の運営にかかわって具体的に検討されるべき課題は多岐にわたっている。そのなかで基本となるのは、社会福祉運営の単位となる都道府県や市町村において、地域住民が現に当事者になっている、また将来においてそうなる可能性のある多様な生活課題に対して、それらの予防、解決、軽減・緩和に必要とされる生活支援、そしてその実施に必要とされる相談機関や施設設備、財源、要員などが質と量両面において適切、的確に準備され得るかどうかということである。

1980年代末以来の福祉改革のなかで、高齢者、児童、障害者について**福祉計画**の策定が求められるようになり、今日においてはその上位計画として地域福祉計画を策定することが努力義務として求められている。計画のねらいは社会福祉による生活支援を必要とする生活課題とそれへの対応に必要とされるさまざまな社会的資源について、現在から将来に向けてそれらをいかに確保し、準備することができるのか、その中長期的な見通しを作成し、公にすることにある。それが都道府県・市町村と地域社会に努力義務として求められている。かつての長年にわたる事後処理的、後追い型の社会福祉行政を計画行政に転換する措置であり、その限りにおいて画期的な改革になったといえよう。

このような1980年代以来の福祉改革の推移に対応する形で、社会福祉学においても、地域福祉の領域を中心に、大橋謙策、平野隆之その他によって福祉計画を策定し、推進するうえで必要とされる権限、情報、資材、要員、財源などの質量、提供されるべき生活支援の種類と内容、準備されるべき組織、機関や施設の種類、さらには計画の策定にかかる知識や技術、評価の手法など、福祉計画にかかわる実際的、理論的な研究が展開されてきた。福祉計画とその研究は、社会福祉の新しい領域として関心を集め、期待が寄せられてきた。しかし、今日、わが国は超少子高齢社会に転化し、人口資源をはじめとして経済力の縮小、地域の個人間の格差の拡大、家族や地域におけるつながりの希薄化が深刻に懸念される状態にある。社会福祉の基盤そのものが縮減しつつある。そうしたなかで、社会福祉の将来をどのように展望し、計画化するのか、社会福祉学に課せられた課題は大きい。

6）専門職組織の運営と管理

実際、1980年代以来、わが国の社会福祉は、少子高齢社会化、人口逓減化、所得格差の拡大、単身生活者や孤独・孤立の拡大などによる生活課題の多様化、複雑化、高度化に直面するようになり、生活支援の方法は、かつての入所型の生活施設を中心とする支援から在宅型の地域社会をベースにする支援へ方向を転換してきた。

そうしたなかで、社会福祉による生活支援が社会福祉士をはじめとする社会福祉関係専門職による専門的な生活支援として科学化し、高度化してきたことは、社会福祉の発展として捉えることができる。しかし、その一面において、社会福祉施設に限らず、地域におけるケアにおいても、そのような専門職による、利用者の行動の抑制や拘束、性的な事案を含めた各種の虐待やハラスメント、あるいは窃盗や詐欺などの犯罪行為が看過し難い数で発生していることも事実である。

こうした状況を顧みれば、伝統的な社会福祉施設や機関の人事管理を中心にした**組織運営**に関する研究の必要性や重要性が減少しているわけではない。むしろ、人事管理、労務管理、組織運営、現任研修などに関する研究の拡充を求める状況は拡大してきている。しかし、事態は従来型のリーダーシップ、グループダイナミックス、組織経営などに関する関連諸科学の知識や技術を援用する研究だけでは対応しきれない状況にある。専門分野におけるスーパービジョンの拡充による対処にも限界がある。とはいえ、一部において推進されている、現職者や入職希望者の適格性を人柄や人間性、前歴によって査定するという方法だけでは、専門職の健全な発展にはつながらないように思われる。

社会福祉の専門職としての発展と**専門職組織**の運営管理を確実なものとするためには、従来とは異なった視角が必要となる。われわれが着目するのは、社会福祉による生活支援の活動が、濃淡は別にして、いずれも人の労働（役務＝人的サービス）という形で提供されているという事実である。そこに着目することによって、われわれは、専門職による生活支援にかかわる活動の性格とそれに対応する人事や労務、職務組織の運営管理のありようを考える新たな視角を手にすることが可能となる。

まず、専門的な生活支援の活動を人の労働を通じて創出される人的サービス（役務）として捉えることを再確認しておこう。この意味での人的サービスは、その基本的な特性として、①非貯蔵性、②無形性、③一過性、④不可逆性、⑤認識の困難性という特性をもっている。①非貯蔵性は、人的サービスは物財とは異なり、あらかじめ事前に生産し、貯蔵することができないという意味である。②無形性は、人的サービスの源泉は人間的労働であり、有形性をもつ物財とは区別されるということである。③一過性は、人的サービスは生産と消費が同時的に行われるものであり、完全に同じサービスを繰り返すことができないということである。④不可逆性とは、人的サービスは一度行われれば回収することができず、サービス提供以前の状態に戻ることができないということである。最後の⑤認識の困難性は、以上のような特性の結果として、人的サービスは、その内容や提供過程、サービスの有効性、妥当性、効率性などを的確に観察し、評価することが難しいという意味である。

このような視角を適用していえば、人的サービス（役務）としての支援活動、たとえばソーシャルワークは、別の場所においてあらかじめ活動（生産）し、必要に備えて備蓄するというわけにはいかない。また、生活支援の活動は、基本的には時間と空間を共有する利用者と支援者の間で行われる人的サービスである。利用者と支援者がいて、相談や助言が行われている状況を観察することは可能である。しかし、生活資料（物財）の提供とは異なり、時間や空間を超えて相談や助言の中身を抽出して直接的に観察したり、分析することは不可能である。その意味において、非可視的である。相談や助言はそれが行われると同時に消滅してしまう。ケース記録や引き継ぎ簿、あるいは録音・録画機器による記録や動画などが残されていなければ、相談や助言の内容は第三者には認識することができない。相談や助言に言い直しや撤回はあり得ない。

それにもかかわらず、人的サービスとしての支援活動は、利用者の生活や人格に復元できない重要な影響を残すことになる。しかも、そのような生活支援の活動が相談コーナー、面接室、居室、居宅などの密室的な状況において行われている。保育、養護、療護、介助や介護についても、それらが人的サービスであることに着目すれば、同様の指摘が可能である。そのような状況のなかで、社会福祉は専門職による生活支援の状況を適切に把握し、不適切な状況に対応する枠組みを早急に構築することが求められている。

今日、社会福祉においては、生活課題はますます多様化、複雑化、高度化してきており、専門職による人的サービスとしての生活支援活動の必要性は一層拡大する傾向にある。生活支援活動の専門性と利用者のプライバシーの確保、人権の擁護や保障を両立させる形で、人的サービスとしての生活支援を適切に提供することを可能にする専門的な環境（場のセッティング）をどのように整え、生活支援の質的な向上を図るか、これからの社会福祉の運営を考えるとき早急に取り組むべき課題である。

3. 社会福祉の支援

1）政策の視点と支援の視点
――交錯と拮抗

最後に、社会福祉における支援の次元（レベル）について取り上げる。

ここまで、われわれは、社会福祉学には規範科学、認識科学（法則定立科学）、設計科学、実践科学という４通りの位相（フェーズ）が存在することを前提に議論を展開してきた。支援は、それらの議論、研究が実践という局面において相互に交錯し、競いあい、一つに織りなされ、展開される次元である。それは、実態的には、社会福祉の政策が設定している目的や目標と当事者の生活課題の解決、軽減・緩和への要求や思い、支援にかかる事業や活動を担う専門職の掲げる理念や目標、それを支える知識や技術が一堂に出会い、競合し、混成され、社会福祉の生活支援として具現化され、提供され、そして利用される次元にほかならない。

したがって、社会福祉の支援の次元においては、国、自治体、地域社会、事業者、専門職、当事者、地域住民などの、それぞれの関与者の立場、利害、思いなどに十分に配慮しつつ、生活支援の目的、目標、方策手段、提供＝利用の場、知識や技術などについて多様な立場、視点、側面から多角的に把握し、考察することが求められる。以下、これらの論点について可能な範囲で言及しておこう。

社会福祉の基本的な枠組みを設定する国の立場からみれば、生活支援の目的は、社会問題としての生活問題の解消、軽減・緩和、そしてそれによる市民生活の安定と向上、社会的統合の維持と発展を実現し、促進することにある。そこには、対象とすべき生活問題についての国としての解釈、国政のほかの領域とのバランス、財政状況、世論の動向などの多様な要素が関与している。利用者の立場からいえば、生活支援を利用する目的は、自らの生活を圧迫し、破壊しかねない状況にある生活課題を軽減し、除去することによって、生活の自律と協同を回復し、維持し、発展させることにある。そこには生活者としての目標、利害、思いがからんでいる。

他方において、生活支援を直接的に担当する支援者には、専門職としての立場、目的、理念や目標がある。しかも、その支援者には機関や施設の管理者的立場にある専門職が含まれ、その立場によって生活支援の目的、理念、目標は多少とも異なったものになる。生活支援の場には、そのような関係者の立場、目的、理念、目標、利害や思いが複雑に交錯し、競合し、混淆（こんこう）している。

生活支援についての議論は、このような事実が大きな前提となる。しかし、もとより、そこに関与している人々の立ち位置、価値判断の基準、それを支える思想や理論の違いやそのことによる目的、理念、目標の違いを指摘するだけでは十分ではない。社会福祉学が設計科学であるからには、目的や理念、目標を設定し、それに従って物事を判断する独自の基準や枠組みをもつことが必要とされる。われわれは、そのような基準なり枠組みを設定する手がかりとして、自律生活と自律生活協同体の維持・存続、発展という概念を導入してきた。その理由や経緯については、第３章（社会福祉の展開基盤）、第６章（社会福祉の施策体系⑴――骨格・対象・主体）においてすでに言及した。以下の議論はそのことを前提にしている。

2）生活課題と支援の構造

まず、社会福祉の生活支援がいかなる状況、どのような条件、要素や要因のもとに展開されるのか、そのことを明確にしておこう。**図２**の「生活課題と支援の構造」は、先に第６章第２節の「社会福祉の対象」において提示した生活課題の構造を前提に、

図２　生活課題と支援の構造

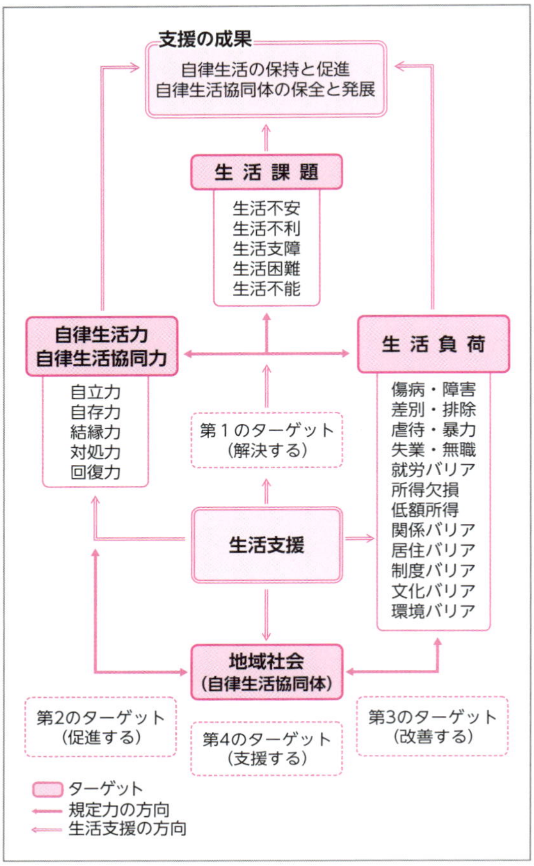

生活支援がどのように展開されるかを図式化したものである。

社会福祉における**生活支援**は、**生活課題**への対応を中心にして、４通りのターゲットに向けて展開される。第１のターゲットは、生活支援を必要とする生活課題について、その内容、形成の背景、経緯や経過を明らかにし、解決、軽減・緩和を働きかけることである。むろん、生活課題は当事者（個人・家族・近隣社会）ごとに異なっている。生活支援を効果的に行うには、支援者は、当事者との対面的な交互作用のなかで、生活課題が形成されている生活の領域、課題の種類や程度、課題形成の経緯、他の生活領域への影響、関係者の受けとめかた、課題解決の手順や手法などについて、相互に確認しあい、合意する作業が必要とされる。

第２のターゲットは、生活に負荷をもたらしている要因、**生活負荷要因**の確認とそれに対する働きかけである。生活負荷要因は多岐にわたる。負荷要因には、障害や傷病による生活機能の制限、虐待などのように発端として当事者の内側に形成されるものと、経済不況による失業や就労機会の欠如などのように利用者の外側に社会経済的に形成されるものが存在する。差別や排除のように政治的、社会文化的な負荷要因もあれば、街路や建造物にみられるバリアや、地震、水害などの被災による住居の喪失や避難生活などのように人工環境や自然環境的な負荷要因も存在する。生活課題は一つの負荷要因によって生まれているものもあれば、複数の負荷要因が関与している場合も存在する。また、同じ負荷要因であっても、利用者の自律生活の状況、自律生活力や自律生活協同力の態様によって、生活に強い負荷がもたらされることもあれば、軽微な影響にとどまることもある。

生活課題の形成や内容は、生活負荷要因の種類や状況と利用者の生活を支える自律生活力や自律生活協同力の態様との関数として捉えられる。生活支援にあたっては、当事者と支援者の間で、生活課題の状況、生活に負荷をもたらしている要因と利用者の自律生活力や自律生活協同力の態様とのかかわりを確認し、その状況に応じて生活負荷要因に対する直接的な働きかけ、自律生活力や自律生活協同力に対する働きかけ、あるいは双方に対する働きかけが必要となる。また、社会的、経済的、政治的、文化的な生活負荷要因や自然環境的な生活負荷要因については、生活課題の状況に応じて、個別的な生活支援とは別に、ソーシャルアクションや社会運動などを通じた中長期的な働きかけが必要となる。

第３のターゲットは自律生活力および自律生活協同力の態様である。自律生活力（パワー）を構成する要素（自律生活力の構成要素）は、第３章（社会福祉の展開基盤）および第６章（社会福祉の施策体系⑴――骨格・対象・主体）において言及したように、①自分自身の生活を自立的に維持できる性能を意味する自立力、②生活を一定の状態において護り、維持し続ける性能である自存力、③社会的なつながりを創り、維持する性能としての結縁力、④生活に負荷がかかったときそれに適切に対処する性能である対処力、⑤生活負荷のために水準、機能、様式が低下しあるいは損なわれた生活を再構築し、新たな生活を創出する回復力の五つである。生活課題をかかえる利用者については、生活課題の形成に関与している生活負荷要因を解明し、確認するとともに、それに対応する自律生活力と自律生活協同力の態様を把握することが求められる。そのためには、自立力、自存力、結縁力、対処力、回復力を頂点とするレーダーチャート（クモ型グラフ）の作成が有益であろう。

自律生活力や自律生活協同力を構成する五つの力のすべてについて、あるいは一部の力、性能についてその獲得（パワーメント）が十分でない場合、あるいは性能の間に不均衡がみられる場合、また一度獲得された力が、何らかの事情、理由によって損なわれている、あるいは不十分なものにとどまっている（ディスパワーメント）ような場合には、生活課題への対応とともに、自律生活力や自律生活協同力を補い、修復し、回復させること、あるいは新たな知識や技術の修得によってその力、性能を補強し向上させるような働きかけ、支援（エンパワメント）が必要とされる。

第４のターゲットは、地域社会である。人々のつながりや互助的な活動などの基盤となる地域社会、より直接的には近隣社会のもつ要素が利用者の生活負荷要因や自律生活力また自律生活協同力の態様とかかわって生活課題を形成している場合には、地域社会そのものやその自律生活協同力に働きかけ、生活課題への対応に結びつけることが求められる。地域社会を生活支援のターゲットにすることは、より積極的には地域社会を変革し、より積極的に社会資源として活用することを意味している。

３）生活支援の類型

次に、社会福祉における生活支援のタイプについて取り上げる。生活支援は、その達成目標という視点からみたとき、①予防型生活支援、②回復型生活支援、③支柱（突支棒（つっかい））型生活支援、④全面（全制）型生活支援に区分することが可能である。①**予防型生活支援**は、生活課題の形成を防止し、予防することを目指す生活支援である。生活保護の申請窓口への同行や福祉サービスの内容や申請手続きに関する情報提供などの利用支援的な働きかけもここに含めることができる。②**回復型生活支援**は、生活課題の解決、解消により従前の自律生活や自律生活協同体の状況（自律生活の水準や様式）への復帰、回復を目指す生活支援である。通所による助言指導、家族の傷病などによるショートステイサービス利用などがこれにあたる。復帰、回復が見込まれる生活支援である。

③**支柱（突支棒）型生活支援**は、一定の生活支援を継続的に利用することによって従前の自律生活や自律生活協同体の状況、あるいはそれに近い状況を維持し続けることを目指す生活支援のタイプである。たとえば、保育所の利用によって家族の継続的な就労を可能にする生活支援がそうである。近年、伴走型生活支援などと呼ばれている専門職による継続的な助言や援助のもとに生活困難者や障害者の社会の状況復帰や社会への統合を図る生活支援、継続的なホームヘルプサービスやボランティアによる日常的な生活支援を前提に行われる障害者の地域生活支援などがこのタイプに属する。④**全面（全制）型生活支援**は、衣食や居所、日常的な身辺介助、医療その他の専門的ケアなどの提供を通じて、利用者の自律生活を全面的に支える生活支援である。典型的には、児童養護施設、重度障害者の療護施設、高齢者の介護施設などの生活施設を利用する生活支援がこれにあたる。

４）生活支援の方策手段

これまで、社会福祉における生活支援は多様な方策手段を活用して行われてきた。生活支援の方策手段は、歴史的にみると、生活（収容）施設への入所を前提に、当事者に住居と衣食を直接的に提供（給付）する現物給付と当事者の居宅を前提に金銭（購買力）を提供する現金給付に大別することができる。かつて19世紀の中頃までは、懲罰的な意図も

図３　生活支援の方策手段別類型

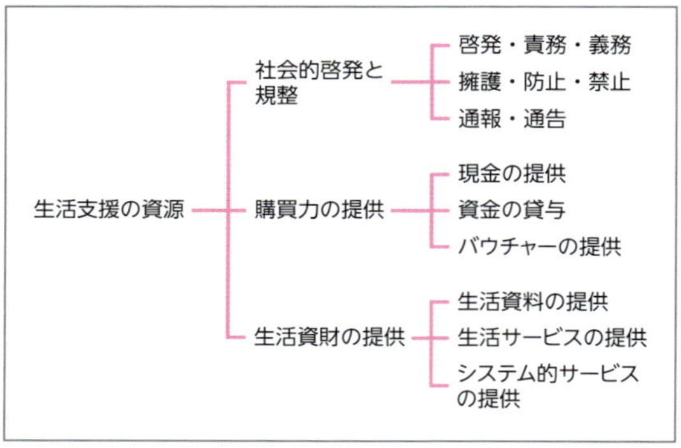

あって救貧施設による現物給付（院内救済）が行われた。しかし、19 世紀末以降、世紀転換期に社会保険と社会事業が成立する時期になると、生活困窮者に対しては居宅による現金給付（院外救済）、それによりがたい児童、障害者、高齢者については里親委託や生活施設による現物給付という形態に変化してきた。今日では、生活支援の方策手段は、**図３**の「生活支援の方策手段別類型」にみるような形に多様化している。

今日活用されている生活支援の方策手段は、まず、⑴社会的な啓発と規整、⑵購買力の提供、⑶生活資財の提供に大別することが可能である。

⑴社会的な啓発と規整に含まれる生活支援の方法には、国民一般を対象とする人権擁護活動の実施、行政機関、民間の団体、企業などに障害者に対する合理的な配慮の実施、差別的行為や社会的排除の防止や禁止、虐待や暴力の防止と禁止、虐待や暴力の発見に伴う通報や通告の義務づけなどが含まれる。

⑵購買力の提供に含まれるのは、養育費や医療費などの家計に対する負担の軽減を目的に一定の手当を支給する児童手当、児童扶養手当、特別児童扶養手当、特別障害給付金を内容とする社会手当、生活維持が困難に陥った人々に健康で文化的な最低限の生活を保障する公的扶助（生活保護）、そして生活困難者に生活資金を貸与する生活福祉資金貸付である。このうち、社会手当と公的扶助は給付（提供）であって返還の必要はないが、生活福祉資金は貸付のため返還が求められる。ちなみに、アメリカでは、社会手当や公的扶助以外に低所得者を対象とする食料切符による生活支援が実施されている。

⑶生活資財の提供は、生活資料の提供、生活サービスの提供、システム的サービスの提供に区分することができる。生活資料の提供のうち衣食の現物による提供は、わが国では被災者に対する物資の提供など例外的である。今日、児童に食事を直接的に提供してその生活を支援するという方法（たとえば子ども食堂）が、地域社会におけるボランタリーな生活支援活動として行われている。しかし、社会的な支援制度として法制化されているわけではない。フォーマルな支援制度としては、車いす、介護ベッド、視覚障害者用の白杖、聴覚障害者用のファクスなどの提供や貸与などが生活資料の現物提供に相当する。障害者住宅や高齢者住宅のバリアフリー化や補助具の取り付けなどもこのカテゴリーに含めることが可能であろう。生活サービスの提供は、各種の専門職による人的サービス（役務の提供）という形で提供されている生活支援である。保育、養護、療護、介護、ソーシャルワークなどの専門職による生活支援活動がこれに相当する。人的サービスの性格や特性については、すでに前章第３節の「社会福祉の主体」において取り上げた。システム的サービスは、衣食住にかかる生活資料と人的サービスを組み合わせて提供する生活支援を意味している。具体的には、単身での生活が困難な、あるいは家族によるケア（生活サービス）だけでは生活課題への対応が困難な児童、障害者、高齢者などに提供される生活型施設による専門的な生活支援がこれにあたる。

近年、生活課題が多様化、複雑化、高度化するにつれ、生活支援の方法も多様化、複雑化、高度化が求められている。なかでも、災害の被災者や外国籍居住者などの新しい領域における生活支援には、新しい方策や手段の開発が必要とされている。また、新しい生活機器、医療機器、各種の補助具の開発やハイテク化、高度化が進行しており、それらを組み込み、使いこなす支援方法を開発することなども、これからの社会福祉にとって重要な課題となろう。

5）生活支援の地域化

生活支援の方法にみられる多様化、多角化は、生活支援を提供する場やそのセッティングにおいても再確認することができる。それは一言でいえば、社会福祉の地域化である。わが国では、1970年代の頃まで、現金給付を原則とする生活保護や少数の里親、職親による支援を別にして、児童、母子、障害者、高齢者に対する生活支援は、利用者の範疇ごとに設けられた生活（入居）施設によって行われるのが通例であった。しかし、1980年代以降、イギリスのパーソナルソーシャルサービス改革、北欧に始まるノーマライゼーションの思想やその具体化である脱施設化（ディインスティテューショナリゼーション）運動の影響、さらには福祉予算の抑制に連動した生活施設批判の拡大を契機に、通所サービス（デイサービス）、短期間の生活施設利用（ショートステイサービス）、訪問サービス（ホームヘルプサービス）が地域福祉の三本柱として法制化され、そこに弁当や食事の宅配サービスや地域住民による見守り活動なども加わり、わが国における生活支援の方法は、利用者の生活施設への入居を前提とする生活支援から地域生活を前提とする生活支援に徐々に移行してきた。

1990年代以降、社会福祉の分権化、地域化を推進する世紀転換期福祉改革のもとに、この移行はいっそう拡大する。さらにそこに拍車をかけることになった要因は、国内的には「地域共生社会の政策化」であり、国外的には国際連合総会による「児童の権利に関する条約」と「障害者の権利に関する条約」の採択である。地域共生社会の政策化については、2015年の厚生労働省報告「新たな時代に対応した福祉の提供ビジョン」によって提起され、翌2016年に閣議決定された「ニッポン一億総活躍プラン」のなかに「地域共生社会の実現」が盛り込まれた。地域社会における生活支援、地域社会による生活支援が社会福祉の基本的な形態として位置づけられたのである。他方、児童の権利に関する条約と障害者の権利に関する条約は1989年と2006年に採択され、わが国はそれぞれ1994年と2014年に締約国になった。こうしたなかで、わが国における社会福祉の生活支援は、地域における生活、地域による生活支援をその基本的なありようとすることになった。しかし、「地域共生社会」化政策は、少なからず自立自助的な生活支援を志向する政策先導、理念先導的な政策展開であり、その現実については客観的・批判的な観点に立つ冷静な評価が必要とされる。

6）ソーシャルワークの展望

さて、このような社会福祉の変遷、展開のなかで、生活支援における活動の方法、そのための知識と技術の体系である**ソーシャルワーク**は、人的な生活サービスを代表する方法・技術として重要な役割を果たすことになった。ポスト福祉国家時代の起点、分水嶺となった1980年代以降を念頭に、社会福祉の全体像を概観するという視点から、大づかみにその変化、展開にふれておこう。

第一の契機は、およそ1990年代以降、かつてのケースワーク、グループワーク、コミュニティオーガニゼーション（コミュニティワーク）の統合を意図するジェネラリスト（ジェネリック）ソーシャルワークという構想が紹介され、それが定着したことである。第二の契機は、それと重なりあうように、ストレングスモデル、コンピテンシーモデル、エンパワメントモデルなどがソーシャルワークの新たな理論モデル（様式ないし枠組み）として導入され、受け入れられてきたことである。

これらの第一、第二の契機を構成する議論には、それぞれ視点や着眼点、理念や目標に違いが認められる。しかし、いずれも従来の縦割り型のケースワークを支配してきた医学モデル、さらにはそれを批判的に継承する生活モデルを克服し、ケースワーク、グループワーク、コミュニティワークという垣根を越えて利用者の人権、意思、意欲、潜在している能力など、利用者のもつ強み、ポジティブな側面に着眼し、それを修復し、強化し、促進することによって生活課題の解決を図ろうとするところに特徴が認められる。当事者に欠けているところ、できないところよりもできるところ、潜在化している可能性を発掘し、強化すること、そうすることによって当事者自身による主体的な生活課題の解決、軽減・緩和をめざし、それを側面から支援する生活支援の方法が提起されてきた。近年の伴走型生活支援という方法も、このような支援の哲学、理念、方法にかかわる構想の延長線上に位置するものとして理解することができる。

第三の契機として、近年、ソーシャルワークの全体をミクロソーシャルワーク、メゾソーシャルワーク、マクロソーシャルワークに区分し、それぞれの次元（レベル）による生活支援の課題と目的、理念や目標、必要とされる知識や技術の違いを明確化するとともに、課題や目的に応じて、次元の違いにとらわれず、それを乗り越えて生活支援を総合的・統合的に展開することを目指す議論が提起されている。ただし、ソーシャルワークのミクロ、メゾ、マクロというそれぞれのレベルが相互にどのようにかかわり、ソーシャルワークの全体がどのように構造化されているのか、そのことについては必ずしも明確ではない。また、それがどのような社会理論や人格理論、行動変容理論を基盤とするのか、そのことも明らかではない。しかし、そのような難点を残すとはいえ、第一の契機がソーシャルワークの横の壁を取り払うことを求めたものであったとすれば、第三の契機はソーシャルワークの縦の壁といおうか床板の壁の撤去を求めるものといえよう。さらに、今日においては、理念的には、リッチモンド（Richmond, M.）を超えるかのように社会そのものの変革を求めるソーシャルワークの新たな理念、構想が提起されている。

これら第一から第三の契機は、いずれもアメリカの1970年代の福祉改革（ウェルフェアカット）以来の歴史的な展開のなかで提起され、発展してきた理念や理論のわが国への紹介が起点となっている。アメリカにおけるソーシャルワークの動向に留意し、その成果をわが国に紹介、導入し、定着、発展を図ることは、ソーシャルワークの普遍性ということからいえば、それなりに意味のある手法として評価することができる。しかし、急速な超少子高齢社会化、人口の絶対的減少、経済力の低下、格差の拡大など、世界で最初に経験するといわれるような未曾有の危機的状況に直面しているわが国の状況を直視するとき、わが国の社会とわが国の生活課題に適合するわが国に独自のソーシャルワークの理論と実践を構築し、推進するような新たな開発的な研究が必要とされている。

そのためには、海外に新たなソーシャルワーク像を探索し、そこに変革のインパクトを求めることも有効であろう。しかし、わが国における独自な社会福祉学の発展という総合的な観点からいえば、ソーシャルワークの全体を構造化する理論、さらにいえばソーシャルワークに独自な社会理論、パーソナリティや行動変容に関する理論を内側から、内在的に創出し、構築することによって改革へのインパクトを提起することが求められる。

第四の契機は、先にみたような世紀転換期以降、社会福祉の多元化、地域福祉化、地域共生社会化が推進されるなかで、それを支える生活支援の方法として、大橋謙策らを中心にコミュニティソーシャルワークの構想が提起され、定着してきたことに求められる。コミュニティソーシャルワークが提起される背景には、1960年代末以降のイギリスにおけるパーソナルソーシャルサービス改革、すなわち社会福祉の運営管理に分権化、地域化、統合化をもたらすことになった福祉改革の強い影響が認められる。1980年代以降に急速に推進されたわが国の福祉改革の構想や地域福祉理論の展開は、明らかにパーソナルソーシャルサービス改革による大きな影響のもとにある。

コミュニティソーシャルワークモデルの特色は、ソーシャルワークがコミュニティ、すなわち地域社会において、地域社会によって、地域社会のものとして、ジェネラリスト的に展開されることをもって基本的な理念、前提とするところにある。しかし、わが国の社会の現実は、超高齢社会化と人口減少社会化が同時的に、しかも急速に進行する状況にある。地域社会における人々の生活意識は、一方においてわがこと的に求心化し、他方においてよそごと的に遠心化し、拡散化する状況にある。そうしたなかで、あるいはそれだけに、地域社会は人々の生活の基盤として、また地域福祉を支える推進主体として、どこまでその力を維持し、発揮することができるであろうか。そうしたなかで、地域共生社会化政策には地域社会を社会福祉の自助的な方策手段に転化しようとする方向性が見え隠れしている。

たしかに、われわれは、地域社会のなかに生まれ、地域社会に生活し、地域社会のなかで生を終える。われわれは、ここまでそのことを前提に、社会福祉の現在を考え、評価し、将来を展望する基準、視点と枠組みとして、生活の自律と協同、自律生活と自律生活協同体の確立、維持・発展ということを構想してきた。コミュニティソーシャルワークに対する期待は、人々の生活の物質的・精神的な基盤であり、また生活支援活動の源泉であり、推進とされる地域社会とその将来をどのようなものとして認識し、構想するのか、そして社会福祉における地域住民と地域社会、地域社会と自治体、そして自治体と国家との関係をどのように捉え、構築するのか、そのことがさらに探究され、明らかにされることにある。

7）ケアワークの体系化

ソーシャルワークに関連して、今一つの議論を追加しておきたい。**レジデンシャルワーク**のことである。今日においては**ケアワーク**のほうが通りがよいかもしれない。社会福祉における生活支援の方法が施設入居型から在宅型あるいは地域生活型に移行してきたことは歴史的な事実である。しかし、社会福祉における生活の支援は地域生活型への移行によってすべて完結するというわけではない。

人々に必要とされる生活の形態は、その年齢、生活機能の状態、住居の有無、養護者（介助者）の有無などによって多様である。利用者のなかには、単身での生活の維持が困難な児童、障害者、高齢者が存在する。家族によるケアでは十分でない人々が存在する。人口が減少し、家族や地域社会の構造も機能も変化するなかで、このような利用者の存在は過小に評価されるべきではない。現実的な問題として、基礎自治体と地域社会を基盤とする地域福祉型の社会福祉を追求するとしても、なお一定数の入居型生活施設の存在を前提にすることが求められる。

イギリスやアメリカにおいては、レジデンシャルワークは歴史的にソーシャルワークの一部として扱われてきた経緯がある。わが国においても、保育、養護、教護、療護などの名称のもとに、生活施設の種別あるいは当事者の属性ごとに、理論化が試みられてきた。イギリスやアメリカにおける研究の紹介も行われてきた。しかし、残念ながら、国内においても、海外においても、レジデンシャルワークの理論化は十分な成果をあげてきたとはいい難い。

そうしたなかで、わが国においては、1993年に高齢者介護の領域を中心に、日本介護福祉学会が組織され、すでにかなりの時間が経過している。しかし、介護の理論化、介護福祉学の構築については、必ずしも十分な成果をみるに至っていない。ケアワークは、日常的な生活行動や生活関係に密着しており、理論的な研究になじまないとみなされる傾向がある。領域的には看護学と近接し、重なっているという事情もある。そうしたことがケアワークの理論化を妨げているという指摘もみうけられる。

そのような状況は、部分的には保育の領域とも類似している。保育の領域においては日本社会福祉学会に先立ち、早くも1948年には日本保育学会が設立され、研究が推進されてきた。保育も子育てという日常的な生活行動、生活関係と密着し、しかも、幼児教育学との近似、重複がある。その保育領域における研究の成果が学というにふさわしいレベルまで蓄積され、成熟しているかどうか、そのことについてもさまざまに議論がなされている。

介護福祉学や保育学の自己認識としては、介護福祉学や保育学は、社会福祉学というよりも、看護学や幼児教育学に近いという認識が一般化している。実態的には、介護福祉学や保育学は、看護学や幼児教育学と重なりあう領域、時にはその一部分として扱われている。しかし、介護福祉学や保育学が看護学や幼児教育学と異なる学問領域としてそのアイデンティティを確立するためには、看護学や幼児教育学との違いに焦点化するよりも、むしろ社会福祉学との接点に着目し、理論化の視点や枠組みを共有することが有効であろう。逆に、社会福祉学のサイドにも、その内容を豊富にし、先端科学としての性格をいっそう深化させるためには、介護や保育の領域を包摂する形での理論化、体系化を推進することが必要とされる。

8）包括的・多分野横断的アプローチの機軸

われわれは、かねて社会福祉の全体像を把握する手がかりとして、社会福祉の「L字型構造」とともに「ブロッコリー型構造」という視点と枠組みを提起してきた。**図4**の「社会福祉のブロッコリー型構造」がそうである。

社会福祉のL字型構造は、第4章（社会福祉の基本的性格）において詳しくふれたように、関連する施策との関係を明確化し、社会福祉の全体像を理解する視点や枠組みとして構築したものである。そして、その意図と構想はそれなりに理解されてきた。しかし、一方の「ブロッコリー型構造」については、結局のところ、社会福祉のL字型構造と重なりあうのではないかという指摘にもみられるように、われわれの意図が十分理解されてきたとはいえないようである。たしかに、趣旨は同じものにみえるが、ただ重なりあっているわけではない。社会福祉のL字型構造は、社会福祉の基本的な性格を社会福祉の政策という視点、あるいは政策という次元に焦点化して捉えたものである。それに対して、ブロッコリー型構造は、それを社会福祉の支援という視点ないし次元において捉えることを目的としている。そのことを明確にするため、**図4**においては政策領域の名称を施策から支援に変更している。

すでに、第4章（社会福祉の基本的性格）で言及したところであるが、近年の生活課題の多様化、複雑化、高度化は、社会福祉という生活支援の方法だけでは十分に対処できない状況に立ち至っている。社会福祉の領域を超えて包括的・多分野横断的なアプローチ、支援の方法を必要とする状況にある。社会福祉の領域を超えて、人権擁護、健康、教育、所得、雇用、教育、保健、医療、さらにはまちづくり、災害支援などの多様な支援の分野との調整や連携、役割分担や協働が求められている。しかし、それぞれの施策や活動の分野なり領域は、それぞれに固有の目的、理念や目標、理論や技術から成り立っている。分野や領域を超えた政策や制度、活動との連携、協働を推進するには、相互間の意識的な理解、連携や調整、役割分担の努力が必要とされる。

図4　社会福祉のブロッコリー型構造

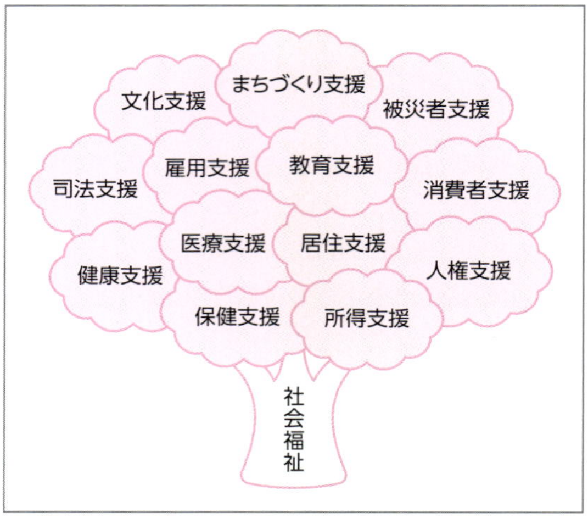

一般的に、分野や領域を超える協働作業は、多様な分野や領域を背景とするステークホルダーによる議論、すり合わせによって進められ、そこにおのずとリーダーシップが形成される。それが一般的な展開であろう。そうしたなかにあって、社会福祉のブロッコリー型構造は、先の第4章において考察したような社会福祉の形成の経過、政策としての特性、生活支援活動の特性や内容からみて、社会福祉が包括的・多分野横断的アプローチの中心的な位置にあることがふさわしいと考えられる。

そのように主張し、それぞれの分野や領域を背景とする参画者、ステークホルダーたちの理解と賛同を獲得するためには、社会福祉とは何か、それはどのように発展してきたのか、何を目的にし、何を成し得るのか、いかなる視点と枠組みに基づき、どのような内容の生活支援をどのように展開するのか、それらのことを明確に主張することのできる学の体系、すなわち社会福祉学を明確に整序された形で構築し、発展させることが必要とされる。

II　社会福祉の基盤

概　説

岩崎晋也

1.「社会福祉の基盤」設定の意義

社会福祉学は、大項目Ⅰ「社会福祉学の思考軸」で述べたように、対象とする社会福祉の範囲が社会や時代の変化によって異なっている。このことは、社会福祉と呼ばれる実践や事業への社会的ニーズの変化によるものといえよう。よって、社会福祉を理解するためには、大項目Ⅳ「社会福祉の思想と理論」で述べるような社会福祉の内在的な思想や理論だけでなく、社会福祉にとって外在的であり、かつ相互規定的である社会そのものを「基盤」として理解する必要がある。

なお「基盤」と書くと、社会福祉が、社会からその扱う問題や働きかけの方法が規定されるという側面が強調されるが、逆に社会福祉が社会運動（ソーシャルアクション）として社会に働きかけ社会を変えるという側面もあり、相互規定的な関係性であることを留意する必要がある。

2.「社会福祉の基盤」編集の方針

社会そのものを「基盤」として理解するうえで、その要素は、大きく二つに分けることができる。

一つは、社会福祉が対象とする生活問題（生活課題）を生み出す社会構造としての社会であり、もう一つは、社会福祉と同様に、生活問題に対応する社会福祉以外の社会政策制度（一般的生活支援施策、保健・医療や所得保障など）を有する社会である。前者は、社会問題の一分野である生活問題がいかなる構造で生み出されて変化しているかが、社会福祉のあり様に直接的に影響を与えることは理解しやすいであろう。後者は、それに比べると間接的な影響でありわかりにくい。社会福祉学では、その間接的な関係性を補充性という概念で説明してきた。

社会福祉学における補充性の概念の詳細については、大項目Ⅰ「社会福祉学の思考軸」や大項目Ⅳ「社会福祉の思想と理論」を参照してほしいが、簡単に述べると、現代のように、政府が、医療保険や年金保険を整備していれば、医療や所得に係わる生活問題が発生しても、これらの制度を利用し、病院を受診し、年金などを受け取ることで問題が解決できるかもしれない。しかしかつてのように、医療保険や年金が十分に整備されていなければ、病気になっても病院に受診できない人や、困窮に困る人が大勢いたのである。こうした事態に対して、社会福祉は低額や無料の医療を提供したり、公的や民間からの扶助で生活問題を改善しようとしてきたのである。また現代においても、病気になり治療生活を送るうえで、自分一人では解決が困難であり、社会福祉の相談支援が必要な場合や、年金では生活に必要な資金が得られず、社会福祉の公的扶助が必要な場合などがある。このように、社会福祉以外の社会政策制度（一般的生活支援施策）では、対応できない生活問題に社会福祉は補足的な機能を果たしてきたという側面がある。そのため、社会福祉以外の社会政策制度（一般的生活支援施策）がどのような状況にあり、課題を抱えているかを理解すること、社会福祉に求められている役割を理解するうえで欠かせないのである。

よってこれら二つの要素を踏まえて、「社会福祉の基盤」として編集することとした。

第一の要素である社会問題である生活問題を生み出す構造としては、中項目１「社会構造」が対応するが、それを①マクロレベルにおける変化と②コミュニティにおける変化に分けている。

第二の要素である社会福祉と補充的な関係にある

ほかの社会政策制度（一般的生活支援施策）としては、中項目の３「雇用」、４「所得保障」、５「保健・医療」、６「教育」、７「住宅」が対応する。1997年発行の初版に比べると、さらに２「財政」を追加し、初版にあった「まちづくり計画」は、以上の編集方針とは異なる位置づけとなるため、独立した項目とはしなかった。

「財政」を新たに中項目として追加したことの意図は、社会福祉を含めた社会政策そのものが再分配政策であり、その財源を租税や社会保険料に負っており、財政という観点から社会政策が抱えている状況を理解することが必要だからである。日本では、1990年代から社会保障基礎構造改革を実施し、福祉サービスを利用契約化し、限定的ながら民間営利企業の参入を認める改革を行ってきた。この背景の一つには、高齢化の進展に伴う高齢者サービスへのニーズ増加に対応するものであったが、もう一つには、国家財政の悪化に伴う社会保障給付費の抑制が大きな課題となっていたからである。社会福祉などの社会政策に関するサービスの拡充を求めても、必ず財源が問われ、いかに抑制するかが課題であると指摘されることが多い。財政の状況がどのようであるか、何が必要な財政出動なのかを社会福祉の「基盤」として理解することが求められているのである。

3.「社会福祉の基盤」の構成

本大項目の構成について、以下簡単に述べる。

１「社会構造　①マクロレベルにおける変化」では、人口減少社会における高齢化や少子化、家族を形成しないことも含めた家族の多様化や個人化の進展、経済のグローバル化を背景とした新自由主義経済の進展に伴う福祉国家政策の弱体化と格差の拡大など、近年の世界的な社会構造の転換について述べている。

１「社会構造　②コミュニティにおける変化」では、人口減少をコミュニティレベルでとらえたうえで、インフォーマルなセーフティネットが弱体化しているなかで、社会的孤立や、外国人住民との多文化共生がコミュニティの大きな課題となっており、従来型のボランティアを超えた新しいつながりや支え合いが求められていると述べている。

２「財政」では、基本的な考え方として、必要な支出に合わせて収入を決める「量出制入」であることを確認したうえで、日本が高齢化に伴うサービス支出にしか対応しておらず、全世帯のニーズに対応していないと述べている。その背景に納税者の嫌税感があるが、社会サービスにおけるベーシックサービスを実現していくことの意義を述べている。

３「雇用」では、日本型雇用システムが、1990年代以降のバブル経済の崩壊やグローバル化の進展などによって変容したことを踏まえ、現在の課題について述べている。具体的には、非正規雇用の増加、女性雇用の位置づけの変化、外国人労働者の受け入れの拡大、就労困難者の増加などに対応する労働市場政策の変化や課題について述べている。

４「所得保障」では、所得保障を理解するために、①すべての社会保障における所得保障の位置関係、②所得保障を成り立たせている社会的背景と歴史的経緯、③所得保障を基礎づけている思想・原理・規範について述べている。最後に、「就労」との関係に注目して、ワークフェアやベーシックインカムなど所得保障の展望について述べている。

５「保健・医療」では、介護保険が施行された2000年以降の社会状況と政策の動向について述べている。具体的には、医療・生活ニーズの多様化、保健医療提供体制の再編、医療・福祉技術の進歩、医療・介護の人材育成、医療費の抑制の動向について述べている。最後に、社会福祉の視点から多職種連携の推進政策やその課題について述べている。

６「教育」では、子どもの貧困、インクルーシブ教育、いじめ・自殺対策、外国人の教育、高校中退・高等教育無償化、不登校者の支援などの課題に対して、教育としての政策や課題について述べている。

７「住宅」では、2000年以降の政策動向をまとめたうえで、住宅政策と福祉政策を融合した「居住政策」の必要性が近年高まっていると述べている。最後に、シェア住宅など相互扶助の住まい方の可能性について述べている。

1 社会構造
①マクロレベルにおける変化

畑本裕介

1. 日本の人口減少

日本の人口は減少局面にあるといわれている。とはいえ、明治以来戦後しばらくまでは、人口増大圧力に対処することのほうが問題とされてきた。

明治時代の人口推計によると、1872年の日本の人口は、3480万人であったが、その後増え続け、1936年には明治初期の倍となる6925万人となった。第二次世界大戦による経済社会の混乱を経て、1947年から1949年には第一次ベビーブーム期を迎えた。このころの人口増加率は、終戦に伴う外地からの引き揚げも加わって、年率2％を超えた。1948年には、人口は8000万人を超えたが、早くもその8年後の1956年には9000万人を超え、ちょうど明治元年以来100年目となる1967年には、我が国の人口は1億人を超えた。その後も、1971年から1974年の第二次ベビーブームを経て、2008年には1億2808万人とおおよそピークであった（『平成16年版　少子化社会白書』、『平成27年版　厚生労働白書』）。ところが、出生率が低下し続けた結果、この傾向は逆転することになる。

人口動態統計によると、2005年は、出生数（106万2530人）よりも死亡数（108万3796人）が2万1266人上回った。すなわち、自然増加率はマイナス0.2と前年を下回り、人口動態統計が現在の形式で調査を開始した1899年以降、統計の得られていない1944年から1946年を除き、初めて人口の自然減となった（『平成18年版　少子化社会白書』）。翌年の2006年は再び増加率はプラスとなったが、一進一退しつつも日本の人口は減少局面を迎えている。

国立社会保障・人口問題研究所の推計する将来の合計特殊出生率の値から将来人口を予測すると（中位推計）、2053年には1億人を割って9924万人となり、2065年には8808万人になるとされている（『令和4年版　少子化社会白書』）。人口が減少すれば、中山間地だけではなく都市部の一部地域でも人口密度が減少し、生活インフラや地域ネットワークの維持が難しくなる。在宅福祉や地域包括ケア、地域共生社会を目指す日本の社会福祉にとって大きな課題を投げかけるものである。

1）高齢化

人口減少は、人口の高齢化に伴う多死社会化と次世代が十分に生まれない少子化が組み合わされた現象であり、日本ではその両方が起きている。まずは、**高齢化**の状況について確認したい。

先述の第一次ベビーブームでは年間260万人を超える出生数があり、この世代は団塊の世代と呼ばれている。団塊の世代は2012年から2014年に65歳を超えた。この世代をはじめとした人口ボリュームが高い世代が高齢化すれば、人口全体に占める高齢者の割合が高くなるのは当然である。

国際連合の基準では、高齢者人口（65歳以上）の全人口に占める割合である**高齢化率**が7％を超えるとその国は**高齢化社会**（aging society）と呼ばれ、その倍の14％を超えた国は**高齢社会**（aged society）と呼ばれる。日本は、1970年に高齢化社会になり、1994年には高齢社会に突入した。また、高齢化率が21％を超えると**超高齢社会**と呼ばれることがあるが、2007年に日本はこの段階に達している。これは、ほかの先進諸国と比べてもかなり速いペースであり、日本はすでに高齢化率が世界で最も高い（**図1**）。

『令和6年版　高齢社会白書』によると、2023年

図1　世界の高齢化率

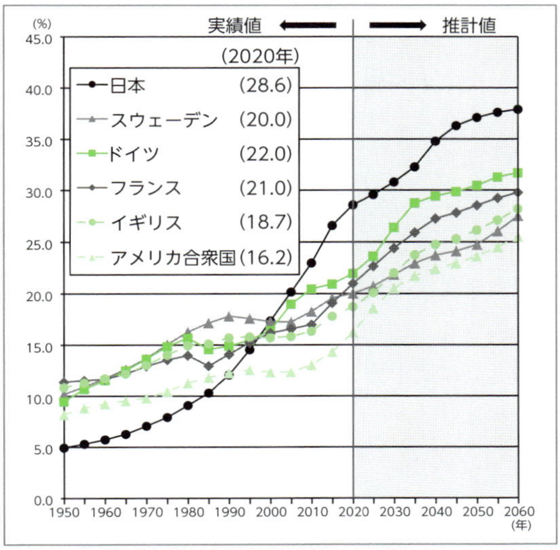

出典：内閣府『令和５年版　高齢社会白書』７頁、2023年

10月1日現在の65歳以上の高齢者人口は、3623万人となり、総人口に占める割合（高齢化率）は29.1％となった。また、2037年には高齢化率が33.3％に達すると予測されており、人口の3人に1人が高齢者となる社会の到来が現実のものとなりつつある。ちなみに、65歳以上の高齢者人口を男女別にみると、男性は1571万人、女性は2051万人で、性比（女性人口100人に対する男性人口）は76.6となっている。

人口高齢化は、社会福祉の財源となる社会保障費に大きな影響を及ぼすことになる。2021年度の社会保障給付費（年金・医療・福祉その他を合わせた額）は、全体では138兆7433億円となり過去最高の水準となった。また、国民所得に占める割合は、1970年度の5.8％から35.04％に上昇している。とりわけ社会保障給付費のうち、高齢者関係給付費（年金保険給付費、高齢者医療給付費、老人福祉サービス給付費および高年齢雇用継続給付費を合わせた額）についてみると、2021年度は83兆4322億円、社会保障給付費に占める割合は60.1％となっており、近年増減はあるものの高い水準が続いている。

社会保障給付費の財源となる社会保険料などを主に負担する世代を15～64歳の者（現役世代）として、65歳以上の高齢者1人に対する人数は2023年では2.0人である。さらに2070年には1.3人にまで減少するとされている。1950年には12.1人であったから、現代および将来の現役世代の社会保障への負担は大きい。しかしながら、富永（2001）が言うように、家族によって高齢者の生活を支援する状況がもはや崩壊している以上は、こうした福祉国家による高齢者支援のコストは免れることができない。

2）少子化

高齢化率を決定するのは、高齢者人口だけではない。高齢化率は、全人口に占める高齢者の割合だから、子どもの数が減り年少者人口が減れば、高齢者の数が変わらないとしても、その比率は上がることになる。日本では、**少子化**が指摘されるようになって久しい。2023年の出生数は72万7288人であり戦後最低である。

日本の年間出生数は、第一次ベビーブーム期の1949年には約270万人、第二次ベビーブーム期の1973年には約210万人であった。しかし、1975年に200万人を割り込み、それ以降は毎年減少し続けた。1984年には150万人を割り込み、1991年以降は増加と減少を繰り返しながら、緩やかな減少傾向となっている。

子どもがどの程度生まれているかを示すために、**合計特殊出生率**という指標が利用される。これは一人の女性が一生のうちに産む子どもの数の平均を示したものであり、毎年その数値が計算されている。人口の維持に必要な水準（人口置換水準）は2.07～2.08とされている。2023年は1.20となり前年を0.6ポイント下回った。

合計特殊出生率は、第一次ベビーブーム期には4.3を超えていた。1950年以降急激に低下したといっても、第二次ベビーブーム期を含めておおよそ2.1台で推移していた。そのため、当時の出生にまつわる社会保障政策は、子どもの数の多さに対応するものであった。たとえば、今では少子化対策のために存在するかのように考えられている児童手当は、1972年に開始された当初は多子貧困に備えての制度であった。

しかし、1975 年に 2.0 を下回ってから一段と低下傾向となった。1989 年には、丙午（ひのえうま：迷信のために出産を控えたとされる）のためそれまで最低であった 1966 年の数値を下回る 1.57 を記録した。2003 年には、人口学の基準で「超少子化国」と呼ばれる水準である 1.3 を下回り、さらに、2005 年には過去最低である 1.26 まで落ち込んだ。その後、わずかに上昇することもあったが、依然として人口置換水準を大きく下回る状況が続いていることには変わりがない（**図 2**）。

合計特殊出生率が低迷し、人口置換水準が維持できないのは、先進国共通の現象である。とはいえ、一時的にでも回復して成功した国々の事例もある。フランスやスウェーデンでは、合計特殊出生率が 1.5 〜 1.6 台まで低下していたが、回復傾向となり、2000 年代後半には 2.0 前後まで上昇していた。こうした国は子育てと仕事の両立支援を国が積極的に行ったことが特徴であり、政策的に少子化対策が可能である証拠となっている（その後、出生率は諸要因により低下した）。

2020 年に閣議決定された**少子化社会対策大綱**（少子化社会対策基本法に規定される少子化対策の具体策を取り決めるためのもの）によれば、少子化の主な原因は「未婚化・晩婚化」と「有配偶出生率の低下」であるとされている。有配偶出生率の低下、すなわち結婚した夫婦が子供をもうけないことへの対策として、子育てと仕事の両立支援（保育所の拡充等）や教育費などの子育てコストへの支援（高等学校等就学支援金制度等）といった政策は注目され一定の成果をあげてきた。しかし、前者の「未婚化・晩婚化」には十分な配慮がなされてこなかった。少子化の原因の一つとして、少子化社会対策大綱では、「若い世代での未婚率の上昇や、初婚年齢の上昇」が指摘されており、対策のために、若者の経済的な不安を解消し結婚に踏み出せる状況を政策的に整えることが望まれている。このように、少子化対策は、直接関係しそうにない要因にも配慮しなければならない。また、赤川（2004）のように、少子化対策を実施してもその効果は限定されるという指摘もあり、問題の解決は単純なものではない。

少子化はまったく改善していないとはいえ、少子化関連施策に進展がないわけではない。2022 年には、こども家庭庁設置法が制定された。**こども家庭**

図 2　出生数および合計特殊出生率の年次推移

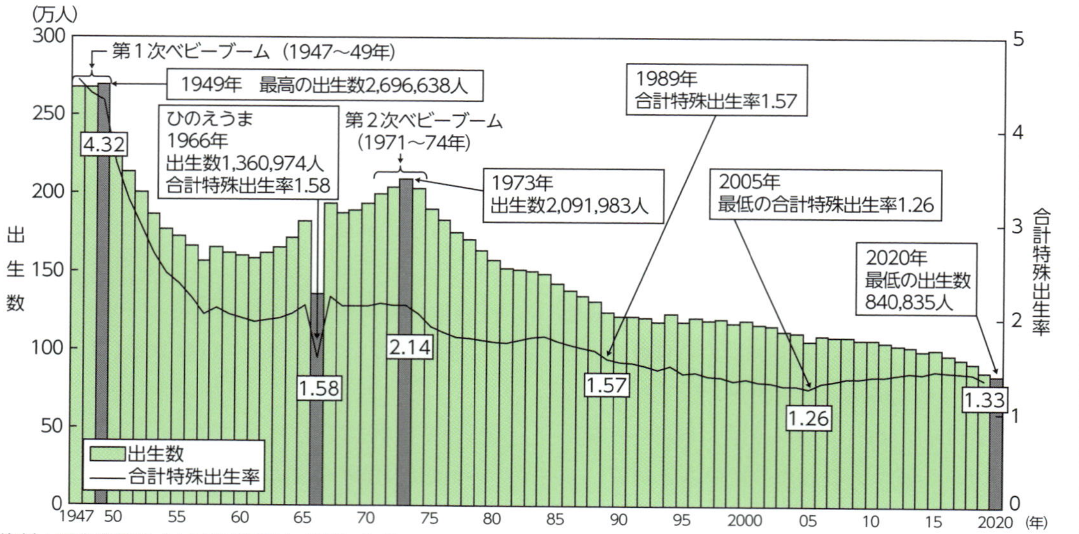

資料：厚生労働省「人口動態統計」を基に作成。

出典：内閣府『令和 4 年版　少子化社会対策白書』5 頁、2022 年

庁は少子化対策だけを担当するものではないが、子ども関連施策専業の内閣府外局である。子育て支援（児童手当・保育所・認定こども園・母子保健）、こどもの貧困の解消に向けた対策、児童虐待防止、ひとり親支援、少子化対策等の幅広い政策を担う。

2. 家族形態の変化

人口構造のようなマクロの視点でみたときにも大きな構造変動が起こっているが、ミクロな視点で個々の家族をみたときにもその形態は大きく変化している。

日本の社会保障制度は、いわゆる標準世帯を対象として設計されていた。総務省の実施する家計調査のかつての定義に従えば、標準世帯とは、「夫婦と子ども2人の4人で構成される世帯のうち、有業者が世帯主1人だけの世帯に限定したもの」であるが、夫婦を基本とした世帯構成を広い意味での標準世帯と考えることもある。たとえば、生活保護は夫婦2人と子ども1人を標準世帯として、保障すべき生活扶助の金額が組み立てられている（『平成24年版　厚生労働白書』）。年金は、夫が働き妻は専業主婦であった片働きの夫婦を想定して、年金水準を設定したり、制度的に保障される年金の姿を端的に示したりする際の標準とされてきた（「女性のライフスタイルの変化等に対応した年金の在り方に関する検討会報告書（平成13年12月）」）。構成員をどのように設定するかに関しては制度ごとにばらつきがあるが、世帯のなかで誰かと家族となることを当然のものとして標準世帯を設定し、社会保障制度の制度設計の前提としてきた。

しかしながら、ライフスタイルは多様化し、標準世帯は必ずしも標準的な生活イメージを提供するものではなくなった。たとえば、近年の国勢調査（2020年）では、夫婦と子からなる標準世帯は全体の25.1％でしかない。最大の割合を占めるのは単独世帯であり、全体の38.1％となっている。むしろこちらのほうを標準世帯と考えたいほどの割合である。2005年国勢調査では単独世帯は29.5％であり、夫婦と子供から成る世帯（29.8％）よりは少なかったが、2010年に逆転してから急激に増加している。先に指摘した高齢化は配偶者に先立たれた人を単身世帯化させるし、少子化は婚姻関係を結ばない単身世帯化がその原因の一つになっていると言ってよいだろう。

もちろん、夫婦のみの世帯（20.1％）、夫婦と子どもからなる世帯、ひとり親と子供からなる世帯（9.0％）を足し合わせた核家族全体だと54.2％となるので、標準世帯とそれに類する世帯はまだまだ多数派である。どちらを標準と考えるかは諸説あるとしても、現代の家族生活は多様な世帯構成のなかで営まれているということは確かである。

世帯構成だけではなく、その質も多様化した。家族内の有業者を一人とする片働きを想定して標準世帯を考えようにも、すでに共働き世帯のほうが圧倒的に多数派である。2022年の「男性雇用者と無業の妻から成る世帯」（いわゆるサラリーマンの夫と専業主婦の世帯）の数は約430万世帯であるが、「雇用者の共働き世帯」の数は約1191万世帯と3倍近くになっている（『男女共同参画白書　令和5年版』）。女性の社会進出が進み、家計を支えるのを主に男性片働きと考えていた「ブレッドウィナー・モデル（男性稼ぎ手モデル）」は少数派となった。家庭内においても男女のジェンダー役割分業は変化している。

家族形態の選択肢も広がった。結婚して子どもをつくりマイホームや家族に幸せを見出す人、シングルを貫くことに充実を見出す人、子どもをつくらず夫婦だけの関係性を重視する人など、それぞれである。誰かと暮らすとしても、男女の夫婦関係だけでなく、同性同士のカップルや性愛関係を前提としないパートナー同士での生活、婚姻関係を結ばない同棲など、さまざまな形態がある。

世界ではさらに多様化した状況が見受けられる。ベックとベック＝ゲルンスハイム（2011＝2014）は、国境を越えて形成される家族形態を「世界家族」（Weltfamilien）と呼称した。この世界家族には二つのタイプがある。一つは、家族の構成員は同居するが出身国等のナショナルな背景が異なるものであり、もう一つは、家族構成の出自の背景は同じであるがそれぞれ別の国に住むものである（Beck & Beck-Gernsheim, 2011 ＝ 2014：vii）。すなわち、同居する家族内でのグローバル化と家族が離れて住むという意味でのグローバル化の二つを合わせた概念である。移民を多く受け入れてきたドイツ等の国々では世界家族はありふれた家族形態となりつつある。世界家族は、別々の文化的背景を抱えた家族構成員が関係性を結ぶことになるから、民族間の紛争や第一世界と第三世界との対立等が家庭内に持ち込まれることになる（Beck & Beck-Gernsheim, 2011 ＝ 2014：pp.12-13）。一国内の同質性を基盤とした従来の標準家族とは異なる家族形成の困難がある。

人々の生活様式はある意味で家族から解放され多様化したが、社会保障制度の設計はこの変化に追いついていない。また、個々人の生活設計も必ずしもこの変化に追いついていない。たとえば、母子家庭の母は子育て中の現役時代には、児童扶養手当などの支援制度はあるが、平均的な賃金が低く働きながら子育てをするのは困難なものとなる。さらに、現役時代の賃金水準と老後の年金は連動するので、一人分の稼ぎでは老後の保障も標準世帯の中で生活してきた人々と比べて低水準になりがちである。

3. 個人化の進展とライフスタイルの変容

では、なぜ家族形態をはじめとした人々の**ライフスタイル**は変化したのだろうか。一つには、社会が豊かになり、個々人がそれぞれの関心に従って生活設計をすることが可能になったからである。豊かになった社会では、人々は所属する社会階級や家族に縛られることなく、「自分自身の人生設計と生き方を中心に置くよう」（Beck, 1986 ＝ 1998：p.139）になった。こうした状況を、ウルリヒ・ベックは著書『危険社会』のなかで「個人化」（Individualisierung）と呼んだ。豊かな社会が訪れる前の貧しい時代には、人々は、地域の共同性や家族の支え、階級的連帯等を頼りに生活しなくてはならなかった。しかし、社会が豊かになるにつれ、人々はこうしたつながりから解放され、「わたしはわたし」と自らの生き方に忠実に生きていくことが可能になった。

それでは、社会を豊かにしたのは何であろうか。産業構造の転換や経済成長が最大の理由である。しかし、生活を国家が支える社会保障・社会福祉の体制が整備されたことも大きな要因と言ってよいだろう。社会保障・社会福祉を充実させた国家体制は、「福祉国家」と呼ばれている。戦後 1970 年代までの高度成長期にかけて世界の先進国は福祉国家化したが、この時代の福祉国家は「ケインズ＝ベヴァリッジ型福祉国家」と呼ばれることもある。1936 年に出版されたケインズの『雇用・利子および貨幣の一般理論』に従った完全雇用政策（労働政策）と、1942 年に提出された『社会保険および関連サービス』（ベヴァリッジ報告）において明らかにされた社会保障政策を組み合わせたことを特徴としたからである。労働政策と社会保障政策は車の両輪として社会を豊かにした。ちなみに、労働、社会保障の両政策をまとめて扱う学問領域は、日本では「社会政策」と呼ばれてきた。

個人化が広がれば、ライフスタイルは選択的なものとなる。前項でも指摘したように、それぞれの個人の所属する家族形態もこうした選択の対象となり多様化した。ギデンズは、家族形成のための婚姻形態も選択的なものになると主張した。従来のように男女が一度婚姻関係になるとそれを長く続けるというあり方は数多くのライフスタイルの一つに過ぎなくなった。伝統や因習によって規定された婚姻による家族形成は相対化された。行き着く先は、「純粋な関係性」（Giddens, 1991 ＝ 2005：p.212）としての婚姻関係である。ギデンズのいう純粋な関係性とは、「社会関係を結ぶというそれだけの目的のために」（Giddens, 1992 ＝ 1995：p.90）結ばれるものであり、関係性が満足をもたらせば続けられるが、そうでなくなれば随意に終わりとなる関係性のことである。

こうした関係が広まるため、結婚は一時的なものであると考える人も珍しくはなくなり、離婚件数も増えていく。厚生労働省の公表する「人口動態統計（確定数）の概況」によると、日本の離婚率（人口千当たりの離婚件数）は直近こそ減少傾向にあるが、長期的には大きく増加傾向にある。1950年には1.01であり、その後も1970年頃までは1以下の値で推移する（1970年は0.93）。その後、1972年に1.02になり1を超えてからしだいに増加し続けた。1980年には1.22、1990年には1.28となった。1990年代後半からは一気に上昇し、1999年に2となってから、2002年の2.30がピークとなり、その後は結婚自体の減少傾向もあってか漸減している。各国の社会制度などに違いがあるので比較が難しい面もあるが、離婚率が2.0強であるヨーロッパ諸国と比べても離婚が多い社会になっていることがわかる。

もちろん、伝統や因習によって結婚は強制されなくなったのだから、結婚という関係性にこだわりのない人々は結婚しないという選択を取ることもあり得る。そのため、近年、生涯独身である人の数は増大している。前述の少子化対策の説明において「未婚化・晩婚化」について取り上げたが、その大きな原因の一つは、人々が選択的に結婚しなくなったことにあるだろう。以前は50歳時点の未婚の割合を生涯未婚率と呼んでいた（現在は50歳時未婚率と呼び名が変更されている）。50歳時点で未婚であれば将来的にも結婚しない可能性が高いと考えられていたからである。この割合は1970年では男性1.7%、女性3.3%であり、その後もしばらくはあまり変わらなかった（1980年では男性2.6%、女性4.5%、1990年では男性5.6%、女性4.3%）。しかし、1990年代後半から、とりわけ男性のこの割合が急増した（2000年では男性12.6%、女性5.8%、2010年では男性20.1%、女性10.6%、2020年では男性28.3%、女性17.8%）（『令和4年版　少子化社会対策白書』）。将来的には、男性の3割、女性の2割が50歳時点で未婚であるという推計もある（『平成27年版　厚生労働白書』）（**図3**）。このように、結婚はライフステージ上の必然的な出来事とはいえなくなっており、するかしないかは選択の対象となった。

もちろん、純粋な関係性が求められるようになるのは家族形態や婚姻形態だけではない。従来は居住地域を中心に形成されていた隣人関係も選択的となる。地域社会において関係性を築くかどうかも選択的となった。自治会や地域団体（消防団や自警団、子供会、地域ボランティア等）に参加する・しないも選択されるようになり、地理空間的な地域の絆は弱体化した。一つの原因は、SNS（social networking service）などのオンラインを介した人々のつながりが新たに登場し、新しい時代の隣人関係といってもよい関係性を選択できるようになったことであろう。維持すべき関係性は、個々人ごとに地域かオンラインかを選択できるようになった。

4. 格差の拡大

人々が自由に自分のライフスタイルを選択可能になったかといえば、そこには留保が必要である。個人のもつ社会経済的資源や関係性の資源（社会関係資本）によって選択肢は制限されるからである。現代は、規範としての「選択の自由」が広まる一方で、選択肢をもつ人とそれが制限されている人の格差が拡大したことも大きな特徴である。

格差を示す代表的な指標にジニ係数がある。**ジニ係数**とは、所得分布の格差を表す係数であり、格差が小さいほど0に近い値になり、格差が大きいほど1に近い値になる。係数の解釈について議論があるが、日本でも表面上の数値は拡大している。1980

図3　生涯未婚率（50歳時の未婚割合の推移と将来推計）

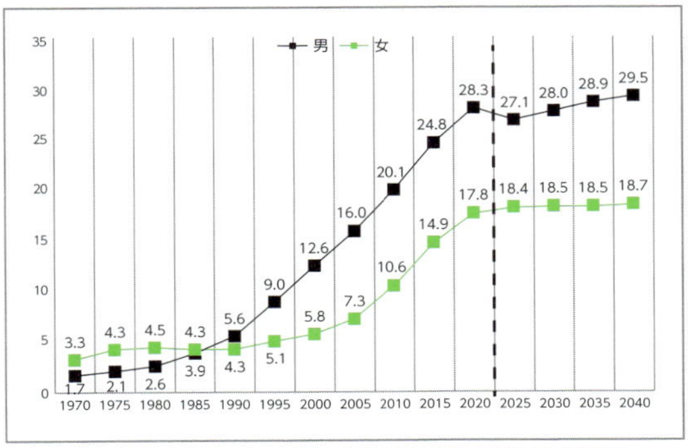

注1：『令和3年版　少子化社会対策白書』の数値を調整
1970年から2015年までは各年の国勢調査に基づく実績値（国立社会保障・人口問題研究所「人口統計資料集」）、2020年以降の推計値は「日本の世帯数の将来推計（全国推計）」（2018年推計）より。
生涯未婚率とは、50歳時の未婚率のこと（45～49歳と50～54歳未婚率の平均値）。
注2：『日本の世帯数の将来推計（全国推計）』（2018年推計）

年代の後半においてすでに、貧富の差が大きいとされるアメリカよりも当初所得においては日本の値は大きいとの指摘もあった（橘木, 1998：p.6）。日本においてジニ係数を測定する代表的な統計には、厚生労働省「所得再分配調査」と総務省「家計調査」によるものがある。このうち「所得再分配調査」によるものを取り上げると、当初所得のジニ係数は、1962年において0.3904であり、しばらくはわずかに増減しつつ同様の数値を保っていた。しかし、平成に入ると拡大し始める。いわゆるバブルが崩壊し平成不況に突入する1990年には0.4334になり上昇し続ける。2005年には0.5を超え0.5263になり、最新の2021年の数値は0.5700となっている。

もちろん、日本は福祉国家であるので、税や社会保険料を集め、年金・恩給、医療、介護などの社会保障給付として再分配した後での所得（再分配所得）でのジニ係数はかなり不平等度が抑えられている。1962年において再分配所得のジニ係数は0.3442であり、当初所得が大きく上昇を始めた1990年には0.3645となり同じく上昇するが、当初所得と比べるとその上昇は穏やかである。最新の2021年の数値でも0.3813であり、当初所得の不平等度をかなりの程度解消している。ほかにも、高齢化の要因や統計の解読方法の違い等を指摘して、当初所得においてもジニ係数の上昇はそれほど大きくないとの指摘もある（大竹, 2005）。とはいえ、この上昇が大きすぎるのかそうでないのかといった論争であり、当初所得におけるジニ係数上昇は確かで、格差が拡大していることには変わりはない。

格差の拡大は、貧困の拡大にまでつながった。格差は、所得をはじめとしたさまざまな社会指標（学歴、職業威信など）の分配が個人や世帯によって異

図4　日本におけるジニ係数の推移

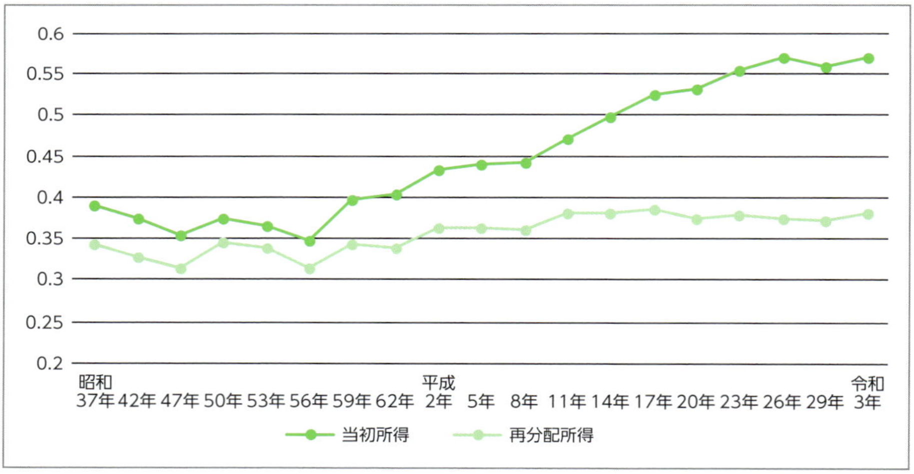

	昭和37年	42年	47年	50年	53年	56年	59年	62年	平成2年
当初所得	0.3904	0.3749	0.3538	0.3747	0.3652	0.3491	0.3975	0.4049	0.4334
再分配所得	0.3442	0.3276	0.3136	0.3455	0.3381	0.3143	0.3426	0.3382	0.3643
5年	8年	11年	14年	17年	20年	23年	26年	29年	令和3年
0.4394	0.4412	0.472	0.4983	0.5263	0.5318	0.5536	0.5704	0.5594	0.5700
0.3645	0.3606	0.3814	0.3812	0.3873	0.3758	0.3791	0.3759	0.3721	0.3813

※　当初所得に私的給付（仕送り、企業年金、退職金、生命保険金等の合計額）を含む数値。
※　平成11年以前の現物給付は医療のみであり、平成14年については、医療、介護、保育を含む。
※　概ね3年に一度調査されている。
出典：「昭和56年所得再分配調査」（厚生省大臣官房政策課調査室）からの各年の「再分配調査報告書」よりの数値を集計したもの。

なっている度合いを示すものである。格差拡大はライフチャンスの不平等につながるから大きな問題であるが、社会全体が豊かであれば、格差の下層にいる人々の生活も豊かである可能性は残されている。しかし、近年は、この下層の人々の生活が成り立っていないことが指摘されるようになった。こうした状況を貧困と呼んでいる。

貧困という概念の定義には固定したものはない（Lister 2004=2011：16）。しかしながら、広く使われている定義を取り上げるなら、政策的に貧困を決定する貧困線／貧困閾値（いきち）を設定し、それ以下の状況にある人々を貧困とみなすというものである。ちなみに、この線／閾値を決めるのに所得の多寡を用いることが多く、それ以下にある人々は家庭（世帯）ごとにくくられることが多い。

以前は、必要摂取カロリー量などを基準とした時代もあったが、近年では、同じ社会の一般世帯と比べて相対的に必要な資源を得ていない状況を貧困とみなして、線／閾値を決定するようになった。これを相対的貧困と呼んでいる。この考え方では、先進国内では一般世帯の所得中央値の6割以下、発展途上国では5割以下の所得である家庭を貧困とみなすことが多い。相対的貧困率は上昇しており、日本でも15%前後で推移している。17歳以下の子どもの家庭で貧困の状態にある割合も高いままである（**表1**）。

貧困に加えて、社会的排除の問題も注目されている。社会的排除とは人々が周縁化された状況を広く指す言葉であり（Lister 2004=2011：115）、社会や近隣と関係を築くことができず、社会における権利が確保されない状況である（阿部 2002：68）。貧困を解消するために金銭給付がなされても、人々の困窮がなくなるわけではない。移民や母子家庭の母、ひきこもる若者などが、この状況に置かれている。

こうした社会的排除の一要素に、より個々人の個別の状況に焦点を当てた概念である社会的孤立がある。孤独死、自殺、家庭内の虐待・暴力が典型例である。

5. 新自由主義の台頭

それではなぜ格差が拡大したのだろうか。その要因の一つは経済成長の停滞とそれに伴う福祉国家体制のほころびである。先述した、社会を豊かにした社会体制であるケインズ・ベヴァリッジ体制は、「福祉国家の合意」として、1970年代初頭までは先進国ではどこでも受け入れられていた。しかし、その後しだいにほころびを見せるようになっていく。社会保障給付を充実させたため、福祉国家は財政的赤字を抱えるようになっていた。また、国家の肥大化に伴う官僚制が人々の選択の自由を侵害すると考えられるようにもなった。そこで、新たな支持を得るようになったのが、後に「**新自由主義**」と呼ばれる思想である。フリードマンやハイエクがその代表的な論客とされている。新自由主義は、福祉国家の機構や予算の拡大は人々の生活における選択を制限する抑圧的なものであるとして批判した。よって、その役割を縮小して、市場において必要な財やサービスが提供されることが重要であるとした。

新自由主義の思想は、1980年代のイギリスのサッチャー保守党政権やアメリカのレーガン共和党政権によって政策のなかに取り入れられた。国営企業や

表1　日本の相対的貧困率の推移

	1991年	2000	2006	2009	2012	2015	2018	2018	2021	
							旧基準←	→新基準		%
全体	13.5	15.3	15.7	16.0	16.1	15.7	15.4	15.7	15.4	All
子ども	12.8	14.4	14.2	15.7	16.3	13.9	13.5	14.0	11.5	Under 17

注：OECDの作成基準に基づき厚生労働省が算出したもの。2015年は熊本県を除く。2018年以降の新基準は、2015年に改定されたOECDの所得定義の新たな基準による。子どもの相対的貧困率は、17歳以下の子ども全体に占める、等価可処分所得の中央値の一定割合（本表では50%）に満たない17歳以下の子どもの割合。
出典：独立行政法人 労働政策研究・研修機構「データブック国際労働比較2024」

国家機関を民営化し、金融規制を緩和することで市場競争を活性化させることを目指す政策である。市場競争は社会の効率化をもたらすので富の増大につながり、国家の硬直化を防ぐと考えられた。福祉政策にもこの思想は影響する。イギリスでは、施設サービスから在宅サービスへと重点を移行させる際に、公的機関が直接そのサービス提供を担うのではなく、民間営利・非営利部門をサービス提供者として参入させた。公的部門はその管理をするよう位置づけが変更され縮小された（岡田・秋山，1998：p.95）。日本においても、1979年に大平内閣において閣議決定された「新経済社会7ヵ年計画」のなかで「**日本型福祉社会論**」が唱えられ公助が後退する路線となった。多様なサービス提供者が地域の福祉を担う「**福祉多元主義**」（福祉の混合経済）である。

1990年代には、アメリカでは1993年に民主党クリントン政権、イギリスでは1997年に労働党ブレア政権といった左派政党への政権交代があった。従来であれば左派（リベラル派）政党は社会保障給付を手厚くすることを政策目標とする伝統があった。しかしながら、こうした政党にとっても90年代後半から2000年代までは新自由主義の思想から抜け出すことは難しかった。福祉多元主義や福祉国家が温存する官僚制への批判等、新自由主義の唱える思想には利点もあったからである。たとえば、ブレア政権は「第三の道」路線を打ち出し、従来の労働党の価値観である国家介入による公正さの確保は維持しつつも、保守党が整備した市場的要素の活用を続ける方針を採った。この時注目されたのが就労支援の重視であった。福祉予算は単純に再配分するものではなく、人々が市場での労働へと復帰する支援のためのインセンティブへと重点的に配分することが目指された（能動性を確保する福祉（positive welfare））。こうした政策は後に「**ワークフェア**」と呼ばれることもあった。日本においても各種福祉関連法に「自立支援」（ホームレスの自立の支援等に関する特別措置法、障害者自立支援法、生活困窮者自立支援法　等）の文字が利用されるようになったことにこの思想の痕跡がある。

左派政権によって採用されたワークフェアは、右派政権の競争重視政策をいっそう推し進めたと評価されることがある。市場でのパフォーマンスが悪い人々に教育・訓練する就労支援を施し労働市場に復帰させるということは、市場競争の過酷さを助長するからである。また、こうして復帰した労働市場は、必ずしも安定した労働環境や生活環境を保障するものではなくなってきている。経済構造においてサービス産業化と業務の効率化が進み、雇用のあり方が正規雇用中心ではなくなり非正規雇用市場が拡大したからである（Young, J., 1999 = 2007：pp.32-34）。ワークフェアによる就労訓練は、非正規雇用市場に多くの人々を送り込む役割を果たした。それだけにとどまらず、苛酷になった競争は労働市場からふるい落とされる人々をつくり出し、恒久的な失業状態に置かれた「アンダークラス」をつくったともいわれる。結果として、正規雇用で働く人々とそれ以外の人々との格差を固定化した。なお、日本において、すべての雇用者に対する非正規雇用労働者の割合は、1984年には15.3％だったが、2021年には36.7％となっており、拡大を続けている。

次の福祉政策の大きな課題となるのは、この格差固定化の解消だろう。格差を生み出すのは労働の不安定化なのだから、まずは労働のあり方を適切なもの（ディーセントワーク）に改革していく必要がある（埋橋，2007）。また、格差固定化は格差の一方にある人々の「経済的困窮」を招いただけではない。安定した仕事や生活を失ったことによって社会に居場所を失うことになり、「社会的孤立」も生み出している。

ワークフェア政策への反省により、社会保障給付から就労支援等の受給条件を取り除く提案がなされることもある。一定金額を定期的に市民全員に配布すれば受給条件といった概念はなくなる。こうした給付の仕組みは「**ベーシック・インカム**」と呼ばれている。しかし、ベーシック・インカムは経済的困窮を解消しても、社会的孤立への対策にはならないことは課題として残る。強制的な就労や不安定な雇用に追い込む形の就労支援はもってのほかであるが、居場所を確保するための就労支援のような支援形態は孤立の解消のために求められるかもしれない。

6. 支援の純粋化

近年、日本社会は立て続けに大災害に見舞われてきた。影響は深刻であるが、そこからの再出発は社会福祉に新しい展開を生み出すきっかけとなることもある。1995年には阪神・淡路大震災があり、2011年には東日本大震災があった。阪神・淡路大震災においては1日平均2万人のボランティアが活動し、その重要性の認知が一気に進んだ。そのため、この年は「**ボランティア元年**」とも呼ばれるようになった。これは福祉的支援を重視する感覚にもつながった。東日本大震災においては、被災地にあった原子力発電所が事故を起こし、それまでの経済成長重視の文明は盤石ではないとの認識を広めた。これは、新自由主義のもたらした福祉の前提に就労への努力を求める競争社会のエートスが修正されるきっかけとなったともいえるだろう。

一つの事例を挙げたい。生活困窮者自立支援事業の前段階として、2010年10月より2012年3月までの事業期間で**パーソナル・サポート・サービスモデル事業**が実施された。この間に東日本大震災が発生したため、事業は延長され、モデル地区が再募集された。その際の募集のポイントとして、「就労につながりうる者にとどまらない社会的排除リスクの高い者を幅広く対象とした活動実績を有している、又は支援計画を策定していること」（緊急雇用対策本部, 2012 : p.3）が追加された。もともとは就労支援のための事業であったが、困窮者への支援として、必ずしも就労につなぐことを前提としない支援のあり方が可能性として示された。もちろん、その後にできた生活困窮者自立支援制度は就労支援の要素が強いものとなったため、制度や社会のエートスのあり方は行きつ戻りつといったものであるが、変化の兆しを強く意識づけるものであった。

次の段階の社会福祉の実施体制は、何かを前提とするものではない「純粋な関係」に基づいたものになっていくだろう。

参考文献

- Beck, U. & E. Beck-Gernsheim, *Fenliebe: Lebensformen im globalen Zeitalter*, Suhrkamp Verlag., 2011.（伊藤美登里訳『愛は遠く離れて グローバル時代の「家族」のかたち』岩波書店、2014年）
- Beck, U., *Risikogesellschaft [Auf dem Weg in eine andere Moderne]* Suhrkamp Verlag., 1986.（東廉・伊藤美登里訳『危険社会』法政大学出版局、1998年）
- Giddens, A., *The Transformation of Intimacy: Sexuality, Love and Eroticism in Modern Societies*, Polity Press.,1992（松尾精文・松川昭子訳『親密性の変容――近代社会におけるセクシュアリティ、愛情、エロティシズム』而立書房、1995年）
- Levitas, R., 2005, *The Inclusive Society? 2nd Edition*, Macmillan
- Lister, R., 2004, *Poverty*, Polity Press＝松井伊智朗・立木勝訳『貧困とは何か　概念・言説・ポリティクス』明石書店、2011年
- 阿部彩「貧困から社会的排除へ：指標の開発と現状」『海外社会保障研究』No.141（Winter 2002）：67-80、2002年
- 赤川学『子どもが減って何が悪いか！』ちくま新書、2004年
- 緊急雇用対策本部（パーソナル・サポート・サービス検討委員会）2012年、「「パーソナル・サポート・サービス」について(3)～23年度モデル・プロジェクトの実施を踏まえた中間報告～」（平成24年8月31日）
- 岡田忠克・秋山智久「英国の行政改革とコミュニティ・ケア」『大阪市立大学生活科学部紀要』第46巻、91～102頁、1998年
- 大竹文雄『日本の不平等　格差社会の幻想と未来』日本経済新聞社、2005年
- 橘木俊詔『日本の経済格差 所得と資産から考える』岩波新書、1998年
- 富永健一『社会変動の中の福祉国家――家族の失敗と国家の新しい機能』中公新書、2001年
- 埋橋孝文「ワークフェアの国際的席捲 その論理と問題点」埋橋孝文編著『ワークフェア――排除から包摂へ？』法律文化社、15～45頁、2007年

1 社会構造
②コミュニティにおける変化

原田正樹

1. 人口減少社会の影響

2008年に始まった日本の**人口減少**は、今後加速度的に進む予測である。人口分布は東京一極集中をはじめとして地域的に偏在化する傾向にある。その結果、中山間地域を中心に無居住化する地域が拡大している。地方では、若年人口だけでなく高齢人口も減少しており、地域生活の基盤そのものが揺らいでいる。「日本の地域別将来推計人口（令和5年推計）」（国立社会保障・人口問題研究所）によると、人口5000人未満の市区町村は、2020年に16.4％であったが、2050年には27.9％を占めると見込まれており、今後、人口規模が縮小する市区町村が増加すると見込まれる。

人口減少が地方のまち・生活に与える影響として、①生活関連サービス（小売・飲食・娯楽・保育・教育・医療・福祉・介護等）の縮小、②税収減による行政サービス水準の低下、③地域公共交通の撤退・縮小、④空き家、空き店舗、工場跡地、耕作放棄地等の増加、⑤雇用の場の減少、⑥地域コミュニティの機能低下などが指摘されてきた。こうした生活利便性の低下や地域の魅力の低下は、さらなる人口減少を招くという悪循環に陥ることが考えられる。

たとえば国土交通省は『国土交通白書』（令和6年版）のなかで、人口規模が減少していくことで、生活利便性の低下として、生活サービス提供機能の低下・喪失や地域公共交通の衰退をあげている。また地域維持・存続の困難化として、インフラ（道路橋やトンネル、河川、上下水道、港湾等）の老朽化、空き地・空き家の増加（空き家の総数は30年間で、448万戸から900万戸へと約2倍に増加）、経済活動への影響のみならず地域社会の維持に支障をきたす地域コミュニティの機能低下を取り上げている。それらに対する取り組みとして、シームレスな拠点連結型国土を目指すとして「国土形成計画（第3次）」（2023年）が策定されている。そこでは地域が直面する諸課題に対して従来の縦割りの分野ごとの地方公共団体での対応だけでは限界があり、**地域マネジメント**のパラダイムシフトが不可欠であるとしている。そのため主体・事業・地域間の連携により、デジタル活用を含め、地域の自立的・内発的で持続的な発展に向けた新たな発想からの地域マネジメントを構築していく必要があるとしている。

またこうした変化を背景に、住民の定住意向の変化にも注視しておかなければならない。「令和5年度 土地問題に関する国民の意識調査」（国土交通省）では、現在の住まいにどのくらい住み続けるつもりかを聞いたところ、「永住するつもり」と答えた者の割合が31.5％、「たぶん住み続ける」と答えた者の割合が43.0％、「5年以内に住み替えるつもり」と答えた者の割合が8.0％、「将来的に住み替えるつもり」と答えた者の割合が16.0％となっている。5年前の2018年と比較すると、「永住するつもり」はマイナス24.6％、「将来的に住み替えるつもり」はプラス6.5％となっている。

地域福祉では「住み慣れた地域で暮らし続けること」を住民のニーズとして重視してきたが、「より便利で快適なところに移り住みたい」という住民意識も高まっていることに留意する必要がある。かつて農村中心の地域社会が、高度経済成長によって都市化が進み、サラリーマンによる転勤など移住が一般化することで、「先祖代々」といった土地に対する意識が変容している。このことは憲法第22条による居住・移転の自由に関連するが、同時に住み続ける権利が保障されなければならない。

2. 2040年問題と単身世帯の増加

2040年には団塊の世代ジュニア（1971～1974年生まれ）が65歳以上になる。この世代はバブル経済が崩壊した就職氷河期とも重なり、非正規雇用が急増した時代でもある。また、それまでの高齢者世代の急増から現役世代の急減へと局面が変化する。20歳から64歳の人口比は全体の51％となり、社会保障の負担増が懸念される（**2040年問題**）。

2025年問題では、団塊の世代が後期高齢者になることによる要介護者の増加と、それを支える社会資源の不足が社会課題とされた。しかし団塊の世代には統計上多くの子ども（団塊の世代ジュニア）がいたが、団塊の世代ジュニアでは子どもがいない単身世帯が増大する。

すでに世帯類型でも単独世帯の割合は増加してきており、2020年に単独世帯数は2115万世帯であり、世帯総数の約4割を占めている。ひとり親と子どもという世帯数も、1990年から2020年までの30年間で約275万世帯（世帯総数の約6.8％）から約500万世帯（同約9.0％）へと約1.8倍に増加している。かつて標準世帯といわれた夫婦と子どもからなる世帯は、世帯数、世帯総数に占める割合がともに減少している（**図1**）。

今後、身寄りのない人が増加することで、さまざまな社会リスクが予測される。日常生活の維持だけではなく、入院時などの身元保証、緊急時の支援、死後事務などの対応をどうするか。こうした本人を支える仕組みの検討だけではなく、単身になることで自治会や町内会などの役割が負担になることから脱会者が増えるなど、任意団体も含めての地縁運営組織の維持が困難になっていくことも想定しておく必要がある。

3. 家族・職場・地域社会のかかわりの変化

かつてはインフォーマルなセーフティネットとして、家族・職場・地域の支え合うという機能があった。生活の急変など何らかの衝撃を一時的に緩和し

図1　世帯総数・世帯類型の構成割合の推移

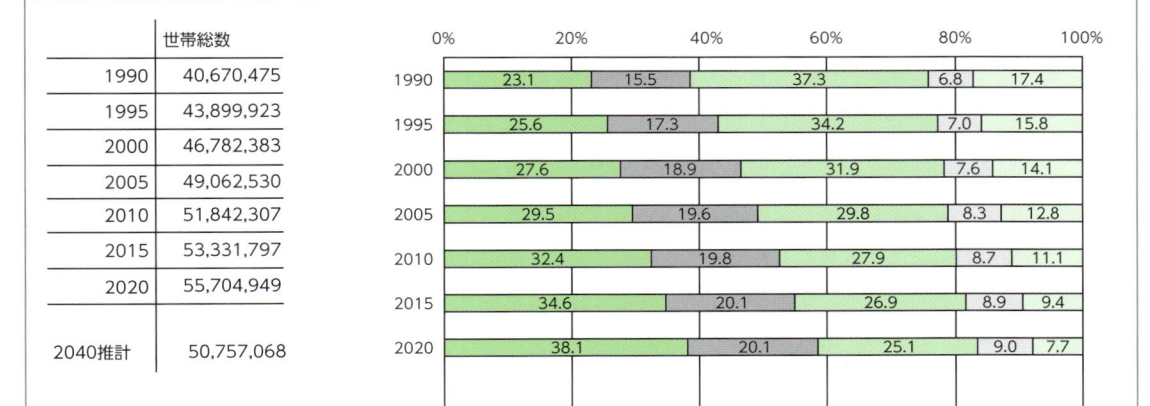

	世帯総数
1990	40,670,475
1995	43,899,923
2000	46,782,383
2005	49,062,530
2010	51,842,307
2015	53,331,797
2020	55,704,949
2040推計	50,757,068

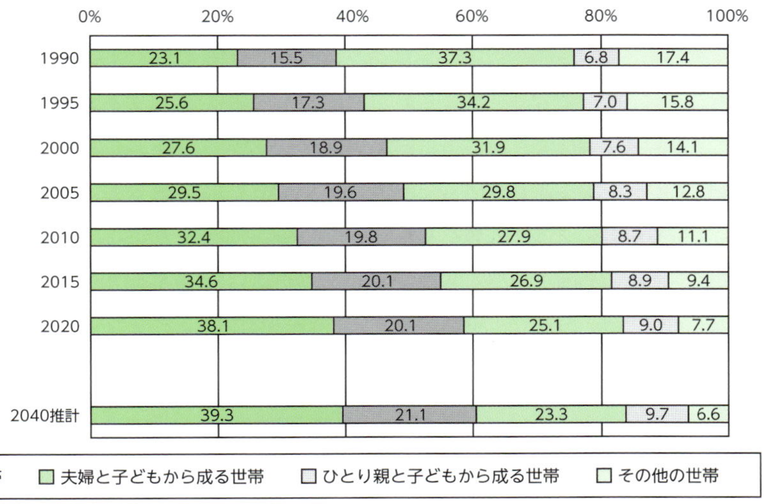

資料：2020年までは総務省統計局「国勢調査」、2040年推計値は国立社会保障・人口問題研究所「日本の世帯数の将来推計（全国推計）」（平成30年推計）による。
（注）1990年は、「世帯の家族類型」旧分類区分に基づき集計。
世帯類型における「子ども」は、成年の子も含まれる。
2010年から2020年における割合は、世帯の家族類型「不詳」を除いて算出している。

出典：『令和5年版 厚生労働白書』5頁、2023年

てくれる機能を果たしていた。

国立社会保障・人口問題研究所は「全国家庭動向調査」をおおむね5年ごとに実施している。それによると単独世帯の増加、女性の社会進出による共働き世帯の増加などに伴い、家族形態や機能が大きく変化しており、家庭内における出産・子育て、介護等のあり方に大きな影響を及ぼしているだけでなく、社会制度全般に多大な影響を与えるとしている。

「労働力調査（詳細集計）2023年（令和5年）平均結果」（総務省）によると、2023年の非正規雇用の割合は37.1%である。正社員として働く機会がなく、非正規雇用で働いている者（不本意非正規雇用）の割合は、非正規雇用労働者全体の9.6%である。正規雇用と比較すると賃金だけではなく、企業の福利厚生などにも差がある。

「社会意識に関する世論調査（令和5年11月調査）」（内閣府）では、望ましい地域での付き合いの程度について、大都市は、「地域での付き合いは必要ない」（1.0%）、「挨拶をする程度」（25.9%）が多くなり、小都市は、「地域の行事や会合に参加したり、困ったときに助け合う」（35.9%）が多い。また、20歳代や30歳代では「挨拶をする程度」「世間話をする程度」が望ましいとする者の割合が高い一方、40歳代以降は「地域の行事や会合に参加したり、困ったときに助け合う」付き合いを望ましいとする者の割合が高くなるなど、年代による傾向の違いもみられる。人々の日常的な交流相手やその内容は、地域や年齢によっても異なる傾向がある。

こうした家族・職場・地域の変化とともに、社会的孤立が進展することで、生活の困りごとが個人だけで解決できなくなり社会問題化することで、新しいセーフティネットの構築が求められるようになっている。

4. 社会的孤立

内閣府では、「孤独・孤立の実態把握に関する全国調査」を2021年から毎年実施している。この調査では、孤独という主観的な感情をより的確に把握するため、直接質問と間接質問の2種類の質問により孤独感を把握している。2023年の報告書では、直接質問である孤独感が「しばしばある・常にある」と回答した人の割合は4.8%、「時々ある」が14.8%、「たまにある」が19.7%となっている。一方、孤独感が「ほとんどない」と回答した人の割合は41.4%、「決してない」が17.9%となっている。「しばしばある・常にある」と回答した人たちでは、20歳代（7.1%）、30歳代（6.9%）が多い。また「未婚」「離婚」「ひとり世帯」「年収100万未満」で高い傾向がある。

自殺者数は、男性が大きな割合を占める状況は続いているが、2020年には新型コロナウイルス感染症の感染拡大の影響などで自殺の要因となり得るさまざまな問題が悪化したことなどにより、特に女性や小中高生の自殺者数が増え、総数（2万1081人）は11年ぶりに前年を上回った。2021年には、総数（2万1007人）は前年から減少し、男性は12年連続で減少したものの、女性の自殺者数は増加し、小中高生の自殺者数は過去2番目の水準となった。2022年には、総数（2万1881人）は、前年から874人（4.2%）増加し、男性は13年ぶりの増加、女性は3年連続の増加となっている（**図2**）。また、小中高生の自殺者数は514人と過去最多となっている。

こうした背景のもと2021年に「**孤独・孤立対策の重点計画**」が策定された。孤独・孤立に至っても支援を求める声をあげやすい環境整備、状況に合わせた切れ目のない相談支援の実施、見守り・交流の場や居場所を確保し「つながり」を実感できる地域づくりの支援、官・民・NPO法人などとの連携強化を基本方針としている。2023年6月には、日常生活などで孤独（望まない孤独）を覚えたり、社会から孤立していることにより心身に有害な状態にある人への支援などに関する取り組みなどを定めた**孤独・孤立対策推進法**が制定された。

「令和4年度少子高齢社会等調査検討事業報告書」（厚生労働省）によると、月1回以上、対面でのコミュニケーションをとった相手の内訳は、「居住地域の近隣の人」が、男女とも年代が上がるほど高く

図２　自殺者数の年次推移

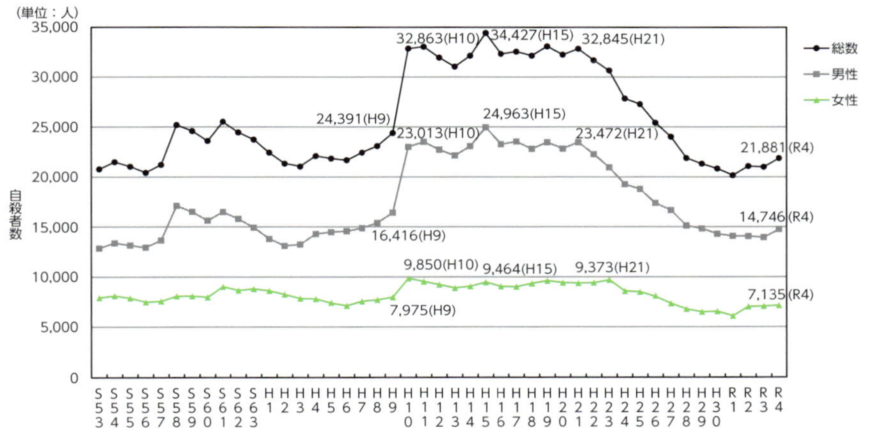

資料：警察庁自殺統計原票データより厚生労働省作成

出典：『令和５年版 厚生労働白書』33 頁、2023 年

なる。「居住地域における活動の仲間」については、20 歳代から 50 歳代までは約 10％であるが、60 歳代の女性は 17.7％、70 歳代は男性が 35.6％、女性が 23.2％と高齢世代で高くなる傾向がある。また「現在属している学校・職場の友人・同僚」は、どの年代も男性の割合が高いが、女性は 60 歳代から、男性は 70 歳代から大幅に低くなる。

一方で「ゲームや SNS、オンライン上での友人・知人」は 20 歳代から 40 歳代の男性は約 10％、20 歳代の女性は 11.7％である（**図３**）。

日本国内における SNS（ソーシャルネットワーキングサービス）の利用者は年々増加しており、2024 年末には利用者数は 8388 万人、ネットユーザー全体に占める利用率は 83.2％に達する見通しであるという。また、SNS を利用する理由についてのアンケート結果では、「仕事や趣味などの情報収集」という目的が最も多く 44.0％、「知人同士の近況報告」37.1％、「SNS を通じて、人とつながっていたい」23.6％という結果であった（ICT 総研「2022 年度 SNS 利用動向に関する調査」）。

SNS の急速な普及とともに、それを活用した相談窓口も増えている。居住地域を限定した相談体制ではなく、24 時間全国どこからの相談も受け付けている。また、SNS やインターネットのなかに居場所を求める人たちもいる。こうした新しい空間の登場によって、従来の親密圏や公共圏のあり方が変化しているともいえる。

5. 外国人住民との多文化共生

2023 年末現在における在留外国人数は 341 万 992 人である。2013 年は 206 万 6445 人であるから、1.65 倍に増加している。国籍・地域別内訳は、1980 年代までは韓国・朝鮮や中国が大半を占めていたが、1990 年代に入るとブラジル等の中南米が増加し、近年はベトナムやフィリピン等の東南アジアが増加している。

すべての都道府県でその数が増加している。人口数、増加数ともに最も多いのは東京である。2023 年は前年より 6 万 7214 人多い 66 万 3362 人だった。東京に次いで増加数が高かったのは大阪（２万 9041 人）、愛知（２万 4241 人）である。

国立社会保障・人口問題研究所の将来推計人口によると、2067 年には日本の総人口の 10.2％が外国人になるとされている。都市部だけでなく地方でも外国人が社会に浸透する時代が迫っている。

総務省は 2020 年に「**地域における多文化共生推進プラン**」を改訂している。そのなかでは多様性と

図３　月１回以上、対面でのコミュニケーションを取った相手（年齢別）

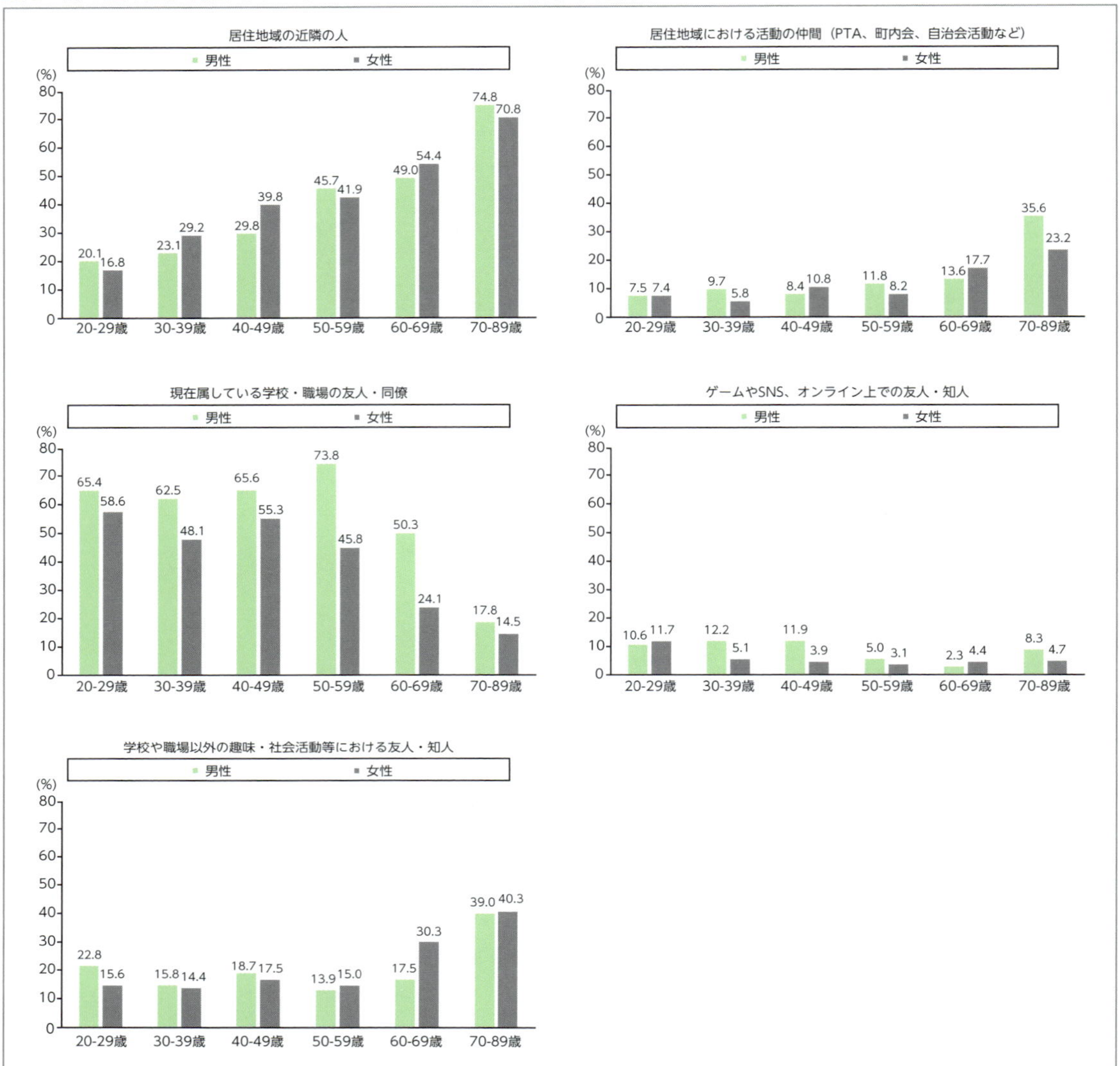

資料：厚生労働省「令和４年度少子高齢社会等調査検討事業」

出典：『令和５年版 厚生労働白書』27頁、2023年

包摂性のある社会の実現による「新たな日常」の構築を目指して、外国人住民を地域社会の一員として受け入れ、人の交流やつながり、助け合いを充実するための環境を整備すること、多様性と包摂性のある社会を実現することにより、ポストコロナ時代の「新たな日常」を構築すること、そのために地域社会への外国人住民の積極的な参画と多様な担い手の確保を促すことや、外国人住民が主体的に地域社会に参画し、自治会活動、防災活動などの外国人支援等の担い手となる取り組みを促進することが提言されている。

将来のコミュニティのあり方として、**外国人住民との共生社会**を構想していくことは重要である。現時点では支援や対策の対象として捉えてしまうこともあるが、地域を構成する対等な住民として参画できる仕組みを構築していく課題がある。ただし、それは自治体の課題としてだけではなく国として法整備も含めた検討が不可欠である。

6. ボランティア

全国の社会福祉協議会において把握している**ボランティア**の人数（ボランティア団体に所属するボランティアの人数と、個人で活動するボランティアの人数を合計）は、2023年11月現在では611万6747人である。統計上、最も多かったのは東日本大震災のあった2011年で867万8796人であった。ボランティア活動のなかでは、ボランティアの減少、高齢化、活動のマンネリ化などが課題になっている。

厚生労働大臣から委嘱される民生委員・児童委員は22万7426人（2022年度末）、法務大臣から委嘱される保護司は4万6956人（2023年）である。いずれも高齢化が進み、担い手不足が大きな課題になっている。

しかし「社会意識に関する世論調査（令和4年12月調査）」（内閣府）では、人々の交流の意識について全般的に希薄化している傾向があるが、その一方で、「日頃、社会の一員として、何か社会のために役立ちたいと思っている」と回答した者は、この20年余り6～7割と高い水準で推移してきている（**図4**）。

図4　社会への貢献意識の推移

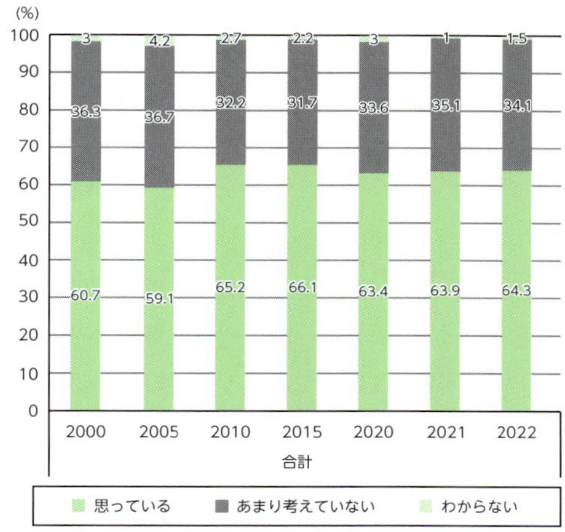

資料：内閣府「社会意識に関する世論調査」（2022（令和4）年12月調査）。
質問は「日頃、社会の一員として、何か社会のために役立ちたいと思っているか、それとも、あまりそのようなことは考えていないか」。
（注）1998年～2020年は、調査を調査員による個別面接聴取法で実施しており、2021年及び2022年は郵送法で実施しているため、2021年～2022年との単純比較は行わない。

出典：『令和5年版 厚生労働白書』37頁、2023年

実際に、災害時の復興に向けたボランティア活動や被災地での活動、あるいは募金活動などへの関心の高まりは顕著である。

「2023年度こども食堂全国箇所数調査」（認定NPO法人全国こども食堂支援センター・むすびえ）によると、現在、全国にはこども食堂が9132か所ある。前年度と比較しても1769か所増加している。2016年の319か所からすると爆発的な増加傾向にある。こども食堂の中間支援組織である「むすびえ」の湯浅誠氏は、多世代交流としての居場所の機能に着目している。

つまり従来型のボランティア活動などでは閉塞感があるが、新しい活動についてはニーズがあり、活動者も増加している。そうした傾向を踏まえた**ボランティアコーディネート**を含めた中間支援組織の役割が重要である。

「**ボランティア元年**」といわれたのは1995年である。このように称されたのは、阪神・淡路大震災で多くの人たちが被災地のボランティア活動に参加したというだけではなく、大規模な災害等に対して、ボランティアと行政が「対等な」関係性のもとで、「協働」していくことの重要性が確認されたからである。行政の補完的な役割に位置づけられていたボランティアであるが、その有用性や固有性が認識され、社会構造が変わったことが「元年」といわれた本意である。その後1998年に、こうしたボランティア・市民活動を促進していくために、**特定非営利活動促進法（NPO法）**が制定された。

しかしながら現状では安易なマンパワーとしての位置づけは払拭されていない。たとえば、不足する介護サービスの代替として、「有償ボランティア」とか、「ボランティアのポイント制度」などが施策化されている。また災害時には、「ボランティアを派遣する」といったやりとりが横行する。市民社会を構築していくためのボランティアのあり方を検討する必要がある。

2 財政

高端正幸

日本において、国も地方自治体も財政事情が厳しいことはよく知られている。社会保障を充実しようにも、予算が苦しいので難しいとされるばかりか、社会保障こそが財政赤字の元凶であり、その支出を抑え込むべきだといわれてもいる。

こうした現状を、どう理解すればよいか。そして、社会福祉にとっての財政問題とは何であり、今後の課題、とるべき方向性はいかなるものでありうるのだろうか。

1. 財政と社会保障、社会福祉

1）福祉国家財政

20 世紀以降、今日に至るまでの長きにわたり、財政と社会保障とは分かちがたい関係を取り結んできた。**図 1** は、各国の財政支出の大きさを、GDP（国内総生産）を分母にしてとらえたもの（対 GDP 比）である [(1)]。20 世紀前半の二度の世界大戦の一時的な影響を除いて趨勢をみれば、日本を含めた諸国において、19 世紀は非常に限られた規模であった財政支出が、20 世紀に入って明確な増加基調をみせたのち、20 世紀後半をつうじて飛躍的に増加したことがわかる。

20 世紀に財政支出を押し上げた最大の要因は、社会保障制度の発展である。一方では、資本主義の下での産業化に起因する失業の増加、貧困問題の深刻化や二度の世界大戦による一般市民の窮乏など、放置しえない諸問題が噴出した。他方では、普通選挙制の普及に代表されるような大衆民主主義の定着により、一般市民の政治参加が進むとともに、社会権思想が普及し、生存さらには人間的な生活を実現する権利を国民に対して保障することについて、国家の責任が明確化されていった。こうした経済的、社会的、政治的変化に後押しされ、19 世紀末から 20 世紀前半にかけて、失業保険や老齢年金、社会扶助、医療制度などが多くの国で制度化されていく。

図 1　政府支出の対 GDP 比（1800 ～ 2016 年）

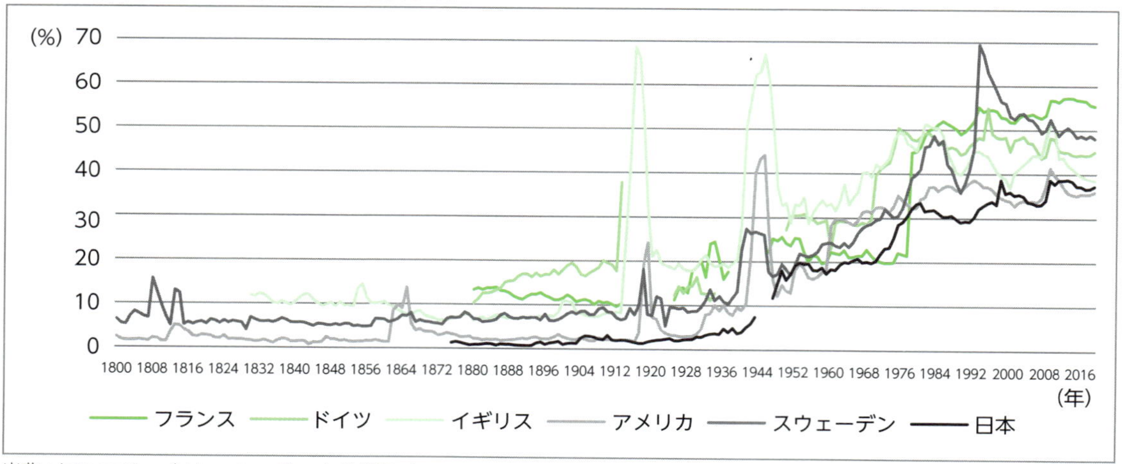

出典：International Monetary Fund, *IMF Datamapper*.

そして第二次世界大戦後の1950年代以降に、日本を含めた先進資本主義諸国はおしなべて順調な経済成長を経験した。日本では高度経済成長期と称される時期である。これが社会保障制度を発展させるための財政的な基盤となり、各国において現代的な**福祉国家**を出現させた。その意味で、20世紀半ば以降の先進資本主義国の財政は、**福祉国家財政**であるということができる。

2）ニーズと「量出制入」

生存さらには人間的な生活を実現するために誰もが必要とする「モノ」や「コト」を、ニーズと呼ぶならば、福祉国家財政は、人々のニーズを満たすために財政支出を拡大してきたといえる。政府は基本的には企業のように自ら財・サービスを生産して利潤を得る存在ではない。そこで、政府は**租税**や**社会保険料**の形で、国民・住民から強制的に貨幣を徴収し、支出を賄う。ただし、強制的に貨幣を徴収する以上、その必要性が国民・住民によって承認されなければならない。ゆえに、少なくとも**民主主義**がある程度機能している国々において、財政は、生存さらには人間的な生活を実現するために誰もが必要とする「モノ」や「コト」、すなわち**ニーズ**を満たすために支出をすることとなる。

関連して、財政には「量出制入」の原則がある。財政においては、支出の大きさや目的をまず決めて、それに応じて必要な収入を定めなければならない、というのがその意味である。

家計や企業は基本的にその逆で、収入が先に決まり、それに合わせて支出を決める（量入制出）。企業も、事業を継続するためには基本的に、収入の規模を前提として支出計画を立てる必要がある。つまり、収入がまず制約条件としてあって、それに応じて支出の規模が決められるわけである。

それに対し、まず支出を決め、それに合わせて収入を決めるという**量出制入**が、財政においては基本原則となる。なぜなら、財政が満たすべきニーズが何であるかにしたがって、支出の規模や内容が決まらないかぎり、租税や社会保険料をいくら徴収すればよいかは決まらないからである。満たすべきニーズを決め、支出の規模を決めて、はじめて収入の規模を決めることができる。

ところが、財政事情が苦しくなった昨今の日本では、「財政赤字がひどいので、支出を抑えなくてはならない」と常々いわれる。しかし、支出を抑えて財政赤字を減らしても、結果として財政が私たちのニーズを適切に満たせなければ、財政の存在意義そのものが失われてしまう。収入が限られるときに、支出の削減を図るのは自然なことに思われるかもしれないが、「何が無駄か」を問うて支出を切り詰めることに終始すると、「何が必要か」（財政が満たすべきニーズとは何か）を見失いがちとなる。

まず支出を決め、それに応じて収入の確保策を検討するのが財政の本筋であるということは、社会福祉の財政問題を考える際に欠かせない視点である。その際、増税によって収入を増加させ、人々のニーズを満たしつつ同時に財政収支を整えるという道も、当然に選択肢に含まれてくる。

3）社会保障支出の膨張と偏重

さて、日本の財政はいかなるニーズをどのように満たしてきたのか。それを、社会保障の公的支出をみることで確認しよう。

図2で、1980年代以降の約40年間において、**公的社会支出**の対GDP比がいかに推移してきたかがわかる。**OECD**（**経済協力開発機構**）が定義する社会保障関連の政府の支出が公的社会支出であり、国際比較をする際にはこの公的社会支出が用いられることが多い。

1990年代半ばまで、**図2**にあげられている国のなかで日本の公的社会支出の対GDP比が最も低かった。しかし、1990年代以降に着実に上昇し、近年ではアメリカ、イギリスを上回ってドイツ、スウェーデンの水準に接近していることがわかる。かつては社会保障支出が非常に小さいことが日本財政の一大特徴であったが、そうではなくなってきたことに留意したい。

しかし、これを単純に、日本の社会保障が順調に

図2　公的社会支出の対GDP比（1980～2019年）

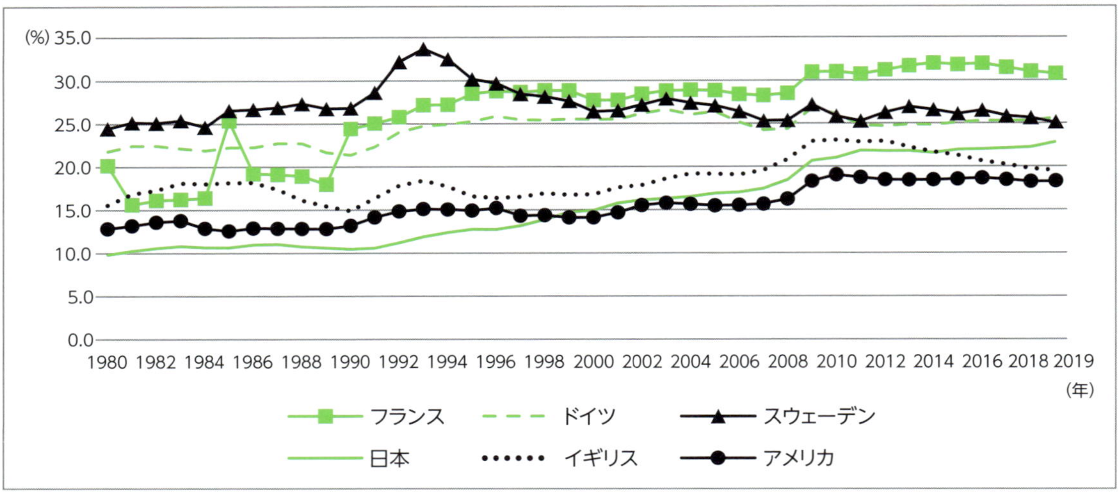

出典：OECD, *Social Expenditure Aggregates*.

充実してきた証左とみることは適切ではない。公的社会支出の対GDP比が上昇するということは、分母のGDPの増え方（経済成長）より、分子の公的社会支出の増え方のほうが大きいことを意味する。日本で1990年代以降に公的社会支出の対GDP比が上昇したことは、公的社会支出の増加のみならず、そこにバブル崩壊以降の経済成長の停滞が重なったことを反映している。つまりこれは、経済成長が停滞して租税や社会保険料の自然増収（所得や消費が増加することで、自然に発生する租税収入や社会保険料収入の増加）が限られる一方で、公的社会支出が伸びてきたことの表れであり、日本の社会保障制度の充実ぶりというより、むしろ社会保障財政の苦しさを物語っているといえよう。

つぎに、直近の公的社会支出の対GDPを目的別内訳に分解してみると、日本の社会保障の特徴と、社会福祉の位置づけを読み取ることができる（**図3**）。先の**図2**でみたように、日本の公的社会支出総額の対GDP比は近年着実に上昇しているが、**図3**では、その8割以上が「高齢・遺族」（その大半は老齢年金および介護保険）と「医療・保健」（その大半は医療保険）で占められており、それ以外の項目が他国（アメリカを除く）と比べて著しく小さいことがわかる。日本の社会保障財政がいかなるニーズを満たそうとしてきたかといえば、何よりも退職・老齢に対応する所得の保障と、傷病に対応する医療であり、2000年の介護保険制度の導入後はそこに高齢者ケアが加わった。それに対し、家族（子ども・子育て支援とほぼ同義）、障害、失業（失業給付）、積極的労働市場政策（技能訓練、就労支援など）、住宅（住宅手当、公的住宅供給など）などのニーズへの対応は著しく限定されている(2)。

4）未充足のニーズ

つまり、今日までの日本では、高齢化に伴う年金、医療、介護分野の支出増への対応に汲々としつつ、それ以外の分野の財源確保と政策の充実が置き去りにされてきたわけである。結果として、旧来型の老齢リスク対応中心のセーフティネット構造を脱却できないがゆえに、生活不安と世代間対立が助長されている。しかも、高齢世代の貧困率がOECD諸国のなかでも高いことや、高齢者の単身化の進展に対応した医療・介護のセーフティネットの構築が後手に回っている現状などを踏まえれば、老齢リスクへの対応さえ脆弱だといわざるを得ない。

せめて子ども・子育てだけでも充実を、というのが直近の動向であるが、世代や属性を超えて生活不安が高まる現状においては、子ども・子育て分野への特段の注力が、子どもをもたない人々からの反発

図３　公的社会支出の目的別内訳、対 GDP 比（2019 年）

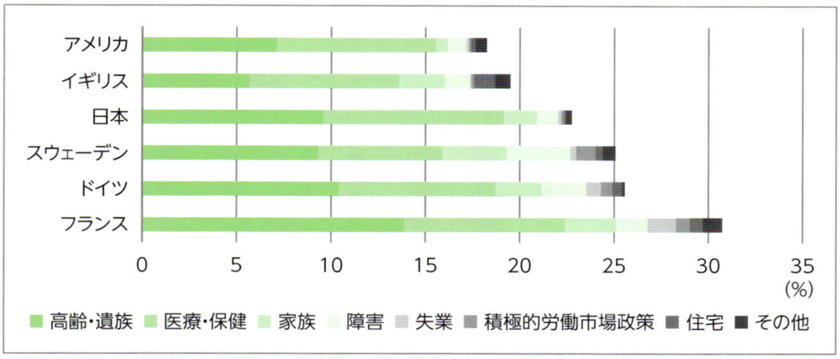

出典：OECD, *Social Expenditure Aggregates*.

を生みかねない。

このように考えれば、望ましい方向性は、子ども・子育て分野に限定することなく、世代や属性によらず生活不安の緩和を実感できるような社会保障の拡充と、そのための積極的な財源確保となる。しかし、2019 年から政府が掲げた「**全世代型社会保障改革**」においては、特に医療・介護分野の効率化と給付抑制を図りつつ、家族（子ども・子育て）を中心とする現役世代向け給付の充実を目指すとされた。この方針で、全世代の社会保障ニーズが適切に満たされていくかどうかは、きわめて不透明である。医療・介護の給付抑制は、さらなる高齢者人口の増加や単身高齢者の増加を踏まえると容易ではない。大胆に給付抑制や高齢者の負担強化（一定以上の所得のある者の利用者負担の引き上げなど）を進めれば、高齢期の健康や生活に深刻な支障をもたらす。また、このように高齢者向け給付の抑制が容易でないがゆえに、現役世代向け給付の充実も限定せざるを得なくなる。

2. 嫌税感とベーシックサービス

1）嫌税感の強い日本

財政はニーズをより積極的に満たすべきであり、それは子ども・子育て分野に限らず幅広い分野で進められるべきである、というと、必ず「財源がないからそれは不可能だ」「増税は望ましくない」という反論にあう。はたしてそうなのであろうか。

まず押さえておくべきは、日本においては租税や社会保険料の負担に対する人々の抵抗感、すなわち**嫌税感**が強いという事実である。**図４**の国際社会調査プログラム（ISSP）のデータによれば、日本は５番目に「平均的な収入の人の税・社会保険料負担」が高いとする回答が多い。しかし**図４**で国名に併記したように、日本の税・社会保険料負担の対 GDP 比は５番目に低い。つまり、実際の負担は軽いが**負担感**、すなわち嫌税感は強いことが、日本の特徴なのである[(3)]。なお、逆に負担が重いにもかかわらず負担感または嫌税感が弱いパターンは、**図４**のなかではノルウェー、スウェーデンなど北欧諸国に表れている。

さらに**図５**によって、日本では低・中所得層の税負担が重く、高所得層の負担が軽いという認識が広く抱かれていることを確認したい。この設問では回答者に対し、「収入が少ない人々」（低所得層）、「平均的な収入の人々」（中間層）、「収入の多い人々」（高所得層）のそれぞれの税負担が高すぎるか、低すぎるかを問うている。日本の特徴は、低所得層および中間層の税負担が高すぎると考え、高所得層の税負担は低すぎると考える傾向が強い点にある。

重要なのは、それが単純な累進課税（より所得の多い人に、より高い税を課すこと）への支持ではないことである。むしろ、日本の税負担意識は、低所得層にくわえて中間層の負担をも抑えつつ、高所得層のみを狙い撃つという負担パターンを求めてい

図 4　平均的な収入の人の負担をどう思うか

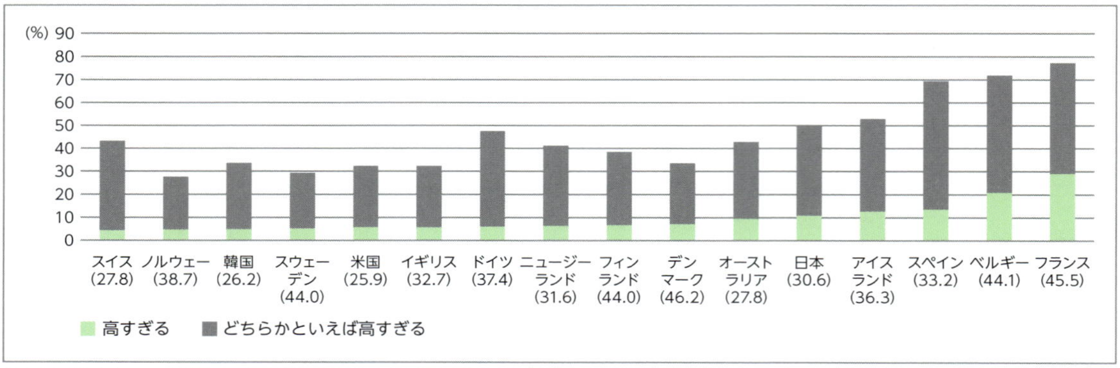

(国名に続くカッコ内は税・社会保険料負担の対 GDP 比、2016 年)
注 1：ここでの「負担」は、社会保険料負担を含む公的な負担を指す。
注 2：この質問項目の回答結果がある国のうち、IMF 統計に基づく一人当たり GDP が世界で上位 40 位以内に入る国を掲げている。
出典：International Social Survey Programme, *ISSP 2016 – Role of Government V*.

図 5　税負担が高いとする回答の割合

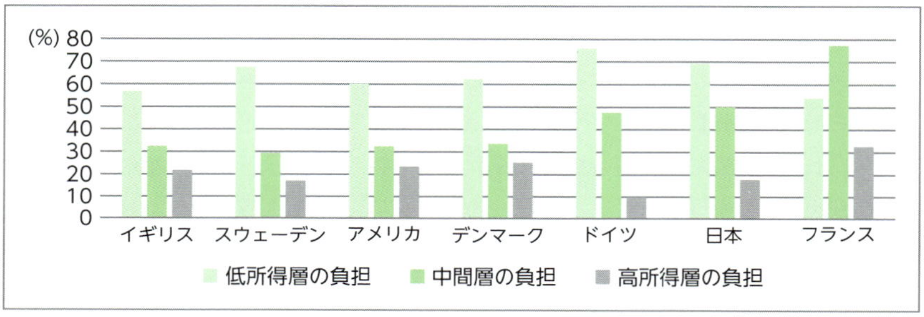

注）「高すぎる」と「どちらかといえば高すぎる」を合わせた回答の全体に占める割合を示している（他の選択肢は「適当である」「どちらかといえば低すぎる」「低すぎる」「わからない」)。
出典：International Social Survey Programme, *ISSP2016 – Role of Government*.

る。しかも、実際には高所得層に属する人も、自分は中間層に属すると認識する傾向が強いため、ここでの回答者の大部分は、自らを中間層に属すると認識してこの設問に回答した可能性が高い。したがって、この調査結果は、日本において非常に広範な所得階層の人々が嫌税感を抱いていること、および、自分ではない「お金持ち」のみへの課税強化を支持する傾向が強いことを指し示している。

このように、圧倒的なマジョリティが税の負担に抵抗し、自分ではない「お金持ち」のみの増税を求める現状がある。この現状が変わらなければ、「財源がないから社会保障の充実はできない」「年金・医療・介護など高齢世代向けの給付を削って財源を捻出し、子ども・子育て支援だけ充実させる」という現行路線を脱却することは不可能だといわざるを得ない。

2）ベーシックサービス

現状を変えるためのヒントは、以上のような「嫌税感・財源不足 → 社会保障・ニーズ充足の限定」というロジックを逆転させることにある。近年の国際比較研究では、所得階層によらずすべての人のニーズを満たす度合いの強い福祉国家（**普遍主義**的福祉国家）において、人々の社会保障制度に対する信認や、租税負担に対する同意が形成されやすいという事実が指摘されてきた（その嚆矢として Korpi and Palme(1998) があげられる）。これは、「社会保障・ニーズ充足の十分さ → 税負担への同意・財源確保」という、逆の関係への着目である。

要するに、私たちは、自分が租税や社会保険料を負担することによって、自分の生活が支えられていると感じられる（**受益感**）、あるいは自分が病気になったり、加齢や障害によってケアが必要になったり、十分な所得が得られるほどには働けなくなったりしたときにも生活が行きづまることはないと感じられる（**安心感**）場合には、高い負担にも同意することができる。反対に、こうした受益感や安心感が欠けていれば、租税や社会保険料を負担する意義が感じられず、負担を拒否する。前者の典型が北欧諸国であり、日本の現状は後者に近い。

こうした観点から、日本では井手（2013、2018、2024）、佐藤・古市（2014）、高端（2017、2023）らが、対人社会サービスによる普遍的なニーズ充足、あるいは**ベーシックサービス**の重要性を論じてきた。医療、介護、障害、就労支援、子育て、そして教育といった分野の基礎的なサービス、すなわちベーシックサービスのニーズを、すべての人に対して満たしていくことが、負担に対する人々の同意を醸成し、嫌税感の払拭につながる可能性がそこでは重視される。

ベーシックサービスによるニーズの充足には、三つの側面がある（**図6**）。第一に、給付の質と量である。ニーズに即した良質なサービスが十分に提供されることが不可欠であることは、いうまでもない。第二に、サービスを受ける対象をニーズの有無のみで選び、他の要素（とりわけ所得や資産の多寡）で選別することはしない、所得制限などは設けないということである。第三に、サービスを受ける際に、利用者に負担（自己負担、利用料）を求めない、もしくは極力低額に抑えるということである。これら三つの側面が合わさって、ニーズを充足することが自己責任から切り離され、財政を通じて社会的に満たされることとなる。

さらに、すべての人のニーズをよりよく満たすためには、既存の制度の狭間で満たされにくい状態にあるニーズや、生活の個人化・孤立化や情報へのアクセスの欠如により発見されにくく支援につながりにくいニーズなどへの対応も欠かせない。そこで、**地域福祉**、各種の**ソーシャルワーク**の機能も、広い

図6　ベーシックサービスの三つの側面

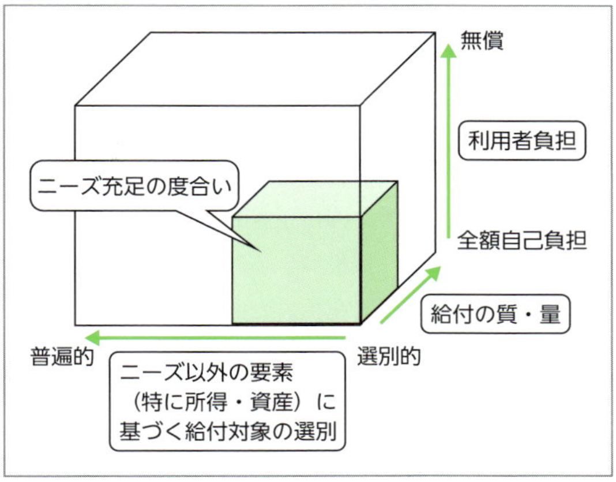

出典：World Health Organization, *The World Health Report: Health Systems Financing: The Path to Universal Coverage*, 2010., p.XV の図をもとに筆者作成

意味でのベーシックサービスとして充実が求められることとなる。

3. 社会保険中心主義と社会福祉の周辺化

1）社会保険中心主義

日本の社会保障財政におけるもう一つの大きな問題は、社会保険制度への偏重と、それを生み出してきた**社会保険中心主義**の考え方である。社会保障の現金給付やサービス給付の財源は、租税か、社会保険料に求めることができる。今日の日本では年金保険、医療保険、介護保険、雇用保険、労働者災害補償保険（労災保険）の五つの社会保険制度が存在する。このうち、年金保険と雇用保険（失業保険）、労災保険は社会保険制度をとることが国際的にも一般的であるが、医療と介護については租税を財源とする国も多く、社会保険制度をとる必然性はまったくない。

戦後社会保障制度の方向性を打ち出した1950年の社会保障制度審議会「**社会保障制度に関する勧告**」は、その冒頭において「社会保障の中心をなすものは自らをしてそれに必要な経費を醵出せしめるところの社会保険制度でなければならない」と宣言

した。社会保険の仕組みを社会保障制度の中心におくこと自体は、特に20世紀半ばの当時としては何らおかしなことではない。しかし、それは日本特有の文脈のもとで、社会保障政策を過剰に支配していった。

というのも、まず、国の予算運営における「一般会計均衡主義」が、租税による福祉の限定と社会保険によるそれへの傾倒を生んだ。予算には一般会計と特別会計があり、年金、雇用などの社会保険は、税を財源とする一般会計とは区分して特別会計で経理されている。このとき、戦後しばらくの間、厳格な財政収支均衡が一般会計のみに求められた。これが、税財源（一般会計）の節約と社会保険（特別会計）の積極活用につながった。つまり、予算編成上の都合が、社会保険中心主義を強化し、租税による福祉の充実を妨げたのである。

さらに、児童福祉（子ども・子育て支援）、障害福祉、（介護保険導入以前の）高齢者福祉などの、租税を財源とする社会福祉のあり方に、大きく分けて二つの問題が生じた。それは、選別性の重視と、自己負担の強化（サービスを「買わせる」志向）である。これらが日本における社会福祉諸分野の周辺化を招き、ベーシックサービスとは程遠い状況を歴史的に定着させた。それぞれ以下で説明しよう。

2）選別性の重視

まず、先の「社会保障制度に関する勧告」のくだりのように、社会保障の中心をなすべき社会保険制度の特徴は、「自らをしてそれに必要な経費を醵出せしめる」点に見出された。裏返せば、租税による福祉サービスはそうではないというわけである。そこで、保険料という形で個人が費用を拠出し、それによって当該個人が受給権を得る社会保険制度とは異なり、租税による福祉サービスは国民一般の税によって提供されるため、誰もが受けられて当然のものではない、という論理が戦後日本では定着した。社会保険給付のような権利性を伴わない、租税による福祉サービスを受けられる対象は、福祉サービスを自力で買うことのできない低所得層に限定すべきだ、という**選別主義**的な考え方が強まったのである。

しかし冷静に考えれば、社会保険制度が拠出に基づいて受給権を保障するということは、租税による福祉サービスが選別的であるべき理由にはならない。私たちは、租税を財政という、いわば「共同の財布」に預け、私たちを代表する議会がその使い道を予算を通じて決める。給付を選別的とするか、普遍的とするかは、ひとえに私たちの意思次第であり、社会保険制度との対比で決まるものではない。それにもかかわらず、社会保障論・社会保障法の分野では、近年もなお「租税による福祉は選別的であるべき」という論理が根強く残る（たとえば、堤2015、小塩2016）。

3）自己負担の強化

サービスの費用の一部を受給者に自己負担させ、自己責任を果たさせることも、租税による福祉サービスに求められていった。なぜなら、社会保険給付のような権利性を、租税による福祉サービスは有していないという点が強調されたからである。特に、財政事情が悪化したオイルショック後の1970年代半ばから「**増税なき財政再建**」が進められた1980年代にかけて、保育、高齢者福祉、障害福祉の分野で自己負担が大幅に引き上げられていった。その結果、サービス利用者とその家族の困窮化やサービス利用からの排除が深刻となり、1988年時点の推計で、当時の所得が約450万円以下の世帯が保育所または老人ホームを利用すると、生活保護基準を下回る困窮状態に陥るほどの状態となった（垣内1989）。今日も自己負担の強化が政策課題とされ、さほどの抵抗もなく実現されていく背後には、このように福祉サービスを買わせてきた歴史が存在することにも留意したい。

4）社会保険料負担の不公平

このように、社会福祉の周辺化、ベーシックサービスからの隔たりを生み出してきた社会保険制度は、高齢化が進展するなか、年金、医療、そして2000年に導入された介護保険制度において着実に財政規模を拡大させた。この間、社会保険料の上昇を抑えるために、国税・地方税の社会保険制度への投入が強められたものの、**図7**および**図8**のように、保険料率・保険料額は着実に上昇することとなった。

そこで問題として際立ってきたのが、社会保険料負担の不公平である。まず、拠出と受給権がリンクする社会保険の性格上、負担能力にかかわらず一定の拠出を求める傾向があるために、特に国民年金第1号被保険者および国民健康保険制度における低所得層の保険料負担が過重となる。また保険料算定においては、所得税・住民税にあるような基礎控除や給与所得控除、各種人的控除は適用されないため、所得税・住民税と比べて負担能力への配慮が希薄である。さらに、基本的には主たる勤務先の給与収入のみがベースとなるうえに、ベースとなる標準報酬月額に上限が存在することが、高所得層の負担を軽減している。ゆえに世帯類型によらず、社会保険料負担は明確な逆進性を示す（池上 2017）。なお、被用者とそうでない者（自営業者、無業者など）との間で加入する年金制度・医療保険制度が分かれており、保険料の算定方法も異なるため、同じ負担能力を有する者の保険料負担が異なるという意味での不公平も同時に存在する。

4. 租税でニーズを満たし合う

1）消費税の重要性

嫌税感の強さから増税を極力回避し、その代わりに社会保険制度を活用するという傾向は、今日もなお根強い。2024年度から段階的に実現が図られる「次元の異なる少子化対策」、すなわち「こども未来戦略」（2023年12月閣議決定）に基づく子ども・子育て関連施策の充実においては、医療保険制度を活用し、医療保険料に上乗せする形での「支援金」の徴収に財源を頼ることとなった。また、租税で賄われている障害者の日常生活及び社会生活を総合的に支援するための法律に基づく施設・在宅ケアサービスについても、介護保険制度に統合し社会保険制度による財源調達に切り替えるべきだという議論が、介護保険制度の導入以来くすぶり続けている。

しかし、上述のように、社会保険制度による財源調達を強めることは明らかに望ましくない。そうで

図7　被用者保険の保険料率

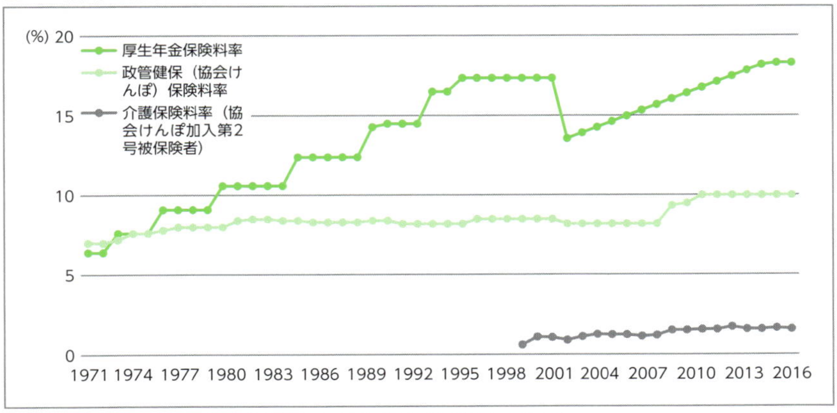

注1：厚生年金においては、2003年より総報酬制に移行している。
注2：政管健保（協会けんぽ）保険料率は2009年9月より都道府県単位保険料率へ変更となったため、それ以後は平均保険料率。
出典：厚生年金保険料率は、日本年金機構ウェブサイト（http://www.nenkin.go.jp/service/kounen/hokenryo-gaku/hensen/20140710.html）。政管健保（協会けんぽ）保険料率および介護保険料率は、全国健康保険協会ウェブサイト（https://www.kyoukaikenpo.or.jp/g3/cat330/hokenryouritunohennsenn）。

図８　非被用者保険の全国平均保険料額

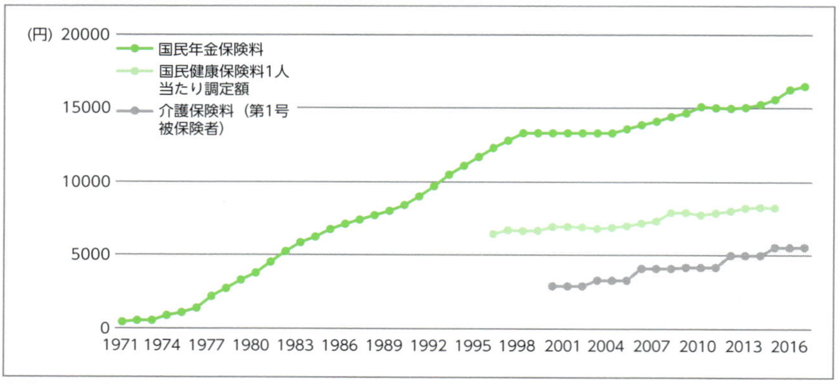

出典：国民年金保険料は、日本年金機構資料（http://www.nenkin.go.jp/service/kokunen/hokenryo-hensen/20150331.files/0000026733IeEkr9UjKO.pdf）。国民健康保険料は厚生労働省「国民健康保険事業年報」。介護保険料は、厚生労働省老健局総務課「公的介護保険制度の現状と今後の役割 平成27年度」（http://www.mhlw.go.jp/file/06-Seisakujouhou-12300000-Roukenkyoku/201602kaigohokenntoha_2. pdf）。

あれば、租税による財源調達を強める必要がある。特に、今後も続く高齢化による既存の増大を賄いつつベーシックサービスの充実をも図るならば、年間総額10兆円あるいは20兆円という規模の新たな財源が必要で、それを確保するには**消費税**を含めた増税が必須となる。しかし、とりわけ消費税に対する嫌税感は強い。

なぜ消費税が重要なのかを、所得税との対比で確認しよう。まず、消費税は**財源調達能力**が高い。各種控除が適用されることで課税所得が限定される所得税とは異なり、消費税では、実質的な負担が生じる最終消費時点での財・サービス価格のほぼ全体が課税ベースとなるため、低い税率で多額の税収が確保できる（消費税率の１％引き上げで2.5兆円程度の税収増）。

また、消費税は世代間の負担の偏りが所得税と比して小さい。所得税の負担は就労する者の多い現役世代で高く、そうでない高齢世代では小さくなるが、高齢世代も資産を取り崩して消費に回すため、消費税の負担は世代間の差が比較的小さい。このことは、少子高齢化が進む昨今において特に強調される、消費税の長所である。消費の大きさを、豊かさなり生活の余裕を表す指標とみなせば、消費税はそれに着目した課税であるということもできる。

２）受益なき消費増税と嫌税感の定着

実際に、ベーシックサービスに近い福祉体制を実現している北欧諸国などにおいては、付加価値税（日本の消費税）の税率は20％を超える。しかし、人々はその税収によって賄われる充実した福祉により安心感を得られているという感覚が強いため、負担は大きくても負担感・嫌税感はそこまで強くない。

その点、北欧諸国とは対照的に日本では、1989年の消費税導入からその後の税率引き上げを含めた約30年もの間、消費税の負担が生活の安心感につながるという実感を人々に与えることに失敗してきた。導入当初は、直間比率の是正、すなわち所得課税や資産課税を軽減するために消費税が導入された。1990年代には、ゴールドプランに代表されるように社会保障の充実が政策課題となったが、消費税収が所得税や法人税の減税によって食いつぶされた結果、社会保障の充実は限定された。2012年には、消費税率の引き上げと社会保障の充実を組み合わせた「**社会保障・税一体改革**」が打ち出されたが、消費税率５％から８％への引き上げによる増収のうち、実質的な社会保障の充実に充てられたのは２割程度にすぎなかった。そして2019年の10％への引き上げ時も、**幼保無償化**などが行われたものの、実質的な社会保障の充実に充てられたのは５割程度である。このように、長きにわたり、消費税負担の増加が社会保障の充実という形で十分に人々に還元されず、ニーズの充足が進まぬまま嫌税感が煽られることとなった。

３）いかなる社会を選ぶのか

私たちが負担をいかに分かち合うのかという問題は、さまざまな租税に社会保険料を加えた総体としての負担に着目して吟味されるべきである。上述のように、社会保険料の負担には不公平と不合理がつきまとうため、租税を中心とする負担の分かち合いを強めていくべきであるのは間違いない。その際、逆進性を理由に消費税を否定する意見もみられるが、社会保険料への依存度を下げたり、所得課税や資産課税における改革を組み合わせたりすることで、全体としての負担の公平性を整えていくほうが、消費税のみを取り上げ否定することよりはるかに生産的である。

さらに、負担面だけではなく、給付面を一体として捉え、負担と給付を合わせた結果としての所得再分配のあり方や、生活の安定、将来不安の解消を追求する視点も不可欠である。せんじ詰めれば、これは「負担は軽いが、自己責任で基本的なニーズまで満たさねばならない社会」と「負担は重いが、基本的なニーズは必ず満たされる社会」のどちらを私たちは選択し、子や孫の世代に残すのか、という問いである。雇用・所得の不安定化や生活の個人化、ケアの社会化の必要性の高まりといった今日の動向を踏まえれば、私たちが取るべき選択は明らかではないだろうか。

注

（1）本章において財政統計をみる際には、基本的にコロナ禍直前の 2019 年までとしている。2020 年から 2022 年ごろまでのコロナ禍に起因する財政の変化はそれ自体説明される必要があり、それ以後の財政のあり方に影響を与えてもいるが、長期的なトレンドや基本的なパターンをこの時期が代表することはできないためである。

（2）生活保護制度の給付については、生活扶助が**図３**では「その他」に含まれる一方、医療扶助は「医療」、介護扶助は「高齢・遺族」、住宅扶助は「住宅」に含まれ、教育扶助は教育目的の支出として公的社会支出からは除外されている。

（3）ISSP では 2006 年版にもまったく同様の設問があり、日本における嫌税感の強さを含め、類似の回答結果が出ている。

参考文献

- 池上岳彦「社会保障の財源問題――租税と社会保険料をめぐる論点」『社会政策』第９巻第１号、63 ～ 76 頁、2017 年
- 井手英策『日本財政 転換の指針』岩波書店、2013 年
- 井手英策『幸福の増税論――財政は誰のために』岩波新書、2018 年
- 井手英策『ベーシックサービス――「貯蓄ゼロでも不安ゼロ」の社会』小学館、2024 年
- 小塩隆士「社会保険制度の効率と公平」後藤玲子編『正義』（福祉＋α）ミネルヴァ書房、2016 年
- 垣内国光「福祉『改革』と費用徴収問題」『社会福祉学』第 30 巻第２号、106 ～ 136 頁、1989 年
- 佐藤滋・古市将人『租税抵抗の財政学――信頼と合意に基づく社会へ』岩波書店、2014 年
- 高端正幸「支え合いへの財政戦略――ニーズを満たし、財源制約を克服する」宮本太郎編『転げ落ちない社会――困窮と孤立をふせぐ制度戦略』勁草書房、2017 年
- 高端正幸「租税・社会保険料・自己負担と自己責任主義の社会保障」日本財政法学会編『負担金と租税をめぐる財政法学的研究』〈財政法叢書 36〉2023 年
- 堤修三『社会保険の政策原理――連帯と強制の間』（関西社会保障法研究会報告論文）2015 年９月 12 日
- Korpi, W. and J. Palme, “The Paradox of Redistribution and Strategies of Equality: Welfare State Institutions, Inequality, and Poverty in the Western Countries.”, *American Sociological Review*, 63(5), pp.661-687, 1998

推薦図書

- 井手英策『ベーシックサービス――「貯蓄ゼロでも不安ゼロ」の社会』小学館、2024 年
- 神野直彦『財政と民主主義――人間が信頼し合える社会へ』岩波書店、2024 年
- 高端正幸・佐藤滋『財政学の扉をひらく』有斐閣、2020 年

3 雇用

福原宏幸

1. 日本型雇用システムとメンバーシップ型企業組織

日本型雇用システムは、1960年代～1980年代の日本企業の成長を支えてきた。日本の一般的な雇用契約では職務内容が明記されず「メンバーシップ」（企業の成員としての地位）が示され、それをもつ者は「正社員」として処遇された。これを前提に、企業は男性正社員に対し、新卒一括採用、幅広い職務の経験と職場訓練（OJT）、昇進・昇格、長期雇用、年功的賃金からなる雇用管理を実施した。

男性正社員がメンバーであり続けるには、企業が設けた規則やルールに従った行動が求められた。特に、**人事考課**は、仕事に関する知識や技能だけでなく、職場仲間との効果的な調整能力（協調性）、仕事を重視する態度や行動（会社人間としての生き方）を要請した。しかし、それは、男性正社員の長時間労働、さらには過労死という事態を招くことになった。また、要請されたメンバーとしての行動を果たすことへの恩恵として住居費や家族扶養費などの法定外福利厚生が付与された。こうして、企業は労働力の調達・育成、働き方を管理し、定着を図ってきた。これが、日本型雇用システムである。

このなかで、労働組合は、労働者の企業での定着を前提として企業別労働組合となり、労使協調によって「**メンバーシップ型企業組織**」を支えた。

他方、女性正社員には新卒採用と補助的業務が用意され、結婚・出産を契機とした退社が推奨された。この退社は、男性正社員が働き手としての「能力」を維持するのに必要な衣食住（労働力の再生産）を担う専業主婦という存在を想定したものである。こうして、仕事を担う男性正社員と彼を支える専業主婦からなる**男性稼ぎ主型家族**が広まった。

1970年代になり、労働者不足に直面した企業は労働力の調達先として専業主婦層に注目し、働く意欲をもつ主婦にパートタイマーという働き口を用意した。こうして、男性正社員の働き方が、家族のあり方や暮らし方、さらに女性の働き方を規定し、日本は「企業中心社会」を規範とする社会になった。

2. 日本型雇用システムの変容

1）バブル経済崩壊の影響

日本型雇用システムによる長期雇用の保障は、膨張するピラミッド型組織のなかで誰もが上位ポストに上がることを前提に成り立っていた。しかし、1980年代末のバブル経済崩壊後、企業は成長を見込めなくなり、膨らんだ正社員の選別と人員削減のために**成果主義的雇用管理**を導入した。また、バブル経済崩壊がもたらした負債の解消のためにコスト削減策を必要とするようになった。

1995年、日本経済団体連合会（日経連）は、このために、中核的業務の担い手の絞り込み、グローバル化に対応する雇用柔軟化、人件費削減からなる経営戦略「新時代の日本的経営」を提示した。それは、業績と勤続に対する期待の高さに応じ、社員を、中核的業務を担う男性正社員からなる長期蓄積能力活用型、中堅的専門職正社員からなる高度専門能力活用型、周辺的業務を担う女性正社員からなる継続雇用柔軟型、周辺的業務を担い雇用調整が可能な非正社員からなる短期雇用柔軟型の4グループに分けて管理するものであった。

2）グローバル化とサービス化の影響

ⅰ　グローバル化の進行

1980年代後半から**グローバル化**（地球規模での経済的統合）が勢いを増した。大型船輸送によるコスト低下、関税等の貿易障壁の引き下げ、情報技術（IT）を活用したリアルタイムのコミュニケーション手段の普及、国際的資金フローの活発化、人口移動圧力の高まりなどが、地球上の経済・産業・社会・人を、空間的距離を超えて加速度的に結びつけていった。

この世界経済の変容のなかで、企業は、世界の市場動向の見きわめとスピード感のある商品開発・生産・輸送を実現するため、ITの活用と、商品ニーズの変動に合わせた雇用量の短期的調整を促していった。

ⅱ　日本が選択したサービス化

経済成長がもたらした所得増加が工業製品に対する消費需要を満たすようになると第二次産業の拡大が鈍化し、これに代わって個人サービス（娯楽・飲食・教育・医療・福祉など）への需要が高まった。他方、企業は、グローバル化のなかで、商取引上のリスク回避や有利な交渉成果を得るための法務・会計などの対企業サービス利用や、新たな事業展開に必要な情報収集のための情報ネットワークの活用を増やした。また、企業はコスト削減のための外部の経済資源、すなわちコスト削減を担う対企業サービス業の活用を増やした。これら三つが**経済サービス化**である。

しかし、これら三つの展開は、国によって異なった。「ニューエコノミー」と呼ばれた1990年代のアメリカでは、ITの急速な進歩と、これを活用した対企業の「専門的サービス業」が急成長し、グローバル企業の世界規模での事業展開を支える体制がつくられ、このITを担う専門知識をもつ労働者が多く育成された。

欧州では、EUが2000年に「知識基盤型社会の建設」を決定した。この構想は、ITイノベーションと競争力強化に加え、良質な雇用の創出、社会の構成員すべてにその恩恵を広げること、そして社会的結束強化の推進を目標とした。

表1　非農業部門におけるサービス業就業者の割合の推移

%

	対企業サービス		対個人サービス	公共サービス	サービス業合計
	専門的サービス	その他のサービス			
日本					
1990年	3.8	3.8	5.5	9.5	22.6
2000年	4.5	5.0	6.1	11.5	27.1
2010年	3.3	7.6	10.4	16.4	37.7
2022年	4.1	6.8	8.7	18.5	38.2
アメリカ					
1990年	4.4	5.4	5.1	18.5	33.4
2000年	6.2	5.1	5.1	20.7	37.1
2010年	12.8	4.1	10.0	15.3	42.2
2022年	14.8	3.7	10.2	15.9	44.7

出典：日米の1990年と2000年の数値は、飯盛信男「サービス産業の拡大と雇用」『日本労働研究雑誌』666号、2016年、6～7頁。アメリカの2010年と2022年はU.S. Bureau of Labor Statistics,Employment by Industry。日本の同年の数値は、総務省『労働力調査』各年版。

これらが欧米諸国における経済サービス化の主流である。その結果は、「令和4年度 年次経済財政報告」（2022年）が示した2000年以降の各国の「IT投資」と「IT資本の生産性」の推移からわかる。米・英・独・仏の各国のそれらの数値は高水準にあるが、日本の数値は低位で推移しており、日本のIT化とそれによる経済サービス化の大きな出遅れを示すものであった。欧米諸国のこのような展開に対し、日本は、コスト削減を担う対企業サービス業の活用という経済サービス化を選択した。

この二つの経済サービス化の違いは、**表1**から把握することができる。1990年以降のアメリカのサービス業の部門別就業者割合の推移をみると、ITの発展を背景にした対企業「専門的サービス」での増加が際立っている。これに対し、日本は、個人ニーズの高まりによる「公共サービス」（教育・医療・福祉）、「対個人サービス」（宿泊業・飲食サービス業と生活関連サービス業・娯楽業など）と、企業のコスト削減ニーズに対応する対企業の「その他サービス」（リース業や請負・労働者派遣業など）で就業者が増加した。しかも、これらの産業は、あとで示すように、非正規雇用者割合が高い。

このように、日本では、コスト削減を担うサービス業の拡大と非正規雇用者の増加が推進されていった。しかし、このコスト削減はさらに、正社員を含む全雇用者の賃上げ抑制、法定外福利厚生費と人的投資である教育訓練費の削減[(1)]にも及んだことに留意しておきたい。

3. 非正規雇用者の増加と政策

1）増加する非正規雇用者の課題

企業は人件費削減と雇用の柔軟化の推進のため非正規雇用者採用を大幅に増やし、1995年からの10年間の非正規雇用者割合の伸びは10%を超え、2015年以降のその割合は37%に達した（**図1**）。

なお、2022年の非正規雇用者割合の高い産業は、「対個人サービス業」68.3%、ついで「卸売業・小売業」49.6%、対企業サービス業の「その他サービス業」49.0%、「公共サービス」39.1%であった。

非正規雇用者は、非正規雇用を選択した理由から三つのグループに分けられる。一つ目は、育児や介護のため働く時間に制約があり、正規雇用をあきらめて非正規雇用を選んだ女性である。二つ目は、家事や将来に向けた準備など、個人の事情により非正規雇用を選んだ人たちがいる。三つ目は、就職氷河期世代など、正規職を目指しながらも正規採用数削減の影響で非正規雇用を選ばざるを得なかった人たちである。

これらのなかで問題となるのは、一つは女性労働者の半数以上が非正規雇用であること、もう一つは、担い手が若年者や就職氷河期世代、高齢者に広がり、特に中年となった就職氷河期世代で増えている就労貧困である。2021年の男性非正規雇用者の貧困率は40歳代と50歳代で高く、それぞれ21%、29%とその年の全国の貧困率15.4%を大きく上回った[(2)]。

これらからみえる政策課題は、①最低賃金の引き上げ、②女性のワークライフバランスの実現により正規雇用職を含めた職業選択の幅を広げること、③就労貧困にある非正規雇用者に対する支援、④正社員との待遇格差の是正と無期雇用への転換である。①の最低賃金引き上げは近年政府の後押しで進んでいる。②③についてはあとで述べることにし、ここでは非正規雇用法制にかかわる④についてみておこう。

図1　非正規雇用者割合の推移

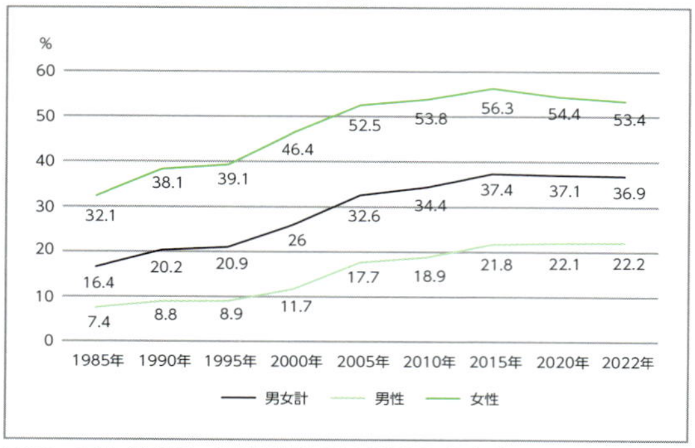

出典：厚生労働省「就業構造基本調査」各年版

2）待遇改善と無期雇用への転換

i　不合理な待遇の禁止

1993年に制定された短時間労働者の雇用管理の改善等に関する法律（パートタイム労働法）とその後の二つの改正法では、パート労働者・有期雇用労働者の不合理な待遇の改善に向けて検討が進められた。そして、2018年の改正では、同法が短時間労働者及び有期雇用労働者の雇用管理の改善等に関する法律（パートタイム・有期雇用労働法）と名称変更され、「**不合理な待遇の禁止**」が次のように規定された。①業務内容およびその業務に伴う責任の程度、②転勤・配置転換・昇進などの人材活用の仕組みやそれを前提とした処遇の運用の2要件において、パート労働者・有期雇用労働者に対し、通常の労働者と比較して不合理な待遇差を設けることを禁止する。そのうえで、「待遇」には「均等待遇」原則と「均衡待遇」原則の二つがあるとした。

事業所において2要件が同一ならば正規社員と非正規社員の賃金等の待遇は同一（均等待遇）でなければならないが、それらの要件に相違があるならばその相違に応じた待遇の差（均衡待遇）が認められた。そして、これらいずれかが反映された賃金が、同一労働同一賃金とされた。

しかし、こうした理解は欧米諸国の同一労働同一賃金の考え方とは異なっている。このため、均衡待遇をめぐっては、「待遇の違いを容認することは正規社員と非正規社員との間にある雇用管理・キャリア展開・賃金システムの違いを追認し両者の格差を温存することになる」などの意見が出された。異なった雇用原則の上でできあがったそれぞれの「待遇」を一つの「土俵」に乗せてすり合わせを図ることに無理があり、この課題はさらに検討を必要とするだろう。

ii　通常の労働者への転換の推進

2019年実施の「令和元年就労形態の多様化に関する総合実態調査」では、**無期雇用契約**への変更を希望する非正規雇用者が35.0%と多かった。これは、有期雇用契約では「雇止め」が実質的な解雇になっているからであり、無期雇用契約への転換が求められている。この状況を踏まえて、パートタイム・有期雇用労働法は、パートタイム・有期雇用労働者から通常の労働者への転換を推進する措置を講ずることを事業主に義務づけることを示した。

しかし、現実の多くの企業の雇用ルールは、雇用保障と引き換えに転勤などにみられる無限定な働き方を求め、転勤はないといった限定的な働き方には雇用保障を提供しないとしている。言い換えれば、正規雇用と非正規雇用の間には、地位を保証する「企業メンバーシップ」という越えがたい壁がある。法によってこれをどのように越えていくことができるのか、まだまだ課題は大きい。

4. 女性雇用をめぐる課題と政策

1）コース別雇用制度と女性正社員の待遇

多くの日本企業では、性別雇用管理のもとで女性正社員は周辺的業務を担い、結婚・出産に伴って退社するものとされてきた。しかし、1970年代後半以降、女性が男性正社員と対等に働くことを阻んでいる家事・育児などの生活時間を考慮しない雇用管理は女性に対する差別であるとし、改善を求める運動が高まった。国内外におけるこうした動きを受けて、1985年に**雇用の分野における男女の均等な機会及び待遇の確保等に関する法律**（**男女雇用機会均等法**）が制定された。この法は、ジェンダー平等に向けた第一歩として大きな意義をもつ。しかし、同法では、募集・採用・配置・昇進についての女性差別禁止は企業の努力義務にとどめられ、雇用管理における女性への差別が温存された。

とはいえ、露骨な性別雇用管理は難しくなったことから、多くの企業は新たに**コース別雇用制度**を導入した。この制度を前にして、ほとんどの女性は、将来の結婚と生活安定を優先して「転居を伴わない転勤」規定がある「一般職」を選択した。他方、男性は、基幹的業務、転居を伴う転勤、高い処遇と昇進などからなる「総合職」を選択した。それまでは明示されていた性別雇用管理が社員によるコース選択に置き換わることで女性差別は可視化されなくなったが、「男性は総合職、女性は一般職」という構図が固定化され、コース別雇用制度は実質的な**性別雇用管理**として機能した。

1995年の日経連『新時代の日本的経営』で設けられた**継続雇用柔軟型雇用**は、一般職を選択し周辺的業務を担う女性正社員を想定したものであった。こうして、日本は正社員における男女間の雇用差別を温存し続けることとなった。

2）女性非正規雇用者をめぐる課題

i　主婦パートの増加

ところで、日本型雇用システムは、男性正社員に中核的業務と長時間労働を担うことを求めたことから、彼らの生活過程は専業主婦による支えを必要とした。こうして、男性稼ぎ主型家族が定着し、既婚女性の専業主婦化と女性就業率の低下が進んだ。しかし、1970年代中頃からは、労働力不足を背景に女性労働力への需要が高まった。他方、既婚女性は、家電製品普及による家事時間短縮を受けて、「家計補助的収入が得られる仕事」を求めるようになった。これら2要因によって「主婦パート」が急増した。しかも、この傾向は、1981年の所得税の

図２　男女（15～64歳）の就業率と共働き世帯率の推移

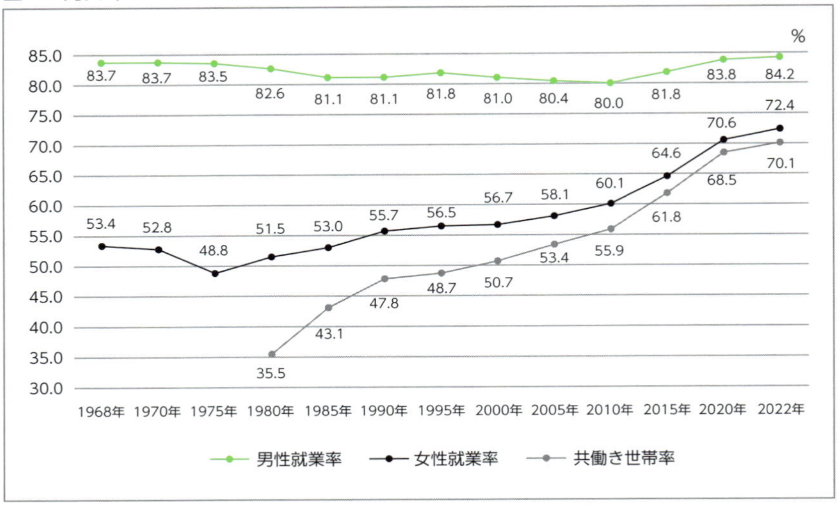

注：共働き世帯率：共働き世帯数／（共働き世帯数＋専業主婦世帯数）

出典：総務省統計局「労働力調査」、労働政策研究・研修機構 web サイト「第 12 図　専業主婦世帯と共働き世帯」

配偶者控除制度、1985年の年金保険制度における「第３号被保険者」設定という税・社会保障制度の二つの優遇策を通して補強された。その結果、共働き世帯率が1980年の35.5%から2022年には70.1%にまで上昇し、女性就業率を押し上げた（**図２**）。

また、パート主婦の多くは、夫を介して企業メンバーシップにつながっていることから生活に不安を抱くことはなく、企業が示す短期雇用、単純労働、低賃金という低位な待遇を受け入れていった。この低い待遇は、パート主婦は「企業メンバーシップをもたない社会的地位にあること」、すなわち非正規社員という雇用身分を根拠とするものと理解されるようになり、肯定された。こうして、性差と、企業が設定した社会的地位の違いによる差別が正当化され、定着していった。

ii　未婚の非正規雇用女性の増加とその影響

1990年代後半にはひとり親世帯の母親、単身女性などが非正規雇用に就くようになり、正社員との待遇格差はもう一つの社会問題となった。すなわち、彼女たちのなかには暮らしに足る収入を確保できない就労貧困者が多く含まれ、不安定雇用と低賃金、そして貧困が深刻化していったのである。

これはまた、少子化にも大きな影を落とす。生涯未婚率を示す50歳未婚率は、1990年から2020年にかけて男性は5.6%から28.3%へ、女性は4.3%から17.8%へ大きく上昇した。とりわけ、就職氷河期（一般に1993年から2011年頃まで）に非正規職に就いた若者は、低賃金と不安定雇用を余儀なくされ、さらにそれを理由に結婚そして子どもをもつことをあきらめる傾向にあった。

特に配偶者のいない非正規雇用女性に注目すると、25～64歳の人数は2017年には326万人に達し、そのうち45.9%の者の所得は150万円未満で、貧困と背中合わせで暮らしている。このように、非正規雇用女性の増加が貧困と未婚の広がりをもたらした。そして、これらの未婚女性の増加が出産数の減少につながり、少子化が進むことになった(3)。

３）女性雇用政策の推進

今日の労働市場は、性差別と企業メンバーシップの有無の組み合わせによって、総合職を担う男性正社員（長期の企業メンバーシップの享受者）、一般職を担う女性正社員（短期の企業メンバーシップの享受者）、主婦パート（男性正社員のパートナーとして企業メンバーシップにつながる者)、そして配偶者をもたない非正規雇用女性（企業メンバーシップをもたない者）に区分され、構造化された。

このことから、**女性雇用**には三つの課題があることがわかる。第一の課題は、性別雇用管理の克服である。これには、正社員女性の仕事と家事・育児・介護の両立を可能にする労働時間・休暇制度などの充実が必要である。しかし、性差に関係なくワークライフバランスが求められていることから、男性社員にも同様の施策が必要である。このため、出産・育児を理由とした不利益な取扱いの禁止が 2007 年と 2014 年に改正された男女雇用機会均等法で規定された。また、育児・介護休業制度では、1991 年制定の育児休業等に関する法律がすべての雇用者に対し育児休業を保障し、1995 年にこの法は**育児休業、介護休業等育児又は家族介護を行う労働者の福祉に関する法律**として拡充され、男女の「仕事と家庭の両立」を支援する制度となり、前進しつつある。

第二の課題は、専業主婦をパート雇用へ誘導した税・社会保障制度上の優遇措置の扱いである。優遇措置により設定された控除限度額が今日では「年収の壁」となり、主婦層の働き控えを招いている。このため、政府は、2024 年 10 月から年金・医療保険について「**年収の壁・支援強化パッケージ**」を開始し、「年収の壁」を意識せずに働ける環境づくり、働き控えの解消を目指している。しかも、保険に加入した単身労働者にも「パッケージ」を適用した。いずれの労働者にも得になる施策であるが、一方では「主婦の座権」による優遇措置の拡大、他方では就労貧困に対する所得補償にあたるものとして捉えられ、問題を複雑にしている。

第三の課題は、働く女性が半数以上を占める非正規雇用という働き方が貧困や少子化の問題につながっている点である。この問題への政府の対応策の一つが「不合理な待遇の禁止」「通常の労働者への転換の推進」であり、もう一つは就労困難となった場合の就労支援であった。しかし、これだけの政策で、事態が大きく改善されるとはいえない。「6. 就労困難者と労働市場政策」で述べるように、多面的で普遍的な政策の実施が求められている。

5. 労働者不足と外国人労働者の受け入れ

1）外国人労働者受け入れ政策の始まり

労働力不足のなかで 2023 年には日本で働く外国人労働者数は 200 万人を超え、労働力人口に占めるその割合は３％に届く勢いである。しかし、外国人労働者の受け入れ制度はようやく開かれはじめたばかりで、仕事や暮らしに困難を抱えている人が少なくない。

1980 年代から**ニューカマー**と呼ばれた**外国人労働者**が増加した。その動きは「興行ビザ」で入国したアジア系女性労働者から始まった。次いで 1980 年代後半には、労働者不足が進むなかでアジア系男性労働者が入国し、日本人労働者が敬遠する労働に従事した。1990 年には外国人労働者は 26 万人に達し、その 4 割が「不法就労」であった。彼らのなかには過酷な労働条件を余儀なくされる者もいた。

こうした状況を受けて、1988 年の「第 6 次雇用対策基本計画」は、外国人労働者を「専門的・技術的労働者」と「単純労働者」に分け、前者は可能な限り受け入れ、後者は慎重に対応するとの方針を示した。そして、1990 年の改正出入国管理及び難民認定法は日本にルーツをもつ日系南米人に「身分に基づく在留資格」を与えて「定住者」として受け入れ、1993 年には国際貢献を目的としてアジア諸国から若い人材を受け入れる在留資格「技能実習」が新設された。

日系南米人受け入れの「定住者」資格には就労制限は設けられておらず、1980 年後半にできあがっていた労働力導入プロセスがそのまま仲介業者・業務請負業者などに委ねられた。**技能実習制度**は、技能実習生が特定の職種の企業と雇用関係を結んで「活動」を行い、一定期間ごとに実習生をローテーションさせる仕組みである。これらは、就労を目的とした受け入れ策ではないが、実質的には外国人労働者を受け入れるものであることからサイドドアと

表 2　外国人労働者の在留資格別、出身地別、産業別の構成の変化

(%)

		1993年	1995年	2000年	2005年	2010年	2015年	2020年	2023年
外国人労働者数（千人）		*96.5*	*139.9*	*207.0*	*343.3*	*650.0*	*907.9*	*1,724.0*	*2,048.7*
在留資格別構成	身分に基づく在留資格	68.3	65.4	59.3	48.2	45.7	40.4	31.7	30.1
	資格外活動	8.8	6.8	6.6	15.3	16.6	21.1	21.5	17.2
	技能実習[2]	-	-	8.5	16.5	21.7	18.5	23.3	20.1
	専門的・技術的分野の在留資格	21.8	25.5	24.1	18.9	17.0	18.4	20.8	29.1
	特定活動				0.3	0.0	1.4	2.6	3.5
出身地別構成	ブラジル（中南米）	63.0	60.9	48.1	30.4	17.9	10.6	7.6	6.7
	ペルー					3.6	2.7	1.7	1.5
	中国（東アジア）	16.5	18.1	27.4	43.2	44.2	35.5	24.3	19.4
	韓国					4.4	4.6	4.0	3.5
	ベトナム（東南アジア）	6.9	6.6	10.9	14.0	-	12.1	25.7	25.3
	フィリピン					9.5	11.7	10.7	11.1
	ネパール	-	-	-	-	-	4.3	5.8	7.1
産業別構成	製造業	63.7	70.0	73.2	69.8	39.9	32.6	28.0	27.0
	その他サービス業	20.1	16.8	15.5	7.8	12.9	13.7	16.1	15.7
	卸売業・小売業	8.2	5.7	5.4	5.3	9.7	12.4	13.5	12.9
	宿泊業・飲食サービス業				4.9	11.1	11.8	11.8	11.4
	情報通信、専門・技術サービス業	-	-	-	1.6	7.0	7.4	7.5	7.7
	建設業	-	2.0	1.4	0.7	2.1	3.2	6.4	7.1
派遣・請負労働者	人数（千人）	-	*42.1*	*86.6*	*144.9*	*181.0*	*204.9*	*342.2*	*372.3*
	割合	-	30.1	41.8	42.2	27.8	22.6	19.8	18.2

注 1：「在留資格別」「出身地別」「産業別」の外国人労働者割合は、主な項目についてのみ示している。
注 2：この統計では技能実習生は 1998 年から示され、その数値は 5.3 千人、4.6%である。
注 3：出身地別は、2005 年までは地域別の表示となっている。
出典：厚生労働省『外国人雇用状況報告』各年版

いわれた。また、**留学生**の受け入れ促進も進められ、留学生は、将来は「専門的・技術的労働者」として日本で定住することが期待されつつ、在学中は「資格外活動」の許可を得てアルバイトとして働き、「単純労働者」として一定の役割を担っている。

2）外国人労働者の就労実態

表 2 は、外国人労働者数の推移と、在留資格別、出身国（地域）別、産業別の構成の変化、そして派遣・請負労働者の人数と割合を示している。

1990 年代は日系南米人が最も多く、彼らは自動車部品や電気機械器具などを製造する中小下請け工場で働き、その多くが請負や派遣労働であった。そして、今もこの就労形態が続いている。

外国人が著しく増加した 2000 年代に入ると、在留資格別構成が多様化した。国別では、当初は中国出身者が多く、その後はベトナムをはじめとするアジア各国の出身者が増えた。そして、就労する産業分野も多様化した。2022 年の外国人労働者数は 182 万 3000 人で労働力人口の 2.7％を占めるまでに増え、特にサービス業では就業者数の 6.4%、宿泊業・飲食サービス業 5.5%、製造業 4.4％と多かった (4)。

こうしたなかで問題となったのが、賃金の低さである。「令和 4 年賃金構造基本統計調査」2022 年によると、30 ～ 34 歳の日本人非役職者の平均月収 27 万 1000 円に対し、外国人労働者（平均年齢 34.1 歳）は 24 万 8400 円と約 2 万 3000 円低い。在留資格別でみると、専門的・技術的分野は 29 万 9600 円（同 31.9 歳）と高いが、「身分に基づく在留資格」者（同 43.8 歳）28 万 700 円、技能実習生（同 27.9 歳）17 万 7800 円と低い (5)。

もう一つの問題は、技能実習生の失踪の増加である。出入国在留管理庁「技能実習生の失踪者の状況」（2023 年）によると、その数は 2023 年には 9753 人に達した。背景には、渡航費用などでの多

額の借金に追いつめられるといった理由があり、このため不法就労に至ることが多く、当事者にとって難しい問題を抱えるケースが増えている。

3）新たな受け入れ策

日本政府は、今後も労働力不足が続くことを見越して、安定的に外国人労働者を受け入れる新たな受け入れ策を導入した。2019年に開始された「特定技能制度」と、2024年6月に制定され2027年開始予定の「**育成就労制度**」である。

前者は、「特定技能1号」「特定技能2号」の二つの在留資格を設け、一定の専門性・技能を有し即戦力となる外国人労働者を受け入れていくとともに、特に「特定技能2号」は無制限の滞在期間と家族帯同が認められる。「育成就労制度」は、技能実習に代わる新制度であり、日本での人材確保を目的とした点で技能実習とは異なる。また、3年の育成期間の後は特定技能1号へつなげる。

これらの二つの在留資格制度は、高い技能をもつ外国人労働者の育成と日本での定着を目指すという点で、「フロントドア」を開くものとなるだろう。また、これらが、外国人労働者の低賃金や失踪といった問題の解決につながることを期待したい。

6. 就労困難者と労働市場政策

1）就労困難者の増加と労働市場政策の停滞

外国人労働者を含む非正規雇用者が増加するなかで、貧困を抱えた**ワーキングプア**が増えてきた。また、都市への人口移動と核家族化の進展は伝統的な「つながり」の弱体化をもたらし、「社会的援護を要する人々」を生み出した[(6)]。ここでは、就労可能性をもつ社会的援護を要する人々とワーキングプア、長期失業者を合わせて「**就労困難者**」と捉える。日本財団調査チームは、この就労困難者を「就労に何らかの課題・障害を抱えて無職、低賃金、不安定な就労環境等の状態になっている人」と定義し、その数は1500万人を超えると指摘した[(7)]。

就労困難層の増加は、経済社会の変化、企業の雇用管理の影響によるところが大きい。しかし、もう一つの要因は政府の労働市場政策である。これは、失業者や就労困難者に支給される所得補助からなる「消極的労働市場政策」と、失業や不安定雇用を予防し労働市場への（再）参入を推進する「積極的労働市場政策」の二つから構成される。

主要国のこの政策に対する公的支出割合を比較した**表3**をみると、消極的・積極的いずれの労働市場政策においても日本の割合はきわめて低い。以下では、個々の政策の現状と課題をみていこう。

表3　主要国の労働市場政策の公的支出割合（対GDP比　%）

2019年の数値

	合計(A+B)	積極的労働市場政策					消極的労働市場政策		
		小計(A)	公共職業サービス	公共職業訓練	雇用インセンティブ	その他	小計(B)	失業または無業への所得補助・支援	早期退職への補償
日本	0.31	0.15	0.07	0.01	0.06	0.01	0.16	0.16	0.00
アメリカ	0.90	0.11	0.02	*0.03	0.01	0.03	0.79	0.79	0.00
ドイツ	1.32	0.60	0.34	0.18	0.02	0.05	0.72	0.72	0.00
フランス	2.58	0.71	0.23	0.26	0.02	0.19	1.87	1.87	0.00
スウェーデン	1.44	1.02	0.26	0.06	0.46	0.23	0.42	0.42	0.00
韓国	0.86	0.38	0.05	0.07	0.10	0.17	0.47	0.47	0.01

注：アメリカでは、政府が支出している職業訓練と別に、1200校の州立コミュニティカレッジで2年間の大学教育と職業訓練を実施している。

出典：労働政策研究・研修機構2023『データブック国際労働比較』268頁。元データは、OECD“Public expenditure and participant stocks on LMP”.

2）消極的労働市場政策

消極的労働市場政策の所得補助・支援への公的支出割合は、多くの国で全労働市場政策への支出割合の半分以上を占める重要なものである。しかし、日本の 0.16%という数値は、ほかの国々に比べて相当に低い。その理由は、この政策の主軸である失業手当を受け取れない失業者が多いことにある。2022 年の失業者数に占めるその割合は 77.4% に達し、1990 年代の 60%台から増加している。また、これはほかの先進諸国に比べて際立って高い (8)。

その要因の一つは、失業手当の受給には一定の被保険者期間（自己都合で離職した場合、離職前 2 年間に通算で 12 か月以上の雇用期間）を要するという条件があり、非正規雇用者の多くはこれを満たせないことにある。もう一つは、自己都合離職者のモラルハザード（失業手当目当ての退職）を防ぐ理由で設けられた給付開始を遅らせる制限期間である。短期雇用が多い非正規雇用者には給付制限期間の終了を待つだけの生活費の余裕のない者が含まれ、彼らは失業手当受給日を待たずに就職先を探すことを余儀なくされる。この二つの要因により、失業手当は非正規雇用者の失業時のセーフティネットとして十分に機能しない状況に陥っている (9)。

このほか、雇用保険未加入あるいは受給要件未達成の失業者には、求職者支援制度の生活給付金（失業扶助）がある。しかし、長期失業者（2022 年では 66 万人、失業者総数の 33.8%）向けの失業扶助はない。

日本の失業率は 2.0 ～ 3.5% の低い水準で推移し、その要因は日本経済のパフォーマンスのよさにあるといわれてきた。しかし、失業した非正規雇用者の強いられた求職行動が失業率の引き下げに寄与してきたことを見逃してはならない。

3）積極的労働市場政策

積極的労働市場政策には、①企業の採用拡大と雇用維持そして求職者の就労意欲喚起からなる雇用インセンティブ、②求人企業と求職者の紹介とマッチングを行う公共職業サービス、③労働者の安定した就職や雇用維持を可能にし、企業にとっては必要な人材の育成に役立つ公的職業訓練がある。

ⅰ　雇用インセンティブ

日本では**雇用インセンティブ**はほかの政策に比べて重視されてきた。とりわけ雇用調整助成金の充実が図られてきた。この助成金は、特に 2009 ～ 2013 年の世界金融危機や 2020 ～ 2022 年の新型コロナウイルス感染症拡大の時期に企業の雇用維持に大きな役割を果たした。

しかし、労働政策研究・研修機構「雇用調整助成金の政策効果に関する研究」（2017 年）によると、2009 ～ 2013 年に助成を受けた事業所では「正社員以外で支援対象となった者」は 14.7%と少なかった。この「正社員以外」のほとんどが非正規雇用者であり、彼らは契約期間満了や解雇によって職を失なった。経済危機に際して離職の可能性のある労働者の雇用維持を目的とした助成金は、欧州諸国では労働者本人に対する休職給付金として支給される。これに対し、日本では雇用主に対して支給され、これが雇用主による対象者の選別を許し、多くの非正規雇用者が支給から振るい落とされている。

ⅱ　公共職業サービス

この政策も日本では重視され、**公共職業安定所（ハローワーク）**が担っている。その業務は、職業紹介・相談事業、雇用保険・求職者支援事業、雇用対策関係事業の三つからなる。

ハローワークは、近年、一般的な職業紹介・相談事業とは別に、就労困難者の就職支援に力を入れている。一つは、障害者、ひとり親家庭の母親、若者、就職氷河期世代、高年齢求職者、外国人など、各就職困難グループに合わせた専門的な相談支援である。もう一つは、自治体の福祉担当部署と連携してワンストップで就職困難者支援を行う「一体的実施事業」であり、2024 年 4 月時点で全国 187 自治体で実施されている。

しかし、国家公務員「定員合理化計画」に基づく正職員削減が続き、2024 年は正職員は 1 万 330 人となった。このため非正規職員採用を増やし、その数は同年には1万8593人（合計の職員数は2万8923人）にのぼった。非正規職員を含めた職員一人が担当する失業者数は62人（正規職員だけだと173人）と、フランス38人、ドイツ15人に比べて圧倒的に多く、職員体制の充実が何よりも求められている[10]。

iii　公的職業訓練

以上見てきた三つの労働市場政策に比べ、公的職業訓練への公的支出割合は0.01%と最も低く、主要国と比べるとその低さがさらに際立つ。

公的職業訓練には、雇用保険被保険者を対象とした在職者訓練、失業手当受給者を対象にした離職者訓練などがあり、2011年10月からは雇用保険未加入者などを対象にした求職者支援訓練が加わった。

ここでは、失業者を対象とした後者の二つを取り上げる。離職者訓練は、ハローワーク担当者が必要と判断し受講指示を受けた者が受講でき、2022年の受講生は10万2160人であった。求職者支援制度は、2008年秋以降の世界金融危機の時期に失業者のなかに雇用保険未加入非正規雇用者が多いことが明らかになったことから、非正規雇用の失業者向けの新たな「第二のセーフティネット」の一つとして2011年に創設された。この制度は、求職者支援訓練と、一定の条件を満たせば最長6か月間支給される生活給付金からなる。2022年の訓練受講生は4万289人で、うち約30%が生活給付金を受給した。

2022年の失業手当受給者数に占める離職者訓練受講者数の割合は25.2%、また完全失業者数に占める割合では5.7%（求職者支援訓練の受講者を加えても7.9%）ときわめて低い[11]。その要因は、民間企業と国が人材育成の重要性を認識していなかったことにある[12]。

この状況を改善するために政府はようやく最近になって、リ・スキリング政策を始めた。しかし、これは専門的知識・技能をもつ正社員人材の育成に力点がある。もちろんその政策は重要であるが、併せて、失業者や就労困難者を含めたすべての労働者を対象にした人材育成も忘れてはならない。そうした育成によって正社員と非正社員の賃金格差が是正され、労働者全体の労働生産性が改善されるだろう。

4）就労支援

就労困難者には、積極的労働市場政策だけでは、労働市場への（再）参入が困難な人々がいる。このため、こころの支援、生活支援給付、居住支援、そして日常生活支援や社会参加支援などの福祉的支援との連携が求められ、就労に加えて社会参加も目標とされるようになった（EUはこれを積極的包摂政策という）。

日本では困難度の高い就労困難者への支援が2000年代初頭から始まった。それは、母子家庭の母親、ホームレス、就職困難な若者、稼動能力をもつ被保護者などを対象としたが、それらの施策は自己責任と就労自立を優先した[13]ことから、2010年頃には事業が停滞し、方向転換を余儀なくされた。

これに代わるものとして、いくつかの自治体や民間支援組織が取り組んできた就労支援と福祉的支援の一体的なあるいは連携による支援があった。また、日常生活・社会生活・就労の三つの自立支援、伴走型支援、当事者の自己決定などの観点の重要性が指摘され、これらが2015年に始まる**生活困窮者自立支援制度**に活かされていった。

この制度における**就労支援**では、①自立相談支援事業における就労支援、②就労準備支援事業（任意事業）、③就労訓練事業（都道府県・指定都市・中核市）が開始され、また2013年に始まった生活保護受給者等就労自立促進事業（ハローワークと自治体の連携によるワンストップ型就労支援）が生活困窮者支援に活用されるようになった。さらに被保護者就労支援事業により生活保護から脱却した者に対して、継続的支援の観点から生活困窮者自立支援制度との連続的な支援も求められるようになった。

しかし、今日においても就労支援には課題が多い。生活困窮者自立支援制度についていえば、①生活支援給付がなく、時間をかけた支援が難しい、②就労支援を担う自治体職員は数年で異動し支援のノウハウが蓄積されない、③就労準備支援事業は任意事業であるため全国に広がらない、④全国の認定就労訓練事業者数が少なく、加えて訓練内容が「福祉サービスの補助作業」と「清掃・警備」などに偏っている、⑤就労支援を修了し就職できても再び就労困難に陥るケースが少なくないなどが挙げられる。

これらのうちここでは⑤に注目したい。これに対する解答は、就労支援のその先に既存のあるいは新たな支援を接合することにある。収益事業を行いながら若者や障害者などの就労支援を担う社会的企業では、こうした人たちの居場所、就労体験、社会とのかかわり、その先の雇用（場合によっては支援付きの雇用）を見据えた支援が取り組まれており、こうした組織を増やすことが望まれる。また、地域社会や民間企業を巻き込んだ就労支援・職業訓練（トライアル雇用の拡充など）を積極的に推進することが求められている。

欧州各国では、失業者への失業給付・失業扶助と併せて職業訓練の充実（高い就労能力の獲得による安定雇用の確保）を図り、また就労支援修了者への支援として職業訓練を用いたり、さらにワーキングプアに陥った場合には給付付き税額控除がある。日本はこれらすべてを実施することは難しい。しかし、就労支援の質を高め全国に広げていくことと併せて、就労支援修了後の支援の仕組み、たとえば求職者支援訓練を拡充した生活給付付き職業訓練事業などを構想することが必要だろう。

7. これからの雇用のあり方

最後に、今日の正社員の働き方をめぐる問題を切り口として、これから取り組むべき雇用政策の課題についてまとめておきたい。

メンバーシップ型雇用管理は、戦前の社員・工員間身分格差の解消、男性正社員への一律平等な終身雇用を実現し、それがモチベーションを高め企業への強い忠誠を産んだ。1980 年代まではこれらが企業の成長を支えてきた。しかし、そこでできあがった仕事第一主義、本人の個性や意向を尊重しない組織運営、退社・転職への企業の厳しい態度は、今日の社会状況のなかでは、長時間労働とワークライフバランスの無視、社員の閉塞感、メンバーシップをもたない非正規社員や女性社員への差別的処遇といった社会問題を引き起こした。

こうした問題に対処するため、2018 年の働き方改革では、長時間労働の解消をはじめとする諸々の施策が実施された。また、企業においては、職務（ジョブ）と等級をベースにしたジョブ型人事の導入を中心に、個人の多様性の尊重、主体性が発揮される組織編成、コース別雇用管理の廃止、さらに企業間の労働移動がしだいに増え、政府もそれを後押しする方針を打ち出した [14]。このように、**ジョブ型企業組織**に向けた改革が進みつつある。

しかし、問題は、これらの取り組みが企業という枠を越えて職種や産業ごとの職務等級制度の設定まで至るかどうかである。そうなれば、多くの国でみられるジョブ型雇用社会へ移行することになるだろう。しかし、企業ごとのジョブ型人事の導入にとどまれば、それはメンバーシップ型企業組織のなかに「ジョブ型人事管理の要素」を埋め込むだけとなる。今日、日本企業はその選択を求められており、今後の雇用管理の改革が注目される。

他方、非正規雇用は職務に基づく雇用契約であり、ジョブ型雇用である。この点からすれば、日本におけるジョブ型雇用の推進は、非正規雇用者が担う仕事に応じた社会的な職務等級制度の確立と、それを踏まえた正社員との賃金格差の是正という改革の道筋もある。すなわち、ジョブ型雇用への転換は、正規雇用の領域だけでなく、非正規雇用の領域からも進めることが求められる。

今日、当たり前に使われている「正社員」や「非正規」という用語は、古くからあったわけではない。「正社員」という用語が一般的に使われるようになったのは、パート労働者が増加し始めた 1980 年前後からであった。「非正規」という用語は、1980 年代後半から使われ始めた新参用語であった [15]。このように、雇用構造のとらえ方は時代とともに変化し、今後はそれを改革していくことは可能だろう。

ところで、今日では、企業組織におけるこのような働き方と異なった多様な働き方が増えており、これらに注目する必要がある。自分のスキルや経験を活かして仕事を請け負うフリーランス、情報通信技術を活用した時間や場所に縛られないテレワークなどである。また、収益活動を通して社会課題解決を目指す社会的企業、デジタルを使って活用可能な資源を相互利用するシェアリングエコノミー、仲間とともに主体的な働き方を実現する労働者協同組合などである。これらは、今後さらに広がるだろう。

こうした雇用をめぐる変化が進むなかにあっても、雇用政策を考えるうえで常に大事にすべき視点がある。個人の自己実現につながる就労能力の開発への支援、社会的公正の視点に立った処遇の実現、仕事の担い手としての成長につながる職場環境づくり、ワークライフバランスの実現、そして障害者をはじめとする多様な労働者との協働と相互配慮を促す取り組みなどである。こうした視点にしっかりと軸足を据えて、雇用のあり方を考え、改革を進めることが求められている。

注

（1）常用労働者の月額現金給与は1997年の37万1700円をピークに減少に転じ、2020年には31万8100円となった（厚生労働省『毎月勤労統計調査』各年版）。法定外福利費は1995年（1万3700円）を境に減少に転じ、2020年の4900円へと3分の1に減少し、一人あたり年間平均教育訓練費は1991年の2万439円から2020年の8049円へと半分以下に低下した（同『就労条件総合調査』各年版）。

（2）阿部彩「相対的貧困率の動向（2022年調査update）」2024年

（3）内閣府「男女共同参画白書 令和4年版」2022年、同「結婚と家族をめぐる基礎データ」2022年

（4）周燕飛「外国人雇用のいま――人材開国への挑戦」2023年10月13日－19日 労働政策フォーラム「外国にルーツをもつ世帯の子育てと労働を考える」配布資料。これらの数値は、厚生労働省『外国人雇用状況』と総務省『労働力調査』を使って算出したものである。

（5）総務省 e-Stat（政府統計の総合窓口）「令和4年賃金構造基本統計調査」

（6）厚生労働省「社会的な援護を要する人々に対する社会福祉のあり方に関する検討会報告書」2000年

（7）日本財団調査チーム「就労困難者に関する調査研究」2019年

（8）厚生労働省「雇用保険事業年報」各年版、同「労働力調査」各年版から算出。なお、ILOが2009年に示した「失業者に占める失業手当の非受給失業者の割合」をみると、独6％、仏20％、英45％に比べて、日本は77％であった（厚生労働省「労働市場から見た産業社会のあり方」23頁、2010年）。

（9）なお、2010年に、非正規雇用者の雇用保険加入率引き上げのため、雇用保険加入条件の一つ「6ヶ月以上の雇用見込み」が「31日以上の雇用見込み」に緩和された。これにより非正規雇用者の雇用保険加入率が2019年には71.2％に上昇した（正規雇用者の加入率92.7％）。しかし、非正規雇用者の失業時失業手当非受給率はわずかしか低下しなかった（厚生労働省「令和元年就業形態の多様化に関する総合実態調査」2019年）。

（10）厚生労働省「公共職業安定所（ハローワーク）の主な取り組みと実績」2024年

（11）職業安定分科会雇用保険部会（第180回）資料「ハロートレーニング（公的職業訓練）の実施状況」2023年、同資料「求職者支援制度について」2023年、厚生労働省「雇用保険事業年報 令和4年度」2023年、総務省「労働力調査 2024年版」、以上を使って算出。

（12）注（1）で述べたように、企業の教育訓練費が著しく減少した。その結果、2010～2018年におけるGDPに占める人的投資額（年平均）の割合は、米0.99％、独1.34％に対し、日本0.34％と、歴然とした差が生じた（宮川努・滝澤美帆「日本の人的資本投資について」『Policy Discussion Paper Series』（経済産業研究所）22-P-010、51頁、2022年）。また、2006年から始まった政府の行政減量・効率化によって、国の訓練実施機関がもつ公的職業訓練の機能が低下し、国はその状態を長く放置してきた。

（13）この背景には、政府の政策潮流における新自由主義・自己責任論の主流化がある。それは、厚生労働省「低所得者の新たな生活支援システム検討プロジェクト報告書」2001年、財政制度審議会「平成15年度予算編成の基本的考え方について」2004年5月などに示された。

（14）内閣府「新しい資本主義のグランドデザインおよび実行計画 2024年改訂版」2024年。ジョブ型人事の導入、正社員の労働移動の円滑化、リ・スキリングからなる三位一体の労働市場改革が掲げられた。

（15）久本憲夫「正社員の意味と起源」『季刊 政策・経営研究』2010 vol.2、19頁、2010年、濱口桂一郎「非正規雇用の歴史と賃金思想」『大原社会問題研究所雑誌』699号、6頁、2017年

推薦図書

- 佐口和郎『雇用システム論』有斐閣、190頁、2018年
- 櫻井純理編著『どうする日本の労働政策』ミネルヴァ書房、238頁、2021年
- 濱口桂一郎『ジョブ型雇用社会とは何か――正社員体制の矛盾と転機』岩波書店、293頁、2021年

4 所得保障

金子　充

1. 概要

所得保障とは、経済的な困窮（貧困）を予防したり救済したりするための現金給付、およびその制度のことである。平田冨太郎は、社会保障の基本が所得保障であることを示しながら、所得保障を次のように説明している。すなわち所得保障とは、「傷病、出産、失業、老齢、廃疾（障害）または働き手の死亡などによる所得の一時的な中断または永久的な喪失の場合、あるいは非常の出資に際して、生存のために必要な給付を社会保険的なしくみで支給し、このしくみの網の目から落ちてくるものに対して、ひとしく公的な扶助の手をひろげ、これらによって貧困の防止または救護を目的としたもの」である（平田, 1957, p.44）。この説明にあるように、一般に所得保障制度とは**社会保険**と**社会扶助（公的扶助）**によって構成されていると考えられ、日本では年金と生活保護がその中心であるとみられてきた。

現代の社会保障において、年金や生活保護のような所得保障はなくてはならない制度であるが、所得保障の対象、資格要件、方法、給付水準、財源等はつねに論争的なものであり続けている。つまり所得保障の議論には、誰を対象に、どのような方法で、そしてどれくらいの現金を給付したらよいかという政治的・政策的な問題がつきまとうのである。

実際には一定の原理や規範、政治的決定に基づいて、あるいは歴史的経緯があって所得保障は制度化されてきた。そしてそれぞれの制度には強みや課題があることが論じられてきた。また上記の一般理解とは異なり、年金と生活保護以外にも数多くの所得保障制度が存在する。たとえば「手当」や「給付金」と呼ばれる現金給付のプログラムを含めて所得保障を考えることが可能であり、こうすることで所得保障の議論は制度運用の技術論から社会構想論へと裾野を広げることが可能である。社会保険でも社会扶助でもなく、すべての人々に対する普遍的な手当（あるいは給付金／配当）であるベーシックインカム（Basic Income）と呼ばれる所得保障の構想を含めれば、豊富化する所得保障の新しい議論を捉えることができる。こうした所得保障の議論の全体を理解するには、①すべての社会保障における所得保障の位置関係、②所得保障を成り立たせている社会的背景と歴史的経緯、③所得保障を基礎づけている思想・原理・規範を理解することが不可欠である。

2. 社会保障における所得保障

はじめに、**社会保障**（social security）と所得保障（income security）の位置関係を説明しておく。

英語圏では社会保障という概念自体に所得保障という意味が与えられており、医療保障および社会サービス（social service）に対して、社会保障という概念がそのまま現金給付による所得保障を意味しているといってよい。もちろん現金給付であることをさらに強調するためにあえて所得保障と表現することもあるようだが、社会保障が概念化された当初から、それは所得保障を意味してきた。

日本では、1950 年の社会保障制度審議会「社会保障制度に関する勧告」（いわゆる「50 年勧告」）において、社会保障は「社会保険」「公的扶助」「公衆衛生」「社会福祉」の四つから構成されることを示していた。この理解では、社会保障のなかに社会保険や公的扶助が含まれることになり、社会保障＝所得保障とはならない。そのため、所得保障は社会保障の法体系を理論的に整理するときに使われる概念となってきた。たとえば社会保障法学では、社会保障の対象、目的、給付内容に着目して社会保障の法体系を整理する議論を展開し、「所得保障」というカテゴリーを説明している。それは単に現金給付という給付内容だけではなく、社会保障の対象や目的をも考慮して分類するものと考えられている。

荒木誠之は、社会保障の対象と給付内容を捉えることによって社会保障の法体系を整理している。この整理によれば、社会保障には２種類の給付があると考えられる。一つは、傷病・老齢等の生活リスクや生活不能に対して、喪失した所得の補償を目的とする金銭給付である「所得保障給付」であり、もう一つは、一時的に労働できない状態にある場合に、その能力の回復を図ることを目的とする非金銭給付である「障害保障給付（生活障害給付）」である。そして所得保障給付には、傷病、障害、老齢、出産、児童扶養、失業、労災、死亡といった必要に対する所得保障が、障害保障給付には、医療、保健、リハビリテーションに関するサービス保障が含められている（荒木, 1972, pp.49-62）。

同様に、菊地馨実も給付内容に着目した社会保障の法体系を説明している。菊地によると、社会保障法を給付別に理解するなら、「所得保障」「医療保障」「福祉サービス保障」の三つの分類が可能であるという（菊地, 2000)。一方、給付およびサービスの目的に焦点を当てた整理をしたのが河野正輝である。河野によれば、給付だけでなくその法制度がどのような目的をもっているかに着目した場合、社会保障の法体系は「所得保障」「健康保障」「自立支援保障」の三つに整理できるとする（河野, 1991)。

以上のいずれの議論においても、「所得保障」はほかの社会保障のカテゴリーから区別されて理解されている。この議論にこれ以上深入りできないが、さまざまな社会保障制度体系のなかで所得保障は固有の位置を占め、医療保障や社会サービス／社会福祉とは異なるものとして理解されている。

3. 所得保障における保険と扶助

所得保障について考察するにあたっては、社会保険と社会扶助の意味と特徴を理解する必要がある。

「**保険**」という制度は、加入者があらかじめ保険料を支払い、定められた事故（年金であれば老齢という事故）が発生したときにプールされた保険金から現金の給付（またはサービスの給付）を受けるという仕組みである。そして民間保険（私保険）と対比して、政府が行う保険が社会保険である。

保険方式で年金を行うとしたら、一定の期間や額について保険料を支払うことが前提となり、さらに保険料を払う必要があるということは、就労によって稼働収入を得ていることが前提となる。給付の額は保険料を支払った期間や額によって変動するし、そもそも保険に加入をしなければ受給権さえ発生しなくなる。これらの諸点は社会保険という方式による所得保障の重要な特徴となる。

一方「**扶助**」とは保険方式ではなく税を財源にしており、資力調査または所得調査（所得制限）を行うことを特徴とする。日本では最低生活保障を理念とする「公的扶助」がその中心であるが、「手当」と呼ばれる制度を含めることもある。手当（「社会手当」と呼ぶこともある）には資力調査がなく、所得調査さえ行わない手当（普遍的手当）もある。最低生活保障を行わず補助的な所得保障の機能しかもたないが、税を財源にしているという点では扶助の仲間である。ここでは公的扶助と手当を合わせて「社会扶助」と表現しておく。

冒頭で、所得保障の中心は年金保険と生活保護であると述べたが、具体的な制度をみると社会保険と社会扶助に含められる制度はほかにも数多く存在する。日本の所得保障制度に限ってみても、たとえば雇用保険や労災保険のなかにも現金給付を行う部分があり、所得保障の機能をもつ。社会扶助でいえば、たとえば児童手当や児童扶養手当も重要な所得保障の仕組みである。加えて近年では、生活困窮者自立支援法における住居確保給付金、求職者支援法（職業訓練の実施等による特定求職者の就職の支援に関する法律）における職業訓練受講給付金、年金生活者支援給付金の支給に関する法律における老齢年金生活者支援給付金等も経済的困窮を理由に現金給付を行う所得保障であるといえる。

さまざまな日本の所得保障を列挙してわかるよう

に、近年ではこれまで理解されてきた社会保険と社会扶助という二つの制度体系の対比では捉えにくい所得保障制度が増えてきている。これに加えて、感染症パンデミックや物価高騰に応じて行われる低所得者対策あるいは経済対策として、各種の「臨時給付金」や「一時金」が支給される場合もある。たとえば、2020年から2022年の新型コロナウイルス感染症を受けて政府が支給した臨時特別給付金、子育て世帯生活支援特別給付金、新型コロナウイルス感染症生活困窮者自立支援金などがある。さらに海外では、ベーシックインカムや保証所得（guaranteed income）と呼ばれる現金給付プログラムが臨時的・一時的な所得保障として実装されている。このほかに、開発途上国では選別的な現金給付プログラムを「条件付き現金給付（conditional cash transfer：CCT）」と呼んでいる。社会保険と社会扶助のような伝統的な所得保障に加えて、これらの現金給付のヴァリエーションを捉え、所得保障に位置づける必要があるといえる。

4. 所得保障の成り立ち：救貧制度と社会保険

1）ユートピアとして

所得保障が制度化されてきた歴史的経緯を整理することで、社会保険と社会扶助から成り立つ所得保障の構造を説明することができる。

歴史をさかのぼると、トマス・モア『ユートピア』(1516年)、トマス・ペイン『コモン・センス』(1776年)、ウィリアム・モリス『ユートピアだより』(1890年）など、所得保障のある理想社会をめぐる議論や構想は古くからあった。またベルギーの研究者であったファン・ルイス・ビベスは、1525年に市民に最低限の生活を保障すべきだとする提案書「貧民の救済について（De Subventione Pauperum)」を書き、これがイギリスの救貧法に影響を与えたとされている。これらの著作は所得保障の意義や必要性を説いていたものの、同時代には社会保険や社会扶助という現金給付の具体的な方法論はなく、実際の所得保障制度が成り立つには給付（所得再分配）の方法論および近代国家の確立が必要であった。

2）スピーナムランド制度と改正救貧法

方法論を扱う社会福祉学の議論においては、制度化された所得保障の原点として、イギリス救貧法における現金給付の歴史をさかのぼるのが一般的である。その一つである**スピーナムランド制度**は、イギリス・バークシャー州スピーナムランドで1795年に導入された貧民に対する賃金補助制度とされており、実質的な所得保障制度である。当時、ナポレオン戦争と農作物の凶作を背景に、飢餓に直面する貧民が急増した。そこで、就労所得が少なく生活困窮にある「働ける貧民」に対して、家族の人数に応じた現金給付を行うことになった。これが救貧法における現金給付の始まりだとされている。パンの価格に応じて給付金額が調整される物価変動制を導入していた点でも注目された。

しかしその後19世紀になると、救貧法が現金給付を行うことについては批判が高まり、貧民に対する現金給付は抑制し、救貧施設やワークハウス（労役場）に収容することこそがふさわしいという議論が拡大した。実際には救貧法から現金給付を廃止することはできなかったのだが、1834年の**改正救貧法**では対象をできるだけ選別して現金給付を抑制し、就労を促す対策がとられるようになった。

3）ビスマルクの社会保険

19世紀末に急速に工業化が進んだドイツでは、都市に大規模な工場がつくられ、そこで雇われて働く労働者（賃金労働者）が増加して、貧困と失業が社会問題となる。人々は労働運動によって政府を強く批判したため、宰相**ビスマルク**は、労働者の不満を鎮め、政府の信頼を得るために、いわゆる「飴（あめ）と鞭（むち）」の政策を行った。それは、一方で政府を批判する社会運動を弾圧し、もう一方で労働者に医療や年金を用意するというものであった。このビスマルクによる社会政策によって、1883年に医療保険法（疾病保険法）、1884年に労災保険法、1889年に年金保険法が制定され三つの社会保険が成立した。このうち年金保険が所得保障として誕生した。

ビスマルクの社会保険に触発されたイギリスでも、貧民に対する救貧法だけでなく、老齢年金法（1908年）や社会保険法（1911年）といった社会保障を整備し始めた。このうち老齢年金法は税方式による年金であった。社会保険法には医療保険と失業保険が含まれており、とりわけ失業保険は失業による所得の中断に備えて保険をかけるという世界初の画期的な制度であった。

4）失業保険と社会扶助

1929年に世界恐慌が起こると再び貧困・失業問題が深刻化し、さらにイギリスでは第一次世界大戦の退役軍人が仕事と収入を失うという問題が発生した。しかし失業保険では退役軍人の長期失業には対応できず、ほかには救貧法による現金給付しかなかった。しかし救貧法は「貧民」を選別して劣悪な処遇を行う制度であったため、戦争で貢献した軍人に対して救貧法で救済するという「屈辱」を与えるわけにはいかなかった。そこで政府は、退役軍人と長期失業者に対しては失業保険とは別に特別な現金給付を行えるようにした。これが1934年に失業法となり、長期失業者に対する恒久的な現金給付（失業扶助）が制度化したのである（大沢, 1985）。

アメリカでも、世界恐慌後に大量の失業者や貧困者が生み出され、ルーズベルト大統領はニューディール政策を展開した。道路やダムの建設などの公共事業を拡大して失業者に仕事を与えるとともに、1935年には社会保障法を制定して失業者・貧困者の救済を行った。同法によって、世界で初めて「**社会保障**」という言葉が法律で使用された。その中身は、失業保険、年金保険、公的扶助（主に児童を対象）の三つから構成されており、いずれも現金給付による所得保障として誕生した。

これらの歴史的展開からわかるように、所得保障という制度の始まりは救貧制度のなかにあり、またもう一方で年金保険や失業保険という社会保険のなかに見出すことができる。あるいはイギリスのように社会保険における特例的な給付が恒久的な失業扶助となって制度化されたりした。こうして所得保障は社会保険と社会扶助という方法の確立とともに成立をみたのである（金子, 2017）。

5）ベヴァリッジ報告

イギリスで福祉国家の形成を導いた**ベヴァリッジ報告**（Social Insurance and Allied Services：1942年）は、社会保障という概念を定義するなかで、すなわちそれが所得保障を意味すると記している。

> ここでいう「社会保障」とは、失業、疾病もしくは災害によって収入が中断された場合にこれに代わるための、また老齢による退職や本人以外の者の死亡による扶養の喪失に備えるための、さらにまた出生、死亡および結婚などに関連する特別の支出をまかなうための、所得の保障を意味する（§300：邦訳, p.187）。

ベヴァリッジ報告は、社会保障が「三つの方法」から成り立つことを示している。それらは、①基本的なニーズに対する社会保険、および②特別なケースに対する社会扶助であり、そして③基本的な給付に対する付加としての任意保険によって補完されると考えられている（邦訳, pp.187-8）。

またそれら三つのうち、社会保険と社会扶助の関係、および社会保険と任意保険（民間保険）の関係については丁寧な説明がなされ、その解釈は現代まで各国の社会保障政策に多大な影響を与えている。社会保険と社会扶助の概念および両者の関係については次のように整理している。

> 社会保険は所得保障の主要な手段でありうるし、またそうあるべきであるが、社会保険がその唯一の手段というわけではない。社会保険は国民扶助と任意保険の両者によって補完される必要がある（§302：邦訳, pp.187-8）。

このように、社会扶助は社会保険を補うものであるが、「扶助は、社会保険の適用範囲がどれだけ拡大されても、社会保険を補足するものとして欠くことができない」と考えられている（邦訳, p.188）。こうしてベヴァリッジ報告は、救貧法に代わるイギリスの新しい社会保障計画を示したものであるが、その最も重要な方法として社会保険を位置づけ、そして社会扶助（公的扶助）が社会保険を補うものと整理したことで注目された。

6）ILO「所得保障に関する勧告」

ベヴァリッジ報告の後、ILO 総会は 1944 年にフィラデルフィア宣言を採択し、「基本収入を与えて保護する必要のある者すべてに基本収入を与えるように社会保障措置を拡張する」べきだという考えを示した。これに則って同年に ILO は「**所得保障に関する勧告**（第 67 号）」を採択し、所得保障の指導原則について次のように記した。

1. 所得保障制度は、労働することの不能（老令を含む。）若しくは有償的雇用を得ることの不能により又は所得者の死亡により喪失した所得を合理的の水準まで恢復することにより窮乏を救済し、且つ貧窮を防止しなければならない。
2. 所得保障は、できる限り強制社会保険の基礎の上にこれを組織し、これにより所定の資格条件を具備する被保障者が保険機関に支払つた醵出金を考慮し、法律により定められる率及び事故において支払われる給付を受ける権利を有するようにしなければならない。
3. 強制保険制度の適用されない窮乏に対しては社会扶助（社会救済）によりこれを充足しなければならない。或る種の者特に被扶養者たる子女及び貧困な廃疾者、老令者及び寡婦は、所定の表に従い合理的の率において手当を受ける権利を有しなければならない。
4. 各場合の必要に適合する社会扶助（社会救済）は、窮乏になやむその他の者にこれを講じなければならない。

この勧告において、所得保障は「できる限り強制社会保険の基礎の上にこれを組織し」とあるように、その中心は社会保険であり、就労所得の一時的な中断や喪失に対応するものであると考えられている。しかしそのなかで、「強制保険制度の適用されない窮乏に対しては社会扶助によりこれを充足しなければならない」とあり、社会扶助の意義についても一定の理解を示している。

なお、さらに続く ILO の「**社会保障への途**」（1948 年）でも再び社会保険と社会扶助の概念整理がなされている。「社会保障への途」では、社会保険とは収入の少ない人々のために権利として認められた給付を供給するものであって、その額は使用者および国からの補助金に被保険者の拠出努力を結び合わせたものであるとしている。そして社会扶助は、資力の小さい人々のために権利として認められた給付を最低標準のニードを満たすに足る額において供給するものであって、資金は租税から調達されるものであるとしている（邦訳, pp.103-4）。

5. 日本における所得保障の展開

明治以降の日本で所得保障制度が整備された歴史的経緯をみるとしたら、やはり恤救（じゅっきゅう）規則（1874 年）と労働者年金保険法（1941 年：のちの厚生年金保険法）が基本になるだろう。

恤救規則は日本で初めて政府が貧民に現金給付を行った公的扶助制度であったとされる。しかし権利にもとづき最低生活保障を行う公的扶助ではなく、救済の対象を極貧の単身者や疾病・障害者などに限定した、簡素な現金給付の仕組みであった。

また、所得保障の柱となる年金につながる制度として、明治初期から軍人恩給が用意されてきた。それを発展させて 1923 年に恩給法が成立している。恩給は社会保険ではなかったが、退役軍人と国家公務員による国家への貢献労働に対する見返りとして給付される無拠出制の年金であった。

1917 年には、傷病兵および軍人の遺族・家族に対する特別な扶助の仕組みとして**軍事救護法**が制定されている。軍事救護法は、兵士という戦争遂行上必要な人的資源を確保し、かつ補償をするために特別な現金給付を行う制度である。対象は傷病兵と軍人遺家族であり、費用は全額国庫負担であった。軍事を目的としていながらも、これは当時の日本において重要な扶助制度であったと考えられている。

一方、恤救規則に代わるものとして、1929年に**救護法**が制定された。救護法は、高齢者、疾病・障害者、児童などの「労働能力のない貧民」を対象とし、さらに救護を受ける者には選挙権・被選挙権を与えず、惰民抑制のための「欠格条項」の規定も有していた。それでも救護法は日本で初めての本格的な公的扶助であると考えられてきた。

1937年に軍事救護法が**軍事扶助法**に名称が改められ、軍事国家における所得保障としてさらに重要な役割を果たすことになる。というのも、救護法が著しく選別的な制度であったため、もう少し幅広く経済的に困窮する国民に対して所得保障を行う扶助は軍事扶助法しかなかったからである。徴兵制によって多くの国民が軍事に動員され得る時代において、軍事扶助法は救護法と並ぶ公的扶助となった。

一方で、社会保険の系譜を整理しておく。明治末期から大正時代にかけて工業経済を拡大させた日本では、工場労働者や炭鉱労働者の労働環境が悪化し、社会保険という方法によって労働者の健康を保障する必要性が高まった。労働運動・社会運動および人権思想の高まりを背景に、1922年に日本で最初の医療保険である健康保険法が制定され、その後1938年に国民健康保険法が制定されることで医療保障の体系が確立された。しかし所得保障はここで成立していない。

社会保険による最初の普遍的な所得保障としては、**労働者年金保険法**をあげることができる。このときの加入者は大企業等の被用者であった。その後、1961年に国民年金法ができたことで、年金という所得保障は全国民に及ぶことになった。しかし当初の国民年金は任意加入である部分を残しており、女性（専業主婦）や障害者等の就労所得のない者は未加入の扱いとなり、のちに無年金という問題につながることになる。

6.「保険・扶助モデル」を超えて

日本では社会保障が社会保険と社会扶助によって成り立つと考えられてきたことをここまで確認してきた。このような社会保障を「**保険・扶助モデル**」と呼ぶことができる。

しかし保険・扶助モデルからの脱却を示唆する議論が古くからある。平田冨太郎は1960年代にこの動きをとらえており、次のように書いている。

> 社会保険の変貌とともに、社会保障のうちに「公的扶助」ないし「社会扶助」を包含するという形が採られており、ここにまったく新しい機構が現れはじめていることを知ることができる（平田, 1968, p.25）。

また隅谷三喜男も、社会保険と社会扶助という二つの異質なものが単に「相互補完的」なものになったというだけでなく、両者が統一的に展開することで「新しい何物か」が立ち現れていると説明している（隅谷, 1980, pp.18-20）。

これらを踏まえ、社会保障制度審議会「社会保障将来像委員会第一次報告～社会保障の理念等の見直しについて～」(1993年）は、保険でも扶助でもない「一般財源による給付を行う社会扶助」が拡大していると論じた。

> 社会保障は、歴史的には、貧困者を救済する公的扶助と、貧困に陥るのを防止するための社会保険との二つの制度を起源として形成されてきた。このため、社会保障を公的扶助と社会保険の統合形態だとする考えがある。しかし、今日では、公的扶助ほど厳しい資産調査又は所得調査を行わないが、社会保険としてではなく、一般財源による給付を行う分野も社会保障の中で重要性を増してきている。例えば、児童手当などの社会手当、福祉サービス、公費負担医療などであるが、公的扶助を含めてこれら一般財源による給付を社会扶助と呼ぶとすれば、社会保障は社会保険と社会扶助から成るということができる。社会保障の中心的な給付は所得保障、医療保障及び社会福祉であるが、これらはいずれも社会保険又は社会扶助のどちらの形態でも行うことができる（社会保障制度審議会, 1993）。

保険・扶助モデルから逸脱する所得保障の展開に関連して、**社会保険の扶助化**という議論も行われてきた。ピエール・ロザンヴァロンは「保険社会の衰退」と表現して、むしろ扶助の積極的な意義を強調している。彼によれば、20世紀初頭から半ばまでに社会保障が近代化される過程では、相互扶助を掲げる保険が人々の連帯を促す役割を果たし、あるいは連帯の哲学に立脚することができた。だが、現代ではそれらが機能しなくなっている。たとえば長期失業者、ホームレス、累犯者、シングルマザー、性的マイノリティといった社会的排除を受ける低所得層に対して社会保険は十分な機能を発揮できず、保険によって階層間・世代間の再分配を成り立たせることが困難になっている。低所得層は社会保険料の支払いに苦しめられ、貧困を悪化させてしまうのである（**社会保険の逆機能**）。

そこで現代では、社会の連帯を促すために保険ではない原理が求められている。連帯や社会統合を図るには社会保険よりもむしろ社会扶助がその役割を果たすと考えることができる（金子, 2017）。

7. 所得保障と就労の関係に着目して

1）給付の前提にある就労・社会参加

最後に、所得保障の展望を考えるために、「就労（労働）」と「収入（給付）」の関係に注目しながら所得保障の現代的な論点を整理しておく。

伝統的な所得保障の議論では、所得保障は**稼働収入**の一時的な中断や喪失に対応するものとして制度設計されてきた。すなわち、社会保障の基礎がつくられた20世紀初頭以降、収入を得るためには稼働収入（就労をしてその対価である賃金を収入にすること）が基本になるという意識づけが強化されてきた。そしてその稼働収入が一時的に中断や喪失をした場合に、社会保障としての所得保障が行われるという理解である。年金にしても生活保護にしても、それらの所得保障の前にまずは稼働収入がある（はずだ）という理解がなされてきたのである。

しかし現代では、いわゆる脱工業化やグローバル化のなかで労働市場の流動化や雇用の崩壊が進み、あるいは高齢化による非生産年齢人口の増加を受けて、稼働収入に関連づけて社会保障を考えることが揺らいでいる。働いても生活するに足る十分な収入を得ることが難しかったり、そもそも労働市場が縮小していたりするからである。

2）ワークフェアと所得保障

就労による自立を強調し、稼働収入からの保険料拠出を条件にした所得保障を重視する流れ（**ワークフェア**）が一方にはある。就労や保険料拠出をしていない者に現金給付を行うことは非効率であり（コストパフォーマンスが悪く）、あるいは「ただ乗り（フリーライド）」であり、「怠け者」の養成につながるという考え方がこれを支えている。

所得保障におけるワークフェアは、主に公的扶助の資格要件に就労、社会参加、教育・職業訓練の受講等を義務づける規定として展開されてきた。また「負の所得税」や「**給付付き税額控除**」と呼ばれる税制は、税還付という形で納税者の所得を補助する仕組みである。所得が低く一定の基準（税額控除基準）に達しない場合、非課税にするだけでなく、その額に達しない分を逆に現金で給付するというもの（「戻し税」とも呼ばれる）である。実際には理論的な「負の所得税」の構想ではなく、欧米の勤労所得税額控除（EITC：Earned Income Tax Credit）のように、就労所得に限定した税制として実装されるため、ワークフェアの性質を強くもったプログラムとなる。

3）ベーシックインカムと所得保障

これらのワークフェア政策とは真逆の展開として、就労・社会参加と給付との関係を切り離して所得保障を行う流れ（脱商品化）がある。この政策展開は、稼働収入の一時的な中断や喪失に対する所得保障だけでなく、さまざまな対象や資格要件に基づく所得保障があり得ることを示唆している。それは、就労・社会参加と拠出（という条件づけ）に関連づけて所得保障の権利をどう考えればよいかを問題提起しているのである。この議論の代表がベーシックインカム論である。

ベーシックインカムとは、すべての個人に完全に無条件で支払われる現金給付プログラムのことである。それは「現金給付であり、定期的な支払いであり、資力調査等が必要な従来の扶助・手当とは異なる」とされている（山森，2008）。ベーシックインカムは完全に無条件である給付（ユニバーサルベーシックインカム：UBI）として構想されてきたが、その実現可能性や政策効果という議論に基づき、さまざまな「条件つきベーシックインカム」（あるいは「部分ベーシックインカム」）が議論・導入されるに至っている。年齢、給付期間、地域で制限をかけたり、特定の低所得層やマイノリティに対象を絞ったり、あるいはワークフェア政策のように職業訓練やボランティア参加といった社会参加要件を設けたりするのが一般的である。最後のものは「参加所得」とも呼ばれる。

アメリカの一部地域で実施されている「保証所得」やフィンランドが2017年に実験的に導入した条件つき給付のように、ベーシックインカムと称されながらも実質的にはかなりの条件のついた限定プログラムが世界には数多くある。それでも社会扶助とは呼ばずにベーシックインカムと称するのには、理由があるだろう。それは、ベーシックインカムを掲げることによって、従来の所得保障が抱えているさまざまな矛盾や不正義を暴く議論を（意図的に）導こうとしている点に見出すことができる。

たとえば、社会保障はすべての人々が有する権利に基づいて普遍的に給付されるものだと謳われてきたが、実際のところその普遍性には条件がついており、職業上の地位、求職の意思、婚姻上の地位等によって制約を受ける。ベーシックインカム論は所得保障を「もらう権利」と「そのための貢献・義務」の関係を再考し、所得保障を普遍的に受ける権利を保障する新たな方法を模索しているのである。

西村淳は、所得保障の権利が「地位」に基づくものなのか「貢献」に基づくものなのかという権利の基礎づけと制度設計にかかわる議論を展開している。一般に「保険＝貢献原理」「扶助＝地位原理」と考えられているが、西村はそのような単純化を否定し、双方ともに貢献を必要とする部分があるとみる（西村，2013, p.276）。社会保険が貢献原理であることはもちろんだが、社会扶助もまた就労と健康保持を奨励し、適切な金銭管理と支出の節約を求めるという意味で貢献を必要としているからである。

こうした議論を踏まえながら、あらためて貢献原理から切り離された所得保障を構想する（ユニバーサル）ベーシックインカム論の特異性を確認することができるだろう。ベーシックインカム論による問題提起を受けて所得保障の議論は新たな段階に入っている。貢献原理から切り離された所得保障はどのような方法によって可能なのか、社会福祉学に問いかけられているだろう。

参考文献

- ILO、塩野谷九十九・平石長久訳『ILO・社会保障への途』東京大学出版会、1972年
- 荒木誠之『社会保障法（改訂版）』ミネルヴァ書房、1972年
- 岩村正彦「所得保障法の構造」日本社会保障法学会編『講座社会保障法２：所得保障法』法律文化社、2001年
- 大沢真理『イギリス社会政策史 ――救貧法と福祉国家』東京大学出版会、1986年
- 金子充『入門貧困論』明石書店、2017年
- 加藤智章「社会保障制度における生活保障と所得保障」日本社会保障法学会編『講座社会保障法２：所得保障法』法律文化社、2001年
- 河野正輝『社会福祉の権利構造』有斐閣、1991年
- 菊地馨実『社会保障の法理念』有斐閣、2000年
- 駒村康平『最低所得保障』岩波書店、2010年
- 隅谷三喜男「社会保障の理論形成」総合労働研究所『社会保障講座１：社会保障の思想と理論』総合労働研究所、1980年
- ベヴァリッジ，W.、一圓光彌監訳『ベヴァリッジ報告 ――社会保険および関連サービス』法律文化社、2014年
- 西村淳『所得保障の法的構造　英豪両国の年金と生活保護の制度史と法理念』信山社、2013年
- 日本社会保障法学会編『講座社会保障法２：所得保障法』法律文化社、2001年
- 平田冨太郎『社会保障研究』日本評論新社、1957年
- 平田冨太郎「社会保険と社会保障」氏原正治郎・小山路男・薬誠編『社会保険事典』社会保険新報社、1968年
- 堀勝洋『社会保障・社会福祉の原理・法・政策』ミネルヴァ書房、2009年
- ロザンヴァロン，P.、北垣徹訳『連帯の新たな哲学 ――福祉国家再考』勁草書房、2006年
- 横山和彦『社会保障論』有斐閣、1978年

5 保健・医療

藤井博之

1. 2000 年代からの保健医療の状況の概観

介護保険が施行された2000年を大きな区切りと考え、これ以降を中心に保健医療をめぐる社会状況と政策の動向について概観する。

1）医療・生活ニーズの多様化と健康の社会的要因

i　少産多死社会と医療計画における「5 疾病」

2001年に日本の総死亡数は総出生数を上回り、その後も死亡数の増加と出生数の減少が続いて**少産多死化**が進んだ。死因では脳血管疾患が減少傾向にあり、がん、心疾患、老衰が上位を占めるようになった。ほかに糖尿病、高血圧、肝疾患、腎疾患も増加している。がん、脳卒中、心筋梗塞等、糖尿病（2011年）に精神疾患が追加（2013年）された5疾病が、医療計画で重点的な疾病と位置づけられた。

ii　注目される「健康の社会的要因（Social Determinants of Health：SDH）」

病気と貧困の連鎖は戦前から社会福祉と保健医療にまたがる課題であるが、近年では、**健康の社会的要因**と**健康格差**が注目されるようになった。1990年代に確立された社会疫学は健康の社会的格差に着目する学問で、日本でも研究成果を上げるようになった。政策面では、2000年に策定された健康日本21で「健康寿命の延伸」が目標とされたが、2013年度からの第二次では「健康格差の縮小」が追加され、生活習慣の改善とともに社会環境の改善も課題として捉えられるようになった。続く第三次（2024年度から）でも二つの目標は堅持され、このうち「社会環境の質の向上」では「自然に健康になれる環境づくり」などの新しい考え方が登場した。

SDHに働きかけるのは社会福祉の重要なテーマであるが、医療機関を含む支援の現場からも、そうした社会的支援のネットワークアプローチに積極的に取り組む動きが話題になっている。

iii　医療と生活支援ニーズの複雑化

健康に影響する社会的要因には、高齢化による患者の増加、少子化による支え手の減少、生活困窮、虐待、いじめ・不登校、孤立・孤独などがあるが、高齢者、障害者、生活困窮者、子どもなど社会福祉のどの分野でもこれらの複数の要因が関係するケースが珍しくなくなっている。生活課題が複雑化・多問題化・重層化している。

保健医療の場面でも、病気の診断・治療と並行して就労支援や経済的困窮などへ社会福祉援助を行うことが必要という認識が広がってきた。障害者支援や高齢者介護だけでなく、がん対策基本法（2006年制定）でがん相談支援センターが、難病の患者に対する医療等に関する法律（2014年制定）で難病相談支援センターが、それぞれ開設されるようになって、ソーシャルワーカーが看護職などと一緒に活躍していることは、その一例といえる。

支援ニーズの複雑化は多くの分野で課題として認識されてきている。たとえば、学校教育の分野では2015年に中央教育審議会が中間まとめとして提出した、学校内外の多様な人材が協働する「チームとしての学校の在り方」がある。その背景には学校、子どもとその家族、教職員が抱える課題の複雑化・困難化が挙げられている。2020年の社会福祉法の改正により規定された「重層的支援体制整備事業」は、社会的ニーズや価値観の多様化、世代間・階層間・地域間の分断などを踏まえ、高齢者、障害者、生活困窮、子育て、孤立・孤独、虐待・暴力など複合化・複雑化した支援ニーズに対応しようとする取り組みといえる。

ⅳ 東日本大震災・福島原発事故で奪われた生命と健康

大きな災害は外傷など直接の身体的健康問題だけでなく、社会環境の悪化を通じて心身の健康状態を悪化させる。2011 年に発災した**東日本大震災**は死者 1 万 9765 人、行方不明者 2553 人、負傷者 6242 人(1)、震災関連死 3794 人(2) をもたらした（いずれも 2023 年 3 月時点）。

災害派遣医療チーム（DMAT）は、阪神・淡路大震災の経験をもとに「助けられる命を救う」ための組織として全国各地で結成され、2005 年に厚生労働省下の公的機関と位置づけられていた。東日本大震災の発災直後、全国から多くの DMAT が駆けつけ、従来以上の組織的な活動を行った。しかし津波によってすでに多くの人命が失われていた。

被災者は仮設住宅や復興住宅での孤立やうつ、生活不活発病やアルコール依存症などの高いリスクにさらされ、支援の基盤となる生活とコミュニティの再建が早くから課題となった。**災害派遣精神医療チーム**（DPAT）や**災害派遣福祉チーム**（DWAT）などの活動が求められるようになった。

原発事故ではメルトダウン後に遠隔地への大規模かつ緊急の避難が必要となり、帰村が困難で生活の再建に長期を要している。12 年半経った 2023 年 9 月に至っても 3 万 115 人が避難生活を送っている。

2011 年の人口動態統計では、不慮の事故だけでなく、脳血管疾患、肺炎による死亡が増加した。

ⅴ 新型コロナウイルス感染症の健康への影響と保健医療

新型コロナウイルス感染症のパンデミックでは、2020 年から感染症の予防及び感染症の患者に対する医療に関する法律（感染症法）上の位置づけが 5 類に引き下げられた 2023 年 5 月までに日本国内で 3300 万人を超える人々が感染し、7 万 4000 人を超える人々が亡くなった。人口動態統計への影響をみると、総死亡者数は 2020 年にいったん減少したものの、翌年から増加している。主要死因別では 2020 年に自殺が、2021 年に脳血管疾患、胃潰瘍・十二指腸潰瘍、不慮の事故が、2022 年には肺炎が、それまでの減少から増加に転じた。

自殺者について詳しくみる。自殺による死亡者数は 1998 年から年間 3 万人を超えていた。2009 年以降減少傾向にあったが、コロナ禍に入った 2020 年に増加に転じている。性・年齢別では 40 代以上の女性で増加し、男性では減少傾向が続いている。また、10 ～ 20 代では 2016・2017 年からすでに増加傾向にあった(3)。コロナ禍およびそれに伴う社会的行動制限などが複雑に影響している。

政府は、ワクチン、検査、治療薬、対応する医療機関の確保と並行して感染防止策としてマスク着用・手洗い・3 密（密閉、密集、密接）回避や、感染者の情報の公表、緊急事態宣言やまん延防止等重点措置などによる行動自粛を呼びかけた。その結果、感染や合併症だけでなく、社会的行動制限が暮らしに影響した。人々が集まる機会が減り、孤立・孤独に陥る人も少なくなかった。感染者や医療・介護従事者への社会的差別と排除も広がった。一方で、在宅勤務やリモート会議が普及するなど仕事や勉学の新しい方法を経験した人も多かった。

医療においては、新型コロナウイルス感染症の医療とそれ以外の一般医療の両立が早い時期から課題となった。コロナ禍でも心疾患や脳血管疾患、がんなどの疾患への医療ニーズが急に減少したわけではなかった。コロナ医療を行ううえでは診療・ケアの技術と医療機関の建物・設備などに制約があったなかで、医療従事者と施設・設備の一部をコロナ医療に振り向けた医療機関も少なくなかったが、一般医療を棚上げにすることは本来許されることではなかった。第 1 波（2020 年）から第 8 波（2022 年）まで感染者の増加が繰り返され、そのたびに入院の必要な患者と医療従事者のコロナ感染が同時に増加し、入院病床の逼迫（ひっぱく）が繰り返された。発熱・咳・低酸素など症状がある患者が外来や在宅医療でケアを受けざるを得ない場合も少なくなかった。介護施設の多くも、連携先の病院病床が逼迫した際には、コロナ禍前ならば医療機関に移って治療を受けていた感染者のケアを施設内で継続し、少なくない施設が集団感染（クラスター）を経験した。

感染した人の多くが十分な医療を受けられるか不安を感じた。それにもかかわらず、コロナ禍において日本で暮らす人々の医療に対する信頼が高まったことは、いくつかの調査結果が示している。たとえば、厚生労働省「受療行動調査」（2020年10月）[(4)]では、病院への全体的な満足度が、外来では64.7%と2017年の59.3%を5.4ポイント上回っていた。

2）保健医療提供体制の再編

i　病床機能の再編成と地域医療構想

急性期・慢性期の病院の機能区分を明確にする政策が1990年代から進められ、2000年以降は医療法改正で**病床機能の再編成**策が打たれた。特に2014年の第6次改正で地域医療構想が創設され、各都道府県・二次医療圏で人口、高齢化などをもとに算出された高度急性期、急性期、回復期、慢性期などの必要病床数に従って病床数の「適正化」が図られるようになった。この**地域医療構想**と後述する診療報酬による政策誘導、そして各地域の医療機関同士の努力により、多くの地域で医療機関の役割分担と連携が進んできた。

ただし、地域ごとの状況の違いへの顧慮を欠く動きが反発を招いたケースもあった。2019年には厚生労働省は地域医療構想の一環として、全国の1455公立・公的病院のうち424か所に統廃合を含む再編の検討を求めたことがその例といえる。がん、心血管疾患、脳卒中、救急医療、小児医療、周産期医療、災害医療、へき地医療、研修・派遣機能の実績が不足している病院が名指しされた。すでに役割分担と連携に踏み出していた少なくない病院から当惑の声が上がる結果となった。

ii　コロナ禍の病院・介護事業

コロナ禍では、病院・診療所の多くがコロナ医療と一般医療をどう両立させるかのチャレンジを受けた。資材や機材が不足しがちななかで、数の限られた感染症病床だけでなく、集中治療室や感染症病棟以外の急性期病棟・回復期病棟での感染者の受け入れ、患者と職員の院内感染等によるクラスターへの対応、発熱外来や在宅医療での感染者診療、ワクチン接種業務等の新型コロナ医療を担った。介護施設でも、病院のコロナ病床が逼迫すると感染者を病院に転送できず、施設内でケアすることになった。

後述する長年の医療費抑制政策によって、コロナ禍に入った2020年の時点で、医療機関の平均の利益率はマイナスないしごく低い水準にあり[(5)]、コロナ禍という非常時に対応できる十分な内部留保をもつ病院は限られていた。

新型コロナウイルス感染症に対応した医療機関には「新型コロナウイルス感染症患者等入院受入医療機関緊急支援事業補助金」や「新型コロナウイルスワクチン接種対策費国庫負担金」などの公費が投じられた。一方で、コロナ以外の一般医療は、たとえばがんを含む「不要不急」の手術などは抑制され、大幅な減収となった。

これにより、コロナ医療に医療資源を振り向けた度合いに応じて医療機関の経営状態に大きな格差が生まれた可能性が高い。これが、2023年5月の新型コロナウイルス感染症の5類移行後に進む医療機関再編成の初期条件としてもち越された。

iii　地域保健法による保健所機能の縮小とコロナ禍

地域保健法の制定（1994年）で母子保健など頻度の高いサービスの実施主体が保健所から市町村保健センターに移管され、**保健所**の機能と数は縮小させられた。保健所数は1992～1993年の852をピークに減少を続け、2023年現在で468となった[(6)]。

コロナ禍では、こうした状況の保健所が感染症対策の前面に立って、感染疑い者の電話相談とトリアージ、医療機関受診の調整と患者搬送、患者発生届、検体搬送、自宅待機中の健康観察、積極的疫学調査、濃厚接触者に関する連絡、施設への消毒命令などの業務を担うことになった。この間、通常の保健所業務もあったが、とても対応できず、医療法に基づく立ち入り検査、患者会、市町村保健師の教育・研修などを中止せざるを得なくなった。適切な受診ができない患者からの不満や苦情にも、保健所が対応せざるを得なかった。こうした過酷な状況で、多くの保健師・職員が長時間の時間外業務に追われ自らの健康状態に危険を感じる状況となった。

ⅳ 「地域包括ケアシステム」と多職種連携

「**地域包括ケアシステム**」が2003年の「高齢者介護研究会」報告書で登場したときは、介護サービスを中心とする概念であった。地域包括ケアの五つの要素として医療、介護、予防、住まい、生活支援が2011年の介護保険法改正で示され、持続可能な社会保障制度の確立を図るための改革の推進に関する法律（社会保障改革プログラム法）（2013年）で「地域包括ケアシステム」が法的に定義された。さらに、医療にはかかりつけ医だけでなく病院も含まれることが地域における医療及び介護の総合的な確保の促進に関する法律（医療介護総合確保推進法）（2014年）で示された。多職種連携の必要性がこの間一貫して強調されてきた。

「地域包括ケアシステム」を「深化させる概念」として登場した「地域共生社会」では、保健・医療・福祉に限らず、雇用・就労、住まい、司法、教育、産業に連携の範囲が広がっている（「地域力強化検討会最終取りまとめ」2017年）。

しかし、保健医療と介護、介護予防を含む地域福祉との間にはさまざまな壁が存在し、連携が妨げられることがある。これについては後述する。

3）医療・福祉技術の進歩

1990年代から多くの病院で外科手術や急性疾患の治療後の**早期離床**が進められるようになった。1990年代に普及した冠動脈疾患などのカテーテル治療や腹腔鏡下胆嚢摘出術など鏡視下手術が、2000年以後さらに広がったことも影響している。

早期離床のために、急性期病棟や集中治療部門で理学療法士や作業療法士が機能訓練を行い、栄養サポートや退院支援も急性期から取り組まれるのが当たり前になった。急性期病棟でのカンファレンスに医師、看護師、薬剤師以外に、ソーシャルワーカー、理学療法士、作業療法士、管理栄養士など多職種が参加するようになっている。これらは医療技術を運用する仕組みの変化といえる。

2000年代には**再生医療**、遺伝子工学、ロボット工学などが実臨床において実用段階に入った。この間に登場した医療技術（かっこ内は保険収載年）に、iPS細胞（保険未収載）、ロボット支援手術（2014年）、免疫チェックポイント阻害剤（2014年）、がん遺伝子パネル診断（2019年）、がん光免疫療法（2020年）、遺伝子治療（2023年）などがある。一部のがんや難病などで効果的な診断治療と治療の低侵襲化が可能になり、患者のQOL改善が期待できる場合もある。

一方でこれらの技術を現場に導入するうえでの課題もある。遺伝子レベルでの生命の操作や選別が可能となる技術をどう扱うかについて社会的合意は未形成である。新規技術が高額であることによる利用者負担と保険財政圧迫も議論になってきたが、後者については日本では診療報酬で単価をコントロールすることで医療保険制度に組み入れられつつある。

福祉工学の分野でも新しい技術の導入がみられる。入院患者・入所利用者の見守り機能付きベッド、障害者の意思伝達装置における視線入力、高機能で美しいデザインの電動車いすなどが注目されている。介護現場では**持ち上げない介助**（ノーリフティング）が広まりつつある。しかし看護・介護従事者にとって緊急性が高い移乗用リフトですら、導入が進まない・導入しても使われないなど、依然として普及途上である。背景には高額の投資が必要なこと、ケア技術を変革する教育とマネジメントに時間とコストがかかることなどがある。

4）医療・介護の人材育成

ⅰ 医療職の専門分化・高度専門職化

日本では1962年から各学会が専門医を認定してきたが、厚生労働省が立ち上げた「専門医の在り方に関する検討会」が2013年に報告書を提出し、各領域の専門医の標準化と質の担保を図る第三者機関として**一般社団法人日本専門医機構**が発足した(2014年)。医師は初期臨床研修を終えたあと19の基本領域の専門医を取得し、さらにより専門的な資格を目指す制度が始まった。

職能の専門性を高める動きは医師以外の医療職でも進んでいる。日本看護協会による認定看護師・専門看護師（1994年）に続き、日本理学療法士協会の認定理学療法士（2004年）、日本作業療法士協会の認定作業療法士（2006年）、福祉職では、認定社会福祉士認定・認証機構による認定社会福祉士(2011年)、認定介護福祉士認定・認証機構による認定介護福祉士（2016年）などの制度が始まった。

ii 医師不足

2004年に始まった新医師臨床研修制度で、大学病院は、研修医が減ったことを一つのきっかけに市中病院から医師を引き上げ、病院の**医師不足**が社会問題化した。医師不足の背景には、絶対数の不足と医療需要の増大、地域偏在、診療科偏在などに加えて、高齢医師や女性医師の増加など働く条件に制約のある医師が増えていることも挙げられる。より中長期的な要因として、診断治療技術の進歩・精密化、診療科の細分化、1990年代に問題となった医療安全の確保などのため、従来より多くの医師で患者を診るようになった面もある。冒頭で述べた医療・生活課題の多問題化で診療・ケアに時間と人手を要するようになっていることも影響している。

医師養成数をめぐっては政府も日本医師会も増員に消極的だったが、医師不足の社会問題化のなかで両者とも方針転換し、医学部入学定員は2007年の7625人から2017年の9420人へと1795人増員された。地域格差については、医学部入学定員における地域枠や初期臨床研修医の定数などで格差を是正する施策が講じられている。

チーム医療の推進が医師不足対策になるという期待もあり、チーム医療への診療報酬の加算が2006年に始まり報酬改定のたび拡大されてきた。さらに医師から他職種への業務移転（タスクシフト）が推進され、医師の独占業務の規制緩和と医療職の業務範囲拡大が図られつつある。しかし、これらが医師不足対策として機能するとは限らない。このなかで厚生労働省の「医師の働き方改革」による時間外労働の規制などが2024年度から始まった。

以上、医師について述べたが、それ以外の職種、たとえば看護師、介護職、ケアマネジャーでも人手不足が問題となっている。

iii 多職種教育 (Inter Professional Education: IPE)

多職種連携を推進する方略に**多職種教育（IPE）**があり、複数の職種が、一緒に、お互いから、お互いについて学ぶことを指す。国際的には医療資源の少ない国での人材養成や、多様な医療専門職が出現した欧米で、1970年代から行われていた。日本でも1972年に始まった藤田保健衛生大学（現・藤田医科大学）のアセンブリ教育などの先行例がある。

1998年にIPEという言葉がイギリスから紹介され、医療系の大学や医療機関の現任教育で実践するところが徐々に現れ、2006年に日本保健医療福祉連携教育学会（Japan Association for Interprofessional Education：JAIPE）が設立された。医学、看護学、薬学など専門職教育の学会等でも実践報告や研究が増加している。2010年代の後半には、医療職・福祉職を養成する大学の半数以上がIPEを実施するようになっているといわれている(7)。

一方で、社会福祉学部と医学部を含む医療系学部にまたがるIPEは一部にとどまっており、保健医療福祉系以外の、たとえば教育、保育、介護、都市計画、法律などを学ぶ学生も参加するコースはきわめて少ない。そもそも、大学等の教員自身が別の学部・学科の教員と一緒に仕事をする経験が少なく、教員自身のためのIPEが必要といわれている。

5）医療費の抑制

i 継続される医療費抑制政策

日本のGDP対国民医療費は、1980～1990年に4.82％から4.56％に減少し（年平均0.013％、前年より減った年が5年あった)、「世界一」の**医療費抑**

制政策と呼ばれた[8]。その後、医療費は拡大傾向にあり2000～2020年は5.70%から8.02%へ（年平均0.116%）増加している。政権、財務省、厚生労働省が立場の違いはあるが医療費を抑制しようとしてきた。特に厳しい社会保障費用の抑制策が採られた小泉政権（2001～2006年）では5.99%から6.26%（年平均0.05%）、第二次安倍政権（2012～2020年）では7.93%から8.02%（年平均0.02%）と横ばいを示した。

診療報酬改定（2年に1回）はこの間一貫して「マイナス改定」が行われてきた。介護報酬改定（3年に1回）でも全体ではマイナスとなった年も少なくなかった。

ii　医療保険・介護保険の財政状況

医療保険の財政状況は、被用者健保と国民健康保険でもともと異なり、後者は国や自治体が相当の割合を負担している。被用者健保の赤字や解散などが報道されるが、日本の賃金がほとんど増えていないための保険料率引き上げの限界と高齢者医療費の拠出金増加が背景にある。日本の労働者の所得が国際的にみて伸び悩んでいることが、保険財政に深刻な問題をもたらしている。

介護保険では給付が増えると保険料が上がるよう制度設計されているため、保険財政の赤字問題は基本的に生じにくい。むしろ保険料の上昇が被保険者の生活に影響することが問題である。

iii　予防の財政効果をめぐる議論

健康診断や保健指導などの健康増進施策（**予防医療**）が、健康寿命を延伸する可能性はある。しかし、それで医療費が削減できるという言説が繰り返し現れるものの、感染症から非感染性疾患（NCDs）に疾病構造が移行した社会でこれを裏づける医療経済学の研究成果はない。「**介護予防**」についても、健康日本21などの施策の効果が期待されており、高齢者の社会参加や生活の質を高める可能性はあるが、介護費用を減少させる根拠は示されていない。

iv　マイナンバーカードと健康保険証廃止

2024年の秋にマイナンバーカード普及策の一環として健康保険証を廃止することが2022年10月に決定された。保険証の廃止の必要については異論もある。さらに決定の直後からさまざまなトラブルが噴出し、国民の間に不安と混乱をもたらした。医療保険が生活の基礎的条件として信頼されていることを利用した強引な進め方だが、その結果は医療利用への不安をもたらした。

2. 社会福祉の視点からの保健医療政策のトピックス

今日の保健医療の状況を規定している諸政策のうち、社会福祉の視点から欠かせないと考えられる五つのトピックスを掘り下げて解説する。

1）医療提供体制の再編をめぐって

i　医療法改正の内容

医療法（1948年制定）の主な改正は第1次（1985年）から第6次（2014年）、2015年、2017年、2018年、2021年と10回行われ、うち7回が医療提供体制の再編に関するものであった。2000年より前では、第1次（1985年）で医療圏の設定、地域医療計画策定の義務化が、第2次（1992年）で特定機能病院・療養型病床群の制度化による病院機能の体系化、第3次（1997年）で地域医療支援病院の創設がある。2000年より後では、第4次（2000年）で病床機能の療養病床と一般病院への区分、第5次（2006年）で医療計画の見直しによる医療機能の分化・連携の推進が挙げられる。第6次（2014年）は医療介護総合確保推進法の制定に伴う改正で、地域医療構想が制度化された。2018年と2021年ではそれぞれ外来医療機能の偏在・不足への対応、外来機能報告制度の創設が扱われた。

医療法改正では、このほかに医療法人制度の改革が第1次、第5次、2015年で行われ、特に2015年改正では地域医療連携推進法人制度が創設された。また、インフォームド・コンセント（第3次）、医療安全支援センター（第５次）、医療機関の広告（第２次、第４次、2017 年）、医療従事者特に医師の確保（第５次、第６次、2018 年、2021 年）なども取り上げられた。

ii　医師の働き方改革

2021 年の医療法改正で**医師の働き方改革**を進める措置が定められた。

1990 年代に過労死多発が社会問題化し、すでに一般の労働では 2019 年の働き方改革を推進するための関係法律の整備に関する法律（働き方改革関連法）が時間外労働の上限を月 45 時間、年 360 時間等とした。

病院等では勤務医の４割以上が過労死ラインである月 80 時間以上の時間外労働をしており、実際に医師の過労死・過労自殺も発生していた。しかし、勤務医の長時間労働が病院運営の前提となっている現実があり、適用は遅れた。2024 年に施行される規制では、医師の時間外労働は月 100 時間未満、年 960 時間以下と一般労働者の倍以上であり、搬送患者の多い救急病院や研修指定病院などでは月 100 時間未満、年 1860 時間以下とされる。勤務医の長時間労働が改善されるのか危惧される一方で、どれだけの病院が交代勤務を行う医師を確保できるのか、そうした病院がない地域で救急医療等が確保できるのか、医師確保に伴う人件費増加による病院経営の圧迫など、医療提供体制への影響も懸念される。

医師の業務量を軽減するための方策として、医師から他の職種への業務移転（タスクシフト）が行われている。

iii　かかりつけ医機能の強化

プライマリケアの提供方法では、イギリスの国営医療（NHS）における登録制・人頭払い制の GP（general practitioner）が有名である。しかし、日本ではイギリス等と異なり、診療所の開業医や中小病院の勤務医の多くが専門医の機能と同時にプライマリケア医の機能を長年果たしてきた。2015 年に始まった専門医制度で 19 の基本領域の一つに総合診療が位置づけられたが、家庭医療・総合診療など専門分野での蓄積との関係は曖昧である。

かかりつけ医は 1990 年代に日本医師会が提唱して、プライマリケアを担う医師として使われてきた表現である。医療機能分化のなかで患者の大病院志向を是正し勤務医の負担を軽減するための機能的側面をもつ。診療報酬制度では 1996 年から大病院をかかりつけ医等の紹介状なしで受診した患者が特別料金を請求されるようになっていた。2013 年の「社会保障制度改革国民会議報告書」が「緩やかなゲートキーパー機能」を導入する必要を提起し、2016 年以降の診療報酬改定で特別料金の対象となる病院が拡大されていった。

かかりつけ医機能に関連する診療報酬では 2014 年に地域包括診療料が導入されたが、医療機関が算定する条件が厳しく、広がっていなかった。その後、骨太方針 2022 が「かかりつけ医機能が発揮される制度整備を行う」としたことをきっかけに、イギリス型かかりつけ医の制度化が行われるという議論も現れたが、そうはならなかった [9]。

2023 年に成立した全世代対応型の持続可能な社会保障制度を構築するための健康保険法等の一部を改正する法律（全世代型社会保障制度関連法）の一部である医療法改正では、かかりつけ医機能を「医療を受ける者が身近な地域における日常的な診療、疾病の予防のための措置その他の医療の提供を行う機能」とした。①外来医療、②休日・夜間の診療、③入退院時の支援、④在宅医療、⑤介護サービス等との連携という五つの機能が施行規則および告示で規定され、医療機関がかかりつけ医機能を報告する制度が創設されることとなった。

２）「多職種連携」の推進政策

i　多職種連携とチーム医療

「**多職種連携**」という用語は、日本の学術文献では 1990 年代に登場している。保健医療では「**チーム医療**」が 1970 年代から使われてきた [10]。二つの用語は重なりがあるが、チーム医療は医療機関で働く職種のチームワーク、多職種連携は保健・医療・福祉あるいはそれを超えた隣接領域間の連携と整理できる。

早くからチーム医療が行われていた分野の一つがリハビリテーション医療であり、リハビリテーション病棟では1970年代から医師、看護師だけでなくソーシャルワーカー、理学療法士、作業療法士などが参加するカンファレンスが行われていた。

ii 診療報酬等でのチームワークへの加算

2000年代になって、チーム医療および多職種連携がより積極的に推進される政策がとられた。一つが診療報酬制度における「**チーム医療加算**」で、2002年の「褥瘡対策未実施減算」新設にはじまり、緩和ケア、感染防止、呼吸ケア、栄養サポート、リハビリテーション総合計画評価、介護支援などに加算されるようになった。複数の職種が参加して評価とケアを実施・記録することが要件である。チーム医療への加算は診療報酬改定のたびに新設され、介護報酬にも広がっていった。病院では、急性期病棟でもカンファレンスに医師、看護師以外の職種が参加することが一般的になり、課題別の多職種チームがそれぞれ院内を回診する光景が定着している。

iii 在宅医療・介護連携推進事業

医療と介護の連携は1970年代に遡ることができる。往診と当時制度的には未整備だった訪問看護の在宅医療が、ホームヘルパー（家事援助者）と連携・協働する試みがあった。その後、社会福祉士と介護福祉士（1987年）、老人保健施設（1988年）、訪問看護ステーション（1992年）、介護保険（2000年）の制度が創設された。医療と介護の連携への要求が顕在化し、老人保健施設や在宅介護支援センターと病院の合同カンファレンスが行われるようになった。

2011年にモデル事業としてはじまった「**在宅医療介護連携拠点事業**」は、2015年には全国の市町村が実施する「在宅医療・介護連携推進事業」に発展した。医療的支援が必要な高齢者・障害者を在宅で支えるために、医療と介護の諸職種によるチーム会議とその基盤となる合同研修に全国の1718市町村が取り組んでいる。

iv 保健医療におけるタスクシフト

タスクシフトは職種間・業種間での業務の移転を意味するが、保健医療では資格制度で定められた医師等の独占業務の一部をほかの職種も行えるように法規を改正することを含む。

2004年に、看護師からのタスクシフトといえる介護職による喀痰（かくたん）吸引や経管栄養（胃ろう、腸ろう）の実施の条件が議論され、2016年以降の国家試験で資格を得た介護福祉士と、認定特定行為業務従事者認定研修を受けた介護福祉士、ホームヘルパー、特別支援学校教員等が行えることになった。

医師の働き方改革に関連して、「医師の働き方改革を進めるためのタスクシフト／シェアの推進に関する検討会」（2019～2020年）で、「初療時の予診」「検査手順の説明や入院の説明」「薬の説明や服薬の指導」「静脈採血」「静脈注射」「静脈ラインの確保」「尿道カテーテルの留置（患者の性別を問わない）」「診断書等の代行入力」「患者の移動」の9項目が議論された。その結果、人工呼吸器からの離脱や気管カニューレの交換など21区分38行為の特定行為研修を修了した看護師をはじめ、薬剤師、診療放射線技師、臨床検査技師、臨床工学技師、救命救急士、助産師が実施可能な医療行為が整理された。また、電子カルテの記載や指示入力の代行や診断書・意見書作成を補助する医師事務作業補助者（医療クラーク）の配置も推奨された。医療機関と各職能団体が対応し一定の業務移転が進みつつある。

ただし、医師からの主なタスクシフト先である看護師も不足しており、医療全体では人手不足への効果に限界がある。病院では、看護師から看護補助者や介護福祉士へのタスクシフトも進められているが、介護現場で介護職が不足している現実もある。

ここには、人手不足のほかに、政府・規制改革推進会議による規制緩和や、職能団体による職域拡大などの政治的な力も働いている。

3）診療報酬と介護報酬の改定

診療報酬は2年に1回行われる。2000年以降は、全体（医科、歯科、薬科の診療報酬と薬価等）では一貫して「マイナス改定」が行われてきた。内訳では、薬価のマイナス改定（-1.8 ～ -0.51%）を主な財源とし、診療報酬本体（医科・歯科・調剤の合計）は -1.36 ～ +1.55%であった（**表1**）。

診療報酬は、各医療機関がその内容を診療・事業計画に反映させるため、厚生労働省による入院医療費の適正化、在宅医療の推進などの政策に誘導する手段となる。

介護報酬では、３年に一回の定時改定のほか、2013 年の消費税８%への引き上げ、2017 年の介護人材の処遇改善、2019 年の介護人材の処遇改善と消費税 10%への引き上げに伴う臨時改定が行われた。褥瘡（じょくそう）、排せつ、看取りなどでの加算と介護職員の処遇改善などプラス要素もあったが、定時改定８回のうち３回はマイナス改定であった（**表2**）。

６年に一回は診療報酬と介護報酬が同時に改定される。2024 年は医療、介護に加え障害福祉等サービス報酬の同時改定となった。

3. 保健医療における社会福祉的課題

本章の最後に、保健医療の分野で話題になっている課題のうち、社会福祉の幅広い領域で共有されると考えられる点について述べる。

1）平時と非常時の保健医療と生活支援をどう両立させるか

日本社会は 2000 年以降に災害・感染症パンデミックという非常時を何回も経験し、平時と非常時の保健医療と生活支援を両立させなければならないことが明らかになった。

非常時の初期すなわち緊急時には、災害であれば救命救急や原発の放射性物質からの待避、コロナ禍ならば感染症の診断・治療などのコロナ医療が優先される。次に、非常時でありながら平時の側面ももつ長い期間がやってくる。そこでは平時と同様の一般医療すなわち非感染性疾患（NCDs）の早期発見・治療や、健康の社会的要因（SDH）のコントロールが重要となる。ただし、非常時の制約がこれを阻害する。東日本大震災での避難所や仮設住宅でのコミュニティ再建の困難、コロナ禍での社会的行動制限などである。

平時における一般医療には疾患の診断・治療と同時に**生活支援**の側面もある。高齢社会で必要とされる「治し支える医療」がその典型である。ちなみに地域福祉の分野で「問題解決型支援」と「伴走型支援」の両輪が必要とする指摘があるが、これらは治す医療と支える医療の関係と似ている。

コロナ禍は、平時の発想で立案された病床機能再編成策に応えて体制を構築してきた一般医療が、非

表１　診療報酬の改定率（2000 ～ 2022 年）

年	2000	2002	2004	2006	2008	2010	2012	2014	2016	2018	2020	2022
全体	0.2	-2.7	-1.0	-3.16	-0.82	0.19	0.004	0.1	-0.84	-1.19	-0.46	-0.94
診療報酬本体	1.9	-1.3	0	-1.36	0.38	1.55	1.38	0.73	0.49	0.55	0.41	0.43
薬価	-1.7	-1.4	-1	-1.8	-1.2	-1.36	-1.38	-0.58	-1.22	-1.65	-0.51	-1.35

出典：厚生労働省「診療報酬改定について」（各年度）

表２　介護報酬の改定率（2003 ～ 2022 年）

年	2003	2006	2009	2012	2013	2015	2017	2018	2019	2021	2022
改定率	-2.3	-2.4	3	1.2	0.63	-2.27	1.14	0.54	2.13	0.7	3

出典：厚生労働省「介護報酬改定について」各年度

注：2013 年は消費税引き上げ（8%）、2017 年は介護人材の処遇改善、2019 年は介護人材の処遇改善と消費税引き上げ（10%）に伴う臨時改定

常時には機能することが妨げられるにもかかわらず、棚上げすることも許されない事態となった。今後予想される災害や感染症パンデミックに備えるためには、たとえば医療機関や保健所が、コロナ医療のような非常時に求められる役割に柔軟に応えながら、一般医療とも両立させるために、人員や施設・設備、経営状況の余裕が必要である[11]。非常時にはそれぞれの役割が変化するなかで、保健医療と社会福祉の「連携」をどう持続するかも課題となる。

忘れてならないのは、コロナ禍でチャレンジを受けたのは医療機関や介護施設だけではないことである。従来の地域医療構想、病床機能の再編成政策、医療費抑制政策が、予想される新たなパンデミックに耐えうるか、再検討を余儀なくされた。

2）連携を妨げるいくつもの壁をどう乗り越えるか

医療でも、ケアの受け手（クライエント・利用者・患者）が予防・診断・治療・リハビリテーションの過程で主体的な役割を果たす必要があり、連携の担い手の一人となる必要がある。その意味では、多職種連携（interprofessional）という用語は、専門職とケアの受け手の間の壁になりかねない[11]。

乗り越えるべき壁はほかにもある。連携すべき分野は保育、学校教育、司法、行政、地域づくりなどに広がっているが、それぞれの間には制度や専門性の壁がある。地理的圏域の壁もある。二次医療圏と保健所の管轄する圏域、高等学校や特別支援学校の圏域、基礎自治体の圏域は一致しない。病院を利用する患者の居住範囲（診療圏）は病院が高度な機能をもつほど大きく、行政圏域を越えて広がる。NPOや介護事業所、障害者支援施設も同様である。

医療で入院日数の短縮が要請され、地域包括ケアで退院した後の社会参加が追求されていることから、地域医療構想と地域福祉計画が連携するための仕組みが必要である。

保健・医療・福祉の職種間のほかにも越えるべき壁は多い。一方で、医療と介護の連携すら乗り越えられていない現実がある。たとえば、国が力を入れてきた在宅医療・介護連携推進事業に、病院と診療所の職員、特に医師の参加が少ないことが、多くの地域で担当する行政部門や介護事業所、ケアマネジャーの悩みの種となっている。よくある「病院から在宅ケアへの退院の連絡が急で一方的だ」という事例は、在院日数短縮に追われる病院と人員体制に限界のある在宅ケアとの間に連携の課題があることを示している。一方で、「推進事業の集まりは、開業医の多くがまだ診療している時間帯に設定される」という声もあり、病院、介護施設、開業医で働き方改革の進み具合が違うことが背景にある。

さまざまな壁を乗り越えて連携を構築するには、どういう方略が必要か。連携には、働き手の連携する能力、働き手間の関係性、職場の機能・構造・運営のほかに、利用者のニーズ、技術の進歩、制度などの多要因が影響する。連携の能力（コンピテンシー）が必要な事は否定できないが、それ以外の要因を整える制度・政策上の課題も避けて通れない。

注

（1）消防庁「東日本大震災記録集」2013年
（2）復興庁等「東日本大震災における震災関連死の死者数（令和5年3月31日現在調査結果）」2023年
（3）厚生労働省「令和4年（2022）人口動態統計（確定数）の概況」2023年
（4）厚生労働省「令和2（2020）年受療行動調査（確定数）の概況」2022年
（5）厚生労働省「第23回医療経済実態調査（医療機関等調査）」2021年
（6）全国保健所長会「保健所設置数・推移」2023年
（7）山本武志ほか「多施設共同研究による多職種連携教育の推進と縦断的評価」「科学研究費助成事業研究成果報告書」2019年
（8）二木立『「世界一」の医療費抑制政策を見直す時期』勁草書房、2014年
（9）二木立「日本医療の歴史と現実を踏まえたかかりつけ医機能の強化」文化連情報No.541、32～44頁、2023年
（10）藤井博之『地域医療と多職種連携』勁草書房、13～17頁、2019年
（11）Leatherd A., *Going Inter-Professional Working Together for Health and Welfare*, pp3-37, 1994.

6 教育

加瀬　進

1. 子どもの貧困

1）子どもの貧困と教育の乖離

「**子どもの貧困**」の特徴・厳しさは、親の経済的貧困が親の困難を生み出し、その責任は一切子どもにないにもかかわらず、子どもはその困難を一手に引き受けざるを得ず、さらにその困難が子ども本人の将来を制約し、結果的に少なからず貧困の連鎖をもたらして社会問題を増大させるという構造にある。そしてまた教育との関係でいえば、“子どもの貧困は親の経済的問題や生活問題であるから、社会保障・社会福祉・社会教育・家庭教育に介入できない学校・教員には貧困の早期発見か、個人的ないし学校単位での支援を行うのが限界で、組織的・制度的な取り組みは「誰かに」委ねざるを得ない”という諦観がその構造を覆い隠す。そこで、この子どもの貧困の構造、並びに教育との乖離を隠蔽する構造を打破しようとする議論から始めよう。

2）子どもの貧困と四つのアプローチ

入江（2020）は、「子どもの貧困」問題に取り組む四つのアプローチを整理し、教育の本来機能が重要なアプローチの一つになるという理論モデルを提唱している（**図1**）。

特に「子どものエンパワメントアプローチ」の中心的役割を担うのが学校である。「貧困に負けない力」はコンピテンシー（個人に内在する能力）、レジリエンス（逆境にもかかわらず、うまく適応する

図1　「子どもの貧困」問題に取り組む四つのアプローチ

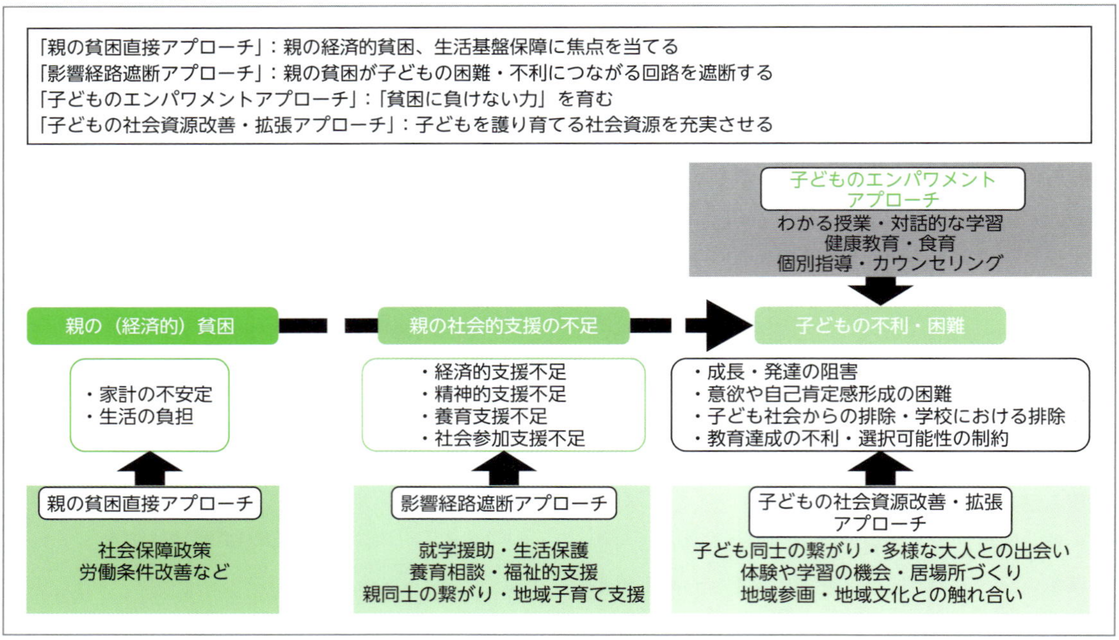

状態)、ケイパビリティ(潜在能力)からなり(埋橋・矢野ら 2015)、それぞれを高め、充実させることによって、子どもは支援されるだけでなく、自ら「貧困」を乗り越えていく主体になるという考え方である。「わかった、できた、楽しいね」と実感できる授業は子どもの貧困問題に対する重要な取り組みなのである。このことは、たとえば大阪府立西成高校の「反貧困学習」が明確に証左している。

また、政策的にも学校は「チーム学校」としてスクールソーシャルワーカー等多職種協働のプラットフォームになることが推奨され、併せてコミュニティ・スクールの推進によって多様な地域住民、大人との出会いを誘うことによって、子どもの豊かな「体験」保障が目指されている。それは大人、保護者になってからの家庭力を高める基礎となるものでもあり(池田 2012)、社会教育の文脈における教育の力の再発見といえるに違いない。

3)「学校からの排除」と「学校における排除」

ところで、「子どもの貧困」を考える際に、しばしば生命の維持が危ぶまれるほどの「**絶対的貧困**」、収入の少なさからみる「**相対的貧困**」、その国や文化のなかで当然保障されるべき事柄が奪われている状態に着目する「**相対的剥奪**」という理解のスキーマが取り上げられる。これは給食だけが栄養補給の頼りである、学用品が揃えられないといった比較的目に見える行動から貧困の SOS を発見・理解する一助となり、短絡的な叱責等を避けることにつながるといった効果も期待される。

しかしながら、この「失われた状態」に着目した場合、子どもはともするとそれを隠そうとし、結果的に「貧困」が潜在化して見落としが生じる場合が少なくない。この見落としをなくすために、プロセスという観点を重視する「**社会的排除**」というスキーマが提起されてきた。これを学校に当てはめてみると「学校からの排除」と「学校における排除」という二つの諸相がみえてくる(松川 2020)。

「学校からの排除」を「経済的な理由から進学を断念する」場合を例にして考えてみよう。この場合、必要な学費が用意できないという構造もあれば、経済的な不利がヤングケアラーになること等を余儀なくさせて将来の希望を奪い、結果的な学力不足と相まって進学できないという構造もある。後者の場合、高校中退も含めて本人の責任に帰されることがあるが、これは社会的排除の観点からすれば構造的な貧困問題と捉えることできる。

一方「学校における排除」であるが、いじめの事案のみならず、それは授業のなかで放置されていること(ダンピング)からもたらされる学力不足の問題としても立ち現れてくる。

社会的排除というスキーマは、「子どもの貧困」が多様なニーズの混在する状況のなかに埋め込まれているという理解の仕方を与えてくれるものといえよう。

4)生徒指導提要における貧困問題の位置づけ

このように、「子どもの貧困」問題において学校というチャネルは重要な位置を占めるが、そこにかかわって 2022 年 12 月に公表されたのが「**生徒指導提要(改訂版)**」である。生徒指導提要は文部科学省が作成した生徒指導に関する学校・教職員向けの基本書、といわれるもので、今回の改訂では、いじめ、不登校、暴力行為、少年非行、児童虐待、自殺、中途退学、インターネット・携帯電話にかかわる課題、性に関する課題、多様な背景をもつ児童生徒への生徒指導(児童生徒の障害や健康問題等)といった「個別の課題に対する生徒指導」が詳細に取り上げられた。しかしながら、「貧困」はこうした行動の背景要因ということからか、第 13 章「多様な背景を持つ児童生徒への生徒指導」の章において若干、触れられているだけである。とはいえ、「社会的排除」の観点を踏まえながら次の記述がなされていることは是非とも共有しておきたいところである。

「貧困の影響は、食事がとれない、物が買い揃えられないといった貧困の直接的影響だけではなく、学力不振や進路に希望が持てない、生きる意欲が湧かないなど様々な面で影響があるとされています。

こうした貧困による影響やその兆しが見られた場合は、SSWをはじめとする学校内外の関係者と連携して、児童生徒やその家庭に対する状況の把握や必要な支援の提供を行うことが求められます」(「生徒指導提要(改訂版)」285頁)

5)教員養成段階における「子どもの貧困」教育

以上、子どもの貧困を学校との関係でみてきたが、そこで中心的な役割を担う教師の貧困に対する感度を上げるにはどうすればよいのであろうか。現職研修も重要ではあるが、何といっても教員養成段階における「子どもの貧困」に関する学習の充実が喫緊の課題である。筆者の経験値にすぎないが、教員免許を取得するために最終学年で必修科目として置かれている「教職実践演習」で「子どもの貧困」を取り上げると、驚くほど「初めて知った」「もっと早く勉強しておきたかった」という声が学生から寄せられる。

ところで、教育職員免許法に基づいて大学の教員養成にかかるカリキュラムを整備するにあたり、2017年11月にはガイドラインとなる「**教職課程コアカリキュラム**」が発表された。そして「教育の基礎的理解に関する科目」の「特別の支援を必要とする幼児、児童及び生徒に対する理解」において「(障害はないが)母国語や貧困の問題等により特別の教育的ニーズのある幼児、児童及び生徒の学習上又は生活上の困難や組織的な対応の必要性を理解している」という目標を定めた項目が追加された。

この内容を、どのように具現化するかは今後の課題であるが、「教職課程コアカリキュラム」に障害に加えて貧困の問題が明記されたことは大きな意味をもつといえよう。

なお、実際の科目づくりにおいては多職種協働教育(IPE:Interprofessional Education)という観点を導入する必要がある。たとえば教師とSSW等、異なる職種間の相互理解はきわめて不十分である。まず「子どもの貧困」問題を知ること自体が重要であるが、教員養成課程の学生だけが数時間学ぶのではなく、必要な場合は遠隔学習を取り入れるなどして、可能な限り多様な分野の学生が同じ経験をベースにして共同学習を実現することを求めたい。

2. インクルーシブ教育

1)「分離特別教育の存続」

2006年12月13日に国連で採択された「**障害者の権利に関する条約**」に日本は2014年に批准した。この条約を我が国なりの形で遵守することを国際的に宣言したのであるが、その宣言の進捗状況や方向性の是非について審査する「建設的対話」が2022年8月に行われ、同年9月「勧告(総括所見)」が出された。そのなかでも、「**分離特別教育**の存続」が問題視され、**インクルーシブ教育**に関して次の勧告がなされたことは我が国の特別支援教育関係者に大きな衝撃を与えたといってよい。

「国の教育政策、法律及び行政上の取り決めの中で、分離特別教育を終わらせることを目的として、障害のある児童が障害者を包容する教育(インクルーシブ教育)を受ける権利があることを認識すること。また、特定の目標、期間及び十分な予算を伴い、全ての障害のある生徒にあらゆる教育段階において必要とされる合理的配慮及び個別の支援が提供されることを確保するために、質の高い障害者を包容する教育(インクルーシブ教育)に関する国家の行動計画を採択すること」(日本の第1回政府報告に関する総括所見(外務省仮訳)より)

いったい今回指摘された我が国の「分離特別教育」はどのような経緯をたどり現在に至ったのか、歴史の結節点・転換点における論点に触れながら、その素描を試みてみたい。

2)「教育の機会均等」条項と改正教育基本法

第二次世界大戦後、日本国憲法(1946年11月3日)第26条、(旧)教育基本法(1947年3月31日)第3条は、すべての国民が「その能力に応」じ、「ひとしく」教育を受ける権利を有することを謳った。条項の解釈としては障害の有無にかかわらず、すべての国民が対象であると理解できる。しかしながら、(旧)教育基本法第３条第１項では**教育の機会均等**にかかわって「人種、信条、性別、社会的身分、経済的地位又は門地によって、教育上差別されない」と定められ、いったい「障害」の有無は教育の機会均等を積極的に制約する理由になり得るのか否かという点に揺らぎを残したといってよい。

この点についてはその後、一連の研究から条項解釈としては「ひとしく」が大前提で、画一的にならないという意味で「その能力に応」ずるという理解することの妥当性が主張されてきた。だが、条項の「解釈」である以上、ほかの「解釈」を拒絶することはできない。こうした状況を受けて、改正教育基本法(2006年12月22日)では第４条となった「教育の機会均等」条項に、新たに第２項「国及び地方公共団体は、障害のある者が、その障害の状態に応じ、十分な教育を受けられるよう、教育上必要な支援を講じなければならない」を新設した。障害者の教育権が法規定上ようやく明文化されたのであった。

３)「特殊教育」から「特別支援教育」へ

ところで、憲法と(旧)教育基本法を受けて制定された学校教育法のもと、障害児を対象とする教育は「特殊教育」として整備されていった。特殊教育とは、端的にいえば、障害の種類と程度に応じた「特別な教育の“場”」、すなわち重度障害児のための盲学校、聾(ろう)学校、養護学校と軽度障害児のための特殊学級において行われる教育を指す。

しかしながら、実際には通常の学校・学級にこうした「障害児」も少なからず在籍していたし、新たに発達上の特性から特別の支援を必要とする幼児・児童・生徒(たとえば自閉スペクトラム症、限局性学習症、注意欠如多動症など)の存在もクローズアップされるようになってきた。そこで2007年に「**特別支援教育**」、すなわち「幼児児童生徒一人一人の教育的ニーズを把握し」「特別な支援を必要とする幼児児童生徒が在籍する全ての学校において実施され」「人々が生き生きと活躍できる共生社会の形成の基礎となる」教育に転換したのであった(文部科学省「特別支援教育の推進について(通知)(平成19年4月1日19文科初第125号)」。その際に強調されたのが「多様な学びの連続性」によって一人ひとりの教育的ニーズに応じるという制度設計の妥当性である。それは「ほとんどの問題を通常学級で対応する」場合から「特別支援学校」や「訪問教育」で対応する場合にいたる多様な選択肢を用意するというものであるが、「多様という名の分離教育」という批判は免れない。これが上述した「勧告(総括的所見)」で指摘された「分離特別教育」である。通常の学校・学級でも実際にはさまざまな在籍学級以外での個別指導、グループ指導が行われているが、それを含んでなお、「多様な選択肢」が「ひとまとまり」の学校ないし身近な校区に整備されることを志向するのか、通常の学校・学級のありようを根本的に解体して、ラジカルな学校改革を志向するのか、私たちは今、あらためて厳しく問われている。

４)「統合」「包摂」の社会的水準と個人的水準

ところで、1994年の**サラマンカ声明**で「**インクルーシブ教育**」の推進が提唱される以前には、「インテグレーション」という名称で障害のある人とない人との「統合」を進めようという取り組みが行われてきた。教育分野でいえば、歴史的・制度的に分離されてきた障害のある子どもと障害のない子どもが「一緒に学ぶ」機会づくりを積極的に進め、地域社会における障害者の受容を促そうというものである。

これについては、①学校におけるインテグレーション(統合教育)が地域社会における統合(相互受容)を約束するかのような楽観論に傾斜している、②包摂的ではない通常学級にいる障害のある子どもは「インテグレーション：統合」のなかでの「セグレゲーション：分離」を経験するという批判があった(加瀬1997)。この批判は特別支援教育が「共生社会の形成の基礎となる」ものであり、通常の学級でも行われるものであるとする限り、きわめて今日的な課題である。

一方、こうした議論はあくまでも社会的水準に着目した議論（「制度政策」の充実）であって、個人的水準（「人格形成」の充実や「個人の尊厳」の尊重）の議論もいっそう掘り下げられなくてはならない。インクルーシブ教育を議論する際に、どのような学校教育システムを構築すれば「分離特別教育」という批判をかわせるのかという発想ではなく、あらためて「子どもの最善の利益」とは何かという個人的水準の問いを根底に据えつつ、社会的水準における包摂的な制度設計を追求する必要がある。

5）「インクルーシブ教育」論の範囲

図2は左側に学校教育法第1条が定める「学校」（以下、1条校）、右側に「1条校以外」の学びの場を配置したものであるが、これまでの「インクルーシブ教育」をめぐる議論は図の左側に関するものに限定されている。

もちろん、この左側の部分についてだけ見ても外国人で日本語指導が必要な子ども、保護者の抱えるさまざまな問題から無戸籍で就学の対象から外されてしまう子ども、義務教育を受けることができなかった、あるいは形式的には卒業したが十分な教育を受けていない人たち、医療的ケアが必要で学校に看護師を常時配置しておかなければならない子どもの就学先をどうするか等、どのような形で1条校へ包容（インクルーシブ）するか、という論点が浮上してきている。

しかしながら、図の右側に示した不登校の子どもを主たる対象とするフリースクールやホームエデュケーション、独自の教育思想に基づいて教育を展開しようとするシュタイナー学校などは「インクルーシブ教育」論の俎上に載せられてはいない。

2016年12月7日に成立した**義務教育の段階における普通教育に相当する教育の機会の確保等に関する法律（教育機会確保法）**は、夜間中学校の整備、不登校児童生徒の「休養」の必要性や「フリースクール」の重要性を認めたが、現段階では設置状況の地域格差解消、既存の学びの場の運営体制強化という議論が中心であり、左上の**「校内教育支援センター」「教育支援センター（適応指導教室）」**や**「学びの多様化学校（不登校特例校）」**についても同様である。だが、上述したように、「社会的水準」「個人的水準」の両面から「インクルーシブ教育」論を議論する場でそのありようを検討する必要があるのではないだろうか。

図2 「インクルーシブ教育」論の対象範囲

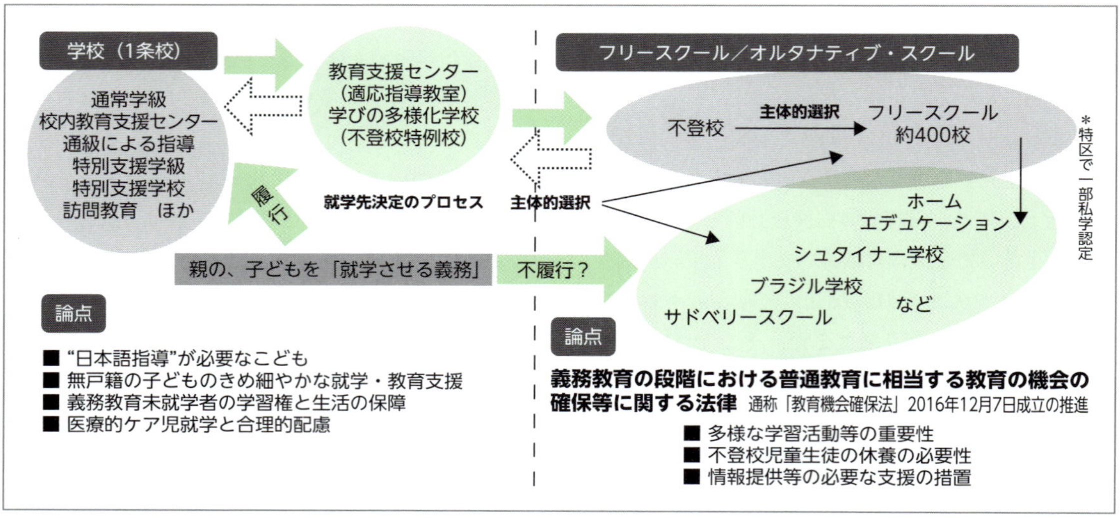

3. いじめ・自殺

1）いじめ防止対策推進法

2011年10月11日、滋賀県大津市内の中２男子生徒がいじめを原因として自殺するに至った事件とその翌年の報道を契機として、2013年６月に**いじめ防止対策推進法**が成立した。この法律で「いじめ」とは、「児童等に対して、当該児童等が在籍する学校に在籍している等当該児童等と一定の人的関係にある他の児童等が行う心理的又は物理的な影響を与える行為（インターネットを通じて行われるものを含む。）であって、当該行為の対象となった児童等が心身の苦痛を感じているものをいう」と定義され、周囲の判断ではなく、まず第一に本人が心身の苦痛を感じているかどうかが「いじめ」の有無を判断する基準であることが明示されたのであった。

同法制定以後、いじめの認知件数は急増し、文部科学省「令和４年度　児童生徒の問題行動・不登校等生徒指導上の諸課題に関する調査結果」によれば、学校におけるいじめの認知件数は全学校数の82.1％（68万1948件）で過去最高となっている。しかしながら認知件数の増加といじめの抑制は別問題であり、自殺等重大事態の件数は923件で高止まりのままであって、数多くの議論や学校での取り組みがなされてきたが、その現実的な解決は未だ得られていないのが現状である。

2）「いじめの４層構造」モデル

ところで、いじめの構造的な理解モデルとして広く知られているのが、森田洋司（大阪市立大学社会学研究室 1985）による「いじめの４層構造」である。いじめのアクターには①いじめる生徒、②観衆（はやしたてたり、おもしろがったりして見ている）、③傍観者（見て見ない振りをする）、④いじめられる生徒がいて、いじめの持続や拡大には、いじめる生徒といじめられる生徒以外の「観衆」がいじめを積極的に是認し、「傍観者」がいじめを暗黙的に支持していじめを促進する役割を担っているという理解の仕方を広めた。この理論モデルはいじめる生徒だけに注目するのではなく、いじめの構造的把握や学級経営のあり方、多職種協働による組織的対応の推進等において、その有用性が確かめられてきている。だが、「教師」自身もいじめの構造に加担する可能性があるという視点はやや背景に退けられた感は否めない。

3）いじめの「孤立化」「無力化」「透明化」

この点に言及したのが、いじめによる心理的変化を時間軸にそって理解しようとした中井久夫(1997)の「孤立化」「無力化」「透明化」という３段階モデルである。

「孤立化」の段階に至る際には「PR作戦」が展開される。これはいじめの対象がいかにいじめの対象に値するかを宣伝する行為で、被害者の些細な事柄をからかい、森田のいう観衆や傍観者の差別意識を巧妙に引き出すのだが、中井の指摘で重要なのは教師や保護者もこのPR作戦の対象となるという点である。教師の何気ない微苦笑、結果的な黙認なども「加害行為」になる。やがて常に緊張を強いられる「孤立化」の段階に入ると心身の反応も出てくるようになり、それでもなお、屈しない被害者には直接的な暴力等による「無力化」が行われ、重大事態の温床がつくられていく。さらに「透明化」段階の被害者は、いじめがないように振る舞ったり、いじめを心配する大人に反抗するといった心理状態になり、いじめを見えにくくするという。教師のコミュニケーション能力の向上や加担抑制は教師の多忙化解消とセットで考える必要があるが、中井はいじめを教室の中の一現象ではなく、教師や保護者も巻き込まれていく社会的・政治的隷従構造の問題として捉えたのであり、そこに社会変革を重要な任務の一つとするソーシャルワークの必要性をみることができる。

4）子ども・若者の自殺対策

こども家庭庁に設置された「自殺対策室」はこど

もの自殺対策に関する関係省庁連絡会議を主導して、2023年6月2日に「**こどもの自殺対策緊急強化プラン**」を取りまとめた。こどもの自殺の要因分析、自殺予防に資する教育や普及啓発等、自殺リスクの早期発見、電話・SNS等を活用した相談体制の整備、自殺予防のための対応、遺された子どもへの支援等をその内容としている。いずれも重要な取り組みではあるが、自殺対策の根底には子どもが安心して相談できる、避難できる地域社会における人間関係づくりを据えなくてはならないことを付言しておく。

4. 外国人の教育

1）「日本語指導」をめぐる問題群 ——「貧困問題」と生活支援

「外国人の教育」について、ここでは「**日本語指導**が必要な児童生徒」にフォーカスしてその現状と課題を取り上げる。なぜならば、そこには日本語指導の問題にとどまらず、「貧困問題」と生活支援、文化摩擦やアイデンティティの構築といった問題群が混在しているからである。

まず「貧困問題」という視点からみてみよう。学習支援を行っている団体に目を向けると、夜間に子どもだけになるひとり親家庭に対する居場所、ひとり親に対する就労支援と生活マネジメント、生活困窮から生じる無理心中等のSOSに気づく発見機能、多子家庭の居住支援、中卒での就労継続支援や自己肯定感の醸成、日本における進学（高校・大学受験）の相談支援など、その役割は多岐にわたっている。こうした多様なニーズがあることは夜間中学の全国的な整備においても留意されなくてはならない。

2）「日本語指導」をめぐる問題群 ——「文化的アイデンティティ」の構築

一方、「日本語指導が必要な児童生徒」が外国籍とは限らない。文部科学省「日本語指導が必要な児童生徒の受入状況等に関する調査（令和3年度）」結果の概要によると、「日本語指導が必要な外国籍の児童生徒数」は4万7619人、「日本語指導が必要な日本国籍の児童生徒数」は1万688人であり、そこには国際結婚家庭の子ども、長期の海外生活を経て帰国した子どもなども少なからず含まれている。したがって、いわゆる「幼少期から複数言語環境で成長し、空間的に移動するだけではなく、言語間を日々移動し、かつ大人が決めた言語教育的カテゴリー間を『移動する子ども』（川上2021）」の文化的アイデンティティ構築という課題がある。日本の教育は垂直的序列化（上昇志向）と水平的画一化（同調圧力）が過剰で水平的多様化（多様性の承認）が過小であり、結果として一定層の排除をもたらしたり、「他」であることの可能性を排除する可能性が高いとされている（本田2020）。そうしたなかで「**文化的アイデンティティ**」の構築にさまざまな支障をきたしかねないという点にも注目しておきたい。

3）日本語指導をめぐる諸課題

すでに、①言語（母語）の多様化、②文化的な背景の多様性、③来日理由・来日時期・将来設計の多様性（日本における就労・永住・進学）が指摘されているが（二通・猪狩2020）、上述した「貧困問題」と生活支援の必要性に象徴される、家庭環境や経済状況の多様さも課題である。受け入れる学校側にとっては、来日前の教育歴および学力の把握が難しいこと、編入転入学の時期が予測できないこと、保護者の日本語力や教育への意識の違いといったことも外国人児童生徒等特有の困難さといえる。保護者が日本語がわからなくて困っている場合、児童生徒が通訳のような役割を担うケースもあり、一種のヤングケアラー問題ともいえる様相を呈している。また特別支援教育に対するニーズや不登校・不就学等が二重三重の重なるケース、教育委員会や学校からの受入れ拒否、授業で「お客様状態」になってしまうといった問題もある。

4）特別の教育課程

こうした状況に対して、学校における日本語指導については特別の教育課程（児童生徒が学校生活を送るうえや教科等の授業を理解するうえで必要な日本語の指導を、在籍学級の教育課程の一部の時間に替えて、在籍学級以外の教室で行う教育の形態）が導入されている。しかしながら、日本語指導を行え得る人材不足等を背景に、日本語指導が必要であるにもかかわらず、学校で何の支援も受けられていない児童生徒が少なからず存在しており、早急な対策が求められる。

5）地域格差問題

日本語指導を必要とする子どもの問題のなかでも、外国人の集住地域と散在地域における社会資源の地域格差解消は大きな政策的課題である。一部の自治体では日本語指導の拠点校整備と通級制度の導入が行われているが、小学生のような低年齢の子どもの場合、保護者の送り迎えが必要となるという問題が発生する。外国人児童生徒の保護者は共働きで多忙な家庭も多々あり、保護者が送り迎えできないことから、日本語指導に通えないというケースもある。散在地域の課題解決に向けては、自治体との連携等によるICTを活用した遠隔日本語指導の取り組み等が期待されるところである。

5. 高校中退・高等教育無償化

1）高校中退の概況

文部科学省が1982年度から毎年実施している「児童生徒の問題行動・不登校等生徒指導上の諸課題に関する調査」によると、2022年度の高等学校における中途退学者数は4万3401人（前年度3万8928人）、中途退学率は1.4%（前年度1.2%）である。多い時には2.6%であったことを考えると、若干の増減を繰り返しながら大きくは減少傾向にあるといえる。しかしながらこの概況については次の点に留意する必要があろう。

第一に中途退学率の算出方法である。文部科学省の算出方法は「その年度の在籍者数に占める中途退学者数の割合」であるが、ある年度に入学した生徒の3年間を追跡し、そのうちの非卒業者数の比率を計算すると、中途退学率は数倍にのぼるという一連の研究がある（藤江ら 2021、ほか）。

第二に都道府県別にみた場合の高校中退率の違いである。2022年度調査でみると平均中退率は1.4%であるが、その開きは0.5%～2.1%と約4倍である。

第三に高校間での違いである。高校入試の平均点でみた場合、最も高い高校群（中退率5%未満）と最も低い高校群（中退率30%強）とで6倍の格差があるとする報告もある（青砥 2009）。

2）高校中退という問題群

高校中退の根底にあるのは「子どもの貧困」として立ち現れる社会構造の脆弱性であるとともに、上昇志向と同調圧力が過剰に現れ、多様な可能性を排除して、結果的に「下位として位置付けられる層を、必ず生み出す」“我々”の意識構造である（本田 2020）。具体的な現象としては、①低学力、②学習意欲の欠如、③基本的生活習慣の訓練（しつけ）の不足、④人間関係の未成熟、⑤アディクション（もの、動物、性行動への依存）、⑥親からのDV・ネグレクト、⑦貧困層の囲い込み政策、⑧やめさせたがる教師たち、に帰結する（青砥 2009）。

3）高校中退の予防

こうしたなか、高校中退の予防について、①入学直後から夏休みまでに肯定的な意識になれる取り組み、②定期的な意識変容の把握、③小中学校段階からの主体性の涵養、④わかる授業の工夫、⑤家庭との連携が有用との調査もある（国立教育政策研究所生徒指導・進路指導研究センター 2019）。しかしながら、この調査は中退率が全国のほぼ中位（1.5%、調査当時）に位置するA県の2011年度の公立高校入学生全員（1万3024人）を対象としたもので、県内でも底辺校とされる学校にも有用であるかどうかは未知数である。この点についてはむしろ、「反貧困学習」で注目された大阪府立西成高校など、厳しい学校の現実に立ち向かった実践にこそ学ぶ必要がある。

4）貧困・格差と経済的な支援

貧困・格差を埋めるべく進められてきた経済的支援をみると「**高等学校等就学支援金**」（国が学校に支援金を支払い、学校が生徒の授業料と相殺することで、教育費負担を軽減）と、授業料以外に必要となる教育経費（修学旅行費ほか）に対する支援金である「**高校生等奨学給付金**」（対象は生活保護世帯と非課税世帯）がある。この経済的支援について問題視されるのが後者の給付金である。これは、都道府県知事または都道府県教育委員会が生徒の保護者等に支給するもので、親による使い込み事例がみられるからである。保護者等から奨学給付金の受給等を高校等に委任する旨の委任状の提出のあった場合には、高校等は、保護者に代わって奨学給付金を受領できるとされているが（代理受領）、その実質的なシステムづくりが課題である。

5）高等教育無償化

経済的な支援は高校就学支援金に私学加算が行われるなど、いっそうの広まりをみせているが、2020年度から高等教育にも拡充され「**修学支援新制度**」（授業料等減免と給付型奨学金）がスタートしている。対象は資産状況や世帯所得の要件をみたしており、学ぶ意欲のある学生で、対象条件を満たしていれば返済義務のない給付型奨学金と授業料や入学金などの免除（減額）の二つの支援が受けられる。経済的困難から修学をあきらめることのないようにという新制度であるが、上述したような高校格差があるなかで、どれだけ「進路を拓く」ことができるかは、丁寧にみていく必要があろう。

6. 不登校者の支援

1）不登校施策の転換点

不登校施策にはいくつかの転換点がある。まず、不登校問題に関する調査研究協力者会議「今後の不登校への対応の在り方について（報告）」（2003年）において、誰にでも起こり得る不登校の要因や背景は多様であって「教育上の課題としてのみとらえることが困難な場合がある」と提言され、教育（学校）のみならず福祉や司法等との多職種協働による支援の必要性が提起されたことは大きな転換点の一つであった。

その後、いくつかの公的調査や社会的にも注目された事件と併走しながら文部科学省より一連の調査研究協力者会議報告書、不登校に関する通知等が出されていく。すなわち、休養の必要性やフリースクール等民間団体の重要性を認めた教育機会確保法の公布（2016年）、2022年の文部科学省通知「不登校に関する調査研究協力者会議報告書～今後の不登校児童生徒への学習機会と支援の在り方について～（通知）」および同通知別添2報告書、「生徒指導提要（改訂版）」の公表、さらに2023年の「誰一人取り残されない学びの保障に向けた不登校対策について（通知）」（COCOLOプラン）へと至るのであった。その軌跡は「子供たちの学びたい、体験したい、自分を認めて欲しいという子供の意思や主体性を尊重する姿勢を持ち続ける理解者が存在し、児童生徒が自らの意思でその後の人生選択を自信をもってできるような「安心感」を醸成していくこと」（上記2022年報告書より）を尊重すべきであるという認識への歩みであった。

2）「不登校の支援」をめぐる課題と論点

不登校者の支援はその「場」に限っても、学校内居場所（保健室等）、校内教育支援センター、教育支援センター（適応指導教室）、学びの多様化学校（不登校特例校）、フリースクール、ホームエデュケーションといった選択肢の量と質の充実が課題であるが、問題はそこにとどまらない。とりわけ「学校に登校するという結果のみを目標としない」という理解の重要性を踏まえたうえで、それは本来「本当に大切なことは何かを理解する」ための時間・空間・関係性を充実させることであるにもかかわらず、「居場所でよい」として思考停止に陥っていないかという問題である。ここでは２点、指摘しておきたい。

まず第一に、教師、保護者、支援者、研究者等、不登校にかかわる大人のなかに強烈に染み込んでいる価値観――「学校」へ通い、しっかり勉強してよい成績をとり、進学することが当たり前で望ましい、翻ってそうした「スタンダード」から外れた人たちは排除されて当然であるという意識――が鏡に映され、自省する営みが風化していないかという危惧である。

第二に、不登校である、ないにかかわらず子どもは**児童の権利に関する条約**の４つの原則、４つの権利が護られなくてはならないが、「子どもの最善の利益」に必要な支援を検討するためのアセスメントの軽視、発達障害等の特性やいじめに対する丁寧な理解・対応の封印、学校的学習をも含んで充実させるべき「学び」や「参加」の放置が生じていないかという点である。

不登校の問題は数的増加の抑制や選択肢の充実といった目に見える政策・実践的課題のみならず、教育や社会のあるべき姿を多様な観点から追求する営為に位置づけられなくてはならない。

参考文献

- 池田まさみ他「幼児期の問題行動と家庭力」菅原ますみ編『子ども期の養育環境とQOL』金子書房、101～117頁、2012年
- 入江優子「教育課題として子どもの貧困を捉える視点」松田恵示監、入江優子・加瀬進編著『子どもの貧困とチームアプローチ～“見えない”“見えにくい”を乗り越えるために』書肆クラルテ、16～23頁、2020年
- 埋橋孝文・矢野裕俊編著『子どもの貧困／不利／困難を考える』ミネルヴァ書房、2015年
- 松川誠一「家族の多様化と学校を通したケアの社会保障」松田恵示監、入江優子・加瀬進編著『子どもの貧困とチームアプローチ～“見えない”“見えにくい”を乗り越えるために』書肆クラルテ、25～31頁、2020年
- 加瀬進「インテグレーション概念の再検討」『SNEジャーナル』2(1)、58～74頁、1997年
- 高橋智・加瀬進監、日本特別ニーズ教育学会編『現代の特別ニーズ教育』文理閣、2020年
- 大阪市立大学社会学研究室『「いじめ」集団の構造に関する社会学的研究』1985年
- 森田洋司・清永賢二『新訂版　いじめ――教室の病い』金子書房、1994年
- 中井久夫『いじめの政治学』みすず書房、1997年
- 本田由紀『教育は何を評価してきたのか』岩波新書、2020年
- 川上郁雄『「移動する子ども」学』くろしお出版、2021年
- 二通愉・猪狩美恵子「日本語指導を必要とする外国人の子どもの課題」高橋智・加瀬進監、日本特別ニーズ教育学会編『現代の特別ニーズ教育』文理閣、40～44頁、2020年
- 青砥恭『ドキュメント高校中退――いま、貧困がうまれる場所』ちくま新書、2009年
- 藤江玲子・藤生英行「日本における高等学校の非卒業者の率の検討」『教育総合研究第５号』83～94頁、2021年
- 国立教育政策研究所生徒指導・進路指導研究センター『「高校中退調査」報告書～「中退者」と「登校者」との比較から見えてきたもの～』2019年
- 大阪府立西成高等学校『反貧困学習――格差の連鎖を断つために』解放出版社、2009年
- 保坂亨『学校を長期欠席する子どもたち～不登校・ネグレクトから学校教育と児童福祉の連携を考える』明石書店、2019年

7 住宅

山本美香

1. 住宅政策の概観

1）2000 年以降の住宅政策の動向

ケメニーは、欧米諸国の住宅政策について、次のように二つに類型化した。一つは、ユニタリーモデル、もう一つは、デュアリストモデルである。それぞれのモデルの特徴と該当する国については、**表1**のとおりである。日本をこの類型に当てはめるとすれば、デュアリストモデルに近いものといえる。持ち家を主としながら、残余的に公営住宅を設置し、かなりの部分を民間賃貸住宅に依拠するという特性があるからだ。ただし、デュアリストモデルに分類されているイギリスやアメリカにおいても、残余的とされている公営住宅の割合は日本に比較しても多い。住宅確保が公的保障ではなく、自己責任とする考え方は、日本においてはいまだに根強いものがある。

平山（2020）は、戦後の住宅政策を次の三つの時期に区分し、各時期の特性を示している。①終戦から 1970 年代初頭：住宅政策の枠組みの整備、中間層の持ち家取得の促進、② 1970 年代初頭から 1990 年代半ば：持ち家促進の加速化、景気刺激の一環としての持ち家建設拡大、住宅ローンによる住宅消費、③ 1990 年代半ばから現在、戦後住宅政策の解体、住宅取得はほぼすべて市場化される。

戦後住宅政策が大きな転機を迎えたのが、学説としては、1990 年代半ばからとされている。代表的なものを挙げると、1995 年に出された「住宅宅地審議会答申」があるが、ここでは「より広く自由な市場の機能を活用」することが提唱された。民間活力を重視する動きは経済・社会のなかで顕著になった新自由主義的な傾向と同調している。社会福祉領域においてもこの動きは例外ではなく、2000 年に成立した社会福祉法は、一連の社会福祉基礎構造改革の集大成であり、福祉多元化のもとに民間企業の活用が必然となった。「措置から契約へ」の転換、介護保険の開始などは、そうした流れの一環に位置づけられる。

一方で、2000 年以降は、少子高齢社会の進展によって、住宅政策における高齢化対策は急務となった。さらに、生活の困窮化に加え、家族や地域によるサポート力の減退が想定以上に進んだことで、年代を問わず自らの力だけでは住宅取得が困難となる人々の存在がクローズアップされ、住宅政策と福祉政策の実質的なレベルでの連携が不可欠となっていった。

表 1　欧米諸国の住宅政策の類型

モデル	特徴	該当する国
ユニタリーモデル	ノンプロフィットと民間賃貸住宅との競合する市場メカニズム	スウェーデン、ドイツ、スイス、オーストラリア、デンマーク
デュアリストモデル	利潤目的の借家市場と持ち家、残余的公営住宅	イギリス、アメリカ、オーストリア

出典：小玉徹・大場茂明・檜谷美恵子・平山洋介『欧米の住宅政策――イギリス・ドイツ・フランス・アメリカ』ミネルヴァ書房、6～7頁、1999 年を参考に筆者作成

2）ターニングポイントとなった住宅政策・住宅計画

以下、2000年以降に住宅政策においてターニングポイントとなった法律・計画を見ていく。ただし、ここで挙げたものは、主に高齢者・障害者・生活困窮者対策など社会福祉政策とのかかわりが大きい領域が中心である。

i　高齢者住まい法の制定（2001年）

高齢者の居住の安定確保に関する法律（**高齢者住まい法**）では、「**高齢者の居住の確保**」が目標とされた。具体的には、以下の内容となる。①高齢者が日常生活を営むために必要な福祉サービスの提供を受けることができる良好な居住環境を備えた高齢者向けの賃貸住宅等の登録制度、②良好な居住環境を備えた高齢者向けの賃貸住宅の供給を促進するための措置、③高齢者に適した良好な居住環境が確保され高齢者が安定的に居住することができる賃貸住宅について終身建物賃貸借制度を設ける等の措置などである。この法律によって、特に賃貸住宅市場において高齢者の居住の安定を図ることが目的とされた。

ii　「第8期住宅建設5箇年計画」（2001～2005年）

本計画の目標は、「少子高齢社会への対応」と「市場が適切に機能するための条件整備」「民間活力・既存ストックの活用」である。国は、1966年より8期に渡って、「住宅建設5箇年計画」を策定してきたが、8期で終了となった。

iii　住宅関連三法の成立（2005年）

住宅関連三法とは、「地域における多様な需要に応じた公的賃貸住宅等の整備等に関する特別措置法」「公的資金による住宅及び宅地の供給体制の整備のための公営住宅法等の一部を改正する法律」「独立行政法人住宅金融支援機構法」の三つの法律のことである。

本間（2006）は、2005年の住宅関連三法の成立をもって「戦後住宅政策はついに終焉を告げ」たとする。この三法成立がなぜ「住宅政策の終焉」かという点については、①公営住宅建設に対する個別補助金が廃止となること、②住宅金融公庫は解散となり証券化支援業務等を業務とする独立行政法人（住宅金融支援機構）が設立されること、③特別勘定を設け、財投資金の繰り上げ返済を行うこと、④住宅供給公社の自主的な解散規定を付け加えること等が、盛り込まれていることを理由として挙げている。

iv　住生活基本法、住生活基本計画（2006年）

住生活基本法は、従来の住宅建設5箇年計画という量的整備から、住宅をいかに確保するかに大きく舵を切った。園田（2015）は、住生活基本法は「21世紀の住宅政策の要」と評している。この法律と計画の目標は、「住生活の安定の確保」「福祉施策と連携した居住サービスの向上」である。こうした転換の背景には、少子高齢社会の進展や世帯数の減少などの社会問題がある。しかし、公営住宅が低所得者にとって最後のセーフティネットであるとしながら、一方ではその機能を縮小させており、実質的には公的な責任の後退ともいえる側面もあった。

v　高齢者住まい法の改正（2011年）

要介護高齢者の増加を背景にして、住宅の供給を増やす目的で、高齢者住まい法の改正が行われた。従来の「高齢者円滑入居賃貸住宅（高円賃）」「高齢者専用賃貸住宅（高専賃）」「高齢者向け優良賃貸住宅（高優賃）」を、「**サービス付き高齢者向け住宅**」として一本化した。

vi　住宅セーフティネット法（2007年）と住宅セーフティネット法の改正（2017年）

住宅確保要配慮者に対する賃貸住宅の供給の促進に関する法律（**住宅セーフティネット法**）は、「**住宅確保要配慮者**」とされる高齢者・障害者・低額所得者・外国人など、一般の民間賃貸住宅市場では、住宅を借りにくい人々の入居円滑化を図ることを目的として制定された。本法律・制度の目的と2017

年の同法改正の要点については、次の３）で詳細に記述したい。

３）住宅セーフティネット法の目的

ⅰ　住宅セーフティネット法の目的

2007年に住宅確保要配慮者に対する賃貸住宅の供給の促進に関する法律が制定された。この法律の目的は、「住宅確保要配慮者に対する賃貸住宅の供給の促進を図り、国民生活の安定向上と社会福祉の増進に寄与すること」と明示されている。ここでは、「公的賃貸住宅の供給の促進」「民間賃貸住宅への円滑な入居の促進」「賃貸住宅に関する情報の提供及び相談の実施に関する施策」「住宅確保要配慮者の生活の安定及び向上に関する施策等との連携」「地域住宅計画への記載」「**居住支援協議会**等の設置」「国の地方公共団体への支援」が盛り込まれた。

この法律では、従来、社会福祉政策だけで対応していたものを、住宅政策としても対応しようとした点で大きなターニングポイントとなる位置づけを有している。

ⅱ　改正住宅セーフティネット法の目的と課題

2017年4月にこの法律の一部改正を行う「住宅確保要配慮者に対する賃貸住宅の供給の促進に関する法律の一部を改正する法律」が制定された。この法律に基づく制度は、「**新たな住宅セーフティネット制度**」と称され2017年10月に施行された。

この新しい制度の背景として、住宅確保要配慮者の増加がますます見込まれること、一方で、空き家が多く存在し、有効活用を図ることが政策課題となっていることなど、空き家を活用した住宅セーフティネットの機能強化が求められていることなどがある。

新たな住宅セーフティネット制度では、民間賃貸住宅を活用して、住宅確保要配慮者に住まいの供給を行うことを目標としている。住まいの確保に向けて必要な連帯保証人や緊急連絡先の確保をするために**居住支援法人**や家賃債務保証会社を登録する制度を新設することとしている。また、ハードとしての住宅を提供するだけでは地域での生活が困難なもののために居住支援協議会において居住支援法人から生活支援を提供できるようにすることが目指されている。

住宅確保要配慮者に対して住宅を確保するという期待を寄せられた登録制度は、貸す側である大家にとってのメリットが少なく、実質的な数は伸びていない。**専用住宅制度**も、10年間専用住宅として確保することなどの条件のハードルが高く、こちらも登録数は少ない。本制度の目的は重要であるものの、住宅を提供する側にとっては、メリットを感じにくい内容であり、住宅提供の方法に課題が残っている。

さらに、2024年に、住宅セーフティネット法が改正され、「居住サポート住宅」（見守りや、福祉サービスへのつなぎ）の供給促進などが盛り込まれた。

2. 住宅確保要配慮者の住宅事情

１）住宅喪失の理由

2021年に実施された「ホームレスの実態に関する全国調査」によると、路上（野宿）になった理由では、以下のような要因が多い。「仕事が減った」（15.4％）、「倒産や失業」（14.4％）、「人間関係がうまくいかなくて、仕事を辞めた」（11.9％）「病気・けがや高齢で仕事ができなくなった」（9.0％）と「仕事の喪失」が住宅の喪失につながっている。仕事の喪失・収入の減少がすぐに住宅喪失へとつながる構図がみえる。

また、山本（2017）による生活困窮者やホームレスだった人々への調査からは、性別や年齢によって住宅を喪失する要因の相違が明らかになっている。

女性の場合、年齢による違いよりも、困窮に至る性固有の特徴がみられる。それは、家族、とりわけ夫が原因で困窮化をたどるという点である。離婚（DV、借金）、同棲の解消、夫の失業、子どもの疾患など、直接は本人の責任に帰せられないことが、困窮が始まる原因になっている。また、家族が原因で生じた居住の困窮化に、女性自身の力では歯止めをかける力を有していなかったという点も指摘できる。この点が女性の困窮化を促進し、結果的に住宅喪失となっている。

男性の中年・高齢層の場合は、稼働期の職業に大きな要因がある。建設・土木・運送業に従事した者が多く、中年期の比較的早い段階で体を壊して仕事を辞めざるを得なくなっている。そのような場合に、社会保障が適用されるのであるが、年金に未加入であるなど、社会保障の網の目からも漏れている。さらに、成育歴をみても小さい時から親が不在、大人になっても結婚によって新しい家族を築いている場合が少なく単身である場合が多い。このように家族機能もきわめて脆弱な環境にあることが、中・高齢期の住宅喪失につながっている。

若年層では、親からの虐待が最も大きな要因である。それに加えて発達障害などの障害を有する者も少なくない。これらの要因が重なって就学状況が悪化し、その結果、就労できていない者が多い。若年層では、親の家からの「脱出」による住宅喪失となっている。

このように特性別に住宅喪失の理由を把握することは、どのような支援が必要なのかを見きわめ、適切な支援を行っていくためにも重要な視点となる。

2）民間賃貸住宅市場における住宅確保要配慮者に対する敬遠

住宅確保要配慮者は特に民間賃貸住宅市場では敬遠されるが、これは地域からの孤立の結果、ゴミ屋敷化することや、室内での孤独死、近隣とのトラブルなどが憂慮されることが大きいからである。**図1**からは、賃貸人（大家・不動産業者）は、高齢者、外国人、障害者に対しては、６割から７割が拒否感を示している。

このほかにも、持ち家を持っていても、高齢期に管理がしやすいように小さい住宅に住み替えることや、バリアフリー対応の住宅に転居するといったライフステージに沿って住宅を替えるということも、住まい方の選択肢として確立していない。障害者においては、病院や施設からの地域移行が提唱されても、障害者に対する偏見や、車いす対応できる物件がそもそも少ないことなどの理由で、地域で住宅を確保することが困難な状況にある。

図１　住宅確保要配慮者の入居に対する賃貸人（大家等）の意識

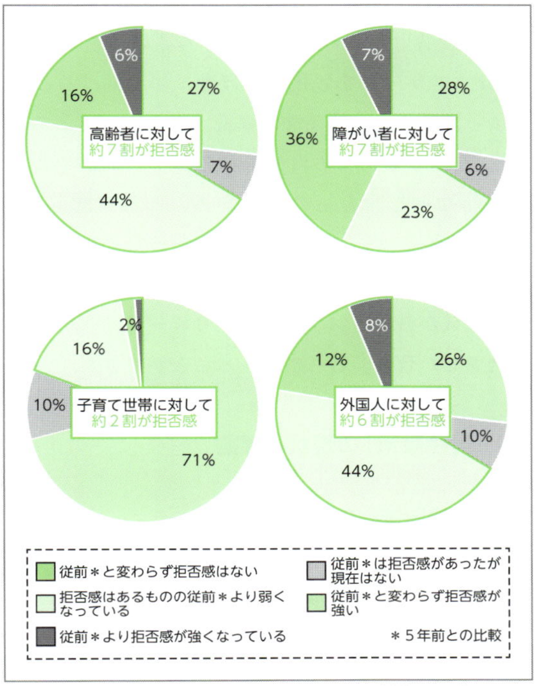

出典：国土交通省「住宅セーフティネット制度の現状について」（令和５年７月）

3. 住宅政策と福祉政策の融合

1）居住政策とは何か

従来の住宅政策では、住宅提供という点において、福祉政策は残余的な位置づけにあった。過去の歴史を振り返ってみると、高齢や障害、生活困窮という特性があると、ほぼ、社会福祉施設への入所しか生活していく方途がなかった。彼らに対してどのような住宅が提供されるべきかという視点での議論が行われたのは近年のことである。

これからの社会で求められるのは、住宅政策と福祉政策を融合した「**居住政策**」である。

「居住」の概念は定まったものはないが、山本

(2001) は以下のように定義した。「個人的消費財としての住まいではなく、まちを形成する一要素としての『公共財』の概念、まわりの環境を含む地域（コミュニティ）を包摂するほか、住み続けることによって成り立つ関係性の継続（人とのネットワーク）、そのことによる自分自身のアイデンティティの保持などを含むもの」である。これに即して、「居住政策」とは、「住宅の確保を行うための住宅政策と、住み続けるための福祉を始めとするサービス、地域からのインフォーマルサポートサービスを融合させた政策」として捉えることができる。

2)「居住政策」の現状と課題

i 「居住政策」の整備

2016 年 12 月以降、国は「住宅確保要配慮者」施策を打ち出した。国土交通省と厚生労働省が共同して「福祉・住宅行政の連携強化のための連絡協議会」を立ち上げた。

高齢者や障害者をめぐる厳しい住宅事情は依然残っており、これを打開する方策として住宅政策はそれ単独で実施される時代から、福祉政策と融合した居住政策へと大きく展開している。

図 2 をみると、住宅確保要配慮者に対して、居住支援施策が網羅されており、ある程度の支援体制は整備されてきた。確かに、従前に比べると、住宅確保のためには、同時に、いわゆる福祉サービスの一環である居住支援サービスが提供される必要性が認識され、その整備が行われてきた。しかし、各制度・事業は、利用条件が付されていたり、提供される住宅数が少ないなどが弊害となって、数多い住宅確保要配慮者に住宅を十分に提供できていない。

ii 福祉制度における住宅支援（生活保護制度の住宅扶助）

住宅扶助については、2014 年から社会保障審議会生活保護基準部会において議論がされ住宅扶助の「引き下げ」について検討が行われた。論点としては、①住宅扶助特別基準額（家賃）の水準について、②住宅扶助特別基準額の改定方法について、③住宅扶助の適正化のための運用について、④住宅扶助（敷金等、契約更新料）について、その他、悪質な貧困ビジネスへの対応策などが挙げられている。厚生労働省のいう引き下げの理由としては、民間賃貸住宅の家賃が全体的に下がってきていることから一般世帯との公平を図ることがある。しかし、生活保護受給世帯が、最低居住水準すら下回るというかなり劣悪な状況におかれる傾向にある。住宅扶助を引き下げることによって、さらに居住水準が下がることが考えられる。またそのために、現住宅に継続して住むことができず、引っ越しを余儀なくされる世帯も少なくないのではないか。その場合、住み慣れた環境からの引き剥がしは、高齢者や障害者のみならず、子育て世帯などすべてにかかわる大きな問題である。

iii 福祉制度における住宅支援（住宅確保給付金制度）

2014 年に**生活困窮者自立支援法**が制定された。同法においては、生活困窮者に向けて住宅確保のための金銭給付が行われること（**住宅確保給付金制度**）が定められている。第 3 条には、「この法律において「生活困窮者住居確保給付金」とは、生活困窮者のうち離職又はこれに準ずるものとして厚生労働省で定める事由により経済的に困窮し、居住する住宅の所有権若しくは使用及び収益を目的とする権利を失い、又は現に賃借して居住する住宅の家賃を支払うことが困難となったものであって、就職を容易にするため住居を確保する必要があると認められたものに対し支給する給付金をいう」とされている。この条文からすると、離職者であり就職をすることが前提となっていることから、すでに離職して長期間たった者や、就職が困難と予想される者は想定外となっていることがわかる。

コロナ禍以前では、ハローワークに通って求職中であること、最大 9 か月の利用であることなど条件が厳しいこともあって、利用が非常に少なかった制度である。しかし、コロナ禍で失業者が大幅に増加したことから、条件緩和が図られ、利用者は一時的に大きく増えた。その後、事態は一定程度落ち着き

図２　住宅確保要配慮者等に対する居住支援施策

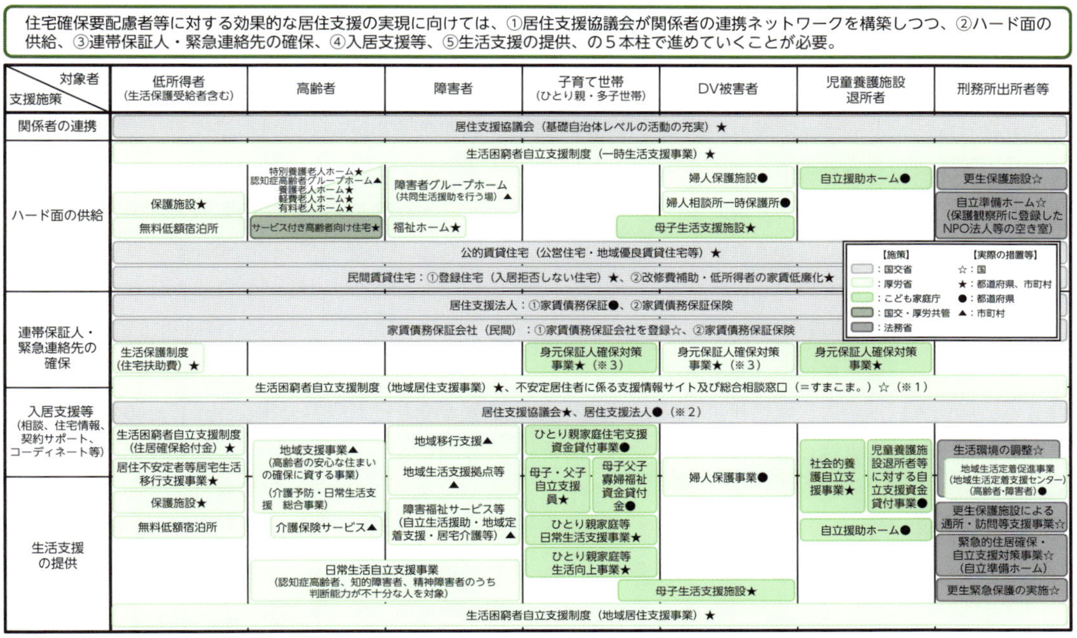

（※１）すまこま。は「入居支援等」について対応。
（※２）居住支援協議会等活動支援事業により、国による直接補助を実施（R3より、住宅と福祉の連携強化促進のため、地方公共団体を補助対象に追加）
（※３）ひとり親及びDV被害者は、母子生活支援施設や婦人保護施設等の施設退所者に限る。

出典：「3 省連携強化に向けたこれまでの取組」資料 8、第 1 回住宅確保要配慮者に対する居住支援機能等のあり方に関する検討会配付資料、国土交通省（令和 5 年 7 月 3 日）

をみせている。家賃補助制度がない日本においては、ほぼ唯一の民間賃貸住宅に居住する者への支援策であるが、条件が就労と結びついていることが大きなネックである。高齢者や就労が困難である障害者などの居住保障ができない点をどうするのかなどが大きな課題として残されている。

iv　居住支援協議会の役割

居住支援協議会は、先述したとおり、住宅セーフティネット法のなかで規定された、低額所得者、被災者、高齢者、障害者、子どもを育成する家庭その他住宅の確保に特に配慮を要する者が民間賃貸住宅に円滑に入居できるよう推進する組織である。都道府県のほか区市町村にも徐々に設置が進められている。

居住支援協議会は、行政、社会福祉関係者、不動産業者、家賃債務保証会社などで構成されている。居住支援協議会を自治体に設置することの成果は、まず行政内部での福祉部門と住宅部門がそれぞれどんな事業をやっているのか、制度・サービスとして何が使えるのか、行政職員が把握し、文字どおり部門を越えて連携できることである。さらに、構成メンバーそれぞれの立場からリアルな意見を交換し共有することができる点に大きな有用性がある。

時折、市町村居住支援協議会においては、住宅確保要配慮者に対して民間賃貸住宅を貸してほしい行政・社会福祉関係者と不動産業界が「対立」する構図もみられる。しかし、不動産業者に対しては、住宅確保要配慮者の入居について「理解を求める」のではない。「どうすれば安心して、大家や不動産業者が貸してくれるか」をともに考えていく場としなければならない。住宅確保要配慮者が民間賃貸住宅に入居後に、どのようなサポートが受けられるか、どうすれば入居後の生活が安定するかは、一朝一夕に整備されるものではないだろう。地域住民による見守りや生活支援といったメゾレベルで、支援体制整備を構築していくことが重要である。居住支援協議会は、その方策を議論する場であり、連携のための機会である。

コロナ禍で主に飲食業などの従事者の失業が大きな社会問題となった。メディアでは、失業に伴って住宅喪失した人々の存在が報道され、生活困窮者支援を行うNPO法人や社会福祉協議会には多くの人が支援を求めて殺到した。しかしながら、行政の住宅相談は、数は増加したものの相談件数が激増したとはいえなかった。この理由は、行政への相談のハードルの高さ、一般市民への周知不足などが挙げられよう。居住支援協議会には、相談窓口へのアクセスの容易性や周知も課題として検討することが求められる。

3. 相互扶助の住まい方

近年の大きな社会変容の一つは、少子高齢社会の進展で世帯類型として、単身世帯が最も割合が多くなったこと、家族のあり方の変化である。これに伴って、ライフスタイルや住まい方も変化し、他者と暮らすという「**シェア居住**」の考え方が広まりつつある。

北欧では、**コレクティブハウジング**という住まい方が普及している。特に、子育て世代や高齢者には、「共に生活し、共に助け合う」という考え方が共感され広がっている。

コレクティブハウジング以外にも、シェアハウスや**グループリビング**といった住宅形態もある。日本においては、高齢期に他者と共同で暮らすシェア居住という選択を行う者は、現時点ではそれほど多くないが、いくつか先駆的事例はある。

コレクティブハウス内のキッチンで、共同で調理する居住者（デンマーク）

東京都荒川区にある「コレクティブハウスかんかん森」は、2003年に設置され20年の歴史をもつ多世代共同住宅である。ここには0～80歳の約50名の居住者が入居している。「コモンミール」という「住民が当番制で、共同で料理を作り、一緒に食べる」ことを重視している。管理人は配置せず、「コモンミール係」「ガーデニング係」などの係を置き、住民がそれぞれ役割分担を担っている。

石川県金沢市にある「シェア金沢」（社会福祉法人佛子園が運営）も注目される取り組みである。「ごちゃまぜ」をコンセプトとし、総面積1万1000坪の敷地内に、サービス付き高齢者向け住宅、障害児入所施設、学生入居住宅、温泉、飲食店、高齢者デイサービスなどが融合した一つの「まち」がつくられている。この「まち」には、近隣住民が訪問することも可能である。まさに多様な人々が、まちの中で交流しながら、助け合いながら生活していく姿を具体化している。

内閣府「令和5年度 高齢者の住宅と生活環境に関する調査結果」では、他者との共同住宅について「居住したことなく、今後も居住する予定はない」が59.5％であり、「興味があり、今後考えたい」17.3％を大きく引き離す。ただし、「65~69歳」の「女性」では、「興味があり、今後考えたい」が22.8％という数値が出ており、将来的にはこうしたシェア居住も選択肢の一つとして考えられるようになることが推察される。

生涯単身で過ごす人も今後増加していく傾向にあり、家族ではなく他人と支え合いながら暮らす生き方も選択肢の一つとなるだろう。ただし、このような住宅の建設、運営、虚弱となった場合、介護が必要となった場合に、誰が、どのように、どの程度支援できるかというスキームづくりはこれからである。

4. 社会福祉が取り組むべき課題

高齢者や障害者、生活困窮者が地域で住宅を確保すること、そしてそこに住み続けることができるかは、社会保障としての住宅、医療・保健・介護の確立のほか、「福祉サービス」のみならず、インフォーマルな社会資源も加え、地域にどの程度サポート力があるかによって大きく左右される。

奥田（2023）は、既存の居住支援制度には隙間があり、「家族機能の社会化」「住宅確保」「社会参加サードプレイス」が必要であると指摘している。

「社会参加」とは、他者とのつながり、交流であり、就労ということも含まれる。つまり、「家族機能」「社会参加」の要素の機能が脆弱であれば、住宅を容易に喪失し、かつ再獲得することが困難になる。

どんなサービスも、家族の代替になりきることはできないが、家族機能を一定程度代替することは可能だ。それが「声かけ」や「見守り」、「金銭管理・服薬管理」といった支援である。社会とのつながりをつくることでは、就労支援や交流活動の場づくりなどが重要となる。

これらの行政・民間のサービス、インフォーマルサポートサービスを接合し、コーディネートしてくれる存在が必要とされている。地域全体でどのような生活サポートシステムを構築できるかが問われている。このことがまさに社会福祉が取り組むべき課題である。

参考文献

- 奥田知志「これからの居住支援の在り方に関する意見メモ」国土交通省「住宅確保要配慮者に対する居住支援機能等のあり方に関する検討会（第二回）資料」2023年
- 小玉徹・大場茂明・檜谷美恵子・平山洋介『欧米の住宅政策——イギリス・ドイツ・フランス・アメリカ』ミネルヴァ書房、1999年
- 厚生労働省社会保障審議会生活保護基準部会資料「住宅扶助について」2014年
- 厚生労働省「ホームレスの実態に関する全国調査」2021年
- 園田眞理子「サービス付き高齢者向け住宅に関連して、今、なすべきこと——地域の居住空間の再編と安心拠点の整備」『住宅』Vol.64、2015年
- 内閣府「令和５年度 高齢者の住宅と生活環境に関する調査結果」
- 平山洋介『マイホームの彼方に——住宅政策の戦後史をどう読むか』筑摩書房、2020年
- 本間義人『どこへ行く住宅政策』（日本居住福祉学会 居住福祉ブックレット２）東信堂、2006年
- 山本美香「地域福祉と『居住』——高齢者の居住継続のあり方を求めて」『社会福祉学』 Vol.41-2、2001年
- 山本美香「生活困窮者の地域居住の実現に向けた住まいの確保と居住の安定に関する研究」（博士論文）2017年

Ⅲ　社会福祉の歴史

概　説

金子光一

1.「社会福祉の歴史」設定の意義

今日、情報通信技術（ICT）が急速に発展し、その活用が社会福祉現場で大きく期待されている。とりわけ、生成系 AI の誕生は、蒸気機関という人工「動力」が人間の筋力を超え、置き換えた産業革命に匹敵する人工「知力」の歴史的な転換点といえる。

そのような時代に求められることこそ、価値に関する研究である。とりわけ、研究と教育が一体となり、社会的実践（実践の知）を展開する社会福祉学は、単に目的に対する手段として「役に立つ」だけではなく、目的・価値を創造することにおいて「役に立つ」学問領域である。そして、変化する多元的な価値の尺度を視野に入れながら、その創造過程を検証するのが歴史研究であり、今後ますます「社会福祉の歴史」の重要性は高まると考えられる。

2.「社会福祉の歴史」編集の方針

第２編の「社会福祉の歴史」は、初版からこれまでの 18 年間の社会福祉の歴史研究の広がり（対象の広がりを含む）を編集方針の中心に据えている。

その理由は、以下のとおりである。

まず、社会福祉の歴史研究は、創設から 50 周年を迎えた社会事業史学会などの活動で一定の水準まで積み上げてきた実績があるが、今日、「社会福祉の歴史」以外の歴史研究の方法論についても一定の目配りをしなければならない状況がある。そしてその動きを象徴するものとして、福祉多元主義（welfare pluralism）とともに、歴史学の領域で議論されてきた「福祉」と「生存」と「いのち」の視点から提起された史的分析（「福祉の歴史学」）がある。とりわけ、「福祉の複合体史」と称される歴史研究は、福祉サービスの供給主体の多元化とそれを受ける社会的に弱い立場の人々の生活と「いのち」の全体像を史的に描くことを目指した研究として注目されている。今後、社会福祉の歴史研究が、「社会福祉学」と「歴史学」の狭間でどのような展開をみせるのかは未知数であるが、学問としての発展性の観点からは、多様で幅の広い研究アプローチを推奨すべきであろう。

次に、これまでの社会福祉の歴史研究は、社会福祉を発展的なものと捉える発達史観が基調となっていた。それは、社会福祉が対象とする生活問題が、資本主義社会の根本的矛盾から必然的に生まれたものであり、特に社会福祉政策という言葉が、資本主義社会の固有な政策として、内部の展開過程で出現したものというマルクス主義的歴史学に基づいている。しかしながら、社会主義体制の崩壊と冷戦構造の終焉という歴史的事実以降は、新たな枠組みで「社会福祉の歴史」を捉え直すことの必要性が生じている。世界全体が高度化・複雑化し、急速に変化する流動的な「社会」で行う作業としては、困難が伴うものであるが、歴史研究の広がりの検証はその点においても求められている。

なお、この大項目はほかの大項目と比較すると論文的な記述になっている。これは、実際の研究成果を通じて、社会福祉の歴史研究の広がりを実感してもらうことを意図している。

3.「社会福祉の歴史」の構成

本大項目では、1「社会福祉の歴史研究の視点と方法」において「福祉の歴史学」と対比しながら社会事業史研究の視点と方法を明確化したうえで、アメリカのマイノリティに関する歴史研究（2－①「アメリカの社会福祉史とマイノリティ」）、日本のなかでも一地域に限定した歴史研究（2－②「地域社会福祉史における沖縄」）、社会正義の視点からの植民地に関する歴史研究（2－③「植民地社会事業」）などの具体的な研究を紹介し、最後に、3「社会福祉史研究の歴史」、4「社会福祉史研究の独自性」について論じている。

1「社会福祉の歴史研究の視点と方法」では、歴史学と社会事業史研究の研究方法・対象の変遷を論じたうえで、「福祉の歴史学」と社会事業史研究を比較しながら社会事業史研究の新たな視点と研究方法、将来に向けた展望を示している。2－①「アメリカの社会福祉史とマイノリティ」では、社会福祉学が実践の学であることを前提として、実践の土台となった思想・哲学に言及し、実践を取り巻く状況がソーシャルワーカーと当事者にどのような影響を与えてきたかを考察している。2－②「地域社会福祉史における沖縄」では、まず郷土史とは異なる「地域社会福祉史」の固有性を検討し、これまでの18年間で地域社会に焦点を当てた歴史研究がどのように変わってきたのかを整理している。また、沖縄社会福祉史研究の特徴と地域福祉との関係を論じている。2－③「植民地社会事業」では、社会福祉の正義や人権の視点からの歴史研究として、植民地を題材とすることの意義を述べ、近代化を名目として進められた収奪の問題に言及し、社会正義の議論につなげている。3「社会福祉史研究の歴史」では、吉田久一の分析枠組みを詳細に検討したうえで、社会福祉史の近年も含めた動向（系譜）を分析し、新たな枠組みを紹介している。4「社会福祉史研究の独自性」では、「歴史学における福祉研究」と「社会福祉学における歴史研究」を整理したうえで、実践史研究としての施設史・人物史研究を検証し、社会福祉の歴史研究の課題と今後の方向性を示している。

なお、社会福祉の歴史研究の固有性を考えたとき、最も重視されてきたのが民主主義であり、人権の問題である。そしてその認識に立った規範分析を主眼とする歴史研究は、しばしば「福祉史研究」と称されてきた。しかしながらこの大項目では、「社会」との関係を踏まえて、基本的に「社会事業史」あるいは「社会福祉史」という言葉を使用する。

また、地域に限定した社会福祉の歴史研究は、「地域社会福祉史研究」という言葉を使用する。地域の歴史研究には「郷土史」「地方史」などもあるが、「地域社会福祉史研究」は、地域で暮らす人々がその生活を侵害される等の状況を解消する社会的努力の歴史を対象とする点において固有性を有している。

4.「福祉を対象とする歴史研究」に求められること

これまで述べてきたとおり、歴史学の領域で新たな福祉研究の動きが活発化しているが、「福祉を対象とする歴史研究」（社会福祉の歴史研究、「福祉の歴史学」）において重要な営みは、「個人」と「社会」のありようの相互性に焦点を当てた歴史的事実の探究であろう。

「個人」のありようは、「個人」が内面から主体的にどう「社会」に働きかけるかという社会関係の側面である。これに対して「社会」のありようは、人間が社会関係を結ぶときのある決まった形式である。そしてその基本となる「社会」は、多数の利害関心や目的の収斂（しゅうれん）と抗争の結果として生じた長年の構成体であることを認識しておくことが重要である。したがって、その結果である「社会」にだけ焦点を当てるのではなく、その起源や時間の流れに沿って現れる特性を踏まえた「社会」のありようを明らかにする必要がある。

「個人」と「社会」のありようの相互性は、個人の行動や価値観が「社会」のありように影響を与え、同時に社会の構造や文化が「個人」のありように影響を与えるという双方向のダイナミックな関係であり、その因果関係のプロセスを丹念に探究することが、「福祉を対象とする歴史研究」には求められる。

1 社会福祉の歴史研究の視点と方法

今井小の実

1. 歴史学の研究方法・対象の変遷

社会科学はそれぞれ対象の歴史的形成過程を研究する部門をもっており[(1)]、社会福祉の場合は「**社会事業史**」が相当する。日本学術会議による「学会名鑑」でも、社会事業史研究者のSocietyである**社会事業史学会**は「社会福祉学界における歴史研究の拠点」と紹介されている。同会は1973年に発足した社会事業史研究会が母体となり、1998年に学会に改組、2022年には創立50周年を迎えた。その記念として刊行された論文集のタイトルは『戦後社会福祉の歴史研究と方法』であり、学会員への公募によって社会事業史研究の方法の実相を明らかにすることを目指したのである[(2)]。その試みは、歴史学界の“揺らぎ”の状況と無縁ではなかろう。社会事業史研究が歴史学の研究方法に範をとってきたのなら、その状況に影響を受けるのは当然だからである。

歴史学界の動揺は、ポストモダンの相対主義と「言語論的転回」がもたらした歴史認識への懐疑、マルクス主義的歴史観の衰退、「大きな物語」の喪失などの諸状況によって引き起こされた。極端な相対主義は真偽の判定を不可能にし、「言葉が世界をつくる」というテーゼは歴史的事実とフィクションとの境界線をあいまいにした。さらに「大きな物語」の喪失は、研究の方向感覚を失わせたのである。20世紀後半から始まったその揺れは、21世紀に入っても収まらず、反動的な歴史修正主義の誕生を許し、国民の生存権を脅かす新自由主義の潮流にも有効な議論を提供できなかった。歴史学がその迷宮から抜け出す羅針盤の一つとして選んだのが「福祉」であった。

本章では、その経緯を主に欧米の状況から概観し、歴史学界の関心が「福祉」へ接近した背景を理解したうえで、社会事業史研究の視点と方法について論じる。そのためポストモダンの興隆とマルクス主義的な歴史観の衰退がもたらした“正”、すなわちポジティブな影響ではなく、“負”の側面に焦点を当てる[(3)]。またその受容の程度も時期も国によって異なり、現在も議論が続いていることから、限定的なものにならざるを得ないことをお断りしておきたい。

1）モダン
——（素朴）実証主義とポストモダンへの回路[(4)]

「近代歴史学」は、19世紀、長らくその境界があいまいだった物語と歴史を分離し、自然科学と比肩する客観的な社会科学としての地位を目指し誕生した。代表的な貢献者にはドイツのレオポルト・フォン・ランケ（Leopold von Ranke）の名が挙げられる。だが、この政治史が中心で考証の主たる史料は行政文書という実証主義の歴史学はしだいに史料批判の方法に偏った史料崇拝主義の傾向を強め、時に**素朴実証主義**と揶揄（やゆ）される対象にもなっていく。

なぜならこの研究方法には史料によって事実を確認さえすれば、自然に歴史の意味が浮かび上がってくるかのような意識が流れていたからである。しかし歴史的事実は過去の無数の出来事から歴史家の問題意識に沿って切り取られたものであり、したがって歴史研究には史料によって認識された事実に対して、現在の問題関心から設定した視点に立ち解釈を行っていく作業が必要になる。1961年E.H. カー（E.H. Carr）がケンブリッジ大学で「歴史とは何か」をテーマにした講演で素朴実証主義に対して批判を行ったのは、このような観点からであった。

すでに20世紀に入ると政治史中心の歴史学への反発から経済史が台頭し、カーが講演を行った1960年代には社会史が興隆の時代を迎えている。その発展の拠点となったのが第二次世界大戦前にフランスで誕生した**アナール（学）派**であった。同派は、従来の対象の奥にあって目立ちにくい層に着目し、その層を「社会」と名づけ研究対象とし社会史の礎を築いたのである(5)。その後、アナール派は歴史データを数量化することで客観的な歴史像の形成を試み、「歴史地理学と歴史人口学とを組み合わせて、長期的な構造の変動を理解」するという、素朴実証主義とは別の形で客観性を主張していく(6)。

しかし、しだいにアナール派の多様な人々の生活への関心は社会史研究の分散と細分化、また中央集権的で単線的な発展史観の相対化を招き、研究者を「近代化」論から遠ざけていく。そして「大きな歴史像」の解体へと続く道を拓くことになった。

2）ポストモダン
——言語論的転回のインパクトとその功罪(7)

20世紀中葉から始まった脱近代を目指すポストモダンの思想的運動は建築、芸術、文学、哲学など広範な分野にわたって広がり、やがて歴史学界にも影響を及ぼしていく。近代主義が信奉してきた理性、科学、進歩といった原理に対して懐疑的な立場に立ち、歴史学界にも波紋を広げていくが、さらに直接的に歴史研究そのものに打撃を与えたのが「言語論的転回」と呼ばれる批判であった。

欧米の歴史学にその影響が具体的に現れるのは1970年代のことである。**言語論的転回**とは、「言語は自律的な存在であり、特定の実在を反映するものではない」という所説(8)であり、認識論上の新たな潮流であった。歴史家の営みは、史実を明らかにし、その史実に意味をもたせるために歴史像を描く解釈の作業であることから、その影響は二つの意味で歴史研究に課題を突きつけた。すなわち、そもそも言語が世界をつくるのなら、客観的歴史的事実は存在するのか、また妥当な解釈はあるのかという問題である。そしてもしそれらが否定されるなら、もはや歴史記述と文学は区別できないということになる。

その決定打が1973年に刊行されたヘイドン・ホワイト（Hayden White）の『メタヒストリー』で、彼は19世紀の歴史学と歴史哲学の検証を通して歴史叙述の語りの形式性を掘り下げ、歴史学とは「何らかの所与に依拠して成り立つ知」ではなく、「つねにまるごと言語によって媒介されたもの」だと主張した(9)のである。その衝撃による動揺は、際限のない相対主義のもとで歴史学がフィクションと同等の地位に貶（おとし）められないか、歴史叙述は倫理性を保てるのかという問題にまで広がった。

実際、このような新しい潮流が西洋の歴史研究者に与えたインパクトは決して小さくなかった。すなわち**ポストモダニズム**が迫った歴史研究への疑義と相対主義は、社会史の興隆、**マルクス主義的歴史観**の衰退という状況と併せて、研究者を多様で小さな個々の物語への関心にいざない、欧米の歴史研究は「大きな物語」を失った状態におかれたのである。そして新自由主義が拡大していく時代にあって、歴史認識の揺らぎと極端な相対主義がホロコーストはなかったというような歴史修正主義の誕生を許す事態を招いたのであった。

いずれにしても、ポストモダンの洗礼を受けた研究者たちはこれまでとは異なる研究方法を開拓していく。すなわち史資料の考証、調査、統計データの分析から長い時間の流れによる変化、因果関係を解明していくという従来の研究方法を、テクストや言説分析の方法へと変えていったのである。その結果、象徴や言語といった記号系の規定性が強調されることになった。

また文化の領域でも「文化が世界をかたちづくる」という「文化論的転回」が生まれ、その結果、文学作品はもちろん、歌謡曲や映画、絵画など「文化」全般が研究対象となる。さらにジェンダー史学、カルチュラル・スタディーズ、サバルタン研究など多様な形態をとって展開され、新たな歴史研究の可能性を拓いた。

一方、言語論的転回の直撃から一定の時間がたつと、歴史学界ではポストモダニズムとの対話が試みられるようになる。その代表的な著作は**リチャード・J・エヴァンズ**（Richard J. Evans）の『歴史学の擁護』（1997年）であろう。エヴァンズは「極端なポストモダニストの超相対主義と穏健なポストモダニズム」を区別し、前者には反対しつつ、後者の「穏健なポストモダニズム」の理論には歴史学をいっそう豊かにする可能性を見出した(10)のである。

3）日本の歴史学の変遷(11)

近代国家形成期の日本は積極的に先進諸国の知識を採り入れ、ランケの功績は日本の「近代歴史学」の成立にも影響を与える。そして欧米と同様に史料批判に重きをおいた**実証主義**の歴史学が確立された。その中心は政治史であったが、第二次世界大戦後には研究の柱に社会経済史を選択し、「戦後歴史学」を形成していく。ただ日本でまず援用されたのはアナール派の社会史ではなく、ヘーゲルやマルクス、そしてウェーバーの理論であった。それは「皇国史観の迷妄を脱して日本の歴史を世界史の中に位置づけるために、歴史的世界の『段階』と『類型』に関する理論が必要とされた」からである(12)。なかでもマルクス主義的な発展的歴史学は大きな影響力をもった。日本にアナール派が積極的に紹介されるのは1970年代から1980年代にかけてのことであり、社会史を中心とした「現代歴史学」時代の到来となった。それは、ちょうど欧米でポストモダンの震動が歴史学界を揺るがす時期と重なっている。

けれども日本ではホワイトの『メタヒストリー』とは「出逢い損ね」をしたと評価される(13)ように、ポストモダニズムによる言語論的転回は欧米ほど強力な衝撃を与えなかった。むしろ日本の歴史学界に激震をもたらしたのは冷戦構造の崩壊、ソビエト連邦の解体であった。すなわち、その状況は**マルクス主義的歴史学**の衰退を加速させ、19世紀以降の歴史学がもっていた進歩史観の失墜のなか、「理想化されたヨーロッパ近代」から「近代日本の持つ問題性を摘出していく」方法は、その基準を失い潰えたのであった(14)。「大きな物語」の終焉（しゅうえん）とともに共通の基盤を失った歴史学界は、それに代わる存在として「福祉」に接近するのである。

2. 社会事業史研究の変遷と研究方法

1）歴史学の“さしあたり”の到達点

言語論的転回の影響をさほど受けなかったとされる日本にも、海外の動向を摂取した西洋史研究者を中心に、ポストモダニズムが突きつけた歴史学への懐疑に応答する研究者が出て来る。たとえば遅塚忠躬（ただみ）は、歴史学における客観性を担保する反証テストはその基準を「事実立脚性」と「論理整合性」におくことによって可能として実証主義を擁護しつつ、ただそれも暫定的、かつ相対的な優位性を保証するだけだとした(15)。

2010年に刊行された遅塚による『史学概論』の「歴史学の営みの作業工程」に関する説明をみておこう(16)。

(1)　問題設定：問題関心を抱いて過去に問いかけ、設定する。
(2)　史料の選定：問題設定に適した事実を発見するために諸種の史料を選び出す。
(3)　考証ないし実証：史料の記述の検討（史料批判・照合・解釈）により、事実を認識（確認・復元・推測）する。
(4)　解釈：何らかの理論的枠組みに準拠し、諸事実の間の関連（因果関係や相互関係）を想定し、諸事実の意味（歴史的意義）を解釈する。
(5)　仮説ないし歴史像の構築：その結果、最初の問題設定についての仮説を提示し、それに基づき歴史像を構築、修正する。

本書は東京大学文学部の講義をもとに執筆されたことから、日本の歴史学のこの時点での着地点を示したものといえるが、主体である歴史家が歴史学の作業行程にかかわることを自覚した説明となっている。

2）社会事業史研究の視点と研究方法

それでは、社会事業史研究はどのような変遷をたどったのであろうか。社会事業史研究会（社会事業史学会の前身）の産みの親である吉田久一は「戦後歴史学」世代にあたる。その吉田は、1972年「社会事業研究の視点と方法」という論文で、社会事業史の研究方法を4段階から説明した[17]。ちょうど欧米でポストモダン旋風が歴史学界を揺るがす時期と重なっているが、その姿勢と方法は現在にも通用する普遍性をもっている。そして社会福祉学界に属する社会事業史研究者は、この吉田の研究方法をほぼ踏襲して研究を行ってきた。以下、吉田の論考の一部を抜粋、整理し、その視点と方法を確認しておこう。なお下線は筆者による。

(1)　史観：「社会事業史研究に唯物史観は主役的地位を持つが、その他の諸法則にも副次的地位を与えつつ、構成的に理解して行かなければ、多様な社会事業史の究明はできない」

(2)　史料および史料批判：文書や記録が基本だが、「社会事業の対象層は自分で記録を書くことができなかった場合が多かったので、文献を基本としながら、民俗学その他の成果の援用が必要である」

(3)　綜合・解釈：「まず史実を決定し、解釈することが必要となる。そして史料を因果関係で繋ぎながら、有機的な全般の経過を発展的に構成する歴史的連関が必要となる。そして、問題の歴史的意義を明らかにし、歴史的評価をしなければならない」

(4)　記述：「要は客観的実証作業の上に、記述者の史観がいかに構築されるかということであろう」

史料と史料批判による客観的な実証作業を重視している（(2)）ことから、吉田が実証主義に立ち研究を進めてきたのは確かであるが、歴史の記述に歴史家の史観が影響されることに自覚的であること（(4)）、また「綜合・解釈」の明記（(3)）は吉田の実証主義が単なる素朴実証主義ではなかったことを示している。さらに言語論的転回に対する歴史学の応答として遅塚の提示した作業工程の内容にもさほど遠くなく、歴史像については(1)の史観に相当し、実証作業のうえにそれを構築するのが記述（(4)）ということになろう。その史観はほかの法則に目配りしつつも、唯物史観が「主役的地位を持つ」としている（(1)）ことから、「戦後歴史学」世代の吉田がマルクス主義的歴史観に立って研究を行っていたことは間違いない。

そして吉田のもとに集った研究者も、唯物史観、発展的史観に基づいた実証主義の立場で研究を進めていく。一番ヶ瀬康子の『アメリカ社会福祉発達史』（1963年）、高島進の『イギリス社会福祉発達史論』（1979年）はその好例であろう。だがむろん、この時期の研究者すべてが吉田の研究方法を継承したわけではない。たとえば吉田と並ぶ社会事業史研究の代表格である池田敬正が歴史学から社会事業史研究へと転向したのは、マルクス主義的歴史学を克服するためだったと評価されている[18]。

3）ポストモダンの社会事業史研究への影響

やがてポストモダンの影響は、ゆっくりと社会事業史研究にも波及していく。そして2000年代に入ると、テクスト・言説分析などの研究方法を用いる研究者も登場した。早い例では、筆者自身が「『母性保護論争』各主張分析覚え書き」（『大阪体育大学短期大学部研究紀要』2000年）でテクスト分析によって論争の整理を行い、「『身の上相談』と母性保護運動」（『社会事業史研究』2000年）では当事者の言説分析を行っている。また、いち早くナラティブアプローチに注目し、そのソーシャルワーク実践への導入に期待した木原活信は、社会福祉の歴史研究へも接続を試みている（「社会福祉方法論の時期区分――ポストモダンの視点を加味した場合」『社会事業史研究』2007年）。さらに野口友紀子によって、社会福祉の歴史研究に構築主義アプローチを採り入れることも提案された（「社会福祉における歴史の記述」『長野大学紀要』2007年）。

また多様性を認める立場から、植民地研究やマイノリティ、地方の歴史への関心も増大する。日本の植民地における社会事業史、黒人の側からアメリカの社会福祉の歴史を問い直した研究が開始され、それぞれその研究成果は大友昌子『帝国日本の植民地社会事業政策研究』(2007年)、西﨑緑『ソーシャルワークはマイノリティをどう捉えてきたのか』(2020年)にまとめられ、社会福祉学界でも高い評価を得ている。

3.「福祉の歴史学」と社会事業史研究

近年、日本の歴史学界では見失った研究の方向性を「福祉」に求め、歴史学の再構築上の重要な視角と捉える「**福祉の歴史学**」が一つの潮流をなすまでになってきた[19]。その流れのなかで、歴史学者から具体的に提起された「福祉の複合体史」と「生存の歴史」の提唱について背景とともに概観する。

1)福祉の複合体史の登場と研究方法の変化

i　福祉の複合体史登場の背景

福祉の複合体の理論は、言語論的転回がもたらした“負”の影響を克服する使命をもって登場した。すなわち新自由主義への抵抗軸として、失われた「大きな物語」への回帰が目指され、福祉国家形成過程への関心が高まった結果であった。1980年代から1990年代にかけてサッチャー政権下のイギリスでは福祉国家の解体が進められ、従来の近代主義的パラダイムによる「慈善から福祉国家へ」という「単線的発展モデル」は再考を余儀なくされる[20]。その結果、新自由主義を批判する側から、新たな独自の歴史像を描く理論として「**福祉の複合体」論**が提起されたのであった[21]。ボランタリズムの意義を認めつつも「基盤にある国家的福祉(救貧法)の役割を重視する」[22]理論に、小さな政府を目指す新自由主義の歯止めとなることが期待されたからである。

その方法として新しい「下からの歴史研究」が盛んになり、「貧民の語り」を通して彼らが生存のための方策を追求してきた実態が明らかにされていく。それは、貧民のさまざまな生存戦略を起点に「福祉をめぐる中間団体が発生して複合体を形成」し、「独自の福祉国家体制に帰着する過程」を描き、福祉国家の形成史を「社会の基底からとらえ直す視座」を含んでいたのであった[23]。そして福祉は「家族、企業、地域社会、相互扶助団体、慈善団体、商業保険会社、宗教組織、地方公共団体、国家、超国家組織などの多様な歴史主体と多元的な原理によって構成された構造的複合体」[24]だという「福祉の複合体」論が日本にも導入され、**福祉の複合体史**が歴史学の新たな研究領域となったのである。

ii　個人の「物語り」(ナラティヴ)への注目と一人称の史資料

この新しい「下からの歴史研究」に利用されたのが**個人の物語(り)**であり、その中心的概念として浮上したのが「経験」と「実践」であった[25]。そして個人の語りや一人称で書かれた史料への関心が増大し、**オーラル・ヒストリー**や、日誌や自叙伝、書簡などの**エゴ・ドキュメント**が注目されるようになる。さらにそれは、記号体系の規定性が強調されるポストモダニズムのもとで簒奪(さんだつ)されてしまった「人間の主体性」の回復を目指すもの[26]であり、新自由主義に対抗する意味でも「主体性」の分析が欠かせないという問題意識から生まれた動向でもあった。

そして「経験」は物語行為との関連で解釈され、歴史研究に二つの新たな傾向をもたらした。第一に「語り(**ナラティヴ**)という行為が『自己』を構築する能動的な契機として認識」され、第二に「その『自己』が構築される過程において、動機、意味、感情や記憶などの『主観性』を見いだそうとする関心の増大から、精神分析学的アプローチが活用される」ようになったことである[27]。こうしてエゴ・ドキュメントは、主体性にかかわる歴史研究に貴重な情報を提供する資料として評価される。

しかし一人称の史資料を利用した研究方法には落とし穴がある。それは直接、語られるヒストリーであれ、文字にして残された記録であれ、人間の能力には限界があることである。記憶のあいまいさ、不確実さ、それに加えて再解釈など主体が現在の影響を受ける問題があるにもかかわらず史料的価値を認めるなら、その信憑（しんぴょう）性についての史料批判が必要となる。そして一人称の史資料の限界は、事実の検証と、そのズレを埋める作業によって乗り越えることができる[(28)]。

悲惨な生活を体験してきた当事者が、新たな環境で自己のアイデンティティを保つために、過去の生活を捉え直し、そこに主体性を見出そうとする語りは、彼らが自律的な人生を取り戻し生きていくために必要な作業であり、ソーシャルワーク実践には有益な援助方法となろう。しかし歴史研究の場合には、彼らの語りのなかに隠された哀しみや怒りを受けとめる感受性と、その背後にある社会的要因をつきとめる嗅覚、そしてそれを客観的に検証していく能力が求められる。そうでなければオーラル・ヒストリーは危険でさえある。それが人種や障害、疾病等に対する差別や偏見、あるいは戦時の狂気のなかで生み出された事態だったとしても、一部の人間にその歴史を肯定したと受けとめられ、あるいは矮小化され反動的な歴史修正主義に加担することも起こり得るからである。

ⅲ　社会事業史研究における新たな研究方法

さて社会事業史研究では、これらの方法、史資料はどのように扱われてきたであろうか。ナラティブアプローチの導入としては、既述のように木原の一連の研究が、従来のソーシャルワークの歴史像は援助の側からのみ描かれてきたという反省に立ち、援助される側、つまり当事者の語りから歴史をひも解く重要性を発信してきた[(29)]。また史資料については、実践の科学としての側面をもつ社会福祉の歴史研究には「実践」「経験」の歴史的事実の解明が欠かせないことから、施設史や実践史、人物史などの研究で、個人の日記や施設の日誌、書簡などがごく一般的に使われてきた。その際には手つかずの資料の整理に着手することから始められることも多い。たとえば大阪の児童養護施設博愛社では室田保夫率いるチームが史資料の目録作成と保存作業を行い、2023年にはその成果が『博愛社の史的研究』として刊行されている。また、岡山孤児院と創設者石井十次が残した史資料の整理と保存に貢献してきたメンバーの研究は、石井記念友愛社によって『石井十次資料館研究紀要』上に公開されてきた。

歴史学界の研究方法の新たな潮流を自覚的に受けとめた動向も生まれている。そもそも社会事業史研究の対象層は自分で記録を書けない場合も多く、市井の人間の記録は通常残されない。また、政策立案や実践の過程では表に残せない状況も想定され、エゴ・ドキュメント自体が存在しないケースも多い。そのため文献を基本としつつも、その不在を埋める資料が欠かせない。その一つの候補がオーラル・ヒストリーであろう。社会事業史学会では2015年の年次大会で長島愛生園入所者を基調講演のゲストとして招き、当事者の語りを聴く機会を設けている。また2018年には、社会事業史研究者も含む共同研究チームの厚生官僚へのインタビューをまとめた『戦後社会保障の証言』も刊行された。このようなケースは歴史学界の同時代的傾向を受けたものといえよう。

いずれにしても、歴史学界で注目を集める一人称の史資料は、社会福祉の歴史研究には親和性のある存在であった。だからこそ、歴史学で吟味されてきた「一人称の語り」がもつリスクと史料批判の方法は、社会事業史研究でも検討していく必要があるだろう。また注意を要するのは、福祉国家の成立と展開を経験したうえで、それを侵食する新自由主義への対抗として出てきたイギリスの福祉複合体論と、イギリスに範をとりながらも成功したと言い難い日本とでは、その土壌がまったく異なるという点である。つまり歴史的・社会的な条件が異なる国の理論をそのまま輸入することには、十分な配慮が必要となる。

2）生存の歴史学の提唱

ⅰ　生存の歴史学誕生の背景

欧米に比して言語論的転回よりも「大きな物語」喪失のインパクトのほうが強かった日本では、方向感覚を取り戻す羅針盤を「福祉」に求める潮流が生まれる[(30)]。日本史研究者高岡裕之は、新自由主義の帰着として、憲法第25条で保障されているはずの生存権が脅かされる現実を前に、方向を見失った歴史学界の無力さを実感する(31)。そして歴史学が国民の生存権を軽視する新自由主義への盾となるためにも、「福祉」の問題から日本近現代史を問い直すことに期待した。

大門正克も、生存の視点から歴史を追究する必要性を訴える。そして高岡と同様に、その問題提起の背景には1990年代に台頭してきた新自由主義に対する歴史学者の無関心さへのいらだちがあった。同時期、歴史学界でブームとなった国民国家論のもとで「近代を批判し、近代を乗り越えるべき存在」として想定された「強い個人」と、新自由主義の描く「自己責任能力をもった市民」との間に共通点をみたからである(32)。大門の「生存」の視点は、「強い個人」を想定し、自己責任の論理で社会福祉や社会保障制度を侵蝕していく新自由主義への抵抗と、同じ「強い個人」像のもと、多様性や差異を認めない社会に対する無関心さを創出する危険性をもった国民国家論(33)への対抗へと開く扉であった。

そして「3.11」(東日本大震災)が突きつけた現実を前に、歴史家にできることを問うなかで、貧困の全体像を把握するためには、経済的な困窮だけでなく「貧困にかかわる全体をくし刺しにするような方法を設定」する必要がある(34)との考えにいたり、これが「**生存の歴史**」への提唱につながったのである。大門はその「生存の歴史」の観点から、高度経済成長期の重要な局面で経済を方向づけた「運動」を高く評価した。

ⅱ　社会事業史研究と生存をまもる「運動」

「運動」は、社会福祉界にとっても重要な存在であった。なぜなら社会福祉の研究には問題解決への志向性が要求される(35)からである。そのために社会福祉学界は、高度成長期の日本で、その“負”の側面として起こった公害、格差と貧困、保育所問題、過疎化、医療、高齢者、障害者などの課題と向き合ってきた。すなわち研究者は積極的に水俣病、森永ヒ素ミルク事件などの問題とかかわり、また実践家と手を結び、保育問題研究協議会や公的扶助研究会などを創設し、社会の運動を支えてきたのであった。たとえば1950年代後半に岡山療養所に入院していた結核患者の朝日茂氏が、生活保護制度の水準が憲法の生存権規定に違反するとして国を訴えた「朝日訴訟」は、「人間裁判」として社会福祉学界でも注目され、社会事業史研究者も強い関心をもってきた。運動にかかわる社会事業史研究の蓄積については、渡邊かおりが論文「社会事業の運動史」(2022年)で詳しく紹介している(36)。

さてこのような歴史学の「福祉」への接近は、歴史認識の“揺らぎ”と方向感覚の喪失によって、新自由主義、歴史修正主義の横行をとめられなかったという自責のもと見出された新たな研究の方向だという点で共通している。両者は近年では「福祉の歴史学」という一つの潮流として認識されている。

4. 社会事業史研究の視点と方法への展望

1) 社会福祉学と社会事業史研究

それでは、歴史学者による「福祉の歴史学」と、社会福祉学者による「社会事業史研究」の違いはどこにあるのだろうか。まずは社会福祉学における社会事業史研究の位置づけを確認しておきたい。社会事業史学会では、2004年に開催したシンポジウムの記録を「社会福祉学における歴史研究の役割」という特集にして、翌年の機関誌『社会事業史研究』(第32号)に掲載している。当時、同学会では、社会福祉教育において大きな比重を占める社会福祉士養成カリキュラムで歴史教育が軽視されていく状況に強い危機感をもっており、特集はその意識を反映したものであった。そこでは一番ヶ瀬康子、古川孝順、池田敬正、土井洋一という4人の代表的研究者が、社会福祉学における社会事業史研究の役割について論じた。

一番ヶ瀬は、社会福祉は20世紀になって各国で生まれた「一定の社会、経済、政治的状況における産物」だと捉え、歴史研究の役割はその後の予測、方向を可能にすることだとした。そのうえで、独自性としてより重要なのは社会福祉が実践によって創られることであり、その中核に実践史研究をおく必要性を強調した。一番ヶ瀬は、歴史を欠いた社会福祉教育と研究が、「社会福祉における主体性をあいまいにし、その歴史的創造性を捨象した制度内」で終始することを懸念したのである。

土井もまた社会福祉の実践科学としての位置づけを重視し、「社会福祉学において、施設・団体（大多数は民間）の歴史をたどる実践史は、全体史（通史）の血肉部分を構成するから、その利点は歴史教育にも威力を発揮する」として、実践史研究を社会事業史研究の中核においた。

古川は日本の社会福祉研究が社会政策研究の枠組みと成果の一部を継承し、大河内一男や孝橋正一による理論に依拠した歴史をよりどころに推進されてきた限界にメスをいれる作業が重要な課題だとした。そして、社会政策の代替・補完的な位置づけに収斂されない多様な事業集合の実態を明らかにすることを社会事業史研究に期待して、歴史的事実に解釈を与える社会福祉独自の理論の必要性を主張したのであった。この古川の主張に、日本の社会事業史研究に福祉複合体論を導入する妥当性をみることも可能であろう。

社会福祉学の原論を追求してきた池田も、歴史研究における理論の重要性を主張した。社会科学には「対象とする人間の社会現象に関する一般理論ないしはその形成の根拠としての哲学」と、「その社会現象の歴史展開を科学的に分析するもの」があり、経済学には経済原論と経済史、法学には法理学と法制史、教育学には教育哲学と教育史が学の基礎として設定されているのに、社会福祉学の場合はどうかと問いかけ、社会福祉の社会科学としての確立のためにも独自の歴史認識が必要だと訴えたのであった。

2）社会事業史と「福祉の歴史学」の研究方法の違い

では、実際には社会福祉学から検討した社会事業史研究と「福祉の歴史学」研究の違いはどこにあるのだろうか。社会福祉には「実態概念」と「目的概念」があり、その研究方法はそのそれぞれに規定される[37]。そうであるなら社会福祉の歴史研究には、現在の福祉の制度や社会的な方策、価値や思想・理念の歴史的形成過程を追究することに加え、目的概念、すなわち人間の幸福や生活の維持・向上をはかるための理想的な状況[38]を尺度に、その形成過程における到達点と課題を評価する方法も有効ではないだろうか。

高岡は、社会事業史研究と「福祉の歴史学」の相違について具体例を挙げて考察した[39]。すなわち、社会事業史研究者である池田敬正の研究方法の特徴を「実践と切り離すことのできない社会福祉の性格に由来」する「あるべき社会福祉」の姿が投影された「規範的性格」に求める。一方で歴史学者であり「福祉の歴史学」の提唱者である高田実の研究姿勢を「特定の福祉理念や制度の規範化を退けるもの」であり、そこにはその目標が「『福祉』を窓口として歴史を『総体として』読み解くこと」が示されているとして、池田の研究方法との違いを指摘している。この高岡の池田に対する評価は正しい。なぜなら規範分析は、どうすれば「あるべき」理想の社会を実現できるのかという、福祉の目的概念の追求のために有効な方法だからである。

古川も社会福祉における規範分析の有効性を論じている[40]。古川は、2005年に日本学術会議により出された「新しい学術の在り方——真のscience for societyを求めて」を援用し、社会福祉学は新たに提起された「あるべきものの探究」を目指す設計科学に相当すると整理した。それは狭義の設計科学を軸に、規範科学、認識科学、実践科学という四つの位相から成立するが、人間の尊厳、生活の安定、幸福などについて研究する社会福祉学には「規範科学」としての性格が重要だとしたのである。

そして遅塚が示したように、本来歴史学の目的は「読者に思索の素材だけを提供し、読者を思索に誘うことにある」[41]と捉えられるのが一般的だとしたら、やはり「福祉の歴史学」と社会福祉学者による社会事業史研究とは根っこのところで異なるということになる。

3）社会事業史研究に対する展望

けれども「福祉複合体」論の背景に「下からの歴史」への新たな回帰と、そのために今まで客体とされてきた「弱い個人」への関心があるのなら、また「生存の歴史」の提唱の背景に「強い個人」論への危機感があるのなら、そしてその両方に新自由主義への「抵抗」があったのなら、「福祉の歴史学」と社会事業史研究との距離はそう遠くない。社会福祉は、「強い個人」ではなく、社会的に弱い立場におかれた人々の側から、社会保障や社会福祉における権利を主張してきたからである。社会事業史学界を牽引してきた永岡正己は、「痛みや弱さを担う一人ひとりの側から論理を組み立て、社会に訴え、異議申し立て」を行うことが最も大切なことだと述べている[(42)]。このような認識と枠組みは、「強い個人」を想定してきた新自由主義や国民国家論に共通する人間像への対抗軸となろう。

また「抵抗」は、社会福祉が担ってきた重要な役割の一つであった。現代社会に対して「底辺へ向かう志」から鋭く切り込んできた小倉襄二は、「“福祉は抵抗”、人間的想像力からの抵抗」[(43)]と、学生に社会福祉の研究者としての姿勢を示し続けてきた。人々の安寧で幸福な社会を目指す目的概念をもつ社会福祉だからこそ、それを揺るがす状況への抵抗という志向が可能になるのであろう。

そして社会事業史研究は、具体的な研究のなかで、一人ひとりの弱さも併せもった生活者を想定して、その生存や幸福を追求する権利が獲得される社会を歴史的に検証してきた。田代国次郎は、「権利としての社会福祉」が「根のない浮草のような、浮遊物的な存在」とならないためには「日常生活の中で、生活基盤である地域生活の中で、確実に実現していく」ことが必要で、そのために地域福祉史研究が重要だと主張した[(44)]。永岡も、福祉の歴史には社会保障や社会福祉の権利を得るための闘いの歴史とその課題が示されており、「権利を論じるための確かな視座は、このような歴史的変遷を通してとらえることが必要」[(45)]だと強調する。つまり現在の福祉の基本的な価値や権利が歴史のなかで勝ち取られてきたものだということをたえず確認し、検証していくことこそが、それらを守っていくことにつながるという認識で両者は一致している。その視点がなければ、せっかく得た権利も簡単に奪い去られることを歴史は教えるからである。その意味で社会事業史研究者の責任は重い。

このように、人々の生存の権利の獲得と定着を目指してきた福祉の歩み、その形成過程を検証してきた社会事業史研究者はその歴史を可視化することによって、獲得してきた権利を守ってきたのであり、時にその権利を奪おうとする権力や強者の論理に抵抗してきたのである。そのために「あるべき」社会を尺度に規範分析を行う方法は有効となる。

社会事業史研究者はその方向性を見失うことはない。常にそこに対象者がいるからである。だが、長い時間をかけ培われてきた歴史学の研究方法から学ぶべき点は数多くある。また震災や災害、パンデミックなどの困難を前に、従来の枠を超え歴史的検証を通して提言を行う歴史学者の姿勢にも学ばなければならない。歴史学と社会事業史研究の対話に期待したい。

注

（1）遅塚忠躬『史学概論』東京大学出版会、271 頁、2010 年
（2）社会事業史学会創立 50 周年記念論文集刊行委員会編『戦後社会福祉の歴史研究と方法』〈第 1 巻〉〈第 2 巻〉近現代資料刊行会、2022 年
（3）ポジティブな面については、野口友紀子「社会福祉史における構築主義と言説分析の可能性」前掲（2）を参照のこと。
（4）この項の主な参考文献。遅塚忠躬『史学概論』東京大学出版会、2010 年。長谷川貴彦「現代歴史学の挑戦――イギリスの経験」歴史学研究会編『歴史学のアクチュアリティ』東京大学出版会、2013 年。道重一郎「戦後歴史学と「大きな歴史像」の可能性――P. コーフィールド教授の歴史認識論によせて」『東洋大学人間科学総合研究所紀要』第 9 号、2008 年。福井憲彦『歴史学入門』岩波書店、2006 年。
（5）前掲（1）、40 頁
（6）道重、前掲（4）、32 頁
（7）この項の主な参考文献。道重、前掲（4）。小田中直樹「言語論的転回と歴史学」『史学雑誌』109（9）、2000

年。小田中直樹『歴史学のアポリア』山川出版社、2002年。小田中直樹『歴史学ってなんだ？』PHP研究所、2004年。長谷川貴彦「歴史学とポストモダン」『現代思想』vol49-7、2021年。岩崎稔「メタヒストリーとは、いかなる問いなのか」ヘイドン・ホワイト、岩崎稔監訳『メタヒストリー』作品社、2017年。
(8) 小田中、前掲(7)、63頁、2002年
(9) 岩崎、前掲(7)、666頁
(10) 今関恒夫「訳者あとがき」リチャード・J・エヴァンズ、今関恒夫・林以知郎・與田純訳『歴史学の擁護』筑摩書房、533頁、2022年
(11) この項の主な参考文献。遅塚、前掲(1)。道重、前掲(4)。長谷川、前掲(4)。
(12) 前掲(1)、265頁
(13) 成田龍一・岩崎稔・橋爪大輝「鼎談『メタヒストリー』が現在に問いかけるもの」週刊『読書人』2017年12月1日号、7頁
(14) 道重、前掲(4)、39頁
(15) 前掲(1)、352～353頁
(16) 前掲(1)、116頁
(17) 吉田久一「社会事業研究の視点と方法」『日本社会事業大学研究紀要 社会事業の諸問題』第20集、28～29頁、1972年
(18) 高岡裕之「社会福祉（社会事業）史と「福祉の歴史学」」『社会事業史研究』第58号、16頁、2020年
(19) 前掲(18)、11頁。高田実「福祉の歴史学」歴史学研究会編『第4次 現代歴史学の成果と課題1 新自由主義時代の歴史学』績文堂出版、2017年。
(20) 長谷川貴彦「メイクシフト・エコノミー論の射程」『歴史と経済』226号、33頁、2015年
(21) 前掲(20)、33頁
(22) 同上
(23) 前掲(20)、38頁
(24) 高田実「「福祉の複合体」の国際比較史」高田実・中野智世編著『近代ヨーロッパの探究15 福祉』ミネルヴァ書房、6頁、2012年
(25) 長谷川、前掲(7)、207頁
(26) 同上
(27) 長谷川貴彦「はじめに」同編『エゴ・ドキュメントの歴史学』岩波書店、7～8頁、2020年
(28) 伊藤隆「歴史研究とオーラル・ヒストリー」、江頭説子「社会学とオーラル・ヒストリー」法政大学大原社会問題研究所編『人文・社会科学研究とオーラル・ヒストリー』御茶の水書房、2009年
(29) 木原活信「ソーシャルワークと歴史研究方法――援助される側の「物語り」の成立の可能性」前掲(2)
(30) 高岡裕之「日本近現代史研究の現在」『歴史評論』No.693、81頁、2008年
(31) 同上
(32) 大門正克『歴史への問い／現在への問い』校倉書房、37頁、2008年
(33) 同上
(34) 大門正克「「生存」の視点とは――経済史研究とのかかわりで」『エコノミア』第64巻第1号、150頁、2013年
(35) 前掲(17)、43頁
(36) 渡邊かおり「社会事業の運動史」前掲(2)
(37) 前掲(17)、7頁
(38) 小松源助ほか『系統看護学講座 社会福祉』医学書院、3頁、1999年
(39) 前掲(18)、17～18頁
(40) 古川孝順『社会福祉学原理要綱』誠信書房、70～80頁、2023年
(41) 前掲(1)、93頁
(42) 永岡正巳「一番ヶ瀬社会福祉研究における歴史研究の起点とその展開」『社会福祉学』Vol.55-4号、87頁、2015年
(43) 小倉襄二『流域――社会福祉と生活設計』高菅出版、482頁、2010年
(44) 矢上克己編著、田代国次郎ほか『新潟県社会福祉史の基礎的研究〈田代国次郎先生追悼論集〉』本の泉社、12～13頁、2014年
(45) 永岡正己「社会福祉における権利の思想的変遷」『社会福祉研究』第120号、20～21頁、2014年

参考文献

● 今井小の実「社会福祉における歴史研究の役割」「社会事業史研究の新たな可能性」山田知子編『生活変動と社会福祉――福祉研究の道標』放送大学教育振興会、2018年

2 社会福祉史研究の対象の広がり
①アメリカの社会福祉史とマイノリティ

西﨑　緑

1. 社会福祉の歴史として何をみるべきか

社会福祉学は実践を伴う学問である。人が人をケアするという社会福祉実践の最前線に立つソーシャルワーカーは、自らの実践の正当性や意義を日々問うている。社会福祉の歴史研究は、過去の実践の事実を通してソーシャルワーク実践の指標となるものを提供するが、同時にその土台となった思想・哲学にも言及する。どのような実践が行われたのか、そしてそのような実践に至った内的動機は何か、また実践をめぐる社会構造が実践現場の状況やソーシャルワーカーと当事者に与えた内外の影響はどのようであったのか、歴史的に考察するのである。

たとえば、ターナー、ホイティカー、クリルらによる実存主義に基づくソーシャルワークのアプローチは1960～1970年代のアメリカ社会が直面した社会変動（相次ぐ暗殺、ベトナム戦争、学生運動など）に対して、人間存在の意義を問い直すことから生まれた。そのなかで自己覚知と実践の知に注目した研究が進められ、自由、責任、そして不条理の感覚を大切にすることがソーシャルワークにとって必要であるとし、今日のストレングスモデルの先駆けとなった(1)。

一方、ベイリーとブレイク、コリガンとレオナルド、マラリーらによる構造主義的アプローチ（あるいはラディカル・ソーシャルワーク）は、マルクス主義をベースにしながら社会をコントロールする「権力」に注目し、個人の生活問題は、資本主義社会が生み出す政治経済的不平等によって生まれていると理解する(2)。そのため、ソーシャルワーカーの役割は、西欧中心の文明を変化させて被抑圧者を解放することによって、社会の構造的不正義を縮減することに重点を置いたものになる。

さらに1990年代以後のクリティカル・ソーシャルワーク理論は、たとえ社会福祉の対象が被抑圧者や被搾取者であるという共通理解があったとしても、それらは相互に異なる場、異なる人々、異なる文脈のなかで生じ、経験されてきたということを捉えるべきだと考える。そのため、ヨーロッパ中心のキリスト教文化を基礎にした中産階級的価値観から、多文化主義に基づいたソーシャルワークが志向されることとなった。それゆえ、このクリティカル・ソーシャルワークでは、異なる価値観や文脈を相互に批判的に擦りあわせていく対話（弁証法的アプローチ）が方法の中心となる。これによって構造主義に含まれる単純な直線的因果関係の概念や、実存主義に含まれる完全に自由な人間の意志に依拠し過ぎる点を回避することができると考えられたのである(3)。

つまり対話こそが、人々が生きるこの社会の複雑さのなかで果たすソーシャルワークの役割をより鮮明に浮かび上がらせるのである。ソーシャルワーカーは、真摯な受け手として各当事者のナラティブを待ち、語られる物語（オルタナティブ・ストーリー）を身体で感じつつ受けとめて、当事者を抑圧しているドミナント・ストーリーをともに解体していく(4)。**マイノリティ**に焦点を当てて社会福祉の歴史を捉えるということは、ソーシャルワーカー自身も含めた抑圧と被抑圧、支配と被支配の歴史を読み解き、そこから社会福祉のあるべき姿を模索することにほかならない。そこで本章では、アメリカ社会福祉の歴史をマイノリティの歴史と照合しながらみていくことにする。

2. アメリカ社会福祉史の課題とマイノリティの歴史

1）これまでのアメリカ社会福祉史の課題

一般にアメリカは移民の国であるといわれる。確かにアメリカは、成立当初から移民によって支えられてきた。アメリカの自己像も1960年代あたりまでは「メルティング・ポット」、つまり多様な民族が溶けあい、新しい文化や社会が創造されていくと表現されてきた。しかしこのイメージは、ヨーロッパのさまざまな地域からきた各民族が、母国の慣習を捨てて、建国の民であるWASPの価値観と生活様式を身につけることを意味していた[(5)]。

アングロ・サクソン以外の白人移民は、19世紀後半から続々とアメリカにやってきた。プロテスタントでも後から到着したドイツや北欧の出身者、それにアイルランド、イタリア、東欧諸国から来たカトリック教徒、東欧やロシアから来た正教徒、ユダヤ人などはメルティング・ポットに入れてアメリカ化するべき対象とみなされた。そこで、大都市に居を構え労働者となった彼らをアメリカ社会に同化させる役割を担ったのが、中流市民による友愛訪問を行うボランティアである。彼らは、人格的影響力を発揮してプロテスタントの道徳（清潔、勤労、社会貢献）を新移民に学ばせることにより、アメリカ社会の秩序を保とうとした。しかし、それ以外の移民（中国人をはじめとするアジア系、中南米のスペイン語圏の人々など）は、白人の国アメリカに融合すべき対象とはみなされていなかった。

やがて市民ボランティアは、20世紀に入って有給専門職のソーシャルワーカーにとって代わられたが、その役割は依然として、アメリカ社会を合理的に管理して整合性を保つことであった。彼らは、科学的手法を用いて移民や貧困者の自立を支援し、専門職としての社会的承認を得るべく社会事業学校での養成教育を拡大していった。

ニューディール期の社会保障法の成立によりアメリカでも福祉国家体制が整っていくと、ソーシャルワーカーの役割は、移民よりも通常の家族の問題解決を支援することが中心となっていった。社会福祉の研究も社会福祉政策と個人や家族を支援する方法を中心課題とするようになった。

ブルーノ（1957）、ウッドルーフ（1962）、ルバヴ（1965）、アクシンとレビン（1975）、ウェノカームとライシ（1989）、ロウ（1999）らによってアメリカ社会福祉の歴史として従来語られてきたのは、このような勤労による自助自立というプロテスタント倫理を基本として、移民や貧困者を社会に包摂する「援助する側」の歴史であった。また、ルバヴ（1968）、トラットナー（1974）、アクシン（1975）、バーコウィッツ（1991）、モリス（2009）が描いたように、ボランティアから専門職へ、さらに福祉国家が個人の生活を保障するという公的システムへと発展する歴史でもあった[(6)]。日本の研究者がアメリカ社会福祉史を描く場合には、今岡健一郎ほか（1973）、右田紀久恵ほか（1977）などのように、欧米を一括して捉えて福祉国家に至る発展史として描く場合が多い。アメリカ単独で社会福祉史を描いた研究書の嚆矢（こうし）は、一番ヶ瀬康子の『アメリカ社会福祉発達史』（1963）である。一番ヶ瀬は、資本主義体制のなかで収奪される労働者階級の生活に特に関心をもっていたので、資本主義体制の頂点であるアメリカを選んで唯物史観に基づく社会福祉史を描いた。

発達史あるいは発展史から脱却した社会福祉の歴史は、1980年代末から公刊され始めた。ジャンソン（1988）は、植民地時代からの社会福祉政策の通史を取り扱い、置き去りにされてきた人種やジェンダーの問題も入れて検討している。またライシとアンドリューズ（2002）は、Rank and File Movementを含むラディカル・ソーシャルワークが反共思想による攻撃を受けた点を強調しながらアメリカの社会福祉史を描いた。サイモン（1994）は、エンパワメントの伝統という新しい切り口でソーシャルワークを解読しようとした。これらの比較的新しい研究は、1960年代以後盛んになった公民権運動、福祉権運動、自立生活運動などの当事者運動の影響を少なからず受けている。アメリカ社会で長期間周縁化・抑圧されてきたマイノリティの問題が告発され、社会福祉関係者がマイノリティ支援に取り組んでこなかったことが明らかになったからである。そこでエンサイクロペディアの第2編において本章で提案したいことは、筆者（2020）や木原（2022）が指摘したような「援助された側」「排除された側」「無視された側」の歴史である。そこに踏み込まない限り、アメリカ社会の構造的差別と膨大な数の人々（マイノリティ）が日々直面する問題を解き明かすことができない。つまりアメリカ社会福祉の歴史をみるときには、マイノリティを加えた複眼的視点でみていく必要がある。

2）アメリカ社会におけるマイノリティとその歴史

それでは、アメリカ社会におけるマイノリティとは誰なのだろうか。マイノリティは、数の上での少数者を意味しているわけではない。社会的に立場が弱い者もしくはその集団を指す。その集団に属することによって偏見や差別の対象になったり、多数者に有利な法制度の下で損失や被害を受けることになったりする者たちを指す。具体的には、女性、障害者、特定のエスニック・グループ、性的指向、宗教などがある。ここではアメリカ社会の特徴として、人種・エスニシティによるマイノリティを取り上げる。

i　アメリカ先住民

まず挙げられるのは、アメリカ先住民である[(7)]。彼らは、入植者が持ち込んだ伝染病と土地収奪のための大量殺戮（さつりく）によって99％の人口を失ったうえに、合衆国政府によって「インディアン居留地」に閉じ込められた。1819年にインディアン文明化基金法が成立すると、先住民の子どもたちが家族から引き離され、政府やキリスト教会が運営する寄宿学校に入れられた。そこでは「うちなるインディアンを殺し、人間を救う」[(8)]方針のもと、先住民の文化継承を絶って白人支配者に従順な者を育成する目的で、英語、キリスト教のほか、産業教育が施された。寄宿学校では、身体的、精神的、性的虐待が横行したほか、劣悪な環境による病気（結核、インフルエンザ、水痘、麻疹（ましん））で多くの子どもたちが命を落とした。生き残った子どもたちも、卒業後にPTSDに悩まされ、精神疾患、アルコール依存症、自殺に至った例もまれではない。このような人間破壊は、どの先住民コミュニティにもみられ、コミュニティの生存問題となっていった。先住民の寄宿学校は、1969年に上院が「国家的悲劇」と認めるまで150年間続いたが、この間、一般市民のみならずソーシャルワーカーも合衆国政府の民族浄化政策の犠牲となっていた先住民の人権を顧みることはなかった。

ii　黒人

移民のなかには、奴隷という立場で来た黒人の問題がある。1619年から奴隷輸入が法律で禁止される1808年までの190年間に、アフリカ大陸から50万人もの人が強制的に奴隷として連れてこられた。北部諸州では、奴隷制度廃止論者たちの運動により次々に黒人奴隷は解放されていったが、大規模農場の綿花栽培に多くの労力を必要とした南部では、子孫を含めて黒人奴隷として所有する習慣が続いた。1860年の国勢調査によると、15の奴隷州における奴隷の数を合わせると400万人近くの黒人奴隷がいたことになる。南北戦争中の1863年1月1日、リンカーン大統領は奴隷解放宣言を行い、1865年には合衆国憲法修正第13条が承認され、合衆国全体で奴隷制度が廃止された。ただし、その後も南部では、分益小作制度による経済的収奪が続き、さらに黒人法規による人種隔離と法的権利の剥奪が実施された。1950年代から激しさを増した公民権運動は、1964年公民権法、1965年投票権法として結実し、黒人は合衆国市民としての権利を法的には獲得した。1970年代からは、アファーマティブ・アクションによって、少数者の雇用・昇進や高等教育機関への入学者が増加した[(9)]。しかし経済的不平等は解決せず、雇用と住居における不平等に対して、特に都市部の黒人には不満が残った。

iii　中国人・アジア系アメリカ人

アジア系移民としては、16世紀にフィリピン人が宗主国スペインの船でアメリカ大陸にやってきたのが最初である。その後、1844年の望厦（ぼうか）条約で清との間に国交が結ばれると、多くの中国人が入国し、1869年に大陸横断鉄道が完成するまで鉱山や鉄道建設に従事した。しかし彼らは、1870年の帰化法によって帰化不能外国人と位置づけられ、さらに1882年中国人移民排斥法で移住停止となった。1924年移民制限法では、アジア系人種すべてが「帰化不能」と規定された(10)。また第二次世界大戦中には、日系人が市民権をもつ二世・三世も含めて敵性外国人として強制収容の対象となった。その後の冷戦中に制定された1952年移民国籍法では、対共産圏政策のためアジア系移民一世の帰化権が認められた。1965年移民法では、出身国別移民割当制度が廃止された。ベトナム戦争後には、インドシナ難民が入国し、韓国系移民もやってきたので、アジア系移民は大幅に増加した。

アジア系移民の二世以後は、高学歴となる場合が多い。そのためアジア系は、モデル・マイノリティと位置づけられ、常に黒人や中南米系との比較対象として用いられている。コロナ禍でアジア系市民に対するヘイトクライムは倍増したが、その背景には19世紀から続く白人と黒人双方からの憎悪感情がある。それには、欧米と異質な文化をもち、低賃金で働くために国内の労働条件を下げているという偏見がある。しかしアジア系内部では言語や背景が多様であり、一体感をもちにくいという特性があり、一つのエスニック・グループとして権利要求の運動を起こしづらい面がある。

iv　ヒスパニック（中南米系移民）

1848年に米墨戦争で敗退したメキシコは、カリフォルニア、アリゾナ、ニューメキシコなどの地域を米国に割譲した。メキシコ人は、その後も労働者として行き来していたが、1942年ブラセロ協定により、季節労働者として働くことになった。2020年国勢調査では、ヒスパニック系人口は6210万人であり、60%はメキシコ系、残りはラテンアメリカ諸国から来た人々である。36%はカリフォルニア州に住んでおり、他州でも局地的に人口が集中する傾向がある。

キューバ革命から逃れてマイアミに暮らすようになった富裕層を除き、低賃金労働に従事する者が多く、特にメキシコ移民は教育水準の低さから経済的階層の底辺にいるといわれている。またヒスパニック系は、スペイン語のみによる地域社会を形成し、カトリックの伝統に基づく文化や価値観を維持する傾向がある。そのため彼らの人口増は、WASP文化の維持を求めるアメリカ社会の主流派からは脅威と受けとめられた。また、低賃金で働く労働者や不法移民は、アメリカ市民から職を奪う存在とみなされて、排除の対象となっている。

3. アメリカ社会における秩序と社会福祉の歴史

マイノリティを排除しつつ、慈善、社会事業、社会福祉に携わってきたボランティアやソーシャルワーカー、政策担当者たちが守ろうとしたアメリカ社会の主流価値観（WASPの文化）とはどのようなものなのか、次にみていくことにする。

1）アメリカ社会の主流価値観

アメリカ合衆国建国の主体となったのは、イギリスからやってきた人々である。その子孫は、**WASP**と呼ばれるアングロ＝サクソン系でプロテスタントのキリスト教信者である。彼らはアメリカ社会の中・上層階級となり、それ以外の移民は、下位に位置づけるようになった。そのため、アメリカ社会は、ルターやカルヴァンの福音派信仰を受け継ぐプロテスタント教会の価値観を基本において形成されたといってよい。つまり、聖書を唯一の信仰のよりどころとする聖書原理、信仰によって義とされるとする信仰義認説、すべての信者は、キリストにおいて誰でも直接に神に近づくことができるとする万人祭司説という特徴から派生した道徳は、神からすべての人に与えられた才能と、その才能を用いて働く個人の責務に重きをおく。そのため、人々の労働も「道徳的に認められた、規律ある労働にもとづく職業で、公共の福祉に貢献し、それらの規準に照らして総合的に、神による救済の確かさをより高めるものでなければならな」[11]いと考えられていた。

19世紀になると、商工業の急速な発達によって、従来のプロテスタント倫理に基づく自作農型社会のあり方から、大量生産・大量消費の都市型社会へと急速に変貌していく。労働に対する価値観や地域社会の人間関係が変化し、貧富の差が拡大した。また、大量に流入した新移民との接触は、在来の人々に不安感を抱かせた。そのため、在来の人々のなかから、WASP中心の社会や文化の保全を図ろうとして新移民を排除する動きも出現した。一方、新移民の多くは、言葉の壁だけでなく、宗教文化的にも異質な集団であったため、いっそう在来の人々と交流する機会をもたなかった。また、新移民の多くは農村出身者であったため、都市生活に必要な衛生管理を十分に行うことができなかった。こうして大都市に出現したスラムは、物理的にも道徳的にも不潔な地区として嫌悪の対象となった。

2）市民社会とコミュニティの保全を目指すソーシャルワーク

在来市民たちのなかでは、この時期に第三次大覚醒の宗教的リバイバル運動が盛んになっていた。個人の生活を信仰中心の清潔なものにするだけでなく、コミュニティにおける社会正義が追求され、その実践が行われるようになった。1877年11月、ニューヨーク州バッファローで組織された慈善組織協会（COS）もその一つである。COSは、ソーシャルワークのルーツにつながる友愛訪問の手法を発達させ、ピューリタン的価値観に基づくアメリカ市民の基本的生活態度を、貧困者に学ばせて自立させることを目指した。具体的には、個別訪問による各家庭の①事情調査、②訪問家庭の登録、③助言・指導の3要素がその核となった。

また1879年に設立された全国慈善矯正会議は、しだいに年次大会で、貧困問題を解決する方法、監獄改良、児童や女性の労働問題、公衆衛生、家族や地域社会の課題などを議論するようになった。会議の参加者は、救貧行政や刑務所に携わる者だけではなく、民間組織のCOSやセツルメント、財団、教会や教派の慈善部局、YMCAやYWCAなどの団体にかかわる者たちであった。全体としては、「良き市民」の代表として、WASPの文化と価値観をもち、さらに社会科学的手法により社会改良を行う実務家が多かった。

セツルメント・ワーカーは、移民に対して寛容であったが、程度の差こそあれ、人種差別的意識をもっていた。彼らは、黒人はすべて文明社会によく溶け込んでおらず、道徳によって自分を管理する能力に欠けているため、いきなり白人からの救済や慈善を与えてもその価値を理解できないと思っていた。都市に流入した貧農出身で貧窮する黒人には、まず黒人の組織による救済がなされるべきで、その過程を経ることによって黒人という人種全体の文明化が行われると主張していた[12]。

4. プラグマティズムと科学の時代
——19世紀末から20世紀前半をどうみるのか

20世紀前半にソーシャルワーカーが専門職化し、科学的実践を目指したのはなぜだったのか、そしてそのことがマイノリティの排除にどのようにつながったのか。ここでは、プラグマティズムと優生学の観点から検討する。

1）プラグマティズム

アメリカの代表的哲学思想の**プラグマティズム**は、知識を評価する尺度として有用性または有効性を第一に考える。日本語では、「実用主義」「実際主義」「行為主義」などと訳されている。プラグマティズムが誕生したのは1870年代のアメリカで、その背景には、南北戦争や進化論をめぐる論争による民衆の対立が深まったことがある。異なる理論や信念による対立からの前進を目指して、プラグマティズムは生まれたのである。今日までアメリカ社会では、実験的取り組みとイノベーションが繰り返され、ありとあらゆる局面でプラグマティズムの影響がみられる。そのため、もはや人々の意識に上ることもないほどに、アメリカ人の精神に深く根ざしており、行動原理となっている。

20世紀に急速に進む産業化のなかで、社会が激変する時代に合わせ、チャールズ・サンダース・パース（哲学、論理学、数学、科学）、ウィリアム・ジェームス（哲学、心理学）、ジョン・デューイ（教育）などの論者が現れた[(13)]。プラグマティズムの特徴は、具体的状況を生きる人間を中心に据えて行動変容や課題解決のための道程を明らかにすることにある。ソーシャルワークの分野では、リッチモンドのケースワーク理論やアダムズのセツルメントの実践理論以後も、パールマンの問題解決アプローチや、リードやエプスタインが提唱した課題中心アプローチ、リンデマンやキャプランによる危機介入アプローチなどがプラグマティズムの影響を受けて発展していった[(14)]。

2）科学性の追求と優生学の影響

ソーシャルワークの**科学性の追求**は、19世紀末から科学の時代に入ったアメリカでは避けて通れない道であった。ソーシャルワーカーたちが専門職となるための「科学性」を強烈に意識するようになったのは、1915年の全国慈善矯正会議にカーネギー財団の代表者として参加していたエイブラハム・フレクスナー（Abraham Flexner）博士が行った「ソーシャルワークは専門職か？」という講演が契機になったといわれる。

1920年代には、ソーシャルワーク理論は精神医学に論拠を求めるようになり、やがて精神分析を用いる診断派とパーソナリティ理論を用いる機能派に分裂し発展していくことになる[(15)]。時代は、科学的管理に移行しつつあった。

この事件に先行して、フレクスナーは、カーネギー財団助成金で行ったアメリカとカナダの医学校の調査報告を1910年に公表し、そのなかで多くの医学校の教育水準が低いことを問題視した。彼は1935年までに50%の医学校を統合または閉鎖に追い込んだ。そのなかには、女性を入学させていた比較的新しい医学校や六つの黒人医学校が含まれていた。以後、ジョンズ・ホプキンス大学のドイツ式教育が医学校の標準となり、基礎教育を修了したうえに医学校の授業料を支払える白人中産階級の男性のみが入学できたので、「正規の医師」は白人男性の仕事となった。このような時代のなかで、ソーシャルワーカーの専門性が目指されたことを考えると、人種やジェンダーに関するバイアスが作用して排除をもたらしたことがわかる。

専門職の科学性とともに、社会ダーウィニズムやそれに基づいて発達した優生学が、アメリカにおいて大きな社会的影響をもたらした。優生学には、肯定的優生学と否定的優生学があるが、後者への関心の高まりは、移民や障害者の排除として作用した。慈善や犯罪者の更生にかかわる人々の間で高まっていた「劣った人間の遺伝子を根絶する」という単純明快な目的のために、有色人種の移民を制限する移民制限法が制定されたり、知的障害者、精神障害者、犯罪者、アルコール依存症患者、性病患者、売春婦、救貧院入所者などに対する断種が実施されたりした。画期となったのは、1877年の全国慈善矯正会議において発表された犯罪家系のジューク一族の事例であった。これは貧困と犯罪が特定の家系で多発することを系統的に調査したものであり、優生学運動への大きな論拠となった。以後、慈善事業家たちによって、次々と同種の研究発表がなされ、やがて精神障害と知的障害が貧困や犯罪の重要な増加要因であると考えられるようになった。

一方この時期、公立学校の普及により、貧困者や移民、障害者などが学校に通うようになったため、従来の教育方法が通用しなくなっていた。そこで従来、不適格者（障害児）にも施されてきた教育には、効率的・科学的教育実践のために障害児排除が求められるようになった。また入学問題以前に、劣悪な遺伝子をもつ家系を絶やすことを目的として、法的根拠が明確でないままに婚姻制限や去勢が行われるようになった。そして1907年にインディアナ州で国内初の断種法が可決され、それ以後、各州で断種法が成立していった[(16)]。

5. マイノリティ当事者による社会運動と多文化ソーシャルワークの発展

大恐慌を経て、アメリカでも福祉国家政策が展開され、連邦政府が国民への責任として防貧を中心とした社会保障制度を展開するようになる。ただし国民（米国市民）としてその恩恵にあずかる権利は、黒人をはじめとするエスニック・マイノリティには行き届かなかった。しかし、第二次世界大戦後の公民権運動の高まりを契機として、1960年代には大きな変化が訪れた。

1）マイノリティ当事者による社会運動

アメリカ社会では、1960年代後半から70年代前半にかけて、黒人をはじめとするマイノリティの生存権や社会的平等を求める運動が激化し、当事者自身の手で抑圧構造を切り開いていく動きがみられた。そのことが、従来のソーシャルワークを見直すことにつながっていった。以下に公民権運動、福祉権運動、自立生活運動、先住民権利回復運動をみていく。

i　公民権運動

公民権運動が盛んになった背景には、人権に関するさまざまな国際条約が締結されたこと、また「人民の同権および自決」を謳った国連憲章（1945年）によって進められてきた植民地の独立が、1960年にアフリカ17か国の独立として現実化したことがある。

1960年代の公民権運動の結果、1968年までに深南部で100万人のアフリカ系米国人が選挙登録を行うことができた。同じく1968年には住宅差別を禁止する連邦法の住宅および都市開発法が成立し、北部や西部の大都市で黒人たちが必要としていた「住まい」の問題にようやく手がつけられるようになった。その後1970年代には、アファーマティブ・アクションによる進学保障が一般化するなど、マイノリティの社会権獲得闘争は一定の成果を生み出していくことになった[17]。

その一方で1968年には、「貧者の行進」を準備していたキング牧師が暗殺され、法務長官のロバート・ケネディも暗殺されるなど、アメリカ社会の分断と対立も深刻化した。ブラック・パワーは、そのような状況下で新たな運動方法として展開された。学生非暴力調整委員会（SNCC）のストークリー・カーマイケルは、「『ブラック・パワー』とは、黒人が集まって政治勢力を形成し、代表を選出し、彼らに自分たちのニーズを代弁させることを意味する」と語っている[18]。彼らは、黒人ナショナリズム、黒人の自己決定、黒人分離主義を信じており、しばしば主流の公民権運動指導者との摩擦を引き起こした。カリフォルニアで結成され、武装自警団として警察と対峙したブラックパンサー党のボビー・シールは、黒人への抑圧は経済搾取の結果と考え、「労働者階級の有色人種は団結して反対しなければならない」と主張した。しかし団結は実現せず、彼らが求めていた社会変革も不十分なまま終わった[19]。

この公民権運動は、福祉権運動やほかのマイノリティの運動にも影響を与えていく。

ii　福祉権運動

福祉権運動は、公的扶助を受給する母子家庭への攻撃が強まったことに対して、当事者からの権利要求運動として展開された。特に黒人母子家庭が、道徳的清廉さのない怠惰な福祉依存者と決めつけられて攻撃対象となった。その背景には児童扶助制度の前提であった白人母子家庭が遺族年金の普及や働く母親の増加で扶助を受けずに生活できるようになったことがある。

福祉権運動には当事者だけではなく、ブラック・パワー、ネイション・オブ・イスラム、NAACPなど、それぞれ性質が異なる公民権運動の団体が共闘に加わった。公民権運動団体との共闘が進むにつれ、AFDC（Aid to Families with Dependent Children）受給者は、自らの権利をより自覚するようになった。そして福祉権運動の中心になった全米福祉権団体（NWRO）は、当事者の動員による「危機戦術」をとり、デモや座り込みを通して生存権保障として「保証所得」を要求した。彼女らがとった行動は、ソーシャル・アクションの新しい方法と考えられた。NWROは、運動に参加する福祉受給者やその支援者に「福祉権読本」を配布し、AFDCの申請や受給について、法的根拠に基づいて説明した。このような教育による主体性の育成も福祉権運動の一部となった。

1968年と1969年の全国社会福祉会議では、当事者団体を参加させないことに対する抗議行動が行われた。それにはNWROだけではなく、黒人ソーシャルワーカーたちの抗議行動も重なり、社会福祉界の人種差別が糾弾された。この時は、黒人ソーシャルワーカーたちの要求がソーシャルワーカー全体に認められなかったため、結局、黒人ソーシャルワーカーたちは、自分たちだけの専門職団体、全米黒人ソーシャルワーカー協会を設立した[(20)]。

この福祉権運動を率いたジョニー・ティルモンの主張は、後にキンバリー・クレンショーがインターセクショナリティ（交差性）と命名した複合的差別（人種、階級、ジェンダー、年齢など）に当たるものである[(21)]。

iii　自立生活運動

障害者の**自立生活運動**は、公民権運動に触発されて展開された。創始者の一人、エド・ロバーツ（Edward V. Roberts）は、公民権運動から刺激と影響を受けたという[(22)]。彼らは、四つの認識（①障害者は「施設収容」ではなく「地域」で生活すべきである。②障害者は、治療を受けるべき患者でもないし、保護される子どもでも、崇拝されるべき神でもない。③障害者は援助を管理すべき立場にある。④障害者は、「障害」そのものよりも社会の「偏見」の犠牲になっている）のうえで、障害者もアメリカの市民としての権利を平等に与えられるべきであると主張するようになった。そこで、ロバーツとその友人たちは、自立生活センターを設立し、そこを拠点として自立生活運動を本格的に展開するようになった。彼らが掲げた自立生活の思想は北米各地に広がり、日本にも影響を与えている。

自立生活センターは、あくまでも利用者が主導権をもってコントロールし、障害をもつ人々自身がプログラムを企画・実施・運営する。彼らはその原則を実現するために、非営利団体として法人化することや、地元の財団や州政府のリハビリテーション機関から資金を集めた。1977年には、自立生活センターが全米で36か所となり、国際障害者年の1980年には、100か所以上になっていた。この急激な増加は、1978年に連邦政府の法律であるリハビリテーション法が改正され、センターへの公的助成が行われるようになったためである。改正リハビリテーション法には「自立生活のための総合的サービス」の提供が成文化され、自立を実現するための訓練と、その状態を維持、継続させるための長期的支持サービスが提供されるようになった。このように障害者自身が望む生活を発信し、その実現を目指す運動を展開した結果、全米の障害者のエンパワメントとセルフ・アドボカシーが進展したのである。

iv　先住民の権利回復運動

1960年代後半から70年代にかけて、アメリカの先住民は、自らの固有の文化と価値観を社会のメインストリームの人々に認めさせ、抑圧からの解放と復権を目指してレッド・パワー運動を起こした。これは、黒人解放運動の旗印となったブラック・パワーに影響を受けたものである。「レッド」とは、先住民を白人たちがレッドマン（赤人）と呼んだことに由来する。レッド・パワーは、アメリカ合衆国とファースト・ネイション（先住民部族国家）が結んだ条約上や協定上の領土権、漁業権、水利権、地下資源権などの回復と擁護を求めた。なかでも1968年に結成されたアメリカ・インディアン運動（AIM）は、アルカトラズ島占拠、「破られた条約の旅」デモや内務省占拠、ウンデッド・ニー占拠などを展開し、社会の注目を集めた。1974年には、全国アメリカ・インディアン会議による「主権宣言」が行われた。レッド・パワー運動の成果には、1972年制定のインディアン教育法、1975年インディアンの自決及び教育法、1978年の部族大学法へと続く教育上の成果がある[(23)]。先住民の復権活動は、法廷闘争や国際連合での活動など、現在まで継続して行われている。

全米ソーシャルワーカー協会は、合衆国政府が行ってきた自由と権利の剥奪、虐殺や民族浄化によってアメリカ先住民が苦闘してきたことを認め、以下のことを含め11項目において努力すると表明している[24]。

・アメリカ先住民の健康と人権を促進する政策と実践を開発すること
・ソーシャルワークの原則、価値観、役割と一致する、健康と自己決定権を獲得し、肉体的、感情的、精神的な健康を保持する権利を先住民に保障すること
・すべてのソーシャルワーカーに、文化的能力、特に先住民族の文化、および彼らの健康と福祉に影響を与えるさまざまな社会的決定要因に関して教育と訓練を行うこと
・先住民族の伝統的、精神的、健康的、文化的実践を保存すること

こうした宣言は、アメリカのソーシャルワーカーたちが先住民の抑圧に加わってきたことを十分に反省したものといえるわけではないが、少なくとも次の世代に過ちを繰り返させないことにつながるだろう。

2）多文化ソーシャルワークへの取り組み

ソーシャルワークの実践とワーカー養成教育において多文化を前提とすることは、当事者運動や批判的人種理論（CRT）の影響がある。CRTは、1960～1970年代の批判的法律研究（CLS）（法的制度が、貧しい人々や疎外された人々を犠牲にして、どのように富裕層や権力者の利益に貢献しているかを研究すること）から始まり、関連分野に影響を与えた。

NASWは、2015年に『ソーシャルワーク実践における文化的能力についての基準と指標』を発表し、①倫理と価値、②自己覚知、③多文化知識、④多文化技法、⑤サービス供給、⑥エンパワメントとアドボカシー、⑦職場の構成員、⑧専門教育、⑨言語とコミュニケーション、⑩管理者の能力の10項目について文化的多様性の基準を設けている。それによれば、ソーシャルワーカーは、ミクロ、メゾ、マクロのいずれの実践においても、文化的多様性に敏感でなければならない。それだけでなく、クライエントとの社会的立場の差がクライエントに屈辱感を与えることに注意して自らの態度を管理する必要があるとしている。

6. 21世紀におけるアメリカ社会福祉の課題

当事者主権のソーシャルワークとは、当事者が抱える問題をともに背負うことである[25]。アメリカ社会の制度的人種差別という不条理に、ソーシャルワーカーの感覚は鈍かった。2020年には、日本でもBLM（ブラック・ライヴズ・マター）運動が注目を浴び、根本的問題は未解決のままであることが明らかになっている。現在でも刑罰国家のシステム強化と人種別プロファイリングに基づく偏見が警察の暴力を持続させ、多くの黒人が命の危険にさらされている。その状態は長らく放置されたままである。そこに失業率の高さや新型コロナウイルス感染症の感染率の高さも加わり、黒人は、社会的排除の犠牲者となっている。この状況に対して、社会福祉界はどう反応しているのだろうか。マイノリティの苦しみを共有するソーシャルワークが今こそ必要なのである。対象者と支援者という構図を超えて、誰もが安心して生きることができる社会を実現させるためには、まずソーシャルワーカー自身の不断の自己点検と自己批判を必要とするのではないだろうか。

本章では、アメリカにおける社会福祉とマイノリティの歴史について検討してきた。誰がアメリカ人としての社会的権利を享受できるのかという問題については、先住民、黒人、新たな移民、障害者など、マイノリティ自身による継続的な努力によって一定程度解決してきたといえる。しかし根本的な解決にはほど遠い。白人の国を取り戻そうとする動きは、キリスト教原理主義とともに折にふれて噴出するからである。近年問題になっているのは、エスニック・マイノリティの人口増加により、WASPを含む白人が人数的には少数者になると予測される

ことである。人口構成の変化が、社会の価値観や人々の意識に変化をもたらすであろうことは明白である。

アメリカはどこに行くのか。トランプ政権時代に明らかとなったのは、分断されるアメリカ社会の姿である。おそらくWASP文化に基づくアメリカ的価値観は、これまでも変化してきたし、今後も変化せざるを得ないだろう。その過程で多文化社会の平和的共存は成り立つのだろうか。たとえばLGBTQの人権についてリベラルと保守で意見の対立が顕著である。またアファーマティブ・アクション、不法移民の排除、人口妊娠中絶などをめぐる「文化戦争」といえるような状況も激化している。

国内問題だけではなく、国際的な状況も不透明である。グローバル化は進んだが、アメリカは世界の覇権を失いつつある。分断される世界が露呈するなかで、アメリカが牽引してきた世界秩序が崩壊してきていることは、我々も認知するところである。混迷の21世紀、この複雑な国内外の状況下でソーシャルワーカーは何をすることができるのか、どのような存在であるべきか、誰のどのような生活を支援していくのか、問われているといえる。

注

(1) Solomon, R. C., *From rationalism to existentialism: The existentialists and their nineteenth-century backgrounds*. Harper & Row, 1972., Turner, F. J. ed., *Social Work Treatment: Interlocking Theoretical Approaches*. Free Press, 1974., Whittaker, J. K., *Social treatment: An approach to interpersonal helping*. Aldine, 1974., Krill, D.F., *Existential Social Work*. Free Press, 1978., 西光義敞「米国における実存主義的ソーシャルワーク」龍谷学会編『熊谷大学論集』第421号、2～23頁、1982年、信川美樹「実存主義ソーシャルワーク研究――D.F. クリルの Existential Social Work を中心に」同志社大学社会福祉学会編『同志社社会福祉学』第12号、103～115頁、1998年、田嶋英行「D. F. Krillによる実存主義ソーシャルワークの援助の枠組み」『ソーシャルワーク研究』29(4)、52～58頁、2004年、田嶋英行「D. F. Krillによる実存主義ソーシャルワークの今日的意義――「死」の局面におけるソーシャルワークとクライエントの「存在の意味」の追求」『文京学院大学人間学部研究紀要』10(1)、1～19頁、2008年

(2) Bailey, Roy and Brake, Mike, eds., *Radical Social Work*. Edward Arnold, 1975., Corrigan, P. & Leonard, P., *Social Work Practice under Capitalism: A Marxist approach*. Macmillan, 1978., Mullaly, Robert P., *Structural Social Work: Ideology, Theory, and Practice*. Oxford University Press, p.119, 1997.

(3) Mullaly, Robert P. and Keating, Eric F., "Similarities, Differences and Dialectics of Radical Social Work" *Journal of Progressive Human Services*. 2(2), pp.49-78, 1991.

(4)「言説が世界をつくる」という社会構成主義的世界観をもとに、援助される側の歴史の採取を試みた代表作として木原活信「ソーシャルワークと歴史研究方法――援助される側の「物語り」の成立の可能性」『戦後社会福祉の歴史研究と方法――継承・展開・創造』近現代資料刊行会、369～397頁、2022年を挙げておく。

(5) 黒沢香「メルティング・ポットのニューヨーク」『千葉大学人文研究』33、41～70頁、2004年

(6) 福祉国家体制の成立については、新井光吉『ニューディールの福祉国家』白桃書房、1993年、小林清一『アメリカ福祉国家体制の形成』ミネルヴァ書房、1999年、西山隆行『アメリカ型福祉国家と都市政治――ニューヨーク市におけるアーバン・リベラリズムの展開』東京大学出版会、2008年を参照。

(7) 先住民の歴史なしにアメリカ史はあり得ないという主張は、以下参照。Blackhawk, Ned, *The Rediscovery of America: Native Peoples and the Unmaking of U.S. History*, Yale University Press, 2023.

(8) "Kill the Indian in him, and save the man" は1892年の全国慈善矯正会議でプラット大尉により演説で用いられた先住民教育の方針である。

(9) 1965年にジョンソン大統領が、大統領令11246号において就職や昇進について積極的な差別是正措置を求めたことがアファーマティブ・アクションの起源となった。その後、1972年に雇用機会均等法によって、大学の入学者選抜においても少数派に対して優遇措置が適用されるようになった。

(10) ミネソタ大学のエリカ・リーは、Lee, Erika, *At America's Gates: Chinese Immigration During the Exclusion Era, 1882-1943*. Univ of North Carolina Press, 2003. で1882年を境にアメリカが移民を制限する門番国家となったと述べている。

(11) 上野山達哉「プロテスタントの仕事倫理と天職概念の展開――マネジメントおよびプロフェッショナリズムとの関連を中心として」『商学論集』84(3)、191頁、2016年

(12) ハル・ハウスにおいても、黒人職員を対等に扱っていなかった。Carlton-LaNey, Iris, "The Career of Birdye Henrietta Haynes, a Pioneer Settlement House Worker." *Social Service Review*, 68(2), pp. 254-273, 1994.

(13) チャールズ・サンダース・パース、ウィリアム・ジェイムズ、ジョン・デューイ、植木豊訳『プラグマティズム古典集成――パース、ジェイムズ、デューイ』作品社、

2014年

(14) Perlman, Helen Harris, *Social Casework: a problem-solving process*. University of Chicago Press, 1957.（ヘレン・ハリス・パールマン、松本武子訳『ソーシャル・ケースワーク――問題解決の過程』全国社会福祉協議会、1966年）, Reid, William J., Epstein Laura, Brown, Lester B., Tolson, Eleanor and Rooney, Ronald H., "Task-Centered School Social Work", *Children & Schools*, 2（2）, pp.7-24, 1980., Lindemann, Erich, " Symptomatology and Management of Acute Grief" *American Journal of Psychiatry*, 101（2）, pp.141-148, 1944.

(15) 三島亜紀子『社会福祉学の〈科学〉性　ソーシャルワーカーは専門職か？』勁草書房、1～9頁、2007年

(16) 障害者に対する処遇については、中村満紀男編著『優生学と障害者』明石書店、2004年を参照。

(17) 被支配者の抵抗の歴史としてアメリカ史は、SNCCの運動に参加したZinnによって描かれた。Zinn, Howard, *A People's History of the United States*. Harper and Row, 1980.（ハワード・ジン、富田虎男訳『民衆のアメリカ史』TBSブリタニカ、1982年）

(18) Carmichael, Stokely & Hamilton, Charles V., *Black Power: the politics of liberation in America*. Vintage Books, [a division of Random House], 1967.（ストークリー・カーマイケル、長田衛編訳『ブラック・パワー』合同出版、1968年）

(19) 公民権運動以後の黒人政治については、松岡泰『アメリカ政治とマイノリティ――公民権運動以降の黒人問題の変容』ミネルヴァ書房、2006年を参照。

(20) 黒人の自助活動、社会活動の伝統を含む歴史研究がRoss, Edyth L., eds., *Black Heritage in Social Welfare, 1860-1930*. Scarecrow Press, 1978., Laschi-Quinn, Elizabeth, *Black Neighbors: Race and the Limits of Reform in the American Settlement House Movement, 1890-1945*. University of North Carolina Press, 1993., Carlton-LaNey, Iris., ed., *African American Leadership: An Empowerment Tradition in Social Welfare History*. Washington D.C: NASW Press, 2001. など黒人研究者によってなされた。

(21) 福祉権運動については、Nadasen, Premilla, *Welfare Warriors: The Welfare Rights Movement in the United States*. Routledge, 2004., Nadasen, Premilla, Mittelstadt, Jennifer, Chappell, Marisa, *Welfare in the United States: a history with documents, 1935-1996*. New York: Routledge, 2009., Kornbluh, Felicia, *The Battle of Welfare Rights: Politics and Poverty in Modern America*. Philadelphia: University of Pennsylvania Press, 2007. を参照。女性史として社会福祉の歴史を捉えなおしたものにMink, Gwendolyn, *The Wages of Motherhood: Inequality in the Welfare State, 1917-1942*. Cornell University Press, 1995., Abramovitz, M., *Regulating the Lives of Women: Social Welfare Policy from Colonial Times to the Present, 2nd edition*, Boston: South End Press, 1998., 杉本貴代栄『アメリカ社会福祉の女性史』勁草書房、2003年、Mittelstadt, Jennifer, *From Welfare to Workfare: the unintended consequences of liberal reform, 1945-1965*. University of North Carolina Press, 2005. がある。

(22) Brown, Steven E., *Ed Roberts: Wheelchair Genius*. Institute on Disability Culture, 2015.

(23) 根元慎太郎「1970年代のアメリカ先住民高等教育の改革――1978年の「部族大学法」の制定過程と運用に関しての諸問題」『立教アメリカン・スタディーズ』36、93～114頁、2014年、日本太平洋資料ネットワーク（JPRN）柏木宏・岡部一明「アメリカのマイノリティ運動（承前）――アジア系と先住民」『部落解放研究』80、86～107頁、1991年

(24) National Association of Social Workers, *Social Work Speaks 12th Edition: National Association of Social Workers Policy Statements 2021-2023*, the NASW Press. p.317, 2021.

(25) 西﨑緑「アメリカ社会福祉の歴史研究の回顧と展望」『戦後社会福祉の歴史研究と方法――継承・展開・創造　理論・総括』近現代資料刊行会、478～502頁、2022年

参考文献

- "Kill the Indian, Save the Child"—One Hundred Years of Indian Boarding Schools and the Systematic Assault on Indigenous Cultures and Language in the United States. UN Expert Mechanism on the Rights of Indigenous People, 5th Session, Geneva, July 2012 Submission from the National Indian Youth Council (NIYC), Albuquerque, New Mexico, USA.
- Axinn, J. and Levin, Herman, *Social Welfare: A History of the American Response to Need*. Harper & Row, 1975.
- Berkowitz, Edward D., *America's Welfare State: from Roosevelt to Reagan*. Johns Hopkins University Press, 1991.
- Bruno, Frank John, *Trends in Social Work, 1874-1956 : a history based on the proceedings of the National Conference of Social Work*. Columbia University Press, 1957.
- Jansson, B.S., *The Reluctant Welfare State, 4th edition*, Belmont, Belmont, Calif.: Wadsworth, 1988.（ブルース S. ジャンソン、島崎義孝訳『アメリカ社会福祉政策史』相川書房、1997年）
- Katz, M.B., *In the Shadow of the Poorhouse: A Social History of Welfare America*. New York: Basic Books, 1986.
- Leiby, J., *A History of Social Welfare and Social Work in the United States*, New York: Columbia University Press, 1979.
- Low, Gary R., *The Professionalization of Poverty:*

Social Work and the Poor in the Twentieth Century. New York: Routledge, 1999.

- Lubove, R., *The struggle for social security, 1900-1935.* Cambridge, MA: Harvard University Press, 1968.（ロイ・ルバヴ、古川孝順訳『アメリカ社会保障前史：生活の保障：ヴォランタリズムか政府の責任か』川島書店、1982 年）
- Morris, Andrew J.F., *The Limits of Voluntarism: charity and welfare from the New Deal through the Great Society*. Cambridge University Press, 2009.
- Nielsen, Kim E., *A Disability History of the United States*. Beacon Press, 2012.
- Piven, F.F. and Cloward, R.A., *Regulating the Poor: The Functions of Public Welfare, revised edition*, New York: Vintage Press, 1995.
- Reisch, M. and Andrews, J.L., *The Road Not Taken: A History of Radical Social Work in the United States.* Philadelphia: Brunner-Routledge, 2001.
- Simon, B.L., *The Empowerment Tradition in American Social Work: A History*, New York: Columbia University Press, 1994.
- Trattner, Walter I., From Poor Law to Welfare State: a history of social welfare in America. Free Press, 1974.（ウォルター・I. トラットナー、古川孝順訳『アメリカ社会福祉の歴史――救貧法から福祉国家へ』川島書店、1978 年）
- Weaver, Hilary, "Indigenous People and the Social Work Profession: Defining Culturally Competent Services.", *Social Work* 44(3), pp.217-225, 1999.
- Wenocurm S. and Reisch, M., *From Charity to Enterprise: The Development of American Social Work in a Market Economy,* Urbana, IL: University of Illinois Press, 1989.
- Woodroofe, Kathleen, *From Charity to Social Work in England and the United States*. Routledge & Kegan Paul, University of Toronto Press, 1962.（キャサリン・ウッドルーフ『慈善から社会事業へ――イギリス及びアメリカ合衆国における社会福祉の沿革』中部日本教育文化会、1977 年）
- 一番ヶ瀬康子『アメリカ社会福祉発達史』光生館、1963 年
- 今岡健一郎・星野貞一郎・吉永清『社会福祉発達史』ミネルヴァ書房、1973 年
- 上野山達哉「プロテスタントの仕事倫理と天職概念の展開――マネジメントおよびプロフェッショナリズムとの関連を中心として」『商学論集』84(3)、189 ～ 204 頁、2016 年
- 右田紀久恵・高澤武司・古川孝順編『社会福祉の歴史――政策と運動の展開』有斐閣、1977 年
- 西﨑緑『ソーシャルワークはマイノリティをどう捉えてきたのか――制度的人種差別とアメリカ社会福祉史』勁草書房、2020 年

2 社会福祉史研究の対象の広がり
②地域社会福祉史における沖縄

石井洸二

1. 地域社会福祉史について

1）地域の社会福祉史

社会事業史学会の前身である社会事業史研究会は1973年に発足し、その年次大会では、第1回（1973年）処遇史研究、第2回（1974年）施設史研究、第3回（1975年）地方史研究が共通テーマとされた。当時、社会福祉史研究の主要な関心として地域社会福祉史があったことがわかる。第3回大会の内容は同年の学会誌に掲載されたが、そこに小倉襄二がよせた巻頭言では「辺境」という言葉に炭鉱地帯や離島のイメージが重ねられ、社会福祉史における地方史研究の意義が問いかけられている。

当時は、1969年の新全国総合開発計画による「広域生活圏」構想、同年の国民生活審議会「コミュニティ――生活の場における人間性の回復」を皮切りに、70年代初頭のいわゆるコミュニティ政策が展開し、地方に対する関心が向けられた時期である。一方で、松本健一「わが孤島」（『辺境』第5号、1971年）、守田志郎『小さい部落』（朝日新聞社、1973年）、色川大吉「近代日本の共同体」（鶴見和子ほか編『思想の冒険』筑摩書房、1974年）など、1970年代前半には共同性のあり方が新たに問い直されていた。そのような社会状況のなかで、中央に対する地方の視点、さらにそこで暮らす生活者からのまなざしが「地方史」に託されていたのだと考えられる。

また研究史としてみると、吉田久一による通史（『日本社会事業の歴史』勁草書房、1960年・改訂版1966年、『昭和社会事業史』ミネルヴァ書房、1971年）を意識した地方史の意義という側面もあった。ナショナル・ヒストリーとして社会福祉史をまとめるためには全国的な規模の資料を用いざるを得ず、それが本来的にもつ中央からの視点は歴史叙述にも反映される。そこで、日本という単位で描かれる社会福祉史を補うために、「地方史」の役割が期待されたのである。

その後、1981年に菊池義昭と本田久市が「地域社会福祉史」を提唱する。「福島県で生活する者にとって、福島県は“地方”なのだろうか。むしろ、生活者にとって、自分の生活している場が中心であり、“中央”ではないだろうか。私たちの目差す研究は、ひとりひとりの生活者を基本におく研究であり、その意味で地域社会福祉史研究には、“中央”とか“地方”とかという概念ではなく、すべて“地域”と考えていきたい。私たちが研究するのは、地方史ではなく地域史である」（傍点原文ママ）(1)。当時は「自由民権百年」記念事業で地方史が盛んだった時期であり、そのようななか、あえて地方史ではなく地域史を掲げたのである。

この頃までに地域の社会福祉史を扱った主要な研究として、守屋茂『岡山県下に於ける慈善救済史の研究』（岡山県社会事業史刊行会、1958年）、同『近代岡山県社会事業史』（同前、1960年）、内田守『熊本県社会事業史稿』（熊本社会福祉研究所、1965年）、同『九州社会福祉事業史』（日本生命済生会社会事業局、1969年）、三吉明『北海道社会事業史研究』（敬文堂出版部、1969年）などを挙げることができる。その後、各地域の研究が進展し、田代国次郎をはじめとして、今日までに多くの研究成果が蓄積されている。

さらに、千葉県社会事業史研究会（1975年）、東北社会福祉史研究連絡会（1977年）、北海道社会福祉史研究会（1989年）など、地域ごとに社会福祉史を研究する自主的な研究会が各地に設立された。

各地域の研究会には郷土史家や社会福祉実践者たちも集い、独自に研究誌を刊行するなど活動を続けている。2000年にはそれらの連絡組織として**地域社会福祉史研究会連絡協議会**が結成された（現在、北海道社会福祉史研究会、東北社会福祉史研究連絡会、北信越社会福祉史学会、千葉・関東地域社会福祉史研究会、東京社会福祉史研究会、大阪社会福祉史研究会、中国四国社会福祉史学会の７団体）。同連絡協議会では研究誌『地域社会福祉史研究』を刊行している。

２）地域史と社会福祉史

地域社会福祉史は、ナショナル・ヒストリーとしての社会福祉史とどのような関係にあるのか。

菊池義昭は、地域社会福祉史研究の役割として、無名・辺境の実践や人物などを発掘してナショナル・ヒストリーを補完することで終わるのではなく、「その時期の社会福祉政策や社会福祉実践の内容が彼ら〔＝地域で生活する社会的弱者〕の日常生活にどのように役立ち、彼らの人生にどのような影響を与えたかという結果や成果を分析」することに意義がある、と地域社会福祉史研究の課題を示している(2)。また、杉山博昭は、人々が社会福祉とかかわるのは日々の暮らしに「躓いたとき」であり、「日本全体から見渡す方法では、そうした平凡な日常から観た福祉の像を描くことはできない」として、「いわば国民一人ひとりという、下からの社会福祉の歴史」を描く方法として地域社会福祉史の意義を説いている(3)。

いずれも、政策や福祉実践が人々の生活に介入する場として地域を捉え、その接点を人々の側から考察する必要性を挙げている。これらの視点は、歴史学において**民衆史**や**社会史**が強調していた点であり、その意味で地域社会福祉史はそれらの研究と親和的である。民衆史や社会史の方法的な成果に学びながら、社会福祉史を生活者の側から描くことは、今後も地域社会福祉史の課題となろう。

科学研究費助成事業の研究課題として地域社会福祉史を取り上げたものがいくつかあるが、代表的なものとして二つ取り上げたい。2006年に長谷川匡俊を研究代表者とする共同研究「地域における社会福祉形成史の総合的研究」（平成15～17年度、基盤研究（B）（１））の報告書がまとめられた。各県ごとの地域史を総合する試みであり、今後の比較研究への端緒が開かれたといえる。また、2018年に池本美和子による「戦前日本の地域福祉の特質に関する基礎的研究――道府県統計書にみる救済構造」（平成24～29年度、基盤研究（C））の研究成果が５分冊の統計表および覚書としてまとめられた。戦前の全国の道府県行政を比較分析するための礎が築かれたといえる。地域ごとの研究の蓄積を踏まえて、それらを総合ないしは比較することにより、ナショナル・ヒストリーとしての社会福祉史とは別の社会福祉史像を構想する可能性が秘められている。

地域社会福祉史の研究方法を検討するため、社会事業史学会では第39回大会（「地域社会福祉史の可能性と展望」2011年）、第45回大会（「農村社会と社会事業の展開――地域史に見る戦前・戦中・戦後の生活」2017年）でそれぞれ共通テーマとされた。各地域の研究が蓄積されるなかで、いま研究方法の再検討に関心が向けられている。研究方法を取り上げた考察として、野口友紀子「農村社会と社会事業の展開――地域史にみる戦前・戦中・戦後の生活」（2017年）、拙著「地域社会福祉史の方法をめぐる試論的考察――戦前沖縄の福祉実践の検討を通して」（2019年）、橋本理子「地域社会福祉史研究の視点と方法」（2019年）がある。野口は地域の社会福祉のあり方をタイプ分けすることにより「共通のフレームを設定することで比較とグローバルな視点を持ち得る」と提唱し(4)、筆者は地域社会福祉史が前提としている「社会問題やニーズの変化によって個々の社会事業が生まれた、という認識の枠組」を問い直す必要性を指摘し(5)、橋本は「全国レベルの通史研究ではむずかしい『生活的側面』を捉えることが可能な研究方法」として地域社会福祉史の視点と方法を整理している(6)。

2. 沖縄の社会福祉史

1）研究史の整理

1960 ～ 1970 年代に沖縄「祖国復帰」の世論が高まるが、1970 ～ 1980 年代の通史や年表においても沖縄に関する記述は欠落していた (7)。沖縄戦により一次史料が失われ、研究の蓄積が遅れていたことが背景にあったと考えられる。社会福祉の年表で沖縄に関する事項が取り上げられたのは、池田敬正・土井洋一編『日本社会福祉綜合年表』（法律文化社、2000 年）がおそらく初めてである。

沖縄では 1959 年に『琉球史料・第 5 集（続社会編）』（琉球政府文教局、1959 年）として米軍統治下の社会福祉に関する資料がまとめられ、我喜屋良一による先駆的な研究（「戦後沖縄社会事業概観Ⅰ～Ⅳ」1960 ～ 1964 年）が行われた (8)。また 1960 年代には、沖縄社会福祉協議会（以下、沖社協）と琉球政府厚生局により年史誌の作成が行われた (9)。これら年史誌のなかで積み重ねられた歴史叙述は、『沖縄の社会福祉 25 年――沖社協創立 20 周年記念誌』（沖縄社会福祉協議会、1971 年）のなかで我喜屋によって整理された (10)。

1970 年代後半から米軍統治下の沖縄を歴史的に取り上げた研究が本土研究者によって始められたが、それらが依拠していたのは 1960 年代から 1970 年代にかけて沖社協や琉球政府によってまとめられた年史誌の歴史叙述であった。1990 年代半ばから沖縄基地問題への関心が高まるなかで沖縄の社会福祉を扱った歴史的な研究も徐々に増えていったが、同様に、その多くは年史誌の記述に依拠していた。史料が限られていた 1970 年頃までに形づくられた歴史叙述は、歴史研究の進展により更新されることが求められていたといえる。

一次史料に基づく歴史研究は 1990 年代末から望月彰、丹野喜久子、一色哲、末吉重人、筆者らによって始められた。沖縄県内では我喜屋に続いて、川添雅由、久手堅憲一、神里博武、前原穂積らが歴史的な考察を蓄積していった。研究が進展した背景として、1995 年の沖縄県公文書館の開館とその後に進められたデジタルアーカイブの公開、「うるま新報」縮刷版（不二出版、1999 年）、「琉球新報」縮刷版（同、2003 ～ 2007 年）、『近代沖縄新聞集成 DVD 版』（同、2010 ～ 2014 年）など新聞資料の刊行といった研究環境の向上があった。

2000 年以降は、筆者による戦前戦後の沖縄社会福祉史をめぐる研究、古波蔵香咲花による軍社会事業委員（厚生員）の研究、向井洋子によるアメリカ人の慈善をめぐる研究、浅井春夫による沖縄戦後の孤児院の研究、宮城直子による 1950 年代の本土留学の研究、橋本明による精神医療史の研究、佐草智久による高齢者福祉政策の研究、増渕あさ子による公衆衛生看護婦をめぐる研究など、実証的な研究が進展している (11)。

2）沖縄社会福祉史の概略

明治政府は北方の帰属を確定する必要から 1869 年に「蝦夷地」開発のため開拓使を設置して、この地を北海道と改称、1875 年に樺太・千島交換条約が調印され千島諸島全島を日本領とすることが確定し北海道が領土内に確保された。一方、1872 年に尚泰を琉球藩王に任命して琉球藩を国家体制内に位置づけた後、1879 年に警官隊と歩兵により首里城を接収、琉球藩を廃して沖縄県が置かれた。これにより、今日私たちが日本としてイメージされる版図が画定された (12)。

新設された沖縄県では、基本的には琉球藩の制度がそのまま存置された。窮民救助についても、恤救（じゅっきゅう）規則（1874 年）、備荒儲蓄法（1880 年）、罹災救助基金法（1899 年）など明治政府による制度は用いられず、旧来の救助米や特別共同貯蓄による救済や、小地域ごとの備えである間切共有金穀、また、模合など親族・隣保による相互扶助慣行によって対処されていたと考えられる。民間社会事業としては、更生保護団体の沖縄自営会、代用感化院となる球陽学園などが政策的な要請から設立された（いずれも 1915 年に財団法人認可）。また、1914 年にキリスト教徒による沖縄養育院の計画があったが実現はしなかったようである。

1926年に県学務部社会課が設置されると、沖縄県でも社会事業の整備が始まった。沖縄県方面委員規程（1927年）、社会事業主事補（1929年）、沖縄県社会事業協会（1931年）、社会事業主事（1938年）、方面委員大会（1938年）、沖縄県方面事業委員会（1938年、規程は1937年制定）、社会事業大会（1939年）、沖縄県社会事業委員会（1940年、規程は1938年制定）など、ほかの道府県とほぼ同様の整備が進められた。民間社会事業としては服部団次郎による名護保育園（1939年）が設立され、また球陽学園は県立東苑学舎（1940年）に改組された。救護法は市町村の財政上の理由で十分に行きわたらず、その不備を母子保護法による救助や済生会による救療、恩賜医療救護などが補っていたと考えられる。また、1938年から農繁期託児所の設置が広がったが、これは王府時代の「シマ」を引き継いだ「字（あざ）」を単位とする集落が自律的に制度を活用した結果とも考えられる。

1945年3月に慶良間諸島を皮切りに米軍が沖縄に上陸し、住民は地上戦に巻き込まれた。その後、米軍による軍政の一環として、1945年8月には収容所内に設置された沖縄諮詢会に社会事業部が置かれ、食糧・衣料の配給や各収容所に設置された孤児院・養老院の管理などを行うこととなった。社会事業部では配給や救済について自治的な仕組みが構想されていたと思われる。1946年に沖縄民政府が設置されると、**沖縄住民救済規程**（1946年）による貧困者の救助、女性の就労動員を促すための託児所の設置（1946～1948年、託児所規則は1947年制定）、各収容所にあった孤児院・養老院の統合と**沖縄厚生園**の設置（1949年）、軍社会事業委員（厚生員）の民政府職員への移管（1950年）など、混乱した状況に臨機応変に対応する取り組みが続いた。

ちなみに、1946年から沖縄住民救済規程による救済が行われたが、当初は米軍政府負担による現物給付であった。その後、1948年から8割軍負担、2割民政府負担、1949年から6割軍負担、4割民政府負担となった。ただし実際には、その時々の予算などの状況により救済人員が制限される運用が続いた。1950年からは一部現金給付が始まり、呼称が救済から扶助に改められ、1951年から全額が沖縄群島政府の負担となり、また医療を除くすべての扶助が現金給付となった。宮古、八重山においては、この間も戦前の救護法と同じ程度の救済が応急的になされていたと考えられる。

1949年にアメリカにおいて沖縄の長期保有政策が決定し、1950年から沖縄での基地建設が始まると、軍作業員や軍関連雇用の急増、離農者の増加、出稼ぎ・移住者の流入、歓楽街の形成など、沖縄社会は大きく変化する。1950年に沖縄群島政府が設置され、以後、沖縄群島社会福祉協議会の設立（1951年）、沖縄群島医療扶助条例（1951年）、共同募金運動（1952年）など、組織的・計画的な取り組みが徐々に始められた。また、沖縄職業学校（教護院）（1951年）、沖縄盲唖学校（1951年）がこの時期に設立された。

1952年に沖縄、奄美、小笠原を切り離して、日本の占領が終わる。これを受けて1952年に琉球政府が発足すると、独自の生活保護法・児童福祉法・身体障害者福祉法・社会福祉事業法の制定（1953年）、宮古群島社会福祉協議会・八重山群島社会福祉協議会の結成（1953年）、社会福祉法人沖縄社会福祉協議会の発足（1955年）、全沖縄社会福祉協議会連合会の結成（1956年）、全琉社会福祉事業大会（1956年）、地区社協の設立（1957年）、福祉委員の設置（1957年）、沖縄社会福祉協議会の改組による沖縄・宮古・八重山社協の統合（1958年）など、日本の制度に準じた制度化・組織化が進められた。そこでは、1950年からの研修制度や契約学生制度により日本の社会福祉を学んだ人材が果たした役割も大きかった。

施設として、沖縄実務学園（1954年、沖縄職業学校から改称）、コザ女子ホーム（女子教護院）（1953年）、沖縄キリスト教団による愛隣園（養護施設）（1953年）、教護院退所児を指導する実務訓練所（1953年、1955年運営母体として社会福祉法人光会が発足）、沖縄セツルメント（1953年、ただし1年に満たず解消し活動実態は不明）、沖縄盲ろう学園（1954年、沖縄盲唖学校から改称）、沖縄厚生園から分離した石嶺児童園（1957年）、沖縄傷痍軍人会による身体障害者更生指導所（授産施設）（1958年）、沖縄整肢療護園（肢体不自由児の療育施設）（1960年）などがあった。民間団体として、鵬会（更生保護事業）（1952年）、沖縄子供を守る会（1953年）、沖縄盲人福祉会（1957年、沖縄盲人協会と沖縄愛盲協会が合併）、沖縄肢体不自由児協会（1958年）、沖縄ろうあ福祉協会（1958年）などがあった。

米軍統治下の沖縄においては、**米国民政府（USCAR）**、琉球政府、沖縄社会福祉協議会や、**南方同胞援護会**、全国社会福祉協議会など日本の福祉関係団体、さらにアメリカのキリスト教団体、在沖アメリカ側団体などがさまざまにかかわりながら福祉実践が行われていた。その全体像の解明は今後の課題として残されている。

3. 動向と課題

1）中央－地方の関係

地域社会福祉史の研究方法を考えるキーワードとして「地方」がある。生活者の視点からは中央－地方という関係はなく、したがって等しく地域として捉えるべきという前述のような考え方もある。一方で、人やモノの流れが構造的に偏るという現実は常にあり、それが政策的に是正される場合もあれば、政策によって誘導される場合もある。その事象を批判的に考察する際に、**中央－地方**という対照はやはり有効であり、手放すべきでない。いうまでもなく、その際に使われる中央－地方は地理的概念ではない。したがって、日本という単位で中央－地方が捉えられると同時に、その場合に地方とされる地域のなかにも中央－地方はあり、また同様に中央とされる地域のなかにも中央－地方はある。

このような中央－地方のメタファーは、人々の意識にも影響を与える。とりわけ地方を自認する側には、地方を名乗った瞬間に中央－地方の関係性を受け入れてしまう、というような抵抗感を抱かせてしまうのかもしれない。地方という言葉を避けて地域の語を用いる背景には、このような心情があるのかもしれない。

また認識論として、地域社会福祉史を研究する際にその考察の前提となる枠組みは中央によって規定されたものであることに自覚が必要である。たとえば戦前のある県の社会事業を考察するとして、そこで考察の対象とする「社会事業」という枠組み自体は中央によって規定されたものである。現実に存在する構造的な中央－地方という関係だけでなく、地域社会福祉史を研究するそのこと自体にすでに中央－地方の関係が織り込まれているということである。その意味でも、中央－地方の問題意識を抜きにした地域社会福祉史研究はあり得ない。

沖縄の社会福祉史で考えた場合、いわゆる沖縄本島のなかにも中央－地方があり、また沖縄本島と宮古諸島、八重山諸島との間にも中央－地方があった（沖縄本島という呼称自体が中央－地方の関係性を体現している）。さらに奄美や与論島の出身者が沖縄本島で苦労を強いられた歴史もある。しかし、上述した沖縄社会福祉史はその大部分が沖縄本島の社会福祉史である。同様のことはほかの地域についてもいえるのではなかろうか。地域のなかで中央－地方の関係は入れ子状に存在しているはずである。しかし社会福祉史として考察する際には、中央政府が主導して、地域における中央（地方政府とその関係者）が展開した社会事業を取り上げることとなり、その展開がみられなかった地域（つまり地域における地方）は閑却されてしまう。

また、社会福祉史の研究として沖縄に関する記述が欠落していたことを先述したが、同じように東北の欠落、山陰の欠落、あるいは離島の欠落など、総じて「地方」の欠落があったともいえる。だからこそ地域社会福祉史の蓄積を、ということであったが、しかしそれは、たとえば地域ごとの社会福祉史の記述を積み重ねれば補えるというものではない。地域社会福祉史の研究にすでに織り込まれている中央の視点を問い返さない限り、「地方」の欠落を補うことにはならない。

この点に関連して、社会事業史学会では第47回大会（2019年）で「『辺境』における社会事業史の再定位」が共通テーマとされた。そこではたとえば、「社会事業が“ない”ことの意味を実践の視点から考えていく」[13]という方法的な提起がなされている。地域社会福祉史における中央－地方の関係は、考察の視点としても、認識論としても、依然として重要な課題だといえる。

2）語る立場について

地域社会福祉史において、地域の独自性をどのように捉えるかという問題がある。その困難さは、“どのように”の部分にある。

たとえば沖縄に対しては、鏡としての沖縄、原郷としての沖縄であったり、**国内植民地**としての沖縄、辺境としての沖縄であったり、南の島沖縄、癒やしの沖縄であったり、これまでにさまざまなまなざしが向けられてきた。どのようなまなざしを採用するかによって、沖縄という地域の独自性は違って語られる。また、たとえば「守礼の邦」という言葉で沖縄の独自性を表そうとする場合にも、そこに自分たちのアイデンティティを見出そうとする人、それを沖縄イメージとして利用しようとする人、そのようにして沖縄イメージが消費されることにいらだつ人、また、そこに**ポストコロニアル**状況を読み取る人、それをアイデンティティ・ポリティクスとして読み取る人など、さまざまな立場があり得る。

このように沖縄をめぐる言説が輻輳（ふくそう）する状況で、沖縄という地域の独自性を語ろうとすると言説の網に足が絡まりそうになる。この状況から脱け出すヒントを与えてくれるのが、**沖縄学**の独自性を整理した次の四つの視点である。①「創られる沖縄」という視点、②「琉球・沖縄」の多様性という視点、③周縁から「近代」を相対化する視点、④「沖縄とはあなた／わたし自身のこと」とみなして逆照射する視点[14]。これらの視点は、ほかの地域を語る際にも有効ではないだろうか。

それでもなお、沖縄以外の場所から沖縄を語ることへのためらいは拭えない。そのことを自問し続けてきた岸政彦は、その理由を次のように示している。「どう語っても政治的になってしまう、ということが、言いかえればつまり、私たちの沖縄についての語りが、その語り方にかかわらず常に政治的な場にひきつけられ、そこから自由になりえない、ということが、それがそのまま日本と沖縄との社会的な関係の、ひとつの表れになっているのである。私たちが、沖縄に対する素朴な憧れや、政治的抵抗のエネルギーや、単純な多様性について語ることが難しいのは、日本と沖縄とが、非対称的な関係にあるからである」[15]。ここで示されている話法の政治性という問題が、沖縄に限ったことなのか、ほかの地域を語る際にも問われるべき問題であるのか、考える必要がある。

たとえば、抑圧の構造として沖縄と東北との類似、国内植民地として沖縄と北海道との類似に着目する視点などもある。また、**米軍基地**の所在地として歴史的にさまざまな課題が累積してきた他の地域と沖縄との類似もあろう。また、「非対称的な関係」は中央－地方の関係でもみられるものでもある。中央の特権を甘受しながら地方を語るうしろめたさは研究者として感じられなければならない。では、その地域に深く根を張るものにしかその地域を語る資格はないのであろうか。もちろん、そうではない。沖縄の語り方を問いつづけてきた冨山一郎が、「暴力の予感」に「身構えている」自分自身を見出し、事態に「巻き込まれる」なかでつかみとられる言葉でなければならない[16]というように、事態を外在化させたマジョリティの語りに引き寄せられることを警戒し、抑圧される者としての連帯を志向する姿勢が求められるのであろう。

さらに、沖縄の戦後史を考える際に、戦場・占領・復興を時系列による単線的な推移と解釈する認識は「戦勝者ならびに占領者の視点による解釈」であり、「被占領者の視点からすると、むしろ『戦場』『占領』『復興』は重層的に混在し、同時並行的に進展した」という屋嘉比収の指摘は重要である[17]。つまり、沖縄の“戦後”史という表現そのものの妥当性が問われることとなる。考察で使われる言葉そのものを、その地域の側から問う姿勢が求められている。

研究として地域の独自性を考察する際には、“どのように”語るか、という問いがかたわらにあるべきである。少なくとも、“研究”として地域を対象化することの特権的な立ち位置の自覚であったり、そこで用いている言葉に対する生活者の視点からの省察が求められている。

3）地域福祉との関連

社会事業史研究会の第10回年次研究会（1982年）では、地域福祉が共通テーマとされた。菊池義昭らが地域社会福祉史を提唱した翌年であるが、地域福祉を歴史研究の方法で検討するという課題設定はまだ目新しかったと思われる。その後、地域福祉の問題意識を踏まえた歴史研究として『地域福祉史序説——地域福祉の形成と展開』（日本地域福祉学会地域福祉史研究会編、中央法規出版、1993年）がある。日本地域福祉学会の共同研究事業「地域特性にねざした地域福祉の展開に関する研究」の成果をまとめたもので、北海道、関東、近畿の地区ごとの地域福祉の歴史を整理し、地域福祉の進展につなげようとした貴重な研究である。

地域の社会福祉史という問題意識とはやや異なり、地域福祉の歴史という問題意識で地域社会福祉史にアプローチする研究が今後増えてくると思われる。その際に、たとえば民生委員や社会福祉協議会などの成り立ちを地域の歴史としてさかのぼるだけでは、地域の社会福祉史として行われる研究と大差ないものとなろう。地域福祉の歴史という問題意識で考察する意義は、現在の地域福祉の動向を歴史的に相対化するところにある。

地域共生社会を福祉国家の再編過程[(18)]として捉えたとき、その特徴は地域への焦点化という点にある。それは、たとえば近所の声かけや手伝いなど住民の日常的なふるまいがテクノクラートによって「地域の支え合い」と名付けられ、政策を通じてそれが目指されるものとして共有され、しかるのちに実践現場で住民とともに「地域の支え合い」が模索されるというように、地域の自律性を活用した再帰的な統治技法だといえる。またそこにおいては、地域福祉実践が政策に牽引される状況にあり、さらには、それを理論的に後押しする研究が重視される傾向にある。

歴史的にみたとき、そもそも地域とは、人々が暮らしを営み、その暮らしを守るために協同する場であった。そして、公権力にとっては**統治**の対象であり、人々の暮らしに介入する場であった。それに加えて、福祉実践にとっては活動のフィールドであり、そこに暮らす人々とかかわりを形成する場であった。社会福祉史においては、これら三つの視点を踏まえて地域を捉えることが求められる。人々の協同が統治に活用され、実践がそれに牽引される現在の状況にあって、その動向をクリティカルに再考するための視点を提起するのが地域社会福祉史の役割であろう。

そのためには、地域課題を構造的に分析し、同時に、そこで懸命に暮らす人々（住民）の力を明らかにすることが目指されなければならない。それは「ソーシャルワークは、生活課題に取り組みウェルビーイングを高めるよう、人々やさまざまな構造に働きかける」（ソーシャルワーク専門職のグローバル定義）という、今、社会福祉学として共有されている視点とも呼応する。また、これまでの地域福祉研究が探ろうとしてきた、統治技法にとどまらない**地域福祉実践**の可能性を再確認することにもつながる。

それと同時に、地域で暮らす人々の協同の裏面として生じる排除、抑圧、差別などを明らかにすることも引き続き重要である。社会事業・社会福祉が統治の一環として人々の排除、抑圧、差別に加担してきた歴史を直視する必要もある。そこでは、植民地研究やフェミニズムの研究成果から学ぶべきことも多いだろう。

注

（1）菊池義昭・本田久市「地域社会福祉史研究のすすめ」一番ヶ瀬康子・高島進編『講座社会福祉第２巻 社会福祉の歴史』有斐閣、332頁、1981年
（2）菊池義昭「地域社会福祉史研究の役割を考える」『地域社会福祉史研究』５号、３頁、2013年
（3）杉山博昭『近代社会事業の形成における地域的特質——山口県社会福祉の史的考察』時潮社、18頁、2006年
（4）野口友紀子「農村社会と社会事業の展開——地域史にみる戦前・戦中・戦後の生活」『社会事業史研究』（52）、

28頁、2017年
（5）石井洗二「地域社会福祉史の方法をめぐる試論的考察——戦前沖縄の福祉実践の検討を通して」『社会事業史研究』(56)、53頁、2019年
（6）橋本理子「地域社会福祉史研究の視点と方法」『社会事業史研究』(56)、99頁、2019年
（7）右田紀久恵他編『社会福祉の歴史——政策と運動の展開』(有斐閣、1977年)、吉田久一『現代社会事業史研究』(勁草書房、1979年)、同『日本社会事業の歴史・新版』(勁草書房、1981年)、山野光雄『社会保障総合年表』(ぎょうせい、1981年)、池田敬正『日本社会福祉史』(法律文化社、1986年)、桑原洋子『日本社会福祉法制史年表』(永田文昌堂、1988年) など
（8）我喜屋良一「琉球の公的扶助——戦後沖縄社会事業概観（Ⅰ）」『琉球大学文理学部紀要（人文・社会）』(5)、1960年、同「琉球の児童福祉事業——戦後沖縄社会事業概観（Ⅱ）」『琉球大学文理学部紀要（人文・社会）』(6)、1962年、同「琉球の身体障害者福祉事業——戦後沖縄社会事業概観（Ⅲ）」『琉球大学文理学部紀要（人文・社会）』(7)、1963年、同「社会事業の沖縄的現実と課題——戦後沖縄社会事業概観（Ⅳ）」『琉球大学文理学部紀要（社会篇）』(8)、1964年
（9）『沖縄の社会福祉——沖社協創立十周年記念誌』沖縄社会福祉協議会、1961年、『社会福祉事業十年の歩み』琉球政府厚生局民生課、1964年、『沖縄の社会福祉15年のあゆみ』琉球政府厚生局民生課、1969年など
（10）我喜屋良一「社会福祉」『沖縄の社会福祉25年——沖社協創立20周年記念誌』沖縄社会福祉協議会、第1部第3章、1971年
（11）石井洗二「明治・大正期の沖縄における窮民救助に関する研究」『社会福祉学』45(2)、2004年、同「草創期の沖縄厚生園に関する考察——1949年設置から1957年石嶺児童園の分離まで」『四国学院論集』(120)、2006年、同「戦前沖縄における社会事業行政の成立」『四国学院論集』(127)、2008年、同「1950年代の沖縄社会福祉協議会に関する考察——1958年までの組織整備を中心に」『四国学院大学論集』(129)、2009年、同「1950年代の沖縄における共同募金運動」『四国学院大学論集』(131)、2010年、同「沖縄諮詢会および沖縄民政府における社会福祉——1945年～1949年」『四国学院大学論集』(134)、2011年、同「社会福祉史研究と沖縄——視点と到達点」『社会事業史研究』(40)、2011年、同「沖縄群島政府における社会福祉——1950年～1951年」『四国学院大学論集』(138)、2012年、同「1950年代の沖縄における社会福祉施設・団体」『四国学院大学論集』(142)、2013年、同「戦前沖縄の農村と社会事業」『社会事業史研究』(52)、2017年、前掲(5)、古波蔵香咲花「戦後初期沖縄におけるソーシャルワークのはじまりとその後の展開についての一考察——「軍社会事業委員」(厚生員) の実態から」『地域文化論集』(10)、2008年、向井洋子「アメリカ占領期の沖縄における社会福祉——USCAR婦人クラブを中心に」『国際琉球沖縄論集』(3)、2014年、同「占領期沖縄における慈善レベルの琉米関係——アメリカ人神父がつくりだしたカトリック教会の政治的独立性」『国際琉球沖縄論集』(5)、2016年、浅井春夫『沖縄戦と孤児院——戦場の子どもたち』吉川弘文館、2016年、宮城直子「微視史にみる戦後沖縄の社会福祉人材育成——1950年代の「本土留学」を中心に」『社会事業史研究』(56)、2019年、橋本明「精神病者監護法下の沖縄（1900-1960年）と私宅監置」愛知県立大学『社会福祉研究』(22)、2020年、同「琉球精神衛生法下（1960-1972年）の精神医療——貧困と医療費をめぐる諸問題」愛知県立大学『社会福祉研究』(24)、2023年、佐草智久「復帰前後沖縄の高齢者福祉政策——施設・在宅両処遇の動向を中心に」『社会福祉学』62(3)、2021年、増渕あさ子「公衆衛生看護婦の経験から考える沖縄の戦争と占領」『社会事業史研究』(61)、2022年
（12）千葉功「日本の近代的領土画定」三谷博・並木頼寿・月脚達彦編『大人のための近現代史　19世紀編』東京大学出版会、2009年
（13）前掲(5)、53頁
（14）勝方＝稲福恵子「はじめに」勝方＝稲福恵子・前嵩西一馬『沖縄学入門——空腹の作法』昭和堂、ⅱ～ⅲ頁、2010年
（15）岸政彦『はじめての沖縄』新曜社、240～241頁、2018年
（16）冨山一郎『暴力の予感——伊波普猷における危機の問題』岩波書店、2002年、同『流着の思想——「沖縄問題」の系譜学』インパクト出版会、2013年、同『始まりの知——ファノンの臨床』法政大学出版局、2018年
（17）屋嘉比収『沖縄戦、米軍占領史を学び直す——記憶をいかに継承するか』世織書房、228頁、2009年
（18）デイヴィッド・ガーランド、小田透訳『福祉国家——救貧法の時代からポスト工業社会へ』白水社、2021年

2 社会福祉史研究の対象の広がり
③植民地社会事業

田中友佳子

1. 帝国日本の植民地とその特徴

植民地とは、本国（宗主国）に経済的、法的、文化的に従属する国・地域のことである。植民地では、基本的人権が剥奪、制限され、物的・人的資源が収奪され、本国の言語や宗教、生活様式が入り込むことにより文化の破壊や改変が生じる。本国との従属的関係により生み出された抑圧的な政治体制や階層格差が、植民地から独立した後も社会の歪みとして長く影を落とすことになる。

植民地（colony）の語源は、古代ローマ人やギリシア人が征服した土地に移住して造った植民都市のコロニア（colonia）に由来するものの、現在の世界秩序につながる世界規模の植民地化は、15世紀半ばの大航海時代に始まったとされる。スペインやポルトガル、オランダ、フランス、イギリスが海外領土を広げ、20世紀にはドイツ、ロシア、アメリカ、イタリア、ベルギーなどが植民地獲得競争に加わり世界を分割した。このように欧米列強が非西欧国を植民地化して帝国主義国家となった一方で、非西欧国家で唯一植民地を有したのが**帝国日本**（大日本帝国）であった。本章では、帝国日本の植民地を主な対象とし、植民地社会事業に関する研究視点を提示する(1)。帝国日本の有した植民地は、台湾、朝鮮、南樺太（サハリン）、関東州、南洋群島を指すことが一般的である。帝国日本の植民地は地理的に本国周辺に位置しており、イギリスのインド支配など、本国から遠い植民地を抱える欧米列強と異なる。

植民地統治のあり方は本国や被植民地の状況に応じて、保護領や自治植民地、直接統治と間接統治などさまざまである。たとえば、帝国日本の場合、先に述べた台湾や朝鮮をはじめとする「外地」は帝国日本の適用外の異法域とされた。一方で、「大日本帝国憲法」制定時までに併合された北海道と千島列島、小笠原諸国、沖縄諸国に樺太を加えた地域は「内国植民地」と呼ばれる。台湾において「一等国民は内地人、二等国民は琉球人、三等国民は台湾人」と言われていたように、内地／内国植民地／外地の違いは明確に認識されていた(2)。したがって、帝国日本について植民地／本国に明確な境界を引くことは困難であり、植民地社会事業の範囲は不明確といえる。

帝国日本は、1868年の明治政府発足後30年足らずで、最初の植民地の台湾を領有した「後発帝国主義国」である。19世紀半ば以降の本国の急速な西洋化や近代化、軍事化は、植民地をはじめとする領土や勢力圏の拡大と並行して進められており、植民地を抜きに帝国日本を語ることは難しい。そして、こうした急速な変化により生み出されたのが、貧窮者、孤児、浮浪者、病者などであり、これらの人々をいかに捕捉、保護し、救療し、教化するか、あるいはその出現を予防するかが、植民地統治にとって重要な課題となっていた。以下では、帝国日本の植民地と、植民地社会事業を対象とする研究の展開について述べることとしたい。

2. 植民地支配と抵抗の歴史
——戦前・戦中期から1980年代まで

1）植民地統治を支える調査研究

台湾と朝鮮を植民地化した帝国日本は、総督に立法・行政・司法の三権を付与するなど絶大な権力を与えるとともに、軍隊の駐屯、植民地官僚や警察の移入、法制度を制定して統治の安定化を図った。加えて、植民地統治のために政治学、法学、工学、経済学、農学、人類学、民俗学、医学、衛生学といった「学知」を導入し、土地と資源、文化や慣習の調査研究を本格化させた(3)。

帝国日本の植民地において、社会事業に関する本格的な調査研究が始まるのは、1920年代以降のことである。植民地朝鮮では1919年「三一運動」を機に、朝鮮総督府内務局社会課が新設されるなど組織的拡充が行われた。職業紹介所や公設市場、方面制度、窮民救済土木事業や小額生業資金貸付事業の設置など、防貧教化に関する事業が拡大し、社会課を中心として土幕民や火田民、失業者の調査が行われた。さらに、社会事業の調査研究や宣伝、連絡などを目的とする朝鮮社会事業研究会（後の朝鮮社会事業協会）も発足した。雑誌『朝鮮社会事業』には、社会事業の実地調査に基づく論稿や最新動向、歴史に関する記事などが掲載された(4)。その他に、社会事業家の藤井忠治郎による貧民調査や、京城帝国大学医学部による土幕民の社会医学的調査も刊行された(5)。同時期の台湾においても、「貧窮者生活状態調査書」「要保護者の生活調査」といった行政による都市貧民の調査が行われ、1928年設立の台湾社会事業協会は雑誌『社会事業の友』を刊行した。また、台湾総督府で感化事業などに携わった杵淵義房により『台湾社会事業史』がまとめられている。また、「満洲国」建国前には満鉄・満洲社会事業研究会『満洲之社会』など、建国後には「満洲国」中央社会事業連合会の機関誌『満洲社会事業』が刊行された。その他に、日中戦争以降、中国の占領地においても各種の社会調査が行われた(6)。

当時の植民地社会事業研究の特徴は、植民地行政とその関係者を主体としていることや、植民地統治に資することを目的に多くの研究が行われたことである。たとえば朝鮮総督府嘱託の竹内清一は、「朝鮮古来の社会事業は、李朝の末葉にその終焉を告げ、現在行はるゝ所は、日韓併合後突如として出現した近代的欧風式社会事業である」とし、「民度の実際を幾階段も飛躍して施設された如き、現在の洋風式社会事業が、果して一般民衆の生活実相に適応しをるや否や」と投げかけている。社会事業の効果が上がらない理由を被植民者の「民度」に帰し、「社会教化」の必要性を唱えているのである(7)。こうした「植民地史観」は、救貧的方策が欠如したまま社会教化を重視した当時の社会事業政策を支えるものであった。

2）侵略からの独立、自律的発展への着目

第二次世界大戦後、植民地統治から解放されたことを受けて、韓国においては、侵略の実態を解明するとともに、朝鮮人による内在的な発展を描く研究が行われた。1980年代までは、帝国日本による侵略と収奪を明らかにする「日本帝国主義研究」の視覚に基づく研究や、朝鮮人による抵抗と内在的発展の存在を明らかにする「民族運動史研究」において、成果が出された(8)。たとえばカン・マンギル（姜萬吉）は、植民地支配政策により離農者が急増し、焼き畑で生活する火田民や、都市貧民の土幕民、土木工事労働者や失業者が出現したことを指摘するとともに、貧農、貧民、失業者の生活状況や、植民地当局の強圧的な取り締まりについて明らかにしている。また、カン・ドンジン（姜東鎭）は、「三一運動」後の斎藤実総督時代に行われた政治的宣伝、親日勢力の育成や参政権の制限、階層分断といった政策と思考方式とともに、「被抑圧民からの反応と抵抗の姿」を明らかにしている(9)。解放後の植民地史研究では、植民地期の「日帝史学」による「植民地史観」を克服しようという動きが現れ、マルクス主義歴史学の影響を受けた「民族主義歴史学」が隆盛した。しかし、歴史叙述が政治動向に従属していることや、「歴史研究は公定ナショナリズムに奉仕すべき」といった考え方が根強いことは「日帝史学」と類似する。並木真人は、歴史研究が政治体制を支えるものであった点に変わりはないと指摘する一方、加藤圭木によれば民族運動史研究は1980年代から徹底した抵抗の局面以外に関する解明が段階的に進められ、台湾人や朝鮮人による政治参加に関する検討も進められたとしている(10)。

1980年代から1990年代における植民地社会事業史研究は、三つの特色を有する。一つ目に、福祉史

研究者による本格的な研究が発表され始めたことである。永岡正己、愼英弘と遠藤興一、尹晸郁、朴貞蘭は、総督府による社会事業政策の変遷をまとめ、方面委員制度や仏教団体による土幕民対策などの主要な実践を取り上げた。遠藤は台湾と満洲、樺太についても論稿をまとめている。そして沈潔は、「満洲国」の社会事業に関する初めての研究を行った(11)。二つ目としては、韓国と日本の両国において、古代から近現代までの福祉の歴史を、体系的、包括的に捉える研究が現れ始めたことが挙げられる。韓国におけるグ・ジャホン（具慈憲）と、ハ・サンナク（河相絡）らによる研究がその先駆といえる(12)。三つ目に、これらの研究は現在の植民地社会事業史研究の基礎的研究となるものであるが、福祉の「近代化」を肯定的に捉える発展史観に基づく。後述する「植民地近代」による歴史記述の捉え直しはまだみられない。

3. 二元論を超える
——1990 年代以降の動向

1）「植民地近代化論」と「植民地収奪論」

韓国と台湾はともに 1960 年代から急速な経済成長を遂げ、新興工業国・地域（NIEs）として注目を集めるようになる。アジアの最貧国であった韓国は「漢江の奇跡」と称される経済成長を遂げ、1990 年代には OECD に加入することとなった。こうした韓国の経済発展に対して 36 年間の植民地統治がいかに影響したのか、その連続／非連続をめぐる論争が韓国の歴史学界で起き、1980~1990 年代にかけて「**植民地近代化論**」と「**植民地収奪論**」の論争へと発展した(13)。たとえば、「植民地近代化論」においては、土地調査事業とこれに付随した登記制度は、前近代的な入会地の存在を否定して土地の商品化を促し、土地制度を「近代化」する試みだったと捉える。大規模地主による農業の効率化が進んだ一方、小作権を失った零細農民は工場や炭鉱などで働く労働者となって、1930 年代以降の工業化や産業化の原動力となり、さらには 1960 年代の工業発展に寄与するものだったことを強調する。たとえば、中村哲・安秉直は、資本主義の発展過程を分析軸として朝鮮後期から解放以後の連続性に着目した(14)。

一方で、「植民地収奪論」においては、土地調査事業は入会地などおよそ半分の土地を、東洋拓殖株式会社や財閥企業をはじめとする内地資本が収用し、植民地経済へと編入するものだったと捉える。朝鮮で生産された穀物は日本「内地」に移出され、朝鮮人による穀物消費量が減少した。土地を追われた零細農民は、内地資本が経営する鉱山や軍需工場で働かざるを得なかった。搾取を受けながらも朝鮮人は植民地統治に対する抵抗を試み、民族運動が勃興したとする。シン・ヨンハ（愼鏞廈）は、政治や文化、社会的側面にも着目し、日本「内地」の資本による収奪にすぎず、「近代化」は抑制され、内在的な発展の機会が奪われたと指摘している(15)。ところが、「植民地近代化論」と「植民地収奪論」のどちらの論者も「近代化」を朝鮮社会の発展を示す指標として捉えていることに変わりはない。「近代化」を目指すべき達成目標として、両者の議論がなされてきたといえる。

2）「植民地近代」「植民地公共性」の登場

こうしたなかで、新たに提唱されたのが、「**植民地近代（植民地近代性、colonial modernity）**」の概念を用いた研究である。「植民地近代」の研究が生み出された背景としては、マルクス主義歴史学の影響力の低下や、言語論的展開による歴史学の変容があり、さらにフーコー（Michel Foucault）の規律権力や生政治、ハーバーマス（Jürgen Habermas）の市民的公共性、グラムシ（Antonio Gramsci）によるヘゲモニー論なども影響した(16)。1990 年代末以降、東アジア植民地におけるジェンダー研究で知られるタニ・バーロウ（Tani E. Barlow）によりその概念が示され、キム・ジンギュン（金晋均）とチョン・グンシク（鄭根埴）、シン・ギウク（申起旭）とマイケル・ロビンソン（Michael Robinson）らにより「植民地近代」に関する研究成果が世に送り出されることとなった(17)。

「植民地近代」研究において論者たちは、「近代化」「近代」そのものの抑圧的で差別的、暴力的な諸側面に着眼する(18)。目指すべきものとされてきた「近代化」「近代」に対して批判的・懐疑的な視線を向けるところが、以前と大きく異なっていた。植民地統治において最も効率的な統治方法は、被植民者が、主体的に秩序を維持するように導くことである。学校、工場、病院、孤児院や感化院、軍隊、家族などの装置を通して、植民地統治を受容する身体が形成され、「近代化」を希求する思考自体が植民地統治を正当化することになる。特に「三一運動」後の朝鮮においては、朝鮮人が抵抗運動を起こすことを未然に防止し、日常的に教化する重要性が説かれた。民族運動史研究において「抵抗する主体」として描かれた朝鮮人は、「植民地近代」の研究において「協力する主体」や「統合される主体」「近代を受容する主体」などとしても登場することになる(19)。しかし、西洋の知識、思想、技術、商品などが流入して規律権力が作用する場は都市部に限られていた。「近代」に触れられる場所は偏在し、いびつな「近代化」は「近代」への渇望や挫折を被植民者にもたらしたのである(20)。

また、「植民地近代」の代表的論者として知られるユン・ヘドン(尹海東)は、「支配―抵抗」の二項対立では説明できない「**植民地認識のグレーゾーン(灰色地帯)**」に注目する必要性があると論じた(21)。たとえば、忠清南道の道庁移転反対運動では、商工業者を始めとする朝鮮人と内地人の中上流層が陳情やデモを行った。活動費用の大部分は日本人の実行委員が負担しており朝鮮人は受動的ではあったが、「市民大会」を通してスローガンが共有されたという。一方で、慶尚南道の道庁移転反対運動では、日本人商工業者が主導し、その後、朝鮮人が主導する独自の市民大会が開かれたが、この反対運動は日本人排斥運動へと発展した。「植民地公共性はその政治的性格を極大化するとき、すぐに政治的抵抗運動へと飛び火する」と尹海東は指摘している。また、地方行政などを担った朝鮮人官僚が朝鮮総督府などと折衝しながら植民地統治を担ったことや、植民地社会内部の葛藤と軋轢(あつれき)を調停する役割を果たしたことも示している(22)。このように、被植民者の政治参加などをめぐり、交渉や折衝を意味する「バーゲニング(bargaining)」が行われる場を「**植民地公共性(colonial publicness)**」という。

一方で「植民地近代」や「植民地公共性」の視座に基づく研究に対しては、懐疑や批判もある。たとえば趙景達は、「近代」の恩恵を受けられる民衆は一部にすぎず、多くは排除されたと指摘する。また、主権を剥奪された植民地において「バーゲニング」は不可能であり、植民地権力の暴力性や排除性を遮蔽してしまうという主張もある(23)。

3)「植民地近代」に基づく植民地社会事業史研究

こうした動向とともに、社会事業に関しても、新しい視座による研究が発表された。まずハン・クィヨンは、「植民地近代」の代表的著作である『近代主体と植民地規律権力』の中で「「近代的社会事業」と権力の視線」という論稿を記した。社会事業が対象とするのは、「安定的な監視と統制の網が備えられた空間に定着できないまま漂う多くの根を引き抜かれた者たち」であり、ひとたび監視と統制の網が投げ込まれると、「浮浪者」「浮浪児」たちは「異常」な存在として、警察による捕縛、収容、隔離がしばしば強制的に行われた。こうした人々を一掃するだけでなく、収容先では労働倫理を身に付けさせ、柔順で勤勉な労働者となるよう教化と矯正が施された(24)。また、ソ・ヒョンスク(蘇賢淑)は、孤児・棄児・浮浪児が常に「不良児」に転落する可能性がある正常/非正常の「境界」にいる存在であり、孤児院や感化院での教化のあり方を示した(25)。そして、筆者は、植民地朝鮮における児童保護施設や母子健康事業などを通じて新たな子どもの養育知や技術が流入する際に「介在者」が重要な役割を担ったことを明らかにし、「支配―抵抗」の二項対立では捉えられないことを示した(26)。さらにノ・スビン(魯洙彬)は、植民地特有の現象として、警察署が朝鮮人有志の寄付により設立した「私設感化院」に着目している。警察は未成年浮浪者と地域社会の「保護」を標榜した社会事業を通して朝鮮人の協力を集めようとしたが、警察の構想した「感化院」は、「児童保護」や「救済」のレトリックを用いた未成年浮浪者の労働収容所だったと指摘している[27]。

社会事業の対象となるのは、何らかの困難に直面し、安定的な生活を送り難い人々である。こうした人々が捕縛、収容され、監視、矯正、教化される様相から、植民地統治の暴力的で抑圧的な側面は明らかである。「従順な主体」をつくり出すための規律権力の作用のみならず、植民地統治下における過酷な状況も社会事業史研究では示される。

4. 帝国史研究の興隆と期待
——冷戦体制の崩壊と新しい世界秩序

1)「新しい帝国史」の登場

「植民地近代」「植民地公共性」の登場とほぼ同じく1990年代から活発になったのが、帝国史研究である。その要因として、1989年の冷戦体制終結、1991年にソビエト連邦が崩壊して「最後の帝国」が終焉を迎え、世界秩序が大きく揺らいだことが挙げられる。新たな「世界帝国」の出現はあるのかという不安と期待、アメリカによるアフガニスタンやイラク侵攻、そしてグローバリゼーションや情報化の急速な発展などを受けて、欧米の研究者による帝国史研究が盛んに行われるようになった[28]。

こうした「帝国」ブームを受けて、日本の歴史学界では1992～1993年に『岩波講座近代日本と植民地』が刊行され、さらに約15年後の2006年には『岩波講座「帝国」日本の学知』が出版された[29]。こうしたなかで、教育史、人類学史、科学史、法制史、宗教史、農業史、環境史といった多領域において帝国史研究の成果が次々と発表された[30]。政治や経済史に偏重した「古い帝国史」から、社会や文化領域を重視する「**新しい帝国史**」に拡大したのもこの時期である。1990年代から2000年代に帝国史研究が興隆し、この流れは2020年代にも続いているといってよいだろう。

帝国史研究とは何か、従来の植民地史研究と何が違うのだろうか。駒込武によればその特徴は四つあり、一つ目に従来の植民地史研究が植民地内の動きや本国との往来など、一国または二国間の関係性に着目したのに対し、帝国史研究では複数の植民地間や本国の人と物、学知などの流動や関係性に着目する[31]。二つ目として、「内地」から「外地」への一方向の影響だけでなく、「外地」から「内地」への影響も明らかにする点である。『文化と帝国主義』を記したエドワード・サイード(Edward W. Said)は、「文化遺産の収蔵庫を振り返りながら、私たちはそれを画一的に読み直すのではなく、対位法的に読み直し始める。つまり、物語られる宗主国の歴史のみならず、支配される他者の歴史——支配的ディスクールがそれに対して(またそれとともに)働きかける歴史——の双方を同時に認識する」と述べる。対位法の音楽は、バッハのインヴェンションに代表されるように、ある声部(パート)が主題を奏で終えたかと思えば、別の声部が主題を奏で、次々と交代していく「複数の主題の相互のせめぎあい」によって成り立つ[32]。つまり、植民地統治のためにいかに同意と葛藤が繰り返されたかが重要となる。そして三つ目としては、経済史だけでなく政治史や文化史、社会史を重視するという点が挙げられる。帝国史研究の領域は、多岐にわたっている。そして最後の特徴として、やはり帝国史研究も言語論的展開に基づく。「「日本人」「日本語」「日本文化」といったカテゴリーを自明なものとせず、その形成や変容の歴史的なプロセスに着目すること」と駒込は指摘している[33]。

2) 植民地社会事業史研究のこれから

1990年代末から2000年代初めにかけて、永岡正己、大友昌子、沈潔、愼英弘らの監修により、『植民地社会事業関係資料集』(近現代資料刊行会)が刊行された。植民地当局による調査や施設要覧、雑誌記事などをテーマごとに集めた「朝鮮編」「台湾編」「満洲・満洲国編」と、雑誌「朝鮮社会事業」、台湾の雑誌「社会事業の友」、そして中国占領地の社会調査などが収録された。この資料集成が刊行されたことで、植民地社会事業の基本的文献や重要文献へのアクセスが容易になり、効率的・体系的に史料の内容を把握することが可能となった。さらに2000年代に入ると、各国で**デジタルアーカイブ**が充実し、オンラインで史料閲覧が可能になった。2000年代以降、史料へのアクセスが容易になったことは、東アジアの植民地社会事業史研究の追い風となったといえる(34)。

2000年代以降、植民地社会事業史研究においても帝国の広がりとつながりを意識した論考が発表され始める。その端緒として大友昌子の『帝国日本の植民地社会事業政策研究』が挙げられる(35)。大友は、台湾と朝鮮の社会事業を「近代化」指標に基づいて分析した。すなわち、救貧から防貧への転換、専門行政機関と財政の確立、社会事業の組織化と社会事業教育の開始といった「近代化」の指標をもとに、創設期（植民地の破壊と社会事業による修復）と、拡大期（抑圧と分断を助長する近代化の進展）、終焉期（戦時体制への再編成）という三つの時期に分けて論じている。また大友は、前近代の「**福祉文化的基盤**」が、その後の植民地社会事業政策とその実践に大きな影響を及ぼしたことを指摘した。今後は前近代へと時代をさかのぼり、その連続性に着目した研究が期待される。

また、趙慶喜『帝国日本／植民地朝鮮の社会事業と民衆統治：「救済」と「治安」のパラドクス』は、社会事業の政策担当者や治安維持にあたる人々が内地と外地を行き来していたことに着目し、帝国日本の「内地」と「外地」における社会事業政策の連関を明らかにした。趙慶喜は「朝鮮人浮浪者の存在は、救済が不十分あるいは不在であったために生じた残余ではない。そうではなく、恩賜による救済がすすめられるからこそ発生せざるをえない、植民地統治によって構造的に生じる存在である」と記している(36)。「内地」から朝鮮へと移植された社会事業という統治システムが、植民地社会をいかに「破壊」し「旧慣」「伝統」を「再編」したかという視座から社会事業を論じていることが特徴的である。

諸点淑『植民地近代という経験――植民地朝鮮と日本近代仏教』は、帝国的な視点から植民地近代を問う研究である。諸点淑は「海外において日本仏教が「近代化」していく過程がまさに、「日本帝国」という近代性を帯びつつ進行した近代的社会事業の「萌芽」といってもよいだろう」と述べている(37)。たとえば真宗大谷派の向上会館や浄土宗の和光教園は、都市細民「土幕民」の強制移住と教化、更生の役割を担った。日本仏教は宗教という立場で植民地統治のための「慈善」「教化」を行うことができた。日本仏教が獲得した「近代」「近代性」は、宗教を隠れ蓑にした帝国日本による植民地統治、「無意識の裏にある権力」と分かちがたいものだったことを指摘している。これらの研究は、**社会事業の意味作用**を明らかにし、植民地統治のメカニズムを明らかにする点で共通している。

これらの研究は、二国、三国間の比較や関係を取り上げたものであるが、大石茜『帝国日本の保育――内地・外地における家族の統治』は、日本「内地」、台湾、朝鮮、樺太・南洋、満洲を対象とする点で、際立っている。日本「内地」で批判された東京女子高等師範学校附属幼稚園に始まる保育制度と保育所実践は、台湾や朝鮮では「内地人や一部の被植民者富裕層の特権性を示す装置として機能」し、樺太や南洋では「都市形成の一部」として「憧憬」の的となった。また、台湾の農繁期託児所では農民を「臣民」へ、在満日本人の主婦を「良妻賢母」へと「主体化＝服従化」する役割を担う一方で、朝鮮のミッション系保育所や在日朝鮮人による保育は、統治からの「アジール（避難所）」としての意味空間を成した。このように、帝国日本の各地で行われた保育の違いを「保育の発展、後退、停滞」として論じることは難しく、「統治の技法の現れ方として読み解いていく」必要性があるとしている(38)。

こうした帝国史研究のほかに、植民地社会事業史研究の新たな視覚として、大友や金子は**社会的排除／包摂論**を取り上げている(39)。植民地の宗主国への「包摂」は、「初めから上下関係や差別を内包する「包摂」」であった。社会事業を生活水準、資源、労働市場、社会サービス、社会関係の側面からみると、本国に比べて不当に制限されており、「排除」が際立つ。また、大友は福祉国家の生成をさまざまなエージェントに着目して動的に捉えようとする**「福祉の複合体」論**にも言及している[40]。ヨーロッパの福祉国家や、慈善団体が発達した国々と帝国日本の状況は異なる。植民地社会事業史研究にそのまま「福祉の複合体」論の視覚を適用することはできないものの、その可能性を広げるものになると思われる。

本章で紹介した植民地社会事業史研究、特に帝国史研究においては、宗主国の言語のみならず、植民地で使用された言語による史料を読み解き、各地の文化・社会を理解しなければならない。複数の地域を跨ぐトランスナショナルヒストリー研究を一人で行うことには困難が伴う。帝国の拡大と連関を明らかにする研究を進展させるために、植民地社会事業の研究者による**共同研究**が進められることが望まれる。

注

(1) 植民地社会事業は本来、欧米列強を始めとする広い範囲を扱うべきだが、筆者の知識不足のため今回は帝国日本、特に植民地朝鮮の社会事業を中心に論じることをご容赦いただきたい。

(2) 駒込武「第1章 植民地主義」『日本植民地研究の論点』岩波書店、2～6頁、2018年。大浜郁子「コラム③「内国植民地」」同、85頁、2018年

(3) 末廣昭編『「帝国」日本の学知 第6巻 地域研究としてのアジア』岩波書店、2006年

(4) たとえば、朝鮮総督府嘱託の竹内清一による「朝鮮社会事業の特異性」『朝鮮社会事業』第11巻12月号、1933年や、朝鮮総督府社会課長の兪萬兼による「朝鮮の社会事業」第11巻8-12月号、1933年、第12巻4-6月号、1934年など。

(5) 藤井忠治郎『朝鮮無産階級の研究』帝国地方行政学会朝鮮本部、1926年。京城帝国大学医学部『土幕民の生活・衛生』岩波書店、1942年

(6) 杵淵義房『台湾社会事業史』特友会、1940年。各地の調査は『植民地社会事業関係資料集』(近現代資料刊行会)に収録されている。

(7) 竹内、前掲(4)、35頁

(8) 加藤圭木「第3章 被植民者の主体性」『日本植民地研究の論点』岩波書店、23頁、2018年

(9) カン・ドンジン(姜東鎭)『日帝の韓国侵略政策史：1920年代を中心に』ソウル：ハンギルサ、1980年(강동진『일제의 한국 침략 정책사：1920 년대를 중심으로』서울：한길사、1980 년)。カン・マンギル(姜萬吉)『日帝時代貧民生活史研究』ソウル：創作と批評社、1987年(강만길『일제시대 빈민생활사 연구』서울：創作과 批評社、1987 년)

(10) 並木真人「朝鮮における「植民地近代性」・「植民地公共性」・対日協力：植民地政治史・社会史研究のための予備的考察」『国際交流研究：国際交流学部紀要』5巻、3～4頁、2003年。加藤、前掲(8)、24頁

(11) 永岡正己「植民地社会事業史研究の意義と課題」『戦前・戦中期アジア研究資料1 植民地社会事業関係資料集朝鮮編 別冊[解説]』近現代資料刊行会、1999年に紹介されている。愼英弘『近代朝鮮社会事業史研究』緑蔭書房、1984年。遠藤興一「植民地支配期の朝鮮社会事業1-5」『明治学院論叢』449、499、534、542、546号、1989年、1992年、1994年。尹晸郁『植民地朝鮮における社会事業政策』大阪経済法科大学出版部、1996年。朴貞蘭『韓国社会事業史』ミネルヴァ書房、2007年。遠藤興一「植民地社会事業の研究課題―台湾社会事業史を手がかりに」明治学院大学大学院社会学研究科社会福祉学専攻課程編『現代社会福祉の諸問題』相川書房、1992年。遠藤興一「植民地支配下の満洲社会事業」『明治学院論叢(社会学・社会福祉学研究9)』454号、53～12頁、1990年。遠藤興一「満洲社会事業の実施状況について」『明治学院論叢(社会学・社会福祉学研究)』476号、169～232頁、1991年。遠藤興一「植民地支配期の樺太社会事業上・下」『明治学院論叢(社会学・社会福祉学研究)』488号、23～73頁、1991年／493号、1～50頁、1992年。沈潔『「満洲国」社会事業史』ミネルヴァ書房、1996年など。

(12) グ・ジャホン(具慈憲)『韓国社会福祉史』ソウル：弘益斎、1984年(구자헌『한국사회복지사』서울：홍익재、1984 년)。ハ・サンナク(河相絡)編『韓国社会福祉史論』ソウル：博英社、1997年(하상락 편『한국사회복지사론』서울：박영사、1997 년)

(13) 論争に関して、次の論稿を参考にされたい。並木真人「朝鮮における「植民地近代性」・「植民地公共性」・対日協力―植民地政治史・社会史研究のための予備的考察」『国際交流研究』第5号、1～42頁、2003年。松本武祝「「植民地的近代」をめぐる近年の朝鮮史研究――論点の整理と再構成の試み」宮嶋博史他編『植民地近代の視座――朝鮮と日本』岩波書店、247～272頁、2004年。ジョン・ヨンテ『韓国近代と植民地近代化論争―長期近代史論を提起して』ソウル：プルンヨクサ、2011年(정연태『한국근대와 식민지 근대화 논쟁―장기근대사론을 제기하며』서울：푸른역사、2011 년)。三ツ井崇「朝鮮史研究における「植民地近代(性)」をめぐる議論の動向」大阪歴史科学協議会編『歴史科学』206、1～9頁、2011年

(14) 中村哲・安秉直編『近代朝鮮工業化の研究』日本評論社、1993年

(15) シン・ヨンハ(愼鏞廈)「「植民地近代化論」再定立試図に対する批判」『創作と批評』ソウル：創作と批評社、98号、8～38頁、1997年(신용하「「식민지근대화론」재정립 시도에 대한 비판」『창작과비평』서울：창작

과비평사、98 호、pp.8 ～ 38、1997 년)
(16) 加藤、前掲(８)、24 頁、2018 年。並木、前掲(13)、９頁、2003 年
(17) Tani E. Barlow. Formations of Colonial Modernity in East Asia. Duke University Press. 1997. Gi-Wook Shin and Michael Robinson eds., Colonial Modernity in Korea. Cambridge (Mass.) and London: Harvard University Asia Center, 1999. キム・ジンギュン（金晋均）、チョン・グンシク（鄭根埴）編著『近代主体と植民地規律権力』ソウル：文化科学社、2003 年（김진균、정근식 편저『근대주체와 식민지 규율권력』서울 : 문화과학사、2003 년）
(18) 板垣竜太「＜植民地近代＞をめぐって――朝鮮史研究における現状と課題」『歴史評論』第 654 号、35 ～ 36 頁、2004 年
(19) 加藤、前掲(８)、24 頁
(20) 松本、前掲(13)、250 頁
(21) 尹海東、沈熙燦・原祐介訳『植民地がつくった近代――植民地朝鮮と帝国日本のもつれを考える』三元社、55 ～ 90 頁、2017 年
(22) 尹海東、藤井たけし訳「植民地認識の「グレーゾーン」――日帝下の「公共性」と規律権力」『現代思想』Vol. 3016、2002 年。尹海東、前掲(21)、119 ～ 150 頁。ユン・ヘドン（尹海東）、ファン・ビョンジュ編著『植民地公共性――実際と隠喩の距離』ソウル：チェックァハムケ、38 ～ 40 頁、2010 年（윤해동、황병주 엮음『식민지 공공성 실체와 은유의 거리』서울 : 책과함께、2010 년）
(23) 趙景達『植民地期朝鮮の知識人と民衆――植民地近代性論批判』有志舎、2008 年など。
(24) ハン・クィヨン「「近代的社会事業」と権力の視線」、キム・ジンギュン、チョン・グンシク編著、前掲(17)、314 ～ 355 頁（한귀영「「근대적 사회사업」과 권역의 시선」김진균、정근식 편저、주(17)、pp.314 ～ 355）
(25) ソ・ヒョンスク（蘇賢淑）「境界に立つ孤児たち――孤児問題を通して見た日帝時期の社会事業」『社会と歴史』韓国社会史学会、第 73 号、107 ～ 141 頁、2007 年（소현숙「경계에 선 고아들―고아문제를 통해 본 일제시기 사회사업」『사회와역사』한국사회사학회、제 73 호、pp.107 ～ 141、2007 년）
(26) 田中友佳子『植民地朝鮮の児童保護史――植民地政策の展開と子育ての変容』勁草書房、2018 年
(27) ノ・スビン（魯洙彬）「1920 ～ 30 年代大邱地域の「不良少年」問題と「大邱警察署少年保護所」」『韓日民族問題研究』韓日民族問題学会、第 46 号、199 ～ 244 頁、2024 年（노수빈「1920 ～ 1930 년대 대구 지역의「불량소년 」문제와「대구경찰서 소년보호소」」『한일민족문제연구』한일민족문제학회、제 46 호、pp.199 ～ 244、2024 년）
(28) アントニオ・ネグリ、マイケル・ハート、水嶋一憲他訳『〈帝国〉――グローバル化の世界秩序とマルチチュードの可能性』以文社、2003 年（原著は 2000 年刊行）
(29) 大江志乃夫ほか編『岩波講座 近代日本と植民地』岩波書店、1992~93 年。酒井哲哉ほか編『岩波講座「帝国」日本の学知』岩波書店、2006 年
(30) 駒込武『植民地帝国日本の文化統合』岩波書店、1996 年。山本有造『帝国の研究――原理・類型・関係』名古屋大学出版会、2003 年。坂野徹『帝国日本と人類学者：1884 ～ 1952 年』勁草書房、2005 年。飯島渉『マラリアと帝国――植民地医学と東アジアの広域秩序』東京大学出版会、2005 年（2023 年に新装版刊行）。浅野豊美『帝国日本の植民地法制――法域統合と帝国秩序』名古屋大学出版会、2008 年。坂野徹・愼蒼健編著『帝国の視覚／死角――＜昭和期＞日本の知とメディア』青弓社、2010 年。磯前順一・尹海東編著『植民地朝鮮と宗教――帝国史・国家神道・固有信仰』三元社、2013 年。佐藤広美・岡部芳広編『日本の植民地教育を問う――植民地教科書には何が描かれていたのか』皓星社、2020 年。中島弘二『帝国日本と森林――近代東アジアにおける環境保護と資源開発』勁草書房、2023 年など。
(31) 駒込武「「帝国史」研究の射程」『日本史研究』日本史研究会、452、224 頁、2000 年。ホン・ジョンウク（洪宗郁）「日本学界の「帝国史」研究」『歴史と現実』韓国歴史研究会、第 92 号、374 ～ 375 頁、2014 年（홍종욱「일본 학계의「제국사」연구」『역사와 현실』한국역사연구회、제 92 호、pp.374 ～ 375、2014 년）より再引用
(32) エドワード・サイード、大橋洋一訳『文化と帝国主義１』みすず書房、111 ～ 112 頁、1998 年（原著 1993 年）
(33) 駒込、前掲(31)、224 頁、2000 年
(34)『植民地社会事業関係資料集』の所収史料のほとんどは、日本「内地人」が日本語で書いた刊行物であることに留意しなければならない。ハングルや中国語、英語、フランス語などで書かれた史料は、植民地の人々の活動や思考を理解するために必要不可欠である。オンライン公開されていない史料も含めて、幅広い史料に目を通す必要がある。
(35) 大友昌子『帝国日本の植民地社会事業政策研究』ミネルヴァ書房、2007 年
(36) 趙慶喜『帝国日本 / 植民地朝鮮の社会事業と民衆統治：「救済」と「治安」のパラドクス』博士学位論文、東京外国語大学、115 頁、2010 年
(37) 諸点淑『植民地近代という経験――植民地朝鮮と日本近代仏教』法藏館、323 頁、2018 年
(38) 大石茜『帝国日本の保育――内地・外地における家族の統治』博士学位論文、筑波大学、2023 年
(39) 金子光一「権力と社会事業――植民地社会事業の視点から」日本社会福祉学会編『対論　社会福祉学１　社会福祉原理・歴史』中央法規出版、233 ～ 235 頁、2012 年
(40) 大友昌子「帝国日本の植民地政策研究とその後の展開――社会事業を例として」同上、44 頁

3 社会福祉史研究の歴史

野口友紀子

1. 社会福祉史研究の歴史を考える

社会福祉史研究の歴史を考えることは、現在のような社会福祉史が成立するまでの過去の研究者たちの社会福祉の捉え方や歴史の見方を考えることである。過去の研究者による社会福祉の描かれ方をみると、今の私たちが当たり前に感じている社会福祉史研究は、明らかに誰かがある時期に創り出したものであることがわかる。

社会福祉学は、新しい学問といわれており、日本社会福祉学会が1954年に創設されたことを考えても、70年余りの歩みしかない。社会福祉史研究においては、1973年5月に社会事業史研究会が発足し、10月に機関誌『社会事業史研究』を創刊、1998年に改組され社会事業史学会となっている。このように社会福祉の歴史を学問として確立させる基盤となる学術研究団体は設立からいまだ50年ほどである。しかし、一般に実践の学問といわれる社会福祉学において、その実践は学となる前から存在する。実践は多様であり、その実践は、実践が行われた時代の社会経済状況や政治的状況、文化的思想的背景、人々の生活状況などに影響を受ける。その背景となる状況を踏まえながら、その実践のあり方が過去にはどのようなもので、それがいつ誰によって実施されたのか、どのような考えに基づいて行われたのか、どのような方法や仕組みで行われたのか、それがどのように変化したのかを史料に基づき描くことが現在の社会福祉の歴史研究である。

しかし、少なくとも現代ではこのように考えられる社会福祉史研究は、そのように形づくられてきたのであり、最初からそのように存在していたわけではない。

なお、ここでは社会福祉、社会福祉史という言葉を使用するが、引用等の状況に応じて社会事業、社会事業史としている。

2. 社会福祉の歴史研究の登場
――第二次世界大戦前までの状況

日本の**社会福祉の歴史研究**は、1900年頃から行われていた。その頃の歴史研究は、制度の成立や実践活動を記す記録的なものを時系列に描くもの、あるいは西欧の救済制度や取り組みを紹介するものであった。

この時代の社会福祉の歴史の研究書の目次をみると、現在見かける社会福祉の歴史研究書とは異なる世界が広がっている。当時の研究書や論文は、次のように類型化できる。生じた問題に対する対応策として社会福祉を描く海野幸徳の『日本社会政策史論』(1931年)や谷山恵林の『日本社会事業史』(1950年)のような問題対策型、井上友一の『救済制度要義』(1909年)、東京市役所『東京市史稿救済篇第参』(1921年)、山口正『社会事業史』(1938年)、富田愛次郎『日本社会事業の発達』(1942年)のような制度中心型、皇室の慈恵を描く内務省地方局『民政史稿・賑恤救済篇』(1913年)、辻善之助『日本皇室の社会事業・日本人の博愛』(1934年)のような天皇中心型、高橋梵仙『日本慈善救済事業之研究』(1939～1940年)などのような社会福祉事業を行った人を描く人物中心型、橋川正『日本仏教と社会事業』(1925年)、生江孝之『日本基督教社会事業史』(1931年)、浅野研真『日本仏教社会事業史』(1943年)のような宗教とのかかわりで記述した宗教中心型である。

これらの類型は、そこに描かれた歴史の中心的な特徴を取り上げたものであるため、上記の類型は組み合わさっていることが多い。たとえば、制度中心型に分類したものは、その制度制定の背景となる問題の発生が描かれることが多い。そのため問題対策型の要素を含んでいる。高橋の研究は人物中心型としたが、この人物には政治史的な側面である天皇も含まれている。海野のものは、問題対策型であるが、それ以外の要素も非常に大きい。さらに海野の特徴的な記述としては、「表日本」、「裏日本」、四国、東北、北海道など地理別で社会事業が発展することが述べられている点である。また、井上のように制度史に加えて主観的で理想的な精神論を展開するものもある。富田も皇室の慈恵について触れている。

これらの類型は、問題対策型のように現在の研究につながるものもあるが、現在のような社会福祉の歴史研究になるのは第二次世界大戦後である。その点では戦前の社会福祉の歴史研究の多くは、現在の社会福祉史とは記述方法が異なっており、その時代につくられたものであるが、現在の社会福祉史の枠組み自体も戦後につくられた歴史的産物である。

3. 社会事業史研究の登場
――実証と科学

1）社会事業史研究の出発

現在、一般的と考えられている**社会福祉史**は、**吉田久一**の**社会事業史**の登場からと考えてよいだろう。今日一般に社会福祉の歴史について言及するとき先行研究として挙げられるのは吉田の研究であることが多い。吉田の歴史研究は、社会福祉史研究者の間で社会福祉史のスタンダードなものとして受け入れられている。吉田の研究以前は、観念的で非実証主義的な研究が主流であり、時期区分は古代から江戸時代までと明治以降で区別され、明治以降の記述は制度とのかかわりで述べられ、慈善の取り組みが紹介されるにすぎなかった。吉田の歴史研究は戦前から存在した歴史とどのように違うのか。

永岡正己によると、この吉田の通史の枠組みの確立は1948年の「近代社会事業の展開」であり、改訂後の『近代社会事業の歴史』（1952年）により「吉田社会福祉史」の原型が確立したという[(1)]。現在私たちは、この吉田社会福祉史を無意識に受け入れている。吉田以外にも社会福祉の歴史研究書は、過去に複数存在しており、また、同時期にも注目されていた社会福祉の歴史研究は存在していたにもかかわらずである。

1948年の雑誌『社会事業』の図書紹介には戦後初めての社会事業文献賞を授与された3作が紹介され、そのうちの二つが社会福祉の歴史研究であった。一つが守屋茂『岡山県社会事業史上巻』大雅堂（1945年）、もう一つが吉田久一のこの「近代社会事業の展開」（雑誌『社会事業』昭和22年12月号、23年1月号2月号所載）であった。

受賞にあたり守屋の図書を紹介したのは、戦前から活躍していた高橋梵仙であった。高橋は守屋の著作の注目すべき点は、寛永から慶應年間に至る飢饉状況と救助と備荒救済制度に関する記述の部分であるという。そして、これは資料の探索と検討の結果からつくられた論文で、学術的価値が高く、将来の政策に資すると評価された。

吉田の受賞作を紹介した酒井平は、吉田の論考は単なる主観的、形式的なものではなく、外在的な社会的諸条件と内在的な主観的歴史的条件から、絶えず発展していく慈善事業や社会事業として把握し展開していくもので、このような記述は筆者の一貫した方法論的卓越性と史料に忠実な科学的態度によるものとした[(2)]。

ここでは守屋茂の『岡山県下に於る慈善救済史の研究』（これは文献賞をとった著作の改訂増補改題版、1958年）と吉田久一の『近代社会事業の歴史』（賞をとった著作の改訂版、1952年）の二つをみてみよう。

守屋の場合は、近世の岡山県の藩主の救済への取り組みが詳細に描かれ、災害や飢饉への対応策を中心とした社会福祉の歴史になっている。この著作では施療・施薬、罹災救助、貯穀、行旅病人保護、堕胎間引の禁止、庶民教育、部落解放などの領域を社会福祉の範囲と捉えている。守屋は、岡山県の社会事業がその時々の統治者による救済事業の功績の積み重ねで成り立ち、その功績は統治者の精神によるものと捉えている。守屋はこの著作の例言で、慈善救済の歴史こそ最も高い精神作用の所産で、この歴史があればこそ福祉国家、福祉社会の実現が期待できると述べた。また序説では、近代の社会事業について、上世・中世・近世を通じて、社会救済に尽力した者は多く、先人たちの社会救済への思いが岡山県の社会事業精神の基礎をつくり上げ、この精神的要素は、県民性の一端でもあったと記している。

吉田の著作は、封建制度、絶対主義、欧米の影響など日本を取り巻く状況やその影響を踏まえて、社会事業が慈善事業から救済事業、社会事業、そして厚生事業へと変化することを描いている。その記述は史料に基づくものであり、歴史学は史料の蒐集から始まるものと捉えていた。歴史家は、収集した目の前にある史料から、材料を選択し、思考し、その不足を補って叙述するのである。そのためには、歴史家は、史料と創造の両者を具備することが必要であるとした。吉田によると、史料による実証の積み重ねと歴史家の創造性が歴史の叙述となるのである。

守屋も吉田もともに資料を吟味し、社会福祉史を新たに記述しようとした点では同じである。一方、二人の著作の違いは、守屋が岡山県という一地域を扱い、県民性という精神性を扱ったのに対し、吉田は社会状況を踏まえた社会福祉のあり方を全体的に描こうとしたところであった。守屋はその後も地域史、そして社会福祉思想史を描き、吉田は通史としての日本社会事業史の確立のために同書の改訂を繰り返し、さらには理論史、人物史、仏教社会福祉史などに対象を拡大し書き続けた。吉田は社会事業史が、経済史や文化史と並ぶ立場を取れるかどうかを心配していた。結論としては社会事業の成立や発展の過程を研究する社会事業史に一つの座が与えられて差支えないと述べるのだが、このように1950年代は社会福祉史という単独の歴史を描けるかどうかを懸念しなければならない状況でもあった。社会福祉史の存在は、1952年当時の吉田の気がかりをよそに、結果として吉田によって確立されることになった。

2）吉田久一の研究枠組み

社会福祉が学問であるためには、科学であることが必要であった。当然、社会福祉の歴史研究も科学であらねばならなかった。吉田は自身の研究を含めた歴史研究のあり方について1960年代以降何度か発表している(3)。これらの記述から社会福祉史研究の歴史の方法論を押さえておこう。

この場合、科学とは以下のものを指す。吉田は、分析枠組みとして経済学者・哲学者のカール・マルクスと社会学者・経済史家のマックス・ウェーバーを挙げている(4)。吉田によると「日本の社会福祉研究者は意識無意識を問わず、マルクスによって個別的な多様な歴史的事実を関連づけ相対的考察方法を学び、その歴史社会を動かしていく基本法則も学んだ」という(5)。その史観とはマルクスの下部構造と上部構造の関係であり、吉田自身も対象史から始めたと述べ、多くの社会福祉研究者たちはこの理論を使用してきたという。マルクスによる経済構造の捉え方は、社会福祉の社会科学として重要な点であると吉田を含めた当時の人たちは考えた。その一方、吉田は社会福祉というものはマルクスのいう下部構造だけでなく、それ以外の要因でも説明が必要であるという。それが人々の行為の動機や人間の精神であり、そのために吉田はウェーバーを取り上げたのであった。

マルクス主義歴史学の社会福祉史研究への影響は、吉田も述べていたように大きい。ただ社会福祉史研究にマルクス主義的歴史学の影響がみられるのは、戦後しばらくたってからである。おおむね1950年代以前の社会福祉史研究は、このマルクス主義歴史学の影響を受けていない。そのような歴史研究のなかでは、吉田が1964年の著作で、隣接分野の風早八十二の『日本社会政策史』（1937年）しかみるべきものがないと述べていたことは注目に値する。この本は慈恵と社会政策を明確に区別し、日本の資本主義の発展による困窮状態の発生に始まる貧困問題と社会政策、そして社会政策に代替する慈恵的な政策との関係が描かれた唯物史観を中心においた社会政策の史的分析であった。この本を評価する吉田の観点はマルクス主義歴史学に立つものである。

社会福祉史研究へのマルクス主義歴史学の枠組みの登場は、社会福祉史研究が戦前の皇国史観や啓蒙的、理想論的な歴史記述から抜け出し、非科学的な学問から科学的な学問へと転回したことを意味する。ここでの科学の意味は社会福祉史へのマルクス主義の応用が社会福祉の歴史に科学的な分析枠組みを導入することになったということである。

さらに吉田は、社会事業史が科学的な学問であるため、事実について以下のように述べている(6)。一つには、「客観的な事実に即した醒めた目でさまざまな問題の量や質を把握しなければならない」こと、事実を「歴史的社会的存在として把握すること」である。二つ目は、その事実を「いかに社会全体と関係づけられるかという事実の総合的批判的構成」とすることである。このように吉田はマルクス主義歴史学を社会福祉史の根底に据え、客観的事実を社会と関連づけて描いた。

1952年の著書では、時期区分は王朝期、封建期までの記述と明治維新以降の慈善救済から慈善事業の成立、そして社会事業の成立、厚生事業に進む流れで描かれている。慈善救済では、資本の本源的蓄積過程に多くの貧困問題が生じて社会問題として登場するという。この大きな流れは変わらずに、その後の1960年の『日本社会事業の歴史』では近代国家の確立期、産業革命期、帝国主義の形成期、大正デモクラシー期、資本主義の危機を章に組み込んでいる。吉田は時期区分を「その時期の社会事業を最も強く規制する一般史の諸問題と、その時期の社会事業の特徴点を調和させながら区分するのが最も妥当」であるとした(7)。そして明治10年代から日清戦争前までの時期を慈善救済の近代化のスタートとした。その時期区分は、資本の原始蓄積過程や資本主義恐慌を中心に、救済対象がそれ以前の封建社会とは変質したことを指標の一つに挙げている。これは近代的な救済対象の登場を原始蓄積期の経済的停滞においたものであり、吉田は社会事業を資本主義社会に対応するものと捉えていた。そのため、社会事業の性格そのものに力点をおくような区分は非歴史的で一貫性が担保されないと考えていた。

吉田によると1952年の『近代社会事業の歴史』は研究を意図した著作ではなくミスもあり絶版に付したが、その構成はその後も時期区分やそこで使用した名辞も変えていないという。そして1960年に新たに『日本社会事業の歴史』をテキストとして執筆した。この著作はその後1966年に改訂版、1981年に新版、1994年に全訂版、2004年に『新・日本社会事業の歴史』として改訂されている。このように1947年の雑誌掲載論文から数えて6回改訂したという吉田の社会福祉史では、資本の本源的蓄積や原始的蓄積期、独占資本や独占資本確立期、資本主義的危機など資本主義の展開を示す用語が使われている。吉田は社会事業の歴史的な変化は、生産様式の変化に影響を受けていると考えていた。このような考えは、問題の発生とその対策という記述となり、戦前の問題対策型に近い。吉田の社会事業の通史は、すべてが資本の動きで説明されてはいないものの資本主義の発展段階とともに社会事業の形と変化が描かれている。

吉田は1974年には『社会事業理論の歴史』を刊行し、社会事業の通史的な全体像を描くと同時に、理論と対象に焦点化した社会事業の歴史を描いた。**社会事業理論**とは、社会事業を一定の原理のもとで体系的に説明するさまざまな理論のことであり、**社会事業理論史**はその歴史的変遷を描くものである。吉田が1974年に理論の歴史を描いたときには、まだ過去の理論研究の整理を試みた体系的なものはなかった。吉田によると社会事業は社会的実践的存在が研究対象であるため、歴史性や歴史意識がなくては研究できないものであり、社会事業の理論もまた歴史性をもつものであった(8)。そのため吉田にとっては社会事業理論と社会事業の歴史はきわめて関係が深いものであった。『社会事業理論の歴史』では、第3章に明治10年代から日清戦争開始前までの時期を設定し、この時期は資本の原始蓄積過程であると説明した。その後は、帝国主義形成期、そして資本主義の危機という章を設けて理論史を描いている。

1984年の『日本貧困史』は貧困が資本主義の展

開過程のなかで必然的に生じる問題という理解と、近代以降と中世や近世からもち越されてきた貧困との関係を視野に入れた著作である(9)。この近代以降の記述は、通史の時期区分と同様にマルクス主義歴史学の視点から描かれている。『日本貧困史』では、第４章に原始的蓄積期の貧困が描かれ、そこでは原始蓄積期を地租改正前後から日清戦争前までとして設定している。第５章に産業革命期の貧困、第６章に明治末・大正初期の貧困、第７章に独占資本主義確立期の貧困と続く。このようなマルクス主義歴史学の枠組みを使い理論史と貧困史を記述したことは、吉田にとっては理論史と貧困史のどちらも自分が創り出そうとしている社会事業の通史を補強するものであった。

吉田久一の研究の登場は、社会福祉史を非科学的な学問からマルクス主義歴史学の枠組みへと転回させた。さらに吉田は1974年の著書で、史観のない歴史学はなく、社会事業史でいえば、唯物史観、つまり発展段階史観が最も科学的な法則であったことは否定できないと述べている。ただし先にも述べたように、吉田はマルクス主義歴史学とウェーバーの行為の動機や人間の精神にも重点を置くことでマルクス主義一元論の立場をとっていない。吉田はマルクス主義歴史学を基盤としつつも、ほかの分析視角を複合的にもち合わせていた。このような吉田の分析枠組みが、科学的研究であることが求められた社会福祉史研究において、注目され受け入れられていった。もちろん守屋も社会事業史の史観を確立させなければならないとして、社会学的史観、経済学的史観、哲学史観の三つを挙げ、社会事業史を科学としての歴史学の一分野と捉える必要があるとするが、日本人であることを強調し、また皇統の万世一系なることが国民福祉の根源であるとしており、皇国史観の影響が強い。この点で、守屋は吉田とは大きく異なっており、のちに社会福祉史研究では影を潜めていく。

３）吉田久一の研究枠組みが後の研究に与えた影響

吉田の後年の研究に与えた影響は三つある。第一には、社会福祉史における**時期区分**である。1952年の著書では、明治維新以降の慈善救済から慈善事業の成立、そして社会事業の成立、厚生事業へという流れで描かれたが、この著書以前に社会福祉史研究を発表した人々はそのような時期区分を使っていなかった。

時期区分については、早いもののなかでは、山口正が1938年刊行の『社会事業史』で、明治30年以前を慈善時代、明治30年以降大正４、５年までは救済時代、それ以降を社会事業時代とまとめていた。しかし、これは明治大正期の社会事業発展段階の考察として、時期区分のみが検討されているものであり、実際に実証的な記述はない。吉田の研究以前は、日清戦争、日露戦争、第一次世界大戦という戦争による時期区分や、救済行政が整備された救護課設置の前と後で区別するなど、社会事業の歴史を描くときには時期区分はなされているが、それは社会事業に外在するものの変化によっていた。

第二に、社会福祉史がマルクス主義歴史学を基盤としていたことである。吉田を含む日本社会事業大学救貧制度研究会のメンバーによる『日本の救貧制度』（1960年）で、吉田が記した「明治維新における救済制度」には、原始蓄積過程における貧困の発生という記述がみられる。1970年代になるとマルクス主義歴史学の影響は大きくなり、その流れを汲んだ運動史や各分野の歴史が登場し、社会福祉史研究の幅が広がった。この点は、歴史学の領域ではマルクス主義歴史学が大きな変化を迎えることになったことと対照的である。というのも、磯前順一によると歴史学では1970年代からの民衆史や社会史の登場があり、さらに1990年代になってマルクス主義歴史学を基軸とする戦後歴史学に対し、一国史への批判があったからである。その一方で、歴史学では「マルクス主義歴史学によって導入された「構造論的・法則的把握」の視座は戦後日本の歴史学の叙述を今なお規定しつづけており、実証史家を称する研究者もまた、その枠組みを前提としたうえで個別の事象を扱っているにすぎない」とも述べられている[10]。このような強固な歴史学におけるマルクス主義の枠組みは、社会福祉史では吉田久一の目指したものといえる。

第三に「**近代**」を社会事業史に位置づけたことである。近代社会事業の展開について、吉田は、明治維新期を社会事業の胎動期とおき、近代的慈善思想が登場し始めた時期を起点とした。次いで産業革命期には近代社会事業が離陸し、大正後半期には社会連帯理念のもとに近代社会事業が成立したと捉えた。その後、戦時期には厚生事業となり社会事業は後退するが、戦後の占領下で社会事業の近代化が行われたとした。吉田は、社会福祉史を古代から記述し始めるが、古代から封建社会に至る福祉のようなものと近代社会事業を区別し、社会事業の近代化の過程を描いた。この場合、社会事業の近代化とは、社会事業の民主化が進んでいくことであり、明治維新以降の歴史のなかで、社会事業が発展してきたと捉えていた。だが、社会事業は単純な発展ではなく、ブルジョワ革命が不在のまま、天皇制的家族共同体の残存や権利性の否定などの問題があり、また民意が反映されることなく制度化や組織化が図られていったとも捉えていた。そのため社会事業は、前進と挫折を繰り返しながら戦後に近代化したという。この枠組みは現在でも強固であり、マルクス主義歴史学の見方が社会福祉史に今あるかどうかはともかく、吉田は近代を含めて万人に受け入れられる時期区分を創り上げた。

4. 社会福祉史研究の多様性と独自性 ——潮流と類型

1）吉田通史への対抗と領域の広がり

吉田の活躍と同時期に、吉田の述べた総論、つまり社会福祉史の全体像を俯瞰的に描くものに対して、社会福祉の全体像を描かない歴史が登場する。**一番ヶ瀬康子**が1973年にまとめた**運動史研究**である。一番ヶ瀬によると、社会運動は敗戦後、入院患者同盟、食糧メーデー、戦災者、引揚者同盟によって行われた。これら戦後の運動は、戦前からの保育問題研究からのつながりがあり、戦前のセツルメント運動や無産者託児所運動のなかで生まれていた。1950年代には社会保障運動、子どもを守る会、日本母親大会、働く母の会など運動が交流し組織化し、運動は1960年代に全国的に広がりをみせた。さらには1970年代に公害をめぐる闘争もあった。一番ヶ瀬は、社会福祉はこれらの運動を媒介として、資本主義社会を維持するための譲歩として形成されたものであり、労働者階級にとっては生活権保障の実現のための行動であったという。一番ヶ瀬によると、**運動史**は「運動に結晶する欲求あるいは民衆の情念をまず明らかにすることが必要」であり、「運動の性格とりわけ階級闘争との関係を、実質的にも論理的にもどのように把握するか」が本質的な点であるとした[11]。

このような労働者、母親などに焦点を当てた社会福祉の運動史の領域のほか、施設史、処遇史の特集が1970年代に『社会事業史研究』で組まれた。一番ヶ瀬は施設史については、施設の利用者と制度を規定する政策主体と福祉現場の実践者の三者のからみあいのなかで存在する施設を「社会福祉の矛盾が内包された坩堝のような存在」と捉えた[12]。その矛盾を明らかにするためにも、施設経営者の立場だけでなく、生活者、福祉労働者の側から施設史を描くことが必要であるとした。このように従来なら社会福祉の歴史研究の対象ではなかった領域、利用者や福祉施設従事者の側からの歴史が取り上げられた。全体像を描く歴史に対抗する個別の歴史である。

1970年代は**地方史**についても『社会事業史研究』で特集が組まれる。そのなかで小倉襄二は地方史研究について、辺境という言葉を取り上げた[13]。辺境とは、「日本の近代とその仕組みの表層が棄ててかえりみなかったもの、仮りに、かかわりを持ったものとしても、抑圧や酷薄なかたちで押しつけたものの累積した延長線上に姿をあらわしたもの」である。そして辺境の史的検証は、「ナショナルレベルの『正史』でははっきりと限界がある」とした。**人**

物史については、吉田らによる『人物でつづる近代社会事業の歩み』（1971年）、次いで五味百合子編著『社会事業に生きた女たち――その生涯としごと』（1973年）が出版された。前者は制度の整備が進むなかで従事者論が進まず「専門家」という抽象的規定が、超歴史的に論じられていることへの危機感から編まれ、後者は社会事業に貢献した女性の伝記が不当に少ない現状から、史資料発掘に努めたものであった。地方史に加えて、運動史、施設史、人物史、女性史など、さらに諸外国の歴史、分野史なども登場し、社会福祉史研究は、1952年の吉田久一による『近代社会事業の歴史』の出版以降、領域を拡大しながら多様な内容を含むものとなった。また、一番ヶ瀬は社会事業に生きた女性たちが無視されてきた事実を問題視し、社会福祉の歴史における女性史の重要性を指摘した。女性史の必要性は、第一に社会福祉の領域は女性が先駆的に働きかけをしてきたこと、第二に社会福祉の対象者の多くが女性であることからであるという。このように一番ヶ瀬は一貫して通史が捉えられなかった領域を開拓していった。そのほか、戦後からの社会福祉の本質をめぐる論争をまとめた真田是編『戦後日本社会福祉論争』（1979年）のような新しい歴史研究の領域もみられた。真田によると本書の企画の発端は、70年代後半の社会福祉の現実の課題の解決に答え得る社会福祉理論の必要性を感じたことにあったという。戦後の論争から明らかにした社会福祉理論の歴史である。

一方、**通史**としては、1977年に右田紀久恵、高澤武司、古川孝順らによる『社会福祉の歴史』が刊行された。これは、イギリス、アメリカ、日本の通史的な展開過程の分析であり、日本の社会福祉の通史が吉田のものくらいしかなかったこの時期の新しいテキストとなった。3か国を扱っていることや日本については恤救（じゅっきゅう）規則以降を対象とし、それ以前の歴史が描かれていないところは吉田の通史と大きく異なる。しかし、イギリス史は重商主義・自由主義・帝国主義という区分、日本史は原始蓄積・自由競争と独占、全般的危機という区分に沿って社会福祉政策の展開が書かれている点では、吉田の通史と同様にマルクス主義歴史学の視座で描かれたものであった。

さらにスウェーデンやイギリス、ドイツ、アメリカなどの社会福祉史、制度史、高齢や障害、医療などの分野史、その後、災害を中心に据えた社会福祉史研究や児童領域の歴史、主に1990年代になると植民地の社会福祉史が現れた。2000年以降は専門教育、資料保存をテーマとしたものも出現した。近年の社会福祉史の特徴として、2005年に土井洋一が対象、理念、政策、実践、運動の局面からの横断的な歴史研究のスタイルよりも個別分野の縦断的な歴史研究が主流になっていると指摘している。

研究の広がりを踏まえ、一番ヶ瀬が歴史研究の視点として、生活史、運動史、政策・制度史、実践史が重要であると指摘したのは1981年であった(14)。その後、社会福祉史研究が進むにつれ、研究史の整理が行われた。研究史の分類について室田保夫は、社会福祉史として①通史、②地域別、③分野別、④理論史、思想史、運動史、⑤施設史・団体史、⑥人物史、⑦その他として年表、年鑑を挙げた。ここでは通史を社会福祉史研究の類型の一つとして位置づけている。

このように分類は多様であるが、全体像を把握できる視点があるからこそ、個別の事象の分析に意味をもたせることができる。その点では通史あってこその地域史、分野史である。つまり、社会福祉史の分類が示されたことは、通史としての歴史記述を多くの人が意識するようになったとともに、個別の分野史などが確立したことを意味する。

もっとも、どの領域も同じように拡大したわけではない。室田は社会福祉の歴史はかつて貧困史が中心であったが、これは経済史や政治史がベースであり、社会史、民衆史、生活史への応用が弱かったこと、思想史こそが閉塞した福祉状況への解決のヒントがあると述べている。このように時代の影響を受けながら研究領域の興亡がみられた。

2）社会福祉史研究の独自性

社会福祉史は、政治史や経済史からこぼれ落ちる貧困者、障害者、高齢者、女性、子ども、労働者などに生じた生活困難と困難に対応する政策、運動、実践や思想の歴史を描くことである。このような一般の人々のうち底辺に近い人、これまで目に留められてこなかった人々の生活に目を向けた歴史であることが、ほかの歴史と異なる独自の部分である。このことを明らかにしたのが吉田以降の社会福祉史の拡大の流れである。また、社会福祉史の通史の形成によって社会福祉の時期区分が示されたことで、社会福祉の歴史はほかの歴史の領域とは異なる社会福祉という領域をもつことになった。このことは社会福祉史が独自の領域をもつ研究であることを示している。社会福祉の歴史といったときに、研究者たちはおおむね共通した中身を想定するだろう。つまり、社会福祉史には研究対象、研究範囲の独自性がある。

ほかの学問領域と比べた研究対象や研究範囲における社会福祉史の独自性のほかに、社会福祉学のなかでの歴史という分野の独自性もある。社会福祉のさまざまな事象がどのように形成されてきたのかを分析する歴史分析によって、社会福祉学の多様な領域での社会福祉の形成過程の共通性を浮かび上がらせることができる。このような意味で社会福祉学の学問上の基礎としての**社会福祉史の独自性**がある。

このように社会福祉史の独自性には二つの側面がある。しかし、これらはどちらも現在の社会福祉史の課題となっている。かつて吉田は社会福祉の歴史が学問となり得るのかと疑問を示したが、それとは異なり、むしろこれは社会福祉史が学問として確立し、認められた後の社会福祉史としての課題である。

一つめの独自性として挙げた対象や範囲は、社会福祉史だけの特徴ではない。社会福祉史の対象は日本で1960年代以降に歴史学界に台頭してきた民衆思想史と軌を一にしているともいえる。民衆思想史を一括りにはできないが、焦点を当てる対象が権力者や知識人ではない点は、社会福祉史においても同様の部分がある。さらに、のちに触れるように「**生存**」の仕組みを問う歴史学が提起されている。これについても、社会福祉史にみられる生存権の保障をめぐる歴史と同様であろう。

しかし、対象が同様であったとしても社会福祉史は、そのような対象に対して社会福祉の政策、制度、実践の側面から、ある時代において生活が成り立つ仕組みや生活が成り立たない状況を史資料を積み重ねて分析し実証する。ここに社会福祉史の独自性がある。さらに社会福祉史では生存やいのちにかかわる人々の営みや生活保障の仕組みなどを従来から研究していたことを考えると、歴史学が社会福祉史に近接してきたといえる。

もう一つの独自性である社会福祉史が社会福祉学の基礎科学であることについては、それを意識した研究はほぼ存在しない。ポストマルクス主義以降、実証主義の研究者たちは吉田が創った時期区分を前提としながら社会福祉史研究を進めている。これは、吉田の意図した時期区分の意味、つまり、社会福祉の領域や中身の独自性や社会福祉の歴史が経済構造を踏まえた分析であるべきことなどが省みられることなく、単なる時期区分として扱われてしまっていることを意味している。そもそも社会福祉史の時期区分は、単なる時期の区切りではない。古川は、時期区分は理論的な意味をもつものであり、その区分によりその時期の社会福祉の特徴、由来、意義を説明できるものでなければならないという(15)。つまり社会福祉史の時期区分は、歴史分析の視点であり枠組みなのである。しかし、現在では単なる時期区分であると考えられ、それ以上の意味をもたなくなっている。その点では、社会福祉史が社会福祉学を基礎づけることが社会福祉研究者のなかでコンセンサスを得にくくなっている。社会福祉史は、児童家庭福祉や障害者福祉、高齢者福祉などの分野と並列の関係になっているのである。

5. 対抗する枠組みと新たな枠組みの登場

1）対抗する枠組みの登場と影響

社会福祉史は、時期区分は慈善事業から社会事業へ、そして社会福祉へという流れを前提としたまま、細分化された領域ごとの詳細な歴史が積み重ねられている。しかし吉田の枠組みの確立以降も時期区分問題がなかったわけではない。時代は前後するが、1980年代後半になると、**池田敬正**による**時期区分の三段階論**が登場する。池田によると、社会福祉理念が普遍的であるなら、社会福祉史は人類の始源とともに開始されなければならない。池田は人類は進化しながら、生活をともにする人としてのまとまりを構成しており、これを社会共同と呼んだ。そして、この社会共同を通じて福祉の普遍的理念を歴史貫通的に理解することが規範分析であるという。このことを踏まえ、池田は社会福祉の理念をすべての個人の人格的独立を前提とする社会的平等の追求とおいて、自由と平等にかかわる社会関係のあり方によって段階論を提示した。

第一段階は原始社会以来の共同体的規制と身分制的支配に基づくなかでの生存の保障の段階である。つまり、それは人格的独立は抑圧されており、自由を認めない相互扶助に依存することによって実現する段階である。これは前近代社会であり、封建社会である。第二段階は共同体的関係の解体に伴って原生的人間関係を克服する段階であり、パターナルな実践によるすべての個人の人格的独立を実現させようとするなかで生存を個人の責任とする段階である。前近代社会を解体させる本源的蓄積期であり、資本と賃労働の創出過程である。第三段階は、個人の自律を前提にしながらも社会的協同のなかで実質的平等を実現する段階で、この段階で社会福祉が形成される。これは自由の実現により喪失した生存の社会的保障の再創出の過程である。

この段階論に基づいた時期区分として、池田は第一段階を①相互扶助の時代、②救貧政策の時代として、人格的独立が抑圧されていた段階とおいた。第二段階は③慈善事業の時代であり、人格的独立とパターナルな社会共同を温存する段階とした。そして第三段階は④社会事業の時代、⑤社会保障の時代で、自由と民主主義に基づく新しい段階とした。時期を5期に分け、①から③までは社会福祉史の前史、④と⑤を本史とおいた。池田は社会福祉史という言葉は福祉実践のある段階の歴史を指しているにすぎないと捉えており、そのため社会福祉史ではなく、福祉史として段階的に解釈することが必要であるとした。

ここで注目すべきは吉田が問題としていた社会事業の性格そのものに力点をおくような区分を池田が行っていることである。このように吉田とは異なる対抗する時期区分と福祉史という概念を創出させたのは、池田が吉田の研究を乗り越える対象と考えていたことを示す。2007年には『社会事業史研究』第34号で、時期区分の特集が組まれ、池田自身も吉田の時期区分に対して明確な理論的整理がないなどと批判を述べている。

池田と吉田の社会福祉史研究での立ち位置の違いは、吉田が実証研究による実態の解明により社会福祉史の完成を目指したことに対し、池田が福祉に内包された普遍的な理念を追究したことであった。それに加えて、池田は社会福祉学を社会科学として成り立たせるための歴史分析として、規範分析を基底にした福祉史を主張した。池田は歴史分析から福祉の普遍的な理念を追究したのであった。ここには社会共同という人々の生活のあり様を取り上げたことに注目するとともに、新たな歴史観を伴った時期区分の提唱があった。

しかし、社会福祉史の時期区分の研究に対して、学界では積極的な議論とはならなかった。現在の社会福祉史研究は細分化された領域ごとの詳細な歴史の積み重ねが主流であり、社会福祉史という全体像のなかでの、総合的な歴史の追究には関心が向けられない傾向がある。社会福祉史研究者の多くは社会福祉史と福祉史を意識することなく、社会福祉の広範な対象の一部あるいは一時期の対象、政策、運動、実践、思想などの歴史を描くために、資料を発掘し、丹念に資料を読み解き、歴史を書いている。このことは歴史学においても同様で、磯前はポストマルクス主義以降の歴史研究者が専門分野を一層細分化させながら個別事象を扱う実証的な専門家になっていく傾向を強めていることを指摘している。

2）新たな枠組みの登場
――福祉の複合体の可能性

吉田久一の歴史学の枠組みは意識されないほどに社会福祉史に浸透しているが、一方でこの枠組みを相対化する歴史学もつくられつつある。それは2000年代以降、歴史学で議論されてきた福祉と生存といのちの視点から提起された歴史である[16]。提唱した大門正克は、「生存」を「労働」と「生活」を含む概念とおき、「生存」を市場、国家、社会との関係のなかで読み解く必要があるとした。「生存」の視点を設定する意味は、「資本主義の側から経済活動の意味を読み解くだけでなく、人びとや地域の側から経済活動の意味を位置づけ直す必要」からであるという。このような視点は、社会福祉史のなかの運動史研究とのつながりをもつ。もう一つが福祉の複合体史である。福祉国家の解体以降の歴史は、従来の歴史観、つまり国家による福祉の単線的な発達史観では人々の暮らしが捉えられなくなった[17]。そのような状況のなか、**福祉の複合体史**は、国家による福祉サービスの縮小に対抗する多元的な主体による福祉のあり方とそれを受ける人々の暮らしと生命の全体像を描き出すものとして登場したのであった。

福祉の複合体史は福祉の主体が多元的であり、相互に関係をもちながら影響の及ぶ範囲が変化することに注意を払う。高田実は福祉について、家族、企業、地域社会、相互扶助団体、慈善団体、商業保険会社、宗教組織、地方公共団体、国家、超国家組織などの多様な歴史主体と多元的な原理によって構成された構造的複合体であると述べ、これを福祉の複合体と呼んだ。福祉の複合体史とは、これらの多様な担い手の活動と、受け手の主体的な生き方とを社会経済構造を踏まえて動態的に描き出すことであった。この点は、社会福祉史が主体を複合的に捉えるよりも単体として詳述することと対照的である。

このような複合体という考え方は従来からある吉田の枠組みを以下の点で相対化する。一つは同時期において多元的主体を想定するため、主体間で影響力の移り変わりは存在するものの発展的な歴史の描き方をしないところである。具体的には慈善の次に社会事業が準備されるというような歴史観とは異なっている。もう一つは多元的主体の想定から、比較史の枠組みをもつことができることである。近代化の遅れた国と進んだ国のような発達史観に基づく分析ではない国際比較が可能となる。たとえば、「福祉の混合経済」「福祉多元主義」の議論を踏まえて、主体を国家部門、営利部門、ボランタリー部門、インフォーマル部門の四つで捉え、国家間の各セクターの重みづけの推移が比較できる。実際、福祉の複合体史では比較の可能性も追求されている。さらに一番ヶ瀬が述べていたように福祉を担っていた女性を多元的な主体の観点から社会福祉史の枠組みのなかに組み入れることができる。その一方で、社会福祉史の時期区分の検討を放棄した結果、社会福祉史と歴史学との区別がなくなることになる。

6. 吉田の時期区分パラダイムを超えて

慈善事業から社会事業へ、そして厚生事業から社会福祉へという社会福祉史の時期区分は、純然とした時期区分に加えて、次の段階が前段階よりも進歩したものとして発展的な意味合いをもっている。それは社会福祉史がマルクス主義歴史学の観点による問題対策型の記述であるからである。社会福祉史は、資本主義の発展に伴い生じた問題を抱えた人々に対する公的な対策の展開が時間の経過に沿って描かれる。発達史観であるため、対策が常に前の時期から進んだものとして発展的に捉えられる。つまり、社会福祉史は、国家がどれだけ救済にかかわっているのかという度合いを描くものなのである。それは、人々の抱える困難に対して惰民養成や自己責任、家族内での助け合いを理由に国家が救済にかかわりをもたない状況から、国家が人々の生活の保障に大きくかかわるまでの道筋である。この私的救済から公的救済へと変化する過程が進歩と捉えられている。進歩の頂点が戦後に目指していた**福祉国家**の成立である。しかし福祉国家が見直された現代、そのような国家を前提とした問題対策型の社会福祉史では、福祉国家から後退し続ける歴史しか描けない。たとえば、吉田は1970年代以降の低成長経済の時代を「社会福祉の『抑制』時代のはじまり」と呼び、「戦後敗戦の代償として学習した社会福祉の『民主化』が、20年たって『見直し』が強調された」と捉えた。通史的には明治30年代の慈善事業を暁明、明治40年代を「社会の冬の日」、大正デモクラシー期の「社会」や「人間」の尊重、太平洋戦争によるそれらの否定、敗戦下での「民主化」や「福祉と平和」の登場、1970年代の「福祉の見直し」で「分岐点」となったとした。このように社会福祉の展開は、明治半ばから「福祉見直し」の時期までに展開と停滞あるいは後退を繰り返したとしている。

では具体的に戦後の研究が進んでいくなかで、どのような時期区分を考えることができるだろうか。この問いこそが社会福祉の歴史研究の50年にわたる蓄積を踏まえ、福祉国家以降の時代を社会福祉史に位置づけるための現在の課題である。これまでの議論を踏まえると、社会福祉史研究の将来の方向性は五つある。

一つ目は、現在の研究者が行っているように研究者自身の関心に沿った個別の事象を対象とした詳細な歴史を描くことである。ただし、これは社会福祉学のなかでの社会福祉史の独自性を失う危険がある。そうならないためには、社会福祉史研究がこれまで蓄積してきた分野史をある時代の全体像を描くものとして再編成し直すことである。これにより、その時代の人々の生活を多角的に理解できるものとなる。そのためには社会福祉史研究者は従来の社会福祉史の枠組みから抜け出し新しい時期区分について議論しなければならない。時期区分の議論こそが社会福祉史の独自性へとつながるのである。

二つ目は、それとは対極にある一番ヶ瀬のように通史に対抗する、通史では描けない分野史に特化する戦略である。この場合は、分野史は通史を補完する位置づけになる可能性がある。

三つ目は、歴史学で提唱されている福祉の複合体史に合流することである。ただし、これは歴史学との関係のなかで社会福祉史としての独自性を失うことになるかもしれない。というのも、福祉の複合体史で描かれる福祉は社会福祉史が分析対象としてきたことでもあるからである。社会福祉史が福祉の複合体史と同じ分析対象であるとすると、社会福祉史の独自性は、目的や方法や結果や記述のあり方で表すことになる。

四つ目は池田の議論を踏まえた**規範分析**を主眼とした福祉史を構想することである。これには規範と科学性にどのように折り合いをつけるのかに課題があるものの、それほど難しくはない。社会福祉学研究者にとって、こうあるべきという価値を含んだ理解は無意識に意識していることであり、普遍的な価値というものがもし存在しているのであれば、普遍的な価値の追求は研究者がそれを意識化すれば可能となる。

一方、**価値**について、金子光一は個人と社会のありように価値が与える影響とその変化を分析することが社会福祉史研究に求められていると述べている(18)。価値の変遷を踏まえた個人と社会のありようを相互性から追求することで新たな価値を見出せるという。この場合、価値の変遷から社会福祉史の時期区分を構想することが可能であろう。これが五つ目の方向性である。

注

(1) 永岡正己「吉田の社会福祉学史」長谷川匡俊・永岡正己・宇都栄子編『日本社会事業思想小史』勁草書房、143頁、2015年
(2) 酒井平「吉田久一著「近代社会事業の展開」―雑誌「社会事業」二十二年十二月号二十三年一月号二月号所載」『社会事業』31(11/12)、55頁、1948年
(3) 吉田久一「社会事業と歴史」吉田久一・高島進『社会事業の歴史』誠信書房、3～18頁、1964年
(4) 吉田久一『改訂増補版　現代社会事業史研究』川島書店、14頁、1990年。吉田久一『新・日本社会事業の歴史』勁草書房、11～12頁、2004年
(5) 吉田久一『新・日本社会事業の歴史』勁草書房、11頁、2004年
(6) 吉田久一『昭和社会事業史』ミネルヴァ書房、11～12頁、1971年
(7) 吉田久一『日本社会事業の歴史』勁草書房、12頁、1960年
(8) 吉田久一『改訂　日本社会事業の歴史』勁草書房、6頁、1966年
(9)『日本貧困史』の歴史記述について歴史学者の成田龍一は問題と対策を双方対にして論じていると評している。

成田龍一『歴史学のスタイル』校倉書房、261頁、2001年

(10) 磯前順一「戦後歴史学の起源とその忘却——歴史のポイエーシスをめぐって」磯前順一・ハリー・D・ハルトゥーニアン編著『マルクス主義という経験』青木書店、11頁、2008年

(11) 一番ヶ瀬康子「戦後社会福祉運動史研究についての覚書」『一番ヶ瀬康子社会福祉著作集　第二巻　社会福祉の歴史研究』労働旬報社、303頁、1994年

(12) 一番ヶ瀬康子「施設史研究の意味と課題」『社会事業史研究』2、ⅱ～ⅲ頁、1974年

(13) 小倉襄二「地方史研究の思想」『社会事業史研究』3、2～3頁、1975年

(14) 一番ヶ瀬康子「社会福祉における歴史研究の意義と課題」仲村優一ほか編集『講座社会福祉2　社会福祉の歴史』有斐閣、1～12頁、1981年

(15) 古川孝順『社会福祉学の原理と政策——自律生活と生活協同体の自己実現』有斐閣、67頁、2021年

(16) 大門正克「「生存」の歴史——その可能性と意義」大門他編『「生存」の東北史』大月書店、281頁、2013年

(17) 高田実「福祉の歴史学」歴史学研究会『第4次　現代歴史学の成果と課題　第1巻　新自由主義時代の歴史学』績文堂出版、238～254頁、2017年

(18) 金子光一「社会福祉史研究に関する一見解——「価値」の変遷を踏まえた研究の必要性」『社会事業史研究』60、7頁、2021年

参考文献

- 池田敬正「社会福祉史の成立」『社会福祉学』28(2)、1～26頁、1987年
- 池田敬正「社会福祉研究における歴史分析の位置」『社会事業史研究』32、17～30頁、2005年
- 池田敬正「現代社会の成立と日本社会福祉の時期区分」『社会事業史研究』34、13～31頁、2007年
- 一番ヶ瀬康子「社会事業史における“女性史”」『社会事業史研究』8、ⅱ～ⅲ頁、1980年
- 宇都榮子ほか「先輩からの助言（第四回）　吉田久一先生(その二)」『社会事業史研究』103～121頁、2005年
- 大門正克「序説「生存」の歴史学——「1930～60年代の日本」と現在の往還を通じて」『歴史学研究』846、2～19頁、2008年
- 高田実「「福祉の複合体」の国際比較史」高田実・中野智世編『近代ヨーロッパの探求15　福祉』ミネルヴァ書房、2～23頁、2012年
- 高橋梵仙「守屋茂氏著『岡山縣社会事業史』上巻二十年九月京都大雅堂刊」『社会事業』31（11/12)、54頁、1948年
- 土井洋一「実践史の位置と役割——施設・団体史の先行研究を通して」『社会事業史研究』32、31～40頁、2005年
- 室田保夫「社会福祉の歴史に学ぶ」菊池正治ほか編集代表『日本社会福祉の歴史　付・史料——制度・実践・思想』ミネルヴァ書房、1～11頁、2003年
- 室田保夫『近代日本の光と影——慈善・博愛・社会事業をよむ』関西学院大学出版会、2011年
- 守屋茂『岡山県下に於る慈善救済史の研究』岡山県社会事業史刊行会、1958年
- 守屋茂『日本社会福祉思想史の研究』同朋舎出版、1985年
- 吉田久一『近代社会事業の歴史』福祉春秋社、1952年
- 吉田久一「社会事業の近代化——組織化を中心として」篭山京『社会保障の近代化』勁草書房、47～102頁、1967年
- 吉田久一『社会事業理論の歴史』一粒社、1974年
- 吉田久一「社会事業史の方法と研究史——現代を中心に」『社会事業史研究』3頁、5～22頁、1975年
- 吉田久一『日本社会事業の歴史　全訂版』勁草書房、1994年
- Johnson, N. , *Mixed Economy of Welfare: A Comparative Perspective*, Routledge (first published by Prentice Hall Europe), 1999.（ノーマン・ジョンソン、青木郁夫・山本隆監訳『グローバリゼーションと福祉国家の変容——国際比較の視点』法律文化社、2002年）

4 社会福祉史研究の独自性

蜂谷俊隆

1. 歴史的存在としての社会福祉

現代において、**社会福祉**は、生存権保障にかかわる政策と関連しながら、組織的に行われる。一方、他者を助けたり、共同して生活を成り立たせたりする営みは、人類史を通して、さまざまな形態をとって行われてきた。また、社会福祉は危機対応を通じて発展してきたともいえ、災害や疫病、戦乱といった生存の危機への対応や、それへの備えは、社会福祉という言葉がない時代からなされてきた。その経験が、世代を超えて蓄積され、生存のための知恵や慣習が伝承され、社会の仕組みが形成されてきたのである。このように人類が、さまざまな危機に直面しながらも生きながらえてきたのには、その時々の生活困難に対応する支援活動が展開されたことや、そのなかで整えられた支援システムの働きがあったのである。

また、その時々の社会の特質は生活困難性とも関連する。そして、現代において、生活困難性は局所的な問題としてではなく、日常の生活圏や自治体を越え、さらに国家を越えて発生する。ゆえに、ミクロレベルの直接的な支援活動から、メゾレベルである運営・管理、連絡・調整、マクロレベルの制度・政策が存在し、組織的な対応が求められる。また、その機能を作動させるためには、過去から引き継がれた技術や方法（メソッド）、それらを駆使して支援活動を行う従事者の確保や運営組織が必要となる。さらに、どのような考え（思想）でもって、どのような問題解決の方向を目指すのか、どのような状態を実現するのかといった、理念、価値体系の生成も不可欠な要素である。

さらに、社会福祉における問題解決の機能は、その時々の状況に制約を受けるため、もたらされる状態と、本来あるべき状態との間には、宿命的に乖離が生じる。それゆえ、実践と理念・価値を行き来して、残された課題を明らかにしていくことも求められる。つまり、社会福祉は目の前の問題を察知して反応した人々が、可能な限りの資源を動員して行うわけであり、その時々の制約のなかで行われる応急的な処置である。その対応がすべてではないし、絶対的に正しいわけでもない。それゆえ、社会福祉は、広く、長い視野に立って、相対的に検証されなければならない。

2. 歴史学における福祉研究と社会福祉学における歴史研究（社会福祉史研究）

近年、**歴史学**においても、慈善や社会事業を含む福祉を対象とする研究が行われるようになってきた。歴史学では、伝統的に政治史や経済史、外交史に比重が置かれていて、福祉は**歴史学の研究対象**とはなりにくかった。たとえば、名君と呼ばれるような為政者の研究において、彼が成した慈恵や施与が取り上げられることもあったが、それらはあくまで為政者による善政の一例として扱われることが多かった。

また、歴史とは書かれた歴史を意味する。歴史上の事実のうち、研究者の関心や視野に基づいて、史料から明らかにできる事蹟について整理したものが歴史として扱われる。記述された歴史は、完全な総体としての歴史ではあり得ず、光が当てられず、取りこぼされる部分が生じる。福祉は光が当たりにくかった部分であるが、人々の暮らしにとって意味がなかったということではない。これは、**社会福祉史研究**の内部においてもいえることである。事業が引き継がれていなかったり、記録が残っていなかったりしても、現在の活動を成り立たせる要素になっている。事業が引き継がれていたり、記録が残っていたりすることによってのみ、評価されることがあってはならないだろう。

一方、社会福祉史研究は、従事者養成や専門職養成とともに成立してきた。それは、自らの仕事の成り立ちを理解し、社会における役割や使命を確認するために、必然に要請されてきたことである。福祉に携わった人物や施設・事業・団体の実情を明らかにし、それをありのままに伝えていくことは、福祉実践および専門職教育の基礎となる。

さらに、社会福祉史研究は、歴史学の成果を吸収して展開してきた。たとえば、第二次世界大戦後の歴史学における民衆史や社会史の隆盛は、無名の人々の暮らしや生涯を歴史の記述のなかに取り込んだ。これらの研究成果は、社会福祉史研究にも影響を及ぼしており、とりわけ福祉の人物史研究において、色川大吉や安丸良夫らによる民衆史研究の影響がみられることはそれを示している。それまでの英雄や偉人を取り扱う人物史に対して、歴史をつくるのは民衆であるという認識のもとに、無名であった人物が研究対象となったことは、埋もれがちであった慈善事業家・社会事業家や、彼らのなした事業、設立にかかわった施設・団体等に光を当てることを、その動機や研究方法の面から後押しした。1970年代以降、福祉に携わった人物や施設に関する実証研究が展開していくのは、このような歴史学の動向と無関係ではない。加えて、「自分のなかに歴史をよむ」「私にとって歴史は、自分の内側に対応する何か」[(1)]といった、社会史研究の醍醐味は福祉における他者の生活問題に共感することにも通じている。

社会福祉史研究は、子どもや高齢者、障害のある人、差別を受けた人々など、民衆のなかでも立場の弱い人々やそれらの人々への支援活動に焦点を当てる。これらの事績は、全体の歴史に組み込むには局所的でありすぎるかもしれない。しかし、各地の事績が蓄積されることにより、社会全体との関係が見えやすくなってくる。また、各地において、同時多発的に同様の取り組みが生じていることもあり、そこには歴史の必然が見出される。さらに、その地域の人々の暮らしを成り立たせてきた仕組みの一つとして、欠かせない機能を担っていたとも考えられる。つまり、社会福祉史研究は、無名の人々による、無名の施設や事業の事績を明らかにすることを通して、歴史学の進展にも寄与できる可能性をもっている。

3. 福祉の独自性と主体性・自律性

社会福祉の機能を一般社会サービスとの関連で位置づけると、ほかの施策に含まれない独自の生活支援サービス部分と、ほかの施策の領域と重なりながら、ニーズに対応する施策がない部分を代替したり、補充したりしてきたという説明ができる（社会福祉のＬ字型構造）[(2)]。社会福祉以外の各領域からみれば、制度化されておらず、施策に含まれない部分が、ニーズに基づく自発的な活動によって補われる。そのことによってニーズが明らかになり、対応の必要が喚起されて、やがて各領域の施策に含まれるようになる。これは、ほかの領域に含まれない、社会福祉独自の領域においても同様である。つまり、社会福祉の領域は常に動的であり、他領域に突き出したり、同化したりして、伸び縮みするのであり、その動態を捉えることによって、福祉の原理が明らかになる。

一方、各領域の成り立ちをたどれば、現在の固有の課題に対応する方法や方策の萌芽形態が、慈善事業や社会事業によって取り組まれ、やがて各領域独自のものとして確立されていったという説明もできる（社会福祉のフォーク構造、あるいは逆Ｌ字型構造）（**図１**）。社会福祉分野に隣接するとされる教育分野を例にとれば、近代の日本では、障害のある子どもや貧困家庭の子どもらが公教育から取り残され、その教育は私立の学校によって開拓されるとともに、その性質から慈善事業として位置づけられた。そして、その実績が制度への包摂を促し、教育制度の範疇に移行していった。一方、ほかの領域で制度化されなかった機能は、社会福祉の独自の生活

図１　古川孝順による「社会福祉のフォーク構造（逆Ｌ字型構造）」

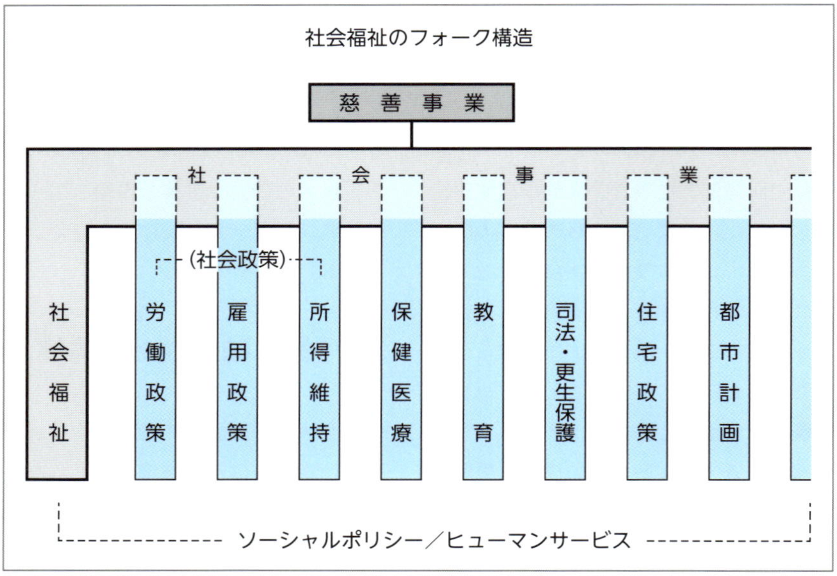

出典：古川孝順「社会福祉研究における理論と歴史の交錯」『社会事業史研究』第32号、社会事業史学会、12頁、2005年

支援サービスとして制度化され、現在の福祉施設として存続している。このように、社会福祉史と教育史には、重なり合ったり、交錯したりする部分が存在する。たとえば、明治期に慈善事業の範疇で取り組まれ始めた障害のある子どもや貧困家庭の子どもの教育は、長い時間をかけて公教育の範疇に移行し、従来の施設の性質や内容、役割は変わっていった。そして、各領域に包含された後は、その痕跡が残ることになる。さらに、新たな課題が時代状況によって生じるため、既存の政策や問題解決システムだけでは対応できなくなる。そのため、自発的な福祉実践が起こり続けるのである。

このように、社会福祉の歴史をたどることによって、**社会福祉の主体性**が見出される。制度化された各領域においては、その制度が領域の内容や対応の範囲を規定する側面があり、制度に適合しないニーズには対応しづらくなる。これは、制度化された福祉についても同様のことがいえ、この場合は社会福祉の主体性という観点から、ほかの領域で制度化されなかった事情を検討することが歴史研究の課題となる。たとえば、保育事業（サービス）は子守学校や季節保育所・農繁期託児所、あるいは二葉幼稚園に代表されるスラム街の幼児教育から発展してきた。これらは、幼稚園との複線構造をなし、幼児教育機関である幼稚園には包含されず、児童福祉法の成立によって児童福祉施設として制度化された。その後も、両者の一元化がいわれ続けるが、児童福祉施設である保育所と教育機関である幼稚園との複線構造が現在まで存続している。現在は、認定こども園という運営上の仕組みを導入することで、両者の架橋が図られているが、より根本的な対応のために歴史研究が貢献できることはないだろうか。

さらに、制度化は実践を規定するようになるため、制度化される以前の実践がもっていた独自の機能や性質を弱める方向に作用する場合もある。たとえば、戦前期の育児事業（施設）においては里親委託が広く行われていたが、児童福祉法の成立によって児童福祉施設から切り離され、その連続性が失われた。戦前に行われた里親委託には、育児事業が運営管理を行うもののほかに、習慣として行われていたものが存在した。特に後者の場合、子どもに対する労働搾取が行われたり、不適切養育が行われたりすることがあったため、子どもを適切に養育する観点から、児童福祉法に里親が独立して規定されるとともに、児童相談所が直接に取り扱うこととなった。しかし、里親委託と施設養護が切り離されることによって、戦前期の育児事業に含まれていた里親委託の運営管理システムとその経験の蓄積は失われ、社会的養護の方法は施設養護に比重が移ることになった。2024年には児童福祉法に里親支援センターが規定されたが、これは戦前期に育児施設が擁していた里親の運営管理システムと機能が重なる。戦前期の経験を明らかにし、現代に活かすことは、歴史研究の任務である。

あるいは、介護保険法や障害者の日常生活及び社会生活を総合的に支援するための法律（障害者総合支援法）の成立直前、全国には小規模ながらユニークな取り組みが存在した。そして、それらは、措置制度の対象外であった。これらを包摂しながら制度が整備されていくことによって、そのユニークさがどうなっていったのか、制度化との関係において、歴史研究の視点から検証してみる必要もある。

さらに、専門職制度のあり方にも関連して、社会福祉士、介護福祉士の国家資格制度が、実践や利用者の生活にどのような影響を与えたのかという歴史的な検証も欠かせない。

このように、社会福祉の主体性や自律性が発揮される場面や、逆にそれらが薄められたり、断絶したりする場面においては、社会福祉の果たしている役割がみえやすくなる。それは、歴史的にみれば、慈善事業の性質を残した領域となる。社会福祉の発展が、慈善事業、社会事業、社会福祉という三段階で捉えられる場合も、慈善事業が単に名称を変えて社会事業や社会福祉に移行したわけではない。慈善事業は、社会事業に取って代わられ、さらに社会福祉に発展したというより、慈善事業や社会事業が基底にあって、現代の社会福祉とともに重層的な構造をなしているのである。

4. 実践史研究としての施設史研究、人物史研究

1）実践史の範疇と枠組み

社会福祉史研究における**実践史**の重要性については、これまでにも確認されてきた。**一番ヶ瀬康子**は、社会福祉の歴史の中軸は実践史であり、主権者の生活一般や運動史、政策・制度史は、実践史を深めるための基礎作業であると位置づけた[(3)]。つまり、人権問題に対応した日常的な実践場面は、政策の末端と捉えられるだけでなく、利用者（生活者）や福祉従事者から政策主体へのアクションが、いかに行われたかが問われなければならない。

一方で、実践史研究に伴う困難さも指摘されている[(4)]。なぜなら、実践とは現に支援を必要としている人に対する、瞬間的な支援の積み重ねであるからである。つまり、実践は物理的な形に残らないため、誰かが何らかの方法で意図的に記録しない限り後世に残らないものである。実践に邁進（まいしん）すればするほど、その作業は煩雑かつ膨大となり、その全体像は記録されにくい。また、その記録のされ方や残され方によっては、実践者側に偏ったものになる。さらに、記録や史料を多く残しているのは、直接的な支援を行ったというより、施設や事業の管理者・運営の責任者であった人物が多い。そのため、その記述は直接的な支援活動を通したものより、間接的なものの占める割合が高くなっている可能性にも留意しなければならない。

そもそも、実践史として扱われる実践の範囲を定めることにも困難が伴う。仮に、実践とは、利用者（対象者）と対面して行われる直接的な支援であるとすれば、施設の管理者・経営者は実践史の対象とはなりにくい。しかし、直接的な支援活動も、個人で行うには限界があるため、ある時期から支援は組織的に行われるようになり、さらに制度化を目指す運動も生じる。それゆえ、福祉実践にとって組織の管理運営は不可欠であるし、問題解決に向けた関心から捉えれば、運動も実践に含まれることになる。

また、従事者の安定的な確保や支援内容、支援水

準の維持のためには、従事者教育や専門職教育との関係が欠かせない。実際に慈善事業、社会事業のなかには、従事者を養成する学校を付設する例や養成機関と深いつながりをもちながら展開してきた事業の例もある。さらに、支援が適切に行われていることを確認したり、問題点を是正したりする監査活動が実践に含まれる可能性はないだろうか。

つまり、すべての観点を一律に網羅することは不可能であり、長期的な視野をもって福祉実践を分析するという共通点をもちながら、対象とする範囲は各々の研究の観点によって必然的に異ならざるを得ない。

このように、実践史の範疇を捉える困難性から、実践の場である施設や実践の主体である人物を軸にした研究の有効性が見出され、**施設史**や**人物史**の大部分は、実質的に実践史の役割を担ってきたといえる。施設や人物の活動を通して実践を捉えると、実際の支援活動と政策や行政施策との間に存在する矛盾や、施設・組織運営と事業に従事する人々や利用者との葛藤を通して、福祉課題が社会的に認識され、それに対する取り組みが社会化、制度化、論理化されていく過程がみえてくる。

2）施設史

1973 年に社会福祉史の学術団体として設立された**社会事業史研究会**（現・**社会事業史学会**）が、機関誌第 1 号のテーマを処遇史とし、第 2 号で施設史としていることや、その後の掲載論文に占める施設史の割合が高いことは、施設史が実践史の中軸を構成する研究分野であるということを表している。

土井洋一は、施設史研究を通して、実践史の基本フレームを提案している (5)。それによれば、対象となる実践は、実践主体－実践過程－実践対象と実践思想（対象認識、方法意識）からなり、実践思想とその他の要素は相互に影響しあう。そして、対象（社会問題）と時代精神を実践の基本的な規定要因に、政策と運動を実践と相互規制性をもつ規制要因に位置づけている。とりわけ、実践から政策へ向けられた制度化や制度改変の志向性には苦渋が伴うが、パブリックな意識に支えられた実践のなかに、社会権思想の萌芽が見出されるという。

なお土井は、実践の枠内に実践思想を位置づける理由として、思想史と実践史の研究という表現が曖昧で、両者が並置されてしまうという問題を挙げている。そして、実践思想は、社会福祉思想の中核で

図 2　土井洋一による「実践史の構成要素と枠組み」

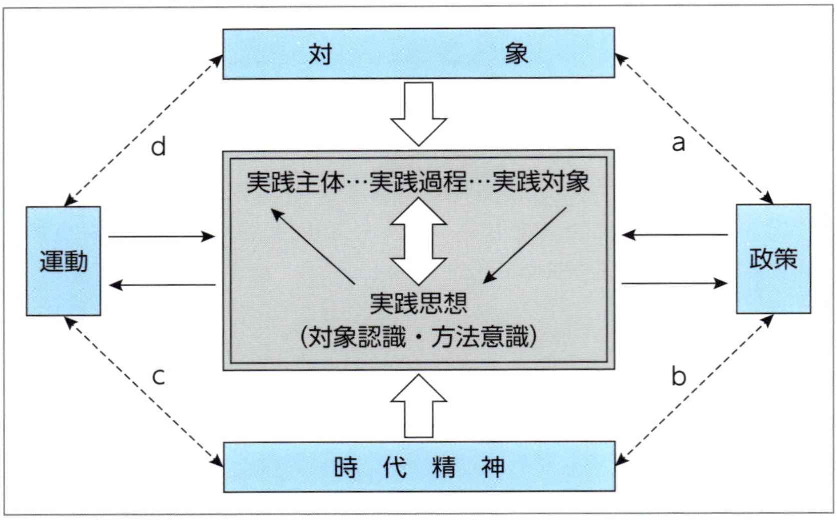

出典：土井洋一「実践史の位置と役割」『社会事業史研究』第 32 号、社会事業史学会、37 頁、2005 年

あり、実践現場を媒介として成立し、社会に影響力を与え得るのだという。

また、施設史の構成要素は、支援活動が、どのような問題に対して、いかなる人物の関与によって始められ、どのような経緯を経て組織化され、その活動実態はどうであったかなど、おおむね以下の７項目に整理される(6)。なお、このような分類は、一番ヶ瀬康子が「養育院100年史編纂チェックポイント」として提案したのが最も初期のものであり、その後の施設史研究においても引き継がれている(7)。

① 利用者・対象者
② 施設観・教育思想・理念
③ 経営・財務
④ 処遇内容・建物設備環境
⑤ 利用者・対象者の生活
⑥ 従事者
⑦ 地域社会との関係

さらに、施設の活動を通して、施設の活動に対する社会的な認知が進み、生活者の実情が明らかになる。そして、そのことを通じて、公的に対応すべき問題やニーズがあることが認識され、制度や政策が形成される。しかし、制度・政策には、常に対応の漏れがあったり、当事者の利益と政策主体と意図との間に乖離が生じたりする。それゆえ、それに対応する実践が再び立ち上がってくるという循環が起こる。つまり、施設の実情を実証的に明らかにしていくことは、施設を拠点とした福祉実践の動態を捉えることに通じるのである。

3）人物史

「福祉は人である」といわれるように、福祉実践に従事する人々が存在することによって初めて可能となるから、実践史研究においては人物史が一定の比重を占めることとなる。

人は、他者の困難さを受け取ると、困難な状況が解消されない限り、その状況を意識し続けることになる。つまり、対応の責任を感じ続けるのである。そのため、困難な状況にある人が存在することを放置できなくなり、それが動機となって実践が展開される。また、福祉問題は、個人の力だけでは解決できないため、自ずと社会的な広がりが求められ、他者に共感を求めたり、制度化を求めたりする運動が展開されていく。その過程をたどることは、現代の福祉実践に対しても重要な示唆を与えてくれる。

しかし、人物を描くことにも常に困難が付きまとう。**吉田久一**は、「社会的なものと内面的なもの、この二つに容易に越しがたい深淵があることを承知の上で人物を画かなければならぬ難しさがある」(8)と指摘している。実践者（従事者）の内面的な動機から実践が行われ、利用者（対象者）とのかかわりのなかで、実践者の内面には変化がもたらされる。ただ、それだけでは、顕彰的な人物評にとどまるものであり、社会福祉における人物史研究とはいえない。たとえば、現代的な視点から見た場合、過去において評価されていた人物の業績に批判すべき点があることがわかったり、現在に負の影響を及ぼしていることが明らかになったりすることもある。それらを断罪したり、責任を追及したりするのは容易なことだが、それ自体が目的になるべきではなく、現在や未来に対する教訓とするために、どのようにそれを扱うかが問題となる。

また、実践は、ニーズと法律や行政施策との間に存在する矛盾や乖離に直面したり、施設や組織運営上の問題を含んだりするといった苦悩を伴って行われる。その苦悩がいかに社会化されていったかということや、実践者がその苦闘のなかで、いかにして社会との関係をもったかという点に焦点が当てられなければならない。

つまり、人物史はその人の足跡をたどりながら、事業と対象者との関係のなかで苦悩したり、失敗したりした事蹟を明らかにすることである。人物の業績をたどると、当事者の意図にかかわらず、やむを得ずそうなったことや、どうしようもなく巻き込まれたことが明らかになってくることもある。また、人物を研究すればするほど、その個人の限界も見えてくる。これは、施設や事業、団体に関する研究においても同様である。それゆえ、人物史や施設史においては、ヒューマニズムが入り込むことによって、その実践が美化され、負の面は捨象され、実情が見えなくなるおそれと、常に対峙しなければならない。同時に、「自分が、その時代、その場にいたとしたら、何を思い、何を成しただろうか」と問うてみることが必要な場合もあるが、追体験には限界があるという認識も欠かせないだろう。

さらに、その人物の軸足がどこに置かれていたかということにも留意する必要がある。たとえば、宗教者が慈善事業や社会事業に従事する場合、その足下に宗教的な動機がある。また、宗教思想が社会福祉思想の基盤をなしていたりする。そのため、その思想は実践の枠内に収まり切らない場合があるし、実践の枠内において捉えようとすると、その思想の可能性を矮小化してしまうおそれもある[(9)]。

一方で、信仰の主体者による福祉活動が、本源的な宗教の教えの社会的な現れとして取り組まれるというより、通俗的な動機のもとに行われ、その合理化のために、教説の断片が説明の手立てとして用いられることも指摘されている[(10)]。つまり、宗教を背景にもつ福祉活動にも、宗教が独自にもつ社会性としてだけではなく、社会状況や国家との関係のなかで、自らの認知や存続を意識して取り組まれる側面がある。社会福祉史において、宗教を背景にもつ福祉活動の占める割合や重要性は高く、その具体的な実効性については、公正かつ過不足なく評価しなければならない。しかしながら、宗教思想や教説と信仰主体が行う福祉活動やその活動を通じて生成される思想との間には乖離があって、連続しない場合があることにも留意する必要がある。

4）福祉実践の回帰性と実践史

社会福祉の歴史研究が対象とするのは、人類の複雑な実態の一つの側面である。それは、それぞれに複雑さをもった取り組みの集合でもある。それゆえ、自然科学のように、ある事象から普遍性のある法則を導き出すようなことはあり得ないし、何ゆえそのような実践がなされたのか、言葉による合理的な説明さえもできない場合がある。

それでは、社会福祉の歴史研究の目的は何かと問われれば、それは代替策（オルタナティヴ）を検討することであると回答することができる。社会福祉は回帰的な実践領域、あるいは研究領域である。過去の福祉実践を対象にして、その実情を明らかにするとともに、社会事象と福祉実践や思想との対応関係を分析することを通して、実際とは違った対応の可能性を検討するのである。

人類が他者を助けるという習性をもつ以上、他者を支援することは、研究がなくても行われる。しかし、社会的な対応が求められ、制度化され、専門職によって構成される組織によって実践が行われる場合、常にそのあり方が検証されなければならない。無反省に行われる支援活動は、当事者にとって無意味であったり、重大な人権蹂躙（じゅうりん）を引き起こしたりしかねない。それゆえ、過去の実践に立ち返って反省したり、失敗をもとに学習したりといった回帰性は、福祉実践において欠くことのできない要素である。

さらに、人類の歴史のなかにおいて、福祉実践はさまざまに形態を変えながら行われてきた。そして、そこには成功もあれば、失敗もある。局所的には新しく見える取り組みが、過去にも同様な取り組みがあったことがわかって、いつかきた道を繰り返しているだけだったということもある。あるいは、陸上競技にたとえれば、トラックの先頭を走っているように見えて、実は周回遅れであったといったこともある。つまり、長期で広範な視野を得ずして、短期的な直線モデルにのみとらわれていると、その成否、あるいは適否を判断することができないのである。歴史を学ばないことは、防ぐことのできる失敗を繰り返したり、過去と同様の実践レベルにとどまったりして、その時々における可能な支援を阻害することにつながるおそれがある。

人物史や施設史には、**ケーススタディ**のための事例が蓄積されている。どのような状況において、どのような人物が、どのような施設、あるいは団体において、いかなる活動を行ったのか。そして、そのもとにはどのような思想や動機があったか、あるいは活動を通して形成されたか。そのような検討を通して、実践を行った当事者よりもさらに深く考察したり、当事者が考えつかなかったことを考察したりする。そこから、普遍的な事実や原理が導き出され、理論が形成され、そのもとに再び実践が行われるという循環が生じるのである。

5. 社会福祉の歴史研究における課題

1）当事者や女性への視点

社会福祉学における歴史研究も、歴史の記述である以上、総体としての歴史ではあり得ず、手薄な部分がある。その一つが、何らかの生きづらさに直面し、支援を必要とした当事者の視点である。支援の受け手である**当事者の視点**は、実践がもたらした結果を検証するために不可欠であるにもかかわらず手薄になりがちである。これは、当事者のプライバシーの保持に敏感にならざるを得なかったり、記録の残りにくさがあったりして、実践側が残した記録に頼りがちになるといった福祉実践の性質にも起因する。

ただし、研究する側に、施設における生活世界とその変遷過程を明らかにしたいという関心が薄いことも指摘されている[11]。そもそも歴史上の実践を研究するのは、その実践に興味をひかれるからであり、無意識にそれを肯定する意向が働きやすい。そのため、福祉史研究は、実践者側の視点になりやすく、当事者側の視点が少なくなりがちである。そのため、福祉従事者が、意図せず当事者の権利を蹂躙している事実があったとしても、表面化しにくくなることが危惧される。

近年、ハンセン病療養所生活者や脳性麻痺のある当事者団体である「青い芝の会」といった、当事者側の生活実態や当事者団体の活動実態を明らかにすることを目的とした研究も取り組まれるようになった。また、視覚障害のある当事者が設立したライトハウスや点字図書館についても明らかにされつつある。同様に、結核患者によるコロニーの形成や障害のある子どもをもつ親の活動、被差別部落における生活改善の取り組み等があり、当事者による課題解決に向けた福祉実践を実証的に明らかにしようとする貴重な研究もある。

また、人物史研究においては、性別による研究対象の偏りもみられる。たとえば、知的障害児教育・福祉の先駆的実践をなしたことで知られる滝乃川学園についてみると、創設者である石井亮一に焦点が当てられることが多かった。近年、石井筆子の施設運営と実践に対する貢献が明らかになり、ようやくその評価が高まっている。そもそも、福祉実践に直接従事した人物のうち、女性の占める割合は男性より高い。それにもかかわらず、人物史で取り扱われる人物の多くは男性で占めている。これは、実情と研究によって明らかになっている事蹟との間に乖離があることを示している。五味百合子編著『社会事業に生きた女性たち』（『続』『続々』も含め）[12]や、右田紀久恵・井上和子編『福祉に生きたなにわの女性たち』[13]は貴重な研究業績であるが、福祉実践に携わった**女性の事績**については、より一層焦点が当てられなければならない。

2）地域社会福祉史研究

施設史研究、人物史研究の対象も、著名な人物や施設に偏りがちである。石井十次と岡山孤児院に代表されるような、インパクトがあって印象に残りやすい人物や事業の研究はすでに膨大な蓄積がある。一方で、福祉問題の発生とその対応は、それぞれの地において地道に行われてきた。これらは、目立つこともなく、記録も残っていない場合が多いため、研究対象となりにくい面がある。そもそも福祉実践は、記録することを目的としないため、記録が残らないのは当然ともいえる。

しかし、かつて各地に存在し、現在は埋もれている施設、組織、団体、そして従事した人物を発掘し、その実情を明らかにする研究は、それが総体としての社会福祉の歴史に直ちに意味をもたないからといっておろそかにされるべきではない。むしろ、目立たない活動があったからこそ、それぞれの地域における人々の暮らしが崩壊せずにすんだのかもしれない。また、各地域における取り組みは、日本を単位とした社会福祉史に組み入れられる一地方の社会福祉史（地方史）ではなく、それ自体が独自性をもっている。菊池義昭と本田久市は、このような問題意識のもとに、生活者を中心においた場合の生活空間、つまり生活圏である地域を範囲として、各地で実施されてきた福祉実践を丹念に発掘していく**地域社会福祉史研究**を提唱した(14)。社会福祉の歴史は、人々の暮らしへの具体的な対応過程であり、人々の暮らしの実情や制度不在状況への対応、制度が成立した後の運用の実情を、各地域において明らかにしていくことが求められる。

近年、各地域における社会福祉史の研究団体設立が相次ぎ、北海道社会福祉史研究会、東北社会福祉史研究連絡会、千葉・関東社会事業史研究会、東京社会福祉史研究会、北信越社会福祉史学会、大阪社会福祉史研究会、愛知社会福祉史研究会、中国四国社会福祉史学会による地域社会福祉史の掘り起こしが進んでいる。また、地域社会福祉史研究会連絡協議会による各団体の交流も図られており、各地の実情についてさらに解明が進むことが期待される。

3）福祉の土着性と外来性

現代の日本における社会福祉には、明治期以降に西欧諸国からもたらされた概念や方法、施設・事業形態と、従来からあったものとが混在している。これは、日本における社会福祉の成り立ちとも関連し、歴史研究がどこまで時代をさかのぼって研究対象とするべきかという課題に通じる。

しかし、従来の社会福祉の歴史研究は、明治期以降の事柄を扱うものが圧倒的に多いのが実情である。発展段階についても、イギリスにおいて典型的にみられるような、資本制生産様式の拡大と社会問題との関係に着目した慈善事業、社会事業、社会福祉という段階論が意識されてきた。これは、日本における近代化が急激に進められたことにより、近代以前の政治システムや産業構造との間の断絶が意識されがちであることにもよる。しかし、人々の暮らしや、文化、慣習、思想は連続性をもっているため、**福祉の土着性**という観点から実状を検討する課題が残されている。つまり、近代以前の日本にも救済活動や生活保障システムは存在していたのであり、それらと外来の慈善事業や社会事業といった概念や、方法としてのソーシャルワークが、どのように併存したり、接合したりしたのかといった検討も求められる。それは、現代の社会福祉の成り立ちや構造を理解するためにも必要なことである。

このことは、社会福祉の理念や価値の面からも求められる。たとえば、仏教の仏性思想や慈悲喜捨の思想は、現在でも人々の意識に根づいていたり、生き続けていたりする。そして、他者を支援する動機や根拠を説明する場合には、これらの概念を用いたほうがしっくりする場合もある。同様に、仏教や神道、土着の信仰による人々の共同性を生み出す作用が、生活保障システムを成り立たせるために機能してきたことも見逃せない。さらに歴史をさかのぼれば、仏教は大陸からもたらされたし、古代の備荒制度や救済制度は律令制にならって整えられた。そこには、外来のものが定着するプロセスがあったはずである。

社会変化に伴って生じた課題に対して、従来の仕組みや方法では対応できなかったり、土着性に由来する性質が問題を生じさせていて、考え方を変える必要に迫られたりといったことがあるのは当然である。しかし、外来のものの受容のされ方を明らかにすることを通じて、それらが土着のものと接合することで生じる問題についても検証する必要がある。たとえば、明治以降に移入された権利や人権といった理念が定着しづらいという実情があるならば、日本に土着する概念も踏まえながら再構築を探求するといった野心的な研究が成立する可能性もある。

注

(1) 阿部謹也『自分のなかに歴史をよむ』筑摩書房、1988年
(2) 古川孝順「社会福祉研究における理論と歴史の交錯」『社会事業史研究』第32号、社会事業史学会、5～15頁、2005年
(3) 一番ヶ瀬康子「社会福祉における歴史研究の意義と課題」『講座社会福祉2　社会福祉の歴史』有斐閣、2～12頁、1981年
(4) 杉山博昭「実践史研究――研究の歩を通して」『社会事業史研究』第42号、社会事業史学会、53～69頁、2012年
(5) 土井洋一「実践史の位置と役割――施設・団体史の先行

研究を通して」『社会事業史研究』第 32 号、社会事業史学会、31 ～ 40 頁、2005 年
(6) 同上、37 ～ 38 頁
(7) 一番ヶ瀬康子「東京都養育院百年史研究序説――社会福祉処遇史として」『社会事業史研究』第 1 号、社会事業史研究会、38 ～ 49 頁、1973 年
(8) 吉田久一「人物史について」『社会事業史研究』第 12 号、社会事業史研究会、ii 頁、1984 年
(9) 前掲(4)、55 頁
(10) 高石史人『仏教福祉への視座』永田文昌堂、28 ～ 31 頁、2005 年
(11) 前掲(5)、39 頁
(12) 五味百合子編著『社会事業に生きた女性たち』ドメス出版、1973 年。五味百合子編著『社会事業に生きた女性たち〈続〉』ドメス出版、1980 年。五味百合子編著『社会事業に生きた女性たち〈続々〉』ドメス出版、1985 年
(13) 右田紀久恵・井上和子編『福祉に生きたなにわの女性たち』編集工房ノア、1988 年
(14) 菊池義昭・本田久市「地域社会福祉史研究のすすめ」『講座社会福祉 2　社会福祉の歴史』有斐閣、331 ～ 339 頁、1981 年

参考文献

- 藤本頼生『神道と社会事業の近代史』弘文堂、2009 年
- 宮城洋一郎『日本古代仏教の福祉思想と実践』岩田書院、2018 年
- 西村みはる『社会福祉実践思想史研究』ドメス出版、1994 年
- 杉山博昭『「地方」の実践からみた日本キリスト教社会福祉――近代から戦後まで』ミネルヴァ書房、2015 年
- 吉田久一・一番ヶ瀬康子・小倉襄二・柴田善守『人物でつづる近代社会事業の歩み』全国社会福祉協議会、1971 年

Ⅳ　社会福祉の思想と理論

概　説

岩崎晋也

1.「社会福祉の思想と理論」設定の意味

本大項目でいう社会福祉の理論とは、大項目Ⅰでの整理によれば、社会福祉学の中心となる社会福祉原理論である。原理論の役割は、「社会福祉そのものの存立の必然性、その論理、根拠、過程について明らかにすること」といえる。

社会福祉学にとって原理論を論ずることは、ほかの学問以上に大きな意味がある。というのも、社会福祉学が対象とする社会福祉という政策、制度や実践は、常になぜそれらが社会にとって必要なのかが問われてきたからである。現代社会においては、賃労働等により生活に必要な資金を獲得して生活すること（自助）、あるいは家族から扶養されて生活すること（扶養）が生活の基本となっている。これに社会福祉などの公的な支援によって生活すること（公助）を、どのように組み合わせるかは常に問い直されてきた。たとえば、自助と扶養を基本と考えれば、公助はそれらが機能しなくなったときに補完するもの（残余的な位置づけ）であればよく、公助は極力少ないほうが望ましいことになる。その一方で、家族の扶養に頼ることがその担い手となる女性の社会参加を阻害すると考えれば、社会福祉などが積極的に家族の扶養機能を代替すべきこととなる。このように、この社会においてなぜ社会福祉が必要なのかは、自明なことではなく、論争的なテーマなのである。

このことは、社会福祉の思想の必要性にも関連している。もし社会福祉の理論が社会現象としての社会福祉を機能的に解釈するだけのものであれば（そういう理論もあるが）、思想との関係性は弱いかもしれない。しかし社会福祉の実践そのものが、社会運動として、あるべき社会を実現するためのものだとすれば、それを支える社会福祉の思想は不可欠となる。そして「社会福祉そのものの存立の必然性」を示す原理論においても、この社会福祉に不可欠な思想の社会的意義を位置づけることが必要となるのである。

以上の点から社会福祉の実践が育んできた思想を基盤とし、その思想が目指そうとする社会のあり方の必要性を理論的に位置づける原理論が、社会福祉学の重要な課題なのである。ただし社会福祉制度が一定整備された現代においては、社会福祉原理に関する研究よりも、いかに制度を運用し、実践するかに関心が向いている。しかし近年の社会基盤の変化は、既存の社会福祉制度そのもののあり方の問い直しを求めており、あらためて今、「社会福祉そのものの存立の必然性」が問われているのである。

2.「社会福祉の思想と理論」編集の方針

本書の初版では、「社会福祉の理念と思想」として社会福祉に関連するものを網羅的に取り上げ、「社会福祉の理論」として日本、イギリスやアメリカ、そして重要な論点を取り上げている。また「社会福祉研究の方法と課題」も中項目として取り上げている。

これに対して第２編では、中項目を「社会福祉の理念と思想」「社会福祉理論研究の系譜」「福祉国家理論の新しい動向」の三つに絞っている。初版では、社会福祉の意味合いを広く取り、福祉国家に関する理論も社会福祉の理論として紹介している。これに対して、第２編では、社会福祉の意味を限定化し、日本における社会福祉の捉え方に即し、それにかかわる日本の理論研究の系譜を明らかにすることとし、海外のものは福祉国家理論の動向として、明確に区別した。

また第2編では、初版時と比べた社会変化を踏まえた、思想や理論における課題を意識した記述となっている。少子高齢化、個人化や家族の多様化、コミュニティの変容、グローバル化など、初版時と比べれば社会福祉をめぐる課題はより先鋭化しているといえよう。こうした時代背景を受けて、社会福祉の思想や理論が取り組むべき課題を明らかにしているのである。

3.「社会福祉の思想と理論」の構成

本大項目の構成について、以下簡単に述べる。

1「社会福祉の理念と思想」では、まず普遍的な理念として「人権」を取り上げ、欧米の“human right”との異同や、日本国憲法における生存権との関係などについて述べ、そして同様に「個人の尊厳」についても、欧米の“dignity”との異同や、社会福祉法での位置づけなどについて述べている。そのうえで、これらを社会福祉において具現化するための福祉思想や福祉哲学、そしてこれらのルーツとなっている宗教思想（愛と正義）との関連について述べている。最後に、人権や個人の尊厳を社会福祉で深化させた価値観として、ノーマライゼーションや社会的包摂の意義について述べている。

2「社会福祉理論研究の系譜」では、その主要な課題として、社会福祉における政策と実践の二つをどのように体系的に把握するかを挙げている。先進諸国では、ソーシャルポリシー（政策）とソーシャルワーク（実践）に分けて論じることが多いが、日本では、両者の関係性を重視してきたと述べている。そのうえで、実践から政策に向かう関係性を「社会化」とし、逆を「個別化」とし、この二つの視点から日本の社会福祉理論を分析している。具体的には、補充性論（大河内一男）、政策論（孝橋正一）、固有性論（岡村重夫）、運動論（真田是）、経営論（三浦文夫）、システム論（古川孝順）を取り上げ、最後に社会福祉理論のこれからの課題について述べている。

3「福祉国家理論の新しい動向」では、イギリス福祉国家における社会政策の形成・運営・改革に実際的な影響を与えたという意味で「支配的な」福祉国家理論と、これらの福祉国家理論を批判する「批判的」福祉国家理論に分けて、紹介している。支配的な理論としては、中道と社会民主主義、ニューライト、第三の道、現代保守主義に基づいた理論を、批判的な理論としては、マルクス主義、そしてフェミニズムや反人種差別主義や、それらを節合化を図るフレイザーによる理論を紹介している。最後に、福祉国家論の新しい動向として、これまでの福祉国家を捉える視点の転回という意味で、蓄積体制論転回（ポストフォーディズム）、投資論的転回（社会的投資）、幸福論的転回（ケイパビリティ）、所有論的転回（富の所有）を紹介している。

1　社会福祉の理念と思想

木原活信

　社会福祉の理念と思想を考える際、それらの定義や意義について議論するのは当然であるが、その既存の理念や思想をどう理解し、それを実際の政策や実践に活用してきたのかという点について考えることも重要である。あるいは、社会福祉の実践家のその時々の短い発言、ワンフレーズなどが与えた影響などはあまり検証されてこなかったが、それらが過去（歴史）においてどのような文脈で発信され、継承され、そして現在においてどのような意義をもつのかという視点も重要である。

　以上のことを踏まえつつ、社会福祉実践を支えてきた中核的な理念や思想についてその基本を確認したうえで、あらためてそれらを相対化もしていきたい。たとえば、社会福祉における“人権”について考察する際、欧米の“human rights”（ヒューマン・ライツ）との異同について再検討したい。特に、社会福祉における「人権」が日本でどのように語られてきたのかにも着目したい。次に「個人の尊厳」という価値観についても吟味したい。これについても「尊厳」という概念がもつ意義を再確認しつつも、日本語の「尊厳」が果たして欧米の“dignity”と同じなのか、違うのかということを議論していきたい。また、福祉思想および福祉哲学、あるいはノーマライゼーション、社会的包摂などの福祉にかかわる現代的価値観についても議論したい。

1. 人権（human rights）

　社会福祉において**人権**は、常に中心的なテーマであり、それ抜きに社会福祉を語ることはできない。これは今も昔も変わらない。社会福祉研究において、人権に関する議論は論者による濃淡はあるが、常に中核を占めてきた。また、社会福祉系の大学や養成機関の社会福祉教育においては、福祉サービス利用者の人権尊重は最も大切なものとして教育されてきたといえる。

1）問題提起
――human rights と日本の人権の差異

　人権が普遍的価値であることはいうまでもないが、欧米との認識の違いについて意識する必要がある。論理的に十分に説明しづらい面があるが、欧米の英語表記“**human rights**”と日本語の「人権」とはどこかニュアンスが違うところがある。これは欧米に住んだ日本人が直感的に感ずる共通認識といってよい。その内容や定義が違うわけではない。しかし日本の人権はどこか道徳的観点が強く意識されるのに対して、欧米の**ヒューマン・ライツ**は、それほど道徳的ニュアンスはなく、身近で、個人の生き方や生活そのものに直結し、また実際の損得にかかわる事柄であるのが特徴である。ヒューマン・ライツは誰にも開かれていて、日常に根差したものである。この違いは、国民性にも関連するのであろうが、欧米人にとってヒューマン・ライツは、遠くにある抽象的な何かではなくて、自分の生活に直結する実際的な実体のあるものであるという違いといってもよい。多様な民族、多様な宗教、多様な文化、多様な言語というなかで互いに共生して生きていくための一つの約束事としての人権という共通認識がある[(1)]。

　この差異は、日本語の「社会福祉」と欧米の social welfare, social work の差異にも共通している面がある。「人権」のニュアンスと同様に、日本の「社会福祉」にも道徳的で恩着せがましい響きが国民に浸透している。たとえば、学生が「社会福祉を専攻している」と言うと、周囲から「偉いね」と言われて戸惑ったという話は今でもある。学問領域に「偉い」というのは不思議な感覚であるが、おそらく「慈善・博愛」「ボランティア」と同義と捉えられているゆえの発想であろう。社会福祉学科や社会福祉学部は、北米では多くはSchool of Social Work（ただしそれは多くは大学院レベルであるが）という名称で、それなりにポピュラーな専門領域の一つとなっているようである。しかし、少なくとも日本のようにそこには「偉い」というような道徳的ニュアンスはない。それは権利意識が明確な社会にあって、それを支援する仕組みとして社会福祉、ソーシャルワークが社会に浸透して、自然に位置づけられているからであろう。すなわち、社会福祉やソーシャルワークがヒューマン・ライツと表裏一体となって、ごく日常生活に溶け込んだものとなり、特殊な領域ではないからであろう。

実は、この社会福祉におけるヒューマン・ライツを軸に据えるという視点は、国際的な研究動向では、古くもあるが、むしろ新しい研究として趨勢（すうせい）となっている。近年、世界で社会福祉研究者として注目されているジム・アイフ（Jim Ife）がその代表格といってよい。社会福祉論における「ヒューマン・ライツの概念は、現代の言説のなかでもっとも有力なアイデアの一つである」(2) と彼が指摘するとおりである。また、国際ソーシャルワーカー連盟がソーシャルワークの定義を新旧の定義双方においても人権を軸に据えていることがわかる。「社会正義（social justice）、人権（human rights）、集団的責任、および多様性尊重の諸原理は、ソーシャルワークの中核をなす」（2014 定訳）（旧定義「人権と社会正義の原理は、ソーシャルワークの拠り所とする基盤である」（2001 定訳））(3) とあるように、まさにヒューマン・ライツは、今日においても、社会福祉、ソーシャルワークの中核であり、よりどころである。したがって、人権は、社会正義の実現がその前提にあり、そのためには、人間の平等、公平、生活を根底から支える社会福祉とその専門援助の体系であるソーシャルワークが、不可欠な要素であり、その根幹を担っているということになる。

2）人権の定義

上記の問題提起は別として、欧米のヒューマン・ライツであろうと日本の人権であろうと、その意義と定義は普遍であり、本来、人間の行為による達成や努力とは無関係に、生来からもっているものである。日本では、明治時代ではこれを「天賦の権利」という表現を使って説明してきた。天賦とは、「天から生まれつき与えられたもの」という意味であるが、この天賦の権利は、本来、何人も、いかなる組織であっても、たとえそれが国家（王）であっても、生来与えられたものである以上、それを侵害し、奪うことのできないものである。日本国憲法第11条で、「国民は、すべての基本的人権の享有を妨げられない。この憲法が国民に保障する基本的人権は、侵すことのできない永久の権利として、現在及び将来の国民に与へられる」ものであり、まさに普遍的な権利であると述べるとおりである。また、同第97条において「この憲法が日本国民に保障する基本的人権は、人類の多年にわたる自由獲得の努力の成果であつて、これらの権利は、過去幾多の試錬に堪へ、現在及び将来の国民に対し、侵すことのできない永久の権利として信託されたものである」として何人も侵犯できないことを明示している。このことからも人権というものが人間にとって普遍的で永久的な価値であることを示している。

以上のことから、（基本的）人権というものは、政治体制や社会状況によって、その内容が制限され、変更するようなものではなく、不可侵であり、その永続性が常に保障されることがわかる。

3）社会福祉における日本国憲法と生存権

周知のように**日本国憲法**（1946 年）は、戦後、国民主権、徹底した平和主義、基本的人権の尊重を基調としたものとして民主主義と平和の象徴として公布された。この点、天皇主権の旧憲法とは次元が違う。ところで、憲法は、国民が守るべき具体的な法規が記載されていると誤解されていることがある。しかしその基本的性質は、憲法第 99 条「天皇又は摂政及び国務大臣、国会議員、裁判官その他の公務員は、この憲法を尊重し擁護する義務を負ふ」とあるとおり、基本的に為政者（国）が国民の人権を擁護するために守るべき法規である。この前提をまず確認しておく必要がある。すなわち、基本的な建付けとして、国家（為政者）が国民（市民）の生活と権利を守る義務を憲法で明示し、それによって国民の権利を守っているというのが憲法の基本的性質である。

基本的人権は、その性質から、自由権、平等権、社会権、の三つの権利から構成されるといわれているが、とりわけ社会福祉との関係で直接かかわってくるのは**社会権**（**生存権**）である。これらの生存権について明記している日本国憲法の性質とその条文の意味を理解することが必須である。

社会福祉に直結するのは社会権である。自由権の浸透により経済的自由が推奨され資本主義が発展するにつれ、貧富の格差、失業等の労働問題などの社会（的）問題が出現し、資本主義の抱える矛盾が露呈してきた。国家権力から干渉されない権利は、資本主義社会における勝者にとっては好都合であったが、「敗者」となって生活困窮を強いられた労働者にとっては、皮肉にも「路上で生活する自由」「飢え死にする自由」の権利でしかないという惨状を生み出す結果につながった。こうしたなかで、1929年の未曾有の世界大恐慌の甚大な被害を経験したことにより、市場を自由な競争原理のみによって委ねることの危険性が明白になった。こうして資本主義経済の諸国は、自由経済の原則を保ちながらも国家が経済へ計画的に関与するということへ軌道修正が求められるようになった。このような背景で、前世紀までに勝ち得た自由権を最大限に尊重しつつも、自由主義、資本主義によって生じた社会（的）問題を国家として補償し、それをより積極的に解決するために、国家的最低限の生活を保障する「社会権」なる概念が誕生した。その起源は1919年のワイマール憲法である。その第151条で「経済生活の秩序は、各人をして人間に値すべき生存を得しめることを目的として正義の原則に適合する事を要する」とした。それは社会権（生存権）を初めて憲法の条文に規定した画期的なものであったといわれている。これまでの自由権を軸に展開してきた当時の各国の諸憲法に対して、新たに社会権を明記してそれを保障する転換がなされた。それは日本国憲法にも影響し、後の諸国の憲法の模範ともなった。戦後の日本は、このワイマール憲法の影響を受けて、社会権の部分をさらに鮮明化させて、**日本国憲法第25条**の条文へと発展させた。

この社会権は、さらに①生存権、②教育権、③労働権の三点に集約される。日本国憲法第25条に定める生存権は、社会福祉、ソーシャルワークの理念の根幹となり、「福祉の憲法」とでもいうべき理念がここに明記された。戦後から今日にいたるまで最も注目されてきた条文である。「すべて国民は、健康で文化的な最低限度の生活を営む権利を有する」「国は、すべての生活部面について、社会福祉、社会保障及び公衆衛生の向上及び増進に努めなければならない」（第25条）となっているが、前半の部分（第1項）で、国民の福祉の権利である「最低限度の生活を営む権利」について、後半部分（第2項）では、国家がそれを保障する義務を規定しているという二重構造からなっているのが特徴である。これは生活保護受給をめぐる議論の始原となり、その対策として実際的な解釈と運用は今日にいたるまで議論はまだ尽くされていない。

ところで、第13条の幸福追求権は、第25条規定が最低限の生活を保障するという意味では消極的発想であるのに対して、第13条では「すべて国民は、個人として尊重される」としたうえで、「幸福追求に対する国民の権利」を示したので、より積極的発想である。この幸福追求を国家が「最大の尊重」をするとしているのは画期的である。その場合、平等権、そして生存権が社会福祉におけるセーフティネットであるのに対して、憲法条文には記載されていない21世紀型の新しい権利としての環境権、プライバシー権などとともに、積極的に自らの主体的幸福を自ら獲得する自由を志向していこうとするものへの根拠となり、この観点からも社会福祉を捉えていくことがいっそう重要となる。これらの議論はまだ成熟していないが、とりわけポストモダンな思潮とそれに伴う多様性の尊重に関しては、いっそう議論が必要とされるであろう。

4）社会福祉と世界人権宣言

今日の社会福祉の人間尊厳や人権を語る場合において、最も重要な明文化された包括的な文章は世界人権宣言であろう[(4)]。**世界人権宣言**は、1948 年 12 月 10 日に第 3 回国連総会で「世界人権宣言」（Universal Declaration of Human Rights）として採択され、日本政府も 1979 年に批准した。世界人権宣言は、「すべての人間は、自由な存在として生まれ、また尊厳と権利とについても平等である」（All human beings are born free and equal in dignity and rights.）という条文に始まり、「すべての人は、人種、皮膚の色、性別、言語、宗教、政治上、その他の主義主張、国家的あるいは社会的出身、財産、門地その他の地位またはこれに類するようなどんなことがらによっても差別を受けることなく、この宣言に掲げているすべての権利と自由とをもつことができる」（第 2 条 1）という普遍的原理を記している。直接的に社会福祉・社会保障の関係する重要な価値観が以下のとおり記載されている。

「社会の一員としてすべての人は、社会保障（social security）を受ける権利を有しており、また国家的努力や国際的協力により、また、各国の組織及び資源に応じて、自己の尊厳と自己の人格の自由な発展（free development of his personality）のために欠くことのできない経済的、社会的、文化的権利を実現する権利をもっている」（第 22 条）「すべての人は、衣食住、医療及び必要な社会施設等により、自己と家族の健康及び福祉（well-being）に適切な（adequate）生活水準（a standard of living）を保持する権利をもっており、また失業、疾病、心身障害、配偶者の死亡、老齢その他不可抗力（beyond his control）による生活困難の場合は、保障を受ける権利をもっている」（第 25 条 1）「母と子とは、特別のケア及び支援（special care and assistance）を受ける権利をもっている。すべての児童は、嫡出であると否とにかかわらず、同じ社会的保護（social protection）を受ける」（第 25 条 2）

このように、世界人権宣言では失業、疾病、障害、高齢、児童、母子にいたる包括的な社会保障をカバーし、その対象者の権利を明記している。世界人権宣言成立はワイマール憲法、日本国憲法より時代的には後になったがいっそう明確に社会権というものを具体的に示しているといえる。つまり、人権とは、私たちが幸せに生きるための権利で、人種や民族、性別を超えて万人に共通した一人ひとりに備わった権利である。かつて公民権運動を指導したキング牧師（Martin Luther King, Jr.）が述べたように、それは黙っていたら勝手に得られたものではなく、それは意図的に獲得されなければならないものである。すなわち、これまでの人類の歴史のなかで発見され、ある場合は闘争とそれに向けた努力によって獲得されていったものであるという事実を忘れてはならない。

なお、世界人権宣言は、その第 29 条 1 で「すべての人は、その人格の自由でかつ十分な発展がその中にあってのみ可能であるコミュニティに対して義務を負う」（Everyone has duties to the community in which alone the free and full development of his personality is possible.）と明記しているが、これは、文字どおりに解釈すれば、「人格の自由でかつ十分な発展が保障されない」社会やコミュニティにあっては、個人はその義務を負わないというラディカルな発想にもつながってくる。

2. 人間の尊厳

社会福祉において**人間（個人）の尊厳**は、社会福祉の対象者理解の根幹をなすものであり、中心概念であり続けている。以下では、この尊厳の意味を哲学的、語源的に議論していきたい。

1）究極の価値としての人間の尊厳（存在本位）

日本の社会福祉の法律体系の根幹である社会福祉法第 1 章「総則」において、以下のように記している。

「福祉サービスは、個人の尊厳の保持を旨とし、その内容は、福祉サービスの利用者が心身ともに健やかに育成され、又はその有する能力に応じ自立した日常生活を営むことができるように支援するものとして、良質かつ適切なものでなければならない」（社会福祉法第１章「総則」第３条、下線筆者）

ここで記されている「個人の尊厳」は、当然ながら日本国憲法の精神そのものを反映したもの（第13条、第24条）であるが、先述したとおり、これこそが人権の根拠となるものである。つまり、人間尊厳（個人の尊厳）の価値観が社会福祉の根底にある価値観であり、それは、人間の存在というものを、その人の行為、所有物、業績、その他いかなるものではなく、ただ「存在」それ自体で認めていこうとする価値観ともいえる。それを業績本位や行動本位と対置して「存在本位」とここでは呼ぶこととすると、この存在本位の価値観こそ究極の社会福祉の価値であり、社会福祉の根本原理でもあり、福祉理念の柱といえる。

これは、前世紀的な優生思想と真逆な発想である。ただし、存在そのものを重視する存在本位の価値観を徹底していこうとすれば、自由主義社会における競争原理とも矛盾してくる。しかし、存在本位の価値観は決して自由主義社会における競争の原理それ自体を否定しているのではなく、競争を認めつつもその結果、社会からこぼれ落ちる場合があっても、その人を救済するセーフティネットを築くという発想法である。そうであれば、運悪く競争には敗れたとしても、その人間が「尊い」ことに何の変わりはないということになる。それゆえに、社会福祉はそのセーフティネットを築くことがより重要になる。

２）欧米の dignity と日本の「尊厳」

先述したとおり、日本の社会福祉法の総則に記されているように、人間（個人）の尊厳が社会福祉の中心概念であることは確認したとおりであるが、人間以外の生物としての動物、植物にも人間と同じ「尊厳」があるのかという問いは愚問であろうか。別の言い方をすれば、なぜ、ほかの生物のなかで人間だけが特別な存在といえるのだろうか、あるいは人間だけが尊い（尊厳がある）といえるのだろうか。この根本的疑問に論理的に明確に答えようとすれば、案外難しい。この問いは尊厳にかかわる欧米哲学のいくつかの本質的問題を含んでいるからである。

日本の社会福祉の根幹をなす**社会福祉法**に記載されている個人の「尊厳」を英訳すれば、**“dignity”**である。この dignity は、実は元々神学用語であり、聖書に由来する。具体的には「神の尊厳」に起源がある概念である。つまりこの dignity は欧米社会には古来よりなじみがある概念であるが、それを訳出した尊厳は日本社会にはなじみのない外来用語であり、説明するにも難しい概念でもある。そもそも日本語には本来なかった欧米的な発想法である。そうなると、尊厳をいくら日本の経験で説明しようとしても、この欧米の dignity という概念の説明を抜きに十分に理解できないことは哲学者たちが認めている点である。

それは以下のような説明になる。ユダヤ・キリスト教の価値観に従えば、人間は、「神の似姿」（ラテン語でイマゴ・デイ：Imago Dei）をもつ存在である。ゆえにそれ自体でほかの生物（動物）とは異なり、特別に尊厳があり、尊ばれるべき存在である。以下の旧約聖書の創世記に記されている言葉に根拠をもつものである。

「神は言われた。「我々にかたどり、我々に似せて、人を造ろう。そして海の魚、空の鳥、家畜、地の獣、地を這うものすべてを支配させよう。」神は御自分にかたどって人を創造された。神にかたどって創造された。男と女に創造された」（創世記第１章第26節～第27節　新共同訳、下線筆者）

ここに示すユダヤ教（キリスト教）の唯一絶対の万能の神は何人も侵すことのできない威光と尊厳がある存在であり、その尊厳に似せられたもの（似姿）として神にはじめから創造された人間存在には、神と同じこの尊厳 dignity が宿っているという発想である。つまりは、旧約聖書に記載されている宗教由来の概念なのである[5]。ゆえに、人間存在は、神と同様に、何人によっても侵すべからざる神聖な存在であるという発想になる。

実はこれが世俗化して、結晶化されたと解される基本的人権は、このユダヤ・キリスト教的発想を土台としたものである。その具体的な法制度上のルーツは、1776 年のアメリカ独立宣言（あるいはヴァージニア州権利章典）であるが、それによると、「すべての人間は、生来、あるいは等しく自由かつ独立で、一定の天賦の権利を有し」と規定、そこで明らかにされた「**天賦の権利**」という概念のなかに凝縮されているものである。イギリスの権利章典（1689）と異なるのは、これらの権利が、国家を超えて無条件に認められているものであるとされる点であり、いわゆる「自然法的」に認められるところに意義がある[6]。

先述したとおり、これらの個人の自由権が発展して、20 世紀の権利としての社会権すなわち、「**豊かに生きる権利**」へと展開した。社会福祉と直接つながりをもつ生存権もその一つであり、これらは人間尊厳の議論の法的根拠を示している。この人権思想は、欧米社会の近代化のなかで育まれた。特に二度の大戦後、その重要性は国際的に高まってきた。

こうして、ワイマール憲法、日本国憲法を経て、尊厳概念の理解は深まり、世界人権宣言において人間の尊厳の概念として揺るぎないものとして確立した。そして日本でも、社会福祉の究極の価値法則として社会福祉法総則「個人の尊厳」が明文化され、位置づけられるようになった。今後もこの尊厳をさらに深化させることは重要であるが、こうして考えると、欧米由来のこの尊厳概念を日本的な理解として尊厳をどう独自に深化させ、理解していくのかは今なお課題である。

3. 社会福祉の思想と哲学

人権や人間の尊厳について議論してきたが、それを社会福祉領域において実際に具現化するための社会福祉の思想、哲学が求められている。以下では、福祉思想、福祉哲学、そして福祉と宗教の関連について考察していきたい。

1）福祉思想

一般的に、思想とは人の考え、生き方の集大成である。ということは、「社会福祉の思想」とは、社会福祉を実践する人間（実践家、支援者ら）の過去から現在までの考え、発想の集大成ということになる。ただし、**社会福祉の思想**とは、机上で生まれたものではなく、日々の福祉実践のなかで生まれ、それが社会の現実において磨かれ、集大成として結実したものといえる[7]。

社会福祉の思想を考えるにあたり、かつての先駆的な実践を成し遂げた主要な人物の思想と生涯から学ぶ点は大きい。留岡幸助、石井十次、山室軍平らの明治時代から活躍した三大社会事業家は歴史的遺産として今も語り伝えられている。それぞれの人物のかかわった実践対象やアプローチは違うが、目の前にある社会問題の解決に情熱をもって尽力したという点は共通している。その理念や考え方としての思想は、今日において大きな影響を与えている。従来、福祉思想を取り上げる場合、これらの人物の思想とその生涯と足跡を丹念に紹介することが一般的であった。それらは福祉思想を理解するうえで今も重要であるが、現代の影響を考えるうえで案外忘れがちな点として、ある人物が発した福祉にかかわる短いフレーズが継承されそれが大きな影響を与えている例である。以下ではその代表的なものを紹介していきたい。

たとえば、牧野英一の「最後の一人の生存権」という短いフレーズは今日的でもある。

「われわれは、最後の一人まで戦ふということを国民的理想としたことがある。しかし其の国民的大戦争が昔のこととなってしまつて、われわれは、今、何を理想に生きて居るのかといふことを考えねばならぬことになつて居る。最後の一人の生存権を保全しよう！　之を以て、われわれの国民的理想として新しく押し立てて行くことができないであろうか」（下線筆者）[(8)]

牧野英一は日本を代表する法学者である。「最後の一人の生存権」というこの短いフレーズは、１世紀を経た今日にも通じる重要な福祉思想がここにある。それではどのような背景でこの短いフレーズは生まれたのか。それは、牧野が親交をもっていた留岡幸助に招かれ、1924年に一羊社の集会で講演をした時、牧野が発した言葉である。この講演で牧野は聖書に出てくるイエスのたとえ話をモチーフにしている。マタイ福音書第20章に登場するぶどう園の主人と労働者の話である。ぶどう園の主人は朝からぶどう園で汗を流して働いていた「最初の者」だけでなく、仕事がなくて誰も雇ってくれず、もう労働も終わりかけた午後５時にやってきてほとんど何の労働もしなかった「最後の者」にも、等しく同賃金を手渡し、「わたしはこの最後の者にも、あなたと同じように支払ってやりたいのだ」（マタイ福音書第20章第14節）というこのたとえ話のぶどう園の主人の言葉は、懸命に早朝から長時間汗を流して働いてきたほかの労働者からの不満や疑問に対して発せられた言葉である。

牧野は、法学者として欧米の憲法や人権を学んでいたので、当時、先駆的なワイマール憲法の生存権を意識したのは当然であろうが、むしろ、「迷える一匹の羊」を捜し歩く、福祉実践家の留岡幸助の姿と思想に触発されてこの言葉を発しているのであろう。罪を犯して社会から白眼視され、行き場を失ってしまった少年の「最後の一人の生存権」を懸命に支えようとしたこの留岡の福祉実践にうたれて思い浮かんで出てきたのが短いフレーズの言葉であったのであろう。活きた福祉思想というのは、やはり実践現場のなかから生じてくるといえよう。

また、昭和時代であれば、たとえば、糸賀一雄の「この子らを世の光に」という短いフレーズは、今も語り続けられている。「この子らに世の光を」というこれまでの障害者への眼差しの価値転換を図ることを象徴するものであった。「いわゆる社会復帰などは期待できなくても、そこにこの子たちがいるのだというただそれだけの理由で、重症の心身障害児という現実に、真正面からずばりととり組む姿を示しているからである」[(9)]と述べるとおり、重度の障害児・者を「生産性」という当時の価値観の呪縛から解放して、庇護の対象ではなく、社会の主体者として位置づけた意義は大きい。

また近年では、べてるの家を主導する向谷地生良が「幻覚妄想大会」「当事者研究」「安心してさぼれる会社」など、これまで社会のなかで忌避され、語られてこなかった妄想や幻聴というものをあえて「さん」づけして人格化という発想転換をなした独創的な方法やそれに伴う短いフレーズは、これまで隠蔽体質の精神医療界には画期的であった。特に、当事者自身のこれまでほとんど語られてこなかった自らの病いや症状を自らの言葉で公開し、対象化し、物語化するという「当事者研究」という方法は日本のみならず世界が注目することとなった[(10)]。

以上、福祉実践のいくつかの短いフレーズの例示をしたが、ここには福祉思想の結晶があり、そこから学ぶ意義は大きい。

2）福祉哲学

ところで、先述したとおり、思想が「生き方の集大成」と述べたが、それに対して哲学とは、思想よりもっと論理的形式をもつ。哲学は、ギリシャ語ではφιλοσοφια（フィロソフィア）であり、「知（φιλο）を愛する（σοφια）」という語源で、「真理を探究する知的営み」となる。つまり、世界の物事の根本法則やその根源にある本質を探究しようとする営みであり、それを方法的に進めるための体系といえる。

通常、学問としての哲学は、我々の体験や感覚で捉え得る（形而下）を超えた世界、すなわち形而上を対象として、時代や社会情勢に左右されない普遍的真理への探究を論理的に目指す学問である。たとえば、哲学の対象は、「神」「精神」「愛」「正義」「真理」といった、感覚的経験を通じて直接的に捉えることのできない（形而上の）ものが対象になる。ただし、唯物論のように、すべてを物質的（形而下の）存在として捉える哲学的立場もあり、一概に「哲学＝形而上学」と言い切ってしまうこともできない。

ところで、学問としての哲学の抽象度の高い体系と比べて、日常的な「人生哲学」や「経営哲学」あるいは「相撲哲学」といった言い方にまで拡大して、「～哲学」という語が用いられることがしばしばある。この場合の「哲学」は、先の抽象的な学問的体系をめぐる定義とは異なって、「個人や集団、組織等が歴史的に探究を続けた末に到達したものごとの法則」といったニュアンスとなる。たとえばある人の「人生哲学」は、「人生観」とも言い換え可能であろう。だからといって、その「人生哲学」が、「俗っぽく」、学問としての哲学の厳密な定義からみて、それを「本物の」哲学でないとも言い切れない。なぜなら人生哲学としての人生観も、その人が見出したその人なりの「真理を探究する営み」「世界を正しく認識するための思考」の一つであり、そこに一定の価値があるからである。

それでは、「社会福祉の」哲学、あるいは**福祉哲学**とはどのようなものであろうか。社会福祉は、総じて、政策であれ、実践であれ、常に実態のあるものであり、見えるもの、経験されるものである。その意味では社会福祉は、先の枠組みでいうならば形而下で営まれる実践や制度（営為）であるが、その実践を支える原理や根本法則というものが存在する。それは歴史を貫いてきた価値観などがそれにあたり、それらを時代によって変わっていく社会情勢・背景との絡みのなかで議論することが社会福祉哲学であるといえる[11]。

3）宗教と社会福祉のルーツ（愛と正義）

社会福祉の思想や哲学を議論するうえで、これまでの蓄積された研究において不足がちなのは、その福祉思想、福祉哲学のルーツにあたる**宗教思想**に関する理解であろう。これは、先の「人権」とhuman rights、あるいは「尊厳」とdignityとの対比でも言及したが、そこにおいても、日本の社会福祉研究における宗教の理解の弱さがあったことは否めない。以下では、福祉哲学の根幹をなす宗教思想について若干の補足的検討をしておきたい。ただし、すべての宗教を網羅的に扱うことは不可能なので、ここでは福祉のルーツの観点からユダヤ・キリスト教に絞って議論していきたい。

欧米の社会福祉のルーツには、宗教的概念が濃厚にあるということは周知のとおりである。とりわけ歴史的にもユダヤ・キリスト教に基づく価値観が濃厚にあり、神の「慈しみ」（ヘセド　חֶסֶד）、「正義」（ツェダーカー　צְדָקָה）、そして神の**愛**（アガペー　αγαπη）に基づくボランタリー精神で行う愛他行為の実践としての**慈善**（charity）の概念は、後の社会福祉やソーシャルワークにおける愛他主義的価値観として強い影響を与えた。そもそも、なぜ困っている他者を支えるのか、支えなければならないのかという問いは宗教的概念抜きに答えることは至難である。

それを根底から支える原理として、欧米では、古代から語り伝えられてきたアガペーの概念がある。アガペーとは、無条件に与える愛を指す新約聖書の独特の用語である。ギリシャ語表記によると、同じ愛であっても家族間などの自然な愛情：ストルゲ（στοργή）、求愛、性愛：エロース（ερως）、友情、友愛：フィリア（φιλια）等とは異なるもので、一方的な絶対的な愛、無条件に与える愛を意味している。キリスト教神学では、本来、原罪をもつ人間は、このような愛をもちえないが、キリスト教信仰では、神の一方的な恵み（恩寵）によってこの神の愛に連なるものとされるという。この愛をもって人間が実践する営みが社会福祉の先駆形態としての慈善である[12]。以下の聖書の言葉に端的に示されている。

「神は、独り子を世にお遣わしになりました。その方によって、わたしたちが生きるようになるためです。ここに、神の愛（アガペー）がわたしたちの内に示されました。わたしたちが神を愛したのではなく、神がわたしたちを愛（アガペー）して、わたしたちの罪を償ういけにえとして、御子をお遣わしになりました。ここに愛があります。愛する者たち、神がこのようにわたしたちを愛されたのですから、わたしたちも互いに愛し（アガペー）合うべきです」（ヨハネ第一の手紙第４章第９節から第11節、新共同訳、カッコ内は筆者）

このアガペーの思想が社会福祉の根源であり、欧米の社会福祉の源流である。一方で、「愛」の対として語られるのが「**正義**」の概念である。それが、社会的文脈で語られる際は、社会正義（social justice）という。ドイツ語では、権利と正義（正しさ）はともにrechtであるが、権利と正義とは類似語あるいは同義語である。英語のrightも「右」のほかに「権利」「正しさ」であり、ドイツ語同様、権利と同根である。

ところで、人権と正義の異同を区別することは難しいが、厳密に「人」権は、主体的、主観的な欲求として個々人の「私の権利」として説明されるのに対して、「社会」正義とは、客観的に規定される社会的に承認された正しさの基準、正当性と理解される。つまり、人権と社会正義を合わせると、個人の権利が社会的に承認された「正しさ」となる。その意味において「人権と社会正義」は、社会福祉のゆるがない根拠である。

ところで、福祉思想を生み出した福祉実践家たちの多くも、その援助の動機となったのは宗教的動機づけであった場合が多い。それがユダヤ・キリスト教のアガペー、あるいは正義（ツェダーカー）といった宗教的価値観であるが、その価値観によって、困った人に手を差し伸べてきた。アガペーについてはすでに述べたとおりであるが、もう一つ「慈しみ」（ヘセド）、「正義」（ツェダーカー）というユダヤ教の概念も重要である。ヘセドもツェダーカーも「慈しみ」「誠実」「正義」などと旧約聖書（ヘブライ語聖書）由来の重要な概念であるが、それはいわゆる人間の側の属性としての誠実や慈しみではなく、困窮者に対する神の側の属性としての一方的なあわれみ、慈しみ、正義のことである。そして、この神の側の意思を阻もうとする人間社会の不公平、不誠実、不正義、不寛容に対しては、当時の預言者を通じてその不正に対して厳しい糾弾がなされていた。それによって、困窮者、貧しき者への神の正義を実現させるというのが、典型的なパターンである。旧約聖書の用例では以下のようになっている。古代の預言者が語りかける（糾弾）形式をとっている。

「人よ、何が善であり／主が何をお前に求めておられるかは／お前に告げられている。正義（ミシュパート）を行い、慈しみ（ヘセド）を愛し／へりくだって神と共に歩むこと、これである」（ミカ書６：８、新共同訳、カッコ内は筆者）

「誇る者は、ただ、これを誇れ。悟りを得て、わたしを知っていることを。わたしは主であって、地に恵み（ヘセド）と公義（ミシュパート）と正義（ツェダーカー）を行う者であり、わたしがこれらのことを喜ぶからだ。——主の御告げ——」（エレミヤ書９：24、新改訳第３版、カッコ内は筆者）

このように、愛（アガペー）と誠実（ヘセド）、正義（ツェダーカー）は、戦後において、西欧で福祉国家に基づく公的救済の措置体系が整備されたことによって表面的にはしだいに後退していく。そして、その中心点は、国家単位として、社会正義をいかに実現していくかに変わっていく。その際、正義の具体的内容は、救済の公平性、平等性をいかに保障していくのかが重要になった。政教分離により現代社会は世俗化が進み、また20世紀に福祉国家が出現し、福祉が公的救済として位置づけられて宗教は表舞台からは消えて、その実態は見えにくくなっていくことになるが社会福祉の根源として源流をなしている(13)。

4. 現代の新しい価値観（理念）

先述した世界人権宣言に示された人間の尊厳にかかわる普遍的価値観は、それらをより具現化させた新しい福祉の理念が生じさせていった。以下では、ノーマライゼーション、社会的包摂といった諸理念を取り上げたい(14)。

1）ノーマライゼーションの深化と展開

現在、**ノーマライゼーション**という概念は、広く社会福祉の理念の一つとして社会に広まっている。英語のノーマライゼーション（“normalization”）を直訳すると「正常化」であるが、それはもともと戦争状態にある当事国間の紛争や戦争がなくなって「普通の（ノーマルな）状態」に戻ることを意味する。福祉界にこの言葉を定着させたのは、1940年代後半のデンマークの**バンク-ミケルセン**（Niels Erik Bank-Mikkelsen）である。バンク-ミケルセンは、「普通の（ノーマルな）状態」に置かれていない状況にあった知的障害者の当時の環境を問題視した。その問題とは、当時、福祉政策として一般化していた知的障害者のためのコロニーといわれる巨大な収容施設に基づく画一的なケア政策であった。1960年代以降にスウェーデンをはじめ北欧諸国においてもこの考え方が浸透し、それは北米へと展開し、日本を含めて世界に普及していた。バンク-ミケルセンは、これに対して、健常者にとってはよかれと思えるこの環境を「普通ではない」と異を唱え、知的障害者自身の普通（ノーマル）を追求した。そしてそれを実現するためのプロセス全般がノーマライゼーションと呼ばれるようになった。日本ではノーマライゼーションを中園康夫が紹介し、1970年代頃から使用されるようになっていった[(15)]。もともと知的障害者の福祉政策で始まったこの思想は、その後、身体障害者、精神障害者、そして高齢者、児童などすべての要支援者に広がっていくことになる。そして障害の有無に関係なく、一般市民の通常の生活状態を目指すことを目的として広く世界的に支持されている考えとなっている[(16)]。

バンク-ミケルセンの影響を受けたスウェーデンの**ベンクト・ニィリエ**（Bengt Nirje）は、このノーマライゼーション概念を応用するも、さらにそれを具体化する原理を提唱した。それは、障害者にとっての本当の「ノーマル」とは、①1日・1週間・1年間といった時間や時期の正常な日常生活リズムが保たれること、②一生涯を通じての発達機会が保障されること、③知的障害者の言語化されない願望や自己決定の表現を尊重すること、④男女両性のいる社会で普通に暮らすこと、⑤正常な経済生活・住環境水準を保障することである[(17)]。つまり、ベンクト・ニィリエの目指したこの原理は、知的障害者の独自のニーズの充足のみならず、かれら自身が、市民一般が「普通」にもっている住宅、所得、教育等の標準的生活水準を障害当事者にもそれが適用され、それが保障されるべきであると主張した。

また、**ヴォルフェンスベルガー**（Wolfensberger）は、「ノーマライゼーションの心髄」をさらに北米で継承・発展させて、「ソーシャルロールバロリゼーション」（social role valorization）という思想を提唱した。冨安によると、「問題行動を治療して同年齢の集団の中で活動できるようにしよう」「障害者を可能な限り他の人々と同じ場所で暮らし、働けるように教育し発達させよう」という発想に対して、ヴォルフェンスベルガーは以下のように批判した。「彼は、『ノーマリゼーション』を目標としてだけでなく、手段にも用いる理論を展開している」というのが「ソーシャルロールバロリゼーション」であるとした[(18)]。この思想はノーマライゼーションのノーマルであるという点をさらに徹底的に追及し、結果的に障害者の生活水準を高めたが、障害者自身が一般社会に適応することを強いて適応主義・同化主義に陥る等の課題と問題点が指摘され始めたのも事実である。

いずれにしてもこのような広義のノーマライゼーションの思想は、日本でも支持され、必ずしもその用語を使わなくとも、できる限り住み慣れた地域で家族や友人とともに生活する地域生活が望ましい（ノーマル）という考え方に基づき、地域福祉の重要な理念としても継承されている。その理念は、現代では地域移行などの福祉サービスに影響を与えている。

2）共生、社会的包摂（social inclusion）

社会福祉に限らず、多様性の尊重や、共生という価値観は、現代では政治、行政、教育において強調されているが、これはそのまま社会福祉にも強く求められる。

多様性や共生を包含する概念として**社会的包摂**（social inclusion）という概念が1970年代にフランスを中心に主張された。これは移民、貧困者、高齢者、女性、子ども、非正規雇用者などの格差、孤立、不平等を強いてしまう社会的排除（social exclusion）の対置概念である。日本でも「全ての人々を孤独や孤立、排除や摩擦から援護し、健康で文化的な生活の実現につなげるよう、社会の構成員として包み支え合う」[(19)]と定義され、社会福祉学にも応用され、福祉政策や地域福祉においてその理念と価値観が浸透している。この社会的包摂に基づく**共生**の概念は、個人の個性が十分に尊重される多様な価値観を許容するような社会であることを前提として成り立つ。多様性の尊重という前提にあって社会的包摂は機能し、そして結果的に共生社会が構築されるようになる。これらのことは、先述した世界人権宣言の人間尊厳の理念やノーマライゼーション思想の具現化したものであるともいえる。

一方で、現代の世界の情勢は、この発想が目指してきた理想の姿と文字どおり逆行しているといわざるを得ない状況にある。それらを主導してきたはずの欧米社会が急速に自国中心主義政策にシフトしてきているからである。社会的包摂どころか、逆にその排除が顕著となり、各国では移民排除などが深刻な課題となってきている。たとえば、アメリカでは「アメリカ・ファースト」というトランプ大統領の政策がある程度受け入れられたことなどに象徴される。宗教的にも、社会的包摂を提唱していたフランスなどが教育現場でイスラム教の習俗を排除するなど課題が山積している。こうして、移民、貧困者、障害をもつ者などマイノリティが社会から排除されようとするリスクが再燃しつつある。共生社会の実現には、これらを改善していく社会構築が急務である。そのような社会を目指す理念として再度、社会的包摂の思想は重要である。特に、社会福祉政策と実践においては、それは多様性を尊重して、共生していく社会を築いていくにあたって重要な指針となる。

注

（1）人権についての詳細は、木原活信『社会福祉と人権』ミネルヴァ書房、2014年。木原活信『対人援助の福祉エートス――ソーシャルワークの原理とスピリチュアリティ』ミネルヴァ書房、2003年を参照のこと。本記載もこれらの文献に依拠している。

（2）Ife, J., *Human Rights and Social Work: Towards Rights-Based Practice*, Cambridge University Press 2001, p.1. この他にIfe, J., *Human Rights From Below: Achieving Rights Through Community Development*, Cambridge University Press. 2009 も刊行している。

（3）国際ソーシャルワーカー連盟によるソーシャルワークの新旧の定義。

（4）世界人権宣言の日本語訳は、外務省定訳による。

（5）創世記第1章第26節。なお、これらは以下の木原活信『社会福祉と人権』ミネルヴァ書房、2014年／木原活信『対人援助の福祉エートス――ソーシャルワークの原理とスピリチュアリティ』ミネルヴァ書房、2003年に詳しい。

（6）宮田光雄『現代をいかに生きるか』日本基督教団出版局、146頁、1979年

（7）木原活信「社会福祉の思想と哲学」岩崎晋也・金子光一・木原活信編著『社会福祉の原理と政策』ミネルヴァ書房、68～81頁、2020年に詳しく記している。

（8）牧野英一『最後の一人の生存権』人道社、90頁、1924年。詳細は、木原活信「最後の一人の生存権」岩崎晋也・金子光一・木原活信編著『社会福祉の原理と政策』ミネルヴァ書房、244～246頁、2020年に詳しい。

（9）糸賀一雄『この子らを世の光に――近江学園20年の願い』柏樹社、294頁、1965年

（10）浦河べてるの家『べてるの家の「当事者研究」』医学書院、2005年

（11）詳細は、木原活信「社会福祉の思想と哲学」岩崎晋也・金子光一・木原活信編著『社会福祉の原理と政策』ミネルヴァ書房、68～81頁、2020年に詳しい。

（12）C. S. Lewis, *The Four Loves*, Geoffrey Bles, 1960.

（13）詳細は、木原活信「社会福祉の思想と哲学」岩崎晋也・金子光一・木原活信編著『社会福祉の原理と政策』ミネルヴァ書房、68～81頁、2020年。木原活信『社会福祉と人権』ミネルヴァ書房、2014年。木原活信『対人援助の福祉エートス――ソーシャルワークの原理とスピリチュアリティ』ミネルヴァ書房、2003年に詳しい。

（14）新しい理念と価値観の記載は、以下の文献をベースに論じている。木原活信『社会福祉と人権』ミネルヴァ書房、2014年。木原活信「社会福祉の思想と哲学」岩崎晋也・金子光一・木原活信編著『社会福祉の原理と政策』ミネルヴァ書房、68～81頁、2020年。木原活信「社会福祉の思想」基礎からの社会福祉編集委員会編『社会福祉概論』ミネルヴァ書房、2005年

（15）花村春樹『「ノーマリゼーションの父」N. E. バンク–ミケルセン――その生涯と思想』ミネルヴァ書房、97頁、1994年

（16）ヴォルフェンスベルガー、中園康夫・清水貞夫訳『ノー

マライゼーション』学苑社、1982年／定藤丈弘「ノーマリゼーション」庄司洋子ほか編『福祉社会事典』弘文堂、800～801頁、1999年

(17) ベンクト・ニィリエ、河東田博・橋本由紀子・杉田穏子訳編『ノーマライゼーションの原理——普遍化と社会変革を求めて』現代書館、1998年

(18) W・ウルフェンスバーガー／冨安芳和訳『ソーシャルロールバロリゼーション入門——ノーマリゼーションの心髄』学苑社、157頁「訳者あとがき」、1995年

(19) 厚生省「社会的な援護を要する人々に対する社会福祉のあり方に関する検討会報告書」2000年

2 社会福祉理論研究の系譜

岩崎晋也

1. 社会福祉理論研究の課題および関連学領域との関係

1）政策と実践の関連性

社会福祉理論研究の主要な課題は、社会福祉にかかわる政策と実践の二つを、どのように体系的に把握するかである。社会福祉学にとっての政策と実践は、単純に別の次元のものとして切り離すことはできない。いずれかを主として理解するか、あるいは別の枠組みで捉え直すのかが学問上の争点となってきたのである。

対人援助のほかの専門領域である医学や教育学でも、それぞれ政策と実践がある。そして政策と実践の相互に関連性があるとしても、その関連性の理解が、学としての主要な争点とはなっていない。ではなぜ社会福祉学の場合、その関連性が問題になるのだろうか。

まず**社会福祉実践**は、援助を必要としている者の社会生活のあり方にかかわるものであり、援助者と援助を必要とする者との実践における二者関係に閉じ込めることができないからである。言い換えれば、どのようなニーズにどのように援助するかを決めるには、援助関係の二者だけでなく、第三者を含めた社会的判断（政策的判断）が不可欠だということを意味する。たとえば、高齢者や障がい者へのケアなどであっても、それは単にケアを必要とする人の要求に基づいて援助が行われるわけではない。たとえばケアを必要としている人が余暇としての映画鑑賞やスポーツをしたいという要求があったとしても、市場サービスとしてではなく社会サービスとしてどこまで援助をするのかは、その社会において実現すべき生活水準をどう判断するのかという政策的判断にかかっている。ここでいう政策的判断は、政府などによる行政サービスとしての福祉サービスに限定されるものではない。ボランティア団体が行う活動であっても同じである。この例でいえば、どこまでの余暇活動が、私たちの社会が実現すべき生活水準に欠かせないのかという判断が求められているのである。余暇と聞くと自己責任の問題であり、そこでは社会的な判断とは無関係と思うかもしれないが、どういう余暇活動を行うかは個人の主体性の問題といえ、一切の余暇活動ができない（社会的に排除されている）状態は社会的責任にかかわる問題である。障がい者の領域で歴史的に重要な理念であるノーマライゼーションは、まさに市民としての当たり前（ノーマル）の生活とは何かを問い、余暇などを含めた日常生活が、障がいを理由に当たり前に送れていないことが不公正であることを訴えたのである。

社会福祉が、援助を必要としている者の社会生活のあり方を問うということは、歴史的に、不当に制限された社会生活を改善することに対して、その社会的責任を問う活動に端を発していることと関連しているのである。

さらに、社会福祉が援助者と援助を必要とする者の二者関係に閉じ込められないのは、社会福祉の働きかけの対象が、援助を必要とする者をとりまく社会にも向けられるからでもある。たとえば、援助が社会的に必要であると判断されても、それに対する社会資源（モノやカネ）の再配分がなされていないか不十分な場合、それをつくり出すために社会への働きかけが欠かせない。また、さまざまな理由から差別を受けている人の社会生活を改善するためにも、社会への働きかけなしには実現できない。社会福祉実践が目指す社会生活のあり方を一人ひとりに実現するためには、社会が構造的に生み出している社会生活上の困難（社会問題）の解決が必要なのである。つまり社会の変革（改良）を目指す政策の実現が不可欠である。

このように政策と実践が密接に関連しているからこそ、その関係性の理解が学としての主要な課題となっているのである。

2）ソーシャルポリシーとソーシャルワーク

社会福祉学の特性をさらに理解するために、関連学問領域との異同について整理しておこう。

日本では、社会福祉にかかわる政策と実践を包括的に捉え、社会福祉として一つの学問領域としているが、ほかの先進諸国では、ソーシャルポリシーとソーシャルワークに分けて領域を設定するほうが一般的である。

ソーシャルポリシーとは、資本主義の弊害を是正するために生まれた福祉国家システムの基盤となる政策を対象としており、具体的には、所得保障、雇用、医療、教育、住宅、ソーシャルケア（相談援助、介護、保育など）などの政策を内包するとともに、それにかかわる学問領域を示している。日本の社会福祉にかかわる政策を含み、より広範な政策を対象としているのである。しかし日本では、外国のソーシャルポリシーに対応する「**社会政策**」という用語は、労働政策に限定して歴史的に理解されてきた。その結果、日本の「社会政策」には社会福祉にかかわる政策は含まれず、むしろ「社会政策」（労働政策）との違いによって、社会福祉をどう理解するのかが、社会福祉学の課題とすらなっていたのである。しかし近年では、「社会政策」を労働政策に限定的に解釈するのではなく、広くソーシャルポリシーとして理解する動きが強まっている。とはいえ日本の学界の現状としては、学部教育や大学院教育において、ソーシャルポリシーを主専攻とするものはほとんどないこともあり、むしろ社会福祉学界において広範な関連政策課題が議論されている。

もう一方の**ソーシャルワーク**とは、社会福祉の専門職であるソーシャルワーカーを養成するための学問として発達してきた。国際ソーシャルワーク学校連盟および国際ソーシャルワーカー連盟は、ソーシャルワークを「社会変革と社会開発、社会的結束、および人々のエンパワメントと解放を促進する、実践に基づいた専門職であり学問である」と定義している。日本では、ソーシャルワーカーの国家資格として、社会福祉士、精神保健福祉士があり、関連するケアワーカーの国家資格として、介護福祉士、保育士などがある。これらの専門職養成教育の基盤が学問としてのソーシャルワークであるが、社会福祉学はこのソーシャルワークを含みつつ、それにとどまるものではない。というのも、社会福祉の政策・実践を担うのは社会福祉専門職だけではないからである。生活問題を抱える当事者やその団体、地域住民、民間非営利団体、民間営利団体、自治体、国など、関係するさまざまなセクターが関連しあっている。これらは異なった価値や利害関係をもつが、社会福祉学は、政策や実践の相互連関システムの学術的解明やデータ構築を基礎に、新たな価値を含んだ解決の方向性を示す役割を担っているのである。

3）日本学術会議における社会福祉学の定義

このように日本の社会福祉学は、ほかの先進諸国におけるソーシャルポリシーとソーシャルワークという分類とは異なり、独自の学問分類のもとに発展してきた。現在の社会福祉学の定義の一つとして、日本学術会議の報告「大学教育の分野別質保証のための教育課程編成上の参照基準――社会福祉学分野」（2015 年）に示されたものがある。この報告でいう参照基準とは、「学士課程における各分野の専門教育が、その核として共有することが望まれる基本的な考え方を示し、各大学における教育課程編成の参考にしてもらう（参照してもらう）ことを通じて、大学教育の質の保証に資することをその目的」としており、社会福祉学分野においても社会学委員会社会福祉学分科会の構成員を中心に検討がなされた。

この報告では、社会福祉と社会福祉学を以下のように定義している。

「社会福祉学が対象とする「**社会福祉**」とは、人々が抱える様々な生活問題の中で社会的支援が必要な問題を対象とし、その問題の解決に向けた社会資源の確保、具体的な改善計画や運営組織などの方策や、その意味づけを含んだ「社会福祉政策」（以下、政策）と、問題を抱えた個人や家族への個別具体的な働きかけや地域・社会への開発的働きかけを行う「社会福祉実践」（以下、実践）によって構成される総体である」(1)

「「**社会福祉学**」は第一に、以上のように形成されてきた社会福祉の政策と実践の「現実（実体）」を対象とし、なぜそのような現実（実体）が存在するかを、その矛盾も含めて系統的に追究する学問である。また第二に、多様な個人の幸福の追求を支える、誰にとっても生きやすい社会の幸福を追求するためのあり方を提起する学問である」(2)

この定義の特徴は、社会福祉学の学問としての固有性を、政策と実践の連関システムの把握と、実体と価値との関連の追究という、この二つの点に置いていることである。

2. 社会福祉理論の変遷

1）理論分析の視点
――個別化と社会化

社会福祉における政策と実践の関連性を理論化するうえで、その関連性を、実践から政策へと向かうベクトルと政策から実践へと向かうベクトルに分け、前者を「社会化」と呼び、後者を「個別化」と呼んで分析してみよう。

「社会化」の視点とは、個人の生活にかかわる問題のうち、自己責任だけで解決できない問題や、社会構造が関与している問題を、社会が解決すべき問題として捉え直す視点である。これらは通常、社会問題論と呼ばれるが、経済不況や環境問題などにおける社会問題論とは異なり、社会的責任だけを問うことはできない。あくまで生活問題を解決する主体は個人であり、個人の主体的関与を基盤としながら、社会的責任として社会的関与をどのように理論化するかが問われるのである。

次に**「個別化」の視点**とは、政策によって制度化されたサービスなどが、実際の個々の生活問題の解決に寄与できているのかと捉え直す視点である。年金保険制度やハローワークによる職業紹介サービスなどは、個々の生活問題の解決に役立つことを目的として制度設計されているが、あくまで受給者の生活水準や失業率など、集合的指標で評価されるものである。しかし実際には、こうした年金保険や職業紹介サービスでは解決できない個別的事情を抱えている人は存在する。こうした個別的な問題を抱えている人への支援が社会福祉実践の重要な要素といえるが、なぜそうした実践が必要なのかを理論化することも問われているのである。

これらの「社会化」と「個別化」という視点が、これまでの社会福祉理論でどのように論じられてきたのかをみてみよう。

2）補充性論
――大河内一男

日本において社会福祉が学問として研究されるようになったのは、大正時代に社会事業（現代の社会福祉）が本格的に制度化されるようになった頃からである。ただしその後に思想統制が強化されて、自由な研究が規制され、社会事業研究にも大きな制約を与えた。戦後になり、新憲法の下で思想信条の自由が保障され、また社会福祉が国民の権利として位置づけられたことから、新しい社会福祉の本質をめぐって活発な論争が起きた。その際、論争のたたき台になったのが、戦前の**大河内一男**が示した社会政策を社会福祉が補充する関係にあるとした**補充性論**である。

大正期に社会事業として制度化された社会福祉は、日本が戦時体制に移行するなかで、戦争を遂行するために「人的資源」を有効活用しようと戦時厚生事業に再編された。そうした時代状況下で、大河内は「我国に於ける社会事業の現在及び将来――社会事業と社会政策の関係を中心として」(1938 年)

という論文を書いた。

大河内は、労働者の生活改善を目的とする社会政策を行うことが戦時統制経済下における生産力拡充のために有効であると考えていた。ただしそうするうえで課題となったのが、不十分な社会政策を、民間の社会事業が結果的に補っている現状であった。貧しい労働者に対する慈恵的な社会事業が展開されればされるほど、本来、経済合理性に基づいて展開されるべき社会政策の必要性を見えにくくし、長期的な生産力の拡充を阻害していると考えたのである。そこで社会政策と社会事業のあるべき関係性を論理的に説明しようとしたのが本論文である。

大河内は、社会政策と社会事業の違いを対象者の違いと考えた。社会政策は労働者（労働力の生産者）を対象者とするが、社会事業は「資本制経済の再生産の機構から一応脱落した、いわば経済秩序外的存在」を対象者とすると規定した。そのうえで、社会事業の性格を、保健・衛生、教育等の領域における防貧的な支援と、社会政策の対象とならずに困窮状態にある者の救貧的な支援と位置づけた。こうした整理をした結果、「社会事業は社会政策の周辺からこれを強化し、補強するもの」と指摘し、社会事業は社会政策を補充するものと位置づけたのである。また、当時の社会事業が有していた貧困者を精神的に指導しようとする感化的性格や慈恵的性格を批判し、合理化、制度化、技術化が必要であると指摘した。

大河内の説は、問題の「社会化」が十分にできていなかった当時の社会事業を批判したうえで、社会政策との「社会化」の違いを明らかにしようとしたものである。大河内が提起した社会事業の社会政策への補充説は、戦後になり社会事業が社会福祉と呼ばれるようになっても、大きな影響力を有した。戦後の社会福祉原論は、大河内の説をどのように批判的に乗り越えるかが大きな課題となったのである。そして、大河内が提起した社会政策と社会福祉（社会事業）の違いを明確に分けるべきという問いの枠組みは、その後も引き継がれることになった。

3）政策論
――孝橋正一

大河内の提起を受けて、戦後に、社会福祉の本質をめぐる論争がなされた。その代表的な論者の一人が、社会事業を政策として規定しようとした**孝橋正一**である。

孝橋は、大河内の説を批判的に継承し、マルクス主義経済学に基づいて自らの説を打ち立てた。マルクス主義は、戦前は思想統制により弾圧されていたが、戦後から高度経済成長期にかけては、社会科学において圧倒的な影響力をもっていた。孝橋の主著は『全訂　社会事業の基本問題』（1962 年）である。孝橋は、社会事業と社会政策の違いを、対象者の違いではなく、社会問題の性格の違いと主張した。

まず社会問題とは、一般的に資本主義制度によって構造的にもたらされたものであり、社会事業が対象とする問題もこれに含まれる。孝橋は、社会問題と呼ばれているものを「社会的諸問題」と総称し、労働条件など労資関係の基礎的・本質的課題を「社会問題」、労働者の賃金の低さなどからの関係的・派生的課題を「社会的問題」に区別した。そして「社会問題」に対応するものを社会政策、「社会的問題」に対応するものを社会事業と呼んだ。なぜ、「社会問題」と「社会的問題」を区別する必要があるのだろうか。それは社会政策が、あくまで資本主義経済の発展を長期的に支えようとするためのものであり、経済的合理性を超えた負担を資本に課すことはできないからである。社会政策がこのような限界を有しているからこそ、その限界を補充・代替するために社会事業が、行政だけでなく民間を含む事業として必要なのである。

孝橋は、社会事業は資本主義の構造的欠陥に事後的に対処するものであり、構造的欠陥そのものを変えられないという限界を有していると捉えた。抜本的改革のためには、階級闘争による社会主義への移行が必要と考えたのである。そうした限界を認識しながら労働者＝国民大衆の利益を図ることが社会事業に求められているとしたのである。

孝橋の説は、問題の「社会化」に特化した説であり、「個別化」の問題は、社会事業（社会福祉）の本質に含まれないという主張を行った。そのため孝橋の説は、「**政策論**」といわれている。

4）固有性論
——岡村重夫

「政策論」に対して、ソーシャルワークの立場から社会福祉の本質を捉えようとした者として**竹内愛二**がおり、「**技術論**」と呼ばれた。この時期の「技術論」は「社会化」の視点がないことに加えて、ソーシャルワーク理論の形成において前提としていたアメリカの実践と、日本の戦後直後の実践との間に乖離が大きく、「個別化」という点でも十分な説明力がないことが批判された。

この時期の「政策論」と異なる説を唱えた者としては、社会福祉の固有性という観点から理論化しようとした**岡村重夫**がおり、「**固有性論**」といわれている。

岡村は、社会福祉の固有の視点を定め、それの基づく援助原理を明らかにしようとした。岡村は戦後初期から一貫した主張をしているが、その集大成が『社会福祉原論』（1983年）である。

岡村の提起した社会福祉の固有の視点を理解するためには、まず岡村の社会生活の捉え方を理解する必要がある。社会福祉が対象とするのは個人の生活上の困難のすべてではなく、あくまで社会制度を利用するうえで生じる社会生活上の困難である。たとえば、病気になった場合、軽いものであれば自宅療養で済ますことができるかもしれない。それは個人で完結するので社会生活には当たらない。しかし病院という社会制度を利用しなければ治癒できないにもかかわらず、医療費が払えず通院できないとすれば、それは社会生活上の困難となるのである。

そして岡村は、社会問題として対処する必要がある社会生活上の困難を、社会生活を送るうえでの人間の基本的要求と、それに対応する社会制度との社会関係の困難と捉えたのである。**表1**に示したように、社会生活の基本的要求は七つあり、それぞれに対応する専門分業化した社会制度がある。個人は、いくつもの社会制度に所属したり利用しながら社会生活を送っているが、それぞれの社会制度は個人に対して一定の役割を期待する。たとえば、仕事をするためには会社員としての役割、治療を受けるためには患者としての役割、家庭を維持するためには家族としての役割である。個人はこれらの異なる役割を実行することが求められているが、時には、役割が矛盾しすべての役割を実行できなくなる（会社員としては出勤を求めるが、患者としては治療に専念することを求める場合など）。このように個人と社会制度の間の社会関係には、二重構造がある。社会制度が相互に無関係に個人に役割を求める側面（客体的側面）と、個人が多くの社会制度から求められる役割を調和させながら、役割を実行する側面（主体的側面）である（**表1**の関係を結ぶ矢印が双方向になっている）。そして、専門分業化した社会制度はあくまで客観的側面で、一面的にしか問題を捉えられないが、社会福祉はこの主体的側面に立って問題を捉えることが、ほかの専門分業化した社会制度にはできない固有の視点としたのである。

この固有の視点は、次の四つの援助の原理に整理される。第一に、社会福祉が対象とするのはあくまで社会生活であるという社会性の原理である。第二に、社会福祉は多数の社会関係の全体を捉えて調整するという全体性の原理である。第三に、多数の社会関係を統合する主体はあくまで当事者であるという主体性の原理である。第四に、社会生活の基本的要求は生活するうえで欠かせないものであるため、現実に利用できる条件に制約されても実際的に解決しなければならないという現実性の原則である。

こうした援助の原理に基づくと、社会福祉が扱う

表1　社会生活の基本的要求と充足させる社会制度

a. 経済的安定⇆産業・経済、社会保障制度
b. 職業的安定⇄職業安定制度、失業保険
c. 医療の機会⇆医療・保健・衛生制度
d. 家族的安定⇆家庭、住宅制度
e. 教育の機会⇆学校教育、社会教育
f. 社会的協同⇄司法、道徳、地域社会
g. 文化・娯楽の機会⇆文化・娯楽制度

出典：岡村重夫『社会福祉原論』全国社会福祉協議会、85頁、1983年

対象は、次の三つの問題となる。第一に、客体的側面の相互矛盾による社会関係の不調和である。第二に、社会生活の基本的要求を充足する社会制度を利用できないことによる社会関係の欠損である。第三に、社会制度の側が硬直化して社会生活の基本的要求に対応できないことによる社会制度の欠陥である。

そして、これらの問題に対処するために社会福祉は次の五つの機能を果たす。第一に、訴えられた生活困難がどのような社会関係の問題によるのかを、当事者参加のもとに、評価する機能（評価的機能）である。第二に、多数の社会関係の相互矛盾を調整する機能（調整的機能）である。第三に、欠損した社会関係を回復させるか、あるいはそれに代わる新しい社会関係を見出すように送致する機能（送致的機能）である。第四に、個人の社会関係能力条件を開発し、また地域社会に働きかけ新しい制度を開発する機能（開発的機能）である。第五に、援助対象者が社会関係の全体的調和を実現できないとき、実現するまでの間、社会福祉が特別の保護サービスを提供する機能（保護的機能）である。

岡村は、社会福祉がこのような当事者の主体性という固有の視点をもつに至った原動力を、法律によらない民間の自発的な社会福祉による社会福祉的活動に求めた。こうした活動がより有効でより合理的な援助原則を求めてきた自己改造の過程の結果が社会福祉であると捉えたのである。

岡村の理論は、社会制度と個人の間の社会関係に着目し、かつ個人の主体的側面に固有の視点を見出したことで、「社会化」と「個別化」の問題を整合的に説明しようとした。ただし岡村の「社会化」は抽象性が高く、社会構造がどのような社会問題を生み出したのかという「社会化」の構造的分析をしていない。当時、社会構造分析において影響力を有していたマルクス主義とは距離を置いた理論となっている。そのため、マルクス主義の影響力が薄れた現代でも基本文献として読まれている。

5）運動論
——真田是

1960年代後半になると、高度経済成長期の歪みとしてさまざまな社会問題が発生していた。これに対する学生運動や市民運動が盛り上がった。また社会福祉においても、革新政党の首長による革新自治体では、拡大する福祉ニーズに対応する独自の政策を打ち出した。こうした状況を受けて社会福祉原論においても、社会福祉運動を「社会化」の重要な要因と位置づけ、福祉労働者を「社会化」と「個別化」を媒介するものと位置づける「**運動論**」が、**真田是**や**一番ヶ瀬康子**らによって提唱されるようになった。「運動論」は、マルクス主義により社会問題を捉えたという点では、「政策論」の系譜に位置づけられるため、「新政策論」と呼ばれることもある。

真田の提起を、一番ヶ瀬康子との共編著である『社会福祉論〔新版〕』（1975年）でみてみよう。

まず真田の社会福祉の対象の捉え方は次のとおりである。社会福祉の対象は社会問題であるが、そのすべてを対象とするわけではない。対象化を規定する要因は、社会福祉の固有性（社会福祉政策体系が扱える問題）と階級性（政策主体と社会運動の力関係）である。これらによって対象化されるのは「社会化」における政策的な対象であるが、これとは別に、社会福祉の対象には福祉労働者が働きかけによって「個別化」した実践的な対象がある。そしてこの対象の二重性は、必ずしも重なり合うとは限らない。その時点で政策的な対象となっていなくても、福祉労働はその政策的限定を打ち破って対象者に必要な実践的な対象（課題）を広げようとする。そしてこの福祉労働の働きは、結果として政策的な対象をも広げようとする社会運動につながるのである。

さらに真田は、社会福祉の三元構造を提起し、社会運動の重要性を指摘した。社会福祉の三元構造とは、社会福祉を成立させ、その内容や水準に影響を与える三つの要素であり、第一に社会問題であり、第二に社会福祉を行う主体（政策主体としての国家）、第三に社会運動である。つまり社会構造がもたらす社会問題に対して、政策主体（国家）と社会運動の双方からのダイナミズムが、その社会における社会福祉の内容や水準を決めるのであり、社会福祉が推進するためには社会運動による働きかけが重要になるのである。

真田は、「社会化」と「個別化」を対象の二重性として捉え、この問題に真正面から取り組んだ研究者であった。しかし社会問題の分析においてマルクス主義の社会的影響力が低下するとともに、そこに依拠する「運動論」も影響力が低下していった。

こうした真田らの「運動論」による試みのほかにも、**木田徹郎**の**中間理論**や、**嶋田啓一郎**の**力動的統合理論**など、「社会化」（政策論）と「個別化」（技術論）を統合的に理解しようとする試みが、この時期になされた。

6）経営論
――三浦文夫

1973 年のオイルショック以降、安価な化石燃料に依存していた経済成長が鈍化し、経済成長に支えられていた福祉国家政策の見直しが、1980 年代にかけて先進諸国で課題となっていった。共通する改革の方向性は、国家から地方への分権化を伴うコミュニティ・ケアの推進と、福祉サービスの効率化を求めた民間営利企業などの供給主体の多元化であった。こうした状況下において、**三浦文夫**は、「社会化」（政策論）と「個別化」（技術論）の統合の必要性は認めつつも、まずはそれぞれの分野での理論化を推進すべきとし、福祉サービスの改革を推進するためにニーズ論やサービス供給論を展開し、「**経営論**」と呼ばれた。

三浦の主張を、『社会福祉政策研究――社会福祉経営論ノート』（1985 年）をもとにみてみよう。

三浦は、社会福祉の本質を政策か実践かという二者択一的な捉え方を否定し、両者は次元の異なる分析視角の違いであるとした。問題を「集合的・範疇的」なレベルで切り取るのが政策であり、問題を「個別的・具体的」に現実の人間（集団）のレベルで捉えるのが実践であるとした。そして政策においてはイギリスのソーシャル・アドミニストレーション（ソーシャルポリシー）研究が有用であると指摘し、ニーズ論やサービス供給論などを展開した。

三浦の「経営論」は、論争としては膠着（こうちゃく）化していた本質論争の議論を棚上げしようとするものであった。これまでの「政策論」や「運動論」が政策批判の学としての性格が強かったこともあり、本質論争にエネルギーを使うより、まずは実学として基盤を固めることを主張したのである。そして三浦の提起は、施設を中心とした社会福祉の措置（行政処分）から、地域における福祉サービス（利用契約）への転換を図る、80 年代から 90 年代にかけての時代背景もあり、新たな供給体制を理論化するうえで大きな影響力をもった。

三浦自身は、政策と実践の関連性検討の必要性を否定したわけではないが、「社会化」や「個別化」という問題についての理論的検討は行っていない。

7）システム論
――古川孝順

1990 年代は、社会福祉基礎構造改革が推進され、措置から契約へのサービス供給体制の転換が具体化された。また 1987 年には、多元化した供給主体におけるサービスの質の担保のため社会福祉士が国家資格化され、ソーシャルワーカー養成の必要性が高まり、社会福祉系学部・学科の新設が多くの大学でなされた。

こうした背景を受けて、「技術論」があらためて見直されるようになった。これまでの社会福祉理論研究では、「社会化」を論じない「技術論」は、あくまで社会福祉理論の各論でしかなかった。しかし社会問題に対応する社会福祉制度が整備され、ソーシャルワーカー養成が大学教育の重要な要素となると、「社会化」よりも「個別化」がより実践的な課題となってきたのである。また戦後直後とは異なり、日本の実践を基盤としたソーシャルワーク理論研究が蓄積されており、ソーシャルワーク理論の影響力も増してきたのである。そのため社会福祉理論をソーシャルワーク理論とみなすべきとの主張もなされるようになり、「社会化」を重視した社会福祉理論研究への関心が低下していった。

こうした状況に対して**古川孝順**は、**システム論**を社会福祉に援用することで、「社会化」（政策論）と「個別化」（技術論）の統合を図ろうとするなど、新たな試みを提起している。

古川の『社会福祉学原理要綱』（2023年）をもとにその理論をみてみよう。

古川は、まず社会福祉にかかわる政策と実践の関連性を、「自律生活」と「生活協同体」という二つの概念で捉えようとしている。生活を、一人ひとりの主体的、目的的、自己組織的な営みであるとともに、人々の協同によって成り立つ営みと捉え、社会福祉を、自律生活を支援し、生活協同体としての社会の保全、存続、発展に寄与する施策と位置づけている。そしてその両者の関係を理解する枠組みとして、システム論を用い、社会福祉が、政策・制度・支援の三つのサブシステムにより構成される一つのシステムと捉え、社会的環境と物質的環境を外部にもつとしている（**図1**）。このように古川は、「社会化」と「個別化」を三つのサブシステムの相互作用のなかに位置づけたのである。

また古川は、一般的生活支援施策（社会政策）と社会福祉施策の違いを、「社会福祉のL字型構造」（**図2**）で説明している。古川は、社会福祉の領域を、補充性を示す部分と固有性をもつ部分に分け、L字の横棒（**図2**の①から⑬の部分）にあたる部分が一般社会サービスと交錯する補充性の領域であり、L字の縦棒にあたる部分が一般社会サービスと並列する固有性の領域であると整理した。

3. 新たな課題

以上、社会福祉理論の変遷をみてきたが、日本の社会福祉理論のこれからの課題について整理する。

第一に、マルクス主義経済学分析に代わる社会問題論の理論化である。

社会福祉理論には、「技術論」や「経営論」のように、社会福祉が対象とする問題を、社会問題論としてではなく、サービスに対するニーズ論として抽象的に論じる理論もある。しかし社会福祉における政策と実践の関連性を論じるためには、社会構造との関係で問題を捉える社会問題論を欠かすことができない。

戦後の日本においては、マルクス主義経済学の影

図1　社会福祉のシステム構成

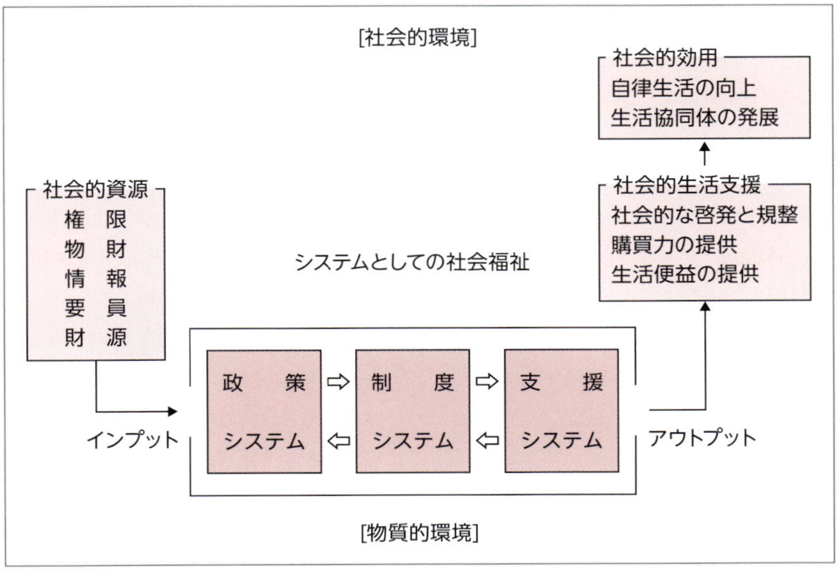

出典：古川孝順『社会福祉学原理要綱』誠信書房、104頁、2023年

図２　社会福祉のＬ字型構造

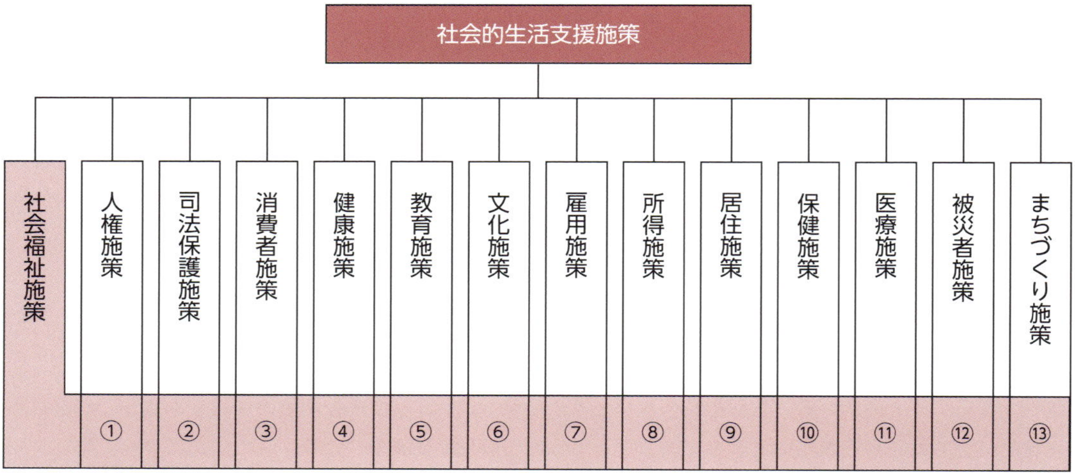

※横棒部分の例示
①人権生活支援＝被差別支援／虐待支援／権利擁護／法律扶助
②司法保護生活支援＝司法福祉／更生保護／家事調停
③消費者生活支援＝高齢者・未成年消費者支援
④健康生活支援＝健康相談／高齢者スポーツ／障害者スポーツ
⑤教育生活支援＝障害児支援／病児支援／学習支援／スクールソーシャルワーク／教育扶助
⑥文化生活支援＝児童文化支援／障害者文化支援／福祉文化支援／レクリエーションワーク
⑦雇用生活支援＝高齢者・障害者・母子・若年者・ホームレス就労支援
⑧所得生活支援＝生活保護／児童手当／児童扶養手当／特別児童扶養手当
⑨居住生活支援＝低所得者住宅／高齢者・障害者・母子住宅／ケア付き住宅／住宅改良
⑩保健生活支援＝育児相談／妊産婦相談／精神保健福祉相談／難病相談
⑪医療生活支援＝低所得者医療／医療扶助／医療ソーシャルワーク／精神保健福祉
⑫被災者生活支援＝災害時要援護者支援／生活再建／生活相談／災害ボランティア活動／コミュニティ再生
⑬まちづくり生活支援＝福祉のまちづくり／つながり支援／社会参加支援／ユニバーサルデザイン

出典：古川孝順『社会福祉学原理要綱』誠信書房、206 頁、2023 年

響が強く、社会福祉理論においても「政策論」や「運動論」など、それに基づく社会問題分析を理論化したものが主流であった。しかし 1989 年のベルリンの壁の崩壊以降、東西冷戦が終結し、マルクス主義経済学の影響力も低下していった。さらに社会福祉が対象とする問題も、マルクス主義経済学が批判した資本主義経済の構造的欠陥である窮乏化（貧困）にかかわる問題よりも、家族が伝統的に担ってきた育児や介護などケアにかかわる問題が増えてくると、社会問題分析の説明力も低下していったのである。

では現代社会が抱えるケアの問題（貧困に関する問題に加わった問題）をどのように捉えればよいのであろうか。一つの方向性としては、第二の近代化論や近代的な家父長制の分析など、家族にかかわる社会問題分析が有用なのではないか。

第二に、社会福祉の正当化にかかわる規範理論の検討である。

社会福祉は、なぜその社会的援助が必要なのかという正当化をめぐる問いから逃れることができない。近代市民社会の原則となっている自立という価値との関係性が問われるからである。これまでの社会福祉理論では、個人の尊厳や人権、あるいは憲法の生存権などの価値を掲げることでこの問いに対抗してきた。しかし福祉国家の財政危機が深刻化する現代においては、誰のニーズを、どの程度、どのように充たすのかは、重要な政治的争点なのである。なぜ社会福祉は、この社会に必要なのか、より説得力のある規範理論の研究が不可欠なのである[3]。

注

（1）社会学委員会社会福祉学分野の参照基準検討分科会『報告　大学教育の分野別質保証のための教育課程編成上の参照基準――社会福祉学分野』日本学術会議、1頁、2015年
（2）同上、2頁
（3）以上の課題については、岩崎晋也『福祉原理――社会はなぜ他者を援助する仕組みを作ってきたのか』有斐閣、2018年を参照。

参考文献

- 古川孝順『社会福祉学原理要綱』誠信書房、2023年
- 一番ヶ瀬康子・真田是編『新版社会福祉論』有斐閣双書、1975年
- 岩崎晋也『福祉原理――社会はなぜ他者を援助する仕組みを作ってきたのか』有斐閣、2018年
- 孝橋正一『全訂　社会事業の基本問題』ミネルヴァ書房、1962年（復刊：2009年）
- 三浦文夫『社会福祉政策研究――社会福祉経営論ノート』全国社会福祉協議会、1985年（『増補改訂　社会福祉政策研究――福祉政策と福祉改革』1995年）
- 日本学術会議社会学委員会社会福祉学分野の参照基準検討分科会『報告　大学教育の分野別質保証のための教育課程編成上の参照基準――社会福祉学分野』日本学術会議、2015年
- 岡村重夫『社会福祉原論』全国社会福祉協議会、1983年
- 大河内一男「我国に於ける社会事業の現在及び将来――社会事業と社会政策の関係を中心として」『社会事業』22（5）、2～22頁、1938年（再録：『大河内一男著作集第五巻　社会政策の基本問題』青林書院新社、308～330頁、1969年）
- 岩崎晋也編『リーディングス日本の社会福祉1　社会福祉とはなにか』日本図書センター、2011年
- 室田保夫編『人物でよむ社会福祉の思想と理論』ミネルヴァ書房、2010年

3 福祉国家理論の新しい動向

圷　洋一

1. 福祉国家理論とは

1）広義の福祉国家理論

この「**福祉国家理論**」（welfare state theory）という表現はあまり一般的なものではなく、そうした名称の書籍や論文も決して多いとはいえない。だがこのことは、福祉国家に関する理論的な議論や研究が低調であることを意味しない（たとえばBéland 2016=2023や田中 2023）。20世紀に形成された福祉国家は学際的で国際的な研究対象とされ、これまで数多くの研究が蓄積されてきた（その集大成としてはBéland, et.al. eds. 2020）。そうした研究では、福祉国家のさまざまな取り組み（その根拠・形態・構造・性能・変容・課題など）に関する理解と説明に際して、何らかの「理論」が前提にされていることはいうまでもない。

福祉国家研究の前提や背景をなしてきた「理論」としては、たとえばマルクス主義やフェミニズムなどの知的潮流が挙げられる。これらの潮流のもとでは、「階級」「資本制」「家父長制」など、それぞれの知識体系を構成するコンセプトとのかかわりで「福祉国家」が分析対象とされている。ここでは、こうした福祉国家研究の前提をなす理論を「**広義の福祉国家理論**」と呼ぶことにする。

だが、これらは社会科学全般の足場をなす理論であり、福祉国家理論として扱うには何らかの工夫が必要である。この点に関して、イギリス社会政策学において培われた福祉イデオロギー研究は、福祉国家の形成・発展・批判に影響を与えてきた知的潮流の分類学を発展させることを通して、ここでいう広義の福祉国家理論に明瞭な輪郭を与えることに成功している（代表的研究としてはGeorge & Wilding 1994）。本章では一連の福祉イデオロギーを「広義の福祉国家理論」として捉えることにしたい。

2）福祉イデオロギーと理論

では、**福祉イデオロギー**とはいったい何なのか。端的にいえば、それは福祉国家の研究と実際の福祉国家の両方に影響を及ぼすイデオロギー（特に政治イデオロギー）を指す概念であるといえる。ここではイデオロギーについて十分に解説する余裕はないが、さしあたり「人びとの認識・思考・行為を左右する価値と信念のシステム」と捉えておく（圷 2007）。

近代初頭の西欧社会では、自由主義、保守主義、社会主義という三つの政治イデオロギーが形づくられた。政治イデオロギーとは、統治のあり方や自由・平等・正義といった政治的コンセプトの捉え方を左右するイデオロギーである。まず封建社会から近代社会へと移行する過程で、啓蒙的理性の主体としての個人の解放（消極的自由）を追求する自由主義が生まれた。それに対抗する形で、一方では、人間の理性や合理性に対する懐疑に依拠して、伝統と権威そして現実主義的な発想を重んじる保守主義が登場し、他方では、人間の自律性や創造性への信頼に基づいて、社会的平等と社会的自由（積極的自由）の実現を目指す社会主義が誕生した（圷 2021；2022）。

これら近代初頭に誕生した原初的な政治イデオロギーとそのさまざまな分派に立脚する知識人や為政者たちが、近代化の負の産物（大規模な失業や貧困）への対策として登場した社会政策とのかかわりで、社会問題の捉え方（たとえば貧困原因は個人の怠惰か経済社会の構造か）や応じ方（たとえば慈善か公的救済か、予防か救済か)、そして国家の役割(市場や市民社会との関係など)をめぐって議論を繰り広げるなかで、しだいに福祉イデオロギーが形をなしていった。

では、この福祉イデオロギーはいかなる意味で「福祉国家理論」と呼び得るのだろうか。まず「理論」についての理解を共有しておきたい。福祉理論研究の第一人者である**T. フィッツパトリック**(Fitzpatrick, T.)が指摘しているように、「理論」を用いた探求には「超越」(transcendence)と「内在」(immanence)という二つの形式がみられる(Fitzpatrick 2011:5-6)。超越とは、慣れ親しんだ文脈を超えて社会世界を外側から見たり考えたりしようとする探求形式を指し、内在とは、そうした文脈をいっそう深く掘り下げて社会世界を内側から見たり考えたりしようとする探求形式を指す。

フィッツパトリックは、福祉(そしてその追求手段としての福祉国家や社会政策)に対して理論的にアプローチするうえで、これら二つの形式の探求がどちらも欠かせないとしている。だが、いずれの探求形式においても、何らかの対象を理解し説明するという役割が理論に期待されていることに違いはない。むしろ、対象の理解と説明には様々な様式があるなかで、超越と内在という探求形式によって特徴づけられる理解と説明の様式が「理論」であるといえるだろう。

3)福祉国家理論としての福祉イデオロギー

こうした理論的営為に関し、特に社会科学においては、研究対象が「何であるか/どうなっているか」を理解し説明することと、それが「何であるべきか/どうあるべきか」を理解し説明することとが慎重に区別されてきた。この点に関して、イギリス社会政策学においては、オブライエンとペナによる「**福祉の社会理論**」と「**福祉の規範理論**」という区別が知られている(O'Brien & Penna 1998)。大まかにいえば、前者は福祉追求の取り組みが「何をしているのか」「どうなっているのか」(たとえば福祉国家の仕組みや変化のメカニズム)の解明を目的とする理論であり、後者は福祉追求の取り組みが「何をすべきか」「どうあるべきか」(たとえば福祉国家の存立を正当化する理念や根拠)の考察を目的とする理論である。だが実際には、社会世界を扱う言説のもとでは事実と規範が複雑に入り組んでいる。こうした両者の分かちがたさが福祉イデオロギーを福祉国家理論とみなす理由になる。

たとえば、貧困救済が国家の役割の一つであることは「事実」とみなせるにしても、それは、国家が貧困救済を行うべきであるとする「規範」が広く共有された結果であり、そうした国家が「**福祉国家**」と呼ばれているのである。福祉国家は「すべきこと」を「している」という意味で、規範と事実(あるいは理想と現実)の混成体とみなせる。それゆえ「国家はなぜ貧困救済を行うのか」という問いへの応答には、事実的説明(たとえば有効需要創出、資本蓄積、秩序維持など)と規範的説明(たとえば人権、社会権、社会正義の追求など)が必要であり、いずれか一方だけが適切な説明であるわけではない。

福祉イデオロギーは、こうした事実的説明(福祉の社会理論)と規範的説明(福祉の規範理論)をともに含んだ包括的「理論」として捉えることができる(Lister, Patrick, Brown 2024:6)。それは、個人、家族、社会、市場、国家、福祉などの基本コンセプトに関する(それぞれの視座における)規範的認識に基づいて、福祉国家をめぐる事実(対応すべき課題やその対策など)に関する超越的あるいは内在的な解釈を提示する。そしてその解釈が、個人・集団・組織の活動(たとえば政策立案・制度運営・対人支援・政策批判・社会運動など)に意味や動機を与え、実践的な指針をもたらすのである。

福祉イデオロギーの古典的分類としては、R. ティトマス(Titmuss, R.)が示した「残余的福祉モデル」「産業的業績達成モデル」「制度的再分配モデル」という社会政策の3類型がよく知られている(Titmuss 1974=1981:30-31 = 27-29)。エスピン-アンデルセン(Esping-Andersen)による福祉レジームの分類(Esping-Andersen 1990=2001)にも影響を与えたこの3類型は、原初的な政治イデオロギーとの対応関係が明確な福祉国家理論であるといえる。というのも、市場と家族における「自助」を重視する残余的福祉モデルが自由主義と、既存の政治経済的秩序のもとでの生産性や貢献を重視する産業的業績達成モデルが保守主義と、社会的平等と必要原理を重視する制度的再分配モデルが社会主義（社会民主主義）と親和的であることは明白だからである。

4）狭義の福祉国家理論

こうした広義の理論と区別される「**狭義の福祉国家理論**」として想定されるのは、社会政策学、政治学、社会学などさまざまな学問分野のもとで形成されてきた諸学説である（詳細についてはPierson 2006のPart 1と田中2023の第1章を参照）。その全体像を捉えるうえでは、**N. ギルバート**（Gilbert, N.）の文献レビュー（Gilbert 2011）が参考になる。同書は、オックスフォード大学出版局の文献オンライン研究ガイドシリーズの一冊であり、そこでは20世紀半ばから2010年代までの福祉国家理論に関する基本文献が紹介されている。その概要を整理したものが**表1**である。

ギルバートの整理からは、（狭義の）福祉国家理論が多種多様な学説から構成されていることがわかる。そこには、①福祉国家の形成・発展要因の解明を目指した学説、②福祉国家の機能主義的な説明を重視する（あるいはそれを批判する）学説、③福祉国家に関する従来の見方を刷新しようとする学説（ジェンダー論や福祉ミックス論）などが含まれている。こうした多様な議論や学説の集まりを指すうえでは「福祉国家理論」という表記よりも、しばしば大学の講義名などに用いられる「福祉国家論」という緩めの表記がフィットするように思われる。そこで以下では、狭義の福祉国家理論を「福祉国家論」、広義のそれを「福祉国家理論」と表記することにしたい。

2. 支配的な福祉国家理論の展開

1）支配的な福祉国家理論
――イギリスでの展開

福祉国家理論（としての福祉イデオロギー）は、ティトマスの古典的分類が示しているように、自由主義、保守主義、社会主義という三つの原初的な政治イデオロギーをベースにしている。だが、どのような理論が形成されるかは、その説明対象としての福祉国家の形態や内容と同様、各国がおかれている時代状況に左右される。ここでは、**R. リスター**（Lister, R.）らがアップデートさせた最新の理論書に依拠して、イギリスにおける福祉国家理論の展開を概説する（Lister, Patrick, Brown 2024）。そのアウトラインは次のようになる。以下、同書の参照箇所は（UT：頁数）と表記する。

戦後イギリス福祉国家の建設と発展には、保守党の「中道」理論と労働党の「社会民主主義」理論が支配的な影響を及ぼした。これらの理論が反映されたケインズ－ベヴァリッジ型の福祉国家は1960年代に黄金期を迎えたあと、それを支えていた政治経済社会的な諸前提にほころびがみられていく。1979年に登場したサッチャー保守党政権は「ニューライト」理論に依拠して福祉国家の批判と見直しを進めた。1997年に政権交代を果たしたブレア労働党政権は「第三の道」理論を掲げて福祉国家の現代化を図った。その後、労働党が政権を失った2010年以降、いくつもの「危機」がイギリスを襲った。そのもとで、左派と右派のイデオロギー的な立場が変化し、ポピュリズムが主流化するようになった。リスターらはおおむねこのような流れで今日に至るまでのイギリスにおける福祉国家理論の展開を描き出している。

これら中道、社会民主主義、ニューライト、第三の道、そして現代保守主義は、それぞれイギリス福祉国家における社会政策の形成・運営・改革に実際的な影響を及ぼしたという点で、リスターらに倣って「支配的」な福祉国家理論と呼ぶこととしたい。これに対して、そのような政治的で実際的な影響力

表１　N. ギルバートによる福祉国家論の重要文献に関する分類

分類項目	主要テーマ	代表的研究
概観	WST の枠組みの提示	左右の政治的志向（Pierson & Castles 2000）、資源の再分配や国家と市場の関係（Titmuss 1974）、ジェンダー、エスニシティ、近代化、権力（Leibfried & Mau 2008）
論集	多様な理論的視点の提示	ジェンダー論（Sainsbury 1994, Gilbert 2006）、社会政治的影響（Immergut et al. 2007, Flora & Heidenheimer 2003）、グローバル化の圧力（Esping-Andersen 1996）、民営化（Johnson 1995）、就労促進やターゲティングなどへの収斂（Gilbert & Van Voorhis 2003）、米国と欧州の社会モデルの相違（Alber & Gibert 2009）
社会福祉データ	国際的情報源	European Commission. Eurostat、Luxemburg Income Study、OECD. Social and Welfare Issues. Statistics、U.S. Census Bureau.
歴史的発展	WS 発展に影響を与えた思想や勢力の分析	政策決定過程（Skocpol 1995, Stoesz 2005）、広範な社会的・知的趨勢（Trattner 1999, Hacker 2006）、WS の役割と目標（Briggs 1961）、宗教的・世俗的な思想（Leiby 1978）、技術的・国家的変化（Wilensky & Lebeaux 1965, Tang 1999）、英仏米独露の経験比較（Rimlinger 1971）
理論的分類	WST の分類と比較	政治イデオロギー（George & Wilding 1994, Holmwood 2000, Cerami 2006）、機能主義の批判や相対化（Mishra 1981, Gough 1978）、各次元を組み合わせた理論の分類（Van Voorhis 1998, Kvist & Torfing 1996, Bonoli 1997, Midgley 1997）
機能主義と収斂	社会保護機能の説明と収斂の強調	社会変動（近代化・都市化・工業化）に伴う WS の発展（Marshall 1964）、社会保護制度の収斂（Ferge 1997, Overbye 1994, Wilensky 1975, Zijderveld 1999, Kangas 1994）
機能主義とグローバル化	WS に対するグローバル化の影響	グローバル化の影響をめぐる学際的アプローチ（Rhodes 1996）、WS への縮小･調整圧力（Standing 1999, Mishra 1999, Taylor-Gooby 1997）、支出水準への影響（Bowles & Wagman 1997, Alber & Standing 2000）、収斂（George 1998, Montanari 2001）
社会政治的過程	政治過程での衝突から WS の発展を説明	利益集団と社会階級（Korpi 1983, Piven & Cloward 1993, Mishra 1990, Baldwin 1989）、権力関係（Clasen 2005）、政治的動員力（Pierson 1994, Offe 1984）、経路依存（ Hacker 2002）、経路からの逸脱（ Bonoli & Palier 1998 ）
社会政治的視点と WS モデル	WS の収斂の否定と多様なレジームの強調	３タイプの福祉レジーム（Esping-Andersen 1990）、代替的レジームタイプ（Ferrera 1996, Leibfried 2000, Bradshaw and Terum 1997）、レジーム内の政党の違い（Seeleib-Kaiser et al 2008）、東アジアの多様性（Walker & Wong 2005）
多元主義：公私ミックス	福祉多元主義の記述的説明	社会福祉の公私ミックスの境界線（Titmuss 1958, Gilbert & Gilbert 1989, Johnson 1987, Howard 1997）、公私ミックスの変化（Abramovitz 1986, Pedersen 2004, Rein & Rainwater 1986, Gilbert 1983）
WS へのジェンダー視点	ジェンダー視点を採り入れた理論と政策を提示	既存理論の男性稼ぎ手モデルへの傾斜（Lewis 1992, Orloff 1993, O'Connor 1993）、ケアの組織化（Knijn & Kremer 1997）、仕事と家庭生活の両立政策（Esping-Andersen 1999, Guo & Gilbert 2007, Gilbert 2008, Gornick & Meyers 2003）

出典：Gilbert（2011）をもとに筆者が作表した。WST は福祉国家理論、WS は福祉国家の略語である。なお、紙幅の都合から表内の文献は割愛したが、本章のリストに掲載された文献は色文字にした。

には乏しいものの、支配的な理論への批判として知的・学術的な影響力を行使してきた理論もあり、これについてもリスターらに依拠して「批判的」な福祉国家理論と呼ぶことにする。本項では、戦後イギリスにおける「支配的」理論の展開を扱うが、「批判的」理論については、後にあらためて検討する。

2）中道と社会民主主義

保守党首相を務めた H. マクミランの造語として知られる「中道」は、保守党に限らず、戦後イギリス福祉国家の立役者である J.M. ケインズや W. ベヴァリッジによっても支持された福祉国家理論である。それは、左右の壮大かつ急進的なアプローチを敵対視する一方、現状維持を基調としつつ、自由市場の欠点を認め、福祉ミックスの一部としての国家部門による漸進的で現実主義的な社会改良を重視し、市場の規制と貧困対策そして教育制度による機会平等を推進する理論である（UT：32）。

もう一つの福祉国家理論は「社会民主主義」ないし「民主的社会主義」であり、R.H. トーニー、R. ティトマス、A. クロスランドが代表的な理論家と目される。その強調点は、国家による市場の規制と管理、福祉ミックス（福祉の社会的分業）への批判、所得・富・権力の再分配による経済社会的な平等と自由の実質化、社会統合をねらった普遍的福祉供給の推進、利他主義とフェローシップの価値を促進する国家への信頼にある（UT：34-7）。

3）ニューライト

戦後イギリス福祉国家の建設と発展を主導したこれらの理論は、新たに主導権を握ったサッチャー保守党政権の「**ニューライト**」（経済面での新自由主義と政治面での新保守主義の混合）理論に出し抜かれていった。ニューライト理論の強調点は、個人の尊厳を支える市場での「選択の自由」、市場の運営および法と秩序の維持や自己責任強化をねらった「強い国家」にあり、ケインズ－ベヴァリッジ型の福祉国家は、経済競争力の低下、国家の肥大化、個人や家族の福祉依存と無責任化をもたらすがゆえに、経済的・政治的・社会的に有害であるとされた（UT：38-42）。

福祉供給の（準）市場化、規制緩和、マネジメント主義の導入がニューライトの福祉国家理論を特徴づけるが、こうした転換の根底には合理的選択理論との合流がみてとれる（UT：41）。この点について**J. ルグラン**の表現を用いて解説すれば、それまでの中道と社会民主主義の福祉国家理論では、福祉の供給主体は利他的な「ナイト」、福祉の利用主体は従順な「ポーン」（歩兵）であると解釈されていたが、ニューライト理論では、いずれも利己的な「ネイブ」（悪党）として再解釈されるようになったということになる（Le Grand 2003 = 2008）。ニューライト理論における福祉国家の市場化要請は、福祉利用者を、自己利益に基づいて選択の自由を行使できる「クイーン」に転換することをねらいとしているが、このようなエージェンシーの見方は「第三の道」にも引き継がれた（ルグランの準市場論については圷 2008 を参照）。

4）第三の道

ニューライト理論の次に主導権を握ったのは「**第三の道**」の福祉国家理論である。それは端的にいえば、経済社会のグローバル化への適応を目指し社会民主主義の現代化を模索する理論である。その性格について、新労働党を率いた T. ブレアは、旧来の左派と右派との対立を超えて、社会民主主義の平等重視の姿勢と新自由主義の市場重視の姿勢とを融合させることを強調したが、その市場重視の姿勢にニューライトとの連続性をみてとる者もいれば、国家の役割に対するあいまいさと現実主義的な政治的態度にかつての中道との類似性を指摘する者もいる（UT：43-4）。このように多様な解釈が示されてきた「第三の道」の規範的・政治的な性格は、打ち出された四つの価値（権利に伴う「責任」、有償労働と教育を通じた「包摂」と「機会」、共通善に基づいて統合される「共同体」）から読み取ることができる（UT：Box1.9）。

5）現代保守主義

労働党政権が退陣した 2010 年以降、保守党単独政権および自由党との連立政権はいくつもの「危機」（世界金融危機、ブレグジット、コロナ禍、生活費高騰）への対処を迫られた。危機がもたらした混乱は、2016 年から 2024 年の 9 年間で 5 人の首相（キャメロン、メイ、ジョンソン、トラス、スナク）が交代したことにもみてとれる（UT：45）。

この時期における「**現代保守主義**」の福祉国家理論を特徴づけるのは、世界金融危機を口実にした社会保障支出の大幅削減と増税を含む急進的な緊縮政策、ブレグジットや移民制限にみられる福祉排外主義の強化とポピュリズムへの転換といったイデオロギー的対応のみならず、コロナ禍とその後の生活費高騰に対する財政支援を強化した柔軟で現実主義的な対応である。前者はニューライト理論の継承であり、後者は中道理論への回帰といい得るが、いずれも保守主義の一貫した特徴である（UT：49)。

3. 批判的福祉国家理論の展開

1）批判的福祉国家理論としてのマルクス主義

マルクス主義を、前述のような「支配的」福祉国家理論に対する「批判的」理論としてみた場合、その意義は、国家と人間に関する独特な解釈に基づく分析に見出せる。この点についてリスターらは、マルクス主義が、「資本制社会において福祉国家が直面する緊張関係」に関する理解と、社会政策と経済政策との接点に目を向けさせる政治経済学的アプローチの意義の再発見に貢献してきたことを強調している（UT：60)。

マルクス主義の理論では、国家は中立的存在ではなく資本制システムの維持と存続を目的としていると解釈される。それゆえ福祉国家は、良質な（教育を施され健康で従順な）労働力の再生産を支援するとともに、労働者階級の要求に譲歩することで階級闘争の弱体化を図り、「資本蓄積」の促進と政治的「正統性」の獲得に貢献しているとみなされる。つまり福祉国家は、労働者階級の利益（生活改善や福祉）と資本家階級の利益（搾取のための支配と管理）という相互に対立する目標を同時追求している点で「矛盾」した体制であると批判される。

他方で、マルクス主義は人間を、理性をもち主体的に行為する個人ではなく、環境と構造的諸力の産物と捉える。しかし個人の行為主体性（エージェンシー）を全否定するのではなく、生産的で創造的な労働者階級の集合的な行為主体性が、変革のための歴史的な力であることを認めている。

2）批判的福祉国家理論の新展開

リスターらは、マルクス主義とともに「フェミニズム」と「反人種差別主義」を批判的な福祉国家理論として取り上げている。さらにリスターらは、批判理論の新展開として「障害理論」「セクシュアリティ研究」「環境主義」を追加している。それらを個別的に取り上げる余裕はないため、ここではポイントを、福祉国家（理論）とのかかわりで「何をどのように批判しているのか」そして「その批判にいかなる意義があるのか」に絞って整理した（**表2**)。上記のマルクス主義についても要点を記した。

こうした多種多様な批判理論は、福祉国家とその前提条件およびそれらの研究において見過ごされてきた事柄を明るみに出してきた。各理論を貫く洞察を要約すれば、福祉国家とは、健常性・異性愛・生産性を特権視する階級化・ジェンダー化・人種化されたシステム（政治・経済・社会・文化）のもとで形成された構築物であり、システムがもたらす種々の抑圧・分断・不平等・不正義に抵抗しこれらを払拭しようとするのであれば、構築過程で福祉国家に備わった歪みに自覚的かつ批判的であらねばならないといったものとなる。

他方で、これらの批判理論が提起する視点の複数性や異種混交性とは裏腹に、全体として断片的な議論となっていることは否めない。そこで以下では、これらの断片化された批判理論の節合を図っている**N. フレイザー**の資本主義社会論を検討することで、批判的福祉国家理論の合流地点となり得るプラットフォームの一例を示すことにしたい。ここでフレイザーの議論を取り上げるのは、いささか唐突にみえるかもしれない。だが、リスターとフレイザーとの理論的な関係の深さを踏まえるなら（Lister 2007)、このような流れはむしろ自然で理に適ったものといい得るはずである（なお、フレイザーの議論に関する解説は圷 2024 を再構成したものである)。

3）フレイザーによる批判理論の節合化

ここで取り上げるフレイザーの著書の邦題は『資本主義は私たちをなぜ幸せにしないのか』とされている（Fraser 2022=2023)。「私たち」を幸せにしない資本主義を、フレイザーは“Cannibal Capitalism”

表 2　批判的福祉国家理論の概要と意義

	批判の概要	分析的・実践的な意義
マルクス主義	福祉国家は資本制の維持を図りつつ、敵対する階級の対立する利害を同時追求する矛盾した体制であることを批判。	福祉国家と資本制との緊張関係や貧困の構造的要因への理解に貢献。政治経済学的アプローチの再発見に貢献。
フェミニズム	福祉国家の制度や政策言説が、家庭や労働市場におけるジェンダーに基づく不平等や不正義（男性への経済的依存、無償労働の軽視など）を再生産し強化する傾向があることを批判。	私事化されてきた事柄の公共化に貢献。女性の多様性やジェンダー・人種・障害・年齢・階級等の緊密な結びつきを理解し分析する視点（交差性論）の確立に貢献。
反人種差別主義	起源においても現在においても、福祉国家は国民化と人種化がもたらした構築物であり、人種的区分を再生産し強化する傾向があることを批判。	福祉供給（社会問題、ニーズ、シティズンシップ、受給資格）の歴史的・構造的な人種化を理解し分析する視点の形成に貢献。
障害理論	障害の社会モデルに立脚し、福祉国家がはらむ二元論（依存と自立、障害と健常）と障害の医学（個人）モデルを通じた抑圧的で排除的な障害化のプロセスを批判。	健常性を正常化する社会を批判するための視点の形成を通じて、平等、シティズンシップ、社会正義の考え方や求め方を深化させることに貢献。
セクシュアリティ研究	福祉国家が異性愛と生殖の規範や関係を制度化および特権化し、セクシュアリティの重要性と多様性を軽視してきたことを批判。	異性愛を正常化する社会を批判するための視点の形成を通じて、障害理論と同様、平等やシティズンシップの考え方や求め方を深化させることに貢献。
環境主義／緑色理論	福祉国家が生産主義（経済成長・資本蓄積・過剰消費の衝動、賃労働中心主義、物質的繁栄）や人間中心主義（道具的環境観）の考え方に立脚してきたことを批判。	国内とグローバルな貧困・不平等と環境問題との連関を問う気候／環境正義論と、脱物質主義・脱人間中心主義・持続可能性を重視する環境シティズンシップ論の形成に貢献。

出典：Lister, Patrick, Brown（2024:ch.2-3）をもとに筆者が整理

（「共喰い資本主義」これが本書の原題である）と名づけ、それを自らの尻尾をくわえて円環をなす蛇状の怪物であるウロボロスにたとえている。永遠性や完全性の象徴であるウロボロスのイメージは、幾度となく「危機と再生」を遂げてきた資本主義の特徴を的確に捕捉している。フレイザーは私たちの生を脅かす種々の問題が束になった今日の「全般的な危機」の根源が、この「共喰い」にあることを究明し、これを克服するための方途を探っている。同書の骨子を五つの命題に要約する。

ⅰ　【命題 1】資本主義は経済ではなく社会である

資本主義というコンセプトは、企業活動、賃労働、金融取引などの経済的側面を含意するのが一般的だが、一連の経済活動は経済とは異なる条件によって可能となる。フレイザーはその可能性の条件の一つを「**社会的再生産**」という概念で表現し、これを「人間を産み育て、社会的つながりを築いて維持するために必要な生活基盤の提供、ケア労働（家事や子育てなど）、相互作用のかたちを指す」ものであり、資本主義に適した主体を形成する活動であると規定している（Fraser 2022=2023：9=26）。そうした資本制経済の可能性の条件は、ほかにも経済活動を支える契約や所有権を規定する政府による法制度の整備、商品生産に要する原材料やエネルギーの調達などが挙げられる。このように経済活動を前景とする非経済的な背景条件（再生産、政治、自然環境など）のもとで資本主義は成立しているという意味で、フレイザーは資本主義とは経済ではなく「社会」（制度化された社会秩序）であると捉えているのである。

ⅱ　【命題 2】資本主義の経済的特徴（前景）は非経済的条件（背景）の上に成り立つ

フレイザーは、マルクス『資本論』に依拠して資本主義の経済的特徴を確認する（ibid.：3-9=18-24）。それは、①生産手段の私的所有（共有財産から少数者の私有財産への転化）、②自由労働市場（労働契約および生産活動からの自由という二重の意味で「自由」な労働者）、③〝自己〟増殖する価値（生産者も所有者も、その欲求充足の取り組みが、欲求に優先する特別な衝動である資本蓄積に利

用される)、④資本主義社会の市場に特有の機能(商品生産への投入物である土地・労働・資本を商品化する機能、社会的「余剰」の投資方法を決定する機能)である。フレイザーは、マルクスが暴露したこれら「搾取のフロントストーリー」の背後に隠れた「収奪のバックストーリー」をさらに暴き出し、資本主義の「前景」としての経済は、非経済的条件を「背景」に成立していることを明らかにする。その「背景」をなす成立条件が前述の①社会的再生産、②政治権力、③地球のエコロジー、④人種差別される人々から収奪した富の現在進行形の注入であるとしている。

ⅲ 【命題3】資本主義の共喰いは前景と背景の構造的・制度的分離を基盤とする

フレイザーによれば、資本主義社会は、前景を背景に「依存」(Dependence) させておきながら、それぞれは違った存在だとして両者を「分離」(Division) し、背景を保全するコストの負担ばかりか、前景が背景に依存しているという事実をも「否認」(Disavowal) する結果、前景と背景が織りなす秩序を「不安定化」(Destabilization) させるという構造的な矛盾をはらんでいるとされる (ibid.: 83=122)。この分離された「背景」を保全するコストとその負担を資本の側が否認することこそが、フレイザーのいう「共喰い」の正体である。

ⅳ 【命題4】前景と背景の接点で生じる境界闘争が蓄積体制を次の段階に移行させる

資本主義社会における前景と背景の制度的分離のもとでは、特定の制度的秩序が形成される一方で、そのもとで生じる不正義・不自由・不合理をめぐって対立や争いが生じる。この争いをフレイザーは「境界闘争」と呼び、前景で生じる階級闘争とともに資本主義社会の構造を決定的に形づくるとしている (ibid.: 21=40)。たとえば、生産と再生産との制度的分離のもとでは、有償で生産を担う男性と無償で再生産を担う女性といった性別分業を自明視させるジェンダー化された制度的秩序が形成され、ケアについてその担い手や有償か無償かをめぐる境界闘争が生じ、蓄積体制の移行に影響を与えていくという。

ⅴ 【命題5】資本主義が社会であるなら社会主義も社会でなければならない

こうした共喰い資本主義の代案として、フレイザーは「**社会主義**」の復権を図っている。資本主義が経済システムとしてではなく、その成立条件をも含んだ制度的秩序つまり「社会」として拡張されて概念化されるのであれば、社会主義も「社会」として包括的に捉えられねばならない。フレイザーが提案する社会主義とは、共喰い資本主義がもたらす諸問題の克服をめざす「社会」であり、その諸問題とは次の①から⑥のような不正義・不合理・不自由である (ibid.: 145-151=200-207)。資本主義の「前景」では、①経済的な不正義として階級搾取が、②経済的な不合理として経済危機の傾向が、③経済的な不自由として、不平等と階級権力が招く民主主義の弱体化が生じる。他方で、資本主義の「背景」では、④非経済的な不正義として、ジェンダー化・脱政治化・物象化・人種化された制度的秩序のもとでの格差・支配・搾取・収奪・抑圧・暴力が、⑤非経済的な不合理として、「多様な危機」(ケアの危機、政治的危機、生態学的危機、帝国主義的危機) の傾向が、⑥非経済的な不自由として、「政治的なもの」(民主的な意思決定) の範囲の狭隘(きょうあい)さゆえに私たちが重要事柄を自ら決定できないという事態が生じる。

4) 批判理論の新展開が照らし出す「新しい福祉」

フレイザーが指摘する上記の「非経済的な不正義・不合理・不自由」は、いずれもリスターらが言及する批判的福祉国家理論の知見なくしては認識が困難なものばかりである。こうした批判理論の新展開は、「従来の福祉」とは異なる「新しい福祉」の実現が要請されていることを暗示している。「従来の福祉」とは、社会保険と社会扶助を用いた所得維持、各種の社会サービス(保育、介護、教育、医療、住宅、これらの資源を多様なニーズと結びつけ

表３　福祉国家をめぐる各種の「転回」

転回の種別	転回前	転回後
蓄積体制論的転回	フォーディズム、工業社会	ポストフォーディズム、脱工業社会
投資論的転回	旧いリスク、事後的な社会保護	新しいリスク、予防的な社会的投資
幸福論的転回	生存水準の物質的救済としての福祉	幸福・繁栄としての福祉、指標化
所有論的転回	所得の再分配、「誰に何を配るか」	富の所有、「誰が何を持つか」

るソーシャルワーク）によって達成できると想定されてきた「福祉」である。「新しい福祉」は、資本主義を維持・補完する「従来の福祉」ではなく、フレイザーが示すような「社会」づくりに貢献できる「福祉」として概念化することも選択肢の一つとして考慮に値するであろう。

しかしながら、私たちが目撃している福祉国家の動向には、資本主義の維持・補完をさらに強める方向での「福祉」の再概念化をみてとることができる。こうした状況のもとで、批判的福祉国家理論やフレイザーの社会主義論が提起している洞察や視点を、どのように活かすことができるだろうか。本稿にこの問いに応じる用意はないが、大きく変容する福祉国家の動態を捉えようとする理論の現在地を確認する必要があることだけは確かだろう。

4. 福祉国家論の新しい動向

1）福祉国家論の新しい動向 ——種々の「転回」として／から読み解く

以下では、福祉国家論（狭義の福祉国家理論）の新しい動向について解説する。福祉国家論の動向を捉えるうえで視点の変化に着目することが有益である。一連の「新しい」動向は、相互に関連するさまざまな視点の「転回」（turn）（方向転換）として捉えることができる。それらの「転回」が指し示している事態は、外生的あるいは内生的な影響による社会構造や生活様式の変容に対する福祉国家の適応や調整であったり、それらとからんだ福祉国家と社会政策をめぐる学術研究や政策立案における考え方や発想の転換であったりする。特徴的な「転回」をまとめたものが**表３**である。

このうち、「投資論的転回」はほかのさまざまな「転回」を踏まえた先進各国における福祉国家改革の動向を包括的に分析するための視点を提供しているため、より詳しく解説した。ここでは扱わないが、ほかにもいくつもの「転回」が福祉国家論の新しい動向を形づくっている。列挙すれば、①国家中心の一元的福祉供給から、市場（民間営利）部門、ボランタリー（民間非営利）部門、インフォーマル（家族や近隣）部門などの多様な供給部門による多元的福祉供給への「福祉混合論的転回」（Johnson 1987=1993）、②一国内で完結するナショナルな福祉供給から、国際政府機関（World Bank、IMF、ILO、WHO など）や国際非政府組織（Oxfam, Save the Children など）が各国政府とともに繰り広げる多層的な福祉ガバナンスへの「超国家論的転回」（Yeates & Holden 2022）、そして③社会構造がもたらす負の福祉（diswelfare）の補償を国家が請け負うべきだとする社会的責任論を上書きする形で、貧困等の負の福祉の原因は本人の選択にあるなら相応の報いを受けたり自力で克服したりしなければならないとする自己責任論が受容されていく「責任論的転回」（Monk 2017=2019）などである。

2）蓄積体制論的転回

蓄積体制論的転回とは、「フォーディズム」から「**ポストフォーディズム**」への移行ないし方向転換を指す。前者は、標準化された少品種の工業生産品の大量生産・大量消費によって特徴づけられる製造業中心の蓄積体制を意味し、後者は、消費社会の多様でニッチな需要に合わせた多品種の工業生産品の柔軟な生産と細分化された消費および金融部門やサービス部門の台頭によって特徴づけられる蓄積体制を意味する。「蓄積体制」とは資本制的な生産の仕組みのことである。この転回は、主として一国内で完結していた「工業社会」（第二次産業中心）から、経済のグローバル化を背景とする「脱工業社会」（第三次産業中心）への移行としても捉えられ、工業社会を特徴づける社会的なリスク（旧い社会的リスク）とそれらを生み出す構造に基づいて形成されたケインズ－ベヴァリッジ型福祉国家の「危機」と「再編」の経済社会的な背景をなしている。

「危機」を経て「再編」を模索し、脱工業社会への適応を図った先進福祉国家が、労働市場の変化（失業の長期化、雇用の非正規化・柔軟化、女性の労働参加など）や人口の少子高齢化などがもたらす「**新しい社会的リスク**」に対して、どのような応答を図ってきたのかを捉えようとする議論が、以下の「社会的投資」論である。蓄積体制論的転回を受けた福祉国家の再編に関する影響力のある分析としては、**B. ジェソップ**（Jessop, B.）の「シュンペーター型ワークフェア国家」（the Schumpeterian Workfare State）論が知られている（Burrows & Loader, eds. 1994：ch.2）。同論でジェソップが提起したのは、グローバル市場経済の要請に従って、国家の役割は、消極的で事後的な社会保護ではなく積極的で予防的な労働市場政策へと転換されていくという見通しに基づく議論であり、投資論的転回を予示するものといえる。

3）投資論的転回

投資論的転回とは、工業社会をベースに形成され社会的な給付と安全網の整備に傾斜したケインズ－ベヴァリッジ型の福祉国家から、グローバル化が進んだ脱工業社会に適した「**社会的投資**」を基調とする福祉国家への方向転換を意味している。投資論的転回には、就労困難者の支援にとどまらない広がりを見て取ることができる（就労支援政策の国際的動向については阿部編 2024）。ここでは社会的投資論の第一人者である **A. ヘメリック**（Hemerijck, A.）による解説（S. ロンキとの共著）をもとに、投資論的転回の骨子を示す（Hemerijck & Ronchi 2020）。

社会的投資とは、端的にいえば脱工業社会における「新しい社会的リスク」への対応を図るための政策転換のコンセプトである。ヘメリックらは社会的投資を「ケインズ主義・ベヴァリッジ主義の福祉国家とその新自由主義による批判とは異なる独自の福祉パラダイム」であると指摘している。このパラダイムのもとでは、①生涯を通じて人的資本とケイパビリティの「ストック」を高め維持するための質の高い教育と訓練への投資（生涯にわたる人的資本のストック）、②現代の労働市場とライフコースの転換の「フロー」の緩和（ワークライフバランス（WLB）に配慮したフロー）、③所得の保護と経済安定化の「バッファー」としての包摂的セーフティネットの供与（包摂的バッファー）といった三つの補完的な政策機能が社会的投資体制を支えるとされる（Hemerijck & Ronchi 2020：114）。

社会的投資は「事後的な所得補償から事前的なリスク予防と能力促進（capacitation）へ」と視点を転換させ、「高水準の雇用を確保することを視野に入れ、脱工業社会の労働市場における人々のケイパビリティと機会を向上させること」をねらいとしているが、働き手を増やすとともにその生産性を高めることは税収の増加につながり、手厚い福祉国家の財政的な持続可能性を担保することにもなるという。

ヘメリックらはその背景について、工業社会の「旧い社会的リスク」が、失業手当などの受動的な所得維持給付によって事後的に対処できたのに対し、脱工業社会の「新しいリスク」には、先を見越した予防的で積極的な介入政策が求められるという点を強調している。そして、「新しいリスク」への対応策として、幼児教育・保育（ECEC）、ライフコースを通じた教育訓練、側面支援的な積極的労働市場政策（ALMP）、有給育児休暇や柔軟な雇用関係と勤務形態などの WLB 政策、そして生涯学習（LLL）と長期介護（LTC）を挙げている。これら ECEC、ALMP、WLB の政策は、知識集約型経済が台頭するなかにあって、個人の人的資本の形成・獲得・蓄積を目的としているという点で「投資志向型」の政策であるとされる（ibid.：115）。

こうした未来志向の社会的投資における強調点は、「ストック」「フロー」「バッファー」の３機能が連動性と実質化の度合いを高めつつあることにあるといえる。ストックについては、前述のように初等・中等教育の前後に延伸された生涯に渡る人的資本政策の拡充傾向に目が向けられる。フローについては、正規雇用を前提とした男性稼ぎ手モデル中心の労働市場から、単なる規制緩和や非正規化にとどまることなく、多様な働き方とWLBに配慮した労働市場への転換が要請されていることが強調されている。バッファーについては、ケインズ－ベヴァリッジ型福祉国家では工業社会の均質的な働き方と定型的なリスクの緩衝材を提供してきたのに対し、脱工業社会では多様な働き方や不安定化した暮らし方と、そのもとで複雑化したリスクを受けとめ得る包摂的な所得維持の対応が求められるようになったことが注視されている。

ヘメリックらは社会的投資改革の実態を捉えるために、脱工業化への適応調整のタイミング、ペース、強度の違いに基づいて、欧州諸国を「先駆者」(vanguards)、「追随者」(bandwagoners)、「後発者」(latecomers)、「新参者」(newcomers)、「遅滞者」(laggards)の5クラスターに分類し、それらにおいてストック、フロー、バッファーの政策ポートフォリオがどう再構成されてきたかに焦点を当てて、各クラスターの特徴を明らかにしている。あわせてアングロサクソン系国家である米国、カナダ、オーストラリア、ニュージーランドにおける社会投資改革を（その不在も含めて）概観している。その概要をまとめたものが**表4**である。

他方で、ヘメリックらは先進各国の社会的投資改革に関して、2007年以降の大不況（Great Recession）と経済危機から引き出された教訓を、以下の6点にまとめている。

① 全体として過去20年間の福祉改革には社会的投資への全般的な移行がみられた。

② 社会保障の自動安定化装置は失業による社会的影響のバッファーに適しているが、社会的投資は

表4　先進諸国における社会的投資改革の特徴

クラスター	該当国	社会的投資改革の特徴
先駆者	北欧	・強力で包摂的な所得バッファーの伝統 ・医療と教育に限定されない社会サービス（ALMPやECEC）の発展 ・デンマーク：「フレキシキュリティ」の成功、フロー（WLB施策による柔軟な労働市場）、バッファー（手厚い失業給付）、ストック（人的資本に関するALMP）の3要素を組み合わせたモデル
追随者	イギリス オランダ	・イギリス：ブレア新労働党政府による整合性に欠けた社会的投資改革（教育偏重で高コストの民間主導ECEC、低技能の人的資本投資）から保守党の反動政策（ユニバーサルクレジット導入による所得バッファーの削減と重点化、コンディショナリティ強化）へと移行 ・オランダ：1980年代におけるコーポラティズム的交渉に基づく福祉改革と雇用創出の包括的アプローチ（非正規雇用を包摂したオランダモデル）と2008年の経済危機後における社会的投資への反動
後発者	ドイツ スペイン	・2000年代半ばから社会的投資へと動き出す ・ドイツ：受動的福祉の典型（手厚い社会保険給付、高水準の最賃）からハルツ改革後の包括的社会投資への転換（保育施策の拡充、育休給付の導入） ・スペイン：経済危機以前から社会的投資へ舵切り（労働市場の流動化と非正規保護、社会扶助のワークフェア強化）、危機後の緊縮による投資抑制
遅滞者	フランス イタリア	・フランス：受動的補償への傾斜、雇用水準の停滞、マクロン大統領の改革（労働市場の柔軟化、年金偏重からの脱却、職業訓練、児童貧困対策） ・イタリア：非社会的投資改革の典型（高齢者偏重の高支出、雇用停滞と高い不平等）、危機後の年金削減と労働市場自由化
新参者	中欧 東欧	・ベルリンの壁崩壊後、急進的な政治的・経済的変革を経験 ・ポーランド：2000年代に右派の保守政権が出生率向上をねらった保育施策や育休制度の拡充が就労女性の福祉施策を改善 ・社会的投資への圧力（男性稼ぎ手モデルを好む保守派、財政再建）
／	アングロサクソン系国家	・米国：労働参加率の停滞、社会的投資の非推進者（有給の産休、手頃なECEC、柔軟な労働時間制度、再訓練やALMPの欠如）、再分配の弱体化 ・米国以外：社会的投資の推進者として台頭

出典：Hemerijck & Ronchi（2020：116-121）をもとに筆者作成。

予防的に失業を減らし「事前的な雇用の緩衝装置」として機能する。

③ 社会的投資政策とより伝統的な社会保護政策の間には、積極的な制度上の補完関係が生まれる。

④ EU におけるソブリン債務危機に続く緊縮的転回により、より狭い財政的余地のなかで社会的投資による再調整を行うことはほとんど不可能であった。

⑤ 危機発生前に改革を行わなかった福祉国家では、政策の非整合性が依然として残っており、社会的投資の拡大が困難になっている。

⑥ 社会的投資は長期的な効果をもたらすものであり、国家の政治家の短期的な視点や、今日の EU の財政再建優先事項とは相容れない。

以上のように、世界金融危機とコロナ禍そして緊縮政策のもとで停滞を余儀なくされたにせよ、また国ごとの取り組みには温度差はあるにせよ、社会的投資パラダイムが脱工業化と新しい社会的リスクに対処するための戦略として確立しつつあることが示唆されている。

4）幸福論的転回

幸福論的転回とは、「福祉」（welfare）から「**幸福**」（well-being, happiness）への方向転換である。より正確にいえば、「幸福」の概念に注目が集まるにつれて、福祉国家が掲げてきた「福祉」それ自体が、より厚みのあるコンセプトとして解釈されていくような言説動向を指す（Gregory 2018）。この転回のもと、従来の「福祉」は、生存を可能にする最低水準の物質的な資源の供給（基礎的な衣食住の充足）に限定されがちであることが強調されていく。そして「福祉」の捉え方をめぐって、個々人にとっての仕事と暮らしの充実や満足、健康や生きがい、人間関係の豊かさなど、アリストテレスに由来する「善き生」（eudaimonia）や「開花・繁栄」（flourishing）といったコンセプトに照らした再解釈がなされるようになった。アリストテレスの徳倫理的な考え方の現代化を図った A. センおよび M. ヌスバウムによる「ケイパビリティ」論の浸透もその一部をなしている。

他方で、幸福論的転回は「主観的幸福」（subjective well-being）の指標化や測定を重視する実際の政策的動向ともかかわっている（Daly 2011：44）。その具体例としては、国連の「人間開発指標」（Human Development Index: HDI）、経済協力開発機構（OECD）の「より良い生活指標」（Better Life Index）が挙げられる。これらの指標に基づいて福祉国家が人々の幸福に貢献しているかどうかが問われるようになった。

こうした動向を踏まえ、著名な福祉国家研究者である B. グリーブは、幸福の理論的な捉え方とその評価や測定の方法について学際的な知見や議論を整理している（Greve 2023）。そのなかでグリーブは、「福祉」を「経済的資源への最大限のアクセス、市民の幸福を含む高水準のウェルビーイング、貧困を避けるための最低所得保証、そして個人が善き生を営むためのケイパビリティを備えていることである」（ibid.：36）と定義し、幸福にとって福祉国家がもつ意義を確認している。不平等、失業、健康や所得の喪失が個々人の幸福に与える影響の大きさからいえば、市民の平等化、雇用維持、医療サービス、所得保障を図ってきた福祉国家が幸福の条件であることは明白であるというのがその要点である（ibid.：ch.5）。このように近年の福祉国家は、幸福という非物質的な概念を、政策評価の指標として重視し始めているが、このことは市民生活全般の質的・量的向上を支えてきた福祉国家の正常進化とみなすことができる。20 世紀に福祉国家化を遂げた先進各国では、所得と医療の保障をはじめとする物質的福祉の増進に務めてきた。これらの社会インフラは、各種の都市・産業インフラと同様に、保全と管理の対象となっている。幸福ベースの非物質的福祉を重視し始めた福祉国家は、旧来の物質的福祉の保全と管理の手段にも、それらを超えた刷新にもなり得る。この物質的福祉と非物質的福祉とをどう両立させるかという点は、21 世紀の福祉国家を特色づける「社会的投資」政策の動向を分析・評価する際にも論点の一つとなろう。

前述したヘメリックらは、米国以外の自由主義的な福祉レジームにおける社会的投資の人気には文化的要因がかかわっているとして、ヌスバウムとセンの「ケイパビリティ・アプローチ」と強く結びついた「幸福」（well-being）の概念およびそれが強調する「繁栄する生」（flourishing lives）は、自由主義レジームにおいて重視されてきた「個人の自由と機会という概念とより調和する」と指摘している。この指摘からは、投資論的転回と幸福論的転回とが同じ方向へと福祉国家を導こうとするものであることがうかがえる。

5）所有論的転回

最後に、投資論的転回よりもいっそう根源的な議論への方向転換である「所有論的転回」に触れておきたい。それは、所得再分配ベースの「誰に何を配るか」という問題設定から、「富」の所有のあり方をめぐって「誰が何を持つか」という問題設定への転換を指す。

高名な福祉国家論者であるC.ピアソン（Pierson, C.）は、コロナ禍とブレグジットを経たイギリスにおいて「誰が何を持つか」という議論へと原点回帰することの意義を強調する（Pierson 2021）。回帰先となる「原点」とは、旧労働党の思想家たち（G.D.H.コール、R.H.トーニー、A.クロスランド、J.ミードなど）の主張を指す。彼らは所得よりも「富」（生産手段・資本・資産・財産など）を重視し、その私的所有と社会的所有（共有・公有・国有）との関係やバランスの変更を求めた。ブレア新労働党が素通りした党の思想在庫には、たとえば、国家が企業の株を所有し、その利益を全市民の「社会配当」（＝基本所得）に充当するというJ.ミードの創造的代案をはじめ、多くの知的遺産が死蔵されているという（ibid.：ch.3）。続けてピアソンは、今日の社会経済的な不平等の拡大と結びつく三大問題（少子高齢化等の人口問題、仕事の多様化や劣化等の雇用問題、気候変動等の環境問題）をめぐって提起されたさまざまな改革案を検証する（ibid.：ch.4）。取り上げられた改革案は、上述の社会的投資、事前分配を行うアセット型福祉、普遍的基本所得（UBI）、B.ミラノビッチによる所得と教育の平等化を推進する民衆資本主義論、T.ピケティによる相続税やグローバルな累進課税の強化策、そしてI.ゴフによる炭素・時間・富のラディカルな再分配論などである（ibid.：99-110）。ピアソンは、これらの改革案が所有のあり方に注意を向けていることを評価する（ibid.：110-1）。実現の困難さを認めつつ、ピアソンはこれらの改革案を踏まえて税制の抜本的見直しによる富への課税強化（富裕税、相続税、炭素課税など）を強調して同書を結んでいる（ibid.：131-5）。

ピアソンは「誰が何を持つか」という根本問題を投げかける一方で、それを「誰がどう決めるか」については掘り下げていない。この点に関しては、上述のフレイザーが提起する新たな社会主義が道標となり得る。その社会主義は、「共喰い資本主義」がもたらす経済的および非経済的な不正義・不合理・不自由の克服を目指す社会であるが、ここでの文脈にとっては「非経済的不自由」の克服をめぐる議論が重要である。フレイザーは、大切な事柄を私たちが決められない不自由さを強調する。その一つは、私たちが生み出した富（社会的余剰＝自由時間）の使い方であり、それは資本主義社会では市場や企業によって決定されてしまう（Fraser 2022=2023：151=207）。フレイザーは、この不自由の克服にあたっては、社会的余剰の使い方とその規模（どれだけ生産するか）について、民主的・集団的・計画的に決定することが重要だと指摘する。こうした決定の政治的な実行可能性は大きくはないとしても、それは上述の富への課税強化も同じである。「誰が何を持つか」そしてそれを「誰がどう決めるか」は、福祉国家論を超えた問いであるとともに、これからの福祉国家論を左右する回避不可能な問いでもあろう。

参考文献

- 阿部誠編著『就労支援政策にみる福祉国家の変容――7カ国の分析による国際的動向の把握』ミネルヴァ書房、2024年
- 圷洋一「福祉イデオロギー分析について――何故イデオロギーなのか？」日本女子大学大学院人間社会研究科紀要第

13号、1～17頁、2007年
- 圷洋一「福祉国家における社会市場と準市場」『季刊社会保障研究』第44巻第1号、82～93頁、2008年
- 圷洋一『福祉国家』法律文化社、2012年
- 圷洋一「社会福祉の思想・哲学」日本ソーシャルワーク教育学校連盟編『最新社会福祉士養成講座精神保健福祉士養成講座④ 社会福祉の原理と政策』中央法規出版、48～59頁、2020年
- 圷洋一「現代社会福祉の分析視点」古川孝順編『現代社会福祉分析の再構築』中央法規出版、234～255頁、2022年
- 圷洋一「福祉国家の行方」『NHK社会福祉セミナー2024年4月～9月』NHK出版、6～21頁、2024年
- Béland, Daniel and Mahon, Rianne, Advanced Introduction to Social Policy, Cheltenham: Edward Elgar, 2016（ダニエル・ベラン、リアン・マホン、上村泰裕訳『社会政策の考え方――現代世界の見取図』有斐閣、2023年）
- Béland, Daniel, Kimberly J. Morgan, Herbert Obringer and Christopher Pierson eds., The Oxford Handbook of the Welfare State, second edition, Oxford: Oxford University Press, 2020.
- Burrows, Roger and Loader, Brian, D. eds., Towards a Post-Fordist Welfare State?, London and New York: Routledge, 1994.
- Daly, Mary, Welfare, Cambridge: Polity Press, 2011.
- Esping-Andersen, Gøsta, The Three World of Welfare Capitalism, Oxford: Basil Blackwell, 1990.（G. エスピン-アンデルセン、岡沢憲芙・宮本太郎監訳『福祉資本主義の三つの世界――比較福祉国家の理論と動態』ミネルヴァ書房、2001年）
- Esping-Andersen, Gøsta, Social Foundations of Postindustrial Economies, Oxford: Oxford University Press, 1999.（G. エスピン-アンデルセン、渡辺雅男・渡辺景子訳『ポスト工業経済の社会的基礎――市場・福祉国家・家族の政治経済学』桜井書店、2000年）
- Esping-Andersen, Gøsta, The Incomplete Revolution: Adapting to Women's New Role, Cambridge: Polity Press, 2009.（イエスタ・エスピン＝アンデルセン、大沢真理監訳『平等と効率の福祉革命――新しい女性の役割』岩波書店、2011年）
- Fitzpatrick, Tony, Welfare Theory: an introduction to the theoretical debates in social policy, second edition, Basingstoke: Palgrave Macmillan, 2011.
- Fraser, Nancy, Cannibal Capitalism: How Our System Is Devouring Democracy, Care, and the Planet, and What We Can Do About It, London and New York : Verso Books, 2022.（ナンシー・フレイザー、江口泰子訳『資本主義は私たちをなぜ幸せにしないのか』筑摩書房、2023年）
- George, Vic and Paul Wilding, Welfare and Ideology, New York: Harvester Wheatsheaf, 1994.
- Gilbert, Neil, Welfare State Theory: Oxford Bibliographies Online Research Guide, Oxford: Oxford University Press, 2011.
- Gregory, L., Exploring Welfare Debates: Key Concepts and Questions, Bristol: Policy Press, 2018.
- Greve, Bent, Happiness, second edition, Oxon: Routledge, 2023.
- Hemerijck, Anton and Rnchi, Stefano, Social Investment Reform in the Twenty-First Century, in Béland,et.al., eds., The Oxford Handbook of the Welfare State, second edition, ch.7, pp.112-130, 2023.
- Johnson, Norman, The Welfare State in Transition : The theory and practice of welfare pluralism. Amherst : University of Massachusetts Press, 1987.（ノーマン・ジョンソン、青木郁夫・山本隆共訳『福祉国家のゆくえ――福祉多元主義の諸問題』法律文化社、1993年）
- Le Grand, Julian, Motivation, Agency and Public Policy. Oxford: Oxford University Press, 2003.（ジュリアン・ルグラン、郡司篤晃監訳『公共政策と人間――社会保障制度の準市場改革』聖学院大学出版会、2008年）
- Lister, Ruth, '(Mis)recognition, Social Inequality and Social Justice: A Critical Social Policy Perspective' in Lovell, T. ed. (Mis)recognition, Social Inequality and Social Justice: Nancy Fraser and Pierre Bourdieu, London and New York: Routledge, pp.157-176, 2007.
- Lister, Ruth, Patrick, Ruth and Brown, Kate, Understanding theories and concepts in social policy, Second edition, Bristol: Policy Press, 2024.
- Monk, Yascha, The Age of Responsibility: Luck, choice, and the welfare state, Cambridge, MA: Harvard University Press, 2017.（ヤシャ・モンク、那須耕介・栗村亜寿香訳『自己責任の時代――その先に構想する、支えあう福祉国家』みすず書房、2019年）
- O'Brien, M. and Penna, S., Theorising Welfare, London: Sage, 1998.
- Pierson, Christopher, Beyond the Welfare State ?: the new political economy of welfare, third edition, Cambridge: Polity Press, 2006.
- Pierson,Christopher, The Next Welfare State: UK welfare after COVID-19, Bristol: Policy Press, 2021.
- 田中拓道『福祉国家の基礎理論――グローバル化時代の国家のゆくえ』岩波書店、2023年
- Titmuss,R.M., Essays on'the Welfare State'second edition, London: George Allen and Unwin, 1963.（R.M. ティトマス、谷昌恒訳『福祉国家の理想と現実』東京大学出版会、1967年）
- Titmuss,R.M., Social Policy: An Introduction., Edted by Brian Abel-Smith and Kay Titmuss, London: George Allen & Unwin, 1974.（R.M. ティトマス、三友雅夫監訳『社会福祉政策』恒星社厚生閣、1981年）
- Yeates, N. and Holden, C. eds., Understanding Global Social Policy, 3rd. edn., Policy Press, 2022.

V　社会福祉の構成

概　説

圷　洋一

1.「社会福祉の構成」設定の意義

大項目Ⅴでは、初版における「社会福祉の対象・施策・機能」の増補を行う。初版においては、「対象・施策・機能」が社会福祉の「構成要素」として位置づけられていた。それを受け、第２編においては本大項目のタイトルを「社会福祉の構成」とするが、以下にみるように構成要素の捉え方については、その後の社会福祉学研究の進展に対応する形に更新している。

大項目Ⅴで扱うのは、社会福祉の「マクロ次元」の構成である。その内容は、これまで社会福祉の「政策」として論じられてきた事柄と重なるところが多い。しかし、社会福祉のマクロ次元の構成要素は「政策」に限定されるわけではない。個別具体的な援助実践や必要充足活動の足場をなし、種々の政策や法制度の構築・運営がなされる「文脈」全体が、社会福祉のマクロ次元を構成する。そうした「文脈」に言及する際、たとえば国家、政府、市民社会、地域社会（コミュニティ）、社会構造、社会秩序、社会システム、集合行為、階級など、総じて抽象度が高く論争的でもある社会科学的概念が用いられる。これらの概念を用いた議論の仕方に対して「主語が大きい」と異論を呈する向きもあり得よう。しかしながら、こうした概念の軽視は、社会科学的な認識の幅を狭めることで、公共的な関心や議論の土台を掘り崩しかねず、社会福祉の存立基盤をなす民主制の発展や深化を阻害するおそれがある。

社会福祉のマクロ次元の構成に目を向けることの意義はあらためて指摘するまでもない。しかし、そのことだけに焦点化した議論は、最終的には社会科学における方法論的個人主義と方法論的集団主義との論争をはじめとする決着のつかない難問に逢着し、収拾がつかなくなることは目に見えている。ここではただ、マクロ次元の議論はこれまで積み上げられてきた社会福祉学的研究の伝統であり、これを途絶えさせる理由は見当たらないとだけ述べておきたい。

2.「社会福祉の構成」編集の方針

以上のことから、大項目Ⅴは、近年の政策展開や研究動向を踏まえ、社会福祉のマクロ次元の事象をめぐる批判的分析力の強化に役立ち得るような今日的知見や先端的議論を取り上げることを編集方針に、四つの章から組み立てられている。具体的には、「パーソナライゼーション」と「コ・プロダクション」の考え方や取り組みについて論じた第１章、社会システム論に依拠した「機能」解釈の導入を試みる第２章、「準市場」の拡大と「コンディショナリティ」の浸透に論究する第３章、「福祉と政治」の相互浸透がもたらした研究潮流を紹介する第４章である。

なお、大項目Ⅴにおいては、議論の重複や解釈の相違についてすり合わせや調整は行わないこととした。同種の事柄について論者ごとに異なる評価や見解が示されていることに戸惑う読者もあり得よう。だが、この大項目で扱うマクロな事象をめぐる解釈やアプローチはそもそも一様ではない。読者には、むしろ一つのある事象がそれぞれの論者によってどのように捉えられているのかに着目し、別の捉え方もなし得るという観点から、いったいなぜそのような違った捉え方がなされているのか、その捉え方は適切なのか、そしてその適否の根拠や理由は何なのかを考えてみることを期待したい。

3.「社会福祉の構成」の構成

本大項目を構成する四つの中項目（章）について、各章の概要を示しておこう。

1「社会福祉の主体・対象論と主体‒客体関係」では、① 1980 年代頃を境に、社会福祉の主体‒客体関係をめぐる議論が「原理論」的なもの（社会福祉の本質や機能を逆照射するための「対象」論）から「政策科学」的なもの（客体としての「福祉ニーズ」とその充足主体としての多元的供給組織）へと移行したこと、②その移行に伴って制度言説化した主体‒客体関係が、1990 年代における一連の制度改革のもとで「再編」されたこと（受動的「受益者」から能動的「利用者」へ、措置から契約へ）、③こうした再編を評価し今後を展望するうえで、主客二元論の徹底を目指す「パーソナライゼーション」や、主客二元論の相対化を目論む「コ・プロダクション」のような諸外国の取り組みが参考になるにせよ、科学的証拠に基づく評価研究とセットで参照する必要があることが指摘されている。

2「社会福祉の機能と構造」では、初版における「社会福祉の機能」に関する説明の要点を整理したうえで、社会システム論の知見に依拠して機能と構造の捉え直しが図られる。そうした捉え直しにあたっては、社会福祉学ではあまりなじみのない研究（ルーマン派社会システム論）が参照されるため、本章ではその解説に多くの紙幅が割かれている。後半部分では、ルーマン理論に影響を受けた欧州の社会福祉研究の検討を通し、それらの意義と可能性の一端が示されていく。勇み足ともいえる冒険的な本章の議論は、社会福祉のマクロ次元の事象をめぐる批判的分析力の強化という編集方針に忠実であろうとした結果である。

3「社会福祉の供給方法」では、まず福祉供給の方法と基準が変容を遂げるようになった「背景」として、新自由主義的な福祉国家再編の政治が概説される。次に、これらを背景とした福祉供給の方法／メカニズムの変化として、準市場の導入・拡大・深化が示される。日本における準市場の導入は、第1章で触れられた社会福祉基礎構造改革に伴う「主体‒客体関係の再編」を受けたものであるが、本章ではこの再編が「シティズンシップの転換」として捉えられている。こうした供給メカニズムの変化は、福祉サービスの「供給基準」の変容を伴う。その変容を本章は「福祉給付の要件化・条件化」と表現する。この趨勢（すうせい）を分析するための概念が「コンディショナリティ」であり、近年ではその機能が「入り口規制から常時監視へ」と変化してきたとされる。福祉利用者の行動の常時監視は福祉給付の効果や権利性を損ない得るにせよ、問題はコンディショナリティの「時機（タイミング）」であるという。このコンディショナリティに着目した分析と評価の意義と必要性を指摘して本章は締めくくられている。

4「社会福祉の政治と政策」では、社会福祉（学）と政治（学）の接近を強く印象づける研究動向がレビューされている。第３章と同じく本章も、新自由主義的な福祉国家再編と準市場化の進展に触れ、「政治的なもの」が迫り出すようになった状況の指摘から議論に着手している。本章の議論は、①社会福祉のマクロ次元を扱う政治学者（宮本太郎、新川敏光、田中拓道）が手がける「福祉政治」研究のレビューと、②福祉政策の策定過程を政治学の理論や手法に即して分析した「政策過程」研究のレビューに大別される。本章では、欧米の政治学や政治科学で培われた先端的な研究手法や理論的成果を、社会福祉・社会保障の分析に用いた研究が幅広く紹介されている。本章が紹介する研究動向にみられる社会福祉学と政治学の接近（社会福祉学の政治学的転回）は、社会福祉学の知識基盤を刷新し、社会福祉のマクロ次元の事象をめぐる批判的分析力のみならず規範的構想力の強化にもつながっていくことだろう。

1 社会福祉の主体・対象論と主体－客体関係

平岡公一

1. これまでの議論と政策の流れ

本章のタイトルに含まれている「対象」と「客体」の概念は、社会福祉の専門的な議論のなかで、文脈によって、ほぼ同義の概念として用いられる場合と、区別して用いられる場合がある。

社会福祉の「対象」を理論的にどう捉えるかについては多くの議論が積み重ねられてきたが、その際に、①「社会福祉の利用者はどのような人びとなのか」を論じる場合と、②「社会福祉利用者のおかれている状況、あるいは彼らがかかえている課題状況はいかなる性格を持っているか」を論じる場合があった[(1)]。①は、社会保障論の概念を用いるならば、「**人的対象**」に関する議論であり、②は、「**課題状況としての対象**」[(2)] に関する議論である。一般に、後者においては「対象」を「客体」と言い換えることはないが、前者では、「対象」と「客体」はほぼ同義である。

このことを確認したうえで、社会福祉の主体と対象、あるいは主体－客体関係に関するこれまでの社会福祉学の議論の流れをみていくと、まず1970年代頃までは、特に②の意味での「対象」に関する理論的な議論が、「主体」をめぐる議論と関連されつつ活発に行われてきたことを確認できる。

しかし、1980年に入る頃からは、社会福祉の政策に関する議論の重心が、原理論から後述の社会福祉経営論・計画論に移っていくとともに、社会福祉の主体と対象についての検討も、制度改革をめぐる政策科学的な視角からの議論として展開されるようになっていった。そして、その流れのなかから、それまであまり注目されなかった主体－客体関係に関する議論が制度改革と関連で展開されることとなり、それが、社会福祉基礎構造改革および一連の制度改革における主体－客体関係の再編へとつながっていった。

以下では、このような議論と政策の流れに沿って、社会福祉の主体・対象論の展開と主体－客体関係の変容について検討を進めていく。そのうえで、主体－客体関係をめぐる海外の議論と政策の新たな動向の検討を踏まえて、主体－客体関係の再編の今後を展望することとしたい。

なお、以下の議論は、政策論と実践論の区分（それ自体が、今日では、相対化されているが）でいうと、主に政策論のレベルでの議論となる。

2. 社会福祉学の理論的体系化における主体・対象論

我が国で1950年代から1970年代にかけて社会福祉学の理論的体系化に向けて研究が進められるなかで、社会福祉の主体と対象には、社会福祉学の理論体系の構成要件として、重要な位置づけが与えられていた。特に、社会福祉が取り組むべき課題状況という意味での対象論については、多くの研究者によって理論的検討が進められた。

その主題に関する代表的な論者の一人であった**孝橋正一**は、戦後の社会福祉諸制度・諸実践も「社会福祉」ではなく「社会事業」の概念で捉えるべきだという考え方から、「社会福祉」でなく「社会事業」という概念を用いつつ、社会政策が対応すべき問題との関連において社会事業が対応すべき問題の性格を捉えるべきだと主張した。

孝橋によれば、資本主義制度の構造的欠陥から生じる諸問題のうち、社会政策が対応すべきものは「資本制社会の基礎的・本質的課題」であるところの「社会問題＝労働問題」である。これに対して、社会事業が対応すべきものは、「資本制社会における関係的・派生的課題」であるところの「社会的問題」である(3)。孝橋はさらに、社会福祉の人的対象については、そのような問題に直面し、社会的必要の欠乏（社会的障害）状態にある人々であると指摘している。

孝橋は、「社会事業」の主体については、国家のみが主体である社会政策の場合と違って、国家、地方公共団体、私的社会事業や個人が並び立つものと捉えるべきだとしている。

孝橋のこのような「主体」の捉え方に対しては、私的社会事業や個人は、事業の実施主体であるとしても、政策の主体は国家とみるべきだ等の批判がみられた(4)。しかし、当時の研究者の間では、社会福祉の主体をめぐる議論がさらに深められることはなかった。

一方、社会福祉の対象論については、活発な理論的論議が展開され、孝橋の対象論の批判に基づく新たな対象論も提示された。その代表的なものは、社会福祉が取り組むべき課題状況を「生活問題」という概念で捉えることを提唱した**一番ヶ瀬康子**の議論である。

一番ヶ瀬によれば、資本主義社会の労働者は、その有する労働力を商品として販売し、対価として賃金を受け取る過程で労働力を消費する一方、賃金により生活を営むなかで労働力の再生産が行われる。資本主義社会の矛盾が、労働力の消費過程において、労働条件や労資関係にかかわる「労働問題」を引き起こすが、それに対しては、社会政策が対応する。

一方、労働力の再生産が不十分、不完全にしか行えないことから「生活問題」が発生する。この「生活問題」に対応するものが、社会保障および社会福祉（一番ヶ瀬は「社会福祉事業」という用語を用いている）である。

社会保障と社会福祉の関係について、一番ヶ瀬は、社会保障（社会福祉を含まない狭義の社会保障）が、経済給付を平均的・一般的に行うものであるのに対して、社会福祉は、個人や社会の状態に応じた個別的・特殊的な処遇をあたえるものであるとして、それぞれの機能を区別して捉えている。

一番ヶ瀬は、このように分析を進めることで、社会福祉の対象を、社会問題に対して「関係的・派生的」なものと位置づけるのではなく、独自性・固有性をもつものとして捉えることができるとしたのである(5)。

3. 社会福祉経営論・計画論における主体・対象論の展開から主体－客体関係論へ

前項でみてきた主体・対象論は、社会福祉の原理論のレベルの議論であった。これに対して1980年代に入る頃から、具体的な政策問題の解決への寄与を目指す政策科学的な研究が、**三浦文夫**などにより、「社会福祉経営論」「社会福祉計画論」「社会福祉政策論」などの研究枠組み（以下、**社会福祉経営論・計画論**と総称する）のもとで展開されるようになると、社会福祉の主体と対象をめぐる議論の様相も変化し、それに伴って社会福祉の主体－客体関係も検討の対象とされるようになっていった。

三浦文夫らが、イギリスのソーシャル・アドミニストレーション論（社会行政論）の成果を参照しつつ理論的体系化を図った社会福祉経営論・計画論は、福祉ニーズを、社会調査等の方法により把握し、その結果に基づいて、ニーズ充足に必要なサービスを整備し、サービス提供体制を構築していく方法に関する研究枠組みという性格を帯びるものとなっていった。そして、そこでは、社会福祉の対象は、もっぱら福祉ニーズ（「ニード」と表記されることが多かったが「ニーズ」と同義である）と捉えられることとなった。

このような研究枠組みは、地方自治体における福祉計画の理論的基礎を提供することともなり、さらには、1990年代以降における、「ニーズ基底型」というべき性格を有する福祉計画(6)の全国的・体系的な整備の取り組みにも影響を及ぼすものともなった。

その一方で、理論面でみたときに、このような研究枠組みは、「社会的問題や生活問題という先行する社会問題論的な接近方法を退けた」[7] ことにもなるため、そのことから、社会構造や社会変動に起因し、福祉ニーズ発生の原因もしくは基盤となっている「問題」の分析が研究対象から外れるという結果を伴うものともなった。

三浦文夫による社会福祉経営論・計画論の理論構築は、社会福祉制度改革の構想や政策提案の検討と一体的なものとして展開された。そこでの議論で特徴的なことは、社会福祉が対応を求められているニーズの種類の変化が、社会福祉制度改革が必要とされる主要な根拠となるという論理構造となっている点であった。

すなわち、制度改革をめぐる三浦の論考を分析すると、社会福祉が対象とすべき福祉ニーズの中心が、「非貨幣的ニーズ」から「貨幣的ニーズ」に移行してきたことが、直接的もしくは間接的に、①公私機能分担の見直し、②選別主義から普遍主義への転換、③ミニマム設定方式の変更（制定生活水準方式から社会福祉ミニマムへ）、④費用負担の見直し（利用者負担の導入）などの改革の必要性をもたらす主要な要因であるという論理構造を見出すことができるのである[8]。

社会福祉の主体・対象論の観点からみて重要なのは、①の公私機能分担の見直しという点である。三浦による公私機能分担の見直しに関する理論的検討は、次の３点に関して、社会福祉の主体に関するそれまでの理論の修正・補充、あるいは再構成を行うものであった。

第一に、三浦は、「遂行上の役割（責任）」と「資源の調達の役割（責任）」を区別したうえで公私機能分担を検討すべきであるとした。資源の調達の役割を「公（政府）」が担う一方で、遂行上の役割は「私（民間）」が担うという機能分担のあり方も検討の対象に含めることが必要とみたからである。

第二に、福祉ニーズの性質に応じた公私役割分担の判断基準を設定した。その判断基準の基礎となるニーズの類型論は、①市場的ニーズか非市場的ニーズか、②即時的ニーズか代替・補完的ニーズか、③義務的ニーズか任意的ニーズか、④基礎的ニーズか追加的ニーズか、⑤ニーズ充足が強制的か否か、⑥補償的ニーズか否か、⑦普遍的ニーズか否かというものであった[9]。

第三に、「公＝政府、私＝民間社会福祉事業」という公私二分論が日本の現実に合わなくなっているものとみて、「１．行政型供給組織」「２．認可型供給組織」「３．市場型供給組織」「４．参加型（自発型）供給組織」の４類型で構成される「福祉供給組織の理念型」を提起した。これは、1980 年代において、「シルバーサービス」振興策によって「３．市場型供給組織」に該当する営利企業の福祉分野への進出が始まり、また、「４．参加型（自発型）供給組織」に該当する「住民参加型在宅福祉サービス団体」の活動の広がりがみられるようになるという状況を踏まえたものであった[10]。

1980 年代には、このように社会福祉経営論・計画論の枠内での主体・対象論が展開され、それが、社会福祉制度改革をめぐる政策論議へとつながっていったのであるが、その論議の初期の段階では、主体－客体関係（サービスの提供者と受け手の関係）については論じられることが少なかった。

しかし、1990 年代に入って、議論が、次項で取り上げる措置制度の見直しの必要性や社会福祉事業法における対象規定の問題性に及び、また、イギリス等における福祉多元主義論の展開と、多元化・市場化を推進する改革の実施が注目されるなかで、理念と制度の両面において、主体－客体関係の見直しが検討されることとなっていった。

社会福祉基礎構造改革の構想をまとめた中央社会福祉審議会社会福祉構造改革分科会「社会福祉基礎構造改革について（中間まとめ）」（1998 年６月）は、改革の基本的な方向の一つとして、サービスの利用者と提供者との間の対等な関係の確立を掲げ、主要な改革内容の一つとして、サービス利用に関する利用者・提供者間の権利義務関係を明確化するとともに、利用者と提供者の契約に基づく利用方式を基本とすることを提唱した。

この報告を受けて、2000 年６月の社会福祉事業法改正（社会福祉法への改称）等[11] を中心とする社会福祉基礎構造改革が実施された。次に、この改革およびその他の一連の制度改革によって社会福祉の主体－客体関係の再編がどのように行われたのかをみることにしたい。

4. 社会福祉基礎構造改革等の制度改革と主体－客体関係の再編

まず、社会福祉の客体（人的対象）の制度的位置づけの変遷を確認しておきたい。

2000 年の改正・改称前の旧社会福祉事業法については、1990 年に「社会福祉関係八法改正」の一環として重要な改正が行われているが、その改正までの社会福祉の客体の位置づけは、「援護、育成又は更生の措置を要する者」（同法第 3 条）として、行政の行う措置の受益者としての受け身の存在というべきものであった。

1990 年の同法改正により、この第 3 条における社会福祉の客体に関する文言は「福祉サービスを必要とする者」と変わり、「心身とも健やかに育成され」「社会、経済、文化その他あらゆる分野の活動に参加する機会を与えられ」「地域において必要な福祉サービスを総合的に提供される」べき者として位置づけられることとなった。しかし、この改正を経ても、同法のなかで、「福祉サービスを必要とする者」を、主体的にサービスを「利用」する者として位置づける規定は存在しなかった。

ところが、2000 年の改正・改称を経た**社会福祉法**においては、初めて、福祉サービスの「利用者」という文言が用いられることとなり、「福祉サービスの利用者の保護」を図ることが法の目的の一つとして位置づけられた（第 1 条）。さらに、第 3 条は、「福祉サービスの基本的理念」を定めるものとなり、次のとおりに改められた。

> （福祉サービスの基本的理念）
> **第 3 条**　福祉サービスは、個人の尊厳の保持を旨とし、その内容は、福祉サービスの利用者が心身ともに健やかに育成され、又はその有する能力に応じ自立した日常生活を営むことができるように支援するものとして、良質かつ適切なものでなければならない。

この第 3 条における「利用者」の位置づけは、「自らの意思と選択により『自立』していく主体」であり、「福祉サービスは、利用者の自己決定による『自立』を『支援する』ものでなければならない」[12] という考え方に沿ったものになったのである。

このような法律上の位置づけの変化とともに、サービスの利用方式およびサービス提供体制における主体－客体関係の再編も行われた。

社会福祉基礎構造改革の実施前において、社会福祉の主要なサービスの利用は、**措置制度**に基づいて行われていた。措置制度において、サービスの提供は、行政が一方的に決定するという意味での「行政処分」に基づいて行われるものであった。実際上は、サービスの利用を希望する者による申し込みと、その意思の確認の手続きを経るとしても、法制度上は、サービスの受け手は、行政の決定による受益者として受け身の立場におかれていたのである。

これに対して、社会福祉基礎構造改革においては、措置制度に代えて、利用者と提供者の契約に基づくサービス利用方式を導入することとなった。**措置方式**から**契約方式**へのサービス利用方式の転換であった。

これは、福祉サービスの受け手を、自らの意思と選択により、自立を目指して主体的にサービスを利用する存在とみる社会福祉法に示された理念を現実化していくうえで重要な制度変更であった。契約方式の導入は、2000 年に実施された介護保険制度で始まり、その後、障害者福祉、障害児福祉等へと拡大していった（ただし、社会的養護分野の施設、保護施設、養護老人ホーム等では措置方式が維持されている）。

さらにサービス利用を希望する者に対して、客観的な基準に基づく専門的な審査によってサービスの必要度の認定を行い、その結果に対応した個別給付として、利用者の選択に基づくサービスを提供する仕組みが、最初は、介護分野のサービスについて、続いて、障害福祉、保育分野のサービスに導入されたことは、サービス利用の権利性という点での前進をもたらした。

またサービスの利用を希望する者が、自らの選択に基づき必要なサービスを十分に利用できるようになるためには、一定の質を備えた十分な量のサービスが供給され、サービス提供者（施設・事業所）の選択が認められることが必要である。介護、障害福祉、保育の各分野において、サービス提供体制が、**準市場**の性格をもつ多元的なものに再編されたことは、この条件を満たすうえで重要な意味をもつものであった。

しかし、社会福祉を必要とする人々は、しばしば心身の障害等により、十分な判断力を欠き、サービスの選択・利用において種々の困難に直面する。また、社会福祉においては、サービスの提供者と利用者の間には、情報の非対称性（情報格差）の問題が生じがちである。このようなことから、サービスの利用者と提供者の間に交渉力の格差が生じやすい。その一方、サービスの質における欠陥は、時には利用者に重大な被害を引き起こす。

以上の点により、福祉サービスの利用契約に関しては、利用者の保護と利用者の主体的なサービスの選択の支援の観点から、一般の商品に関する契約の場合とは異なる法的規制や独自の制度の導入が必要となる。

そのため、まず社会福祉法においては、社会福祉事業の経営者に対して、①サービスを利用しようとする者に対する事業に関する情報の提供(第75条)、②利用契約申込時における契約内容・その履行に関する事項の説明（第76条）、③利用契約の成立時の（重要事項に関する）書面の交付（第77条）、④提供するサービスの質の評価等の措置による良質・適切な福祉サービスの提供（第78条）、⑤誇大広告の禁止（第79条）を義務づけることとなった（ただし、①②④は努力義務）。

また、利用者と提供者の間の自由な契約に基づくサービス提供においても、利用契約の主要な内容となる福祉サービスの内容、あるいは提供方法や実施体制については、国・地方自治体が定める各種施設・事業の運営基準や報酬基準に従うものとされた。

さらにまた、サービスの質の確保策として、伝統的ともいえる法令に基づく認可・指定および指導監査等や、資格・研修の制度のほか、新たに福祉サービス第三者評価制度等の評価制度、情報公表制度、苦情解決制度等が導入され、また、ケアマネジメント等の相談支援サービスの充実が図られた。

以上のように、社会福祉基礎構造改革と、各分野の制度改革を経て、「客体」であるサービスの受け手を、自らの意思と選択により、自立を目指してサービスを利用する存在として位置づけ直す主体－客体関係の再編が進展していったのである。

それでは、我が国におけるこのような制度改革を通した主体－客体関係の再編は、国内外における社会福祉の理念と目標をめぐる議論の深まりに照らして、あるいは、諸外国における種々の革新的な取り組みに照らして、どのように評価できるものなのだろうか。また、**主体－客体関係の再編**の今後をどのように展望できるのか。以下では、主体－客体関係をめぐる海外の議論と政策の新たな動向について、二つのテーマを取り上げて検討することにしたい。

5. イギリスにおけるパーソナライゼーションの推進

高齢者・障害者の介護（介助を含む）に関しては、多くの先進諸国で現金給付が導入されている。その導入の背景をみると、介護サービスの提供体制が整わないなかで、拡大する要介護者とその家族介護者の支援ニーズに対応する方法として現金給付が選択された場合と、介護サービスの利用にあたっての高齢者・障害者の自己決定と選択を可能にする「消費者主導型」[(13)]給付として、現金給付を選択した場合がある。

イギリスでは、自立生活の条件整備を求める障害者運動の展開などを背景に、1996年に**「消費者主導型」給付**としての直接支払い（Direct Payment）が制度化された。これは、介護サービスの購入、あるいは、介護者の雇用のために使用できる現金を支給する制度である。

この制度は、当初、18～64歳の障害者が給付対象であったが、2000年以降、順次、要介護高齢者、障害児等に対象が拡大された。

しかし、支給された資金の管理や介護者の雇用管理等の負担が大きいなどの事情から、利用の拡大に限界があることが明らかになったため、モデル事業を経て、資金管理やサービス利用について、より手厚い支援が提供される「個人予算」(Individual Budget) という制度が導入された。この個人予算制度に関しては、包括的なアセスメントに基づいて、介護ばかりでなく、住宅、福祉用具、就労支援、在宅医療などにかかわる各種の給付、サービスを一体的に利用できる点にも特徴がある。

このような改革を基礎づける考え方は、「**パーソナライゼーション**」(personalisation) と呼ばれている。パーソナライゼーションの代表的な定義は、「法律に基づいて提供されるサービスの場合であれ、私費で利用するサービスの場合であれ、支援を受けるすべての人が、支援の形について選択し、統制することができること」[14] というものである。

この定義に限らず、パーソナライゼーションについて論じる場合に鍵概念となっているのは、「選択」(choice) と「統制」(control) である。

利用するサービスを利用者が選択できる仕組みは、イギリスでは1991年から実施されたコミュニティケア改革で実現を目指したものである。しかし、その改革では、利用者による在宅サービス事業者の選択の権利は保障されるに至らなかった。パーソナライゼーションを推進する改革では、その権利が保障されることとなったが、サービスの種類と量、あるいは利用する時間帯や提供する事業者を選択できるというだけでは、自らの意思と選択によって日々の生活を組み立てていくことが保障されたことにはならない。生活支援の過程を、専門職やケア・ワーカーの雇用主ではなく、利用者自身が統制できることが不可欠であるという点の認識が、パーソナライゼーションを推進する政策の前提になっている。そのため、「選択」とともに「統制」が鍵概念となっているのである。

6. コ・プロダクションの理論と実践

「**コ・プロダクション**」(co-production) は、直訳すれば「共同生産」であり、公共的・社会的なサービスが、事業者 (提供組織) ばかりでなく、利用者 (消費者) やその他のステークホルダー (行政、地域住民等) の関与により、共同で生産 (提供) される状態を示す概念である。多くの場合、この概念は、サービスの提供過程や提供組織の運営管理への利用者等の関与が、利用者にとってのアウトカム (成果) の改善や、その他の社会的に望ましい結果をもたらすことを指摘する文脈で用いられる。

社会福祉の分野におけるコ・プロダクションの研究に取り組んでいる代表的な研究者としては、福祉の三角形 (welfare triangle) モデルの提唱者でもある **V. ペストフ** (Victor Pestoff) の名前を挙げることができる。ペストフは、コ・プロダクションの概念が適用できる組織の典型例として、生活協同組合に着目している。そして、スウェーデンにおける異なる経営主体 (親協同組合、職員協同組合、地方自治体、小規模営利企業) の保育所を比較分析した実証研究において、次のような知見が得られたことを紹介している。

1) 親協同組合経営の保育所の場合に、ほかの3種の保育所よりも、「親の影響度」が親によってきわめて高く評価されている。

2)「スタッフの影響度」についてのスタッフの評価についても、親協同組合経営の場合に、職員協同組合経営の場合と比較して遜色(そんしょく)ないレベルであることなどの結果が得られた。

このような実証研究からも、サービス利用者や職員が経営に関与する協同組合において、コ・プロダクションの状況が実現しやすいというのがペストフの主張である [15]。

このようにサービスの提供過程や提供組織の運営管理への利用者等の関与を重視する考え方は、一見すると、「消費者主義」と相対立するもののように思える。**消費者主義**においては、サービスの提供者と利用者の関係がビジネス的な取引関係であることを前提に、利用者が十分な情報に基づいて賢明な選択を行えることが重要であるとみなすためである。

これに対して、小田巻友子は、コ・プロダクションの取り組みがなされた場合、サービスの提供者と利用者等が提携することで、「サービスの利用者および供給者双方の情報の不完全性」が解消され、

「利用者の主権に基づき、利用者のニーズに即したサービスを供給する」ことが期待できるとしている。福祉サービスの特性からみて、利用者等の関与が、利用者主権の確立に重要な役割を果たすとみるのである。また現行のサービス提供体制を前提にしたときに、行政が、単に事業者のサービスを監視し評価するだけでなく、ニーズにあったサービスが提供されるよう行政が積極的に関与することが重要であるという趣旨の指摘を行っている(16)。

7. 社会福祉の主体－客体関係のゆくえ

以上で検討してきたパーソナライゼーションとコ・プロダクションの概念に基づく政策・実践の展開は、どちらもが、サービスの利用者こそが、サービスの提供過程（生産過程）の中心に位置しなければならないという考え方に基づくものとみることができる。さらに、契約方式のサービス利用を通して、サービス提供者とサービスの受け手（利用者）の間の対等性の確立を目指す改革の限界を乗り越える可能性をもつ革新的な取り組みであるという点での共通性をもつものと考えられる。

その一方で、パーソナライゼーションとコ・プロダクションには、異なる方向性をもつ取り組みという側面もある。

パーソナライゼーションは、介護等のサービスの種類と量、提供時間や提供事業者を利用者が決定するばかりでなく、サービスを受ける過程全体を利用者の統制下に置こうとする考え方であり、消費者主義を徹底させるものという見方もできる。

これに対して、コ・プロダクションの場合は、利用者が、サービスの提供過程や提供組織の運営管理に関与することから、「主体」と「客体」の区分が相対化され、両者の間の境界が曖昧化するともいえそうである。

いずれにしても、パーソナライゼーションの取り組みも、コ・プロダクションの取り組みも、従来の社会福祉、あるいは広くみれば公共サービスが前提としていた事柄を大きく変更したり、異なるものに置き換えたりする要素を含んでいる。そのため、その取り組みを進めるうえで、解決すべきさまざまな課題が存在することが指摘されてきた(17)。

パーソナライゼーションの取り組みにおける、介護者（介護労働者）にとっての問題としては、雇用の不安定化、労働条件の悪化などの帰結をもたらすのではないかという点が指摘されてきた。また、サービスの量と質の確保に関する政府の責任があいまいになり、結局のところ利用者が不利益を被ることにならないかという点も論じられてきた。

一方、**コ・プロダクション**については、サービスの提供者と利用者の区分の相対化や境界の曖昧化が、両者の明確な区分や境界の存在を前提にしている法令や、サービス利用に関する契約との不整合や軋轢（あつれき）を引き起こす可能性が高いといわれる。

このような論点の検討を経たうえで、これらの取り組みの成果を、日本での新たな政策展開や制度形成に活かしていこうとする場合、次の２点を考慮する必要があると考えられる。

第一に、パーソナライゼーションとコ・プロダクションの基本的な考え方や取り組みを、日本社会にとって全く新しいものと捉える必要はない。

今日では、「選択と統制」の考え方は、少なくとも理念としては比較的受け入れられやすいものとなっているであろう。障害福祉の制度設計や運用において、利用者によるサービス提供過程の「統制」について、配慮がなされる場合もある。コ・プロダクションに関しては、ペストフや小田巻らが、日本の医療福祉生活協同組合の活動を、コ・プロダクションの取り組みの好事例として評価している点が注目される。

また、精神保健の領域において、コ・プロダクションには、「共同創造」という訳語が充てられ、「リカバリー」を志向する支援サービスを基礎づける理念として、あるいは、ピアサポートの専門性の向上の場として、その意義が注目され(18)、さらにまた、精神保健領域のソーシャルワーク実践における重要概念ともみなされるようになっている。

第二に、イギリスにおけるパーソナライゼーションの取り組みに関しても、スウェーデンにおけるコ・プロダクションの取り組みに関しても、その効果や問題点を明らかにするための実証研究ないし評価研究が行われ、それが取り組みの改善に活かされているという点に注目する必要がある。

イギリスの場合には、もっぱらアウトカム（成果）を測定する自治体の成人向けサービス（高齢・障害福祉サービス）の評価指標の体系が開発されて用いられてきたが、サービスを受ける過程を利用者が「統制」できているかを評価する指標項目もその指標体系のなかに含まれている(19)。既存の制度の枠を越える斬新な発想に基づくと考えられるパーソナライゼーション等の取り組みにも、EBPM（科学的根拠に基づく政策立案）の考え方が浸透しているとみることができる。

注

（1）古川孝順『社会福祉原論［第2版］』誠信書房、114頁、2007年
（2）前掲（1）、115頁
（3）孝橋正一『全訂社会事業の基本問題』ミネルヴァ書房、24～25頁、1962年
（4）三和治・松原康雄「社会福祉の主体に関する研究ノート」『明治学院論叢社会学・社会福祉学研究』第51号、39～55頁、1980年
（5）一番ヶ瀬康子『社会福祉事業概論』誠信書房、19～21頁、38～40頁、1964年
（6）平岡公一「社会福祉計画への視座――経営管理主義、福祉ガバナンス、地方分権改革との関連で」『社会福祉研究』第148号、22～29頁、2023年
（7）前掲（1）、125頁
（8）この点については、平岡公一「ニード論の視点から」京極高宣・小林良二・高橋紘士・和田敏明編『福祉政策学の構築』全国社会福祉協議会、6～20頁、1988年を参照。
（9）三浦文夫『増補社会福祉政策研究――社会福祉経営論ノート』全国社会福祉協議会、100～108頁、1987年
（10）前掲（9）、95～118頁
（11）社会福祉事業法の改正・改称のほか、身体障害者福祉法、知的障害者福祉法、児童福祉法等の改正等が行われた。
（12）社会福祉法令研究会編『社会福祉法の解説』中央法規出版、110頁、2001年
（13）長澤紀美子「消費者主導型介護現金給付の展開――国際動向とイギリスにおけるケアの「個別化」」『高知女子大学紀要社会科学部編』第58巻、47～61頁、2009年
（14）Jeremy Dunning, "Expert Guide to Personalisation", *Community Care*,2012.7.25
（15）ヴィクトール・ペストフ「福祉医療ガバナンスと民主主義の再構築」斉藤弥生・ヴィクトール・ペストフ編『コ・プロダクションの理論と実践――参加型福祉・医療の可能性』大阪大学出版会、11～16頁、2023年。小田巻友子「ポスト福祉国家におけるコ・プロダクションと協同組合――福祉供給をめぐる利用者主権の確立」『社会政策』第8巻第1号、165～178頁、2016年
（16）小田巻、前掲（15）
（17）この点については、（13）、（15）で挙げた文献などを参照。
（18）大島巌「当事者のリカバリー実現を目ざす協働型「プログラム開発と評価」の方法――マクロ実践ソーシャルワークの新しい可能性」『日本社会事業大学研究紀要』第68集、53頁、2022年。栄セツコ「ピアサポートの専門性の向上を目指す人材育成――当事者と専門6職によるコ・プロダクションの中で」『精神科』第39巻第4号、478頁、2021年
（19）（13）、（15）の文献および長澤紀美子「ケアの質の評価指標の開発と課題――国際的な動向とイギリスにおけるアウトカム指標を中心に」『季刊社会保障研究』第48巻第2号、133～151頁、2012年を参照。

2 社会福祉の機能と構造

圷 洋一

1. 社会福祉の福祉的機能と社会的機能

1）福祉的機能と社会的機能

本書の初版において「社会福祉の機能」がどのように説明されていたかを確認することから始めたい。同書で**古川孝順**は、社会福祉の機能とは「その本体部分である施策が客体（対象）である利用者あるいはその担う問題状況に及ぼす働きないし作用」ならびに「施策が社会福祉の外部環境としての社会（共同体）、経済、政治、文化に対して及ぼす働きないし作用」であるとし、前者を「福祉的機能」、後者を「社会的機能」と名づけている（仲村ほか監修 2007：357）。

古川によれば、**福祉的機能**とは「自立生活困難者」に対して「自立生活」を支援するために、その「自己実現」と「社会への参加と統合」を促進したり、それに必要な「社会資源を開発」したりする働きであって、社会福祉の「即自的」あるいは「本来的」な機能であるとされる（ibid.：412）。続けて古川は、岡村重夫の一般的機能論、三浦文夫の政策目的論、真田是（なおし）の生活的機能論といった先行する議論を踏まえて、福祉的機能を包括的かつ体系的に捉えるための分類を示している（ibid.：412-5）。それを整理したものが**表 1** である。

この分類におおむね沿った形で、本書の初版「4 社会福祉の機能」では複数の担当者により各論が記されていくが、その最後で古川は**社会的機能**について詳述している（ibid.：448-51）。ポイントは、社会福祉は「社会の側の必要」を満たすために創出・活用され、しばしば統治の道具として、「社会全体、特定の階級や階層、集団、地域社会、家族などのありよう」を方向づけたり、「規制（コントロール）」

表 1　古川孝順による福祉的機能の分類

	概要	解説
(A) 媒介調整的機能	自立生活困難者による各種生活支援サービスの利用を媒介調整し促進する機能	利用者（個人・家族・地域社会）のニーズをアセスメントし、その充足に資するサービスの種類・援助提供機関に関する情報を紹介し、利用者の主体的選択を促進しつつ、両者の利益調整と媒介を図り、利用過程を見守り、必要に応じて再調整を試みる働き
(B) 自立生活支援的機能	自立生活を直接的に支援することを目指す機能	①**最低生活保障的機能**：自前の資源だけでは健康で文化的な最低限度の生活を維持しにくい者に購買力を提供し、最低限度の自立生活を保障する機能、②**自立生活支持的機能**：身体機能が低下した者への家事援助サービスなど、側面的・部分的な支援手段を提供し、自立生活の維持存続を図る機能、③**自立生活力育成的機能**：自立生活の基盤となる諸能力の獲得・回復・開発・向上を支援する働き（保育、医療、リハビリテーションなど）、④**自立生活援護的機能**：居住型施設へ受け入れることにより、自立生活を全制的・全面的に支援する働き
(C) 社会参加支援的機能	自立生活困難者の自己実現、社会への参加と統合、包摂を支援する機能	社会的な環境の整備（都市環境の改善、住宅改造、社会的偏見の除去など）を通じて、インテグレーション（社会的統合化）、ノーマライゼーション（常態化）、ソーシャルインクルージョン（社会的包摂）の実現を支援する働き
(D) 社会資源開発的機能	自立生活困難者を支援するうえで必要な社会資源を開発する機能	社会資源（機関・施設・設備、資金・物資・情報、親族・友人、地域の住民・集団・組織の有する知識や技能など）や、隣接領域（医療、保健、教育、住宅政策、更生保護など）の資源を利活用可能にすると同時に、新規に資源開発を行う働き

出典：仲村優一ほか監『エンサイクロペディア社会福祉学』中央法規出版、412～417 頁、2007 年を整理して筆者作成

や「規整（レギュレーション）」を加えたりするような機能を果たしてきたということにある。そして同機能を「社会制御的機能」と「社会統合的機能」に大別したうえで、それぞれの下位分類を示している。その概要は**表2**のように整理できる。

その後、古川はこれらを「外在的」機能と「内在的」機能とも言い換えているが（古川 2003：101-2）、これらの関係について初期の著書では「社会福祉の即自的機能（＝福祉的機能：引用者）とその社会的機能は相互に規定的」であるとし（古川 1994：165）、より直近の著書では、両機能は「もとより別々のものというわけでは」なく、「社会福祉のもつ機能の二つの側面」をなしているが、「時に相互に拮抗し、あるいは矛盾する関係に陥ることがある」としている（古川 2009：274）。以上からは、これら二つのコンセプトの区別は相対的であって、その関係は相補的でも対抗的でもあるとされていることがわかる。

２）本章の目的

本章の目的は、社会システム論に依拠して社会福祉の機能を捉え直すことにある。上述の古川が示した機能のコンセプトは、それ自体十分な説明力を有しているが、社会システム論の知見と接続すると、これらがいったい何を捉えようとしているのかがいっそうクリアになる（今日風にいえば「解像度」が上がる）。加えて、社会システム論に依拠することは、さまざまな社会的事象を統一的に扱い得る射程の広い枠組みのもとで社会福祉の機能が捉えられ

表２　古川孝順による社会的機能の分類

	下位分類	解説
社会制御的機能	①社会的秩序の維持	英国旧救貧法は貧困者の処罰・抑圧による社会秩序の安定と維持を図った。現代のホームレス施策にも社会不安の除去や秩序維持への期待が込められている。
	②近代的賃金労働者の創出	英国新救貧法の救援抑制策（院外救済の制限、劣等処遇原則）は「働く貧民」を近代的賃金労働者と被救恤的窮民に二分し、労働力商品を陶冶する機能を果たした。
	③国民の感化育成	勤勉等の資本主義的規範と自己責任論的貧困観が形成され、公的救済の抑制と並んで民間の自発的救済による貧困者の感化（性格や生活習慣の矯正）が重視された。
	④健全な兵力と労働力の育成	国民国家の形成期に導入された学校給食、学校保健、乳幼児・妊産婦保健等の社会改良施策は、優生政策や人口政策と共に、健全な兵力や労働力の育成に貢献した。
	⑤労働市場の規整	不況時には失業・貧困対策が、好景気の労働力不足には女性の労働力化のために保育所が増設されるなど、社会福祉の発展は労働市場の状況に左右されてきた。
	⑥雇用の創出	世界恐慌時の大量失業に際し米国ではニューディール政策としての公共事業が雇用を創出したが、近年の日本でも高齢者福祉施設建設が地元の雇用創出に貢献している。
	⑦購買力の散布	米国のニューディール政策による雇用創出や現金給付による購買力散布は、有効需要増大を景気回復の契機として位置づけるケインズ経済学的発想に依拠していた。
	⑧家族の規整	公的扶助や介護・保育サービスの増減が家族の扶養やケアの責任の増減をもたらすことがあるように、社会福祉のありようが家族の形態や機能を規定する面もある。
	⑨地域社会の規整	地縁的互助重視が公的救済を縮減させ、共同体の弛緩が公的救済強化を要請する等、社会福祉のありようは地域社会の構造や機能に規定されるが、その逆も成り立つ。
	⑩社会体制の維持	西側諸国による福祉国家建設のねらいは、資本主義体制下における社会主義的理念の実現可能性を示し、階級対立の緩和克服を通じて体制維持を図ることにあった。
社会統合的機能	①所得再分配	累進課税を財源とする社会福祉による所得の垂直的再分配は、社会階層間の格差縮小、住民の不公平感の緩和により社会の統合性を高めることに貢献してきた。
	②社会的包摂	社会的なつながりから排除された人びとを社会的に包摂することには、多様な特徴や差異をもつ人びとを社会に受け入れ、統合性を高める効果が期待されている。
	③福祉のまちづくり	福祉コミュニティとその前提にある地理的地域社会とを併せて組織化することには、地域社会の求心力を高め、統合性を高める効果が期待されている。

出典：仲村優一ほか監『エンサイクロペディア社会福祉学』中央法規出版、448～451頁、2007年を整理して筆者作成

るようになるという効果も期待できる。

もちろん一口に社会システム論といっても多様な学説や潮流がみられる（井庭編 2011）。ここではドイツの社会学者**ニクラス・ルーマン**（Niklas Luhmann）によって刷新された社会システム論をとりあげる（代表作は Luhmann 1984=2020；1997=2009）。ルーマンとその影響を受けた研究者の社会システム論（以下、ルーマン派社会システム論）を取り上げる理由は、これからみていくように、社会福祉の機能を、それを成り立たせる構造もろとも捉えていくうえで有意義な知的資源が豊富に埋蔵されているからである。以下ではその「試掘」を行い、知的鉱脈の所在を確認することを目指す。本章ではもっぱらルーマン研究者の業績を参照するが、いわゆる「二次文献」に依拠することをいぶかしく思う向きもあろう。ともあれ、たとえ文献研究としては無作法であったとしても、紙幅も少ないなかでルーマン派社会システム論の骨子を整理する上で、ルーマン研究者の成果を活用することには利点が多いと考えた次第である。

以下ではまず第２節でルーマン理論の概説書（Borch 2011=2014）の要点を整理する。この項のねらいは、ルーマン派社会システム論の骨子を、社会福祉研究コミュニティのメンバーと共有することにある。メンバーの多くは、社会福祉士・精神保健福祉士国家試験カリキュラムの「社会学と社会システム」を通してそのエッセンスに触れ、社会福祉の実践と研究にとって社会システム論がもつ意義を了解しているはずであり、本節の解説は復習や補習の機会となるだろう。

続く第３節では、ルーマン派社会システム論から採取した知的資源を活用し、社会福祉の機能に関する理論的な分析力の強化を図ってきた欧州のソーシャルワーク研究を紹介する。最後に第４節では、前項までの議論を踏まえて、福祉的機能と社会的機能が何を捉えようとしているのかについて若干の解釈を示す。社会福祉を機能システムとして捉えようとする試みからは、社会福祉学の位置づけと機能をめぐる独特の見方が示されるが、最後にこの点について触れ、結びに代えたい。

ドイツの社会福祉学（Sozial Arbeit）では、自国が誇るルーマン理論の成果を活かした当地ならではの研究が盛んであり（小松 2013：142-51）、その成果に国際的な注目が集まっている（Schirmer & Michailakis 2019：３）。我が国の社会福祉学においてもドイツの息吹を伝えてくれる本格的な研究が登場した（本多 2024）。本章の作業が、このような新時代の社会福祉研究の受容や普及の一助となることを願っている。

なお、本章のタイトルは「社会福祉の機能と構造」となっているが、主眼は「機能」にある。ここでいう「構造」は社会福祉の組み立て（内部構造）のことではなく、あくまで「社会福祉の機能」を成り立たせている（コミュニケーションの再生産を支える）仕組みという意味である（長岡 2006：393-407）。

2. ルーマン派社会システム論の骨子
——ボルフの解説をもとに

1）はじめに

ルーマン派社会システム論に依拠して社会福祉の機能を捉えることは、社会福祉を「社会システム」、特に「機能システム」として捉えることを意味する。では「社会システム」や「機能システム」とはどういうシステムなのか。そもそも「システム」とは何であり、いかに捉えることができるのか。ここで紹介するクリスティアン・ボルフの研究（Borch 2011=2014）は、そのような基礎的な事柄から説き始め、しだいにルーマン理論の全体像を描き出していく。ルーマンの著作は読みにくさや難解さで名高い（Moeller 2012=2018：第２章）。近寄りがたいルーマン理論をボルフは手際よくまとめているが、それでも内容が複雑であることに変わりはない。複雑な事柄を伝えるにはストレートな表現が効果的であると考え、伝聞調ではなく断定調で記述することを（また、批判的検討抜きに肯定的説明に徹することを）ご寛容願いたい。同書の整理にあたっては、第２章「社会システム」、第４章「近代社会の機能的分化」、第５章「機能的分化の帰結」に的を絞った。参照箇所は（NL：頁数）と表記する。

２）システム、自己産出、構造的カップリング

社会システムはシステムの一類型である。それゆえシステムについてあてはまることが社会システムにもあてはまる。**システム**とは環境からの区別によって成り立つ存在である（NL：51）。環境とはシステムを除くすべてである。システムは環境から区別できなければ存在できず、環境はシステムごとに異なっている。

環境との区別のもとで、システムは自律した働きをする（これを「作動における閉鎖」という）。たとえば、生命システムは「生命」の作動に、心理システムは「意識」の作動に、社会システムは「コミュニケーション」の作動によって特徴づけられる（NL：53）。システムは自律して働き続ける（閉じながら作動する）なかで、自分と環境との境界を再生産する（NL：53-6）。作動による境界の再生産は「構造」に従ってなされるが、その構造は作動の結果として生み出される（NL：57）。つまりシステムの作動と構造は循環的関係にある（つまり作動が構造を生み出し、構造が作動を誘発する）。構造は、システムが自らの作動を選択するときの「予期」として働き、選択を安定化＝制限させる（NL：58）。言い換えると、システム（ただし心理システムと社会システムに限られる）がいかなる作動を選択するかは、予期によって構造化されているということである（NL：59）。以上をまとめると、「社会システムは自ら生み出した予期構造を用いて、ありうるコミュニケーションの中からどのようなコミュニケーションを選択するかを統制する、作動において閉じた、自己組織するシステムである」ということになる（NL：61）。

社会システムは、自らの構成要素であるコミュニケーションを、自ら産出し再生産する（NL：63）。異なる社会システムは異なるコミュニケーションを**自己産出**する。環境と区別された自己産出的なシステムは作動において閉じている。だがシステムは環境と関係をもつ。環境としての生命システムも心理システムも、社会システムが成り立つための外的な物質的条件をなす（NL：56）。環境との関係のもち方は、「**構造的カップリング**」と呼ばれる。システムと環境との関係は、環境からの「刺激」をシステムが解釈し、あくまで自己刺激として自らの作動を引き起こすという形をとる（NL：72）。また、自己産出的に作動するシステム同士の関係も、構造的カップリングとして記述される（NL：73）。社会システム同士は互いを必要としているため、自己産出的に作動しながらも、構造的にカップリング（連結）されているのである。

３）社会システムとコミュニケーション

社会システムを構成する固有の作動はコミュニケーションである（NL：74）。ここでのコミュニケーションの捉え方は、情報伝達に着目する古典的な「送り手－受け手」モデルとは異なる（NL：77）。社会システムに固有の作動であるコミュニケーションとは、情報、伝達、理解の選択である。つまり、①他我が情報の伝達行為を選択し、②他我が情報を伝達する手段を選択し、③自我が情報の（その伝え方や内容をもとにした）理解を選択するという「三重の選択」がコミュニケーションを成り立たせる（NL：78-9）。この③（自我がどういう理解を選択したか）に応じて異なったコミュニケーションが展開されていく。さらにこの三重の選択に続いて、コミュニケートされた事柄を受容するか拒絶するかという自我による第四の選択が生じる（NL：81-2）。コミュニケーションは意見の一致や合意を目指すものでも、それらを保証するものでもない（NL：83）。合意がなくてもコミュニケーションは続いていく。むしろ合意はコミュニケーションの継続（それゆえ社会の継続）を阻害しかねない（NL：84）。

社会システムは人間ではなくコミュニケーションから構成される。つまり人間は社会の一部ではない。また、コミュニケーションを行うのも人間ではなくコミュニケーションである（NL：84-5）。人間

がいなければコミュニケーションが展開されないのはいうまでもない。だが、心理システムや生命システムなどのさまざまな自己産出システムからなる集合体としての人間は、社会システムの環境に属する（NL：105）。人間の意識（心理システムにおける思考）は、コミュニケーションの自己産出的な組織化のための必須条件だが、コミュニケーションできるのはコミュニケーションだけである。社会システムと（その環境としての）心理システムは、それぞれ独立した（境界と作動における閉鎖を維持し続ける）自己産出的システムである。にもかかわらず両者は、互いを利用しつつ共進化的に発展し、「意味」という共通の媒体をもち、特殊な仕方で（相互浸透という形で）結びついている（NL：89-94）。

4）包摂／排除と人格

人間は社会の一部ではないが、人間が存在しなければ社会も存在しない（NL：106）。社会システムにおける人間の重要性を説明するうえでは、「包摂」と「排除」の区別を基礎に「人格」について論じる必要がある。

人格とは、「人間がコミュニケーションにおいてどのように扱われるかを記述するためにシステム理論が採用する名称」である（NL：107）。人格という概念は「コミュニケーションを構造化する予期」を意味する（NL：108）。

人格としての個人は、「社会の構造」としての「社会の第一義的な分化様式」ごとに違った形で包摂されるが、社会分化は三つの主要な形式に区別される（NL：109）。その一つは、小規模な部族を単位とする伝統社会の「環節的分化」であり、そのもとで個人は環節的単位に包摂される。二つ目は、上下の階層によって社会が構成される中世社会の「階層的分化」であり、そのもとで個人は階層に包摂される。三つ目は、階層的分化に取って代わった近代社会の「機能的分化」であり、そのもとで個人はさまざまな機能システムへの包摂の間で揺れ動くことになる（NL：111）。つまりどの機能システムも個人を完全に包摂することはないということである。

5）機能的分化と機能システム

近代社会は自己産出的に作動する各種のサブシステムに分化しており、それらは社会（全体社会）にとって必要な機能を担っている（NL：146-7）。あらゆるコミュニケーションの総体である「全体社会」は、「組織」「相互作用」とならぶ社会システムの三つの主要なタイプの一つである（NL：148）。

近代社会のサブシステムは、「**機能システム**」として、それぞれ自律的に作動し、全体社会のなかで、かつ全体社会に対して、一つの機能だけを果たす（NL：153）。主な機能システムには、法、経済、政治、芸術、教育、科学、宗教、マスメディアがあるが、これらに限られるわけではない（NL：154）。

システムがとり得る関係（システム関係）には三つの種類がある。機能システムというときの「**機能**」とは、三つのシステム関係のうちの一つであり、機能システムが全体社会に対して行う特定の貢献を意味する。二つ目のシステム関係は「パフォーマンス」であり、機能システム同士が相互に行う貢献を意味する。三つ目のシステム関係は「反省」であり、自己記述という形式をとるシステムの自己観察を意味する（NL：154-5）。各機能システムが果たす機能はほかのシステムによって代替不可能である（NL：155）。

各機能システムは、厳格に二つの値からなる「バイナリーコード」（二値コード）に基づいて組織されている（NL：156）。たとえば、科学システムは「真／偽」、経済システムは「支払う／支払わない」、政治システムは「政府／野党」といったコードによって世界とかかわる。各機能システムは、バイナリーコードを通じて世界を観察・解釈し、コードに適合しない事柄はシステムに関連のないものとみなすことで、自らの作動（機能の遂行）に徹することができる（NL：157）。

複数の機能システムが作動を共有する状況（「作動におけるカップリング」）もある（NL：160）。これは「一システム、一作動」の教義を脅かすかにみえるが、作動におけるカップリングは作動の瞬間に存在しているだけであるため、作動同士の衝突にみえたとしても、機能的分化を脅かすことはない（NL：160-1）。

バイナリーコード自体は、それがどういう場合に適用されるかを示唆しない。そのためシステムは、コードの適用条件を定めた「プログラム」を発展させる（NL：162）。たとえば科学システムにとっての理論と方法、経済システムにとっての価格が、プログラムにあたる。プログラムは修正や変更に開かれており、その柔軟性がコードの硬直性を補償し、機能システムが環境の変化に適応することを助ける（NL：163-4）。

6）機能的分化の発生

機能的分化の進化的・歴史的な背景（つまり機能的分化がどのように生じたのか）は、「象徴的に一般化されたコミュニケーション・メディア」（以下、Symbolisch generalisierte Kommunikationsmedien の頭文字をとってSGK メディアと表記する）の形成と発達という観点から説明できる（NL：165）。「真理」「貨幣」「権力」がSGK メディアの例であり、それらは「社会秩序はいかにして可能か」という社会の成立にかかわる根本問題を、選択の「二重偶発性の問題」として捉え返したうえでの解決策である。二重偶発性の問題とは、「どのようにして自我の選択が他我によって自らの選択の前提として受け入れられるのか」という問題である（NL：165-6）。この問題に対しては、コミュニケーションを生じやすくする仕組みである「メディア」が解決策となる（NL：168）。三つの主要メディアのうち「言語」と「伝播メディア」は、コミュニケーションの受け手が情報を自分の行動の前提として受け入れる蓋然性を高める動機づけを含まないのに対して、SGK メディアだけがそうした動機づけを提供できる（NL：169）。この「象徴的に一般化された」という性質は、SGK メディアが異なった文脈で使用されることや、適用される際の内容に限定をつけないことを指す（NL：170）。

SGK メディアは、他我が自我に「疑問を抱かせることなく」自らの選択を自我の選択の前提として受け入れさせるという（二重偶発性問題の解決策としての）機能を果たす（NL：172）。SGK メディアはバイナリーコードを提供し、それに基づいて機能的分化が促進され、機能システムが発展していった（NL：175）。主要な機能システムの概要は**表3**のようになる（ボルツは言及していないが、後述の議論を先回りし、機能システムとしての福祉、つまり社会的援助システムも追加した）。

このようにして機能的に分化した近代社会における「**統合**」は、社会全体にかかわる問題ではなく、機能システム同士の相互関係の問題である（NL：196）。統合とは、サブシステムの自由度の縮減であり、機能システムの自己制御がほかの機能システムによってどのように条件づけられるか、あるいは制限されるかという問題である（NL：197）。

7）機能的分化の帰結

機能的分化により厳格に分離された各機能システムは、どれも対等であり中心にはなり得ないため、社会の脱中心化がもたらされる（NL：202）。機能的分化は歴史の偶発的な産物であり、別の分化様式が優勢になり、それによって変質させられることがあり得る（NL：230）。機能的分化に取って代わり得る新しい分化様式が上述の「包摂／排除」である。近代社会における「**包摂**」とは、人間がコミュニケーションにおいて話題になることを意味し、「排除」はその反対の事態を指す。各機能システムは、人々がいつ、どのように、コミュニケーションにおいて意義・関連性のある人格として扱われるかを決定する（NL：230-1）。この「包摂／排除」という新たな分化様式の発展を食い止めるための解決策は、機能的分化の論理の内部で探すことになるが、社会扶助（援助）のための新たな機能システムが登場し、排除がもたらす事態への対処に専門的に取り組む可能性もある（NL：242）。

表３　機能システムの概要

システム	機能	バイナリーコード	プログラム	SGK メディア
政治	集団的拘束力を有する決定を強制する能力の提供	政府／野党	憲法、選挙	権力
法	規範的予期の安定化	合法／違法	法規範、法定手続	法
経済	希少性の条件下で将来の供給を確実にする	支払う／支払わない	価格	貨幣
芸術	想像的な秩序を示し、社会に社会の新しい観察の仕方を提供する	美しい／醜い 挑発的／融和的	マニュフェスト スタイル	芸術（絵画、彫刻、展示品などの形式）
科学	新しい知識を生み出す	真／偽	理論と方法	真理
マスメディア	社会が行う現実の構成に向けて貢献する	情報／情報でない	ニュース、広告、娯楽	世論
教育	社会でのコミュニケーションに向けて準備をするように人々を変える	より良く学習する／より悪く学習する	カリキュラム、読解	なし
宗教	世界の不確定性を有意味な秩序に翻訳する	内在／超越	キリスト教文化圏では聖書	（信仰）
福祉	社会的排除などに事後的・組織的な対応を行う	助ける／助けない （援助／非援助）	福祉立法、社会福祉学	要求

出典：ボルフの記述（NL：175-190）および井庭編（2011：32）の table1 を参考に筆者作成。福祉（社会的援助システム）については Schirmer and Michailakis（2019：79）、小松（2013：144）、本多（2024：73）を参照した。

3. シルマーとミハイラキスの社会的援助システム論

１）はじめに

以上がボルフの研究をもとに整理したルーマン派社会システム論の骨子である。スウェーデンのソーシャルワーク研究者であるヴェルナー・シルマー（Werner Schirmer）とディミトリス・ミハイラキス（Dimitris Michailakis）は、これらの知見を社会福祉専門職および関連援助職の実践に必要とされる理論として展開する途を探っている（Schirmer and Michailakis, 2019）。同書はもともと北欧の読み手を対象にスウェーデン語で書かれたが、英訳されルートリッジ社から国際版として出版された。ルーマン派社会システム論に依拠したソーシャルワーク研究を各国の読者に紹介することが国際版のねらいとされている。以下、同書の参照箇所は（ST：頁数）と表記する。また専門用語の邦訳についてはルーマン理論の用語集（Baraldi, et al. 1997=2013）を参照した。

既述のように各種の機能システムは、それぞれ特定の問題を扱う。たとえば、経済システムが「希少性の条件下での効率的な資源配分に関する問題」を扱うように、**社会的援助（social help）システム**は「人々の包摂と排除に関する解決困難な問題」を扱う（ST：52）。社会的援助システムが機能システムであるとすれば、それは特定のバイナリーコードで作動するはずである。シルマーらは、社会的援助システムのバイナリーコードは「助ける／助けない（あるいは援助／非援助）」（help／no help）であるとし、実際に誰がどのような援助をどれくらい受けるかを決定するためのプログラムとして、福祉立法やソーシャルワーク理論が発達してきたと指摘している（ST：79）。プログラムとしての「反省理論」については**４．２）**で解説する。シルマーらは、上記の**表３**に示した主要な機能システムについて概説しているが、ここでは社会的援助システムの概説箇所（ST：56-8）の要約のみを記す。

2）社会的援助システム

機能システムの一つとされる社会的援助システムでは、日常的な援助とは異なり、援助を必要だとシステムが認定した人々に対して、公私の主体による社会サービスを通じて組織的な援助が提供される。

援助システムの機能は、ほかの機能システムが人々を包摂したり排除したりすること、そして領域から領域へと排除が累積していくことを背景にしている。この「**累積的排除**」は機能システムの後続問題であり、社会的援助システムは、この累積的排除に対処するうえで、社会にとって機能的な方法とみなせる。援助システムは福祉国家の標準化された支援では解決できない問題に対処しようとする。

援助システムの社会的な機能は、社会的排除管理（後述）として説明できる。援助システムは、援助を必要としている人々の要求の妥当性を決定するために、法的な基準や規則を必要とする。受給権の決定をめぐるコミュニケーションが、自律的な機能システムへと発展していくにつれて、システム自身が社会的援助の可否を決定するようになっていく。

援助システムは、援助を必要としている人々に「逸脱」というレッテル貼りをすると批判されることもあるが、そうした批判は、システムの「機能」（社会のために特定の問題を解決すること）と「パフォーマンス」（ほかの機能システムを支援すること）を混同している。援助システムのパフォーマンスは、支援する機能システムごとに異なっている。たとえば経済システムは優秀な労働者を、教育システムは教育の邪魔をしない生徒を、政治システムは秩序を脅かさない善良な市民を期待しており、こうした各機能システムの期待に適合しない人々を「矯正」することが、援助システムのパフォーマンスなのである。

3）社会的な包摂と排除

社会的援助システムに関する概説箇所の要約は以上のようになる。そこでは、社会的援助システムの「機能」は累積的排除に対処するための「排除管理」にあり、その「パフォーマンス」は援助システムが支援する機能システムごとに異なるということが確認された。では、社会的援助システムが対処する「累積的排除」とはいかなる事態なのか。そもそも機能システムが社会的な排除と包摂をもたらすとはどういうことなのか。すでにその概要については前述したが、ここではシルマーらによるより詳しい説明をみておきたい。その鍵となるコンセプトが「人格 person」である。

ｉ　人格

ルーマン派社会システム論にいう「人格」は社会システムの産物であり、コミュニケーションの担い手を識別する機能を果たしている（ST：64）。「人間」「行為主体」などに代えてわざわざこのようなコンセプトがもち出されるのはなぜなのだろうか。その理由は、すでに述べたように、人間そのものは社会システムにとっての「環境」であり、社会システムを構成するコミュニケーションを行うのは人間ではなくコミュニケーションだからである。つまり人格とは、「環境」である人間が、いったいどのように社会システムに現れるのかを説明するためのコンセプトなのである。

ⅱ　前近代の包摂と近代の包摂

この人格（としての人間や個人）が機能システムに包摂されたり排除されたりするメカニズムはどのようなものだろうか。シルマーらは、前近代の機能分化していない社会（先史時代の「環節社会」と古代・中世の「階層社会」）における人間の位置づけや扱い方を確認したあと、それらとの対比で近代の機能分化においては人間の位置づけがどう変わったのかを説明している。

多機能のサブシステムに全面的に包摂される前近代社会とは異なり、機能分化が進んだ近代社会では、人間はさまざまな単機能の機能システムに参加しなければならず、個々人にはそれぞれの機能システムに参加し包摂される能力（includability）を身につけることが求められるようになるという。個々人は生涯にわたって複数の機能システムに包摂されたり排除されたりすることを余儀なくされるのである。各機能システムに優劣はないため、あるシステムでの成功がほかのシステムでの成功を保障することはないとされる（ST：66）。

iii　実行役割と素人役割

機能的分化が進んだ近代社会では、個々人は「人格」（役割の担い手）として各機能システムに参加するが、そうした役割には「実行役割」（performance roles）と「素人役割」（layman roles）があるという（ST：67）。前者は、システムが社会的機能を果たしたり、ほかのシステムに対して任務を遂行したりするのに必要な役割である。これに対して後者は、実行役割によって遂行された任務の受け手の役割である。社会的援助システムについていえば、前者はソーシャルワーカーの役割、後者はクライエントや利用者の役割にあたる。実行役割による包摂は素人役割による包摂よりも多くのスキル・教育・資質を必要とするが、素人役割は万人に開かれており、機能システムへの包摂はこの素人役割を通じて行われるという（ST：67-8）。

iv　社会的アドレス

シルマーらは、排除と包摂のメカニズムを説明するうえで、著名なルーマン派社会システム論者であるペーター・フックス（Peter Fuchs）が提唱した「**社会的アドレス**」というコンセプトを重視している（ST：68）。なお同コンセプトについては本多（2004）の補論1で丁寧な解説がなされている。

人間は有機的システムや心理システムとしては（社会システムにとっては「環境」であるがゆえに）社会から排除されている。だがその一方で、コミュニケーションに際しては「人格」として、上述のような役割を介して機能システムに包摂され、特定のアドレスを受け取ることになる。つまり、包摂されるとは、社会的なアドレスを受け取ることと、コミュニケーションにおいて「人格」として扱われることを意味するということである。

この点についてシルマーらは、そうした社会的アドレスを受け取れず「いかなる社会的文脈にも参加していない個人」のような「理論的に極端なケース」としてホームレスの例を挙げ、「ホームレスの人々は、社会の多くからほとんど完全に排除されているが、いくつかのミクロな社会的文脈には参加している（たとえば、ホームレス雑誌を売るとき、炊き出しで食料を受け取るとき、シェルターで寝ることを許されるときなど）」と指摘している（ST：68）。

v　包摂と平等の違い

続けてシルマーらは、包摂と平等は異なるという点についてあらためて注意を促している（ST：70）。社会システムの一つである「組織」においては、包摂と不平等は矛盾せず、職務上の地位の違いにみられるように、組織内に包摂された人々の間には実行役割の違いに基づく不平等がみられる。また、機能システムの作動様式の副産物として生み出される不平等もある。教育システムは成績の高い学生と低い学生を生み出し、経済システムは裕福な人と貧しい人をつくり出すが、これらは排除ではなく包摂の結果なのである。

vi　問題となる排除

ここまでの説明から明らかなように、機能システムにおいては人々の特定の側面が包摂されることで別の側面が排除され、組織においてはメンバー以外のすべての人々が排除される。シルマーらによれば、これらは機能分化した社会システムが独自に包摂規準を設定することの帰結であり、それ自体は問題ではないとされる。問題となる排除は、上述のようなコミュニケーション上の「アドレス」が与えられないことであるという（ST：71）。ただし、あらゆる機能システムからの排除が問題となるわけではなく、ある機能システム（たとえば、メディア、芸術、宗教、科学）からの排除は、ほかの機能システム（たとえば、経済、政治、法律、医療、教育）からの排除と比べると、生存に関してはさして問題ではない場合もあるとされる。

また、現代社会で適切な生活を送る鍵は、素人役割を通じて包摂されることだけでなく、少なくとも一つの実行役割を通じて包摂されることだという(ST：71)。なぜなら、個々人が報酬を得ることができるのは、何らかの組織における実行役割を通じて所定の任務を遂行した場合に限られるからである。同時に、組織が必要とする（包摂する）のは、特定の実行役割を果たせる資質や能力をもつ者に限られるからであって、「包摂の普遍性が基本である」にもかかわらず、実際には誰もが必要とされるわけではない（排除されることがある）というのは、近代性の一つの帰結であるとされる（ST：71-2）。

加えて、あるシステムが課す包摂要件の充足に失敗すると、ほかのシステムに包摂される可能性が妨げられやすくなる。これが「排除の累積効果」であり、そのような状況にある人々（失業者やホームレスなど）は、ますます機能システムにとっての意義・関連性（relevance）を失っていくリスクにさらされ、機能システムのレーダーから完全に消えてしまう傾向にあるという（ST：72）。しかし、シルマーらによれば、そのように各種の機能システムにとっての意義・関連性が失われていくことは、逆説的に社会的援助システムにとっての意義・関連性を高めていく、つまり包摂されていくことになるとされる。では、社会的援助システムへの包摂とはどういうことなのか。次にこの点について解説する。

4）排除管理とソーシャルワーク

ここまでみてきたように、社会システム（機能システムや組織）は個々人をそのコミュニケーションに包摂したりそこから排除したりする。だが、現代の政治システムは自らを「福祉国家」とみなしている以上、包摂や平等の理念に反するような排除（特に累積的排除）がもたらす政治的正統性のゆらぎを容認するわけにはいかない（ST：72）。

福祉国家のもとでは、年金や医療など万人向けの標準化された援助と、それら手段では解決できない個別のケースに対する特別な（標準化できない）援助とが提供されてきた。後者はソーシャルワーカーによる専門的援助として展開されてきたが、シルマーらは、フックスなどの議論に依拠してそうした援助を、「ほかの社会システムに対する魅力を向上させることをねらいとして、個々人の社会的アドレスに働きかけ、包摂可能な存在へと（再）適応を行う」ような「**排除管理**」(exclusion management)として捉えていく（ST：73）。

近代社会における排除が、前近代社会における排除のように社会からの全面的な排除ではないことは、包摂の違い（人々は前近代社会では単一の多機能なサブシステムに包摂されたが近代社会では分化した複数の機能システムに包摂される）を反映している。近代社会において重要な機能システムから排除された個々人は、それ自体が排除でもあるような特殊な形態の包摂のもと、特殊な役割が与えられる。

シルマーらによれば、ソーシャルワークという特殊な包摂形態のもとでの「排除役割」こそが「クライエント」であり、それはソーシャルワーカーの実行役割を補完する素人役割でもあるとされる（ST：74)。言い換えれば、ソーシャルワークは、（ほかの文脈において社会的アドレスを欠く）被排除者に「社会的アドレス」を提供することで、彼らをコミュニケーション的に有意義な存在にするということである。それはまた、クライエントがアドレスをもつ能力や可能性（addressability）すなわち包摂される能力や可能性（includability）を管理し回復させることでもある。

4. 社会福祉（学）の機能を捉え直す

1）福祉的機能と社会的機能が捉えようとしたこと

ここまで述べてきたルーマン派社会システム論に依拠すると、冒頭に示した福祉的機能と社会的機能というコンセプトが何を捉えようとしているのかについて、いっそう明確に解釈できるようになる。

第一に、**福祉的機能**は、機能的分化を遂げ、自律した機能システムとして社会福祉が果たしている機能を捉えようとしていると解釈することができる。その機能の焦点は「排除管理」すなわち各種の機能システムから排除された人々の包摂能力／可能性の管理・回復に見出されることになる。実際、**表1**の(A)から(D)の福祉的機能のうち排除管理と食い違うものはなさそうにみえる。

第二に、**社会的機能**は、社会福祉がほかの機能システムに対していかなる貢献を果たしているのかを捉えようとしていると解釈することができる。上述（**2．5)**、**3．2)**）のように、機能システムの「機能」は、社会にとっての「問題」の解決策（社会への貢献）であると捉えるなら、社会的機能だけでなく福祉的機能もまた「社会の側の必要」を満たす機能であるということになり、両者の区別は怪しくなる。冒頭でみたように両機能の区別は相対的であると設定されているので辻褄（つじつま）は合うが、この区別はもう少しはっきりさせることができる。

機能的分化と福祉国家化が進み、社会福祉が自律した機能システムとみなされ得るようになってからの社会的機能については、「構造的カップリング」と「パフォーマンス」というコンセプト（**2．2)**、**3．3)**）によって捉えることができる。それらが意味しているのは、機能システムは互いに相対的自律性を維持しながらほかの機能システムに刺激を与えたり貢献したりすることがあるということであった。そして社会福祉の社会的機能（特に社会制御的機能）は、社会福祉が、ほかの機能システムの期待に合致しない人々を「矯正」するパフォーマンスとして解釈することができる（**3．3)**）。

ただし社会統合的機能については、社会システム論的な「統合」理解（**2．6)**）との距離が遠すぎるため、社会的機能の範疇（はんちゅう）から除外されることになる。機能的に分化した近代社会における「統合」は、機能システム同士の相互関係やそれぞれの自由度の減少にかかわる問題であるとされ、社会全体の求心力を高めたり政治体制の正統性を維持したりするといったような含みはないからである。

2）反省理論としての社会福祉学

社会システム論の知見に依拠して社会福祉の機能を捉え直すことは、学問としての社会福祉学の位置づけと機能についても独特の見方を提起する。最後にこの点に触れておきたい。

シルマーらは、ルーマン研究者キーザーリンク（André Kieserling）の議論に依拠して、経済システムに対する経済学や教育システムに対する教育学のように、機能システムに対応する独自の学問分野のことを「**反省理論**」（reflection theories）と呼び、学問分野としてのソーシャルワーク研究（ここでは社会福祉学と呼ぶことにする）を社会的援助システムの反省理論として位置づけている（ST：138)。

反省理論はいずれも制度化された学問分野として成立しているが、科学システムの一部ではなく、対応する機能システムの一部を成しているという。つまり反省理論は、対応する機能システムを肯定的に評価する「内部システム」として機能システムの自己記述を行う（そのような機能を担う）ということである。純粋な科学システムが「真／偽」のコードに従うのに対し、反省理論は対応する機能システムのコードに従う。それゆえ社会福祉学は社会的援助システムの「助ける／助けない」というコードに従うとされる（ST：79, 139)。

反省理論が「反省」である所以は、機能システムの実践と自らを分化（差異化）させるところにある。社会的援助システムと社会福祉学という区別のもと、社会福祉学は科学の実践形態（研究、発表、知識の発見と生産など）をとって前者を観察し反省する。こうした科学システムの所作と機能システムの利害との両方に依拠することで、反省理論は科学的真理と（当該機能システムの実践・研究・教育にかかわる）コミュニティの利益の両方に基づく自己記述を発展させ得るとされる（ST：140)。

社会福祉学を反省理論として捉え返すことには、さまざまな意義を見出すことができる。シルマーらは、以下のような古くからみられる三つの問いに新たな解答や考え方をもたらす点に、そうした意義を見出している。それは、①アイデンティティをめぐる問い、②その学問化／科学化をめぐる問い、③理論と実践の関係をめぐる問いの三つである（ST：142)。

①は、ソーシャルワーカーの統一性や共通性と、

ほかの専門職との差異をめぐる問いである。この伝統的な問いに対し社会システム論からは、次のような新たな解答が得られるという（ST：143）。上述した独自の機能（排除管理）を果たす援助システムとソーシャルワーカーは、社会と社会問題について、ほかの機能システムや専門職とは異なる独自の視点を提供する。また、反省理論としての社会福祉学は、援助の原理やプログラムを策定することで、ほかの機能システム（経済、政治、実証科学など）が自らのコードを援助システムに押しつけたり境界を越えて侵入したりすることを防いでいく。つまり社会福祉学は、援助システムの境界を守る機能を果たす。シルマーらは、そのような機能を果たすことに失敗した例として、効率性重視の新公共管理（NPM）の台頭を挙げ、社会福祉学が援助システムの健全性（integrity）を守り切れなかったことがその台頭を許したとの解釈を示している。

②についてシルマーらは、ソーシャルワークの「学問化」（社会福祉学の確立）は、実践と反省理論とのシステム内分化を正統化するという意味で有意義であるのに対して、その「科学化」は反省理論としての社会福祉学の存在理由に反するとの解答を示している（ST：143-4）。社会福祉学が実証的な自然科学や経験科学そのものになっていくと、科学的な証拠によって援助の知識基盤が強化されることになるとはいえ、そうした証拠が援助にとってもつ意味を解釈したり規範的に評価したりすることができなくなってしまう（反省理論たり得なくなる）、というのがその理由である。

③については、理論や研究の意義は、ソーシャルワーク実践のガイドラインになることではなく、ソーシャルワークの教育やトレーニングにおいて有用性を発揮するという解答を示している（ST：144）。つまり理論（反省理論）の意義は、専門職のトレーニングを通じて、核となる価値を修得し、意味を創造し、「良い実践」とは何かという規範的な羅針盤を提供することにあるということである。

以上のように社会福祉学を反省理論として捉える見方を、古川（2024）のような学問論と比較検討することは有意義な分析課題になり得ると考えられるが、紙幅も尽きたので指摘に止めざるを得ない。

参考文献

- Borch, C.(2011) Niklas Luhmann, Routledge.（クリスティアン・ボルフ、庄司信訳『ニクラス・ルーマン入門――社会システム理論とは何か』新泉社、2014年）
- Baraldi, C., Corsi, G., Esposito, E. (1997) GLU: Glossar zu Niklas Luhmanns Theorie sozialer Systeme, Surkamp.（クラウディオ・バラルディ、ジャンカルロ・コルシ、エレーナ・エスポジト、土方徹・庄司信・毛利康俊訳『GLU――ニクラス・ルーマン社会システム理論用語集』国文社、2013年）
- 古川孝順『社会福祉学序説』有斐閣、1994年
- 古川孝順『社会福祉原論』誠信書房、2003年
- 古川孝順『社会福祉の拡大と限定――社会福祉学は双頭の要請にどう応えるか』中央法規出版、2009年
- 古川孝順『社会福祉学の道しるべ――社会福祉の解体新書を求めて』中央法規出版、2024年
- 本多敏明『「排除」の構造とコミュニケーション論的「包摂」』風鳴舎、2024年
- 井庭崇編、宮台真司・熊坂賢次・公文俊平『社会システム理論――不透明な社会を捉える知の技法』慶応大学出版会、2011年
- 小松丈晃「社会的排除のリスクに抗する機能システムはありうるのか――ルーマンの「宗教」論ならびに福祉領域でのルーマン理論の受容の動向」高橋徹・小松丈晃・春日淳一『滲透するルーマン理論――機能分化論からの展望』文眞堂、129～154頁、2013年
- Luhmann, N. (1984) Soziale Systeme, Grundriß einer allgemeinen Theorie, Frankfurt am Main: Suhrkamp.（ニクラス・ルーマン、馬場靖雄訳『社会システム――或る普遍的理論の要綱　上・下』勁草書房、2020年）
- Luhmann, N. (1997) Die Gesellschaft der Gesellschaft, Frankfurt am Main: Suhrkamp.（ニクラス・ルーマン、馬場靖雄・赤堀三郎・管原謙・高橋徹訳『社会の社会１・２』法政大学出版局、2009年）
- Moeller, Hans-Georg（2012）The Radical Luhmann, Colombia University Press.（ハンス-ジョージ・メラー、吉澤夏子訳『ラディカル・ルーマン――必然性の哲学から偶有性の理論へ』新曜社、2018年）
- 長岡克行『ルーマン――社会の理論の革命』勁草書房、2006年
- 仲村優一・一番ヶ瀬康子・右田紀久恵監、岡本民夫・田端光美・濱野一郎・古川孝順・宮田和明編『エンサイクロペディア社会福祉学』中央法規出版、2007年
- Schirmer,W. and Michailakis, D.(2019) Systems Theory for Social Work and the Helping Professions, Routledge.

3 社会福祉の供給方法

平野寛弥

1. 概況
——供給方法の変化の背景とその影響

21 世紀に入って四半世紀が過ぎようとしている。この間、社会福祉の供給方法やその基準は様変わりしてきた。本章では、この変化について論じていくが、その前に変化の背景を概観しておこう。

まず触れておきたいのは、福祉国家再編の政治である。1980 年代以降、日本や欧米の福祉国家は再編の時期を迎え、福祉給付の形式や内容は変容した。そうした再編の政治に著しい影響を及ぼしてきたといわれるのが**新自由主義**である。一般に新自由主義の特徴は、それまでの福祉国家のもとで、さまざまな規制により活力を失った市場を蘇らせるべく、規制緩和や民営化を通じて自由化することにあるとされる。しかし、すでに堅田がスティガーとロイの研究（Steger and Roy 2010）を引きつつ指摘しているように、新自由主義の真髄は、市場や国家のみならず、市民一人ひとりに作用し、彼らの日常生活を支配する行動指針としての側面、すなわち「**統治性**」（governmentality）にある（堅田 2019：120-121）。この統治性は、市場の自由を自ら実践する能動性を内面化・身体化した市民（能動的市民）を涵養（かんよう）するのだ。近年の社会福祉における「利用制度」化の進展と「市民福祉」の拡大、そして準市場の導入（第２節参照）は、その背後にこのような市民としてのあり方（シティズンシップ）の転換があることを踏まえたうえで理解する必要がある。

さて能動的市民の登場は、社会福祉の重心が保護からアクティベーション／自立支援へとシフトしたことと関連している。これが２点目の背景である。

福祉国家再編に伴い、社会福祉における現金給付やサービスも、その力点を保護から再就労ならびにそれに向けた就労支援へとシフトしてきた。それは問題に直面した市民が、受動的に保護を受け、ただ生活を維持することでよしとするのではなく、自ら生活を立て直すべく、積極的に就労することを促すような制度への転換である。このように、市民に就労を促したり、支援の提供によって市民の人的資本としての能力を開発し、彼らの就労可能性を高めたりするための一連の政策的介入のことを、「**アクティベーション**」と呼ぶ。日本の生活保護や生活困窮者支援で行われているような自立支援のための諸策もこのなかに含めてよいだろう。

さらに、上述のアクティベーションは、必然的に市民が具体的に行動を変えることを要請する。これの行動変容こそ３点目の背景である。

21 世紀を迎え、行動経済学などの行動科学の進展に支えられる形で、これまでになかったような形の政策的介入が行われるようになった。それは市民の行動そのものに働きかけ、その変容を目途したものである。その一例として、「ナッジ」で知られるリバタリアン・パターナリズムが挙げられる（Thaler and Sunstein 2021=2022）。

行動変容はいまや世界的トレンドとなりつつあるが（OECD 2018）、行動変容を企図した手法の導入は社会福祉の分野においても進んでいる（Watts and Fitzpatrick 2018）。なんとなれば行動変容はアクティベーションと親和的だからである。政府にとって、就労しようとしない失業者にアクティベーションを行ううえでは、失業者の意識が変わることを待つよりも、失業者の行動に直接働きかけるほうがより望ましい。とりわけ 2000 年代末から 2010 年代にかけての緊縮政治（Austerity Politics）においては、厳しい予算制約下で費用効率にも時間効率にも優れている行動変容を企図する介入は、政府にとって魅力的な選択肢であった。近年、各国の福祉給付の受給に際して、行動に関連する条件が重視・強化されている（第３節参照）という事実は、こうした背景を下敷きとして生じているのだ。

2. 供給メカニズムの変容 ——準市場の拡大と深化

1）社会福祉基礎構造改革が示す「能動的市民」観と「市民福祉」の発達

利用者の選択の尊重、地域福祉の推進、福祉サービスの質的・量的拡充など、今日の福祉サービスの供給方法の枠組みは、1999年の社会福祉基礎構造改革により築かれたものである。同改革の目的は、戦後間もない時期に形成された日本の社会福祉を、その後半世紀の間に生じた社会・経済の構造変化とそれに伴う市民のニーズの多様化に対応し、必要な福祉サービスを適切な形で提供できるよう、新たな制度的枠組みを構築することにあった。他方で、同改革がシティズンシップの転換を促すものであったことも看過すべきでない。

戦後の日本の社会福祉の基軸となってきたのは、措置制度である。これは、行政庁がサービスを必要とするとみなした者に行政処分によってサービスを提供する仕組みであり、この制度のもとでサービスを提供される市民はあくまでも「対象者」にすぎない。したがって措置制度のもとでは、市民は主体的な意思を十分に尊重されず、行政との関係において受動的な立場に置かれることに加え、国家と市民の間の法的な権利義務関係すら明確ではなかった。

このような戦後の社会福祉が前提としてきた市民観を転換しようというのが社会福祉基礎構造改革のもう一つのねらいであった。当事者の意思と選択の尊重、サービス利用の権利性の確立と権利擁護制度の導入、そして国家と市民の間の権利義務関係の明確化を図ることで、市民を国家と対等な関係にある主体として再定置しようというのである。この転換により、市民は自らの選択に基づいて福祉サービスを利用する「利用者」であることが強調されるだけでなく、福祉サービスの提供（新たなサービスの創造も含む）に積極的にかかわる「提供者」としても期待されるようになる。これはシティズンシップ論でいうところの「**能動的市民**」（active citizen）像に重なるものであった。

事実日本において能動的市民という概念が流布するようになったのは1990年代後半から2000年代にかけてであり、社会福祉基礎構造改革が実施された時期と符合する。まさに市民が社会に対して積極的に関与することの重要性が強調されるばかりか、実際にそれに即した行動をとる市民が増加した時期であった。そしてそれは、後押しする政策の展開に支えられていた。

具体的には、1995年の阪神・淡路大震災、2004年の中越地震など相次ぐ震災における活躍が取り上げられたこともあって、2000年代にはボランティアやNPOでの活動が称揚・推奨された。こうした社会の動向を受け、2009年に発足した民主党（当時）政権によって、従来の「官」と異なる「民」による「新しい公共」の推進が表明され、市民やNPOのさらなる活躍を後押しするべく、認定NPO法人の要件緩和や寄附税制の改正が図られた。2010年代に入ると地域包括ケアシステムの構築に向けて、市民が相互に支え合う「新しい共助」の重要性が強調されたほか、市民は「地域共生社会」の実現に向けて「我が事」として地域社会にかかわり、貢献することを期待されるようになった。こうした傾向は、現在の重層的支援体制整備事業においても引き継がれている。これらの例からもわかるように、能動的市民というあり方は、今日の社会で市民であるうえでの規範として作用しているといってよい。

以上の説明からも容易に推し量れるように、この能動的市民のあり方を象徴する概念は「**参加**」（participation）である。市民は政治や経済、地域社会に積極的に参加することによってその能動性を発揮し、社会的義務を果たすと同時に＜善き市民＞を体現し、自己実現を達成するのだ。

このような能動性の発揮の一つの形が、「**市民福祉**」と呼ばれる市民による福祉サービス供給である。先述の堅田の整理によれば、市民福祉とは「国家による『縦割り型』の福祉供給とは区別されるような『市民参加』を基盤とした『市民社会』による包括的な福祉」（堅田 2019：119）のことである。つまり、市民が自らサービス供給の担い手として参加することで支えられる福祉供給の体系にほかならない。市民福祉は、2010 年代以降進められてきた福祉供給における国家責任の縮小傾向と相まってその重要性を増しつつあり、現在では福祉供給ネットワークの一角を占めるほどに発達を遂げている。

２）準市場の導入へ

こうした市民福祉の発達を支えているのが**準市場**（quasi-market）である。準市場は、1980 年代以降の先進諸国において福祉サービスの供給の民営化（市場化）の試みが進められるなかで導入されたメカニズムである。その特徴は、政府が何らかの制約を課したうえで市場のメカニズムを活用して福祉サービスの供給を行う点にある。つまり準市場とは、政府が財源調達を行って費用の減免措置を講じたり、法令に基づく管理・監督を行い、供給主体および彼らが提供するサービスの質の保証を担保したりすることによって、市場のもつ利点を最大限に福祉サービスの供給に活かす試みにほかならない。

その意味では、これは完全な民営化および市場化ではない。むしろ、福祉サービスの供給システムへの市場メカニズムの導入に政府がさまざまな規制や条件を設定することから、準市場の導入が進められた再編期の福祉国家は、**条件整備国家**（enabling state）（Gilbert 2002）とも呼ばれている。では、なぜ完全な民営化や市場化が避けられ、政府が条件整備として財源調達や規制を行う「準」市場という形でサービスの供給が行われるのか。その理由として市場が抱える問題点を指摘することができる。

１点目は、購買力の低い人々への排他性である。市場は販売される商品の対価を支払うことができる場合にのみ購入希望者（利用者）に商品を供給する。しかし、福祉サービスに対するニーズを抱える利用者がそれに見合った対価を払う能力（購買力）を有しているとは限らない。福祉サービスへのニーズは、単なる欲求ではなく、生命の維持を含めた当人の最低限の生活の維持のための危急性の高い欲求（必要）であり確実な充足が求められるが、市場のもつ排他性はその充足を脅かすおそれがある。

２点目は、**情報の非対称性**である。市場で需要と供給の最適な均衡が図られるためには、サービスの購入希望者（利用者）が自分に必要なサービスが何であるのか、またそのサービスはどのような効果をもつのかといった点について、必要な情報とそれを理解する知識や能力をもち、十分な理解と検討（熟慮）がなされたうえで選択が行われる必要がある。しかし、福祉サービスに関する情報は専門性が高いうえに、利用者はそうした情報を理解するのに必要な知識や能力を欠いている場合も少なくない。さらに、そのニーズゆえに生活に困難をきたしていることも予想されることから、理解や検討が不十分な状態で誤った選択をすることも懸念される。一方、サービスを提供する事業者は当然情報も知識も十分にもち合わせている。そのため利用者と事業者の間に情報の格差（非対称性）が生じやすい。この情報格差はサービス選択と購入に向けた交渉で、利用者に著しい不利益をもたらす。これもまた、利用者のニーズが確実に充足されない事態を生む。

かかる懸念を踏まえ、それへの対応を図りつつ、市場メカニズムの利点を活かすべく導入されているのが、疑似的（quasi）な市場としてサービス供給を行うという準市場の手法である。

日本では、1997 年の児童福祉法の改正に伴い導入された保育所の選択利用制度がその端緒であった。同制度は旧来の措置制度のなかで展開されたことから、厳密には保育サービスの対象者となる市民に選択権はなく、あくまで希望順位の提示にとどまるのだが、サービスの決定に当事者の意思を反映させる仕組みへの転換であることは事実であり、その後の準市場のもとでの利用契約制度への道を開いたという意味で画期的なものであった。

準市場が福祉サービスの供給に正式に導入された最初の例は、2000 年４月に施行された**介護保険制度**である。介護保険制度は、社会保険方式を採用することで、安定的な財源を確保するとともに、拠出と給付の対応関係に訴えることにより、市民のサービス利用の権利性を確保している。そのうえで、ニーズを抱える当事者にサービスの選択権を与え、自ら選択した事業者と契約を締結してサービスを利用することを可能にする一方、ニーズの有無や程度の認定と、ニーズの充足に必要となるサービスの費用補助を政府が行うことにより、費用負担能力の程度とは関係なしに、必要なサービスの利用ができるようになっている。この制度のもとで、これまで福祉サービスの供給を担ってきた社会福祉法人だけでなく、営利企業や協同組合、NPOなど、多様な供給主体がサービス供給に参入し、利用者に具体的な選択肢を提供することとなった。

それ以降、準市場の導入は他の分野にも拡大し、2003年には障害者福祉において、財源方式こそ違うものの（税方式）、介護保険制度と同様に利用契約を結んでサービスの選択を行うことを可能にする支援費制度が導入された。その後、2005年の障害者自立支援法の制定、2012年の**障害者の日常生活及び社会生活を総合的に支援するための法律**（**障害者総合支援法**）への改正・改称を経て、利用契約に基づき提供される障害者福祉サービスの範囲は、当初の身体障害・知的障害から、精神障害、発達障害、障害児に至るまでに拡大した。

3）新たな展開
——保育サービスへの準市場の導入

さらに2010年代半ばに差しかかると、保育所でも新たな動きがあった。子育て世帯の大半が共働き世帯となるなかで、保育所の利用を希望しながらもかなわない多くの待機児童の存在が明らかとなり、社会問題化した。また、当時の安倍晋三政権が女性活躍の推進を重点政策として展開し、女性の雇用促進を目指していたこともあり、待機児童解消への社会的要請は非常に高かった。

かかる情勢のもとで2015年に導入された**子ども・子育て支援制度**は、それまで措置制度のもとで展開されていた認可保育所の選択利用を正式に利用契約制度へと移行させるものであった。併せて、これまで監督官庁の異なる施設として明確に区別されてきた幼稚園、そして新たに創設された幼保連携型認定こども園を保育サービスの供給に組み入れるとともに、地域における小規模保育などの地域型保育事業の整備を図ることで、多様な親の育児ニーズに対応しつつ、サービス供給量の拡大を図った。これにより、市民は保育サービスの利用に際して複数のサービス提供事業者のなかから希望する事業者を選び、原則として直接契約 (1) を結んで保育料を支払う形でサービスの提供を受けることになった。他方でこれまで保育の実施者として位置づけられてきた市町村は、保育の必要性（教育ないし保育の利用時間）の判定を担うとともに、利用支援、あっせん、要請、調整、措置などの条件整備的役割の比重を高めることになった。

4）隣接領域における準市場の導入

以上で紹介した準市場の事例は、いずれも福祉サービスの供給という性格上、利用者の選択や事業者間の健全な競争を確保しつつ、利用者のニーズ充足を最大限に重視する点で共通している。

しかし、これらの事例とは別に、利用者の意思や選択をより直接的に契約に反映するとともに、事業者間の競争をよりいっそう活発化させることを企図する手法も存在する。その一つが**バウチャー**（boucher）を用いて行う市場での公共サービスの供給である。バウチャーは、個人に一定の購買力を付与する補助金であり、特定の商品の購入にのみ使用できる点に特徴がある。公共サービスの供給に用いられる場合には準市場と同様、サービス購入にかかる費用負担を代替ないし軽減することで、確実なサービス利用を促すことを狙いとしている。先述の例との違いは、市場への介入や規制の程度がはるかに小さいという点にある。バウチャーの場合、「消費者側の補助金」と呼ばれるように、利用者の購買力を上げる手段としての性格が強く、市場に課せられる規制や制約が用いられるケースは少ない。したがってバウチャーを用いた公共サービスの供給では、市場がもつ競争や淘汰（とうた）といった機能がより発揮されやすい。

バウチャーが導入されている近年の事例の一つは、高等学校の実質無償化である。なかでも東京都は、これまで国が2010年4月から導入した高等学校等就学支援金制度のもとで、年収910万円未満の世帯を対象に都立高校の授業料を無償化し、私立学校の授業料についても補助金による減免を行っていた。この施策をさらに充実させるべく、2024年度からは所得制限を撤廃し、全世帯を対象に公立、私立の違いにかかわりなく高等学校等の授業料の実質無償化を実現した（東京都2024）。これにより、東京都民であれば費用負担なく進学することが可能になった。一方、高等学校側にとっては、費用面が学校選択の要因になることがなくなることで、各学校の魅力や提供される教育のコンテンツの質、進学実績などがこれまで以上に問われる状況となり、少子化による児童数の減少の影響も相まって学校間の生徒の獲得競争は今後さらに激化することが予想される。

東京都と同様の取り組みは大阪府でも実施されており、今後も追随する自治体が出てくることが予想されるが、懸念も少なくない。まず、そもそも高等学校に準じるすべての学校が無償化の対象になっているわけではない。たとえば、朝鮮学校は国の高等学校等就学支援金制度による無償化の対象から除外されている。このような状況では、特定の出自の人々のみが無償化の恩恵を受けられず、経済的不利益を被ることになりかねない。第二に、他県から通って来る生徒との間に不公平性が生じる。こうした指摘に対しては、他県も同様の施策を推し進めるべきだという意見もあるものの、都道府県間の財政格差を考慮すれば、すべての都道府県が足並みをそろえることは簡単ではない。そうなると居住する都道府県の違いにより、私費負担の有無や程度に大きな違いが出るばかりか、その違いが学校選択や進学という選択そのものに影響する可能性もある。今後の国の判断が注目されるところである。

さて、ここまで日本において準市場が導入されている事例をいくつかみてきたが、最後に取り上げたバウチャーと準市場は本来区別されるものではない。むしろバウチャーは準市場の手法の一つという理解が適切であろう（Le Grand 2009=2010）。このことが示唆するように、準市場は市場での商品売買に近い形になることもあれば、ニーズ充足の確実性や適切性をより重視した形になることもある。サービスの特性や利用者のニーズに合わせて適切なシステムが採用されることが求められる。

3. 供給基準の変容

1）要件化／条件化の浸透

ここまで述べてきたように、福祉国家再編の過程では福祉サービスの供給メカニズムが変化してきた一方で、福祉サービスを含む福祉給付の対象や支給の事由、支給を受けるために必要となる**要件**（requirements）や**条件**（conditions）など受給資格（entitlements）も様変わりしてきた。これらは供給基準の変容としてみることができるだろう。

こうした供給基準の変容の背景にあるのは、社会政策におけるアクティベーションの主題化である。このことが能動的市民観の定着と深く関連していることは既述のとおりであるが、ここで市民の能動性として期待されていたものこそ、人的資本としての活性化であった。それは失業者の再就労や福祉受給者のより高収入の仕事への転職といった市民の（再）商品化にほかならない。このことからもわかるように、アクティベーションは、商品化の貫徹を図るために、市民自身に何らかの具体的な「**行動**」（conducts）や「**振る舞い**」（behavior）を要求する。それゆえ、アクティベーションが重視される福祉国家再編期において、特定の行動や振る舞いが、福祉給付の受給資格を構成する条件として位置づけられたことは当然の帰結といえよう。

こうした**福祉給付の要件化・条件化**ともいうべき傾向は、国内外の社会政策で確認できる。国外ではイギリスの例が挙げられる（平野2020、同2022）。1980年代以降、財政赤字削減と社会支出抑制を図る保守党政権は、福祉給付の内容や水準を切り下げるとともに、対象者を規定する社会的属性の見直しや申請事由の厳格化により対象者の選別を強めるなどして、福祉給付の条件化を推し進めた。同様の傾向は1997年に政権の座に返り咲いた労働党政権（ニュー・レイバー）でも続き、受給資格に新たな要件や条件を課される対象はさらに拡大した。稼働年齢層向けの社会保障制度に資力調査が導入されたほか、障害者や母子世帯までもが資力調査の対象に組み込まれたのである。このように福祉給付の要件化・条件化は、政権や政党の違いにかかわらず福祉国家再編期のイギリスで一貫してみられた傾向であった。

なかでも福祉給付の要件化・条件化が顕著だったのが、2010年に発足した保守党と自由民主党の連立政権により新たに導入された**ユニバーサル・クレジット**（以下、UC）であった。UCは、従来の稼働年齢層向けの6種類の所得保障制度に代わる新制度として導入されたものであり、第二次世界大戦後の福祉国家体制からの転換を図るものとして、導入前から関心を集めていた。しかし、導入後に注目を浴びたのは、むしろ要件や条件の拡大、個別化および強化と、制裁適用の本格化といった同制度がもつ負の側面であった（Dwyer and Wright 2014）。とりわけUCの申請の際に提出が義務づけられた「請求者誓約」（Claimant's Commitment）により、受給者は取り交わした誓約に記載された条件を遵守しなければならず、正当な理由なく違反した場合には給付の支給停止という制裁が課されるようになった。請求者誓約には、担当ワークコーチとの面接の頻度や日時、あっせんされる求人の分野や地域、求職活動に費やす時間といった就労に関連する要件（work-related requirements）を含め、受給中に申請者が遵守・履行すべき条件や求められる責任が詳細に定められているほか、不履行時の罰則内容やその適用方法も記されている。これらは受給者ごとに設定され、否応なく受給者はその遵守に神経を尖らせることになる。また、在職中であっても稼得額が基準額に満たない場合はより収入が高い仕事への転職を求められる。これはすでに就労している受給者さえも条件化の対象とされたことを意味しており（"in-work conditionality" と呼ばれる）、受給者を一刻も早くUCから脱却させようとする政府の思惑が透けて見える。

イギリスの例にみられるような福祉給付の要件化・条件化は、日本の制度においても確認できる。その一例が、UCと同様、最低生活保障を担う生活保護制度である。すでに桜井が的確に指摘しているように、生活保護制度は、制度の発足当初から受給に際しての要件や条件が厳しく付与されており、それは今日に至るまで変わっていない（桜井 2022）。受給申請時に所得、資産、能力の三つの要件を充足していることが求められる（生活保護法第4条）ほか、これらの要件を満たす限りにおいて、初めて保護の対象者として認められる（同法第2条）。その結果、それらの要件や条件により生活保護制度の対象は著しく限定され、間口の狭いものとなっていると桜井は指摘している（同：14）。このように、生活保護制度において諸要件が「対象となる人びと（同時に対象とならない人びと）を特定するための制限として作用」している状態を、桜井は「**要件による限定**」（同：14）と呼ぶ。

そのうえで桜井は、生活保護制度は「要件による限定」が過剰なために、制裁や誘因を通して被保護者の行動をコントロールする方策（「**要件による制御**」）の余地がほぼないと分析しながらも、2000年代以降「要件による制御」を強化する仕組みがビルトインされてきたことに注意を促している（同：17）。今後の展開が注目されるところである。

2）コンディショナリティへの注目
——入口規制から常時監視へ

このような福祉給付の条件化の動きをどのように捉えればよいだろうか。この点に関してクラーセンとクレッグは、欧米の福祉国家を分析するなかで、社会政策の転換に伴って変化した福祉給付の「**コンディショナリティ**（conditionality）」に注目している（Clasen and Clegg 2007）。コンディショナリティとは、福祉給付に付帯する諸条件のありようを指す概念である。このコンディショナリティについて、クラーセンとクレッグは、**範疇**（category）、

状況（circumstance）、**行動**（conduct）の三つに区別されると主張している（同：171-175）。

範疇に該当するのは、社会的属性（例：性別）や人口統計上の属性（例：児童、高齢者）、雇用上の属性（就業している／していない）などである。また状況に該当するのは、受給を必要とする特定の状況や事情、ニーズ（いわゆる「事由」のこと）の有無などである。そして行動に該当するのは、福祉給付受給の条件として求められる特定の行動やふるまい（所定の時間以上働くもしくは求職活動を行う、ワーカーとの面接に遅刻せずに来る、違法行為や反社会的行動を行わないなど）である。

これらの分析を踏まえて、先述のクラーセンとクレッグは、コンディショナリティの重心が範疇や状況から行動へシフトしつつあると指摘している。

先述の桜井が提示した二つの概念を用いていえば、このシフトは、「要件による限定」から「要件による制御」へと、コンディショナリティがもたらす作用が変化したことを意味する。すなわち、アクティベーション重視の方針への転換に合わせて、受給開始後も受給者に対して特定の行動や振る舞いを求めることで、受給者の生活を政策方針やマジョリティの社会的規範にとって望ましい状態に維持するべく、それへのコントロールを強化しつつあるのだ。これは福祉給付のコンディショナリティが果たす機能が、**入口規制**（gatekeeping）から**常時監視**（monitoring）へと変化してきたことを表している。

このように、供給基準の転換は福祉給付を通じて市民の生活がどのように規制・制御されるかという観点からも評価される。ただし、市民をさまざまな手口で条件づける動きは福祉給付に限ったことではなく、企業のマーケティング手法としてすでに広く普及し、常態化している。その結果、市民の生活は無数の誘因／反誘因にあふれており、そのなかで市民は自らの意識の及ばないところで「ナッジ」（後押し）され、馴致されている。現代社会の市民の生活の望ましさを検討するうえでは、かかる認識を前提としておく必要があるだろう。

3）コンディショナリティと福祉給付の権利性

このようなコンディショナリティについての分析が重要なのは、コンディショナリティの内容いかんで、市民の福祉給付へのアクセスや福祉給付によるニーズの充足の成否が左右されるからである。これはすなわち、コンディショナリティが福祉給付の実質的な効果やその権利性に著しい影響を与えることを意味する。その点でいえば、福祉国家再編期におけるコンディショナリティの変容の内実である行動に関する条件の強化は、福祉給付のもつ権利性を毀損する危険をはらんでいる。属性や事由だけでなく、具体的な個々の行動が条件に組み入れられることで、福祉給付への権利を保持し続けるために、市民は自らが権利付与の対象としてふさわしいことを日々証明し続けなければならなくなる。さもなければ当該市民は権利を失うという意味において、その権利はまさしく“条件付き”のものにすぎない。

ただし、日本の生活保護制度に関していえば、すでに言及したように同様の動きは確認できるものの、今のところ大きな変化には至っていない。しかし、これは日本の生活保護制度における給付の権利性に問題がないことを意味するものではない。この点はコンディショナリティに焦点を当てることで、より明確な形で可視化されることになる。

ここで注目すべきなのは、条件が課される時機の違いである。たとえば、ある給付を受給するための前提条件として就労ないしは求職活動への従事が求められる場合と、ある給付の受給を継続するために満たす条件として就労や求職活動が求められる場合とでは、条件の内容は似通っていたとしても、給付の性格に与える影響はまったく異なる。前者では条件は制度そのものへのアクセスの制約として機能するが、後者では条件は受給期間を短縮し、受給生活からの離脱を促す誘因（ないしは制裁）として機能する。

この視点から日本の生活保護制度をみてみると、疑いなく前者である。同制度では利用申請時にさまざまな条件（要件）を満たしていなければならず、制度利用のハードルはきわめて高い。先述の桜井が指摘した「要件による限定」とはこのことである。だからこそ同制度の捕捉率も低く、人々は困窮していても就労せざるを得ない立場に置かれ続ける。

他方でイギリスのUCは、後者にあてはまる。受給開始後にクリアしなければならない条件は多く、受給者は誓約した行動を遵守していかなければならない状況に置かれるが、利用申請時に求められる条件はそれほど多くないため、受給そのものは比較的認められやすい。そうであるからこそ、受給が認められた後に履行するべき条件を強化し、就労意欲の喚起に努めているといえる。

このようにコンディショナリティに注目すると、就労促進に向けた取り組みを進めているという点で共通する日本とイギリスの低所得者向けの所得保障制度は、その権利性において決定的ともいえるほどの大きな違いがあることがわかる。すなわち、給付へのアクセスを著しく制限することで権利性よりも残余性が強く発揮され、受給がスティグマ化される前者に対し、後者は給付には容易にアクセスさせるものの、受給後の生活を厳格に監視・管理することで権利性を制限しようとするのだ。この場合、後者では福祉給付の権利性が損なわれているといえるが、前者における福祉給付はそもそも権利としての前提条件を欠いているというべきだろう。

以上の分析はあくまで一例だが、福祉給付の権利性を評価するうえでコンディショナリティの詳細な検討が有益であることを示唆している。福祉給付に付帯する諸条件の内容に加えて、それらが課される時機（タイミング）、条件不履行時の制裁（罰則）の有無などに着目しながら制度運用の実態を分析することにより、当該制度における福祉給付の権利性がどのように／どの程度保障されているのかがよりいっそう多角的に検討できるようになるのだ。

さて、コンディショナリティに着目した研究は、国際的にも拡がりをみせている。政策実践としてもグローバルサウスにおける**CCT**（Conditional Cash Transfer：**条件付き現金給付**）の導入など、本章で取り上げた事例以外に多くの実践が重ねられてもいる。今後、日本においてもコンディショナリティの観点からの制度分析や政策評価を進めていくことが必要ではないだろうか。

注

（1）ただし、児童福祉法第24条第1項の規定により保育所における保育は市町村が実施者であるため、私立保育所を利用する場合は、従来どおり市民は市町村と契約を締結し、実際にサービスを提供する保育所には市町村から委託費が支払われる。

参考文献

- Clasen, J. and Clegg, D., 2007, “Levels and levers of conditionality: measuring change within welfare states”, Clasen, J. and Siegel, N. A.(eds.), *Investigating Welfare State Change: The ‘Dependent Variable Problem’ in Comparative Analysis*, Edward Elgar Publishing, pp.166-197.
- Dwyer, P. and Wright, S., 2014, “Universal Credit, Ubiquitous Conditionality and Its Implications for Social Citizenship”, *Journal of Poverty and Social Justice*, 22(1): pp.27-35.
- Gilbert, N., 2002, *Transformation of the Welfare State: The Silent Surrender of Public Responsibility*, Oxford University Press.
- 平野寛弥「変容するエージェンシーとシティズンシップ——イギリスにおける福祉制度改革の分析から」福原宏幸・中村健吾・柳原剛司編『岐路に立つ欧州福祉レジーム——EUは新たな市民の連帯を築けるか？』ナカニシヤ出版、302～337頁、2020年
- 平野寛弥「福祉給付に付帯する「条件」の変容と強化——イギリスの事例から」『貧困研究』28、4～13頁、2022年
- 堅田香緒里「生活困窮者支援における「市民福祉」の制度化をめぐる一考察」『福祉社会学研究』16、117～134頁、2019年
- Le Grand, J., 2009, *The Other Invisible Hand: Delivering Public Services through Choice and Competition*, Princeton University Press.（ジュリアン・ルグラン、後房雄訳『準市場　もう一つの見えざる手——選択と競争による公共サービス』法律文化社、2010年）
- 桜井啓太「日本の貧困対策における要件化——生活保護制度を中心に」『貧困研究』28、14～20頁、2022年
- Thaler, R. H. and Sunstein, C. R., 2021, *Nudge: The Final Edition*, Yale University Press.（リチャード・テイラー、キャス・サンスティーン、遠藤真美訳『実践行動経済学　完全版』日経BP社、2022年）
- 東京都「所得制限なく私立高校等の授業料を支援」（2024年5月29日報道発表資料）
- Watts, Beth and Fitzpatrick, Suzanne 2018: *Welfare Conditionality*, Routledge.

4 社会福祉の政治と政策

木下武徳

1. 社会福祉における政治と政策

1）社会福祉における政治と政策の位置

本章は、社会福祉学における政治と政策についての研究動向を検討するものである。社会福祉は主に既存の社会福祉制度を前提に議論をすることが多いので、政治というよりも行政の視点から調査研究が行われてきた面がかなり強い。戦後、生活保護、児童福祉、障害者福祉、高齢者福祉等の主要な社会福祉制度が確立してきた。また、1990年代を通してロシアや中国、東欧などへの資本主義経済の拡大によって、新自由主義が勢いをもつようになり、その象徴として、2000年の介護保険法実施および社会福祉基礎構造改革が行われ、市場競争に軸をおく社会福祉の準市場化が進められた(1)。それから四半世紀がたち、その準市場化の問題が露呈し、今は競争ではなく、ネットワーク・連携・協働・ガバナンスが強調されるようになってきた(2)。社会福祉学もそうした政治的な潮流に大きな影響を受けている。

まず、政治と政策について本章でどのように捉えているのかを簡潔に説明しておきたい。政治の定義については、たとえば、『大辞泉』（小学館）では「1. 主権者が、領土・人民を治めること。2. ある社会の対立や利害を調整して社会全体を統合するとともに、社会の意思決定を行い、これを実現する作用」とある。ただし、フェミニズム運動などからの批判（**個人的なことは政治的なこと**（The personal is political）等）を含めて考えると、国や社会、家庭、個人間の権力や支配関係等を含めて日々の生活に政治は組み込まれており、非常に幅が広い。しかし、こうした政治全体を扱うことは筆者の能力の幅を超えている。ただ、本章が社会福祉の政策を前提にした政治を扱っているため、ある程度は焦点化できる。つまり、本章でいう政治とは、政策にかかわる意思決定を行い、その政策を実現するために社会の対立や利害を調整することであるといえよう。そして、社会福祉の政策にかかわる意思決定は国や地方自治体、さらにはその議会で法律や条例を通して意思決定されているので、その意思決定やその背後にある政治的イデオロギーなどのあり方に焦点を当てることにしたい。

また、政治を主に担っているのが政治家であり、国の総理大臣や国会議員、地方自治体の首長（知事や市長等）や地方議員と呼ばれる人々である。また、その多くは政党に所属し、その政党がもつ理念や信念、特に、政治学ではイデオロギーともいわれる立場を共有する人たちで政党は組織される。そして政党および議員等の異なる主張や意見を闘わせ、ときに、妥協したり、抑え込んだりして調整していく過程が政治といえよう。

なお、政治の研究については政治学という分野があり、政治学においても社会福祉や社会保障、福祉国家は重要な研究テーマになっている。しかし、本書の主題は社会福祉学であり、社会福祉学をベースに関連する政治学について、社会福祉の政策にかかわって参照するという立場であることを断っておきたい。

2）本章の内容

さて、上述のように政治学の視点から社会福祉・社会保障の動向を追究している「**福祉政治**」を銘打った研究がある。「福祉政治」という言葉が、社会福祉の分析において重要な研究の分析概念として使われるようになるのは、宮本太郎『福祉政治』（有斐閣、2008 年）以降である。そこで、本章では宮本など政治学の視点を踏まえた「福祉政治」の研究動向を紹介することから始めたい。

また政策とは、社会問題等に対する国や地方自治体等の取り組みの方針である。ただし、実際には、方針のみならず、それを具体化した計画、施策、事業等も含めて捉えられている (3)。こうした政策をつくりあげていくには、①政策課題の設定、②政策案の策定、③政策の決定、④政策の実施、⑤政策の評価、⑥政策の改廃などのプロセスをとることになる (4)。ただ、何を政策課題として設定し、どのように政策が決定されるのかがまさに政治である。とりわけ、国や地方自治体の議会の立法が大きな影響をもつ。社会福祉では立法とは主に制度創設や制度改定のために行われるが、まさにそれが政策決定といえる。そこで、社会福祉に関する具体的な政策過程に焦点を当てた近年の研究動向を追ってみたい。

2. 福祉政治の研究

社会福祉の政治と政策を論じるにあたり、社会福祉の政策研究において大きな影響をもってきているのが、「福祉政治」である。福祉政治は社会福祉の政策における政治学の分析の重要性を提起したものであり、本章の検討においても最も重要な研究である。

1）宮本太郎の福祉政治

まず、最初に検討するのが、先の宮本の『福祉政治——日本の生活保障とデモクラシー』（有斐閣、2008 年）である。宮本のいう「福祉政治」とは、生活保障をめぐる政治である。生活保障とは社会保障すなわち社会保険・公的扶助・社会サービスと、雇用保障すなわち雇用の創出・拡大を実現する諸政策を二つの柱にしている。この二つの柱をそれぞれ国や地方自治体のみならず、民間団体や家族などのあり様も踏まえた福祉レジーム、雇用レジームとして捉え、国際比較をしながらその特徴を示している。特に、福祉政治を利益集団・政党・官僚制等の相互交渉である「**利益政治**」と、言説やアイデアで人々にどのように働きかけたのかを考察する「**言説政治**」により捉えられるとする。言説政治には法案の抱き合わせや実施時期をずらして政治的な批判を予防する「非難回避の政治」、問題の争点化を防ぐための「非決定の政治」等があるという。こうした利益政治と言説政治を、福祉制度の整備と土建国家を通じた雇用による生活保障が進められた 1960 ～ 1970 年代、臨調行革等による福祉削減（生活保護や福祉サービスの国庫負担の削減等）が進められた 1980 年代、構造改革として正社員を中心とした日本型雇用の解体と、介護保険や社会福祉基礎構造改革が進められた 1990 年代以降に時期区分して分析をしている。そして、日本の福祉政治は、人々の利害対立を何らかの理念や原則に基づいて調整するのではなく、この対立と分断を利用した政権維持戦略に終始してきたとし、多様な生き方を踏まえた**ライフ・ポリティクス**の視点から、分断の政治からの脱却が必要であるとした。

福祉と政治が大きくかかわっていることはもちろん周知のことであるが、社会福祉学では主に制度の創設や既存の制度そのものの批判的検討を中心に研究されてきた。そこに、実際に制度の創設や再編につながるプロセスである政治・政策の過程およびその政治的な背景に注目する必要性を宮本は示した。本研究は福祉と政治を理論的、歴史的、総合的に俯瞰（ふかん）し、分析し、学問として福祉と政治のあり方を問うた重要な研究となったといえる。

その後も、宮本は福祉政治にかかわる研究を続けている。特に、注目すべき研究をいくつかみておきたい。

第一に、宮本編による『福祉＋α 2　福祉政治』（ミネルヴァ書房、2012 年）では、総論「福祉政治の新展開——三つの言説の対抗」のなかで、宮本は先の福祉国家の再編期にあっては改革を方向づける言説やアイデアの役割が大きくなるとして、特に、ワークフェア、アクティベーション、ベーシックインカムがいかに登場し、対抗しあっているかを検討している。ほかの章では、年金改革、ライフスタイル選択、世論、政策評価、ワークフェア、ポスト社会主義国などの福祉政治が考察されている。本書は、ミネルヴァ書房の『福祉＋α』シリーズの第２巻として出版されたが、社会福祉学の研究領域に「福祉政治」をはっきりと位置づける効果があったといえよう。

第二に、宮本の『社会的包摂の政治学――自立と承認をめぐる政治対抗』（ミネルヴァ書房、2013年）では、2000年以降注目されてきた社会的包摂は、それまでの社会保険を中心とした防貧政策が機能しなくなり、低所得層や移民等の社会的排除が進むなかで、市場経済に積極的に組み込もうとするワークフェア、雇用以外の教育や家族、ケアにも包摂の場を設定するアクティベーション、また、所得のいかんを問わずすべての市民に同額の現金給付を行うベーシックインカムの三つの社会的包摂の戦略があるとする。社会的包摂はそのあいまいさゆえに、左右の政治的対立を包含する意味あいをもつ。しかしだからこそ、その内実の違いを検討する必要があるという。こうしたワークフェアやアクティベーション等の社会的包摂のための異なる戦略が相互に対抗していく福祉政治をみていくために注目すべきは、言説政治のなかで短期的な政治的支持の拡大を優先するポピュリズムの傾向が強まっていること、多様な焦点をもつ社会的包摂を進めるには、国のみならず地方自治体や民間等も含めた多元的で分権的で包括的なガバナンスを必要とすると主張している。

第三に、宮本の『貧困・介護・育児の政治――ベーシックアセットの福祉国家へ』（朝日新聞出版、2021年）では、日本の貧困、介護、育児の対策を取り上げ、それぞれの政策における政治的な分析を行っている。ここでいう政治的な分析とは、福祉国家の国際比較でいわれる国レベルでの社会民主主義、新自由主義、保守主義を、それぞれ日本一国のなかで貧困・介護・育児の福祉政治において対立している「例外状況の社会民主主義」「磁力としての新自由主義」「日常的現実としての保守主義」として検討することである。

日本では、まずは財政的困難の対応として「磁力としての新自由主義」による社会保障削減が行われる。たとえば、オイルショック後の1980年代の中曽根政権による「臨調行革」、山一證券の破綻（1997年）等金融危機後の2001年以降の小泉政権による「聖域なき構造改革」である。これらの社会保障削減を受けて、「例外状況の社会民主主義」により福祉改革が提起される。たとえば、1990年代に社会保障削減に対抗する形で福祉サービスの普遍化が叫ばれ、1993年に自民党が下野し、自社さ連立政権のなかで介護保険制度につながったという。また、小泉構造改革により困窮や格差の拡大が問題になり、2009年に自民党が下野し、民主党政権となり、その後2012年に自民党が政権復帰するというなかで、子ども・子育て支援制度や生活困窮者自立支援制度につながったという。

しかし、この社会民主主義は「例外状況」であり、宮本は今後の社会に適合し得る社会民主主義的な制度や政策を構想するために、社会福祉政策は人々に何を保障すべきかを分析している。ここでは現金給付であるベーシックインカムと無償の保育や介護サービス、公共交通サービス等である**ベーシックサービス**の連携を推進することと併せて、それらを包含した**ベーシックアセット**を重要視している。ベーシックアセットとは有益な社会資源という意味であり、私的なアセット、公共的なアセット、コモンズのアセットがあるという。特に、コモンズのアセットには、コミュニティが含まれるが、サービスを利用し、居場所や職場があり、元気を回復することができることであるという。特に、事後的な再配分ではなく、人々の社会参加を可能にする資源とも述べており、社会保障の視点の転換が必要と主張されている。ただし、具体的な施策としてどうそれを実現していくのかがまだ不鮮明であり、その後の研究の進展が望まれよう。

２）新川敏光の福祉政治

次に検討するのは、福祉国家研究の第一人者である新川敏光の『福祉国家変革の理路――労働・福祉・自由』（ミネルヴァ書房、2014年）である。新川によれば、福祉国家は、社会保障や福祉政策の単なる束ではなく、資本主義経済と民主主義政治のせめぎあいから生まれた20世紀型政治経済システムであるという。福祉国家は資本主義経済の発展と成熟を前提に、豊かな社会のなかで一定の平等性を実現するプロジェクトであるという。また、福祉が権利性を伴うようになるのは民主主義政治体制のみであるという。そこには権利政治がありT. H. マーシャルの**シティズンシップ論**、つまり資本主義経済の発展のなかで自由権、参政権、社会権が実現し、福祉国家が誕生したことを前提にしている。そして、福祉国家の多様性は民主主義政治の違いによって生じるとしている。本研究の狙いは、政治学、社会学、経済学、理論研究、歴史研究、実証研究を踏まえ、福祉国家の変容をトータルに理解し、脱福祉国家政治の可能性を照射することであるという。現在、グローバル化と自由競争の強化のなかで、保護主義的でナショナリスティックな福祉国家の限界を超えていくことが求められているという。グローバル化と福祉縮減の政治やそれを踏まえた第三の道として新社会民主主義を提起し、多文化主義を踏まえた文化的政治、脱生産主義の構想としてのベーシックインカム等を検討している。

また、新川編による『福祉+α 11 福祉レジーム』（ミネルヴァ書房、2015年）では、福祉レジーム論に注目する。福祉レジーム論は、福祉国家体制のみならず、家族や市場などの福祉を提供する主要な単位の組み合わせであるとする。そして、**エスピン-アンデルセン**（Esping-Andersen）による福祉レジームの類型である、自由主義レジーム、社会民主主義レジーム、保守主義レジームを検討する。本書では、それぞれのレジームを踏まえ、フランスやアメリカ、ドイツ、イギリス、スウェーデンなどの主要国のみならず、ブラジルやアルゼンチン、メキシコ、エストニア、ハンガリーなども含めた福祉レジームの特徴を分析・検討している。

最後に、新川の『政治学――概念・理論・歴史』（ミネルヴァ書房、2022年）は、政治学のテキストとして執筆されたものであるが、一般の政治学のテキストにあるような政党や選挙制度、国会・議会、政策決定プロセスなどの丁寧な解説はなく、新川の福祉国家研究としての政治経済学の到達点といえる研究書である。すなわち、政治における権力や支配などについて解説した後、近代国家、リベラル・デモクラシー、資本主義、福祉国家の生成、比較福祉国家、ポスト福祉国家の模索（社会投資国家、社会的投資福祉国家、ベーシック・インカム、ソーシャル・キャピタル）などが分析されている。

3）田中拓道の福祉政治

最後に、福祉政治の研究として検討するのが、田中拓道の『福祉政治史――格差に抗するデモクラシー』（勁草書房、2017年）である[5]。本研究は、第二次世界大戦後から今日までのイギリス、アメリカ、ドイツ、フランス、スウェーデンと日本の福祉国家を対象として、その形成、変容過程を共通の視座から比較分析したものである。その特徴として、第一に、歴史研究と現代の政策論を結びつけ、先進諸国の共通性と差異を全体として明らかにすること、第二に、比較の視座のもとで日本を位置づけること、第三に、仮説として、各国で歴史的に形成されたヘゲモニー（支配的な社会規範）の働き、福祉国家の再編を改革の抵抗を示す**経路依存**と2000年以降の改革・再編である経路破壊の段階に区分すること、政治的機会構造の開放化／閉鎖化によるデモクラシーの違いが福祉国家を分岐させていることなどを提示している。

その第一部で、戦後レジームの形成と分岐として、第二次世界大戦後に各国の福祉国家の形成がどのようになされたのかを示し、第二部では戦後レジームの再編として、1970年代以降、各国の福祉国家がどのように再編されたのかを明らかにしている。第三部で、課題と展望として、グローバル化と不平等、新しいリスクへの対応（労働市場、少子化への対応）、日本の選択肢（労働市場の流動化などを図る「ワークフェア」型の政策、または、各人がライフスタイルを自由に選択できる「自由選択」型の政策）を提起している。福祉政治を焦点にそれを歴史的に俯瞰しながら、論点を明確にした福祉国家の国際比較、各国分析を通して福祉国家の差異が生まれた要因を追究している大変興味深い研究である。

なお、その後、田中の『福祉国家の基礎理論――グローバル化時代の国家のゆくえ』(岩波書店、2023年)が出版されているが、福祉国家の基礎理論として、資本主義と社会運動と福祉国家の相互関係、福祉国家による資本主義への相補性(ワークフェアなどによる労働力の商品化)や対抗性(最低生活保障を超えた労働力の脱商品化政策など)を示している。特に、社会運動の組織化と政治戦略、権力関係を総体として考察することによって、今後の福祉国家のゆくえをみきわめることができると問題提起している。

以上、日本の「福祉政治」を代表する宮本太郎、新川利光、田中拓道の3人の研究をみてきたが、共通するのは、福祉国家をキーワードに国際比較の要素(自由主義、社会民主主義、保守主義等)を取り入れながら、資本主義と民主主義を焦点に福祉政治の歴史的な分析をしていることである。そして、戦後の形成期、1970～1980年代の削減期、1990年代以降の再編期を経て、この再編の展開の仕方により、戦後の社会福祉の政策は、各国で大きな差異をもたらしてきているということが示され、そのなかで日本の行く末が提起されているのである。

3. 社会福祉と政策過程

次に、社会福祉の政策と政策過程を分析した研究が挙げられる。戦後の政策決定や政策過程については、日本は他国に比して厚生官僚が大きな役割を果たしてきた。社会福祉の運動も議員よりも行政との交渉が大きな比重を占めてきたと思われる。しかし、経済の低成長期に入り、ペイアズユーゴーのような財政的制約が格段に増していくなかで、政党や議員等の役割がより重要になってきている。そこで、ここでは近年の社会福祉にかかわる政策決定に関する研究において政治がどのようにかかわって分析されているのかという視点で検討しておこう。

1) 政治学の理論を用いた社会福祉の政策分析

まず、最初に検討したいのは、政治学の理論を用いた社会福祉の政策分析である。社会福祉の政策には、年金や生活保護、少子化対策などがあるが、そうした政策における政治的な側面を明らかにしている研究をいくつか取り上げてみよう。

第一に、佐藤満の『厚生労働省の政策過程分析』(慈学社出版、2014年)である。佐藤は1990年代の厚生労働省の政策である確定拠出年金法(日本版401K)、臓器の移植に関する法律、介護保険法の三つの法律を取り上げ、その形成過程を、**キングダン**(Kingdan, J. W.)の「修正ゴミ缶モデル」、つまり**「政策の窓理論」**を枠組みとして、問題、政策、政治がそれぞれの独立の流れにあるなかで、どのように合わさり、窓が開かれるのかを明らかにしている。たとえば、介護保険について、1989年の参議院選挙での自民党大敗により介護問題が政策課題にのぼり、自社さ連立政権で設置された「与党福祉プロジェクトチーム」による法案作成、市町村を説得した「介護保険制度創設ワーキングチーム」の役割、1994年の細川内閣による国民福祉税構想の挫折により税方式による介護サービスの拡充は合意が消え、社会保険方式にコンセンサスが得られたことなどが分析されている。

第二に、髙阪悌雄の『障害基礎年金と当事者運動――新たな障害者所得保障の確立と政治力学』(明石書店、2020年)である。髙阪は1985年の年金改正で障害基礎年金の創設がどのように行われたのかを、青い芝の会等の当事者運動と厚生官僚、国会議員等の証言を丹念にたどりながら明らかにしている。本書は障害基礎年金ができた歴史を追うものでもあり、当初は障害者運動として所得保障を求める運動が、厚生官僚との議論、研究会、交渉につながり、国会議員等の動きも踏まえて国会等での議論を通して年金に関する法改正が行われたことがわかる。特に、最後にこの通史を、**非難回避戦略**モデルを用いて理論的にも考察されている。

第三に、鎮目真人の『年金制度の不人気改革はなぜ実現したのか――1980～2016年改革のプロセス分析』（ミネルヴァ書房、2021年）である。鎮目は1980年から2016年までの年金制度における保険料の増加や給付抑制などの不人気改革がなぜ実現したのかを、どのようなタイミングで打ち出されるのかをみるプロスペクト理論、改革言説がどのように機能しているのかをみる**言説的制度論**、拒否権の発動を通してどのようなパターンの改革が実現するのかをみる修正歴史的制度論を分析枠組みとして検討している。これによって、この間の大きな年金改革を、厚生労働省の審議会や部会、マスコミや世論、国会での議論、労働組合との調整、政党間のかけひきなど政治的な議論を踏まえて分析している。そして、不人気改革が実現するには補償政策や言説の調整等に効果があったという。他方、高齢者をスケープゴートにしないこと、超党派の合意で改革を進めていく必要性が示されている。政治を踏まえた政策決定のプロセスについて理論的かつ具体的に緻密な分析がなされている。

第四に、西岡晋の『日本型福祉国家再編の言説政治と官僚制』（ナカニシヤ出版、2021年）である。西岡は、家族主義と高齢者重視という特徴をもつ日本型福祉国家で、近年脱家族効果をもつ児童手当と保育政策を中心に家族政策の拡充が進んできたことを踏まえ、なぜ、どのようにして家族政策が発展したのかを検討している。その結論は、言説政治として、それまでの児童福祉を「少子化対策」として再解釈したことで制度改革の支持が獲得され、拡充することができたという。言説分析の重厚な研究であるといえる。

第五に、三輪佳子の『生活保護制度の政策決定――「自立支援」に翻弄されるセーフティネット』（日本評論社、2023年）である。三輪は、戦後の生活保護制度がどのように政策決定をされて、変化をしてきたのかを通史的に、権限と費用分担、国と地方自治体の関係、ワークフェア、民主党政権、第二次安倍政権等に焦点を当てながら分析している。特に第三部では生活保護における政策決定モデルとして、組織連関モデルを図式化しながら、生活保護の政策決定にどのようなアクターがかかわり展開されたのかを分析している。

第六は、浅井春夫の『子どもへの無関心の政治とこども家庭庁』（自治体研究社、2024年）である。浅井は、こども家庭庁の設置の問題点や政府や行政の子どもに対する性教育、埼玉県虐待禁止条例改正案等の検討を通して、その背景に潜む政治イデオロギーとして性別役割分業、家父長制があり、子どもの生活や教育に対する家庭責任の強化があることを明らかにしている。特に、2023年10月に埼玉県で条例案として提出された「埼玉県虐待禁止条例」は、小学3年生以下の子どもを家においてゴミ捨て場に行くことさえも虐待としようとした内容であったが、メディア等で大きな問題となり、廃案になった。子育て世帯の生活実態の検討や当事者に意見聴取をしないで意思決定される問題を明らかにしている。

以上のように、政策の窓理論、非難回避戦略モデル、言説的制度論、組織連関モデル・政策ネットワーク論などの政治学の分析枠組みや概念を踏まえて、社会福祉の政策が分析されてきている。こうした研究が現在増えているところであり、一定の研究の潮流をつくっているといえよう。

2）政策決定の場である国会の議論の研究

もう一つは、国会の審議等の検討を踏まえた研究である。制度の創設や改変などの最終的な政策決定は、つまるところ法律を成立させることを意味する。そのため、その法律を成立させる国会等の審議でどのように議論されたのかということは、重要な研究の焦点になる。ここでは近年の二つの研究を提示しておきたい。

第一に、藤野豊の『戦後民主主義が生んだ優生思想――優生保護法の史的検証』（六花出版、2021年）である。藤野は、戦後の民主主義を標榜し、人権尊重を謳う日本国憲法の下で、障害をもつ人の生存を否定する**優生思想**に基づき、公共の福祉のためにと障害者に人工妊娠中絶や不妊手術を強いてきた優生保護法が、どのように議員立法として全会一致で成立したのかを明らかにするため、国会での審議を詳細に分析している。また、その後、各都道府県・市町村において行政的、組織的に、かつ強制的に、さらにだましてでも障害者に不妊手術等をさせてきたのかをその実施過程に議員がどのように影響を与えたのかまで追究している。

第二に、中村美帆の『文化的に生きる権利――文化政策研究からみた憲法第二十五条の可能性』（春風社、2021年）である。中村は、憲法第25条第1項で「すべて国民は、健康で文化的な最低限度の生活を営む権利を有する」とあるが、社会福祉分野では主に健康と最低限度の生活に焦点を当ててきたという。よくいわれるように、憲法第25条第1項はGHQの憲法草案にはなかったが社会党の森戸辰雄と鈴木義男の両議員によって提唱され規定された。ここでは、文化政策の視点から、憲法第25条になぜ「文化」が含まれたのかが検討されている。国会審議で加わった憲法第25条第1項の保障する「**健康で文化的な最低限度の生活**」の意義が確認できる貴重な研究である。

なお、アメリカの福祉国家研究であるが、渋谷博史の『アメリカ「小さな政府」のゆくえ――トランプ、バイデンに継承されるオバマの決断』（勁草書房、2024年）は、アメリカのトランプ、バイデン政権に大きな影響を与えたオバマ政権の決断（世界の警察からの撤退、医療の無保障者への支援等）について政府文書や連邦政府で開催される専門家や現場担当者による事情聴取である**公聴会**等の議論を分析している。日本では、専門家や現場担当者、当事者の発言の機会が少ない。こうした公聴会等がアメリカの民主主義的な側面を一定程度支え、アメリカ型福祉国家を形成していることは踏まえておきたい。

3）オーラル・ヒストリー研究

そして、近年、社会福祉の政策と政治にかかわる研究において、注目されるべき研究手法として**オーラル・ヒストリー研究**がある。実際の政策決定の担い手である官僚や政治家、かかわった研究者等からその政策決定の具体的な経緯や要因などを聞き取る研究である。年金制度や介護保険制度、生活困窮者自立支援制度など重要な政策において、どのようなねらいで政策がつくられたのか、また、そのときの政治経済状況によってどのような制限や影響を受けたのかなどを直接話をきくものである。このような研究は基礎研究、第一次資料としても貴重である。ここでは、最近の三つの研究をみておきたい。

第一に、菅沼隆・土田武史・岩永理恵・田中聡一郎編による『戦後社会保障の証言――厚生官僚120時間オーラルヒストリー』（有斐閣、2018年）である。これは菅沼らが、オーラル・ヒストリーの手法を用いて、1961年の国民皆保険、皆年金の成立から介護保険法の成立までの社会保障制度について、厚生省官僚にインタビューを行い、その証言を収録し、また全体的な解説をしたものである。このなかで、社会保障制度について官僚を中心とした意思決定過程を明らかにしている。政治とのかかわりでいえば、たとえば、自民党の公約であった国民年金法の制定のために、自民党内に衆参両議院議員72名で構成された国民年金実施対策特別委員会（野田委員会）が設置され、厚生省の事務局と二人三脚で法案を作成し、成立にこぎつけたという。特に、当時自民党の支持基盤であった農民のために無拠出の国民年金制度の創設が議員側からの声として大きかったが、将来の年金水準の向上のために厚生官僚が拠出制を説得したことなどが証言されており、政党、議員、官僚などとの交渉や調整によって新しい制度が生まれていることが示されており興味深い。

第二に、介護保険制度史研究会編による『介護保険制度史――基本構想から法施行まで（新装版）』（東洋経済新報社、2019年）である。本書は、厳密にはオーラル・ヒストリーではないが、介護保険法がどのようなプロセスを経て成立し、またその実施が進められてきたのかを、実際にそのプロセスに携わってきた厚生労働省や研究者の、いわば直接の当事者が記した「通史」である。介護保険制度の創設という大規模な社会保障改革のなかで、政党や議員がどのようにかかわってきたのかが示されており、政治を含めた日本の政策決定のプロセスの実態を垣間見ることができる。社会福祉学者はどうしても厚生労働省の検討会や部会、審議会には目が向くが、その裏側で与党や野党、その議員がどのようにかかわっているのかをみることは少ない。介護保険では、自民党、社会民主党、新党さきがけによる「与党福祉プロジェクトチーム」での検討、国会での審議、介護保険制度実施直前の自民党亀井静香氏の実施延期の動きなども詳細に記されている。社会福祉制度が政治の産物であることをよく表している。

第三に、宮本太郎、菊池馨実、田中聡一郎編による『生活困窮者自立支援から地域共生社会へ――証言からたどる新たな社会保障の創造』(全国社会福祉協議会、2023年)では、生活困窮者自立支援法、地域共生社会の実務にかかわってきた厚生労働省の担当局長や課長、室長等の官僚や厚生労働省の検討部会に参加した研究者(上記の宮本太郎氏)や現場(NPO理事長の奥田知志氏や岡崎誠也元高知市長)等の証言をまとめたものである。厚生労働省の内部の検討がメインであるが、法案成立のために政党への説明や**与党審査**のための説明、総務省や財務省との交渉、知事会や市長会などの市町村への説得等の舞台裏が明らかにされている。特に、民主党政権下で最初に法案を提出した後に問責決議により廃案になり、解散総選挙が行われ、政権交代により自民党が与党になり、法案成立が危ぶまれたが、公明党による大臣要請等を通して法案に理解が得られ、成立したエピソード等が語られている。官僚が作成した法案を政党や議員と協議しながら、法律ができていく過程がよくみえてくる。

4) 政策決定にかかわる当事者による語り

最後に、研究者ではないが、社会福祉の政策に係る政治に直接かかわっている当事者の出版も見逃せない。以下では、社会福祉の政策にかかわってきた障害者当事者、政治家、弁護団に関する文献をみておきたい。

第一に、"**Nothing About Us Without Us**"(私たち抜きに私たちのことを決めないで)を合言葉に、障害当事者の視点から障害者権利条約ができた経過をみた藤井克徳『私たち抜きに私たちのことを決めないで――障害者権利条約の軌跡と本質』(やどかり出版、2014年)、第二に、2009年には民主党政権で厚生労働大臣政務官として政策プロセスの当事者であった山井和則『政治はどこまで社会保障を変えられるのか――政権交代でわかった政策決定の舞台裏』(ミネルヴァ書房、2014年)、第三に、2006年の障害者自立支援法の応益負担に反対し、国を訴え、民主党政権への政権交代もあいまって政治的決着をみた経緯を裁判の当事者から示した障害者自立支援法違憲訴訟全国弁護団編『障害者自立支援法違憲訴訟――立ち上がった当事者たち』(生活書院、2011年)は、社会福祉における政治と政策プロセスを考えるうえでも貴重な文献である。

以上、社会福祉における政治と政策にかかわる近年の研究をみてきた。ここで言い得ることは、近年、社会福祉と政治、政策にかかわる研究が増加しているということである。それは、介護保険や社会福祉基礎構造改革等の福祉国家が再編の時期を経て、その自由主義的な側面の課題が明らかになるなかで、今さらなる見直しが求められていることにある。特に、急激に進む少子高齢化、人口減少、貧富の格差の拡大などを前提にした社会福祉の再編が必要になっており、非常に難しい舵取りが政治に求められているといえる。社会福祉学はこうしたなかで将来を見据えた新しい政策を、福祉政治を通じて実現する研究が求められている。

注

(1) 佐橋克彦『福祉サービスの準市場化――保育・介護・支援費制度の比較から』ミネルヴァ書房、2006年、狭間直樹『準市場の条件整備――社会福祉法人制度をめぐる政府民間関係論』福村出版、2018年などを参照。
(2) 永田祐『包括的な支援体制のガバナンス――実践と政策をつなぐ市町村福祉行政の展開』有斐閣、2021年などを参照。
(3) 畑本裕介・木下武徳『これからの福祉政策』有斐閣、2024年、第5章参照
(4) 秋吉貴雄『入門 公共政策』中公新書、2017年
(5) 興味深いことに、田中は北海道大学院生時代に宮本太郎、新川敏光の講義を受けたという(田中拓道『福祉政治史』2017年、p.ii)。

Ⅵ　社会福祉の運営

概　説

柴田謙治

1.「社会福祉の運営」を設定する意義

本書の冒頭に掲載されたⅠ「社会福祉学の思考軸」では、社会福祉の運営システムは政策次元のシステムと支援次元のシステムを架橋し、接続するものであり、政策運営システムと制度運営システム、支援提供システムというサブシステムによって構成されると述べられている。そして運営の次元では、政策的に設定された目的、理念、目標と支援の次元で求められる目的、理念、目標との間で、自立と自律の衝突、葛藤、折り合いのドラマが展開されると述べられている。

今日の生活問題は多様化・複雑化・高度化し、社会福祉が対応を求められる課題はかつてのような福祉六法体制の要援護者にとどまらず、要介護者、生活困窮者、発達障害者、家庭内暴力の被害者、社会的差別や排除の被害者、自然災害被災者、外国籍居住者などに範囲が拡大した。これに対して政策次元のシステムでは、生活保護制度などの法定受託事務で国家を中心とする中央集権的・官僚主義的な対応を維持しつつも、福祉サービスの運営ならびに実施については自治事務として市町村の権限において推進する体制をとるようになった。そしてこのような分権化のなかで市町村行政は福祉サービスの提供において、かつてのような公設公営を維持することは困難になり、提供組織を多元化させて民営化（プライバタイゼーション）という方法を活用することになった。

このような政策次元のシステムの変化により社会福祉の運営システムには、①市町村行政は「政策運営システム」として、国の制度や方針を確認しつつ制度設計と運用を行う。②民間部門は「支援提供システム」として、利用者などの意思を尊重しながら一定の専門性が担保された福祉サービスの提供を行う。③支援のレベルでは行政も民間も含めて多機関が連携して、包括的・多分野横断的アプローチを推進する。④市町村レベルでの政策決定は、行政が中心となるガバメント的ではなく、地域住民や民間部門などを含めてガバナンス的に行うことが求められるようになった。本書のⅥ「社会福祉の運営」の意義は、上記の①～④のうち、①と②と④に焦点を当てて現在の課題を確認し、社会福祉学の知見により理論的に整理することにある。③については、Ⅶ「社会福祉実践の方法」の７「地域における包括的支援体制とソーシャルワーク」で論じられる。

2.「社会福祉の運営」の編集方針

本書の初版では、１「21世紀社会福祉の戦略」の４「社会福祉運営の課題」を端緒として、Ⅵ「社会福祉の運営」とⅧ「社会福祉の利用とその支援」が設定された。Ⅵ「社会福祉の運営」は、１「総説」、２「社会福祉運営の原理と原則」、３「社会福祉援助の類型」、４「社会福祉援助の実施・提供機関」、５「社会福祉施設」、６「社会福祉の担い手」という構成であった。またⅧ「社会福祉の利用とその支援」は、１「総説」、２「社会福祉サービスの利用」、３「社会福祉の情報」、４「社会福祉の権利擁護」、５「福祉サービスの評価」、６「計画・運営への参画」という構成であった。

第２編では、社会福祉の運営の起点に社会福祉の利用者と権利擁護をおくという発想により、Ⅵ「社会福祉の運営」の冒頭に初版のⅧ「社会福祉の利用とその支援」の２「社会福祉サービスの利用」と４「社会福祉の権利擁護」を一体化して、１「社会福祉サービスの利用と権利擁護」を配置した。そして

第２編では初版を継承して、２「社会福祉運営の原理と原則」を設けた。次いで第２編では、前述の①と④に焦点を当てて論じるために３「社会福祉制度の運営とガバナンス」を、前述の②に焦点を当てて論じるために４「サービス提供とマネジメントを行う機関と職員」と５「福祉サービスを提供する組織の運営」を設けた。

その結果、第２編では、初版のⅥ「社会福祉の運営」とⅧ「社会福祉の利用とその支援」を統合・整理したといえる。たとえば初版のⅥ「社会福祉の運営」には、狭義の社会福祉援助よりも視野を広げて所得保障やサービス保障、福祉貸付などを視野に入れて論じた３「社会福祉援助の類型」が含まれており、このような視点での議論も重要であるが、Ⅵ「社会福祉の運営」のなかで位置づけることが難しかったため割愛された。また同様に、４「社会福祉援助の実施・提供機関」における福祉事務所や児童相談所、社会福祉協議会などの説明や、６「社会福祉の担い手」における行政機関や福祉施設・地域福祉関係職員の解説も、重要ではあるが辞典的に列挙されて書かれていたため、前述のように変更された。この変更は初版の成果を否定するものではなく、第２編の性格と求められる書き方の違いによる。そして高齢者福祉における在宅福祉サービスの整備や障害児者福祉における地域移行、児童福祉における児童福祉施設の小規模化やグループホームなどへの移行という潮流を受けて、５「社会福祉施設」も割愛された。

同様に、初版のⅧ「社会福祉の利用とその支援」に含まれていた３「社会福祉の情報」は、情報技術の向上と情報社会の進展に伴って、社会福祉をめぐるすべての領域において情報が一般化しているため、第２編では特定の項目としては取り上げなかった。また初版の５「福祉サービスの評価」は、第２編ではⅦ「社会福祉の実践方法」の９「社会福祉実践の評価」に、初版の６「計画・運営への参画」は、第２編では２「社会福祉運営の原理と原則」でふれられ、運営への参加以外の内容は７「地域における包括的支援体制とソーシャルワーク」に委ねることになった。

3.「社会福祉の運営」の構成

前述のような意図と経緯により、第２編のⅥ「社会福祉の運営」は、１「社会福祉サービスの利用と権利擁護」、２「社会福祉運営の原理と原則」、３「社会福祉制度の運営とガバナンス」、４「サービス提供とマネジメントを行う機関と職員」、５「福祉サービスを提供する組織の運営」によって構成されることになった。

１「社会福祉サービスの利用と権利擁護」では、措置制度への批判を背景に導入された多様な利用方式の意義と課題ならびに成年後見制度について述べられている。２「社会福祉運営の原理と原則」では、社会福祉運営の原理として権利性、普遍性、公平性、総合性が、そして社会福祉運営の原則として有効性、接近性、選択性、透明性、説明責任が述べられたうえで、社会福祉運営のパラダイムシフトが論じられている。３「社会福祉制度の運営とガバナンス」では、社会福祉制度の分権化と民営化、支援の包括化という方向性と行政機関の組織と役割について述べられたうえで、社会福祉行政とガバナンスのあり方が示されている。４「サービス提供とマネジメントを行う機関と職員」では、福祉多元化と事業者間競争の時代におけるサービスの質の課題ならびに共生社会を創る福祉サービス事業者の意義、コ・プロダクションによる参加型福祉の可能性について論じられている。５「福祉サービスを提供する組織の運営」では、サービスを提供する職員の資格と養成ならびに福祉人材のマネジメントについて述べられ、サービスを提供する組織の経営とガバナンスとサービスの質の向上のために機能するシステム、社会福祉法人改革における地域貢献のあり方が示されている。

1　社会福祉サービスの利用と権利擁護

秋元美世

1. 福祉サービスの利用方式の多様化

1）利用方式の多様化の経緯（措置から契約へ）

福祉サービスの利用方式の多様化は、「**措置から契約へ**」というフレーズに象徴される1990年代半ばからの流れのなかで始まっていった。こうした流れの背景にあったのが、それまでの福祉サービスの主要な利用方式であった措置制度に対する批判であった。

福祉サービスの利用方式にかかわって、たとえば当時の審議会の報告書では次のようなことが論じられていた。「措置制度の下で福祉サービスの充実が図られてきたが、福祉サービスが国民全体を対象としたものとなり、また、国民の福祉需要も多様化する中で、**措置制度**にも問題が出てきている。措置制度では、特に、サービスの利用者は行政処分の対象者であるため、その意味でサービスの利用者と提供者の間の法的な権利義務関係が不明確である。このため、サービスの利用者と提供者との対等な関係が成り立たない。したがって、今後の方向としては、利用者と提供者の間の権利義務関係を明確にすることにより、利用者の個人としての尊厳を重視した構造とする必要がある」（中央社会福祉審議会社会福祉構造改革分科会「社会福祉基礎構造改革について（中間まとめ）」1998年）。つまり、措置制度は、サービスを実施するかどうか、また、サービスの実施にあたりその提供主体をどうするか、どの程度のサービス量を提供するか等について、行政庁が一方的に決定する仕組みであり（措置制度の「職権主義」的性格）、対象者にサービスを請求する権利がなく、また、対象者がサービスの実施主体を選択することもできないというのである。

図1　措置方式

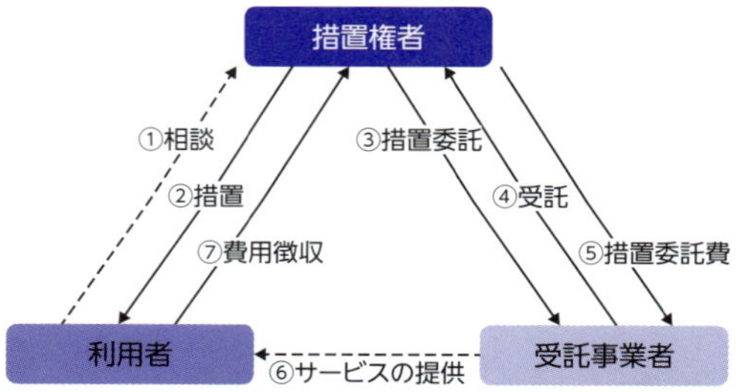

①利用者は、利用したい施設等の利用について措置権者（実施機関）に相談する。福祉サービスの利用は利用者の申請権を前提にしていない。
②措置権者は、利用者が利用の資格要件を充足していれば、措置を実施する。
③措置権者は、利用者の保護等について受託事業者（施設等）に措置委託を行う。
④受託事業者は、措置委託を受託する。受託事業者は、正当な事由がない限り、措置委託を受託しなければならない。
⑤措置権者は、措置委託の受託に伴い、受託事業者に措置委託費を支給する。
⑥受託事業者は、利用者に対してサービスの提供を行う。受託事業者と利用者との法的関係は必ずしも明確になっていない。
⑦措置権者は、利用者から、応能負担主義に基づき、受益者負担として費用を徴収する。

こうした措置制度に対する批判を背景に、新たな利用方式が順次導入されていった。まず、最初が、1997年の児童福祉法の改正によって1998年4月より導入された、保育所の利用手続きである。もともと保育所は、いち早く利用方式の転換が議論された分野であった。ただ、議論をとりまとめた1994年の保育問題検討会報告書が、「現行の措置制度の維持拡充と直接入所制度の導入」の両論併記の結論だったため、直接入所方式という形での導入が断念され、利用者の選択を可能な限り尊重することをねらいとした行政との契約方式での具体化となった。次に導入されたのが、1997年の介護保険法による「介護保険方式」である（実施は2000年4月から）。措置制度に換えて、利用者とサービス提供者との直接的な契約による利用方式がここで初めて導入されることとなった。さらにその後、同じように直接的な契約方式として導入されたのが、2000年の「社会福祉事業法等の一部改正法」による身体障害者福祉法、知的障害者福祉法および児童福祉法の各法改正によって導入された「支援費支給制度」である（実施は2003年4月から）。そして、この支援費支給制度の後を受けて登場したのが2005年の障害者自立支援法に基づく「自立支援給付方式」である。なお障害者自立支援法は、2012年に障害者の日常生活及び社会生活を総合的に支援するための法律（障害者総合支援法）へと名称変更を伴う大きな改正を受けた。また保育所の利用に関しては、2015年4月施行の子ども・子育て支援法と児童福祉法の改正により、「施設型給付」がなされることとなった。次に、以上で言及した利用手続きの仕組みについて図を用いて簡単に紹介しておくことにする。

図2　保育所方式

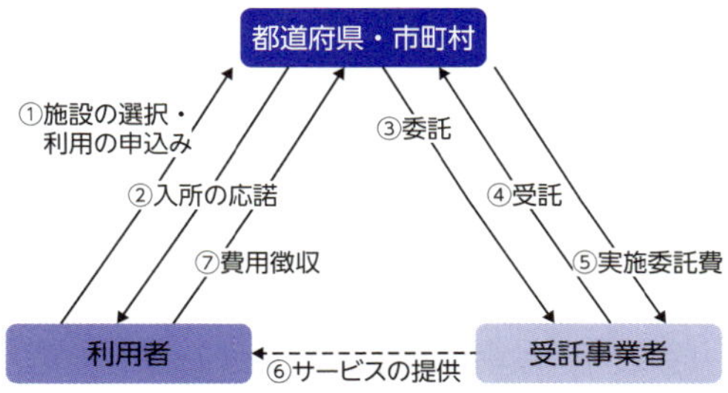

①利用者は、利用したい保育所を選択し、行政に利用の申し込みを行う。
②行政は、利用者が利用にかかわる資格要件を充足していれば、利用を応諾する。
③行政は、受託事業者に保育の実施を委託する。
④受託事業者は、実施の委託を受託する。正当な理由がない限り、実施の委託を断ることはできない。
⑤行政は、受託事業者に実施委託費を支給する。
⑥受託事業者は、利用者に対してサービスを提供する。なお、受託事業者と利用者との間が破線となっているのは、この場合の法律関係が、措置制度の場合と同様に直接的な契約関係ではないことを示している。
⑦行政は、応能負担主義に基づき、受益者負担として費用を徴収する。

2）契約による利用方式の概要

i　保育所方式

保育所方式は、保護者が各保育所に関する情報を十分に得たうえで希望する保育所を選択し、行政の側はかかる保護者の申し込みに対して、所定の要件を満たしているかどうかを判断したうえで入所の応諾を行うという、利用者と行政との間の一種の行政上の契約として構成される利用方式である。ただし、一つの保育所に対する申し込みが集中した場合などに、優先度の高い児童が保育所に入所できない事態が生じないよう、申し込みは従来どおり市町村に行うこととされており、また市町村は申し込みについて入所の要否の認定を行い、保育サービスの提供義務を負うことになっており、従来の措置制度の枠組みをかなり残していた。なお、この方式は、2001年4月より、母子生活支援施設と助産施設にも拡大されている（2000年の児童福祉法の改正）。

ii　介護保険方式

介護保険方式の導入のねらいは、保険制度にすることにより、介護サービスも医療保険における医療と同じく権利性が明確になり、また具体的なサービス利用にあたっても、医療機関を選択するのと同じように、自ら選択したサービスを提供者と直接契約を結んで対等な立場で利用することができるようになるという点にある。ただし、医療保険の場合のように、被保険者が何らかの医療の必要性を自覚したときに自由に医療サービスを選択するのとは異なり、介護保険の場合には、介護を必要とする者は、保険者（市町村）から要介護認定を受け、その認定された程度（給付限度額）を前提として、必要な介護保険サービスを選択するという、一定の前提条件の下での利用システムとなっている。

iii　支援費支給方式

支援費支給方式は、身体障害者福祉法および知的障害者福祉法に基づく施設サービスと在宅サービス、さらに児童福祉法に基づく障害児童に対する在宅サービスに関する利用方式として2003年4月より導入されたもので、支援費の支給を受けて利用者がサービス提供者と直接利用契約を結ぶというものである。直接的な利用契約制度という点で、介護保

図 3　介護保険方式

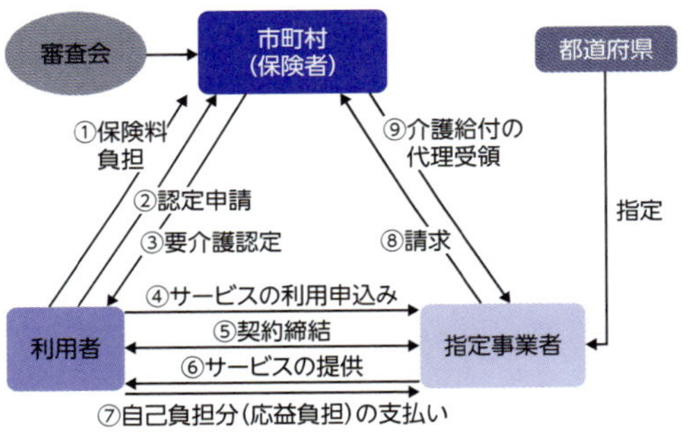

①一定の年齢に達した利用者は介護保険に加入し、一定の基準と方法により、保険料を負担する。
②介護サービスを利用しようとする者は、保険者としての市町村に対して介護の要否と程度に関する認定の申請を行う。この申請は、第一義的には、被保険者としての請求権によるものである。
③市町村は、要介護認定基準に基づいて介護の要否と程度の認定を行い、要介護認定者について利用可能な介護費の額を決定し、利用者に通知する。
④利用者はケアプラン作成事業者の助言を受けてケアプランを策定し、指定事業者にサービスの利用申し込みを行う。
⑤利用者は、サービスの内容や条件などについての指定事業者の説明を聞いて契約を締結する。
⑥指定事業者は、契約に基づいて所定の介護サービスを提供する。
⑦利用者は、自己負担分の支払いをする。
⑧指定事業者は、利用者からの負担分を除いた費用について保険者に支払いの請求をする。
⑨市町村は介護給付の支給を行い、指定事業者は、これを代理受領する。

図 4　支援費支給方式

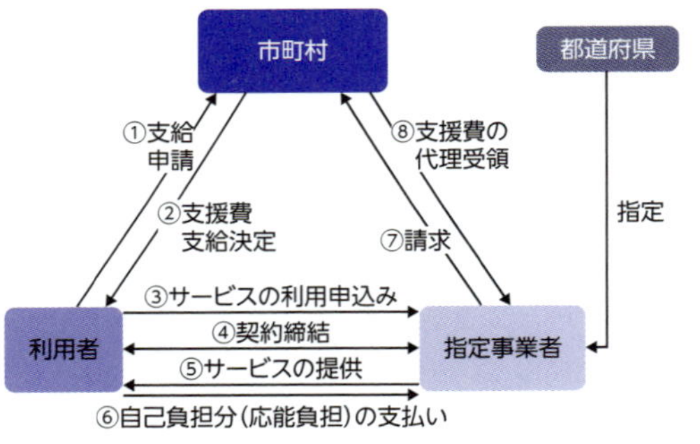

①利用者は、市町村に対して支援費の支給を申請する。
②市町村は、資格要件を充足していることを条件に支援費の支給を決定し、通知する。
③利用者は、指定事業者に対してサービスの利用を申し込み、サービスの内容や利用条件などについて説明を受け、施設等の選択を行う。
④利用者と事業者が利用について契約を締結する。
⑤事業者は、契約に基づきサービスを提供する。
⑥利用者は事業者に自己負担分（応能負担主義）を支払う。
⑦事業者は、市町村に対して自己負担分を除く部分について支給を請求する。
⑧指定事業者は、支援費を代理受領する。

険方式と共通するが、財源が保険方式ではなく租税である点、利用者負担が応能負担である点、介護認定審査会のような特別の審査機関がない点など基本的なところでの違いもみられる。この方式は、次に述べるようにその後、自立支援給付方式へ移行した。

ⅳ　自立支援給付方式

支援費制度は、その施行により、障害福祉サービスを実施する市町村が増え、それまでサービスを利用することができなかった知的障害者や障害児を中心に、多くの障害者が新たにサービスを利用できるようになるなど、障害者の地域における自立・共生を進めるうえで重要な役割を果たした。しかしながら、サービスの利用状況や提供体制に大きな地域差が生じていることをはじめ、サービス利用者が今後も増加していくことが見込まれるなかで必要な財源を確保していくことや、支援費制度の対象となっていない精神障害者の扱い等、解決すべき課題も存在していた。

そこで、これらの課題を解決することをねらいとして制定されたのが、**障害者自立支援法**（2005 年 11 月成立。2006 年 4 月施行）である。同法は、障害者の地域生活と就労を進め、自立を支援する観点から、これまで障害種別（身体障害、知的障害、精神障害）ごとに異なる法律に基づいて提供されてきた福祉サービス等について、共通の制度の下で一元的に提供する仕組みを創設することとし、サービスの利用方式としては、これまでの支援費制度に代えて新たに「**自立支援給付方式**」を導入した。

この方式は、個人が自らサービスを選択し、それを提供者との契約により利用することを基本とし、その費用に対して提供されたサービスの内容に応じ、利用者に着目した公的助成を行うという点では、支援費支給方式と共通している。しかし、精神障害も含めて障害種別にかかわらずサービスの一元化が図られたことに加え、①支援の必要度に関する客観的な尺度を開発し、それに基づく決定を行う、②中立的な第三者機関である審査会を市町村に設置し、市町村が作成する支給決定案に対し、意見を述

図 5　自立支援給付方式

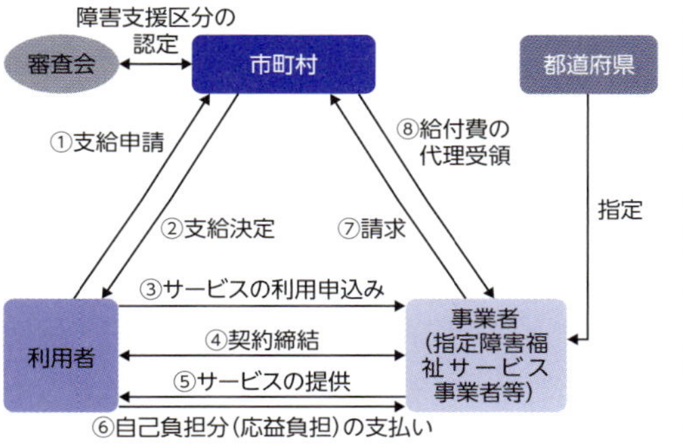

①利用者は、市町村に対して自立支援給付費の支給を申請する。
②市町村は、市町村審査会の判定に基づき障害程度区分の認定を行い、支給の要否を決定する。
③利用者（支給決定障害者）は、指定事業者に対してサービスの利用を申し込み、サービスの内容や利用条件などについて説明を受け、施設等の選択を行う。
④利用者と事業者が利用について契約を締結する。
⑤事業者は、契約に基づきサービスを提供する。
⑥利用者は事業者に自己負担分（利用量に応じた負担・所得による上限設定あり）を支払う。
⑦事業者は、市町村に対して自己負担分を除く部分について支給を請求する。
⑧指定事業者は、給付費を代理受領する。

べられるようにする、③利用者負担が応益的となったこと（ただし、その後の同法の改正により応能負担を原則とすることに改められた）など、支援費支給方式と大きく異なっている点もみられる。

さらにこのほか、障害者のニーズに即した効果的な支援を行えるよう、ケアマネジメントの手法を導入したことなども支援費制度との違いといえよう。

v　子ども・子育て支援法による施設型給付方式

現在、「**子ども・子育て支援法**」により、認定こども園、保育所、幼稚園などの保育・教育施設を利用する場合は、**施設型給付**が支給されることになっている。その給付費を用いて保護者と施設事業者とが直接契約を結ぶという関係を設定するわけである。ただし、実際には、サービス利用者と契約を結んだ事業者等が、市町村からの給付費等を受け取れる仕組み（代理受領）になっているので、結果として現物給付と類似の形となる。なお保育所のうち「私立保育所」については、児童福祉法第 24 条で「保育所における保育は市町村が実施すること」とされているため、市町村が保育所の運営を各施設へ委託することになり、その結果、私立保育所における保育の費用については、施設型給付ではなく、従来と同様に、市町村が施設に対して、保育に要する費用を委託費として支払うことになる。この場合には、従来の保育所方式と同様、契約は、市町村と利用者の間の契約となり、利用児童の選考や保育料の徴収は市町村が行うこととなる。

施設型給付を利用するためには、市町村から教育・保育の必要性の「認定」を受ける必要がある。認定は、**表 1** にみられるように、1～3 号の区分が

図 6　施設型給付方式

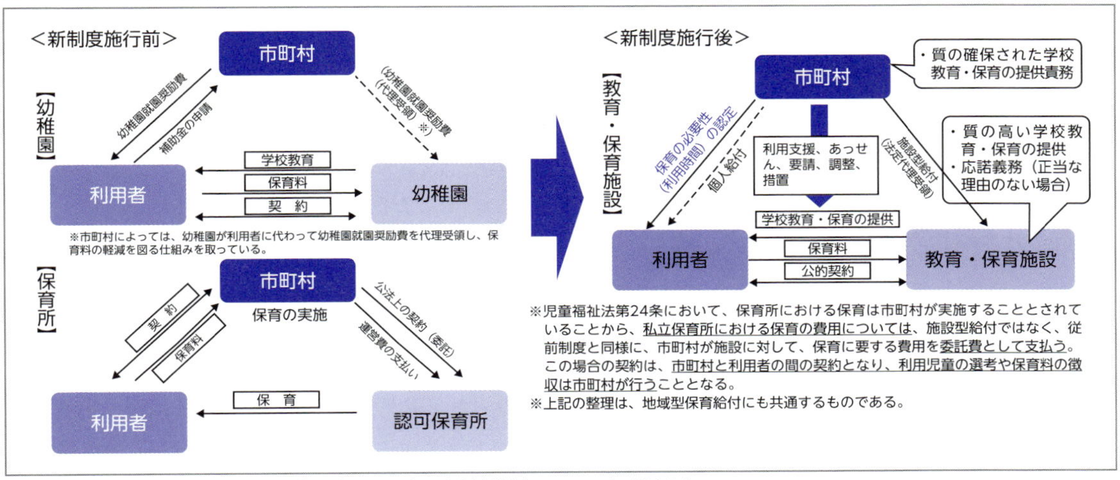

出典：内閣府子ども・子育て本部「子ども・子育て支援新制度について」2019 年

表1　施設型給付の認定区分

○1号は、満3歳以上の小学校就学前の子どもであって2号認定される子ども以外のもの（教育標準時間が給付の対象；幼稚園、認定こども園） ○2号は、満3歳以上の小学校就学前の子どもであって、保護者の労働または疾病その他の事由により家庭において必要な保育を受けることが困難なもの（保育短時間・保育標準時間が給付の対象；保育所、認定こども園） ○3号は、満3歳未満の子どもであって、保護者の労働または疾病その他の事由により家庭において必要な保育を受けることが困難なもの（保育短時間・保育標準時間が給付の対象；保育所、認定こども園、小規模保育等）

あり、区分に応じた給付が行われる。認定を受けた利用希望者は、市町村に利用の申し込みを行い、市町村の利用調整（市町村が必要な場合に優先順位の決定を行う）の下で、教育・保育施設事業者等と契約して必要なサービスを受けることになる。

ⅵ　措置方式

契約型の新しい利用方式が導入されたからといって、措置制度がなくなったわけではない。児童福祉法に基づく要保護児童を対象にした入所施設（児童養護施設、児童自立支援施設など）への入所、老人福祉法に基づく養護老人ホームへの入所などは、従来どおり**措置方式**によってサービスが提供されている。また、介護保険方式などの契約方式に変更になったものについても、やむを得ない事由により、それぞれの利用方式によるサービスの利用が著しく困難な場合には、措置手続（**職権主義**）によるサービス提供を行うことができるようになっている（たとえば、老人福祉法第10条の4および第11条などを参照）。なお、類型的にはこれらの措置方式とはやや異なるが、生活保護法に基づく保護も制度上は措置制度に属しているといえる。

2. 新しい利用方式の意義と課題

1）意義

利用方式の多様化の流れのなかで登場した新しい利用方式をみてみると、その中核を担うものとして共通していたのは「**契約**」であった。一般に、財やサービスの取得に関する当事者関係を法的に規律する手法として、「契約」はきわめて大きな意味を有しているとされる。このことは福祉サービスの利用に関しても、基本的には当てはまることだといえよう。実際、契約化の議論では、利用者と事業者がそれぞれ契約主体となることで、両者の関係が直接的で対等なものとなり、これまで不明確であった利用者の当事者性が明確になり、ひいてはその法律関係・権利関係も明確なものとなるといった説明がなされるのが常である。

こうしていまや、福祉サービスの利用方式の主流は、これまでの措置方式のような、権利関係が不明確で依存的な利用の形態から、自ら進んで利用する権利を主張し、的確な情報を得て、サービスを優先づけて選択し、サービス（商品）を買う契約を交わし、それを利用することによって自分の望む日常生活を達成することができるような利用の形態（契約方式）へと転換することになった。福祉サービスの利用に関して契約化が必要とされるに至ったことには、措置制度の抱えていた問題点の存在などそれなりの理由があったのであり、こうした契約方式の有する意義は積極的に評価されて然るべきであろう。

2）課題

福祉サービスの新しい利用方式においては、契約制度が取り入れられたことにより、サービス内容を利用者の選択権に委ねることが可能となった。しかしこの点に関しては、留意しておくべき点もあるように思われる。一つは、本当に本人の選択だけですますことができるのかという点であり（たとえば、福祉サービスの専門性ということにかかわって問題が出てくることはないかといった点）、もう一つは、要保障性の充足の仕方の問題を個々の利用者の契約の問題として完全に処理しきれるのかという点である。

まず、前者についてだが、医療の分野においても「インフォームド・コンセント」ということが意識されてきていることにみられるように、専門性の存在と利用者本人の判断や選択とがまったく相容れないものと考える必要はない。医療に比べて保健福祉の分野では、素人が何も口を出せないほど完全に専門化が進んでいるわけでは必ずしもないということを考え併せるならばなおのことである。したがってこの点に関しては、**利用者の選択権**に委ねることは、そのための条件を整備すればそれなりに可能であるということになろう。実際、社会福祉法では、かかる条件整備を目的とした諸規定がおかれている（同法第８章「福祉サービスの適切な利用」第75条以下）。ただし、その場合であっても、専門性の問題が利用者の選択の問題として解消されてしまうということがあってはならないであろう。それは専門性自体の否定につながるからである。むしろ、契約に基づく新しい利用制度では、必要な専門性をどのように活かしていくかという観点からの検討を意識的に行っていく必要が逆にあるように思われる。

次に後者の点にかかわって、具体的に問題となるものとしては、たとえば**優先順位の決定**をめぐる問題がある。介護保険制度では、要介護認定を受ければ、その決定された範囲内で、利用者が自由にサービスを選択できることになっている。こうした仕組みは、選択の対象となるサービス資源が十分にあればうまく機能するが、資源が少ない場合にはそのサービスを利用できる人間は限られてこざるを得ない。とりわけ、かかる問題が顕著な形で現れているのが、特別養護老人ホームなどの施設サービスの問題である。入所希望者に比べて施設が足りないなどニーズと資源の間にギャップがあるときには、たとえば「ただちに入るかどうかは別として、とにかく申し込みを行っておく」などのように賢く振る舞うことができる利用者が得する状況が生まれる。またその結果、入所の必要性の高い者の入所が、ただちには入所の必要のない者より後になってしまうという問題もみられることになる。

もともと契約関係というのは、サービス利用者と提供者との個別の関係であり、ほかの利用者との調整という要素はそもそも入っていないことを考えると、こうした状況はある意味で当然の帰結であるし、また利用者の選択（すなわち意思）の尊重という契約化の趣旨を考えるならば、このことは一概に否定されるべきことではないのかもしれない。しかし、賢く振る舞えなくても最低限保障されるべき事柄というものがあるはずであり、逆にこうした「公正さ」を度外視してしまっては、社会的な規範性を含意した社会的ニーズの問題を取り扱うことはできないというべきであろう。いずれにせよ、利用者の選択に任せるという契約化の核となる部分を失わせないようにしながら、こうした優先順位の決定の問題を処理していくというのは、困難な課題なのである。

3. 新たな給付・サービスの利用方式としての BI、BS、BV

非正規雇用、フリーランス等の不安定就労や低所得世帯の人々とのかかわりなどで、明らかに生活困難な状況にあるとみられるにもかかわらず、既存の社会保障制度の枠組みには当てはまらないとか、対応が難しいという問題が、今日多々みられるようになってきた。そしてこうした新たな生活困難問題が認識されるなかで、注目されるようになってきたのが、**ベーシック・インカム**（Basic Income：BI）や**ベーシック・サービス**（Basic Services：BS）、**ベーシック・バウチャー**（Basic Vouchers：BV）といった新たなサービス給付の仕組みである。

BI は、所得制限をつけずにすべての人々に現金を給付するものである。BS とは、医療・介護・教育など誰もが必要とするサービスを金銭負担なしにかつ所得制限をつけずに無条件で給付する。さらに BV とは、必要とする者に金銭負担なしに給付される利用券（たとえば保育クーポンのようなもの）のことである。もともと社会福祉は、基本的に金銭、サービス、バウチャーのいずれかの形で給付されてきた。その意味で、BI、BS、BV という議論が出てくるのは不思議なことではないだろう。以下、新しいサービス利用の形態という意味で、BI、BS、BV について簡単に触れておくことにする。

三つの給付形態は、受給者に向けてそれぞれ異なる外観で現れる。BI は現金、BS はサービス、BV は紙媒体ないし電子媒体でのクーポンである。これらの給付形態の特徴は、それぞれの形態における「給付の発給者」(通常は国、自治体、その他の関連組織)、「給付の受給者」(通常は市民、住民)、「給付の供給者・事業者」(公的機関、NPO、民間事業者など)の三者間の関係をみることによって見出すことができる(**図7**)。

第一に、BIであるが、ここでの主要な関係は、現金を支給する発給者(国、自治体)とそれを受け取る受給者との関係である。もっとも受給者と供給者との間でも、受給者が支給された金銭を実際に使った場合には、ある種の関係は存在することになるが、これは給付関係とは別物である。

次にBSでは、給付の供給者・事業者が、その運営する事業へのアクセスを付与することで受給者にサービスを提供する。したがって直接的な関係が結ばれるのは、受給者と供給者(サービス提供者)との間である。発給者と受給者の間では、財やサービスの提供という意味での直接的な関係は存在しない。ただしほかの2形態との違いは、発給者と給付の供給者・事業者とが、厳密に分かれている必要はなく、むしろ実際には、一致しているとか、密接に結びついているのが普通であるという点である。なおその他に発給者である国・自治体は、受給者に対して当該サービスの情報を提供するなどの間接的なかかわり方をしている。

BVでは、三者の関係は、**図7**のようにバウチャーが1周して完結するものとなっている。すなわち、発給者は、受給者にクーポンなどの形でバウチャーを給付し、受給者はそれを事業者に渡して具体的な財やサービスを得ることになる。そして事業者は、バウチャーを発給者に渡して現金と交換する。

図7　発給者・受給者・事業者の関係性

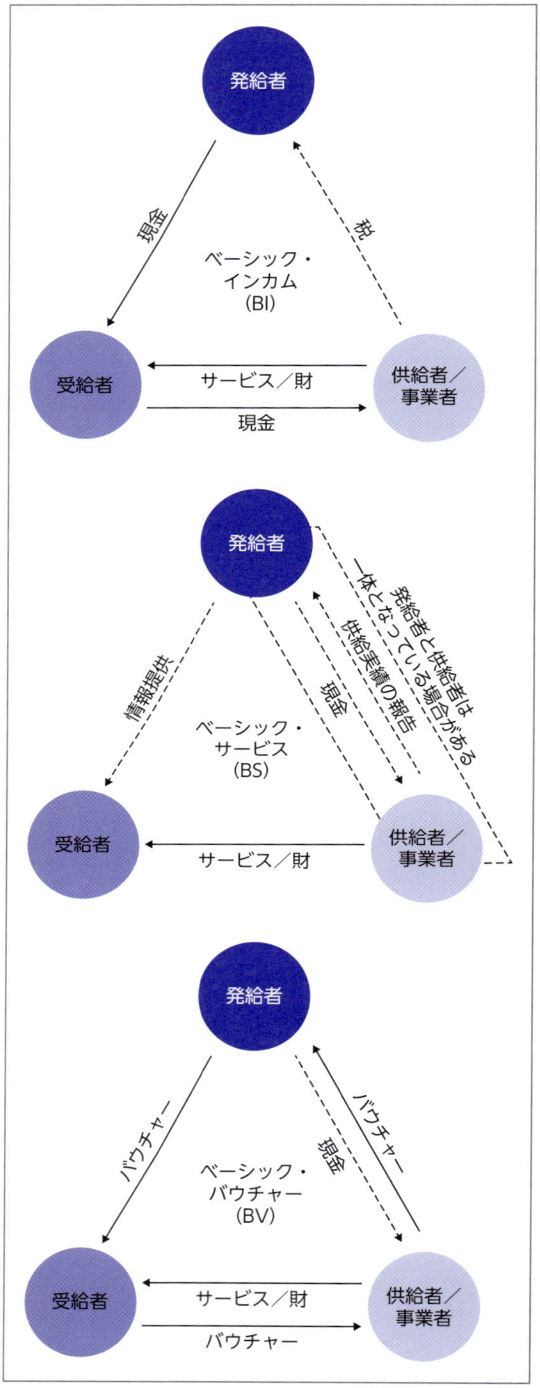

出典：K. Bohnenberger "Money, Vouchers, Public Infrastructures?" *Sustainability* 2020 vol.12. Figure1（一部変更を加えた）

4. 権利擁護

1）契約制度と社会福祉

福祉サービスの利用方式の契約化を基調とした利用関係の多様化の流れのなかで、問題となってきたのが、社会福祉の分野における関係性や利用者像の特性であった。つまり契約というのは、自己責任の明確化と自己利益の追求を機軸とするもの（少なくとも近代市民法で観念された契約とはそういうものであった）であるのに対し、福祉においては、個別・具体的状況のなかで、人と人との情緒的な関係を大切にしながら相手の気持ちやニーズをどのようにくみ取り、それにどのように応えていくかといったことが求められているからである。

また福祉サービスの利用者には認知症高齢者、知的障害者、精神障害者など**判断能力**が低下した人びとが多く、福祉サービスをうまく利用できなかったり、利用時に経済的、身体的な権利侵害を受けやすいという状況がある。こうしたことを踏まえて注目をされるようになってきたのが、利用者本人の意思を可能な限り尊重し、その権利行使を支援するための制度およびその取り組みとしての**権利擁護**であった。ここではこのような権利擁護のための制度について、成年後見制度を中心に取りあげておく。

i　成年後見制度

成年後見制度とは、1999年成立の「民法の一部を改正する法律」により設けられた「**法定後見制度**」と、同年の「任意後見契約に関する法律」によって成立した「**任意後見制度**」の二つの支援制度の総称である。この改正前においては、「禁治産・準禁治産」と呼ばれる後見制度が存在していたが、要支援者の保護という目的のもとに過度の規制を定めていたため、社会的偏見が伴ったり、制度が硬直的で利用しにくいとの指摘がなされていた。こうした状況を踏まえて、現行の成年後見制度においては、自己決定権の尊重、現有能力の活用、ノーマライゼーションの達成という理念のもとに、柔軟で弾力的に利用できる制度にすべく法改正が行われたのである。

ii　法定後見制度
――後見・保佐・補助の制度

法定後見制度には、本人の判断能力の状況に応じて「**後見**」「**保佐**」「**補助**」の3類型がある。家庭裁判所は、一人ひとりの状況に応じて、適切な**成年後見人**（成年後見人、保佐人、補助人；以上の3類型を含めて以下では成年後見人等とする）を選任する。ちなみに、後見の対象者は、精神上の障害により判断能力（事理を弁識する能力）を欠く常況にある人である。また、保佐の対象者は、精神上の障害により判断能力が著しく不十分な人、補助の対象者は、軽度の障害により判断能力が不十分な人とされている。

成年後見人等の役割は、「財産管理」と「身上監護」である。財産管理とは、本人の財産の維持・管理を目的とする行為のことであり、身上監護とは、本人に必要な衣食住などの生活に関する手配や療養・介護の手配など本人の身上に関するすべての行為のことである。これらの役割に関して、「成年後見人」は、財産管理について全面的に本人の代理をする権限を有する。また、本人が自ら家事や健康管理が困難で援助する人もいない場合、介護や福祉サービスの手配をし、利用契約を結ぶことも義務となる。「保佐人」「補助人」は、特定の法律行為の範囲内においてのみ権限を有し、福祉サービスの利用契約については代理権が与えられた場合にのみ、必要な手配を行う義務がある（**表2**）。なお、成年後見人等は、身上監護の責務があるため、生活の状況を把握し、今後の生活を考え、ほかの福祉関係者と調整したり情報を集めたりして生活を見守る役割を果たす。ただし、直接介護をしたりする行為は職務外とされている。

なお、成年後見人には代理権が付与されているが、それが被後見人宛ての郵便物の受領や開封についても及ぶかどうかが不明確であった。また被後見人の死後、後見人がその葬儀を行うことができるかどうかなども不明確であった。そこで2016年に法改正が行われ、郵便物を開封する権限（民法第860

条の3）や死後事務の権限（同第873条の2）が明文化された。

iii 法定後見の申立て

法定後見（後見・保佐・補助）の開始の審判は、家庭裁判所に対する請求（申立て）によって行われる。申立てができるのは、本人、配偶者、4親等内の親族、検察官、任意後見人、市町村長などである。特に市町村長による申立ては、本人に身寄りがないなどの理由により、申立人がいない場合の申立ての方法として大きな意味をもっている。また、成年後見人等には、親族のほか、弁護士や司法書士、社会福祉士といった専門職が専任される。近年は、親族以外の者が選任される場合が多くなっている。また、複数人による複数後見や、法人による法人後見も認められており、NPO法人や社会福祉協議会などの団体が選任される場合もある。その他、一定の研修を受けた市民が成年後見人等となる**市民後見人**もみられるようになっている。

iv 任意後見制度

任意後見制度は、本人が十分な判断能力があるうちに、将来、判断能力が不十分な状態になった場合に備えて、あらかじめ自分が選んだ代理人（任意後見人）に、自分の生活、療養看護や財産管理に関する事務について代理権を与える契約（任意後見契約）を公証人の作成する公正証書で結んでおくというものである。そうすることで、本人の判断能力が低下した後に、任意後見人が、任意後見契約で決めた事務について、家庭裁判所が選任する「任意後見監督人」の監督のもと、本人の代理として契約を結ぶことによって、本人の意思に従った適切な保護・支援を可能にしようとするものである。なお、任意後見人には同意・取消権はなく、代理権のみが与えられている点で、法定後見制度とは異なる。任意後見を開始するには、家庭裁判所が別途任意後見監督人を選任することが必要となる。任意後見人は任意後見監督人の監督のもとで援助を行うことになる。

2）成年後見制度利用促進法と利用促進基本計画

成年後見制度は、日常生活等に支障がある人たちを社会全体で支え合う地域共生社会の実現にとって重要な手段であるにもかかわらず、現状では必ずしも十分に活用されているとはいえない状況がみられる。このため、2016年に**成年後見制度の利用の促進に関する法律**（**成年後見制度利用促進法**）が制

表2 法定後見制度の種類

	補助	保佐	後見
対象となる方	判断能力が不十分な方	判断能力が著しく不十分な方	判断能力が欠けているのが通常の状態の方
成年後見人（せいねんこうけんにん）等が同意又は取り消すことができる行為（※1）	申立てにより裁判所が定める行為（※2）	借金、相続の承認など、民法13条1項記載の行為のほか、申立てにより裁判所が定める行為	原則としてすべての法律行為
成年後見人（せいねんこうけんにん）等が代理することができる行為（※3）	申立てにより裁判所が定める行為	申立てにより裁判所が定める行為	原則としてすべての法律行為

※1 成年後見人（せいねんこうけんにん）等が取り消すことができる行為には、日常生活に関する行為（日用品の購入など）は含まれません。

※2 民法13条1項記載の行為（借金、相続の承認や放棄、訴訟行為、新築や増改築など）の一部に限ります。

※3 ご本人の居住用不動産の処分については、家庭裁判所の許可が必要となります。

※ 補助（ほじょ）開始の審判（しんぱん）、補助人（ほじょにん）に同意権（どういけん）・代理権（だいりけん）を与える審判（しんぱん）、保佐人（ほさにん）に代理権（だいりけん）を与える審判（しんぱん）をする場合には、ご本人の同意が必要です。

出典：家庭裁判所パンフレット「成年後見制度―利用をお考えのあなたへ―」p.6

定・施行された。そして同法に基づき、成年後見制度の利用促進に関する施策の総合的・計画的な促進を図るための基本計画（第一期**成年後見制度利用促進基本計画**）が翌2017年に閣議決定された。

第一期計画では、利用者がメリットを実感できる成年後見制度の運用改善、権利擁護支援の「地域連携ネットワーク」づくり、安心して成年後見制度を利用できる環境の整備などが進められた。そして2021年からは成年後見制度利用促進専門家会議にて、第二期計画へ向けての総合的な検討がなされ、2022年3月に第二期成年後見制度利用促進基本計画が閣議決定された。

第二期計画では、①地域共生社会の実現に向けた権利擁護支援の推進、②尊厳のある本人らしい生活を継続できるようにするための成年後見制度の運用改善、③司法による権利擁護支援などを身近なものにする仕組みづくりの3点が基本的な考え方として掲げられた。とりわけ、「権利擁護支援」という考え方について、第二期計画が、「地域共生社会の実現を目指す包括的な支援体制における本人を中心とした支援・活動の共通基盤であり、意思決定支援等による権利行使の支援や、虐待対応や財産上の不当取引への対応における権利侵害からの回復支援を主要な手段として、支援を必要とする人が地域社会に参加し、共に自立した生活を送るという目的を実現するための支援活動」と明確に定義したことが注目される。

そしてこうした権利擁護支援の活動は、従来の地域連携ネットワークの構築と中核機関の設置を通じ、総合的な支援として推進されるべきものとされた。

2 社会福祉運営の原理と原則

小松理佐子

1. 初版からの変化

社会福祉の運営とは、「限られた資源（財源、人材、施設・設備）のもとで、国民の間においてそれら資源を効率的・効果的に、しかも公平・公正原則に基づいて配分することを目的として、それを達成するための主体、組織、推進手段を確定し、それらを作動させる過程及び手続きであり、ニーズ＝資源の間の最適化を目指して行われる行為の総体をいう」[(1)]と初版では社会福祉運営をこのように定義し、その原理・原則を、「権利性」「普遍性」「公平性」「総合性」の四つの原理と、「有効性」「接近性」「選択性」「透明性」「説明責任」の五つの原則で説明している。

初版において整理されたこの原理・原則は今日においても有用であることは確かである。ただし、初版の刊行以降、バルネラビリティ、社会的排除、孤立・孤独といった新たな福祉課題が顕在化し、その解決手段として提供する福祉サービスが拡張するなかで、原理・原則を表す用語に新たな解釈を必要としている。さらに、障害者の権利に関する条約の批准およびその具体化のための一連の施策が推進されるなかで、今日の社会福祉運営においては、原理としての「共生」、原則としての「参加」が大きな意味をもつようになっている。

2. 社会福祉運営の原理

1）権利性

社会福祉運営における**権利性**は、日本国憲法に保障される基本権を前提としている。日本国憲法の前文に宣言される国民主権、平和主義と併せて、第11条（基本的人権）、第13条（個人の尊重と公共の福祉）、第14条（平等原則）、第25条（生存権）を含む第3章が、その根拠となる。なかでも、第25条の「すべて国民は、健康で文化的な最低限度の生活を営む権利を有する」という条文が最も社会福祉に直結する規定とされている。この日本国憲法を前提にした社会福祉運営の原理・原則を規定しているのが社会福祉法である。社会福祉法の第3条（福祉サービスの基本的理念）には、「福祉サービスは、個人の尊厳の保持を旨とし、その内容は、福祉サービスの利用者が心身ともに健やかに育成され、又はその有する能力に応じ自立した日常生活を営むことができるように支援するものとして、良質かつ適切なものでなければならない」と規定されている。

社会福祉運営における権利性は長い間、前述した法的な権利という視点から、福祉サービスの受給権の問題として論じられてきた。措置方式による福祉サービスの提供を前提に、**措置**に関する権利の問題として、何を、どのように保障するかがテーマとなり、申請権や不服申立てなどが論点となった。ところが、2000年以降多くの福祉サービスが措置方式から契約方式へ移行したことにより、福祉サービスの対象者は自律的な利用者として、提供主体と「対等な立場」に置かれることになると、福祉サービスの対象者＝利用者は、「福祉サービスを選択する利用者」と「福祉サービスを享受する利用者」という二つの側面をもつ存在として認識されるようになる。

さらに、2008年のリーマンショックを契機とする世界的な経済危機を背景に、**バルネラブルな状態**にある人々の存在が顕在化した。バルネラブルな状態にある人を含めたことによって福祉サービスの利用者像は従来に増して多様化した。それに伴って権利性をめぐる議論に、従来の基本権とは別の人権に基づくアプローチが登場する。**人権**に基づくアプローチでは、行為主体性が論点となり、人が人間らしく生きられること、すなわち生き方や暮らし方について自己決定できる権利を保障することを重視する考え方に発展した。このような福祉サービスの利用者像の変化を背景にして、社会福祉運営における権利性の考え方は、前述した基本権としての性格をもち合わせながら、人権としての行為主体性を尊重することを意味するものへと変化している。

2）普遍性

普遍性とは、すべての国民あるいは集団に対して、所得に関係なく給付・サービスを配分する考え方である。普遍性は、前で取り上げた権利性を担保するために必要なもう一つの原理である。この考え方は1960年代以降の社会福祉政策の選別主義から普遍主義への転換を背景にして普及した。選別主義の下では、ミーンズテストによってニーズがあることが証明され、それに基づいて給付・サービスを配給するという方式が採用された。それに対して普遍主義の下では、誰もが福祉サービスを受給できる権利を有するという考え方に立ち、所得とは切り離して、**ニーズ**を判定する方式が採用された。選別主義から普遍主義への転換には貧困低所得階層を対象とする公的扶助と、一般の人々の生活課題を対象とする福祉サービスとを分離することにより、社会保障制度の充実を図ろうとする積極的な意味がある。

普遍主義的な福祉サービスの提供にあたっては、個人・家族への支援においても、自治体の政策・計画レベルにおいても、選別主義とは異なるニーズの判定方法が求められる。たとえば、2000年に導入された介護保険制度では、要介護度というニーズ判定方法が採用された。すなわち、要介護度を測る尺度が設定され、それに応じた介護給付を行う方法である。それは、自立という状態を基準とし、それに満たない不足部分をニーズと捉える見方である。

その後2005年の介護保険法の改正では、予防重視型のシステムへの転換を目的として予防給付が新設され、2019年には介護予防・健康づくりを重視する政策が進められるなど、制度が対象とする範囲は広げられてきた。介護の領域にかかわらず、社会福祉全体が不足部分を補うためのものからwell-beingを追求するためのものへと変化しつつあるなかで、このことは肯定的に捉えられるべきであろう。他方で、支援が必要な人に確実に社会福祉を届けるという視点をもち続けることも必要である。それには、支援をすべき対象を特定するための判断が必要であり、従来のニーズの判定とは異なる対象の特定方法が求められている。

また、グローバル化を背景に外国籍住民が急速に増加するなかで、日本国籍をもたない人々の生活課題も顕在化している。外国籍住民のなかには、日本に定住する人がいる一方で、短期間の滞在者もおり、外国籍住民と一括りに捉えられない面もある。従来の普遍性の議論は、権利—義務関係を前提にして権利性と一体的に展開されてきたが、この原理に外国籍住民への福祉の提供を当てはめることは困難である。そこで、新たに共生という原理が必要とされ、社会福祉運営のプロセスにおいては承認と合意形成が重要となる。

3）公平性
——結果の公平から機会の公平へ

公平性とは、福祉サービスを受給する誰もが平等な扱いを受ける地位（equity）を意味する。ひとまずここでは、前述した外国籍住民の課題は置いておくことにしよう。日本国憲法を根拠として生活保護法第２条には、「すべて国民は、この法律の定める要件を満たす限り、この法律による保護を、無差別平等に受けることができる」と規定されている。第一に、無差別平等という用語で表現された公平性は、福祉サービスの申請者の家柄、職業、性別、年齢といった属性や、性格、行動、生活習慣などの理由によって公正さを欠く措置をとってはならないということを意味している。第二には、提供される福祉サービスの内容や程度において公平であらねばならないという意味がある。たとえば、要介護認定による介護給付の決定は、心身の状態が同程度である人に対しては、同じ量のサービスを提供するように設けられたプロセスである。そして、重度の人ほど多くの給付を行うといったルールを設けて、福祉サービスをより必要とする人から資源配分における優先順位を設けることによって、公平性を担保している。

これらの福祉サービスの提供をめぐるルールの設定は、福祉サービスを受給することによる結果として平等な状態になるという考え方である。これを「結果としての公平性」とするならば、2000年以降には機会を平等に提供することによって公平性を担保しようとする「機会の公平性」という考え方が生まれた。一例を挙げると、2000年代になって浮上した傷病・障害、精神疾患等による社会的入院、DV、虐待、多重債務、元ホームレスなどの人々の抱える問題の解決を図るために生活保護法の改正が行われた。改正に先立ち生活保護法の目的である自立助長の「**自立**」の概念についての再検討が行われ、「自立」には経済的自立のみならず、日常生活自立、社会生活自立が含まれるという解釈が加えられた。この考え方に基づき2005年から自立支援プログラムが導入され、経済的給付によらない自立支援が提供されるようになった。

さらに2013年には生活困窮者自立支援法が制定された。同法の対象となる生活困窮者について、第3条第1項で「就労の状況、心身の状況、地域社会との関係性その他の事情により、現に経済的に困窮し、最低限度の生活を維持することができなくなるおそれのある者」と定義された。ここでは「おそれのある」状態について明確な基準は設けられていない。同法には、生活困窮者の自立を図ることを目的として、相談支援事業、住居確保給付金に加えて、自立を支援する事業として、就労準備支援事業、家計改善支援事業、一時生活支援事業、子どもの学習・生活支援事業が盛り込まれている。たとえば、子どもの学習・生活支援事業は、生活困窮世帯で育つ子どもが、低学力が原因で高等教育が受けられず、そのことによって不利益が生じるといった負の連鎖を避けるための施策である。つまり、将来のリスクを回避するための事業がこの法律のなかに含まれている。

このように2000年代以降の施策は、多様な利用者像を背景に受給資格が柔軟化する傾向にある。基準の設定よりも個別支援計画の策定などによるプロセスが重視され、プロセスにおける公平性が重視されるように変化している。

4）総合性

福祉サービスは、生活の**総合性**に対応できるように総合的に提供されなければならない。社会福祉法第5条（福祉サービスの提供の原則）には「社会福祉を目的とする事業を経営する者は、その提供する多様な福祉サービスについて、利用者の意向を十分に尊重し、地域福祉の推進に係る取組を行う他の地域住民等との連携を図り、かつ、保健医療サービスその他の関連するサービスとの有機的な連携を図るよう創意工夫を行いつつ、これを総合的に提供することができるようにその事業の実施に努めなければならない」と規定されている。

総合性は、2000年代以降に準市場が急速に拡大したことでより重要な意味をもつようになっている。福祉サービスの供給主体と提供主体を分離し、供給主体を自治体が担い、提供主体を民間が担うという準市場下での役割分担は、高齢者分野のみならず、児童分野、障害者分野等社会福祉のあらゆる分野で確立されたといってよい。そして、福祉サービスを利用する人自らが事業所と直接契約を締結する方式も浸透した。このような仕組みによって、利用者が福祉サービスを選択できるようになったという利点をもたらしたが、総合性という観点からは課題を生むことになった。

第一には、提供体制のなかに社会福祉法第3条に掲げられている「自立した日常生活の支援」の実現に向けて、必要なサービスを組み合わせるケアマネジメント機能をいかに組み込むかである。その解決策として個人・家族の抱える生活課題を一体的に受けとめるための総合相談窓口の設置が進められている。ただし、個人・家族の抱える生活課題は福祉分野のみならず、医療・教育・住まいなど広範囲にわたる。人々の生活にかかわる分野を網羅した多機関・多職種の連携体制の構築が課題となる。

第二に、**準市場**の導入によって供給主体である自治体にも課題が生じている。直接契約制度によって、自治体は個々の住民のサービス利用状況を把握することが困難になった。自治体には、必要な人にサービスが行き届いているか、当該自治体内のサービスの供給量は十分であるかといった観点からのモニタリングを実施することが期待される。従来からの介護・福祉・医療といった制度ごとの情報管理の課題も含めて、情報の一元的な管理の仕組みや多機関・多職種間での情報共有のあり方など、総合性を担保するための課題は少なくない。

3. 社会福祉運営の原則

1）有効性

有効性とは、提供されるサービスが利用者のニーズ充足に対してより適合的であることを意味する。そして、その目的が達成できる範囲で効率的であらねばならない。1990 年代後半から 2000 年代初頭にかけての社会福祉基礎構造改革の検討過程では、措置体制の下では福祉サービスの提供の結果について関心が払われておらず、また効率性の意識にも欠けることが指摘され、福祉サービスの質の向上がその後のテーマとなった。これを受けて 2000 年に制定された社会福祉法では、福祉サービスの質を確認するための第三者評価制度が導入され、事業者自身の自己点検・評価や利用者による評価が求められるようになった。また、個人支援のレベルでは、介護保険分野におけるケアマネジャーの配置、障害者分野における個別支援計画の策定など、個人のニーズに適合させるための新たな仕組みが導入された。自治体においても事業評価が行われるようになり、PDCA サイクルによるサービスの質の向上を目指した提供体制が強化された。このような経緯を経て、今日の社会福祉運営では有効性と効率性についての意識やその手法は定着しつつある。ただし、定着しつつあると述べた手法は、ニーズとサービスとの調整による結果からみた有効性を判断するためのものである。つまり、対象者の不足している部分がニーズとして把握され、サービスを提供することによって不足部分が充足されたことが確認され、それをもって有効であったとみなすというロジックで成り立っている。

ところが、2000 年代後半以降になると、このロジックになじまない施策が登場する。たとえば、介護保険法の改正によって予防や健康づくりを目的とする事業が新設された。これによって各地に広がった「通いの場」や「居場所」の提供といった事業は、できるだけ認知症の症状が悪化しないようにするなど、リスクの回避を意図した施策である。リスクを回避するための施策の有効性の**評価**は、ニーズとサービスの調整の場合と同様の手法では行えないことはいうまでもない。それとは異なる手法が必要となる。これについて、「通いの場」に通った人のグループと通っていない人のグループとで健康状態を比較するなど、集団や地域・自治体間で比較による手法が開発されているが、ニーズ―サービスという図式に当てはまらない施策の有効性を個人レベル、事業レベルでどのように評価するかについてはさらなる検討が求められる。また、最近では効率的な事業運営の手法としてソーシャルインパクトボンドという手法が注目されている。効率化を意図した事業の成果をいかに適切に評価するかも今後の課題である。

2）接近性

接近性とは、利用者にとってサービスの利用しやすさを意味する。福祉サービスが用意されていても、ある特定の人にとって利用しにくいということがないように、接近性を確保しなければならない。接近性を確保するためには、一つには、福祉情報を適切に提供することが必要である。社会福祉法第 75 条第 1 項には、「社会福祉事業の経営者は、福祉サービスを利用しようとする者が、適切かつ円滑にこれを利用することができるように、その経営する社会福祉事業に関し情報の提供を行うよう努めなければならない」と社会福祉事業の経営者の義務が明記されている。また、第２項では「国及び地方公共団体は、福祉サービスを利用しようとする者が必要な情報を容易に得られるように、必要な措置を講ずるよう努めなければならない」と国・地方公共団体の義務にも言及されている。二つ目に制度的要件として、十分なサービスが用意され、利用手続きや利用料などが使いやすいものとなっていることが必要になる。そのために、市町村が介護保険事業計画をはじめとする各分野の計画を策定し、自治体内の必要量を把握しそれに見合うサービス提供体制を整備するように取り組んできた。

ただし2000年代に入り、ひきこもりや精神疾患を抱える人など自らで「助けて」と言えない人の存在が顕在化したことにより、情報の提供では解決し得ない接近性をめぐる課題が浮上した。「助けて」と言えない人を早期に発見し、支援に結びつけるためには、支援する側が対象となる人に接近していくアウトリーチの活動をどのように展開するかが課題となる。それには、専門職による支援はもとより、民生委員・児童委員や近隣住民による見守り活動なども含めた包括的な支援体制を整備することが必要となる。これを踏まえて、2017年には社会福祉法が改正され、第106条の３（包括的な支援体制の整備）が追加された。さらに2020年には、第106条の４（重層的支援体制整備事業）が追加されるなど、接近性をめぐる新たな施策が展開されつつある。

３）選択性

選択性とは、利用者の自己決定と自己責任において選択すること、その結果が課題の解決に適合的でなければならないことを意味する。これは、利用者が提供主体との契約関係を結ぶ前提として保障されるべきテーマといえる。

2006年に国際連合の総会において障害者の権利に関する条約が採択され、日本は翌年に条約に署名した。それに基づいて2011年には障害者基本法が改正され、障害者の権利について同法第３条に「全ての障害者が、障害者でない者と等しく、基本的人権を享有する個人としてその尊厳が重んぜられ、その尊厳にふさわしい生活を保障される権利を有する」と明記された。また、具体的な権利として、①社会を構成する一員として社会、経済、文化その他あらゆる分野の活動に参加する機会、②可能な限り、どこで誰と生活するかについての選択の機会が確保され、地域社会においてほかの人々と共生することを妨げられないこと、③可能な限り、言語（手話を含む）その他の意思疎通のための手段についての選択の機会が確保されるとともに、情報の取得または利用のための手段についての選択の機会の拡大が図られることが示された。これを踏まえて、2013年には障害を理由とする差別の解消の推進に関する法律が制定され、社会全体に障害者に対する合理的配慮が義務づけられた。

これら障害者分野における一連の動向には、選択性と併せて前で取り上げた接近性にもかかわる論点が含まれている。すなわち、福祉サービス・支援手段への接近性に加え、参加の機会への接近性、共生という他者への接近性、そして選択の機会への接近性が問われている。これらは、設定された基準（ミニマム）を満たせばよいというものではなく、**QOL**の向上や**well-being**の実現という指標を必要としている。さらにいえば、条文中の「可能な限りで」をいかに判断するかも課題となり、当事者との対話によるプロセス評価が求められよう。従来からの課題である権利擁護や意思決定支援は重要性を増している。接近性というテーマも含めて、これからの時代における新たな課題となる。

４）透明性・説明責任

透明性とは、事業運営の状況や提供するサービス内容など、福祉サービス提供過程に関する情報公開を意味する。社会福祉法第24条には「社会福祉法人は、社会福祉事業の主たる担い手としてふさわしい事業を確実、効果的かつ適正に行うため、自主的にその経営基盤の強化を図るとともに、その提供する福祉サービスの質の向上及び事業経営の透明性の確保を図らなければならない」と社会福祉法人の義務が明記されている。これに限らず透明性の確保は、福祉サービスの財源を扱う国・地方自治体や、株式会社等も含めたすべての提供主体に課せられる原則として理解されている。

説明責任とは、事業遂行者が事業実施にかかわる事項について説明をすることを意味する。元来、説明責任は資金の提供者に対するものと解され、株式会社であれば出資者がそれにあたり、公的福祉サービスの場合には税・保険料を支払っている市民に対する責任も含まれる。今日の社会福祉運営ではさらに、社会福祉法人における理事会・評議員会への説明や、事業実施者から福祉サービスの利用者への説明も含めた概念として使われている。説明の内容についても、元来の会計・資金の運用状況にとどまらず、第三者評価の結果等の運営事項の開示や、契約成立時における書面交付義務など広範囲に及ぶものとして理解されるようになっている。

以上でみたように、透明性と説明責任は事業遂行者に課せられる原則であるが、実際の社会福祉運営のなかでこれらの原則を担保するには、事業遂行者の側の努力のみでは限界がある。たとえば、ホームページ上で情報公開している事業者は多いが、それがこれから福祉サービスを利用しようとしている人が知りたい情報と合致しているとは限らない。情報の提供には常に情報の非対称性という課題がつきまとう。**情報の非対称性**を克服するには、情報開示の請求や、評議員会等の委員となって質問をするなど、市民・利用者の側から必要な情報を得るための行動を起こし、双方向の関係を成立させることが重要な課題となる。

4. 社会福祉運営のパラダイムシフト

1）2000 年以降の社会福祉運営

これまで初版で解説された原理・原則に沿ってそれ以後の変化を概観した。初版が刊行された 2007 年以降に社会福祉運営に影響を与えた環境の変化をあらためて整理すると、次のようになる。

一つ目は、社会福祉基礎構造改革によって導入された準市場、契約といった新たな制度システムが定着し、その結果として民営化が進行したことである。民営化の進行により、従来、国・地方自治体がもっていたコントロール機能は弱まり、需給調整、情報管理、サービスの質の管理などに新たな課題が生じている。

二つ目に、ニーズ―サービスという図式になじまない生活課題が発生し、それに対応するための新たな支援手段が登場したことである。バルネラブルな状態にある人々の生活課題が顕在化したことにより、サービスとは性格が異なる居場所やアウトリーチ活動といった支援手段を創出するため資源（財源、人材、施設・設備）のやりくりが社会福祉運営に必要とされるようになった。従来の社会福祉運営では、ニーズの量を推計し、それに対応するサービス量を確保するための財源を、国・地方自治体が予算化するという方法が採用されていた。担い手の報酬は、その予算から支払われる。現在でもこの方法によるサービスは多数存在しているわけだが、新たな支援手段の場合には、サービス量として計測することができない。また、担い手（人材）には見守り活動をする近隣住民など、報酬によらない人々も想定されており、それらの人々をマネジメントする専門職の配置（そのための財源）が重要になるなど、従来とは異なる視点からの運営が必要とされている。それには、実施した結果についての評価の視点・方法も変えなければならない。

三つ目として、社会福祉自体のもつ意味の変化を挙げておく必要がある。不足部分を補う社会福祉から、その人らしい自立した生活を実現するために積極的に活用する社会福祉へと目標が変化した。ここでいう自立にはサービスを活用しながら主体的に暮らすことを意味する依存的自立という意味が込められている。このことは well-being を実現する手段としての社会福祉への転換といってよい。それによって、実際に提供される手段も、自立支援プログラムの導入、予防を目的とする事業、合理的配慮など多様化している。

2）「共生」の原理

2000年代に入って法制度に規定される社会福祉事業の内容も変化した。2000年に社会福祉事業法が改正され、新たに社会福祉法と改称・制定された。これによって第4条（地域福祉の推進）が新設されるなど、同法に初めて地域福祉という用語が用いられるようになった。第4条はその後数度の改正が行われたが、2020年の改正で第1項が新設され、「地域福祉の推進は、地域住民が相互に人格と個性を尊重し合いながら、参加し、共生する地域社会の実現を目指して行われなければならない」という条文が加えられた。これは、2000年以降重ねられてきた法改正の集大成といってよい。

2020年の改正によって、従来からの「自立した日常生活」（第3条）に加え、「共生する地域社会」が社会福祉事業の二つ目の目的として掲げられたわけである。併せて同年の改正では、これらの目的の具体化を意図した事業として、第106条の4に重層的支援体制整備事業に関する条文が追記された。翌年に施行・実施された重層的支援体制整備事業は、「相談支援」「参加支援」「地域づくり支援」の三つの柱で構成された。「共生する地域社会」という目的が追加されたことにより、「参加支援」「地域づくり支援」が法に基づく事業として位置づけられたことになる。これを受けて社会福祉の運営システムを「参加支援」「地域づくり支援」の実施を内包したものに再編成する必要が生じる。これまで論じてきた社会福祉運営の原理は、「自立した日常生活」のための運営論であった。「共生する地域社会」というもう一つの柱を加えた運営論へのパラダイムシフトが求められる。

この要請に応えるために、ここで五つ目の原理として「**共生**」を追加してみたい。厚生労働省は地域共生社会を「制度・分野ごとの『縦割り』や「支え手」「受け手」という関係を超えて、地域住民や地域の多様な主体が参画し、人と人、人と資源が世代や分野を超えてつながることで、住民一人ひとりの暮らしと生きがい、地域をともに創っていく社会」と定義している。これをもとに「**共生**」の原理を説明するならば次のようになる。「共生」は、あらゆる立場の人が地域社会の支え手として参画することを意味する。社会福祉の実態からいえば「共生」の課題は、これまで「受け手」という立場にあった人を「支え手」に変えることにある。

3）「参加」の原則

ここで新たな課題が生まれる。すなわち、従来の「自立した日常生活」を支援するための運営論は、福祉サービスを提供する側と利用する側というタテの関係の構築を目指すものであった。すなわち、利用する側にふさわしい人を選別するための基準や方法が議論され、他方で提供する側の責任を明確にするための役割分担論が議論された。それに対して、「共生」は誰もが支える側になる（時として誰もが支えられる側になることもある）というヨコの関係を構築しようとするものである。そこでは、利用者やマイノリティ集団に属するなど必ずしも同じ立場にはない人々の関係を、対等な関係とみなそうとする。このように本来異なるベクトルを有する両者をいかに融合するかが課題となる。

そのために社会福祉運営の原則に「**参加**」を加えることが有効である。「参加」の原則とは、第一にサービス利用過程への参加が想定される。自らが構想する自分らしい暮らしの実現に向けて、福祉サービス利用のための**プランニング**、**マネジメント**、**アセスメント**に主体としてかかわるという意味での参加である。このことが「権利性」の原理を実体化する。第二には、福祉サービスの提供過程への参加である。具体的には国・地方自治体が策定する福祉サービスの整備計画や福祉サービスの提供組織の運営などへの参加が想定される。利用者・地域住民等がこれらの過程に**ステイクホルダー**として参加し、現状のシステムにおける「公平性」「総合性」「普遍性」の課題を指摘することで、よりよいものにしていくことができる。第三には、地域社会への参加である。市町村地域福祉計画の策定への参加や地域組織の諸活動への参加などが想定され、このことが「共生」の原理を理念から現実のものへと変えていく。

5. 持続可能な運営

1）運営の単位としての地域

日本は2008年をピークとしてそれ以後人口が減少し、今後さらに減少することが予測されている。実際に従来の行政システムを維持し得ないまでに人口減少が見込まれる「消滅可能都市」と呼ばれる状況が生まれている一方、一部の都市では人口の増加がみられるなど、市町村ごとの状況の違いは大きくなる傾向にある。さらにいえば、同じ市のなかにも区域ごとの違いが生じている。そうした異なる状況の地域が出現するなかで、福祉施設・事業所を維持するための運営も求められている。

それには、基礎自治体である市町村を運営の単位とした運営システムを構築し、地域ごとの多様な状況に応じた社会福祉の形をつくることが有効である。市町村における運営では、市町村をいくつかに分けた小さな単位での運営を担保しながら、市町村全体としての自立的な運営を図ることが求められる。そこでつくられる社会福祉は一定するものではなく、地域の状況の変化に応じて形を変えることになる。このような性格を有する社会福祉の運営において、これまで述べてきた社会福祉運営の五つの原理と六つの原則を担保することが課題となる。

それを可能にするのは**協議の場**である。実際には市町村地域福祉計画の策定委員会をはじめとする会議や、名称はさまざまであるが、地区ごとに組織されたまちづくり協議会、地域福祉推進協議会などがこれにあたる。多様な立場の人々の参加による協議の場が形成され、場が適切に運営されることにより、地域の状況に応じた社会福祉の形がつくられる。

2）柔軟な制度

こうした多様な地域の状況に応じた社会福祉にするには、それを支える法制度が地域の実情に応えられるものであることが条件となる。これまでの社会福祉の制度は、いかなる地域であっても公平にサービスを提供することを意図した設計であった。一例を挙げれば、施設・事業所ごとに必要な職員の人数や専門職の要件などの設置基準が定められている。しかし、人口減少が進行している地域では、必要な専門職が確保できない場合や、定員を満たすだけの利用者を確保することができないなどの課題が生じている。設置基準をはじめとする制度の設計は、それを利用する人の権利を保障することを意図したものである。その趣旨に誤りはないが、個々の地域の状況に応じる柔軟性が求められているのが現状である。

多様な人々と、多様な地域の状況が存在する現状にあって、これらに応じた社会福祉を提供するための制度の設計は喫緊の課題である。もとより制度設計は国の役割である。しかし、これだけ多様化が進行するなかにあって、国が単独で状況を把握し、有効な手段を見出すことには限界がある。したがって、国と個人・地域の間をつなぐ都道府県の役割は大きい。従来のトップダウン型でもボトムアップ型でもない、国と地方自治体との対話による社会福祉制度の設計と運営が求められている。

注

（1）仲村優一・一番ケ瀬康子・右田紀久恵監、岡本民夫・田端光美・濱野一郎・古川孝順・宮田和明編『エンサイクロペディア社会福祉学』中央法規出版、472頁、2007年

参考文献

- 秋元美世『社会的人権の理論――社会保障と人権に基づくアプローチ』信山社、2023年
- 小松理佐子・高野和良編著『人口減少時代の生活支援論――地域のつながりを維持・再生する』ミネルヴァ書房、2023年
- 古川孝順『社会福祉の運営』有斐閣、2001年

3 社会福祉制度の運営とガバナンス

永田　祐

1. 社会福祉制度の運営とガバナンスの方向性

社会福祉の運営とガバナンスは、1990年の福祉八法改正、2000年の社会福祉基礎構造改革とそれを具体化した社会福祉法の成立、さらには包括的な支援体制の構築を目指した2017年および2020年の社会福祉法改正などを経て、大きく変化している。以下その大きな方向性を分権化、民営化、包括化という観点で確認しておこう。

まず、**分権化**である。1980年代の中央と地方における補助金の負担割合の改革に始まり、1990年代の措置権の市町村への委譲を経て、2000年の地方分権一括法によって機関委任事務が廃止され、社会福祉に関する事務は一部の例外を除いて自治事務として地方自治体が実施すべき事務領域に整理された。その後、2004年度予算から2006年度予算にかけて、税財源、地方交付税、国庫補助負担金の「三位」を一体的に改革することで、不十分ながら国から地方への税財源の移譲も進められた（三位一体改革）。さらに、2007年に設置された地方分権改革推進委員会の一連の勧告に基づき、2010年に地域主権戦略大綱が閣議決定され、2011年以降、第1次から第14次（2024年）まで一連の地方分権一括法が制定されている。この地域主権改革と呼ばれる一連の改革では、法令によって規制されていたいわゆる「義務づけ・枠づけ」の見直し(1)が進められている。

次に、**民営化**である。1990年代以降、サービス供給体制再編のための制度改革や公共サービス全般にかかわる規制緩和によって供給主体の多元化が一気に進んだ。たとえば、介護保険制度では在宅サービスにおける参入規制が大幅に緩和され、民間企業やNPO法人であっても指定事業者として介護サービスを提供し、介護報酬の支払を受けることができるようになった。その結果、在宅サービスにおける民間企業の進出が進み、NPO法人も一定のシェアを占めるようになっている。

最後に、**包括化**である。2017年と2020年の社会福祉法改正では、複合的な課題を抱えた世帯や制度のはざまにある課題に対して、既存の制度を横断した包括的な支援体制を構築することが市町村の努力義務として規定され、それを推進するための事業として重層的支援体制整備事業が創設された。こうした変化によって、従来の属性ごとに構築された縦割りの制度の運営に加え、横断的な制度間のガバナンスが求められるようになっている（永田 2021）。

以上のような社会福祉制度の運営とガバナンスをめぐる変化を踏まえ、まず、属性別の社会福祉制度の運営を担う行政機関（国、都道府県、市町村）のそれぞれの役割を解説し、次に、行政機関の役割の変化をガバナンスという概念に着目して説明する。

2. 行政機関の組織と役割

図1は、対象者の属性に基づいた**社会福祉の実施体制**を大まかに示したものである。以下、**図1**を参照しながら、属性別の社会福祉制度を担う市町村、都道府県、国のそれぞれの組織と役割について確認しておく。

1）行政機関の組織

i　地方自治体の組織

地方自治体（都道府県、市町村）の組織は、2003年の改正地方自治法により、自治体の長が、事務を

図１　社会福祉の実施体制

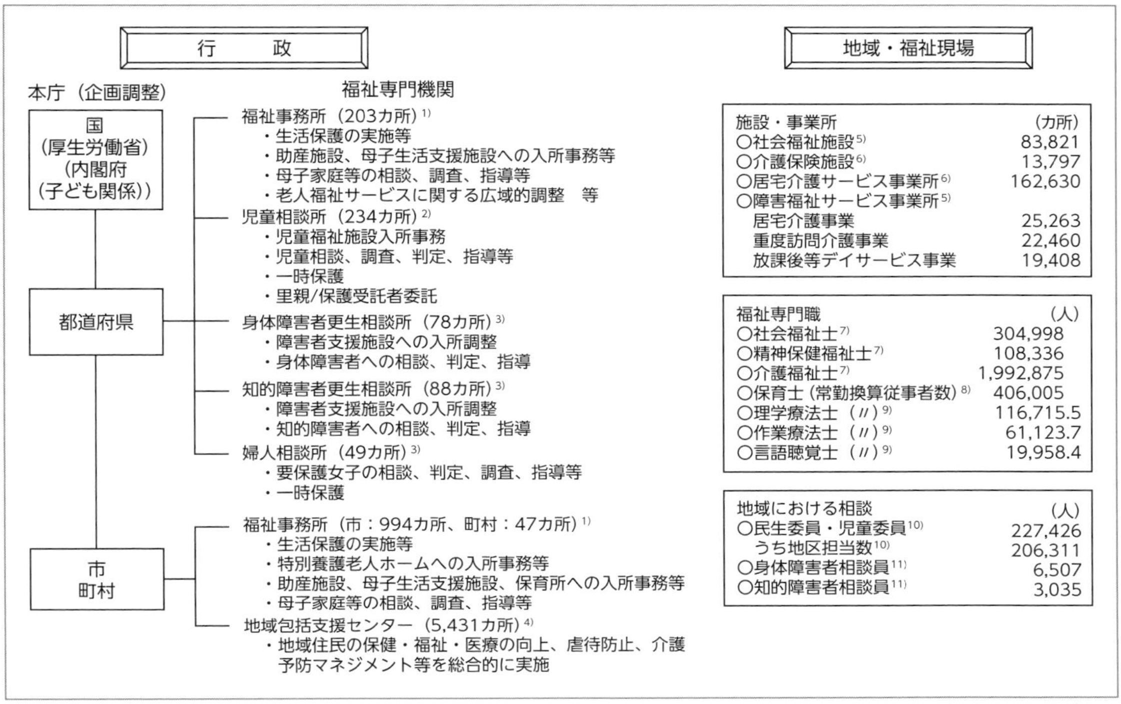

資料　1）厚生労働省社会・援護局調べ（令和６年４月１日）、2）こども家庭庁調べ（令和６年４月１日）、3）厚生労働省「福祉行政報告例」（参考表）（令和３年度末）、4）厚生労働省老健局調べ（令和５年４月末）、5）厚生労働省「社会福祉施設等調査報告」（基本票）（令和４年10月１日）、6）厚生労働省「介護サービス施設・事業所調査」（基本票）（令和４年10月１日）、7）社会福祉振興・試験センター調べ（令和６年３月末登録者数）、8）厚生労働省「社会福祉施設等調査報告」（詳細票）（令和４年10月１日）、9）厚生労働省「社会福祉施設等調査報告」「介護サービス施設・事業所調査」（介護保険施設・地域密着型介護老人福祉施設）「医療施設（静態・動態）調査・病院報告」における常勤換算従事者数を合算（令和２年10月１日）、10）厚生労働省「福祉行政報告例」（令和４年度末）、11）厚生労働省「令和５年版厚生労働白書」（令和４年４月）

注　児童相談所は政令指定都市・中核市・特別区にも設置されている。また、身体障害者更生相談所と知的障害者更生相談所は、政令指定都市において設置しているところもある。また婦人相談所は、令和６（'24）年４月より、女性相談支援センターに改称されている。

出典：厚生労働統計協会『国民の福祉と介護の動向 2024/2025』94頁、2024年

分掌させるために必要な内部組織を設けることができるとされ、内部組織の設置およびその分掌事務については条例で定めることになっている（地方自治法第158条第１項）。したがって、都道府県、市町村ともそれぞれ条例に基づいて、さまざまな社会福祉の事務を担当するための部署（局、部、課など）を設けており、国が一律に必要な部署を定めているわけではない。一般的には、高齢福祉課、障害福祉課、子ども福祉課といったように、制度ごとに所掌事務を定め、その担当部署が設けられている。

なお、市町村といっても、人口規模はさまざまである。全国の市町村数は、市792、町743、村189、市町村合計で1724となっている（2024年４月１日現在）。市は町村よりも処理できる事務の範囲が広く、たとえば、町村では設置が任意となっている福祉事務所は、市では必ず置かなければならないことになっている。政令指定都市とは、人口が50万人を超える市で、その名のとおり政令で指定された市のことをいう。現在20の市が指定されている。また、中核市は、人口20万人以上の市で、必要な手続きを経ることで指定される。現在62の市が指定されており、一般の市より多くの事務を処理できることになっている(2)。そして、東京都に置かれる特別区は、ほかの政令指定都市の区と比較して、区長も議会の議員も直接公選制となっており、地方自治法でも基礎的自治体として位置づけられている。

本書では、市町村と表記しているが、特に断りがなければ東京都における特別区を含んでいると考えて差し支えない。最後に、二つ以上の市町村が、事務の一部を共同処理する場合に設立する一部事務組合や広域連合も福祉に関連した事務を処理する主体になっている場合がある。

ii　国の組織

国の中で、主に社会福祉行政を担う中央省庁は、厚生労働省とこども家庭庁である。**厚生労働省**には、10の局が設置されており（2024年4月現在）、そのうち主に社会福祉行政を担うのは、社会・援護局と老健局である。また、2023年4月に発足した**こども家庭庁**には、厚生労働省の旧・子ども家庭局が所掌する事務（婦人保護事業を除く）と障害保健福祉部が所掌する障害児支援に関する事務が移管され、成育局と支援局がその事務を担っている。

また、厚生労働省やこども家庭庁には、重要事項に関する調査審議などを行うため、学識を有する者等によって構成される合議制の機関（国家行政組織法第8条）である審議会等が置かれている。社会福祉に密接に関連している審議会としては、**社会保障審議会**があり、所管行政分野ごとに多くの分科会、部会、専門委員会、特別分科会などが設置されている。社会福祉関係法の改正にあたっては、こうした機関での議論が重要な役割を果たしている。たとえば、2015年に施行された生活困窮者自立支援法の検討にあたっては、社会保障制度審議会に「生活困窮者の生活支援の在り方に関する特別部会」が設けられ、この報告書が法の成立に大きな影響を及ぼした。

さらに、厚生労働省やこども家庭庁以外にも、内閣官房（孤独・孤立対策）、内閣府（防災対策、高齢社会対策など）、法務省（更生保護事業、成年後見制度）、文部科学省（社会教育、特別支援教育）といったさまざまな省庁が、福祉行政に関連した事務を管轄している。行政組織としての国と地方自治体の大きな違いは、地方自治体の場合、それ自体が一つの組織であるのに対し、中央省庁は、府省ごとに人事、予算が決められている点にある。そのため、府省ごとの縦割り構造が顕著で、これまでもそれが地方自治体の縦割り構造に影響していると指摘されてきた。後述するように、地方自治体が、包括的な支援体制の構築に向けて、福祉行政内部での連携のみならず、幅広い省庁の所管事務事業と連携しようとするとき、国においても府省間での連携を強化することが求められている。

2）行政機関の役割（市町村）

i　福祉行政の中核的な第一線の現業機関としての役割

市町村の福祉に関する窓口を思い浮かべてみると、市町村によって名称の違いはあるものの、高齢福祉課、障害福祉課、子ども福祉課といった社会福祉に関する部署が設置され、社会福祉行政を実施していることが一般的である。ここでは、これらの社会福祉行政組織とその業務について確認する。

福祉事務所は、社会福祉法第14条に規定された「福祉に関する事務所」のことをいい、その設置は都道府県および市が義務設置、町村においては任意設置である。所掌事務は、市部では福祉六法、都道府県が設置する郡部の福祉事務所では生活保護法、児童福祉法、母子及び父子並びに寡婦福祉法の三法に定められた援護、育成または更生の措置の事務を所管する[(3)]。老人福祉法、身体障害者福祉法、知的障害者福祉法の三法の事務は、福祉事務所を設置していなくても町村が担っている。そのため、町村の一部を除き、生活保護法、児童福祉法、母子及び父子並びに寡婦福祉法は、後述するように都道府県が第一線の現業機関としての役割を果たしている（**表1**）。このように、福祉事務所の業務のすべてが市町村の役割とはいえないことには留意が必要である。

社会福祉各法の措置とともに福祉事務所の中心的な業務となっているのが**生活保護**である。生活保護は、日本国憲法第25条に規定された理念に基づいて、国が生活に困窮するすべての国民に対し、最低限度の生活を保障する制度である。したがって、ナショナルミニマムを保障するために、国が定めた認

表１　福祉事務所の所掌事務

都道府県福祉事務所	福祉三法	生活保護法、児童福祉法、母子及び父子並びに寡婦福祉法
市町村（特別区を含む）福祉事務所	福祉六法	生活保護法、児童福祉法、母子及び父子並びに寡婦福祉法、老人福祉法、身体障害者福祉法、知的障害者福祉法

定基準である保護基準や各種要領、通知等に基づいて事務が執行される法定受託事務である (4)。

ところで、実際に役所や役場にいっても、「福祉事務所」という看板が掲げられていないことも多い。本来、福祉事務所は、独立した機関として設置されることが想定されていたが（小事務所制という）、職員は職務の遂行に支障がない場合にはほかの社会福祉等に関する業務を行うことができるとされている（社会福祉法第 17 条）。そのため、福祉部（課）長等が福祉事務所長を兼務し、福祉事務所の担当事務は高齢福祉課、障害福祉課、子ども課といった各福祉関係事務部署内の担当事務の一部として内部化されている場合が多い（大事務所制という）ため、福祉事務所という看板が掲げられていないことも珍しくないのである（岡部 2008：28）。

ⅱ　福祉サービス実施主体としての役割

2000 年以降、社会福祉基礎構造改革および地方分権一括法によって、多くの**福祉サービス実施主体**は市町村となっており、社会福祉行政の機能が拡大している。

まず、市町村は、介護保険、障害福祉、子ども・子育て支援といった対象者別の福祉制度の実施主体であり、こうした制度を利用する場合は、市町村に申請し、要介護・要支援の認定や障害支援区分認定、教育・保育給付認定といったサービスの要否や必要量の認定を受ける必要がある。

一方、実際のサービスの給付は、契約制度が基本になっており、利用者は事業者との契約に基づいてサービスを受けることになる (5)。多くの場合、市町村は直接のサービス提供機関とはなっておらず、民間の事業者がサービスを提供する場合が多くなっている。こうした意味では、サービス供給主体としての市町村の役割は小さくなっている。

また、実施主体である市町村は、こうしたサービスを計画的に整備していく主体でもある。市町村は、**市町村介護保険事業計画、市町村障害福祉計画・障害児福祉計画、市町村子ども・子育て支援事業計画**といった計画を策定し、それぞれの事業の計画的な推進を図ることが求められている。

ⅲ　相談支援における役割

現金や現物（サービスを含む）の給付だけでなく、こうした給付につなげるための**相談支援**における市町村の役割も大きくなっている。たとえば、各種相談支援機関における相談支援に加え、生活困窮者自立支援制度のように本人の自己実現のための社会参加に寄り添う支援も重要になっている。菊池は、こうした支援を現物給付に対して、「手続き的給付」（菊池 2022）と呼んでいる。このように、社会福祉行政において「金銭・サービス支給決定事務」だけでなく「相談支援・ソーシャルワーク業務」の比重が大きくなっていることが指摘されている（畑本・黒田 2018）。

上記のような相談支援に着目すれば、市町村は、**地域包括支援センター**（介護保険法）、**基幹相談支援センター**（障害者の日常生活及び社会生活を総合的に支援するための法律）、**こども家庭センター**（児童福祉法）、**自立相談支援機関**（生活困窮者自立支援法）といった各種相談支援の実施主体となっている。なおこれらの相談支援業務は、市町村が直接実施する場合（直営）もあれば、適切な機関に委託して実施される場合もある。

また、これらの相談支援機関における業務は、相互に連携すること（多機関連携）が求められるようになっている。8050 世帯やダブルケアの事例に代表されるような複合的な課題を抱えた世帯の問題に対しては、多機関が連携しなければ世帯の課題を包括的に捉えることができないからである。市町村は、相談支援業務をそれぞれ実施するだけでなく、多機関協働の中核となる機能を強化し、その連携の体制を構築することが求められている。

ⅳ　包括的な支援体制の整備

上記のような属性別の法体系に基づいた制度の運営に加え、2017 年の社会福祉法の改正によって、市町村には制度を横断した包括的な支援体制を構築することが求められている（社会福祉法第 106 条の３）。また、2017 年および 2020 年の社会福祉法の改正では、属性別の制度を包括化する計画として地域福祉計画（社会福祉法第 107 条第１項）の位置づけが強化された。属性別の法体系に基づいた制度の運営に加え、それを包括化していく市町村の新たな役割については、次項で検討する。

３）行政機関の役割（都道府県）

ⅰ　社会福祉の実施主体としての役割

地方自治法では、都道府県は、市町村を包括する広域の地方公共団体として、広域にわたるもの、市町村に関する連絡調整に関するものおよびその規模または性質において一般の市町村が処理することが適当でないと認められるものを処理するとされている（地方自治法第２条第５項）。社会福祉の実施主体は、住民に身近な市町村が中心となっているが、上記に当たるような事務については都道府県が担っているものがある。

まず、援護等の措置の実施において、すでに述べたとおり、都道府県は福祉事務所を設置し、福祉事務所を設置していない町村の生活保護法、児童福祉法、母子及び父子並びに寡婦福祉法についての援護等の措置を行っており、それ以外の老人福祉法、身体障害者福祉法、知的障害者福祉法については市町村の連絡調整や助言・支援を行う役割を担っている。

また、都道府県の役割として、福祉事務所や市町村では対応することが難しい課題、広域での支援や調整が求められる生活課題に対応するため、児童福祉法に基づく**児童相談所**、身体障害者福祉法に基づく**身体障害者更生相談所**、知的障害者福祉法に基づく**知的障害者更生相談所**、困難な問題を抱える女性への支援に関する法律に基づく**女性相談支援センター**、配偶者からの暴力の防止及び被害者の保護等に関する法律に基づく**配偶者暴力相談支援センター**、発達障害者支援法に基づく**発達障害者支援センター**などの相談所を設置することになっている。また、生活困窮者自立支援制度の実施主体は、福祉事務所設置自治体であるから、福祉事務所を設置していない町村の区域では、都道府県が生活困窮者に対する支援を行っている。これらの相談は、市町村で対応することが難しい課題に対するバックアップや広域での支援や調整が求められる生活課題に対応する機能として都道府県が実施している。市町村における包括的な支援体制の構築が求められるなか、都道府県による広域の相談機能と市町村の相談機能の役割分担や重層的な連携の強化も重要な課題である。

ⅱ　事業者の指導監督等の役割

上記のように広域にわたる対応や、市町村の規模によって実施が難しい事務に対する対応は、一般に都道府県庁（本庁）とは別に設けられたセンター等で実施されていることが多い。一方、都道府県の事務部門では、社会福祉法人の認可・監督、施設や事業の設備・人員・運営等に関する基準の制定、施設や事業所の設置・開設許認可、指定と監督といった規制行政における役割が中心となる。こうした事務が都道府県の役割とされてきたのは、法人や事業、利用者が市町村をまたいで広域的に存在することが根拠になっていると考えられるが、政令指定都市や中核市はほぼ同等の権限をもち、一部は市町村にも委譲されており、一律に都道府県のみの役割ではない場合もあるので注意が必要である。

ⅲ　福祉行政の広域的調整の役割

都道府県は、市町村が実施する福祉各制度の計画的な推進を支援し、都道府県全体でのサービス整備目標の設定などを行うことで、広域的な調整の役割を果たしている。都道府県が策定する福祉計画には、先の市町村が策定する計画と対応させてみると、**都道府県介護保険事業支援計画・老人福祉計画、都道府県障害福祉計画・障害児福祉計画、都道府県子ども・子育て支援事業支援計画**等がある。これらの計画は、それぞれの事業の供給体制が確保されるように広域的な見地から市町村に対する支援や調整を行うとともに、市町村が策定する諸計画に基づいて都道府県全体のサービス整備目標量を定めている。また、サービスの供給体制の確保を目的とする計画ではないが、広域での取り組みや市町村支援などを規定する計画としては、社会福祉法に基づく**都道府県地域福祉支援計画**や障害者基本法に基づく**都道府県障害者計画**がある。

iv　都道府県による地域福祉の推進の役割

都道府県が積極的に独自事業を開発して、地域福祉の推進等に取り組むことも重要である。たとえば、大阪府では、第１期大阪府地域福祉支援計画に基づいて、2004年度から中学校区単位などに、地域における見守り・発見・相談・つなぎの機能を担う「コミュニティソーシャルワーク機能配置促進事業」を実施した。2009年度に府の補助事業は廃止されたが、各市町村は引き続きその配置に取り組み、大阪府独自の取り組みとして定着している。このように、都道府県が単独事業を展開することで、その区域の中で必要だと考えられる実践を他市町村にも普及させる取り組みは、都道府県が広域的な視点から行う重要な役割である。

v　審議会等を活用した政策形成の役割

社会福祉法では、都道府県、指定都市、中核市に**地方社会福祉審議会**を設置することを定めている（社会福祉法第７条第１項）。地方自治体が設置する審議会等は、法律もしくはこれに基づく政令または条例で定められた事項について審議等を行う合議制の機関のことをいう。地方社会福祉審議会は、社会福祉法で定められた審議会であり、都道府県知事、指定都市もしくは中核市の長の監督に属し、その諮問に答え、関係行政庁に意見を具申する。たとえば、先に挙げた大阪府のコミュニティソーシャルワーク機能配置促進事業は、大阪府社会福祉審議会の答申を受けた大阪府地域福祉支援計画の中で実現した取り組みである。

4）行政機関の役割（国）

i　法律等の整備の役割

国は、全国的に統一して定めることが望ましい国民の諸活動や、全国的な規模や視点に立って行わなければならない施策および事業を実施する。地方自治体は、国が制定した法令に基づいて社会福祉行政を展開しており、この法令の制定や改正が国の重要な役割である。

法令には、法律と命令（政令、省令、告示）がある。行政の活動は、立法機関である国会の議決を経て制定や改正が行われる**法律**に基づいて行わなければならない。一方、**命令**は、内閣や各省庁が定めるルールで、前者は政令、後者は省令と呼ばれる。一般に、政令は法律を施行するための手続きなどを定め、省令はさらに当該事務を円滑に実施するためのより細かいことを規定する内容になっている。たとえば、特別養護老人ホームの設備の基準などについて定めた「特別養護老人ホームの設備及び運営に関する基準」という厚生労働省令は、老人福祉法に基づいて定められた省令である。

また、実務では、厚生労働省の通知や要領、要綱といった文章を目にすることも多い。これらは、**行政規則**と呼ばれるもので、行政内部での役割分担を定めるものである。地方分権改革によって、地方自治体を国の機関とする機関委任事務は廃止されたので、法令によらない国から地方への助言等は通知や要領、要綱という形で示される。簡単にいうと、こうしたらよいのではないかというお知らせ（通知）やマニュアル（要領、要綱）である。

さらに、各種福祉計画の策定にあたって、国が基本指針を策定することが法律で定められている場合が多い。こうした指針は、法律同様、官報等で告示される。都道府県や市町村は、この方針に則してそれぞれの計画を策定することになっており、国は、全国的な視点に立った施策や事業の実施方向性を定めているのである。

3. 社会福祉行政とガバナンス

1）属性別の社会福祉制度の運営の課題

社会福祉制度の運営は、「政策運用システムによって策定された政令・通達・通知・条例・規定などに依拠し、機関・施設を設置するとともに、定められた要員を雇用し、所定の財源によって、所期の目的を達成するように、社会福祉援助を創出し、利用に供する過程を適切に運営・管理すること」（古川 2001：161）である。一方、「2．行政機関の組織と役割」で説明したような属性別に構築されてきた制度ごとに運営を考えていくと、世帯の包括的な支援が難しくなることが問題視されるようになっている。たとえば、介護保険法に依拠して設置される地域包括支援センターは、「高齢者」を支援することが「所期の目的」であるから、世帯の中にいる中高年のひきこもり者に関心をもたなくても適切に運営・管理されていることになってしまう。また、ダブルケアであれば、子育て支援と介護保険というそれぞれの制度を司る運営組織が、定められたとおりに機能したとしても、介護と育児を同時に担わなければならない困難には、目が向けられない可能性がある。つまり、属性別に組織された制度運営組織のそれぞれが、政策運用システムによって策定された規定に依拠して、「利用に供する過程」を適切に運営・管理することに役割を限定してしまうと、その「はざま」の課題は放置され、複数の制度にまたがる課題を抱えた世帯の問題の関連性に着目した対応ができなくなってしまう。つまり、属性別の社会福祉制度の運営は、政策部門の定型性と援助部門の個別性を調和できず、逆にはざまをつくりだしてしまう可能性がある。

社会の個人化が進むなかで、生活困難が多様化・複雑化し、制度間にまたがる複合問題や、既存の制度で対応できない制度のはざまの問題が顕在化するなかで、こうした属性別の制度運営の包括化が求められるようになってきた。この場合の制度運営組織の課題は、庁内および機関間の専門職の実践や、地域社会の自発的社会福祉の取り組みと協働しながら、「政策運用システム」によって規定される諸要素を柔軟に「加工」（平野 2020）したり「カスタマイズ」（荒見 2020）することである。以下では、こうした変化を具体化する包括的な支援体制と重層的支援体制整備事業の法制化について説明し、ガバナンスという概念で読み解く必要性について述べる。

2）包括的な支援体制と重層的支援体制整備事業

i　包括的な支援体制とは何か

前項でみたような課題に対応する体制として構想されたのが、2017 年の社会福祉法改正で法制化された**包括的な支援体制**である。包括的な支援体制は、**表 2** に示したとおり、三つの施策（社会福祉法第 106 条の 3 第 1 項の各号）からなる市町村が整備する体制のことをいう。具体的にいうと、第一に、「住民に身近な圏域」において、地域住民等が主体的に地域生活課題を把握し解決を試みることができる環境の整備（同条同項第 1 号）、第二に、「住民に身近な圏域」において地域生活課題に関する相談を包括的に受けとめる体制の整備（同条同項第 2 号）、第三に、多機関の協働による市町村における包括的な相談支援体制の整備（同条同項第 3 号）を通じて構築される制度を横断した体制のことをいう（**表 2**）。

また、この条文を空間的にイメージすると、大きく「住民に身近な圏域」と「市町村域」に分けて考えることができる。単純化していえば、地域住民やさまざまな民間機関の活動を活発にするための環境整備を行い（小地域における住民の主体的な活動の支援）、そこでの気づきを身近な圏域の中で受けとめ、地域社会と協働して解決していくための体制をつくり（住民と専門職との協働）、かつ必要な場合には市町村域で多機関が協働して解決に取り組んでいく（市町村域の包括的な相談支援体制）体制ということができる。各号に規定された施策は、特定の制度ではなく、制度を横断した「施策」であり、これらを一体の「体制」として整備していくことに特徴がある。

表 2　包括的支援体制（社会福祉法第 106 条の 3）の内容

第 1 号	「住民に身近な圏域」において、地域住民等が主体的に地域生活課題を把握し解決を試みることができる環境の整備	①地域住民の参加を促進する者への支援 ②地域住民の相互交流の拠点整備 ③地域住民等に対する研修の実施
第 2 号	「住民に身近な圏域」において、地域生活課題に関する相談を包括的に受けとめる体制の整備	①相談を包括的に受けとめる場の整備 ②相談を包括的に受けとめる場の周知 ③連携による地域生活課題の早期把握 ④上記のバックアップ体制の構築
第 3 号	多機関の協働による包括的な支援体制の構築	①支援関係機関によるチーム支援 ②協働の中核を担う機能 ③支援に関する協議および検討の場 ④地域住民等との連携

厚生労働省「地域共生社会の実現に向けた地域福祉の推進について（通知）」2017 年に基づいて筆者作成

ⅱ　重層的支援体制整備事業の法制化

包括的な支援体制は、努力義務規定であるとはいえ、基本的にはすべての市町村が構築すべき体制として法制化された。この体制を整備するための「事業」として創設されたのが、2020 年の社会福祉法の改正によって法制化された**重層的支援体制整備事業**である。この事業の概要は以下のとおりである。

まず、新設された社会福祉法第 106 条の 4 第 1 項は、市町村は、包括的な支援体制を整備するため、重層的支援体制整備事業を行うことができると規定している。すなわち、本事業は、制度を横断した包括的な支援体制の各施策を具体化できるようにするための「事業」という位置づけである。

また、社会福祉法第 106 条の 4 第 2 項は、重層的支援体制整備事業を構成する六つの事業（同法同条同項第 1 号～第 6 号）を規定している。それぞれ①包括的相談支援（第 1 号）、②参加支援（第 2 号）、③地域づくりに向けた支援（第 3 号）、④アウトリーチ等を通じた継続的支援（第 4 号）、⑤多機関協働（第 5 号）、⑥プランの作成（第 6 号）であり、これらを一体のものとして実施する事業であるとされている。

ここでは簡単に、この事業の概要を確認しておく。まず、「包括的相談支援事業」は、既存の高齢、障害、子ども、生活困窮の各制度福祉の相談支援事業（地域包括支援センターの運営、障害者相談支援事業、利用支援事業、自立相談支援事業）を一体的に実施することで、世代や属性にかかわらず相談をいったん受けとめる体制をつくる事業である。次に、受けとめた相談のうち、複雑化・複合化した事例のように一機関で対応することが難しい場合には、「多機関協働事業」につなぐ。この事業では、協働の中核を担う機関が、関係機関による重層的支援会議（もしくは支援会議）において課題を解きほぐし、関係機関の役割分担を行って支援プランを作成することになる。そして、ひきこもりやセルフネグレクトなど、支援が届きにくい場合には、「アウトリーチ等を通じた継続的支援事業」において継続的なかかわりをもつとともに、この事業を通じて課題が発見される場合も想定されている。さらに、各制度において行われる社会参加に向けた支援で対応が難しい場合には、地域の社会資源と協働して、本人と橋渡しをする「参加支援事業」を行っていくことになる。最後に、「地域づくり事業」は、既存の属性別の地域づくりに関する事業（一般介護予防事業、生活支援体制整備事業、地域活動支援センター事業、地域子育て支援拠点事業、生活困窮者の共助の基盤づくり事業）を一体的に実施することで、世代や属性を問わない居場所や拠点づくり、課題の早期発見や早期対応等を行っていく事業である。この事業は、参加支援における社会関係形成の基盤であり、世代や属性を限定しない取り組みを進めることが重要になる。

以上のように、重層的支援体制整備事業は、既存の制度を一体的に運用する（包括的相談支援事業、地域づくり事業）と同時に、その間をつなぐ新たな事業（参加支援事業、アウトリーチを通じた継続的支援事業、多機関協働事業）を創設するものであり、それぞれが切れ目なく実施されることが重要になる。そして、このような一体的運用を可能にするのが、財源の交付金化であり、それに対応する条文が、新設された社会福祉法第 106 条の 7 から第 106 条の 11 である。要約すれば、高齢、障害、子ども、困窮それぞれの相談支援および地域づくりに関連した対象事業に対する補助金等を一体的に執行できる重層的支援体制整備交付金を新たに創設し、国、都道府県および介護保険特別会計から、市町村の一般会計に組み入れられるようにするという内容である。つまり、相談支援と地域づくりにおいて、属性別の制度にひもづいた補助金等が交付金化されることになり、市町村が属性を横断した相談支援や地域づくりに取り組むことを可能にする措置である。

3）属性ごとの制度の運営から、制度福祉を横断するガバナンスへ

上記のような包括的な支援体制の構築や重層的支援体制整備事業を実施していくことは、制度ごとに分掌された業務のなかで制度運営を行ってきた市町村福祉行政に大きな変容を迫ることになる。前項で説明したとおり、市町村は、属性別につくられてきた制度ごとにその運営を担う所管部署を設け、制度ごとに求められる基盤を整備し、実践を創出してきた。担当課は、法令に依拠し、当該制度や事業において求められる成果の実現を目指して予算や人を配当し、それを直接、もしくは委託して実施する。結果として、社会福祉援助は、制度の枠組みに規定され、専門職だけでなく、制度と協働する自発的社会福祉もこうした制度の枠組みに縛られてきた。たとえば、介護保険制度の運営において、地域の居場所づくりのような自発的社会福祉の実践に対しても、介護保険財源を使う以上は「高齢者」に限定した居場所づくりが求められることなどが一例である。したがって、現状の法体系を維持しながら包括的な支援体制を構築するためには、制度ごとに分掌された制度運営を横断的に機能させていくことが必要になるのである。このように、市町村は、属性別の制度ごとの運営を転換していくことが課題となっているが、こうした新たな対応は、運営という概念より、ガバナンスという概念で捉えるほうが有効だと思われる。

ガバナンスは、統治する（治める = governing）プロセスのことであり（ベビア 2012 = 2013）、その担い方の様態、すなわち主体間の調整のことをいう（佐藤・前田 2017：2-7）。そのため、企業やグローバルな紛争など、ガバナンスの接頭語にさまざまな用語が当てられ（コーポレート・ガバナンス、グローバル・ガバナンスなど）、それぞれの統治のプロセスやその変化、主体間の調整の様態が論じられている。こうした背景に共通しているのは、治めるプロセスに関与する主体が多様化しているという認識である。公共政策におけるガバナンスは、ガバメント、すなわち政府が単独では解決できない課題が増加し、政策過程に多様な主体が関与するようになっているという変化を捉える概念として用いられるようになっており（永田 2011）、その過程に関与する多様な登場人物が、相互関係や交渉を通じて、さまざまな問題に対する集合的な意思決定を図るプロセスやそのあり方であると概念化されている（山本 2012：66）。

これまでみてきたように、市町村への分権化と民営化による供給主体の多様化が進み、市町村の役割は大きくなるだけでなく、複雑化している。特に、制度のはざまや複合的な問題を抱えた世帯に対する支援を庁内、多機関、そして地域と協働して構築する包括的な支援体制の場合、その構築主体となる市町村は、属性別の制度を運営する役割から、それを横断的に機能させる役割に変化しなければならない。そのため、市町村、特に包括的な支援体制の担当課は、庁内関係課、支援関係機関とその専門職、地域住民等の関係者と協議の場を設け、調整を図っていかなければならなくなっている（永田 2021）。つまり、属性別の制度の枠の中での関係者との調整だけでなく、制度を横断した多様な関係者と目指すべき目標を明確にし、その実現に向けて協議していくプロセスを促進する役割が求められる。市町村が

策定する地域福祉計画は、2017年および2020年の社会福祉法の改正で、「高齢者の福祉、障害者の福祉、児童の福祉その他の福祉に関し、共通して取り組むべき事項」と包括的な支援体制の整備をどのように進めていくかを記載する計画として位置づけられた（社会福祉法第107条第1項）。こうした計画の策定などを通じて、市町村が、属性別の制度の運営とは異なる包括的な支援体制のガバナンスをどのように担っていくべきなのか、その実践と研究が求められている。そして、このような包括性は、国や都道府県においても追求される必要がある。

注

（1）福祉分野で地方自治体が処理している事務のほとんどは、自治事務であっても国の個別法によって規律され、内容と執行の方法・体制に対する国の関与が大幅に残っている。こうした法令によって規制されている「義務づけ・枠づけ」を「従うべき基準」「標準」「参酌すべき基準」に整理することが行われている。

（2）たとえば、保健所の設置や身体障害者手帳の交付、養護老人ホームの設置認可・監督等、保育所の設置認可・監督、介護サービス事業者の指定等の事務が都道府県から委譲される。

（3）各法に定められた福祉事務所が実施する措置の例として、老人福祉法では、やむを得ない理由により介護保険による居宅サービスの利用ができない高齢者にサービス利用の便宜を供与すること（老人福祉法第10条の4）や、環境上の理由および経済的理由により居宅において養護を受けることが困難な高齢者を養護老人ホームに措置すること（同法第11条第1項）、やむを得ない事情により介護老人福祉施設等に入所することが著しく困難な高齢者を特別養護老人ホームに措置することなどが規定されている。

（4）ただし、自立に向けた指導・助言に関する事務（いわゆるケースワーク）は自治事務である。

（5）認定こども園・公立保育所・地域型保育は、市町村の調整のもとで施設・事業者と利用者の間の契約（公的契約）となるが、私立保育所については、利用者は市町村と契約する。

参考文献

- 荒見玲子「『制度の狭間』問題の解消・多機関連携・冗長性（2）　共生社会型・地域包括ケアシステム構築の事例から」『法政論集』第288号、21～54頁、2020年
- Bevir, M. (2012＝2014) Governance A Very Short Introduction. Oxford University Press.（野田牧人訳『ガバナンスとは何か』NTT出版、2013年）
- 古川孝順「社会福祉の運営　組織と過程」有斐閣、2001年
- 畑本裕介・黒田有志弥「市町村における組織体制と職員配置　変遷と課題」遠藤久夫・西村幸満監、国立社会保障・人口問題研究所編『地域で担う生活支援　自治体の役割と連携』東京大学出版会、2018年
- 菊池馨実「相談支援の法定構造と地域共生社会」菊池馨実編著『相談支援の法的構造　「地域共生社会」構想の理論分析』信山社、2022年
- 厚生労働省「地域共生社会の実現に向けた地域福祉の推進について（通知）」2017年
- 平野隆之『地域福祉マネジメント　地域福祉と包括的な支援体制』有斐閣、2020年
- 永田祐『ローカル・ガバナンスと参加　イギリスにおける市民主体の地域再生』中央法規出版、2011年
- 永田祐『包括的な支援体制のガバナンス　実践と政策をつなぐ市町村福祉行政の展開』有斐閣、2021年
- 岡部卓「福祉事務所のゆくえ」『社会福祉研究』第101号、28頁、2008年
- 佐藤正志・前田洋介「ローカル・ガバナンスとは何か」佐藤正志・前田洋介編『ローカル・ガバナンスと地域』ナカニシヤ出版、2017年
- 山本隆「社会福祉行財政とローカル・ガバナンス　基礎自治体から見た社会福祉運営論」日本社会福祉学会編『対論社会福祉学３　社会福祉運営』中央法規出版、2012年

4 サービス提供とマネジメントを行う機関と職員

斉藤弥生

1. 福祉多元化と事業者間競争の時代
――福祉サービスの質をどう考える？

1）福祉多元化の時代

社会の変化に伴う福祉需要の増大とその多様化に対応するために、2000年に**社会福祉基礎構造改革**が行われた。日本において社会福祉の基盤となる社会福祉事業やその提供者としての社会福祉法人の制度は、1951年に**社会福祉事業法**（現・社会福祉法）が制定されて以来、ほぼそのままの状態で継続されてきたが、同改革は社会福祉事業の充実と活性化を期待し、多様な事業主体の参入を促すこととなった。具体的には、福祉サービスの利用は、**措置制度**（行政が行政処分によりサービス内容を決定する制度）から**契約制度**（利用者自身が事業者と対等な関係でサービスを選択する制度）に移行する方向性が示された。その代表例は2000年4月に開始された介護保険制度である。介護保険制度は介護サービス市場への多様な事業者の参入を期待しており、訪問介護や通所介護等の居宅介護サービスでは法人格をもち、法律に定められた基準を満たし、都道府県知事の指定を受けることで、誰もが介護サービス事業者になることができる。訪問介護事業所の法人別割合をみると、2000年には社会福祉法人が全体の43.2％を占めていたが、2022年には15.4％にまで減少している（厚生労働省 2022）。一方、**営利法人**の増加は著しく、全事業所の30.3％から70.7％に、**特定非営利活動法人**（以下、NPO法人）も2.1％から4.8％に増加している（同上）。措置制度のもとでは主たる福祉サービス提供者は社会福祉法人や自治体であったが、伝統的なサービス提供者の全体のサービス供給に占める割合は減少し、特に都市部においては営利事業者が増加した。

社会福祉のガバナンスにおいて、**公的部門**、**非営利部門**、**営利部門**、**インフォーマル部門**等のバランスや相互作用を基盤とする考え方は**福祉ミックス**、**福祉多元主義**と呼ばれている。この考え方は1970年代末にイギリスに始まり、1980年代には世界に広まり、今日の福祉サービス提供の前提となっている。

2）イコールフッティングと社会福祉法人

社会福祉法人は、社会福祉事業を行うことを目的とし、社会福祉法の規定に基づき、所轄庁の認可を受けて設立される法人である（社会福祉法第22条、第31条）。日本国憲法第89条（公の財産の支出または利用の制限）は「公金その他の公の財産」は、「公の支配に属しない慈善、教育若しくは博愛の事業」に対し、これを支出し、利用することはできないと規定している。戦後、民間の慈善事業に対する公的補助金の支給が禁止され、社会福祉法人制度が始まり、日本では社会福祉法人が福祉サービスの供給を担ってきた。社会福祉法人は公的助成を受け財政的に安定した事業運営ができるようになったものの、行政による規則や指導のもとで、多くの制約を受ける。そのため社会福祉法人は民間組織でありながら、そのサービス提供は柔軟性に欠け、官僚的になりがちという指摘もなされてきた。

戦後、半世紀にわたり、福祉サービス供給の大部分を担ってきた社会福祉法人であるが、福祉多元主義の時代に入り、そのあり方が問われている。たとえば、歴史的経緯から社会福祉法人による事業には**補助金支給**や**税制上の優遇措置**が図られているが、福祉多元主義の視点からは、事業者間で異なる財政的措置が存在する状況は見直されるべきという意見は強まっている。この考え方は**イコールフッティング**（対等の立場で競争が行えるように基盤や条件を同一にすること）を求めるもので、事業者が同じ条件のもとで福祉サービスの質や価格を競いあうことで、利用者の利便を高めることが可能であるという。

3）供給競争で福祉サービスの質を守る?

一方、福祉サービスの提供は支援を必要とする人を対象にしているため、サービス事業者間の競争は、利用者のために好ましい方向に働こうとするよりも、面倒な利用者から逃れようとする方向に働いてしまうという指摘もある。これを**グレシャムの法則**と呼ぶが、この考え方に基づくと、福祉サービスにおいては競争の導入でサービスは向上することはなく、むしろ最も低いレベルのサービスを標準としてしまいかねない。そのため、福祉サービスは市場での自由な**供給競争**より、競争入札等による**参入競争**のほうが適するという考え方もある。しかし参入競争の場合、注意深いサービス評価、業績評価が必要となり、コストがかかる。たとえば、2010年代のスウェーデンの都市部では、ホームヘルプは供給競争、介護付き住宅の運営委託は参入競争というように、サービスの種類で導入する競争の手法を分けていた。しかし近年ではいずれも市場での供給競争に向かう傾向が強まっている。

しかし供給競争にのみ任せると、クリームスキミング（収益性が高いサービスや地域、顧客のみを選別し、ほかを切り捨ててしまうこと）が発生し、これを放置すると、収益性が高いサービスでは多数の事業者が参入することで過剰競争が起き、その結果、価格低下による品質低下、労働環境の悪化等を招き得る。また、収益性が低いサービスでは事業者の参入が見込めず、サービスが確保できない状況が発生し得る。介護サービス供給においては、制度外サービスの購入への期待から、高所得者が住む地域にはサービス事業者が集まるが、低所得者が多い地域では供給競争がなくなり、前述のグレシャムの法則により、サービスの質の低下を招くという事態も想定される。

4）利用者と提供者の関係性が質を高める

市場で提供されるサービスは、散発的サービスと継続的サービスの二つに分けて説明できる（Pestoff 1998 = 2000)。**散発的サービス**は不定期に利用されるサービスを指し、外食産業、クリーニング、散髪、掃除サービス等がそれに当たる（同上)。利用者はおいしくないレストランや下手な散髪屋には二度と行くことはなく、次回は別のサービスを選ぶ。つまり散発的サービスでは市場メカニズムが機能し、質の低いサービスは淘汰（とうた）される。

これに対し、**継続的サービス**は定期的、継続的に提供されるサービスであり、身体的ニーズや社会的ニーズに基づく対人社会サービスが相当し、具体的には保育サービス、教育、医療、高齢者介護、障がい者支援等である（同上)。継続的サービスは、利用者と提供者のより継続的な関係と、両者の安定した関係の維持が必要となる（同上)。そのため市場メカニズムが機能しにくい。継続的サービスの場合、利用者が提供者を変更しようとするとき、代替サービスの存在を確認し、それが今のサービスよりも良質かを検討し、納得してから行動に移さなければならず、手間がかかる。このように継続的サービスを取り換えるにはコストがかかり、これを「**退出コスト**」と呼ぶ。保育サービス、教育、介護サービス等の対人社会サービスではこの退出コストがきわめて高い（同上)。

さらに対人社会サービスの乗り換えには**感情的コスト**もかかる。教育や介護等の継続的サービスにおいて、サービスを変えることは、これまで築いてきた人間関係を捨て、新たな人間関係をつくらなければならないことを意味する。新たな人間関係を築くには時間と労力がかかり、最悪の場合、新たな人間関係を築けないというリスクもある。つまり散発的サービスでは選択や変更という、市場メカニズムによる手法が合理的で有効であっても、継続的サービスにおいては必ずしも合理的とはいえない。対人社会サービスでは、個々の課題解決に向けて、利用者と提供者が主体的にかかわり、良好な相互関係が成立しないと、質の高いサービスが期待できないのである。

2. 共生社会と福祉サービス事業者

1）利用者との信頼を築く事業者 ——社会的企業

ペストフ（1998）による**福祉トライアングルモデル**（図1）は多様な福祉サービス提供者の特徴を理解するのに有効である。福祉多元主義の考え方は、政府、地域、市場のいずれも福祉サービス供給を行うことを前提とする。図の中心にある逆三角形（薄い網掛部分）は**狭義の NPO** で、民間・非営利・公式という特徴をもつため、利用者から信頼されやすいといわれる。

しかし福祉サービス事業者は国の制度、歴史、文化の影響を受けており、利用者から信頼される事業者がすべてこの逆三角形部分に位置づけられるとは限らない（Pestoff 1998 = 2000）。ペストフは境界線の周辺部に位置する事業者も含めて、社会的企業として注目する。たとえば、**協同組合**は厳密には非営利組織ではなく、市場における活動主体であるが、社会的使命をもち、社会貢献度が高い活動をしていることが多く、必ずしも営利を第一の目的にしていない（同上）。また、地域で活動する**ボランティアグループ**は法人格をもたないが、自律した活動を展開している団体もある。ペストフはこのような各境界線の周辺にある団体を**混在組織**とし、福祉サービス事業者をみる際に法人格にこだわりすぎず、その組織の自律性、活動のミッション、社会への貢献に注目するよう説いている。その意味では、社会的企業とは**行為概念**ということができる。

図1　ペストフの福祉トライアングルモデル

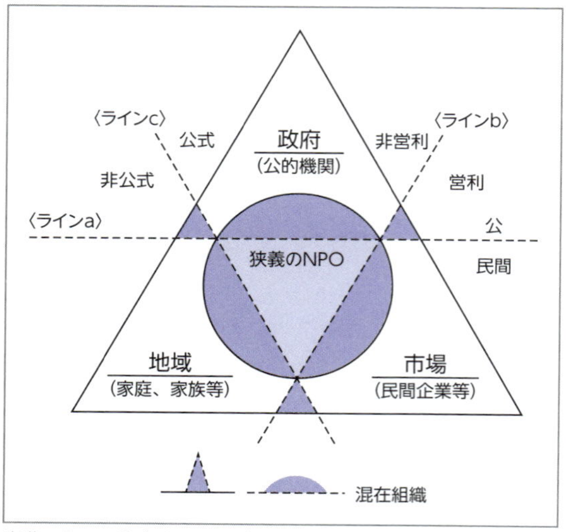

出典：Pestoff（1998：42）より作成

ここでは、共生社会に貢献する福祉サービス事業者の例として、医療生活協同組合、社会福祉協議会、労働者協同組合の三つを取り上げる。

2）共生社会を創る事業者の例 ——南医療生活協同組合の取り組み

南医療生活協同組合（愛知県名古屋市、以下、南医療生協）は、医療と介護の協同組合として、総合病院南生協病院を核に医療と介護事業、地域福祉活動を展開している。そのルーツは 1959 年の伊勢湾台風で約 5000 人の住民の命が失われ、被災者 30 万人という大きな被害の後、地域住民の出資でできた診療所にさかのぼる（大野 2015：39）。

南医療生協では、病院、診療所、訪問看護、グループホーム、小規模多機能ホーム、助産所、多世代交流型施設「南生協よってって横丁」等、66 事業を、名古屋市南区・緑区、東海市、知多市を中心に運営している（2021 年現在）（南医療生協資料）。一つの協同組合組織のもとで、医療、介護、地域福祉が連携した包括ケアを提供している。しかし、事業者がサービスを一方的に提供するのではなく、専門職と地域住民が協働して、医療・介護・地域福祉のサービスをつくりあげ、安心できるコミュニティを形成している。

i 「地域住民が口も出し、手も出し、金も出す」

拠点となる南生協病院の移転改築（2010 年移転開業）の移転新築の総工費約 100 億円のうち、20

億円を地域住民が出資金として集めた（斉藤 2016：21）。出資者は厳密には生協組合員であるが、南医療生協は名古屋市緑区、南区を中心に約 10 万人強の組合員をもち、特に病院周辺の地域では住民の 80％以上が組合員である。そのため、ここではあえて地域住民といいたい。

病院の移転新築にあたり、毎月 1 回、平均 100 人以上の人々が 4 年間で合計 45 回もの集会を開き、延べ数千人の人が参加して意見を述べたことから、この会議は「千人会議（新南生協病院建設推進会議）」と呼ばれている（同上：19）。徹底した利用者目線と専門職目線の議論のなかで洗練されたアイデアが生まれ、病院や介護施設のいたるところに地域住民と専門職の思い、物語、夢、配慮がみられる。

移転新築された南生協病院は 26 診療科目、313 床をもつ。そのうち 170 床が個室で、多床室（4 人定員）のベッドでもそれぞれに窓があり、外の光が入る。1 階待合所は、JR 南大高駅と住宅地をつないでいて、通勤通学の住民が普通に横切っている。また、学校帰りの子どもたちがソファーに座りおしゃべりをし、3 階フロアで卓球を楽しむ光景もある。1 階には購買生協と大学生協が共同経営するコンビニ、アレルギーに配慮した焼き立てパンが買えるベーカリーがあり、2 階には健康づくりのためのフィットネスクラブがある。このような構造のため、診療以外で病院にやってくる人も多く、地域社会の日常のなかに病院がある。

1980 年代から活動している患者会の人たちは、新築の病院に緩和ケア病棟が欲しいという願いから 1 億円の資金を集め、緩和ケア病棟が 7 階に実現した。全 20 室の個室料は無料、大きなバルコニーには色とりどりの花が植えられ、午後にはボランティアの人々が患者とその家族に喫茶を提供している。ボランティアは、家庭的な雰囲気づくりに何物にも代えがたい役割を果たしている。「住民が医療や介護サービスの提供にこれだけかかわる事業者は日本にしかない」とペストフは語る（Pestoff 1998 = 2000）。続いて利用者／住民の行動力と実践力を示す三つの活動「いちぶいっかい運動」「みなせん運動」「おたがいさま運動」を紹介する。

ii　地域住民が介護事業を立ち上げる ——「いちぶいっかい運動」

南医療生協には名前を聞いただけでは内容がわからない運動や活動がいくつもある。「いちぶいっかい運動」とは、正式名称「1 ブロック 1 介護福祉事業づくり運動」の頭文字を取った略称である。名前のとおり、小地域ごとに自分たちで介護事業を立ち上げようという運動で、自分たちが暮らす町にはどんなサービスが必要なのか、土地は確保できるか、建設資金はどう集めるか、職員を集めることができるか等を地域住民で検討し、計画を立てて、行動に移す（大野 2015：37-39、斉藤 2016：19）。

2004 年開設の認知症高齢者向けグループホーム「なも」は、認知症の母親の介護経験のある住民／組合員の提案で、空き家探しから始まった。地域住民の手で「ちゃりんこ（自転車）部隊」を結成し、地域をくまなく探し回り、築 60 年の古い民家を見つけ、改修し、「なも」をオープンさせた（斉藤 2016：19）。

また 2005 年には、缶詰工場の跡地を見つけ、社会福祉に役立つようにという土地所有者の思いを受け、600 坪の土地に「生協ゆうゆう村」（デイサービス、ショートステイ、多世代共生住宅、地域交流施設等）をオープンさせた（同上）。これらの活動の実績が、南生協病院の移転新築に向けた活動の原動力になっていった。

iii　地域住民が医師、看護師、介護職員を集める ——「みなせん運動」

「みなせん運動」とは、「みんなで 1000 人職員紹介運動」の頭文字を取った略称である。これは医師、看護師、介護職員などの専門職を徹底して紹介しあおうという運動で、2007 年から 2015 年の間に 2097 件の紹介が集まり、医師・医学生 41 人、看護師 77 人、介護職員 105 人の採用につながった（同上）。

南生協病院の壁には「今月末までに看護師採用あと○人」といった、職員集めの目標数を示すポスターが、みんなの目につく場所に貼られる。人材派遣業を利用すると高額であることが多いが、地域には質の高い、確実な情報があり、地域住民から紹介された人材は定着率が高い。医療、福祉の人材不足は深刻であるが、南医療生協では、地域住民ができることから人材不足の課題に挑んでいる。

iv　地域住民同士、できることで支え合う ――「おたがいさま運動」

入院者、特に高齢者が退院して自宅に戻るときは、在宅生活への不安を伴う。2011年に始まった「ささえあいシート」は、病院や介護施設の専門職がその不安を察知し、その不安が解消されるよう、そのためのアイデアや支援を地域住民に求めるために使われてきた（大野 2015：36-38）。

2015年には「おたがいさまシート」と名称を変更し、南医療生協が運営する病院、診療所、介護事業所とその利用者が住む地域を相互に結ぶ仕組みが始まった。シートは南医療生協が運営する医療と介護の現場から「地域ささえあいセンター」（南医療生協本部内）に送られ、内容が確認され、センターからその利用者が住む地域の支部に送られる。地域の支部は連絡を受けると、その対応をみんなで考える。「退院時に自宅の２階にあるベッドを１階に降ろしてほしい」「庭の草むしりができない」「一人暮らしで孤独死が心配」等のいろいろな要望や不安の９割が地域住民の助け合いで解決されている。

v　税や保険料でもなく、寄付でもなく、出資

協同組合ではお金を出すことを「**出資**」と呼ぶ。出資とは一般に、事業を営むための資金を出すことを意味する。協同組合でも配当付きの出資方式を採用する団体もあるが、南医療生協への出資は無配当であり、事業の経常収支が黒字でも配当（利息）は全く払われない。組合員出資額は約33億円なので、一口1000円で330万口を集めていることになる。組合員一人当たり約３万4000円の出資をしていることになる（2024年３月）。南医療生協に限らず、医療生協の病院では、診療受付の近くに、出資や増資の窓口が設置されていることが多い。また毎月の地域活動等で受け付けることもある。

退会時には全額返金されるので、いざというときの医療費の出費に備えて、金融機関で積み立てをするかのように、出資を定期的に行う人もある。行政と共同で行われる事業もあるが、必要な資金は自ら集めるものと多くの人が思っている。

vi　地域組織化と意思決定への住民参加

医療や介護サービスの経営では、**コングロマリット型経営**（多角化経営）がみられる。アメリカのシルバービジネスが運営するシニアコミュニティが代表例で、ケア付き住宅から病院まで多様なサービスが揃い、また日本でも大きな医療法人のコングロマリット型経営への関心は高い。コングロマリット型経営では利用者の情報が事業者間で共有され、医療介護福祉の連携もしやすい。しかし組織が閉鎖的になりがちで、競争もなく、サービスの質向上のメカニズムが働きにくい。

南医療生協は、高度成長期の1960年代から1970年代にかけてスタッフを多く有する医療機関となった。南医療生協の組合員数は９万8000人で、この数は基礎自治体並みの数である。最も大きい単位が「ブロック」で19ブロックに分かれており、組合員である地域住民の活動拠点となる「支部」が103支部、近隣レベルで活動を行う「班」が1375班ある（2024年３月）。

参加の単位である「班」では健康チェック、体操、食事班会、歴史班会等、「もっと住みやすいまちにしたい」などの思いをもちより、実現する。前述のおたがいさま運動で活躍する「男塾（おとこじゅく）」は名南（めいなん）ブロックで活動する班会の一つで、定年退職後の男性が集う会である。一人暮らしの高齢者宅の庭木の剪定（せんてい）作業、家具の移動など大活躍である。10万人強の大組織で、班会は顔の見える関係を築く重要な役割を果たす。

毎年５月末に開催される総代会では、代表理事が前年度の決算報告を行い、今年度の事業計画案と予算案を提出し、組合員の代表400名が出席のもと、賛否を問い、議論する。

南医療生協には自治体から困難事例への対応が依頼されることも多い。また、意思決定における地域住民の参加という点でも、自治体が設置している社

会福祉分野の専門委員会より、はるかに闊達（かったつ）で、民主的に運営されている。南医療生協の活動エリアでは住民に安心を提供する**医療・介護コミュニティ**の運営が行われている。

3）共生社会を創る事業者の例——滋賀県社会福祉協議会の取り組み

前述のイコールフッティングの議論にみるように、福祉多元化が進むなかで、社会福祉法人への風当たりは強い。しかしペストフの福祉トライアングルモデルにみるように、サービス提供組織は行為概念で捉える必要があり、官僚的な組織運営をする社会福祉法人もあれば、いかに共生社会づくりに貢献できるかを模索し努力する社会福祉法人もある。滋賀県社会福祉協議会（以下、滋賀県社協）の取り組みは共生社会を創る事業者として注目できる。

i　制度の縦割りを超えた社会福祉法人の連携

滋賀県社協は、滋賀県地域福祉施策検討委員会（滋賀県社協の専門委員会）の構成団体が母体となり、2014年９月に５年間のプロジェクトの実施組織として滋賀の縁（えにし）創造実践センター（以下、縁センター）を任意団体として発足させた。発足時の会員数は18団体、188法人で、その数は県内にある社会福祉法人の約７割に当たる。縁センターは自らが集めた１億円の基金で活動をスタートした（谷口 2020：164-166）。

縁センターの活動は高齢、児童、保育、障がいといった制度の縦割りを超えた専門職のつながりから、お互いの抱える課題を理解しあい、制度の垣根を超えた解決策を見つけようとするものであった（同上）。たとえば、社会福祉施設を活用した子どもの夜の居場所づくりでは、高齢者の生活の場である老人ホーム等の社会福祉施設を活用して、夜一人で過ごしている子どもが週１回、大人に囲まれ安心して夜の時間を過ごすという、制度の枠組みを超えた取り組みが始められた（谷口 2020：169）。

子どものサポートには子ども家庭支援の経験がある有償スタッフ、大学のボランティアサークル、地域のボランティアの人たちがかかわり、子どもたちは夕食をともにし、入浴をし、遊んだり、勉強したりしながら時間を過ごす（同上）。

また、医療的ケアを必要とする重度障がい者の入浴支援事業は、会議に参加した専門職のアイデアから始まった。医療的ケアを必要とする重度障がい児・者の居宅外の活動では、看護師配置がないと家族が必ず付き添わなくてはならない。特に入浴は本人の身体の成長、家族の高齢化とともにその負担は重くなるだけでなく、自宅の浴槽では入浴が困難となる。この事業では制度の枠を超えて、地域内にある入浴設備（たとえば老人ホームの入浴施設）を利用して、医療、福祉の専門職による重度障がい者の入浴支援体制をつくった（斉藤 2022：235）。

縁センターではこのほかに「遊べる・学べる淡海子ども食堂」「社会的養護のもとで育つ子どもたちの社会への架け橋づくり事業」等、滋賀県社協が事務局となり、滋賀県内の社会福祉法人が協働して、知恵とお金と労力を出しあい、今日的な福祉課題に取り組んできた。

ii　活動資金は自分たちで集める

縁センターは５年間のプロジェクトという計画どおり2019年に解散したが、滋賀県社協はその理念と志を受け継ぎ、定款を大幅に改定し、滋賀県社協が行う事業として、共生の場づくり、法や制度の狭間にある生活課題への支援、生きづらさを抱えた人と地域の架け橋になる事業、多主体間協働の事業等の実施を定款に盛り込んだ（斉藤 2022：235）。またその事業に必要な財源を確保するため、縁特別会員制度を新設し、県内100か所を超える社会福祉法人が会員となっている（同上）。

社会福祉法人が集まり、主体的に協働することで、制度の枠を超えた新しい支援の形が生まれ、またその経験から社会福祉法人が資金を出しあい、新たな財源をつくり、さらなる地域貢献が生まれようとしている。これは従来から官僚的と批判される社会福祉法人の特徴を払拭したものであり、“新しい”社会福祉法人と名づけたい。

4）共生社会を創る事業者の例
——労働者協同組合（ワーカーズコープ）

ⅰ　労働者協同組合（ワーカーズコープ）とは

労働者協同組合（以下、**ワーカーズコープ**）は、働く人が出資し、一人一票の決定権と責任を分かち合いながら、地域の必要に応える仕事を自らつくり出す仕事起こしの協同組合である（田中 2022：39）。働く人たちは「労働」を担うだけでなく、出資し、経営にもかかわる。NPO 法人との大きな違いは、ワーカーズコープはメンバーの出資が必要で、また組織（雇用主）と組合員（被雇用者）との間に労働契約が義務づけられている。日本労働者協同組合連合会が設立されて 41 年目の 2020 年 12 月に**労働者協同組合法**が成立し、2022 年に施行され、労働者協同組合という法人格が新たに誕生した。

これまでワーカーズコープの多くは NPO 法人や生活協同組合等、既存の法人格で活動してきた団体が多く、共生ケア（高齢者介護、障がい者支援等）、子ども・子育てケア（保育園、学童保育、児童館、放課後等デイサービス等）、自立・就労ケア（生活保護受給者・困窮者支援、若者支援、就労支援等）、協同組合連携（建物管理、清掃、物流等）、フードバンク、子ども食堂等の事業や活動を通じて地域社会に貢献してきた（同上）。

ⅱ　福祉制度の進展とともに、福祉で仕事起こし

日本におけるワーカーズコープ運動は、戦後の失業者対策事業が廃止されていくなかで、その雇用の受け皿となる事業体づくりに始まった。その中核を担う事業体として、1987 年に日本労働者協同組合連合会センター事業団が設立され、全国約 400 事業所で約 1 万 5000 人の組合員が働き、年間 378 億円の事業高をもつ（2022 年）（日本労働者協同組合連合会資料）。

ワーカーズコープの多くは医療福祉生協が運営する病院清掃業務や地域生協の物流センター内作業の請負から始まった。1990 年代初頭のバブル崩壊により契約解除が続き、組合員の雇用の確保が困難になるなか、委託に依存する経営体質を見直し、介護事業に進出するようになった（同上：40）。

清掃や物流の現場で働きながら、ホームヘルパー研修を受け、しだいに自分たちでホームヘルパー研修を開催するようになり、受講生たちは「地域福祉事業所」として、ワーカーズコープ方式で介護・福祉事業を立ち上げる運動を全国で展開した（同上：41）。

公共サービスの民営化路線のなかで、2003 年に指定管理者制度（公営施設の運営を民間事業者に運営委託するための制度）が始まるが、ワーカーズコープは公共サービスの市民化を理念に、コミュニティセンター、老人福祉センター（老人憩の家）、学童クラブ、児童館等の運営委託にも取り組んでいる（同上）。

さらに生活困窮者自立支援制度では、弱者支援ではなく、当事者主体の考え方を軸に、子どもから高齢者まで、社会的排除や孤立をなくし、誰もが居場所と役割をもてる地域づくりを目指す観点から関連事業を担っている（同上：42-43）。

ⅲ　「みんなのおうち」運動はボトムアップで

日本労働者協同組合連合会では、持続可能な地域をつくる「協同総合福祉拠点（みんなのおうち）」運動を進めており、全国 100 か所の開設を目指している（同上：47）。「みんなのおうち」は協同運動のプラットホームであり、そこにはやってみたいことや困りごとが寄せられ、話し合いにより、実現を模索する（同上）。日々の暮らしのなかに自治と民主主義を実感できる場をつくり、そのことが新しい社会づくりにつながっていく。

労働者協同組合法第 1 条（目的）は、「各人が生活との調和を保ちつつその意欲及び能力に応じて就労する機会が必ずしも十分に確保されていない現状等を踏まえ（後略）」とし、日本社会においてワークライフバランスが成り立ちにくい現状を明確に指摘している。

戦後の競争社会のなかで、働くことの意味を考え続けてきたワーカーズコープの活動は、現代社会が抱える福祉課題としての高齢者介護、生活困窮者支援、障がい者就労、課題を抱える子どもたちの支援

等を事業にし、当事者主体の福祉サービスを提供しようと挑戦している。ワーカーズコープが提供する福祉サービスは単なるサービスではなく、その活動と事業は「誰も排除しない社会」という新しい価値を確実に生み出している。

3. 福祉サービスのコ・プロダクション
――参加型福祉が生み出す可能性

2020年の社会福祉法改正に基づき、2021年に施行された「**重層的支援体制整備事業**」（以下、重層事業）は、政府が目指す、これからの地域共生社会のあり方を具体的に示すものであり、地域福祉研究・実践の分野からも注目される。「**相談支援**」「**参加支援**」「**地域づくり支援**」が自治体ごとに行われるという点で、重層事業は現代の地域社会におけるセーフティネットづくりと考えることもできる。

さて本章では、福祉サービス事業者としての南医療生協、滋賀県社協、ワーカーズコープの活動をみてきたが、いずれもサービス利用者、地域住民（利用者予備軍）の参加による包括ケアをすでに実践している点からも、**“共生社会を創る事業者”**ということができる。なぜこれらの事業者のもとでは、福祉サービス利用者（支援対象者）やその予備軍ともいえる地域住民が、福祉サービスの提供プロセスに主体的にかかわろうとしているのだろうか。この問いを解くことは重層事業の展開への貢献につながる。

1）コ・プロダクションがもたらす可能性

コ・プロダクションとは公共サービス（本章では福祉サービス）の供給において、専門職と利用者である市民が協働してサービスを生産する状況を指す（斉藤＆ペストフ 2023：93-96）。

医療や福祉サービスの提供プロセスへの市民参加促進への関心は国際的にも、かなり前から高まっている。世界保健機関（WHO）（2005）によれば、**介護・医療ガバナンス**への市民参加のチャネルには、「**選択**」(choice)、「**声**」(voice)、「**代表**」(representative) という三つの手法がある。「選択」とは、個人の意思で事業者やサービスを選択できること、「声」とは、サービスの欠点や改善のための提案として市民や集団が意見を表明できること、「代表」とは、介護・医療ガバナンスのプロセスにおいて一定の市民の役割が制度化されることである。市民が積極的に医療や福祉サービスの提供に参加することで、コ・プロダクションが生まれ、三つの手法「選択」「声」「代表」を組み合わせ、機能させることができる（同上：82）。

コ・プロダクションのプロセスでは、福祉や医療分野のサービス事業者は、サービスを提供する専門職として、また利用者である市民は当事者としてボランタリーにサービス生産にかかわる。この参加型モデルは、地域社会に存在しながらも使われていない膨大な資源を活用することができる。しかしその際には、福祉・医療の現場職員と利用者である市民が、意思決定にかかわることができることが重要となる。それが実現することで、福祉・医療現場の職員は仕事にやりがいと満足感を得て、同時に利用者もサービスの共同生産者となりサービスの質の向上と満足感がもたらされる（同上：87-92）。

2）四つの社会のあり様とそれぞれで異なるコ・プロダクション

本章で取り上げた三つの「共生社会を創る事業者」の福祉サービス提供には、専門職と利用者（地域住民）によるコ・プロダクションのプロセスが組み込まれている。ペストフ（2018）は利用者参加のもつ意味は社会のあり様で大きく異なることを**図2**により説明する。縦軸は利用者（地域住民）の主体性を示しており、上に行くほど積極的であり、下に行くほど消極的である。横軸はその社会のあり様を示しており、左に行けば生活課題の解決を自己責任に任せる社会であり、右に行けば人々が協働して生活課題を解決しようとする社会である。

第Ⅰ象限は「**（真の）地域共生社会**」であり、そこでは市民、専門職が協働し、責任を分かちあう。福祉サービス提供においてもお互いに意見を出しあ

図2　福祉社会のあり様で異なるコ・プロダクション

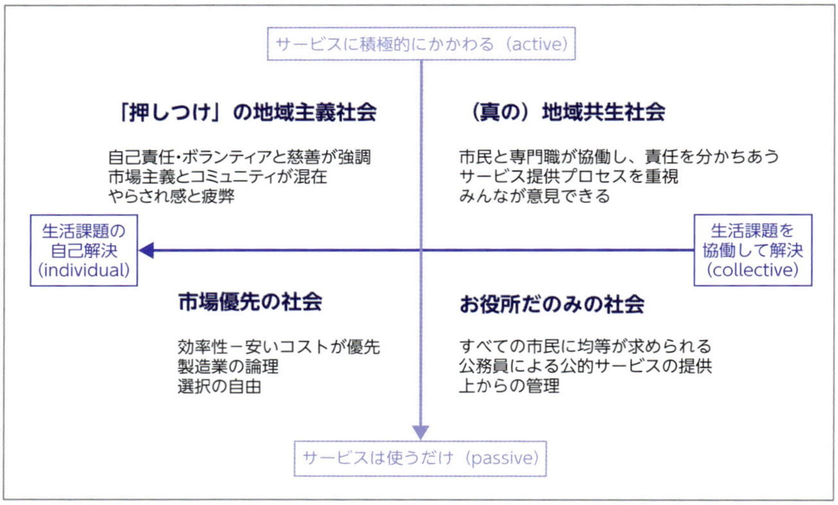

出典：Pestoff 2018：136 をもとに著者作成

える社会である。第Ⅱ象限は「**「（参加を）押しつけ」の地域主義社会**」で、自己責任が求められ、ボランティアと慈善活動が強調される。かかわる人たちは「やらされ感」で疲弊している。第Ⅲ象限は「**市場優先の社会**」で福祉サービス提供のプロセスではサービスを使うだけの利用者となる。近年急速に進む福祉サービスの市場化のなかで選択肢が広がったようにみえるが、価格が高くて買えない、自分に合ったサービスがない等、福祉サービスの領域では期待するほど選択の自由は享受できていない。第Ⅳ象限は「**お役所だのみの社会**」で官僚主義がはびこり、住民や利用者は福祉サービスに意見を言う場もなく、選択肢もない社会である。

世界的に福祉国家の危機がいわれ、社会保障費用が抑制されるなか、多くの国では生活課題の解決は個人に委ねる傾向にある。

表1　それぞれの社会と「市民・サービス利用者」と「専門職」の役割と特徴

役割／レジーム	サービス利用者としての市民	専門職
（真の）地域共生社会	**共同生産者** ⟷ サービスへの影響力をもつ。 参加する。 意見集約の仕組みがある。	**コラボレーション的** 職員と利用者の対話と協働がある。
「押しつけ」の地域主義社会	**（単なる）サービス生産者** ⟷ サービス生産について 責任がとらされる。	**事業者の補助的** 利用者の不満に対し、 サービス現場の負担でなんとかしのぐ。
市場優先の社会	**（消費するだけの）消費者** ⟷ 不満があれば利用をやめる。 情報収集が大事。	**競争的** 消費者に選ばれるために 手段を選ばず必死。
お役所だのみの社会	**（受け身の）受給者** ⟷ 「発言」なし。選択なし。参加なし。	**管理的** 標準的な専門職によるサービス。 利用者の参加は不要とされる。

出典：Pestoff 2018 をもとに著者作成

3）社会のあり様により異なる利用者と専門職の関係と役割

図2に示す（真の）地域共生社会（第Ⅰ象限）と「押しつけ」の地域主義社会（第Ⅱ象限）はともに市民や利用者の参加を求める点で表面上は類似するが、サービス提供プロセスにいる人たちの動きはまったく異なる。それぞれの社会で福祉サービス提供にかかわる利用者としての市民と専門職の役割と特徴を示したのが**表1**である。

「お役所だのみの社会」（第Ⅳ象限）では専門職は管理的であり、市民は受け身の福祉サービス受給者となる。「市場優先の社会」（第Ⅲ象限）では専門職は消費者に選ばれるために働く。市民は情報収集に走るが、購買力と好みに合致したサービスを見つけるのは難しい。「「押しつけ」の地域主義社会」（第Ⅱ象限）では、専門職は疲弊し、市民もサービス不足の穴埋めに駆り出され、疲弊する。「（真の）地域共生社会」（第Ⅰ象限）では、専門職は市民とのコラボレーションを考え、市民も自分に合ったサービスを求めて発言し、自らもサービス生産に参加する（Pestoff 2018、斉藤＆ペストフ 2023：109-111）。

4.「共生社会」というガバナンス機能をもつ事業者

ペストフ（1998 = 2000）は福祉サービスを提供する**社会的企業の潜在的貢献**を三つにまとめている。第一に、社会的企業は職員の労働生活を豊かにするため、職員に仕事のやりがいをもたらし働きがいを与える。第二に、社会的企業は利用者が福祉サービス生産のプロセスに参加し、サービスがよくなるように発言し行動するため、福祉サービス利用者のエンパワメントに貢献する。第三に、社会的企業は本来事業を行うだけでなく、複数の社会的価値の創造に貢献する。

2025年までに実現が目指された「地域包括ケアシステム」だが、今後、同システムはさらなる深化を目標としている。果たして「地域包括ケアシステム」づくりに市民がかかわることができているだろうか。住民の参加、利用者の参加の機会は確保されているだろうか。真の地域共生社会の創造に向けて、ボトムアップ型の運営で、新たな社会的価値を生み出す福祉サービス事業者の可能性が期待される。

参考文献

- 大野京子「南医療生協の組合員活動――市民の協同でつくる事業所づくりまちづくり」公益財団法人生協総合研究所『生活協同組合研究』Vol.477、34～40頁、2015年
- Pestoff, A.V., *Beyond the Market and State: Social enterprises and civil democracy in a welfare society*, Ashgate, 1998.（＝ビクター・A. ペストフ、藤田暁男・川口清史・石塚秀雄・北島健一・的場信樹訳『福祉社会と市民民主主義――協同組合と社会的企業の役割』日本経済評論社、2000年）
- Pestoff,V., *Co-production and Public Service Management. Citizenship, Governance and Public Service Management*, Routledge, 2018.
- 斉藤弥生『スウェーデンにみる高齢者介護の供給と編成』大阪大学出版会、2014年
- 斉藤弥生「社会サービスの「共同生産」パートナーとしての市民――南医療生協の取り組みを事例として」日本生命済生会『地域福祉研究』公No.4（通算No.44）、13～24頁、2016年
- 斉藤弥生「第2章　「共助」再考とニュー・パブリック・ガバナンス」上野谷加代子編著『共生社会創造におけるソーシャルワークの役割――地域福祉実践の挑戦』ミネルヴァ書房、37～63頁、2020年
- 斉藤弥生「14 新しい地域福祉の創造②――社会的企業という可能性」斉藤弥生・小松理佐子編著『地域福祉の課題と展望』放送大学教育振興会、220～238頁、2022年
- 斉藤弥生・ヴィクトール・ペストフ編著『コ・プロダクションの理論と実践――参加型福祉・医療の可能性』大阪大学出版会、2023年
- 田中羊子「協同労働と労働者協同組合法制定が切り拓く、市民主体の新しい社会づくりの可能性」『地域福祉研究』公No.10（通算No.50）、39～49頁、2022年
- 谷口郁美「第9章　共生社会をつくる地域福祉実践の新たな手法」上野谷加代子編著『共生社会創造におけるソーシャルワークの役割――地域福祉実践の挑戦』ミネルヴァ書房、163～178頁、2020年
- 上野谷加代子・斉藤弥生編著『地域福祉の現状と課題』放送大学教育振興会、2018年
- World Health Organization, *Nineth Futures Forum on Health Systems Governance and Public Participation*, Copenhagen, 2005.
- 厚生労働省「令和4年介護サービス施設・事業所調査」「開設（経営）主体別事業所数の構成割合（詳細票）」2022年
- 南医療生活協同組合資料
- 滋賀県社会福祉協議会資料
- 日本労働者協同組合連合会資料

5 福祉サービスを提供する組織の運営

倉田康路

1. サービス提供職員の資格と養成

1）社会福祉専門職としてのサービス提供職員の基盤

福祉サービスを提供する職員（以下、サービス提供職員）は、福祉専門職として、人間の生命と生活そのものに直接的にかかわる福祉労働を行う。向き合う相手である**サービス利用者**は、生活上の困難性を抱える人たちであり、**サービス提供職員**は、利用者の生命と生活に他者として影響を及ぼすことになる。**福祉サービス**は、福祉専門職としての専門性とともに、サービス提供職員の人格を含めて反映されるヒューマンサービスといえる。

人が人に対して提供するヒューマンサービスのなかでも、医療、保健、教育などの領域でのサービスと福祉サービスの違いは何であろうか。それはたとえば、医療では医師が患者に対して病気を治すための治療を行い、保健では理学療法士・作業療法士が機能回復・維持向上に向けてリハビリテーションの訓練を行う。また、教育では教師が児童・生徒に対して成長・発達に向けて教育指導を行う。対して社会福祉では、ソーシャルワーカーやケアワーカーと呼ばれる専門職がソーシャルワークやケアワークの専門的技術を用い、さまざまな社会資源を活用してクライエントの生活を支える。

その行為は、治療でも、訓練でも、指導でもなく、支援することであり、援助することといえる。それは、クライエントがもっている能力を最大限に活かしながら、ニーズに応じて、部分的に、あるいはその多くをサポートすることであり、対象となるのはクライエントの生活である。向き合う人たちの、人間としての尊厳と自立の権利保障を目指し、生活を支えるために、支援し、援助することに福祉専門職としてのサービス提供職員の基盤があるといえよう。

2）専門資格と人材養成機関

サービス提供職員に求められる資格は、職種や職場などの違いによって多岐にわたる。ソーシャルワーカーに該当する職種としては高齢者施設等の生活相談員や支援相談員、障害者施設等の生活支援員などがあり、求められる資格として社会福祉士（国家資格）や精神保健福祉士（同）、介護支援専門員（介護保険法に規定される資格）、社会福祉主事（社会福祉法に基づく任用資格）などが挙げられる。また、ケアワーカーに該当する介護職員に求められる資格として、介護福祉士（国家資格）、介護職員初任者（旧ホームヘルパー２級）、介護福祉士実務者（旧ホームヘルパー１級）、子育て支援に関する資格として、保育士（国家資格）、児童指導員（児童福祉法に基づく任用資格）などが挙げられる。

これらの資格取得に向けての養成機関（国家資格関係）として、社会福祉士や精神保健福祉士の指定科目が履修できる福祉系大学等や養成施設（一般養成施設、短期養成施設）、介護福祉士養成施設（厚生労働大臣が指定する大学・短大・専門学校等）や福祉系高校（介護福祉士国家試験が受験可能な教育課程を設置する高等学校）、保育士養成施設（厚生労働大臣が指定する学校や施設）などがあり、必要とされる講義、演習、実習の科目を履修することにより、国家資格や国家試験受験資格が付与される。社会福祉専門職養成機関の入学者数は総じて漸次減少傾向にあり、ことに介護人材養成機関は顕著である。日本介護福祉士養成施設協会の調査では 2022

年度の養成施設（課程）数は314課程であり、2016年度と比較すると87課程減少し、入学定員数は過去最低の1880人となっている。

2. 福祉人材マネジメント

1）人材確保

2020年の有効求人倍率では全産業が0.95倍であるのに対して、福祉人材に該当する「社会福祉の専門職業」（厚生労働省編職業分類に基づく区分）は2.82倍、「介護サービスの職業」（同）は3.82倍と高い水準にあり、福祉業界での人材不足が顕著に表れている。介護事業者の実感としても人材の過不足状況について「大いに不足」「不足」「やや不足」を合計した不足感は6割（66.3%）を超える（介護労働安定センター「令和4年度介護労働実態調査」）。厚生労働省によれば介護人材の将来予測として2025年に243万人、2040年には280万人が必要とされ、2019年現在で在職しているとされる211万人からして30万人から70万人が不足する状況になっている。

福祉人材不足の背景や要因は何にあるのだろうか。社会的な背景としては高齢化に伴うサービス利用者の増加が挙げられ、介護保険サービスでは2000年に約149万人であった利用者が2022年現在では約516万人（厚生労働省調べ）と急増している。また、現場での実態として、職員不足が未経験者の新規参入を拡大させ、厳しい勤務体制が慢性化するなかで早期離職をもたらし、再び人材不足が加速するという悪循環を招く状況をつくりだしているとも指摘されている[(1)]。

福祉人材不足の要因としては、労働条件に関して低賃金といわれる賃金水準、非正規や派遣社員など不安定な雇用形態、重労働といわれる労働内容に起因するものがこれまでに種々の実態調査などを通してあげられている[(2)]。ただし、近年、同一労働・同一賃金の導入などにより正規職員の割合は年々高くなり（2020年で介護職員の雇用形態は正規約7割、非正規約3割：介護労働安定センター調査）、離職率も全業種の平均（2021年度13.9%）とほぼ同じで（「介護職員」14.1%、「医療、福祉」13.5%）、「宿泊業、飲食サービス業」25.6%、「生活関連サービス業、娯楽業」22.3%、「教育、学習支援業」15.4%などより低くなっている[(3)]。「介護職員が減少しているのではなく、むしろ増加しているものの、高齢化が進展する中、需要に対して供給できていない」[(4)]と指摘されるように、今日の福祉人材不足は需要に供給が追いついていない状況のなかで生じているものといえよう。

待遇や業務内容などの労働条件とともに組織・職場環境も福祉労働に大きく作用する要因として考えられる。「介護福祉士就労状況調査実施結果報告書」（社会福祉振興・試験センター，2020年）では、以前勤務していた福祉・介護・医療分野の職場を辞めた理由として最も高かったのが「職場の雰囲気や人間関係に問題があった」であり、その割合は4割（40.4%）を超える。感情労働とされる福祉労働においては、仕事への満足度とともに就業継続意向を形成することが肝要であり、職員の仕事への価値観、職員間の関係性、上司や同僚からのサポート、資格取得などは離職防止を促進し、職場定着に作用する重要な要因ともいわれている[(5)]。福祉人材確保の起点ともいえる福祉労働の質を高めるためには、労働条件の改善とともに、魅力ある職場づくりに向けて組織・職場環境の健全性を向上させていくことが大切であるといえよう。

常態化する福祉人材不足を踏まえ、我が国における**福祉人材確保対策**として1992年にいわゆる福祉人材確保法が成立し、翌年に「社会福祉事業に従事する者の確保を図るための措置に関する基本的な指針」（平成5年厚生省告示第116号。以下、人材確保指針）が告示された。人材確保指針の目標として、①早急なる資質の高い人材の養成、②魅力ある職場づくり、③国民のニーズに対応する適切なサービスの提供が掲げられ、「職員処遇の充実」「資質の向上」「就業の促進と定着化」「地域の理解と交流の促進」「経営基盤の強化」という取り組みの方向が示されている。

さらに2007年に人材確保指針の見直しが行われ、

「社会福祉事業に従事する者の確保を図るための措置に関する基本的な指針」(平成19年厚生労働省告示第289号。以下、新・人材確保指針)が告示された。人材確保の方策として「福祉・介護サービスの周知・理解」「潜在的有資格者等の参入の促進」「多様な人材の参入・参画の促進」など新たな方向性が示された。具体的な取り組みとして、介護職員の処遇改善、介護福祉士を目指す学生への就学資金貸付や再就職準備金貸付、中高年齢者等介護未経験者に対する入門的研修、介護ロボット・ICT等のテクノロジーの活用促進、介護施設・事業所内の保育施設の設備・運営の支援、学生・保護者や進路指導担当者への介護の仕事の理解促進、介護を知るための体験型イベントの開催、外国人材の受入れ環境整備などが行われている。

2) 人材育成

i 職場研修

職場研修は提供されるサービスに求められる専門性や、チームケアの一員として求められる組織性についての知識や技術を積み上げることにより職員の成長を図り、組織の発展を目指す取り組みといえる。職場研修によって職員の仕事に対する意欲やキャリアアップを促進することが可能となり、獲得された力はサービスの質の向上を図ることとなる。福祉サービスを提供する組織(以下、サービス提供組織)においては利用者の立場はもとより、キャリアビジョン(職員自身が目指したい将来像)を考慮した職員一人ひとりの立場を尊重したニーズを把握し、求められる能力の獲得に向けて研修計画を立てることが求められる。

職場の上司(先輩)が職務を通じて部下(後輩)を指導するOJT(On the Job Training)は職場研修の基本ともいえ、日常において、あるいは意図的な機会を通じて個別や集団で指導を行うものである。また、職場内および職場外で職務を離れて行うOFF-JT(OFF the Job Training)は集中的に特定の課題や専門的な知識・技術などを習得する職場研修であり、職場内の研修では全体・職種・階層などに分かれて、職場外での研修では職務命令により外部派遣され、行政や職能団体などが主催する研修会に参加することにより行われる。職員自身が自らを高めていくための自主的な研修に参加するSDS(Self Development System)は、組織として職員個々の自己啓発を支援するものである。

職場研修はこれらの形態を有機的に組み合わせながら体系的に実施することが有効であるといえるが、その機会をどのように確保し活かすのか、限定された職員数と制約された時間のなかでの工夫が求められる。また、サービス提供組織における職員の職種、雇用形態、職位、勤務年数などはさまざまであり、それぞれの専門性、立場、レベルに応じた研修、知識や技術によって獲得されるスキルやノウハウとともに態度や意欲を醸成する倫理観や価値観を涵養(かんよう)する研修、理論に基づき得られるものだけではなく経験知から構築される研修など多様な研修プログラムの開発と整備が必要であるといえよう。

ii キャリアマネジメント

人材育成においてサービス提供組織では、職員が自らの将来を思い描き、自己実現に向けてのキャリアアップを支援する**キャリアマネジメント**が必要となる。それは職員個人のキャリアについて計画を立てて実行していくものである。キャリアマネジメントを進めるうえで重要なことは、職員一人ひとりに目指す目標が設定され、その目標を達成するためのシナリオを設計し(キャリアデザイン)、組織として継続的に支援することといえよう。

サービス提供職員のキャリア形成においては、初任者、中堅職員、チームリーダー、管理職など組織での職位・職責を高めていくためのキャリアと、専門的資格取得など職種の専門性を高めていくためのキャリアに着目し、両者を結びつけたなかで、目指す職位に向けてはどのような資格を取得する必要があるのか、どのような経験や実績が必要であるのかなどの基準やルールを定め、指標を示すキャリアパスの仕組みを整えることが大切である。何を重視し、どのようなキャリアパスを整えるのかはサービス提供組織としての法人に委ねられている。法人としてどのような人材を求めているのか、その法人での働きによってどのようなキャリアが形成され、評価されるのか、人材確保、人材定着に作用するものともなる。

社会福祉法に基づき告示された新・人材確保指針では職員の資質向上のための「キャリアアップの仕組みの構築」が示され、「働きながら介護福祉士、社会福祉士等の国家資格等を取得できるよう配慮するとともに、従事者の自己研鑽（さん）が図られるよう、業務の中で必要な知識･技術を習得できる体制（OJT）や、職場内や外部の研修の受講機会等（OFF-JT）の確保に努めること」が経営者・関係団体等に求められている。

3. サービス提供組織の経営とガバナンス

1）サービス提供組織の特性

サービス提供組織は、職員の労働力への依存度が高い労働集約型の産業を行う組織として位置づけることができる。労働集約型の産業は、設備機器など固定資本の依存度が高い資本集約型の産業に比べて生産要素に占める資本の割合が低く、労働者の質がサービスの質に大きく作用することになる。それは、機械によって有形の生産物を量産するものではなく、労働者が顧客と直接かかわりながら物質的実体を有しない人の活動としてのサービスをつくりあげることとなる。

次にサービス提供組織は、生活支援のヒューマンサービスを提供する組織といえる。ヒューマンサービスは、人（サービス提供者）と人（利用者）との直接的なかかわりをもって成立し（直接性）、プライバシーにかかわり、踏み込んだ関係性のなかで提供される（密着性）。そのようなかかわりは長期にわたることが一般的である（長期性）。そして、利用者の主体性が尊重され（利用者主体性）、サービス利用者との協働のうえで可能となる（協働性）。利用者の合意や協力がなければサービスを提供することは困難となる。

さらにサービス提供組織は、より地域に密着したサービスを提供する組織といえる。福祉サービスの多くは市町村が指定監督権をもち、市町村のエリアに設定される日常生活圏域に存在する事業所や施設を中心に提供される。顧客としてのサービス利用者は、事業所・施設が存在する地域住民となり、事業者が存在する地域のニーズに即し、地域に密着したサービスを提供することが求められることとなる。

2）コンプライアンスとガバナンスの形成

サービス提供組織においては、公共性・公益性の視点から法令・規則を守る法令遵守はもとより、倫理や常識・良識のある社会規範に従う経営（**コンプライアンス**）、そしてそのルールや規範をチェックし、目的に沿って適切に経営されるための仕組み（**ガバナンス**）がほかの組織以上に要求される。

i　コンプライアンス

サービス提供組織の倫理は同組織の存在意義やミッションに通じ、何のために設立され、どのような使命をもつのか、社会福祉法人であれば定款の最初に目的が設定され、ミッションが記される。制度上にサービスの対価が設定され、提供されるサービスの内容が定められている福祉業界においては、完全なる競争の環境に存在せず、期待されるサービスの質の向上が図られにくくなる傾向もうかがわれる。国や地方公共団体は最低基準に違反するような事例に対しては介入しやすいが、それ以上のサービスの質の向上について指導していくことは難しいともいわれており、ゆえにサービス提供組織においては高い倫理性が求められることとなる。

サービス提供組織の法令は、社会福祉法を基盤として社会福祉の対象者にかかわる分野別に基本となる法律（高齢社会対策基本法等）、サービスの給付内容に関する法律（介護保険法等）、権利擁護に関する法律（高齢者虐待の防止、高齢者の養護者に対する支援等に関する法律等）などにより重層的に体系化される。そして、これらの法律を踏まえ、政令、省令、規則、通知が行政機関における法規範として制定される。サービス提供組織においては、関連する法令を遵守することが経営管理者の責務として義務づけられ、併せて、従業者の管理（人材確保、研修等）、業務の管理（財務管理、情報管理等）が規定される。法令に反し、改善が求められる経営が行われた場合には、改善勧告から指定取り消しまで監督庁からの処分や指導を受けることになる。

法令の多くはサービスのあり方や手続きを明文化したものであり、最低限度の基準が記載されたものといえる。サービス提供組織は法令に定められる最低基準を満たしたうえで、常識・良識に従う社会規範の視点をもって、よりよいサービスを提供することが求められることとなる。それはたとえば、サービスの運営基準（厚生労働省令）に定められる「適切な着替えや整容」「栄養や心身の状況および嗜好を考慮した食事」とは、どのような着替えや食事を意味するのか、一般の生活での着替えとはどのくらいの頻度なのか、どのようなメニュー、環境で食事を摂っているのか、その判断と決定は事業者に委ねられる。それぞれの事業者の判断によって決定されたサービスの内容は、サービスの質に反映される。

ii　ガバナンス

サービス提供組織におけるガバナンスは、法人組織の構造・機関、職員の体制、サービスの質の向上を図るシステムなどから機能することとなる。法人組織の基本的構造としてガバナンスに機能するものとしては、法人の意思決定の仕組みとして設置される複数からなる機関が挙げられる。社会福祉法人の場合、理事・理事会と評議員・評議員会、特定非営利法人の場合、理事・理事会と社員・社員総会、株式会社の場合、取締役・取締役会と株主・株主総会などが該当し、加えて、監事（株式会社の場合、監査役）なども業務執行をチェックする法人のガバナンス機関となる。法人それぞれの根拠法に基づき設置されるこれらの機関が、形骸化されることなく、法人の理念や目的に基づき方向づけを行い、ガバナンス機能を果たすことができるかが問われる。

利用者に向けて直接的に提供されるサービスの特性上、利用者のニーズに即し、職員の自主的な力を引き出すことができるような職員の体制を編成していくこともサービス提供組織のガバナンスを図ることにつながる。個別ケアを基本とし、複数の職員、多職種による連携によって均質的で連続的なサービスが提供されるためにはどのような職員体制を編成すればよいのか。組織の存在する価値を決めるのはサービス利用者であり、常に利用者と接点をもつのが職員である。利用者の評価は、直接的に受ける現場のサービスの内容であり、従事する職員に対してとなる。サービス提供組織における職員体制においてはトップダウン型の体制ではなく、一人ひとりの職員を上位者が後方からサポートする体制を構築することが有効であるといえよう[(6)]。

ガバナンスを形成し、組織的に均質化されたサービスを連続的に提供するためには、所属する職員の一人ひとりがどのような価値観をもってサービスを提供するのか、サービスの「理念」を共有し、どのような方向性に向けてサービスを提供するのか、到達点としての「目標」を明確にすることも重要である。何のために、どのような意味をもつのかが理解されないままに提供されるサービスは、機械的で空虚なものとなってしまう。また、サービスの「理念」と「目標」は、提供されるサービスの「内容」に具現化されなければならない。サービスの「理念」「目標」「内容」が盛り込まれたすべての利用者を対象とする全体的サービス計画（事業計画）と、一人ひとりに向けた個別サービス計画（ケアプラン）が、相互に整合性をもって策定され、PDCAサイクルによって展開されていくことによってサービス提供プロセスを管理し、サービスの均質化と連続化を担保することとなろう。

4. サービスの質の向上に機能するシステム

社会福祉法第３条において、福祉サービスは「良質かつ適切なものでなければならない」ことが明記されている。「良質」とは、質のレベルを問うものであり、高いレベルでのサービスの質が確保されなければならないことが要求されている。また、「適切」とは、利用者のニーズに即したものであることを意味し、どのような内容のサービスが、どれくらい必要なのか、利用者や家族の意向を踏まえながら心身状況などに応じて調整し、提供されなければならない。**サービスの質の向上**を図る具体的なシステムとしては、福祉サービス第三者評価制度、情報公表制度、苦情解決制度などが挙げられる。

i 福祉サービス第三者評価事業

福祉サービス第三者評価事業は、事業者ごとにサービス評価を受け、到達レベルを確認し、事業経営における問題点を把握するものであり、公正中立な立場の第三者評価機関による客観的評価機能をもってサービスの質の向上に作用する。福祉サービス第三者評価基準ガイドラインに基づいて作成される評価基準に従って、当該事業者自身（事業所・施設職員など）による自己評価、サービス利用者による評価、評価機関の訪問調査による評価によって総合的に評価され、その結果について公開されるようになっている。

ii 情報公表制度

情報公表制度は、サービス利用者や一般市民に情報を開示することにより、法人運営の透明性を確保し、情報提供機能をもってサービスの質の向上に作用する。すべての社会福祉法人においては、定款、貸借対照表、収支決算書、役員報酬基準などが開示されるとともに、介護サービス情報公表制度、障害者福祉サービス等情報公表制度、子ども・子育て支援全国総合システム等情報公表事業など、種別ごとにサービスに関する具体的な取り組みの状況等の情報が公表されるようになっている。

iii 苦情解決制度

苦情解決制度は、サービス利用上に生じる不満について利用者や家族などから苦情として受け付け、解決する制度であり、サービス利用者と提供者間の対等な関係性が反映された不服申立て機能をもってサービスの質の向上に作用する。事業者は苦情解決機関として位置づけられ、都道府県社会福祉協議会に設置される運営適正化委員会も苦情への対応を行うことになっている。介護保険サービスについては、サービス事業者のほかに市町村、居宅介護支援事業者、国民健康保険団体連合会なども苦情解決の役割を担う。

5. サービス管理としての苦情対応とリスクマネジメント

サービス提供組織においてはサービス管理をはじめ、人事・労務管理、会計・財務管理、情報管理など管理運営が行われる。ここではサービス管理に該当し、サービスの質の向上や危機管理に資する**苦情対応**とリスクマネジメントを取り上げ、その取り組みの視点や展開について述べてみたい。

1）苦情対応

すべての社会福祉事業の経営者は利用者・家族などからの苦情を受け、解決に努めなければならないとされている（社会福祉法第 82 条）。それは単に苦情を受け付けるだけではなく、適切な解決を行うことが要求されている。そして、適切に解決することにより、苦情解決の目的とされる利用者の権利擁護とサービスの質の向上につなげなければならない。

一般にサービス利用者は、その心身状況や、置かれている環境、立場などから受動的な存在となりがちであり、事業者との対等な関係を築きにくいといわれている。苦情を示すことは、時間、気力、体力を要し、プライバシーをさらけ出すことにもなる[(7)]。サービス事業者は、利用者が不満を示すことには抵抗感があり、苦情を表明し難い立場にあることを理解しておかなければならない。また、苦情は「予測」と「結果」にずれが生じた場合に「不満」という感情に伴い示されるという構造で発生するものと考えられる[(8)]。予測していたものに対してずれや差が生じたときに、疑問や不満、不安を抱くことになる。そこに時間の経過や対応の不手際が重なると、苦情へとつながっていく。

苦情が申し立てられる事業者には一定の共通性が

あるともいわれており、職員間の不十分な情報共有、利用者・家族とのコミュニケーション不足、リスク管理体制の不備などが挙げられている[(9)]。これらは苦情に直接的に作用した要因（たとえば事故発生やその対応など）というより、間接的に作用した要因ともいえ、日常的に提供されているサービスによるものといえる。すなわち、間接的要因となる日常の不適切なサービスが提供されるなかで直接的要因となる事故などが発生し、苦情申し立てに至るものとなっている。

苦情の内容はさまざまであり、そのレベルにも質問や意見を示すレベルから、責任を追及するレベルまで幅がある。ネガティブな感情から苦情が示されるだけではなく、「不満を聞いてくれる」「解決してくれる」という期待を含んだポジティブな感情が込められた苦情もあることを理解し、不満を引き出し、適切に対応することが大切になる。適切な対応とは、情報を共有し、組織として対応すること、苦情に至る原因を究明し、丁寧に説明すること、迅速に対応し、再発防止を講じることなどが挙げられる。不適切な対応になってしまえば、もともとの不満に加えて、苦情対応に対する不満が重積し、当事者間での解決を困難なものとさせてしまう。

2）リスクマネジメント

事故などサービス提供上に発生するリスクをはじめ、人材確保やハラスメントなど人事・労務上に発生するリスク、資金調達や報酬改定など財務上に発生するリスク、さらには、災害や訴訟など、サービス提供組織にはさまざまなリスクが存在する。**リスクマネジメント**とは、リスクを予見し、効果的、効率的に予防策を講じることであり、サービス提供上の危機管理を行うための管理方法である。

ここで、サービス事業者にとって発生頻度が高いリスクともいえる利用者の事故に関するリスクマネジメントを取り上げてみよう。ハインリッヒの法則からも指摘されるように事故を完全に防止することはできない。この法則によれば、発生した事故の多くは軽微な事故のレベルであるが、一般の職場に比べて福祉サービスを提供する職場では利用者の心身状況などから、法則以上の割合やレベルで事故が発生することが予測される。必然的な事故の発生を前提としながら、事故防止対策が行われている場合と、行われていない場合の事故発生の割合には大きな差が生じることも事実である。事故をゼロにすることはできなくても、いかにして、その発生の割合を少なくするのか、また、軽微にとどめ、被害者の理解が得られるようにするのかは事故防止対策の取り組み次第といえる。

リスクマネジメントに組織的に取り組むためには、まず、組織のリーダーが主導してリスクマネジメントを行うための体制を整備することが大切であり、リスクマネジメント委員会などチームを設け、チームアプローチをすることが有効であろう。そして、発生する事故のリスクを客観的に把握し、分析することが重要となる。

事故には必ず原因があり、事故の発生要因を把握することはリスクマネジメントのポイントとなる。その要因として挙げられるのが、①職員要因（職員の業務にかかわるもの）、②本人要因（利用者の心身状況、行動特性、疾患などにかかわるもの）、③環境要因（人員配置や設備の条件などにかかわるもの）である。事故は単一の要因だけで発生するのではなく、さまざまな要因が重なって発生すると考えられ、事故防止対策としては、事故発生につながる要因の関連性を理解しながら取り組む必要がある。事故の内容、事故で生じた傷害、事故の多いサービスの種類、場面、場所、時間、時期、対象者などを数量化するなどして、なぜ、その場面などで事故が発生するのかを分析し、検討された防止策について環境整備、人員配置、研修、マニュアルなどに反映させることが大切である。

6. 社会福祉法人制度改革と地域貢献

社会福祉法人は、社会福祉事業を行うことそのものを目的として設立された公益法人であり、社会福祉事業を行う主体として明確な位置づけが与えられている。しかし、措置を中心とした時代から契約の時代へと移行し、多様な経営主体が参入するなかで、ほかの法人とは異なる公共性・公益性、非営利性の性格をもって社会福祉の増進に向けて自主的な取り組みが展開できるのか、その存在意義が問われ、改革が求められることとなる。

社会福祉法人改革は、2014年にまとめられた「社会福祉法人の在り方について」（社会福祉法人の在り方等に関する検討会）や、翌2015年の社会保障審議会福祉部会報告書「社会福祉法人制度改革について」を踏まえ、2016年の社会福祉法等の一部を改正する法律によって具体的に進められている。その内容は、①経営組織ガバナンスの強化（理事・理事長に対するけん制機能の発揮、議決機関として評議員会の必置、一般規模以上の法人への会計監査人の導入等）、②事業運営の透明性の向上（財務諸表の公表等について法律上明記）、③財務規律の強化（適正かつ公正な支出管理の確保、いわゆる内部留保の明確化）、④地域における公益的な取り組みを実施する責務（ほかの主体では困難な社会的ニーズへの対応）、⑤行政の関与のあり方（所轄庁による指導監督の機能強化）の五つに集約される。

社会福祉法人でなければできないものとは何か、その固有の事業や取り組みが残らなければ社会福祉法人制度を存続させる意味はなくなる。それは、社会福祉法人の本旨に照らせば、営利法人などほかの法人では安定的に経営することができない事業に取り組んでいくことといえる。社会福祉法人改革は、一般財団法人や公益財団法人と同等以上の公益性を担保できるような仕組みをつくるとともに、その眼目は社会福祉法人にしかできない取り組みを地域で展開する地域貢献にあるといえる。

社会福祉法第24条では、地域での公益的取り組みとして、「社会福祉法人は、（中略）公益事業を行うに当たっては、日常生活又は社会生活上の支援を必要とする者に対して、無料又は低額な料金で、福祉サービスを積極的に提供するよう努めなければならない」こととされ、報酬上に規定されていない、あるいは既存制度にはないサービスの提供が求められている。地域に目を向ければ、生活困窮者、災害被災者、外国人労働者、ひきこもりや性的マイノリティの人たちへの支援など、先に求められる支援が多く存在する。また、地域包括ケアや地域共生社会に向けても住民が暮らしやすい生活エリアを構築するための環境整備や相互のネットワークづくりに公益的な取り組みを活かすことができよう。

経営規模の小さな社会福祉法人が多く存在し、人材不足のなかで社会福祉事業に加えて地域の公益的取り組みをどのようにして行うことができるのか課題もあるが、法人同士の連携やネットワークをつくっていくことで事業そのものの効率化を図り、新たな取り組みへの参入を生み出すこともできるはずである。2020年の社会福祉法改正によって創設された社会福祉連携推進法人制度は、地域の社会福祉法人が中心となって特定非営利法人等も社員とし、相互の業務連携を推進するための仕組みづくりに寄与するものとして期待される。

注

（1）佐藤英晶「福祉人材確保に関する研究試論」『帯広大谷短期大学紀要』第55号、45～53頁、2018年
（2）葉剛・韓懿「介護職員不足の実態と要因」『城西国際大学大学院紀要』第24号、219～235頁、2021年ほか
（3）久留須直也「介護の雇用状況と人材確保に関する一考察」田畑洋一編『現代福祉の諸相』学文社、112～136頁、2023年
（4）岡本晴美・杉岡昌男・久保田トミ子「東広島市における介護人事確保の現状と課題」『広島国際大学医療福祉学科紀要』16・17、43頁、2021年
（5）岸本麻里「老人福祉施設における介護職者の職業継続の意志に影響を与える要因の分析」『関西学院大学社会学部紀要』92、103～114頁、2002年
（6）梅本旬子「サービス提供のあり方の方向性」日本ソーシャルワーク教育学校連盟編『最新社会福祉士養成講座1 福祉サービスの組織と経営』中央法規出版、163～174頁、2019年
（7）（8）國光登志子「介護保険現場からの検証――苦情対応システムの構築」『社会福祉研究』第79号、鉄道弘済会、45～55頁、1999年
（9）倉田康路「介護保険サービスにおける苦情申立てに関するカテゴリーの生成」『日本看護福祉学会誌』Vol.19 No.2、31～44頁、2014年

Ⅷ 社会福祉の実践方法

Ⅷ

概　説

空閑浩人

1.「社会福祉の実践方法」を設定する意味

社会福祉の実践方法とは、社会福祉の理念、制度や施策を具現化・具体化するために、人々に必要なサービスや支援を提供する営みとしての実践をいかに行うかという、その方法のことである。思想や理念として、また制度や政策としての社会福祉は、人々とその生活に対する具体的な支援や働きかけの活動としての実践によってその目的を達成する。

本大項目のタイトルを「社会福祉の実践方法」としたのは、ソーシャルワークを中心としながらも、広く保育や介護などの実践、すなわちケアワークも視野に入れて、社会福祉の実践および方法と位置づけて論じたいという考えからである。それは、昨今の家族形態の変容や育児・介護などの生活課題やニーズの変化のなかで、ケアワークとソーシャルワークとの連動や重層的な展開が求められていることにもよる。

日本では、2020年からのコロナ禍で、さまざまな社会問題や生活問題が顕在化した。その多くはこれまでも存在していながら、私たちが見えていなかった、あるいは見て見ぬふりをしてきた現実でもある。

私たちが暮らす社会は依然として、格差や貧困、差別や分断の問題を抱える状況のなかにある。さらに、昨今の各地での災害の発生や生命の危機にもかかわるような気候変動、またICTやAIの発達などのめまぐるしい動きのなかに、私たちの日々の生活がある。

そのような社会状況のなかで、先の見通しが得られない、言い知れぬ不安感が漂うような空気が社会にまん延している。たとえば、人々がさまざまな生活上の困難を抱えることに対して自己責任や努力不足とみなされるように、人々がゆとりや寛容さ、他者への想像力を失い、殺伐とした社会の雰囲気を感じざるを得ない。

社会福祉とその実践は、人々の安定した生活の維持や回復を願う思考や制度・政策、そして行為や行動でなければならない。そして、社会福祉学は、歴史的・社会的な所産としての社会福祉の全体像を、人々や社会の幸福にますます寄与するものとして体系化・理論化し、後世に引き継ぐという役割を担っている。

2.「社会福祉の実践方法」の編集方針

本大項目では、複雑かつ不安定な時代である今こそ、求められるソーシャルワークのあり方や社会福祉実践の今日的意義や意味を再確認し、現在の到達点と今後の展望を示すことを目的とする。併せて、人々とその生活、およびそれを取り巻く社会の現実に根ざした、創造的で開発的、さらには挑戦的な思考と実践としてのソーシャルワークのさまざまな可能性も示したいと考える。

以上のような意義や課題を踏まえつつ、後で示す10の中項目を設定して、編集作業を行った。各中項目の執筆者と共有したのは、社会福祉やソーシャルワークの歴史的な流れと昨今の動向を踏まえながら、特に今日の社会状況のなかでの人々の生活の現実を見据えつつ、今とこれからに求められる社会福祉実践のあり方を見出して、その方法について論じるという方針である。

本項目の内容をおおまかに紹介すると、個別支援や地域支援などミクロ、メゾ、マクロレベルで展開するソーシャルワーク、社会福祉実践としてのケアワーク、地域における包括的支援体制の構築やソーシャルアクションといったさまざまな社会福祉の現場で行われている社会福祉実践とその方法の全体像を示している。併せて、実践のよりどころとしての価値や倫理を含めた共通基盤、支援や働きかけの展開過程、また実践の質の向上に欠かせない事例研究や実践評価についても取り上げた。さらには、実践の担い手である専門職養成や教育に関する議論にまで至る内容とした。

3.「社会福祉の実践方法」の構成

以上のような意義と編集方針に沿って、具体的には次の10の中項目を設定した。項目ごとの概要を紹介する。

1「社会福祉実践の枠組み」では、社会福祉の思想や理念、法制度と社会福祉実践との関係を踏まえたうえで、社会福祉実践の今日的意義とその展開について整理した。社会福祉を取り巻く昨今の状況を踏まえた実践の深まりと広がりを示している。

2「ソーシャルワークの体系」では、ミクロ、メゾ、マクロレベルの観点からソーシャルワークの全体像を示した。ソーシャルワーク専門職のグローバル定義を踏まえて、日本におけるジェネラリストソーシャルワークの展開について論じている。

3「ソーシャルワークの基盤」では、ソーシャルワークの価値と倫理およびそれらに根ざした実践について論じた。昨今のソーシャルワークの潮流を踏まえつつ、ソーシャルワークがよりどころにするべき共通基盤として今何が問われているかを明らかにしている。

4「ソーシャルワークの展開とその過程」では、昨今の人々が直面する生活課題の多様化や複雑化のなかで求められるソーシャルワークとその展開について論じた。個と地域とを一体的に支援するソーシャルワーク実践の、その過程とスキルを示している。

5「ケアワークの思想と実践」では、「ケア」の概念に着目しつつ、今日の社会福祉とその実践におけるケアワークの意義や意味を明らかにした。昨今の専門職養成等の状況を踏まえつつ、ケアワークとソーシャルワークとの関係についても論じている。

6「事例研究の意義と方法」では、実践の質の維持や向上、また教育においても欠かせない事例研究や事例分析の目的や方法を論じた。また、多職種や多機関によるカンファレンスのプロセスや地域ケア会議のあり方についても示している。

7「地域における包括的支援体制とソーシャルワーク」では、社会的孤立や生活困窮状態が顕在化、深刻化する今日的状況のなかで求められる社会福祉実践のあり方を示した。地域共生社会実現のための包括的支援体制構築とソーシャルワークの展開を論じている。

8「ソーシャルアクションの意義と方法」では、マクロレベルにおける代表的なソーシャルワークの実践方法であるソーシャルアクションの意義や展開、技術の全体を整理した。また、さらなる普及や実践の向上のための教育や研修についても論じている。

9「ソーシャルワーク実践の評価」では、支援の実践を評価することの必要性や方法、併せて評価のための記録の意義や目的について論じた。また、評価の実際や方法については、現在行われている具体的な取り組みの例を挙げて説明している。

10「ソーシャルワーカーの養成と継続教育」では、ソーシャルワークの専門職化や資格制度をめぐる動き、養成教育の概要を示した。さらに、ソーシャルワーカーに必要なコンピテンシーやケイパビリティの概念を取り上げながら、継続教育のあり方について論じている。

社会福祉の実践方法とは、社会的存在である人がその尊厳を守られて生きる社会のあり方について、社会的な価値観を創造・発信する営みとその方法でもあると考える。以上の各項目で示された内容を軸にしながら、この時代と社会状況のなかで求められる社会福祉実践、ソーシャルワークのあり方に関するさらなる議論の展開と発展を期待したい。

1　社会福祉実践の枠組み

空閑浩人

1. 社会福祉における実践の位置づけ

1）社会福祉の思想や法制度と実践との関係

i　社会福祉の思想・理念と実践

「**社会福祉**」は、それが使われる文脈によって、その思想や理念、法律や制度・サービス、そして実践を表す言葉として用いられる。それぞれが社会全体の福祉、すなわち誰もが社会の一員としてその幸福が実現され、保障されるための思想や理念であり、法律や制度、サービスであり、実践である。

日本の社会福祉の基盤となる思想や理念を示すものとして、まずは人々の生存権を国が保障するという理念を謳った日本国憲法第 25 条が挙げられる。この条文は、すべての人々には健康で文化的な生活を営む権利があり、そのために国はその義務として、社会福祉や社会保障の向上や増進に努めなければならないという考えを示すものである。さらに、関連する憲法の条文としては、「基本的人権の永久不可侵性」を示した第 11 条や、「個人の尊重」と「幸福追求権」を示した第 13 条などが挙げられる。誰もが個人として尊重され、幸福になる権利を平等に保障され、その尊厳が守られるという、社会福祉の基盤となる思想や理念が示されている。

また、憲法以外にも社会福祉の思想や理念を表す言葉として、代表的なものにはノーマライゼーションやバリアフリー、社会的包摂などがあり、近年では地域共生社会などが挙げられる。これらの言葉は、日本の社会福祉全体に共通する基本的な考え方であるとともに、人々の生活や社会のあるべき方向性を示すものである。そして、それらの言葉が意味することがさまざまな法律や制度となって形となり、さらに、現実の人々の生活や社会のなかに具現化される営みとして、社会福祉の実践が位置づけられる。

ii　社会福祉の法律や制度と実践

以上のような思想や理念のもとで、社会福祉の法律や制度、そしてサービスが存在する。社会福祉関係の法律にはさまざまなものがあるが、代表的なものとして、すべての社会福祉の制度や事業、サービスに共通する基本的事項を定めた**社会福祉法**が挙げられる。その第 4 条には、地域住民等が相互に協力して地域福祉の推進に努めること、およびそれに当たっては、「**地域生活課題**」の把握と解決を図ることが記されている。

> （地域福祉の推進）
> **第4条**　地域福祉の推進は、地域住民が相互に人格と個性を尊重し合いながら、参加し、共生する地域社会の実現を目指して行われなければならない。
> 2　地域住民、社会福祉を目的とする事業を経営する者及び社会福祉に関する活動を行う者（以下「地域住民等」という。）は、相互に協力し、福祉サービスを必要とする地域住民が地域社会を構成する一員として日常生活を営み、社会、経済、文化その他あらゆる分野の活動に参加する機会が確保されるように、地域福祉の推進に努めなければならない。
> 3　地域住民等は、地域福祉の推進に当たっては、福祉サービスを必要とする地域住民及びその世帯が抱える福祉、介護、介護予防（要介護状態若しくは要支援状態となることの予防又は要介護状態若しくは要支援状態の軽減若しくは悪化の防止をいう。）、保健医療、住まい、就労及び教育に関する課題、福祉サービスを必要とする地域住民の地域社会からの孤立その他の福祉サービスを必要とする地域住民が日常生活を営み、あらゆる分野の活動に参加する機会が確保される上での各般の課題（以下「地域生活課題」という。）を把握し、地域生活課題の解決に資する支援を行う関係機関（以下「支援関係機関」という。）との連携等によりその解決を図るよう特に留意するものとする。

「地域生活課題」とは、条文によれば「福祉サービスを必要とする地域住民及びその世帯が抱える福祉、介護、介護予防、保健医療、住まい、就労及び教育に関する課題」のほか、「福祉サービスを必要とする地域住民の地域社会からの孤立」、地域住民が日常生活を営み「あらゆる分野の活動に参加する機会が確保される上での各般の課題」とされている。今日の社会福祉には、既存の分野や法制度の枠の中にとどまらない、多様な生活課題への対応を通して、地域福祉を推進することが求められている。同時にそれは、社会福祉実践の役割でもある。

そして、社会福祉六法をはじめとするさまざまな社会福祉関係の法律によって、児童福祉や障害者福祉、高齢者福祉、また貧困や生活困窮など、分野あるいは対象となる状況ごとに数多くの制度やサービスが規定されている。いうまでもなく、これらの制度やサービスはそれが存在するだけでは意味をなさず、それぞれの目的に沿って機能しなければならない。すなわち、必要な人々にその情報が周知され、必要な状況に応じて利用されて初めて意味あるものとなるのである。さまざまな制度やサービスとそれを必要な人々とをつなぐという、社会福祉における実践の意義と役割もここにある。

2）社会福祉実践の範囲とその担い手

i　社会福祉実践の範囲

一口に**社会福祉実践**といっても、その範囲は非常に幅広く、内容も多彩である。まずは、専門職による保育や介護などの子どもや要介護高齢者などに直接的にかかわるケアワークの実践、多様なサービスを利用者の状況に応じて連携や調整を図りながら提供するケアマネジメント、そして生活困難を抱える人々にかかわる個別支援および、誰にとっても住みよい地域づくりに向けた地域支援とを一体的に行うソーシャルワークの実践が挙げられる。

そして、地域の自治会やさまざまなボランティア団体による活動、地域の民生・児童委員や福祉委員などの地域住民による活動、あるいは行政機関などの公的な機関による活動、また社会福祉法人や民間団体、NPO などの非営利団体による活動、当事者の会や家族の会、親の会などによる活動も、広く社会福祉実践として挙げられる。活動内容についても、個人や家族にかかわるものもあれば、地域全体にかかわるものなどさまざまである。

社会福祉法第4条の条文によれば、社会福祉の事業や活動に携わる者は、「地域住民等」として、地域住民や関係者と相互に協力して、地域福祉の推進に努めなければならないとされている。このことは、個人や世帯が抱える生活問題を、特定の住民に限ったこととしてではなく地域全体の課題と捉えること、そしてそのような地域の課題に対して、専門職や関係機関や団体が地域福祉の推進主体である地域住民とともに連携し、協働して取り組むことを意味している。そして、さまざまな社会福祉事業を担う法人や施設、事業所同士は、その実践の形態や対象、方法はさまざまであっても、地域に根差して活動する専門職や組織・団体として互いにつながり、連携しあうことが大切である。このようなネットワークの形成によって、地域全体の福祉力が向上し、地域住民の参加による地域福祉の推進が促されるという理解と視野をもって、今日の社会福祉実践を捉えることが必要である。

ii　社会福祉実践を担う人々

日本の社会福祉従事者の資格としては、従来から保育士と並んで**社会福祉主事**の資格があった。社会福祉主事は社会福祉従事者の基礎資格として、1950年の社会福祉主事の設置に関する法律により定められたものである。そして、その後の社会状況や生活環境の変化に伴い、人々が直面する生活問題や困難状況も多様化・複雑化するなかで、知識や技術のより高い専門性が社会福祉の実践に携わる人々に求められるようになった。

1987年に制定された**社会福祉士及び介護福祉士法**は、我が国最初の社会福祉専門職の国家資格を制度化したものである。そして、1997年には**精神保健福祉士法**が制定された。また、地域における子育て支援を担う専門職としての保育士の重要性が高まるなかで、2001年には児童福祉法の一部を改正する法律が公布され保育士資格も国家資格化された。これらの国家資格以外にも、介護保険制度に基づく介護支援専門員や障害者総合支援法に基づく相談支援専門員、また生活困窮者自立支援制度に基づく自立相談支援員や就労支援員などの多くの職種が、さまざまな分野と場所で今日の社会福祉実践を担っている。

そして、地域福祉の推進が重視されるなかで、今日の社会福祉実践の重要な担い手として挙げられるのが**地域住民**である。上で挙げた専門職やさまざまな支援者も、地域住民の参加をいかに促し、連携し協働するかがその活動のあり方として問われている。地域住民の参加を促すためには、サービスや支援の受け手が、同時に地域活動や地域支援の担い手にもなるという考え方や活動の工夫が必要である。地域におけるさまざまな活動をいかに充実させ、同時にその担い手をいかに育むかを、地域共生社会の実現のための社会福祉実践のあり方として見出していかなければならない。

3）社会福祉実践としての共通基盤

今日の社会福祉実践が行われる領域や分野、場所は多岐にわたり、実践の形態や方法も多様である。その担い手も保育士や社会福祉士、介護福祉士などの専門職もいれば、福祉事務所や児童相談所等の行政機関の職員、さらには地域で活動する民生・児童委員、そして地域住民などさまざまである。しかしながら、それらが社会福祉実践として共通するのは、人々がこの社会で生活することにかかわり、その日常の暮らしを支えることであり、併せて誰もが住みよい地域づくりを行うということである。

今日の日本では、人々や家族、世帯が抱える生活課題や生活問題は多様化・複雑化、そして長期化し、また一つの家族や世帯で同時に複数の課題を抱える複合化の状況もある。貧困や地域における孤立、介護や子育てなどの家族のケア、就労や就学、住まいなどをめぐる困難が、個人や家族あるいは世帯ごとに複雑に絡みあっている状況である。さらには、既存の福祉制度やサービスでは対応できない、いわゆる制度の狭間の問題といわれる困難状況にある人々もいる。このような状況にある人々や家族・世帯に対しては、さまざまな制度やサービス、および関係職種や関係機関による支援を組み合わせるなどして、総合的かつ包括的に、そして継続的に対応していかなくてはならない。

そして、そのような困難状況にある人々が、必ずしも自ら支援を求めるわけではなく、支援拒否を訴える人やセルフネグレクト状態にある人もいる。こうした状況にある人々への対応としては、本人からのサービス利用の申請や支援機関への来所を待つのではなく、支援者・支援機関のほうから本人の生活の場に積極的に出向いて必要な支援につなげていく実践が求められる。

さらに、昨今の震災や豪雨災害の発生など、いつどこでどのような災害が起こってもおかしくない時代に私たちはいる。発災時の被災者への支援活動はもちろんのこと、防災のための体制づくりや活動も、地域における社会福祉実践の課題である。

地域共生社会とは、人々が多様な形で地域や社会とつながり、地域や社会の一員として包摂され、さまざまな活動への参加が保障され、相互に支えあう関係のなかで、人々が安心して暮らすことのできる地域社会のあり方である。いわば、そこで暮らす誰もが排除しない・されない、孤立しない・させない地域であり、それは同時に地域の活性化や新しい地域活動の創出の可能性にも満たされた地域の姿である。そしてその実現には、地域住民や専門職、行政を含めたさまざまな関係機関、組織や団体が相互につながり、連携や協働を可能にするネットワークを形成し、それぞれの役割を発揮する仕組みが必要なのである。

「人々の日々の生活を支え、人々の暮らしの場所としてのよりよい地域づくりを志向する」ということを共通の基盤とし、連携や協働による総合的で包括的な支援の営みとして、地域に根差した創造的で開発的な営みとしての社会福祉実践が求められている。

2. 社会福祉実践の対象と方法

1）今日における社会福祉実践の対象

i　人々の生活問題への視座

前述のとおり、今日の社会福祉実践は、それが行われる分野や場所、そして実践の内容や担い手も多岐にわたる。しかしながら、その対象を一言でいうならば、人々とその生活ということになろう。私たちはそれぞれの地域に暮らし、それぞれの生活を営んでいる。そしてそのなかで、時に自分自身やあるいは家族だけの力では解決できないさまざまな生活問題や困難に直面することがある。特に今日のような変化が激しい社会状況のなかでは、このような**生活問題**は決して個人や家族だけで抱えるべきことではなく、またそのすべてを個人や家族だけで解決していくべきことでもない。同じような立場や状況におかれれば、誰の生活にでも起こる可能性のある生活問題であり、困難状況なのである。

社会福祉実践とは、そのような何らかの生きづらさや生活のしづらさを抱える人々にかかわる営みである。そして、多様な社会福祉実践のなかでも、特にソーシャルワークの実践は、当事者である人々を支えるとともに、適切な支援やサービスなどの社会資源の利用につなぐ、あるいは家族や地域などの当事者を取り巻く環境にも働きかけて、その安定した生活の維持や再建を図るものである。それは、当事者である個人や家族にかかわると同時に、生きづらさや生活のしづらさをもたらす社会的・環境的、そして地域的な要因に目を向け、社会や環境の改善あるいは変革をも視野に入れた実践である。

このように、人々が経験する生活問題や困難状況の背景には、何らかの社会的、環境的、構造的な要因があるという認識が重要であり、このことをソーシャルワークはもちろんのこと、それぞれの社会福祉実践の対象としても、あるいはさまざまな実践の前提として、共通して視野に入れることが求められる。現代社会のなかで人々が生活していくうえで、さまざまに生じる生活問題や困難状況に対して、それらを特定の個人や家族、世帯の問題や課題とするのではなく、地域の課題や社会の問題としても捉え、広く社会福祉実践の対象として包含することが重要なのである。

ii　ミクロ、メゾ、マクロレベルでの対象把握

今日の社会福祉実践は、人々の生活、そしてその生活の場としての地域、さらにはさまざまな社会福祉の制度や施策、種々のサービスまでをも広く対象とすることが求められる。そもそも生活とは、どのような地域や場所で暮らすかによって、その環境に大きく影響を受けるものである。子育てや介護に悩む家族にとって、身近に相談できる場所があるかどうかや利用可能なサービスが整備されているかどうかによってその困難の度合いは異なる。何らかの病気や障がいを抱えつつ生活する人にとっては医療機関が身近にあるかどうか、職場の理解や配慮が得られるかどうかも日々の生活や就労の継続に大きく影響する。さらには、貧困や社会的に孤立した状態にある人や家族にとっても、地域住民同士の支えあいやつながり、行政や専門機関とのネットワークが形成されている地域とそうでない地域とでは、問題の現れ方も異なるのである。

このような状況に対して求められる社会福祉実践とは、**ソーシャルワーク**でいえば、**ミクロレベル**から**メゾレベル**、**マクロレベル**で対象を把握し、それぞれのレベルでの支援や働きかけを連動して行うという実践のあり方である。しかしこのことは、ソーシャルワークに限定される考え方ではない。

たとえば保育や介護などの**ケアワーク**にしても、確かにその実践の中心は子どもや利用者への直接的なかかわりや支援であるが、その親や家族、また生活の場としての地域をも視野に入れた実践が求められる。それは、社会の一員としての福祉の実現を意味する「社会福祉」の言葉のとおり、家族の一員や地域の一員としての子どもや利用者という視点に基づく保育や介護のあり方である。すなわち、子どもや利用者本人へのかかわりや支援を中心に据えつつも、その親や家族、そして地域の状況をも視野に入れたケアワークの実践が必要なのである。個人への支援と併せて、家族単位や世帯単位の支援、そして

人々が暮らす地域への支援が互いにつながり、重なりながらの実践の展開が求められる時代である。分野や場所を超えた多職種や関係機関同士の連携や協働が必要とされる理由もここにある。

今日必要なのは、さまざまな場所での多様な社会福祉実践が地域を基盤にしてつながることによって、全体として分野横断的、領域横断的、制度横断的に、総合的かつ包括的な生活支援、地域支援として展開するようなあり方である。それは生活困難を抱える個人や家族、世帯への直接的な支援から、住民同士が互いにつながり支え合う地域づくりの実践、さらにはさまざまな生活問題を生み出す社会構造的な要因へ働きかける社会変革を志向する実践の展開である。そのために、ミクロからメゾ、マクロレベルに至る対象の把握と、それに基づく社会福祉実践のあり方を描いて、関係する人々や組織と連携・協働していくことが求められるのである。

2）社会福祉実践の方法とコンピテンシー

i　社会福祉実践の専門性と方法

社会福祉実践の対象となる生活問題や困難状況は、たとえば高齢者の介護や子育てに関すること、貧困などの経済的な困窮状態のこと、ひきこもりなどの社会的な孤立状態のこと、小中高生の不登校や非行のこと、心や体の病や障がいのことなど、その内容は非常に多岐にわたる。さらに、どの地域で暮らすかによっても人々の生活状況は異なり、家族状況や経済的状況なども考慮すると、人々の生活状況は、個人や家族によってまったく異なったものとして捉えられる。したがってその生活のなかで生じる問題や困難状況も、個々に違ったもの、すなわち個別性、独自性が高いものになるのである。

社会福祉実践が共通して担う**生活支援**は、このように個々に異なる多様な人々の生活にかかわる営みであり、個々の状況に応じた対象の理解やかかわりや支援、働きかけが求められる。その意味で、社会福祉実践においては、対象となるその個別の生活状況への理解の仕方から、かかわりや支援、働きかけの仕方となる「方法」こそが、その実践の固有性や専門性を現すといっても過言ではない。

その方法とは、たとえば当事者とのコミュニケーションや情報収集、支援計画策定などの技術や技法にとどまらず、前述したように、個々人や家族にかかわるミクロレベルの実践から、地域あるいは制度や施策に働きかけるメゾ、マクロレベルへと展開する実践を可能にするものである。そして反対に、メゾ、マクロレベルでの状況を踏まえつつ、ミクロレベルでの支援のあり方へと循環する実践の方法である。さらに、地域住民の参加と協働を促すこと、当事者やサービス利用者の側からの支援や制度や施策の現状に対する評価と、そのことをよりよい支援のあり方や制度・施策の改善に反映させることも実践の方法の中に含まれる。

保育や介護などの直接的なケアワーク、ソーシャルワークによる個別支援と地域支援、ソーシャルアクションなどの地域や社会への働きかけ、それらを通しての地域のつながりや支援ネットワークの見直しや再構築なども含めた広い意味で、社会福祉実践における方法の意味を捉えることが必要である。

ii　実践方法を駆使するためのコンピテンシー

実践の方法に関する議論で大切なことは、社会福祉実践とは、その実践の担い手である「人」が、さまざまな方法を獲得し、状況に応じて活用することで成り立つということである。特に専門職による実践においては、そのような方法を駆使する実践能力の獲得や向上が求められる。このような能力は「**コンピテンシー**（competency）」と呼ばれており、近年の社会福祉教育、特に社会福祉士などのソーシャルワーク専門職養成教育のなかで重視されている。コンピテンシーを明確に設定した教育の展開、すなわち学校で何を習得し、卒業後に専門職として何ができるようになるのかを想定したうえでの教育が求められている。

コンピテンシーとは、ある特定の仕事や役割を遂行する資質や能力、適格性や行動特性などを表す言葉である。たとえばソーシャルワークのコンピテンシーという場合には、ソーシャルワーク専門職としての職務を遂行する能力や専門的力量のことを意味する。その具体的なものとして、アメリカにおけるソーシャルワーク教育認定機関であるCSWE（Council on Social Work Education）が2015年に定めた、教育方針と認定基準としてのEPAS（Educational Policy and Accreditation Standard）に示されたコンピテンシーがある。それによれば、ソーシャルワーク専門職となるために習得するべきコンピテンシーとして、以下の九つが挙げられている[(1)]。

（1）倫理的かつ専門職としての行動がとれる
（2）実践において多様性と相違に対応する
（3）人権と社会的・経済的・環境的な正義を推進する
（4）「実践に基づく調査」と「調査に基づく実践」に取り組む
（5）政策実践に関与する
（6）個人、家族、グループ、組織、コミュニティと関わる
（7）個人、家族、グループ、組織、コミュニティのアセスメントを行う
（8）個人、家族、グループ、組織、コミュニティに介入する
（9）個人、家族、グループ、組織、コミュニティへの実践を志向する

ここでは、ソーシャルワークのミクロからメゾ、マクロレベルにわたる実践において、実践の担い手として求められる能力や力量、行動特性が挙げられている。ソーシャルワーク専門職になるためには、これらのコンピテンシーを「知っている」だけでなく「できるようになる」ことが求められるのである。

ソーシャルワークに限らず、総じて社会福祉の実践とは、その時々の社会状況や人々の生活状況に対応しつつ展開されるものである。その意味で、実践の方法も、時代を超えて継承されるものもあれば、その時々の人々の生活状況のなかで新たに創造、開発されるものもある。さらには、実践が行われるその場所や地域において、地域性や文化に応じて特徴的に求められる方法もあると考える。保育や介護などのケアワークの実践で、あるいはソーシャルワークやケアマネジメントの実践のなかで求められるさまざまな方法の創造・開発と、その方法を駆使するコンピテンシーを備えた担い手である専門職の育成についての一体的な検討が必要である。そのためには、実践のなかで必要とされる方法の検討や開発、また自身のコンピテンシーの習得や向上のために、学校卒業後や資格取得後も継続的に学び続けられる環境の整備が求められる。

3. 社会福祉を取り巻く昨今の動きと多様な社会福祉実践

1）包括的な支援体制の構築と社会福祉実践

2019年12月には「地域共生社会に向けた包括的支援と多様な参加・協働の推進に関する検討会（地域共生社会推進検討会）最終とりまとめ」が厚生労働省により公表された。この報告書では、市町村における包括的な支援体制の構築に向けての以下のような記述がある[(2)]。

○市町村における地域住民の複合化・複雑化した支援ニーズに対応する包括的な支援体制の構築を推進するためには、中間とりまとめにおいてその必要性が確認された以下の３つの支援を内容とする、新たな事業の創設を行うべきである。
① 断らない相談支援…本人・世帯の属性にかかわらず受け止める相談支援
② 参加支援…本人・世帯の状態に合わせ、地域資源を活かしながら、就労支援、居住支援などを提供することで社会とのつながりを回復する支援
③ 地域づくりに向けた支援…地域社会からの孤立を防ぐとともに、地域における多世代の交流や多様な活躍の機会と役割を生み出す支援
○この３つの支援を一体的に行うことによって、本人と支援者や地域住民との継続的な関係性を築くことが可能となり、これらの関係性が一人ひとりの自律的な生を支えるセーフティネットとなる。

ここでは、誰からのどのような相談も断らずに受け止めるとする「断らない相談支援」、地域資源を活かしながら社会とのつながりを回復する「参加支援」、そして地域での孤立を防ぎ多世代の交流等の機会を生み出す「地域づくりに向けた支援」の三つを一体的に行うことが、地域における包括的な支援体制の推進に必要であるとされている。

さらに、2020年6月の社会福祉法改正では、「**重層的支援体制整備事業**」が法制化された（第106条の4）。これは、第106条の3に規定された「包括的な支援体制の整備」と併せて、地域住民に対する重層的なセーフティネットを強化するために新たに設けられた事業である。同法では、高齢、障害、子ども、生活困窮などの制度ごとに分かれている相談

支援などの事業について、一体的に実施することとされている。これらの報告書や法律に規定された包括的支援とそのための体制整備については、相談支援に限らず、これからの社会福祉実践全体のあり方として共有すべき内容であると考える。

2）生活困窮者自立支援法と社会福祉実践

生活困窮者自立支援法の第２条および第３条では、それぞれ生活困窮者に対する自立支援の基本理念および生活困窮者の定義として以下のように記されている。ここで示された基本理念や定義は、今日の社会福祉実践のあり方を検討する際に、共通して求められる視点や考え方であるといえる。

（基本理念）
第２条　生活困窮者に対する自立の支援は、生活困窮者の尊厳の保持を図りつつ、生活困窮者の就労の状況、心身の状況、地域社会からの孤立の状況その他の状況に応じて、包括的かつ早期に行われなければならない。
２　生活困窮者に対する自立の支援は、地域における福祉、就労、教育、住宅その他の生活困窮者に対する支援に関する業務を行う関係機関（以下単に「関係機関」という。）及び民間団体との緊密な連携その他必要な支援体制の整備に配慮して行われなければならない。
（定義）
第３条　この法律において「生活困窮者」とは、就労の状況、心身の状況、地域社会との関係性その他の事情により、現に経済的に困窮し、最低限度の生活を維持することができなくなるおそれのある者をいう。

基本理念では、まず生活困窮者の「尊厳の保持」を図ることが規定されている。そして就労や心身の状況に加えて、「地域社会からの孤立の状況」に応じた支援の必要性が挙げられている。さらに第３条では、生活困窮者の定義として、就労や心身の状況に加えて「地域社会との関係性」が挙げられている。このことは、「つながりの貧困状態」すなわち地域のなかで社会的に孤立した状態への対応が求められていることを示している。

また、第２条第２項では、支援においては、さまざまな分野の関係機関や民間団体との緊密な連携や支援体制の整備に配慮して行うことが規定されている。日本の社会福祉制度は、歴史的に分野別あるいは対象者別にさまざまに専門分化され、それに応じて機関や施設、事業所も整備されてきた。しかし、今日では既存の制度の対象とならないままに、地域で孤立した人々の存在がある。

生活困窮者自立支援法とそれに基づく生活困窮者自立支援制度とは、生活困難を抱えながらも、こうした状況のなかで支援につながらない人々に対して、従来の社会福祉制度の枠の中に、また、特定の分野や制度の枠内にとどまらない、総合的かつ包括的な、そして継続的な支援を実施することをねらいとしたものである。今日の社会福祉実践は、就労や教育、雇用や住宅などの政策分野と積極的に連携しながら、人々や家族、世帯および地域の状況に応じた支援を、創造的、開発的そして継続的に展開する必要がある。

3）居住支援やSNSを活用した支援

2007年７月に公布された住宅確保要配慮者に対する賃貸住宅の供給の促進に関する法律（住宅セーフティネット法）に基づいて、「住宅セーフティネット制度」による**居住支援**が行われている。これは、高齢者や障害者、低所得者、子育て世帯等の住宅確保要配慮者の入居を拒まない賃貸住宅の登録制度など、民間賃貸住宅や空き家を活用した居住の支援である。この制度のもとでは、住宅確保要配慮者居住支援法人による、利用者に対する入居前から入居中、そして退去や死亡時に至るまでの支援や、外国人対象の居住支援などに対して補助金を交付する「居住支援法人活動支援事業」が行われている。

このことは、地域福祉の推進を規定した社会福祉法第４条において、地域生活課題としての住まいに関する課題への対応の必要性が記されていることとも関連する。今日では、「**ハウジングファースト**」という、まずは安定した住まいの提供を第一として、そのうえで状況や必要に応じての支援を行うという実践も行われている。安定した生活のために欠くことのできない住まいの提供や居住の支援は、人々の尊厳を守る社会福祉実践としてますます重要な取り組みとして位置づけられる。

また、**SNSを活用した相談支援**の活動に取り組んでいるNPOなどの団体もある。コロナ禍の2020

年は、自殺者数が11年ぶりに増加したと報じられ、特に子どもと女性に多かったとされている。コロナ禍のなかで生じたさまざまな生きづらさが、特定の層に集中して現れたことを示している。この状況を受けて厚生労働省は、2021年に生活困窮や社会的に孤立した状態にある自殺リスクのある人への支援として自殺防止対策事業をスタートさせた。これは、民間団体が行う自殺防止に関する活動への支援を行うというものである。そのなかにはSNSを活用した相談の実施も含まれており、生活の困りごとの相談をLINE等で受け付ける活動が行われている。厚生労働省が定めた「自殺対策におけるSNS相談事業ガイドライン」に沿った事業の実施や、相談者の状態に応じて必要な支援機関や相談窓口等へつなげる活動などを行っている。

2022年は、自殺によって亡くなった小中高生が514人という統計史上最多を更新したとされている。悩みや苦しみを抱える子どもや大人が、SNSでいつでも気軽に相談できる場所や方法があること、そのような相談の機会につながることは、命を守る社会福祉実践であるための喫緊の課題である。

4）人々の尊厳を守る社会福祉実践

今日の日本は、少子・高齢化の進行と人口減少の時代にあり、社会・経済状況や産業構造の変化、また、それに伴う就業構造や雇用形態の変化、地域社会の変化、さらには世帯構造や家族形態の多様化のなかにある。また、ICTの発達を背景に、経済や情報などさまざまな側面でのグローバル化が進むなかにあり、人々の価値観やライフスタイル、性的指向や性自認の多様化もみられる。また、日本で暮らす外国人も増加しており、夫婦や家族のあり方も多様化している。

人々の**尊厳**が守られる社会とは、このような人々の多様性が尊重され、誰もが安心して暮らせる社会のことである。しかしながら、私たちが暮らす社会は依然として、格差や貧困、差別や分断の問題を抱える状況のなかにある。社会的な排除の構造や周囲の差別の意識からもたらされる生きづらさや生活のしづらさを抱えるマイノリティの人々がいる。そのような状況のなかで、安定した主体的な生活が脅かされる人々がいる。さまざまな事情により他者や場所とのつながりを失い、社会的に孤立を強いられ、貧困や生活困窮の状態にある人々や世帯への支援が、政策的にも、実践的にも、よりいっそう求められている状況にある。

人々の尊厳が侵される状況に徹底して抗い、そこで暮らす誰もが尊厳を守られる地域や社会づくりに向けて、社会福祉実践は機能しなければならない。社会福祉実践とは、社会的存在としての人間の社会性を維持することから人々の生活の豊かさを支え、その福祉を保障する地域や社会の実現を目指して、連帯し行動する営みである。それは同時に、一人の苦しみや生活困難に寄り添い、その声に耳を傾け、制度やサービスのあり方に反映させる実践である。さまざまな社会的、構造的な要因を背景とする生きづらさや生活のしづらさを抱える人々の、その尊厳を守る社会福祉実践がさまざまな場所で求められている。

注

（1）「ソーシャルワーク演習のための教育ガイドライン」日本ソーシャルワーク教育学校連盟『社会福祉の養成課程の見直しを踏まえた教育内容及び教育体制に関する調査研究事業・実施報告書』86～89頁、2020年

（2）厚生労働省「地域共生社会に向けた包括的支援と多様な参加・協働の推進に関する検討会（地域共生社会推進検討会）最終とりまとめ（令和元年12月26日）」8頁、2019年

参考文献

- ブレンダ・デュボワ／カーラ・K・マイリー、北島英治監訳、上田洋介訳『ソーシャルワーク――人々をエンパワメントする専門職』明石書店、2017年
- 菊池馨実編著『相談支援の法的構造――「地域共生社会」構想の理論分析』信山社、2022年
- 空閑浩人「孤独・孤立状態にある人への伴走型支援――人間の『生』を支え、『生きること』を諦めない実践としてのソーシャルワークの展開」全国社会福祉協議会『月刊福祉』2022年2月号、15～19頁、2022年
- マイケル・ラバレット編著、深谷弘和・石倉康次ほか監訳『現代のラディカル・ソーシャルワーク――岐路に立つソーシャルワーク』クリエイツかもがわ、2023年

2 ソーシャルワークの体系

空閑浩人

1. ソーシャルワークとは何か

1）人々の生活とともにあるソーシャルワーク

i　その時代の社会状況と人々の生活への視点

ソーシャルワークは、その時代の社会状況のなかで、人々の日々の暮らしやそのなかで直面するさまざまな生活問題に向き合い、安定した生活の維持や再建、そして誰もが安心して暮らせる地域や社会の実現に向けて、実践や研究を重ねつつ発展してきた。それは、生きづらさや生活のしづらさを抱える人々への直接的な（ミクロレベルでの）支援の展開と、その困難を生み出す地域の状況や社会環境の改善に向けての（メゾ、マクロレベルでの）働きかけを通して、専門性の向上と社会的信頼の獲得に取り組んできた歴史でもある。

人々の生活は、その時々の社会状況に大きく影響を受ける。したがって、生活問題（たとえば家計に関すること、家族関係や親戚関係のこと、就学や学校に関すること、仕事や職場のこと、介護や育児のこと、近隣住民との関係のこと、病気や障害に関すること など）の現れ方もその時代や社会状況によって異なる。現在の日本は、少子・高齢化の進行と人口減少の時代にあり、社会・経済状況や産業構造の変化、またそれに伴う就業構造や雇用形態の変化、地域社会の変化、さらには世帯構造や家族形態の多様化のなかにある。また、ICTの発達を背景に、経済や情報などさまざまな側面でのグローバル化が進むなかで、人々の価値観やライフスタイルも多様化している。

ソーシャルワークは、現在の社会状況とそのなかで生きる人々、そして人々が営む日々の生活への確かな視点に基づかなければならない。その視点こそがソーシャルワークを適切に機能させる基礎となり、その存在意義を主張するのである。

ii　社会的・構造的な問題としての生活問題

ソーシャルワークにおいて重要なことは、個人や家族が抱える**生活問題**や困難状況の背景には、それを生じさせる関係的、地域的、社会的、環境的な構造が必ずあるという認識である。当事者が直面する生活困難は、個人的な問題では決してなく、したがって個人や家族の責任に帰して終わる問題ではない。それらは個人の自己責任や努力不足などでは決してなく、いつどこで誰にでも起こり得る社会環境的、社会構造的な問題なのである。個人的なことは地域的、社会的なことであり、個人や家族の生活に現れる問題は、地域や社会に内包された問題であるという見方がソーシャルワークには欠かせない。

それゆえに、ソーシャルワークは、個人あるいは家族や世帯への直接的な支援から、人々が暮らす地域や人々を取り巻く社会環境の改善への働きかけへと至るものでなければならない。すなわち、**ミクロレベル**から**メゾレベル**、そして**マクロレベル**での実践が、状況に応じて相互に連動して展開する多様な営みと、そのためのさまざまな方法がソーシャルワークの体系を成すのである。

2）ソーシャルワークの独自性・固有性・専門性

i　個人と社会環境の一体的な把握と働きかけ

ソーシャルワークは、個人や家族が抱えるさまざまな生活問題や困難状況を、あくまでも周囲の社会環境との関係のなかで把握する。そして、生活問題を抱える当事者だけでなく、周囲の社会環境をも視野に入れて、当事者である個人や家族への支援と同時に、社会環境の改善に向けた働きかけも行う。すなわち、個人とその個人を取り巻く社会環境とを一体的に把握しながら、両者の関係を見据えた支援や働きかけを特徴とする営みと方法がソーシャルワークである。

ここでいう「**社会環境**」とは、具体的には個人を取り巻く家族や友人、近隣住民などの人々、学校や職場、役所や病院、商店などのさまざまな場所、さまざまな制度やサービス、あるいは地域全体を総称して指す。さらには、身近で具体的な人や場所以外でも、社会や経済の動き、人々の意識や価値観、地域の文化や生活習慣、世論なども意味する言葉である。人は誰でも自分を取り巻く社会環境との関係のなかで暮らしている。それゆえに、誰かの生活状況を知るためには、その人とその人を取り巻く社会環境、および両者の相互関係をみること（**個人と社会環境との関係性**への一体的な視点と把握）が必要なのである。

それはすなわち、人々の生活に問題や困難状況を生じさせる社会環境に働きかけて、その社会環境のあり方を改善することがなければ、問題の抜本的な解決や困難状況の緩和には至らないという認識である。人々が生活問題や困難状況を抱えるに至った背景を見きわめるとともに、そのような生活問題や困難状況を生じさせない社会環境の整備や調整に努めることが、ソーシャルワークが担う役割なのである。

このような、個人と社会環境との両方およびその関係（相互作用）を一体的に捉える視点とその視点に基づく支援や働きかけのあり方こそ、ソーシャルワークの実践や方法全体を貫くものである。そして、たとえば医療や看護、臨床心理や教育などの分野とは異なるソーシャルワークの独自性や固有性、そして専門性もここにあるといえる。

ii　地域に根差したソーシャルワークの展開

ソーシャルワークとは、何らかの生活問題を抱える人々に対するアプローチと、人々が暮らす地域や人々を取り巻く社会環境へのアプローチとの両方を、一体的に行う営みである。そして今日、人々の生活を取り巻く社会状況の激しい変化と、そのなかで生じるさまざまな生活問題は、ソーシャルワークがますます求められていることを示している。

ソーシャルワークは、既存の法律や制度に基づいて何かのサービスを提供するだけの活動ではない。地域や社会のあるべき姿を見据えつつ、支援や働きかけのさまざまな方法を駆使した活動を行いながら、人々の尊厳や権利が侵されている状況に抗い、人々の安定した生活を支えるとともに、生活の場としての地域を、地域住民とともに守る営みである。

貧困や生活困窮、社会的孤立や孤独の問題だけでなく、不登校やひきこもり、子どもや高齢者への虐待、DV などの家族関係のなかでの暴力、過労死や自殺、介護殺人や介護心中などが社会問題となる現代社会は、人々がさまざまな事情で追い詰められ、いつ誰がそのような状態になってもおかしくない社会であるといえる。言い換えれば、人間の幸せとは何か、人間らしい生活とは何か、社会の豊かさとは何かが、あらためて問われている時代である。そのような時代のなかで、何が人々の生活問題をもたらしているのかへの問いと、人々の生活の場や環境としての地域や社会はどうあるべきかへの問いとの双方をつなぐことから、日々の生活を支える支援と地域や社会の変化を促す活動を見出して、実践するソーシャルワークへの期待は大きい。

そして、今日求められるソーシャルワークのあり方とは、何かの制度に基づく特定の分野や領域の中だけで、あるいは特定の状況や対象者が想定された制度の枠組みの中だけで実践されるものではない。分野横断的、領域横断的、制度横断的に実践される、地域に根差した総合的かつ包括的な生活支援や地域支援として展開されるソーシャルワークの実践と方法である。それは、生活困難を抱える個人や家族、世帯への支援から、住民同士が互いにつながり、支え合う地域づくり、さらにはさまざまな生活問題を生み出す社会構造的な要因へと眼差しを向けて、社会変革を志向する実践である。そして、そのようなミクロ、メゾ、マクロレベルに至る実践のあり方を描いて、関係する人々と連携・協働して具現化するソーシャルワーク専門職の存在とその働きなのである。

ⅲ　地域共生社会とソーシャルワークの存在意義

地域共生社会の実現のためには、福祉、医療、看護、保健、教育などの専門職が、分野横断的、業種横断的に連携・協働する体制、すなわち地域における総合的で包括的な支援体制の構築が求められる。それは、地域住民やさまざまな専門職、行政を含めたさまざまな関係機関、関係組織や団体が相互につながり、ネットワークを形成し、そのなかでそれぞれの役割を発揮する仕組みである。

そして、人々が抱える生活問題が多様化、複雑化、複合化そして長期化する現代では、このような総合的・包括的な支援体制の構築は喫緊の課題であり、社会福祉士等のソーシャルワーク専門職に限らず、社会福祉従事者全体が共有して取り組むべき課題であるといえる。

地域で働く社会福祉士や精神保健福祉士はもちろんのこと、保育士や介護福祉士等も含めた社会福祉職全体が、それぞれの実践現場を基盤にして、その専門性や対象とのかかわりに応じた、多様な「**ソーシャルワーク機能**」を発揮することが必要なのである。そのためにも、ソーシャルワークを、さまざまな社会福祉の仕事とそれを担う専門職を横断する共通言語や共有概念にしていかなければならない。

ソーシャルワークは、その時代の社会のなかで生きる人々とともにあり、さまざまな生活困難を抱える当事者が、生きて生活する状況とその現実に寄り添ったものでなければならない。ソーシャルワークに役割や存在意義を与えるのは、生きづらさや生活のしづらさを抱える当事者であり、その現実の生活状況であり、人々が暮らす場としての地域や社会環境である。そして、当事者や地域住民に対して何をなし得るのかというところに、ソーシャルワークのあり方を見出し、問い直す基準が置かれなければならない。

2. ソーシャルワークの定義と日本における展開

1）ソーシャルワーク専門職のグローバル定義

ⅰ　ソーシャルワークの世界標準を表す国際定義

今日ソーシャルワークは世界各国で展開され、ソーシャルワーカーやソーシャルワーク教育機関の国際的な組織もある。前者については「国際ソーシャルワーカー連盟（IFSW = International Federation of Social Workers）」、後者は「国際ソーシャルワーク学校連盟（IASSW = International Association of Schools of Social Work）」がそれぞれ代表的な組織である。そして、2014 年 7 月にオーストラリアのメルボルンで開催されたこの 2 団体の総会で、「**ソーシャルワーク専門職のグローバル定義**」が採択された。内容は以下に示すとおりであるが、これが現在のソーシャルワークの世界標準（グローバルスタンダード）を説明する国際的な定義である [(1)]。

> ソーシャルワークは、社会変革と社会開発、社会的結束、および人々のエンパワメントと解放を促進する、実践に基づいた専門職であり学問である。社会正義、人権、集団的責任、および多様性尊重の諸原理は、ソーシャルワークの中核をなす。ソーシャルワークの理論、社会科学、人文学および地域・民族固有の知を基盤として、ソーシャルワークは、生活課題に取り組みウェルビーイングを高めるよう、人々やさまざまな構造に働きかける。この定義は、各国および世界の各地域で展開してもよい。

この定義に示されている「社会変革」「社会開発」「社会的結束」「エンパワメント」そして「解放」という言葉は、ソーシャルワークの特徴を表す重要な言葉であり、これらを現実的に実現し促進することが、ソーシャルワークの中心的な業務である。ソーシャルワークは、誰もが社会の一員であり、地域で暮らす一人の住民として、その尊厳が守られ、権利が尊重され、差別や抑圧、また、排除されることなく生きて暮らしていける社会の実現を目指した活動を担う。そして、そのような社会のあり方が法制度や政策的な側面においても重視され、推進されることを求める活動をも行いながら、人々の自由で主体的な生活が支えられるための環境整備に努めるのである。

ⅱ　ソーシャルワークの中核をなす原理

また、この定義のなかにある「社会正義」「人権」「集団的責任」「多様性尊重」とはソーシャルワークの中核となる原理・原則を表す言葉である。社会正義や人権は、ソーシャルワークの存在意義にかかわる言葉であり、その実現と尊重の営みがソーシャルワークであるといっても過言ではない。そして多様性の尊重とは、多様な人々の存在の尊重、すなわち誰もが社会を構成する一員として尊重され、差別や排除されることなくその尊厳が守られる状態の実現をソーシャルワークは目指すということである。

さらに、集団的責任とは、自分が暮らす地域や所属する場所に対して、人々がお互いに責任をもつということであり、そこが一人ひとりを大切にする地域や場所であるように人々が互いに協力しなければならないことを意味する。個人の権利は最大限に尊重されつつも、それが他者の権利を侵害することのないよう、集団の一員としての責任が、それを構成する個々人にあるということである。そしてソーシャルワークは、個人の権利がそれぞれの日常生活のなかで尊重される地域や社会の姿を描き、その実現を目指すのである。

また、このグローバル定義では、ソーシャルワークは実践に基づいた「学問」でもあるとされている。人間と社会との両方に広く関係するソーシャルワークの研究では、さまざまな社会科学、人間科学の知が活用される。加えて、それぞれの国や地域の伝統的な文化や、民族に共有されているさまざまな固有の知が、その国や地域におけるソーシャルワークの理論を豊かにかつ手厚くするのである。

そして、定義のなかに「人々やさまざまな構造に働きかける」とあるように、ソーシャルワークは人々とその生活状況に影響を及ぼす社会的、経済的な状況や、さらには政治的な状況も含めた社会構造にまで視野を広げて働きかける。このことは、ソーシャルワークが、人とその生活を取り巻く社会環境への一体的な視点に基づいたかかわりによって、人々の「ウェルビーイング」、すなわち生活の安定を支援する営みであることを意味している。

2）グローバル定義の日本における展開

ⅰ　国際的普遍性と社会的・文化的独自性の追求

「ソーシャルワーク専門職のグローバル定義」のなかには、「地域・民族固有の知を基盤として」という言葉があり、さらに「この定義は、各国および世界の各地域で展開してもよい」とされている。これは、その国や地域で暮らす人々の生活の現実や社会のあり方にかかわる営みとしての、まさにその時代にその場所で生きる人々の生活とともにあるソーシャルワークへの理解を主張したものであるといえる。これを受けて、2016年には、この定義の日本における展開が以下のように示された[(2)]。

ソーシャルワーク専門職のグローバル定義の日本における展開

日本におけるソーシャルワークは、独自の文化や制度に欧米から学んだソーシャルワークを融合させて発展している。現在の日本の社会は、高度な科学技術を有し、めざましい経済発展を遂げた一方で、世界に先駆けて少子高齢社会を経験し、個人・家族から政治・経済にいたる多様な課題に向き合っている。また日本に暮らす人々は、伝統的に自然環境との調和を志向してきたが、多発する自然災害や環境破壊へのさらなる対応が求められている。これらに鑑み、日本におけるソーシャルワークは以下の取り組みを重要視する。

- ソーシャルワークは、人々と環境とその相互作用する接点に働きかけ、日本に住むすべての人々の健康で文化的な最低限度の生活を営む権利を実現し、ウェルビーイングを増進する。
- ソーシャルワークは、差別や抑圧の歴史を認識し、多様な文化を尊重した実践を展開しながら、平和を希求する。
- ソーシャルワークは、人権を尊重し、年齢、性、障がいの有無、宗教、国籍等にかかわらず、生活課題を有する人々がつながりを実感できる社会への変革と社会的包摂の実現に向けて関連する人々や組織と協働する。
- ソーシャルワークは、すべての人々が自己決定に基づく生活を送れるよう権利を擁護し、予防的な対応を含め、必要な支援が切れ目なく利用できるシステムを構築する。

ソーシャルワークは、人々と環境との相互作用を視野に入れて、生活困難を抱える一人ひとりのウェルビーイングの増進への支援と、そのような生活困難を生み出す地域や社会の環境の改善、すなわち社会変革や社会的包摂の実現のための働きかけを行う。すなわち、個人の尊厳の保持と人権の尊重、そして誰もが自分らしい生活を営む権利とその権利行使の視点に根ざした、ミクロ、メゾ、マクロレベルの活動が、相互に重なり合い、ダイナミックに連動するのがソーシャルワークの実践である。

ソーシャルワークには、人間の生活を支援して社会環境を改善していく活動および方法として、時代や国、地域を超えた普遍的な側面がある。一方でソーシャルワークが人々の生活にかかわるものである以上、具体的な実践やその方法のあり方には、その時代のその国の社会状況や文化的状況、また人々の生活様式や生活習慣、さらにはその場所の地域特性に応じた独自で固有な側面もある。

日本におけるソーシャルワークの発展には、その両者を見きわめていく作業が必要である。日本で暮らす人々の生活やそれを取り巻く社会環境を見据えながら、その生活に生じるさまざまな困難や問題に向き合い、現代の日本社会に生きる人々とともにあるソーシャルワークのあり方を問い続けていかなればならない。

ii　多職種・多機関・多業種による連携・協働体制

「ソーシャルワーク専門職のグローバル定義の日本における展開」のなかに、「必要な支援が切れ目なく利用できるシステム」の構築とある。このことは、日本におけるソーシャルワークの展開を考える際に、地域に存在するさまざまな関係職種や機関同士の連携・協働体制を構築する必要性と重要性を示している。それは個人や家族に対する場面だけでなく、地域に対する支援においても同様である。地域とは、そこで多様な人々の多様な生活が営まれ、就学、就労、買い物、遊び、習い事、サークル、自治会など、実に多様な社会参加や社会的な活動が行われる場所である。したがって、ソーシャルワークが地域の実態に近づくほど、その地域支援のあり方は、地域全体への視点に基づいて、さまざまな人や場所が連携・協働する、総合的で包括的なものにならざるを得ないのである。

そして、このような支援体制の構築は、地域に存在する多様な社会資源が有機的につながることによる、地域の**サポートネットワーク**の形成となる。ここでいう社会資源とは、人々が社会生活を営むなかで活用される情報や制度、サービス、公的なものや民間による機関や施設、それらの機関や施設で働く専門職や地域で活動するボランティア、さらには自治会や学校や公民館あるいはショッピングセンターなどの地域の組織や建物、場所などを総称して指す言葉である。これらのさまざまな社会資源は、制度に基づいた社会福祉サービスや施設・機関の職員などのフォーマルなものと、地域のボランティア団体や近隣の人々、または家族などのインフォーマルなものとに大きく分けられる。地域の社会資源が相互につながり連携・協働することで、人々の生活を支えるサポートネットワークが形成されるのである。

また、そのようなネットワークが形成されることで、地域で似たような状況にある人々を見守り、支える仕組みとして機能することにもなる。たとえば、ひきこもりや社会的に孤立しているなどの生活困窮状態にある人々の早期発見や困難状況の深刻化を防ぐ早期支援にもつながるのである。

3）法人や団体・組織としてのソーシャルワーク機能

i　地域における公益的な取り組みの推進

ソーシャルワークの日本における展開を考える際には、専門職である個々人が担う実践だけでなく、法人や団体、組織としてのソーシャルワーク機能の発揮が期待される。たとえば、社会福祉法第 24 条には、社会福祉法人が社会事業や公益事業を行うにあたって、「日常生活又は社会生活上の支援を必要とする者に対して、無料又は低額な料金で、福祉サービスを積極的に提供するよう努めなければならない」とされている。この規定は、社会福祉法人に求められる地域貢献として、地域における公益的な取り組みを推進しようとするものである。

社会福祉法人は、歴史的に児童福祉や高齢者福祉、障害者福祉などのさまざまな社会福祉分野でのサービスの提供を中心的に担ってきた組織である。これからの地域共生社会の実現とそのための地域福祉の推進に向けては、社会福祉法人がもつ専門性および公益性・非営利性を踏まえた地域貢献活動への期待は大きい。それぞれの法人が地域の状況に応じて、また法人の規模や事業、サービスの種類に応じて、地域の福祉ニーズを把握しつつ、地域のさまざまな人や場所、機関や施設と連携しながらの取り組みが求められている。

地域貢献とは、それぞれの地域性の違いや地域の課題の状況に応じた、創意工夫に基づく取り組みとして行われるべきものである。その意味で、地域にある社会福祉法人としての創造的で開発的なソーシャルワークの展開が期待されている。言い換えれば、個人や家族に対する支援から地域への働きかけ、社会環境の改善といったミクロからメゾ・マクロレベルに至るソーシャルワーク機能を内在化させた法人経営や組織運営のあり方が、社会福祉法人に問われているということである。

さらに、社会福祉に関連する事業を地域で展開している組織や団体は、社会福祉法人に限らない。今日では、医療法人や特定非営利活動法人（NPO）など、さまざまな法人や団体、組織による多様な活動が行われ、多様なソーシャルワーク機能の発揮がみられる。たとえば、地域におけるさまざまなカフェやサロン、子ども食堂など、多様な「居場所づくり」の活動が全国的な広がりをみせており、生活課題を抱える人々の自立や社会参加を支える実践を担っている。地域における総合的かつ包括的な支援としてのソーシャルワークの展開として、このような法人や団体、組織単位で創造的・開発的に実践されるソーシャルワークの活動についても、今後のいっそうの充実と発展が期待される。

ii　地域における社会資源の開発

地域で活動する法人や団体を単位としたソーシャルワークの展開は、ソーシャルワークの重要な役割の一つである社会資源を開発する機能を果たすことになる。この**社会資源の「開発」**という言葉が意味するのは、たとえば何かの新しい制度やサービスをつくるとか、そのための資金を獲得するとか、何かの団体を立ち上げるなどということだけではない。現在この地域にあるもの、この地域で暮らしている、仕事を営んでいる人々がつながり合うことで、大切な社会資源となり得るのである。たとえば縦割りの制度のもとで活動していた職種が相互に連携する、地域にある高齢者福祉施設のホールや会議室を開放して地域の子どもたちのためのイベント等に使う、ソーシャルワーカーが所属する機関や施設と地域住民あるいは地域住民同士がつながる、一人暮らし高齢者を近隣の住民が見守る、商店街の人々がサロンや福祉活動に協力するなど、その形は実にさまざまである。

地域支援とは、地域における多様な社会資源のつながりによる支え合いのネットワークの形成であり、多様な形の連携・協働による総合的・包括的な支援体制の築きである。そしてこのような取り組みを実現していくところに、個人や家族への支援と地域支援の実践が連動し、重なり合って展開するソーシャルワークならではの意義や可能性もある。

3. ジェネラリスト・ソーシャルワークと日本における発展

1）総合的・包括的な支援とジェネラリスト・ソーシャルワーク

日本における**総合的・包括的な支援**と今日におけるその必要性の高まりとは、ソーシャルワークの歴史的な文脈においては、1990年代の**ジェネラリスト・ソーシャルワーク**の登場と同じ意味をもつと考える。言い換えれば、欧米におけるソーシャルワークの統合化の議論から生まれて、発展してきたジェネラリスト・ソーシャルワークの日本における展開と発展の形が、地域における総合的かつ包括的な支援ということである。

ソーシャルワークには、伝統的なケースワーク、グループワーク、コミュニティワークという、対象別の支援方法や技術の開発を通して発展し、体系化されてきた歴史がある。しかし、社会状況や経済状況の変化のなかで、人々が直面する生活問題が多様化・複雑化し、従来からの個人、集団、地域という対象別の枠組みと方法によるソーシャルワークでは対応が難しくなってきた。ここからソーシャルワークの統合化に向けた議論が生まれ、**システム理論**や**生態学理論**の考え方がソーシャルワークに取り入れられていくことになる。

そして、これらのシステムや生態学の考え方を基盤として、人々の生活問題を全体的に捉え、それぞれの状況に応じた支援方法を駆使するソーシャルワークのあり方、すなわち多様化・複雑化・複合化する問題に多角的に対応していけるソーシャルワークのあり方として、ジェネラリスト・ソーシャルワークが生まれ、発展してきた。また、今日ソーシャルワークが求められる分野や領域が、医療や教育、司法や労働などと拡大するなかで、また必要とされる理論や方法・技術が多様化するなかで、ジェネラリスト・ソーシャルワークは、そのようなソーシャルワークの幅の広さや多様性、あるいは創造性や開発性を包括する理論と実践の枠組みとして位置づけられる。

2）システム理論や生態学に基づく対象理解とストレングスへの視点

ジェネラリスト・ソーシャルワークの展開過程は、個人や家族および地域や社会環境を、両者の相互関係の文脈から一体的に捉える視点に基づいて、支援が必要な個人や家族の生活状況と抱えている困難の状態を全体的に把握することから始まる。そのような対象理解の理論的基盤となるのが、システム理論や生態学の考え方である。それは、全体の構造とその全体を構成している要素間の関係のあり方と、相互に与えている影響の内容や度合いなどを重視するものである。たとえば、全体としての家族と家族を構成する個々人の関係（夫婦関係や親子関係、きょうだい関係など）への視点であり、全体としての地域と地域で暮らす住民同士の関係（近隣関係や町内会や自治会での関係など）への視点などである。

このような全体と全体を構成する要素間の相互の関係を重視する視点は、ジェネラリスト・ソーシャルワークならではの支援や働きかけに対する考え方を導く。それは、問題の原因となっている（と思われる）人や出来事などを特定して、専らその原因に対する働きかけによって問題を解決するという考え方（「治療モデル」や「医学モデル」）ではない。問題が発生している状況の全体性と関係する人や場所、出来事などの相互関係を重視して、その関係に介入することによって、関係の変容を通した問題解決を志向するという考え方（「**生活モデル**」や「**ライフモデル**」）である。たとえば、家族や地域のなかの誰かや何かを問題の原因として特定し、変化や除去を促すアプローチではなく、家族や地域を構成する人々や出来事などの多様な相互関係の現れとしての問題状況に対する全体的な把握から、その多様な関係にさまざまな介入や働きかけを行い、関係のあり方に変化を生じさせることを通して、総合的に問題の解決を図るという支援である。

さらに、ジェネラリスト・ソーシャルワークの特徴としては、本人主体や地域主体の支援であること、そのために本人や地域の**ストレングス**を見出しながら支援を展開するということが挙げられる。支援者である専門職は、本人や家族の代わりに問題を解決する存在なのではなく、本人や家族が自らの生活の主体として、そこで生じた問題に対して、自分たちで向き合い、解決していけるように、継続的に支えることを役割とするのである。

このことは地域への支援においても同様である。個人や家族によって生活状況が異なるように、地域にもそれぞれの違いがあり、地域特性がある。そして、地域の主体は、そこで長年暮らしてきた、そして現在暮らしている住民である。地域支援とは、地域の課題を専門家が地域住民に代わって解決することではない。地域住民が、自分たちが暮らす地域の課題として共有し、自分たちが主体となって解決に向けた取り組みを進める、その過程を支えるのがソーシャルワークの役割なのである。

解決するのはあくまでも当事者である本人であり、その地域で暮らす住民であるということを忘れてはならない。そのためにも、それぞれに個別性、独自性そして歴史をもった存在や場所としての個人や家族、地域を知ろうとする姿勢がソーシャルワークに求められる。

そしてそのような支援の過程のなかで重要となるのが、本人やその家族そしてその地域がもつストレングス、すなわち強さや力、長所、できること、特色や魅力、可能性などへの視点である。ジェネラリスト・ソーシャルワークは、支援の対象となる人や家族、地域のストレングスを見出して尊重し、課題の解決にそのストレングスが発揮されるような環境整備や調整を試みながら、人々とともに、協働して課題解決に取り組む支援の過程なのである。

3）ジェネラリスト・ソーシャルワークの日本における発展

ソーシャルワークは、その時代の社会状況や人々の生活状況とともにある。その意味で、ソーシャルワークの歴史とは、その時代の、その国や地域の社会的状況のなかで、その実践や方法のあり方が問われてきた歴史である。そして、その国や地域で生きる人々にかかわり、人々が抱える生活問題を解決するための支援や働きかけの積み重ねを通して、ソーシャルワーク自体の存在意義や目的を見出し、その理論と実践を確立させようとしてきた歴史である。

今日の日本では、人々が抱える生活問題の多様化・複雑化・複合化に対応できる、総合的かつ包括的な支援としてのソーシャルワークが求められている。このようなソーシャルワークのあり方を、日本におけるジェネラリスト・ソーシャルワークと位置づけて、発展させていかなければならない。

前述したように、ジェネラリスト・ソーシャルワークとは、システム理論や生態学的視点（エコロジカルアプローチ）に基づくソーシャルワークの実践と方法の体系である。支援の対象となる人々とその生活状況を全体的・統合的に捉え、家族や地域、そして人々の生活を取り巻く社会状況も視野に入れた多面的・多角的な対応をするべく、個々の生活困難状況に応じての総合的・包括的な支援の展開とその過程を重視するソーシャルワークである。それはすなわち、生活困難を抱える個人や家族への支援にとどまらず、そのような人々が支えられ、安心して暮らしていける地域づくり、さらに生活困難を生み出す社会的・構造的な要因を見きわめて、社会変革を志向する実践が相互に連動する営みである。このようなミクロレベル、メゾレベル、マクロレベルの実践が重層的に展開することが、総合的・包括的な支援とその仕組みづくりとして、今日の日本で求められているソーシャルワークの姿である。

人々や家族が、その地域のなかで、さまざまな人や場所といった周囲の社会環境と調和して、安定した生活を主体的に営むことができること、そしてそのような個人や家族への支援と地域づくり、そして社会環境の調整や整備を行うことが、ソーシャルワークの目的であり、役割である。日本におけるジェネラリスト・ソーシャルワークの今後の発展が、これからの地域における総合的かつ包括的な支援の発展と支援体制の充実につながるのである。

注

（1）国際ソーシャルワーカー連盟（IFSW）総会及び国際ソーシャルワーク学校連盟（IASSW）「ソーシャルワーク専門職のグローバル定義」（社会福祉専門職団体協議会・日本社会福祉教育学校連盟による日本語訳及び日本語定義）2015年2月13日

（2）日本ソーシャルワーカー連盟構成４団体（日本ソーシャルワーカー協会、日本医療社会福祉協会、日本精神保健福祉士協会、日本社会福祉士会）及び日本社会福祉教育学校連盟「ソーシャルワーク専門職のグローバル定義の日本における展開」（2016年3月から6月における各団体の総会において採択）

参考文献

- ブレンダ・デュボワ／カーラ・K・マイリー、北島英治監訳、上田洋介訳『ソーシャルワーク――人々をエンパワメントする専門職』明石書店、2017年
- ディーン・H・ヘプワースほか、武田信子監、北島英治ほか監訳『ダイレクト・ソーシャルワークハンドブック――対人支援の理論と技術』明石書店、2015年
- 五石敬路・岩間伸之・西岡正次・有田朗編著『生活困窮者支援で社会を変える』法律文化社、2017年
- マルコムペイン、竹内和利訳『ソーシャルワークの専門性とは何か』ゆみる出版、2019年
- 三島亜紀子『社会福祉学は「社会」をどう捉えてきたのか――ソーシャルワークのグローバル定義における専門職像』勁草書房、2017年
- 宮本太郎編著『転げ落ちない社会――困窮と孤立を防ぐ制度戦略』勁草書房、2017年
- 保井美樹編著、全労協「つながり暮らし研究会」編『孤立する都市、つながる街』日本経済新聞出版社、2019年

3 ソーシャルワークの基盤

久保美紀

1. ソーシャルワークの基盤となる思想や理念としての価値
――ソーシャルワークにおける価値と倫理

1）ソーシャルワークにおける価値の位置づけ

価値とは、広い意味では「よい」といわれる性質のことを指し、人間の欲求や関心を満たすもの、望ましいもの、ある目的に役立つものなどを意味する。そして、より日常的には、ある文化・人間集団・個人が好ましいと考える、習慣・行動基準・原則と捉えられる[(1)]。

作田啓一は、価値は、否定を受けた欲求の見返りとして肯定された欲求を満たしうる客体に付着し、価値が発生するためには、まず客体が主体から独立した対象として、主体によって意識される必要があるという[(2)]。人間は、その生活において、何が望ましいか、何がより価値があるのかを判断し行動する。その意味で、価値判断は人間の全活動の本質を成しているといえよう。

ウェーバー（Weber, M.）は、社会科学的認識の客観性を支える基礎的要件として価値自由を提起した[(3)]。これは、認識主体が自らの前提にある価値理念や価値判断に対して自覚的にふるまって、これを自己統制することを意味する。つまり、一定の価値前提から出発しつつもそれに囚われないで、自らの前提となる価値理念をも対象にして検証する認識主体の自由な態度を指している。

ブトゥリム（Butrym, Z.T.）が、「ソーシャルワークは価値を担う活動[(4)]」と指摘するように、価値は、ソーシャルワーク実践の根底を成すものとして、きわめて重要な位置を占めている。全米ソーシャルワーカー協会（NASW）が1958年に制定した「ソーシャルワーク実践の作業定義」の検討委員会は、「価値とは好ましいと考えられるものであり、望ましいとみなされるものを指している。価値は質的な判断であり、経験的に実証できるものではない。価値には情緒的な側面があり、ソーシャルワーカーの活動が達成すべき目的あるいは目標を現している[(5)]」としている。

嶋田啓一郎は、価値を排除する経験論的客観主義の限界を指摘し、社会科学の自己法則性のもつ自律性を絶対化することによって、価値を行動原理から排除することを批判している。さらに、社会福祉実践は価値を前提として成り立つ活動であり、価値観不在の客観的知識に基づく技術的実践にとどまるものではないと主張している[(6)]。価値と知識が連動し、それを土台にして技術として行為化されなければならないのであり、実践へと向かわせるものは、科学ではなく、実践者の価値・倫理であるといえる。

阿部志郎は、「福祉の哲学は、机上の理屈や観念ではなく、ニードに直面する人の苦しみを共有し、悩みを分かち合いながら、その人びとのもつ『呻（うめ）き』への応答として深い思索を生み出す努力であるところに、特徴があるのではないだろうか[(7)]」と述べ、そこには、福祉の専門性、すなわち、専門職としての技術・経験・知識の研鑽（けんさん）、そして知識と技術をどう活用し、生かすかの態度と精神が必要であるという。また、太田義弘は、ソーシャルワーク実践の教育・研究・実践者には、自らの価値意識について論及する必要があるとして、自らの社会福祉哲学を披瀝（ひれき）している。そのなかで、実践倫理とは、俗人としての自らとの闘いであり、また自ら専門職業者として生きている人生のあかしにほかならない。自らが生かされていることへの自覚や深い認識、そこから隣人や地域さらに人と環境への視野や発想を拡大することである、という[8]。

1929年、第56回全米社会事業大会講演で、リー（Lee, P.）は「運動（cause）にとっては宝飾された旗じるしと合言葉が、機能（function）にとってはプログラムとマニュアルが、運動にとっては献身的犠牲と燃え立つ精神が、機能にとっては忠誠・基準・方法が、運動には戦備を整えた陣営が、機能には有能な隊員がそれぞれ必要である[9]」と述べている。時あたかも、運動としてのソーシャルワークから専門職業としてのソーシャルワークに変貌を遂げようとしていたときである。これは、ソーシャルワークは、運動とそれを根幹にして機能の双方が必要であるということの主張であろう。そして、ソーシャルワークが機能している、今･ここで、ソーシャルワーカーの実践は何をよりどころにしているのか、ソーシャルワーク実践の根拠、ミッションを明確にしていくことを示唆しているのではないだろうか。

NASWは、「ソーシャルワーク実践の作業定義」において、「ソーシャルワーク実践は、すべての専門職の実践と同じように、価値、目的、権限の委譲、知識、および方法の総体として認識される。そのなかの一つの要素だけではソーシャルワーク実践の特性を示すことはできない。また、それぞれの要素はいずれもソーシャルワークに固有のものではない。これらの要素がどのような特有な内容をもち、そして全体としてどのように示されるかによって、ソーシャルワーク実践として形づくられ、他の専門職の実践と異なる固有性が現れる[10]」としている。それは、ソーシャルワーク実践が包括的な専門職モデルへ発展していく端緒となるものであった。また、バートレット（Bartlet, H.M.）は、ソーシャルワークが進めていくべき思考のステップを提示し、そのなかで、ソーシャルワーク実践の本質的な構成要素として、価値・知識・介入活動のレパートリー（interventive repertoire）を挙げている[11]。ソーシャルワークの価値は、実践を決定づける土台であり、技術・技能は、知識と価値を結合させて、実践に導くものであり、時間をかけて獲得されるものである。したがって、ソーシャルワークの諸価値を根源的なところから問い直すことが、ソーシャルワーク実践力の維持・向上の観点からも必要である。

国際ソーシャルワーカー連盟（IFSW）＆国際ソーシャルワーク学校連盟（IASSW）（2000）「ソーシャルワークの定義[12]」では、「ソーシャルワークは、価値、理論、および実践が相互に関連しあうシステムである」として、価値が構成要素の一つとされている。改訂を経たIFSW ＆ IASSW（2014）「**ソーシャルワーク専門職のグローバル定義**[13]」においては、「ソーシャルワーク実践の中核となる任務、原則、知、実践」として、それぞれの項目が詳述されている。ここでは、価値という構成要素は、原則に相当すると理解できる。いずれにしても、価値は、望ましいものとして、行為の判断根拠となるものである。

ソーシャルワーク専門職のグローバル定義では、ソーシャルワークの中核をなす原理として**社会正義**、**人権**、**集団的責任**、および**多様性尊重**が提示されている。これらは抽象的であるが、ソーシャルワーク実践の基盤的価値といえ、ソーシャルワークの存在を根拠づけ、ソーシャルワークの目標達成に導く指針といえよう。そして、中核となる任務として挙げられている、社会変革と社会開発、社会的結束、および人々のエンパワメントと解放の促進は、ソーシャルワーク専門職として、果たすべき責任であり、社会から付託されたものとして、ソーシャルワーカーが遂行すべき機能といえる。それは、ソーシャルワークが達成すべき目的、望ましいと判断された到達点を示しているといえよう。

2）ソーシャルワークにおける価値と倫理

今日、ソーシャルワークは世界各国で一国内にとどまらず国際的に展開されている。現在のソーシャルワークの国際的な定義であるソーシャルワーク専門職のグローバル定義では「この定義は、各国および世界の各地域で展開してもよい」とし、ローカルな知、土着の知を重視することが明記されている。そのうえで、同定義が採択されたIFSW総会において、ソーシャルワークのグローバル定義に関する追加動議として、「国・地域レベルでの『展開』は、この定義の諸要素の意味および定義全体の精神と矛盾しないものとする」ということを可決している[14]。なぜ、グローバルな共通基盤をもとうとするのか。それは、ソーシャルワークという営みが国・地域それぞれ特殊固有な状況にありながら、それらを超えて普遍性を共有し、人間社会が直面する困難・課題とそれに対応する行為・動機に共通項があるという信念に基づくのではないだろうか。

ソーシャルワーク専門職のグローバル定義に依拠して、IFSW & IASSW（2018）「グローバルソーシャルワーク倫理声明文[15]」が承認された。そこでは、本声明文が、可能な限り最高基準の専門性で働くことを目標として努力するソーシャルワーカーへの包括的な枠組みとなること、また、本声明文を承諾することは、そこで述べられているソーシャルワーク専門職の核心的価値や原則を守るという私たちの義務を意味しているとし、９項目の原則を提示している。

原則
1．人間固有の尊厳の認識
2．人権を促進する
3．社会正義を促進する
  3.1 差別や制度的な迫害への挑戦
  3.2 多様性の尊重
  3.3 資源への公平なアクセス
  3.4 不当な方針や実践への挑戦
  3.5 連帯の構築
4．自己決定の権利を促進する
5．参加する権利を促進する
6．機密保持とプライバシーの尊重
7．人々を全人的にとらえる
8．技術やソーシャルメディアの倫理的使用
9．専門的な誠実さ

価値を具現化していく行為の基準となるのが倫理であり、倫理は、ソーシャルワーカーの能力、役割、責任、地位をもってなす行為を導き、規制して、専門職としての機能を果たしていく場合に期待される行為の基準である。つまり、倫理は行為によって具体的に現実的な意義をもって現れるのであり、秩序ある行為に支持されて、初めて実践的な意味をもつ。倫理的行為とは、思慮、選択、決心を伴った意識的行為であり、明確な意志をもって、意図的になすことを意味する。専門性が高度になればなるほど倫理性が要求されるのであり、その行為に指針を与える倫理の必要性が強調される。それを明文化したものが**倫理綱領**であり、諸価値は倫理綱領に体現されている。

2. ソーシャルワークの倫理への理解と実践場面での具現化
――価値・倫理に根差したソーシャルワーク実践の展開と倫理的ジレンマへの対応

1）価値・倫理に根差したソーシャルワーク実践の展開

専門職として遵守すべき規準を価値や目指すべき自画像として示したものが倫理綱領であり、ソーシャルワーク実践の道標となるものである。具体的には、倫理綱領はソーシャルワーカーの望ましい価値態度や従うべき行動規範・義務を明文化したものであり、専門職団体、組織の立場、目的、計画、方針、個人の行動の規範を列挙している。

たとえば、NASW の倫理綱領[16]（2021）の前文では、「ソーシャルワーク専門職の第一のミッションは、人間のウェルビーイングを高めること、すべての人びとの基礎的なニーズが充足されるようにすることであり、とくに、傷つきやすい人、抑圧されている人、貧困状態にある人のニーズとエンパワーメントに特別な配慮をする」としている。そして、ソーシャルワーク専門職の中核的価値として、「サービスの精神、社会正義、人間の尊厳と価値、人間関係の重要性、誠実さ、コンピテンス」を挙げている。

一方、日本ソーシャルワーカー連盟の「ソーシャルワーカーの倫理綱領[17]」（2020）は、前文で「われわれソーシャルワーカーは、すべての人が人間としての尊厳を有し、価値ある存在であり、平等であることを深く認識する。われわれは平和を擁護し、社会正義、人権、集団的責任、多様性尊重および**全人的存在**の原理に則り、人々がつながりを実感できる社会への変革と**社会的包摂**の実現をめざす専門職

であり、多様な人々や組織と協働することを言明する」としている。ソーシャルワーク専門職のグローバル定義をソーシャルワーク実践の基盤となるものとして認識し、それを実践のよりどころとしている。そして、原理として、「人間の尊厳、人権、社会正義、集団的責任、多様性の尊重、全人的人間」を挙げている。ソーシャルワークが、ほかのヒューマンサービスと区別されるのは、構造的に不利な状況におかれ、抑圧されている人々に目を向け、その人たちの側にともに立ち、既存の不平等な社会関係に挑戦し、構造の変革を目指すところにあるといえる。社会正義は、そのようなソーシャルワークのよりどころとなる原理であり、ミッションといえる。ソーシャルワークの変革のターゲットになる状況は、人権が侵害されたり、社会的不正義の状況であることはいうまでもない。それが、人権と社会正義がソーシャルワークの基盤にあるゆえんである。

続いて、ソーシャルワーク実践における**倫理基準**について、実践の判断・行為の根拠となり、実践を支える倫理責任を四つの側面から明示している。

> Ⅰ　クライエントに対する倫理責任（クライエントとの関係、クライエントの利益の最優先、受容、説明責任、クライエントの自己決定の尊重、参加の促進、クライエントの意思決定への対応、プライバシーの尊重と秘密の保持、記録の開示、差別や虐待の禁止、権利擁護、情報処理技術の適切な使用）
>
> Ⅱ　組織・職場に対する倫理責任（最良の実践を行う責務、同僚などへの敬意、倫理綱領の理解の促進、倫理的実践の推進、組織内アドボカシーの促進、組織改革）
>
> Ⅲ　社会に対する倫理責任（ソーシャル・インクルージョン、社会への働きかけ、グローバル社会への働きかけ）
>
> Ⅳ　専門職としての倫理責任（専門性の向上、専門職の啓発、信用失墜行為の禁止、社会的信用の保持、専門職の擁護、教育・訓練・管理における責務、調査・研究、自己管理）

これらは、ソーシャルワークの原理を具現化する実践指針ともなる手段的価値と捉えられる。ソーシャルワーカーが社会と個人に対する二重の責任とともに、所属する組織・職場に対する責任も負うことを表している。

ソーシャルワーク実践は目的を志向する意思的行為であり、人々の生活のありよう、社会のありように深く関与していく営みであり、ソーシャルワークの価値・知識・技術を習得し、それらを統合的かつ適切に実践に用いる能力が求められる。ソーシャルワーク専門職が社会から付託された機能を実行していくことにより、ソーシャルワーク専門職の社会的承認を高めていくことができる。ソーシャルワークの価値は、ソーシャルワーカーの手を通してクライエントに届けられるのであり、実践過程は、ソーシャルワーカー自身が選択・判断した価値の具現化といえる。ソーシャルワーカーがどのような価値を内在化し、目的志向をもっているかが実践過程を決定づけることになる。ソーシャルワークの目標は、科学的考慮以外の価値によって多くの部分が決定される。しかしながら、クライエントに最適な効果をもたらすためには、科学的でなければならないとされ、合理性と科学的知に強調点が置かれ、「はじめに技術ありき」の方向を進むようになった。イングランド（England,H.）は、ソーシャルワークは科学である前にアートであると主張する(18)。ソーシャルワーク実践が価値に導かれて活動する専門職である限り、ソーシャルワークの価値の具現化は、ソーシャルワークの存在証明といえる。

多様性の尊重のもと、人にはいろいろな価値観があり、いずれも否定されるものではないこと、クライエントをあるがままに受容するということを認識していても、それを具現化するのはそれほど容易ではない。実践過程で客観的な視点といいながら、ソーシャルワーカーの価値観が影響を及ぼす可能性もある。ソーシャルワーカー自身を実践において活用し、クライエントの視点を最大限尊重し、よりよい支援を提供するためには、ソーシャルワーカーが一個人としての信条、行動様式、パーソナリティや能力、感情のメカニズムや、ソーシャルワーカーになった動機づけ、ソーシャルワークの価値・倫理の内在化などについて洞察を深め、理解しておく、**自己覚知**が不可欠である。

実践で活用される方法・技術はその基盤にある価値に裏づけられ、ソーシャルワークの目的の達成のために機能しなければならない。価値はソーシャルワーク実践過程の諸局面で具現化されなければその意味を成さない。ソーシャルワーカーは、クライエントや問題と真摯に向き合い、何らかの判断と支援行為の選択をしていかなければならないのであり、クライエントにとって最適な支援のためには、知識と技術を用いるソーシャルワーカーの認識態度、価値判断が問われる。個々の具体的な場面でのソーシャルワーカーの望ましい行為のマニュアル化はできない。したがって、ソーシャルワーカーの判断と裁量はきわめて重要な事柄となる。実際の支援場面では、ソーシャルワーカーの裁量が働く余地が大きく残されている。これは、ソーシャルワーカーがクライエントに対して実質的な権限をもっていることを意味する。ソーシャルワークは属人的要素が強いといわれるゆえんであり、根底にある価値、思想がきわめて重要になってくる。すなわち、裁量権をもって、自分自身の判断と責任において自律的に仕事をするためには、実践過程におけるクライエントとの相互作用過程のなかで起こっていることに学びながら、絶えず意識化する努力とともに、**カンファレンス**、**スーパービジョン**などを通して自己覚知を促進することが重要である。裁量権の保有は、クライエントの権利を擁護し、個別のニードに対応するべく専門的な判断を行う、クライエント中心の支援を展開することを求めているのである。

嶋田[19]は、「クライエントを人権の主人公として受容する責任応答的な面接から、真実のソーシャルワークは始まる。人権意識を媒介として、人間復興のために体験する出会いである」という。ソーシャルワーク実践の場面で出会う人々は、このような、人が生まれながらにしてもっている権利を剥奪されている状態にあるといえる。ここにおいてこそ人権の視点が要請されるのである。

2）倫理的ジレンマへの対応

倫理綱領は唯一絶対の選択を示すマニュアルではないため、実践の展開においては、さまざまな制約のなかで諸原則の具現化と、それに伴う支援方法の選択において複数の対立する判断基準があり、その選択が困難な状態である**倫理的ジレンマ**に陥ることがある。いや、そもそもソーシャルワーク実践は価値葛藤のなかで、クライエントにとって最適な判断を行い、実行していく過程といえる。

人間の尊厳は、ソーシャルワークの中核を成す価値であることに疑問の余地はないであろう。しかしながら、なぜ、人間の尊厳が重要なのか、その意味するところは何なのか、また具現化はどのようなものなのか、実践過程でいかに具現化するのかという問いへの応答は容易ではない。ソーシャルワーク実践を支えている知は、科学的に証明された形式知だけではない。具体的な実践の場面においては、実践知や暗黙知など、さまざまな知が混在し作用している。サリービー（Saleebey, D.）は、ソーシャルワーク実践は「ソーシャルワーカー・クライエント・文化のそれぞれの意味が出会うところであり、意味と解釈は社会的に構成される相互作用と交換の産物である[20]」という。ソーシャルワーク実践は、形式知にとどまらず、暗黙知や実践知に加えて、クライエント一人ひとりのもつ生活知（当事者の知）といった、多様な知を駆使した営みである。したがって、ソーシャルワークの諸価値が現実的な要請に合致するものであるかどうか、実践からのフィードバックを行いながら批判的に検証し、再構成していく努力を積み重ねていく必要がある。

また、社会の支配的価値や制度的価値が、人々にとって反福祉的状況をもたらすなら、それを変革し、新しい価値の創造に結びつけていくことも必要である。「所変われば品変わる」「時代の申し子」の言葉どおり、価値の多様性を認識し、価値は永久不変のものとは限らないこと、時代、社会状況、人々の意識の変化に伴い、その重要度が変化したり、新たに生み出されていく価値もあることを忘れてはならない。なぜなら、ソーシャルワークの価値は、実践展開のなかからクライエントとの協働作業を通して生成され、再構成されるものであるからである。それはクライエントを客体化し、受動的な位置に置くのではなく、協働作業のパートナーとして位置づけることを意味している。

さらに、ソーシャルワーク実践が社会的なものである限り、社会を構成する人間の価値意識に裏打ちされた社会からの要請を受けることになる。ソーシャルワークの価値を論じる際に忘れてはならないのは、こうした社会的・文化的価値、さらには多様な集団的価値、ソーシャルワーカーが所属する機関・施設の価値、同僚や連携するほかの専門職の価値、クライエントの個人的価値、そして、ソーシャルワーカー自身の個人的価値の存在である。ソーシャルワークの価値はこのような諸価値群から直接的・間接的に影響を受けており、これらの価値の間に葛藤が生じることもある。クライエントの価値とソーシャルワーカーの価値に不一致が生じたり、また、隣接領域、たとえば医療・保健等の保有する価値と葛藤が生じることもある。こうした価値葛藤の状況において、ソーシャルワーカーは専門的な価値判断を求められることになる。クライエントの真の尊重とは何なのか、より深く考えて、よりよき実践をしようとすればするほど、倫理的ジレンマに陥る場合が多い。

また、倫理的ジレンマによって、社会の側の問題、制度や法律の不備が明らかになることがある。ソーシャルワーカーは実践過程を自己点検し内省的であるとともに、社会に働きかける積極性が期待され、相反する要請に耐える柔軟さが望まれる。倫理的ジレンマとそれを解決しようとする努力は、制度の狭間にこぼれ落ち、社会的に不利な立場に置かれている人たちに立ち現れている、社会的不正義や社会的孤立に敏感になり、問題を構造的に捉える批判的思考力を養う、専門職としての成長の機会でもある。自らの実践に取り組む姿勢や支援内容を振り返り、その支援展開がクライエントの生きる過程、そして、社会のありようにどのようによい変化をもたらしているのかを考え続け、そこで得た気づきをもとに支援方法を見直しながら支援活動を行っていく省察的実践が求められる[(21)]。ソーシャルワーカー・アイデンティティは、そうした気づきを得て、育まれていく。

価値の多様化、相対化、諸価値間の矛盾のなかにあって、ソーシャルワーカーには望ましい専門的価値判断が求められることになる。専門職としての意思決定に規定されるか、官僚的な意思決定に規定されるかの対立がおこり、組織の運営管理における専門職としての自律性を損なうこともある。実践レベルで種々の制約条件によって価値に基づく行為をとりがたいことから無力感を感じ、**燃え尽き症候群**に陥ることもある。こういった倫理的ジレンマを解決していくことは容易ではないが、専門職としての責任を果たすためには、葛藤解決の手だてを検討していかなければならない。意思決定に迷いがある場合、**スーパービジョン**、**コンサルテーション**によって、先輩・同僚やスーパーバイザーの意見を聴いたり、助言を受ける仕組みを組織的に用意しておく必要がある。また、実践の蓄積を通して、倫理的決定を支えるガイドラインの策定を、職場・専門職団体で検討していくことも必要であろう。

ソーシャルワーカーは成長発達の過程で、自らのものの考え方、判断の基準、行動パターンなど、独自の生のスタイルを獲得し、個人的価値観を有している。そのうえで、ソーシャルワークの価値観・専門的知識・技術を獲得し、ソーシャルワーカーとしての共通基盤を有しながらも、個人的自己と専門職業的自己が統合されて、一人のソーシャルワーカーとして立ち現れることになる。実践過程は、ソーシャルワーカーの支援の過程とクライエントの生きる過程が相互に折り重なって展開されていくが、支援の過程を通してソーシャルワーカーとしての力量を高めていくと同時に、この支援の過程がソーシャルワーカーの一個人としての人生の大きな部分を占める、ソーシャルワーカーの可視化されない生きる過程として展開されているのである。

3. 昨今のソーシャルワークの潮流とソーシャルワークの共通基盤

――ソーシャルワークの新しい潮流（スクール SW、リーガル SW など）とソーシャルワークの共通基盤の確認

1）ソーシャルワークの新しい潮流

専門職業化が支援方法・実践分野の細分化、ややもすれば、対象とする領域の縮小化をもたらす一方

で、ソーシャルワーク実践の領域は拡大し多様化している。また、福祉・医療・保健など多職種の連携・協働が強調されて久しいが、対人援助職間の支援内容が重複し、ソーシャルワークがソーシャルワーカーの独壇場ではなくなってきている。誤解を恐れずにいうなら、ほかの対人援助職がソーシャルワークの支援方法を活用することは、ソーシャルワークの有効性の承認であるともいえよう。そうであれば、重複部分を強みとしながら、ほかの専門領域の目を通してソーシャルワークを促え直すことも必要かもしれない。

最適な支援展開のためには、多様な役割を一人のソーシャルワーカーがすべて担うことはできない。制度の枠組みに沿って社会生活上の課題解決に対処するという硬直化した支援ではなく、既成の枠組みをはずし、その枠組みを超える力をもつところにソーシャルワーカーの専門性の重要な側面があるといえよう。既成の枠組みにとどまり、狭い専門領域を守ろうとするのではなく、物理的にも心理的にも社会的にもクライエントの最も近いところにいる専門職として、関連する専門領域と協働していくのである。そもそも生活支援行為であるソーシャルワーク実践は、ソーシャルワーク専門職のみでなく、クライエント、ほかの専門職、ボランティア、地域住民等の非専門職との協働作業によって展開されるものである。専門職としてのソーシャルワーカーにどのような貢献ができるか、その専門性の再構築が求められているのではないだろうか。

日本ソーシャルワーカー連盟の2020年版「ソーシャルワーカーの倫理綱領」では、2005年版「ソーシャルワーカーの綱領」で使用されていた「利用者」が「クライエント」に変更された。それについて、成文の末に注で、「本綱領にいう『クライエント』とは、『ソーシャルワーク専門職のグローバル定義』に照らし、ソーシャルワーカーに支援を求める人々、ソーシャルワークが必要な人々および変革や開発、結束の必要な社会に含まれるすべての人々をさす[22]」と明示されている。さらに、「改訂『ソーシャルワーカーの倫理綱領』の見どころ～変更したポイントから～」で、「『利用者』は、『社会サービスや施設、あるいは公共施設や娯楽施設などを、自らの意志で選択し、活用する人』を意味し、その場合のソーシャルワークの発動は『当事者自身の判断や選択が基準』となる。しかし、ソーシャルワークの場合、『自ら来談し、支援を依頼して来た人』だけでなく、ソーシャルワークの観点（グローバル定義や倫理綱領）に照らし、社会正義や人権、集団的責任や多様性尊重が損なわれているとの認識によって発動される場合（介入・**アドボカシー**・**アウトリーチ**等）もあることから、『専門職として対象を認知した場合の用語』[23]」と説明している。既成の枠組みをはずし、一歩踏み出すソーシャルワーカー、人々とともにあるソーシャルワークの展開といえる。

今日、社会福祉が第一義的に機能する分野ではない分野でソーシャルワークが展開され、ソーシャルワーカーが活動する領域は拡大し、もう一つの視点をもつ専門職として機能してきている。その先駆は、医療ソーシャルワーカー、精神科ソーシャルワーカーであろう。彼らは、医療機関を中心に、医療チームの一員として、ソーシャルワークの原理に基づき、ソーシャルワークの機能を発揮し、その存在意義を高めてきている。そして、近年、学校、刑事施設・少年院、保護観察所、更生保護施設、地域生活定着支援センター、ハローワーク等で、ソーシャルワーカーの配置が進められている。

たとえば、保護観察所では、2005年に施行された「心神喪失等の状態で重大な他害行為を行った者の医療及び観察等に関する法律」に基づき、精神保健福祉士等が、心神喪失の状態で重大な他害行為を行った精神障害のある人の医療の継続と社会復帰のため、社会環境の調整などを行っている。また、刑事施設では、2014年度から、高齢者、障害のある受刑者等の出所後の円滑な社会復帰のために必要な調整を担うべく、おおむね5年以上の実務経験がある、社会福祉士・精神保健福祉士等が福祉専門官として配置されている。このように、ソーシャルワークへの期待が高まり、その社会的責任は増している。ただし、ここで注意しておきたいのは、ソーシャルワーク実践を担うのが、ソーシャルワーク専

図1　ソーシャルワーク専門職の資格制度の再編成

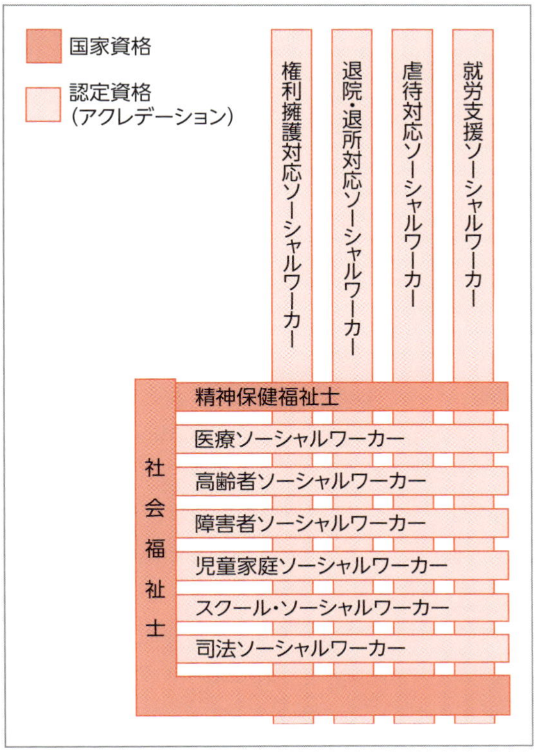

出典：日本学術会議社会学委員会社会福祉学分科会報告「近未来の社会福祉教育のあり方について――ソーシャルワーク専門職資格の再編成に向けて」11頁、2008年

門職である、社会福祉士・精神保健福祉士に必ずしも限定されない場合があるということである。こうした点からも、越境するソーシャルワークにあって、ソーシャルワークの共通基盤の確認がこれまで以上に求められる。

2）ソーシャルワークの共通基盤の確認

日本学術会議社会学委員会社会福祉学分科会報告（2008）「近未来の社会福祉教育のあり方について―ソーシャルワーク専門職資格の再編成に向けて[24]」では、国民の生活課題の多様化・拡大化・複合化のなかで、ソーシャルワーカーへの期待が高まっている。しかしながら、現状では、社会福祉士を養成する教育に限定されがちで、必ずしも高い実践力をもった人材が養成されていない。ひいては、ソーシャルワーカーの活動内容が見えにくく、ソーシャルワークの社会的認知度が低い状況にあるとして、ソーシャルワーカー養成教育のあり方の見直しを求めている。

具体的には、ソーシャルワーク専門職の再編成を図り、社会福祉士をジェネリックな基礎資格と位置づけ、スペシフィックな領域に対応する認定ソーシャルワーカーを養成するとともに、時代の要請に応えた機能別の認定制度を創設していくとし、**図1**のようなソーシャルワーク専門職の資格制度の再編成を提起している。そこにおいては、学部教育には限界があり、専門知識を究め、修士の学位を取得できる実践家の養成が必要であるとしている。そして、社会福祉士が社会福祉の多様な領域に一般的に適用されることが想定されているジェネリックな社会福祉専門職資格とし、それをベースにスペシフィックなソーシャルワーカーは精神保健福祉士に加えて、養成機関を認定する制度を取り入れることにより、認定医療ソーシャルワーカー、認定高齢者ソーシャルワーカー、認定障害者ソーシャルワーカー、認定児童家庭ソーシャルワーカー、認定スクールソーシャルワーカーなどの領域ごとの認定資格を創設することを提案している。スペシフィックな専門職は、社会福祉士に求められる理念、原理、知識、技術を有することに加え、その領域に必要とされる知識・技術を修得することになる。さらには、ソーシャルワークの機能に応じて、権利擁護対応ソーシャルワーカー、通院・通所対応ソーシャルワーカー、虐待対応ソーシャルワーカー、就労支援ソーシャルワーカーなどを認定していくことも提起している。

また、先述のように、教育、司法、労働等の新たな領域でのソーシャルワーカーの活動の展開があり、一方、社会福祉領域でのソーシャルワーカーの活動には高度な専門性が期待されている。それを踏まえて、ソーシャルワーカー養成教育を包摂した社会福祉教育の体系を価値、支援技術、政策で位置づけ、教育方法およびその評価システムについて再検討する必要性に言及している。具体的には、①ジェネリックな基盤を確立し、**ジェネラリスト**を養成し、そのうえで専門領域ごとの**スペシャリスト**養成の教育をしていくこと、②ソーシャルワーカーの専門性を向上させるための教育研修体制を確立し、その水準を向上させること。それが、結果として、ソーシャルワーカーの社会的認知を高めることになること、③ソーシャルワーカーの活動領域の拡大を図るとともに、法制度に拘束されない実践展開をしていくこと、④ソーシャルワーク教育の具体的過程を見直すこと、などが課題になってくる。

ソーシャルワーク専門職の国家資格である、社会福祉士・精神保健福祉士は、2019年に教育課程の教育内容等の見直しがそれぞれ行われた[(25)]。そこでは、両資格間で科目の調整がなされ、共通科目は拡大したものの、現状では両資格は制度上並列している。そして、両資格の上乗せの教育課程として位置づけられる、スクール（学校）ソーシャルワーク教育課程は、2008年度からの文部科学省による「スクールソーシャルワーカー活用事業」の開始を経て、2009年度から、社団法人社会福祉士養成校協会による「スクール（学校）ソーシャルワーク教育課程認定事業」が創設された[(26)]。さらには、2022年の児童福祉法の改正により、こども家庭福祉分野における認定資格である「こども家庭ソーシャルワーカー」が創設され、2024年度より相談援助の実務経験のある社会福祉士・精神保健福祉士に加えて、当分の間ではあるが、こども家庭福祉分野の相談援助の実務経験者、保育士の実務経験者の資格取得が開始された[(27)]。2026年をめどに大学での養成カリキュラムも検討されている。

こうした動向のなか、ソーシャルワーク専門職の資格制度とソーシャルワーク教育のありようをめぐる議論において、**ジェネリック・ソーシャルワーク**の確立、ジェネリック・ソーシャルワークと**スペシフィック・ソーシャルワーク**との関係の明確化は、ソーシャルワーク専門職のアイデンティティにかかわる重要なテーマである。そして、それには、ソーシャルワーカー養成教育において、未来のソーシャルワーカーにソーシャルワークの共通基盤をいかに内在化させるかがかかわっている。

サービス提供における質の向上には、専門職制度化の進展による提供側の専門分化と機能分化が有効に機能する。他方で、サービスの欠落や重複等が生まれ、制度が細分化されるとともに、利用する側が対象別に細分化され、サービスを利用しづらい状況になる。また、実践の場と職種が多岐にわたり、各専門分野における専門分化と機能分化が進むと、専門職としてのアイデンティティの確立・保持に困難さを抱えることになる。それは、ソーシャルワーク専門職とは何か、明確に答えにくい状況をもたらす。そうした状況を打破し、ソーシャルワーク実践の拠点や領域・形態は多様であっても、対象とする問題の違いを超えてソーシャルワークの共通基盤を確認しながら、展開していく必要がある。ソーシャルワーク専門職のグローバル定義に関する追加動議では、「ソーシャルワークの定義は、専門職集団のアイデンティティを確立するための鍵となる重要な要素[(28)]」であるとしている。ソーシャルワークの概念、考え方、原理・理念を身につけることによって、ソーシャルワーカーとしてのアイデンティティが形成されていく。そのためには、ソーシャルワーク実践を支える根拠を明確にし、ソーシャルワーカーが自らの実践に意味を見出せるよう、ソーシャルワークにおける思考の過程、実践内容を言語化し、可視化することが必要である。それは、どのような価値、価値判断が機能しているか、価値葛藤など、諸価値間でどのような関係が生じているか検討し、価値を可視化することを含んでいる。

注

（1）新村出編『広辞苑（第５版）』岩波書店、1998年、見田宗介・栗原彬・田中義久編『社会学事典』弘文堂、1988年、森岡清美・塩原勉・本間康平編『新社会学辞典』有斐閣、1993年、石川栄吉ほか編『文化人類学事典』弘文堂、1994年、廣松渉ほか編『岩波哲学・思想事典』岩波書店、1998年など参照。
（2）作田啓一『価値の社会学』岩波書店、17頁、1972年
（3）ウェーバー，M.、木本幸造監訳『社会学・経済学における「価値自由の意味」』日本評論社、1972年
（4）ブトゥリム，Z.T.、川田誉音訳『ソーシャルワークとは何か』川島書店、ⅳ頁、1986年
（5）Gordon, W., Knowledge and Value: Their Distinction and Relationship in Clarifying Social Work Practice, *Social Work*, 10(3), pp.32-38, 1965.
（6）嶋田啓一郎「主体性の黄昏と人格価値－本学会独自の課

題について」『基督教社会福祉学研究』日本基督教社会福祉学会、第37号、11～15頁、1989年
(7) 阿部志郎『福祉の哲学［改訂版］』誠信書房、9～10頁、2008年
(8) 太田義弘「ソーシャルワークの価値と倫理」『関西福祉科学大学紀要』第8号、1～15頁、2004年
(9) Lee, P., *Social work as cause and function, and other papers,* Columbia University Press, p.5, 1937.
(10) Bartlett, H.M.,Toward Clarification and Improvement of Social Work Practice, *Social Work*, 3(2), p.5, 1958.
(11) バートレット, H.M.、小松源助訳『社会福祉実践の共通基盤』ミネルヴァ書房、1978年
(12) 国際ソーシャルワーク学校連盟・国際ソーシャルワーカー連盟『ソーシャルワークの定義、ソーシャルワークの倫理：原理についての表明、ソーシャルワークの教育・養成に関する世界基準』相川書房、9～11頁、2009年
(13) 国際ソーシャルワーカー連盟（IFSW）＆国際ソーシャルワーク学校連盟（IASSW）「ソーシャルワーク専門職のグローバル定義」2014年
(14) 同上、「IFSW 脚注」に明記されている。
(15) IFSW & IASSW「グローバルソーシャルワーク倫理声明文」（日本ソーシャルワーカー連盟訳）2018年
(16) National Association of Social Workers (NASW), *Code of Ethics*, 2021.
(17) 日本ソーシャルワーカー連盟「ソーシャルワーカーの倫理綱領」2020年
(18) England,H., *Social Work As Art: Making Sense for Good Practice*., Allen & Unwin, p.13,1986.
(19) 嶋田啓一郎「社会福祉における人権の思想」大塚達雄・阿部志郎・秋山智久編『社会福祉実践の思想』ミネルヴァ書房、24頁、1989年
(20) Saleebey, D. , Culture, Theory, and Narrative: The Intersection of Meanings in Practice, *Social Work*, 39(4), p.351, 1994.
(21) ショーン, D.、柳沢昌一・三輪建二監訳『省察的実践とは何か――プロフェッショナルの行為と思考』鳳書房、2007年
(22) 前掲(17)。なお、現行の「ソーシャルワーカーの倫理綱領」は、2020年6月、日本ソーシャルワーカー連盟代表者会議で承認された。これは、2005年1月、社会福祉専門職団体協議会（現・日本ソーシャルワーカー連盟）代表者会議で制定された「ソーシャルワーカーの倫理綱領」が改訂されたものである。ここでは、それぞれ、2005年版、2020年版と表記している。
(23) 日本ソーシャルワーカー連盟「改訂『ソーシャルワーカーの倫理綱領』の見どころ～変更したポイントから～」2021年
(24) 日本学術会議社会学委員会社会福祉学分科会報告「近未来の社会福祉教育のあり方について――ソーシャルワーク専門職資格の再編成に向けて」2008年。なお、ソーシャルワーク研究編集委員会編『ソーシャルワーク研究』中央法規出版、2023年の第3号では、「資格制度とソーシャルワーク教育」をテーマに5本の論文からなる特集を組み、教育課程・教育内容をめぐる議論を踏まえ、資格制度がソーシャルワーク教育に及ぼした影響、ソーシャルワーク教育のこれからの課題などを論じている。
(25) 厚生労働省「社会福祉士養成課程における教育内容等の見直しについて」2019年、厚生労働省「精神保健福祉士養成課程における教育内容等の見直しについて」2019年
(26) 社団法人日本社会福祉士養成校協会「社会福祉士等ソーシャルワークに関する国家資格有資格者を基盤としたスクール（学校）ソーシャルワーク教育課程認定事業の創設について」2009年
(27) 厚生労働省「子ども家庭福祉の認定資格の取得に係る研修等に関する検討会とりまとめ」2022年
(28) 前掲(13)、「IFSW 脚注」

4 ソーシャルワークの展開とその過程

川島ゆり子

1. 個と地域の一体的な支援におけるソーシャルワークの過程

1）ソーシャルワーク過程とは

ソーシャルワークは、援助対象と援助関係を構築し、援助目的を達成するために援助の方法を用いる専門的支援である。社会福祉法第３条において「福祉サービスの利用者が心身ともに健やかに育成され、又はその有する能力に応じて自立した日常生活を営むことができるように支援する」と支援目的が明記された。また、社会福祉法第４条第３項において、「福祉サービスを必要とする地域住民が日常生活を営み、あらゆる分野の活動に参加する機会が確保される上での各般の課題（地域生活課題）を把握し、地域生活課題の解決に資する支援を行う関係機関との連携等によりその解決を図る」とされ、地域という場で生活をするうえでの課題に着目し、地域との相互作用を「参加」というキーワードで重視し、その課題解決プロセスにおいて「連携」が重視されている。

地域のなかで自立した日常生活を多様なつながりのなかで実現するという目的に向かって、ソーシャルワーク専門職の支援は展開していく。特に今日的な流れとして、「地域生活」を重視し個と地域の一体的な支援を希求する包括的支援体制においてソーシャルワークはどのような展開の枠組みをもつべきかをまず確認していく。

2）包括的支援体制におけるジェネラリスト・ソーシャルワークの意義

包括的支援体制において、個を支える支援と個と地域の相互作用としての参加を可能にする地域づくりを一体的に行うソーシャルワークが求められている。このように個と環境に一体的に働きかけるソーシャルワークとして、ケースワーク、グループワーク、コミュニティワークを統合化したジェネラリスト・ソーシャルワークが包括的支援体制を進めるうえでの社会福祉実践の理論基盤となる。

ジェネラリスト・ソーシャルワークを提起してきたジョンソン（Johnson, C.）とヤンカ（Yanca, J.）は、**ソーシャルワーク過程**はアセスメント、プランニング、援助活動、終結という四つの構成要素から概念化されるとしている。アセスメントはプランニングに先立つもので、以下援助活動、終結と続くがそのプロセスは本質的に円環的であるとする（Johnson&Yanca ＝ 2004：349）。

また、デュボワ（DuBois, B.）とマイリー（Miley, K.）は、エンゲージメント、アセスメント、プランニング、インターベンション、エバリュエーション、終結の六つをソーシャルワーク過程の構成要素として提示する。エンゲージメントにおける対話を通じて、クライエントとソーシャルワーカーは関係を構築し、力の格差に対処し、クライエント主導のサービスというトーンを確立する。アセスメントにおいては、個人的トラブルをコンテクストと併せて検討することで、これにかかわる社会政治的側面を考慮し、解決策の可能性として、個人の適応のみを考えるのではなく、マクロレベルの変革にまで視野を広げて検討することができるとする。そのうえでインターベンションを行い、エバリュエーションを含む実行のプロセスであるとソーシャルワークの過程を説明している（デュボワ・マイリー＝2017：261）。

稲沢公一は個別の支援過程に限定した記述ではあ

るが、ソーシャルワーク過程の構成要素として開始段階、アセスメント、援助計画の策定、援助計画の実施、モニタリング、終結という6段階を示す。開始段階においてケースの入り口に本人申請以外にアウトリーチ、紹介を含めた経路を示していることが特徴的である。

本章においてはまず、これらの先行研究を踏まえながらソーシャルワーク過程を、①**エンゲージメント**、②**アセスメント**、③**プランニング**、④**インターベンション**（援助活動）、⑤**評価**、⑥**終結**の6段階で捉えるものとする。また、デュボワらが述べているように、ジェネラリスト・ソーシャルワークは、人と環境に対する統合的視点をもち、適切なインターベンションを用いて、社会システムのあらゆるレベルで、クライエントをエンパワーすることができ、ソーシャルワーカーが各プラクティス領域で用いるプロセスは、どのシステムレベルのクライエントに対するものも似ている（デュボワ・マイリー＝2017：260）という考えのもとと、個への支援と地域への支援それぞれは、共通のソーシャルワーク過程をもつものとする。そのうえで、それぞれの支援過程の内容および、個への支援と地域への支援を連動させるための媒介機能としてのソーシャルワーク過程が、包括的支援において必要であると考え、以下でソーシャルワーク過程を示していく。

2. 包括的支援体制における ソーシャルワーク過程の枠組み

まず、本章で用いるソーシャルワーク過程の全体像をみていく。ソーシャルワーク過程は先行研究を参考にしながらエンゲージメント～終結までの6段階で捉えている。また包括的支援体制におけるソーシャルワークの特徴として、個と地域の一体的支援を視野に入れながら、**図1**の左側、灰色の枠を「個の地域生活課題」として示し、右側の薄い色の枠を

図1　包括的支援体制におけるソーシャルワーク過程の枠組み

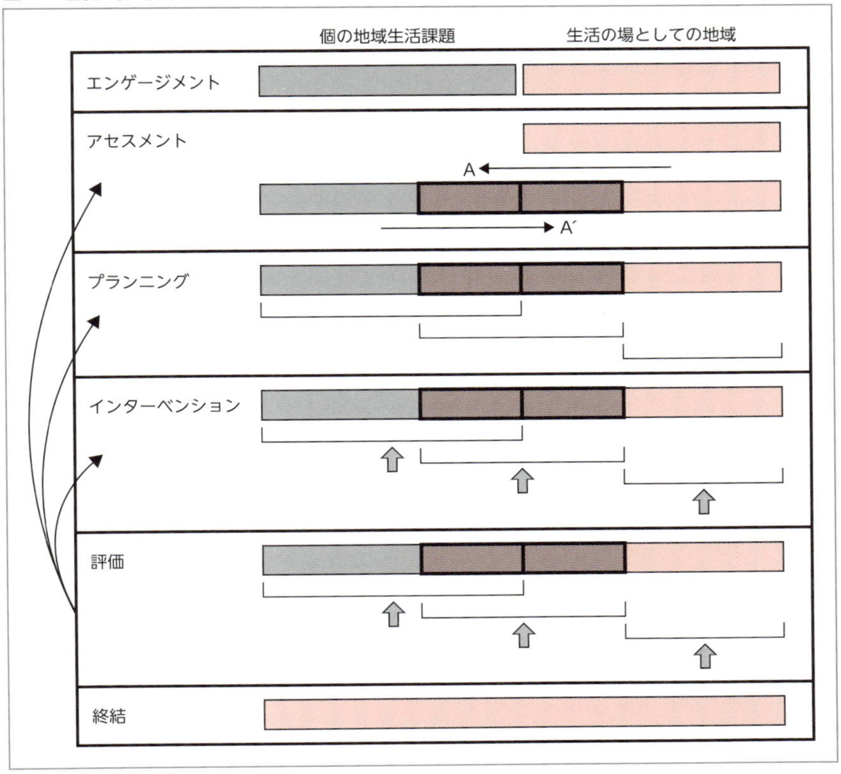

「生活の場としての地域」として示している。

ソーシャルワーカーには、個の地域生活課題の解決を自分自身の主な任務としてかかわる者もいれば、生活の場としての地域の基盤づくりを主な任務としてかかわる者もいる。あるいは双方を兼務するソーシャルワーカーとして近年、コミュニティソーシャルワーカーという職名でソーシャルワーカーの配置も進んでいる。したがって図１の左側と右側の枠は、誰がという属人的な縦割りではなく、ソーシャルワーク機能として「個の地域生活課題」の解決と「生活の場としての地域」の基盤づくりの関連性を示していると理解してほしい。

3. エンゲージメント

1）個のエンゲージメント

個のエンゲージメントとして、まず**クライエント**との出会いから援助関係の構築までをその目的とする。特に法制化され進められようとしている包括的支援体制構築の背景には、支援が届かない、狭間のケースの増大が指摘されていた。親身に話を聞いてくれる他者の存在がいないということは、その人が相談支援につながるという機会を奪い、自分自身の状況をあきらめてしまい支援を自発的に受けようとしない、**インボランタリークライエント**の状況を生み出していく。

どのような地域生活課題であったとしても、まずは受けとめるという総合相談の仕組みを構築するとともに、窓口に自分から出向こうとしない人に対しては、ソーシャルワーカー自らが「その人のいる場所」に出向く**アウトリーチ支援**が必要となる。

包括的支援体制を具体的に進めていくための補助事業である「重層的支援体制整備事業」においても、このアウトリーチ事業が必須事業として組み込まれており個のエンゲージメントにおいて、ソーシャルワーカーの能動的な援助関係の形成が求められている。社会的孤立の状況のなか、長年ひきこもりの経験を積み重ねてきたようなクライエントに対するエンゲージメントは、長い時間をかけて信頼関係を構築していくことが必要なケースもみられており、あらためてソーシャルワーク過程におけるエンゲージメントの重要性が問い直されている。

図２　エンゲージメント

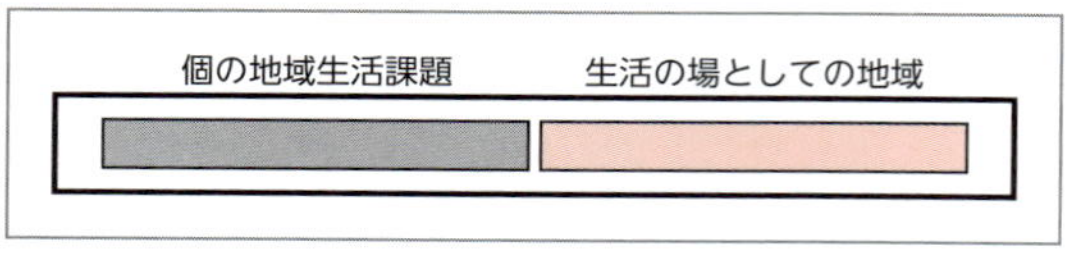

2）地域のエンゲージメント

地域のエンゲージメントも、個のエンゲージメントと同様に地域との出会いから援助関係の構築までを指すプロセスではあるが、特定の地域生活課題を軸にした出会いではないということが地域のエンゲージメントの特徴となる。社会福祉協議会の地域担当職員や、生活支援コーディネーターの役割を担うことになった職員等、基盤としての地域づくりを担当する職員は、まず地域に出向きこの地域を担当することになったということを伝え、顔や名前を覚えてもらうということから地域へのかかわりを開始する。地域の行事に参加をし、行事の運営を手伝うということも、地域のエンゲージメントの意味を理解しソーシャルワークの過程に意識的に位置づけることが、その後のソーシャルワーク過程に影響を及ぼす。「その地域の一員となる」ということが、地域のエンゲージメントの重要な意義となる。

3）個と地域の支援を連動させるエンゲージメントにおける媒介過程

個のエンゲージメントの段階では、まだ個と地域の支援はそれぞれ別のプロセスとしており、媒介機能は重視されない。

4. アセスメント

1）個のアセスメント

クライエントと出会い、援助関係を構築したうえで次にその地域生活課題の全体像を把握し、整理をしていく必要がある。特に複合的な課題により支援につながりづらくなっているようなクライエントに対しては、アセスメントの枠組みに基づき多角的な視点でクライエントの**ニーズ**を捉えていく必要がある。アセスメントの枠組みについて渡部律子は以下の９点を提起している（渡部 2019）。

○クライエントの問題意識
○主訴
○問題の具体的な特性
○クライエントの問題の捉え方
○クライエントの特性
○クライエントの問題理解に必要な固有の情報
○クライエントの問題対処力と問題対処のための資源
○問題を解決するためにクライエントが使える人的・物的資源
○クライエントのニーズ

２）地域のアセスメント

図３にみるように、地域のアセスメントには２段階がある。まず上の段が示しているのは、地域全体を俯瞰的にアセスメントすることにより得られる、地域全体の情報である。資源配置の状況、住民活動の状況、高齢化率等の人口動態のデータなど、地域カルテのような地域情報の全体像をまずつかんでいく必要がある。

３）個と地域の支援を連動させるアセスメントにおける媒介過程

アセスメントの段階で、個と地域を連動させる媒介過程が求められるようになる。個のアセスメントを行いクライエントのニーズが整理されたうえで、ニーズのなかで地域との関係性の不調和あるいは欠損で生じているニーズはどのようなものかを検討していく。これがＡの濃い色枠【灰色（個の地域生活課題）と薄い色（地域状況）の交差】となる。また、地域全体を俯瞰的に上の段でアセスメントしたうえで、個のクライエントと同様の課題を抱える地域住民の存在を意識する。これが下の段のＡ’となる。

なぜＡの課題が生じるのかを知るには、環境としての地域の状況から問題の背景を探る矢印が必要となり、Ａ’の存在を見出していくためには、個の地域生活課題のアセスメント情報を通じて地域を見直していく必要がある。この双方向の情報共有を促す媒介過程が、個と地域を連動させるうえで求められる。

図３　アセスメント

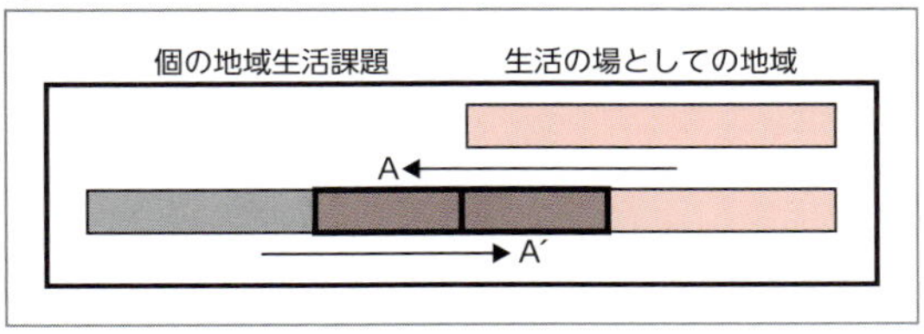

5. プランニング

１）個のプランニング

個のプランニングにおいては、まず**図４**のＢの個別支援としてクライエントの地域生活課題の解決を目指す支援をプランニングしていく。アセスメントの段階で多角的な視点により、ニーズを整理し把握した。特に地域状況との交差により見出されたＡおよびＡ’の部分については、専門職のみの支援ではなく、地域住民・地域活動者との協働による支援をプランニングしていく必要がある。

２）地域のプランニング

地域において、ＡもしくはＡ’という地域生活課題の存在に気づいていない、あるいは気づいていても関心をもつ機会がないということもあるだろう。Ｄの領域は、生活の場としての地域の福祉力を底上げしていくような基盤づくりの領域と考え、地域のなかでの意識に働きかけ地域課題の存在に住民が気づくことを支える支援をプランニングしていく必要がある。

3）個と地域の支援を連動させるプランニングにおける媒介過程

アセスメントにおいて、見出したＡおよびA'の存在は、地域のなかで理解をされずに支援を求めることができない状況かもしれない。また地域のなかで使える資源が不足する、あるいは資源がない状況かもしれない。同じような悩みをもつ人々の存在が地域のなかにいるということを想定し、ＡおよびA'で表されている複数の人々がもつ地域生活課題の解決を目指すような支援Ｃをプランニングしていく必要がある。このプランニングには、個別支援領域のソーシャルワーク機能と地域支援領域のソーシャルワーク機能の双方の協働が求められ、また、本人や同じような地域生活課題をもつ人々との協働、地域住民の参加を促し、フォーマルおよびインフォーマルのチーム形成をプランニングしていくことが求められる。

6. インターベンション

1）個へのインターベンション

個の地域生活課題に向けて、**図５**のＢの矢印としてインターベンション（援助活動）を実践していく。複合的な課題をもつクライエントにとっては、すべてを一挙に解決することは難しく、課題を整理したうえで、何を優先的に取り組んでいくかという優先順位をつけ、長期目標だけではなく、課題を部分化しながら実現可能な短期目標を設定していく必要がある。また、多角的なアセスメントに基づき、

図４　プランニング

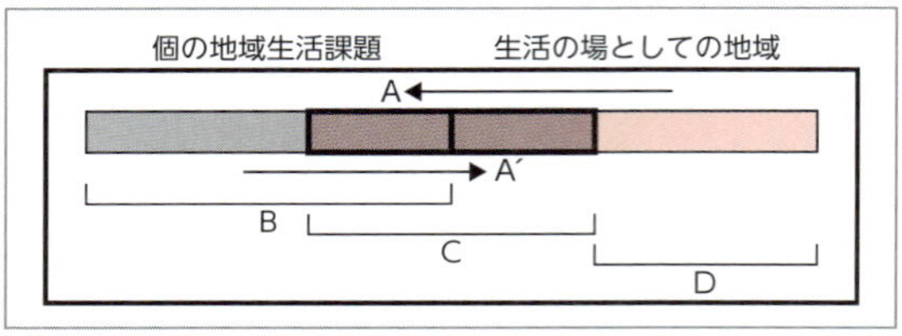

多様な介入方法を多様な支援者によって実施することになるので、そのチーム全体をコーディネートする存在が必要となる。包括的支援体制の構築が議論されるなかでモデル事業として「相談支援包括化推進員」が配置された。法制化され「多機関協働事業」という機能として重層的支援体制整備事業では位置づけられたが、人員配置もしくは組織としての機能のいずれにしても、インターベンションの全体像を包括化する機能は必須となる。

2）地域へのインターベンション

基盤としての地域づくりに向けて、Ｄの矢印としてのインターベンションを実践していく。「５．プランニング」でも述べたように、地域での理解、意識に働きかけるということも重要であるし、それに加え、地域のなかでＡおよびA'に当たる、地域生活課題をもちながら暮らす人がどのくらいいるのかという数量的把握であったり、当事者への実態把握調査、他地域における支援例の紹介、関係機関への情報提供等により、ＡおよびA'という地域生活課題への支援の必要性の根拠を地域から見出すということも考えることができる。今後もこのような地域生活課題が起こり得るということを想定しながら、予防的にその人たちを支えることができる基盤づくりということを目指す地域のエンパワーメント介入が求められる。

3）個と地域の支援を連動させるインターベンションにおける媒介過程

ＡおよびA'という地域生活課題をもつ人々が地域のなかで安心して生活することができるように、地域のなかでの人と人のつながりへの参加、機会への参加、場への参加を想定することができるような支援をしていくことが求められる。個別のＡという課題の解決であれば、既存の場や機会につなぐという個別の支援となるかもしれないが、ＡおよびA'という複数形で捉え直すときに、地域のなかにその人たちの思いを聞くことができるようなつなが

りづくりや、参加の機会の創出、安心して集える場づくりなどを進めていく必要がある。そのためには個の思いに丁寧に耳を傾け寄り添い、支援してきた個の支援と、地域の資源の配置状況や、AおよびA'という地域生活課題の存在に対する地域の意識や活動の状況を把握してきた地域支援の双方の視点を媒介させながら参加支援を創出していく支援Cへのインターベンションが求められる。

7. 評価

1）個の支援評価

個別支援の評価としては、どのように個別支援が多様な主体の協働により実施されていったのかという形成的評価と、具体的に地域生活課題が解決したのかという総体的評価の双方が求められるだろう。包括的支援体制が対象として想定するクライエントには、エンゲージメントの項でも触れたように自ら支援を求めないインボランタリークライエントの存在も注目されており、また、複合多問題のケースも多くあると考えられている。総体的評価として具体的に課題が解決したという視点だけでは、「成果があった、解決した」と明確にいえるケースはそれほど多くないということになるかもしれない。

しかし、形成的評価はその支援プロセスのなかで、どのような人がどのような役割でその人とかかわったのかということに着目する。自分自身の人生を自律的に生きるためには他者の存在が不可欠であるといわれる。たとえ地域生活課題が解決するという状況には至らなかったとしても、地域のなかでその人のことを気にする人が増える、地域のなかでその人が抱える地域での生きづらさを知る人が増えるということを評価することは、包括的支援体制における評価の重要な視点となる。

図5　インターベンション

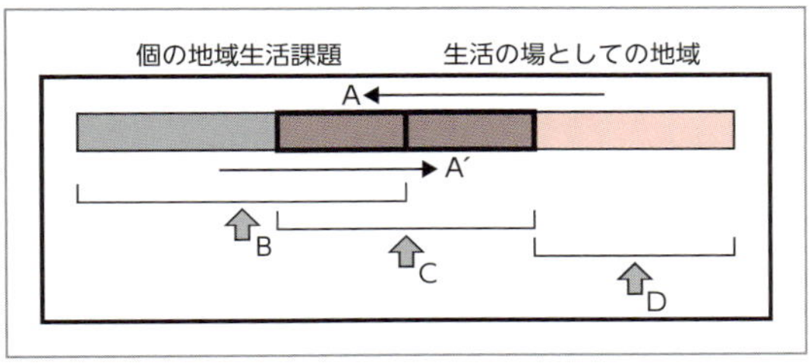

2）地域の支援評価

図1において、包括的支援体制におけるソーシャルワーク過程の枠組みの全体像を示し、各支援過程においても、個の支援と地域支援の媒介機能について着目し、解説を行ってきた。しかし、この図は必ずしも時間軸が一致しているわけではないことに注意をする必要がある。

地域の支援の評価はCという特定の地域課題の解決ができたかどうかという評価ではなく、Dの地域力がどのように高まったかという、地域力の**エンパワーメント**を評価する必要がある。一つのケースに内在するAという地域生活課題を解決したから即座に地域力が高まるわけではないかもしれない。そのケースの経験が地域の排除を強化する可能性すらある。

AおよびA'で示される、地域のなかに存在する地域生活課題が一人の問題ではなく、複数の人が経験していることであるということをケースの積み重ね、データの蓄積、ほかの地域の支援事例の積み重ねにより少しずつ理解を広げ、地域の意識や活動の様相が変化していくには、時間がかかる場合も多いだろう。

また、地域のエンパワーメント支援は活動支援だけではなく、活動者を支えるという活動者支援も必要となる。B→C→Dという個別から地域という方向性だけではなく、D→C→Bというように、基盤としての地域福祉力がエンパワーメントされることにより、複数の人がもつ地域生活課題の存在に気づく力が高まり、支援の狭間に漏れ落ちそうな一人の人の悩みに気づく人が増え、インボランタリークライエントが相談の窓口につながり支援につながるチャンスが広がっていくという意味で、基盤としての地域力の変化をやはり形成的評価と総体的評価の双方の視点で捉えていく必要がある。

3）個と地域の支援を連動させる評価における媒介過程

アセスメントからソーシャルワークの展開を経て、個の地域生活課題Aを複数の人も同じような悩みをもっていると集合的に捉え直しA'とし、その人たちに対してつながりや機会、場をプランニングしてインターベンションを実施した成果について評価をしていく必要がある。その際に評価の方向性は、アセスメントと同様に双方向の矢印をもつ必要がある（**図6**）。

Aに向かう矢印は、地域からのつながりの矢印が個に届いているかという視点となる。地域のなかで複数のAおよびA'の地域課題に気づき、そのことについて知ろう、その活動に参加しようとする関係性が増えていくことに対する地域変革の評価となる。地域住民の地域生活課題の解決活動への参加という評価の視点をもつ。A'に向かう矢印は、地域生活課題の解決を目指すつながりや活動、場がクライエントにとって、本当に課題解決に役立っているのかということを、クライエント本人の視点から評価する方向性となる。地域生活課題の解決を目指す主体はあくまでもその人自身でなければならない。本人不在の資源開発は、その人の地域での孤立を増大させる危険性もあるということを忘れず、地域で開発されるプログラムにクライエントその人からの評価を組み入れる必要がある。

この双方向の矢印の評価を統合させていく方法の一つとして、参加型プログラム評価の手法がある。ソーシャルワークとして地域の変化を評価する視点と、個からみたプログラム評価の視点を媒介し統合していく知識とスキルが求められている。

図6　評価

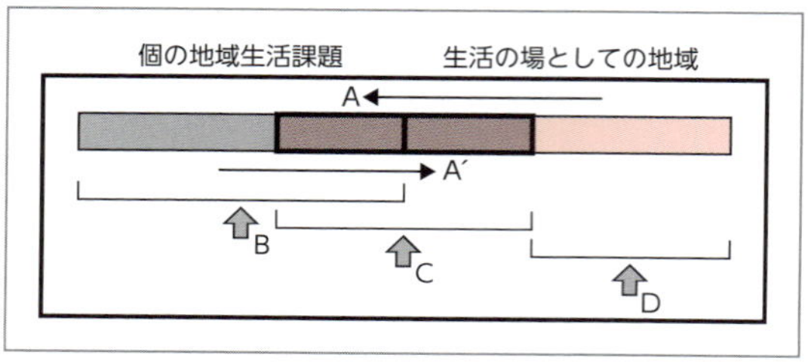

8. 終結

個と地域の一体的な支援を進め、支援の終結という最終目標は**図6**まで示されていた、個の地域生活課題Bおよび、環境としての地域との相互作用により複数の人に生じる地域生活課題Cがすべて解決し、生活の場としての地域が誰にとっても安心してともに暮らせる場になることである（**図7**）。これは、包括的支援体制が目指す理念としての「地域共生社会」と重なる。

しかし、地域生活課題は一つではなく複数がからまりあい、また次々と新たな地域生活課題が際限なく生じてくるということが地域の現実の姿であろう。本章で示したように一つひとつの地域生活課題に丁寧に向きあい、個の視点と地域の視点を媒介し、一体的支援を蓄積していくことにより、少しずつ地域生活課題が軽減し、クライエント本人が自分自身の地域での暮らしを自ら選び取っていくことを支えることができるようになり、また、地域での課題を地域住民とともに協働しながらCおよびDの領域の課題に取り組んでいくことにより、地域住民の意識が変わり地域をエンパワーメントしていくことが可能となっていく。

9. 個と地域の一体的な支援におけるソーシャルワークの過程の縦と横の連動

本章では、個と地域の一体的な支援におけるソーシャルワークの過程をエンゲージメントから終結まで六つのプロセスに沿って確認してきた。特に包括的な支援体制を推進していくソーシャルワークを展開し、個と地域の一体的な支援を進めるうえで過程をどのように捉えるかということについて着目をしてきた。

図7　終結

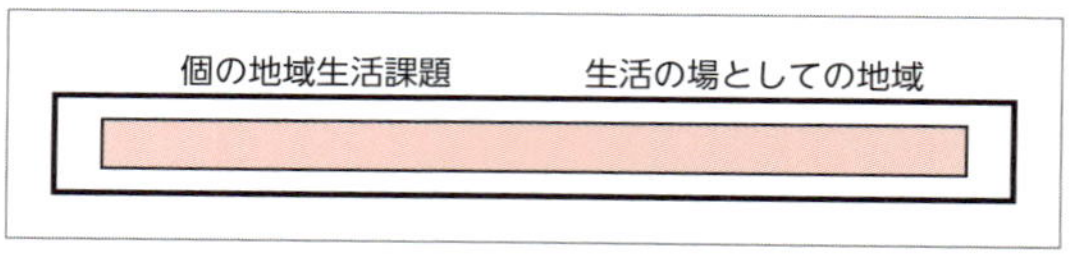

ソーシャルワークの過程はそれぞれが独立しているわけではなく、相互に連動しながら展開していくという縦の展開は従来から言及されてきたことである。包括的支援体制が、支援につながらないインボランタリークライエントをその射程として焦点化するにあたり、エンゲージメントの重要性を再認識する必要がある。また、個と地域の一体的な支援を実現するためには、個別支援が終結してから地域支援を考えるということではなく、それぞれのソーシャルワークの過程において個と地域を連動させる横の展開の必要性を提示し、その媒介領域として個別の地域生活課題と地域の状況を重ね合わせたAおよびA'の領域に注目し、そこに介入するCの個と地域を連動させる媒介機能としてのソーシャルワーク実践の必要性を提起した。

縦と横の連動、および媒介領域への働きかけは一人のソーシャルワーカーもしくは単独の職種がすべてを担うのではなく、どのように連携しながら矢印を双方向に出していくのかという協働体制を構築していくことが求められ、それらの協働の中核としてのソーシャルワーカーの媒介機能に着目をする必要がある。

参考文献

- Brenda Dubois & Karla K. Miley, *Social Work: An Empowering Profession, 8th Edition, Pearson Education, Inc, 2014.*（北島英治監訳、上田洋介訳『ソーシャルワーク―人々をエンパワメントする専門職』明石書店、2017年）
- 稲沢公一「個別援助の展開過程」稲沢公一・岩崎晋也『社会福祉をつかむ【第3版】』有斐閣、68～77頁、2019年
- Louise C. Johnson & Stephen J. Yanca, *Social Work Practice: A Generalist Approach, 7th ed, Allyn & Bacon, 2001.*（山辺朗子・岩間伸之訳『ジェネラリスト・ソーシャルワーク』ミネルヴァ書房、2004年）
- 渡部律子『福祉専門職のための統合的・多面的アセスメント――相互作用を深め最適な支援を導くための基礎』ミネルヴァ書房、2019年

5 ケアワークの思想と実践

奥西栄介

1. ケアという言葉をめぐって

今日、「**ケア**」という外来語は、専門職から一般の人々まで、また、介護、福祉、保育、看護等の対人援助、ヘルスケアの分野から商業、流通の分野に至るまで、ポピュラーな日本語として使用され定着している。さらに、学術的な専門用語として、先に示した介護、福祉、保育、看護から、哲学、倫理学、心理学、社会学、教育学、法学、政治学、経済学など、分野横断的に幅広く、ケアが研究対象となり、活発に議論されるようになった。ケアという言葉が広範囲に、頻回に使用されるようになり、その意味合いは多種多様である。専門職によるケアの臨床実践の技法やコミュニケーション、援助関係等の議論で用いられ、社会文化的な文脈においては、既成の権威や正義に抗する政治的な力を凝集した言葉として用いられる。

ケアの意味は拡散し、市場経済において、ケアは商品化、量産化され、消費の対象となり、流通資本のアイコンとなっている。そして、非市場経済においては、介護、看護、療育、育児、気遣い等のケアを無償で担っている家族や近親者、近隣者を「ケアラー」（ヤングケアラー）という言葉で称し、社会的ケアと相対し、実社会の現状を告発している。今日、ケアという言葉の意味と用法は、市場経済、あるいは非市場経済において、各主体、業界と実社会との接面において、それぞれの立場と意図、便益によって用いられている状況にある。

2. ケアという言葉の契機

「ケア」という言葉が、日本語として受け入れられてきた経緯を遡及すると、1980年代以降であろう。武川（2022）は三つの契機を示している。ほかの論者の知見、筆者の管見も加えて確認する。

第一に、1970年代以降の高齢化社会における介護の「誕生」である。**介護**はケアそのものではないが、政策として1987年に**社会福祉士及び介護福祉士法**が制定され、我が国初の福祉専門職の国家資格である社会福祉士、介護福祉士が同時期に誕生したことは大きなトピックであった。両資格の誕生は、高齢化社会の進展への社会的対応と新自由主義という政治体制による福祉の市場化を補完するものとしてあった。そして、1997年の介護保険法の制定によって、ケアプラン、ケアマネジャー、ケアマネジメントという用語が一般に流通するようになる。また、1995年に育児休業に介護休業も含めた制度改正が行われ、育児休業、介護休業等育児又は家族介護を行う労働者の福祉に関する法律（育児・介護休業法）が法制化された。介護はケアの一部ではあるが、市場に開放された介護保険サービスが普及するにつれて、「ケア」という言葉は広く受け入れられ使用されるようになった。

第二に、保健医療政策における「キュアからケアへ」というスローガンによるケアの言説である。高齢化社会による疾病構造の変化と相まって、患者のQOLを維持するためには、病気の治療（**キュア**）だけでなく、ケア（療養上・療養生活上の世話）に重点を移行することを意味している。猪飼（2010）は、この言説に基づいて地域包括ケアの社会理論を展開している。すなわち、治療医学に主導された医療の時代が終焉し、治療医学によって規定される健康／病気（障害）の認識枠組みである「医学モデル」が、生活の質によって規定される「生活モデル」へと移行することで、次代のヘルスケアである地域包括ケアを指向するとしている（猪飼2010：

22－5)。

臨床実践の経緯をさかのぼると、淀川キリスト教病院でホスピスケアを主導した精神科医の柏木(1978) の著作『死にゆく人々のケア――末期患者へのチームアプローチ』がある。柏木は、臨死患者へのキュアに対して、身体的、精神的、社会的、宗教的必要に向けてのケアとチームアプローチの重要性を提唱している (柏木 1978：4－7)。ケアの臨床実践の源流の一つに、スピリチュアルケアを含むホリスティックな志向性を有する**ターミナルケア**が位置づけられよう。なお、柏木の著作が「ケア」をタイトルに含む最初の邦文献といわれている (川本1995：96)。

第三は、「**ケアの倫理**」を提唱した発達心理学者のC, ギリガン (1982 = 1986)『もう一つの声』の出版である。今や古典となったギリガンの主張は、個人の自立や権利を前提とするリベラリズムの「正義の倫理」に対して、その人固有の人間関係や絆のなかで他者への配慮 (ケア) を企図する「ケアの倫理」を重視したものである。ギリガンは「正義の倫理が平等の前提―誰もが等しく扱われるべし―から生じるのに対し、ケアの倫理は非暴力の前提―誰も傷つけてはならぬ―にもとづく」と述べている (ギリガン 1982 = 2022 新訳：392－3)。発表当時この概念は、多くのフェミニストに支持され、「ケアの倫理」をめぐる理論論争の端緒を開いた。さらにギリガンの議論を引き継いだN, ノディングス (1984=1997) 以降、批判、反論も含めて議論は継続し、深化してきた。我が国でも、ギリガンの主張やフェミニズムの興隆によって、川本 (2005)、上野 (2011)、岡野 (2012) をはじめ、倫理学、社会学者を中心に多くの論者による分厚い研究が蓄積されている。

以上、武川の示す三つの契機から、「ケア」という言葉の定着の経緯をたどってみた。もう一つ加えたい契機として、1995年の阪神・淡路大震災を忘れてはならない。後年「ボランティア元年」と呼ばれ、発災後、災害ボランティアとして全国各地から多くの人々が自ら被災地に赴き、救援活動に参加した経験を社会全体で共有したことである。「ケア」のプリミティヴな意味合いである、困難を抱える他者への気遣い、配慮、積極的関心による利他的行為としてのケアが行われた。さらに、専門職によるボランティア活動として、神戸大学医学部精神科の中井 (1995)、安 (1996) をはじめとする精神科医のグループが被災者に寄り添って実践した「**こころのケア**」を挙げておきたい。被災者のPTSD (心的外傷後ストレス障害) に対するケアの実践と記録は、その後の新潟県中越地震、東日本大震災に活かされ、内閣府による災害対策要領に「こころのケア」が位置づけられている (内閣府：2012)。

3. ケアの位相と課題

「ケア」とは何か？　この問いに対して、これまでに多くの研究者、実践者によって、ケアにまつわる哲学、倫理学、社会学、心理学等による思想や理念、概念を根拠にし、また、自らの生身の実践経験に基づいて論じられてきた。それぞれ論ずる分野、立場、文脈によって、その意味、内容は、実に多様に存立しており、膨大である。ケアなるものの百花繚乱(りょうらん)ともいえる状況を踏まえて、より積極的にケアの将来を展望するならば、広井 (2000：34－54) がいう、人と環境の相互の共存を要件とする「エコロジカル・モデル」に依拠した「越境するケア」が求められているといえようか (広井 2000：53－4；69)。

広井 (1997：16－8) は、「ケア」の狭義の意味内容として、専門的、職業的なケア、ケアに関する制度面を想定し、ケアを三つの場面で検討することを提起している。①臨床的／技術的レベル、②制度／政策的レベル、③哲学／思想的レベルである。三つの場面 (レベル) は相互に深いところで結びついており、一つだけを切り離して考えることは不可能であるという (広井 1997：16－8)。広井の著作から約四半世紀が経っていることから、今日までのケアの経過、状況、トピックを取り上げながら三つのレベルをフォローしてみる。

1）臨床的／技術的レベルのケア

臨床的／技術的レベルのケアは、個々の実践現場でのケアのあり方と方法であり、介護技術、看護技術、カウンセリング手法、ケア計画の作成・実施といったミクロ領域における技術論である。通常「**ケアワーク**」と称するケアである。主に身体接触と情緒・感情を交わすコミュニケーションを伴うケアであり、子どもの愛情欲求を満たし成長を育むケアとして保育も含まれる。

臨床的／技術的レベルのケアに関して、2000年に施行された介護保険制度に伴いケアマネジメントが導入され、自立支援に向けて総合的、計画的なケア、多職種協働によるチームケアがスタンダードとなったことが挙げられる。その際、2001年に世界保健機関（WHO）が提唱した、新しい健康観とする「生きることの全体像」を示した「**ICFモデル**」（International Classification of Functioning, Disability and Health：国際生活機能分類）が、各専門職種の共通言語とされた。

実際のケアの方法、技術に影響を与えたものとして、実践現場で試行された認知症ケアや障害者ケアの数々の方法の蓄積がある（三好1986、浦河べてるの家2002、和田・宮崎2003、小澤・土本2004等）。加えて、24時間巡回型ホームヘルプの先駆的試行（コムスン社1995、井上1996、安岡1996等）もまた、認知症ケアと相まって、「利用者本位」「個別ケア」が実践現場におけるケアの規範として据えられる契機となった。一方、ケアのネガティブな側面としては、2000年の児童虐待の防止等に関する法律（児童虐待防止法）、2005年の高齢者虐待の防止、高齢者の養護者に対する支援等に関する法律（高齢者虐待防止法）、2011年の障害者虐待の防止、障害者の養護者に対する支援等に関する法律（障害者虐待防止法）の制定を契機に、養護者や介護職員等のケアの担い手による児童、高齢者、障害者虐待という社会的事象が注目されるようになった。

また、専門職によるケアではないが、ケアに関する社会的な動きとして、2010年「ケアラー連盟」の設立を挙げたい（牧野2010）。「**ケアラー**」とは、高齢者介護にとどまらず、知的障害、精神障害、難病、依存症等、ケアを要する人の年齢、障害の種類に関係なく、介護、療育、気遣い等を無償で担う家族や近親者を指す。連盟は、要介護者本人、要援護者本人だけでなくケアラーへの支援の必要性を提示し、両当事者がともに尊重され、ケアラーが無理なくケアを続けられる環境を醸成し整備すること、ケアラーの就業継続をはじめ社会参加を確保、促進することを提唱している。そして、ケアラーが連帯することで新たな共生社会を目指すことを目標としている。

木下（2015：281－3）によると、ケアラーの議論は、「ケアラーがインフォーマルな専従的存在ではなくライフスタイルにおいても、ライフサイクルにおいても自分自身の人生を生きる存在である」と位置づけ、「当事者の日常生活に関わるミクロなレベルから、地域社会や中間組織のメゾレベル、そして社会制度や社会そのものの在り方に関わるマクロレベルまで通底する視点としてケアラーは戦略的である」とする。各分野の制度の枠内に従属したケアラーの存在を固有の独立した存在として認識し、地域包括ケアシステムに強力に組み込むことで、子ども世代から高齢世代まで分野横断的に捉えることができ、社会政策的には福祉社会の成熟化につながるという。

2）制度／政策的レベルのケア

制度／政策的レベルのケアは、制度やシステムにかかわる次元のケアである。介護保険制度、ケアマネジメントシステムを指し、社会保障制度全般に及ぶものである。メゾ、マクロ領域のケアであり、診療報酬、介護報酬での評価等など、ケアの経済的側面も含んでいる。

制度／政策的レベルのケアに関して、制度施策と並行して多様なケアの変化がみられた。たとえば、ケアの形態として、高齢者介護では「個室・ユニットケア」「小規模多機能ケア」が導入され、障害者、児童分野でもグループホーム、小舎制など、ケアの小規模化によるプライバシーの確保、個別ケア、自立支援など、ノーマライズされたケアが試みられた。これらは、臨床的／技術的レベルのケアにおける人の生活、暮らしを中心に据えた民間の先駆的なケアの取り組み（槻谷 1992、惣万 2002、萩野 2016 等）や北欧諸国のケアシステム（外山 2003）の導入が端緒となり、制度化されたものも少なくない。

ケアを冠した制度政策の変遷としては、2005 年の介護保険法改正で提唱された「**地域包括ケアシステム**」がある。地域における自立生活を支援するための医療・介護・予防・住まい・生活支援を包括的に確保するケアシステムである。そして後に 2017 年の社会福祉法改正（地域包括ケアシステムの強化のための介護保険法等の一部を改正する法律：地域包括ケアシステム強化法）において、地域包括ケアシステムの深化・推進が目指された。それは従来のヘルスケアの範疇（はんちゅう）を超えて、各世帯に生ずる複合的な生活課題を関係機関の連携によって解決する、「地域共生社会」の実現に向けた「包括的な支援体制」「重層的支援体制整備事業」等の地域福祉政策である。一連の政策は「地域福祉の政策化」と呼ばれるが、国の財政状況、制度の持続可能性の議論を背景に、地域共同体の互助を取り込みながら、福祉行財政策、供給体制の将来のあり方の転換を示唆している。

ケアの経済的側面においては、介護保険制度の介護報酬体系は医療保険制度による診療報酬体系をモデルに設計された。介護保険制度における要介護認定システムは、給付上限額を段階的に定めることにより、サービス給付に係るコストとサービス提供の質と効果を同期に捉えることを実践者（ケアマネジャー、ケアワーカー）に求めた。換言すると、制度政策のマクロレベルのケアと、ミクロレベルのケア実践を統合的に組み込むことで財源を抑制的に運用する志向性を有した制度設計といえる。加えて、介護報酬体系に加算減算方式を導入し、サービス事業者に経済的インセンティヴを提示することで、政策主導型のケアシステムを構築し、ケアの実践方法に直接的な影響をもたらしている。最近では、政策技術的な観点から、2021 年度の介護報酬改正より開始された **LIFE**（Long-term care Information system For Evidence：科学的介護情報システム）、2024 年度の介護支援専門員法定研修から本格的に導入される「適切なケアマネジメント手法」等、ビッグデータと AI のアルゴリズムと連携したケアの方法論が、臨床的／技術的レベルのケアの場面で施行される。

このようにケアの制度政策の変遷を介護政策にみると、実践者によるいくつかの先導はあったものの、制度の根幹は医療制度を模倣して設計されたこと、財政的コントロール、経済的インセンティヴ、また、その時々の時代状況の要請によって、あるいは、最新のテクノロジーが動員されて、ケアの様相は更新されてきた。

ところで、情報技術の革新によるデータ重視の統一的な見解に基づく合理的なケアの価値と、個別の主観的世界と自律性に基づいて、利用者との関係性において「ゆらぎ」（尾崎：1999）ながらも自己創出していくケアの価値はどのように統合していくのであろうか。換言すれば、「**エビデンス**（根拠）」に基づくケアワークと、「**ナラティヴ**（物語と対話）」に基づくアートとしてのケアワークのインターフェースに関する課題である。

3）哲学／思想的レベルのケア

哲学／思想的レベルのケアは、臨床的／技術的レベルのケアと制度／政策的レベルのケアの根底にあるもので、ケアとは何か、ケアは人間にとってどういう意味をもつものかといった基本的な問いに応えるものである。ケアの根底に思想を据えることは、臨床場面でのケアのリアルに柔軟に対応するための思考の拠点を構えることになろう。また、制度政策の策定と実施の指針に含まれる、施策の対象となる人や社会に対する、ある理念的な人間像、生活像、社会のあり方を提示することになる。また、広井のいう、分野横断を試みる「越境するケア」を検討するための思想、価値の擦り合わせと共有化を図ることの拠点になろう。

哲学／思想的レベルのケアを考える礎石として、介護福祉思想研究会（2006）の共同研究によって編まれた『介護福祉思想の探求 介護の心のあり方を考える』がある。「人間の思想、心のあり方を歴史、宗教、制度、経済、文化、介護実践等の広い視点から考察し、（中略）人間生活のあり方と向かい合うこと」（介護福祉思想研究会 2006：ⅰ）を企図し、介護の思想基盤の重要性を確認し、東洋思想から西洋思想まで、体系的に紹介し考察を加えている。「介護福祉」思想と称しているが、その内容は介護の範疇を越えて、人が人間社会のなかで人としてよりよく生きていくうえでの思想的、倫理的基盤を言及している。

初学者に対して、どのように「ケア」「介護」の概念を教示しているであろうか。たとえば、介護福祉士養成教育において、哲学／思想的レベルのケアを臨床的／技術的レベルのケアにどのように落とし込んで教育しているのであろうか。この点に着目することで、我が国における教育者、研究者のケア、介護に対する認識の水準をうかがい知ることができる。青木（2017：18）が主張する、「アカデミズムの世界とケアの現場の世界に橋を架ける土台をつくる作業」に通ずる視点である。

種橋（2017：81）は、社会福祉士・介護福祉士養成テキストのうち、「介護概論」に相当するテキスト（新旧カリキュラム）を概観し、そこに記述されている「介護」「ケア」の定義、概念を整理しているが、研究者の間でも「ケア」の概念についての理解や検討が十分とはいえない、としている。たしかに、種橋の整理をみると、ケアの辞書的、言語学的な起源の把握、ケア論の代表的な論者であるM, メイヤロフ（1971=1987）『ケアの本質』からの引用が多くを占めている。また、「自立支援」「自己実現への援助」「尊厳の保持」「基本的人権」「共に学び合う行為」「自己の人格完成」「社会を共に生きる」等のキーワードが挙げられており、ケアの本質論、規範的アプローチの記述が目立つ。

哲学／思想的レベルのケアの概念は、これまで実に多くの論者によって語られており、本章で言及する余裕はない。ここでは、介護現場において保健、看護、医療等の他職種と介護の専門職が対等な関係でチームアプローチを展開していくためには、臨床的／技術的レベルのケア、介護の技術の向上と信頼が必須であり、その思想的基盤として介護固有の哲学／思想的レベルのケアの概念の深化が求められていることを述べるにとどめる。そして、両者の連結は、高度な普遍的概念による哲学／思想的レベルのケア概念からの演繹（えんえき）法的アプローチよりも、むしろ帰納法的アプローチを通して実践現場により密着し、他職種の機能と相対させながら介護過程や業務内容を明確にしつつ、ケアの専門性を確立していくことのほうがより説得力をもつであろう。種橋（2017：81－4）は、「『ケア』『介護』の対象者である被介護者の認識から概念を形成するといった実証研究」の重要性を指摘し、介護現場における「介護職員と利用者との関わりに関する認識から『ケア』の概念を具体的に示すこと」が、哲学／思想的レベルでのケアの概念の析出に関する研究課題であることを示唆している。

4. ケアワークとソーシャルワークの関係

ケアワークの定義について、これまでに主に介護、福祉、看護分野の識者によって数多くの定義が提示されてきた。特に 1987 年の社会福祉士及び介護福祉士法制定以降の専門職養成教育におけるテキストや事典、研究書に収載されている。本節では、基本的にケアワークは、介護、保育、養護、療育等を含む上位概念として捉えていることと、ケアワークとソーシャルワークの関係について取り上げることにする。

ここでは、笠原（2003）による、介護福祉士が担う技術を前提とした介護福祉援助技術をケアワークとする定義を取り上げて、両者の関係におけるそれぞれの機能と役割をめぐる基本的な検討を確認する。

「社会福祉分野の専門的な教育を受けた者が、加齢・心身障害等により社会生活上に困難をもつ人や成長途上にあって援助を必要とする人に対して、身体接触を伴うことが多い直接的かつ具体的な技術を活用して、身体的・精神的・社会的側面

から援助すること。また、そのとき駆使する援助の技術のこと」(笠原 2003：96－7)

この定義の要点は、対人援助専門職であるケアワーカーが担い手としてあり、人が社会生活を営むことに焦点を当て、人の生活の全体性に着目し、身体的・精神的・社会的側面に援助することとしている点である。岡本(1998：iii)は、介護福祉の目的について、「介護を身体的、心理的、社会的の各レベルにおよぶものという認識」のもと、「人間の生活全体を視野に入れ、その人の社会的機能と社会関係とのかかわりの中で、可能なかぎりでの自立の達成をめざす、一連の身体的、心理的、社会的世話であり、介護努力である」とし、介護福祉における自立概念の社会的側面を強調している。

笠原による定義の解説によれば、ケアワークとソーシャルワークの関係において、基盤となる知識や技術の部分的重複はみられるが、両者は個別の援助として存在するとしている。また、介護福祉技術は、①身体介護に関する技術、②家事援助に関する技術、③社会生活の維持・拡大に関する技術が含まれており、加えて、介護福祉技術の展開の場に合わせてソーシャルワークが車の両輪のように必要であり、①心理・社会的な困難に関する技術、②地域福祉および社会資源の活用・開発に関する技術、③その他の援助技術(ケアマネジメント、スーパービジョン、チームワークおよびネットワーク等)のソーシャルワークを活用することによって、介護福祉の成熟度が高まるという。ケアワークは、社会とのかかわりのなかで生きている福祉ニーズをもつ利用者に携わる実践であるからである(笠原 2000：161－2)。

社会福祉士と介護福祉士が同時期に社会福祉専門職として制度化された経緯があり、制度の制定過程で批判的な議論もあったが、奥田(1998：6)は「ソーシャルワークであってもケアワークであっても、社会福祉職として位置づけられるならば、同一領域の職種として共通する基盤の共有が前提となる。その一つが社会福祉の価値であり、もう一つはその価値に濾過(ろか)された福祉職者としての援助活動の基盤となる技能の共有であろう」と述べている。奥田の見解に対して、根本(2000：27)は、「(奥田が言う価値と技能)それのみならず、共通の目的——社会生活上の困難の解決援助ないし社会生活ニーズの充足援助——の共有が重要」と付け加えている。先に笠原の定義で確認した、ソーシャルワークの心理・社会的な困難に関する技術と地域福祉および社会資源の活用・開発に関する技術を介護福祉援助技術(ケアワーク)に対応させる意図は、両者の共通の価値と技能、そして目的を具現化する意図と理解できる。特に、ケアワークの臨床場面におけるアドボカシー機能は重要である。たとえば、重度の認知症高齢者や障害者でコミュニケーション能力が低下した当事者の意向、意思を当事者の最も身近にいるケアワーカーが非言語的な訴えや日常生活の様子を通して確認し、代弁することはきわめて倫理的な働きである。この機能は養護や保育の分野においても同様である。

上にみたように、ケアワークとソーシャルワークはきわめて「相互補完的な相補関係」(大和田 2004：284)にあるが、2007年の社会福祉士及び介護福祉士法改正において、介護福祉士養成課程の科目から「社会福祉援助技術」が廃止され、一方、社会福祉士養成課程の科目からは「介護概論」が廃止されたことで、ケアワークとソーシャルワーク教育の分離がみられた。介護福祉士養成課程でソーシャルワークを体系的に修得する機会が失われたことの問題性とともに、ケアワークの統合性が介護保険制度や介護福祉士養成課程のあり方等の制度政策を通して、矮小化、限定化が進み、それゆえに、ケアワークにおけるソーシャルワークの不可欠性が指摘される(小嶋 2014)。さらに、後の2020年の社会福祉士養成課程の見直しにおいて、ソーシャルワークの対象領域が、ミクロ領域からメゾ・マクロ領域に傾斜し、ケアワークへの関心は希薄になっていく。

すなわち、両福祉士の養成教育課程でそれぞれの価値、技能、目的を共有する、のりしろを失うことになる。英国の専門職連携教育推進センター(CAIPE)が提起した「複数の領域の専門職者が連携およびケアの質を改善するために、同じ場所でともに学び、お互いで学び合いながら、お互いのことを学ぶこと」（埼玉県立大学 2009：13）に支障が生ずる。この論点は、IPW（専門職連携）の実践現場、あるいは、IPE（専門職連携教育）の教育の場において、具体的に検証されるべき研究課題として残されるであろう。さらに近年のトピックを挙げれば、地域共生社会の実現に向けての政策のトレンドにおいて、高齢者ケア施設、障害者施設、保育所等を含む社会福祉施設による地域貢献事業が、地域社会の総合相談体制と連携し、相談窓口になることが期待されている（中谷・鶴・関 2018）。とすれば、今後ケアワークとソーシャルワークはますます接近していくことになる。

5. ケアワークにおける専門職、非専門職の境界

「ケアワーク」という名称は、「ケアワーカー」と呼称されるケア関連専門職と一対になって使用されるのが業界の用法である。この用法は、制度サービスの場合、その社会的評価は「擬市場」において、診療報酬制度や介護報酬制度、保育所・幼稚園などでは基準算定費用額という公定価格で決定される。一方、実際のケアの現状はケア専門職によってのみで支えられているわけではないことは周知の事実である。すなわち、非市場経済において、「ケアラー」という「専門的・職業的ケア従事者でなく、対価として金銭的報酬を受けず、インフォーマルな立場で身近な他者の日常生活をさまざまな形でサポートしている人々」（木下 2015：11）の存在によって支えられている。むしろ市場経済を支えてきたのは、非市場経済において育児や介護等の家事労働を担っている人々の存在である。いわゆるフェミニズム論による家事の「不払い労働」「愛の労働」論である。この立場は、非市場経済での家事労働における、他者への配慮を動機とするケアは、市場経済における商品生産労働とはなじまない特殊な性質のものとして、市場経済におけるケア労働と分離して捉えようとすることに強く抗う。逆に、両者を「生産労働」と「再生産労働」（「人間の生産」「生命の生産」）として一元的に捉えて検討することで、ケアなるものの根底には、市場経済での利益追求という価値の指標に覆われてしまった、他者との社会関係のなかで他者を思いやり、役に立ちたいという他者への貢献、人間の利他的行為の動機があることを再認識できるのではないか、という問題提起となる。

上述した文脈に沿って、上野（2011：39）が提示する、M. デイリーのケアの定義は以下のとおりである。

「依存的な存在である成人または子どもの身体的かつ精神的な要求を、それが担われ、遂行される規範的、経済的、社会的枠組のもとにおいて、満たすことに関わる行為と関係」

上の定義は、ケアにかかわる人の存在と機能が定義されており、抽象的な本質規定はない。上野（2011：5－6；39－40）は、この定義に、ケア（ケアワーク）の文脈依存性をみており、ケアを複数の行為者がかかわる相互行為、相互関係として捉え、「依存的な存在」を第一義的なニーズの源泉とすることで、当事者主権の立場を鮮明にしている。そして、「他者に移転可能な行為」としてケア労働を位置づけている。先に検討した、市場経済における商品生産労働としてのケアと非市場経済における家事労働としてのケアについて、変数を入れ替えることで比較可能にすると評価している。

たしかに、実際のケアマネジャーによる居宅サービス計画において、専門職によるフォーマルケアと家族介護や地域ボランティアのインフォーマルケアを組み合わせる場合がある。デイリーの定義は、その際の専門職（ケアワーカー）と家族介護者、介護協力者（ケアラー）の関係性を検討する際に有効な概念枠組みを与えてくれる。専門職がどのような眼差しで家族介護者をみて、協働して当事者をケアしていくか、実践的な研究課題となる。

「ケアの倫理」のギリガンの議論に引き寄せれば、たとえば、介護の社会化を目的とした介護保険制度における専門職であるケアワーカーのケア、それはどのような介護ニーズにも対応可能とする専門的ケア（強いケア＝「正義の倫理」）と、ケアの受け手の内面を察知し、ケアを受けることの緊張を緩和し

たり、共通の話題などを提供して楽しませたり、自尊感情を配慮するケア（弱いケア＝「ケアの倫理」）の存在との相違を際立たせる。ケアワーカーによる専門的ケアと家族介護者等によるインフォーマルケアの対等な相互関係、協働関係におけるケアの分有に関する議論が可能になる（稲葉 2022：102－11）。

これまでの議論を振り返ると、「ケアワーカー＝ケア専門職」「ケアラー＝非ケア専門職」として一線を引き、分割して捉えることは、はたして両者の関係性を正当に把握し、評価しているだろうかという反省に至る。たとえば、施設介護や訪問介護に従事するケア専門職であっても、自身が思い描く理想のケアや利用者への個別的配慮と、制度上の加算減算方式を意識し、利益効率や生産性向上を重視する経営環境や制度政策の規程、制約との間で葛藤していることは想像に難くない（齋藤 2022：119－120）。さらにマクロレベルでみれば、社会経済的にもケアラーによるケア労働によって公的支出が抑制されている（木下 2015：288）。このように考えれば、「ケアラー」と「ケアワーカー」によるケア労働は無縁ではなく、両者を一元的に把握することが求められているといえる。

6. 臨床の場に根差すケアワーク関係を考えること

ケアワークを考えるとき、そこには多様な価値観が存在してよいだろう。ケアが人の生活、人生の価値観を踏まえて展開されるとすれば、それは個別的に、多元的に存在するからである。ところが、「自立」「予防」「自己実現」という言葉でケアが一元化され、過度に強調され、強要されたとき、利用者が援助者の描く既定路線から外れるものならば、その人を無能な人として追い込み苦悩させる（秋山 2008）。また、親密な空間で行われるケアは、「ケアする側―される側」という二者対立の権力関係に固定化されやすい。加えて、感情労働とされるケアワークの中心に当たる利用者とのコミュニケーションは感情のコントロールを要する（吉田 2014：23－5）。

そこでやはりケアワークを考える際に、「関係」の視点を加える必要がある。どのような関係をケアワーカーは対象となる人と形成していくのか、ケアワーク関係の質が問われてこよう。以下に高齢者ケアの臨床場面での二つのエピソードを紹介する。

特別養護老人ホームのある認知症高齢者の語りは、記憶がおぼろげになるなか、若いケアスタッフにかつて看護婦であった自身の看護経験を懸命に話し、ケアスタッフを労り、励まし、ケアスタッフの悩みの相談相手になれたことの満足感にあふれた表情で語られたものであった。この語りに、自分らしさの自己表現、社会的役割の遂行、次世代的他者への関心、そして、本人の自信とプライドを読み取ることができる。

今ここに、臨床の場における当事者と援助者との対話的関係を通して、両者が交わした主観的事実を互いに確認するプロセスにおいて、両者が相互に必要不可欠な存在であること（メイヤロフ 1971＝1987：68－9）に気づいていくのであり、ケア専門職自身にとっても生きる意味を回復していく「贈与と返礼の無限の往還」（浅川 2010：169－70）の場となるのだろう。

ある特別養護老人ホームでのソーシャルワーク実習の第１日目の朝、実習生は実習指導者に導かれ、昨夜亡くなったという高齢者の居室に案内された。昨日までいた主のいないがらんとした空間には白いシーツが敷かれたベッドだけがあった。実習指導者は実習生に対して、これから始まる実習の冒頭で何を伝えたかったのだろうか（実習指導者はその居室に案内しただけであったそうだ）。

それは、その高齢者を契約上の「利用者」としてみるのではなく、その人の「存在」そのものを主のいないベッドで示したかったのだろうか。さらにいえば、ケアに従事する、ケアワーカーである「人」が、自ら「身をもって」、その高齢者の人生の最期まで「かかわり寄り添い続ける」（空閑 2012：ⅰ－ⅲ）という、この仕事の矜持（きょうじ）であろうか。それともその人の死のあとに次の入居者を迎える手続きを行わねばならないという現場のリアルであろうか。

臨床の場にかかわるケアワーカーがよって立つべ

き位置は、制度政策側ではなく、その人と生身の人間関係を形成する、個人の側にあることを確認しておきたい。哲学／思想レベルのケアの概念は、臨床の場だからこそ生成され、鍛えられ、深化していくものなのだろう。

7. 共生社会におけるケアワークの意味を共有すること

少子高齢化という社会変動の画期において、高齢世代と若者、現役世代が、限られた人材や財源等の資源の争奪を繰り広げることは不毛である。むろんケアの担い手の確保のために、効率的で生産性の高いケア体制をいかに整備するかは喫緊の課題ではある。だが、真に社会に求められる本質的な議論は、両者を量的関係として捉えるのではなく、同時代をともに生きることの意味をともに考える対話的関係に転換していくことであろう。

経済哲学者の塩野谷（2000：11）は、少子高齢化と人口減少に関して、J. ロールズの政治的リベラリズムに倣って「深刻な事態は社会保障財政の破綻であるよりも、それを解釈する『公共的理性』（public reason）の欠如である。公共的理性とは社会の制度を論じる時、国民が私利私欲の観点ではなく、公正の観点をとるために必要な知的、道徳的な能力である」と喝破し、そのために、「『公共的理性』を持った市民を基盤とした討議的民主主義」が求められるとした（塩野谷 2002：384）。

ミクロレベルにおける一つひとつのケア行為は、人と人をつなぐ原点であり、他者指向性を前提としている。しかし、ケアが制度として外部化され、それが機能に偏向した形で管理の対象となれば、ケアの意義はゆがめられ、精神面の配慮は切り捨てられてしまう（今田 2001：260－3）。ケアワークが、その機能面に偏向しないように、公共的理性を保ち、開かれた地域社会において、人をケアすることとは何か、どのような状態の人にアプローチしていくものか、ケアの質と量はいかがなものかと、ケアをめぐって対話する場（サロン）が設けられる必要があろう。そして、やがてわたしも老いてゆき、多かれ少なかれ、何もできなくなる時が訪れるのだ、という自身に内在する弱さへの謙虚な眼差しが、他者の弱さと互いに交流し、共鳴した時、明日を生きることへの生の強さといったものが両者の間に生まれてくるのではないだろうか。とすれば、ケアワークは、人と人が紡ぐ豊かなケアの関係形成を通して、共生社会を創造していくことの起点となり得る可能性を秘めている。

参考文献

- 秋山弘子「自立の神話『サクセスフル・エイジング』を解剖する」上野千鶴子・大熊由紀子・大沢真理ほか編『ケア その思想と実践 1　ケアという思想』岩波書店、181～194頁、2008年
- 安克彦『心の傷を癒すということ』作品社、1996年
- 青木紀『ケア専門職養成教育の研究――看護・介護・保育・福祉 分断から連携へ』明石書店、2017年
- 浅川達人「生きる意味を回復するために――対人援助を社会学的に読み解く」『明治学院大学社会学・社会福祉学研究』13、159～170頁、2010年
- Gilligan Carol, *In a Different Voice: Psychological Theory and Women's Development*, Cambridge, Harvard University Press, 1982.（岩男寿美子監訳、生田久美子・並木美智子共訳『もうひとつの声――男女の道徳観のちがいと女性のアイデンティティ』川島書店、1986年）（(新訳) 川本隆史・山辺恵理子・米典子訳『もうひとつの声で――心理学の理論とケアの倫理』風行社、2022年）
- 広井良典『ケアを問いなおす――<深層の時間>と高齢化社会』筑摩書房、1997年
- 広井良典『ケア学――越境するケアへ』医学書院、2000年
- 猪飼周平「地域包括ケアの社会理論への課題――健康概念の転換期におけるヘルスケア政策」『社会政策』2(3)、21～38頁、2010年
- 今田高俊『意味の文明学序説――その先の近代』東京大学出版会、2001年
- 稲葉昭英「弱いケアと強いケア：ケア概念の分節化と統合」『社会保障研究』7(2)、102～111頁、2022年
- 井上年機「枚方市における巡回型24時間介護の実践」『訪問看護と介護』1(2)、102～108頁、1996年
- 介護福祉思想研究会編、太田貞司・住居広士・田路慧ほか『介護福祉思想の探求――介護の心のあり方を考える』ミネルヴァ書房、2006年
- 笠原幸子「第5章 介護福祉と他領域のかかわり 第2節 介護におけるソーシャルワークの役割」一番ケ瀬康子監、日本介護福祉学会編『新・介護福祉学とは何か』ミネルヴァ書房、155～164頁、2000年
- 笠原幸子「ケアワーク」秋元美世・大島巌・芝野松次郎ほか編『現代社会福祉辞典』有斐閣、2003年
- 柏木哲夫『死にゆく人々のケア――末期患者へのチームア

プローチ』医学書院、1978年
- 川本隆史『現代倫理学の冒険――社会理論のネットワーキングへ』創文社、1995年
- 川本隆史編『ケアの社会倫理学――医療・看護・介護・教育をつなぐ』有斐閣、2005年
- 木下康仁編『ケアラー支援の実践モデル』ハーベスト社、2015年
- コムスン社編、厚生省老人保健福祉局老人福祉振興課監『365日24時間介護の実践』ぎょうせい、1995年
- 小嶋省吾「介護福祉学の構築に向けて――ケアワークにおけるソーシャルワークの不可欠性」『介護福祉学』21(1)、70～76頁、2014年
- 荻野浩基編、社会福祉法人長岡福祉協会編集協力『小山剛の拓いた社会福祉』中央法規出版、2016年
- 空閑浩人編著『ソーシャルワーカー論』ミネルヴァ書房、2012年
- 牧野史子「介護者も尊重される社会に」『福祉新聞』2503号、2010年11月1日
- 三好春樹『老人の生活ケア――＜生活障害＞への新しい看護の視点』医学書院、1986年
- Mayeroff Milton, *On Caring*, Harper & Row, Publishers, Inc., 1971.（田村真・向野宣之訳『ケアの本質――生きることの意味』ゆるみ出版、1987年）
- 内閣府『被災者のこころのケア――都道府県対応ガイドライン』2012年3月
- 中井久夫編『1995年1月・神戸「阪神大震災下」の精神科医たち』みすず書房、1995年
- 中谷奈津子・鶴宏史・関川芳孝編著『保育所・認定こども園における生活課題を抱える保護者への支援――大阪府地域貢献支援員（スマイルサポーター）制度を題材に』大阪公立大学共同出版会、OMUPブックレット№61、2018年
- 根本博司「ケアワークの概念規定」一番ケ瀬康子監、日本介護福祉学会編『新・介護福祉学とは何か』ミネルヴァ書房、18～42頁、2000年
- Noddings Nel, *Caring A Feminine Approach to Ethics & Moral Education*. Berkeley, University of California Press, 1984.（立山善康・林泰成・清水重樹ほか訳『ケアリング 倫理と道徳の教育――女性観点から』晃洋書房、1997年）
- 岡本民夫「はしがき（第一版）」岡本民夫・奥田いさよ・久垣マサ子編『改訂版 介護概論』川島書店、ⅰ～ⅳ頁、1998年
- 岡野千代『フェミニズムの政治学――ケアの倫理をグローバル社会へ』みすず書房、2012年
- 奥田いさよ「第1章 介護福祉の概念」岡本民夫・奥田いさよ・久垣マサ子編『改訂版 介護概論』川島書店、1～21頁、1998年
- 大和田猛編著『ソーシャルワークとケアワーク』中央法規出版、2004年
- 尾崎新編『「ゆらぐ」ことのできる力――ゆらぎと社会福祉実践』誠信書房、1999年
- 小澤勲・土本亜理子『物語としての痴呆ケア』三輪書店、2004年
- 埼玉県立大学『IPWを学ぶ――利用者中心の保健医療福祉連携』中央法規出版、2009年
- 齋藤曉子「高齢者介護における個別的配慮をめぐるジレンマ――ホームヘルプサービスを事例として」『社会保障研究』7(2)、113～121頁、2022年
- 塩野谷祐一「少子高齢化の本質を問う」『社会保障研究』36(1)、11～23頁、2000年
- 塩野谷祐一『経済と倫理　福祉国家の哲学』東京大学出版会、2002年
- 惣万佳代子『笑顔の大家族このゆびとーまれ――「富山型」デイサービスの日々』水書坊、2002年
- 武川正吾「外来語ケアが日本語化するまで」『社会保障研究』7(2)、100～101頁、2022年
- 種橋征子『介護現場における『ケア』とは何か――介護職員と利用者の相互作用による『成長』』ミネルヴァ書房、2017年
- 外山義『自宅でない在宅――高齢者の生活空間論』医学書院、2003年
- 槻谷和夫『誰もが望む老人ホームづくり――小規模多機能型老人ホームを実践して』社会福祉法人ことぶき福祉会、1992年
- 上野千鶴子『ケアの社会学――当事者主権の福祉社会』太田出版、2011年
- 浦河べてるの家『べてるの家の「非」援助論――そのままでいいと思えるための25章』医学書院、2002年
- 和田行男・宮崎和加子『大逆転の痴呆ケア』中央法規出版、2003年
- 安岡厚子『24時間365日在宅ケアに挑戦して――これからのホームヘルプサービスを考える』自治体研究社、1996年
- 吉田輝美『感情労働としての介護労働――介護サービス従事者の感情コントロール技術と精神的支援の方法』旬報社、2014年

6 事例研究の意義と方法

和気純子

1. 事例研究の射程

1）事例研究の多義性

事例研究は、社会福祉のみならず、医療、臨床心理、看護、司法、経営などの多様な領域で用いられる研究方法である。たとえば医療には「症例研究」、司法には「判例研究」といった類似の方法がある。これらには、個別の事例を扱う研究であるという共通点はあるものの、他方でそれぞれに固有の視点や方法もある。社会福祉が価値を基盤にし、その実現を目指す実践科学であるならば、社会福祉の領域における事例研究もまた、社会福祉の価値に依拠し、その実現を図る方法でなければならない。そのことが、社会福祉における事例研究の固有性を形づくることになる。

もっとも社会福祉の領域でも、事例研究という用語は多義的に用いられる。類似の用語として、事例研究のほかに、事例分析、事例検討、ケース・スタディなどの表現がある。これらは、ケースカンファレンス、ケア会議などの実践場面でしばしば用いられる。本章では、事例研究の方法や課題を俯瞰（ふかん）的に整理する観点から、事例研究を研究方法論としてのみ捉えるのではなく、実践において事例研究をツールとして用いるカンファレンスや地域ケア会議も射程に入れ、その意義や課題を論じることにしたい。なお、事例研究という用語は研究や実践を含めた広義の意味で用いるが、必ずしも研究を志向せず、特定の事例の支援のあり方を実践的に検討する場面に限定して論じる場合は、**事例分析**という用語を用いる。

2）事例研究の目的～研究、実践、教育～

『社会福祉実践基本用語辞典』によれば、事例研究は「主として研究や教育を目的として行われ、対象の特異な事象や個人に関わるさまざまな問題やその背景について、詳細な個別的、具体的な調査を実施し、その因果関係全体を究明していくことを意図している。さらに、これらの所見をふまえて、問題解決への手がかかりや方向を個別具体的に見出していくことを目的に展開される」とされる[(1)]。

この定義によれば、事例研究は、主として研究や教育を目的に行われる。しかし、「問題解決への手がかりや方向を個別具体的に見出していくことを目的に展開される」という点では、実践に活用されることが想定されている。したがって、事例研究は、実践への寄与を目指し、そのために研究や教育が手段的な目的・方法とされていると理解するのが妥当であろう。

そして、その目的を達成するために、事例研究では個別的、具体的で詳細な調査やアセスメントを行い、当該事例をめぐる「**因果関係全体**」を追究する。因果関係全体は、時間的な縦軸の空間と、人、機関、地域とのかかわりによって構成される横軸の空間において繰り広げられる。この因果関係全体の構造を理解しながら、機能不全にある関係性を生み出す要因や、機能を改善する働きかけや資源を明らかにし、問題解決への手がかりを見出すことが事例研究の目的となる。

2. 研究を志向する事例研究

研究を志向する事例研究の場合、その目的に応じリサーチ・クエスチョンを設定し、因果関係全体のなかで生じた個別の現象や関係性を構造的に「探索」「記述」「説明」し、一定の仮説や新しい知見を抽出することが目指される。こうした事例研究で対象となる事例には、支援のあり方そのものの検討が必要な困難事例、理論的仮説を導き出すことが可能なモデル事例、定説に相反する内容を含む事例、特殊な事例などが用いられることが多い(2)。

また事例研究では、単一の事例を対象にする場合と、複数の事例を分析対象とする場合がある。単一事例を取り上げる研究では、当該個人の時間的な成長や変化を、歴史的・社会的環境やかかわった人や出来事との相互作用のなかで説明することに力点がおかれる。たとえば、伝統的な研究方法にライフヒストリー研究と呼ばれるものがある。この方法では、当該個人や関係者からの聞き取り調査のほか、手紙や日記など当時の心情や他者とのかかわりを理解するための資料が活用される。同時に、新聞記事や各種調査結果なども参照され、社会的環境や出来事が、その個人の生活や人生にどのような影響をもたらしたのかが分析される。なお近年は、個人の主観的な経験の意味づけに着目するライフストーリー研究も提起されている。ここでは、語り手となる当事者の意味世界は、聞き手との関係性のなかで構築される点を踏まえ、聞き手と語り手との対話のプロセスも分析の対象となる。

一方、単一事例の変化を数値で捉える、単一被験者実験法を活用する事例研究がある。この方法では、特定の事例の変化を評価する指標を設定し、介入前(A)、介入後(B)の変化を分析することで、実践の評価を行う。評価指標は、当該個人の状況や特性によって設定でき、それを数値化することで本人と支援者が変化を共有しやすいという利点をもつ。ただし、実践の有効性を厳密に評価するためには、変化をもたらすほかの影響要因をコントロールするために、A－B－A－B反復デザイン(介入後、効果があっても一時的に介入を停止し、その間の指標の変化を観察する)といった実験的デザインを採用する必要がある。しかし、一時的とはいえ有効な実践を停止することに対しては、倫理上の問題が指摘されている。そのため、A－Bデザインを用いながら、個人の生活に影響を及ぼす要因をインタビュー調査を通して詳しく把握し、変化との関連を分析する方法が選択されることもある。

また、事例の生成プロセスを探究し、理論化を目指す研究もある。代表的なものに、特定の領域に密着し、事例から理論化を目指すグランデッドセオリー(データ対話型理論)と呼ばれる研究方法がある(3)。1970年代後半に米国の研究者であるグレイザー(Glaser, B. G.)とストラウス(Strauss, A. L.)によって提唱されたこの研究方法は、抽象的な一般理論(ground theory)から演繹的に理論を導き出すのではなく、特定の領域に根ざした(grounded)事例やデータから、帰納的に当該領域に密着した理論生成を図ろうとする研究方法である。そのために、特定の事例にかかわるさまざまなデータを多様な媒体から収集し、データ(切片)化してコーディングを行い、概念の生成から理論化が目指される。また、対極事例などとの比較を継続し、これ以上、新しい知見が創出されない「理論的飽和」状態になるまで事例の比較を続ける。その際、事例の抽出にあたっては、対極事例、類似事例など理論化に有効な事例を抽出する、理論的サンプリングが必要とされる。ただし、この研究方法は、長時間にわたるフィールドワークが求められるなど研究者への負担が大きい。また、分析の客観性や妥当性を確保するために、熟練したスーパーバイザーの関与が不可欠となる。

こうした難点を踏まえ、日本では、木下が方法の修正を図り、修正版グランデッドアプローチ(M－GTA)を提唱している(4)。この方法では、長期的な時間を要する継続的な比較分析を想定せず、「分析テーマ」と「分析焦点者」という独自の分析枠組みを設定する。分析を特定のテーマに焦点化し、調査対象者を分析焦点者として抽象化することで、特定の集団の認識や行動を分析し、焦点化された領域内で理論(仮説)となるストーリーラインを作成するのである。また、研究実施者については、中立で客観的な立場は取り得ないことを前提におき、「研究する人間」という立場を位置づける。そのうえで、「研究する人間」の思考プロセスが検証可能となるよう、「理論的メモ」を作成し、研究分析過程を明示する。この方法は、特定の状況における人間行動をめぐる社会的な相互作用のプロセスを明らかにすることで、実践の省察や改善に活用できるという利点をもつことから、近年、さまざまな領域において、本アプローチを用いた研究成果が報告されている。

3. 実践のための事例研究・事例分析

1）個別課題の解決に向けた事例分析の方法

事例の課題解決のための**実践として行う事例分析**の場合は、因果関係全体の把握を行いながら、課題を生み出す、あるいは増悪させる状況や要因を特定し、その軽減や解消の可能性や方法を探る。また、支援プロセスを「記述」「説明」することで、課題を抱えるクライエント／当事者と支援者との関係性の形成や課題の解決状況を把握・検証し、支援がより効果的に展開されるような示唆を得ることが目的となる。

事例の提示および分析には、大きく分けて二つの方法がある。一つは、**ハーバード方式**と呼ばれるもので、記録をもとに事例全体を記述し、支援のプロセスを討議していく方法である。この方法は、支援プロセス全体を俯瞰して捉えるのが特徴であり、終結した事例が対象となることが多い。他方、**インシデント・プロセス方式**と呼ばれる方法では、対象者の支援過程における特定の場面をインシデントとして切り取り、そこでの支援者とのやり取りが検討される。特定のインシデントには、支援者が対応に苦慮した出来事や、対象者に特定の反応がみられる場面などが選択される。この方法は、現在進行中の事例について、参加者から支援に関する助言を得たり、因果関係を特定するための目的で実施される。

事例の分析および提示方法は、取り上げる事例の状況や、検討課題によって異なる。ハーバード方式を採用する場合は、事例や実践の全体像を共有するために、事例に関する情報を包括的に整理することが前提となるが、検討会では、問題意識を明確化し、検討したい事例の特性や事項を明記する必要がある。以下では、稲垣の示した「記録を構成する11の要素」を参考に、事例分析の報告に含まれる事項を提示した(5)。このなかで、クライエント／当事者からみえている事実や現象にかかわる主観的情報と、支援者が把握した事実や専門性に基づいた推論を踏まえた関係性の判断や評価が行われる点や、クライエント／当事者のストレングスに着目することが重要である。なお⑬は、事例終結後に加えられる事項である。

① 焦点（検討したい事例の特性や議論したい事項）
② 問題意識（なぜ、そのことについて議論したいのか、問題意識を明記）
③ 主観的情報（クライエント／当事者の発言や視点から見えている事実や現象）
④ 客観的情報（支援者が把握した事実や専門性に基づいて推論される状況。ニーズのみならず、クライエント／当事者が有しているストレングスにも着目する）
⑤ 課題分析（③と④を踏まえた関係性をめぐる判断や評価を含めた分析・考察）
⑥ 実践内容（⑤の課題分析に基づいて実施される行為や活動などの実践内容）
⑦ 反応（⑥の働きかけに対して観察された反応や変化）
⑧ 印象（支援者の抱いた主観的な気づきや考え）
⑨ 評価（③から⑧を踏まえ、②に基づいて①に対する応答や評価）
⑩ 目標（上記を踏まえた目標やその再設定を提示・確認する）
⑪ 支援計画（⑩を実現するための支援計画の提示・確認）
⑫ 課題（改善すべき課題や今後検討すべき課題）
⑬ 総括（支援過程全体を見渡した達成状況の確認と評価）

2）エビデンスに基づく実践

近年、保健医療の領域で重視されている**エビデンスに基づく実践**についても、事例研究の観点から言及しておきたい。エビデンスに基づく実践は、これまで経験や勘によってなされてきた実践を見直し、エビデンス、すなわち科学的な根拠による実践への転換を目指すものである。厳密な科学的エビデンスは、無作為制御調査（RCT: Randomized Controlled Trials）を組み込んだ実験モデルから得られた統計的な分析によって析出される。たとえば、特定のサービスを利用する実験群と、それらを受けない統制群が同じ状況下にあった場合（ベースラインに有意差が認められない場合）、実験群においてのみ実践の効果が統計的に認められれば、それが科学的エビデンスとなる。ソーシャルワーカーは、このエビデンスを、クライエント／当事者に十分に説明したうえで自己決定を促し、支援の方法を決定する。

しかし、社会福祉の領域では、ベースラインが同一となるような状況下で実践が行われる機会は少ない。むしろ対象者らは、多様な影響因子が交錯する、異なる生活環境のもとで暮らしている。また調査の目的やデザインにかかわらず、緊急に支援を必要とする場合もあるだろう。さらに、支援者の資質や力量による差異も存在する。これら以外にも、実験群と統制群を無作為に振り分けることに対する倫理的な問題も指摘されている。こうした諸々の理由から、国内外において、ソーシャルワークにおける無作為制御調査によるエビデンスの蓄積は限られているのが現状である。

3）「語り」に基づく実践 ——主観的世界の重要性

統計的な根拠をもつエビデンスの析出や活用には限界はあるものの、クライエント／当事者の変化や実践の効果を「見える化」し、客観的に示し、その理解を共有する努力は必要である。「見える化」の方法は、必ずしも数字によるとは限らない。近年、人間の感情や意思を数字で表し、それを科学的根拠とする方法論の限界を指摘し、人の**「語り」に注目した実践**が提起されている。

こうした「語り」を重視し、事例の理解や支援の基本に据えようとする背景には、社会構築主義とよばれる認識論の台頭がある。社会構築主義は、近代科学が前提としてきた合理性や客観性に疑問を投げかけ、社会的に生み出される「ことば」やそれによって構築される一人ひとりの意味世界に着目する。そのうえで、クライエント／当事者からみえる意味世界が本人にとっての「事実」であると捉え、その意味世界が構築されるプロセスや解釈をアセスメントや介入の対象とする。意味づけやストーリーが変わることで、クライエント／当事者の意味世界を含めた現実世界に変化が生まれるのである。また、支援者は、客観的、中立的な立場を取ることが求められるとはいえ、同様に固有の意味世界を有する人間でもある。事例分析は、報告者や参加者がそれぞれの意味世界を有することを前提に、多様な視点から事例を検討することで固定観念から脱却（脱構築）し、事例にかかわる新しい意味世界の再構築を促し、支援者とチームの力量を高める手段となる。

4. 教育としての事例研究・事例分析

事例研究や事例分析は、報告者が自らの実践を振り返り、参加者とともに課題や支援方法を多角的に検証することで、報告者や参加者がそれぞれの実践を見つめ直し、専門職あるいは専門機関としての力量を高めることを目指す。仮に他人が関与した事例であっても、支援プロセスを追体験することで、傍観者としてではなく、事例を自身に引きつけ捉えることが可能になる。その意味で、事例研究や事例分析は、きわめて教育的な営みである。

こうした**教育としての事例研究**や事例分析は、大学等の教育機関のみならず、現場の研修や**スーパービジョン**においても活用される。対象となる事例には、大別して、進行中の事例と終結した事例がある。進行中の事例では、目の前にある当事者の現時点の状況を吟味し、時間的な制約のもと最善の支援方法を検討し、支援につなげなければならない。他方、終結事例を対象に行われる場合は、事例検討会、事例研究会などと呼ばれることも多い。そこでは、支援のあり方を振り返り、その内容や課題が検討される。参加者には、支援に直接かかわったもの以外が加わることもあり、**スーパーバイザー**が出席して助言することもある。

なお、スーパービジョンは、管理的機能、支持的機能、教育的機能、評価的機能をもつが、事例研究や事例検討にもこうしたスーパービジョンの要素が含まれる。事例の報告者・参加者が実践上の学びを最大限深め、省察できるような支持的、教育的機能が活用され、参加者全員の**エンパワメント**につながることが重要である。そのため、事例研究・事例分析を行うためには、参加者の範囲や実施の形態、テーマや評価の方法などが事前に十分に吟味されていなければならない。特に、事例の報告者に対しては、きめ細かい配慮が必要である。そのため主催者には、参加者らを事前に把握し、適切なスーパーバイザーを配置するなどの準備や配慮が求められる。

図１　カンファレンスの力動的・円環的プロセス

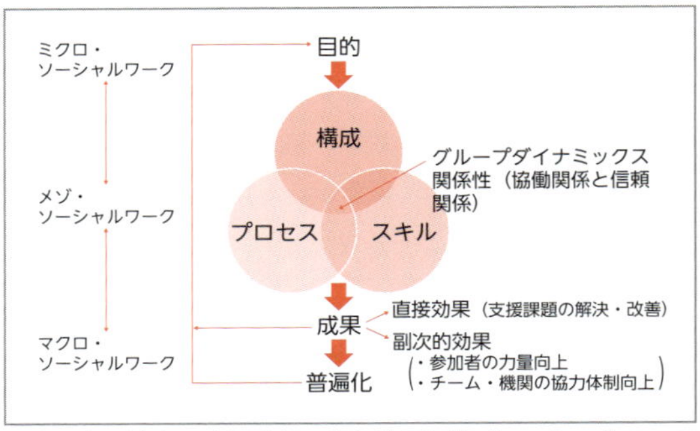

出典：空閑浩人・白澤政和・和気純子編著『ソーシャルワークの理論と方法Ⅱ』ミネルヴァ書房、106 頁、2022 年

5. カンファレンスにおける事例分析

１）多様なカンファレンス

家族による支援機能が減退するなかで、複合化する生活課題に対応するため、多職種・多機関が協働でカンファレンスを実施しながら支援する場面が一般化している。このような多職種・多機関がかかわるカンファレンスには、ケース会議、地域ケア会議、サービス担当者会議、事例検討会などさまざまな呼称がある。多職種・多機関がかかわるカンファレンスでは、多様な視点や方法をもつ人々や機関と協働するなかで、ソーシャルワークの価値がよりいっそう、大きな意味をもつことが少なくない。したがって、ソーシャルワーカーが関与するカンファレンスでは、実践の基盤にあるソーシャルワークの価値を常に意識しつつ、その視点や方法が支援に活かされるよう働きかける必要がある。また、カンファレンスの目的やあり方は多様であるが、カンファレンスには構成（参加者および役割）、プロセス、スキルからなる要素があり、それらの諸要素が連動しながら展開する(6)。以下では、こうしたカンファレンスを構成する要素と、次項の６．で述べるミクロ－メゾ－マクロをつなぐカンファレンスの機能を含めた全体像（**図１**）を示し、その概要について述べる。

２）カンファレンスの構成要素

ⅰ　カンファレンスの参加者

カンファレンスでは、参加者と各自の役割が設定される。参加者は、固定的な場合と流動的な場合がある。前者は、同一の機関などで定例的に設けられているものが多く、参加者が固定されていない場合は、ケースの支援課題に応じて招集される。たとえば地域包括支援センターで実施されている個別地域ケア会議では、検討する事例の特性や検討課題に応じて、保健医療専門職、市町村の担当職員、民生委員・児童委員、サービス提供事業者、法律関係者などが招集される。なお、カンファレンスには、本来は当事者やその家族が参加することが望ましい。彼らが参加する場合は、難しい専門用語を避け、参加しやすい日程や場所の選定などの配慮が必要である。ただし、現実的には、体調などの理由で当事者やその家族の参加が難しい場合が少なくない。このような場合でも、当事者や家族にカンファレンスの趣旨や情報が共有されることの許可をとり、その意思を代弁することがソーシャルワーカーの責務となる。また、欠席する専門職からは事前に意見を書面で提出してもらうなどして、参加できる方法を工夫しなければならない。

ⅱ　参加者の職種と所属機関

参加メンバーの職種と所属により、カンファレンスは〈多職種・多機関〉〈多職種・単一機関〉〈単一職種・多機関〉〈単一職種・単一機関〉の四つの類型に分けられる。それぞれの形態には特性があり、利点や実施するうえでの課題がある。

〈多職種・多機関〉で行われるカンファレンスは、在宅のクライエント／当事者を支援する場合に開かれることが多く、さまざまな価値観、役割、立場にある職種や機関が参加するため、意見や方針の対立が生まれ、合意の形成が難しい場合もある。こうした状況では、中立的あるいは責任をもつ立場にいる専門職や機関がリーダーシップをとることが求められる。また、多様な価値観を有する職種のなかで、ソーシャルワーカーはクライエント／当事者の代弁を行い、社会福祉の価値が反映されるような支援が展開されるよう働きかける。一方、〈多職種・単一機関〉のメンバーが参加するカンファレンスは、入所施設や病院など、多職種が包括的に支援を提供する機関で実施される。単一機関であるため、目的が明確で意思の疎通が図りやすい反面、機関内の役職などの上下関係が発言に影響を与える可能性を考慮する必要がある。さらに、〈単一職種・多機関〉のカンファレンスは、特定の職種の専門職団体などが行う事例検討会や研修などでみられる形態である。同じ職種であることから、価値や方法論を共有しており議論が焦点化しやすく、教育的効果を得られやすいが、異なる視点からの意見や助言が限られるという制約もある。最後に〈単一職種・単一機関〉のカンファレンスは、日々の業務の一環として行われることが多く、ベテランの力量あるスタッフからの直接的な助言が得られるという利点がある。ただし、職場内の上下関係に縛られる可能性や、幅広い視点から事例を考えることが難しいという限界もある。

ⅲ　参加者の役割

カンファレンスには、参加メンバーにあらかじめ一定の役割が割り振られている定型的なカンファレンスと、進行役はいるが、それぞれの参加者が自由に意見を述べる非定型的な場合がある。定型的なカンファレンスでは、一般に①司会者／ファシリテーター、②事例報告者、③記録者、④事務局といった役割が与えられていることが一般的である。

3）カンファレンスのプロセス

カンファレンスには個別の目的があり、プロセスもそれによって異なるが、一般的に以下のようなプロセスが考えられる。

ⅰ　目的の確認

カンファレンスが、当初の支援方針を決めるものなのか、緊急事態により開催されるのかなどによって目的が変わってくる。限られた時間の範囲内で、カンファレンスの目的や情報共有の範囲、当該カンファレンスで協議すべき事項などを全員で確認する。

ⅱ　事例の概要把握

議論される事例について、その概要を提示する。短時間で全体像を理解ができるよう工夫し、カンファレンスへの参加を容易にする配慮が求められる。概要が一目でわかるフェイスシートの活用も有効である。

ⅲ　因果関係の全体的な理解

クライエント／当事者の生活歴を踏まえ、ニーズとストレングスの双方の視点から、身体的・精神的・社会的・経済的・環境的・スピリチュアルな側面とそれらの相互作用を理解する。その際、客観的と思われる事実と、本人が認識している現実の双方を視野に入れ、両者の乖離（かいり）やそれが生じる背景や要因を探ることが全人的理解を深めるポイントになる。

ⅳ　支援課題の明確化

支援課題の明確化においては、参加しているメンバーの多様な視点や専門性を活かすことが重要である。複雑な課題の場合は、課題ごとにブレークダウンし、マッピングなどを行い構造的な理解を図ることが有効である。

ⅴ　支援方法・プランの決定

支援課題に対して、取り組むべき事項の優先度を検討する。選択においては、緊急性が高い課題はもとより、比較的容易に解決できるものから取り組むのが現実的である。

ⅵ　役割分担の協議・確認

役割分担は、職種の専門性から自ずと役割が決まる場合もあれば、分担について協議が必要になる場合もある。また役割が決められても、チームでアプローチすることが基本となることを念頭に、情報共有やサポート体制についても検討する。

ⅶ　支援プロセスのモニタリングと評価

継続中の事例では、支援の経過や効果、問題点について検討する。支援が想定どおり進まない場合、その原因を探ることが重要になるが、その際、特定の個人を責めることのないよう留意する。また、クライエント／当事者のみならず、周囲にいる家族や専門職の感情的、体力的負担も捉える。そうすることで、燃え尽き症候群を予防し、カンファレンスが相互に支え合うサポート・システムになる。

ⅷ　残された課題への対応

当面の課題は解決しても、解決が難しい長期的な課題が残る場合もある。カンファレンスでは、こうした残された課題についても検討し、今後、どのように取り組むのか協議する。課題によっては、別の専門職や機関に引き継いだり、地域の民生委員・児童委員や家族などに見守りを依頼することもあるだろう。

ⅸ　総括

支援課題がどこまで解決・達成されたのかを評価する。また、参加者がカンファレンスというプロセスによって何に気づき、どのように変わったのかを相互に確認し、それぞれの成長を認め合い、反省点や課題を共有する。それが参加者一人ひとりの実践能力およびチームとしての機能の改善や向上につながっていくことになる。

4）カンファレンスのスキル

カンファレンスには、ファシリテーション、コミュニケーション、アセスメント、スーパービジョン、記録などのソーシャルワークの多様なスキルが用いられ、担う役割によって発揮すべきスキルが異なる。たとえば、合意形成の技術であるファシリテーションは、特に司会を担当する者に求められるスキルであり、記録は事例報告者や記録を担当するメンバーに重要なスキルである。

5）参加者の関係形成

カンファレンスの起点となり、そのプロセスを媒介するのは参加者の関係形成と展開されるグループダイナミックスである。カンファレンスで求められるのは、相互の信頼関係を基盤とする協働関係の形成である。協働関係が構築されるためには、参加者がカンファレンスの目的と役割分担を理解、共有し、民主的なリーダーシップと対等な関係性のもとで相互的なコミュニケーションをとれることが不可欠である。

6）成果

カンファレンスの成果には、直接的な成果と副次的な成果がある。直接的な成果は、本来の目的である、クライエント／当事者の課題の解決という観点から評価される。一方、副次的な成果として、参加メンバー個人の力量向上とともに、チームや機関内の相互理解を含めたチーム機能の促進が挙げられる。

7）倫理的配慮

カンファレンスでは、ソーシャルワークの価値と倫理に基づき、クライエント／当事者の権利を守る観点から倫理的な配慮が必要になる。既述したように、クライエント／当事者や家族がカンファレンスに参加することが難しい状況も少なくないが、彼らに支援者の間で情報が共有されることを説明し、同意をとる必要がある。その際には、同意しないことにより、本人が不利益を被ることがないことも伝える。また、クライエント／当事者や家族のプライバシーが参加者以外に漏洩（ろうえい）しないよう、細心の注意を払わなければならない。支援に直接かかわらない部分は、固有名詞を避けて必要最低限の情報の共有にとどめるようにする。

6. ミクロ－メゾ－マクロをつなぐカンファレンス

1）地域ケア会議の機能

事例研究や事例分析は、個別事例の課題の解決にとどまらず、その積み重ねによって事例に共通する効果的なアプローチを提起したり、制度的な課題として普遍化し、資源の創出や政策形成にもつなげる機能を有する。その意味で、事例研究・事例分析を行うカンファレンスは、**ミクロレベル**の個別事例への支援方法の検討から、集団や小地域の課題として議論する**メゾレベル**、さらに政策や制度の開発につながる**マクロレベル**の実践をつなぐ役割をもっている。ここでは、地域ケア会議を取り上げながら、ミクロ－メゾ－マクロをつなぐカンファレンスの機能について述べておきたい。

地域ケア会議は、地域で重層的に展開する、個別事例検討から政策形成につながる会議の総称であり、2015年の介護保険法の改正によって制度上、位置づけられた。具体的には、既存のサービスでは解決できない支援困難な事例の対応を個別に検討し、そのうえで解決が困難な課題を地域の課題として普遍化し、代表者レベルで開催される地域ケア会議につないで資源開発や政策形成が目指される。これらを機能別に整理すれば、①個別課題解決機能、②ネットワーク構築機能、③地域課題発見機能、④地域づくり・資源開発機能、⑤政策形成機能の五つの機能に分けられ、それらが連動することによって、必要なサービスが切れ目なく提供される地域包括ケアシステムの構築を目指す仕組みとなっている(7)。なお、地域ケア会議の名称は各地域によって異なり、個別ケースの検討を行う場合を「個別地域ケア会議」、日常生活圏域における課題の検討や抽出を行う場面を「地域ケア会議」、市町村などより広域な自治体レベルで課題解決の方法を検討する会議を「地域ケア推進会議」などと呼ぶ場合もある。

2）地域ケア会議の課題

ミクロ、メゾ、マクロソーシャルワークの機能を包含する地域ケア会議であるが、個別のケア会議から地域づくりや資源開発につながるという全体像が見えにくく、現場では混乱や形骸化が生じやすい。足立はその原因を、①地域ケア会議の目的・内容・参加者のミスマッチ、②介護の目的が参加者全員で共有されていない、③ケアマネジメントを支援するためのアセスメントの枠組みや事例を検討するための「枠組み・ルール」が共有されていない、④個別課題と地域課題を同じテーブルで検討しようとしている、⑤「個別課題から地域課題」「地域課題から資源開発・政策形成」へ結びつける道筋がないという5点を指摘している(8)。また、横山らは、地域ケア会議の成果に影響を及ぼす要因を共分散構造分析によって検討し、地域ケア会議の入念な準備を行い、会議の基本的な理解を図り、自己効力感をもつことが会議の成果につながるとし、推進上の課題として参加者らがその趣旨を理解できるよう工夫するとともに、熟練した専門職が教育的スーパーバイザーの役割を担う必要があると指摘する(9)。なお、地域ケア会議の成果には、短期的、中期的、長期的なものがあり、当該研究の分析に用いられた成果は短期的成果で、「協働による課題解決」「地域課題の把握」「人材開発」「地域づくり」によって捉えられている。一方、長期的成果は、地域包括ケアシステムの構築であるとしている。

現在、多くの自治体に多様なカンファレンスや会議が存在しており、それぞれが似たような課題を対象としている場合も少なくない。また、一部は機能が形骸化し、相互の関連を欠いている場合もある。地域や組織で行われるカンファレスや会議は、それぞれの位置づけや役割を明確化し、参加者が全体的な構造のなかでそれらを意識し、理解することが肝要である。

7. 結語

最後に、事例研究の意義と課題をあらためて確認しておきたい。

岩間は、事例研究の意義として、①事例を深める、②実践を追体験する、③援助を向上させる、④援助の原則を導き出す、⑤実践を評価する、⑥連携のための援助観や援助方針を形成する、⑦援助者を育てる、⑧組織を育てる、の8点に整理している [10]。本章では、事例研究の意義と課題を研究、実践、教育の三つの領域から再整理した。そのなかにはこれら①〜⑧は含まれているが、それらを単純に3領域に仕分けることはできない。それは、三つの領域は相互に関連しあい、地続きになっているからである。たとえば事例研究によって得られた仮説や知見は、実践に直接活かされることもあるだろうし、教育にも反映されるであろう。また、事例分析から生じた個人の成長は、所属するチームや組織の機能の改善や仕組みづくりにもつながり、成功事例や困難事例の検討は、新たな研究の必要性を惹起（じゃっき）するだろう。まさに事例研究は、研究と実践と教育の円環的な相互発展をつなぐ媒介的機能を果たしているといってよい。

さらに、本章では近年の新たな動きである地域ケア会議を例に挙げ、個別の事例検討から地域課題の共有をへて、資源開発、政策形成や、ミクロ、メゾ、マクロをつなげるケア会議の機能を示した。カンファレンスやそこで実施される事例検討は、特定の事例に特化したきわめてミクロのアプローチであるが、その成果を集積し、課題を抽出して解決方法を探ることで、メゾやマクロの次元をつなぐ、力動的な支援システム構築の方法にもなり得るのである。

ここで、あらためて**図1**を参照しながら、事例研究と、それが実施される場面であるカンファレンスのもつ力動性、循環性について強調しておきたい。事例研究は、個別の事例を研究あるいは検討する方法であり、それはきわめて個別性の高い、ミクロな次元で展開されるものである。それは支援者が、クライエント・当事者との関係を1対1で形成しながら対話し、支援を展開する、アセスメントから評価までを含む一連のプロセスを示す記録でもある。しかし、それを他者と共有することにより、実践はもちろん、研究や教育のための「生きた」記録・分析となり、類似の集団への適用や、制度や政策の改善を図る根拠ともなるのである。ミクロ、メゾ、マクロレベルのソーシャルワークにかかわるあらゆる次元を媒介する事例研究は、それが共有されることにより、共有した人や機関の「主体化」を進め [11]、それぞれが向きあうべき課題や方法を顕在化させる力をもっている。その成果は、支援課題の解決や改善といった直接的効果から、クライエント・当事者と支援者のエンパワーメントのみならず、ほかの参加者やチーム、機関の力量や協力体制の向上をもたらし、すべての関係者のエンパワーメントにもつながり得る。こうした力動的なプロセスは、また円環的でもある。常に実践と評価を繰り返す、いわゆるPDCAサイクルを展開することで、ミクロ、メゾ、マクロなレベルのソーシャルワークの相互連関も同時に「見える化」し、促すことになるだろう。

一方、地域ケア会議の事例から、このような力動的、円環的な機能の理解が支援者の間で十分に図られていないことが課題として指摘された。この枠組みを理解するためには、ミクロからマクロに展開するソーシャルワークそのものの理解が必要になる。そのためにも、地域ケア会議やカンファレンスの場で、ソーシャルワーク・社会福祉の視点から事例研究が行われ、ソーシャルワークによる支援の展開が促されなければならない。

注

(1) 社会福祉実践理論学会編『社会福祉実践基本用語辞典』川島書店、78～79頁、1990年
(2) 山本力・鶴田和美編著『心理臨床家のための「事例研究」の進め方』北大路書房、2005年
(3) Glase, B. & Strauss, A., *The Discovery of Grounded Theory: Strategies for Qualitative Research*. Aldine Publ, 1977. (B・G・グレイザー＆A・L・ストラウス、後藤隆・大出春江・水野節夫訳『データ対話型理論の発見』新曜社、1996年)
(4) 木下康仁『ライブ講義 M-GTA 実践的質的研究法 修正版 グラウンデット・セオリー・アプローチのすべて』弘文社、2007年
(5) 稲垣美加子『児童養護施設の事例分析法――グラウンデット・セオリーによる「経験」と「勘」の世界の解明から』相川書房、89～104頁、2014年
(6) ここでの記述は、和気純子「カンファレンスと事例分析」『ソーシャルワークの理論と方法Ⅱ』ミネルヴァ書房、103～120頁、2022年に基づいて再構成している。
(7) 厚生労働省「地域ケアシステムにおける地域ケア会議の役割について」
(8) 足立里江『兵庫・朝来市発 地域ケア会議サクセスガイド』メディカ出版、2015年
(9) 横山正博・堤雅恵「高齢化先進地域における地域ケア会議推進上の課題――地域ケア会議の成果に影響を及ぼす要因分析」『山口医学』第69巻1号、39～55頁、2020年
(10) 岩間伸之「事例研究の意義」「事例研究の方法」仲村優一・一番ヶ瀬康子・右田紀久恵監、岡本民夫・田端光美・濱野一郎・古川孝順・宮田和明編『エンサイクロペディア社会福祉学』中央法規出版、736～741、742～745頁、2007年
(11) 岡本民夫「ケーススタディ」仲村優一・一番ヶ瀬康子・右田紀久恵監、岡本民夫・田端光美・濱野一郎・古川孝順・宮田和明編『エンサイクロペディア社会福祉学』中央法規出版、750～753頁、2007年

7 地域における包括的支援体制とソーシャルワーク

松端克文

1. 地域における包括的支援体制とソーシャルワークが求められてきた背景
――社会的孤立や生活困窮状態の顕在化

今日の日本では、少子高齢化の進展と人口減少が進むなかで「8050問題」や「ごみ屋敷」「多頭飼育」などの問題に象徴されるようにいわゆる「制度の狭間」や「複合多問題」、あるいは「セルフ・ネグレクト」ないしは「支援拒否」といわれるような生活課題（社会福祉法でいうところの「**地域生活課題**」）が問題とされるようになっている。こうした生活課題に関する捉え方は、経済的困窮と社会的孤立の問題を根底としつつも、複雑で多様な問題として顕在化しており、これまでの社会福祉の法制度やそのもとでの福祉サービスでは十分に対応することができないということを含意している。また他方において、戦後の高度経済成長期を経て今日にいたるまでの間、一貫してコミュニティの相互扶助機能の脆弱化や喪失、つながりの希薄化が問題とされてきており、コミュニティの再生や再構築といったいわゆる「地域づくり」「コミュニティづくり」が課題として指摘されてきた。

さらに2020年初頭以降のコロナ禍での社会経済状況の変化も加わって、貧困がいっそう拡大している。自殺に関しても、中高年男性だけでなく女性の割合や子ども・若者の数が増えており、不登校やひきこもり状態の人も増加している。国際的にはコロナ禍の前になるが、イギリスで2018年1月に「孤独は現代の公衆衛生上、最も大きな課題の一つ」であるとして、世界で最初の「孤独担当大臣」が置かれている。日本においても、2021年2月に深刻化している「**孤独・孤立問題**」に対応するため、自殺防止や高齢者の見守りなども含めて、「社会的不安に寄り添い、深刻化する社会的な孤独・孤立の問題について総合的な対策を推進するための企画及び立案並びに総合調整に関する事務を処理するため」（内閣府）に、内閣官房に「孤独・孤立対策担当室」が設置されている。そして2023年5月には、孤独・孤立対策推進法が制定され、孤独・孤立の防止とその対応が進められている。

こうした状況の変化は、今日の社会福祉の政策や実践に対しても、変化を迫る大きなうねりとなっており、これまでの属性や対象ごとに細分化された法制度や福祉サービスを分野横断的に総合化し、地域住民によるさまざまな福祉活動とも連携した**包括的支援体制**づくりと、それを推進していくためのソーシャルワークのあり方が問われるようになっているのである。換言すれば、個々の住民とその世帯の生活上の困難への総合相談を核とした「個別支援」と、社会的孤立やコミュニティの希薄化などへの対応としての「地域支援」（地域づくり）とを、地域（市区町村）において総合的・包括的に行うことが求められるようになっているのである。ここではこうした支援の枠組みを「**個別支援と地域づくりとの総合化スキーム**」としておく。

このスキームのもとでは個人やその世帯の地域での自立した生活を支援する過程において、地域との関係づくりが重視され、専門職と民生委員・児童委員やボランティア、自治会・町内会など地域住民と連携しながらソーシャルサポートネットワークづくりが志向される。そうした観点から地域課題や地域資源のアセスメントも併せて実施し、個別の支援の展開を通じて地域づくりにもつなげていくことが重視されているのである。

2. コミュニティワークからコミュニティソーシャルワークへの展開と主体形成

1）2000年代における地域福祉とソーシャルワークをめぐる動向

2000年の社会福祉法の改正において、「地域福祉の推進」が明記され、市区町村において地域福祉計画を策定することが求められるようになった。2005年には介護保険法が改正され、2006年度より地域包括支援センターが設置されるようになり、また同時期に障害者自立支援法が成立している。2007年には社会福祉士及び介護福祉士法が改正され、新設された「相談援助の基盤と専門職」などのソーシャルワーク系の科目において、社会福祉士は専門職として「総合的かつ包括的な相談援助」の担い手となることが期待され、個々の住民の抱える生活問題の解決を図っていくといういわゆる「個別支援」と、そうした住民を支えるためにより暮らしやすい地域に変えていくという「地域支援」とを一体的に推進していくことが求められるようになった。こうした捉え方は、「ジェネラリスト・ソーシャルワーク」（Johnson & Yanca 2001 ＝岩間・山辺 2004）やコミュニティソーシャルワークの考え方の影響を受けている。特に個人やその世帯への個別の支援と、地域に働きかける地域支援を表す「個と地域の一体的支援」というジェネラリスト・ソーシャルワークを紹介する際に用いられた概念（岩間 2011）が、大きな影響力をもったといえる。

また、こうした理論的な動向と符合するかのように政策および実践においても大阪府で2004年度より先駆的に市区町村ごとにおおむね中学校区にコミュニティソーシャルワーカー（CSW）を配置する事業が実施されるようになった。その後、2008年の厚生労働省の「これからの地域福祉のあり方に関する研究会」の報告書においても、「専門的な対応が必要な問題を抱えた者に対し、問題解決のため関係する様々な専門家や事業者、ボランティア等との連携を図り、総合的かつ包括的に支援する」といった役割を担う「地域福祉のコーディネーター」の配置の必要性が述べられるなど、この前後の時期に同様の専門職が全国的に配置されるようになっている。たとえば大阪府では補助対象となる市区町村では「コミュニティソーシャルワーカー」だが、同様の役割を担う職種でありながら政令指定都市である堺市では「地域福祉ねっとワーカー」である。また東京都では「地域福祉コーディネーター」の配置が広がっているが、こうした自治体ごとに新たに配置される専門職は総じて「**コミュニティソーシャルワーカー**」（CSW）と称されることが多い。各地に配置されている CSW の実践内容にはかなりの幅があるが、共通しているのは、「総合相談」を軸にした「個別支援」と「地域づくり」あるいは「地域支援」の機能を一体的に推進することが期待されているということである。こうした状況のもと、ジェネラリスト・ソーシャルワークの理論や CSW による実践が蓄積されるようになった。

理論と実践が重なる形で展開されてきた「**個別支援と地域づくりとの総合化スキーム**」は、2000年代以降の社会福祉関連の法制度の改正と密接に関連しながら福祉業界の一つのトレンドになっている。2006年度より設置されるようになった地域包括支援センターでは「総合相談」と「地域づくり」の機能が重視されており、その後の地域包括ケアシステムなど介護保険制度関連の議論においても、こうした機能が重視されている。また、2008年秋のリーマンショック以降、貧困問題が顕在化し、いっそう深刻化してくるという状況のもとで、貧困が経済的困窮のみならず、社会的孤立とも重なりあった複合化した問題として捉えられるようになる。そうした状況のもとで2013年に制定された生活困窮者自立支援法では、「個人の抱える経済的困窮などの生活課題と社会的孤立の解消」に向けて、総合相談を核とした「相談支援」と「地域づくり」とを一体的に進めるという支援のあり方が重視されるようになる。生活困窮者の支援のためには、相談支援にとどまらず、居場所づくりや就労の場づくり、あるいは子どもの学習支援の活動などを通して、社会的排除をなくし、社会的孤立を防ぐことも視野に入れた社会的包摂に向けた地域づくりを推進していくことが必要となる。このように2000年代に入り、「個と地域の一体的支援」という概念に象徴される個別支援から地域づくりへと、支援を一体的に捉えるスキームが重視されるようになっているのである。

2）コミュニティソーシャルワークの普及

さて、「**コミュニティソーシャルワーク**」という概念が最初に用いられたイギリスにおける1982年のバークレイ報告では、シーボーム報告後の地方自治体社会福祉サービス改革のもとでのソーシャルワーカーのあり方を検討するという文脈において、「コミュニティを基盤としたカウンセリング（＝ケースワーク）と社会的ケア計画の統合的実践」としての「コミュニティソーシャルワーク」の必要性が指摘された。その後、イギリスでは日本で強調されるほどには「コミュニティソーシャルワーク」の概念や実践は注目されなくなる。その理由としては、コミュニティソーシャルワーカーには個別の支援を実践しながら市民参加や当事者の参加、コミュニティ内でのネットワークづくりや協働が求められるものの、そうした広範囲にわたるより高度な専門性に、現場のソーシャルワーカーが対応できなくなったことなどが指摘されている。

しかし、日本においては大橋謙策がそうしたバークレイ報告などを参考にしつつ、地域福祉を論じるなかでコミュニティソーシャルワークを「地域自立生活上サービスを必要としている人」に対して、「ケアマネジメントによる具体的な援助」を行いながら「ソーシャル・サポート・ネットワークづくり」を行い、さらには「福祉コミュニティづくり」へと展開していくような「個別援助を核」として、「コミュニティ・オーガニゼーション（コミュニティワーク）」の理論や方法も包含するものとして提示し（大橋 2001）、実践現場にも影響を及ぼすようになった。

地域福祉は一定の地理的な広がりをもつ「地域」に働きかけるアプローチであり、いわゆるコミュニティワークが重視されてきた。コミュニティワーク

図1　地域における支援の類型化

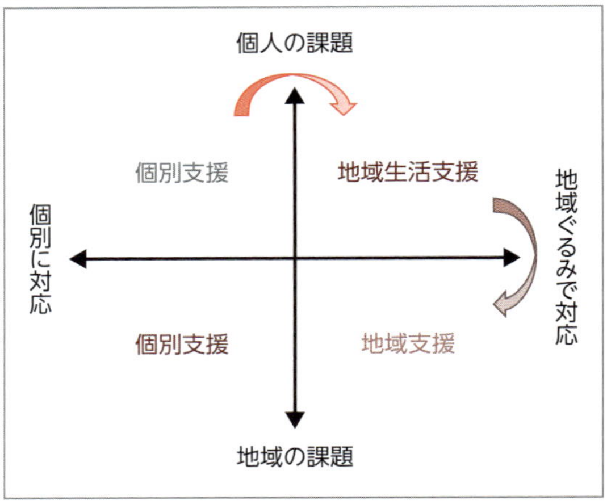

出典：松端克文『地域の見方を変えると福祉実践が変わる――コミュニティ変革の処方箋』ミネルヴァ書房、25頁、2018年

では個々人の課題を集約し、地域住民に共通する生活課題として集合化することで、住民主体による地域ぐるみの取り組みとして展開させていくところに特徴がある。しかし、そこでの難点は個々人の生活課題が捨象されてしまうところにある。それに対してコミュニティソーシャルワークは、地域において生活する個々の住民やその家族・世帯の地域での自立した生活を支援するという観点から地域づくりも視野に入れて支援するという意味で、コミュニティワークと個別の支援とを総合化した支援の方法論であるといえる。

図1のように個々人の生活上の課題に個別に対応する支援を「個別支援」とすると、そうした個人の課題を地域ぐるみで対応する支援が「地域生活支援」であり、そうした支援を通じて、地域の課題に地域ぐるみで対応する「地域支援」へと展開させていくところにコミュニティソーシャルワークの特徴がある。

3）地域を基盤としたソーシャルワークの理論

こうしたコミュニティソーシャルワークは、「地域を基盤としたソーシャルワーク」であるともいえる。この「地域を基盤としたソーシャルワーク」と「**ジェネラリスト・ソーシャルワーク**」との関連は、

次のように整理することができる。

まずジェネラリスト・ソーシャルワークを基礎理論として、地域で展開する「総合相談」を実践概念とし、そして実践理論として「個を地域で支える援助」と「個を支える地域をつくる援助」を一体的に推進する「地域を基盤としたソーシャルワーク」があるといえる（岩間 2011：7）。こうした「地域を基盤としたソーシャルワーク」の「第1の理念は、クライエントを中心に置き、その個々の状況に合わせた援助システムによって援助を展開すること」で、それは「一人ひとりの状況に合わせたオーダーメイドの援助を志向すること」であり、「既存のサービスや制度にクライエントを合わせるのではなく、クライエントにサービスや制度を合わせていくことである」。また「第2の理念は、クライエントを中心に据えた援助システムに地域住民等のインフォーマルサポートが積極的に参画すること」であり、「地域の専門職のみならず、地域の力、つまり近隣住民やボランティア、NPO 等によるサポートを活用するという視点が重要となる」として、「それが個を支える援助のみならず、個を支える地域をつくる援助へと展開、さらには地域福祉の推進へと展開することを可能にする」といえる（岩間 2011：7）。

こうした考え方は、2007 年 12 月の社会福祉士及び介護福祉士法の改正に伴い、社会福祉士の養成課程にも「総合的かつ包括的な援助」として反映され、社会福祉士は専門職として「総合的かつ包括的な相談援助」の担い手となることが期待されるようになった。特にそれに関連する社会福祉士の試験科目である「相談援助の基盤と専門職」に関する「社会福祉士国家試験科目出題基準」（公益財団法人社会福祉振興・試験センター）においても「総合的かつ包括的な援助」について、それが「ジェネラリスト視点」に基づくものであることが明記された。

このようにソーシャルワークの総合化論として紹介されたジェネラリスト・ソーシャルワークは、「地域を基盤としたソーシャルワーク」や「総合的かつ包括的な相談援助」として社会福祉士養成においても重視され、2019 年 6 月の「社会福祉士養成課程における教育内容等の見直し」において継承され、さらには、科目が変更された「地域福祉と包括的支援体制」などを通して、よりいっそうこうした理論がソーシャルワーク専門職である社会福祉士養成にも反映されるようになっている。

3.「地域共生社会の実現」に向けた包括的支援体制づくり

1）包括的支援体制づくりを進めるための重層的支援体制整備事業

2015 年 9 月に厚生労働大臣政務官（当時）を中心とした省内プロジェクトチームにおいて「新たな時代に対応した福祉の提供ビジョン」が公表され、このビジョンを踏まえて「多様かつ複合的な課題を抱える者」に対する「包括的な相談支援体制の構築」をモデル的に推進するために「多機関の協働による包括的支援体制構築事業」が創設され、モデル事業が開始されるようになった。

続いて 2016 年に閣議決定された「ニッポン一億総活躍プラン」の内容に盛り込まれた「**地域共生社会の実現**」に向けて 2017 年に社会福祉法が改正され、そこで各市区町村において「包括的支援体制づくり」に取り組むことが求められるようになった。さらに 2020 年の社会福祉法改正においては、こうした包括的支援体制をより推進していくために**重層的支援体制整備事業**が法定化され、「断らない相談支援」「参加支援」「地域づくりに向けた支援」を一体的に実施することが求められている。この重層的支援体制整備事業では、属性を問わず広く地域住民を対象とし、この事業を実施する市区町村に対して一括で交付金を出すことで、財政運営上も市区町村において属性や分野にとらわれない事業を実施することが可能となる。こうした法制度改正を受けて、今日では市区町村ごとに「地域共生社会の実現」を目指して、重層的支援体制整備事業も活用しながら、包括的支援体制づくりを進めることが求められるようになっており、従来の法・制度に基づく対象ごとの「縦割り」の仕組みを分野横断的・総合的な仕組みに改め、住民による福祉活動なども包含して、包括的に支援できる「丸ごと」の体制を構築することを目指すことが求められている。

「包括的」や「重層的」という表現には、これまで「縦割り」の法制度や支援上の垣根を乗り越え分野横断的に総合化していくということと、法制度に基づくフォーマルなサービスや専門職による支援と、地域において展開されている住民による多様でボランタリーな活動やインフォーマルなサポートの取り組みも総合化していくという二重の意味が込められているといえる。

2）地域福祉計画の策定を通じた包括的支援体制づくり

2020年の社会福祉法の改正では、包括的支援体制の整備について、重層的支援体制整備事業も含めて、**地域福祉計画**の規定が改正されている。市区町村には、「地域住民等及び支援関係機関による、地域福祉の推進のための相互の協力が円滑に行われ、地域生活課題の解決に資する支援が包括的に提供される体制を整備するよう努めるものとする」とされ、包括的支援体制の整備が努力義務として課せられている。また、重層的支援体制整備事業について「市町村は、地域生活課題の解決に資する包括的な支援体制を整備するため（中略）重層的支援体制整備事業を行うことができる」と規定され、市区町村が重層的支援体制整備事業を実施するときは、「重層的支援体制整備事業を適切かつ効果的に実施するため、重層的支援体制整備事業の提供体制に関する事項」などを定める「重層的支援体制整備事業実施計画」を策定するよう努めるものとすると規定されている。

そして市区町村地域福祉計画については、①地域における高齢者の福祉、障害者の福祉、児童の福祉その他の福祉に関し、共通して取り組むべき事項、②地域における福祉サービスの適切な利用の推進に関する事項、③地域における社会福祉を目的とする事業の健全な発達に関する事項、④地域福祉に関する活動への住民の参加の促進に関する事項、⑤地域生活課題の解決に資する支援が包括的に提供される体制の整備に関する事項について定めるように規定されている。

さて、包括的支援体制のもとでのソーシャルワークは、生活していくうえで困難な状況におかれている住民やその家族への直接的な相談支援（個別支援）を起点として、社会的孤立の解消や居場所づくり、参加支援といった取り組みを通じて地域づくりへと展開していく支援の理論や実践である。しかし、同時に地域福祉計画を切り口として市区町村というメゾ・マクロ領域において「面（エリア）的」に地域福祉の仕組みをどのように整備し、構築していくのかということも重要な課題となる。そこでは市区町村において対象別・属性ごとの福祉制度やサービスの総合化を図り、いかにして分野横断的で包括的な支援の仕組みをつくるのかということが問われることになる。その際、総合相談の観点からすれば、市区町村における総合的・包括的な相談支援体制の構築という課題となるし、「地域づくり」の観点からすれば「ニーズキャッチなどの見守り支援の仕組みづくり」や「住民参加による資源開発の仕組みづくり」といった課題として捉えられ、市区町村ごとにそうした整備をいかに計画的に進めていくことができるかが問われることになる。

このように2017年と2020年の社会福祉法の改正により、市区町村における重層的支援体制整備事業も含めた包括的支援体制づくりでは、「相談支援」から「地域づくり」とを一体的に推進する仕組みを地域福祉計画の策定を通じて、計画的に推進することが求められるようになっているのである。

4. 地域における包括的支援体制とソーシャルワークの意義と課題

1）「制度の狭間」への対応とソーシャルワーク

今日の生活課題は、「**制度の狭間**」問題への対応として論じられることが多い。しかし、こうした捉え方は、法制度を所与の前提とする「制度ありき」の発想に陥っているともいえる。たとえば、社会福祉の固有性を提示した岡村重夫は社会関係の主体的側面である個人と社会制度（社会関係の客体的側面）との不調和や欠損への対応を社会福祉の固有の領域として措定したといえるが（岡村 1958）、ここでいう社会関係の不調和や欠損こそ、今日でいうところの「制度の狭間」の問題であるともいえる。岡村は、社会福祉の対象を何らかの属性が付与された特定の個人ではなくて、「社会生活上の基本的要求が充足されない状態」としての「社会生活上の困難」であるとした。たとえば「障害者」だからただちに社会福祉の対象になるのではなく、その個人が社会生活を営むうえで必要な複数の社会関係が「不調和」であったり、社会関係が形成できずに「欠損」した状態、あるいは必要な社会制度がない状態（「社会制度の欠陥」）を社会福祉の対象であるとし、社会福祉の固有性を「社会関係の主体的側面」である個人の側から社会関係を調整したり、必要とされる社会制度を開発したりするところに求めたのである。

ただし、「制度の狭間」という場合、社会福祉関連の制度やサービスのことを指していることが多いが、岡村の場合はより広く社会生活における社会制度全般を想定していたということについては留意が必要である。しかし、岡村の社会関係の主体的側面である個人の側から社会関係を調整するとする理論の枠組みは、「制度の狭間」の問題への対応を含め、社会福祉の機能を説明するうえで優れているといえる。

さて、こうしたことを踏まえると、今日の社会福祉では「制度の狭間」への対応があたかも新たな課題であるかのように認識されているが、社会制度や社会福祉サービスの「狭間」の問題は、今に始まったことではなく、これまでも常に存在していたということを確認しておく必要がある。だとすれば、いつのまにか社会福祉やソーシャルワーク実践が、制度を前提にした支援に陥っていたということを反省的に捉え返す必要があるといえる。

また、「制度の狭間」との認識は、それに対応すべき政策責任が免除され、適切な支援を求めるという住民の側の権利性も弱くなり、地域での住民による人称的な取り組みに依存するという構造になっていることにも注意を要する。

2）地域における包括的支援体制とソーシャルワークのスキーム

以上の議論を踏まえて地域における包括的支援体制とソーシャルワークとの関係を図示すると**図2**のようになる。ここでは左上に「個別支援」、右下に「地域支援」をおいている。地域におけるという場合、「**個別支援**」では地域における支援のあり方を論じているので、地域を「支援の舞台」として捉えていることになる。一方、「**地域支援**」という場合、個別支援の延長線上という意味においては「支援の舞台」としての側面があるが、同時に「住民の主体形成」や自治という観点を踏まえると、生活課題が発生し、ときにはそうした課題を抱えることになる住民にとっては「生活の舞台」として地域が意味をもつことになる。

個別支援においては、法制度に規定される属性にとらわれず、断らない相談支援を実践する「総合相談」が基点となるが、それは相談者をたらいまわしにせずに「ワンストップ」で対応することが求められる。しかし、ここでいうワンストップはその相談支援機関だけで自己完結的に対応することではなく、生活課題をアセスメントし、解決に向けての「見取り図」を相談者と一緒に確認し、寄り添いながら（寄り添い型・伴走型支援）、多機関・多職種、あるいは異業種とも連携し、ソーシャルサポートネットワークをつくっていくことが重要となる。個人やその世帯のアセスメントを行う際には、支援していくうえで必要となる地域資源のアセスメントもできていなければ、多機関・多職種、あるいはNPOや地域住民による福祉活動、さらにはスーパーや地元の商工会、タクシー会社など他業種と連携・協働することもできない。

こうした支援プロセスにおいては、地域のなかで同様の生活課題を抱えている住民の課題を集約し、「地域生活課題」も含めた地域課題のアセスメントにもつながる。そして、こうした地域課題の解決に

図２　地域における包括的支援体制とソーシャルワーク

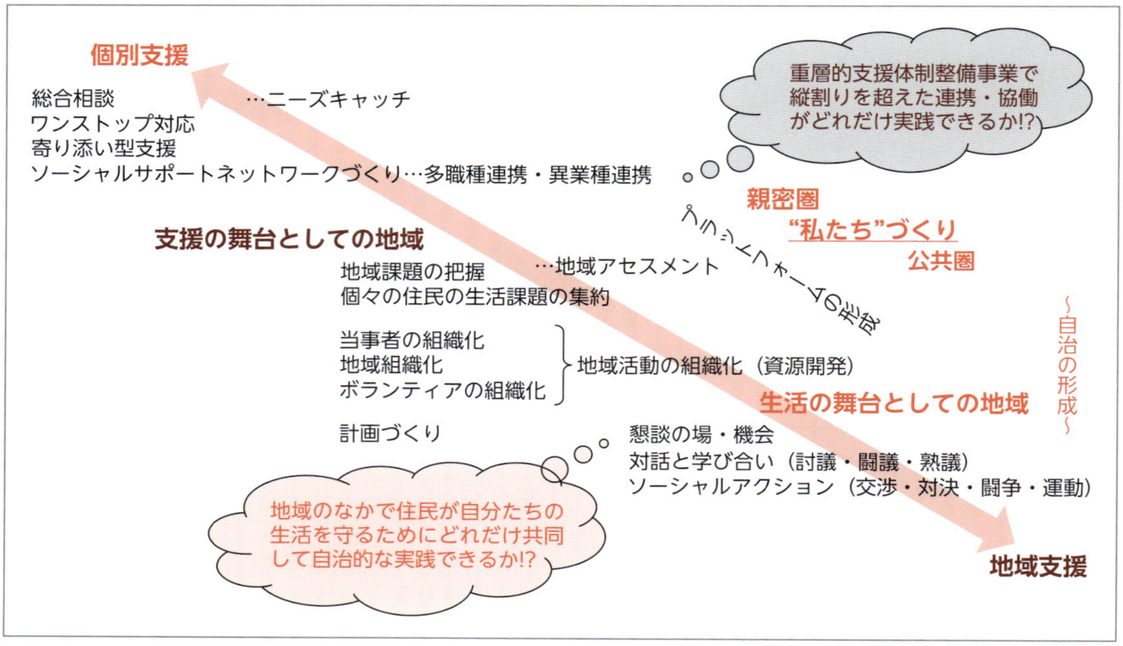

向けて、住民による福祉活動を活性化したり、新たに組織化したりする支援を展開することになる。それらは相互に重なる側面もあるが、地域組織化、当事者の組織化、そしてボランティアの組織化に分類することができる。さらに地域福祉計画の策定などの計画づくりを通じて、自治体政策にも関連づけた展開も可能となる。

このことは住民の主体形成ということにも関連するが、個々の住民からすれば、地域のなかに「私たち」ということを実感できるコミュニティを形成していることでもある。それは家族や友人、親しい仲間という「親密圏」を形成していくことでもあるが、そうした人称的な仲間の範囲を超えて社会へと広がる「公共圏」を形成していく可能性が広がる。

支援の舞台としての地域は、包括的支援体制のもとで各種の専門職や行政機関、社会福祉協議会や福祉施設・事業所などの関係者が参加する「支援会議」などを通じて形成されていくことになるが、そうした協議の場・機会がより広く地域住民が参加する懇談の場・機会へと拓かれていくことで、見知らぬ他者、あるいは非人称的な他者も含めて形成される「生活の舞台としての地域」について、住民自身が考え、行動していくための機会ともなる。地域福祉計画の策定過程での住民懇談会などもこうした機能を有しているといえる。地域における包括的、あるいは重層的な支援体制構築においては、こうした展開プロセスを通じて、個別支援から地域づくりに向けて、いかにして従来の縦割りを超えた連携・協働が実践できるのかということが問われてくるし、地域支援においては住民が地域の生活課題に対して、いかに共同して自治的に実践することを支えることができるのかということが問われてくる。

3）ソーシャルワークにおける住民参加と主体形成

こうしたことを図示したものが、**図３**である。包括的に支援体制を構築していくためには、法制度の垣根を越えて各種の専門職や異業種の人たちがつながり、そして何よりも住民参加による地域福祉活動も含めた「包括的」で「重層的」な支援の仕組みをつくる必要があるが、そのためには関係者が協議できるプラットフォームが不可欠である。

生活していくうえで困難な状況におかれている住

図3　ソーシャルワークにおける住民参加と主体形成

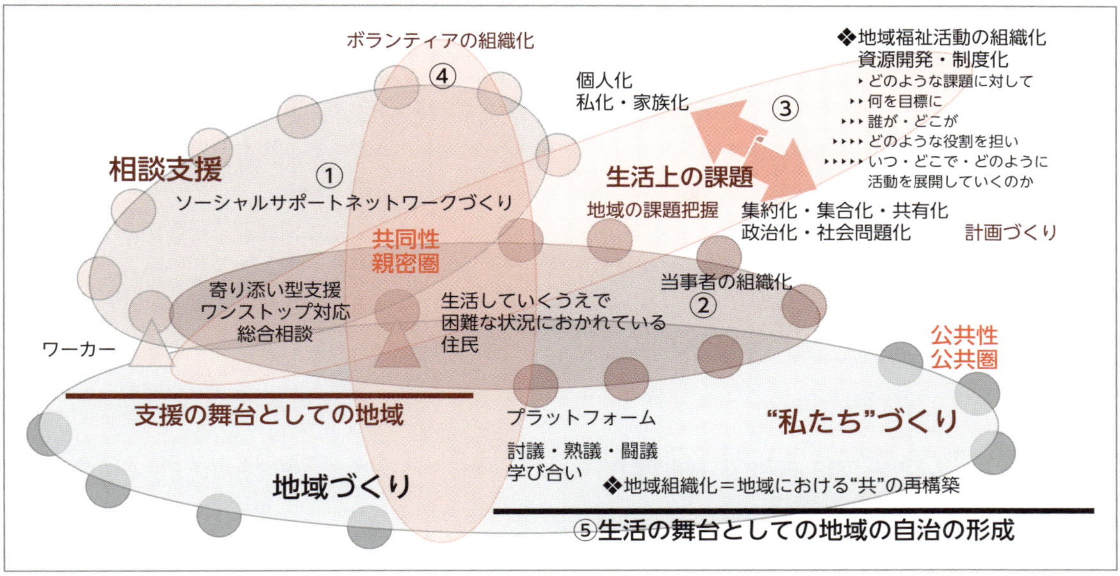

民を支援する場合、まずはその住民を支えるソーシャルサポートネットワークをつくっていく必要がある（図中①）。また、その住民と同じような課題を抱えている当事者としての住民同士が参加することで組織化を促し、その活動を支援していくこと（当事者の組織化）も重要になる（図中②）。

ところでそうした生活課題は、その課題を抱える当事者である個人や家族が自らの努力で解決すべき課題なのか、地域や社会として対応すべき課題なのか議論が分かれる。もしその課題が地域の中で共有化できれば社会問題へと変換される（図中③）。たとえば「買い物難民」が社会問題として認識されるようになったのは2000年代になってからである。それがその住民だけの問題ではなく、地域としても取り組むべき課題だということが社会的に認識されるようになったことで、移動販売や買い物ツアー、乗り合いタクシーなどの活動が広がったのである。個々の住民への直接的な支援だけでなく、こうしたコレクティブ（集合的）な活動の展開を支援する地域支援は、住民が「社会」へとつながることを支えてもいるといえる。そうした支援への関心は、ボランティア活動として組織化される（図中④）。

そして「支援」のための「地域づくり」という視点ではなく、「生活の舞台」としての地域において「自治」の形成を目指した共同的な実践にこそ、これからの包括的支援体制づくりの可能性と魅力があるといえる（図中⑤）。岡村は「社会福祉の手段としての地域社会ではなくて、反対に生活主体者としての地域住民の自己実現の手段としての社会福祉」があるとして、「地域社会は社会福祉の主体である」としている。都合よくコミュニティを誘導するのではなく、「いわばこれに対抗して、地域社会自身の発意にもとづく生活主体者独自の判断や主張を示し、それを実現するための行動をとりうるのが『地域社会の主体性』であり、それを援助するのが社会福祉である」（岡村 1980：77）ということを踏まえておく必要がある。

この「生活主体」であるということを基本として、福祉的な支援を必要とする場合には、「利用者主体」あるいは「当事者主体」であるということが重視される。支援する側／支援される側という関係においては、構造的に支援者による支配や抑圧が生じやすくなる。だからこそ、支援を必要とする本人の側の主体性が重視されるのである。生活主体の概念とも重なるが、自らの人生を生き、生活を営むうえで、支援を受けるという受け身ではなく、必要に応じて自らが選択・決定して、サービスを利用するという能動性を重視しているのである。また福祉活動をする場合には、住民はその主体者でもある。地域福祉においては理論的にも、実践的にも「住民主体の原則」が重視されてきた。「ボランタリズム」や「自発的社会福祉」「地域による福祉」といった概念も、住民の内発性に基づいて展開される福祉実践のダイナミズムを表現したもので、一般に「住民主体」という場合には、こうした観点に注目していることが多い。包括的支援体制においては、住民参加を促進することが課題となるが、ここでいう三つの視点から住民の主体形成、あるいは自治の形成という観点を看過してはならないといえる。

5. ソーシャルワークにおける「地域」の捉え方と実践の視座

今日の社会福祉やソーシャルワークにおいては、「地域」あるいは「コミュニティ」がこれまで以上に重要な位置を占めるようになっている。そうしたことを図示すると**図4**のようになる。ソーシャルワークの場合、ソーシャルワーカーという専門職が働きかける支援ということになるので、図の下のところにソーシャルワーカーをおいているが、地域での実践では住民やNPOなど、専門職ではない住民がこうした役割を担うこともある。

専門職の場合でも、住民がかかわる場合でも、その基本には「**ケア**（Care）」があるといえる。「ケアとはただその人といま一緒に過ごせることを大切に思い、お互いの存在を肯定しあうこと。目や指先の動きや体調の変化など、些細なサインにも気を配り、コミュニケーションを交わし続けること。そして心温まるエピソードを紡いでいくこと」であると定義できる。こうした他者を気遣うこと、あるいはお互いに気遣いあうケアは、私たちが常に脆弱な存在であることを踏まえると、社会生活の根底において必要とされるものであり、ソーシャルワーク実践においても、地域における福祉活動においても基本となる理念である。

生活していくうえで困難な状況におかれている人やその家族・世帯の問題は、その当事者からすれば実存の問題、すなわちおかれた状況を乗り越えていくべく、主体的にいかに生きていくのかという問題である。そこではソーシャルワークを通じて、その個人や家族・世帯が社会との関係のなかで、どのようにエンパワメントされ、解放されていくのかというミクロレベルからの支援を基点とした実践のあり方が問われることになる。

しかし、そうした生活課題は社会構造のもとで生じてくる「社会問題」である。したがって、ある状態にある人々を抑圧し排除する社会を変革し、人々を解放するためのソーシャルアクションのあり方が問われてくる。変革とは、集合的な要求を通じて社会的な課題を生み出す状況を変えていくことである。今日の生活課題は経済的困窮と社会的孤立に集約できるが、そうした課題が社会の構造的な矛盾により生じるということを踏まえると、社会的な解決を図るべく政策的な対応（ソーシャルポリシー）を求めるとともに、そうした課題が生じないような社会に変えていけるようソーシャルアクションを展開するというマクロレベルでの実践が必要となる。

そこで重要となるのが、**図4**では中央にある個人と社会とを媒介するコミュニティである。**コミュニティ**とは、“私たち”と実感できるような他者との関係の集合体のことをいう。そうしたコミュニティにおいて地域生活上の課題を抱える個人や家族・世帯と社会との関係を調整したり、あるいはコミュニティに働きかけることで、そこに“所属”し、“承認”され、互いの“存在”を肯定的に受けとめあえるようなメゾレベルでのコミュニティづくりの実践が展開されることになる。その際、“地域”という地理的なエリアにも注目する必要がある。生活課題は「社会問題」だと指摘したところで、実際にどのように取り組めばよいのかわからない。だからこそ俯瞰的に考えつつも（Think Globally）、自分の身近なところから行動を起こすこと（Act Locally）が重要となり、さまざまな社会の課題に気づいた人たちが、“地域”において、その解決に向けて力を合わせて「きょうどう」（共同・協同・協働）して、具体的に実践していくところに、地域においてソーシャルワークを実践する醍醐味があるといえる。

図４　社会福祉・ソーシャルワークの構造と地域福祉

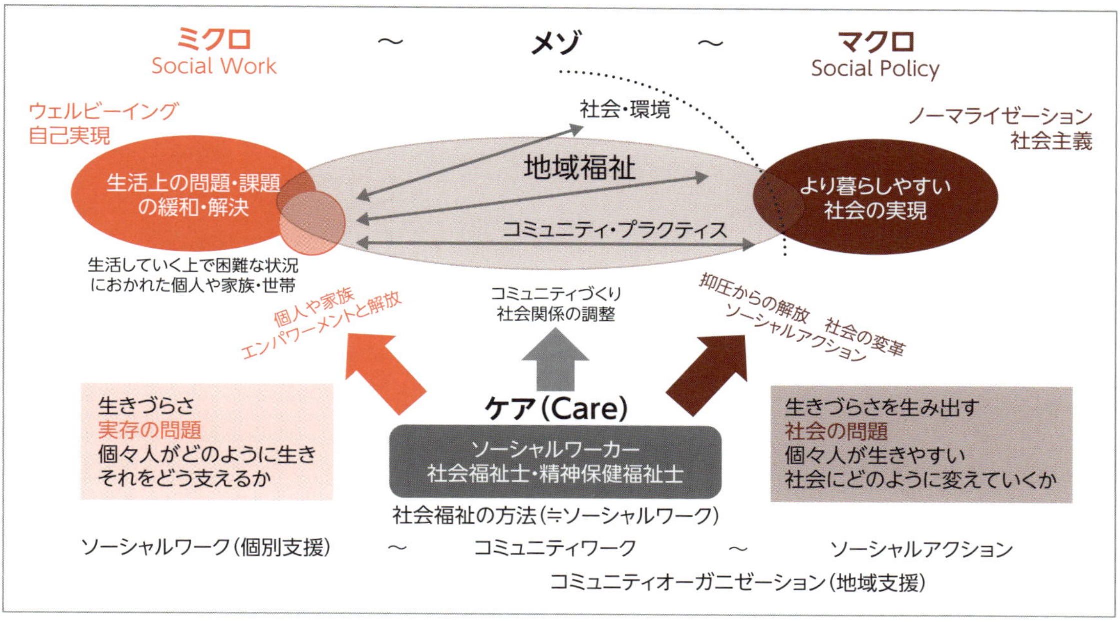

　こうした実践をコミュニティ・プラクティスとして捉えれば、それはジェネラリストであろうと、スペシャリストであろうと、アクティビストであろうと、すべてのソーシャルワーカーにとって必要となる。つまり生活していくうえで困難な状況におかれている住民の意向を踏まえ、地域のさまざまな資源をアセスメントし、その住民に必要なソーシャルサポートネットワークを形成し、ニーズを充足するために必要な施策を行政に要望するといった実践において、マクロな領域でのアクティビストも直接的・臨床的な支援を担うセラピストもコミュニティ・プラクティスに関与することになるのである（Hardcastle et al. 2004）。コミュニティ・プラクティスでは development（開発）、organizing（組織化）、planning（計画）、change（変革）が主要なアプローチであるが、その効果として期待されるのは、エンパワメントと社会的公正である（仁科 2019）。

　いま困難な生活していくうえで状況におかれていたり、「生きづらい」と思っている人自身が、あるいはそうした人たちを支えたいと思う人たちが、“コミュニティ”を基点に力を合わせて行動を起こすことで、コミュニティでの生活、あるいはコミュニティそのものをエンパワメントしていくという実践が求められているといえる。地域における包括的支援体制とソーシャルワークを考えるとき、それが狭い意味での「支援」のなかに回収されることは避けなければならない。

参考文献

- 岩間伸之「地域を基盤としたソーシャルワークの特質と機能——個と地域の一体的支援の展開に向けて」『ソーシャルワーク研究』Vol.37、No.1、2011 年
- 松端克文『地域の見方を変えると福祉実践が変わる——コミュニティ変革の処方箋』ミネルヴァ書房、2018 年
- 仁科伸子『人口減少社会のコミュニティ・プラクティス——実践から課題解決の方法を探る』御茶の水書房、2019 年
- 大橋謙策「コミュニティワークからコミュニティソーシャルワークへの発展」福祉士養成講座編集委員会編『新版社会福祉士養成講座７ 地域福祉論』中央法規出版、2001 年
- 岡村重夫『社会福祉学総論』柴田書店、1958 年
- 岡村重夫「社会福祉の固有性と専門性」嶋田啓一郎編『社会福祉の思想と理論——その国際性と日本的展開』ミネルヴァ書房、1980 年
- Hardcastle D. A., Powers. P., & Wenocur. S., *Community Practice : Theories and Skills for Social Workers*, Oxford University Press, 2004.
- Johnson, Louise C. & Yanca, Stephen J., *Social Work Practice : A Generalist Approach* (7th ed), Allyn & Bacon, 2001.（岩間伸之・山辺朗子訳『ジェネラリスト・ソーシャルワーク』ミネルヴァ書房、2004 年）

8 ソーシャルアクションの意義と方法

髙良麻子

1. ソーシャルアクションとは

1）ソーシャルワークにおける位置づけ

ソーシャルアクションは排除、差別、搾取、抑圧等を生じさせている社会構造の変革を促す活動実践およびその方法である。日本においては、戦後にアメリカのソーシャルアクションが紹介されてから、ソーシャルワークの援助技術の「六分法」の一つとして、後には間接援助技術の一つとしてソーシャルワークに位置づけられてきた。このような経緯から、ソーシャルワークの**マクロレベル**の実践における代表的な方法の一つとして位置づけられている。

一方で、アメリカにおいては早い段階で、ソーシャルアクションがソーシャルワークの機能として捉えられるとともに、ロスマン（Rothman, J.）によってコミュニティオーガニゼーションの実践の構成要素として整理されたことから、日本でもコミュニティワークやコミュニティソーシャルワークにおける重要な機能や技術としても位置づけられてきた[(1)]。

2）ソーシャルアクションの目的・主体

ソーシャルアクションでは、たとえば、一般労働からの障がい者の排除や難民への差別等を生じさせている社会構造があるがために、ウェルビーイングを実現することができないという認識が前提となっている。そのため、ソーシャルアクションの目的は、このような排除、差別、抑圧等の**社会的不正義**を生じさせている構造を変革し、社会的に不利な立場におかれている人々がウェルビーイングを実現できるよう促すことである。このような構造は、相対的に**パワー**（権限、支配力、影響力、社会的優越性など）を有するマジョリティの価値観による社会的規範と、それに基づきパワーを有する政策主体によって形成された制度・政策によって、比較的安定させられている。そこで、社会的不正義を体験している人々の声に基づき、社会福祉関連法制度の改廃や創設等および、それと連動する社会的規範を変容させることによって、構造的問題の解決を目指す。

ソーシャルアクションをソーシャルワークの実践方法として捉えると、ソーシャルアクションの主体はソーシャルワークの専門職であるソーシャルワーカーとなる。ただし、解決されるべき問題が存在していることを主張する、いわゆる「**クレイム申し立て**」[(2)]を行い、社会的な合意を形成して社会問題として構築し、政策形成や制度運営等に影響を及ぼそうとする活動は、必然的に集合的かつ組織的な活動になる。そのため、その総体である活動の主体は社会的不正義を体験している当事者であり、その活動においてソーシャルワーカーが実践する方法がソーシャルアクションだといえる。

ピンカス（Pincus, A.）とミナハン（Minahan, A.）による四つのシステムで説明すると[(3)]、政策主体等のターゲット・システムに対して、当事者等のクライエント・システムを含むアクション・システムが法制度の改廃や創設等および、それと連動する社会的規範の変容を求めていく活動において、それを促す**チェンジ・エージェント**であるソーシャルワーカーが実践する方法がソーシャルアクションだといえる。

3）ソーシャルアクションの必須要素

ソーシャルアクションをほかのソーシャルワーク

の実践方法と識別する要素は、クレイムを申し立て、権限や権力を有するターゲット・システムに変化を起こすように、直接的に働きかけることだといえる。つまり、政策立案や社会福祉関連法制度の改廃や創設等を行う権限を有している国会議員や地方議員、その権限行使に大きな影響を与え、政策を形成できる権力を有している官僚や裁判官を含む国家公務員や地方公務員等に対して、クレイム申し立てをして直接働きかける行動や、社会的に定着している社会的規範を有しているマジョリティに対するクレイム申し立て行動等、それらを促進する介入がソーシャルアクションには必要だといえる。

ただし、ここでの権限・権力保有者への直接的な働きかけには、必ずしも「**対決**」が必要なわけではないと考えられる。この点については議論があるところだが、ソーシャルアクションを実践する総体である活動だといえる**社会運動**を説明する要素として、必ずしも「対決」といった要素が含まれなくなってきているためである。社会運動は、権力奪取を目指す抗議・抵抗型の階級的労働運動から、社会の発展といった価値の実現を指向した説得・政策実現型の運動、いわゆる「新しい社会運動」に変化しているといわれてから久しい[(4)]。

社会運動の目標、主体、方法等が多様化し、そのなかでも、NPO法人（特定非営利活動法人）や一般社団法人等による活動の存在が大きくなっている。地方分権改革によって地方分権が推進され、地方自治体における財政難や人材不足が進むなか、ますます多様化・複雑化する住民のニーズに対応した公共サービスを供給することは難しく、NPO法人等によるニーズに即したサービス提供が求められる状況になっている。そして、このようなサービス提供の必要性を自治体に提言することによって、NPO法人等による政策への関与が強まっている。ソーシャルワーカーによるソーシャルアクションについても、既存組織から独立した立場でNPO法人等を立ち上げ活動する独立型社会福祉士による地方自治体の政策関与の強まりが確認されている[(1)]。このようなNPO法人等による社会への影響力は、地方自治体にとどまることなく、国の政策形成にも大きな影響を与えている。

2019年改正の社会福祉士養成カリキュラムにおいて、初めてソーシャルアクションが加えられ、「ソーシャルワークにおける社会資源の活用・調整・開発」の一つの方法として位置づけられた。ソーシャルアクションは社会資源の変容や創設等に権限や権力が必要な場合に実践するものであり、**アドボカシー**やエンパワメントの意味合いが強いことを再確認しておく必要があるといえる。

2. ソーシャルアクションの意義

1）ソーシャルワークにおける意義

ソーシャルワークの実践方法としてソーシャルアクションがある意義として、主に2点が挙げられる。

まず1点目として、ミクロ・メゾ・マクロレベルの総体としてのソーシャルワーク実践を実現する鍵になる方法だといえる。ソーシャルワークは人と環境の交互作用の視点からウェルビーイングが実現できない状態を理解するため、必然的にミクロ・メゾ・マクロレベルを一体的に捉え、かつ必要に応じて介入する必要がある。しかしながら、実践方法の蓄積も実践の現状もミクロレベルに偏っているといえる。

このような状況において、ソーシャルアクションは個人の生活課題を構造的問題として捉え直す視点を与え、ソーシャルワークが「ソーシャル」である意味を再認識することを促し、社会正義といったソーシャルワークの原理から目を逸らさないようにするものである。つまり、ソーシャルワークにおいてはマクロレベルの実践方法として位置づけられているが、それは単なる方法だけではなく、ソーシャルワーク実践において常に意識すべき機能としての意義もあることを確認する必要があるだろう。

2点目の意義が、人々の**エンパワメント**を実現することである。エンパワメントの理念はソーシャルアクションに限定されるものではなく、ソーシャルワークすべてのプロセスにおいて不可欠だといえるが、社会的に不利な立場におかれている人々が個人的・対人的・社会的パワーを獲得しながら、排除・差別等の社会構造を変革することを促進するのを最も強く指向しているのがソーシャルアクションである。当事者を含むアクション・システムの構成員は、活動のプロセスにおいてパワーを獲得することで、社会的不正義の構造を変化させるとともに、その結果としてパワーを獲得する。これは、ソーシャルワーク専門職のグローバル定義で示された中核となる任務を果たすことを意味する。

2）ソーシャルアクション実践の意義

ソーシャルワーカー以外にも、社会活動家、社会起業家、政策起業家等として社会活動を実践している人々は多数存在する。このような現状であっても、ソーシャルワーカーがソーシャルアクションを実践する意義が主に3点考えられる。

まず1点目が、声なき声に気づくことだといえる。世界的に財政危機が進行し、新自由主義のもと「小さな政府」が指向されるなか、日本においてもサービス供給の多元化と市場化、「国家公務員の総人件費に関する基本方針」に基づく公務員の人員削減および脱正規化が推進されてきた。一方で、産業や雇用構造が変容するとともに、人口減少、世帯の縮小化、家族の多様化、地域の相互扶助の脆弱化等が進み、子どもの貧困、ワーキングプア、ホームレス、ヤングケアラー、難民、虐待、DV、自殺など、列挙できないほどの社会問題が山積している。

このようななか、差別・抑圧・搾取等の社会的不正義を体験し、声をあげられないほどにパワーレスになっている人々の存在に気づき、**アウトリーチ**できるのは、ニーズ発見機能を果たす地域をつくり、かつ他者に対して支援をすることが国家資格として認められている社会福祉士や精神保健福祉士である。どのような社会問題であっても、実際に体験しているのは個人であるため、その個人に接触できることからクレイム申し立てにつなげていくことができる。

そして、実際にクレイム申し立てをするためには、解決すべき問題が何かを構造的に把握し、明確な要求を明らかにしなければならない。これによって当事者の声を反映した実態に即した制度・政策を実現することができる。そもそも制度・政策はサービス利用やニーズの実態に応じて修正されるべきものであり、そのためのフィードバックを政策主体に伝える必要がある。ソーシャルワーカーは社会福祉関連法制度を運用する立場にいるため、ウェルビーイング実現の障壁になっている構造的問題を具体的に把握することができる。また、当事者の困りごとや想いから充足されていないニーズを明確にすることができる。これが2点目の意義だといえよう。

3点目として、最小限のリスクで目標を達成する可能性が高い点が挙げられる。地方分権が進むとともに、社会福祉法人や医療法人等への社会福祉関連事業の委託が推進されているなか、自治体行政において権限を有する地方公務員や地方議員等と関係をもつソーシャルワーカーが増えている。これは、政策立案者に対して、問題に対応した政策を形成するように働きかけやすい立場にいるソーシャルワーカーが相対的に増えてきたことを意味する。ソーシャルワーカーとしての経験に裏打ちされた専門性が高いほど、高い権力を有する権限保有者に近いほど、その影響力は高まる。多様化・複合化・深刻化している生活課題に対して、財政危機のもと、最適な公共サービスを住民に供給するには、専門的な知識が不可欠であり、それを有するソーシャルワーカーだからこそ、目標達成率の高いソーシャルアクションを実践することができると考えられる。

3. ソーシャルアクションの方法

1）ソーシャルアクションの展開過程

前述のように活動総体としての社会運動のあり方が変容しているのに合わせて、ソーシャルワーカーによるソーシャルアクションにも多様な実践がみられている。なかでも、主に二つの展開過程（「闘争モデル」と「協働事業開発モデル」）があると考えられる（**図1**）(1)。標準的な展開を示すが、それぞれの活動は明確に区別できるものではなく、両方のモデルを並行して、あるいは前後して活用することもある。

i　ソーシャルアクションの展開過程「闘争モデル」

二項対立的な権力構造を顕在化し、決起集会、デモ、署名、陳情、請願、不服申立て、訴訟等の組織的示威・圧力行動を、世論を喚起しながら行い、立法的・行政的措置を要求するのが、「**闘争モデル**」である。従来からみられている「対決」による社会運動が該当する。前述のように「対決」をしない形での社会運動が増えているが、「対決」する「闘争モデル」がなくなっているわけではなく、排除等の構造変革に必要であれば実践しなければならない。たとえば、生活保護の基準引下げに対する裁判や、難民の人権を侵害する改正入管法成立に反対するソーシャルアクションなどでは不可欠なものだったといえる。

ソーシャルアクションはマクロレベルの実践方法の一つであるため、ミクロやメゾレベルの実践とつながっている。そのため、個人や集団等に支援をするなかで、個々のニーズをその充足を阻害しているマクロシステムの構造的問題として捉え直す必要がある。そして、この活動の核となる主導集団を形成し、社会的不正義を体験している人々とともに、または代弁しながら、クレイム申し立ての活動計画を策定する。この計画をもとに、調査等によって社会的不正義を体験している人々のニーズとその充足を阻害している問題を構造的に把握したうえで、統計や典型的事例等によって可視化し（SA１)、それを勉強会、シンポジウム、報告書、リーフレット、ソーシャルメディア等を活用して人々と共有していく（SA２)。

これらの活動と連動して、ソーシャルワーカーはオーガナイザーとして、既存の集団をつなげる等によって、計画的に**組織化**を行っていく。また、ファシリテーターとしての役割を果たしながら、問題に関する議論を活性化し、合意形成を促進することで、社会的不正義に対応する集団を形成していく（SA３)。そして、要求をとりまとめ、社会に発信

図１　ソーシャルワークにおけるソーシャルアクションの展開過程

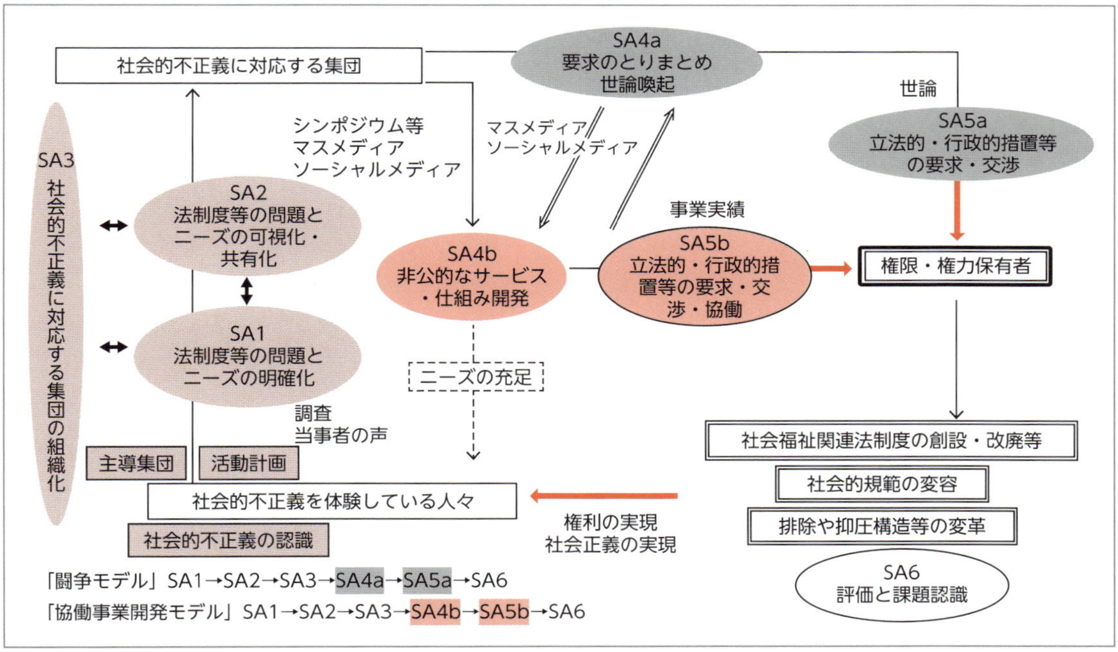

出典：日本ソーシャルワーク教育学校連盟編『最新 社会福祉士・精神保健福祉士養成講座⑫ソーシャルワークの理論と方法』中央法規出版、322頁、2021年を一部改変

して世論を喚起していく（SA４a）。どの過程においても、十分な対話を促し、マジョリティの社会的規範の変容や当事者との関係構造の変革につなげる。ソーシャルワーカーは必要に応じて、調停者、マネジャー、コンサルタントなどの役割を担う。

「闘争モデル」では、数で要求圧力を高めるため、**世論**をどこまでつくり出せるかが鍵となる。マスメディアと協働することが有効だが、近年ではソーシャルメディアやネット署名等の多様な手段での発信が可能になっている。世論を署名等で可視化しながら、政策主体等に対して、請願や陳情等の手段で立法的・行政的措置を要求していく（SA５a）。

最後に、目標が達成された段階で、活動の評価を行い、課題を整理するとともに、成功要因等についても蓄積・共有し、新たなアクションにつなげていく（SA６）。

ⅱ　ソーシャルアクションの展開過程「協働事業開発モデル」

社会的不正義を体験している人々のニーズを充足するサービスや仕組みを多様な主体の協働によって開発および提供し、その事業実績を根拠として立法的・行政的措置を求めるのが、「**協働事業開発モデル**」である。いわゆる「新しい社会運動」と呼ばれる説得・政策実現型の運動に該当する。

ここでの「協働」とは、当事者や社会的不正義の解決を目指す人々が協力関係を構築して、当事者のニーズを充足する非公的サービスや当事者の声を政策等に反映するための仕組みを開発するために取り組むことを意味している。加えて、その事業成果をもとに政策に反映できるように、権限・権力保有者と協力関係を構築していくこともあり得る。その際には、地域共生社会が目指される政策において、地域住民やNPO法人等への負担転嫁による行政責任の縮小が危惧されている状況下、**公的責任**を明確にすることを意識した取り組みが求められる。

「闘争モデル」と同様に、クレイムを申し立て、社会的不正義に対応する集団を構築するが（SA１・SA２・SA３）、その集団によって非公的なサービス等を開発して社会的不正義を体験している人々のニーズを充足しながら（SA４b）、社会問題としての構築を推進すべく、事業実績等を根拠に制度化等を国や地方公共団体等の権限・権力保有者に働きかける（SA５b）。

「闘争モデル」のように数による要求圧力を高める必要性が低いため、マイノリティの要求の実現に有効だと考えられる。また、財源が逼迫（ひっぱく）するなか、ニーズの多様化等に法制度等が追いついていない現状においては、将来を見据えて、実現可能な具体的な提案を行うことができるという意義がある。

どちらのモデルも、社会的発言力の弱い当事者の声を政策等に反映していくとともに、相互理解や相互承認等の経験となる一連のプロセスによって社会的規範を変容させながら、改廃や創設された制度・政策による権力や関係構造の変容を目指す。

２）ソーシャルアクションにおける当事者主体

前述のソーシャルワークにおけるソーシャルアクションの意義でもエンパワメントの重要性について述べたが、総体としての活動は社会的不正義を体験している**当事者**が主体となり、当事者が経験しながらあらゆるパワーを獲得していくエンパワメントのプロセスとすべきだといえる。つまり、クライエント・システムとアクション・システムを重複させる必要がある。

たとえば、「ひきこもり」は「働く」という社会的規範から逸脱し、それは「本人の甘え」や「家族の甘やかし」であると捉えられ、その結果として「8050問題」があるというように偏見や差別の対象になってきた。このような状況に対して、「ひきこもり」の当事者が自分たちの声を「ひきこもり新聞」等で発信し、対話の場をつくり、ひきこもりに関する理解を深めるための大学をつくり、実態調査を公表するなど、ネットワークを拡大しながら活動を継続している。このような当事者による活動は、社会の価値観の変革を迫るものであり、当事者だからこそなし得るものであるとともに、「ひきこもらされている」という状態を変化させるためにも当事者が行うべき活動だといえる。

しかしながら、このような当事者主体は、すべてのソーシャルアクションのプロセスにおいて当事者が主導し、前面に立つ必要性を意味しているわけではない。当事者が自分の経験している課題を他者に語るのは痛みを伴うことが多いとともに、近年ではSNS等による誹謗中傷が生じやすい環境にあるため、当事者にとってパワー獲得の経験となるようソーシャルワーカーが立ち位置や介入度合いを変えながら活動を促進していく必要がある。特に初期の段階では、パワーレスな状態の当事者の声を代弁してソーシャルワーカーが主導することも必要になる。

そのうえで、ソーシャルワーク専門職のグローバル定義の「人々のエンパワメントと解放を促進する」という意味を吟味し、「不利な立場にある人々と連帯しつつ」実践する必要があるといえよう。ソーシャルワーカーはあくまで排除、差別、抑圧等を生じさせている構造の変革を促すチェンジ・エージェントであることの認識が必要だといえる。

3）ソーシャルアクションの技術

ソーシャルアクションの展開過程では、前述のように、状況に応じてさまざまな役割を担わなければならない。それはそれぞれの役割を果たすために、最適な技術を活用しなければならないことを意味する。

i　パワーに注目したアセスメント

まず、最も重要だといえるのが、批判的視点で、ウェルビーイングの実現を阻害している社会的不正義に気づき、その状態をパワーに注目して構造的に捉えることである。社会的不正義を生じさせている法制度や組織のルール等は何か、それを創設や改廃等できる権限等のパワーを有しているのはどの組織で誰か、同時に、社会的不正義を生じさせている社会的規範はどのようなものか、その変容に影響を与えられるのは何か、そして、社会的不正義の状態を是正するためにどの組織や人々をターゲットにすべきか、そのターゲットに行動を起こさせるために最も有効な圧力は何か等の問いを検討していく。このようなアセスメントを行うためには、日頃からの地域および組織のアセスメントやネットワーキングが不可欠だといえる。

ii　調査・プレゼンテーション

社会的不正義は、社会的に不利な立場におかれている人々からみれば不正義になるが、パワーを有している人々からみれば正義にもなる。そのため、社会的不正義に対応する集団を組織化する際にも、より幅広く世論を喚起する際にも、「これはおかしい。社会的に対応すべきだ」と納得してもらえるように論理的に説得をしていかなければならない。そして最終的には、権限・権力保有者がその権限を行使することに合意する状況をつくらなければならない。そのためには、社会的不正義の状況を正確に可視化できるだけのデータや事例等を収集・分析する調査技術が必要になる。

また、それらを効果的に可視化する**プレゼンテーション**の技術も必要になる。なかでも、社会的認知を高め世論を喚起するためには、「子どもの貧困」や「ヤングケアラー」のようなラベリングが有効だが、「8050問題」のように、それによって偏見を生じさせ、差別構造を強化する危険性もあることを認識すべきである。世論を喚起するためには、情報の発信力が必要になる。たとえば、最も注目を集める記者会見やシンポジウム開催の時期、場所、周知方法など、マスメディアとの連携やソーシャルメディアの活用等が必要な技術だと考えられる。

iii　事業評価

「協働事業開発モデル」の場合には、**事業評価**の技術が必須になる。事業実績が権限・権力保有者を動かす最も重要な根拠になるため、非公的なサービスや仕組みを開発することによって、どのような成果が得られたのか等について量的や質的データで示す必要がある。たとえば、ロジックモデルによって、インプット（投入資源）、アクティビティ（活動）、アウトプット（結果）、アウトカム（効果）、インパクトをまとめて提示する等、事業の成果を示すとともに、権限・権力保有者がそれを再現することができるだけの情報を提供する。そして、必要に応じて、アクション・システムがサービス提供を担うなど、当事者のニーズから外れないように注視することも重要になる。

ⅳ　ネゴシエーション

権限・権力保有者に立法的・行政的措置等を要求する際には、社会的不正義の解消に少しでも近づく結果になるように、**ネゴシエーション**を活用する。その際、交渉の代替案を準備するとともに、妥協できる範囲を確認しておくことが必要である。

このような交渉は最後の要求の段階だけではなく、むしろその前の段階で、交渉が有利に進むように環境を整える必要がある。つまり、権限・権力保有者やそこに影響を与える人々がクレイムを正確に理解できるように働きかけることが鍵になる。

このような活動は、いわゆる**ロビー活動**だといえる。全米ソーシャルワーカー協会ではロビー活動が活発に行われているが、日本においては一部の業界団体の利益のために政治家に圧力をかけるといった負のイメージが強く活用されてこなかった。しかしながら、たとえば、性犯罪に関する刑法改正に貢献した「NPO法人しあわせなみだ」や、ケアラー支援法・条例の制定の取り組みを進めている「一般社団法人日本ケアラー連盟」等はロビー活動を活発に行い目標を達成している。

このような技術のほかにも、ソーシャルアクションを実践するには多様な技術が必要だといえるが、前述のようにソーシャルワーカーは変化を促すチェンジ・エージェントであり、すべての役割を一人でこなす必要はない。むしろ、当事者や集団のストレングスを活かして活動できるように支援する必要がある。そのため、状況に応じて活用できるようあらゆる技術を習得しておく必要はあるが、アクション・システムのメンバーのパワーを損なうことのないよう、どのタイミングでどの技術を活用してどの役割を果たす必要があるのかを、エンパワメントの視点から判断することが最も重要だといえる。

4. ソーシャルアクションの教育と実践

1）ソーシャルアクションに関する教育

精神保健福祉士の養成については、最初のカリキュラムからその他の間接援助技術としてソーシャルアクションが記載され、現在は政策提言・政策展開を含む「個別支援からソーシャルアクションへの展開」が教育に含むべき事項として挙げられている。一方、社会福祉士では前述のように2019年改正の養成カリキュラムから初めてソーシャルアクションが加えられた。このような養成教育の結果ともいえるが、直接支援機能や仲介機能といったミクロレベルの機能を発揮するために必要な知識・技術を有している社会福祉士の割合が80%近くあるのに対して、代弁・社会変革機能、組織化機能、調査・計画機能といったマクロレベルの機能は30%前後しか有していないことが明らかになっている(5)。

このような現状を踏まえると、養成カリキュラムにおけるソーシャルアクションに関する教育を充実させることが必要だといえる。なかでも、ソーシャルワーク演習や実習においてソーシャルアクションを教育する方法は手探りの状態であり、研究の蓄積が期待される。同時に、社会的不正義を認識できるだけの経験を積んだ後に、その経験を踏まえたソーシャルアクションのあり方を習得する現任者研修が必要だといえる。

2）ソーシャルアクションの実践

ソーシャルアクションはきわめて一部のソーシャルワーカーによる実践しか確認されていない。その理由としては、前述のソーシャルアクションに関する教育の不足に加え、所属組織による業務遂行要請、過重な業務負担、法制度ありきの実践圧力等が関連しあいながらソーシャルアクションの実践を阻害していると考えられる。実際、既存組織から独立した立場で活動する独立型社会福祉士（NPO法人やフリーソーシャルワーカー等含む）が相対的にソーシャルアクションを実践している[1]。

しかしながら、ソーシャルワーカーの大半は社会福祉法人等の既存組織に所属しており、前述のようなソーシャルアクション実践の意義を果たすためにも、すべてのソーシャルワーカーがその意義を認識して実践する必要がある。そのためには、専門職として自律した実践を支える職場環境づくりが必要だといえる[6]。

また、ソーシャルアクションの展開過程において、必ずしも主導的な役割を果たす必要はない。たとえば、NPO法人ほっとプラスやNPO法人POSSEのように、ソーシャルワーカーによるソーシャルアクションが明確に確認できる実践もあるが、たとえば、障害者による当事者活動における法制度に関する知識の提供や、複数団体のネットワーク構築および調整等、ソーシャルワーカーがその専門性を活かして何らかの役割を果たしながら関与している実践もある。重要なのは、所属組織における業務を遂行する際、現状ありきの考え方から自分を解き放ち、ソーシャルワークの価値を判断軸として社会的不正義に気づき、その解消につなげようとする意識だといえる。

5. ソーシャルアクションの今後

全米ソーシャルワーカー協会の倫理綱領では、社会全般に対する責任としてソーシャルおよびポリティカル・アクションが示されている。また、ラディカル・ソーシャルワークの流れを汲み、主にイギリスにおいて発達してきた反抑圧的実践（Anti-Oppressive Practice）においても、ソーシャルアクションは不可欠な方法だといえる。しかしながら、ソーシャルワークの統合化がなされた現在においては、欧米を中心に「ソーシャルアクション」という用語を使用することがきわめて少なくなっている。一方で、アドボカシーや政治的活動の意味合いが強まった形で言葉を変えソーシャルワークの実践に位置づけられている。

このような状況において、安易に欧米の動向に追随することなく、日本におけるソーシャルアクションのあり方を踏まえ、前述のような意義に注目し、日本のソーシャルワークの本質を議論する際の主要概念の一つとすべきだと考えられる。

職能団体の活動としては、日本社会福祉士会、日本精神保健福祉士協会、日本医療ソーシャルワーカー協会、日本ソーシャルワーカー協会それぞれ、またこれら4団体による日本ソーシャルワーカー連盟として、声明文や要望書等の発出を行っている。このような職能団体等による組織的なソーシャルアクションは、すべての会員の総意としてソーシャルワークの理念を社会に広げるためにも不可欠なものであり、入会率の向上とともに、さらなる充実が求められる。

注

（1）髙良麻子『日本におけるソーシャルアクションの実践モデル――「制度からの排除」への対処』中央法規出版、2017年
（2）Best,J.、赤川学監訳『社会問題とは何か』筑摩選書、2020年
（3）Pincus, A. and Minahan, A.、小松源助訳「ソーシャル・ワーク実践のモデル」岡村重夫・小松源助監訳『社会福祉実践方法の統合化』ミネルヴァ書房、87～138頁、1980年
（4）牛山久仁彦「社会運動と公共政策――政策形成における社会運動のインパクトと「協働」政策の課題」『社会学評論』57(2)、259～274頁、2006年
（5）日本社会福祉士会『ソーシャルワーク専門職である社会福祉士のソーシャルワーク機能の実態把握と課題分析に関する調査研究事業報告書』2019年
（6）小沼聖治『ソーシャルアクション・モデルの形成過程――精神保健福祉士の実践を可視化する』法律文化社、2024年

9 ソーシャルワーク実践の評価

保正友子

1. 実践評価の概要

1）ソーシャルワークにおける実践評価の必要性

i　実践の質向上に向けた営み

本節では、実践の質向上に向けた営みの一環である、**実践評価**と**実践記録**について述べていく。

それに先立ち、筆者が考える実践の質向上のサイクルを示したのが**図1**である。ソーシャルワーク実践を実施した後に、実践記録を作成することにより実践の振り返りが可能になる。その後、記録に基づいて実践評価を行うことにより実践の分析・改善・次への計画策定が可能となる。このサイクルを繰り返すことにより、実践の質は高まっていく。

以下、**図1**を裏づける実践評価と実践記録の必要性について論述する。

ii　ソーシャルワーカーにとっての実践評価

そもそも評価とは、「種々の政策（ポリシー）、施策（プログラム）、事業（プロジェクト）の実施と効果を組織的に査定するもの」（三好 2008：5）である。評価の目的は、実践の質を改善するための学習と説明責任であり、評価の枠組みは評価対象、評価設問、調査技法から構成されている。

何について評価を行うのかを意味する評価対象は、政策、施策、事業が焦点となる。評価設問は評価目的を達成するために知りたいことを明確にすることであり、実践の確認、プロセスの把握、因果関係の検証に分類される。調査技法は評価設問に規定されており、社会学的方法、経済学的方法、経営学的方法、文化人類学的方法や、量的調査、質的調査から選択される（三好 2008：9）。

これらをソーシャルワーカーに当てはめてみると、評価とは、社会福祉政策や施策、そのもとで展開される福祉事業やソーシャルワーク実践の効果を組織的に査定するものといえる。

もともとソーシャルワークの展開過程には、**事後評価（エバリュエーション）**の局面が含まれるため、ソーシャルワーカーは日々、事後評価を行っている。事後評価の内容は、ソーシャルワーク実践の結果、何が達成されて何が課題なのか、クライエントにとっての効果の確認等である。またこのプロセスとは別に、サービス全体の質やプログラム、ソーシャルワーカーの実践能力等について評価を行うこともある。この場合には、それぞれの評価内容に適した設問が設定される。

評価の実施により、ソーシャルワーク実践の内容と結果をよく知ることができ実践の質改善につながるとともに、クライエントや取り巻く人々、ソーシャルワーカーの所属組織や関係機関、国民に対しての説明責任を果たすことが可能となる。

なお、ソーシャルワーク実践における評価対象は多岐にわたる。福祉・医療サービスやケアの質について、地域福祉計画や事業内容やプログラムについて、ソーシャルワーカーや学生などの実践能力等が挙げられる。

そして**調査技法**は、主として社会学的方法のもとに量的調査や質的調査が活用され、実践者が作成す

図1　実践の質向上のサイクル

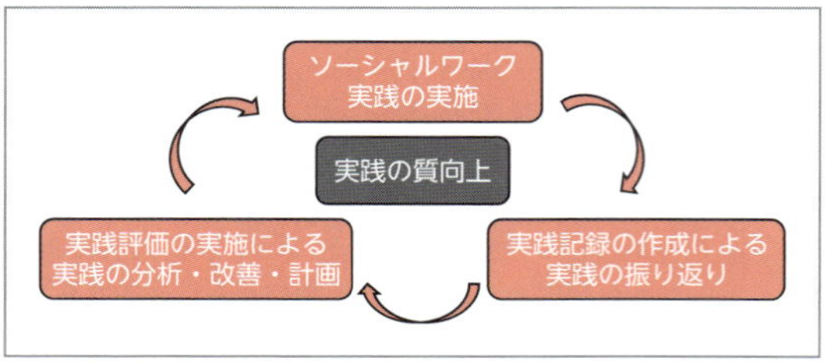

る実践記録がリソースになる場合もある。

ⅲ 「敷居の高い」実践評価

以上のように、ソーシャルワーカーにとって実践評価は展開過程の一環であるにもかかわらず、あらためて実践評価を行う際の「敷居の高さ」があるうえ、評価研究は十分に進展しているとはいいがたい。その要因を**EBP**（Evidence Based Practice）モデルの定着と方法論習得の課題から検討する。

１点目の要因として、日本ではまだソーシャルワーク実践におけるEBPモデルの定着が十分でないことが挙げられる。

近年、福祉分野では科学的根拠（エビデンス）に基づく実践としてのEBPが重視されている。このエビデンスを形成するためには、評価が重要である。医学においては根拠に基づく医療（EBM）を進めるために、治療の有効性に関するエビデンス・レベルの概念が広く活用されている。

エビデンスレベルの階層（角舘2015）は高いほうから順に、「システマティック・レビュー／メタアナリシス」「介入研究」「コホート研究」「症例対象研究／横断研究、ケースシリーズ／症例報告」「ナラティブ・レビュー／専門家の意見」である。

ソーシャルワーク実践においても、限られた資源を有効に活用し、質の高いサービス提供を行うためには、科学的根拠に基づく実践の展開と効果の評価・検証が必要である。しかしこれまでは、ランダム化比較試験のように統制群を設ける実験的手続きによる効果測定は、被験者や援助者の大量の確保の必要性や、支援を実施した場合と実施しない場合での倫理的課題が生じるため、ソーシャルワーク実践においては奨励されてこなかった。一方、一つの実践事例で援助の実施前後におけるクライエントの状況を比較し効果測定を行う**単一事例実験計画法**（**SSD**：Single System Design）や、アセスメント段階で目標の達成度をスケール化して達成度合いを評価する**目標達成スケール**（**GS**：Goal Attainment Scaling）が主流であった。しかしながら、これらの方法のエビデンス・レベルは高くはない。

すなわち、日本におけるソーシャルワーク実践のなかでのEBPモデルの定着に向けては、ソーシャルワーク実践におけるエビデンスに関する検討や、それらを展開できる環境整備が課題といえよう。

２点目の要因として、学生やソーシャルワーカーが実践評価の方法論を習得する機会が十分でないことが挙げられる。

前述のように、実践評価には実態把握に向けた調査技法、すなわち研究的手法が求められる。しかしながら、養成校では社会福祉士・精神保健福祉士国家資格指定科目をコアとするカリキュラムの展開により、研究的手法の習得に向けた十分な時間がとりにくいのが実情である。そして、体系的に研究的手法を学ぶ機会は、養成校卒業後に大学院に進学しないかぎり十分に保証されていない。

とりわけ、適正な量的調査手法を活用しながら一連の実践評価を実施することは、独学では困難が伴うことがある。また、ソーシャルワーク実践の性質上、数量的評価になじまない困難事例や手間がかかる事例への対応を行う必要がある。そのため、それらに対応する質的調査法を実施するにしても、各手法の細かな手順やポイントを押さえる必要があり、独学で行ったところで結果の整合性や抽象度にばらつきがみられるなど、質の高い結果が産出できないことが往々にしてある。

これらの課題に取り組むためには、一個人や一機関の努力に帰するだけでなく、実践現場や職能団体と大学や研究機関との連携・協働が不可欠である。まずは、評価方法や評価手順についてソーシャルワーカーが体系的に学ぶ機会の設定が必要である。それには、大学院に所属しなくても何らかのトレーニングが受けられる場の確保が望ましい。また、必要に応じて大学や研究機関によるコンサルティングが受けられる体制整備が不可欠である。

このような学びと実施の機会が多くなればなるほど、実践評価の浸透と定着が図られる環境が醸成されるといえよう。

2）実践を振り返るための記録

i　実践記録の目的

次に、実践評価のリソースにもなる実践記録についてみていく。質の高い実践記録の作成・保管が適正な実践評価や実践研究を支える資源となる。

まず、ソーシャルワーカーの実践記録の目的について、**アカウンタビリティ**（**説明責任**）の遂行と実践者が実践を相対化して捉える視点から述べる。

第一の目的は、ソーシャルワーカーのアカウンタビリティを果たすことである。

ソーシャルワーカーは往々にして、一人で支援を行う場面が多い。利用者と面接を行うとき、利用者の家に訪問したとき、さまざまな働きかけを行ったとき、多職種や関係者と連携を図ったとき、そこで行ったことを自分以外の人に説明する際、実施したことを記しておく必要がある。すなわち、自らが行ったことのアカウンタビリティを果たすには、記録が求められるのである。全米ソーシャルワーカー協会の“20thEncyclopedia of Social Work”でも「社会福祉実践における記録の本質的な目的は、機関、クライエント、コミュニティ、専門職に対するアカウンタビリティの遂行にある」（2008：497）とされている。EBPの促進のためにも、アカウンタビリティの遂行は欠かせない。

第二の目的は、ソーシャルワーカーが自らの実践を相対化して捉える機会をもつことにより、実践の質を向上させることである。

ソーシャルワーカーが一人で支援を行う場面が多いということは、自分自身で実践の質を評価し、課題があれば克服する営みが求められる。その際、自身の実践で何ができており、どこが課題なのかを自己点検できなければならない。そのためには、自らの実践を相対化して捉える機会が必要であり、実践記録はまさに相対化の機会の一つといえる。事例検討やスーパービジョンも相対化の機会ではあるが、実践から間を置かずに日々記録することで、省察し続ける機会が得られるといえよう。そしてまた記録を読み返すことで実施したことやその時の自身の状態をモニターする目を培っていけると考える。

さらに、実践記録に基づいてソーシャルフーカーとしての評価をクライエントや多職種、関係者に伝えるための言語化を行うことにより、自らの実践を捉え直す機会になることが期待される。

なお、このような実践記録の種類はいくつか存在し、現在では以下の３種類が多く取り入れられている。一つ目は**問題指向型記録法**（**SOAP**）で、問題指向型システム（problem oriented system）に基づき、問題を見つけ、医療者としてどうすべきかを考えるための分析ツールとして開発されたものである。頭の中で問題指向型システムを進めていく場合、SOAPをガイドとして思考を深めていくことができるとされている。二つ目は**生活支援記録法**（**F-SOAIP**）で、多職種連携理解の情報共有ツールの経過記録の書き方として開発されてきている。「多職種協働によるミクロ・メゾ・マクロレベルの実践過程において、生活モデルの観点から、当事者ニーズや観察、支援の根拠、働きかけと当事者の反応等を、F-SOAIPの項目で可視化し、PDCAサイクルに多面的効果を生むリフレクティブな経過記録方法」（嶌末・小嶋 2020：16）である。三つ目は**フォーカスチャーティング**で、POS（問題指向型システム）の考え方に基づいた記録方法であり、看護場面等で患者の反応や状態に焦点（フォーカス）して、書いていくものである。これらは、用途に応じた使い分けが求められる。

ii　評価の根拠としての実践記録

このような実践記録の用途としては、①クライエントが適切なサービスを受けることや援助の継続性を保証するため、②所属機関がサービスの質を評価する手段として、③訴訟のための証拠資料として、④学生や現任者へのスーパービジョンの素材として、⑤調査研究のデータとして（保正 2021：77-79）等が挙げられる。ここでは、そのなかから特に実践評価と関連が強い②と⑤についてみていく。

まず、所属機関がサービスの質を評価する手段としての実践記録についてである。

機関の管理者は、所属機関が適正なサービスが実施できているかどうかを確認し、課題がある場合には改善を行わなければならない。そのような評価を行ううえでは、実践根拠を明確にした実践記録を保管することが必要である。社会福祉士の倫理綱領には、「組織・職場に対する倫理責任」において「6.（組織改革）社会福祉士は、人々のニーズや社会状況の変化に応じて組織・職場の機能を評価し必要な改革を図る」と明記されている。人々のニーズや社会状況の変化に応じて組織・職場の機能をアセスメントし、改革を図る必要性を述べており、適正な組織・職場のアセスメントを行ううえでは、根拠となる適切な実践記録の作成や管理が求められる。

また実践記録は、ソーシャルワーカーの増員や予算要求の根拠にもなり得る。そのためには、ソーシャルワーカーの業務統計（日報・月報・年報等）を、どのような業務や支援にどれくらいの時間や手間がかかったのかがわかる形式にしておくことが肝要である。

次に、調査研究のデータとしての実践記録についてである。

実践者が行う実践研究とは、実践にかかわる「問い」をもち、研究を行うことで実践に還元できる知見を明らかにする試みである。現在は、研究の企画者であり実施者である「**『プラクティショナー＝リサーチャー』**といわれる役割を、実践家が果たすこと」が求められる（日本ソーシャルワーク学会監修 2019：15）。

このような実践研究を行ううえで、最も身近なデータは実践記録といえよう。記録に基づく事例の作成や、日報・月報からデータを収集して分析することができる。もちろん、実践記録を活用する際には、研究倫理審査の受審を含む倫理的配慮の実施は欠かせない。

実践研究の性質上、即応的ではなく結果が出るまでにはいくらかの時間を要する。より多数のデータを収集するための調査の実施や、長年取り組んできた実践の分析により、長い目で見た自分や他者の実践のあり方を深く捉える機会になり、研究的視点からの実践の見直しや評価が可能となっていく。

2. 実践評価の方法と実際

ここでは、2020年代に展開されている、多様な実践評価の方法と実際についてみていく。しかしながら紙幅の都合により、2020年代にソーシャルワーク実践や研究場面で積極的に活用されてきている、四つの評価に限定して取り上げる。①**福祉・医療サービスの質評価**、②**プログラム評価**、③**ソーシャルワーカーの実践能力評価**、④**学生の実践能力評価**である。

1）福祉・医療サービスの質評価

i　福祉サービス第三者評価事業

現在、日本において福祉サービスの質を評価する仕組みとして、**福祉サービス第三者評価事業**が行われている。この事業の目的としては、①個々の事業者が事業運営における問題点を把握し、サービスの質の向上に結びつけること、②福祉サービス第三者評価を受けた結果が公表されることにより、結果として利用者の適切なサービス選択に資する情報となることである。

この事業は社会福祉法第78条第1項を根拠法としており、「社会福祉事業の経営者は、自らその提供する福祉サービスの質の評価を行うことその他の措置を講ずることにより、常に福祉サービスを受ける者の立場に立って良質かつ適切な福祉サービスを提供するよう努めなければならない」とされている。また、同条第2項には国の責務として「国は、社会福祉事業の経営者が行う福祉サービスの質の向上のための措置を援助するために、福祉サービスの質の公正かつ適切な評価の実施に資するための措置を講ずるよう努めなければならない」とされている。

全国の推進組織としては全国社会福祉協議会が位置づけられ、ガイドラインの策定・更新を行っている。また、都道府県も都道府県のガイドラインに基づき、都道府県推進組織の設置が必要である。

第三者評価基準のガイドラインに示されている評価基準は、以下のとおりである。「Ⅰ　福祉サービスの基本方針と組織」には「Ⅰ－１　理念・基本方針」「Ⅰ－２　経営状況の把握」「Ⅰ－３　事業計画の策定」「Ⅰ－４　福祉サービスの質の向上への組織的・計画的な取組」が含まれている。「Ⅱ　組織の運営管理」には「Ⅱ－１　管理者の責任とリーダーシップ」「Ⅱ－２　福祉人材の確保・育成」「Ⅱ－３　運営の透明性の確保」「Ⅱ－４　地域との交流、地域貢献」が含まれる。「Ⅲ　適切な福祉サービスの実施」には「Ⅲ－１　利用者本位の福祉サービス」「Ⅲ－２　福祉サービスの質の確保」が含まれている。なお、さらに各項目には下位の評価項目が設定されている。

しかしながら、次のような課題の指摘もある。サービスの種別にかかわらず共通的に取り組む共通評価項目にばらつきがみられること、福祉サービス第三者評価事業の目的・趣旨がいまだ広く認識されていないこと、第三者評価機関や評価調査者により評価結果のばらつきがみられること、受審件数がいまだ少ないことなどである。今後は、上記の課題に基づく各種研究を進めるなかで、より透明で公平なサービス評価を実現することが課題といえよう。

ⅱ　医療の質評価

一方、**医療の質評価**ではミシガン大学の**ドナベディアン**（Donabedian, A.）の枠組みが有名であり、社会福祉分野の実践の質評価に関する研究枠組みとしても、一部で適用されてきた。

ドナベディアンは、医療の質を構造（structure）—過程（process）—結果（outcome）の３側面から評価することを提唱しており、日本では「ドナベディアンモデル」として普及している。

構造とは、医療の提供者、または提供者が使える道具や資源、その働く組織的な場所の比較的安定した特徴を意味しており、医療を提供するのに必要な、人的、物理的、財政的な資源を含んでいる。過程とは、医療者と患者の間および彼ら自身の内部で起こっている活動のことであり、この過程の質の判断には、直接観察と記録された情報を検討して何が起こったのかを再構成する方法がある。結果とは、医療によって患者にもたらされた、現在とその後の間での健康変化を意味しており、通常の身体的整理的面に加えて社会的心理的な機能の改善も含まれる（Donabedian ＝ 2007：84-88）。

日本においては、公益財団法人日本医療機能評価機構により、**病院機能評価事業**が行われている。病院機能評価は、「我が国の病院を対象に、組織全体の運営管理および提供される医療について、評価機構が中立的、科学的、専門的な見地から評価を行うツール」（日本医療機能評価機構ホームページ）とされており、病院の質改善活動を支援するツールとして位置づけられている。評価調査者はチームになって病院を訪問して以下の項目に関する審査を行い、認定５年後に更新する仕組みになっている。

評価対象領域としては、以下の４領域から構成されている。「第１領域　病院組織の基本的な姿勢、患者の安全確保等に向けた病院組織の検討内容、意思決定」「第２領域　病院組織としての決定された事項の、診療・ケアにおける確実で安全な実践」「第３領域　確実で安全な診療・ケアを実践するうえで求められる機能の各部門における発揮」「第４領域　良質な医療を実践するうえで基盤となる病院組織の運営・管理状況」。

そのもとで、一般病院では以下の中項目が設定されている。「1.1 患者の意思を尊重した医療」「1.2 地域への情報発信と連携」「1.3 患者の安全確保に向けた取り組み」「1.4 医療関連感染制御に向けた取り組み」「1.5 継続的質改善のための取り組み」「1.6 療養環境の整備と利便性」「2.1 診療・ケアにおける質と安全の確保」「2.2 チーム医療による診療・ケアの実践」「3.1 良質な医療を構成する機能１」「3.2 良質な医療を構成する機能２」「4.1 病院組織の運営」「4.2 人事・労務管理」「4.3 教育・研修」「4.4 経営管理」「4.5 施設・設備管理」「4.6 病院の危機管理」である。ソーシャルワーカー業務は全項目に関連しているとはいえ、とりわけ「2.2.8 患者・家族からの医療相談に適切に対応している」と強い関連がある。

この評価の課題としては、評価を受けるためには本体審査料金として約 150 万から約 550 万円が必要であること、５年ごとの更新が必要なこと、その際多くの書類を準備しなければならないため手間がかかることが指摘されている。

病院機能評価を受けることにより、患者・家族からの病院への信頼感が得られやすくなることに加え、病院全体での業務改善に向けた士気の高まりや活動の活性化が期待されるため、課題解決が急がれる。

2）プログラム評価

ソーシャルワーク実践においては、課題の解決を目指し行われる取り組みである多様なプログラムが展開されている。このプログラムが効果的に展開されているかを評価する営みが、**プログラム評価**である。

ロッシ（Rossi, H.）らは、プログラム評価を以下のように定義する。「社会的介入に関する研究という課題に対して社会調査法を適用することを意味し、それを行うことによって、取り組んでいる社会問題に関して、そして、それら問題に取り組むプログラムの設計、実施、インパクト、あるいは効率に関して、適切な判断を下すことができる。個々の評価研究、および多くのそのような研究において得られた知識の累積は、人々の状況を改善することを目指す社会活動（social action）に必要な知識を提供するうえで決定的に重要な貢献をなしうるのである」（＝2005：2）。なおプログラム評価の目的としては、プログラムの改良、アカウンタビリティ、知識生成のほか、評価の実施が広報活動になるなどの裏の目的が隠れていることもあることに留意が必要である。

プログラム評価では５種類の評価クエスチョンが設定される。①プログラムで改善しようとしている社会的状況、およびそのプログラムに対するニーズに関する評価クエスチョン、②プログラムの概念化とデザインに関する評価クエスチョンである、プログラム理論のアセスメント、③プログラムの運営、実施、サービス提供に関する評価クエスチョンであるプログラムプロセスのアセスメント、④プログラムのアウトカム（成果）やインパクト（影響）に関する評価クエスチョンである、インパクトアセスメント（**インパクト評価**または**アウトカム評価**）、⑤プログラムの費用や費用対効果に関する評価クエスチョンである、効率アセスメントである。

社会的介入プログラムの効果性をシステマティックに検討するためには、社会調査法の利用が欠かせない。さらに、プログラム評価の最も難しい側面の一つには、すべてに適合するアプローチが存在しないために、評価デザインは、評価状況の性質と評価者が有するアプローチや技法、概念のレパートリーの相互作用を含んだ「あつらえ」が必要であるとされている。そのために、評価者には社会調査技法を駆使しながら信頼性の高い情報を収集するための高度なスキルが求められている。

日本におけるプログラム評価に関しては一連の研究が取り組まれてきており、実践現場においてもプログラム評価の重要性が浸透してきている。しかしながら、まだすべての実践現場でのプログラム開発と評価が実施されているわけではない。前述のように、個々の実践者がプログラム評価の方法を習得すると同時に、実践現場で実施できるための環境整備や、必要に応じたサポート体制の整備が求められている。

3）ソーシャルワーカーの実践能力評価

近年、各所でソーシャルワーカーの実践能力評価指標が作成されてきている。日本看護協会の「**看護師のクリニカルラダー**（日本看護協会版）」のように、すべてのソーシャルワーカーを包含する指標ではないものの、主として保健医療分野におけるソーシャルワーカーの実践能力を測るラダーの作成が進んできた。

このラダーは、クリニカルラダーとキャリアラダーの２種類に区分される。**クリニカルラダー**は、実践を行ううえでの能力の「はしご」を意味し、各段階で期待される実践能力を示すことにより、自身がどこまで到達しているのかを確認しながら次のレベルを目指して、自己研鑽や人材育成を行うことが可能となる。一方**キャリアラダー**は、実践上の能力にとどまることなく、管理能力や教育研究能力の段階や各種の資格取得を含む、キャリアアップに必要な段階を含んだ「はしご」であり、その組織におけるキャリア開発に向けて活用されている。

医療ソーシャルワーカーに関しては、北海道医療ソーシャルワーカー協会がいち早く、キャリアラダーを開発した（北海道医療ソーシャルワーカー協会 2022)。この**キャリアラダー・モデル**のねらいとしては、「５つのレベルの評価表・評価項目をもとに、到達段階・目標を設定し、当協会が目指すソーシャルワーカー養成を明らかにした。初任者からベテランワーカーまでラダーシステムに沿って、自己学習かつ適切な研修を選定するための指標として広く活用されることを期待する。このキャリアラダー・モデルを基にした、各所属機関または専門分野におけるクリニカルラダーの開発を次の目標としている」ことが掲げられている。五つのレベルとは、ラダーⅠの「指導を受けながらソーシャルワーク実践ができるレベル」、ラダーⅡの「ソーシャルワーク実践が一人で確実にできるレベル」、ラダーⅢの「ソーシャルワーク実践が確実にでき、部署内でリーダーシップを発揮して新人や学生への指導的役割が果たせるレベル」、ラダーⅣの「ソーシャルワーク実践においてロールモデルとなり後輩を育成できるレベル」、ラダーⅤの「部署を統括し、適切なソーシャルワークを提供できるように管理できるレベル」である。ソーシャルワーカーのスタンダードは、ラダーⅢレベル相当とされている。

また、千葉県医療ソーシャルワーカー協会では、管理業務や後輩指導に従事するソーシャルワーカーのマネジメント実践に焦点化した、**マネジメント・ルーブリック**を作成してきた（保正編集代表 2023)。そこでは、マネジメント能力を３段階に分け（ベーシックマネジャー・ミドルマネジャー・トップマネジャー)、実践・教育・管理・研究面で求められるマネジメント能力の詳細をルーブリック評価票に落とし込んでいる。このようなツールを活用することにより、公平性を担保した後輩指導や自身の能力評価を行うことができる。

さらに日本精神保健福祉士協会では、質の高い実践を展開していくために必要となる力量と、実践経験に伴ったレベルを整理した「**精神保健福祉士のキャリアラダーとワークシート（さくらセット)**」を作成している。

なお、上記以外にもソーシャルワーカーの専門職性評価指標、スーパービジョンスキルの評価指標、アセスメントスキル評価指標、実践能力評価指標等が開発されてきた。

以上のような広義のソーシャルワーカーの実践能力評価指標の存在により、実践能力向上のビジョンがもてるとともに、従来の経験主義の重視から、エビデンスに基づくソーシャルワーカー養成への転換が図られる契機となる可能性がある。今後は、上記ツールの周知を広く図ることが求められている。

４）学生の実践能力評価

学生のソーシャルワーク実践能力を評価する動きでは、ソーシャルワーク実習に際して実施される、実践能力評価票や臨床能力試験の導入が挙げられる。

現在、医学教育・歯学教育では医学系共用試験が実施されている。臨床実習開始前の試験としては、コンピューター画面上に提示される知識の修得度を評価する試験（Computer Based Testing：**CBT**)、患者に接する態度や診察の仕方、基本的な技能の修得度を評価する試験（**臨床実習前客観的臨床能力試験** Pre-Clinical Clerkship Objective Structured Clinical Examination：Pre-CC **OSCE**）の２種類が実施されている。これらは、医学系は 2023 年から、歯学系は 2024 年から、医師法、歯科医師法で定めた公的試験として実施された。また、試験実施機関として、医療系大学間共用試験実施評価機構が設立されている。

福祉専門職養成教育においても、実習前能力評価の一環として CBT の開発や OSCE を導入する動きがある。とりわけ、日本ソーシャルワーク教育学校連盟（旧社会福祉士養成校協会）北海道ブロックで先駆的に取り組まれてきた。北海道ブロックでは、2009 年から試行期間を経て、実習に必要な学生の実践能力の到達度を確認し、その修正や向上に努めることを目的とした、実習前評価システムが試行されている。

そのシステムの主要要素は、①前提科目、②CBT、③OSCEである。①前提科目とは、ソーシャルワーク実習前に設定される社会福祉士受験科目群で、事前に修得する必要があるものを指す。②CBTは、実習前知識試験で実習に向かう実習生に一般的に要求される実践的知識についてコンピューターを用いて測り、一定水準のクリアを要求している。③OSCEは、実習において必要とされる一般技術（技能）がどれほどの水準に達しているかを実技試験として実施して客観的に測るものである（北海道ブロック社会福祉実習研究協議会2011）。

しかしながら、全国の養成校にCBTやOSCEは十分に浸透していないのが現状である。その背景と今後の課題について、長谷川の論考に基づき５点にわたり整理する（長谷川2014）。１点目は、医学教育・歯学教育のような全国組織が社会福祉系では設立されていないことである。この組織を設立するためには、CBTやOSCEの意義やあり方等に関する共通理解や資金、人員が必要となる。２点目は、福祉専門職養成に適したOSCEの開発を目指すには、福祉領域の特徴を踏まえた「福祉系モデル・コア・カリキュラム」の修正・実習の位置づけの明確化、OSCEの「学習・評価項目」の検討が必要となることである。３点目は、福祉領域のOSCE実践例における課題数は医学系の標準６課題と比べ、２課題と少なく限られた範囲にとどまっていることである。偏りなく学生の臨床能力を測るためには、課題数を増やす必要があるが、その準備に必要な時間と労力、試験時間の長時間化や人員の増員・教室等の確保が必要となる。４点目は、課題設定の際に実習前水準をどのように設定するかの検討が必要であることである。現場指導者の意見も交えながらの検討が求められる。そして５点目は、将来的により標準的なOSCE評価を行うためには、医学系の認定評価者や標準模擬患者にあたる人材を養成していく必要があることである。

今後は上記課題を検討しながら、福祉専門職を育てるための標準化の試みが求められている。

以上のように、ソーシャルワークのさまざまな場面で実践評価は実施されているが、実践評価の浸透と定着、実践評価が十分に展開できるための環境整備、評価者の教育・研修については今後の課題といえよう。

参考文献

- Donabedian, A., Explorations in Quality Assessment and Monitoring,Volume 1 The Definition of Quality and Approaches to Its Assessment, 1980.（東尚弘『医療の質の定義と評価方法』特定非営利活動法人健康医療評価研究機構、2007年）
- 長谷川真理子「福祉専門職養成教育における実習前評価システムとしてのOSCE開発に関する予備的考察――臨床医療領域および福祉領域におけるOSCEの動向から」『青森保健大雑誌』15、39～46頁、2014年
- 北海道ブロック社会福祉実習研究協議会『資料集　北海道のソーシャルワーク実習（1988年～2011年）』2011年
- 北海道医療ソーシャルワーカー協会『2022年度 研修要綱のご案内 医療ソーシャルワーカー キャリアラダー・モデル ハンドブック2022』2022年
- 保正友子「実践研究のための記録」公益社団法人日本社会福祉士会編『基礎研修テキスト　下』公益社団法人日本社会福祉士会、2021年
- 保正友子編集代表、浅野慎治・市原章子・國吉安紀子・榊原次郎編、一般社団法人千葉県医療ソーシャルワーカー協会編集協力『49の実践事例から学ぶ医療ソーシャルワーカーの業務マネジメントガイドブック』中央法規出版、2023年
- 角舘直樹『Evidence-Based Dentistry入門』永末書店、3頁、2015年
- 三好皓一「第１章　評価とは何か」三浦皓一編『評価論を学ぶ人のために』世界思想社、2008年
- 日本医療機能評価機構　https://jcqhc.or.jp/about
- 日本精神保健福祉士協会「精神保健福祉士のキャリアラダーとワークシート（さくらセット）」 https://www.jamhsw.or.jp/ugoki/kensyu/sakura-set.html
- 日本ソーシャルワーク学会監『ソーシャルワーカーのための研究ガイドブック――実践と研究を結びつけるプロセスと方法』中央法規出版、2019年
- Peter H. Rossi, Mark W. Lipsey, Howard E. Freeman, Evaluation: *A Systematic Approach(7th edition)*, SAGE Publications, 2004.（大島巌・平岡公一・森俊夫・元永拓郎監訳『プログラム評価の理論と方法――システマティックな対人サービス・政策評価の実践ガイド』日本評論社、2005年）
- 嶌末憲子・小嶋章吾『医療・福祉の質が高まる生活支援記録法　F-SOAIP――多職種の実践を可視化する新しい経過記録』中央法規出版、2020年

10 ソーシャルワーカーの養成と継続教育

浅野貴博

1. ソーシャルワークの専門職化と資格制度

1）ソーシャルワークの専門職化

「ソーシャルワークとは何か」「ソーシャルワーカーとは何をする者なのか」という問いは、その発祥から現在に至るまで問い続けられている古くて新しい問いであり、**ソーシャルワーカーの専門性**をめぐりさまざまな議論がなされてきた。その専門性については、専門職であるために備えるべき特質は何かという「**属性モデル**」を中心に探求され、代表的なものは、Flexner によるものである。Flexner は、1915 年に開催された全米慈善・矯正会議で「ソーシャルワークは専門職か」というタイトルで講演を行い、専門職の属性として、①大きな個人的責任を伴う知的な活動、②科学と学識に基づく、③実践的かつ明確な目的に対して働く、④教育を通して伝達可能な技術をもつ、⑤専門職としての組織化、⑥動機において利他性をもつことを挙げたうえで、医学教育と比較し、ソーシャルワークは独自の学問体系や専門教育のためのプログラム、専門職業に関する文献をもたないことから専門職とみなすことはできないと結論づけた (1)。これ以降、属性モデルはソーシャルワーカーが専門職として成り立つかを評価するうえでの中心的な枠組みとなり、ソーシャルワークの専門職化に向けた取り組みに影響を与えた (2)。

秋山智久は、ソーシャルワークの専門職化をめぐる議論において「専門性」「専門職性」「専門職制度」の概念が混同されてきたことを指摘し、次のように整理している (3)。まず、「専門性」は「専門職性」の基礎となる概念であり、学問・研究レベルを指す。次の「専門職性」は職業レベルの概念であり、「専門職制度」は資格制度等の制度・システムレベルの概念である。各概念は独立しているのではなく、抽象性が高い学問・研究レベルから職業レベル、具体性が高い制度・システムレベルへとその位相が重なりながら、移行していくとしている。日本の「専門職制度」のターニングポイントとなったのは、**社会福祉士及び介護福祉士法**（1987 年）の制定により国家資格の「**社会福祉士**」が誕生したことである。それ以降も、「**精神保健福祉士**」（1997 年）をはじめとして関連職種が制度化され、社会福祉の「専門職制度」は、時々の社会状況の変化に合わせて、その「専門性」および「専門職性」との相互関係のなかで変遷してきた。秋山は、社会福祉専門職の資格化の意義として、①利用者の生活と人権を守るためにソーシャルワーカーの社会的発言力を強化する、②公正で高度な社会福祉サービスの提供をする、③ソーシャルワーカーの実践を安定して継続的に支えていくための身分的・経済的保障を与える、④これら三つの意義を裏づけるための社会的承認の獲得を挙げている (4)。高齢・障がい・児童等の分野ごとに呼称や業務が異なる社会福祉専門職にとって、名称独占の資格ではあるが、共通基盤となる国家資格が制度化された意義は非常に大きなものである一方で、「**ソーシャルワーク専門職**」という視点からは課題もある。

2）資格制度とソーシャルワーク教育

社会福祉士制度の成立以降、長らく「社会福祉士はソーシャルワーカーか否か？」という議論があり、社会状況の変化に合わせて実施された社会福祉士および精神保健福祉士の養成カリキュラムの見直しにおいても、資格教育とソーシャルワーク教育の関係が問われてきた。日本では、国家試験を前提とした一定のカリキュラムのもとで行う資格教育とソーシャルワーク教育は、重なり合いながらも同一ではない。一方で、アメリカやイギリスを含むソーシャルワークが一定程度確立されている先進諸国では、ソーシャルワーク教育は専門職としての「ソーシャルワーカー養成教育」を指す。小山は、日本のソーシャルワーク教育について、A：社会福祉教育、B：ソーシャルワーク教育、C：資格教育、D：隣接他領域における教育の四つに分類しており、社会福祉士や精神保健福祉士を中心とした資格教育（C）は、ソーシャルワーク教育（B）よりも範囲が狭く、社会福祉教育（A）はソーシャルワーク教育（B）よりも広い範囲を含む同心円状の関係となっている(5)。ここからは、社会福祉士を中心に、**ソーシャルワーク教育**と**継続教育**の枠組みの変遷を概観する。

i　社会福祉士養成課程（カリキュラム）の見直し

社会福祉士制度の成立以前は、ソーシャルワーク教育を担う大学等において共通のカリキュラムはなく、現場実習も含めてカリキュラム編成は一様ではなかったが、同制度の成立により共通カリキュラムがつくられた。カリキュラムには、演習（60時間）および現場実習（180時間）を含む13の指定科目が配置され、履修総時間数は1050時間とされた。また、従来、「ケースワーク」「グループワーク」「コミュニティワーク」等の科目名で独立していたソーシャルワーク方法論の科目は、「社会福祉援助技術論」に統合された。以降、これまで二度にわたりカリキュラムの見直しが行われた。

1回目は、2007年の社会福祉士及び介護福祉士法の一部改正に伴い、同年に実施された。この見直しでは、同法第2条の社会福祉士の定義に、相談援助としてほかのサービス関係者との連絡・調整が追加されたことを受けて、演習および実習を含めて「社会福祉援助技術」とされていた一連の科目名が「相談援助」に変更された。また、履修総時間数が1200時間に増え、演習および実習に関して、教育内容や時間数、教員要件等の基準が設けられ、養成校間の標準化が図られた。

2回目は、2018年の社会保障審議会福祉部会福祉人材確保専門委員会の報告書「ソーシャルワーク専門職である社会福祉士に求められる役割等について」等を受けて、2019年に実施された。同報告書において、地域共生社会の推進や新たな福祉ニーズに対応するソーシャルワーク専門職の役割等について提言されたことを踏まえ、社会福祉士だけでなく、精神保健福祉士のカリキュラムの見直しも併せて行われ、「相談援助」とされていた一連の科目名が「ソーシャルワーク」に変更された。また、社会福祉士実習に関して、実習時間が180時間から240時間に増えたことに伴い、実習施設の範囲が広がり、機能が異なる2か所の施設での実習が必須となった。さらに、両資格の共通科目が増加した（「ソーシャルワークの基盤と専門職」「ソーシャルワークの理論と方法」「ソーシャルワーク演習」等）。

ii　認定社会福祉士制度

2006年に社会保障審議会福祉部会から出された「介護福祉士制度及び社会福祉士制度の在り方に関する意見」で、職能団体に対して「資格取得後の体系的な研修制度の充実や、より専門的な知識及び技能を有する社会福祉士を専門社会福祉士（仮称）として認定する仕組みの検討を行うべきである」ことが示された。さらに、2007年の社会福祉士及び介護福祉士法の一部改正の際、「より専門的対応ができる人材を育成するため、専門社会福祉士及び専門介護福祉士の仕組みについて早急に検討を行う」ことが附帯決議されたことを受けて、日本社会福祉士会等の職能団体や教育団体等を中心に検討が始まり、2011年に制度の運用組織として「認定社会福祉士認証・認定機構」が設立され、認定社会福祉士制度が開始された。本制度は、社会福祉士の取得後に5年以上の相談援助実務経験を有する者が、研修受講およびスーパービジョンの実績により必要単位を取得することで「**認定社会福祉士**」として認定される。本制度は、高齢、障害、児童・家庭、医療、地域社会・多文化の５分野が設定され、ジェネラリストである社会福祉士に上乗せされるスペシャリスト資格として位置づけることができ、認定社会福祉士の取得後に要件を満たすことで取得できる「認定上級社会福祉士」と併せて、資格取得後の体系的な継続教育の仕組みとして整えられた。

ここまで社会福祉士制度以降のソーシャルワーク教育と継続教育の枠組みの変遷を概観したが、カリキュラムの見直しを通して資格教育とソーシャルワーク教育の関係は近づきつつあるといえる。２回目（2019年）の見直しにより、それまでの科目名の「相談援助」が社会福祉士の主要な役割として前景化していたことに伴い後景化していた、相談援助以外の「ソーシャルワーカー」としてのさまざまな役割が、両資格の養成教育で問い直されることの意義は大きい。ソーシャルワーカーは、ほかの対人援助職との比較においてその専門性が見えにくく、「なんでも屋」（Jack of all trades）と評されることから、「社会福祉士≒相談援助職」としたことは一定の意義はあったが、そのことが図らずも社会福祉士の役割を矮小化することにつながり、**ソーシャルワーカーとしてのアイデンティティ**をもつことを困難にした。また、2009年度から開始された「スクールソーシャルワーカー教育課程」や、2024年度に開始された「こども家庭ソーシャルワーカー」認定資格等の関連資格が次々に制度化され、ソーシャルワーカーとしての一体化や統合化が困難になっている。現在、ソーシャルワーカーの実践活動が、高齢・障がい・児童分野等の従来型の社会福祉領域に加えて、労働、司法、教育等の新たな領域に拡がるなか、各領域における専門性の確立は不可欠であるが、そうした専門分化は、ソーシャルワーカーとしてのアイデンティティの混乱にもつながる。ソーシャルワーク専門職である社会福祉士等が、その実践分野・領域にかかわらず、ソーシャルワーカーのアイデンティティを形成するには、「**ソーシャルワーカー養成教育**」としてのソーシャルワーク教育が基盤となる。今後、ソーシャルワーカーとしての一体化や統合化を目指すうえで、ジェネラリストとしての社会福祉士養成教育とスペシャリスト養成を再整理し、資格取得後の継続教育も含めてソーシャルワーク教育を体系化することが必要であろう。

2. ソーシャルワーカーの養成教育

ソーシャルワーク教育において、ソーシャルワーカーとしての一体化や統合化を目指すうえでのよりどころとなるのは、「ソーシャルワーク専門職のグローバル定義」（2014年）である。また、グローバル定義は、大学等でのソーシャルワーク教育における基準として用いられることの多い「**コンピテンシー**（competency）」のよりどころでもある。「専門的力量」と訳されるコンピテンシーは、先述の秋山の整理による「専門職性」にあたる概念として捉えることができる。以下では、コンピテンシーを一つの手がかりに、アメリカおよびイギリスのソーシャルワーク教育を通して、今後の日本のソーシャルワーク教育のあり方を考えたい。

1）ソーシャルワーカーのコンピテンシー ——アメリカのEPAS

i　コンピテンシーとは

コンピテンシーは多義的な用語であるが、アメリカのInstitute of Medicineは、コンピテンシーを「ある特定の分野において同定された知識や能力、または専門性、もしくは、ヘルス専門職において共有されるスキルセット」であると定義し、ある特定の分野において学生がコンピテンスを習得することを目標とする教育プログラムを「**コンピテンシーを基盤にした教育**（Competency-based education、以下CBE）」としている(6)。CBEは、測定可能な目標を含む教育のゴールがある学びへのアプローチであり、アクティブな学びの環境を通して知識、態度、価値、技術、行動を獲得することに焦点が当てられる(7)。また、CBEでは、カリキュラムを通じて学生の学びのアウトカムを複数の方法でアセスメントすることが重要視され、さらに、カリキュラムを通してコンピテンシーをどの程度習得できたかをいかに評価するかを教育プログラムに組み入れているかが問われる。こうしたコンピテンシー中心のアプローチへのシフトにより、高等教育の認定基準でも学びのアウトカムが強調されることとなった。アメリカの高等教育の認定機関であるCHEA（Council for Higher Education Accreditation）は、学びのアウトカムについて「一連の高等教育の経験に従事した後に、もしくは従事した結果として学生が獲得した知識、技術、態度」であると定義している(8)。学びのアウトカムの重点化は、特に医学や看護学等のヘルス関連分野において、教育機関や教育プログラムを認定する基準および認定の審査プロセスに大きな変化をもたらした。ヘルス関連分野の専門職養成では、職能団体や認証団体の主導のもとで、それぞれの認定基準において獲得すべきコンピテンシーが定められている。日本でも、医療や看護等の専門職養成でコンピテンシーを基盤にした教育が既に導入されている。

ii　EPAS

ソーシャルワーク分野におけるコンピテンシーの代表的なものとして、アメリカのソーシャルワーク教育認定機関であるCSWE（Council on Social Work Education）が定めた「**教育方針と認定基準**」（Educational Policy and Accreditation Standards：EPAS）が挙げられる。CSWEは、前述のCHEAから認定を受けた、ソーシャルワーク教育の学士および修士のプログラムの認証機関である。EPASは、アメリカの高等教育でCBEの重点化が進むなか、2001年に初めて公表された。EPASは7年ごとの改訂が義務づけられており、2008年版と2015年版を経て、現在は2022年版（2022 EPAS）に改訂されている。CBEの考え方を明示的に採用したのは2008年版からであり、その後の2015年版および2022年版でも基本的な枠組みとしてCBEを採用している。CSWEの認定を受ける大学および大学院（修士レベル）は、EPASで示されたコンピテンシーを獲得するためのカリキュラムの整備が必須であり、また、認定を受けた後も、EPASに準拠しているかについて定期的に認定を受けることが求められ、毎年、学生の到達度評価を公表しなければならない。こうしたことから、EPASはアメリカのソーシャルワーク教育における基盤としての役割を果たしているといえる。

EPAS（2022）(9)は、ソーシャルワーカーのコンピテンシーについて「人間とコミュニティのウェルビーイングを促進するために、実践場面において、文化に配慮し、目的的に、意図的にそして専門的な方法を用いて、ソーシャルワークの知識、価値、技術、および認知・感情プロセスを統合し適用する能力」とし、以下の九つのコンピテンシーを示している(10)。

（1）倫理的かつ専門職としての行動がとれる
（2）人権と社会的・人種的・経済的・環境的な正義を推進する
（3）実践において多様性と相違に対応する
（4）「実践に基づく調査」と「調査に基づく実践」に取り組む
（5）政策実践に関与する
（6）個人、家族、グループ、組織、コミュニティと関わる
（7）個人、家族、グループ、組織、コミュニティのアセスメントを行う
（8）個人、家族、グループ、組織、コミュニティに介入する
（9）個人、家族、グループ、組織、コミュニティへの実践を志向する

各コンピテンシーにおいて、コンピテンシーを構成する知識、価値、技術および認知・感情プロセスについて述べられ、さらに、当該コンピテンシーの観察可能な要素に関連する行動が示されており、九つのコンピテンシーを合わせて36の行動指標が示されている。EPASでは、教育プログラムを通してこれらのコンピテンシーを獲得することを担保するために、「教育方針」とそれに基づく「認定基準」が示されている。CBEの枠組みをもとにして、学部レベルではジェネラリスト養成、そして、修士レベルではジェネラリストおよびスペシャリスト養成のための教育プログラムが提供される。学びのアウトカムに重きをおくCBEでは、学生が九つのコンピテンシーを実践において統合し適用することができたかを評価することが不可欠であり、その方法もプログラムによってさまざまである。学びのアウトカムを評価することは、大学の教育プログラムがその目的を達成しているかどうかの試金石となり、教育プログラムの改善に向けた取り組みにもつな

がる。

アメリカのほか、カナダ等においてもソーシャルワーク教育における基準としてコンピテンシーが用いられている一方で、その基準として「**ケイパビリティ**（capability）」を用いる国々があり、その代表的な国としてイギリスが挙げられる。次に、ソーシャルワーク教育の文脈においてケイパビリティを初めて用いたイギリスの PCF を取り上げる。

2）ソーシャルワーカーのケイパビリティ——イギリスの PCF

i　コンピテンシーからケイパビリティへ

イギリスでは[(11)]、ジェネラリストとしてのソーシャルワーカーを養成するのか、スペシャリストとして養成するのかに関しての議論が振り子のように繰り返され、ソーシャルワーク教育の統括管理を行う機関も変遷してきた。ソーシャルワーカー資格は、2003 年にそれまでの“Diploma in Social Work”から“Degree of Social Work”という大学卒業資格である学位となり、ソーシャルワーク教育の統括管理機関が認可した大学および大学院のみでソーシャルワーカーの養成を行うこととなった。しかし、深刻な児童虐待事件が繰り返されたことを受け、ソーシャルワーク全体の改革のために組織された Social Work Task Force による提言の実行組織として 2010 年に設置された Social Work Reform Board は、ソーシャルワーカーがキャリアに応じて身につけるべき能力を“Professional Capabilities Framework（**PCF**）”という包括的な枠組みで設定した。それまでは、2003 年に採用された“National Occupational Standards”がソーシャルワーク教育の基準であったが、さまざまな批判もあった。Cooper は、コンピテンシーに基づいた基準に対して「具体的で観察可能なタスクや行動への機能的な分析は、複雑な“プロフェッショナルの活動”においては適切ではない。（中略）それは、プロフェッショナルの判断の可能性を無視し、グループのプロセスや社会環境の影響を考慮に入れていない」と疑問を呈している[(12)]。PCF の実行組織であった The College of Social Work は、ケイパビリティを用いた意図について、「ソーシャルワーク教育と継続教育が機械的なチェック項目からホリスティックなアプローチに移行し、教育者、学生、そして現任のソーシャルワーカーが人々のプロフェッショナルな能力を包括的に捉えることを期した」[(13)]としている。

ii　PCF

PCF ではソーシャルワーカーとして習得すべきケイパビリティについて、以下の九つの領域（domain）が設定され、これらはソーシャルワーク実践の複雑性、そして知識・技術・価値が相互に作用することを反映した枠組みになっている[(14)]。

（1）「プロフェッショナリズム」：プロフェッショナルなソーシャルワーカーとしてのアイデンティティを持って行動し、継続教育に従事する。
（2）「価値と倫理」：ソーシャルワークの倫理原則と価値を専門的実践における基盤とする。
（3）「多様性」：多様性を認識し、実践において反差別および反抑圧の原則を適用する。
（4）「権利と正義、経済的福祉」：人権を推進し、社会正義および経済的福祉を促進する。
（5）「知識」：ソーシャルワーク実践およびリサーチ、社会科学、法制度、他の専門職および関連分野、そしてサービス利用者の経験からの関連知識を発展させて適用する。
（6）「批判的省察と分析」：プロフェッショナルな意思決定の理由付けの基礎とするために批判的省察と分析を適用する。
（7）「技術と介入」：自立を促進し、支援を提供し、侵害から保護し、発展を可能にするために、専門職としての判断、知識そして権限を用いて個人・家族・コミュニティに関わる。
（8）「コンテクストと組織」：実践を形作っている、変化する組織のコンテクスト、社会および政策の環境に関与し、影響を及ぼし、適応する。多機関や多職種の環境を含む組織およびサービスの発展において効果的に活動し、貢献する。
（9）「プロフェッショナル・リーダーシップ」：専門職としてソーシャルワーク実践を向上させる。他者の専門職としての学びや成長に責任を持つ。個人の影響を高めて、集団的リーダーシップおよび専門職としての影響の一員になる。

各領域は別個のものではなく、相互に依存しており、PCF は包括的に用いられることに重きをおいた枠組みであることが特徴である。各領域の説明は、チェック項目としてではなく、ソーシャルワーカーとしての成長に向けてのストレングスや範囲を特定するための助けになるためのものである。また、PCF は、資格取得後も包含したソーシャルワーカーのキャリア全体を包括する枠組みであり、資格取得前である「エントリーレベル」の４段階、そして、資格取得後の５段階、合わせて９段階が設定されている。「エントリーレベル」は、「養成プログラムに入る段階」「最初の実習の前段階」「最初の実習の終了段階」「最後の実習の終了段階」の４段階に分かれ、資格取得後は、「登録１年目」「熟練に至るまでのレベル」「熟練レベル」「より高度なレベル」「戦略的なレベル」の５段階に分かれ、前述の九つの領域が各段階に対応する構成になっている。PCF では、資格取得後も実践分野を超えて適用される包括的な枠組みが提示されており、ソーシャルワーカーはキャリアを通じて継続的に学び続け、自らの専門性を高めることが強く求められている。

ここまでイギリスの PCF を概観したが、「コンピテンシー」と「ケイパビリティ」にはさまざまな定義がある。Taylor and Bogo は「コンピテンシー、能力（abilities）、ケイパビリティの用語は互いに交換可能な形で用いられている」とし、さらに「EPAS のコンピテンシーをケイパビリティ・フレームワークであると捉える者もいるだろう」と指摘しており[(15)]、コンピテンシーとケイパビリティを明確に区別することは困難といえる。

3）日本のソーシャルワーク教育の共通枠組みの構築に向けて

ソーシャルワーカーのコンピテンシー等（ケイパビリティを含む）に関して、日本では、日本社会福祉士養成校協会（現・日本ソーシャルワーク教育学校連盟）による実習教育のコンピテンシーモデルの開発に関する研究の成果として 2013 年に出された「相談援助実習ガイドライン」が挙げられ、各養成校において実習教育におけるコンピテンシー評価の導入が図られてきた。その一方で、社会福祉士および精神保健福祉士の新カリキュラムで示されているのは、各指定科目の「ねらい」および「教育に含むべき事項」というシラバスの内容（コンテンツ）にとどまっており、各養成課程の修了時点で習得しなければならないコンピテンシー等を示すまでには至っていない。今後、日本のソーシャルワーク教育においても、習得すべきコンピテンシー等を明らかにしたうえで、それらを身につけることができるカリキュラムにする必要がある。さらに、ソーシャルワーカーとしての一体化や統合化を目指すためには、日本ソーシャルワーク教育学校連盟と各職能団体等の協働のもとで、イギリスの PCF のように大学等でのソーシャルワーカー養成教育だけではなく、資格取得後の継続教育においても一貫した基盤となる枠組みを構築することが求められる。そうしたソーシャルワーカーの養成・継続教育の枠組みのよりどころとして、2016 年に日本ソーシャルワーカー連盟構成４団体により採択された「**ソーシャルワーク専門職のグローバル定義の日本における展開**」が挙げられる。日本の社会状況や文化的状況を踏まえたうえで、グローバル定義に依拠したソーシャルワーク実践の共通基盤となるコンピテンシー等の枠組みを示すことは、活動する分野や領域、形態はさまざまであっても、ソーシャルワーカーとしてのアイデンティティを形成する一助になるであろう。

3. ソーシャルワーカーの継続教育

1）日本のソーシャルワーカーの継続教育

ソーシャルワーカーとしての学びは、大学等の養成校で社会福祉士や精神保健福祉士の資格を取得して終わりではなく、資格取得はそのキャリアの出発点に過ぎない。社会福祉士の倫理綱領（日本社会福祉士会 2020 年採択）では、「専門職の倫理責任」として「社会福祉士は、最良の実践を行うために、必要な資格を所持し、専門性の向上に努める」とし、自らの専門性を高めるための自己研鑽の必要性を定めている。ソーシャルワーカーのキャリアを通して継続教育にかかわることは専門職としての要件となっている。

継続教育を実施するステークホルダーとして、まず、現任者の所属機関・施設が挙げられる。さらに、各職能団体、都道府県社会福祉協議会および都道府県福祉人材センター、大学・大学院、民間の研修機関等がある。福祉現場における人材育成に関しては、1993年に策定された「福祉人材確保指針」で「経営者は継続的な自己研鑽に合わせ、積極的に従事者の資質の向上に努めていく必要がある」とし、人材育成の責任単位は職場であるとの方針が打ち出された。また、2007年の同指針の改正では、従事者の資質向上を図るために、経営者や関係団体等の役割として、従事者の労働環境の改善やキャリアアップの仕組みの構築等に取り組む必要性が強調された。これらのことから、現任者の所属機関・施設が中心となり、職能団体等の関係団体とともに現任者が専門職としての力量を向上させるための継続教育の環境を整えることが求められている。

関係団体が実施主体である継続教育の制度として、先述の認定社会福祉士制度がある。さらに、職能団体の取り組みとして、日本社会福祉士会では、1999年に生涯研修センターを設置し、会員が社会福祉士としての専門性の向上のために自己研鑽を積めるように生涯研修制度を整えている。ほかにも、日本精神保健福祉士協会の生涯研修制度や日本医療ソーシャルワーカー協会の研修制度等、各職能団体による研修制度が体系化されている。

2）継続教育が求められる文脈
――継続教育の義務化

専門職として資格取得後の継続教育が求められるのは自明と思われるが、ここで、その文脈について考えたい。

まず、継続教育という用語については、ほかにも「生涯研修」や「現任教育・研修」等が同様の用語として用いられている。多分野にわたる専門職の継続教育に関する英語文献では、“Professional development（**PD**）”、“Continuing professional development（**CPD**）”、“Continuing professional education（**CPE**）”等の用語が用いられている。たとえば、イギリスの職能団体の約4割が採用している CPD の定義では、「CPD は、実践者のキャリア全体を通し専門的職務を果たす上で必要となる、知識および技術の体系的な維持、向上そして拡大、さらに個人的資質の涵養をすることである」[16]としている。また、CPD に代わり用いられることも多い CPE について、Queeney は「プロフェッショナルな実践者の教育は、実践の場に関わらず、予備的なカリキュラムに続いて実践者のキャリアを通して彼らの学びを進展させるものである。望むべくは、この継続教育が実践者が新しい知識を獲得し、自らのコンピテンスを維持・向上し、初任者から成熟した実践者へと発達することに寄与することである」と定義している[17]。ほかにもさまざまな定義があるが、それぞれに統一した定義はなく、「継続教育」はあいまいな概念といえる。

専門職の継続教育に関して、Coffield は「lifelong learning（生涯学習）」または「learning society（学習社会）」が社会全体で強調される文脈のなか、医学や看護等の医療分野をはじめ、心理や教育、ビジネス分野に至るまで継続教育を促進するための政策やプログラムが展開されていることを指摘している[18]。こうした専門職の継続教育の重点化は、職能団体等が定めるプロフェッショナル・スタンダードや登録手続きにより強化される。こうしたなか、所属組織や職能団体等を含む専門職コミュニティの継続教育についての考えと実践者が価値をおく学びの間に隔たりがあることが、教育やマネジメント分野等で指摘されてきた[19]。ソーシャルワーク分野でも、ソーシャルワーカー一人ひとりの学びのニーズではなく、所属組織のニーズに焦点が当てられるため、継続教育を通した学びが彼ら自身によって重要視されない傾向が指摘されている[20]。

今日の不確実性の増す労働環境のなか、専門職は多様化・複雑化する課題に効果的に対応することが求められ、雇用者は継続教育プログラムの提供を通して、スタッフが定められた学習目標を伴う新しい知識および技術を獲得し、さらに、標準化された基準に基づき彼らのパフォーマンスを評価することが要請される。対人援助職においては、こうした背景に「**エビデンス・ベースド・プラクティス**（EBP）」の大きな影響があり、支援の確実性を高めるための支援の標準化、並びに継続教育への参加の義務化という形での規制が進められている。さらに、支援の確実性を高めるべく測定可能なアウトカムに焦点が当てられるなか、専門職として自らのコンピテンスを証明することが求められる。Webster-Wright は、継続教育を論じるうえで専門職が自らの学びに主体的にかかわる者としてでなく、不十分な知識や技術の向上のために導かれる必要がある者として捉えられている前提があり、支援現場の文脈では、そうした前提が不問となっていることに疑問を呈している [21]。こうした継続教育に関する専門職コミュニティの考えと実践者自身が重きをおく学びの間の隔たりを指摘する先行研究の基底には、EBP の影響が広がるなかで、支援だけでなく学びに対する規制が強まる一方で失われる実践者の自律性への懸念がある。専門職コミュニティにとって組織の目標を達成するための手段としての学びは、コントロール、さらにアセスメントが可能であるという前提があり、実践者との間に存在する隔たりの背景として、双方が専門職の学びについて異なる前提に立っていることが指摘できる。

3）フォーマルラーニングとインフォーマルラーニング

次に、継続教育の形態に関する議論について取り上げたい。継続教育の形態は、大きく「**フォーマルラーニング**（formal learning）」と「**インフォーマルラーニング**（informal learning）」に分けられるが、これは継続教育を考えるうえでの混乱につながり得る分類といえる。多分野にわたる先行研究では、インフォーマルラーニングよりもフォーマルラーニングに重きがおかれる傾向がある一方で、1990 年代以降にインフォーマルラーニングまたは「**ワークプレイスラーニング**（workplace learning）」に関する研究が増えていることは、職場を学びの場と捉えることへの関心の高まりを示している。しかし、インフォーマルラーニングは多義的であり、これまでフォーマルラーニングとの比較において何がフォーマルではないかに関連づけてその特徴を定義するさまざまな試みがなされてきた。Marsick and Watkins は、フォーマルラーニングとインフォーマルラーニングに加えて、「インシデンタルラーニング（incidental learning）」との区分をしている。インフォーマルラーニングは「経験に基づき、ルーチンではなく、しばしば暗黙の形」であるのに対して、インシデンタルラーニングは、「組織の文化を理解したり、試行錯誤の試みといった他の活動による副産物」としての学びとしている [22]。また、Eraut は、インフォーマルという語はさまざまな状況の特徴と結びつくことから、インフォーマルではなく、「ノンフォーマルラーニング」という用語を提案したうえで、フォーマルラーニングについて、①規定の学びの枠組み、②組織化された学びの機会、③指定された講師やトレーナーの存在、④資格や単位の認定、⑤学習目標の特定という特徴をもつとしている [23]。

一方で、学びをカテゴリーに区分しようとする試みに対して、Colley らは、そうした区分はある形態がほかの形態よりも優れていることを前提としているとし、学びの形態を区分する代わりに、それぞれの学びの形態はインフォーマルとフォーマルな要素を併せもつことの理解が重要であるとする [24]。継続教育に関する議論では、測定可能な組織の目標を効果的に達成するために、学びが「コントロール」および「標準化」と結びつけられ、フォーマルラーニングに重きがおかれる傾向がある。そうしたなかでは、職場における学びは、専門職コミュニティによって提供される研修等の学びとは異なる、さらにいえば、支援現場における EBP の影響のもとでは、研修等の学びのほうが上位であるとの捉え方に容易に結びついてしまう。ソーシャルワーカーを含む対人援助職の実際の学びの経験は複雑で多様なものであり、そうした学びを理解するためには、学びに影響を与え得る特定の要素に分類するのではなく、彼らの学びをホリスティックなものとして捉えたうえで、彼らの視点から「日常の支援における学びの経験」を考察することが求められる [25]。彼らの学びをホリスティックに捉えることは、さまざまな学びの形態を相反するものとしてではなく、相補的なものとして理解することを促し、さらには、彼らを継続教育を通して導く受身的な存在ではなく、学びの主体として捉えることにもつながる。

4）イギリスのソーシャルワーカーの継続教育

最後に、イギリスのソーシャルワーカーの継続教育について触れたい。イギリスでは、2005年からソーシャルワーカーの名称保護が制度化され、「ソーシャルワーカー」として名乗るためにはソーシャルワーク教育の統括管理機関に登録することが必須となった。現在、ソーシャルワーク教育の統括管理を担うSocial Work Englandへの登録の更新は毎年行う必要があり、更新の条件として一定時間の継続教育を受けること、ソーシャルワーカーの行動規範を満たすこと等が必須となっている。Social Work Englandが定めるプロフェッショナル・スタンダードでは、ソーシャルワーカーの継続教育（CPD）に関して、以下の八つのパートから構成されている[(26)]。

（1）フィードバック：自身のソーシャルワーク実践に直接関わる人々を含む多様なソースからのフィードバックを組み合わせる。
（2）スーパービジョン：スーパービジョンおよびフィードバックを用いながら、自身の学びのニーズをクリティカルに省察し、ニーズを特定する。学びのニーズには、自身の実践を方向づけるためにリサーチやエビデンスをどのように使うかを含む。
（3）リサーチ、理論およびフレームワーク：自身の実践や専門職としての判断を方向づけるために、自身の実践を常にアップデートし、リサーチ、理論およびフレームワークをどのように使うかを記録する。
（4）現在の課題に関する専門知識と気づき：ソーシャルワーク実践の重要な側面に関する専門知識を示し、ソーシャルワークに影響を及ぼす社会課題や社会政策の知識を発展させる。
（5）オープンでクリエイティブな学びの文化：最善の実践について検討し、省察し、共有するために、職場においてオープンでクリエイティブな学びの文化を作ることに寄与する。
（6）リフレクション：自身の学びの活動を省察し、CPDが自身の実践の質に及ぼした影響を明らかにする。
（7）自身の学びの記録：自身の学びやリフレクションについて、CPDのガイダンスに沿って定期的に記録する。
（8）価値と倫理：自身の価値観を省察し、それが自身の実践に及ぼしている影響について疑う。

ソーシャルワーカーは、登録の更新のために上述の要件を満たす自身のCPDについてオンラインで記録することが求められるが、CPDで強調されるのは、フォーマルな研修は学びの重要な側面ではあるが、研修に参加することだけが学びではないということである。CPDとして認められる学びには、研修や**スーパービジョン**以外にも、職場での学び、担当ケースからの学び、自己主導型学習、個人的な経験等も含まれている。ソーシャルワーカーの学びでは、彼らが実践に役に立つと考えたいかなる活動も学びになり得るとし、彼らを学びの主体として捉えたうえで、彼らが自身の学びについて創造的に考えることを促している。

日本においても、ソーシャルワーカーはそれぞれの学びのニーズに合わせて多様で豊かな学びをしているが、研修が中心の位置を占める継続教育の文脈では、それ以外の学びの形が専門職コミュニティにおいて過小評価されている。そうした現状を変えるためには、ソーシャルワーカーの学びの多様性と豊かさについて専門職コミュニティの間で共有される必要があろう[(27)]。

注

（1）Flexner, A. Is Social Work a Profession? *Research on social work practice*, 11(2), pp.152 − 165, 2001.
（2）Greenwoodの「専門職の属性」（1957年）やMillersonの「資格化団体」（1964年）等も属性モデルとして挙げられる。また、属性モデルのほかにも、Carr-Saundersらによる「プロセスモデル」がある。
（3）秋山智久『社会福祉専門職の研究』ミネルヴァ書房、114頁、2007年
（4）同上（3）、4～6頁
（5）小山聡子「ソーシャルワークにおける『資格』と『機能』の両立とジレンマ」『社会福祉研究』138、11～24頁、2020年
（6）Institute of Medicine. *Health professions education: A bridge to quality*, The National Academics Press, 2003.
（7）Grant, G. et al. *On competence: A critical analysis of competency-based reforms in higher education*, Jossey-Bass Publishing, 1979.
（8）CHEA. *Accreditation and accountability: A CHEA special report*, p.1, 2006.
（9）Council on Social Work Education. *Educational Policy and Accreditation Standards*, 2022.
（10）翻訳は次の文献を参照した：日本ソーシャルワーク教育学校連盟『「社会福祉士養成課程の見直しを踏まえた教育内容及び教育体制等に関する調査研究事業」実施報告

書』(2020：86-89)
(11) イギリス(正式名称：United Kingdom of Great Britain and Northern Ireland)は、イングランド、スコットランド、ウェールズ、北アイルランドから成る連合王国であり、ソーシャルワーカー養成や継続教育のシステム等も一律ではないため、イングランドを中心に扱う。
(12) Cooper, B. Continuing professional development: a critical approach, Fraser, A.W. and Matthews, S. eds. *The Critical Practitioner in Social Work and Health Care*, Sage Publications, p. 226, 2008.
(13) The College of Social Work. *An introduction to qualifying standards and professional social work education*, p.2, 2012.
(14) British Association of Social Work. *Professional Capabilities Framework*, 2017. (https://new.basw.co.uk/training-cpd/professional-capabilities-framework/about-professional-capabilities-framework-pcf, 2024.11.5)
(15) Taylor, I. and Bogo, M. Perfect Opportunity~Perfect Storm? Raising the Standards of Social Work Education in England, *British Journal of Social Work*, 44 (6), p.1406, 2014.
(16) Friedman, A. et al. *Continuing professional development in the UK: Policies and Programmes*, PARN (Professional Associations Research Network), p.3, 2000.
(17) Queeney D, S. Continuing professional education, Wilson, A, L. and Hayes, E, R. eds. *Handbook of adult and continuing education*, Jossey Bass, p.375, 2000.
(18) Coffield, F. *Running ever faster down the wrong road: an alternative future for education and skills.* Institute of Education, University of London, 2007.
(19) たとえば、Easterby-Smith, M. et al. Organizational learning: Debates past, present and future, *Journal of Management Studies*, 37, pp.783–796, 2000; Groundwater-Smith, S. and Mockler, N. *Teacher Professional Learning in An Age of Compliance: Mind the Gap*, Springer, 2009.
(20) たとえば、Beddoe, L. Continuing education, registration and professional identity in New Zealand social work, *International Social Work*, 58, pp.165–174, 2015; Smith, C. et al. Staying current in a changing profession: Evaluating perceived change resulting from continuing professional education, *Journal of Social Work Education*, 42, pp.465–482, 2006.
(21) Webster-Wright, A. Reframing professional development through understanding authentic professional learning, *Review of Educational Research*, 79, p.712, 2009.
(22) Marsick, V, J. and Watkins, K. *Informal and Incidental Learning in the Workplace*, Routledge, 1990.
(23) Eraut, M. Non-informal learning, implicit learning and tacit knowledge in professional work, Coffield, F. ed. *The necessity of informal learning*, The Policy Press, p.12, 2000.
(24) Colley, H. et al. Non-formal learning: mapping the conceptual terrain, *Consultation report*, Lifelong Learning Institute, University of Leeds, p.3, 2002.
(25) 同上(21)、p.713
(26) Social Work England. *The CPD standard* (https://www.socialworkengland.org.uk/cpd/the-cpd-standard/, 2024.11.5)
(27) Asano, T. Open window into professional learning: Post-qualifying learning among Japanese social workers, *Qualitative Social Work*, 18(6), pp.1034–1050, 2019.

Ⅷ　社会福祉の実践分野

概　説

志村健一

1.「社会福祉の実践分野」を設定する意味

本書の初版では、本大項目は「社会福祉の分野」というタイトルであり、日本における研究動向を踏まえた貧困、家族、子ども家庭、女性（ジェンダー）、高齢者、障害者、被災者・被害者支援、司法（保護・矯正）の九つの中項目を含む構成となっていた。社会福祉において分野とは、社会福祉の構成とも重複する議論でもあり、その詳細はⅠ「社会福祉学の思考軸」を参照されたい。ここでは、端的に社会福祉は、政策（ソーシャルポリシー）、運営（アドミニストレーション）、実践（ソーシャルワーク）という体系を含むシステムとして想定しておく。

社会福祉の分野は、歴史的にみれば戦後の「三法体制」「六法体制」「八法体制」という分野論に基づいて制度が発達し、その制度を動かすための運営であり、実践であった。ソーシャルワーク専門職のグローバル定義によれば「ソーシャルワークは、社会変革と社会開発、社会的結束、および人々のエンパワメントと解放を促進する、実践に基づいた専門職であり学問である」とその1行目にそれが実践ベースであることが記されており、社会福祉において実践は中核である。さらに、グローバル定義の日本における展開では、日本におけるソーシャルワークが、独自の文化や制度に欧米から学んだソーシャルワークを融合させて発展していることを認識しており、これまで実践は政策、制度によって形づくられてきた。しかし、社会の急速な変化に政策や制度が追いつかないこと、時代にそぐわない状況も浮上する。そのようなケースにおいては、制度の確立を待たずして、実践ありきで人々のニーズに応じてきた。

このように日本における社会福祉実践の分野とは、政策、制度によるものと、政策、制度によらず、それらをつくっていくものや、超えていくもの、変えていくもの、狭間を埋めるものが混在している。すなわち、伝統的な分野ありきの枠組みではなく、グローバル定義に記されているように、実践が基盤となっていることが、本大項目でも分野の設定を困難なものとしている。そこで本大項目では、伝統的な対象である貧困から始まり、社会の最も小さな単位としての家族、そしてライフステージ、またその途上での問題等に対応しつつ、新たな対象や開拓的な実践という枠で、社会福祉実践の分野を想定した。

2.「社会福祉の実践分野」の編集方針

社会福祉基礎構造改革で、地域での生活を総合的に支援するための地域福祉の充実が掲げられ、それ以降、社会福祉の実践は間違いなく施設から地域へと移行してきた。ソーシャルワークを論じるうえでも、地域を基盤とした総合的で包括的な実践が中核となっている。地域共生社会の実現に向け2016年から包括的支援体制構築事業として進められてきたモデル事業は、2020年の社会福祉法の改正により、重層的支援体制整備事業として制度化された。これによって各市町村においては、地域住民の複合・複雑化した支援ニーズに対応する包括的な支援体制を整備することになった。それは、属性を問わない、断らない相談支援であり、多機関協働による支援、アウトリーチ等を通じた継続的支援、参加支援、地域づくりに向けた支援を一体的に実施するものであり、専門職のみではなく、地域住民らとともに推進する実践となる。

前述したように対象が限定された制度に基づく対応から、対象を限定しない実践が求められる時代になり、そのような状況で社会福祉実践の各分野が、どのように実践を展開しているかを本大項目では明らかにしようとしている。また分野によっては、日本の国内だけではなく、国際的な関係や動向も含めて考察する必要がある。社会福祉実践としての中核を共有しつつ、予防的対応やニーズに応じながら拡散する社会福祉実践の分野を総括することをねらいとした。

3.「社会福祉の実践分野」の構成

編集方針を踏まえた各中項目について紹介しておく。

1「貧困と福祉」では、伝統的な生活保護にとどまらない生活困窮者に対応してきた公的な実践と民間支援について概括している。2「家族ケアと福祉」では、家族の個人化、多様化が進行するなかで、ケアを引き受ける余力のない家族が増加している一方で、依然としてケアに関して家族への社会的期待が大きいことや、家族とケアの関係性とケアラー支援の動きが論じられた。

3「子ども期の福祉」では、共働き化による子育て世帯の現代的な変化、子どもの幸福感が低位である日本の特質などを踏まえ、安全かつ安心な子ども期が保障されない子どもたちの権利保障、そのための施策動向を踏まえて言及している。4「若者期の福祉」では、社会への移行期という若者期特有のニーズを踏まえ、教育・雇用の狭間、福祉課題に、国際動向も含めながら言及している。5「高齢期の福祉」は、介護の問題だけにとどまらない。家族形態の変化は、高齢期に人々を孤立させ、社会とのつながりを失った状況は新たな問題を引き起こす。そのための見守りを含む地域を包括的にケアする仕組み、医療等との連携について論じている。

6「女性と福祉」では、女性が直面する社会福祉課題に対応する制度・政策がどのように変化しているのかを把握したうえで、現行の制度・政策の課題と今後求められる方向性について、権利擁護の視点から考察されている。7「障害と福祉」では、障害だけを切り離すのではなく、障害と障害のある人、そして社会との関係のなかでの動向と到達点と課題を、国際的な動向も踏まえつつ論じている。8「保健医療と福祉」では、疾病と生活、生活課題について整理し、保健医療の各分野における福祉的課題とソーシャルワーク実践について、課題も含めて論じている。9「災害と福祉」では、災害大国ともいえる我が国の過酷な経験も踏まえて、さらに災害と福祉の関係性を整理するうえでの付加的な視点や動向、今後を展望したときに見逃せない論点が提示され、災害支援における社会福祉実践の専門性が論述されている。10「司法と福祉」では、再犯率の高い日本の状況に対して、刑事司法領域における「再犯防止」と、社会福祉領域における「地域共生」という双方の視座のなかで展開されている取り組みが概説され、また犯罪被害者／犯罪被害者家族と犯罪加害者家族の支援についても論じている。11「外国にルーツをもつ人と福祉」では、多文化の背景をもつ人々の生活課題を整理し、生活課題に対する社会資源や制度とその変遷が概括された。そして、外国人住民の生活課題を支える相談援助実践を捉え直すために多文化ソーシャルワークが提起され論じられている。

12「開拓的な社会福祉実践」は、初版発行時に取り上げられなかった項目で、近年大きな課題となっている分野である自殺、アイヌ等の先住民、LGBTQ等の性的マイノリティを取り上げた。社会資源や制度が十分に整っていないがゆえに開拓的な取り組みが求められる分野である。

中項目における分野の拡散は社会福祉実践の拡散・拡大でもあり、共通したフォーマットで紹介することが困難であったが、本大項目が今日の日本の社会福祉実践の俯瞰(ふかん)になることを期待している。

1 貧困と福祉

新保美香

1. 貧困と福祉を考えるために

ルース・リスター（Lister, R.）は、「貧困状態にある人々は、参加の同等性を否定されている。その原因は、物質的な剥奪であり、〈他者化〉のプロセスであり、人権とシチズンシップの侵害であり、〈声〉の欠如であり、相対的な無力さである。社会正義のための闘いは、再分配および承認と尊重・敬意（リスペクト）の両方を含むものでなければならない[(1)]」と述べている。

貧困と福祉について考えるにあたり、リスターの言葉は、私たちが、**貧困**をどのように捉え、何をすべきかについて、重要な気づきを与えるものである。

貧困の概念については、岩田正美が、2007年に刊行された本書の初版において詳細に解説している[(2)]。

岩田は「貧困概念は、不平等や格差の中で問われる『容認できない状態』を示す代表的な概念である」[(3)]とする。そして貧困概念の展開を、①飢餓状態やスラムのような「見える貧困」から、イギリスのブース（Booth, C.）、ラウントリー（Rowntree, S.）により労働者生活のなかに潜む「見えない貧困」が把握されるようになったこと、②ラウントリーに由来する「絶対的貧困」とタウンゼント（Townsend, P.）の「相対的剥奪」概念に基づく「相対的貧困」の考え方により貧困が捉えられるようになったこと、③「絶対的貧困」「相対的貧困」のような貧困の客観的把握への対抗として、自分で貧困だと思う人を貧困として把握する主観的把握が提唱されるようになったこと、④セン（Sen, A.）のケーパビリティ（capability）の不平等による貧困論、社会的排除が貧困概念とオーバーラップする形で導入されたこと、⑤貧困研究において人々の「貧困の経験」に焦点が当てられるようになっていることなどに着目して論じている[(4)]。

リスターは、⑤の流れのなかで、貧困研究をしている一人といえるだろう。冒頭のリスターの言葉は、著書『貧困とはなにか――概念・言説・ポリティクス』で論じている内容を集約したものである。ここからは、貧困は単なる物質的な欠乏状態を指す概念ではなく、人々から、人として当然尊重され、保持されるべき大切な多くのものを奪い取っていくものであることを理解することができる。残念なことに、現在の日本においても、貧困状態にある人々が、同様な状況におかれていることは否定できない。リスターが述べる、参加の同等性を否定されている原因となる、物質的な剥奪、他者化、人権とシチズンシップの侵害、声の欠如、相対的な無力さを、どのように解消していくことができるだろうか。社会正義のための闘いを、いかに進めるかは大きな課題である。

岩田はまた、「貧困が社会で『容認できない』状態であることは、これを除去・軽減しようとする貧困政策を必然的に生み出す。貧困は、貧困という『状態』の認識に終わることはできず、その対策と表裏一体の関係にある。見方を変えれば、貧困概念そのものも、貧困政策のなかで提議され、再定義されてきたものだといえる」としている[(5)]。

岩田の指摘を踏まえると、貧困をめぐる政策動向をもとに、貧困をどのように捉え、いかに対応しようとしてきたかを理解することには、意義が見出せるといえるだろう。

2. 貧困をめぐる政策の動向

1）ホームレス対策と社会的援護を必要とする人への対応（1990～2000年）

貧困状態にある人々への対応が、社会における課題として認識されるようになったのは、1991年から1993年にかけてバブル景気が崩壊し、経済、雇用状況が悪化したことを契機としている。1996年以降、生活保護受給者が急増した。また、不況が長引くなかで、仕事と住まいなど、生活の基盤を失ったホームレス状態の人々が顕在化した。

1999年、政府はホームレス問題について、関係行政機関が連携を図り、総合的な取り組みをいっそう進めるために「**ホームレス問題連絡会議**」を設置した。そして、2000年よりホームレスの自立支援事業（自立支援センター）による支援が始まった。

同年、「社会的な援護を要する人々に対する社会福祉のあり方に関する検討会」が行われた。12月にまとめられた報告書では、福祉の制度が充実してきたものの、複合的な課題を抱えた社会的援護を必要としている人々に届かないことを踏まえて、今日的な「つながり」の再構築を図り、すべての人々を孤独や孤立、排除や摩擦から援護し、健康で文化的な生活の実現につなげるよう、社会の構成員として包み支えあう（**ソーシャル・インクルージョン**）ための社会福祉を模索する必要があることを提起している。社会的孤立、社会的排除といった問題が、貧困との関連で論じられており、ホームレス状態にある人々への対応もこの関連で検討していることに注目したい。

2）ホームレス自立支援法の制定と生活保護のあり方に関する専門委員会による制度の検討（2001～2005年）

ホームレス状態にある人々への支援については、国がその責任において対応すべきとする議論が活発化し、民間支援団体のアクションを受けて、2002年7月に、議員立法の形で「**ホームレスの自立の支援等に関する特別措置法**」が成立した。それを受けて、2003年に「ホームレスの自立の支援等に関する基本方針」が策定されるとともに、2003年以降、「ホームレスの実態に関する全国調査」（概数調査・生活実態調査）が行われるようになった。

2003年8月には、社会保障審議会福祉部会に「生活保護制度の在り方に関する専門委員会」が設置され、2004年に「報告書」がとりまとめられた。「利用しやすく自立しやすい」制度に転換するために、生活保護の自立の概念として「就労自立（経済的自立）」「日常生活自立」「社会生活自立」の三つが示され、2005年からは、自立支援プログラムによる自立支援が始まった。一方で、2003年には、老齢加算の段階的廃止、母子加算の見直し等も行われた。

3）リーマンショックと「年越し派遣村」・第二のセーフティネットによる支援（2008～2009年）

2008年に起こったリーマンショックによる世界的な経済不況は、日本にも大きな影響を与え、派遣労働者を中心に、多くの失業者を生み出した。2008年12月末から2009年1月にかけ、民間支援団体と労働組合が、東京日比谷公園に「**年越し派遣村**」を開設したところ、全国より約500人の仕事と住まいを一度に失った派遣労働者等が集まった。1月2日には、厚生労働省が講堂を宿泊所として提供、同月5日以降は都内に宿泊施設を確保し、集まった人々の多くは、生活再建に向けて生活保護を申請した。一連の動きは、テレビ等で報道され、貧困状態にある人々の存在が、一般国民にも広く知られることとなった。こうした状況を受けて、2009年10月には、「住居を失った離職者を支援する新しいセーフティネット（**第二のセーフティネット**）」としての求職者支援制度、住宅手当（現在は住居確保給付金）、生活福祉資金の一環としての総合支援資金の貸付による支援が開始された。

同じく2009年10月に、厚生労働省は厚生労働大臣の指示を受けて、初めて「相対的貧困率」を公表するようになった。また、2009年12月には厚生労働省が「ナショナルミニマム研究会」を設置。「子どもの貧困」「貧困の連鎖」が注目されるなかで、生活保護の母子加算は、同年12月に復活した。

4）「パーソナル・サポート・サービス」モデルプロジェクトと東日本大震災の影響（2010～2011年）

2010年4月、厚生労働省は「生活保護受給者の社会的な居場所づくりと新しい公共に関する研究会」を設置し、報告書では、生活保護における三つの自立の考え方、就労の意義、自立支援の考え方を明示した。

2010年7月、内閣府は「パーソナル・サポート・サービス検討委員会」を立ち上げた。そして、委員会での検討を経て、当事者のニーズに合わせた制度横断的かつ継続的な支援をワンストップで行う**「パーソナル・サポート・サービス」モデルプロジェクト**を実施した。制度別の相談支援が行われるなかで、制度の利用につながらない当事者は、制度の狭間におかれてしまうことが少なくない。このため、人々が抱える問題の全体を構造的に把握したうえで、支援策を当事者の支援ニーズに合わせてオーダーメイドで調整、調達、開拓する継続的なコーディネートの実現を目指して、第1期は5地域、第2期は14地域でプロジェクトが実施された（プロジェクトは2012年度まで継続）。

こうしたなかで、2011年3月に、**東日本大震災**が起こった。被災地では多くの人々が、家族、生活の場や仕事、地域における人とのつながりなど、かけがえのないものを一度に失い、深刻な生活上の困難を抱えることになった。また、経済活動の停滞等のさまざまな影響は全国にも広がった。官民による被災地支援が行われるなかで、「社会的排除」や「社会的孤立」が、いっそう社会における大きな課題として浮かび上がることになった。

2011年4月、社会保障審議会に「生活保護基準部会」が新設された。本部会は、生活保護基準について、5年に一度実施される全国消費実態調査の特別集計データ等を用いて、生活保護基準の定期的な評価・検証をすることを目的として設置されたものである。

5）「生活支援戦略」による生活困窮者支援の検討（2012～2013年）

2012年2月、政府は「社会保障・税一体改革大綱」において、貧困・格差対策を強化し、生活困窮者対策と生活保護制度の見直しに総合的に取り組むための「生活支援戦略（当時仮称）」を策定することを打ち出した。そして、2012年4月には、社会保障審議会に「生活困窮者の生活支援の在り方に関する特別部会」を設置し、新たな生活困窮者支援制度と生活保護制度の見直しについて審議した。

6）生活困窮者自立支援法、子どもの貧困対策の推進に関する法律の制定と展開（2013～2014年）

2013年6月に子どもの貧困対策の推進に関する法律（子どもの貧困対策推進法）が制定、公布された。それを受けて、2014年8月に、「子供の貧困対策に関する大綱」が閣議決定されている。

2013年度より、自治体による「生活困窮者自立促進支援モデル事業」が実施され、生活困窮者自立支援法案で示されている事業をモデル的に実施する取り組みが展開された。こうしたなかで、2013年12月には**生活困窮者自立支援法**と生活保護法の一部を改正する法律とが制定されるに至った。生活困窮者自立支援制度については、生活困窮者の自立の促進を図ることを目的として、自立相談支援事業、住居確保給付金の必須事業を全国の福祉事務所設置自治体で実施するとともに、自治体の状況に応じて家計相談支援事業、就労準備支援事業、一時生活支援事業等の任意事業を実施することとなった。

生活保護制度については、法改正により就労自立給付金の創設、被保護者就労支援事業の法定化、不正・不適正受給対策の強化、医療扶助の適正化などが盛り込まれた。また、2013年8月、2014年4月には、生活保護基準が段階的に見直された。

7）生活困窮者自立支援法の３年後の見直しおよび生活保護法の５年後の見直し（2015～2018年）

2015年４月、生活困窮者自立支援制度が施行された。同時に、従来、ホームレスの自立の支援等に関する特別措置法（ホームレス自立支援法）に基づく支援策は、生活困窮者自立支援法における一時生活支援事業、自立相談支援事業等に位置づけられて実施されることとなった。また、ホームレス自立支援法は、2017年８月までの時限立法であったが、2017年６月に、国会の審議を経て、10年間延長することとなった。

生活困窮者自立支援法は、３年後の検討規定があり、生活保護法は５年後の検討規定がある。両制度の課題と対応策について、一体的に議論するため、社会保障審議会「生活困窮者自立支援及び生活保護部会」が、2017年５月に設置された。

部会での審議を経て、生活困窮者自立支援法については、改正法が2018年６月に公布された。主な改正内容は、基本理念規定の創設（第２条）、対象者の明確化（第３条）、就労準備支援事業、家計改善支援事業の努力義務化、家計改善支援事業（旧：家計相談支援事業）と子どもの学習・生活支援事業（旧：子どもの学習支援事業）の名称変更、支援会議の創設などである。

生活保護法については、2018年６月の改正法において、2018年６月に進学準備支援金の支給、同年10月に後発医薬品の使用の原則化、2020年４月に貧困ビジネス対策としての日常生活支援住居施設および居宅生活移行支援事業の創設、2021年４月に健康管理支援事業を創設することが規定された。

8）新型コロナウイルス感染症への対応（2019～2021年）

2020年春に始まった新型コロナウイルス感染症の流行は、貧困をはじめとする現代社会におけるさまざまな課題を浮き彫りにした。政府は、雇用調整助成金、特別定額給付金、臨時特別給付金等による給付等を行ったが、それだけでは生活を維持できなかった多くの人々が、社会福祉協議会や自治体を窓口とする特例的支援策を利用した。

福祉事務所設置自治体が対応した住居確保給付金の支給件数は、2020年度に約13.5万件であり、2019年度の約34倍となった。社会福祉協議会を窓口とする緊急小口資金・総合支援資金のコロナ特例貸付決定数は、2020年度には約189.2万件、それは2019年度の約182倍となった。2021年度には、新型コロナウイルス感染症生活困窮者自立支援金が創設され、2022年２月末の支給件数は約17.3万件となった。

こうした対応をするなかで顕在化したのは、個人事業主やフリーランス、外国人、若年層など、これまで相談窓口につながっていなかった、新たな相談者層である。こうした相談者層のなかには、金銭の給付や貸付は希望するが、相談支援を望まない人々が少なくない状況にあった。また、生活保護の相談申請件数にも大きな変化はなく、生活保護を忌避する人々の存在も顕在化された。

コロナの状況下で、外出や対面での活動が制限されるなかで、社会的孤立は深刻化し、2021年２月には、内閣官房に「孤独・孤立対策担当室」が設置された。

9）アフターコロナの状況下での生活困窮者自立支援制度および生活保護制度の見直し（2022～2023年）

2022年６月より、社会保障審議会「生活困窮者自立支援及び生活保護部会」による、生活困窮者自立支援法および生活保護法の５年目の見直しのための議論が始まった。2022年12月６日には、11回の審議を経て、「生活困窮者自立支援制度及び生活保護制度の見直しに関するこれまでの議論の整理（中間まとめ）」が公表された。

2022年12月には、2021年からの14回の審議を経て、「社会保障審議会生活保護基準部会報告書」

がとりまとめられた。2017年の報告書において課題とされてきた事項や、「生活保護基準の新たな検証手法の開発等に関する検討会」での検討を踏まえて、生活扶助基準の水準等の妥当性の検証、生活保護基準の体系に関する検証、過去の生活保護基準見直しの影響分析の結果が報告書にとりまとめられた。

2023年6月には、孤独・孤立対策推進法が公布され、孤独・孤立対策を社会課題として進めていく流れが本格化された。

10）改正生活困窮者自立支援法と改正生活保護法の制定（2024年）

2024年4月24日に改正生活困窮者自立支援法および改正生活保護法が公布された。生活困窮者自立支援制度においては、住宅確保が困難な者への安定的な居住の確保の支援を強化するため、自立相談支援事業の法律上の定義に「居住支援」を明記するとともに、一時生活支援事業を居住支援事業に名称変更した。

生活保護法においては、子どもの進路選択支援事業、就労準備支援事業、家計改善支援事業、地域居住支援事業を法定化するとともに、進学・就職準備給付金により高校を卒業して就職する子どもの新生活を支援するため一時金を支給する措置を講じた。

両制度の連携が課題となったことから、生活保護法に調整会議を新設するとともに、支援の一貫性を担保するために、生活保護受給者（特定被保護者）が生活困窮者自立支援制度の就労準備支援事業、家計改善支援事業、居住支援事業を利用できる仕組みを創設した。

また、関係機関との支援の調整や情報共有を行うための会議体である調整会議の設置規定（任意）も創設された。

3. 生活保護制度における社会福祉実践

1）生活保護制度とは

生活保護制度は、生活保護法に基づき実施されている。生活保護法は、1950年、日本国憲法第25条の「生存権」を具現化するために制定された。「最低限度の生活の保障」と「自立の助長」を目的としており、4原理（国家責任・無差別平等・最低生活保障・保護の補足性）、4原則（申請保護・基準及び程度・必要即応・世帯単位）を、制度を実施するうえでの基盤となる考え方として掲げている。

保護は八つの種類の扶助（生活・教育・住宅・医療・介護・出産・生業・葬祭）により行われる。都道府県知事、市長、福祉事務所を設置する町村長を実施機関としており、①現住地保護、②現在地保護、③急迫保護、④施設入所保護の場合の特例、⑤町村長による応急保護により、実施責任を定め、保護を必要とする要保護者が急迫した状況にあっても保護が利用できるようにしている。

2）生活保護の実施体制

生活保護は、社会福祉法第15条の規定により、各都道府県、市区町村の**福祉事務所**に配置された、福祉事務所長、査察指導員、現業員、事務員が、その運営、実施を担っている。

査察指導員は、現業員のスーパーバイザーとして位置づけられており、「SV：エスブイ」と称される。現業員は、一般的に**ケースワーカー**と呼ばれており、生活保護の相談から開始、廃止にいたるまでのプロセスにおいて、保護の決定・実施にかかわる相談援助、各種調査、事務を担っている。査察指導員、現業員、ともに、社会福祉主事でなければならないことが定められている。

その他、福祉事務所には、嘱託医、就労支援をはじめとする自立支援の業務を担う各種支援員が配置されている。

3）生活保護における自立の考え方

生活保護においては、制度施行後、長らく、生活保護法第1条に位置づけられる「自立」について、二つの見解があったと考えられている。一つは「経済的自立」であり、生活保護を利用しない自立を意味している。もう一つは、「社会的自立」であり、生活保護を利用しながら果たされる自立である(6)。

その後、生活保護における自立の考え方を明示したのが、2003年12月に公表された、社会保障審議会福祉部会『生活保護制度の在り方に関する専門委員会報告書』である。報告書では、社会福祉法第3条の「福祉サービスの基本的理念」に基づく、以下の三つの自立の考え方が示された。第一は、就労自立（就労による経済的自立）(7)、第二は、日常生活自立（身体や精神の健康を回復・維持し、自分で自分の健康・生活管理を行うなど日常生活における自立）、第三は、社会生活自立（社会的なつながりを回復・維持するなど社会生活における自立）である。2005年度からは、三つの自立の考え方に基づく自立支援、および自立支援プログラムが実施されている。

4）生活保護における社会福祉実践

生活保護における社会福祉実践は、生活保護法の原理原則に則って行われる社会福祉の相談援助活動である。**社会福祉主事**であるケースワーカーは、①要保護者の発見（アウトリーチ）、②受付面接（インテーク）、③アセスメント（事前評価）、④プランニング（援助方針の策定）、⑤インターベンション（援助活動の実施）、⑥モニタリング（援助内容の確認）、⑦エバリュエーション（援助活動の評価）、⑧ターミネーション（終結）という、一般的なソーシャルワークの展開過程に沿って実践している(8)。

ケースワーカーは、定期的、または必要に応じて実施する訪問調査（家庭や入院・入所先等への訪問）を通じて、被保護者の現状を把握する。そして、個々の被保護者の必要に応じて、生活保護法内で対応すべき経済給付を行うとともに、法内での自立支援プログラムや他法他施策の事業やサービスの利用をコーディネートしながら、被保護者の生活の安定と課題解決に向けた相談援助、自立支援を行っている。制度は万能ではなく、他職種連携が不可欠である。

5）生活保護における社会福祉実践の特徴

生活保護における社会福祉実践には特徴がある(9)。第一は、「最低限度の生活の保障」と「自立の助長」という二つの目的を実現すべく、地方公務員であり、社会福祉主事であるケースワーカーが、相談援助活動を担うことである。第二は、生活が立ち行かなくなった時に制度の利用の有無にかかわらず対応していくものであり、相談に訪れることができない人々への対応も含んでいること。第三は、制度の実施上、指導及び指示（生活保護法第27条）や立入調査（生活保護法第28条）など、法に基づく権限を行使する場合があること。第四は、経済給付と生活全般にかかわる相談援助を同時に行い、「金銭」を介在させて行われる相談援助活動であることである。

生活保護は、制度を必要とする住民の必要に即応して、金銭や、医療・介護サービスをはじめとする現物給付により、命と生活をまもることができる点に重要な意義がある。一方で、相談援助のプロセスで、ケースワーカーによる「権限（公権）」や「金銭」を介在させて行われるため、援助者であるケースワーカーと、利用者である要保護者との間に、葛藤が生まれやすいことを、一つの固有性として理解しておく必要がある。

制度の利用にあたっては、相談者に対する懇切丁寧な制度説明が不可欠であるといえるだろう。

6）ケースワーカーの役割

ケースワーカーの役割とは、どのようなものであろうか。生活保護の業務に従事する職員が、日常的に活用している関係法令通知集として『生活保護手帳（各年度版）』がある。冒頭には、「生活保護実施の態度」として、「保護の実施要領等を骨とし、これに肉をつけ、血を通わせ、あたたかい配慮のもとに生きた生活保護行政を行うよう、特に次の諸点に留意のうえ、実施されることを期待するものである」として、以下の７項目が掲げられている[10]。

①生活保護法、実施要領等の遵守に留意すること。②常に公平でなければならないこと。③要保護者の資産、能力等の活用に配慮し、関係法令制度の適用に留意すること。④被保護者の立場を理解し、そのよき相談相手となるようつとめること。⑤実態を把握し、事実に基づいて必要な保護を行うこと。⑥被保護者の協力を得られるよう常に配意すること。⑦常に研さんにつとめ、確信をもって業務にあたること。

ケースワーカーの役割は、要保護世帯の管理者、指導者、時には家族的な対応をすべき者として捉えられがちであるが、要保護者の「よき相談相手」であることが求められていることがわかる。

７）実践をよりよいものにするために

生活保護制度や相談援助のあり方は、古くは、1950年以降、社会福祉主事の養成課程における「公的扶助論」、社会福祉士養成における「貧困に対する支援」（1986～2008年「公的扶助論」、2009～2018年「低所得者に対する支援と生活保護制度」）といった指定科目において教授されている。しかしながら、生活保護制度やケースワーカーの役割について、生活保護の業務を担う職員や、社会福祉関係者において、必ずしも本来のあり方の共通理解が得られないまま、現在に至っているものと考えられる。

ケースワーカーの短期間での人事異動、業務量の増加、人員不足など、実施水準を維持するための体制が保持できていないことは長年の課題である。同時に、社会において、制度や制度の利用者に対する正しい理解が得られていないことが、制度の利用のしづらさを生み出している。制度の周知とともに、制度やケースワーカー、誰より利用者が孤立しない実践モデルの構築が求められているといえるだろう。

4. 生活困窮者自立支援制度における社会福祉実践

１）生活困窮者自立支援制度とは

生活困窮者自立支援制度は、2013年12月に成立し、2015年4月から施行された生活困窮者自立支援法（以下、法）に基づき実施されている。

法の目的は「生活困窮者自立相談支援事業の実施、生活困窮者住居確保給付金の支給その他の生活困窮者に対する自立の支援に関する措置を講ずることにより、生活困窮者の自立の促進を図ること」（法第１条）である。

法の理念は、2018年度の法改正により法第２条に位置づけられ、「生活困窮者の自立と尊厳の確保」と「生活困窮者支援を通じた地域づくり」が掲げられている。また同年の法改正では、法第３条の生活困窮者の定義を見直し、「就労の状況、心身の状況、地域社会との関係性その他の事情により、現に経済的に困窮し、最低限度の生活を維持することができなくなるおそれのある者」と明確化した。

制度ができた背景には、2008年末のリーマンショック以降、複合的な課題を抱えた生活困窮者が増加したが、既存の社会保障制度が利用できず「制度の狭間」におかれてしまう人々が少なくなかったことや、生活保護制度以外に生活困窮者に対する人的支援の仕組みが十分ではなかったことがある。

包括的な支援の仕組みを各地域で創造しながら、新しいセーフティネット（第二のセーフティネット）を構築することを目指して、制度は誕生した。

２）生活困窮者自立支援制度の実施体制

生活困窮者自立支援制度は、全国の福祉事務所設置自治体が実施主体となり、運営されている。

法で定める事業のうち、自立相談支援事業と住居確保給付金の支給は、福祉事務所設置自治体の「必須事業」とされている。また、就労準備支援事業、家計改善支援事業（2018年度の法改正までは家計相談支援事業）、一時生活支援事業、子どもの学習・生活支援事業（2018年度の法改正までは、子どもの学習支援事業）、就労訓練事業、その他生活困窮者の自立の促進を図るために必要な事業は、各自治体が、地域の実情に併せて実施する「任意事業」として位置づけられている。

各事業は、福祉事務所設置自治体が直営で行う場合と委託により実施する場合があるが、いずれも都道府県、福祉事務所設置自治体が、自治体内の制度の実施体制構築とともに、人材養成を担う責務を負っている。

2018年度の法改正では、会議の構成員に守秘義務を設け、生活困窮者に対する情報共有等を行うことにより、支援および支援体制を充実させるための支援会議が法第９条に位置づけられた。

国と都道府県において、人材養成研修を一定の指針のもとで行っていることが本制度の特徴といえよう。

３）自立相談支援事業の役割

必須事業である**自立相談支援事業**は、制度の司令塔ともいわれており、支援に関する総合調整を行う重要な役割を担っている。

全国の自治体の大半が「生活（くらし）」「就労（しごと）」「支援（サポート）」などのキーワードを用いた独自の機関名をつけて、相談者が相談するのにアクセスしやすいような工夫をこらしている。

支援機関には、主任相談支援員、相談支援員、就労支援員の３職種が配置されており、相談支援を担っている。「断らない相談支援」を特徴としており、相談に訪れることのできない者へのアウトリーチも含めた相談支援を通じて、相談者の現状と課題を理解し、一人ひとりの状況に応じた支援プランを相談者とともに策定していく。また、相談者の現状に応じて、新たな社会資源を創出するなど地域づくりに向けた実践を展開する。

プラン案の共有、適切性の協議、支援終結時の評価、地域に不足する社会資源の創出に向けた検討を行う場として、支援調整会議が設置されている。

４）生活困窮者自立支援制度における自立および就労の概念

生活困窮者自立支援制度の目標および理念の一つは「生活困窮者の自立と尊厳の確保」である。ここに掲げられている自立は、健康や日常生活をよりよく保持する「日常生活自立」、社会的なつながりを回復・維持する「社会生活自立」、経済状況をよりよく安定させる「経済的自立」であるとされている。

就労については、「単に収入を得るばかりでなく、日々の生活をつくり、社会とのつながりを構築し、自己実現を図るという大切な意義を持つ」[(11)]として、有給労働と無給労働を含めた多様な働き方があることを踏まえて、相談者一人ひとりにとってよりよい形で就労を実現させていくことが就労支援であると考えられている。

自立と就労の考え方は、生活保護と同様の概念が用いられており、両制度における自立支援、就労支援が連続的に、齟齬をきたすことなく行われることを目指している。

５）生活困窮者自立支援制度における社会福祉実践の特徴

生活困窮者自立支援制度における社会福祉実践には特徴がある。第一は、相談者の「尊厳の確保（保持）」を理念とした実践を展開することである。尊厳の保持を目標、あるいは理念として掲げていることには重みがある。それは、生活困窮状態となった人々が、社会のなかで、尊厳を損なわれ続けていることを意味している。第二は、「断らない相談支援」を行うことである。本人の属性や状態を問わずに、まずは相談につながった相談者本人を受けとめ、本人に寄り添いながら、本人を中心とした相談支援を展開していくことが求められている。第三は、金銭やサービスの給付を伴わない、「人が人を支援する」ことを中核とする実践であることである。従来の制度は、相談支援と金銭等の給付を一体的に行うことが少なくなかったが、本制度の自立相談支援事業における相談支援は、給付を伴わない。ゆえに、支援員の相談支援にかかる力量が求められる。第四は、「支援を通じた地域づくり」に向けた実践を行っていくことである。ここでいう地域づくりは、相談者の困りごとを解決するために、既存のサービスや資源だけでなく、あらたな地域の人々や民間企業を含めた団体との関係づくりや場づくりを行いながら、地域に理解者を増やしていく実践である。

6）実践をよりよいものにするために

自立相談支援事業をはじめとする、生活困窮者自立支援制度に従事する支援者には、三つの基本倫理と八つの基本姿勢が求められている。三つの基本倫理は、①権利擁護（尊厳の確保・本人の主体性の確保）、②中立性・公平性、③秘密保持である。八つの基本姿勢は、①信頼関係の構築、②ニーズの的確な把握、③自己決定のプロセスを支える支援、④家族を含めた支援、⑤社会とのつながりの構築の支援、⑥チームアプローチの展開、⑦さまざまな支援のコーディネート、⑧社会資源の開発・発見である。

これらの基本倫理と基本姿勢を踏まえて「断らない相談支援」をオーダーメイド型で行っていくことが支援者の役割である。支援者には「高度な相談支援」の力量が求められており、厚生労働省および都道府県が人材養成研修を実施している。

相談支援を主軸とした、生活困窮者自立支援制度における社会福祉実践は、「人が人を支援する」という、ソーシャルワーク実践における本来の相談支援が実現できる、ユニークな実践領域であるといえる。常に、支援者自身が倫理と基本姿勢に立ち戻り、相談者を排除することのない、尊厳を確保した支援が実現できるよう研鑽していくことが不可欠となろう。

制度の縦割りを排した支援の展開が特徴であった本制度であるが、「生活困窮者自立支援」という新たな縦割りの領域になっているのではないかという声もある。本制度における実践をよりよいものとしていくための、人的体制を含めた体制整備とともに、人材養成の質を高め、多様な形で実施していくことが不可欠であるといえるだろう。

5. 貧困と福祉における社会福祉実践の動向と課題

1）民間支援団体の支援の意義

本領域においては、**民間支援団体**の実践が、当事者の生命と生活を支えるばかりでなく、当事者のおかれている現実や声を社会に届けるとともに、新たな政策立案に向けて大きな影響を与えてきた。

貧困、低所得者に対する民間団体の支援は、戦後、全国で実施されているが、近年では、生活困窮者自立支援制度の成立の契機となった、2008年末の年越し派遣村も、複数のNPO法人と労働組合によって実施されたものであった。

同時期に「子どもの貧困」が注目されるようになってからは、「こども食堂」の取り組みも、全国で広がっていった。「**こども食堂**」は、子どもが一人でも行くことのできる無料または低額の食堂を意味しているが、全国各地で、民間団体が支援を展開し、次第に、子どもに限らず、地域で誰もがつながることのできる居場所としての取り組みが広がっている。

2020年からは、新型コロナウイルス感染症（COVID-19）の影響で、経済的困窮状態にある人々が増加するとともに、フリーランスや自営業を営む人々、在留外国人など、新たな相談者層が顕在化された。人との接触を避けることや、行動制限が推奨されるなかで、民間支援団体は、フードバンクを活用した食料や物資の配布と相談支援を組み合わせた活動、相談者のもとにアウトリーチする相談支援、民間支援団体が運営するシェルターなどを活用した相談支援、インターネット・SNSを活用した相談支援などを展開した。

また、生活保護については、扶養照会があることで保護の申請を忌避する相談者が少なくないことを踏まえて、民間支援団体が厚生労働省に申し入れをした結果、厚生労働省が、扶養照会の判断基準を明確化する通知を発出するなど、具体的な制度の改善につながる働きかけを行う取り組みなども見られた(12)。ここで、一つひとつの団体の活動を取り上げることはできないが、民間支援団体の活動の意義は、既存の制度ではカバーできない、先駆的かつ、当事者のニーズに応じた柔軟な支援ができることであるといえるだろう。他方で、本来、既存の制度の相談支援が十分に機能せず、民間支援団体が、相談者が一人で福祉事務所をはじめとする相談機関に相談に行くことができないところを同行し代弁するなどの役割を担わざるを得なくなっていることは、民間支援団体の活動から見えてきた、既存の制度の課題であるといわざるを得ない。

民間支援団体の多くは、**アドボカシー**と**ソーシャルアクション**を使命としている。同様に、制度に基づく支援を担う支援者も、アドボカシーとソーシャルアクションを行う立場にある。双方が立場を超えて、いかに、目の前の相談者がよりよく生きることを支えるために協働できるか、そして、政策や制度の創設や改善につなげるためのパートナーシップを構築できるかが、本領域の社会福祉実践を充実させていくための鍵となるであろう。

2）本領域における研究の動向

社会福祉実践をよりよく進めていくためには、貧困と福祉に関する研究の動向や、研究における問いや成果を意識し、実践のなかで捉え直したり、活かしたりしていくことが大切である。

本領域において、貧困に関する理論、政策、実践を架橋する研究を積み重ねるための重要な役割を果たしているのが、2008年に刊行された雑誌『貧困研究』(13)ではないかと思われる。本誌は、2007年に創設された貧困研究会が刊行している。貧困研究会は、社会保障・社会福祉、労働、医療、法律、家族、住宅、地域政策などのさまざまな分野で「貧困」にかかわる調査研究を行う研究者たちが、学会や専門領域の枠を超えて交流し、国内外の研究者相互の連携と協力を促進することを目的とした研究会であり、2015年7月には、日本学術会議から日本学術会議協力学術研究団体として指定され、学会として認められている(14)。

『貧困研究』の各号の特集と、巻末の「貧困に関する政策および運動情報」を見ると、その時々の、貧困をめぐる政策や実践の課題が何かを理解することができる。

また、1963年に全国の公的扶助ケースワーカーがお互いに呼びかけ始まった自主的研究会である「全国公的扶助研究会」（1995年までは「公的扶助研究会全国連絡会」）が発行している機関誌『季刊公的扶助研究』(15)も、長年にわたり、生活保護を中心とする実践に根差した研究や論考を紹介する研究誌として注目したい。

貧困に関する研究、特に、新しい課題に対して何ができるか、制度や事業の創設や見直しに向けた試行的な研究として行われているのが、厚生労働省の社会福祉推進事業である(16)。

社会福祉推進事業による研究は、厚生労働省が、シンクタンク、民間団体、大学等に委託して単年度で実施するものであるが、課題に対する計量的な調査、質的な調査を通じて現状を把握するほか、業務に用いるツールや、手引き等などの成果物の作成を目的としたものも多く、実践をいかに進めるかを検討する際に示唆に富む成果がみられる。

今後、社会福祉実践にかかわる者が、貧困に関する研究にどのようにかかわることができるか、また、研究の成果を、当事者、そして社会福祉実践の充実のためにいかに活かしていくことができるかが問われているといえるだろう。

3）これからの実践に向けて

ルース・リスターが述べる、物質的な剥奪、他者化、人権とシチズンシップの侵害、声の欠如、相対的な無力さ(17)というような、貧困状態におかれている人々の苦難を、どのように解消していくことができるかは、貧困と福祉における社会福祉実践に携わる実践者につきつけられた、大きな課題であると思われる。

それらの解消に向けて、どのようなことを意識すべきか、以下に３点挙げたい。

第一は、当事者の声を受けとめ、それを、実践や制度・政策の策定に活かしていくことである。リスターが述べる「声の欠如」は、世界的な課題となっており、日本も例外ではない。実践者は、日々、当事者に向き合っているが、実践者が当事者の意向や想いのすべてを把握できるわけではない。本領域においては、当事者が実名で声を上げていくことがバッシングにつながりやすく、容易でないことを踏まえておくことも大切である。相談支援を利用している人々のフィードバック、調査研究や政策策定時のヒアリング等、できるだけ当事者が安心して現状や想いを伝えることができるような機会を増やしていくことが、実効性のある施策や実践を実現するためにも不可欠であるといえるだろう。

第二は、社会福祉実践に携わる実践者が、人間の尊厳と社会正義の実現という、社会福祉専門職が求められる倫理を踏まえた実践が実現できるよう、常に、自らのあり方を問い直していくことである。貧困状態にある人々に対する誤解やスティグマは、根強くある。そのような社会で生きる自らが、知らず知らずのあいだに、偏見の念をもってしまうこともある。社会福祉実践者の倫理は、実現が難しいからこそ掲げられていることを忘れず、謙虚な実践を重ねていくことを目指したい。

第三は、実践者自身が孤立しない連携を志向することである。連携は、支援にかかわる者同士が、相互理解のもとで、物事にともに取り組むことを意味している。近年、連携が役割分担と同義で用いられている場合があるが、丸いケーキを切り分けるようなイメージの役割分担は、実践者の孤立、ひいては、当事者の孤立を生み出していく。相談支援を担う専門職種ばかりでなく、地域のさまざまな企業、団体、住民と「ともに取り組む」ことを大切に、実践を展開することが求められる。

本領域における当事者の抱える課題は、複合的であり、かつ、相談支援につながっても、社会のあり方が変わらない限り、解決できないことも少なくない。困難は、地域社会から生まれているのである。しかし、それを解決する力を秘めているのも地域社会である。当事者の抱える困難を受け止め、社会課題として捉えて実践していくことが、これからの地域社会をよりよくする力になると信じて、当事者とともに歩みを進めていくことが大切である。

注

（1）ルース・リスター，松本伊知朗監訳，立木勝訳『貧困とはなにか――概念・言説・ポリティクス』明石書店、270頁、2011年
（2）仲村優一・一番ヶ瀬康子・右田紀久恵監、岡本民夫・田端光美・濱野一郎・古川孝順・宮田和明編『エンサイクロペディア社会福祉学』中央法規出版、856～859頁、2007年
（3）前掲（2）、854頁
（4）前掲（2）
（5）前掲（2）
（6）岡部卓「自立とは何か」社会福祉士養成講座編集委員会編『新・社会福祉士養成講座⑯ 低所得者に対する支援と生活保護制度 第５版』中央法規出版、254～255頁、2019年
（7）なお、「就労自立」については、2018年度以降、厚生労働省により、就労のみならず経済的なさまざまな自立を含め「経済的自立」と表すようになっている。
（8）『社会福祉学習双書』編集委員会編『社会福祉学習双書2024 ⑦ 貧困に対する支援』全国社会福祉協議会、127頁、2024年
（9）前掲（8）、131～132頁
（10）『生活保護手帳2024年度版』中央法規出版、2～3頁
（11）自立相談支援事業従事者養成研修テキスト編集委員会編『生活困窮者自立支援法――自立相談支援事業従事者養成研修テキスト 第２版』中央法規出版、257頁、2022年
（12）稲葉剛『貧困パンデミック――寝ている「公助」を叩き起こす』明石書店、180頁、2021年
（13）2008年10月より、年２回、明石書房より刊行。
（14）貧困研究会ウェブサイト https://hinkonken.smoosy.atlas.jp/ja
（15）『季刊 公的扶助研究』は、年に４回、全国公的扶助研究会が編集、発行している。
（16）厚生労働省社会福祉推進事業ウェブサイト https://www.mhlw.go.jp/stf/seisakunitsuite/bunya/0000083671_00016.html
（17）前掲（1）

参考文献

- 『社会福祉学習双書』編集委員会編『社会福祉学習双書2024 ⑦ 貧困に対する支援』全国社会福祉協議会、2024年
- 鏑木奈津子『詳説 生活困窮者自立支援制度と地域共生――

政策から読み解く支援論』中央法規出版、2020年
- 自立相談支援事業従事者養成研修テキスト編集委員会編『生活困窮者自立支援法——自立相談支援事業従事者養成研修テキスト 第2版』中央法規出版、2022年

推薦図書

- 岩田正美『生活保護解体論——セーフティネットを編みなおす』岩波書店、2021年
  ＊生活保護の現状と課題を詳らかにしたうえで、新たな最低生活保障のあり方を提起する比類なき書。
- 小山進次郎『改訂増補 生活保護法の解釈と運用（復刻版：紙版）』全国社会福祉協議会、2021年
  ＊生活保護制度の成り立ち、法の解釈と運用が解説された制度理解のための必読書。
- 柏木ハルコ『健康で文化的な最低限度の生活（1）～（13）』小学館、2019～2024年
  ＊丁寧な取材と生活保護法の原理原則を踏まえて描かれる生活保護実践のリアルを伝える漫画。
- 和久井みちる『生活保護とあたし』あけび書房、2012年
  ＊数少ない、生活保護利用当事者自身が執筆した書。「あたし」の目線からの問いかけが心に響く。
- 宮本太郎・菊池馨実・田中総一郎編『生活困窮者自立支援から地域共生社会へ——証言からたどる新たな社会保障の創造』全国社会福祉協議会、2023年
  ＊生活困窮者自立支援制度の政策立案に携わった人々の渾身のオーラルヒストリー。
- 一般社団法人社会的包摂サポートセンター編『相談支援員必携 事例でみる生活困窮者』中央法規出版、2015年
  ＊「生活困窮の氷山モデル」を提起し、ソーシャルな視点の重要性を示した相談支援の基盤の書。
- 奥田知志・原田正樹編『伴走型支援——新しい支援と社会のカタチ』有斐閣、2021年
  ＊社会的孤立を含む生活困窮状態に対する「つながり続ける伴走型支援」のあり方を解く。
- 篠原匡著『誰も断らない——こちら神奈川県座間市生活援護課』朝日新聞出版、2022年
  ＊生活困窮者自立支援制度の理念を踏まえた支援に取り組む地方自治体の「人と人生」の物語。
- 小林美穂子『家なき人のとなりで見る社会』岩波書店、2023年
  ＊民間支援団体の支援者として、当事者に寄り添うなかで見えてきた社会の現実と課題を提起。
- 野々村光子『しんどいからおもろいねん』コトノネ、2024年
  ＊働くことの〝応援〟を続ける筆者の、人々との出会いのなかに描かれる「支援の心髄」。

2 家族ケアと福祉

田中智子

1. 両義的存在としての家族

ある人の生老病死、すなわち暮らしや人生を支える資源として、家族とはどのように位置づけられるべきであろうか。

いわゆる当事者と**家族**の関係は、これまで論争的なテーマとして扱われ、相対する二つの視点で把握されてきた。一つは、家族を障害者の同心円上に位置づけるものがある。上田（2005）は、「本人が病気になる・障害を持つ・あるいは介護が必要な状態になるということが、家族など身近な人々に及ぼす悪影響」について、「第三者の障害」として看過できないものであると指摘している。すなわち家族は当事者を中心に据えた同心円状の外側に位置づけられ、その影響からは逃れられないとするものである。たとえば、障害がある子どもを家族に含む場合、親が働けない、きょうだいの進路が制限されるということである。

もう一つの考え方としては、主に身体障害者の当事者運動によって主張されてきた「**脱家族**」がある。脱家族は、入所型の施設からの脱却という「脱施設」ということと並んで、生活を家族や施設に規定されるのではなく、その主導権を当事者が握ることを強く主張するものである。障害者の権利に関する条約における審議過程においても、家族条項（第23条）に「ケアする家族」を位置づけるかどうかをめぐって、家族による扶養義務規範が相異なる国々からさまざまな提案がなされた。土屋（2010）によると、インドの代表団からは「発展途上の国々では家族がサポートの「自然な第一の選択」となることに言及し、前文に「家族が障害者の意思形成過程に参画する」という文言を入れること」が提案された。それに対し、日本から参加した団体は、「現実の障害者と家族の関係において、利害関係者である家族の側にパターナリズムが根強くあるため、本人の自己決定を抑圧する場合が少なくない」とし、条文の中にケアする家族を盛り込むことに異議を唱え、「障害を持つ人を主体としてとらえる障害観に立脚」する必要性を論じている。

家族からは独立的な存在として当事者を位置づけ、個人としての生活や権利の保障を確立するための理念ということで、「脱家族」という主張に異論はないが、日本の現状を鑑みると、「第三者の障害」ともいうべき事例や経験が散見される。高齢領域での2000年施行の介護保険法を皮切りに、あらゆる分野において「**ケアの社会化**」ということが政策立案過程において議論の俎上に載るようになった。「ケアの社会化」では、家族と社会で、ケアをどのように分有するのか、その結果、当事者と家族にどのような関係性が築かれるのかということを考えていくことが重要である。

2. 家族によるケアの包摂の困難
——家族の「小規模化」と「貧困化」

一般社団法人日本ケアラー連盟によると、**ケアラー**とは、「こころやからだに不調のある人への「介護」「看病」「療育」「世話」「気づかい」など、ケアの必要な家族や近親者、友人、知人などを無償でケアする人」とされている。しかしながら、現代社会における家族は、そういったケアを包摂できる状況であるのだろうか。家族がケア役割を担うことができるのかどうかを検討するために、「小規模化」と「貧困化」というキーワードをここでは取り上げる。

「小規模化」という点においては、国民生活基礎調査をもとに2001年→2013年→2023年と約10年ごとの平均世帯人員数の変化を確認すると、2.75人→2.51人→2.23人と着実に少なくなっている。その背景には、「単独世帯（24.1%→26.5%→34.0%）」「夫婦のみ世帯（20.6%→23.2%→24.6%）」「ひとり親と未婚の子のみの世帯（5.7%→7.2%→6.9%）」などの少人数で構成される世帯の増加傾向がみられる一方で、「夫婦と未婚の子のみの世帯（32.6%→29.7%→24.8%）」「三世代世帯（10.6%→6.6%→3.8%）」などの多人数世帯の減少がみられる。また、介護保険法によって認定を受けた「要介護者等のいる世帯」に限って2001年と2022年を比べると、「単独世帯（15.7%→30.7%）」「夫婦のみの世帯（18.3%→25.0%）」が増える一方で、「三世代世帯（32.5%→10.9%）」は大幅に減少しており、ケアの担い手を家族の内部で調整することは難しい状況にある。実際に「主な介護者（2022年）」をみてみると、「同居の家族」からは45.9%と半分を下回っており、かつ介護者の高齢化も顕著である。「要介護者等」と「同居の主な介護者」の年齢の組み合わせが75歳以上同士といういわゆる老老介護の割合も、2001年には18.7%であったのが2022年には35.7%と着実に増加してきている。すなわち、家族の小規模化に伴い、**家族ケアラー**の確保は困難な状況になり、家族ケアラーが確保された場合においても、ケア供給体制の脆弱性は免れ得ない。

また「貧困化」という点においては、たとえば、蓑輪（2016）は、就業構造基本調査をもとに子どもを養育する世帯における低所得層の増大を指摘している。子どもが低年齢（末子３歳未満）の場合の妻の就業率の増加の背景として、「男性稼ぎ手の賃金抑制」、すなわち、家族を経済的に扶養することのできる労働者の減少という貧困化を指摘している。その結果として、男女ともに長時間労働が常態化しており、子どもが３歳未満であっても、妻の長時間労働が常態化しており、子どもの日常的なケアが困難になっていることがうかがえる世帯が約３分の１ほどに至っている。

そして、このような子育て世帯における親の長時間労働化は、子どもにとっては親と一緒に過ごす機会の減少というケア時間の確保と対立的な構造をつくり出す。大石（2019）によると、末子が６～８歳という大人とのコミュニケーションを必要とする年齢にあっても、母子世帯では二人親世帯と比べると母親と夕食を食べる機会が少ないことを指摘している。その背景として、二人親世帯の母親と比較して母子世帯の母親は、早朝、夜間、深夜などに就労している割合が高いことも明らかにしている。バーバラ・ポーコック（2006 = 2010）によるオーストラリアの子どもへのグループインタビューをもとにした研究では、多くの子どもたちが望むのは、「することの決まっていない『ただ一緒にいる時間』を親と過ごす」ことであり、そのためには親が「ストレスをためていない」状態で仕事から帰宅することが必要であると指摘している。そのためには、適度な経済的安定性とケアに余裕をもって望める適当な労働時間であることが必要と指摘する。

しかしながら、そのような環境で仕事と子育てを両立できる人は限定される。日本において、このような状況がもたらされる社会的背景としては、労働市場において、子育て期にある労働者、特に女性が弱い立場にとどめおかれることと併せて、手当や給付、控除などの社会保障制度が十分に機能せず、生活資源を得るためには労働市場を通じて得る稼得に大きく依存せざるを得ないために、長時間労働に従事する以外にない状況であることが考えられる。

以上のことから、家族の小規模化ならびに貧困化は、家族内でのケアする機会の減少をもたらすと同時に、「**ケアの格差**」ともいえる現象を生み出している。

3.「家族のための家族政策」か「国家のための家族政策」か

家族が労働とケアをどのようなバランスで選択するかということについては、国家による**家族政策**に規定される面が大きい。

落合（2022）は、法学者の原田純孝の議論を援用しながら、「家族のための家族政策」と「国家のための家族政策」という二つの視座を提示している。

「家族のための家族政策」とは「家族それ自体の保護を目的とする」とし、「国家のための家族政策」とは「個人の生活の確保と労働力の再生産のための基礎的単位としての家族を国家がどのようなものとして把握し、それにいかなる位置・役割を担わせていこうとしているのか」と説明しており、ここからは少子化対策などが引き出される。そして、日本の特徴として前者が弱いことを指摘している。日本において、**「家族の保護」**という視点が弱い背景として、1948年の世界人権宣言にある「家庭は、社会の自然かつ基礎的な集団単位であって、社会及び国の保護を受ける」という国際的に家族保護規定が位置づけられる前に日本国憲法が定められたことによると指摘している。憲法第24条が、第1項において「婚姻は両性の合意のみに基づいて成立し」とし、第2項において、家族に関する事項に関して、「法律は、個人の尊厳と両性の本質的平等に立脚して、制定されなければならない」と定めたように、家族保護規定は盛り込まれていない。加えて、それ以前の明治民法においても「西欧法の民法の主眼」にあったような「家庭内における弱肉強食を防ぐという弱者保護のための国家介入」を目論む議論もなされたが、保守派の反対に遭い位置づけられなかったと指摘している。それらを踏まえて、落合は、家制度を超えたところで、「家族内での権利義務の実現、家族の保護と支援のために必要な国家介入がある」と主張するのである。

これに対して、若尾（2023）は、憲法第24条に「家族保護」規定を欠落させていることの意義を説く。すなわち、それは戦前日本の家族主義の「暴力性」との対決を含意する。戦前日本において公的扶助は「扶養義務者のいない者」したがって「家族のない人」に限定され、「家族のある人」は扶養義務者の扶養義務能力の有無とは無関係に、教育勅語と明治民法により、家族の中で生き延びることが強制されてきた。それを乗り越えていくために、憲法第24条では、封建的家族主義を超える民主主義の要請、「個人主義と父権・夫権からの解放」を目指した個人主義の要請、そしてその個人主義を貫くために、憲法第25条で「個人」の生存権が明記されていると法体系の位置づけを説明する。そして、憲法第24条は、すべての人が、年齢や性の違い、あるいは障害の有無によって、家族のなかで、あるいは家族と共に、排除・制限されることなく「個人の尊厳」をもって生きることが保障されており、それゆえ憲法第25条では、個人の「生活を営む権利」の保障を「国の責務」と位置づけている。そして、ケアを必要とすることは、当事者の「生活を営む権利」であり、私的扶養を担う家族に委ねてはならない。多様な家族のなかで生きる「個人の尊厳」と、個人としての「生活を営む権利」保障は、家族主義の暴力性を打破する鍵であるとしているのである。

確かに、後述するように、現代社会におけるケアをめぐる状況をみると、生殺与奪の権が家族を基底とすると、ケアを受ける側にもケアをする側にとっても互いに自らの手にはなく、社会状況に左右される他律的なものとして存在しているといえよう。

4. 家族がケアを包摂する臨界と家族に課せられるケアの法的責任

現実問題として、家族内でケアを包摂するには限界が生じていることがうかがえる。

高齢者介護における老老介護の増加については、前述したとおりであるが、介護の内実も過酷な状況である。2022年の国民生活基礎調査によると、「同居の主な介護者」の介護時間について、「要介護者等」の要介護度別にみると、要支援1から要介護2までは「必要なときに手をかす程度」が多くなっているが、要介護3で、「半日以上」と「ほとんど終日」を合わせると5割を超える。「ほとんど終日」の割合は、要介護3で31.9％、要介護4で41.2％、要介護5で63.1％と、介護度が上がるほど、社会的支援だけでは対応できず、家族が付きっきり状態にならざるを得ないことが明確である。このような状況になる制度的背景としては、たとえば最も介護度が重い要介護5の場合、介護保険によるサービスを使う際の支給限度基準額は、2024年で1か月あたり36万2170円であり、具体的なサービスを当てはめると在宅の場合、訪問介護を1回20、30分から

１時間程度のものを週に３回、訪問看護、訪問入浴が週に１回程度ずつ、その他介護用品のレンタルのうちいくつかが賄える程度である。「ケアの社会化」を目指して創設された介護保険をフルに活用した場合でも、現状、家族が物理的に介護から離れられる時間というのは限定的である。

また、ケアにかかわるジェンダー的偏りも看過できない。同調査によると、「同居の主な介護者」のうち、介護時間が「ほとんど終日」である者は、「男」が25.5%、「女」が74.5%となり、介護の担い手の選定過程においてジェンダーが重要な要素として勘案されることがうかがえる。続柄別では、女の「配偶者」が45.7%と最も多く、次いで女の「子」18.5%、男の「配偶者」15.7%となっている

このような状況において、家族のケア負担は破綻の臨界を超えている状況も散見される。たとえば、殺人や自殺などの動機として、「ケアの悩み」が上位に挙げられている。警察庁が取りまとめている「年間の犯罪」では、殺人の動機として「介護・看病疲れ」が設定された2007年以降、一貫して「憤怒」「怨恨」に次いで「ケアの悩み」（「介護・看病疲れ」と「子育ての悩み」を合わせたもの）が上位に位置づいている。また、同様に内閣府が、警察庁からデータの提供を受け公表している自殺の原因においても、「介護・看病疲れ」「子育ての悩み」が少なくない割合を占めており、看過できない状況である。

しかしながら、法的には家族はケアに対する責任を免れ得ない。

2007年に91歳の認知症の男性（Aさん）が、線路に立ち入ったことで電車にはねられ亡くなり、その結果生じた損害について、鉄道会社から遺族に賠償を請求された訴訟においては、第一審で、同居の妻（80歳・要介護１）と遠方に住む長男に監督義務があると認定され、各719万円という支払い命令が下された（第二審では長男の責任は否定、最高裁では妻と長男の二人の責任を否定）。判決の中で、長男に関しては、Aさんから常々将来の面倒をみてほしいと言われていたこと、介護の方針を判断し決定する立場にあったとの自覚があること、実際に家族会議を主催していたという「支援体制の構築」という点において責任があったこと、妻は、Aさんの動静を注視したうえ、一人で外出して徘徊しそうになったときは、Aさんが一人で徘徊することを防止するための適切な行動をとるべき不法行為法上の「注意義務」が存したと認定されたからである。さらに一審の審理の過程において、原告である鉄道会社から、80歳の妻に対して、事故当日に居眠りをしてAさんから目を離しており（最大でも６、７分）、その間にAさんが外出しているが、日中は介護から解放されていた妻が帰宅したAさんを見守ることは決して過重な負担ではなく、目を離したことは重大な過失であるという主張がなされたことが、第一審における高額な賠償命令が下った判決に少なからず影響を与えたと考えられる。

本判決は、前例としてその後の同様の裁判に与えた影響も大きく、家族の「監督責任」に基づく量刑は、介護する家族の生活・心身の状況、同居や日常的な接触の程度、財産管理やケア体制の構築等への関与状況などによって判断され、日常的な監護、ケアや支援体制の構築にかかる責任が問われることとなった。これに則る形で、たとえば、2022年10月25日大阪地裁では、統合失調症を患う犯行当時24歳の息子が起こした殺人事件に関して、母親に対して、息子と連帯して6215万という高額な賠償命令が下された。この事件では、統合失調症を患った息子が通院や訪問看護等を拒否したことを受けて、同居する母親が在宅治療を引き受けたと解釈され、その後も息子が通院を拒否する状況に対して、それを改善し得る立場にありながら、放置していたとされた。また、統合失調症の症状の悪化により、他害行為に及ぶ危険性は想定されるもので、それを防止すべき注意義務違反も認められた。息子の服薬・通院の監督指導、日々の病状把握などにかかわる監督義務違反があったこと、医療機関・保健所・警察等への相談をし、支援体制を構築すべきだったがしなかったという責任が認められた。一方で、2019年８月22日大分地裁判決では、当時42歳の精神障害と知的障害のある息子の両親が、息子が起こした殺人事件に関して、監督義務者に当たるかどうかが争

われ、親は成人した息子の親権者ではなく、「法定の監督義務者ではない」という判断がなされた。また、事件当時70代の両親との体力差もあり、息子から親への暴力行為があり、監督には限界があったとして、賠償責任は否定された。その後に、控訴された第二審の福岡高裁でも2020年5月27日に親の責任能力を認めない旨の判決が下されている。

このようにケアする家族の法的責任は非常に重く、家族がケアから解放されることのない閉塞的状況へとつながっている。

5. ケアの社会化の課題 ——ケアの有償化と社会資源に組み込まれた家族の役割

以上のような家族ケアをめぐる状況を緩和する糸口としては、家族外の社会資源にケアを分散させるほかない。しかしながら、その方途も有償化とケア資源そのものに家族の役割が埋め込まれていることで限界がある。

有償化という点においては、日本における保育、障害者や高齢者の福祉サービスは、一見すると、公定価格と所得に応じた利用者負担割合の設定によって、普遍的にアクセス可能な状況にも思える。しかし、実際には福祉サービスを利用する際には、公定価格外の利用者負担（食費や宿泊費などのホテルコスト、おむつ代やクリーニング代、行事に係る経費など）が発生し、その負担は必ずしも軽いものではない。また、たとえば介護保険におけるヘルパーの業務範囲外のものとして、利用者以外のための洗濯や調理、ペットの世話、子どもの世話などの「本人を直接援助していると言えない行為」や、家具の移動、庭の手入れ、おせち料理などの特別な調理など「最低限の日常生活に必要ない行為」などが定められている。これらについては、事業者の自由裁量により設定される制度外サービスに頼らざるを得ない。このように誰にでもアクセス可能なものとして普遍化されていない福祉サービスは、家族の所得により、利用の可否をふるいにかける。結果として、利用が抑制されたり、より安価な資源を利用せざるを得ないケースも散見される。また、2000年の介護保険法施行以降、供給主体に係る条件の緩和により、営利を目的とするものも含む多様な事業者がケア市場に参入するようになった。人件費の抑制のため、労働者の非正規化や非専門職の雇用、期間限定の雇用の増加などが顕著である。その結果、事業者による利用者の逆選択や、時間をかけた当事者・家族と支援者間での信頼関係の構築に支障が生じている事態も散見される。その結果、当事者・家族がケアを家族内部で抱え込み、社会的支援ネットワークから孤立している深刻な事例につながっている。

ケアの社会化を考えるうえで、重要な視点として、福祉サービスの利用により家族がケアから解放されるのかどうかということにも着目する必要がある。

たとえば、障害福祉サービスにおける支給要否や時間の決定に際しての勘案事項に「介護を行う者の状況」が含まれている（障害者の日常生活及び社会生活を総合的に支援するための法律第22条）。

具体的には、宝塚市では居宅介護が利用できる条件の中に、「家族が障害・疾病などのために、家事を行うことが困難な場合」が含まれており、「（ア）家族が障害・疾病がある場合、（イ）家族が高齢で筋力低下していて、行うのが難しい家事がある場合、（ウ）家族が介護疲れで共倒れ等の深刻な問題が起きてしまうおそれがある場合、（エ）家族が仕事等で不在の時に行わなくては日常生活に支障がある場合」というように、サービス提供時間に家族の就労状況やケアへの関与度合いが勘案されている。

また、2000年代に全国に広がった障害児の学童保育を求める運動のなかでは、子どもの生活保障と親の就労保障が二本柱の要求として掲げられていた。2006年に実施された「障害児タイムケア事業」（現在は、市町村の地域生活支援事業としていくつかの自治体で実施）では、「下校後に活動する場について確保するとともに、障害児を持つ親の就労支援と障害児を日常的にケアしている家族の一時的な休息」を目的とすると、二本柱の要求が組み入れられる形で制度化された。しかしながら、その後、実施された放課後等デイサービスでは、目的が「生活能力の向上のために必要な支援、社会との交流の促進その他の便宜を供与すること」となり、家族の生活保障という視点が後景に退くことになった。そのため、丸山（2015）が「保護者の就労支援を事業所の役割として位置付けることに消極的・否定的な事業所も多い」と指摘するように、開所時間や送迎などが保護者の就労に配慮されないまま設定されている事業所も散見される。その結果として、子どものための「療育」と親の就労保障のための「預かり」とを二項対立的にとらえる見方を背景として、保護者の就労支援を事業の役割として位置付けることに消極的・否定的な事業所も多く、親の就労が十分に保障されているとはいえない状況にある。

このような状況を鑑みると、1978年の厚生白書で示された「同居という、我が国のいわば『福祉における含み資産』」という状況が現在に至るまで継続しているといわざるを得ない。

1）家族内部での資源配分と社会的区分による必要の差異

このように家族に課せられているケア責任、特にジェンダー規範により特定の者に偏る状況を是正するためには、どのように問題を把握するのかという点から再考する必要がある。従来、相対的貧困率や、手当や生活保護などのさまざまな社会保障給付の算定基準は、世帯を単位として考えられてきた。しかし、それらは家長による世帯内での適切かつ平等な分配がなされるという前提のうえに成り立つが、現実はそうとは限らない。丸山（2017）は、たとえ世帯としては安定的所得階層であっても、DVなどにより世帯内の不平等配分がなされ、個人としては貧困状態に陥っているケースを指して、「女性は貧困にもなれない」と表している。このような状況が生じる背景としては、「性別役割分業が制度化された社会の中では、女性は男性に比べて、無職だったり働いていても低賃金不安定労働であることが多く、より貧困に陥りやすい」という特徴があると指摘する。『男女共同参画白書 令和５年版』によると、日本では、１日当たりの有償労働／無償労働の時間が、女性は272分／224分、男性は452分／41分となっており、女性は男性の5.5倍の時間を無償労働に費やしており、諸外国に比べても圧倒的に偏りが大きい。

このような有償の労働時間、すなわち稼得の多寡は、それと連動した意識や行動へとつながる。ルース・リスター（＝2023）は、男性たちが消費や剥奪においても、食糧のような日常の商品についても自動車のような耐久消費財についても「特権的な消費者」である傾向を強く示していることを指摘しており、丸山（2019）は、女性たちは、自分の個人消費分を圧縮して子の養育費を捻出していることを指摘している。つまり、女性は、自分の「必要」の範疇に、ケアの対象者のニーズも包摂するのに対して、男性は、自分自身の要求にのみ基づくニーズを自覚しているといえよう。

このようにケア役割を引き受ける女性たちは、経済的には稼ぎ手役割を担う男性に依存せざるを得ず、そのことは男女間での権力構造にも影響を与える。丸山（2019）では、国内外の研究成果から「女性が自分自身の収入を持ち、経済的に自立するほど、女性の世帯内に隠れた貧困は改善することが期待できる」とされている。それに加えて、社会保障給付の受給者を世帯主である男性ではなく、実際にケアの担い手である女性に変えることで、子どものケアに資する用途に使われるようになることにも言及している。

ルース・リスター（Lister, R.）は「貧困の原因と結果の両方が深くジェンダー化されている」と述べている。すなわち、貧困に陥る過程とそこから抜け出す可能性の双方がジェンダー化されているのである。ジェンダーや障害、人種などのいわゆる社会的区分に配慮した社会的支援の枠組みが家族内部でのケアのありようを規定する。

6.「家族支援」から「ケアラー支援」へのパラダイムシフト

社会的区分に配慮したケアをめぐる社会的枠組みとしては、家族がケア装置としていかに機能するかではなく、個人の生活がケアとともにどのように存立し得るのかということを考えることが重要である。児玉（2002）は、この点について、家族支援からケアラー支援へとパラダイムシフトするべきだと主張する。その背景として、我が国における「家族介護を支援すること」に終始していた「家族支援」から、ケアラーを一人の個人として尊重し、「ケアラーその人への社会的支援が（要介護者とは）別途きちんと整備され、それが医療と福祉の連携や貧困対策、孤立孤独対策等を含めた幅広い社会保障体制のなかに有機的に統合されていく」という**ケアラー支援**の必要性を述べている。

その実現に向けては、ケアをする側からもケアを必要とする側からも、ケアをする／しない、ケアを受ける／受けないということに対する選択の自由を保障することの重要性が導き出される。ケアをする権利とは、ケアをしない権利とセットで考えられる必要がある。森川（2008）は、①ケアを「特定の集団の問題」として位置づけるのではなく「全ての市民に関わる問題」とすること、②ケアにかかわることが市民としての不利に結びつかないようにすること、③ケアにかかわることの選択性を拡大することの重要性を指摘する。このことを「**ケアする権利**」を「福祉国家における市民権」として位置づけ、「ケアする側面については、身近な人にケアを与えることが求められる状況が生じたときに、男女に関わらず全ての市民が、その人をケアすることを権利として要求できる」という前提から出発している。

ケアする権利は実際の生活において、当事者と家族という相互に親密圏を構成する相手だからこそ、積極的にケアを引き受けたいと感じる部分もあるであろう。たとえば、医療やケアの方針など重要な意思決定にかかわる場面、あるいは入院を要するような場面など重篤な症状への付き添い、さらには終末期のケアなど代替可能性の低い場面もたびたび生じる。ほかにもケアにかかわることは、自らの属性の一つの要素として、単純に日常生活に豊かさをもたらすということも忘れてはならない。

一方で、「**ケアしない権利**」は、「家族の外部に障害をもつ者の具体的な支援を確保しそのアクセスを保障することを言い換えたものであり、家族の外部に多様なニーズに応じ、家族のケアを代替・分有するサービスを十分確保することを通じて保障されるもの」として位置づけられている。家族外の資源としては、市場を媒介としたもの／していないものによるフォーマルなものもあれば、親族や友人や近隣住民なども想定されよう。いずれにおいても、単なる量的な充足がなされるだけでは、ケアしない権利は存立し得ない。たとえば、障害者や高齢者の施設やグループホームなどの暮らしの場には、安心して暮らしが営まれるための人的なものも含めた環境整備と、家族と専門職で思いの共有があり、託せるという実感が不可欠である。

これらの実現に向けては、ケアラーへの特別な配慮だけでは不十分であり、社会一般の労働政策や所得政策などの枠組みの変更を要求する。具体的には、全体の労働時間の短縮や在宅ワークや変則労働時間などの柔軟な労働環境、休暇の保障、さらには手当の拡充やベーシック・インカムなども含めた労働依存型の政策からの脱却が考えられなければならない。

併せて、ケアラー支援を制度化していく必要がある。その具体的な枠組みの第一歩として、全国の自治体でケアラー支援条例策定の動きがみられる。一般財団法人地方自治研究機構によると、ケアラー支援条例は、2020年3月に埼玉県で初めて制定されて以降、2023年6月までに19の道県・市町で制定されている。最初にできた埼玉県ケアラー支援条例においては、「全てのケアラーが、個人として尊重され、健康で文化的な生活を営むことができる社会を実現する」ことを目的としている。ケアラー支援条例の制定を受けて、各地でさまざまな取り組みが展開されている。特に**ヤングケアラー**については、実態調査や普及啓発の取り組みなどが各地で始まっている。今後、ケアラー支援が発展していくためには、ケアラーとしての経験や思いを社会が共有し、それらが政策形成過程に反映されることが必要である。すなわち、ケアラーとして社会に登場することが必要である。

人間のライフサイクル上において、病気を発症すること、障害を有すること、そして障害や疾病のある人の家族であることは誰にとっても偶発的であり、不可避的な事象である。ケアとは、決してネガティブなものでも、避けるべきものでもなく、時に相互行為を通して情を交わし、人と人との紐帯ともなり、潜在能力の発達にもつながるような豊かな経験ともなり得る。この点について、J・トロントは「もっとも一般的な意味において、ケアは人類的な活動 a species activity であり、わたしたちがこの世界で、出来る限り善くいきるために、この世界を維持し、継続させ、そして修復させるためになす、すべての活動を含んでいる。世界とは、わたしたちの身体、わたしたち自身、そして環境のことであり、生命を維持するための複雑な網の目へと、私たちが編み込もうとする、あらゆるものを含んでいる」と述べている。このようなケアに対する広義のかつポジティブな面を捉えた定義に対して、本章では、ケアを狭義のかつ負担という面を強調したネガティブなものとして捉えていることは否めない。しかし、それは現代社会において、ケアの軽視や排除をする仕組みのもとで、ケアを担うことが過剰な負担となり、人々の関係性を歪め、さらには個人の社会的リスクに結びつくものとなっている現実を反映してのことである。1979 年に制定された国連の国際障害者年行動計画にある「ある社会がその構成員のいくらかの人々を閉め出すような場合、それは弱くて脆い社会である」という文言は、40 年以上が経った現代社会においてもまったく古びてはいない。

参考文献

- 児玉真美「「ケアラー支援」が要請する「家族支援」のパラダイムシフト——障害のある子をもつ親の立場から」『日本認知症ケア学会誌』第 21 巻 3 号、2022 年
- Joan C.Tronto, *Who cares? How to Reshape a Democratic Politics.*, 2015.（岡野八代訳『ケアするのは誰か？——新しい民主主義の形へ』2020 年
- 丸山啓史「障害児の放課後等デイサービス事業所における保護者の就労支援の位置づけ」『京都教育大学紀要』(127)、77 ～ 91 頁、2015 年
- 丸山里美「貧困把握の単位としての世帯・個人とジェンダー」松本伊智朗編『「子どもの貧困」を問い直す——家族・ジェンダーの視点から』法律文化社、2017 年
- 丸山里美「近代家族の特質と女性の隠れた貧困」松本伊智朗・湯澤直美編著『生まれ、育つ基盤——子どもの貧困と家族・社会』明石書店、2019 年
- 森川美絵「ケアする権利／ケアしない権利」上野千鶴子・大熊由紀子・大澤真理・神野直彦・副田義也『ケアその思想と実践 4　家族のケア　家族へのケア』岩波書店、2008 年
- 大石亜希子「子どもをケアする時間の格差」松本伊智朗・湯澤直美編著『生まれ、育つ基盤——子どもの貧困と家族・社会』明石書店、2019 年
- 落合恵美子「家族をひらく家族政策」落合恵美子編『どうする日本の家族政策』ミネルヴァ書房、2021 年
- Ruth Lister（2021 = 2023）*Poverty 2nd edition.*（松本伊智朗監訳『新版　貧困とは何か』明石書店、2023 年）
- 土屋葉「家庭生活と家族」松井亮輔・川島聡編『概説　障害者権利条約』法律文化社、2010 年
- 上田敏『ICF の理解と活用』きょうされん、2005 年
- 若尾典子「共生とケアをつなぐ家族を考える——憲法学からの問題提起」朴光駿・村岡潔・若尾典子・武内一・鈴木勉編著『共生の哲学——誰ひとり取り残さないケアコミュニティをめざして』明石書店、2023 年

3 子ども期の福祉

林　浩康

1. 子ども期と福祉

1）子ども期の捉え方

これまで「児童福祉」あるいは「子ども家庭福祉」「児童家庭福祉」などといった多様な言葉によって**子ども期**の福祉は論じられてきたが、ここでは「子ども期の福祉」という言葉を用いる。

元来「児童」の「児」の旧字「兒」は頭蓋骨が固まっていない者、人間として未完成の者、「童」は奴隷、しもべ、召使いといった者を表す。すなわち児童とは頭蓋骨が固まっていない奴隷、しもべといった意味あいを古くには含んでいたと考えられる。また「子供」の「供」はつき従って行く人、従者、従者としてつき従うことを表す。時代とともに本来言葉がもつ意味が変容していることは否定できないが、現代においても「児童」のもつこのような侮蔑的ニュアンスが完全に払拭しきれたとはいえない。「子どもだから」ということで、大人の言いなりになることを強制したり、子どもが十分に説明を受けたり、意向を伝えたりする機会が奪われたりする**アダルティズム**（**adultism**）の問題について指摘されている。子どもの固有性を認めつつ、一人の人格をもった人間として子どもに向かい合うことが肝要である。なお、これまでは行政機関や法令等においては主には「児童」が使われ、それ以外の場合「子ども」あるいは「子供」が活用される傾向にあったが、近年こども家庭庁やこども基本法のように平仮名で表記されるようにもなってきた。ここでは文脈に応じて「児童」「子ども」「こども」の三つの表記を同じ意味でもって使うこととする。

また近年、児童福祉に代わって「子ども家庭福祉」ということばがより活用されるようになり、児童福祉施策においても家庭を冠した拠点や事業名が増えてきた。そこでは子どもが生活する基盤である家庭に焦点化し、家庭を支援する、家庭を強化することの重要性が強調され、具体的には親への支援が重視されていると捉えられる。しかしながら家庭とともに、地域に焦点化する必要性も近年より高まっている。親を支援して子どもの養育を親が担うという視点だけではなく、子どもは家庭で生活しながらも子どもを直接的に社会が支援する必要性もある。元来、子どもの養育は地域社会と共有することで成り立っていた。そうした地域での養育機能が低下するなかで、家庭におけるその機能の負担が増加してきたが、その限界も生じてきた。こうした状況を踏まえると、家庭と同等に地域を位置づけ、子ども期の福祉を論じることが必要であると考えられる。

子ども期の年齢区分については、子どもに関する法令等によって相違がある。たとえば児童福祉法、児童虐待の防止等に関する法律（児童虐待防止法）、児童の権利に関する条約等においては18歳未満であるが、母子及び父子並びに寡婦福祉法においては20歳未満である。一方で年齢だけでもって子ども期を区分することの問題も指摘されてきた。年齢で一律に区切るのではなく、成育歴や子どもの状況等を勘案し、個別に判断して子ども期として支援することが必要であり、後に述べるように近年そうした観点から児童福祉法が改正された。

子ども期として支援することとは、子どもの固有性を尊重した支援である。経済的な自立や就労面での自立のみを目標とした支援ではなく、そうしたことが可能となるレディネスの獲得を重視した対応であり、経済的自立や就労自立までのモラトリアム（猶予）期間を個々の子どもの状況に応じて保障することである。

なお2022年に制定されたこども基本法における「こども」は、年齢による区分がなされず「心身の発達の過程にある者」と定義されている。この定義に基づけば子ども期とは、発達段階であり、子ども固有の時期として生きる権利が保障されなければならない。児童心理学を専門とするエルカインド（Elkind 1981 ＝戸根 2002）は子ども期を人生への単なる控えの間としてではなく、人生の一つの段階としてみることが大切であり、子どもたちを大人に早く到着するように急かせることは、ある期間がもっている優先権を別の期間に譲ってしまう形で、人生への尊厳を侵すことであると論じている。子ども期は大人になる準備期としてではなく、固有の時期として子ども期を謳歌することが優先されなければならないといえる。

2）子ども期の福祉の意義

児童福祉法では、すべての児童が適切に養育され、心身の健やかな成長・発達が保障される権利を有すると規定されている。したがって、すべての子どもが経済的、身体的、精神的、社会的ニーズを充足し、幸せであると実感できることが重要である。そのため子ども期の福祉概念を包括的（holistic）に捉え、子どもの**ウェルビーイング**の充足を子ども期の中心に位置づける必要がある。そのうえですべての子どもが適切な環境のもとで成長・発達し、世帯間格差による子どもの将来格差を防止することが子ども期の重要課題である。

所得水準などに照らして貧困の状態にある18歳未満の割合を示す日本における子どもの**相対的貧困率**は、国民生活基礎調査によると2021年に11.5％となり、3年前（14.0％）に比べて2.5％改善した。近年の経済協力開発機構（OECD）の平均12.8％よりも低い状況となった。しかしながらひとり親世帯でみると44.5％にのぼり、半数近くが困窮状況である。OECD平均の31.9％を大幅に上回り、43か国中で貧困率が最も高いブラジル（54.8％）や南アフリカ（49.8％）などに次いで8番目に高い状況である。

世帯間の経済格差と子どもの将来格差との相関が強まり、各世帯における負の影響を補う機能が社会的に求められているが、子どもの養育を支援する社会的体制が十分ではなく、各世帯に大きく依存した養育の状況が、子どもの将来格差を広げている。

子ども期の福祉は、子どもの生存および成長・発達を保障し、年齢に応じた依存体験や生活体験を家庭内外の場で積むことができるよう、子どもが育つ基盤となる家庭を支援するという視座のみならず、地域社会で子どもたちが育つための制度や政策、それを具体化するための実践を包括した概念である。

子どもが育つ基盤としての家庭の役割は重要であるが、それは養育機能を家庭だけで担うことを意味しない。子ども期においてとりわけ重要であると考えられる依存体験や生活体験は家庭以外の多様な場、たとえば保育所や学童保育などにおいても提供されるべきであり、そうした資源の創造はとりわけ重要である。また、既存の制度に基づいた資源だけでは十分でない場合、子どものニーズに基づき新たな資源を創造する必要もある。このように家庭を側面的に支援する、あるいは家庭機能を強化することだけでなく、養育機能を家庭外で担い保護者とともに養育を共有するという考え方も子ども期の福祉においては重要である。

2. 子どもを取り巻く養育・成育環境

1）養育状況とその課題

高度経済成長期以降、産業構造の変化により、地域関係の希薄化、家庭の閉鎖化が急速に進行し、家庭における子育ての実態は不透明化を増してきた。戦後の高度経済成長期を経て一般化した近代家族における子どもの養育については、地域社会における人間関係の希薄化とコミュニティ機能の空洞化により、家庭がその全責任を担わざるを得ず、近隣や親族関係の希薄化は、親による影響の肥大化をもたらし、これまで論じてきたように世帯間格差を促してきた。

かつて地域社会は**養育共同体**としての機能を有

し、親に限らない多様な親族や近隣の人々により養育が担われていた。思春期にはお祭りなど共同体の仕事の手伝い、仲間遊び、若者組、通過儀礼といった子どもの社会化を促すシステムがあった。青年期の子どもたちはこれらを介して、協調性や共同体独自の規範意識を身につけたり、職業教育を受けていた。しかしながら地域社会の状況が変化し、職住分離・性役割分業・核家族を基盤とした近代家族の誕生により、徐々に子どもが地域社会の中で育つことが困難となり、家庭が主体となって子どもの養育を担う社会となった。親の責任が強く求められ、子どもや親に対して寛容な眼差しを向けることが困難な社会となり、親へ厳しい眼差しが向けられる。したがって親も子どもに対して寛容に対応することが困難となる傾向にある。「子どものできは親のでき」という意識や我が子意識も強化され、親は世間体や周囲の眼差しに敏感となる。こうしたなかでいわば子どもの家庭での囲い込みが強化され、子どもへの世帯や親の影響の肥大化が進行することとなる。

近代社会は養育をはじめとするケアを私事化し、他者の必要に応じる責任をできるだけ公共化＝社会化しない方向で編成されてきた（斎藤 2003、184）。近代家族における子どもの養育や教育は家庭とりわけ母親に、よりその責任が移行し、子どもの心身の発達上の問題を家庭あるいは親の問題として捉える眼差しも強化されてきた。一方で、子育て世帯は共働きの核家族が一般化し養育上の問題も顕在化して、養育を担い得るだけの余力を、もはやもてない現象としての少子化という捉え方も示唆されている（斎藤 2003、180）。

広田は高度経済成長期以降における「教育する家族」の登場と家庭の教育力の高まりについて指摘した（広田 1999）。すなわち、家庭における養育機能は一般的に強化され、地域の養育機能が低下してきたが、その地域機能の低下を、家庭をより強化するという施策により補ってきたが、その綻びが近年顕著となってきた。

1990 年以降、児童福祉から子ども家庭福祉と表現され、さらに子どもが育つ家庭への焦点化が促され、それに基づき施策づくりがなされてきた。児童虐待という言葉が社会に浸透し、徐々に虐待が顕在化してきた時期でもある。2000 年以降は、相次いで親の「**第一義的責任**」を盛り込んだ法改正が行われた。2007 年には児童虐待防止法においてそれを新たに盛り込み、2016 年には児童福祉法第 2 条第 2 項において「児童の保護者は、児童を心身ともに健やかに育成することについて第一義的責任を負う」と規定され、第 3 条の 2 において「国及び地方公共団体は、児童が家庭において心身ともに健やかに養育されるよう、児童の保護者を支援しなければならない」と規定された。このように保護者の第一義的責任が規定され、先にも指摘したように子どもが育つ家庭や保護者への支援の重要性が認識され、家庭を支援するという考え方が一般化してきた。しかしながら親が子育てに孤軍奮闘し、親子関係も煮詰まりやすい状況にあり、弱い立場にある子どもがその捌（は）け口となることもある。特に 3 歳未満児を抱える家庭の半数以上は未就園・未就学である。在宅のケースにおいても家庭だけでなく子どもが家庭外でも育つことのできる社会的施策の必要性が高まっている。こうした認識に基づき、政府は親が就労していなくても子どもを保育所などに預けられる「こども誰でも通園制度」の導入を決め、2026 年度以降に本格実施されることとなっている。

2）成育環境の保障

心身の発達過程にある子ども期には安全かつ安心のできる**成育環境**において、多様な養育者との感情交流などを通して生きるうえでの力が形成される。そうした力を**非認知能力**と呼び、**表 1** に示すような内容が提示されている。非認知能力は「自己に関わる心の力」と「社会性に関わる心の力」に分けられ、前者は自身のことを大切にし、適度にコントロールができ、さらに高めようとする心の性質を意味し、後者はほかの人を信頼してうまくやっていくための力を意味するとされている（遠藤 2022）。

子どもの発達を促す成育環境の土台は、複数の養育者（保護者のみならず、保育者、親族、近隣などを含む）との感情交流を通して得られる**アタッチメ**

表１　非認知能力とその内容

自己に関わる心の力	自尊心・自己肯定感	自分を愛し自分の性質や能力に自信をもつ
	自己効力感	やればできるはずという感覚
	好奇心・意欲	面白いことだと、もっとやってみたいと思える力
	内発的動機づけ	心の内側から湧いて出てくる動機づけ
	自制心	自分の衝動を抑え自分の行動をコントロールする力
	グリット	目標に向かって我慢強くやり抜く力
	自己理解	自分自身の特徴や状態などをちゃんと認識できる力
	自律性・自立心	自分の頭で考え自分の意志で決めて自分の力で行動する力
社会性に関わる心の力	心の理解能力	他の人の心の状態を適切に理解するための力
	コミュニケーションを取る力	心の理解により他人と適切にコミュニケーションできる力
	共感性・思いやり	誰かが困っていたら自然に可哀そうと思って助けようとする力
	協調性・協同性	他の人と助け合いながらことを進めていく力
	道徳性	何が良くて何が悪いか判断する力
	規範意識	社会や集団のルールや常識などを理解して守ることができる力

出典：遠藤利彦「『非認知能力』なるものの発達と教育」『発達』170号、５頁、2022年を一部改変

ント形成である。その結果培われる力が非認知能力であると理解できる。人は不安感や恐怖感を感じると、アタッチメント対象に密着することで、安全感や安心感を得ることができる。このようにアタッチメントとは人が特定の他者との間に築く緊密な情動的絆といえる。

この土台形成を幼少期から可能とするため、家庭や地域社会における安全かつ安心な成育環境を保障する理念と、それを具体化する社会的支援体制が重要となる。こうした認識に基づき2016年の児童福祉法改正において、保護者を支援しても子どもを家庭において養育することが困難である場合、家庭と同様の環境すなわち里親家庭などで養育することが原則とされた。このように家庭養育優先の原則が児童福祉法において明確化され、そうした環境で育つ子どもの権利が明記されたと捉えることができる。

一方で、実親による養育が困難で里親家庭や施設といった社会的養護の場で生活する多くの子どもたちは深刻な被害体験や喪失体験といった逆境的小児期体験（Adverse childhood experiences：ACE）を有し、トラウマを抱えている傾向にある。そうした子どもたちのトラウマを認識して子どもの行動を理解し、対応することが求められている。こうした考え方は**トラウマインフォームドケア**と呼ばれている。近年、児童養護施設や乳児院は養育の高機能化が求められており、その中核となる考え方といえる。支援に携わる人たちがトラウマについての知識や対応を身につけ、子どもたちにトラウマによる影響があるかもしれないという視点をもって子どもの行動を捉え、対応する支援の枠組みともいえる。トラウマインフォームドケアが目指すのは、トラウマに関する理解を深め、トラウマの再体験やトラウマによる無力感を予防し、自己効力感やコントロール感を回復させることである。また、支援者が子どもの行動化を本人の制御が困難なトラウマによる影響として理解し、説諭や罰等を用いた対応から脱却することで、子どもへの二次被害を防止することも目指している。こうした取り組みは、結果的に支援者との良好な関係形成や支援者の心身の安全にもつながる。支援においては、トラウマを抱える人の弱い部分よりも強みに着目する。一見すると「問題行動」や「病理」のような反応や症状でも、本人にとっては危機を生き延びるための対処法であると捉える。そのうえで、トラウマに関する心理教育や対処スキルの獲得など、自分自身のためによりよい対処法を身につけていく本人の主体性を重視した支援

が行われる。

3. 安全かつ安心な子ども期が保障されない子どもたち

近年日本においては、安全かつ安心のできる生活が保障されない子どもの状況がより顕在化するとともに、生きづらさや育ちづらさを抱えた子どもたちの状況も明らかとなってきた。こども家庭庁(2023)による5か国調査（日本、アメリカ、ドイツ、フランス、スウェーデン、各国の満13歳〜満29歳男女）では、「今の自分が好きだ」という問いに対して、日本の若者は、「そう思う」が53.4%である。一方、アメリカ、ドイツ、フランス、スウェーデンの若者ではいずれも7割を超えている。また、日本財団（2024）による6か国調査によると（日本・アメリカ・イギリス・中国・韓国・インド、各国の17歳〜19歳男女)、日本では「自分には人に誇れる個性がある」「自分は他人から必要とされている」「自分の人生には、目標や方向性がある」等に関しては最下位であった。さらにユニセフ（2021）の調査結果によると（5歳〜19歳男女)、日本は子どもの幸福度に関する総合順位は38か国中20位であり、身体的健康は1位であるが、精神的幸福度は37位と最下位に近い結果であった。生活に満足していると答えた子どもの割合が最も低い国の一つとなったこと、および子どもの自殺率が相対的に高いことが精神的幸福度が低い要因となっている。

文部科学省（2023）の調査結果によると小・中学校における不登校の児童・生徒数は34万6482人、小・中・高等学校におけるいじめの認知件数は73万2568件、厚生労働省・警察庁の公表によると、2023年度の児童・生徒の自殺者数は513人となっている。日本の自殺者は全体的に減少しているが、子どものみ増加傾向にある。特に高校生の自殺者が相対的に多く、進路不安、人間関係、家庭状況等で希望を失う高校生の問題は深刻である。

また、子ども虐待、ヤングケアラー、ひきこもりといった子ども期を子どもとしてまっとうできない子どもたちの状況も深刻である。**子ども虐待**については、1990年代以降顕在化し、2000年に児童虐待防止法が制定され、法整備が進展してきた。それに呼応し、虐待への対応体制も整備されてきた。しかしながら児童相談所等における虐待相談対応件数は急増し、子どもの虐待死事例が相次ぐなかで、その対応の不十分さが指摘されてきた。

近年顕在化してきた**ヤングケアラー**は、家族の介護やその他の日常生活上の世話を過度に行っている子どもたちである。その責任や負担の重さにより、学業や友人関係などに影響が出てしまうことが指摘され、その支援施策の必要性が認識されるようになってきた。子どもへの影響として、自分の時間が取れない、勉強する時間が十分に取れない、ケアについて話せる人がいなくて孤独を感じる、ストレスを感じる、友人と遊ぶことができない、睡眠が十分に取れないといったことが指摘されている。このように、子どもや若者が担うケアの負担は大きいが、家事や家族の世話などを若い頃に担った経験をその後の人生で活かすことができるという当事者からの声もあり、否定的影響だけではないとも捉えられる。一方で、家族の手伝い・手助けをするのは当然のことと認識される風潮もあり、そうしたことを家族への愛情や思いやりの表現として捉える風潮もある。結果的に学校生活に影響が出たり、心身に不調を感じるほどの重い負荷がかかっている場合もあり、社会的に子どもの思いや気持ちに耳を傾けながら、潜在化しているつらさに寄り添う姿勢と同時に、ケア負担を軽減する具体的対応策が必要であろう。

特にコロナ禍以降、つながりの欠如や孤立化の影響を受け、**ひきこもり**や不登校といった非社会的行動の顕在化も著しい。少年犯罪や反社会的行動とは異なり、こうした非社会的行動に対しては社会的支援体制が追従できていない状況もあり、8050問題に象徴されるように、ひきこもり問題の長期化が指摘されている。ヤングケアラーやひきこもりなど近年顕在化してきた新たな子ども期問題への対応策の検討が急務となっている。

4. 近年における施策の動向

1）子ども・子育て支援制度

日本における出生率の低下や少子化の進行は歯止めが利かない状況である。子どもや子育てをめぐる環境は厳しく、核家族化や地域のつながりの希薄化により、子育てに不安や孤立感を感じる養育者も少なくなく、ますます子育ての家庭への負担感は増加傾向にある。子育てをしやすい社会にしていくためにも、国や自治体が協働して子どもや家庭を支援する新しい支え合いの仕組みを構築することが求められた。

こうした問題意識に基づき、政府は**子育て支援施策**や保育施策の抜本的な改革を行うこととし、2012年8月に子ども・子育て支援法等の子ども・子育て関連三法が公布され、2015年度から子ども・子育て支援制度が施行された。本制度は、すべての子どもの良質な成育環境を保障し、子ども・子育て家庭を社会全体で支援することを目的として、子ども・子育て支援関連の制度や財源の一元化を図り、幼児期の学校教育・保育の一体的な提供、保育の量的拡充、子育て支援の充実を図るものである。

本制度の主なポイントは以下の3点である。1点目は、**認定こども園**、**幼稚園**、**保育所**を通じた共通の給付である「**施設型給付**」と、小規模保育、家庭的保育等への給付である「**地域型保育給付**」の創設である。これまで、幼稚園、保育所に対する財政措置は学校教育の体系、福祉の体系として別々になされてきたが、新制度では、認定こども園、幼稚園、保育所に共通の給付である施設型給付を創設し、財政支援を一本化した。また地域型保育給付を創設し、6人以上19人以下の子どもを預かる小規模保育事業、5人以下の子どもを預かる家庭的保育事業や子どもの居宅において保育を行う居宅訪問型保育事業、従業員の子どものほか地域の子どもを保育する事業所内保育事業の四つの事業を財政支援の対象とすることとした。こうした多様な保育を財政支援の対象とする「地域型保育給付」を創設することにより、特に待機児童が多く、施設の新設が困難な都市部における保育の量の拡大と、子ども数が減少傾向にあり施設の維持が困難である地域や、施設までの距離が遠いなど利用が困難な地域における保育の確保が可能となると考えられた。

2点目は、認定こども園制度の改善である。認定こども園は、保護者の就労状況等にかかわらず、そのニーズに合わせて子どもを受け入れ、幼児期の学校教育・保育を一体的に行う、幼稚園と保育所の両方の機能を併せもった施設である。また、子育てに関する相談に対応することや、親子の集まる場所を提供するなど、地域の子ども・子育て支援の役割も果たすことが求められている。認定こども園制度は2006年に創設された当時の制度では、学校教育法に基づく幼稚園と児童福祉法に基づく保育所という二つの制度を前提にしていたことによる、認可や指導監督等に関する二重行政の課題などが指摘されてきた。本制度改正では、認定こども園の類型の一つである「幼保連携型認定こども園」を、学校および児童福祉施設の両方の法的位置づけをもつ単一の認可施設とし、認可や指導監督等を一本化することなどにより、二重行政の課題などを解消し、その設置の促進を図ることとした。財政措置についても、「幼保連携型」以外の「幼稚園型」「保育所型」「地方裁量型」を含む4類型すべてを施設型給付の対象とした。

3点目は、地域の子ども・子育て支援の充実である。保育が必要な子どものいる家庭だけでなく、すべての家庭を対象に地域のニーズに応じた多様な子育て支援を充実させるため、保護者が地域の教育・保育、子育て支援事業等を円滑に利用できるよう情報提供・助言等を行う利用者支援事業や、子育ての相談や親子同士の交流ができる地域子育て支援拠点事業、一時預かり事業、放課後児童健全育成事業などの市区町村が行う事業を本制度では「**地域子ども・子育て支援事業**」として法律上位置づけ、財政支援を強化して、その拡充を図ることとした。

本制度では、基礎自治体である市区町村が実施主体となり、施設型給付等の給付や地域子ども・子育て支援事業を計画的に実施し、こうした市区町村による子ども・子育て支援策の実施を国と都道府県が重層的に支える仕組みとなった。このため、市区町村においては、地域における幼児教育・保育および子育て支援についての需要を把握するための調査を５年に一度実施し、その需要に対する子ども・子育て支援の提供体制の確保等を内容とする事業計画（「市町村子ども・子育て支援事業計画」）の策定が子ども・子育て支援法に規定された。また都道府県においても、市町村子ども・子育て支援事業計画の数値を集計したものを基本として、各年度における需要の見込みと確保方策等を記載した「都道府県子ども・子育て支援事業支援計画」を策定することとした。さらに子ども・子育て支援法では、市区町村、都道府県においては、本制度の実施に関し調査審議等を行うための審議会その他の合議制の機関を置くよう努めることとされている。

２）「新しい社会的養育ビジョン」と児童福祉法の改正

先に論じたように2016年の児童福祉法改正により、家庭養育優先原則が規定されたが、その進捗状況を把握するとともに、制度改革全体を鳥瞰（ちょうかん）しつつ、新たな社会的養育のあり方を検討するために、厚生労働大臣のもとに「新たな社会的養育の在り方に関する検討会」が設置された。本検討会の最終報告書として2017年８月に「**新しい社会的養育ビジョン**」がとりまとめられた。報告書では、2016年に改正された児童福祉法の理念の具体化に向け、家庭養育推進のあり方や、家庭復帰が困難な子どもの**パーマネンシー保障**としての特別養子縁組の推進のあり方、在宅の子どもたちの支援のあり方など社会的養護や市区町村における支援体制にまで及ぶ社会的養育のあり方について幅広く提言しており、その後の子ども期の福祉体制に大きな影響を与えた報告書である。

その後、2021年度の厚生労働省社会保障審議会児童部会社会的養育専門委員会における社会的養護施策を含む社会的養育に関する検討結果に基づき、2022年６月に児童福祉法の改正がなされ、一部を除き2024年４月に施行された。

その改正内容は以下の七つの柱から構成される。

ｉ　子育て世帯に対する包括的な支援のための体制強化および事業の拡充

・市区町村は、すべての妊産婦・子育て世帯・子どもの包括的な相談支援等を行う**こども家庭センター**の設置や、身近な子育て支援の場（保育所等）における相談機関の整備に努める。こども家庭センターは、支援を要する子どもや妊産婦等への支援計画（**サポートプラン**）を作成する。なお、こども家庭センターは子ども家庭総合支援拠点と子育て世代包括支援センターを見直し、それらを統合した機関である。
・訪問による家事支援、児童の居場所づくりの支援、親子関係の形成支援等を行う事業をそれぞれ新設する。これらを含む家庭支援の事業について市区町村が必要に応じ利用勧奨・措置を実施する。
・児童発達支援センターが地域における障害児支援の中核的役割を担うことの明確化や、障害種別にかかわらず障害児を支援できるよう児童発達支援の類型である福祉型と医療型の一元化を行う。

ⅱ　一時保護所や児童相談所による児童への支援、困難を抱える妊産婦等への支援の質の向上

・一時保護所の設備・運営基準を策定して一時保護所の環境改善を図る。児童相談所による支援の強化として、民間との協働による親子再統合の事業の実施や、**里親支援センター**の児童福祉施設としての位置づけ等を行う。
・困難を抱える妊産婦等に一時的な住居や食事提供、その後の養育等に係る情報提供等を行う事業を創設する。

ⅲ　社会的養育経験者・障害児入所施設の入所児童等に対する自立支援の強化

・**児童自立生活援助事業**を拡充し、年齢による一律の利用制限を弾力化する。社会的養育経験者等を通所や訪問等により支援する拠点を設置する事業を創設する。

・障害児入所施設の入所児童等が地域生活等へ移行する際の調整の責任主体（都道府県・政令市）を明確化するとともに、22歳までの入所継続を可能とする。

ⅳ　児童の意見聴取等の仕組みの整備

・児童相談所等は入所措置や一時保護等の際に児童の最善の利益を考慮しつつ、児童の意見・意向を勘案して措置を行うため、児童の意見聴取等措置を講ずることとする。都道府県等は児童の意見・意向表明や権利擁護に向けた必要な環境整備を行う一環として**意見表明等支援事業**を実施する。

ⅴ　一時保護開始時の判断に関する**司法審査**の導入

・児童相談所が一時保護を開始する際に、親権者等が同意した場合等を除き、事前または保護開始から7日以内に裁判官に一時保護状を請求する等の手続を設ける（これに関しては、2025年6月施行）。

ⅵ　子ども家庭福祉の実務者の専門性の向上

・児童虐待を受けた児童の保護等の専門的な対応を要する事項について十分な知識・技術を有する者を新たに児童福祉司の任用要件に追加する。

ⅶ　児童を性暴力から守る環境整備等

・児童に性暴力を行った保育士の資格管理の厳格化を行うとともに、ベビーシッター等に対する事業停止命令等の情報の公表や共有を可能とするほか、児童福祉施設等の運営について、国が定める基準に従い、条例で基準を定めるべき事項に児童の安全の確保を加えるなど所要の改正を行う。

3）子どもの権利保障とこども家庭庁の創設・こども基本法の制定

ⅰ　こども家庭庁の設置

2021年12月に「こども政策の新たな推進体制に関する基本方針～こどもまんなか社会を目指すこども家庭庁の創設～」が閣議決定された。その内容を踏まえ子どもの最善の利益を第一として、子どもの視点に立った当事者目線の政策を強力に進めるとともに、子ども施策における縦割り行政を排し子ども施策を一元的に統括し、子どもの権利を包括的に保障することを目的に**こども家庭庁**が内閣府に設置され2023年4月に発足した。「こどもまんなか社会の実現」を最重要コンセプトとして掲げ、子どもや保護者を含む当事者の参画に基づいた政策立案が考慮されている。

こども家庭庁は三つの部門により構成され、「企画立案・総合調整部門」は、これまで各府省庁が別々に行ってきた子ども政策を一元的に集約し、子どもや若者から意見を聴くなどして、こども政策に関連する大綱を作成するほか、デジタル庁などとも連携して、個々の子どもや家庭の状況や、支援の内容などの情報を集約するデータベースを整備する。「成育部門」は、子どもの安全・安心な成長に関する事務を担うとし、文部科学省と協議して、幼稚園や保育所、認定こども園の教育や保育の内容の基準を策定するほか、子どもの性被害を防ぐため、子どもとかかわる仕事をする人の犯罪歴をチェックするシステム（**日本版DBS**）の実施を担う。さらに、子どもが事故などで死亡した際に、その経緯を検証し、再発防止につなげる**CDR**（チャイルド・デス・レビュー）の実施も担っている。「支援部門」は、虐待やいじめ、ひとり親家庭など、困難を抱える子どもや家庭への支援を担う。重大ないじめがあった場合には、文部科学省に説明や資料の提出を求める勧告などを行うほか、ヤングケアラーの早期把握に努め、福祉や介護、医療などの関係者が連携して必要な支援を担うとともに、障害児の支援や社会的養護のもとで育つ子どもへの支援も担う。

ⅱ　子どもの権利保障とこども基本法の制定

体罰によらない子育てを社会全体で推進することを目的に、児童福祉法と児童虐待防止法に体罰禁止が明記され2020年に施行された。一方で、民法に規定されている親権者の懲戒権が体罰を含む厳しい戒めを許容しているとの印象を与え、児童虐待を正当化する口実になっているとの指摘がなされていた。そうした指摘等を踏まえ2022年には、民法における親権者の懲戒権が削除され、親権者が監護・教育をするにあたっては、子どもの人格を尊重するとともに、その年齢・発達の程度に配慮しなければならないことや、体罰その他の子どもの心身の健全な発達に有害な影響を及ぼす言動の禁止を定めた民法等の改正が行われた。

一方で、**児童の権利に関する条約**は、子どもを権利享受や行使の主体として位置づけ、一人の人間として社会が保障するべき権利内容を定め、守られるあるいは与えられる権利すなわち受動的権利のみならず、市民的自由権に代表される社会への参画に関する権利すなわち能動的権利内容が盛り込まれている。特に子どもたちが意見を表明する機会をもち、意思決定に参画することは重要であり、児童福祉法やこども基本法においてもそうした点を考慮した規定がなされている。子どもたちの成長・発達に合わせて保護と適度な自律性のバランスを調整して対応する必要がある。

先に論じたように2022年の児童福祉法改正において子どもの意見表明権保障の具体策として意見聴取等措置や意見表明等支援事業が制度化された。子どもの声に耳を傾けることは重要なことではあるが、自身の声に耳を傾けてもらったり、感情を共有してもらう体験がなければ、自身の感情を認識し、言語化することも困難である。たとえ言語化できてもそれは自己否定感に裏づけられた言動である場合もあり、自身を大切に思い発言することが困難なこともある。権利意識とは「自分を大切にしたい」と思う心のありようであるといわれる。他人の人権や権利への認識は「自分を大切にしたい」という自尊心の上に成り立つものである。換言すれば自尊心が他尊心を育むといえる。被害体験を抱え、権利の侵害を受け、自尊心を育むことが困難な子どもは結果的に、他者への権利侵害を犯し、自己否定感をさらに強化するという悪循環に陥ることもある。この悪循環に関与するところに、支援者の専門性が要求される。言語化された言葉のみならず、潜在化している意向、思い、気持ちにも耳を傾け、寄り添い続けるなかで子どもたちは自尊心を回復し、未来へと着実に歩むことが可能となる。こうしたことを認識したうえで、理念を具体化する支援体制とその体制を担う支援者の確保や育成のあり方が大きく問われなければならない。

近年、国内法においても子どもの権利について規定する必要性が認識され、2016年の児童福祉法改正においては、すべての子どもは適切に養育される権利を有することが規定された。また、すべての国民は子どもが良好な環境において生まれ、その意見が尊重され、心身ともに健やかに育成されるよう努めなければならないとされた。国民すべてにそうした責任が課されていることを踏まえれば、子どもの養育に関心をもち我が事と認識し、その状況の改善に向け何ができるかを考える責任が国民に課せられていると理解できよう。さらにこども基本法が2023年4月に施行された。法の目的として、次代の社会を担うすべての子どもが、生涯にわたる人格形成の基礎を築き、自律した個人として健やかに成長することができることや、心身の状況、おかれている環境等にかかわらず、その権利擁護が図られ、将来にわたって幸福な生活を送ることができる社会の実現を目指すとされている。

5. 今後の課題

これまで児童福祉法改正により市区町村の支援体制が段階的に強化されてきた。市区町村と都道府県が連携して、そうした支援の一翼を社会的養護の場が担うことで、市区町村あるいは町内レベルでの養育が可能となる場合もある。管轄行政の垣根を越えて、社会的養護と在宅支援の協働により、子どもの安全かつ安心な在宅での生活がより促進される必要がある。社会的養護は**要支援児童**（保護者の養育を支援することが特に必要と認められる子ども）も支援の対象とし、市区町村と連携して里親や施設等を活用し、親との生活基盤を維持しながら、子どもへの直接的ケアを一時的あるいは継続的に担い、養育支援体制をより強化する必要がある。また市区町村独自にそうした子どもたちの支援の場を創設する必要がある。

都道府県と市区町村が連携を図り、一定の市区町村が行う子どもへの直接的な養育支援サービスに関しては、都道府県も財政的負担を担い、市区町村の取り組みを促進することがきわめて重要である。さもなければ、市区町村はそうした養育支援に消極的となり、親子分離措置を促す結果を生み出すことも考えられる。子どもたちが身近な地域でできるだけ生活を継続できるようなシステム構築が必要である。

これまでも述べてきたように、子育ては古くから親以外の者によって大きく支えられてきた。親以外の養育の担い手は子どもの成長・発達にとっても必要不可欠である。いうまでもなく、保護者支援や家庭支援の視点は重要ではあるが、子どもの時間感覚を尊重するという意味で、待ったなしで成長する子どもの立場を考慮し、子どもへの直接的な支援も充実する必要がある。あるべき親像や家庭像に近付けさせるというアプローチではなく、家庭に求められる養育機能、居場所機能、生活支援機能あるいは依存体験や生活体験の社会化や分散化を考慮し、そうした機能を担うサービスを創造することが重要である。

2022年の児童福祉法改正において**こども家庭センター**の設置が新たに規定された。先に論じたように、こども家庭センターは従来の**子ども家庭総合支援拠点**と**子育て世代包括支援センター**を見直し、それらを統合した機関である。社会福祉サービスの提供においては、分野横断的な包括的支援体制づくりが行われており、社会福祉法においてその体制づくりが市区町村の努力義務とされ、2020年の改正では包括的支援体制を推進するために**重層的支援体制整備事業**が任意事業として法制化された。こども施策を一元的に統括するこども家庭庁が発足し、専門分化した縦割り型の支援サービスの提供体制を改め、伴走型支援や断らない相談支援を具体化するための体制づくりが求められている。子どもを中心に据えた包括的かつ重層的支援体制の構築は、子ども期の福祉体制づくりにおいても中核となる概念であるといえ、サービス提供過程における当事者参画やストレングス視点を据え、同行支援やアウトリーチ型支援により、誰もとりこぼさない支援体制の構築が望まれる。

また、アメリカやイギリスではパーマネンシー保障の考え方に基づき、家庭復帰が困難な子どもたちにはできるだけ早期に法的にも安定した親子関係を提供できる養子縁組が積極的に活用されてきたが、日本では施設養護や里親養育等が継続される場合が多い。これらの国では施設養護や里親養育等は原則的には一時的ケアの場として捉えられている。しかしながらこれら諸外国においても、家庭復帰、里親委託、養子縁組のいずれも困難な子どもたちが存在する。すなわち高年齢になって措置されたり、何らかの障害や疾病を抱え受託できる養親や里親がいない子どもたちである。そのため施設での措置期間が長期化する子どもたちも存在するが、原則として裁判所の関与により、措置期間が有期限化される傾向にある。今後日本においても、施設養護は家庭養育が困難な一部の子どもの入所に限定するとともに、多様な心理的課題を抱えた子どもたちに専門的なケアを提供し、家庭での暮らしを可能とするよう、高度なケア機能をもつ必要があるといえよう。

参考文献

- Elkind, David, *The Hurried Child*, 1981.（戸根由紀恵訳『急がされる子どもたち』紀伊國屋書店、2002年）
- 遠藤利彦「非認知能力なるものの発達と教育」『発達』170号、2022年
- 広田照幸『日本人のしつけは衰退したか』講談社、1999年
- 文部科学省「令和5年度 児童生徒の問題行動・不登校等生徒指導上の諸課題に関する調査結果について」2023年
- こども家庭庁「我が国と諸外国の若者の意識に関する調査」2023年
- 日本財団「18歳意識調査「第62回――国や社会に対する意識（6カ国調査）」報告書」2024年
- 齋藤純一「依存する他者へのケアをめぐって――非対称性における自由と責任」『年報政治学』54巻、2003年
- ユニセフ・イノチェンティ研究所「イノチェンティ レポートカード16　子どもたちに影響する世界――先進国の子どもの幸福度を形作るものは何か（日本語版）」2021年

4 若者期の福祉

岡部　茜

1.「若者期」をどう捉えるか ——年齢と社会的位置

1)「若者」と年齢区分

「若者」という言葉は、政策上では2000年以降に用いられるようになった言葉である。区切りの時期は、「若者自立・挑戦プラン」が発表された2003年であると考えられる。それ以前は、2002年から2003年までに実施されていた「青少年の育成に関する有識者懇談会」などにもみられるように、「青少年」という言葉が用いられることが多かった。しかし2003年以降、若者（自立）支援政策として位置づけられる、「若者自立塾」事業（2005～2009年度）、「地域若者サポートステーション」事業（2006年～）、子ども・若者育成支援推進法（2010年～）などの施策、法律では「若者」という言葉が用いられている。

では「若者」とは誰か。わかりやすい指標としての年齢から説明する。日本では基本的に、義務教育を修了する15歳から39歳までを「若者」とする場合が多い。ただし、児童福祉や高齢者福祉の政策とは異なり、若者支援政策では「若者」の定義が年齢で常に区切られているわけではない。日本の中核的な若者支援事業である地域若者サポートステーション事業は、その対象年齢の上限を2009年度から35歳から39歳へと引き上げ、また「サポステ・プラス」という名称で2020年以降、40代までも支援対象としている。さらに2023年から施行された、こども基本法の「こども」は「心身の発達の過程にある者」と定義され、若者も含まれるとされた。

このように「若者」の年齢定義があいまいになる背景には、主に二つのことが考えられる。一つは、若者という時期区分の概念が、生物学的な変化に加え、文化や社会保障制度、家族、学校制度などとのかかわりのなかで形成・解釈されるものだからである。もっともそれはほかの年代においても同様であるが、若者期は特に学校制度や労働市場の影響を受けやすい。後に詳しく説明するが、たとえば若者期は教育から仕事への「移行」の期間として位置づけられてきた。そのため、教育から仕事への「移行」が長引く人々が多くなるほど、若者期は拡張する。つまり、学校から卒業した人々の就職が難しくなれば、「若者」と認識されて支援される層も広がっていくのである。ヨーロッパなどでは、こうして拡大した層を、「ポスト青年期（post-adolescence）」などと呼ぶこともある。日本でも、就職氷河期世代と呼ばれる層とともに拡大され、それが主に就労支援の機関として機能してきた「地域若者サポートステーション」の対象年齢の拡大に影響している。

もう一つの背景としては、年齢制限が支援の断絶を生んできたという認識がある。とりわけ、若者期と接続する児童期、たとえば児童福祉法における「児童」は明確に18歳未満という定義があり、事業によっては一部対象年齢の広がりなどもあるものの、その年齢が制度利用の可否を分けるものとなる。年齢による制度利用の制限は、10代後半の若者の支援利用を難しくさせており、こうした課題への対応として、児童期から若者期への支援の連続性が必要であると指摘され、また法制度としても子ども・若者育成支援推進法などのように、児童期と合わせた法律がつくられてきた。こども基本法で、「こども」のなかに若者も含まれたことも連続性の重視によると考えられる。こども家庭庁のこども基本法に関するパンフレットにも、「こども基本法では、18歳や20歳といった年齢で必要なサポートがとぎれないよう、心と身体の発達の過程にある人を『こども』としています」という説明がある[1]。

しかしながら、「若者支援政策の進展」の項でも後述するとおり、大人や親からの一定の保護が必要であると認識される子ども期と同様の政策で、大人や親からの一定の距離を必要とするような若者期の支援が包摂可能であるかといえば、難しい点もある。とりわけ、家族扶養を強いてきた日本の政策上の問題もあり、子ども期からの連続性と非連続性がどのように政策上対応される必要があるのかの検討は、今後の課題である。

2）「若者」という社会的位置：移行・自立

「若者」は年齢だけでなく、その社会的な位置づけから考える必要がある。それは第一に、「**移行**」という点である。というのも、若者期は社会の産業化に伴い子ども期と成人期が区別され、学校教育の普及・長期化のなかで移行が制度化され、認識されるようになった時期であるといえるからである。そのため、「移行」は社会学を中心にした若者支援の議論の基礎となる考え方であり、**若者期**のことを「**移行期**」と呼ぶこともある。ここでの「移行」とは、学校から企業への移行だけでなく、定位家族から生殖家族へ、生まれ育った家から独立した住まいへ、シティズンシップの獲得へなど、いくつかの社会的状況の変化（移行）を意味している。そして、若者期はこの移行の困難化が生活問題と密接に結びついて現れる時期となる。1980年代以降のヨーロッパなどでは、従来の、学校から仕事への直線的な移行過程が労働市場の変容の影響を受け、個人化・多様化・複雑化した。日本で類似の問題が顕在化したのは1990年代後半以降であり、家族社会学や教育社会学分野で研究が進められ（宮本 2002；乾 2002；本田 2014）、2000年代に若者支援政策が打ち出されていった。

また、この「移行」と密接に関連する重要概念として「**自立**」がある。若者は前述したように、さまざま意味で「自立していく存在」（「自立」へと移行していく存在）として位置づけられており、いくつかの点から「自立」が最も期待されやすい層である。まず最も大きな点は、就労のしやすさである。若者は身体的に成長をとげ、他年代に比べて頑強な働ける身体をもっていると想定されやすい。つまり、働いて得た金銭で生活していくことができると期待される時期なのである。また、若者期は家族も健在である可能性がそれ以降の年代よりは高い。したがって、住居を引き続き提供することや、金銭的な援助をすること、生活上のケアを行うことなどの支えをある程度、家族から得られるだろうと想定されてしまう。上記のことは、家族に頼ることや就労することができない層への対応として組み立てられてきた日本の社会保障・社会福祉の既存の体制と重なることで、若者を保障制度から排除することにつながってしまう。こうした若者期の状況は、社会における「自立」や家族、就労などの位置づけや、それらをめぐる規範の問題を浮かび上がらせ、「自立していく存在」とされる若者の地点から、社会政策の再考を促すものとなる。

2. 生活問題と社会福祉からの排除
――「家族」と「稼得」

以下では、若者期の生活に直結する労働市場や政策の不備により、どのように若者期が困難なものとなっているのかについて、具体的なものを挙げながら述べていく。

1）若者と生活問題

若者の生活問題については第一に、**若者の雇用問題**とそれにより生じた生活の不安定さが挙げられるだろう。1990年代後半以降、若者の「生きづらさ」として注目された苦しさの背景には、「教育機関を卒業して正規雇用され、結婚して生殖家族を形成する」というような「標準的」とされた人生経路をとることを難しくさせた社会状況があった。日本社会は、家族形成の段階ごとに増大する生活費に対応する形で増加する年功賃金や健康保険、年金、社宅、定期的な健康診断など、生存にかかわる保障の多くを企業が提供し、それによって「標準的」とされるような人生経路が支えられてきた。したがって、それは生まれながらに保障されるものというよりは、企業内に労働者としてとどまることにより実現されるものとなり、労働市場の変化、雇用の不安定化は、日本の社会保障制度の不備を露呈させ、「標準的」な人生経路を若者が送ることに大きな影響を与えることになった。教育社会学研究では、学校から仕事へとわたり、年功序列と企業による福祉などを基盤に平均的な生活水準としての「社会的標準」へ参入するという、日本型大衆社会での典型的な移行の仕組みを「戦後日本型青年期」（乾 2002）や「戦後日本型循環モデル」（本田 2014）と呼び、その崩壊が指摘された。また、教育社会学や家族社会学などの研究成果によって、日本の若者の間に移行過程の不安定化・個人化が広がっていること、しかしそれは一律に進行しているのではないこと（二極化していること）、不安定を経験する若者は、学歴・ジェンダーなどの構造的要因で不利な状況におかれる若者に偏っており、家庭階層の影響を受けていることなどが明らかにされてきた。

雇用の不安定化は、**若者の貧困**に直結した。日本では、若者の雇用の不安定化が一定部分、家族内で包摂されることにより可視化されづらかったが、不安定雇用だけでなく、奨学金の返済、住居を確保するための金銭負担の大きさなども重なり、経済的困窮は切実な若者の生活問題となっている。2008年のリーマンショック以降、「ネットカフェ難民」などホームレス化する若者の増加についての発信もあり、若者の貧困が問題として認識されるようになった（ビッグイシュー基金 2010；2012）。

他方で、雇用の不安定化を中心とする「若者問題」の議論は、それ以前からも不安定な雇用を強いられることの多かった女性の状況が捨象されがちであり、男性中心に議論されてきたとの批判もある。またそれゆえに、就労支援に特化した形で取り組まれてきた若者支援策が男性を中心的に対象とするものであったと指摘される（金井 2015）。雇用問題は女性にも影響を与えたものの、その他にも女性の不利が存在するのは確かである。たとえば、若者期は性・恋愛が問題として表出しやすい時期であり、妊娠・出産なども可能となる年代である。若年女性は、性搾取被害にさらされやすく、SNSの普及によりいっそうその危険性は広がっていると考えられる。2018年7月、厚生労働省は婦人保護事業を抜本的に見直すための「困難な問題を抱える女性への支援のあり方に関する検討会」を開催し、2019年10月に「中間まとめ」が提出された。中間まとめのなかでは、「新たな制度の下で提供される支援のあり方」として、「売春防止法に基づく『要保護女子』としてではなく、若年女性への対応、性被害からの回復支援、自立後を見据えた支援など、時代とともに多様化する困難な問題を抱える女性を対象として、相談から保護・自立支援までの専門的な支援を包括的に提供できるようにすることが必要である」と示され[(2)]、**若年女性への支援**という視点から女性支援も再検討が進められている（2022年にはいわゆる「女性支援新法」が公布）。若者期をめぐる議論では、「若者問題」として何が注目され、一般化されていくのか、その問題化の過程でどの層の不利や抑圧が不可視化されていくのかは、女性に限らず注意して検討していく必要がある。

以下、これまで述べてきた背景と密接に関連しあうものとして、若者期の社会福祉で注目されるいくつかのトピックスを概説する。以下で取り扱うものは多様に議論される事象の一部にすぎず、重要なことは個別事象への対応に視点が制限されないことである。若者の生活困難として表面化していても、その背後には社会保障、児童福祉、障害者福祉、女性福祉などの政策上の問題があり、さらには社会構造上の問題（貧困や差別など）が共通して存在している。各事象へのアプローチがむしろほかの世代、ほかの状況にある人の生活を制限することや差別を強化することになる場合もあり、常に社会構造のなかでどのような差別や抑圧や排除が生じているかを検討することが必要である。

ⅰ　社会的養護

若者層の雇用の不安定さや、若者への保障の少なさは、最後の砦の役割を押しつけられている家族に頼ることができない若者層を、とりわけ苦境に追いやることになる。その代表的な存在は**社会的養護**を経験した若者たちである。従来も課題ではあったが、若者期の生存が困難化するなかで、社会的養護の施設を退所した若者の生活はより不安定化し、アフターケアの充実の必要性が認識されている。

ⅱ　ヤングケアラー

現代社会の差別や不平等や社会政策の不備の余波が家族に背負わされるなか、家族のケアを主要に担う子ども・若者の状況も注目されるようになった。2024年に子ども・若者育成支援推進法が改正され、「家族の介護その他の日常生活上の世話を過度に行っていると認められる子ども・若者」として**ヤングケアラー**が支援対象に位置づけられた。ヤングケアラーに関する書籍が相次いで出版され、政策的にも注目を集めている。

ⅲ　ひきこもり

2000年代前後から、若者問題として注目された象徴的な状態像の一つとして「**ひきこもり**」があった。一定期間、他者との関係をもたずに生活する人々のことを「ひきこもり」と呼ぶ点では共通しているが、いくつかの定義がある。また、初期には精神疾患とは関係ないものとして定義されていたが、現在は、精神疾患・精神障害とも関連して捉えられるようになっている。ひきこもっているという状態像のみでは社会福祉の課題とはならないが、他者への不安により心身に不調があっても受診できないことや、経済的に困窮することなどがあり、生存を保障するための支援が必要となる場合もある。近年は長期化、高年齢化していることが注目されるようになり、内閣府による「こども・若者の意識と生活に関する調査」(2022年度）でも15歳から69歳までが調査対象となっている。「8050問題」が広く認識されるようになると、社会福祉の制度利用の難しさは若者期だけでなく成人期も同様にあることが認識され、そうした点からの政策の問い直しも必要になっている。

ⅳ　自殺

『自殺対策白書』によれば、日本の自殺死亡率は1998年に急上昇し、2009年までは高い水準が続いていたがそこからは低下を続けていた。しかし2020年にまた上昇し、現在横ばいで同水準が続いている。自殺死亡率でいえば、40・50代が多いが、2020年から2022年のG7の国々のデータを比較すると、10・20代ともに死因順位第1位が自殺となっているのは日本のみである。こうした若者の**自殺**は、日本の若者期の生き難さを示しており、民間団体や政府によって対策が模索されている。

ⅴ　性的マイノリティ

性的マイノリティの若者も、恋愛の話題が増え、就職活動の時期である若者期に、孤立や激しい差別を経験することがある。特に就職問題や恋愛、家族形成などに関して経験する困難は、人生設計にあたり大きな問題となるものの、他者と共有しづらく、自殺に追いやられる場合もある。性的マイノリティに関しては、Ⅷ 12 ③で詳しく取り扱うが、若者期の福祉においても重要なテーマの一つである。

2）日本における社会保障・福祉からの排除

日本における社会保障・社会福祉において、若者期はその対象から外れやすい時期であるといえる。なぜなら、日本社会では、家族扶養と日本独特の雇用慣行上での就労を前提にして制度枠組みが構築されているために、若者期が社会保障・社会福祉制度における固有の対象とされづらいからである。

具体的には、まず、若者期に利用可能な金銭給付として、雇用保険法における失業等給付、職業訓練の実施等による特定求職者の就職の支援に関する法律における職業訓練受講給付金、生活困窮者自立支援法における住居確保給付金、生活保護法における扶助、国民年金法における障害基礎年金などがある。しかし、一定の雇用期間や求職活動などが必要である場合や、親族が扶養できないこと、障害のある状況であるなどの条件があり、限定的な給付制度になっている。

またサービスに関しても、障害者福祉の領域では、相談支援を若者が利用することは可能であるが、就労支援や生活支援など継続的な生活支援に際しては、通院経験や精神保健福祉手帳などの所持がなければ利用が難しい。生活困窮者支援の領域では、2015年施行の生活困窮者自立支援法に基づく自立相談支援事業や就労準備支援事業など利用可能なものが存在しているものの、自立相談支援事業と住居確保給付金以外は任意事業であり、活用できる資源に地域間で偏りがある。また住居確保給付金は前述のように求職活動や複数の条件があり、仕事をするような心身の状況にない若者には利用が難しい制度である。最後に児童福祉の領域では、18歳（事業によってはもう少し上の年齢も利用可能ではあるが）という年齢規定と、支援の対象となるために守らなければならない規則が課題となる。とりわけ、10代後半の若者は、支援対象の年齢に含まれていても、実際には児童養護施設などで対応しづらく、実質的には対象内であっても支援が手薄になる年代である。

3. 日本での政策の萌芽、展開、課題

1）若者支援政策の進展

日本の**若者（自立）支援政策**としては、2003年の「**若者自立・挑戦プラン**」が起点として認識されることが多い。それ以前にも、勤労青少年福祉法（現・青少年の雇用の促進等に関する法律）などが存在していたものの、現在のような個人化・長期化した若者の移行過程への対応策として展開される若者支援政策群は、2000年代以降のものであるといえる。若者への支援の必要性が指摘され、認識されるようになった2000年代は「ニート・フリーター」への注目が高まった時期であり、若者支援政策も主に就労支援政策として組み立てられてきた。「若者自立・挑戦プラン」は、「若年者の働く意欲を喚起しつつ、全てのやる気のある若年者の職業的自立を促進し、もって若年失業者等の増加傾向を転換させること」を目的とし、具体的な施策の展開として、①教育段階から職場定着に至るキャリア形成・就職支援、②若年労働市場の整備、③若年者の能力の向上／就業選択肢の拡大、④若者が挑戦し、活躍できる新たな市場・就業機会の創出が打ち出され、情報提供、職場体験、個人相談、就労支援を行う若者のためのワンストップサービスセンターとして「ジョブカフェ」が位置づけられた。また、合宿形式で生活支援とともに労働体験を積み、就労を後押しする「若者自立塾」（2005年度から2009年度まで）や、相談支援や労働体験プログラムの実施、セミナーなどを行う「地域若者サポートステーション事業」（2006年度から）が若者支援政策の核となってきた。特に地域若者サポートステーション事業は、公的に予算化された若者支援事業としては最も予算が多く、全国に拠点が広がっており、現在も主要な支援拠点である。その後2010年に、**子ども・若者育成支援推進法**が施行され、「**子ども・若者総合相談センター**」や「**子ども・若者支援地域協議会**」の整備が進められた。

また2000年代は、ひきこもっている若者も注目され、2009年に「**ひきこもり対策推進事業**」、2018年には「ひきこもりサポート事業」、2022年には「ひきこもり支援ステーション事業」が打ち出された。2009年からのひきこもり対策推進事業により、各都道府県に一つ以上は「**ひきこもり地域支援センター**」の設置が進められ、2022年のひきこもり支援ステーション事業では、より身近な市町村単位に相談窓口や居場所事業を広げるよう進められている。ただし、2000年代に若者期の事象として捉えられてきた「ひきこもり」は、その長期化・高年齢化が注目され、「**8050問題**」などが取り上げられるようになると、若者期の一つの状態像という認識は従来に比べて弱まり、政策としても孤独・孤立対策として対象化されるようになっている。

2023年に**こども家庭庁**が発足し、それ以降は、これまで内閣府に位置づけられてきた若者支援政策がこども家庭庁の管轄に変わることになった。こども家庭庁の所轄では、支援局の虐待防止対策課に企画官「こども若者支援担当」が配置されているが、若者期の生活困難は虐待に包摂することができない

問題であり、この配置の妥当性には疑問が残る。さらに、若者は家族とのかかわりで政策的に排除され、また、家族に若者の苦境のケア責任が丸投げされてきたことを踏まえると、こども家庭庁が維持する「家庭」の重視とは別の軸で議論する必要性が若者期にはあるように思われる。

上記のような政策の流れを大まかに表にまとめると**表1**のようになる。

2）若者支援政策の課題

若者支援政策の課題として、第一に、就労支援に偏重してきたことがある。2003年の若者自立・挑戦プラン以降、日本の若者支援政策は就労支援を中心に組み立てられてきたといえる。若者自立・挑戦プランは、プランが「意欲」や「能力」によって若者を選別すること、若者個人の就労可能性の拡大ばかりが重視されていることなどが批判されてきた。また、若者への就労支援は、既存の労働市場への個の適応を促すことにより、既存の劣悪な労働市場を支えてしまう側面がある。そのため、問題を生じさせる社会構造の維持への寄与という点については慎重に検討されなければならない。

第二に、生活基盤の安定化がないがしろにされてきたことがある。若者支援政策は就労支援や相談窓口の整備、協議会の設置促進などは取り組まれたものの、金銭的な給付や住居の提供など、生活基盤が保障される政策は取り組まれていない。事業を構想する時点では総合的な若者支援センターとして構想された地域若者サポートステーション事業や子ども・若者育成支援推進法以降の事業においても、若者の生活保障に関しては不十分なままに残されることによって、家族扶養を暗黙の前提としてしまうことになった。そのため、家族に頼ることのできない若者はホームレス化し、また、家族に一時的には頼ることができる若者も、家族への申し訳なさや自己否定、将来の不安を抱え込まされるようになっている。

第三に、困難が個別化され分断されていくことがある。現在の政策は「不登校」「ひきこもり」「生活困窮者世帯」「ヤングケアラー」などと問題が細分化され、それぞれに対策が打たれている。わずかでも予算が付与され事業が増え、支援が充実化するようにもみえるが、根本的な生活保障の仕組みが整えられないままに相談支援窓口が増えることは、たらい回しを生じさせることや若者支援の細分化・分断につながる。また細分化は、若者期に降りかかる社会的な不利や差別への注目を弱め、課題対応に焦点を狭めることで、社会構造の問題から現場の支援課題へと問題を歪めてしまう危険性をもつ。

表1　若者支援関連政策

2003年	「若者自立・挑戦プラン」〈文部科学省、厚生労働省、経済産業省および内閣府〉
2005年	若者自立塾　（2009年度まで）〈厚生労働省〉
2006年	地域若者サポートステーション（出発当初は若者支援の一括の窓口）〈厚生労働省〉
2009年	ひきこもり対策推進事業〈厚生労働省〉
2010年	子ども・若者育成支援推進法の施行〈内閣府〉 ・子ども・若者総合相談センター、子ども・若者支援地域協議会
2018年	ひきこもりサポート事業〈厚生労働省〉
2019年	就職氷河期世代支援プログラム〈内閣府〉
2020年	地域若者サポートステーション・プラス　⇒　対象年齢が40代まで拡大〈厚生労働省〉
2022年	ひきこもり支援ステーション事業〈厚生労働省〉
2023年	こども家庭庁の発足、こども基本法の施行 ・これまで内閣府での取り扱いだった若者支援政策がこども家庭庁へ

4. 若者に焦点を当てた他国の政策動向

以下では、若者に焦点を当てた諸外国の政策動向として、日本の若者支援政策のモデルとなった事業を展開したイギリスと、日本と同様に家族主義の強い社会福祉政策をもつ韓国を参照する。

1）イギリスの若者政策

イギリスでも、1980年代頃から重工業、製造業の衰退に伴って労働市場の状況が悪化し、若年の失業率が急増した。ここでは、イギリスの若者政策としてコネクションズ・サービスとユースワークを取り上げる。コネクションズ・サービスは現在廃止されているものの、2006年から事業化された地域若者サポートステーション事業の重要なモデルとなった事業であり、対象年齢層など、地域若者サポートステーション事業は日本独自の展開をしているものの、日本の若者支援を考えるにあたって知っておく必要がある事業である。

コネクションズ・サービスは、若年失業者の増加を受けて労働党のブレア政権時代に創設されたものである。同政権により設立された社会的排除対策室が1999年に報告書（“Bridging the Gap”）でNEET（ニート）の問題を指摘し、社会的排除の可能性のある若者を早期から支援すべきであるとの考え方を打ち出し、その報告書を受け、2000年にコネクションズ・サービス・ナショナル・ユニットが設置され、2001年からコネクションズ・サービスが開始された（内閣府2005）。コネクションズ・サービスの目的は、若者に助言、支援を行い、生活や職業生活への順調な移行をサポートすることにあり、13歳から19歳のすべての若者を対象としていた。支援では、専門領域を超えたネットワークを構築し、早期に個別的かつ包括的に支援する仕組みが必要であるとされ、若者が社会との接点を失わないよう、在学中から学校と連携して支援に取り組んでいた。しかし、2010年5月に労働党に替わり保守党と自由民主党との連立政権が発足し、前政権の政策の見直しと文化関係予算を含む大幅な財政削減が進められ、コネクションズ・サービスも廃止された。代わりに、2012年4月から既存の就労支援プログラムの利用促進等を目指す「ユース・コントラクト（Youth Contract）」が施行され、2015年4月以降は「ユース・オファー（Youth Offer）」の名称のもと、ユース・コントラクトで行われていた事業が継続されている。これらの事業は、地域支援ネットワーク下での包括的支援に取り組んだコネクションズ・サービスに比べ、より就労を強化する方向性の支援となっている。

また、こうした支援政策とは別に、イギリスには**ユースセンター**が各地域に存在し、ユースワークが取り組まれている。ユースセンターは、10代から20代前半の若者を中心にした誰でも利用できる（オープンアクセス）施設であり、若者の自主的な余暇活動の場として存在している。またユースセンターには若者に特化したスタッフとしてユースワーカーがおり、コミュニティ形成や自主的活動を支えている。しかし、イギリスでは現在、ユースセンターが縮小傾向にあり、ユースワークをめぐってはさまざまな運動や政策的な攻防が生じている。

2）韓国の若者政策

韓国では、10代から20代前半までの校内暴力と危機青少年支援、そして20代から30代を対象とした無業者支援が、主に若者支援政策として取り組まれている。注目すべきは、児童福祉分野とは別に青少年福祉分野の事業もあり、法律としても基本的な理念や方針を定める青少年基本法と具体的な事業を定めた青少年福祉支援法が制定されていることである。これは、9歳から24歳を対象にしており、主に「家庭の問題があるか、学業実行または社会適応に困難を経験するなど、調和のとれた健康的な成長と生活に必要な条件を備えていない青少年」（青少年福祉支援法第2条）と定義される「危機青少年」の支援について定められている。非行少年や不登校、ひとり親世帯の子ども・若者、退学者などと併せて、家出をしている若者への支援もあり、日本と比較して特徴的なのはこの家出をしている若者への支援である。韓国では、短期・中期・長期のシェルターが法律で整備されており、家を出た若者たちの支援が公的に取り組まれている。

また、2020年に制定された青年基本法では、19歳から34歳を対象としている。ただし、対象層は広いものの、基本法という理念法が制定されるにとどまり、青少年分野における青少年福祉支援法のような具体的な事業を定める法律は整備されていない。

以上のような法律・制度に加えて、自治体独自の取り組みもみられる。青年手当は、ソウルで2016年から始まった取り組みであり、ソウル在住の19歳から34歳の未就業の若者を対象に、毎月50万ウォンの現金給付と支援プログラムを提供する制度である。対象となる若者が就業意欲のある若者とされ、就労支援が基調となった若者支援策であるが、若者への現金給付を実現したのは韓国国内でも画期的な取り組みであり、ほかの自治体にも広がっている。ひきこもり支援については光州で独自にひきこもり支援の条例が制定され、支援体制が整備されているが、日本のひきこもり地域支援センターのように、各地への支援機関の整備はされていない。

5. 若者期をめぐる実践

以下では、若者期をめぐる主要な実践をまとめる。「ケアリーバー」や「ヤングケアラー」、「ひきこもり」などテーマ別で取り組まれることも多いが、実践のありようは、当事者運動・活動や「居場所」など、共通しているといえる。

1）当事者運動・活動

ヨーロッパなどの諸外国ではユースカウンシルなどの意見反映や若者の自治に関する実践が進められているものの、日本の若者支援の分野は、児童福祉の分野と同様に当人の意見反映が遅れてきた分野である。しかし 2023 年以降、日本でも政策的に**当事者**の意見反映が進められようとしている。それは 2023 年に施行されたこども基本法第 3 条の基本理念として、第 4 号で「全てのこどもについて、その年齢及び発達の程度に応じて、その意見が尊重され、その最善の利益が優先して考慮されること」と定められ、国が子ども・若者の意見の聴取と政策への反映を重要な施策として掲げたためである。これにより、今後、子ども・若者支援分野において政策的にも当事者の意見の聴取や反映に向けた取り組みが推進されると予想されるが、どのようにそうした取り組みが可能となるのかについては今後の大きな課題となっている。

また、こうした政策より前から、「不登校」や「ひきこもり」、「ケアリーバー」などの当事者活動は、支援者が中心に取り組んできた支援や制度設計の課題を問い、併せて当事者の視点からの実践を進めてきた。当事者会や独自メディア、国際交流、調査、政策提言など、当事者による実践は多様に広がっている。2020 年前後からは、「ヤングケアラー」の当事者活動や政策提起なども行われ、若者支援の分野では各分野で当事者活動が続けられている。今後、こども家庭庁による取り組みが、そうした草の根の当事者活動の声を無視する、あるいは都合よく利用することにならないかが問われている。

2）「居場所」
——集える場、逃げる場の創造

若者支援政策として、行政で主に整えられてきたものは就労支援・相談窓口であったが、一方で民間団体によって主に取り組まれてきたのが日中の活動場所としての「**居場所**」である。「居場所」は、心身の安全や、仲間と出会うことができる場、自主的な活動の空間として、その活動の意義がさまざまに議論され、また必要性が認識されてきた。就学や就労へのプレッシャーが強い社会において、就学・就労していない若者はときに強い自己否定に苛まれ、また自分だけが弱く、それゆえに苦しい状況にあると思い込まされがちである。そうした若者が同じような状況にある他者と出会い、自分自身を縛ってきた価値観を相対化できるような場は、若者との実践において非常に重要な意味をもってきた。また「居場所」は、“ibasho” として英語で紹介され、“hikikomori” と併せて、日本独自に議論が進められてきた概念でもある。

しかしながら、「居場所」という言葉は多岐にわたって使用される言葉となり、同じように「居場所」として活動していても、その性質がさまざまに異なっている場合もある。また、政策的に「心の居場所」などが進められ、「居場所」はさまざまな担い手による、さまざまな意図が入り込んだものとなり、その言葉を用いるからといって一定の活動が想定できるということではなくなってきている。さらに、「居場所づくり」などの言葉も用いられるが、「居場所」とは結果として若者が認識するものであり、他者が意図的に「つくる」ことができるものではない点にも留意しておきたい。

3）居住支援
——安全・安心できる生活の拠点

若者、とりわけ単身の若者は、公営住宅などを利用しづらく、居住に関する支援が不足している。若者期に利用できる制度化された**居住支援**としてはまず、児童福祉法上の児童自立生活援助（自立援助ホーム）がある。しかしながら、数も少なく制限もあり、多くの若者がその対象から外れている。また、若者支援政策・制度としては、「若者自立塾」事業が宿泊場所を提供する支援としてあったが、数か月の取り組みであり、居住場所の提供というよりは、生活リズム改善なども含めた生活全体を通した訓練が主眼となっていた。

こうした状況下で、草の根の活動として、若者を対象としたシェアハウスやステップハウスなどを運営する居住支援が、民間団体によって徐々に展開され始めている。とりわけ、新型コロナウイルス感染症の流行とそのなかでの日本政府の対応は雇用機会を縮小させ在宅仕事を増やし、不安定雇用にあった若者や家族との関係が悪かった若者に大きな影響を及ぼし、若者の居住問題が可視化された。活動としては、たとえば安価（月５万円以下の負担）で住居を提供し、就労や生活の相談にのり、居ることができる場や活動を紹介し、安全な生活の維持を支えているものなどがある。必要に応じて、病院や生活保護申請への同行、食事の提供、退居後の引っ越しやアパート探しなども行い、制度を利用できずに困窮する若者の生活を支えている。ただし、24時間の緊急対応や家賃滞納対応など、居住支援は取り組む側の負担も大きく、安定的・長期的な活動展開には課題も多い。

4）アウトリーチ
——若者の生活圏に出向くこと

ヨーロッパで実践・議論が積み重ねられてきたユースワークでは、ユースワーカーが常駐しているユースセンターを出て、若者たちが溜まっている街中でワーカーが若者たちに働きかける「ディタッチド・アプローチ」という活動がある。韓国でも、支援機関の連絡先を書いたカードや絆創膏やウエットティッシュ、コンドームなどを詰めたケースを繁華街などにいる若者に配り、その際に困りごとを聞く取り組みがなされている。

日本における**アウトリーチ**は家庭訪問と同義で使用されることも多いが、家庭訪問だけでなく繁華街や駅前など、若者が行き交う空間に出向き、食料を提供すること、居られる空間をつくること、相談にのることなど、街頭での活動もみられるようになってきている。街頭に出向く活動は、相談窓口に来所しづらい若者へアプローチするということにとどまらず、商業化されとどまることが難しくなった空間や犯罪被害の危険が多い空間を、若者にとって安全な空間に変転させるという意義ももっている。

ただし一方で、アウトリーチ活動は、家庭訪問の場合には本人の安全圏を脅かす危険性があり、また、街頭へ出向く場合には、警察の取り締まりと同じ監視と管理の仕組みとなってしまう危険性を併せもっている。アウトリーチは、若者が日常を過ごす場まで他者である大人が追いかけ、若者たちを捕捉・管理する手段にもなり得るのである。家庭訪問においては重要性が主張される一方で、その暴力性が絶えず指摘されており、街頭へ出向く活動も、行政への利用者名簿提出の拒否や指導の拒否などの現場レベルでの抵抗が海外や日本で試みられている。潜在化・孤立しやすい若者へアプローチする手段として非常に注目されるものの、その危険性は慎重に検討される必要がある。

5）仕事づくりと労働
——既存の労働市場への適応策を超えて

就労することは、日本社会において金銭を得ることだけでなく、所属を得ること、同僚などの人間関係を得ること、健康診断や保険などの福利を得ることなどのさまざまな条件を得ることと併せて存在する。それゆえにこそ、就労の問題が大きく生活困難に直結し、生活の困難化への直接的な対策の一つとして就労支援が取り組まれた。地域若者サポートステーション事業は、就労に向けた相談や就労体験などを実施し、ハローワークよりもさらに若者の状況に合わせた就労支援に取り組んでいる。しかし、労働市場や環境の問題が改善されないまま就労支援が機能したとしても、多くの若者は劣悪な労働市場に送り込まれることになり、ワーキングプアを生み出すことにつながってしまうという問題もある。

そこで、働くこと自体の問い直しや、劣悪な労働環境の改善などが検討課題として生じ、既存の劣悪な労働市場に適応主義的に「送り込む」のではなく、オルタナティブな働き方を開拓することや、既存の企業を支援し変化させることが一部で取り組まれた。たとえば、さまざまな矛盾を生じさせる雇用労働に対して、一人ひとりの労働者の尊厳を守る形態として労働者協同組合を立ち上げ協同労働に取り組む活動、生活困難に直面する若者と仕事を立ち上げ、事業をつくっていく活動、ひきこもっている若者とゆるやかに働くことができるようなカフェを運営するものなど、既存の労働市場に参加することとはまた異なる働くあり方が模索されている。ただし、こうした取り組みは就労せずとも安定した生活が保障される仕組みと併せて検討される必要があることは留意したい。

6）ユースワーク（Youth Work）

ヨーロッパでは**ユースワーク**の伝統があり、若者支援では社会福祉と隣接する部分である。日本でもヨーロッパの影響を受けてユースワークが取り組まれている。日本では、従来、社会教育が若者の余暇や地域活動などを支えてきた歴史があり、ヨーロッパ的なユースワークを参照しながら、そうした社会教育の土台から日本独自にユースワークが模索されているといえる。

社会福祉・ソーシャルワークと比較すると、ユースワークは余暇や集団、文化を重視する活動であり、生活基盤や生存の保障へ重点をおく社会福祉・ソーシャルワークと重視する視点にそれぞれ独自性がある。しかしながら、若者の生活において生存と余暇や文化は密接にかかわるものであり、実際の活動においてはユースワーカーもソーシャルワーカーの役割を果たす場面があり、その反対もまたある。また、ユースワークが実践される主要な場の一つであるユースセンターは、社会福祉・ソーシャルワークの機関に比べてその利用に際して感じられるスティグマが弱く（社会福祉・ソーシャルワークの機関は、「支援を受ける」という認識が利用者自身の自尊心の低下などにつながりやすい）、オープンアクセスの利が発揮しやすく、支援を忌避する若者へのアプローチも可能となりやすい。

注

（1）こども家庭庁「すべてのこども・おとなに知ってほしいこども基本法とは？」6頁
（2）困難な問題を抱える女性への支援のあり方に関する検討会中間まとめ　厚生労働省「困難な問題を抱える女性への支援のあり方に関する検討会」資料（令和元年10月11日）4頁

参考文献

- ビッグイシュー基金編『若者ホームレス白書』2010年
- ビッグイシュー基金編『若者ホームレス白書②』2012年
- 本田由紀『社会を結びなおす』岩波ブックレット、2014年
- 乾彰夫「『戦後日本型青年期』とその解体・再編」『ポリティーク』88～107頁、2002年
- 金井淑子「ままならない女性・身体」小杉礼子・宮本みち子編『下層化する女性たち――労働と家庭からの排除と貧困』勁草書房、73～97頁、2015年
- 厚生労働省『令和6年版 自殺対策白書』
- 宮本みち子『若者が《社会的弱者》に転落する』洋泉社、2002年
- 内閣府「英国のコネクションズ・サービスの概要」2005年
- 内閣府「こども・若者の意識と生活に関する調査」2023年
- 岡部茜『若者支援とソーシャルワーク』法律文化社、2019年

5 高齢期の福祉

結城康博

1. 家族形態の変容

1）独居や未婚の子と同居する高齢者

高齢者を取り巻く福祉問題を考えるにあたって、**家族形態**の変容を見ていく必要がある。周知のように**独居高齢者**の世帯数および老夫婦の世帯数の増加傾向は当然だが、親と未婚の子のみの世帯数の伸びも看過できず500万世帯を超えている（**図1**）。

特に、2020年において50歳時の未婚率が男性28.3％、女性17.8％とかなり高くなっている（**表1**）。明らかに1980年と比べ、高齢者を取り巻く家族環境が一変していることがわかる。孫がいることが前提で語られる高齢者の生活も、息子や娘が未婚のままでは孫がいないケースが珍しくない。

また、子どもがいたとしても兄弟姉妹が少なく、かつてのように数人で親を看るという形態が少なくなっている。従来、長男夫婦が親と同居して看ていても、順番で次男や長女の家族が交代で「介護」を請け負う光景がよく見受けられた。それによって、主たる家族介護者は、一時的に「介護」から解放され休息できる機会も多々あったが、子どもが1人しかいないことも珍しくなく、結果、親族間での介護力が低下していることになる。

2）配偶者がいない高齢者

1980年と2020年とを比較すると、65歳以上の未婚率も高くなっている（**表2**）。死別や離婚などで配偶者がいないというのではなく、生涯結婚しない

図1　65歳以上の者のいる世帯数

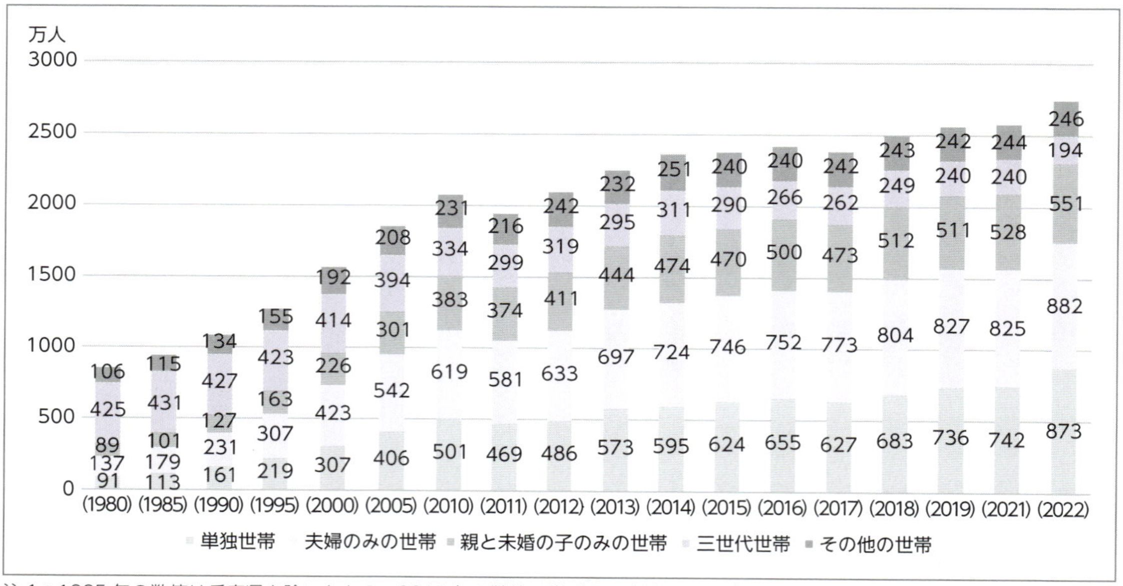

注1：1995年の数値は兵庫県を除いたもの、2011年の数値は岩手県、宮城県および福島県を除いたもの、2012年の数値は福島県を除いたもの、2016年の数値は熊本県を除いたものである。
出典：内閣府『令和6年版 高齢社会白書』10頁、2024年から作成

表１　50 歳時の未婚等割合（%）

年次	男			女		
	未婚	死別	離別	未婚	死別	離別
1980	2.6	1.3	2.0	4.5	7.0	3.9
1990	5.6	1.1	3.4	4.3	4.9	5.1
2000	12.6	1.0	4.7	5.8	3.3	7.2
2010	20.1	0.7	6.0	10.6	2.4	9.3
2015	24.8	0.6	6.6	14.9	1.9	10.4
2020	28.3	0.5	6.5	17.8	1.5	10.6

出典：国立社会保障・人口問題研究所「人口統計資料集（2023）改訂版」2023 年４月 26 日より作成

表２　65 歳以上における配偶関係（未婚率）割合の推移（%）

		1980 年	1990 年	2000 年	2010 年	2015 年	2020 年
男性	65 ～ 69	0.9	1.4	2.6	6.1	10.3	14.1
	70 ～ 74	0.8	1.0	1.7	3.8	6.0	9.6
	75 ～ 79	0.7	0.8	1.2	2.4	3.6	5.2
	80 ～ 84	0.7	0.7	0.9	1.6	2.2	3.0
	85 歳以上	0.7	0.7	0.8	1.0	1.3	1.6
女性	65 ～ 69	1.7	3.4	4.0	4.5	5.6	6.4
	70 ～ 74	1.3	2.3	4.0	4.0	4.6	5.4
	75 ～ 79	1.0	1.7	3.3	4.0	4.1	4.4
	80 ～ 84	0.9	1.3	2.3	4.1	4.0	3.9
	85 歳以上	0.7	1.0	1.6	2.9	3.6	3.8

出典：国立社会保障・人口問題研究所「人口統計資料集（2023）改訂版」2023 年４月 26 日より作成

高齢者層が増加しているということだ。つまり、孫どころか子もいない高齢者が増えている。

当然、高齢者の未婚率が高いということは、親戚づきあいなども希薄化している人が多いと推察される。確かに、未婚者である高齢者においても兄弟姉妹などと関係づくりを密にしている人もいるかもしれない。しかし、相対的に考えれば親族間の関係は薄くなっているに違いない。しかも、親族間の関係が良好であっても、お互い高齢者であるため兄弟姉妹同士での助け合いは限定的となる。

３）遺骨の引き取り手がいない

このような親族間の希薄化は、誰も「遺骨」の引き取り手がいないケースが増えていることからも理解できる。昨今、行旅病人及行旅死亡人取扱法（行旅法）における引取者のない死亡人の遺骨の保管状況は、約 6000 柱となっている（**表３**）。たとえば、以下のようなケースが主となりがちである。

表３　行旅法における引取者のない死亡人の遺骨の保管状況

	2018 年 3月 31 日	2021 年 3月 31 日	2021 年 10 月末日
引取者のない死亡人の遺骨を保管している市区町村数	240	296	303
保管柱数	4,766	5,485	6,055

出典：総務省「遺留金等に関する実態調査結果報告書」2023 年３月、75 頁より作成

① 生活保護受給ケースで、身寄りがいないもしくはいても引き取りを拒む。
② 特別養護老人ホーム等の施設で、亡くなったケースで引き取り手がいない。
③ 「行旅人」といって、身元がわからずに亡くなったケース。ホームレスなども含まれる。

筆者が、数か所の市町村で遺骨の引き取り手がいないケースの対応について話を聞いたことがあるのだが、合祀して「無縁仏」としてお寺に埋葬するのが一般的であるという。

今後、**無縁社会**が拡がり遺骨の引き取り手がいないケースが多くなるであろう。しかし、本来、まったく「縁者」がいないという故人は少ないのではないかと考える。何らかの理由で誰にも引き取られず、「無縁仏」として葬られているケースが多いのではないだろうか。

いずれにしても、このような引き取り手のいない遺骨対応は、今後、公共サービスとして高齢者福祉分野で担うことが普遍化していく可能性が考えられる。

2. 社会的孤立および契約社会の課題

１）認知症高齢者の課題

当然、高齢者福祉問題においては認知症介護を避けることはできない。特に、要介護者の「徘徊」などが大きな課題となる。2025 年に**認知症高齢者**は

約700万人以上になることから(1)、誰もが直面する問題となる。もちろん、認知症高齢者の介護サービスの充実、ケア技術の向上は、今後、社会に求められる重要なポイントであろう。

しかし、「徘徊」などによって要介護者が「故意」ではないが、加害者となることも看過できない。つまり、介護している家族側に監督義務責任が生じてしまえば、「もしかして、目を離したすきに、高齢者が徘徊して、企業や個人に損害を与えてしまわないか？」と、親族が心配となり部屋の鍵をかけるケースも考えられる。もしくは、外に出られないように、玄関の鍵をかけておくといった非人道的な「介護」になりかねない。

かつて鉄道事故における損害賠償を争う訴訟にて、最高裁が認知症高齢者を「介護」していた家族に監督義務責任はないとし、原告であるJR東海の損害賠償請求を棄却した判決は記憶に新しい（2016年３月１日最高裁判所第三小法廷）。これは徘徊していた認知症高齢者が線路に立ち入って亡くなり、それに伴って生じた「振替輸送費」などの弁償費用を、JR側が家族に求めた裁判であった。１審・２審の判決は家族側に損害賠償の責任があるとされたが、最高裁では覆された。

今後、このような問題を踏まえて、民間保険会社による損害賠償保険の商品化も考えられるが、市場経済による損害補償システムはすべての人を網羅することはできない。むしろ、認知症高齢者が暮らしている社会が当たり前となるなら、公的な損害補償制度の構築も急がれる。

当面、認知症に関して家族や近所の人が心がけておくべきことは、認知症の疑いのある「人」に気づいたら、早期受診を促し何らかのサービスにつなげていくことだ。

たとえば、一人暮らし高齢者で「ごみ出しの日を間違える」「近所の人とあいさつせず無愛想になった」「入浴していないような身なりが不衛生である」など、毛嫌いされる高齢者がいたとしよう。普通の人は、「変な高齢者だ」「怪しい人だ」「あまりかかわらないようにしよう」と思うに違いない。しかし、認知症の知識を有した地域の人であれば、「もしかして、あの高齢者は認知症では？」と、思い描くであろう。そうなれば、たとえ一人暮らし高齢者であっても、地域の人々の促しで専門機関につなげやすくなる。

２）契約社会と社会福祉学

超高齢社会においては、合理的な判断による自己利益の追求が難しい高齢者が増えることに留意すべきである。つまり、認知症などで判断能力が不十分な人たちは、当然のことながら「契約」などのトラブルに巻き込まれやすい。国民生活センターによれば、60歳以上の認知症や知的障害などの人が消費者トラブルに遭ったとの相談案件で、健康食品の送り付け商法の被害を受けたり、住宅リフォーム工事で高額の契約を結ばされたりと悪質なケースが後を絶たないという(2)。

市場経済社会では不可欠の「契約」システムの問題が浮き彫りとなった形だ。いわば認知症高齢者が増えていくということは、「経済学」のみで需給関係を述べることはできず「社会福祉学」の視点で考えていく必要がある。

たしかに、判断能力が衰えた人を支援するため、家庭裁判所が選任した弁護士や司法書士に財産管理や契約行為を委ねる成年後見制度の仕組みはあるが、認知症高齢者をすべてカバーしているわけではない。本来であれば、こうした機能は家族や近所の友人が代替してきたが、独居高齢者の急増や地域社会の希薄化が壁となっている。

たとえば、一定の条件を満たす中小企業以上の社員には「認知症研修」を義務づけたうえで、認知症の疑いがあると思われる顧客に対しては「契約」を促すのではなく、福祉専門機関につなげていくことを法律化してはどうであろうか。そうすれば、認知症高齢者を早期に発見でき、消費者被害から救うこともできるであろう。

３）身元保証人がいない

そもそも「契約」システムでは、一般的には「**保**

証人」が必要とされ身寄りのいない高齢者などがアパートに入居する、介護施設に入所する、病院へ入院するなどの際、多くの問題が生じている。また、医療処置の判断や死亡時の葬儀など、親族に代わる「保証人」が求められるため、それらがいない場合にはサービスを利用しづらい。いわば、**契約社会**は「保証人」がいない者にとって深刻な問題を引き起こしている。

2016年3月18日内閣府より「公益財団法人日本ライフ協会」(東京都港区)が「公益目的事業を行うのに必要な経理的基礎がない」として、公益認定の取り消し措置がなされた[(3)]。そして、同月23日、民事再生の手続きを断念し破産手続きがなされ、事業の継続が難しくなった。

「日本ライフ協会」は、身寄りのいない高齢者を中心に「契約」を締結し、総額約165万円を受け取る代わりに、身元保証人となる事業を展開していた。しかし、協会側は会員からの多額の資金を流用したことで、破産状態に陥ってしまった。昨今、市場経済によって身元引受人を請け負う業者は一つのビジネスとして展開されており、今後もそのニーズは高まっていく。

そのため、たとえ一定の財産を有していても、身元保証人を依頼できる親族がいない、もしくはいたとしても関係が良好ではないといった理由から、市場経済を媒介に身元引受人を依頼する高齢者が増えている。

しかし、市場経済によって身元保証人を担保できたとしても、既述のように業界最大手の「日本ライフ協会」が破産に陥ってしまうこともある。その意味では、すべて市場経済に委ねることはできず、必ずしも「おひとりさま」を享受して人生をまっとうできるとは限らない。人生をまっとうするには、できる限り人間関係の構築が重要と考える。

4)孤独死・孤立死

i　急増する孤独死の件数

現在、高齢者福祉の現場では問題が多様化している。とりわけ「孤独死対策での地域の見守りを拒否

図2　65歳以上の一人暮らし死亡者のうち、自宅での死亡者数(東京23区内)

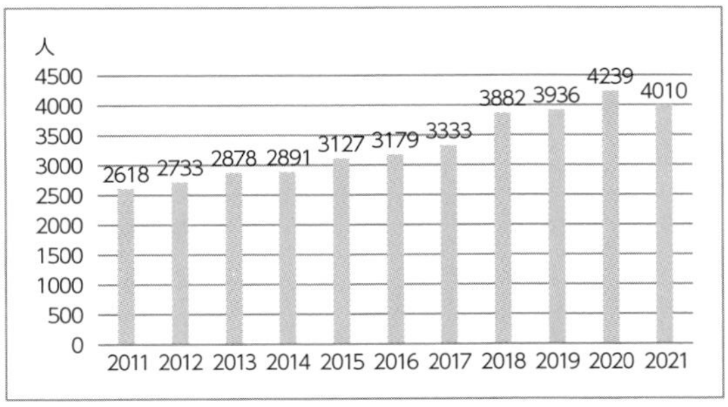

資料:東京都福祉保健局東京都監察医務院の統計より内閣府作成

出典:内閣府「令和5年版 高齢社会白書」45頁、2023年

する高齢者」「生活保護申請を促しても承諾せず困窮する者」「ごみ屋敷状態を放置する者」「他人を家に入れたくないと介護・福祉サービスを拒む家族等」など利用者や家族の意思を尊重することで、現場で事態が手遅れとなるケースは少なくない。

東京都監察医務院によれば、死因不明の急性死や事故で亡くなった人の検案・解剖を行った一人暮らしで65歳以上の人の自宅での死亡者数は2021年4010人となっており、年々、増加傾向にある(**図2**)。

なお本章では「孤立死」という用語は使用せず、一般的に周知されている「**孤独死**」というキーワードを用いる。

ii　見守り体制の構築

いかに地域・行政・企業などによるネットワークを構築しながら「地域福祉」の視点で、**見守り体制**を充実させていくかが重要である。仮に、体調が悪くなった「人」が助けを呼べずにいたとしても、地域の見守り活動が充実していれば早期に発見することが可能となり「命」を救うことができる。

なお、「見守り」体制の構築を考えるにあたっては、人の「縁」がキーポイントとなると考え、以下の四つに分けられるであろう。

第一に、「家族 or 親族」による「縁」であるが、独居高齢者や老夫婦高齢者が増えていくと、これらの機能低下が社会では著しくなっていく。

第二に、地域における「地縁」である。これらは

限界集落、過疎地域、あるいは大都市でも近所付き合いの希薄化によって課題となっている。

第三に、「社縁」である。女性と比べると男性のほうが孤独死件数は多い。なぜなら多くの男性は「社縁」に依存していて、退職すると「人」との付き合いが希薄となりがちだからだ。一方女性は、専業主婦でも共働きであっても「地域（地縁）」とのつながりを構築しやすい。

第四に、「友人」である。しかし、これらは年齢を重ねるにつれ、友人は同年齢が多いため亡くなっていく。たとえ存命していても、互いに要介護者となれば親交が薄くなる。

家族や地域社会のあり方が変貌し、これら自助・互助の機能低下が顕在化している。かつて、社会全体が家族や地域を基盤とした共同体としてのつながりが濃かったが、超少子高齢社会によって「孤独死」が生じやすい社会となっている。

3. 地域包括ケアシステムの構築

1）一般病床の現状

一般病床の平均在院日数の推移をみると2000～2021年の約20年間で、30.4日から16.1日と大幅に短くなっていることがわかる（**図3**）。たしかに、介護施設も増加し、在宅介護サービスが充実してきた背景から、必ずしも医療的ケアを伴う患者が病院でなくとも介護施設や在宅で療養・介護できる環境が整備されてきた。しかし、平均在院日数の短縮化によって、在宅介護へのシフトを強化しすぎて供給

図3　一般病床における平均在院日数の推移

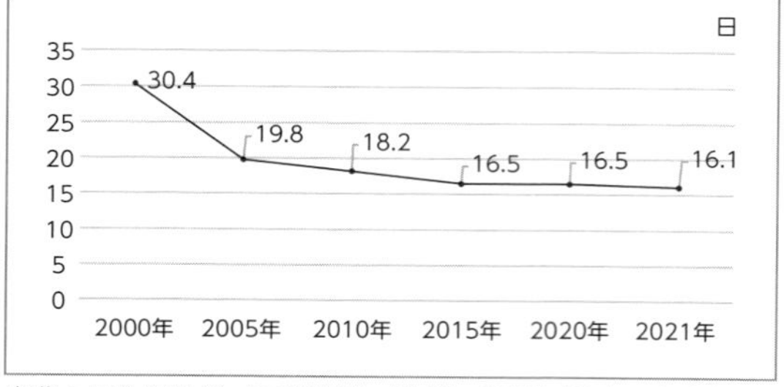

出典：厚生労働省「医療施設（静態・動態）調査・病院報告」各年版より作成

が追いつかない現状も考えられる。

厚生労働省のデータによれば、入院前の場所・退院後の行き先別にみた推計退院患者数の構成割合において、家庭からの入院のうち約9割は自宅に戻るとなっている。しかし、家庭以外の場からの入院においては、退院時においては元の場所ではなく、ほかの場所へ移動して退院している傾向にある(4)。

本来であれば、他の病院・診療所から一般病床へ入院した場合、治療が終われば家庭に戻ることが理想とされるが、一定程度しか在宅に戻ることはできない。いわば在宅介護の推進といっても、「その他」の行き場を模索しているのが現状だ。なお、「その他」の行き場としては介護施設、サービス付き高齢者住宅、グループホーム、介護医療院が挙げられる。

2）地域包括ケアシステム

「**地域包括ケアシステム**」を簡単に解釈すれば、できる限り施設や病院で最期を迎えるのではなく、住み慣れた在宅（自宅）で暮らしていける仕組みを目指すという意味であろう。一昔前までは、病院で最期を迎える傾向にあった。今後はできる限り在宅で最期まで暮らしていけるよう訪問介護（ヘルパー）や在宅医療サービスを活用しながら、暮らしていくことが目指されている。

筆者は、高齢者介護の節目として2035年を考えている。なぜなら団塊世代の方々がすべて85歳以上となるからだ。年齢別の要介護認定率をみると85歳以上では、約半数の高齢者が要介護者となる（**図4**）。この時期までに全国各地で「地域包括ケアシステム」を整備しておかないと、多くの介護難民を生じかねない。

地域包括ケアシステムは、大きく五つの要素に分かれており、①住まい、②医療、③介護、④生活支援、⑤介護予防となっている。これら五つのキーワードを、筆者なりに解釈すれば、在宅で最期まで暮らしていくには「住まい」の確保が基本と考えられたのであろう。要介護高齢者が在宅で最期まで暮らしていくには、安心した「住まい」が必要であ

図４　年齢階級別の要介護認定率

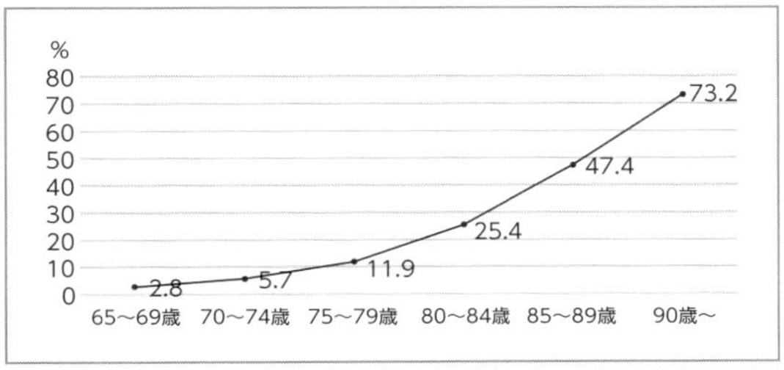

出典：社会保障審議会介護保険部会（第107回）「参考資料１－２：介護保険制度の見直しに関する参考資料」2023年７月10日、18頁

る。たとえば、サービス付き高齢者向け住宅の整備促進は一つの方策である。

また、要介護高齢者が在宅で生活を続けるには「医療」や「介護」サービスが地域で充実していなければならない。特に、独居高齢者が増えるなかで、24時間型の介護や看護サービスは重要な社会資源となる。具体的には「定期巡回型訪問介護看護」が一つのサービスメニューとしてある。

なお、高齢者が暮らしていくには、「電球を取り換える」「トイレ掃除」「ごみ出し」といった現役世代にとっては、何ら支障のない生活行動も心身ともに機能が低下している要介護高齢者にとっては非常に困難をきたす。その意味で、地域住民の助け合い（ボランティア組織の構築）や簡単な「生活支援サービス」が整備されることで、多くの高齢者が在宅で生活しやすくなる。しかも、高齢者自らがボランティア活動をすることで「**介護予防**」につながり、65～74歳の元気高齢者が、75歳以上の要介護高齢者を支援するといった世代内の助けあいシステムを構築することで、相乗効果が期待できるというのである。

３）最期の看取りまで

そもそも「地域包括ケアシステム」という概念は、広島県御調町（みつぎちょう）（現在は尾道市）で展開された医療や福祉サービスの実践形態が原形といわれている。具体的に30分圏域内で、個々のニーズに応じて適切な医療や介護サービスが提供される地域システムの確立が目指された。

この構想の大きなコンセプトである、「在宅」で最期を迎え患者（高齢者）の病院・施設志向を是正させていくこと自体は間違いではない。在宅における看取りを、「地域包括ケアシステム」の構築によって推し進めていくことは理想である。

しかし、患者や家族の心境は複雑で、たとえば、一人暮らしの場合、がん末期等になると体調が悪化してきて、どんなに「自宅で死ぬ」と思っても、心細くなっていく。モルヒネや鎮痛剤で痛みの緩和ケアが施されたとしても、「死」を間際にすると精神的に不安になり、在宅で「一人で死ぬ」よりは、やはり「病院」で亡くなるほうがよいのではとの気持ちになる人も少なくない。

また、家族がいる場合でも、どんなに「献身的に最期まで看取る」と気構えても、末期状態になると「本人の唸るような苦しみ」「夜間も眠れないほどの看病」が続くと、もう「無理だ！」と思い病院へ入院させることもある。

そのため、いつでも入院できる医療機関を確保することも重要であろう。これは「**かかりつけ医**」の力量にもよる、本人や家族が「在宅では無理だ」と思えば、すぐに入院できる体制が整備されていると、安心して在宅で療養生活を送れるであろう。

４．医療・年金・介護といった制度と現場ニーズの乖離

１）高齢者医療２割負担と厚生年金受給者

2022年10月１日から経過措置があるものの、一部75歳以上の医療費窓口自己負担割合が現行１割から２割に引き上げられている。このことで年間約1880億円の医療給付費が抑制できるそうだ(5)。その対象は単身者で年間収入200万円以上、複数世帯では320万円以上となり、現行の３割負担を含め後期高齢者の所得上位層約３割が該当している。

一人当たりの医療費は高齢になるにつれて増加する。2025年には団塊世代すべてが75歳以上となるため、急激に医療費が伸びることから一定の所得のある人には負担してもらうということだ。

この約３割の多くは厚生年金受給者であり、従来、国民年金受給者と比べて老後は安心と考えられてきたが、今回の負担増でそうともいえなくなった。そもそも年間200万円の年金収入があっても、そこから定期的に引き上がる介護や医療の保険料が天引きとなり、可処分所得が目減りしていく。

しかも、昨今、ガソリン、日用品、光熱費、食費など物価高が家計を直撃している現状を鑑みると、高齢者の生活は年間200万円の年金等の収入があるからといっても不安定であろう。いわば年金額は減ることはあっても、一定程度の受給額増は見込めない。ますます老後の家計は厳しくなっている。

本来、普段から「病気」という事故に備えて保険料を所得階層別に負担しているものの、いざ「病気」となっても窓口自己負担額が異なるのは、社会保険の原理からすれば筋が違う。高齢化により医療費の財源が必要であれば、さらに保険料徴収時に所得階層別に負担を強化させていくべきであろう。

不運にも「病気」となって患者となれば、かなりの高所得者層を除いて一律１割の自己負担割合にしておかないと高齢者は安心した老後を送れないと考える。

２）社会保障制度における給付と負担

現在、政府は全世代型社会保障と銘打って「給付は高齢者中心、負担は現役世代中心」といった現状を見直すとしている。確かに、一定の余裕のある高齢者層に負担を課していくことは理解できる。しかし、現行のように「所得」を基軸とした年金収入等に応じて負担を課していく再分配手法は限界にきている。その意味では、裕福な高齢者層に負担を課していくのであれば、「資産」に基づく再分配手法を社会保障制度に盛り込んでいく必要がある。

たとえば、「金融所得課税」を強化して財源に充てることも一案であろう。現在、政府は「資産所得倍増」を目指して、「NISA（少額投資非課税制度）」の抜本的拡充を実施している。いわゆる金融所得課税を緩和する方向だ。

しかし、日本証券業協会資料の個人株主の年齢別データによれば、個人株主数約1457.2万人のうち年齢不明が約224.5万人となっており、それらを除いた数に占める半数以上が60歳以上となっている[(6)]。つまり、「金融所得課税」を強化して一定の高齢者層において「資産」に基づく負担を求めることは可能だ。

しかも、現行の所得税および地方税の最高税率は年収4000万円以上に対して55%ではあるが、株式譲渡益や配当金など金融所得課税は一律20%となっている。つまり、「所得」といっても金融所得が占める割合が高くなると、富裕層優遇といった不公平感が生じかねない。

短期的には株式相場に影響を及ぼしかねない「金融資産課税」の強化策は、社会保障の財源確保から考えるならば、「所得」に応じて負担を課すよりも「資産」による再分配を実施したほうが好ましい手法となる。超高齢化社会においては、「分配」の議論が不可欠である。

３）介護保険法の改正（2015年）～現在まで

介護保険制度が2000年４月に創設されて四半世紀が経った。いくたびか制度改正がなされてきたが、2015年４月にスタートした改正介護保険制度は大きな節目となっている。そもそも１回目の大幅改正は制度創設６年が過ぎた2006年４月に実施されたもので、当時、「介護予防」といった新システムが改正の大きな目玉となった。そして、８年後の2014年６月19日に国会で成立した「医療介護総合確保推進法（地域における医療及び介護の総合的な確保を推進するための関係法律の整備等に関する法律）」によって、2015年４月から改正介護保険制度がスタートした。

この改正によって主に軽度者といわれる要支援１・２といった層のサービス体系が大きく変わり、新しく「総合事業」という制度が誕生した。たとえば、高齢者が身体機能や認知機能の衰えを感じ日常生活に支障が生じた場合、ヘルパーなどを頼んで生活を支えてもらうとしよう。しかし、それまでは介護保険を利用するには、「要介護認定」といって市町村が高齢者の心身状態などを調査し、本当に「介護」が必要か否かを見きわめなければならなかった。

そして、2015年改正によって、これら要支援1・2といったサービス体系のうち、訪問介護（ヘルパーサービス）、通所介護（デイサービス）の一部分が、従来の「予防給付」という形態から「**介護予防・生活支援サービス**（**総合事業**）」という制度に移行された。

この総合事業は介護保険「給付」本体によるサービス体系ではなく、地域支援事業といった市町村による裁量が強い事業形態として運営されている。地域支援事業はあらかじめ予算枠が決められているため、結果として「予防給付」よりも「総合事業」サービスのほうが、制約があって高齢者にとってサービスが使いにくくなる。

2027年改正介護保険制度の政策決定過程において、この「総合事業」の枠組みに要介護1・2における訪問介護（ヘルパーサービス）および通所介護（デイサービス）といった給付サービスも盛り込む議論がなされる見通しだ。

4）3年ごとの改正

小幅であれ大きな改正であったとしても、3年ごとに介護保険制度は改正されていく。昨今、これらの政策決定過程では財務省から問題提起がなされ厚生労働省社会保障審議会介護保険部会で議論されるのが通例となっている。今後、介護保険制度改正の議論は以下のようなポイントが重要となるであろう。

第一に、ケアマネジメント有料化の導入の是非。第二に、既述のように要介護1および2における「訪問介護」「通所介護」を保険給付から外し、地域支援事業である総合事業へ移行の是非。第三に、介護保険制度の2割自己負担層の拡充の是非。2024年介護保険制度改正の実施によって2割自己負担層は拡充したが、さらに拡げるかの是非。

筆者は、全国的に「総合事業」がうまく機能しているとはいいがたく、さらに無理して実施したとしても財政効果は微々たるものと考える。逆にシャドーコストを考えれば、非効率な制度ではないだろうか。

ケアマネジメントの有料化も、利用者による負担が増し介護生活に大きな影響を与える。この先も「負担」増の議論は繰り返されるに違いない。しかし、厚生年金受給者とはいえ、ますます高齢者の生活は厳しくなるばかりだ。

5. 介護人材不足の深刻

1）立ちはだかる介護人材問題

昨今、慢性的な介護職員の人材不足が深刻化し、多くの地域でサービスの維持・継続が危ぶまれている。このことは「地域包括ケアシステム」が「深化」どころか、「机上の空論」へと進んでいることを直視しなければならない。

なぜなら、2035年には団塊世代すべてが85歳以上となることから、急激に要介護者が増加するからだ。政府でも**介護人材不足**の議論は触れられてはいるものの、抜本的な対策案は打ち出されていない印象を受ける。そうなると、他産業の給与水準を考えると、労働市場で介護分野がますます競争に勝てなくなる。

2）需給ギャップが続く

そもそも、介護保険制度が創設されて適切なメンテナンスがなされてこなかったため深刻な人材不足に陥ったのではないだろうか。特に、訪問介護（ヘルパー）サービスは深刻だ。これらの有効求人倍率は約15倍と驚愕的な数値となっており(7)、遠くない時期に現在の高齢ヘルパーが引退すれば、在宅介護は崩壊の一途をたどるに違いない。

訪問介護員は60歳以上の世代が就業する傾向にあり、現行のシステムを継続するならば、2035年には1980年生まれ前後の多くの人に訪問介護員に従事してもらわないと、現場は機能しなくなる。

厚生労働省資料によれば、将来、必要とされる介護職員の人数は、2019年211万人を起点として、2023年約233万人、2025年約243万人、2040年約280万人との推計が示されている(8)。

毎年、筆者は高校生に「福祉の仕事の魅力」といったテーマで授業をしている。進路指導である高校教師や保護者とも意見交換する機会が多々ある。しかし、「福祉や介護は、給与が安いのでしょうか？ 実際、介護現場は重労働で働くのに大変なのでしょうね」といった質問が多く寄せられる。高校教師の進路担当者のなかには、「あまり福祉および介護系は高校生に薦められません。むしろ、看護系は給与水準が高いので人気学部となっている。保護者の方も福祉や介護系に進むより、看護系に進む途を望んでいるのが実態です」と、率直な意見を述べてくれる。

3）賃金問題だけではない

i　介護現場における中間管理職の資質

介護人材不足問題は、「賃金」が低いという要因だけではない。しっかりとした労働環境を整え、「介護」が他産業相手に人材獲得競争に勝てる「環境」を整えていく必要がある。その障壁の一つとして介護現場の中間管理職の「時代錯誤」的な感覚によって、人事マネジメントが適切でない実態が挙げられる。

そもそも、介護職員が離職する要因は、「賃金」が安いという理由だけではない。介護労働安定センターの調査によれば、前職（介護関係の仕事）を辞めた理由のトップは「人間関係」であり、収入面がトップではない(9)。

40～60歳代の「昭和世代」が採用担当や人材育成責任者としての職を担っているケースが多い。この人々の一部は介護業界10年未満の者も少なくないが、かなりの管理職は介護保険制度創設前後に介護業界で働き始めている。当時の人事担当者に話を聞いたのだが、「2000年初頭まで採用試験の倍率は２～３倍程度で、公募すれば多くの人が応募に来た。毎年、５名の介護職員の公募に10名前後の応募があったという。今では考えられない時代だった」と話してくれた。

つまり、2000年前後に自分が「若手」として介護業界で働き始めた当時のイメージで管理職を続けている。その感覚で若い介護職員に指導すると、たとえば、「介護技術」は先輩の仕事ぶりを見ながら「盗む」ものと思い、手取り足取り業務を指導・養成する意識が薄くなる。そうなると、今の若い世代の感覚とは「ズレ」てしまい、20歳代の職員は辞めてしまう傾向となる。

ii　若者の意識の変化

一方、中間管理職側からは、「近頃の若者は、叱るとすぐに辞めてしまう。人間、石の上にも『３年』でしょう！　人としてどうかな？」と、嘆く声が聞かれる。

つまり、ゆとり世代の意識・価値観に疎い中間管理職は、すぐに「転職」していく若者の思いを理解することができない。今、若い世代は「石の上にも３～６か月」という価値観となっている。「ブラック企業」「就職して尊敬・信頼できる上司・先輩がいない」と判断すれば、無理せず「転職」するほうが常識と考えている。

なぜなら、介護業界は「売り手市場」であり、すぐに「転職」先は見つかるからだ。そのため、褒めながら管理職は「定着」を優先に人事マネジメントしなければならない。

6. 人口減少社会と高齢者福祉

1）若年者と高齢者人口

2022年12月31日に総務省が公表したデータによれば、2023年１月１日現在の新成人の人口は、18歳112万人、19歳113万人、20歳は117万人となっている(10)。新成人の推移をみる限り、明らかに人口減少社会を理解できる。1995年団塊ジュニア世代が成人式を迎えた201万人を境に減少傾向にある。しかも、2022年に生まれた日本人の子ども（出生数）は77万747人となり厳しい状況だ。

また、25歳以下の人口数をみれば左肩下がりは明白で、既述の要介護者がピークとなる2035年以降、20歳以上の若者は学年ごとにみれば約100万人足らずとなる（**図5**）。この少ない若者層から、どれだけ介護人材が確保できるかである。

実際、介護分野に限らず、農業、サービス業、建設業といった多くの産業分野でも人手不足は深刻化している。いわば各産業分野で「人材獲得競争」が激化しているのだ。

それに対して、高齢者人口構成をみる限り、団塊世代層の割合がかなりの塊となっていることが理解できる（**図6**）。2022年簡易生命表によると、男性の平均寿命は81.05年、女性の平均寿命は87.09年となっている[(11)]。つまり、これら団塊世代の多くは85歳以上まで存命することとなり、2035年には急激に要介護者が増加することになる。

2）さらに地方は深刻

さらに地方は深刻な人材不足が予測される。たとえば、島根県の人口構成をみてみよう。18歳以降の人口層が極端に減少している。これは高校を卒業して大学進学もしくは就職など、福岡や東京といった大都市部に転出するためである。一方、70歳以上の人口数は、ほぼ全国水準と変わらない（**図7**）。同じように団塊世代がかなりの層を占めており、多くの人が85歳まで存命し要介護者となることが予測される。

実際、島根県のような地域が日本各地の大半のケースとなるのではないだろうか。つまり、札幌、仙台、東京、名古屋、大阪、福岡といった大都市周辺部を除いて18歳以降の人口数が激減する。

そのため、出生数が減少傾向で「少子化対策」が急務とされているが、並行して「18歳以上の人口流出防止策」「Uターン施策」に力点を置かないと、大部分の地方は深刻な人手不足問題となる。特に、介護ニーズが2035年以降一挙に高まることから、若年層が少ないながらも介護人材の確保・定着に社会全体が邁進しなければならない。より若年層が少ない2035年以降に向けて抜本的な施策が求められる。

図5　25歳以下の人口数（2021年10月1日）

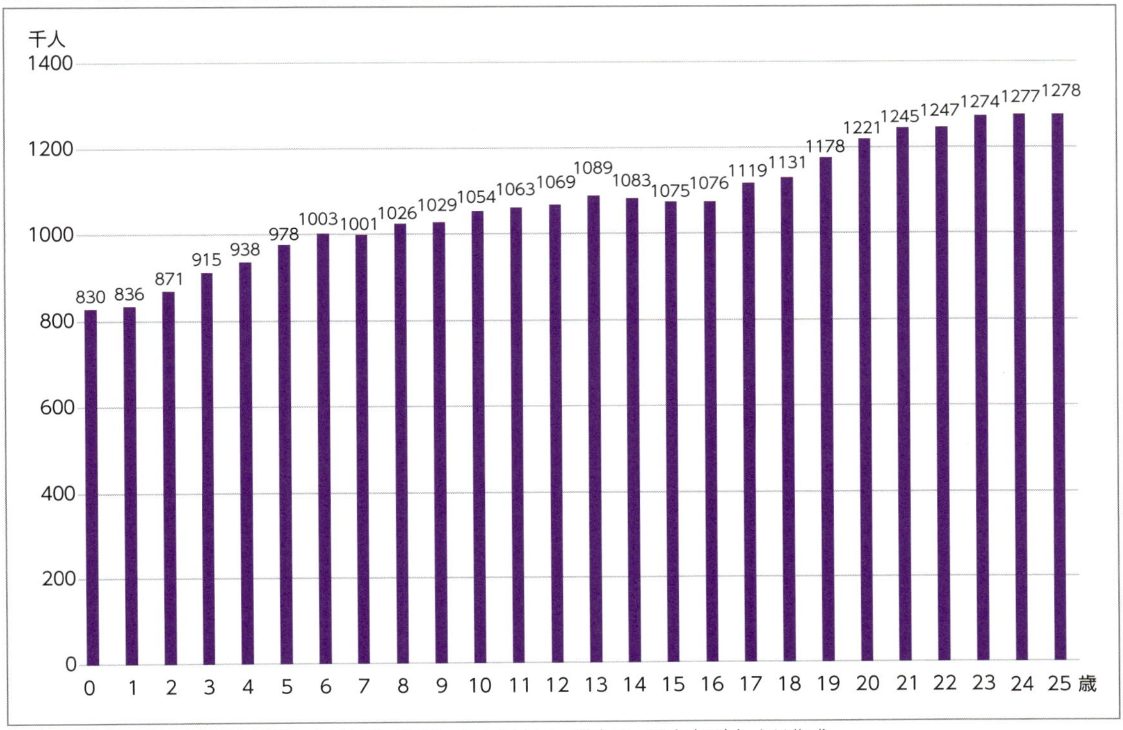

出典：総務省「各年10月1日現在人口年齢（各歳、男女別人口－総人口、日本人口）」より作成

図 6　70 ～ 90 歳の年齢別人口数（2021 年 10 月 1 日）

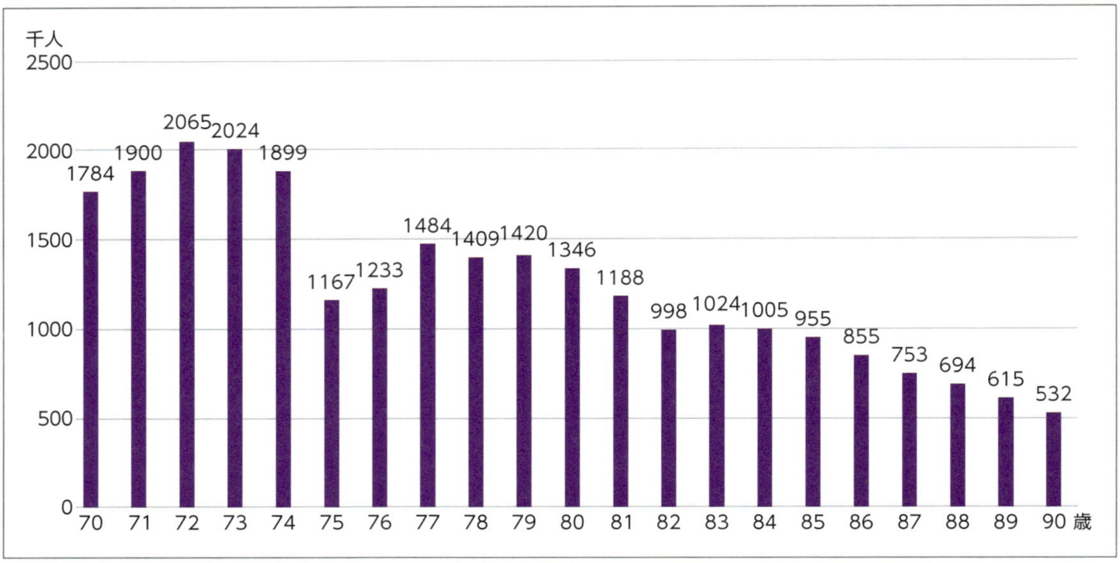

出典：総務省「各年 10 月 1 日現在人口年齢（各歳、男女別人口－総人口、日本人口）」より作成

図 7　島根県年齢別人口割合

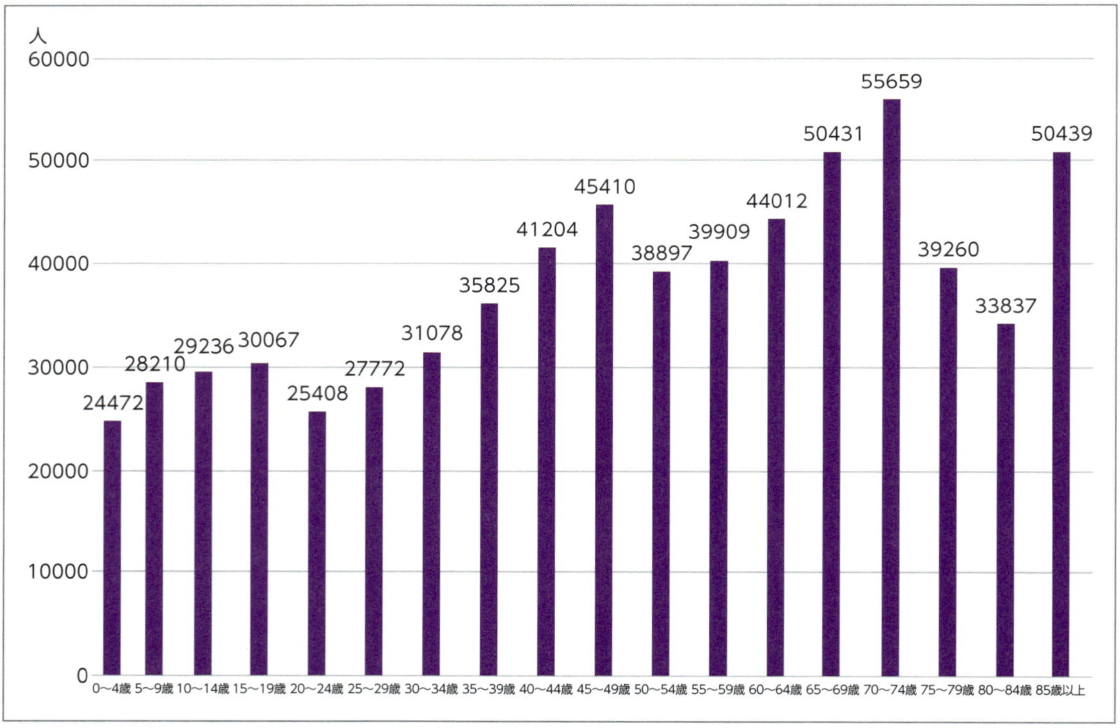

出典：島根県政策企画局統計調査課「令和 2 年国勢調査――移動人口の男女・年齢等集計」2022 年 3 月より作成

3）外国人介護職員に期待できるのか？

法務省資料によれば、問題が多々あると指摘されている「外国人技能実習生」は約 41 万人（2019 年末コロナ禍以前の数値）が在留している。永住者などすべての在留外国人が約 293 万人であることから、外国人技能実習生の多さがうかがえる。なお、外国人技能実習機構資料によれば、2019年度の国別外国人技能実習生はベトナム約19.6万人と最も多く、次いで中国約7万人となっている[(12)]。いわば日本産業の一部は、外国人労働者なくしては成り立たない。

かつて、筆者はベトナムに赴き日本へ外国人技能実習生として渡航準備をしていた者に話を聞いたのだが、「日本で3年間働くことでかなりの収入が得られる」と言っていた。また、帰国した元外国人技能実習生にもインタビューをしたのだが、日本で稼いだ収入をもとにレストラン経営など実業家として成功していた。

7. 高齢者と子育て支援策は車の両輪

既述のように2022年出生数が80万人を下回り少子化対策は喫緊の課題である。今後の日本経済の行く末を考えれば、生産年齢人口の減少は大きくマイナスとなる。しかし、介護施策の「充実」も図らないと、同様に悪影響を及ぼしかねない。

今後、団塊ジュニア世代にとって「親の介護」の負担が重くのしかかる。親の介護に不安を抱かず「仕事と介護」の両立が図れる社会にしていかないと、「介護離職」が増大し、経済活動に大きく影響を及ぼすことになる。つまり、介護施策の「充実」は、経済政策および労働政策の観点から喫緊の課題である。

少子化対策が注目されやすいが、同時に介護施策の「充実」なくしては経済活動の維持・発展は考えにくい。いわば少子化対策および介護施策を、「投資」という考えに基づいて公共サービスを考えていく必要がある。

注

（1）社会保障審議会介護保険部会（第107回）「参考資料1－2：介護保険制度の見直しに関する参考資料」74頁、2023年7月10日
（2）独立行政法人国民生活センター「家族や周囲の“見守り”と“気づき”が大切――認知症等高齢者の消費者トラブルが過去最高に‼」2014年9月11日
（3）内閣府大臣官房公益法人行政担当室「公益財団法人日本ライフ協会に対する公益認定取消しについて」2016年3月18日
（4）厚生労働省政策統括官付参事官付保健統計室「令和2年（2020）患者調査（確定数）の概況」15頁、2022年6月30日
（5）厚生労働省保険局高齢者医療課「説明資料：全国高齢者医療・国民健康保険主管課（部）長及び後期高齢者医療広域連合事務局長会議」25頁、2021年3月
（6）日本証券業協会「個人株主の動向について」13頁、2022年9月21日
（7）社会保障審議会介護給付費分科会（第220回）「資料1：訪問介護」36頁、2023年7月24日
（8）社会保障審議会介護保険部会（第107回）「参考資料1－2：介護保険制度の見直しに関する参考資料」24頁、2023年7月10日
（9）公益財団法人介護労働安定センター「令和3年度介護労働実態調査 介護労働者の就業実態と就業意識調査結果報告書」第3章資料編、177頁、2022年8月
（10）総務省「統計トピックスNo.134：『卯（う）年生まれ』と『新成人』の人口――令和5年 新年にちなんで」2022年12月31日
（11）厚生労働省「令和4年簡易生命表の概況」2頁、2023年7月28日
（12）法務省出入国在留管理庁「令和2年末現在における在留外国人数について」2021年3月31日

6 女性と福祉

湯澤直美

1. 女性の人権をめぐる国際的な取り組み

「人権に関する国際規約の締約国がすべての経済的、社会的・文化的・市民的及び政治的権利の享有について男女に平等の権利を確保する義務を負っている」——これは、女性に対するあらゆる形態の差別の撤廃に関する条約に明記された文言である。**ジェンダー**という概念が認識されるようになった現代社会において、今なお、この基本的命題の前には高い壁が立ちはだかっている現実がある。日本の現況をみると、経済的格差をはじめとする女性の社会的劣位が深刻であるばかりか、女性を性的対象として物象化し、セクシュアリティを侵害する事態の進行は、ジェンダー平等の基盤を掘り崩している。男性中心の近代的人間観のもとで、女性は身体的差異を根拠として公的領域から排除され、「第二の性」(1)として従属的な位置づけがなされてきたが、いかに女性解放が目指されてきたのか、フェミニズムの視角を介在させて今一度捉え返したい。

フェミニズムは女性差別の撤廃のために、思想・理論・運動を発展させてきた。「公的領域における女性の政治的・法的権利の確立」や「経済的権利と労働者としての主体性の確立」など制度を軸とした第一波フェミニズムから、1960年代後半以降には身体・セクシュアリティを軸とする第二波フェミニズムへと展開する。第二波フェミニズムは、女性の性的自立や自己決定権、女性に対する暴力の根絶など、「個人的な領域における男女の不均衡な力関係」に着目し、これまで「私的な領域と思われてきた家族、セクシュアリティ、日常生活における政治的支配・権力構造」を問題にし、可視化してきた(2)。

国際連合の動きをみると、1979年開催の第34回国連総会は、女性に対するあらゆる形態の差別の撤廃に関する条約を採択し、さらに、1993年開催の第48回国連総会は、**女性に対する暴力の撤廃に関する宣言**を採択している(3)。この宣言の前文では、「女性に対する暴力は、男女間の歴史的に不平等な力関係の現れであり、これが男性の女性に対する支配及び差別並びに女性の十分な地位向上の妨害につながってきた」として、「女性に対する暴力は女性を男性に比べ従属的な地位に強いる重要な社会的機構の一つである」という認識が示されている。まさに、個人的なこととして扱われてきた女性への暴力が、構造的な力の不均衡による社会問題であるという認識を定立した重要な宣言であった。その後、1995年に開催された第4回世界女性会議は、女性の人権の推進において新たなメルクマールとなる。すなわち、採択された北京宣言では、「女性及び女児がすべての人権及び基本的自由を完全に享受することを保障し、これらの権利及び自由の侵害に対し効果的な行動を取る」という提起とともに、「女性及び少女に対するあらゆる形態の暴力を阻止し、撤廃する」「リプロダクティブ・ヘルスを促進する」など、私的領域に通底する行動提起が謳われ、各国に要請されたのである。

本章ではこのような国際的な潮流を踏まえつつ、はじめに、日本における学会活動におけるフェミニズム／ジェンダーの視角の導入について把握し、社会福祉学の動向を概観する。次に、「女性と福祉」にかかわる2000年以降の日本の政策動向について法改正を中心に把握する。そのうえで、日本の「女性と福祉」をめぐる政策の特質を検討し、今後の課題と展望を述べていく。

2. フェミニズム／ジェンダーの視角と社会福祉

1）学会活動の新たな潮流

フェミニズム運動の展開過程において、生物学的な性差（sex）に対し「社会的・文化的に構築された性別」というジェンダー（gender）の視角から議論が展開されるようになるのは、1970年前後の時期である。ジェンダー概念は、さまざまな学問分野で導入され、既存の知を問い直しながら、新たな知を蓄積してきた。

このようなフェミニズム／ジェンダーの視角をもとに、日本の学会活動にも新たな潮流が生まれていく。1977年には国際女性学会が設立され、1979年には日本における女性学の確立を目標として日本女性学会が設立された。その後、ジェンダー学の進展を受けて、1997年には日本ジェンダー学会が設立される。先にみた国際女性学会は、2003年には国際ジェンダー学会に名称変更をしている。また、同年には、「法学をジェンダーの視点からより深く研究すること、ジェンダー法学に関する教育を開発し深めること」などを目的にジェンダー法学会が設立される。2004年には「学際的双方向性において、歴史におけるジェンダーの包括的研究を行うこと」を目指し、ジェンダー史学会が設立されている。さらに、2008年には「経済学や経済諸問題に関する、フェミニズム・ジェンダー視点からの探求を前進させる」ことを目的として、フェミニスト経済学会が設立されるなど、さまざまな学術領域で新たな潮流が生み出されている。

では、社会福祉学はどのように取り組んできたのだろうか。日本社会福祉学会の全国大会においては、会員が研究報告をする分科会がカテゴリー別に設定されているが、その一つとして「婦人福祉分科会」があった。分野別に展開されてきた日本の社会福祉において、主に女性を対象とした婦人保護事業があり、婦人福祉という枠組みから女性の福祉問題が取り上げられていたといえよう。この分科会は、のちに「女性福祉分科会」に改称されたが、2004年以降には「女性福祉・ジェンダー分科会」となり、現在に至っている。分科会名称の変更にあたっては、この領域に関心を寄せる研究者が集まり協議の場をもった経緯があり、さまざまな立ち位置が表明されるなかで、「女性福祉」と「ジェンダー」というイシューを併記するという結論に至っている。このような転換の背景には、社会福祉学におけるフェミニズム／ジェンダー視角の導入のパイオニアの一人として、杉本貴代栄が蓄積してきた一連の研究がある。杉本は、2004年に『フェミニスト福祉政策原論——社会福祉の新しい研究視角を求めて』（ミネルヴァ書房）を編集しているが、その意図を次のように説明している。すなわち、「フェミニズムの視点で社会福祉の総体を再検討し、新たな社会福祉の理論を構築するという最終目的にむけて、社会福祉の各領域の動向・課題を明らかにし、基本的な議論を提起する」という意図である。

本章の「女性と福祉」というテーマ設定は、フェミニズムの視角から社会福祉の総体を再検討するという視座を意識し、かつ、女性の現実に立ち現れる生活困難にいかに社会福祉政策および社会福祉実践が向き合うかを検討するという視座を含むものである。

2）「女性と福祉」への多角的なアプローチ

次に、「女性」という視角を介在させて社会福祉を検討するうえで、本章のテーマを「女性の福祉」ではなく、「女性と福祉」として設定した背景についておさえておきたい。

i　女性の経験を照射する／女性の経験から照射する

人間の**セクシュアリティ**を男性と女性にカテゴライズする性別二元論のもと、男性という社会的カテゴリーを標準として、女性という社会的カテゴリーを劣位におくジェンダー構造は、構造的な不平等を不断に生み出してきた。そのような社会においては、男性というカテゴリーに生きるか、女性というカテゴリーに生きるかによって経験される様相はジェンダー化されている。たとえば、なぜ貧困状況に陥るのか、どのように貧困状況を経験するのか、いかにして貧困状況を脱するのかという一連のプロセスもジェンダーによって異なる経験となる(4)。

そのような経験をいかに捉えるのか。第二波フェミニズムの展開過程のもと、ラディカル・フェミニズムが掲げたスローガンが、「個人的なことは政治的なこと」(The personal is political) であった(5)。このスローガンは、個々の女性たちが、その経験を単に「個人に起こった出来事」ではなく、社会構造のなかで振り分けられた「女」というジェンダーにあてがわれた「政治的な出来事」として客観的に位置づけ、問題化する契機を生み出してきた。

このことを女性への暴力を例に考えると、日本においても長らく、婚姻生活のなかで発現している暴力は、「夫婦喧嘩は犬も食わぬ」ということわざに象徴されるように個人的なこととみなされ、民事不介入がとられてきた。しかし、親密な関係における女性に対する暴力は国境を越えてあまねく発現する事象であり、被害を受けた女性たちの声の集積により社会問題として可視化されていく。その被害は圧倒的に女性に偏在しており、「女性に対する暴力の撤廃に関する宣言」が採択されるに至っている。このように「女性の経験」が照射されることにより、社会・文化的に構築された固定的な性役割や性規範、不平等な力関係を背景にして「ジェンダーに基づく暴力」が行使される社会の構造が照射されたのである(6)。

ソーシャルワーク実践の一形態として、このような女性の経験を分析の基底におく**フェミニスト・ソーシャルワーク**が提唱されている。レナ・ドミネリ (Dominelli, L.) が著した『フェミニストソーシャルワーク――福祉国家・グローバリゼーション・脱専門職主義』は、2015年に須藤八千代により翻訳され、日本に紹介された貴重な文献である。ドミネリは、フェミニスト・ソーシャルワークは「女性の社会における位置と女性個人の困難な状況との関連性に焦点をあてることによって、女性の個別のニーズに対応するだけでなく、クライエントとワーカーのあいだの対等な関係性を作りながら構造的な不平等に対処するものである」とする(7)。

このように女性の経験を照射する社会福祉実践は、女性の経験から社会の構造的な不平等を照射する実践となる。ゆえに、異性愛主義が貫徹される日本の家族制度によって、抑圧と排除のなかに置かれ**セクシュアル・マイノリティ**とされる人々の生をも照射する実践でもある。

ii　複合差別・交差性概念からの問い

「女性の経験」に焦点を当てる際、さらに注目すべきは、複合差別として捉えられる現実である。この点について、熊本理抄は被差別部落女性の主体形成に関する研究のなかで丹念に精査している。熊本は、被差別部落民であり、女性であり、多くが不就学・低学歴であるなど、逃れ難い条件の絡み合いのなかで被差別部落女性たちが生きているものの、「同じ部落民」「同じ女性」として一括りにされるか、「部落差別の対象」あるいは「女性差別の対象」という一元的カテゴリーに押し込められ不可視化されてきた現実を「**複合差別**」概念から問うている。

そこでは、日本語で流通した「複合差別」概念の問題性が考察され、**ブラック・フェミニズム**の実践と思想から生まれた概念が着目される。白人女性中心のフェミニズムでは、マイノリティ女性にのしかかる差別の複合体を「女性の人権」として一括りに捉えることにより、周縁化と他者化を強化してしまう。さらには、マイノリティ女性の直面する抑圧状況を、「女性内部」の差異として捉え、女性差別の多様性として議論されてしまうという問題がある。一方、ブラック・フェミニズムの実践と思想から生まれた概念、すなわち、複数の差別の「交差性」概念と、交差するところに現出する「複合差別」概念こそが、被差別部落女性が生きる場の権力関係や社会的抑圧を解明すると指摘している(8)。

このような観点について、**シングルマザー**を例に考えてみよう。日本では、シングルマザーの就労率が高いにもかかわらず、相対的貧困率も高い現状が認識されるようになってきた。このことは、世帯のなかに隠れていた女性の貧困状況が、シングルマザーである女性が世帯主として立ち現れることによって可視化されたといえるものである。しかしながら、近年では「ひとり親家庭」という一元化された行政用語が定着しており、親が二人か親が一人か、という家族形態の差異として捉えられがちである。あるいは、母子家庭と父子家庭の調査結果を比較し、母子家庭のほうが大変であるという観点から、「同じ母子・同じ女性」として一括りにされがちである。しかしながら、シングルマザーの状況は、「死別」「離婚」「非婚」という形成理由によって政策対応が差別化されており、なかでも非婚の場合に差別的な制度対応がより強固に作用してきた[(9)]。非婚のシングルマザーは、一般的に「未婚の母」と称され、女性であり、婚姻秩序の外で生きる存在であり、「非嫡出子」の母であるという幾重にも逃れ難い条件の絡み合いのなかで生きている。異性愛同姓婚カップルを標準家族とする戸籍制度は、「非嫡出子」差別という負のサンクションを非婚シングルマザーに課し、社会的抑圧のもとにおいてきた。「ひとり親家庭の福祉問題」として一括することで捨象されてしまうこのような現実をいかに拾い上げることができるのか、複合差別や交差性概念から解明することが重要となる。

3.「女性と福祉」にかかわる 2000 年以降の政策動向
——法改正を中心に

2000 年代以降の女性をめぐる状況は依然として深刻な実態があるものの、制度・政策面では新たな法律の策定や制度の創出、多様な形態による支援技術の開発と普及など、徐々に前進が図られている。そこで、以下では、2000 年以降に変化が顕著であった「ドメスティック・バイオレンス」「性暴力」「妊娠／出産」の三つの事象を取り上げ、制度・政策の変化と今後の取り組み課題を整理していきたい。

1）女性に対する暴力への対応
——ドメスティック・バイオレンス（DV）対策

2000 年代の大きな変化の一つとして、女性に対する暴力に関連する法律が日本で初めて制定されたことが挙げられる。具体的には、2001 年に、配偶者からの暴力の防止及び被害者の保護に関する法律（現在は、**配偶者からの暴力の防止及び被害者の保護等に関する法律**。以下、DV 防止法）という名称の法律が制定された。法制化に向けた市民運動では、「夫や親密な関係における男性から女性への暴力」を表す**ドメスティック・バイオレンス（DV）**が国際的にも政策課題となっていたことから、そこに焦点を当てた法制化が目指されていた。しかし、審議を経て、「配偶者」という枠組みに絞られた法律となったため、同法に、女性に対する暴力の特質に関して記述することが要望される。そのことを受けて、前文では、「配偶者からの暴力の被害者は、多くの場合女性であり、経済的自立が困難である女性に対して配偶者が暴力を加えることは、個人の尊厳を害し、男女平等の実現の妨げとなっている。このような状況を改善し、人権の擁護と男女平等の実現を図るためには、配偶者からの暴力を防止し、被害者を保護するための施策を講ずることが必要である。このことは、女性に対する暴力を根絶しようと努めている国際社会における取組にも沿うものである」と記されている。

日本の家族主義的な特質が反映された DV 防止法であったが、民間団体等の提言や省庁の努力によって、同法の一部改正が 2004 年、2007 年、2013 年、2019 年、2023 年と積み重ねられ、徐々に改善が図られてきている。そこで、主な改正内容をみていこう。

i　暴力の定義、対象範囲に関する改正内容

DV 防止法の法律制定時には、「暴力」は「配偶者からの身体に対する不法な攻撃であって、生命又は身体に危害を及ぼすもの」として、身体的暴力に限定されていた。DV とは、身体的暴力のみでなく、精神的・性的な暴力、暴言や脅迫、経済的圧迫や社

会的隔離の強制など、あらゆる手段を講じて相手をコントロールし支配する行為であるため、当時の暴力の定義は狭小なものであった[(10)]。そこで、2004年の第1次改正では暴力の定義が見直され、暴力には「身体的暴力」のみならず「これに準ずる心身に有害な影響を及ぼす言動」(精神的暴力、性的暴力)も含まれるようになる。

また、2013年の第3次改正では、これまで対象とされていなかった「交際相手からの暴力」について一部、改善が図られた。つまり、生活の本拠を共にする交際関係にある相手からの暴力およびその被害者について、この法律を準用することとなった。しかしながら、「婚姻関係における共同生活に類する共同生活を営んでいないものを除く」とされ、いわゆる「デートDV」には適用されない。

ii 保護命令制度に関する改正内容

保護命令制度とは、被害者からの申立てに基づき、地方裁判所が加害者に対して、被害者への接近禁止や住宅からの加害者の退去を命令できる制度であり、被害者の安全確保の要となる制度である。DV防止法の制定時には、被害者の身辺につきまとったり、被害者の住居や勤務先そのほかその通常所在する場所の付近をはいかいすることを禁止する「**接近禁止命令**」と、住居からの加害者の退去を命じる「**退去等命令**」の2種類のみが規定されており、前者の適用期間が6か月、後者は2週間であった。また、保護命令を申し立てることのできる暴力は、前述のとおり身体的暴力に限定されていた。

2004年の第1次改正では、離婚等で別れたあとに危険が及ぶことに鑑み、保護命令の対象が「元配偶者」まで拡大された。また、同居している未成年の子どもも、接近禁止命令の対象となった。

2007年の第2次改正では、保護命令を申し立てることのできる暴力について、「生命等に対する脅迫を受けた被害者」も対象とされることになった。また、接近禁止命令が発令されても、加害者は電話や電子メールで連絡を取り続けることができるという課題があった点について、被害者への「**電話等禁止命令**」が新設され、無言電話や緊急時以外の連続する電話・FAX・メール送信等が禁止されることになった。さらに、被害者の親族にも被害が及ぶ現状に鑑み、一定の要件のもとで親族等への接近禁止命令が可能となった。

2023年の第5次改正では、保護命令制度のさらなる拡充と保護命令違反の厳罰化が進められた。まず、接近禁止命令等の申立てができる被害者について、配偶者からの身体に対する暴力を受けた者、「生命又は身体」に対する加害の告知による脅迫を受けた者に加えて、「自由、名誉若しくは財産」に対する加害の告知による脅迫を受けた者が追加された。さらに、接近禁止命令の発令要件は、「更なる身体に対する暴力又は生命、身体、自由、名誉若しくは財産に対する加害の告知による脅迫により、生命又は心身に重大な危害を受けるおそれが大きいとき」に拡大されている。ただし、退去等命令の場合には、自由・名誉・財産に対する脅迫があった場合には申し立てることはできない。また、電話等禁止命令の対象行為に、緊急時以外の連続した文書の送付・SNS等の送信、緊急時以外の深夜早朝(午後10時〜午前6時)のSNS等の送信、性的羞恥心を害する電磁的記録の送信、位置情報の無承諾取得が追加された。さらに、被害者と同居する未成年の子への接近禁止命令の要件を満たす場合、その子どもへの電話等禁止命令が創設された。保護命令の期間も拡充され、接近禁止命令等は1年間に伸長、退去等命令は「住居の所有者又は賃借人が被害者のみである場合には6か月」(原則は2か月)とする特例が新設された。

以上のように、DVの発現形態や被害実態に即して、DV防止法の改正は段階的に進められている。しかし、日本ではDV加害者対策が脆弱であり、DV防止法にはDVの犯罪規定がないため、生命の危機に瀕する事件が頻発している現状がある。義務教育段階からの暴力防止教育も含め、DV対策の抜本的な改善をさらに進めていくことが必要である。

2）性暴力への対応
——支援センター設立と刑法改正

性犯罪・性暴力は被害者の低年齢化を伴いながら、日本社会に蔓延(まんえん)している深刻な社会問題であり、加害の根絶とともに被害者支援策の充実が求められている。2000年代の変化として、**性犯罪・性暴力被害者のためのワンストップ支援センター**の設置が促進されるとともに、省庁横断的に性暴力対策に取り組む体制と刑法改正が実現した点が挙げられる。

i　性犯罪・性暴力被害者のためのワンストップ支援センター

ワンストップ支援センターの設置の目的は、性犯罪・性暴力被害者に対して、被害直後からの総合的な支援（産婦人科医療、相談・カウンセリング等の心理的支援、捜査関連の支援、法律的支援等）を可能な限り1か所で提供することにより、被害者の心身の負担軽減、健康回復、警察への届出促進、被害の潜在化防止を図る点にある。2012年3月には、内閣府犯罪被害者等施策推進室が「性犯罪・性暴力被害者のためのワンストップ支援センター開設・運営の手引——地域における性犯罪・性暴力被害者支援の一層の充実のために」を策定し、全国にセンターを設置していく契機となった。当初、センターは大阪府と愛知県の2か所のみであったが、将来的には、各都道府県内に少なくとも一つは設置されることが望ましいとして、民間団体、医療機関、地方公共団体等に手引きが配布された。2024年現在では、行政が関与する性犯罪・性暴力被害者のためのワンストップ支援センターは47都道府県すべてに設置されている。全国共通の電話番号から最寄りのワンストップ支援センターにつながる仕組みもできたものの、「法定機関」という位置づけにはなっていない。

「性犯罪・性暴力被害者のためのワンストップ支援センターを対象とした支援状況等調査」報告書（2023年）では、ワンストップ支援センターの支援体制強化に向けた今後の取組の方向性が示されている。そこでは、医療ソーシャルワーカーに関与してもらい他科に橋渡ししてもらうことが有効である点や、被害者の半数は未成年で通学している被害者も多いことから児童相談所および学校・教育委員会との連携体制の構築が課題となっている点、さらに児童相談所では司法面接等につなげるケースもあることから、ワンストップ支援センターとのスムーズな連携が重要である点などが挙げられ、社会福祉専門職の関与が必要とされている。

ii　刑法改正

性暴力対策への政府の対応をみると、2016年4月に「児童の性的搾取等に係る対策に関する関係府省連絡会議」が国家公安委員会委員長を議長として開催された。内閣府・警察庁・総務省・法務省・外務省・文部科学省・厚生労働省・経済産業省といった多くの省庁関係者が委員として招集された。

翌2017年6月には、刑法の一部を改正する法律が制定され、従来の強姦罪が見直された。まず、強姦罪の対象となる行為を改めるとともに罪名は「**強制性交等罪**」とし、法定刑の下限を懲役3年から5年、同罪にかかわる致死傷の罪は懲役5年から6年とした。また、**監護者わいせつ罪**および**監護者性交等罪**が新設された。これは、18歳未満の者に対し、その者を現に監護する者であることによる影響力があることに乗じて、わいせつな行為または性交等をした場合に処罰する規定である。2017年以前の刑法では、不同意なわいせつ行為や姦淫のうち、「暴行又は脅迫を用いてなされたもの」または「心神喪失若しくは抗拒不能に乗じるなどしてなされたもの」が、違法性が高く、悪質であると類型的に認められるとして、強姦罪または準強制わいせつ罪や準強姦罪として処罰の対象とされていた。そのため、監護者わいせつ罪・監護者性交等罪が規定される前は、そのような行為が被害者の意思に反して行われたものであっても、暴行または脅迫の事実が認められない場合には、より軽い児童福祉法違反等で処分するしかないという問題が存在していたのである。

さらに、重要な改正として、強姦罪・準強姦罪・強制わいせつ罪・準強制わいせつ罪について、これまでは親告罪（告訴がなければ公訴提起できない犯罪）としていた規定が削除され、被害者の刑事告訴がなくても、事実の認定をもって検察が事件を起訴できるよう、**非親告罪**化された点がある。このように一定の前進がみられたものの積み残された課題も多く、民間団体等からはさらなる改善の必要が指摘されていた。

そのようななか、2019年3月には、性暴力事件に関する裁判において、立て続けに4件が無罪判決となる事態が発生した。そのうちの1件は19歳の長女に対し実父が長年にわたる性虐待を行っていた事件であるが、地方裁判所は性虐待の事実を認めながらも娘が逆らうことができたはずだとして無罪を言い渡している。もう1件は12歳の娘に対し実父が性虐待を行使した事件であるが、狭い家で他の家族が気づかなかったことは不自然として性虐待自体を認めず無罪を言い渡した。ほかの2件も含めて、性暴力と不当判決に抗議する女性たちが声をあげ、街頭でスピーチをする「**フラワーデモ**」が全国に広がっていった。そのような声の高まりを背景に、前者については高等裁判所で逆転の有罪判決が出され、その後、最高裁判所に上告されたが棄却されて有罪が確定、後者についても高等裁判所にて逆転有罪判決が確定した。当初の裁判判決は、日本社会に深く根をおろしている性差別の照射であり、性暴力への無関心やジェンダー・バイアスを露呈したものといえよう。

このような事態を受けて、2020年4月には、性犯罪・性暴力対策について、関係府省が連携して取組の強化を検討・推進するため、性犯罪・性暴力対策強化のための関係府省会議を開催することが申し合わせとして決定する。2022年5月開催の犯罪対策閣僚会議では、「**子供の性被害防止プラン**（児童の性的搾取等に係る対策の基本計画）2022」が決定され、子どもへの性被害の防止に係る取り組みを総合的に推進することとされた。また、性犯罪・性暴力対策強化のための関係府省会議は、2023年3月に「性犯罪・性暴力対策の更なる強化の方針」を決定し、2023年度から2025年度までの3年間を「更なる集中強化期間」とした。そこでは、「相手の同意のない性的な行為は性暴力」であること等の認識を社会全体で共有し、性犯罪・性暴力の根絶のための取り組みや被害者支援を強化していくことが提起された。

このような経緯を経て、さらなる法改正が実現する。2023年6月23日に、刑法及び刑事訴訟法の一部を改正する法律および性的な姿態を撮影する行為等の処罰及び押収物に記録された性的な姿態の影像に係る電磁的記録の消去等に関する法律が公布され、一部の規定を除いて、同年7月13日から施行されることとなった。第一に、強制性交等罪は「**不同意性交等罪**」に改められた。暴行・脅迫・障害・アルコール・薬物・フリーズ・虐待・立場による影響力などが原因となって、「同意しない意思を形成したり、表明したり、全うすることが難しい状態」で性交等やわいせつ行為をすると、「不同意性交等罪」や「**不同意わいせつ罪**」として処罰されることとなった。同時に、性交同意年齢は「16歳未満」に引き上げられた。第二に、わいせつ目的で16歳未満の者へ面会を要求したり、実際に会ったり、性的な画像を撮影して送信することを要求することなども処罰行為となった。第三に、「性的姿態等撮影罪」が新設された。正当な理由なく人の性的な部位・下着などをひそかに撮影すること、16歳未満の子どもの性的な部位・下着などを撮影すること、それらの画像を人に提供することは処罰対象となる。第四に、性犯罪の公訴時効期間が延長された。時効期間は、被害に遭った時（18歳未満の場合は18歳になった時）から算出し、不同意性交等致傷罪等は20年、不同意性交等罪等は15年、不同意わいせつ罪等は12年となった。

このように、これまで性犯罪被害者が不当な状況におかれてきた諸規定について改善がなされたことは、性犯罪が尊厳を棄損する重大な犯罪であるとみなす社会意識の変化としてきわめて重要である。しかしながら、法改正が性暴力の抑止に即時的に効力を発するとはいえず、幼少期からの包括的性教育やジェンダー平等教育の普及をはじめ、性暴力加害を生み出さないための社会的な取り組みは喫緊の課題である。

3）妊娠・出産に伴う諸困難への対応

i　妊娠葛藤相談

妊娠・出産する可能性のある身体を生きる女性にとっては、その過程に伴う諸困難を解消する社会的支援が必要とされる。とりわけ、予期しない妊娠という事態になると、男性に連絡がとれなくなるなどして、女性が一人で妊娠・出産を抱え込まざるを得ない社会状況が続いている。

厚生労働省（2023年からはこども家庭庁が管轄）では、社会保障審議会専門委員会による「子ども虐待による死亡事例等の検証結果について」を2005年以降、毎年公表しており、そのなかでも「予期しない妊娠」「計画していない妊娠」は重要な課題として取り上げられるようになった。第1次報告（2005年）から第20次（2024年）までの報告から、心中以外の子どもの虐待死の年齢別構成をみると、「0歳児」が特段に高く48.2％に及んでおり、そのなかには「0日児」も一定数含まれている。加害の立場となったのは母親が多く、出産場所は「0日児」では自宅が71.8％を占め、専門家による介助がないままに、トイレなどで分娩に至っている。妊産婦検診が未受診であり、母子健康手帳が未交付な場合が多く、母子保健サービスでは発見しにくいために、新たな相談窓口の必要性も言及されてきた[(11)]。医師の佐藤拓代は、0日死亡にまで至るような誰にも言えない事態を「妊娠クライシス」であるとして、予期しない妊娠をした女性に対して自己責任として厳しい目を向ける社会のありさま、妊娠・出産の自己負担額の高さと公的支援の不足、母子保健と児童福祉双方からのアプローチの必要などを指摘している[(12)]。

予期しない妊娠をした女性は、「誰にも言えない」「死ぬしかない」というほどに精神的に追い込まれていく。そのような背後には、法律婚のもとで生まれた子どもを嫡出子、法律婚外で生まれた子どもを非嫡出子として区別し、非嫡出子には戸籍の続柄や遺産相続分の割合などで差別的対応を強いてきた日本の社会構造がある。北欧など婚姻カップルの多様性を保障する方向に社会が変化している国では非嫡出子という概念もなく、「**婚外子**」に対する差別的対応は日本の家族制度の特質の反映である。ゆえに、妊娠期に女性が抱え込む「**妊娠葛藤**」も深刻である。

そのようななか、妊娠が確定していない段階から、妊娠に関するあらゆる相談に応じる窓口として、「にんしんSOS」が2011年の大阪での設立を契機に、全国各地に開設されるようになっている。妊娠葛藤相談窓口を提供し、同行支援なども実施する「妊娠SOS」事業が、民間団体を中心として全国各地に展開されるようになった。全国組織として、一般社団法人全国妊娠SOSネットワークも組織化されている。同ネットワークのホームページでは、妊娠葛藤相談について次のように述べられている。すなわち、「妊娠葛藤相談の場面では、保健師・助産師としての医療・保健の知識が活かされることも多いが、当事者が困っている経済面、知られたくない心理や生い立ち、孤立、精神・知的・発達の課題等に対応することが必要となるため、医療・保健職なら自動的に妊娠葛藤相談の専門的な対応ができるようになるわけではない。妊娠葛藤相談事業にあたっては、社会福祉系の知識とスキル、生活困窮や孤立の背景の理解を含む様々な準備が必要となる」との指摘である[(13)]。

ii　妊娠期からの切れ目のない支援

政府における2000年以降の政策的な変化としては、妊娠期から子育て期にわたるまでの支援について、ワンストップ拠点を立ち上げ、切れ目のない支援を実施するという方向性が打ち出された点が挙げられる。2014年にはワンストップ拠点として子育て世代包括支援センターの立ち上げが予算化され、2016年には母子保健法を改正して同センター（法律上は、母子健康包括支援センター）の設置を市町村の努力義務とし、また児童福祉法を改正して子ども家庭総合支援拠点の設置を市町村の努力義務とした（2017年4月1日施行）。2019年にも母子保健法を改正し、産後ケア事業の実施を市町村の努力義務とした（2021年4月1日施行）。2022年には児童福祉法等を改正し、子育て世代包括支援センターと子ども家庭総合支援拠点を統合して、2024年4月から市町村は「**こども家庭センター**」の設置に努めなければならないこととなった。これは、母子保健と児童福祉の両分野の一体的な運営を行うことにより、すべての妊産婦、子育て世帯、子どもに対し、出産前から子育て期にかかる切れ目ない支援を行うとともに、新たに、支援を要する子ども・妊産婦等へのサポートプランの作成、民間団体と連携しながら支援体制を強化するための地域資源の開拓などを担うものであり、全国展開が目指されている。なお、妊娠期から住まいや食事などの支援を行う「妊産婦等生活援助事業」も創設されている。

さらに特に支援を要する妊婦については、「特定妊婦」という枠組みからのアプローチも位置づけられるようになった。収入基盤が安定せず貧困状態にある、知的・精神的障害などで育児困難が予測される、DVや若年妊娠など複雑な事情を抱えているなど、「出産後の養育について出産前において支援を行うことが特に必要と認められる妊婦」を「特定妊婦」として、2008年の児童福祉法の改正（2009年4月施行）で規定された。特定妊婦は、要保護児童対策地域協議会に登録されると保健師等による家庭訪問などの支援対象となる。

このような政策展開のなかで、社会福祉分野において「妊娠ソーシャルワーク」という観点からいかにアプローチできるのか、保健分野等との連携のもとに開発していくことは今後の取り組み課題である。

4. 困難を抱える女性への支援に関する法律の制定 ——売春防止法からの脱却

1）婦人保護事業から女性支援事業への転換

社会福祉領域においては、女性が直面するさまざまな困難状況に対し、公的な社会福祉事業としては**婦人保護事業**が相談・支援を提供してきた。しかしながら、婦人保護事業は、公娼制度の廃止に伴い1956年に制定された**売春防止法**を根拠法としてきた経緯がある。同事業の関係者からは、特別刑法である売春防止法から離脱し、新たな法体系のもとで社会福祉事業として体系化することを望む声が寄せられてきていたが、その声が実り、新たな法律に移行するまでには実に66年余の歳月を要したのである。

改正前の売春防止法を概観すると、同法は、売春助長行為等の処罰と女性への補導処分および保護更生措置を機軸としており、「第1章　総則」「第2章　刑事処分」「第3章　補導処分」「第4章　保護更生」という法体系をとっていた。具体的には、第2章第5条「勧誘等」では、公衆の目にふれるような方法で「売春」の相手方になるよう勧誘する行為をした場合に刑事処分となる規定があり、そのような女性たちは処罰の対象とされた。その懲役刑又は禁錮刑の全部の執行を猶予する際には補導処分に付され（第3章第17条）、女性たちは婦人補導院に「収容」された。また、「売春を行うおそれのある女子」は「要保護女子」と称され、婦人保護事業による保護更生の対象とされてきた。買う側である男性は処罰されず、女性のみを刑事処分の対象とする売春防止法は、女性蔑視思想に貫かれたものであり、懲罰的な文脈のなかに婦人保護事業は位置づけられてきた[(14)]。

一方、時代の変遷とともに、支援を要する女性の現代的な課題に対応する必要性から、厚生労働省はそのつど通達を発出し、婦人保護事業が女性の困難状況に幅広く対応することを求めてきた。2001年に、配偶者からの暴力の防止及び被害者の保護に関する法律が施行されると、婦人保護事業は暴力被害者の支援を担う事業として位置づけられ、2004年に「人身取引対策行動計画」が策定されると、女性の保護が婦人相談所の業務に加えられた。さらに、ストーカー行為等の規制等に関する法律の改正により、婦人相談所等によるストーカー被害者への適切な支援について通知が発出されている。このような時代の要請に基づき、「婦人相談所」「婦人相談員」「婦人保護施設」という3種の制度を基軸として、婦人保護事業は相談や一時保護、生活再建支援などのソーシャルワークを担ってきた。

そのような経緯を経て、ようやく2022年に制定されたのが、**困難な問題を抱える女性への支援に関する法律**（以下、**女性支援法**）である。婦人保護事業の現代的再編が図られ、人権擁護と福祉の増進の観点から、包括的な支援体制を構築していく根拠が定立したことになる。

2）女性支援法の概要

i　目的と理念

女性支援法の目的は、「女性が日常生活又は社会生活を営むに当たり女性であることにより様々な困難な問題に直面することが多いことに鑑み、困難な問題を抱える女性の福祉の増進を図るため」「支援のための施策を推進し、もって人権が尊重され、及び女性が安心して、かつ、自立して暮らせる社会の実現に寄与すること」と第１条に規定されている。人権尊重の観点から女性の福祉の増進を図ることが明記されている点は、ポイントの一つである。

基本理念では、第一に、女性の意思が尊重されながら、抱えている問題およびその背景、心身の状況等に応じた最適な支援を受けられるようにすることにより、多様な支援を包括的に提供する体制を整備することが掲げられた。第二に、支援が、関係機関および民間の団体の協働により、早期から切れ目なく実施されるようにすること、第三に、人権の擁護を図るとともに、男女平等の実現に資することを旨とすることが規定されている。ここでも、人権擁護および男女平等の実現という観点が明記されており、売春防止法からの脱却が目指されている(15)。

ii　国・地方公共団体の責務

厚生労働大臣には、困難な問題を抱える女性への支援のための施策に関する基本的な方針を定める義務が規定され（第７条）、都道府県には、基本方針に即して施策の実施に関する基本的な計画を定める義務が規定された（第８条第１項）。また、市町村（特別区を含む）には、都道府県基本計画を勘案して、基本的な計画を定めるよう努力義務が課された（第８条第３項）。婦人保護事業が売春防止法を根拠法としていた際には、基本方針も基本計画もなかったため、女性支援法により、困難な問題を抱える女性への支援がようやく社会福祉行政の一分野として展開する基盤が整備されたといえよう。

iii　対象者の定義

女性支援法において、「困難な問題を抱える女性」とは、「性的な被害、家庭の状況、地域社会との関係性その他の様々な事情により日常生活又は社会生活を円滑に営む上で困難な問題を抱える女性（そのおそれのある女性を含む。）をいう」と規定されている（第２条）。さまざまな困難状況に包括的に対応できるよう、幅広い事情を設定している点が特徴である。このような定義の背景には、女性であることにより、性的な被害により遭遇しやすい状況にあることや、予期せぬ妊娠等の女性特有の問題が存在すること、不安定な就労状況や経済的困窮および孤立など、社会経済的な困難などがあると、基本方針では説明されている。

iv　支援の中核となる機関

支援の中核となる公的な機関である婦人相談所・婦人相談員・婦人保護施設は名称が改定され、新たな機能が明示された。婦人相談所は「**女性相談支援センター**」に変更された（第９条）。業務としては、相談、相談機関の情報提供、一時保護に加えて、心身の健康の回復を図るための援助、自立生活の促進や施設利用のための情報の提供や助言、関係機関との連絡調整が規定された。2024年４月時点で全国に49か所設置されており、配偶者暴力相談支援センターとしての役割も担っている。暴力等の被害は、身体的なダメージに加え、心的外傷など心理面にも多大な影響を与えることから、「心身の健康の回復」という点が法律に明記された意義は大きい。

婦人相談員は「**女性相談支援員**」に変更された（第11条）。同条では、都道府県（女性相談支援センターを設置する指定都市を含む）は、困難な問題を抱える女性の発見に努め、その立場に立って相談に応じ、専門的技術に基づいて必要な援助を行う職務に従事する女性相談支援員を置くものとするとされ、市町村は女性相談支援員を置くよう努めるものとすると規定された。市町村配置の女性相談支援員は、地域に密着して相談に応じ、社会資源を駆使し問題解決にあたるソーシャルワーカーとして重要な役割を担っている。それにもかかわらず、配置は努力義務にとどまっているため、全国的にみても配置率の格差が大きく、その是正が課題である[16]。なお、相談員の任用について、売春防止法では「社会的信望があり、かつ、必要な熱意と識見を持っている者のうちから委嘱する」とされていたが、新法では「職務を行うのに必要な能力及び専門的な知識経験を有する人材の登用」に配慮すると改められ、専門性が明示された。

婦人保護施設は「**女性自立支援施設**」に変更された（第12条）。都道府県は施設への入所により女性の保護を行うとともに、その心身の健康の回復を図るための援助、自立促進のための生活支援を提供する。加えて、退所者への相談援助も明記された。売春防止法では、「要保護女子を収容保護するための施設」と位置づけられており、そのことが施設利用への抵抗感につながる要因にもなっていた。そのような位置づけを払拭し、当事者の意向を踏まえた自立支援という機能に転換されたことを、広く国民や政策を担う人々に周知していくことが必要である。なお、施設の設置は都道府県の義務ではなく「設置することができる」という規定にとどまっており、この点は法律の見直し時の検討事項となろう。

5. 今後の課題

1）セクシュアリティの統制 ——女性を裁く社会

これまで見てきたように、2000年代以降の制度・政策の変化を概観すると、新たな法律の制定、既存の法律の改正、それらに伴う制度の創出などを通じて、女性の困難状況への社会的対応の段階的な改善が目指されてきている。それらは、**ジェンダー平等**を目指す方向性と軌を一にするものである。

しかしながら、留意しなければならない点がある。それは、ジェンダー平等を目指すベクトルと同時並行的に、女性のセクシュアリティを侵害し統制するようなベクトルも強化されているのではないかという点である。そのことは、女性支援法施行後の売春防止法の構成に特徴的に表れている。売春防止法に規定されていた婦人保護事業は新法に移行したため、同法の第4章は削除された。同時に、第3章に規定されていた補導処分も削除され、女性を収容していた婦人補導院も廃止されている。ゆえに、現在の売春防止法は第1章「総則」と第2章「刑事処分」のみから構成されており、街中で勧誘する側とみなされる女性への刑事処分が第5条を根拠として残存しているのである。単純買春は処罰されず、勧誘したとされる女性のみが処罰される売春防止法の体系は、女性のセクシュアリティを管理し規制することによって、買春を温存させる手段となっていると捉えられる。このような女性のセクシュアリティを統制する社会の様相は、ジェンダー平等を掘り崩すベクトルとなって作用する[17]。性の商品化がさまざまな形態をとって張りめぐらされている日本において、女性をセクシュアルな身体としてまなざす力動が日常的に作動し、性暴力が蔓延するとともに、性的搾取の対象とされる女性の低年齢化が進行している。社会福祉はこのような現実にいかに向き合っていくのか、フェミニズム／ジェンダー／セクシュアリティの視点を介在させて考えていかねばならない。

2）フェミニズム／ジェンダー／セクシュアリティの視点

ソーシャルワーク専門職のグローバル定義では、中核となる任務に関する説明のなかで、ジェンダーに関して次のように言及されている。

「ソーシャルワークは、相互に結び付いた歴史的・社会経済的・文化的・空間的・政治的・個人的要素が人々のウェルビーイングと発展にとってチャンスにも障壁にもなることを認識している、実践に基づいた専門職であり学問である。構造的障壁は、不平等・差別・搾取・抑圧の永続につながる。人種・階級・言語・宗教・ジェンダー・障害・文化・性的指向などに基づく抑圧や、特権の構造的原因の探求を通して批判的意識を養うこと、そして構造的・個人的障壁の問題に取り組む行動戦略を立てることは、人々のエンパワメントと解放をめざす実践の中核をなす(18)」

本章でふれた「個人的なことは政治的なこと」という第二波フェミニズムのスローガンは、社会福祉の相談の現場にたどり着いた「個人の声」を「私たちの声」「社会の声」として受けとめ、同じ時代をともに生きる者として協働する営みに通じるものであるといえよう。一人ひとりの声は、いずれもこの時代を生きる者としての「時代の証言」であり、この時代を切り拓く礎である。

同時に、構造的障壁の土台に何があるのか、それはどのような社会的排除を生み出しているのかを可視化する営為も求められる。日本では、第二次世界大戦後の新民法施行以降、一貫して、男性優位な戸籍制度によって異性愛同姓婚家族が制度化されている。夫婦別姓という選択肢もないなかで、夫姓を名乗る夫婦が大半である現実は、制度化された家族がジェンダー不平等な構造を固定化する社会装置となっている証左でもある。そこでは、多様な性を生きる人々は、セクシュアル・マイノリティとして、社会的排除状態におかれている。

フェミニズム／ジェンダー／セクシュアリティの視点を介在させて社会福祉の制度・政策／実践を組み立てていくことは、個人的障壁のみでなく構造的障壁を認識し、人々のエンパワメントと尊厳ある社会を創造するために必須の課題である。

注

(1) フランスの哲学者であるシモーヌ・ド・ボーヴォワールは、1946年に『第二の性』を刊行している。日本語訳も刊行され、近年では単行本も出版されている。シモーヌ・ド・ボーヴォワール、『第二の性』を原文で読み直す会訳『決定版　第二の性　Ⅰ　事実と神話』『決定版　第二の性　Ⅱ　体験（上）』『決定版　第二の性　Ⅱ　体験（下）』河出書房新社、2023年
(2) フェミニズム運動の展開過程については、辻村みよ子『女性と人権――歴史と理論から学ぶ』日本評論社、1997年、辻村みよ子『ジェンダーと人権――歴史と理論から学ぶ』日本評論社、2008年を参照した。
(3) 宣言の翻訳については、米田眞澄「女性に対する暴力の撤廃に関する宣言」国際女性の地位協会『国際女性』8(8)、1994年を参照した。
(4) 申琪榮「社会運動とジェンダー」『大原社会問題研究所雑誌』No.680、2015年
(5) 米国の作家・社会運動家のケイト・ミレットなどラディカルなフェミニストは、家父長制、つまり女性を支配する男性の権力に基づく普遍的な社会および支配システムを、女性の抑圧の根源と定義した。ハンナ・マッケンほか、最所篤子・福井久美子訳『フェミニズム大図鑑』三省堂、112頁、2020年
(6) JICA「クラスター事業戦略「ジェンダーに基づく暴力（SGBV）の撤廃」」を参照した。
(7) レナ・ドミネリ、須藤八千代訳『フェミニストソーシャルワーク――福祉国家・グローバリゼーション・脱専門職主義』明石書店、2015年
(8) 熊本理抄『被差別部落女性の主体形成に関する研究』解放出版社、2020年
(9) 湯澤直美「日本のひとり親家族支援政策」『大原社会問題研究所雑誌』746、2020年
(10) ただし、配偶者暴力相談支援センターについては、身体的暴力に準ずる心身に有害な影響を及ぼす言動（いわゆる精神的暴力・性的暴力など）も対象となるとされていた。
(11) 佐藤拓代編著『見えない妊娠クライシス――誰にも言えない妊娠に悩む女性を社会で支える』かもがわ出版、25頁、2021年
(12) 同上、Ⅰ章を参照。
(13) 一般社団法人妊娠全国SOSネットワークのホームページを参照。
(14) 婦人保護事業の脱売春防止法化については、戒能民江「「困難な問題を抱える女性支援法」の成立――その意義と課題」国際女性の地位協会『国際女性』36(1)、2022年を参照のこと。
(15) 女性支援新法の概要については、湯澤直美「「困難な問題を抱える女性への支援に関する法律」のポイントと自治体の役割」地方自治研究機構編『自治体法務研究』(72)、2023年を参照。
(16) 女性相談支援員の現況については、湯澤直美「女性への相談支援の必要性」公益財団法人日本学術協力財団『学術の動向』27(5)、2022年を参照。
(17) セクシュアリティの統制については、湯澤直美「社会福祉事業にみる女性のセクシュアリティの統制――婦人保護事業・母子福祉事業の展開過程」古川孝順編著『現代社会福祉分析の再構築』中央法規出版、2022年を参照。
(18) 2014年7月メルボルンにおける国際ソーシャルワーカー連盟（IFSW）総会および国際ソーシャルワーク学校連盟（IASSW）総会において定義を採択している。訳文は、日本ソーシャルワーカー連盟のホームページを参照している。

7 障害と福祉

志村健一

2001年、国連総会で「障害者の権利及び尊厳の促進と保護に関する包括的かつ総合的な国際条約」が決議され、国際条約を起草するアドホック委員会が設置された。アドホック委員会は障害者団体が発言可能な特別委員会であり、「私たちのことを、私たち抜きに決めないで（Nothing about us, without us）」という潮流を主流のものとし、2002年から8回にわたる委員会の会議を経て、2006年12月、**障害者の権利に関する条約**（Convention on the Rights of Persons with Disabilities）（以下、「**障害者権利条約**」とする）が国連総会で採択された。

日本は2007年に条約に署名し、その締結のために国内法を整備して2014年に条約を批准した。条約署名以降、日本の障害者福祉は、障害者権利条約を中心に動いてきたともいえる。

さらに社会福祉法が改正され、対象を限定しない地域福祉が推し進められてきた。また障害者スポーツの頂点を競い合うパラリンピックが東京で開催、障害のある作家が芥川賞を受賞するなど、障害と障害のある人の理解が進んだはずである。一方で、神奈川県相模原市障害者施設殺傷事件、障害者権利条約締結後の日本に対する国連勧告、精神科病院での虐待事件、障害福祉領域における8050問題等、取り組まなければならない課題は山積している。

1. 障害者権利条約

1）障害者権利条約策定の経緯

今日、障害者に対する社会の向き様は、弱者に対する福祉制度での対応から、一人ひとりの個人の「権利の問題」であるという理解へ、ゆっくりではあるが変化してきている。「誰もがあたりまえに、ありのままの姿で」というフレーズは、権利の主張にほかならない。この潮流は1971年に国連で採択された「**精神遅滞者の権利に関する宣言**」に遡ることができる。宣言の第1項目で「精神遅滞者は、最大限実行可能な限り、他の人びとと同じ権利をもっている[(1)]」と「最大限実行可能な限り」と限定はされているが、明確に権利の主体であることが述べられている。

やがて「精神遅滞者の権利に関する宣言」を補い、すべての障害者を対象として1975年に国連「**障害者の権利宣言**」が採択されるに至った。その第3項では「障害者は、人間としての尊厳を尊重される固有の権利を有する。障害者は、そのハンディキャップや障害の原因、性質、程度等にかかわらず、同年齢の人たちと同じ基本的権利を有しており、それは何よりもまず、可能な限り正常で充実した、普通の生活を享受する権利を意味する[(2)]」とした。ここでも「可能な限り」と限定されているが、普通の生活を享受する権利の主体者であることが明確にされており、1981年の**国際障害者年**はこの権利の実現のために世界的なキャンペーンを展開することを目的に設定されたものであった。

国際障害者年のメインテーマである「完全参加と平等」を現実のものとするためには、1年間のキャンペーンで成し遂げられるはずがなく、「障害者に関する世界行動計画」が決議され、1983年からは「国連障害者の10年」がスタートした。

その後1993年には「障害者の機会均等化に関する標準規則」が国連で採択されているものの、拘束力がないため十分な成果は生み出せなかった。この状況を打破するために2001年「障害者の権利及び尊厳の促進と保護に関する包括的かつ総合的な国際条約」が国連総会で決議された。これには明確に

「障害者に関する世界行動計画」「障害者の機会均等化に関する標準規則」を想起、さらに「国連憲章」「世界人権宣言」を再確認すると前書きしている。そして障害者の権利と尊厳を促進し保護するための包括的かつ統合的な国際条約の提案を検討するため、すべての加盟国および国連のオブザーバーの参加によるアドホック委員会が設置されることとなった(3)。

アドホック委員会の第1回会合は2002年7月に開催され、そこで各国および関連するすべての国際、地域、国内組織による条約に関する意見と提案を求めることを決定した。この決定は「私たちのことを、私たち抜きに決めないで」という権利条約のスローガンを明確なものとしている。2006年1月開催の第7回会合では、委員会の作業を反映した委員長提案の草案が検討された。そして2006年8月開催の第8回会合で、条約草案を全体として採択し、さらに条約草案の本文全体を通じて用語の統一を確保し、国際連合の公用語版の調和を図ることを任務とするグループを設置することが決定された。委員会は12月に第8回の会合を再開し、グループの報告を受けて、改正された障害者権利条約および選択議定書の本文を含む最終報告案を、採択のため総会に送付した(4)。そして2006年12月13日、国連総会本会議は、障害者権利条約および選択議定書を採択したのである。

2）障害者権利条約の概要

障害者権利条約(5)はアルファベットのaからyの25項目からなる前文と50の条文から成る。前文は締約国が国連の世界人権宣言等の人権や基本的自由が普遍的であることを再確認するところから始まっている。そして(e)で「障害が、機能障害を有する者とこれらの者に対する態度及び環境による障壁との間の相互作用であって、これらの者が他の者との平等を基礎として社会に完全かつ効果的に参加することを妨げるものによって生ずること」を認めるとして、障害を**社会モデル**として捉えている。それゆえに(h)「いかなる者に対する障害に基づく差別も、人間の固有の尊厳及び価値を侵害するものであることを認め」、(j)「全ての障害者（より多くの支援を必要とする障害者を含む。）の人権を促進し、及び保護することが必要である」としている。そして(y)において「障害者の権利及び尊厳を促進し、及び保護するための包括的かつ総合的な国際条約が、開発途上国及び先進国において、障害者の社会的に著しく不利な立場を是正することに重要な貢献を行うこと並びに障害者が市民的、政治的、経済的、社会的及び文化的分野に均等な機会により参加することを促進することを確信して、次のとおり協定した」と前文を結んでいる。

第1条は、条約が「全ての障害者によるあらゆる人権及び基本的自由の完全かつ平等な享有を促進し、保護し、及び確保すること並びに障害者の固有の尊厳の尊重を促進することを目的とする」として、条約の目的を明確化している。そして障害者については「長期的な身体的、精神的、知的又は感覚的な機能障害であって、様々な障壁との相互作用により他の者との平等を基礎として社会に完全かつ効果的に参加することを妨げ得るものを有する者を含む」としている。前文の(e)と同様に、障害が、機能障害のある人と社会に存在する障壁との相互作用により発生するものであるという社会モデルによる障害が明示されている。

第2条では、障害に基づく差別と**合理的配慮**が定義されている。障害に基づく差別は、「障害に基づくあらゆる区別、排除又は制限であって、政治的、経済的、社会的、文化的、市民的その他のあらゆる分野において、他の者との平等を基礎として全ての人権及び基本的自由を認識し、享有し、又は行使することを害し、又は妨げる目的又は効果を有するものをいう。障害に基づく差別には、あらゆる形態の差別（合理的配慮の否定を含む。）を含む」とされた。

合理的配慮は、「障害者が他の者との平等を基礎として全ての人権及び基本的自由を享有し、又は行使することを確保するための必要かつ適当な変更及び調整であって、特定の場合において必要とされるものであり、かつ、均衡を失した又は過度の負担を課さないものをいう」と定義づけされている。

第４条は締約国の一般的義務が記されている。英語では第４条は「General Obligations」であり、「普遍的義務」と訳すこともできる。すなわち締約国間の約束事であり、「締約国は、障害に基づくいかなる差別もなしに、全ての障害者のあらゆる人権及び基本的自由を完全に実現することを確保し、及び促進することを約束する」と、厳格な取り決めとなっている。そして、この条約を実施するための国内の法制度の整備に障害者を積極的に関与させることとした。

第５条では、「全ての者が、法律の前に又は法律に基づいて平等であり、並びにいかなる差別もなしに法律による平等の保護及び利益を受ける権利を有する」としている。そして、障害に基づくあらゆる差別を禁止した。これは女性であっても（第６条）子どもであっても（第７条）同様である。

第９条は、施設およびサービス等の利用の容易さを取り上げ、障害者が自立して生活し、および生活のあらゆる側面に完全に参加することを可能にすることを目的としている。そして、障害者が、他の者との平等を基礎として、どういった地域においても、物理的環境、輸送機関、情報通信などにアクセスでき、そして公衆に開放され、又は提供される他の施設およびサービスを利用する機会を有することが確保できるように、締約国は適当な措置をとるものとしており、これらはバリアフリーの徹底を示唆するものである。

第12条は、法律の前に等しく認められる権利について述べている。第１項で「締約国は、障害者が全ての場所において法律の前に人として認められる権利を有することを再確認する」としている。そして第２項で、「締約国は、障害者が生活のあらゆる側面において他の者との平等を基礎として**法的能力**を享有することを認める」として、権利の主体者であることを確認している。そのために「締約国は、障害者がその法的能力の行使に当たって必要とする支援を利用する機会を提供するための適当な措置」（第３項）をとらなければならない。そして第４項で、「締約国は、法的能力の行使に関連する全ての措置において、濫用を防止するための適当かつ効果的な保障を国際人権法に従って定めることを確保する」とした。そして、この保障は、「法的能力の行使に関連する措置が、障害者の権利、意思及び選好を尊重すること、利益相反を生じさせず、及び不当な影響を及ぼさないこと、障害者の状況に応じ、かつ、適合すること、可能な限り短い期間に適用されること並びに権限のある、独立の、かつ、公平な当局又は司法機関による定期的な審査の対象となることを確保するもの」とされた。

第19条では、「自立した生活及び地域社会への包容」が挙げられている。「全ての障害者が他の者と平等の選択の機会をもって地域社会で生活する平等の権利を有することを認める」ものとされている。この権利の実現のために、障害者は、「どこで誰と生活するかを選択する機会」を有し、「特定の生活施設で生活する義務を負わない」とされている。また、地域社会における生活、地域社会への包容を支援し、「地域社会からの孤立及び隔離を防止するために必要な在宅サービス、居住サービスその他の地域社会支援サービス（個別の支援を含む。）」を利用できるようにするとしている。

第24条で、「締約国は、教育についての障害者の権利を認める」として、「この権利を差別なしに、かつ、機会の均等を基礎として実現するため、障害者を包容するあらゆる段階の**教育制度**及び**生涯学習**を確保する」とした。この権利の実現のために、「障害者が障害に基づいて一般的な教育制度から排除されないこと」や、「障害のある児童が障害に基づいて無償のかつ義務的な初等教育から又は中等教育から排除されないこと」が明記されている。また、この権利の実現のために、「個人に必要とされる合理的配慮が提供されること」も明記された。さらに初等教育や中等教育にとどまらず、「障害者が、差別なしに、かつ、他の者との平等を基礎として、一般的な高等教育、職業訓練、成人教育及び生涯学習を享受することができることを確保する」とし、この項でも合理的配慮の提供が明記されている。

教育を受け、**リハビリテーション**（第26条）を受けることは、働くことにつながってくる。第27

条は「労働及び雇用」の条文であり、第１項で「締約国は、障害者が他の者との平等を基礎として労働についての権利を有することを認める」とした。そして、「この権利には、障害者に対して開放され、障害者を包容し、及び障害者にとって利用しやすい労働市場及び労働環境において、障害者が自由に選択し、又は承諾する労働によって生計を立てる機会を有する権利を含む」として、職業選択の自由も認めるものとなっている。そしてこの権利の実現のために、「あらゆる形態の雇用に係る全ての事項（募集、採用及び雇用の条件、雇用の継続、昇進並びに安全かつ健康的な作業条件を含む。）に関し、障害に基づく差別を禁止する」こととされた。また、教育と同様に「職場において合理的配慮が障害者に提供されることを確保すること」も明記されている。

第 30 条では「文化的な生活、**レクリエーション**、余暇及びスポーツへの参加」が取り上げられ、「締約国は、障害者が他の者との平等を基礎として文化的な生活に参加する権利を認める」ものとするとした。文化的な生活への参加には、文化的な作品、テレビ番組、映画、演劇などの活動の享受、レクリエーション、余暇およびスポーツ活動、観光などが含まれている。

さらに第 35 条で、「各締約国は、この条約に基づく義務を履行するためにとった措置及びこれらの措置によりもたらされた進歩に関する包括的な報告を、この条約が自国について効力を生じた後２年以内に国際連合事務総長を通じて委員会に提出する」ことになっている。そして、第 34 条に定められている障害者の権利に関する委員会は、提出された報告書を検討し、当該報告についての提案、勧告を行うものとされている（第 36 条）。国際条約は国家間の約束であり、約束は守られなければならない。

2. 障害者権利条約批准に向けた日本の対応

先に述べたように 2007 年に障害者権利条約に署名してから 2014 年に批准するまでの間、日本は国内の法令の整備を促進した。2009 年には閣議決定により「**障がい者制度改革推進本部**」が内閣に設置され、この本部のもとで 2010 年から障害者当事者や関係者を中心とした「**障がい者制度改革推進会議**」（以下「推進会議」とする）が設置され、障害者に係る制度の改革についての議論が行われた。障害者制度改革の推進のための基本的な方向（第一次意見）では、基本的な考え方として、１.「権利の主体」である社会の一員、２.「差別」のない社会づくり、３.「社会モデル」的観点からの新たな位置づけ、４.「地域生活」を可能とするための支援、５.「共生社会」の実現が記された。また、この第一次意見、続く第二次意見ともに、ルビを付けてわかりやすい表現にした「わかりやすい版」も公表されている。

さらに、推進会議のもとに、障害者、障害者の家族、事業者、自治体首長、学識経験者らによって構成される「**障がい者制度改革推進会議総合福祉部会**」（以下「総合福祉部会」とする）が設置された。これによって障害者権利条約の「私たちのことを私たち抜きに決めないで」という理念を具現化する形が作られたはずであった。

1）障害者基本法の改正

障害者基本法は、日本における障害福祉制度の元締めであり、関連する施策の方向性を示唆するものである。障害者権利条約の趣旨に沿った施策を展開するために 2011 年に障害者基本法が改正された。これは推進会議の成果の一つである。改正された障害者基本法は、「全ての国民が、障害の有無にかかわらず、等しく基本的人権を享有するかけがえのない個人として尊重されるものであるとの理念にのっとり、全ての国民が、障害の有無によって分け隔てられることなく、相互に人格と個性を尊重し合いながら共生する社会を実現する」ことが目的として明記され、一人ひとりが権利の主体であり、障害の有無によって分け隔てられることなく、ともに生きる社会を実現する方向性が明示された。

また、障害者の定義が見直され、「身体障害、知的障害、精神障害（発達障害を含む。）その他の心身の機能の障害（以下「障害」と総称する。）がある者であって、障害及び社会的障壁により継続的に日常生活又は社会生活に相当な制限を受ける状態にあるものをいう」（第２条第１号）と定義された。また、社会的障壁は、「障害がある者にとって日常生活又は社会生活を営む上で障壁となるような社会における事物、制度、慣行、観念その他一切のものをいう」（第２条第２号）と定義づけられた。障害者基本法の改正のポイントは、誰もが基本的人権を享有し、尊重されるという理念、障害が社会的障壁によるものであるという障害の社会モデルの採用にあり、障害者権利条約に則したものとなっている。

さらに第３条では「全て障害者は、社会を構成する一員として社会、経済、文化その他あらゆる分野の活動に参加する機会が確保されること」とし、「可能な限り」という条件があるものの、「どこで誰と生活するかについての選択の機会が確保され、地域社会において他の人々と共生することを妨げられないこと」という共生の理念が明記された。また第４条で、障害者に対する差別を禁ずること（同条第１項）に加え、社会的障壁の除去が、その実施に伴う負担が過重でない場合において、その実施について必要かつ合理的な配慮がされなければならない（同条第２項）としており、これらも障害者権利条約を国内で推進するための条文である。さらに第５条では、国際的な協調が掲げられ、共生社会の実現が国際的な協調のもとでなされることが記された。推進会議は第一次意見、第二次意見と同様に、改正障害者基本法のわかりやすい版(6)も公表している。

２）障害者自立支援法から障害者総合支援法へ

ｉ　障害者総合支援法の成立と概要

障がい者制度改革推進本部、推進会議、総合福祉部会等における検討を踏まえ、2012年、「地域社会における共生の実現に向けて新たな障害保健福祉施策を講ずるための関係法律の整備に関する法律」が成立した。その第１条で、障害者自立支援法の題名を、**障害者の日常生活及び社会生活を総合的に支援するための法律**（**障害者総合支援法**）に改めるとされ、これにより障害者総合支援法が成立し、2013年４月１日（一部は2014年４月１日）に施行された。

障害者福祉の制度は2013年までの10年間で度重なる改革を重ねてきた。身体・知的障害者については、2003年、これまでの措置制度から契約制度である支援費制度が導入された。支援費制度によって在宅でのサービス利用が大幅に拡大し、財源不足となり、制度開始からわずか３年で障害福祉サービス提供の枠組みは障害者自立支援法に引き継がれた。しかし、障害者自立支援制度での応益負担は障害者の生活に重くのしかかり、2008年には自立支援法の廃案と新たな法律の制定を要求した自立支援法違憲訴訟が全国で提起された。推進会議と総合福祉部会による制度改革の議論は、この裁判の原告と国との和解の基本合意の流れでもあった。

総合福祉部会は2011年８月「障害者総合福祉法の骨格に関する総合福祉部会の提言――新法の制定を目指して」を取りまとめて国に提出している。2012年２月には新たな法律の厚生労働省の案が部会に示されたが、部会の副部会長であった茨木はそれについて「法律の名称を変え、理念に共生社会の実現を加えた他は、わずかな対象となる障害の範囲に政令で定める難病を加えること、グループホームとケアホームの一元化が変更点として示されたのみで、まさに改正自立支援法の一部改正にとどまる案であった」(7)と述べている。この案には「部会委員から大きな反発の声が上がり、その後約一カ月以上をかけて見直しを求める運動や交渉がぎりぎりまで行われたが、結局３月に厚労省案を見直した形で『障害者総合支援法』案が政府により示され」(8)障害者総合支援法が成立したのであった。

障害者総合支援法は「障害者及び障害児が基本的人権を享有する個人としての尊厳にふさわしい日常生活又は社会生活を営むことができるよう」、必要な支援を総合的に行って、「障害の有無にかかわらず国民が相互に人格と個性を尊重し安心して暮らすことのできる地域社会の実現に寄与すること」を目的としている。また「障害者及び障害児が日常生活又は社会生活を営むための支援は、全ての国民が、障害の有無にかかわらず、等しく基本的人権を享有するかけがえのない個人として尊重されるものである」という理念を示した。

また、これまでの障害者自立支援法では、「障害者及び障害児がその有する能力及び適性に応じ、自立した日常生活又は社会生活を営むことができるよう、必要な障害福祉サービスに係る給付その他の支援を行い、(以下略)」とされていた。これに対して新たな理念のもとでの支援は「全ての国民が、障害の有無によって分け隔てられることなく、相互に人格と個性を尊重し合いながら共生する社会を実現するため」、「全ての障害者及び障害児が可能な限りその身近な場所において必要な日常生活又は社会生活を営むための支援を受けられることにより社会参加の機会が確保されること」、「どこで誰と生活するかについての選択の機会が確保され、地域社会において他の人々と共生することを妨げられないこと」、「障害者及び障害児にとって日常生活又は社会生活を営む上で障壁となるような社会における事物、制度、慣行、観念その他一切のものの除去に資すること」を重んじて、総合的かつ計画的に行わなければならないと記されている。

ii　障害支援区分

障害者総合支援法が対象とする障害者の範囲は、身体障害者、知的障害者、精神障害者（発達障害者を含む)、難病等の患者である。また支援費制度、障害者自立支援法で用いられてきた「障害程度区分」が、障害の多様な特性やその他の心身の状態に応じて必要とされる標準的な支援の度合いを総合的に示す「**障害支援区分**」へ改正された（2014年施行)。障害支援区分の認定のプロセスは以下の通りであり、認定された区分に応じたサービスが利用できる。

申請者から市町村へ障害福祉サービス利用の申請がされると、認定調査員が本人や保護者等と面接をして、移動や動作等に関連する項目や身の回りの世話や日常生活等に関連する項目などを含む80項目の認定調査、本人や家族等の状況や現在のサービス利用状況などの概況調査を行う。市町村は主治医等へ依頼し医師意見書を取得し、認定調査の結果を合わせて判定ソフトを用いた認定原案（一次判定）を作成する。市町村は市町村審査会を開催し、一次判定の精査をし、認定調査の特記事項や医師意見書の特記事項等を総合的に勘案して二次判定の区分を決定する。この判定に基づいて市町村は障害支援区分を認定し、申請者へ通知される。障害支援区分は非該当と区分1から区分6に分けられ、区分6が支援の度合いが高いものとなっている。障害支援区分は公平なサービス利用のための指標であるが、訓練等給付（一部を除く）や地域相談支援給付は区分にかかわらず利用できる。

iii　障害者総合支援法による障害福祉サービス

障害者総合支援法による総合的な支援は、障害者を対象としたサービスの場合、大別すると「**自立支援給付**」と「**地域生活支援事業**」によって構成されている。自立支援給付は居宅介護や生活介護などの「介護給付」、自立訓練や就労継続支援などの「訓練等給付」、相談支援等があり、地域生活支援事業は、都道府県による専門性の高い相談支援などの事業が、相談支援や意思疎通支援、理解促進の研修など市町村による地域生活支援事業を支える。

障害者権利条約や障害者基本法で、障害者の権利の尊重と促進が強調され、その尊厳にふさわしい地域生活を可能なものとしなければならない。そのために障害者総合支援法では、地域生活支援事業が追加され、地域で障害の有無にかかわらず、ともに生活するための方略が用意された。これには、障害者へのサービスだけにとどまらず、障害に対する理解を深める研修や啓発事業など、社会の側から障壁を除去するための事業も含まれている。

3）障害を理由とする差別の解消の推進に関する法律

障害者基本法は、2004年の改正で、第3条（基本的理念）に、「障害を理由として、差別することその他の権利利益を侵害する行為」を禁止する項が追加された（第3条第3項)。障害者権利条約においては、差別を禁ずることにとどまらず、合理的配慮を定義づけ、合理的配慮の提供の拒否も差別の一形態であると定義した。そして2011年の同法改正において、差別の禁止が第4条の条項となり、障害者に対する差別を禁ずることに加え、社会的障壁の除去の実施に伴う負担が過重でない場合において、その実施についての合理的な配慮の提供を求めている。この条項を具現化するために2013年「**障害を理由とする差別の解消の推進に関する法律**」(以下「**障害者差別解消法**」とする) が成立した。

障害者差別解消法の目的 (第1条) は、人びとが「障害の有無のよって分け隔てられることなく、相互に人格と個性を尊重し合いながら共生する社会」を実現することであり、そのために「行政機関等及び事業者における障害を理由とする差別を解消するための措置等を定めることにより、障害を理由とする差別の解消を推進」するとした。差別を解消するための措置とは、社会的障壁の除去であり、そのための必要かつ合理的な配慮である。

障害者差別解消法は、障害者、行政機関、事業者が対象となっており、障害者と社会的障壁については障害者基本法の定義に則している。また事業者に至っては営利・非営利、個人・法人を問わない。

さらに行政機関や事業者は、「障害者から現に社会的障壁の除去を必要としている旨の意思の表明があった場合において、その実施に伴う負担が過重でないときは、障害者の権利利益を侵害することとならないよう、当該障害者の性別、年齢及び障害の状態に応じて、社会的障壁の除去の実施について必要かつ合理的な配慮をしなければならない」(第7条第2項、第8条第2項) とされている。**合理的配慮**の提供は、同法成立時には行政機関等については義務、事業者については努力義務であったが、2021年の同法改正により事業者も合理的配慮の提供が義務化された (2024年4月1日施行)。

ところで「配慮」ということばに違和感を覚える障害者も少なくない。合理的配慮の提供とは、英語では「Reasonable accommodation」であり、「accommodation」は適応、調節、調整等という意味もあり、合理的適応、合理的調整と訳すことにより理解が深まる。すなわち合理的配慮の提供は、障害者から社会的障壁の除去が求められた際に、その負担が過重でない限り、必要かつ合理的な調整を行うということになる。そのためには障害者と事業者等との間で建設的対話を行い、ともに適応、調節、調整の方法を検討することが重要である。また、合理的配慮は、「①必要とされる範囲で本来の業務に付随するものに限られること。②障害者でない者との比較において同等の機会の提供をうけるためのものであること。③事務・事業の目的・内容・機能の本質的な変更には及ばないこと」[(9)] とされている。

2007年の障害者権利条約署名から、障害者基本法の改正 (2011年) により、障害の社会モデルによる理解が日本での障害理解の指針となり、障害の有無にかかわらず共に生きる社会を構築するために障害者自立支援法から障害者総合支援法 (2013年) へ移行した。さらに、障害者差別解消法によって障害者権利条約第2条を国内で具現化するための方略が示された。併せて雇用の場における差別禁止と合理的配慮の提供を組み込んだ障害者の雇用の促進等に関する法律 (以下「障害者雇用促進法」とする) へと改正され、障害者権利条約の締約として結実した。

3. 締約国の報告と国連勧告

障害者権利条約第35条において、各締約国は条約に基づく義務を履行するためにとった措置やこれらの措置によりもたらされた進歩に関することについて、障害者の権利に関する委員会 (以下「権利委員会」という) に報告することになっている。日本はこの条文に基づいて2016年に、委員会に最初の政府報告書を提出した。この報告のプロセスは各締約国政府からの報告書だけではなく、締約国の市民団体からパラレルレポートとして権利委員会に報告できることになっており、日本障害フォーラム、日本弁護士連合会がパラレルレポートを提出した。

これらの報告に対して、権利委員会は各報告を検討し、適当と認める提案および一般的な性格を有する勧告を行うことになっている (第36条)。新型コロナウイルス感染症（COVID-19）の影響もあって当初の予定から遅れたが、2022年9月、このプロセスに基づく**国連勧告**がなされた。原文は英語で19ページにわたり、そのタイトルは「Concluding observations of the initial report of Japan」(10) とされ、2022年8月15日から9月9日に開催された第27回同委員会で採択されている(11)。

国連勧告は日本に対して障害者の生活の場について、**地域移行の推進**を求めており、そのほかに精神障害者の強制入院の見直し、特別支援教育からインクルーシブ教育への移行と教育に関する障害児の権利保障が求められた。この3点には関連性が見出せる。すなわち、インクルーシブな教育環境が構築されていないため、障害のない子どもたちは障害に関する理解ができずに成長する。大人になって急に地域で障害の有無にかかわらず共に生きるようにと言われても、「わからない」というのは当然の結果であろう。地域移行や強制入院からの脱却には、地域住民の理解が求められ、その素地はインクルーシブ教育からつくられるという筋書きである。

国連勧告は「Concluding observation」（総括所見）である。そのため、勧告だけではなく、障害者差別解消法による合理的配慮の提供義務、障害者雇用促進法の改正等の日本の対応は肯定的な側面とされ、それらが1ページ目に掲載された。そして2ページ目からは主な懸念事項と勧告事項からなっており、障害者権利条約の条項に沿う順番で掲載されている。

第1条から第4条は全般的な原則と義務についてであり、勧告全体にかかわる。ここで示されたのは下記5項目であり(a)から(e)は特に障害当事者の参画、他の人たちとの平等を基礎とした障害者の理解、そして地域生活のための必要な支援が浸透するような法制度の確立とその実施に関する事柄である。なお本稿では原文（英語）を筆者が日本語に訳した。

(a) すべての障害者について、他の人たちとの平等を基礎として権利保有者として認めること。そして、特に知的障害者、精神障害者も含めて障害者の代表組織と緊密に協議し、国内の法制度を条約と調和させること。

(b) 障害の医学モデルの要素を取り除くために、障害支援区分の認定を含む法制度を見直し、その障害にかかわらず、すべての障害者が、社会における平等な機会を得て完全な社会的包摂、参加ができるよう、地域における必要な支援が受けられることを確立すること。

(c) 国と地方公共団体の法制度における軽蔑的な用語、身体障害や知的障害に基づく資格をはく奪する条項などを廃止すること。

(d) 条約のすべての用語が日本語に正確に翻訳されること。

(e) モビリティサポート、**パーソナルアシスタンス**、コミュニケーションサポートを含む地域の障害者への必要なサービスと支援を提供するうえで、地域および地方自治体間の差を解消するために必要な法制度と予算の措置を講じること。

2007年の条約署名以降、関連する法制度を整備してきたにもかかわらず、また新たな障害支援区分についても見直しが求められている。さらに新聞が報じたように、地域における支援の充実を目指さなければならない。

第19条は自立生活と地域社会への参加に関する勧告であり、(a)から(f)まで6項目が勧告事項となった。(a)では、障害者の居住施設への予算を自立して生活するための手配と支援に配分し直し、施設入所の廃止のための敏速な措置を求めた。(b)は特に精神障害者に関することであり、精神科病院におけるすべての障害者の無期限入院の中止、インフォームド・コンセントの確保と、地域での必要な精神保健支援とともに、自立した生活を送れるようにすることを求めた。(c)は施設入所に関する勧告であり、障害者が地域のどこで誰と暮らすかを選択する機会をもつこと、グループホームを含む特定の居住形態での生活を義務づけられることがないこと、障害者が自分たちの生活について選択とコントロールができる権限の行使を確立することを求めた。そして、そのために(d)で障害当事者の組織と協議し、施設から地域の自立生活へ効果的に移行できるような国家的戦略を求めている。さらに(e)で障害者が地域で自立して生活するためのあらゆる種類の集合組織から独立し、アクセシブルで手ごろな価格の住居、パーソナルアシスタンス、ユーザー主導の予算、地域のサービスへのアクセスを含む支援体制の強化を求めた。最後の(f)では、地域の支援とサービスの提供に関する既存のアセスメントの枠組みの修正を求めている。

教育に関する第24条では、分離された特別な教育（Special Education）を廃止することを目的として、教育に関する国家政策、法律、行政の取り決めのなかで、インクルーシブな教育を受ける障害児の権利を認め、すべての障害のある生徒に合理的な配慮と必要な個別支援が提供されるよう、具体的な目標、期間、十分な予算を盛り込んだ、質の高いインクルーシブ教育に関する国家行動計画を採択することを求めた。報道では特別支援教育に注目されたが、実際には「すべての教育レベルにおいて、合理的な配慮と必要な個別支援が提供されるようにすること」を求められている。

総括所見では最後にフォローアップについて記されており、権利委員会は、緊急に講じなければならない措置の一つとして、上記の自立生活と地域社会への参加に関する項目を挙げている。日本の障害福祉施策は、これまでも外圧によって動いてきた。日本はこののち2028年2月20日までに、総括所見で示された勧告について、その対応の報告を要請されている。

4. 地域共生社会における障害と福祉

ここまで、障害者権利条約に端を発した潮流に基づいて論を進めてきた。脱施設、地域福祉、そして共生社会の推進は、障害分野だけでなく、分野横断的な潮流でもある。ここでは、日本の社会福祉全体の動向と障害ならびに障害者福祉について考察する。

社会福祉法の2017年の改正時には市町村については努力義務であった包括的支援体制を整備するための事業として、2020年の同法改正によって「**重層的支援体制整備事業**」が任意事業として法制度化された。この事業は、市町村において、地域住民の複合・複雑化した支援ニーズに対応する包括的な支援体制を整備するため、断らない相談支援、参加支援、地域づくりに向けた支援を一体的に実施するものである。相談支援においては、介護、障害、子ども、困窮の相談支援に係る事業を一体的に実施し、属性にかかわらず相談を受け止める支援を展開する。参加支援においては、既存の制度での緊密な連携をとりつつ、狭間のニーズに対応すべく社会資源を開拓し、社会とのつながりを構築する。また、地域づくりについても、介護や障害、子どもなど、それぞれの地域づくりを一体的に展開していくことになる。すなわち、重層的支援体制整備事業は、従来の枠組みにとらわれずに、相談を断らずに受け付け、既存の支援機関が協働して支援を展開することになっていく。

このスキームをたどれば、相談内容が障害領域の専門的な相談であれば、相談者は各市区町村の障害領域の関係機関、具体的には役所の障害福祉課、**基幹相談支援センター**等につながることになる。しかし、より身近な地域で多職種、住民と共に相談を受け止めて問題を解決するためには、役所や中核的な相談支援センターのみに頼らず、より身近な場所に設置されている**地域生活支援拠点等**が連携、協働して主体な役割を果たす必要がある。

1）地域生活支援拠点等の整備

日本は第5期障害福祉計画（2018～2020年度）の成果目標として、地域生活支援拠点等について、2020年度末までに各市町村または各圏域に少なくとも一つを整備することを基本とした。地域生活支援拠点等とは、地域生活支援拠点、あるいは居住支援のための機能を備えた複数の事業所・機関による面的な体制であり、その目的は「障害者及び障害児（以下『障害者等』という。）の重度化・高齢化や

図１　地域生活支援拠点等のイメージ図

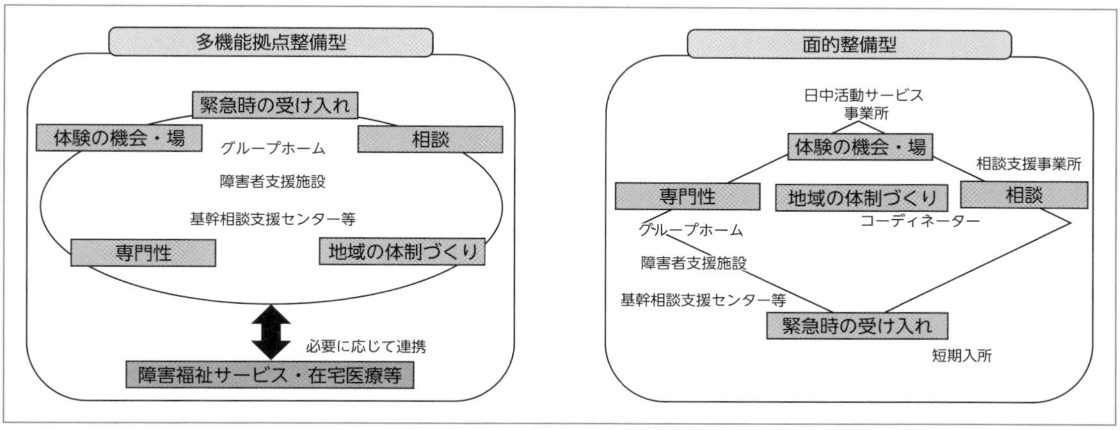

『親亡き後』に備えるとともに、障害者等の入所施設や病院からの地域移行を進めるため、重度障害にも対応することができる専門性を有し、地域の生活で生じる障害者等やその家族の緊急事態に対応を図るものである」[12]とされる。障害者の入所施設からの地域移行を進めることも目的とされており、前述した国連勧告に対応していくべき取り組みの一部であり、包括的支援体制の一部でもあり、今後の障害者の地域生活を支える基点として捉えることができる。**図１**は、厚生労働省の地域生活支援拠点等の整備に関するイメージ図[13]を簡略化したものである。

また地域生活支援拠点等という意味は、**図１**の左にあるようなグループホームや障害者支援施設等を付加した多機能拠点整備型と、**図１**の右にあるような地域における複数の機関が分担してその機能を担う面的整備型の二つがあり、これらの整備については、地域の実情に応じた方法で行うこととなっている。厚生労働省は、地域生活支援拠点等の整備済の自治体について、地域生活支援拠点等を地域の実情に応じて整備し、上手く活用している自治体・障害保健福祉圏域を、好事例としてウェブサイトで紹介している。

２）地域生活支援拠点等の機能

地域生活支援拠点等には、ⅰ相談、ⅱ緊急時の受け入れ・対応、ⅲ体験の機会・場、ⅳ専門的人材の確保・養成、ⅴ地域の体制づくりの五つの機能が求められている。これらの機能のうち、相談、体験の機会・場、地域の体制づくりは、重層的支援体制整備事業とも重なっており、地域生活支援拠点等は他領域の機関と連携・協働し、断らない相談支援を展開しなければならない。

ⅰ　相談

障害者の相談支援は、伝統的に役所の関連部・課の窓口が対応してきた。その後サービス等利用計画作成の計画相談支援や、地域移行の地域相談支援等、障害者相談支援事業や基幹相談支援センターによる相談など、相談の体系が複雑化してきている。地域生活支援拠点は、より生活の場に近い立場から常時連絡を確保して、緊急時の対応等に備え、相談や支援を行う。

ⅱ　緊急時の受け入れ・対応

地域生活が可能であるにもかかわらず、緊急時に困るという理由で地域生活をあきらめる障害者は少なくない。拠点等は短期入所を利用した緊急の受け入れ態勢を確保し、緊急時にはその対応にあたる。緊急時の受け入れを拠点が担うというより、緊急時の受け入れ態勢を準備しておき、緊急対応が必要となった場合に対応するものである。緊急時のために予防的に支援することと相まって、セーフティーネットを構築することが地域生活を安定させる。

iii　体験の機会・場

入所施設や家族、特に親元からの自立は、これまでのように誰かに用意されていた生活からの移行となる。この移行はグループホームの体験や一人暮らしの体験の機会を通じて、自立生活がより具体化されてくることで促進される。この機能も地域の社会資源との連携によってなされるものであり、クライエントへの体験の動機づけや、付き添い、伴走型の関係性も同時に行う。

iv　専門的人材の確保・養成

地域生活支援拠点等が必要となる背景の一つが、障害の重度化である。地域生活を安心して送るためには行動障害や当事者の高齢化に対応できる専門的人材が求められる。地域生活を安定的なものにするためには、それを支える人材が必要であり、関係する専門職とのネットワークとその人材を確保していかなければならない。継続的な事例検討会、OJT、OFF-JT などの機会を用意することが求められ、また、地域の自立支援協議会等も専門的人材の養成を担うことができる。

v　地域の体制づくり

前述したように障害に関する相談窓口が多様化しており、また実際のサービスや支援の提供者も多様化している。これらの社会資源をつなげ、さらに商店街などの民間、地域福祉のリソースを含めた連携体制を構築する。これまでサービス等利用計画に沿ったサービス等の利用で地域生活が可能であったのは、家族等と同居している障害者や、自立度の高い障害者であり、重度障害者が施設入所を余儀なくされていたことは否めない。地域生活支援拠点等の整備が進むことで、さらに多くの障害者の地域生活が可能となるよう期待されており、そのための地域づくりが求められる。

5. 障害と福祉の新たな課題と発展

1）8050 問題

一般的には**8050 問題**は 80 代の高齢の親と長期にわたってひきこもる 50 代の子どもという親子の問題として知られている。障害福祉領域における 8050 問題は、80 代の高齢の親が、50 代の障害のある子どもと同居して世話を続けている家族のケースで、高齢の親に介護ニーズが発生し、これ以降子どもの世話ができなくなる状態を 8050 問題としている。もちろん一般的な 8050 問題のひきこもりの当事者が障害者である場合もあるため、まったく別の問題と判断されるものではない。

多くの親は自分が元気なうちはその子どもは通所施設を利用しながら夕方になれば自宅に戻り、共に生活をすることを望む。しかし親のどちらかあるいは夫婦の高齢化とそれに伴う介護ニーズから施設入所が必要になった場合など、障害当事者は途端に居場所を失うのである。50 代でこれまで住み慣れた環境を離れざるを得ない事態に直面するケースが後を絶たず、またそのことを苦にして命を絶つような状況に発展している状況には、早急に対応しなければならない。

2）テクノロジー・文化・スポーツを通じた参加

コロナ禍において社会の DX 化が進んだことは、多くの障害者にとっては追い風となった。例えば、通勤通学を自粛し、インターネットを介した就労や就学が拡大したことによって、これまで自宅を出ることが障壁であった障害者にとって、インターネット上での会議やコミュニケーションのアプリの普及により、その障壁を越える方略が障害の有無にかかわらず共有されたことは大きい。また**テレプレゼンスロボット**（分身ロボット）による遠隔地からの就労は、これまで自宅から出ることができなかった障害者にとって新たな就労の機会となった。

「障害のある」「障害を乗り越えて」等の説明が付与されているケースもあるが、画家、書道家、ピアニスト、作家、ダンサーとして評価されている人たちがいる。これらの人たちの中には文学賞を受賞したり、世界的なコンクールで評価されていたり、また障害があるからこその表現が評価されたりしている。

コロナ禍で一年遅れての開催となった2020東京パラリンピックでは、世界中からアスリートが集まり、鍛え抜かれたパフォーマンスを競い合った。開催前から障害者スポーツをPRするイベント等の成果も相まって、連日報道された障害者スポーツの祭典は、開催後も認知度が定着した。トップアスリートによる競技だけにとどまらず、スポーツは障害者との共生のために用いられ、また、競技団体も、当該競技人口のすそ野を広げるために障害者とコラボレーションするなど、「障害と福祉」の枠を超えた新たな展開が始まっている。

注

(1) UN Declaration on the Rights of Mentally Retarded Personsより筆者訳出　https://www.ohchr.org/en/instruments-mechanisms/instruments/declaration-rights-mentally-retarded-persons 2023/09/27アクセス
(2) UN Declaration on the Rights of Disabled Personsより筆者訳出　https://www.ohchr.org/en/instruments-mechanisms/instruments/declaration-rights-disabled-persons 2023/09/27アクセス
(3) 第56回国連総会決議56/168. Comprehensive and integral international convention to promote and protect the rights and dignity of persons with disabilitiesより筆者訳出　https://www.un.org/esa/socdev/enable/disA56168e1.htm 2023/09/27アクセス
(4) Ad Hoc Committee on a Comprehensive and Integral International Convention on the Protection and Promotion of the Rights and Dignity of Persons with Disabilitiesを要約して筆者訳出　https://www.un.org/development/desa/disabilities/resources/ad-hoc-committee-on-a-comprehensive-and-integral-international-convention-on-the-protection-and-promotion-of-the-rights-and-dignity-of-persons-with-disabilities.html 2023/09/27アクセス
(5) 障害者の権利に関する条約の日本語文は外務省のウェブサイトを引用した。
(6) 内閣府　改正障害者基本法わかりやすい版
(7) 茨木尚子「障害者自立支援法から総合支援法への道程と総合支援法の課題――『頓挫』したその先をどう変えられるか」『福祉労働』No.139、17頁、2013年。
(8) 前掲（7）
(9)「障害を理由とする差別の解消の推進に関する基本指針」令和5年3月14日閣議決定
(10) Committee on the Rights of Persons with Disabilities. (2022). Concluding observations on the initial report of Japan. UN.
(11) 日本は内閣府のウェブサイトで10月7日の政府報告に関する障害者権利委員会の総括所見を原文と日本仮訳で掲載している。
(12) 厚生労働省社会・援護局障害保健福祉部障害福祉課長通知「地域生活支援拠点等の整備促進について」平成29年7月7日障障発第0707第1号
(13) 厚生労働省「地域生活支援拠点等の整備について」

8 保健医療と福祉

竹本与志人

1. 保健医療における生活課題

1）傷病と生活、生活課題の関係

保健医療における患者や家族の生活課題とは、生活と傷病の状況から生じる経済的・心理的・社会的課題をいう。経済的課題とは、傷病の治療のために必要な費用を捻出することができない、あるいは生活が困窮しているなど、必要な医療を受けられなくなるのみならず生活基盤そのものが崩壊しかねない課題である。また心理的課題とは、傷病に対する不安が強く、必要な医療を受けることに躊躇（ちゅうちょ）する、あるいは突然の傷病に混乱して治療の必要性が判断できないなどの傷病に向きあうことができない心理的ストレスである。そして社会的課題とは、傷病の後遺症や合併症、難治性疾患、障害などで日常生活や就業、学業に支障が生じるなど、社会生活を営むうえでの課題である。経済的課題や社会的課題はそれ自体が心理的課題を引き起こすストレス源であり、心理的課題は経済的課題や社会的課題の軽減・解決に向けた意欲や行動を抑制する。さらに、経済的課題が社会活動を制限することによりさまざまな社会的課題を誘発するなど、これら三つの課題は相互に関連しあっている。すなわち、傷病と生活、生活課題の関係、経済的課題と心理的課題、社会的課題は二重円環的因果の構造になっていると考えられ、保健医療の達成のためには、この関係性を打破あるいは緩和するための援助である「ソーシャルワーク」が必要となる。

2）医療ソーシャルワーカー業務指針からみた患者や家族の生活課題

保健医療における生活課題の詳細は、**医療ソーシャルワーカー業務指針**[(1)]の「二 業務の範囲」で示されている六つの業務（援助）が標的としている課題から読み取ることができる。

「**療養中の心理的・社会的問題の解決、調整援助**」とは、生活と傷病の状況から生じる心理的・社会的課題の予防と早期対応のため、社会福祉の専門的知識と技術に基づいて諸課題を予測するとともに患者や家族からの相談受理と解決、調整に必要な援助をいう。この援助の特徴は、将来重大な事態（治療に専念できない状況）へと発展し得る事象を早期発見し、早期介入を行うということである。その事象とは、第一に傷病の治療から生じるストレスである。受診や入院、手術など非日常的な（予期しない）体験から生まれる混乱や動揺、先行き不安などの急性ストレスは、早期に軽減・解決されなければ治療に専念できない心理状態へと発展する。また、難治性疾患の場合など治療が長期化することにより持続・累積する慢性ストレスは、患者のストレス耐性を弱めるだけではなく、苛立ちや不信感などを生起させ、家族や医療関係者との関係が悪化し、傷病の受容を困難にする。第二に、傷病の悪化や再燃につながる療養環境である。これは、傷病の悪化や再燃につながる物的環境や人的資源、ネットワークを指している。ストレスを「種」と表現するならば、療養環境は「水」や「土壌」であり、これらが時間経過のなかで心理的課題や社会的課題を発芽させると表現できるといえる。

「**退院援助**」とは、生活と、傷病や障害の状況から退院等に伴って生じる心理的・社会的課題の予防と早期対応のため、社会福祉の専門的知識および技術に基づいて諸問題を予測し、解決や調整を行う援助をいう。退院等そのものは生活課題ではないが、傷病やその治療の結果、今までとは異なる心身の状態となり、病前と同様の生活を送っていくことが困難となる場合がある。また、2014年に公布された地域における医療及び介護の総合的な確保を推進するための関係法律の整備等に関する法律（医療介護総合確保推進法）により地域医療構想が制度化され、医療機関の病床の機能分化が進められている今日、一医療機関で高度急性期や急性期、回復期、慢性期にわたる医療すべてを担うことが困難となっている。そのため、必要量の医療を継続して受けるためには転院が必要となるが、同一の医療機関で治療を受けたいという患者の希望と施策との間に齟齬（そご）が生じる場合、あるいは転院先を選定するうえで助言等が必要な場合に、患者は社会福祉の援助を必要とする。

「**社会復帰援助**」とは、退院等のあとの社会復帰が円滑に進むよう、社会福祉の専門的知識および技術に基づいて行う援助をいう。1989年に通知された最初の医療ソーシャルワーカー業務指針では「退院（社会復帰）援助」と示され、前述の「退院援助」に含まれていたが、医療技術の進歩や医療機関の病床の機能分化、傷病や障害を抱えながらの就労等がさまざまな施策により促進されたことなどにより「退院援助」と「社会復帰援助」に分けられた。傷病による心身の状態の変化、後遺症や障害を抱えるなどの状況は、ボディイメージに影響を与えるとともに社会生活の変容を余儀なくさせ、その状況への順応が困難であるほど抑うつ状態を引き起こしたり、将来への不安を高めたりする。また、傷病等を抱えながらこれからの社会生活をどのように送っていけばよいかの判断や見通しができなくなることがある。これらは社会復帰を阻害する心理的課題であり、かつ社会的課題といえる。

「**受診・受療援助**」とは、入院、入院外を問わず、患者に必要な医療を確保する、結びつけるための援助であり、業務のなかで唯一医師の指示を必要とする行為である。この援助では、患者や家族が受診や受療に不安がある、拒否するなどといった心理的課題、医療費の支払いが困難であるなどといった経済的課題、傷病の発生に加担している社会生活での人間関係等といった心理的課題の背景にある社会的課題を標的にする。アメリカのマサチューセッツ総合病院のキャボット（Richard C. Cabot）医師は、「病気から家庭の内に波乱がおき、それが疾病にはね返ってくる。家庭や職場の人間関係その他の心配、恐怖、貧困などが疾病と相互にからみあっている」[(2)]とし、患者の生活環境状況に関する相談に応じる人が必要であると考え、1905年にアシスタント・ソーシャルワーカー（Assistant Social Worker）を採用している。「受診・受療援助」は、医師が傷病の治療を行ううえで最も必要度の高い援助であり、その背景には、生活課題が保健医療の達成を阻害する要因、傷病の発症に加担する要因となるという考え方がある。

「**経済的問題の解決、調整援助**」とは、医療費の支払いや生活費の確保に難渋している患者に対して、社会福祉や社会保険等に関する諸機関と連携を図りながら、保健、医療、福祉、保険等関係諸制度へリンケージ（linkage）し、解決へと導く援助である。医療ソーシャルワーカーの始まりは、1895年にイギリス・ロンドンの王立施療病院に採用されたアーモナー（Almoner）であり、最初のアーモナーであったメリー・スチュアート（Mary Stewart）は、患者が無料診療を受けるべき経済状態か否かを調査した。また、我が国の医療機関で初めて患者の相談に応じたのは、1919年に東京の泉橋慈善病院に設置された婦人相談所の婦人相談員であり、彼女らは経済困窮にある患者の相談に応じていた。そして、厚生省（当時）が1989年に最初の医療ソーシャルワーカー業務指針を通知した際には、すべての業務のなかで経済的課題への援助を一番目に掲げた。保健医療において経済的課題が傷病の治療を阻害する最も深刻な要因であるという考え方はいつの時代でも変わらず、近年においても生活保護の受給開始理由のうち、世帯主や世帯員の傷病の割合が高いことからも明白といえる。

「**地域活動**」とは、患者のニーズに合ったサービスが地域で提供されるよう、関係機関等と連携・協働し、地域の保健医療福祉システムづくりに参画するための活動である。これは、生活と傷病の状況から生じる経済的・心理的・社会的課題を再発・再燃させないためのソーシャル・サポート・ネットワークの構築であり、住み慣れた地域で安心して生活できるための環境づくりでもある。

生活課題は顕在化した課題のみがソーシャルワーカーの援助の標的となるのではなく、これらの課題を発生・誘発し得る要因や再発・再燃が予測される状況も援助すべき範囲である。2002 年に医療ソーシャルワーカー業務指針が改訂されてから 20 年以上が経過し、時代とともに疾病構造の変化や医療技術の進歩など、患者や家族を取り巻く状況は変化してきた。そして、その影響を受けながら生活課題は刻々と多様化・複雑化してきている。今後のソーシャルワークのあり方を説くためには、近年の保健医療における福祉的課題を整理することが重要である。

2. 患者や家族を取り巻く状況の変化と福祉的課題

1）疾病構造の変化と福祉的課題

我が国の**疾病構造**は、生活習慣の変化や人口の高齢化、産業構造の変化、そして公衆衛生の向上等に伴って変化してきた。生活習慣の変化とは、食事や運動、喫煙、飲酒などの変化をいい、これらによって発症する疾患は生活習慣病と呼称される。世界保健機関（World Health Organization: WHO）は、不健康な生活習慣（喫煙、不健康な食事、身体の不活動および過度なアルコール摂取）の結果、発症する疾患を非感染性疾患（Non-Communicable Diseases: NCDs）と総称し、具体的にはがんや循環器病（心疾患および脳血管疾患）、慢性呼吸器疾患（慢性閉塞性肺疾患および喘息など）、糖尿病を挙げ、世界での死亡原因の約 71％が非感染性疾患であると報告している[(3)]。令和 5 年（2023）人口動態統計月報年計（概数）の概況[(4)]によると、我が国の死因の順位はがん、心疾患、老衰、脳血管疾患の順となっており、生活習慣病が国民生活に大きな影響を与える現代病となっていることがわかる。

i　がんと福祉的課題

2020 年の我が国におけるがん罹患（りかん）数（上皮内がんを除く）は 94 万 5055 人にも及んでおり、**がん**の種類は男性では前立腺がん、大腸がん、肺がんの順に、女性では乳がん、大腸がん、肺がんの順に多くなっている[(5)]。がんの治療法としては、手術療法、放射線療法、化学療法（抗がん剤）、免疫療法、緩和ケアの 5 つが挙げられるが、がんの種類やステージ（病期）、患者や家族の希望等により治療法を選択することとなる。

医療費の自己負担は、保険診療の治療であれば所得に応じて限度額が設定されるものの、陽子線治療などの先進医療にかかる費用は保険外診療（自費）となるため、非常に高額な負担となる。加えて、アクセス可能な範囲に治療可能な医療機関がなければ、移動に時間や費用を要することになる。また、緩和ケア病棟への入院においては、個室等の差額ベッド代がかかることから療養環境に経済格差が生じている。

所得を保障する制度には、まず医療保険の傷病手当金が挙げられるが、被用者保険の本人のみが対象（国民健康保険は任意給付）となっている。また障害年金については、人工肛門造設や尿路変更術、喉頭全摘、在宅酸素療法などの特例以外の障害認定日は、初診日から 1 年 6 か月経過した日となっており、その間は公的な保障がないため、生活が困窮することもある。国策[(6)]においては、がんをはじめ脳卒中、難病など、反復・継続して治療が必要となる疾病に対する仕事と治療の両立支援を推進しているところであるが、がん患者の経済的課題を抜本的に改善するには至っておらず、民間保険が補完的役割を担っているのが実状である。

一方、がんは早期発見・早期治療により 5 年生存率が飛躍的に高くなったものの、前述のとおり死因第 1 位となっている。厚生労働省は、2018 年に「人生の最終段階における医療の決定プロセスのガイドライン（改訂）」[7] を発表し、**アドバンス・ケア・プランニング**（Advance Care Planning：**ACP**）の実施に関する方針を示している。我が国は少産多死社会となっており、アドバンス・ケア・プランニングの考え方は、がん医療に限定することなく、さまざまな疾患を抱える患者や高齢者等へ多様化が図られることが期待されている。

また、アドバンス・ケア・プランニングは患者の死をもって終了するが、遺族のケアにおいては課題を残している。大西ら [8] は、死別ストレスの結果として生じるさまざまな問題について先行研究を精査した結果、死別早期の遺族の死亡率が高く、その原因には自死や事故、アルコール関連疾患のほか、虚血性心疾患や肺がんなどがあったと述べている。加えて、死別後に新たな身体疾患の罹患や治療中の疾患の悪化のほか、うつ病有病率の上昇やひきこもり傾向がみられることも指摘している。遺族を対象としたグリーフケア（Grief Care）は、診療報酬や介護報酬で算定できず、一部の医療機関や民間団体の実施にとどまっているのが現状である。今後は、患者の生前に医療やケアを担った機関等がそのアフターケアとして、遺族の心理面と生活の再設計等への援助が可能となるための施策が求められる。

ii　循環器病と福祉的課題

循環器病とは心疾患と脳血管疾患を指し、我が国の死因の第２位と第４位に位置している。2022 年国民生活基礎調査 [9] によると、介護が必要となった主な原因の第２位が脳血管疾患、心疾患は第７位となっており、両者を合わせて循環器病とすると、第１位の認知症を超えて最多となっている。循環器病は、発症により ADL の低下等をきたし、要介護状態になりやすいことから、健康寿命に大きな影響を与える疾患群といえる。

心疾患には、急性心筋梗塞などの虚血性心疾患や大動脈解離、心不全が挙げられる。一方、**脳血管疾患**は脳梗塞や脳出血、くも膜下出血などの脳の血管に起因する疾患をいう。これらの治療にかかる費用は手術や救命医療等により高額になりやすく、そのため我が国の国民医療費のうち、医科診療医療費の約２割を循環器病が占めている [10]。循環器病は、患者や家族には生命の危機による心理面への負担に加え、高額な医療費による経済的な負担、後遺症による要介護状態といった社会生活への影響など、多くの福祉的課題を生じさせることから、深刻な疾患群といえる。

厚生労働省は、2024 年度からの「21 世紀における第三次国民健康づくり運動（健康日本 21（第三次））」に併せて、2023 年に「国民の健康の増進の総合的な推進を図るための基本的な方針の全部改正について」を通知した。生活習慣病の改善のほか、発生予防や重症化予防についても具体的な目標値を示すなかで、主食・主菜・副菜を組み合わせた食事の頻度が社会経済的要因により格差があることを指摘している [11]。心疾患のなかでも冠動脈疾患の主な危険因子は、高血圧、喫煙、脂質異常症、糖尿病、肥満となっており [12]、食習慣との関連が強いと考えられることから、治療とともに経済面の評価と介入も並行して求められるといえる。

iii　糖尿病と福祉的課題

2019 年の国民健康・栄養調査 [13] によると、「糖尿病が強く疑われる者」（糖尿病有病者）の割合は男性 19.7%、女性 10.8%となっており、その割合は年齢が高くなるほど高くなっている。また、2016 年の同調査では、「糖尿病の可能性を否定できない者」（糖尿病予備群）と合わせると約 2000 万人と推計されており [14]、これは国民の６分の１に相当する。

糖尿病有病者の治療率は 76.6%であり、増加傾向にあるものの、とりわけ 40 歳代の男性は 51.5%と低くなっている [14]。また、糖尿病は治療を中断する患者が年８%程度存在すると推計されており、血糖コントロールのかなりよい人と不良の人に多いことから、病識が低いことや医療費が経済的に負担であること等がその理由と考えられている [15]。しかし治療の中断は、神経障害や網膜症、腎症等の合併症の併発につながる。特に、糖尿病性腎症は透析導入患者の原因疾患で最も多く、約４割を占めており [16]、糖尿病性網膜症は視覚障害の原因疾患の第

３位となっており、約１割を占めている[17]。また、これらの合併症は介護保険制度の第２号被保険者の特定疾病にもなっており、要支援・要介護状態につながり得る病態である。さらに、糖尿病は心血管疾患のリスク因子でもあり、かつ認知症や大腸がん等の発症リスクを高めることから[18]、看過できないといえる。

糖尿病の悪化を回避あるいは緩和するためには、患者の受診行動を高めるための指導に加え、治療中断の理由とも考えられる経済面にも視点を置いた援助が必要となる。合併症を併発し、身体に障害を抱えた患者の場合は、身体障害者手帳の取得や障害福祉サービスの利用、介護保険サービスの利用のほか、障害年金の受給などの所得保障に関する制度の活用が求められる。

２）人口の高齢化と福祉的課題

我が国の高齢者人口は、2050年には総人口の約40%になると推計されており、高齢化の進行に伴って老化に起因する疾病の増加が見込まれている。なかでも認知症は、OECD（Organisation for Economic Co-operation and Development：経済協力開発機構）の分析[19]によると、加盟国の平均が人口1000人あたり29.4というのに対し、我が国は44.7と推計されており、最も深刻な状況となっている。介護保険制度の要介護認定を受けた人の主な原因疾患のなかで、認知症が23.6%と最も多くを占めており[20]、認知症の予防や進行遅延が大きな課題となっている。

i　認知症と福祉的課題

認知症は近年の抗認知症薬の開発・進展により、従来、介護サービスの充実に主眼を置いてきた施策に医療が加わって変わりつつある。2012年の厚生労働省認知症施策検討プロジェクトチームによる「今後の認知症施策の方向性について」では、早期診断・早期対応が示され、同年の「認知症施策推進５か年計画（オレンジプラン）」では、かかりつけ医認知症対応力向上研修の受講者数や、「認知症初期集中支援チーム」の設置などに対して具体的な目標値が定められた。2015年の「認知症施策推進総合戦略（新オレンジプラン）」では、認知症の容態に応じた適時・適切な医療・介護等の提供、そして2019年の認知症施策推進大綱では、予防や医療・ケア・介護サービス・介護者への支援などの医療対策が強化され、医療と介護の両輪で支えていく仕組みが進められてきている。2023年には、共生社会の実現を推進するための認知症基本法が成立し、認知症のある人が尊厳を保持しながら生活が可能となるように認知症施策を総合的かつ計画的に推進することが目的として掲げられ、今後は国と地方が一体となって施策を講じていくことが期待されているところである。

認知症のある人の支援では、認知症発症予防から人生の最終段階に至るまでの過程において、認知症の状態に応じた相談先や医療・介護サービスの受け方について標準的に示した認知症ケアパス[21]の活用が有用であることから、認知症施策推進大綱では積極的な活用を推奨している。しかしながら、医療・介護サービスの利用には費用が必要であり、支払い能力があることが前提となるものの、居宅介護支援事業所の介護支援専門員の半数以上が経済的な理由により介護サービスを過少利用している利用者を担当していること[22]、低所得の高齢者の診療制限や治療中断の割合が高いことが報告されている[23]。居宅介護支援事業所の介護支援専門員は社会保障制度を活用した経済的支援に難渋しているものの[24]、医療機関での診断後支援での経済的支援は僅少となっている[25]。介護殺人や介護心中の背景に経済的課題が潜在していることを指摘する報告が少なくないことから[26]、今後は認知症ケアパスに経済的支援を組み込むことが課題といえる。

ii　MCIと福祉的課題

一連の認知症施策の推進等により、国民の認知症に対する意識や知識が向上し、早期受診が促進された結果、近年では**MCI**（Mild Cognitive Impairment：**軽度認知障害**）と診断される人が多くなってきている。MCIとは、認知症を呈するさまざまな原因疾患における正常との境界・最軽度の状態としての包括的な臨床症候群であり、認知症の前駆状態として捉えられている。65歳以上の高齢者の15～25%、罹患率は年間1000人あたり20～50人と推計され、年間16～41%が回復する一方で、5～15%が認知症へ移行するといわれている[27]。それゆえに、診断後の受診では評価と認知症進行のリスク低減と遅延のための療養指導等が求められるが[28]、診断後に受診が途絶え、認知症発症に至ってから受診となる事例が少なくない。

MCIの診断を受けた人は、診断後の告知によるQOLの低下[29]のほか、うつ病の発症が健康高齢者の約2倍であること[30]、ソーシャルサポートが縮小していること[31]のほか、病識が低く漠然とした不安があることや人間関係の破綻に関する不安があること、MCIに関する情報を得ることに否定的であること[32]、経済問題による受診抑制があること[33]などが指摘されている。MCIから認知症への移行を抑制するためには、MCIの診断を受けた人の心理・社会的状況を解明し、医療機関と地域包括支援センターが連携して認知症発症のリスク軽減と遅延のための療養指導と心理・社会的支援を推進する新しい包括的支援モデルが求められる。

3. 保健医療の各分野における福祉的課題とソーシャルワーク実践

1）救急医療における福祉的課題とソーシャルワーク実践

救急医療とは、傷病に対して緊急的に医療の提供が必要である場合の医療の総称であり、医療法第30条の4第2項第5号の救急医療等確保事業の一つとして規定されている。救急医療は、傷病の程度により軽症患者に対する処置等を行う初期救急（一次救急）医療、傷病に対して入院医療が必要な患者の治療を行う二次救急医療、心肺停止など生命の危機状態にある患者や複数の診療科による医療が必要な重篤患者など、二次救急医療で対応できない傷病の治療を行う三次救急医療に分けられる。救急医療を受ける患者層は、脳疾患や心疾患等の循環器系が多く、かつ高齢者が6割以上を占めており[34]、疾病構造の変化や人口の高齢化の影響を受けていることがうかがえる。なお、これらの疾病の治療は、高額な医療費がかかること、後遺症により要介護状態となることも少なくなく、治療後の生活の再構築が必要な点などに課題を有している。

また、救急医療の現場では、さまざまな福祉的課題を有する患者との出会いが少なくない。たとえば、親族等の支援がない単身者、路上生活者、特定妊婦、飛び込み出産、低出生体重児、児童虐待、高齢者虐待、ドメスティック・バイオレンス、自殺企図、心中、アディクションなど多様であり、臨床現場では傷病の発生に起因するこれらの社会・生活背景等を早急にアセスメントし、早期介入するソーシャルワーク実践が欠かせない。このような背景の下、2015年には救急認定ソーシャルワーカー認定機構が設立され、救急医療における質の高い援助を提供するソーシャルワーカーの養成が現在行われているところである。地域医療構想では、高度急性期ならびに急性期の病床を、2015年7月現在、76万5000床（高度急性期：16万9000床、急性期：59万6000床）から2025年には約3割減の53万1000床（高度急性期：13万床、急性期：40万1000床）に減らすこととなっている。救急医療を終えたあとに回復期等の医療を行う病床等への転退院が加速することが見込まれている。

他方、2022年度の診療報酬改定では、重症患者等に対する支援に係る評価である重症患者初期支援充実加算が新設されている。これは、集中治療領域で患者の治療に直接かかわらない専任の担当者である「**入院時重症患者対応メディエーター**」が、医師等と患者家族の間に立ち、治療方針等の理解と意思決定を支える重要な役割を担うことに対する評価である。従来、救急医療のチーム医療は、医師を頂点とするマルチ・ディシプリナリー・チームであったが、この加算の導入により、インター・ディシプリナリー・チームやトランス・ディシプリナリー・チームの一機能が組み込まれることとなるといえる。「入院時重症患者対応メディエーター」の任を担う職種の一つに**社会福祉士**が挙げられており、今後は受診・受療援助におけるソーシャルワーカーの活躍が期待されている。

2）回復期医療における福祉的課題とソーシャルワーク実践

回復期医療とは、急性期を脱した傷病の状態に対し、社会復帰や在宅復帰を目指したリハビリテーション等を提供する医療をいう。入院医療では、地域包括ケア病棟や地域包括医療病棟、回復期リハビリテーション病棟がそれに該当し、地域医療構想では、回復期の治療を行う病床を2015年7月現在12万9000床から2025年には約3倍の37万5000床に増やすこととなっている。

地域包括ケア病棟は、急性期の治療後の患者や在宅（介護施設を含む）からの緊急的な入院を受け入れ、診療や看護、リハビリテーションを提供するとともに、在宅・生活復帰のための支援を行う病棟である。2014年度の診療報酬改定で新設された際には専任の在宅復帰支援担当者が配置されることとなっていたが、2020年度の改定により入退院支援および地域連携に係る業務に関する十分な経験を有する専従の看護師または専従の社会福祉士が配置されることとなった（入院期間最大60日）。2022年度の診療報酬改定により、地域包括ケア病棟入院料1および2ならびに地域包括ケア入院医療管理料1および2の在宅復帰率は72.5％以上、地域包括ケア病棟入院料3および4ならびに地域包括ケア入院医療管理料3および4の在宅復帰率は70％以上となっている。2024年の改定では地域包括医療病棟が新設された（平均在院日数21日以内）。この病棟は地域において救急患者を受け入れ、治療・リハビリテーション等を提供して早期に在宅復帰や在宅医療・介護へ結びつける役割を担うこととなる。ソーシャルワーカーには、地域の訪問看護ステーションや訪問リハビリテーション事業所等の地域資源の情報収集力や、地域包括支援センター等との綿密かつ迅速な連携・協働を行うことのできるコーディネーション力等が求められている。

一方、**回復期リハビリテーション病棟**は、リハビリテーションを集中して実施し、在宅復帰を目指す病棟であり、疾患ごとに入院上限期間が60～150日と定められている。2006年度の診療報酬改定の際、「回復期リハビリテーション病棟入院料」に社会福祉士等の標記がされ、2012年度改定の際に新設された回復期リハビリテーション入院料1の施設基準に在宅復帰支援を担当する専任の社会福祉士等1名以上の配置が定められた。さらに2014年度改定では、「回復期リハビリテーション病棟入院料1」の体制強化として、専従社会福祉士の配置が示され、在宅復帰支援におけるソーシャルワーカーの期待が高まっている。

回復期リハビリテーション病棟におけるチーム医療の型は、地域包括ケア病棟と同様にインター・ディシプリナリー・チームとなっており、医師や看護師、リハビリテーション関連職種等がそれぞれの専門性を活かしつつ、患者家族への援助の方針を立てていくところに特徴がある。ソーシャルワーカーは社会福祉の立場からのアセスメント結果等を伝えるとともに、チームの相互作用性を促進するファシリテーターとしての役割も求められており、社会福祉の専門知識等のみならず、各職種の臨床推論の理解と集団力動の確認を行いながら、患者家族の意思決定を支える輪をつくることが期待される。なお、この病棟は、従来、発症から入院までの期間が疾患ごとに定められていたが、2020年度の診療報酬改定により撤廃され、リハビリテーションが必要な患者が入院可能となった。近年、新人ソーシャルワーカーの離転職が顕著であることが指摘されているが、この病棟の担当ソーシャルワーカーの職務継続意向はほかの病棟の担当ソーシャルワーカーよりも高いことが報告されている[35]。ソーシャルワーカーは、入院可能な患者層が拡大することで多様なニーズをもった患者の援助を担当するようになったが、患者家族の意思決定過程に寄り添った援助が可能な時間を担保できるようになり、それが職務継続意向を高めることにつながったと考えられる。

3）慢性期医療における福祉的課題とソーシャルワーク実践

慢性期医療とは、傷病の急性期から回復期を経て慢性期に至った病態（慢性疾患）に対する医療をいい、その目的は、傷病の治癒ではなく、病態の維持や悪化予防、コントロールにある[36]。慢性期医療は、医療機関では医療療養病床や緩和ケア病棟、医療提供施設では介護医療院、介護老人保健施設などの入院医療等のほか、外来医療や在宅医療がその役割を担っている。

疾患のほとんどは慢性疾患であり、先述した生活習慣病などもその範疇となる。慢性疾患は罹病期間が長く、患者家族は長期間疾患管理を余儀なくされることから慢性的なストレスを与え続けられることとなる。特に寛解と増悪を繰り返す疾患は、長期間にわたり不安との共存を余儀なくされ、その結果、患者の精神的健康やコンプライアンスは低下し、セルフケアを困難にさせたり、そのことが家族の負担を強めて家族関係に支障をきたすこともある[37]。このように慢性疾患は、時間経過とともに患者や家族の心理社会的状況を変容させる可能性があることから、ソーシャルワーカーには慢性疾患と家族に視点を置いたモニタリングと再アセスメントが欠かせない。

慢性疾患と家族については、古くから影響しあう関係であることが報告されてきた。たとえば、身体疾患との関係[38]では、家族を資源（resource）や欠損（deficit）、経過（course）、影響（impact）といった四つの視点で捉えており、なかでも資源と欠損は家族の正負の機能を示している。家族のありようが患者の病状に影響を与えるという考え方は、精神疾患においても従来から指摘されている[39]。ソーシャルワーカーには、収入や就業形態等の社会経済要因の変化のほか、家族に視点を置いたアセスメントも逐次行っていくことが求められる。

また、**地域医療構想**では、慢性期の病床を2015年7月現在の35万5000床から2025年には約2割減の28万4000床に減らすこととなっている。現在、介護施設や在宅医療等へ転換が進められているところであるが、在宅医療や在宅介護を支え得る資源の不足に加えて、家族機能の低下による介護力や介護の担い手不足などの課題が山積している。民間企業が運営する各種サービスの情報収集やインフォーマルサービスの開拓など、ソーシャルワーカーには医療機関内のみならず、地域包括ケアシステムの構築と強化、活性化、拡大化への積極的な関与と援助が求められる。

4）在宅医療における福祉的課題とソーシャルワーク実践

在宅医療は、医療法第1条の2第2項において居宅等が医療の提供される場として示されていることから、患者の居宅において行われる医療と定義することができる。2006年の診療報酬改定では、24時間体制の往診や訪問看護を行うなどの機能をもった在宅療養支援診療所と在宅療養支援病院が創設された。また、2012年の改定では、在宅での看取りや緊急時などにも対応する機能強化型在宅療養支援診療所の類型が新設され、2014年の改正では、在宅療養後方支援病院が新設され、在宅医療での緊急時の後方病床の確保がなされた。さらに2016年の改正では、無床診療所であるなど一定の条件を満たす場合には、在宅医療のみの提供であっても保険医療機関の指定が受けられるようになり、訪問診療や往診を受けることのできる環境が整いつつある。地域医療構想では、慢性期の病床を減らし、介護施設あるいは在宅医療へ移行することが示されており、今後さらに、診療報酬改定で在宅医療体制は充実していくものと思われる。

在宅医療においては、医療と生活の両方に視点を置いた援助が必要であり、必要な医療が提供されるよう、また患者の望む生活が叶うように、患者と家族、かかわる専門職、環境、地域、制度・サービスなどを評価し、介入するソーシャルワーク実践が欠かせない。

在宅医療においてソーシャルワークは、四つの段階で必要とされる。第1段階は、疾患の診断前後である。この段階で必要なのは、受診の必要性があるのに結びつかない、受診はできたものの継続治療が困難である、治癒・軽快したにもかかわらず傷病が再燃するといった医療の確保に対する援助である。第２段階は、入院医療から在宅医療への移行期であり、人的・物的に在宅療養に向けた準備が心理・社会的課題や経済的課題により困難な場合に援助が必要となる。そして第３段階は、療養生活の維持期であり、在宅療養を支えるための医療サービスや介護サービス、障害福祉サービスなどのコーディネーションやモニタリングなどが必要となる。第４段階は、在宅療養の終結期であり、アドバンス・ケア・プランニングや患者死亡後の遺族に対するグリーフケア、生活再建・再設計への援助が必要となる。このように、在宅医療におけるソーシャルワークの必要性は高いものの、診療所に配置されるソーシャルワーカーはきわめて僅少である。在宅医療の推進のためには、診療報酬制度において社会福祉士等のソーシャルワーカーの配置による加算などの創設が課題である。

５）精神医療における福祉的課題とソーシャルワーク実践

令和５年患者調査[(40)]によると、「精神及び行動の障害」の推定入院患者数は21万3100人（うち「統合失調症、統合失調症型障害及び妄想性障害」は12万6400人）、推定外来患者数は24万4600人（うち「気分（感情）障害」が７万6800人）となっており、推定入院患者数は傷病のなかで最も多くなっている。「神経系の疾患」に含まれているアルツハイマー病を加えると推定入院患者数は26万5800人、推定外来患者数は28万8600人となる。また、退院患者の平均在院日数を傷病分類別にみると、「精神及び行動の障害」が290.4日と最も長く、次いで「神経系の疾患」の93.3日となっている。「精神及び行動の障害」のうち、「統合失調症、統合失調症型障害及び妄想性障害」は569.5日と最も長く、年齢が高いほど長くなっている。

2023年に公益社団法人日本精神神経学会は、「わが国の精神科医療・保健福祉のあるべき姿について」[(41)]を掲げているが、このなかで人員配置の不足や長期入院患者の地域移行や精神科地域医療の体制充実が十分に図られていないことを指摘している。人員配置については、一般科に対して医師は３分の１、看護師は３分の２とする「特殊病院に置くべき医師その他従業員の定数について」（精神科特例）が1958年に厚生省事務次官通知として示され、2001年の改正医療法により若干改善されたものの、その改善措置は公的医療機関に限定され、現在に至っている。また、精神科病院における看護職員等の不適切なケアに関する事件は古くから往々にしてあり、近年では2020年に神出病院（兵庫県神戸市）、2023年に滝山病院（東京都八王子市）などで虐待事件が起こっている。これらの事件は、長期入院や閉鎖的な空間、主従関係等といった環境が引き起こしたルシファー効果[(42)]によるものと考えられ、これらの解決には、精神科病院入院期間の短縮や人員配置の改善、地域移行支援が必須である。しかしながら、2013年の精神保健及び精神障害者福祉に関する法律（精神保健福祉法）の改正では、医療保護入院者の退院促進のために**精神保健福祉士**等を退院後生活環境相談員として選任することとなったものの、その基準は退院後生活環境相談員１人がおおむね50人以下の医療保護入院者を担当するものであり、十分な人員配置とは言い難い。さらに、長期入院による患者の施設症[(43)]や地域住民や専門職、精神障害者やその家族がもつスティグマ[(44)]、相談支援専門員の不足[(45)]のほか、精神科等診療所における精神保健福祉士の低い配置率[(46)]など、課題は山積している。精神保健福祉士等のソーシャルワーカーは、人権意識や問題意識を常にもち、アンチスティグマ[(47)]の活動に取り組んでいくとともに、人的資源の拡充に向けたソーシャルアクションが求められる。

前述の「わが国の精神科医療・保健福祉のあるべき姿について」[(48)]では、子どもの精神科受診数の増加についても指摘されており、児童虐待、不登校、ひきこもり、自死などの問題が取り上げられている。精神保健福祉士の養成科目には児童・家庭福祉に関する科目が含まれていないが、そうした科目を含む社会福祉士資格を取得している精神保健福祉士が6割以上となっている[49]。新たな精神保健福祉ニーズの高まりと多様化・複雑化に対応するためには、精神保健福祉士資格に加え、社会福祉士資格の取得が望まれる。

6）感染症医療における福祉的課題とソーシャルワーク実践

我が国の第二次世界大戦後の**医療ソーシャルワーカー**の発展は、連合国軍最高司令官総司令部（GHQ：General Headquarters of the Supreme Commander for the Allied Powers）の指導による保健所への配置に始まった。当時は衛生状態の悪さや生活困窮、食糧難などにより結核や性病、赤痢などさまざまな伝染病が蔓延（まんえん）し、なかでも結核は死の病と恐れられていたが、公衆衛生の向上や医学の進歩と発展により、結核による死亡は著しく減少し、2021年には10万人あたりの罹患率は9.2となって結核低蔓延国の水準を達成した[50]。しかしながら、いまだ年間約1万2000人の患者が発生しており、依然看過できない状況となっている[51]。ソーシャルワーカーには、必要な医療が受けられるよう公費負担医療等の利用を支援するとともに、経済困窮など発症に起因した社会環境要因を評価し、再発予防に向けた援助が望まれる。

近年では、国際化の進展によりさまざまな伝染病が国内にもち込まれ、なかでも新型コロナウイルス感染症はいまだに拡大と縮小を繰り返しており、健康被害のみならず経済にも大きな打撃を与えるなど、さまざまな社会問題を引き起こしている。医療機関のソーシャルワーカーの業務等への影響も大きく、不十分な患者家族との面接や連絡・調整に関する手間の増加、滞る退院準備などの業務難渋とストレスがあったことが報告されている[52]。オンラインでの面接は、非言語コミュニケーションが困難であることが多いが、パンデミックによりインターネットの普及が大幅に加速したことから、今後はIT機器の精度の向上が期待されるところである。

感染症の歴史を概観すると、人命を奪うのみならず、偏見や差別、生活困窮など心理・社会的課題を発生させ、患者家族を苦しめている実態がうかがえる。ソーシャルワーカーは患者家族と社会の両方に視点を置きながら、社会正義の下に双方へ働きかけることが求められる。

4. 保健医療におけるソーシャルワーク実践の今後の課題

1）アセスメントに有用な指標の開発

ソーシャルワーカーは、患者が置かれている状況について、他分野で確立された諸理論を手掛かりに把握しようと試みるが、実際にはソーシャルワーカー個々人の力量に左右されるのが現状である。加えて、さまざまな理論が提唱された後も社会環境は変容し続けており、人々の生活等は大きく影響を受け、従来の理論では説明できない現象（特異例）が数多く報告されてきている[53]。それゆえに、生活と傷病の状況から生じる経済的・心理的・社会的課題のアセスメントを容易にするための補助・補完し得る指標の獲得が課題である。具体的には、患者に起きている心理・社会的要因間の因果の検討や、患者の経済的・心理的・社会的課題等を主軸とした疾患分類などが想定される。前者は、多くの患者に起こる共通性の可視化であり、臨床現場で観察される現象を構成している要因のなかから重要なもののみを取り出し[54]、それらの関係性を量的研究により実証すること、つまり、科学的手法によりモデルを獲得するということである。一方、後者は疾患の心理社会的類型学に基づいた分類や既存のデータを用いた疾患の類型化などが例として挙げられる。これらの指標の開発には、ソーシャルワーカーと研究者の協働作業が必要である。

2）診療報酬制度に左右されないソーシャルワーク実践

保健医療分野では、地域医療構想による病床機能分化の進展や在院日数の短縮化等が進められており、なかでも在院日数の短縮化のための退院援助は診療報酬制度の改定のたびに強化されてきている。そもそもソーシャルワークにおける退院支援は、地域での生活を長期目標に置き、その目標に向かう第一歩としての転退院を援助することであるが、早期の転退院により評価される診療報酬制度の仕組みがソーシャルワークのありようを揺るがせている。つまり、援助目標が転退院させることになっているのである。加えて、入院時に評価する退院困難な要因はすべて現存する要因の確認であり、今後起こり得る経済的・心理的・社会的課題を予測することを求めていない。診療報酬制度で社会福祉士が評価される以前から保健医療分野にはソーシャルワーカーが存在し、近年になってその援助業務の一端が評価されるようになった歴史を今一度振り返り、診療報酬制度で評価される行為のみがソーシャルワーク実践ではないことを強く認識していく必要がある。

3）ソーシャルワーク実践の効果測定

保健医療分野の専門職は、自らが行う治療あるいは実践の効果を測定し得る尺度等を用いて数値で評価を行っている。ソーシャルワーク実践の評価方法には、質的な評価方法や質問紙調査法、実験計画法、シングル・システム・デザインが挙げられるが、臨床現場ではほとんど活用できていないのが現状である。効果測定は、アカウンタビリティの観点からも重要であることから、ソーシャルワーカーにはソーシャルワーク・リサーチの技術習得が求められる。

注

(1) 厚生労働省「医療ソーシャルワーカー業務指針」(厚生労働省健康局長通知 平成14年11月29日健康発第1129001号)
(2) 中島さつき『医療ソーシャルワーク』誠信書房、39頁、1980年
(3) Word Health Organization. Global status report on noncommunicable diseases 2010.
(4) 厚生労働省「令和5年（2023）人口動態統計月報年計（概数）の概況」
(5) 厚生労働省健康局がん・疾病対策課「令和2年全国がん登録罹患数・率報告」
(6) 厚生労働省「事業場における治療と仕事の両立支援のためのガイドライン」
(7) 厚生労働省「人生の最終段階における医療・ケアの決定プロセスに関するガイドライン」
(8) 大西秀樹・石田真弓「家族と遺族のケア」『心身医学』第54巻第1号、45～52頁、2014年
(9) 厚生労働省「令和4年国民生活基礎調査 / 介護」
(10) 令和3（2021）年度 国民医療費の概況
(11) 厚生労働省「健康日本21（第三次）の推進のための説明資料（その1）」
(12) Ueshima H. Explanation for the Japanese paradox: prevention of increase in coronary heart disease and reduction in stroke. Journal of Atherosclerosis and Thrombosis. 14(6): 278-286, 2007.
(13) 厚生労働省「令和元年国民健康・栄養調査結果の概要」
(14) 厚生労働省「平成28年国民健康・栄養調査結果の概要」
(15)「糖尿病受診中断対策包括ガイド」作成ワーキンググループ「糖尿病受診中断対策包括ガイド」
(16) 日本透析医学会統計調査委員会「わが国の慢性透析療法の現況」
(17) Matoba R, Morimoto N, Kawasaki R, et al.: A nationwide survey of newly certified visually impaired individuals in Japan for the fiscal year 2019: impact of the revision of criteria for visual impairment certification. Japanese Journal of Ophthalmology, DOI.
(18) 厚生労働省「健康日本21（第三次）の推進のための説明資料（その2）」
(19) OECD: Ageing and long-term care - Figure 10.8. Estimated prevalence of dementia, 2021 and 2050 ; Health at a Glance 2021.
(20) 前掲(9)
(21) 横井賀津志「認知症ケアパス」『保健医療学雑誌』第6巻第2号、62～65頁、2015年
(22) 本田亜起子・片平伸子・別所遊子ほか「介護支援専門員からみた経済的問題による高齢者の介護保険サービス利用の手控え――手控えの状況およびその影響と支援」『日本地域看護学会誌』第15巻第1号、61～70頁、2012年
(23) 村田千代栄・尾島俊之・近藤克則ほか「地域在住高齢者の所得と受診行動の関連」第18回日本疫学会学術総会、25～26頁、2008年
(24) 前掲(22)
(25) 竹本与志人「第四章 認知症のある人と家族からみた医療機関における診断後支援の状況」竹本与志人編著『認知症が疑われる人に対する鑑別診断前後の受診・受療援助の実践モデルに関する研究』大学教育出版、139～163頁、2023年
(26) 竹本与志人「序章 認知症のある人の経済問題と介護支援専門員への期待」『認知症のある人への経済支援　介護支援専門員への期待』法律文化社、1～16頁、2022年

(27) 日本神経学会監『認知症疾患診療ガイドライン 2017』医学書院、145～147頁、2017年
(28) World Health Organization: Risk reduction of cognitive decline and dementia: WHO guidelines, 2019.
(29) Bárrios H, Narciso S, Guerreiro M, et al.: Quality of Life in Patients with Mild Cognitive Impairment. Aging and Mental Health. 17(3): 287-292, 2013.
(30) Ravaglia G, Forti P, Lucicesare A, et al.: Prevalent Depressive Symptoms as a Risk Factor for Conversion to Mild Cognitive Impairment in an Elderly Italian Cohort. The American Journal of Geriatric Psychiatry. 16(10): 834-843, 2008.
(31) Lu Y, Liu C, Fawkes S, et al.: Inequality in Social Support Associated with Mild Cognitive Impairment: A Cross-Sectional Study of Older (≥60 Years) Residents in Shanghai, China. Front Public Health. 23(9): 706322, 2021.
(32) 藤澤聡・中村美優・前川佳敬「軽度認知障害（MCI）を主とする軽度の認知機能障害者を対象とした病気認識と日常生活の困りに関する研究」『日本認知症ケア学会誌』第13巻第2号、431～441頁、2014年
(33) 可知悠子・井上真智子・川田智之「経済的理由による受診抑制に関する医師の認識と診療上の対応 ――都内一般診療所への郵送調査から」『日本プライマリ・ケア連合学会誌』第39巻第4号、214～218頁、2016年
(34) 総務省消防庁「令和3年版 救急・救助の現況」
(35) 倉本亜優未「新人医療ソーシャルワーカーを対象とした職務継続に関する研究　調査研究報告書」『公益財団法人日本科学協会笹川科学研究助成（新人医療ソーシャルワーカーを対象とした職務継続に関する探索的研究：2020年度：研究代表者 倉本亜優未）』2021年
(36) 竹本与志人「第11章 難病への対応と支援の実際」福祉臨床シリーズ編集委員会編『新・社会福祉士シリーズ17 保健医療と福祉』弘文堂、175～187頁、2021年
(37) 前掲(36)
(38) Steinglass P, Holan ME. Family and chronic medical illness. In Walsh F, Anderson CM (Ed.), Chronic Disorders and the Family. London: Routledge Press, pp.127-142, 1988.
(39) Leff J, Vaughn C. Expressed Emotion in Families: It's Significance for Mental Illness. New York: Guildford Press, 1985.
(40) 厚生労働省「令和5年（2023）患者調査の概況」2024年
(41) 日本精神神経学会「わが国の精神科医療・保健福祉のあるべき姿について」
(42) Zimbardo PG. The Lucifer effect: Understanding how good people turn evil. New York, Random House, 2008.
(43) Wing JK: Institutionalism in Mental Hospitals. British Journal of Social and Clinical Psychology. 1(1): 38-51, 1962.
(44) 山口創生「特集 アンチスティグマと精神保健福祉士［総論］精神疾患とスティグマ わかっていること・いないこと」『精神保健福祉』第54巻第3号、216～224頁、2023年
(45) 日本相談支援専門員協会「令和6年度障害福祉サービス等報酬改定に関する意見等」『障害福祉サービス等報酬改定検討チーム第29回（R5.7.12）ヒアリング資料3』2023年
(46) 厚生労働省「新たな地域精神保健医療体制のあり方分科会における論点整理（7月15日）の報告」2023年
(47) 金子努「精神保健福祉士が取り組むアンチスティグマ」『精神保健福祉』第54巻第3号、233～236頁、2023年
(48) 前掲(41)
(49) 社会福祉振興・試験センター「社会福祉士・介護福祉士・精神保健福祉士就労状況調査（令和2年度）結果報告書」2021年
(50) 厚生労働省「第8章 健康で安全な生活の確保」『令和5年版厚生労働白書――つながり・支え合いのある地域共生社会』320～403頁、2023年
(51) 保正友子「コロナ禍の1年間に医療分野のソーシャルワーカーが直面した課題」『学術の動向』第26巻第11号、21～27頁、2021年
(52) 前掲(51)
(53) 竹本与志人「量的研究の理論と方法　質問紙調査を中心として」『日本在宅ケア学会誌』第23巻第1号、35～41頁、2019年
(54) 古谷野亘・長田久雄『実証研究の手引き；調査と実験の進め方・まとめ方』ワールドプランニング、9～22頁、1992年

推薦図書

- 小原眞知子・今野広紀・竹本与志人編著『保健医療と福祉（第2版）』ミネルヴァ書房、2023年
- 日本医療ソーシャルワーカー協会編『保健医療ソーシャルワークの知識と技術　キャリアアップのための実践力の構築』中央法規出版、2023年

9 災害と福祉

大島隆代

1.「災害と福祉」を整理するにあたって

本書の初版の災害に関する項で取り上げられた内容は、災害の定義および種別などを概観すること、福祉専門職をはじめとする支援者による実践の事例を提示すること、災害時にクローズアップされ市民活動の原点の一つともいえるボランティア活動の歴史的変遷をたどることなどといったものであった。

本章では、現在までに上記の内容について、学問および実践において定量的にも定性的にもある程度の理解を得てきたと認識し、そこを振り返りつつ、災害大国ともいえる我が国での過酷でもあった経験も踏まえて、さらに災害と福祉の関係性を整理するうえでの付加的な視点や動向、今後を展望したときに見逃せない論点になるであろうことなどを提示していく。

さらに、本章の最後に、2024 年 1 月 1 日に発生した能登半島地震を補論的に取り上げたい。というのも、本稿を執筆している最中に発生した能登半島地震に関して、この「災害と福祉」というテーマで振り返ったり検証したりする時間を取ることが難しかったことと、稿をまとめていくなかで設定した枠組み一つひとつにも、能登半島地震を考えるときに、小さな齟齬（そご）のようなものや新たな課題が浮き彫りになってきたように感じられたからである。それほどに、「災害と福祉」というものは、即応性が求められるし過酷といってもよいような領域なのである。本章では、その現実を前提としながらも、学究や実践を客観的に考えていけるようなエンサイクロペディアとしての役割を果たすための記述を心がけた。

1）災害という現象認識の深化と拡大

「災害」と「福祉」というふうに分けるのではなく、「**災害福祉**」という概念を設定した書籍が出されたのは、東日本大震災が起きる前年の 2010 年であった。災害福祉の定義について、西尾祐吾は、「災害を契機として生活困難に直面する被災者とくに災害時要援護者の生命、生活、尊厳を守るため、災害時要援護者のニーズをあらかじめ的確に把握し、災害からの救護・生活支援・生活再建に対し効果的な援助を組織化する公私の援助活動」[(1)] であるとしている。これは、たとえば、高齢者福祉とか児童福祉といった属性別の議論で終始するのではなく、災害という現象が福祉を考えるべき対象になるということを示したものといえよう。

社会福祉の領域では、災害と福祉を考えるうえで、まず、社会福祉の対象となる課題をみていくために、「災害（災害時である、とか、災害が起こった後である）」という物理的な状況の設定をしてから語ることが多かったように思われる。このことは、社会福祉の課題と災害が起きた要因を同一の場で捉えがちになることにもなり、また、その場を説明するのに、たとえば、自然発生的な災害、人災など社会的な要因から起こった災害というように類型化もされてきた。これは、探究したり実践したりする対象課題が現実的に目の前に浮き彫りになってからの議論であったともいえる。

その後のここ十数年で私たちが向き合ってきたことのなかには、災害といえるものの様相の変容もあった。その影響は、私たちの今までの認識の枠を越えて、定義や背景などに意味的な広がりをみせつつ、深く私たちを絡めとってきている。たとえば、**福島第一原子力発電所事故**により広域避難を余儀なくされ、いまだに帰還がままならない人たちのことを、事故災害という括りだけでは語りにくい。また、戦争や紛争、**新型コロナウイルス感染症（COVID-19）**や地球温暖化などによる気候変動といったものから、個々人のみならず地域や社会が負ったダメージをみていくと、災害はいつか終わりを迎えるものであると断言できないことにも気づいてしまった。「after（アフター）コロナ」から「with（ウィズ）コロナ」と表現が変容したことからもわかるし、終わることがないかもしれないという意味での持続的な可能性を考えると、心が重くなるとともに、私たちが自分自身のこととして考えるきっかけをもくれることになった。

そこで、社会福祉がその解決を追い求めて対峙してきてからの歴史が長い、たとえば「貧困」「疾病」「排除」などといった概念的な現象をも含むものが、人と社会とのかかわりのなかで社会福祉の課題とされてきたことと同じように、「災害」というものを現象として取り上げることこそが必要となってくる。つまり、発生要因の側面や災害によって直接的および時限的に設定される問題などといったような捉え方だけではなく、人と社会に対して波及する関係性があるとしたうえで、災害というものがどのように作用し影響を及ぼしていくのかという動的な構造に照射し理解していくような考え方、かつ、メタ的な考え方が求められてきてはいないだろうか。

ここで、**図1**[2]をみていきたい。左側の円内に示したものは災害が起こるもと（**図1**では「災害因」）であるが、これは真ん中の「災害」と同一なものではない。災害因が人や社会に全く影響を及ぼさない場合もあるからだ。具体的なことを述べると、地震災害を例にとると、地震があっても揺れが微小であったとか、耐久性がある建物であったとか、津波が発生しても社会的な共同体あるいは共同体の資源となるようなものが存在しない地域であったなどの場合には、**図1**でいうところの「災害の発生」には至らないとみなす。また、今般のコロナ禍と呼ばれた社会において、従前から生活に困難さを抱えていた人たち、つまり、コロナ禍という状況に誘発されるより前からすでに外的な現象に攻撃され

図1　災害発生と社会脆弱性との関係

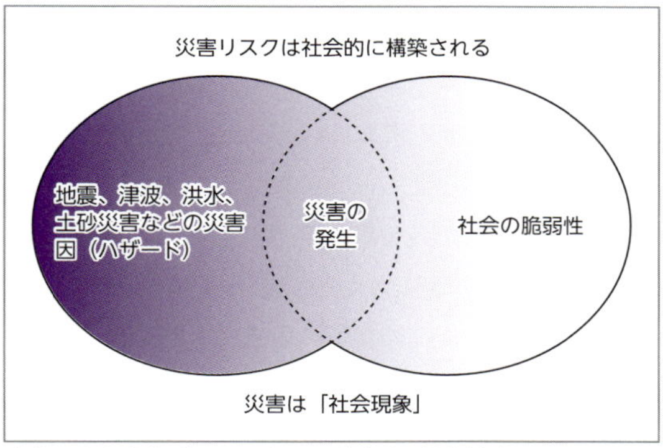

出典：立木茂雄『災害と復興の社会学〔増補版〕』萌書房、12頁、2022年

やすいものをもっていた人たちが、さらに追い詰められて、「災害の発生」ともいえる状況に陥ってしまった事例も多くあった。このように、社会が抱える脆弱性（バルネラビリティ）の側面に災害因が働くと、対応を要する災害の状態（本章でいえば、災害と福祉を考える対象となる現象的な状態）になってしまう。

災害を構造的に捉えると、災害によるリスクというものは、起因する要因と社会の脆弱性との働きあいのなかでつくられる社会的な現象であるという見方ができる。このような構造化の作業により、たとえば社会学の領域では、災害社会学や社会防災学という分野を生んだ。

以上に示したような理解の仕方は、災害という悪の巨人のようなものを目の前にしてひるむだけではなく、体系的であったり組織的なかかわりや構造への予備的な対応を常に考えておくことを可能にする。また、その対応のなかにある、悪に立ち向かう人たちの実践の方法や心構え、もっというと価値観的な姿勢を探し出すこともできる。実は、このような思考の回路は、福祉が社会に拓かれてきた歴史的歩みのなかでみられたこととも一致するといえないだろうか。

2）災害における生活課題の捉え方

i　生活フェーズの整理とステージごとの対応

東日本大震災という未曽有の大災害と対峙した我

が国では、災害後の経過を改めて振り返ってみて、被災した人たち（以下、被災者[(3)]）が生活を立て直していくことや地域を再び成り立たせていくにあたって、長い時間を要するということを再確認することになった。そこで、支援にかかわる人たち（以下、支援者）や研究者が、支援のための実践をより効果的に展開するにあたっての枠組みを整理しつつ、実践していくために取り組むべき課題を見つめていくようになった。この作業によって、被災者の生活のフェーズ（ある時点を切り取った際のさまざまな側面という意味がある）を捉えて、時間的経過とともにそのフェーズがステージのように変容していくという災害後に特徴的なものの構造化を図ることにより、特に支援のためのアセスメントにつながるような視点を示すことにもなった。

ここで示した**図2**[(4)]は、発災後の時間の経過により、特に被災者（**図2**では、要援護者と被災者が併記されているが、これは先述したように、発災以前から要援護の状態であった人たちのバルネラビリティを意識したものといえよう）が主に生活する場を物理的に設定したうえで、その生活のフェーズごとに起こりがちな支援の課題とポイントを整理している。

もちろん、被災者の生活の場や支援課題は、受けた被害の状況によって違ってくるし、災害の種別によっても時間的経過軸の区分は変わってくるが、この整理の仕方で強調すべきは、**生活フェーズ**ごとに支援枠組みを考慮する必要があるということと、フェーズの移行により、たとえばある被災者がおかれているステージ（状態の深さや奥行きを加味している）といった段階的な枠組みからも対応を考えることができ、支援のあり方を予測することも可能になってくるということだろう。

支援者の視点からこの枠組みをみていくと、あるフェーズで起こりがちな課題が要因となって、被災者への以降の支援の緊急度合いを測ったり、予防的

図2　災害後の段階による生活課題

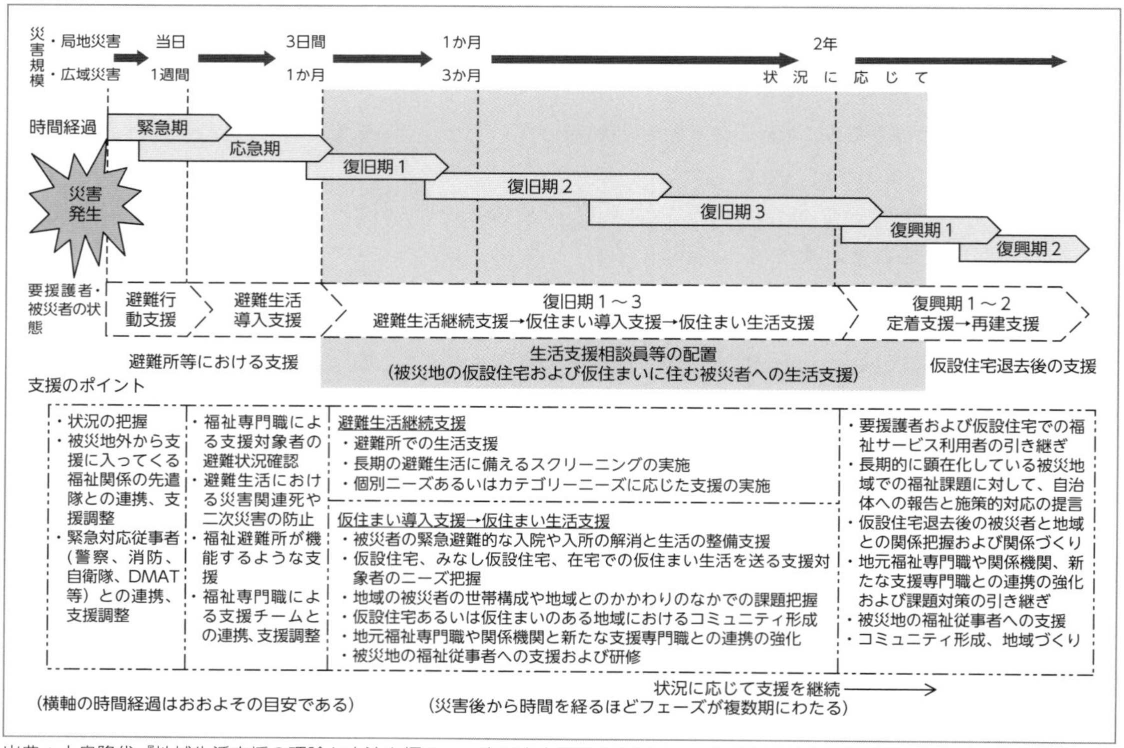

出典：大島隆代『地域生活支援の理論と方法を探る——東日本大震災の支援フィールドにおける実践分析から』中央法規出版、90頁、2017年

な対応を支援者が考えることも可能となってくる。また、このステージというのは、一定の方向に不可逆的に移っていくのではなく、ステージの段階を行ったり来たりすることが生じることもある。たとえば、被災者が仮設住宅での生活で孤立などの状態にあった場合、その後に恒久住宅に移ってからの生活の定着にも影響を及ぼし、ADL や QOL の低下を招いてしまうこともある。居住の安定が物理的に得られたとしても、生活のステージが以前よりも良好な状態に上がっていくとは限らないのである。

以上のように、災害と支援のありようを探りながら、支援を実践することにかかわってきた支援者や研究者によって、被災者の姿や思い、地域の様相などを動的につかむということの必要性を示すことは通念になってきた。これは、東日本大震災という長い年月にわたってさまざまな課題を引き起こした災害から培われてきたものだともいえよう。

ii　ソーシャルワーク実践としての理解

本書の初版における「自然災害被災者の援助」という項目では、支援（援助）について、吉川かおりは「被災することによって環境と個人の交互作用が変化し、それが個人の内面にも影響を与えるという視点にもとづいて方策を組み立てていくことが必要である」と述べている。また、援助の目標概念を「『主体的生活者』としての個人の維持・構築」におくとしている(5)。この定義的な記述は、ソーシャルワーク実践において対応すべき課題を構造的に理解するための枠組みと、支援（援助）を行う際に大切にすべき視点を表しているといえよう。つまり、この時点での理解でも、ソーシャルワークという言葉こそ使ってはいないけれども、災害と福祉を考えていくにはソーシャルワークが参考になるということ以上に、ソーシャルワークが親和的であるということを示している。

一方で、同じ初版の「ソーシャルワークの意義と方法」という項目では、太田義弘の、ソーシャルワークそのものが「固有な視野や発想と専門性や科学性を伴った共通基盤と理論や方法をもっていない」という批判的にも受け取られる論述もある。さらに、「隣接科学や領域への依拠と埋没」という現実があることさえも指摘されている(6)。このことは多分に、今でも、ソーシャルワークの実践者や研究者といったプロパーの立ち位置からも語られることであり、ソーシャルワークに関するいろいろな意味での関係者が首を縦に振るような指摘ではある。

以上のように肯定的な主張と批判的な主張があり、一見矛盾するかのように見受けられる。しかし、社会福祉を目的概念として捉えたときに、それを実現させるための方法（ワーク）がソーシャルワークなのだというふうに直截的に表現すれば、災害によって福祉の状態を阻害された現象に対応していくべきとしてある多くの方法のなかに、たとえば、医療を用いたもの、法律を用いたものなどといったワークのほかに、ソーシャルワークがあって然りだと考えられないだろうか。そのうえで、よしんば、ソーシャルワークの隣接科学や領域への依拠と埋没が部分的にあったとしても、災害と福祉を考えていくために、「もっているだろう方法」の一つとなり、いくつもの専門性や科学性も少しずつ明らかになり、実践知として確実に蓄積されてきたのである。

災害と福祉を特に現場実践から探求していった我が国の社会福祉学の領域では、ここ 10 年あまりの間に「**災害ソーシャルワーク**」や「災害時ソーシャルワーク」という言葉も生まれた。ソーシャルワークの専門性を用いて実践する専門職（我が国では社会福祉士であるとほぼ認知されることが多い）を養成することにも力を入れる分野でもあるので、養成のためのテキストにも取り入れられている(7)。また、海外では、災害をはじめとした環境問題なども包含するような生活に影響を及ぼすものを、ソーシャルワークの基礎的理解ともいえる、システム志向を基盤としたアプローチや、環境のなかの人に力点を置く**エコロジカルソーシャルワーク**の視点から読み解き、さらにその「範疇を超え」、「スピリチュアルで情緒的な場などが一つに収斂され」(8)るような象徴的なものへと次元を変えていくような作業のなかで、「**グリーンソーシャルワーク**」という言葉も誕生した。

2. 実践および研究から制度政策への反映の動向

特に災害対応の分野では、実際に起こった現象に対しての喫緊の対応が迫られる。もし、災害と福祉を考えることについて近づくのに難しいものがあるのだとするならば、その所以には、社会福祉学が学問的方法論を明確化するために挙げてきたような、対象の設定とか適した実践手法の確定を議論する時間をもつことが、災害に関しては容易でないほどの混乱が現実にあるからであろう。あるいは、明確化や設定以前に（以前だからこそ)、「災害」というものが起こるのを前提として準備しておくべきことが求められてきたからである。災害を意識したときに、前述の「準備」の領域を、「防災」ということもできるが、これは、社会福祉（学）の固有性でいうところの予防的側面の考え方とも一致する。

ここでは、我が国がさまざまな災害を経験したからこその、実践と研究から予防的な対応として、政策や実践の仕組みへと反映されていった特長的なものを挙げていく。

1）地域を意識した支援

社会福祉事業法から、「地域福祉」という文言が初めて明記された社会福祉法への改正があった2000年以降、我が国は、地域を基盤とした福祉実践、いわゆる「地域福祉の主流化」の時代となり、地域包括ケアシステム構想が示された。当初は高齢化社会への対応を見据えてスタートしたものではあったが、災害と福祉を考えるうえでも、特に自然災害といった、地域を限定して発生することが多い災害への対応の際に、「地域を基盤とする」という考え方が援用されるようになってきた。園崎も、「多様化・複雑化した課題を抱える地域における災害」への対応として、災害時以前の「平時からの多機関連携による包括的支援体制の整備が、被災地の支援をより円滑なものとしていく」[9] と述べている。

さらに、「地域共生社会」という地域福祉の大きな理念の実現のために、2020年の社会福祉法改正で示されたのが、「重層的支援体制整備事業」である。事業についての細説は本書の別項（Ⅶ社会福祉の実践方法　7地域における包括的支援体制とソーシャルワーク）に委ねるが、災害と福祉の領域では、最近、複数の事業が重層的に機能することによって、災害時要援護者の発見や後述する個別避難計画の策定などが円滑になっていくのではないかという期待もある。さらに、社会福祉事業の提供者である福祉施設の**BCP（事業継続計画）**に災害後を想定した内容を盛り込むなどの流れもみられるようになってきている。

この「地域を意識した支援」の必要性を、被災者や被災地のありようから説明できるような根拠もある。**阪神・淡路大震災**後に兵庫県が被災者に対して実施した継続的なパネル調査[10] によれば、被災者が主観的に生活を立て直したと感じることができた状況として、地域活動への参加が増えたことや共同体でのつながりのバランスがうまくとれるようになったことなどが、復興感を高める要素として示されたのである。さらに、夜の町の明るさを感じることができるようになったという要素もあった。災害と福祉を考えるときに、被災者が生活を立て直すために、地域や共同体といったものがいかに重要になってくるかということについては、ほかにも、被災地におけるさまざまな具体的実践の事例をみても理解できる。

2）DWATなどの組織的支援

災害時の医療対応の領域では、**DMAT**（Disaster Medical Assistance Team）と呼ばれる災害派遣医療チームによる組織的介入が有名である。これは、「災害急性期に活動できる機動性を持ったトレーニングを受けた医療チーム」[11] と定義されており、阪神・淡路大震災の折に、初期医療体制の未整備や遅れにより救えるべき命が救えなかったという教訓から、いわゆる「避けられた災害死」を防ぐために整備された組織的な支援体制で、災害対策基本法をもとにした防災基本計画に盛り込むことができるようになっている。このDMATは、被災地の外から入ってきた専門職チームが機能的に動くことができるような体制をとっているが、これは、被災地における医療のニーズに対応できる被災地内のリソースが量的に損なわれてしまうからである。

本章でも先に、災害と福祉を考えるうえで、実践のありようをソーシャルワークとして理解する必要性を述べたが、被災地において被災者が抱える生活課題に対応するための現地での支援リソースが不足する状況に陥ることは十分に考えられる。さらに、福祉的対応が遅れることによって、より深刻化かつ複雑化してしまうニーズへのアウトリーチも求められることから、福祉対応の領域でも、被災地外からの組織的支援の必要性が叫ばれるようになった。そして、**DWAT**（Disaster Welfare Assistance Team：災害福祉支援チーム）と呼ばれる体制が整えられるようになってきている。

東日本大震災時、避難所等での高齢者、障害者、子ども等に必要な現地リソースによる支援が手薄になってしまったことによって、生活機能の低下等が生じたり身心の健康状態が悪化したりするケースがみられた。それをできるだけ防ぎ、その後の安定的な日常生活に移行するための支援を行う必要性が指摘されて、DWATの体制整備が急務となっていった。

2018年には、厚生労働省社会・援護局より、「災害時の福祉支援体制の整備に向けたガイドライン」が出され、各都道府県で災害福祉支援に向けたネットワーク構築をするための枠組みが提示された。ガイドラインにおいてはDWATの呼称は用いていないものの、各地域では、「○○県災害派遣福祉チーム（DWAT）」として、体制構築したりチームメンバー育成のための研修を実施しているところも多い。2022年度末時点では、すべての都道府県で、災害時の福祉支援体制がすでに構築されているか構築中となっている[12]。

3）個別避難計画や生活再建のための個別支援計画

およそ100年前、アメリカでソーシャルワークが体系化されたその萌芽期、ワークの名前には、「ソーシャル・ケース・ワーク」というように「ケース」という言葉が入っていた。この、個別性を大切にするという視点や実践手法は現在まで脈々と受け継がれており、そこには、「誰一人取り残さない」という価値観も含まれているように思われる。災害と福祉を考える際、実践の対象に向かって行われるワークとして、人と社会（環境）との関係をみていくという側面でのソーシャルワークが親和的であることは先述したが、近年、この「個別性」を重視するような考え方を予備的な対応および被災後の支援のなかに取り入れる動きもみられるようになってきた。

2021年に**災害対策基本法**の一部が改正され、以前よりあった、高齢者や障害者といった避難行動要支援者の名簿作成からさらに踏み込んで、避難行動要支援者ごとに避難の支援を行う者や避難先等の情報を記載した個別避難計画を市町村で作成することが努力義務化された。また、内閣府でも同年、防災基本計画の記載のなかに、被災者が自らに適した支援制度を活用して生活再建に取り組むことができるよう、見守りや相談の機会を設けるといった支援を行うとともに、容易に支援制度を知ることができる環境の整備に、国や地方公共団体は努めるべきであるとの内容を追加した。この生活再建のための実践は「**災害ケースマネジメント**」とも呼ばれることがあり、被災者一人ひとりに寄り添ったきめ細かな継続的支援によって、内閣府では「被災者の自立・生活再建の早期実現、地域社会の活力維持への貢献等」[13]の効果も期待できるとしている。

ここで取り上げた、実践および研究から制度政策への反映の動向を概観すると、今まさに社会福祉で主流化しているような考え方が、災害と福祉の領域でも活かされていると理解できよう。福祉防災研究が専門である立木は、被災者の生活を注視するにあたっては、「全体性」「平常時と災害時の連続性」「レジリエンスの多元性」「衡平性の実現」「協働性の実装」の五つの原則があるとし、その原則のうえで、誰一人取り残さないために一つのプロセスとしてソーシャルワークを考えていくべきだとして、「全天候型のソーシャルワーク」を、社会福祉の研究および実践への期待として述べている[14]。

3. 実践のための価値的な枠組み
――分断と越境を見据え、今後に向けて

本書は社会福祉学の事典であるからこそ、それを編んでいくのは多分に作業的にもなろう。しかし、その作業には、ある事象にまつわる知識を配列し解説するのみにとどまらず、その事象が持することや影響を及ぼすであろうことの本質的な問いも設定してみて、その問いに光を当ててみることも必要ではないだろうか。

古川孝順が述べているように、社会福祉学は「すぐれて価値志向的な性格を備えて」おり、「価値判断から自由になれない」[15] 科学といえる。このことを踏まえると、特に、社会福祉と災害の領域では、想定できる複数の価値的な側面のせめぎ合いという現実からも学び、そこを学問的に昇華させる努力をしつつも、実践のありようを探ってきたのだともいえよう。

ここでは、災害と福祉というものを考えていく際に、あえて二項対立的な問いにはなるかもしれないが、志向する価値的な側面を設定してみて、その状況をどのようにして分断せずに越境していくことを追い求めていったらよいのかを論じてみたい。そこから、災害というとてつもない現象に対峙するときの、社会福祉に学としても実践としても触れる私たちがこれから歩むべき姿がみえてくることを期待したい。

1）日常と非日常／当事者性

ひとたび災害に見舞われると、日常の生活が一変することもある。私たちはこの状態を「非日常」であると認識しがちなのだが、日常と分断されているようにみえる非日常を捉える際に時間軸を取り入れてみると、連続性があることがみえてくる。2020年から蔓延した新型コロナウイルス感染症は人や社会にダメージを与え、その状況は災害といっても過言ではない。そして、そのような災禍の内を生きる私たちは、時間の経過とともに、いつの間にかコロナ禍という日常を生きていることに気づく。

しかし、これを福祉の視点でみていくときには特に、大島が述べるように、「非日常性のなかでの支援なり援助なりの固有的なあり方を探そうとするのは、ソトから見た場合であることも多い」ため、「ソトからの眼が、連続性のある日常（になってしまった非日常）を見逃してしまう」といったようなことが生じる可能性がある。この「ソト」には、物理的なものというよりも、多分に、「自分ごと・我がことではない」という意味も含んでいる。さらに、この「ソト」からの目線によって、たとえば、今までの災害支援の事例から、「支援の押し付けとか、誰を（どこを）まん中に置いた支援なのかを考えずに混乱を招いた」ようなことも起きたのではないかと指摘する[16]。

日常と非日常の連続性の次に、当事者性のグラデーションについて考えてみよう。災害というものに私たちが向き合うときに生まれるもの、実はそれは、社会における福祉課題とされるものに向き合うときに生まれてくるものに似ているといえないだろうか。災害とのかかわりのなかで、その人にとっての当事者性といったものが、さまざまな立ち現れ方をもって、私たちにいろいろなことを求めてくるように思える。この当事者性の現れ方は、たとえば、喪失を伴うような被災を経験したのか、災害によって微細ではあるかもしれないが何かしらの影響を受けるような状況にいるのか、災害というものに普段からどのようなかかわり方をしているのか（普段からのかかわりのなかには、災害支援に関することを生活のなりわいにしていることも、災害にまつわることを研究することも含まれる）等によってグラデーションがあるにしても、この、（向き合い方の）当事者性というものは、当事者なのかどうかを分けるような明確な境界線があいまいでもある。

東日本大震災による甚大な被害のあった東北地方

の沿岸部に住む被災者が、福島県出身のある人（会津地方出身で災害による日常生活での変化はほとんどなかった）に向けて、「私らは家を流されただけだけど、福島（フクシマ[17]）の人は気の毒だ。故郷に帰れないのだもの」と声をかけた。声をかけられた人は、被災した状況でも他者に心を遣うような様子に、しばらく言葉を失ったという。

今般の、世界のどこかで発生している紛争や戦争などの人道災害、さらに、現実体験での記憶にはないような災害など、一見遠くにあるようにみえるものにも思いを馳せることができるのが、実は私たちであるのだということを、災害と福祉を考えるうえでは忘れないでいるべきではないだろうか。

2）個別と地域／専門性と非専門性

災害における支援をみていくときには、支援実践の手法としてのワークやその実施体制、また、実践する人の専門性についても考察のテーマになり得る。

社会福祉の分野での「地域福祉」の領域では、常に、地域や共同体という全体性に近いものと、諸個人が有する個別性を、どのようにして一つの射程のなかに収めるかということを模索してきた。個別と地域は、実践のベクトルが当初には同じところを向いていたとしても、経過や場合によって、二項対立のような状況さえ招くことがある。このようなある意味難しい状況を乗り越えるために、たとえば、「コミュニティソーシャルワーク」という手法の説明や、個を包含するという構造を前提とした地域（共同体や圏域）のなかで作動するシステム（たとえば、地域包括ケアシステムや重層的支援体制整備事業など）の構築が続けられてきた。地域福祉は難しいところを統合する道を選んだのだが、示された策のなかに、隙間や漏れが生まれてしまうことも重々承知している。

このような地域福祉が対峙した構造的な課題が、そのまま災害と福祉を考える際に立ちはだかることがある。「被災者の生活再建」と「被災地の復興」。これらは並列で語られやすいが、その実、多くの困難を抱えてもいる。災害後の時間の過ぎ方には、人と地域によって齟齬が生じることがあるし、気がついたら、どちらかが阻害されたり置き去りにされたりしていることもある。どちらか、あるいは、両方が不在になるとか消滅するというような結果になることもあるだろう。私たちは、支援を考えるにあたって、そのような現実や構造があるということに自覚的であるべきだと思う。

さらに、先の当事者性と同じように、実践の専門性のなかにもグラデーションを見つけることができる。災害が起きた際にボランティア活動をする人たちのなかには、主に職業等を通じて身につけたスキルを公益のために活かす「**プロボノ**」と呼ばれる活動をする人たちもいる。たとえば、**熊本地震**災害によって屋根瓦が崩壊した家屋にブルーシートをかけて保全するといった作業を、建築関係技術といった専門性をもったボランティア活動者が担った事例があった。

このような専門性は非専門性を否定したうえで発揮されるものではなく、専門性と非専門性がうまく支援の場で活かされることを考えていくことが求められる。専門性は時によって、そのバックボーンとなる体系化された枠組み（学、実践、資格、組織、社会的規定など）によって対立を生むこともあるかもしれない。しかし、災害と福祉を考える場では特に、この専門性の違いによる分断を越えていくような連帯や働きかけが求められよう。

3）枠のあるものと枠のないもの

災害における支援に限らず、福祉の研究や実践の側から社会的事象にアプローチする私たちは、どうしても、制度政策や支援体制、型のある技法など、枠のある側面からのアプローチをしがちであるが、ここで、災害と福祉を考えるうえで、社会福祉の価値志向的な性格を取り除くことができない所以ともなるような、枠のないもののありようをみていきたい。

古来大きな津波災害に見舞われてきた三陸地方には、「津波てんでんこ」という伝承がある。「津波がきたら、各々でてんでんばらばらに逃げなさい」という教訓でもあり、これが、東日本大震災時に防災教育として働き、命を落とす犠牲者を防ぐことにつながった地域があったと評価もされた。さらに、ある被災地のタクシー運転手らによる霊的現象の体験の語りや、震災で大切な人を失った人たちが臨床宗教師とのかかわりを通して心のありようを変容させていったという複数の事例をみていくと、霊性（スピリチュアル）による癒しや回復といったものがあることに触れることができる。

これらの伝承や逸話にみられるような、人が集団生活や相互行為のなかで張りめぐらした共通の意味体系といったものは「文化」であるということもでき、枠を規定しにくい。そして、ソーシャルワークのある側面が重視してきたレベルやシステムというものを超越する不明確な性質を有する。しかし、また別の側面から考えると、ソーシャルワークが、個人と社会（環境）をどちらも大切にしてきたからこその、固有の価値志向の側面がある。

ソーシャルワーク専門職のグローバル定義をみると、その基盤とするもののなかに「indigenous knowledge　地域・民族固有の知」(18) というものがある。この「文化」にも親和性のある概念は、大島によれば、「個の総和である全体の優位性を確定するという全体論的思考の立場は採用しない」ものの、意味体系をどのように張りめぐらせたり解釈したりするかという点では、「相互作用がもたらす集団が持つ多様性による個別性」ということができる (19)。そして、見えることで規定し得るものではないもののなかにも作用する力があるということを教えてくれる。災害と福祉を見つめていくうえで、このような枠のないものの存在は、科学であることを追求してきたソーシャルワークのさらなる可能性も示唆してはいないだろうか。

4）即応性と遅効性の狭間に向き合って

本章の始めに述べたが、2024 年 1 月に能登半島地震が発生した。元旦の午後、震源地から遠隔地でも体感した揺れが身体を一瞬強張らせ、東日本大震災の時の感覚が刷り込まれているということに驚いた人も多くいたであろう。

大災害が起こるたびに整備されてきた仕組みや、深まってきた実践知を駆使して、能登半島地震で行われた特徴的な支援もあった。DWAT の派遣はそれまでの災害でも実施されてきたが、全国社会福祉協議会に置かれた災害福祉支援ネットワーク中央センターが、都道府県間の DWAT の派遣調整等を迅速かつ一体的に担うこととなり、さらに、全国社会福祉法人経営者協議会と連携して、支援の円滑化を図るような実践に着手した (20)。

しかし、地震の発生から 8 か月後の豪雨災害が追い打ちをかけ、長期化する被災者の生活再建の課題や、地域からの人口流出、半島の一部でのインフラ復旧の遅れなど、さまざまな壁も立ちはだかっている。複数の地域での居住を余儀なくされる被災者もおり、住民票に関する柔軟な法整備も提言されてはいる。

たくさんの地方（地域）で成り立っているこの国での、人々の継続していく生活や生き方を考えていくということの重さを突きつけられた気がする。災害と福祉を考えるときに、多角的な立ち位置と長い時間のなかで、即応性と遅効性の狭間にこそ向きあっていく姿勢が求められているのだとあらためて思う。

注

（1）西尾祐吾・大塚保信・古川隆司編著『災害福祉とは何か――生活支援体制の構築に向けて』ミネルヴァ書房、2～9頁、2010 年

（2）立木茂雄『災害と復興の社会学〔増補版〕』萌書房、12頁、2022 年

（3）社会福祉が実践を大きく意識する分野であることから、その実践が目指すもののなかには、対象となる人が幸せになるという目的があることが前提化されているといえる。災害と福祉を語るにあたって、対象となる「被災した人たち」のことを、本章では「被災者」と記載するが、このことには、日常的な福祉実践の対象者を、支援を考える側がある程度規定して「しまう」ことと同じような構造や問題もはらんでいるといえよう。

（4）大島隆代『地域生活支援の理論と方法を探る――東日本大震災の支援フィールドにおける実践分析から』中央法規出版、90 頁、2017 年

（5）仲村優一・一番ヶ瀬康子・右田紀久恵監、岡本民夫・田

端光美・濱野一郎・古川孝順・宮田和明編『エンサイクロペディア社会福祉学』中央法規出版、1090 ～ 1991頁、2007 年
（6）同上、626 頁、2007 年
（7）テキストとしての書籍の代表的なものの一つとして、以下を参照されたい。上野谷加代子監、社団法人日本社会福祉士養成校協会編『災害ソーシャルワーク入門――被災地の実践知から学ぶ』中央法規出版、2013 年
（8）レナ・ドミネリ、上野谷加代子・所めぐみ監訳『グリーンソーシャルワークとは何か――環境正義と共生社会実現』ミネルヴァ書房、3 頁、2017 年
（9）家髙将明・後藤至功・山田裕一・立花直樹編著『ソーシャルワーカーのための災害福祉論』ミネルヴァ書房、83 ～ 84 頁、2023 年
(10) 兵庫県「生活復興調査　調査結果報告書 平成 17 年度」2005 年
(11) 平成 13 年度厚生科学特別研究「日本における災害派遣医療チーム（DMAT）の標準化に関する研究 総合報告書」2002 年
(12) 令和 4 年度生活困窮者就労準備支援事業費等補助金社会福祉推進事業「災害福祉支援ネットワーク、DWAT の実態把握、課題分析及び運営の標準化に関する調査研究事業 報告書」2023 年
(13) 内閣府「災害ケースマネジメント実施の手引き」2023 年
(14) 立木茂雄「災害も視野に入れた全天候型のソーシャルワークの課題と展望――雨天のソーシャルワーク、晴天のソーシャルワークではなく、1 つのソーシャルワークの過程が存在する」『社会福祉研究』第 146 号、24 ～ 34 頁、2023 年。立木が述べた五つの原則のなかの「恊働性の実装」は、「協」ではなく「恊」で表記されている。
(15) 古川孝順『社会福祉学の基本問題』（古川孝順社会福祉学著作選集第 1 巻）中央法規出版、57 頁、2019 年
(16) 大島隆代「災害支援における社会福祉実践の専門性――分断を越える、あるいは前にして立ちすくむ」『精神保健福祉』第 125 号、63 頁、2021 年
(17)「フクシマ」というカタカナの表記は、政府文書や複数の文献でもみられるが、たとえば、開沼はその著作のなかで、福島が「原子力ムラ」となり「フクシマ」となっていった構造的なものを「中央と地方」や「戦後成長」との関係などから追及している。
開沼博『「フクシマ」論――原子力ムラはなぜ生まれたのか』青土社、2011 年
(18) 社会福祉専門職団体協議会国際委員会「ソーシャルワーク専門職のグローバル定義と解説」2016 年　https://www.jacsw.or.jp/citizens/kokusai/IFSW/documents/SW_teigi_01705.pdf　2023 年 11 月 9 日取得
(19) 大島隆代「地域福祉における『地域性』と『文化』――災害支援の領域で語られるものをめぐって」『日本の地域福祉』日本地域福祉学会、第 33 巻、5 ～ 8 頁、2020 年
(20) 全国社会福祉協議会「分野別の取り組み　災害時の支援」 https://www.shakyo.or.jp/bunya/saigai/archive/2024notozishin/index.html　2025 年 2 月 2 日取得

10 司法と福祉

掛川直之

1. 刑事司法と福祉との連携の系譜

1）刑事司法と福祉との連携の端緒

2000年代初頭、**刑事司法**に社会福祉が（あるいは、社会福祉に刑事司法が）接近する端緒となる二つのエポックメイキングな「事件」が起こった。一つは、元衆議院議員の山本譲司が自らの服役経験をもとに刑務所の介護施設化を強く訴えた『**獄窓記**』（ポプラ社、2003年）の刊行である。そして、もう一つが刑務所から出所したばかりの累犯の高齢かつ軽度の知的障害のある男性が福祉事務所に訪れるも追い返され、行く当てもなく、「刑務所に戻りたかった」という理由で駅舎に火をつけ全焼させた**下関駅舎放火事件**（2006年）である。この二つの「事件」を受け、政治家見習いから福祉活動家に転向し、社会福祉法人南高愛隣会を創設した田島良昭を中心としたいくつかの調査・研究が展開され、刑事司法と福祉との連携は飛躍的にその歩みを進めることとなった。

また、2002年から2021年にかけては、日本の犯罪率が低下を続けた期間でもあった。世界でもまれにみる良好な治安状況が、逆に、再犯者率の高さを際立たせることとなり、2003年には犯罪対策閣僚会議、2012年には再犯防止に向けた総合対策、2014年には「宣言：犯罪に戻らない・戻さない」、2016年には薬物依存者・高齢犯罪者等の再犯防止緊急対策および、再犯の防止等の推進に関する法律（**再犯防止推進法**）の制定と、「**再犯防止**」が社会問題として構築されていくムーブメントへと導くこととなったのである（2022年の再犯者率は47.9％）。このようななかで、少ない犯罪の担い手の多くが、高齢者であり、障害者となっている現実が明らかにされ、高齢・障害累犯者の存在が「発見」されていくこととなった（**図1**）。こうした高齢者や障害者が累犯化していくプロセスには、**図2**に示すような構造がみられる(1)(2)。**図2**に示された生活困窮には、経済的な貧困のみならず、いわゆる関係性の貧困も含まれており、社会における生きづらさの背景にある「**社会的孤立**」が大きな要因となるといわれ

図1　高齢・障害者による犯罪の特徴

新受刑者のうち…
（2019年、総数17,464人）

高齢者
12.9%

知的障害の疑いのある者
20.1%

精神障害のある者
（知的障害（確定診断有り）を含む）
14.8%

出典:令和2年 矯正統計年報

刑事施設被収容者のうち、地域生活定着支援センターの支援対象者である高齢者と障害者。2019（令和元）年に収容された新受刑者（総数17,464人）のなかにも、対象となり得る高齢者や障害者が一定数含まれています。

何で捕まっているの？

高齢者の場合
第1位 **窃盗**　第2位 **傷害・暴行**

障害者の場合
第1位 **傷害・暴行**　第2位 **窃盗**

出典：令和2年版 犯罪白書

高齢者も障害者も罪名別に見てみると、「窃盗」「傷害・暴行」が上位を占めています。特に、全年齢層と比べても高齢者は窃盗の割合が高く、女性は約9割が窃盗（そのうち約8割が万引き）でした。

出典：広報誌『厚生労働』2021年12月号

図２　バルネラビリティが招く貧困と社会的排除のスパイラル

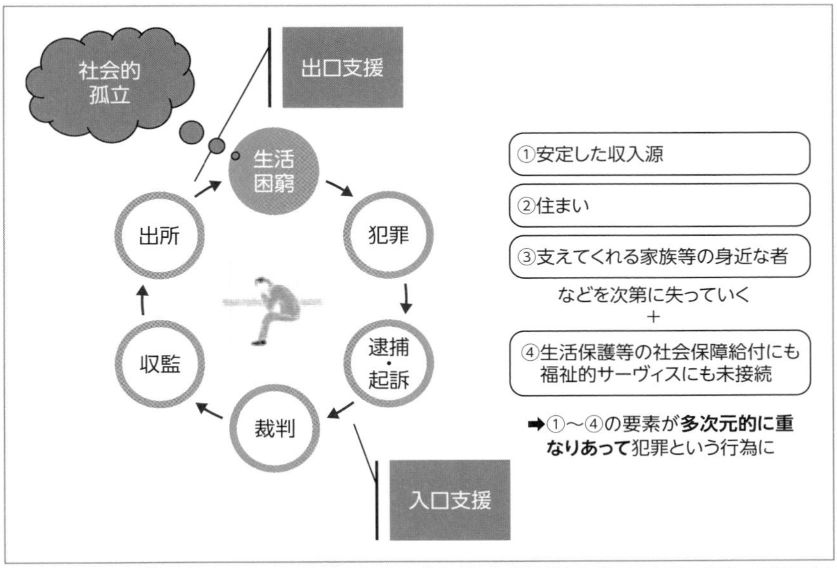

出典：掛川直之「地域における出所者支援の現在地」『社会福祉研究』第146号、3頁、2023年

ている。

このような**貧困と社会的排除のスパイラル**を断ち切るためにまず始められたのが、刑事司法手続きの出口にあたる、刑務所等出所時に行う福祉的支援を意味する「**出口支援**」である。その後、刑事司法手続きの出口だけではなく、捜査・公判段階、すなわち刑事司法手続きの入口での福祉的支援を充実させ、社会における生活環境を整えることで、クライエントをできるだけ刑務所等に収監させることなく、社会生活を立て直すことを目指す「**入口支援**」の重要性もまた認識されることとなった。

２）福祉のなかの司法という発想の誕生

近年の刑事司法と福祉との連携にかかわる主な流れは、**図３**のようにまとめられる。刑事司法領域における「再犯防止」と、社会福祉領域における「地域共生」というそれぞれの「思惑」がパラレルに展開していく点に大きな特徴がある。刑務所をはじめとした矯正施設、検察庁等にもソーシャルワーカーが配置されるようになったほか、なかでも、厚生労働省による**地域生活定着支援センター**の設置（**地域生活定着促進事業**）は、刑事司法と福祉との連携に大きな影響を与えた。

各都道府県に設置された地域生活定着支援センターは、クライエントが刑務所をはじめとする矯正施設に収容されている段階から、刑務所等や保護観察所、さらには地域の犯罪行為との連携を前提としないいわば「純粋な」福祉機関と連携して、クライエントが釈放後に福祉サービスを受けられるよう特別な調整を行う機関である（**図４**）。この地域生活定着支援センターの主な業務は、❶コーディネート、❷フォローアップ、❸相談支援となる。

また、福祉的支援が必要なクライエントが、釈放後速やかに適切な介護・医療等のサービスを受けることができるようにするため、保護観察所からの依頼に基づき、生活環境の調整（更生保護法第82条）について特別の手続きを実施している。この特別な手続きを「**特別調整**」という。特別調整の対象者は、①高齢（おおむね65歳以上）、または障害（身体・知的・精神の障害）が認められること、②釈放後の住居がないこと、③福祉サービス等を受ける必要があると認められること、④円滑な社会復帰のために特別調整の対象とすることが相当と認められること、⑤本人が特別調整を希望していること、⑥本人が個人情報の提供について同意していることとい

図３　再犯防止推進法成立までの刑事司法と福祉との連携にかかわる主な流れ

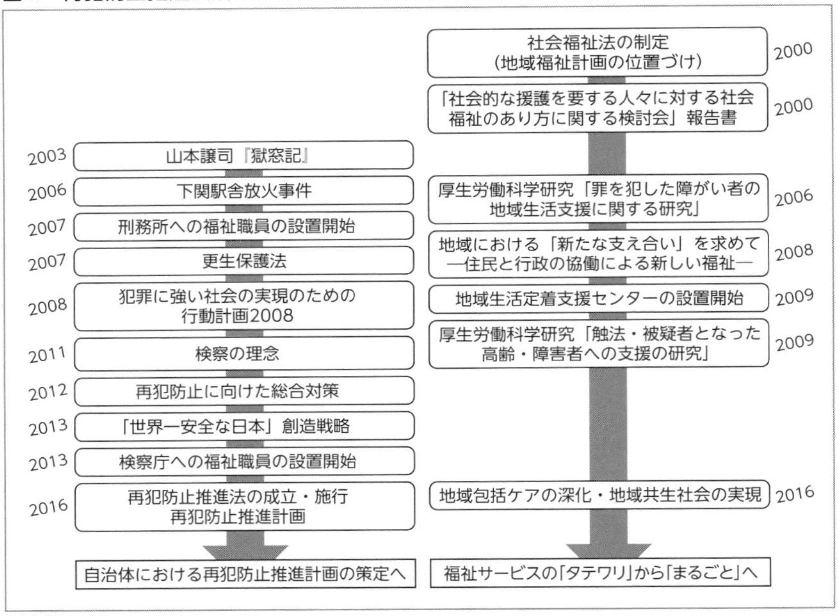

出典：掛川直之「地域における出所者支援の現在地」『社会福祉研究』第146号、４頁、2023年に一部加筆

図４　地域生活定着促進事業の概要

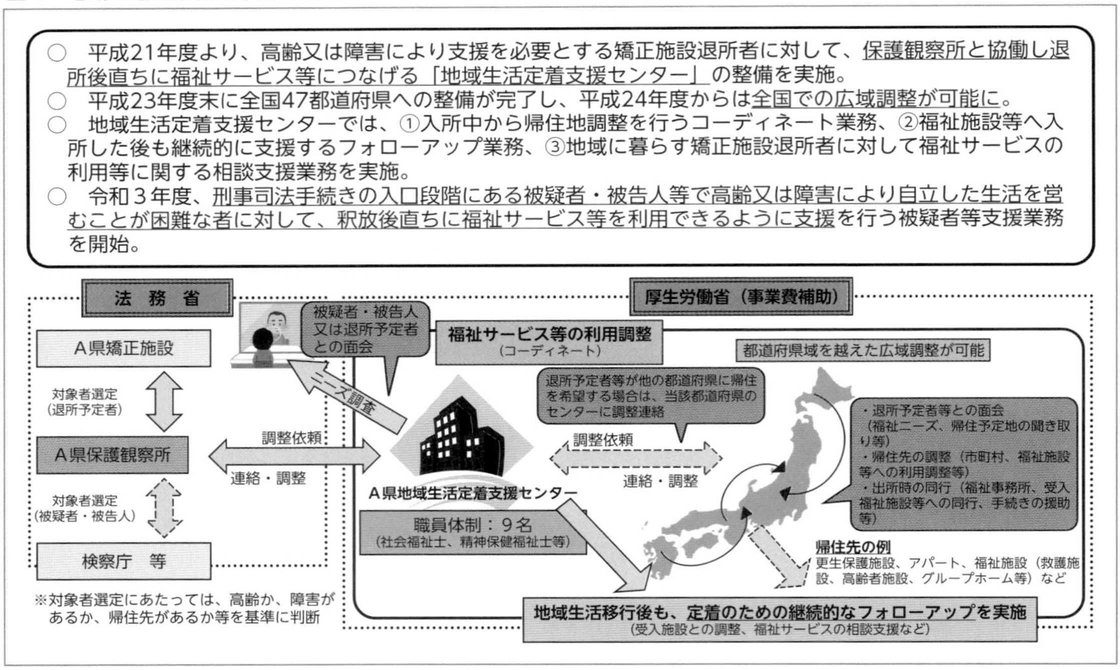

出典：法務省ホームページ

う六つの要件をすべて満たす者でなければならないとされている（2009年４月17日法務省保観第244号法務省矯正局長・保護局長連名通達）。

こうした従来の出口支援に加え、2021年からは、❹被疑者等支援といわれる入口支援が業務の一つとして追加されている。入口支援には、主に弁護士会との連携を前提とし、ソーシャルワーカーが**情状証人**として公判廷に出廷し、証拠として**更生支援計画書**を提出する執行猶予判決が見込まれるものと、主に検察庁との連携を前提とし、起訴猶予が見込まれるものとがあり、❹では主として後者が想定されている（前者については、主として民間の支援団体との連携が想定されている）。

なお、各都道府県の委託事業として運営される地域生活定着支援センターの設置は、社会福祉の地方分権の流れにも合致する事業であるとみることができる。しかしながら、この地域生活定着支援センターは、明確な法的根拠がなく、前記通達のみで運営されている[(3)]。予算枠組み的にもきわめて不安定であり、安定的な運営のためにも、法整備を含めた見直しが検討されるべきであろう。

3）ブームとしての「再犯防止」

刑事司法と福祉との連携の核となるのが、2016年の再犯防止推進法の制定である。再犯防止推進法第３条第１項は、その基本理念として、「再犯の防止等に関する施策は、犯罪をした者等の多くが安定した職業に就くこと及び住居を確保することができないこと等のために円滑な社会復帰をすることが困難な状況にあることを踏まえ、犯罪をした者等が、社会において孤立することなく、国民の理解と協力を得て再び社会を構成する一員となることを支援することにより、犯罪をした者等が円滑に社会に復帰することができるようにすることを旨として、講ぜられるものとする」と定めており、地域における出所者支援の推進を謳っている。この理念に基づき、国には**再犯防止推進計画**の策定が義務として定められ（第７条）、都道府県および市町村には**地方再犯防止推進計画**の策定が努力義務として定められた（第８条）。都道府県再犯防止推進計画については、すべての都道府県において策定がなされているが、市町村再犯防止推進計画は約２割にとどまっている[(4)]。市町村再犯防止推進計画については、地域福祉計画の一部として同計画を位置づけるものが散見され、あらためて地域福祉課題の一つとして再犯防止が認識されていることがうかがわれる。

この再犯防止推進法の制定と同年に、「我が事・丸ごと」地域共生社会実現本部が設置され、2017年には「『地域共生社会』の実現に向けて（当面の改革工程）」が示された。2020年には社会福祉法が一部改正され、地域共生社会の実現に向けて、地域住民等が相互の協力のもとで、福祉サービスを必要とする住民の社会参加を支援し、「地域生活課題」を把握・解決することが求められることとなった。

また、第二次再犯防止推進計画では、保護司など地域の民間協力者の活動の促進や、ソーシャルビジネス、NPO法人など多様な民間アクターとの連携が掲げられ、国の機関だけでなく、地域のさまざまなアクターが罪に問われた者等のニーズに寄り添い、彼らを排除しない包括的な支援体制の構築が求められている。他方で、更生保護施設退所者等に対する相談援助機能を更生保護施設に求める内容が盛り込まれるなどしたが、「純粋な」福祉機関たる地域の福祉事業所ではなく、権力性を帯びた刑事司法機関の機能拡大につながりかねない事態に陥っている点には注意が必要である。何より、この再犯防止推進法や再犯防止推進計画には、罪に問われた本人に対する視点が欠落しており、今一度、「**誰の、何のための再犯防止**」なのかということを確認しなければならない。

4）転換期を迎える日本の矯正・保護

現在、日本の矯正・保護は大きな転換期を迎えている。

まず、**矯正**においてである。2004年以降、刑務所をはじめとする矯正施設へのソーシャルワーカーの配置が始まり、特別改善指導に注力するなど、より「再犯防止」を意識した取り組みが進められた。とりわけ、2001年に引き続いて2021年に起きた**名古屋刑務所事件**は、矯正処遇のあり方に大きな影響を与えた。2022年に公布された「刑法等の一部を改正する法律」によって、2025年６月１日から懲役刑および禁錮刑が廃止され、**拘禁刑**に一本化されることとなった。この拘禁刑の導入によって、「**改**

善更生」がその目的として明記されることとなり、「作業」だけではなく「指導」が刑罰の内容として新たに加えられた。この「指導」のなかには、福祉的な「支援」も含まれている。この点、本庄武は、「指導が拘禁刑の刑罰内容であるとした場合、裁判官は拘禁刑受刑者に対し、一律に刑罰として指導受講を命じていることになり、指導を拒否した場合には刑罰が執行されていることになりかねない。拘禁刑を執行しなければならない立場にある刑事施設としては、そのような事態は可能な限り回避しなければならないことになり、受刑者は指導が強く義務付けられることになりそうである」と指摘している(5)。だがしかし、果たして本当に、「指導」を義務づけることによって、受刑者は「改善更生」することができるのだろうか。いずれにせよ、刑事司法と福祉との連携は、「懲らしめの場」から「社会復帰を目指す場」へと大きく舵を切ろうとしている。この大改正が矯正施設のあり方に多大な影響を与えることは紛れもない事実である。こうした流れのなかで、受刑者等の改善更生や社会復帰に向けた「処遇」において、「**対話**」が重視されることとなり、**リフレクティング・トーク**等を用いる試みも始められている(6)。

次に、**保護**においてである。2007 年に犯罪者予防更生法と執行猶予者保護観察法とが統合され、「再犯防止」をその目的とする**更生保護法**が制定された。専門的処遇プログラムの導入など、矯正と同じく保護においても、より「再犯防止」を意識した取り組みが進められてきた。このような取り組みは、伝統的な保護観察対象者数の減少に伴い、保護観察所により福祉的な視点が求められるようになったこととともかかわるものであると考えられる。近年、地域共生社会実現に向けた連携先として、あくまで再犯防止を目的とする保護観察所が掲げられたほか、2022 年に公布された更生保護法の改正によって、「息の長い社会復帰支援の推進」が標榜(ひょうぼう)され、保護観察所長が、検察官が罪を犯したと認めた勾留中の被疑者について、当該被疑者の同意を得て生活環境の調整を行うことや、処分保留として釈放された被疑者にも更生緊急保護を開始することを可能とする制度、矯正施設収容中から更生緊急保護の申出をすることができる制度、刑執行終了者等に対する援助、保護観察所が行う地域援助などが規定されることとなった。これにより更生保護法は、再犯防止をその目的として高々と宣言する一方において、刑事「司法」機関である保護観察所による「福祉」機能を期待される刑事司法の福祉化を加速させるという、いささかアンビバレントな状況をつくり出すことになってきている。保護観察所は、あくまで刑事司法の一翼を担う権力性を帯びた機関であることに、いかに自覚的に「福祉」機能を果たすことができるかということが大きな課題となる。

5）少子超高齢社会における非行少年の処遇

他方、**非行少年**を取り巻く環境も大きく変化している。

まず、**少年法**については、これまでも時機をみた改正が行われている。2007 年以降の改正のみに着目しても、2007 年には触法少年事件の調査規定の整備、14 歳未満の少年院送致の承認、保護観察中の新たな措置の創設、国選付添人制度対象事件の範囲拡大等が、2008 年には、被害者等の少年審判の傍聴、被害者等に対する審判状況の説明、被害者等の記録の閲覧および謄写範囲の拡大、被害者等の申出による意見聴取対象の拡大等が、2014 年には少年事件に関する刑事処分規定の見直し、少年による刑事事件の無期刑の緩和刑に関する規定の見直し、家庭裁判所の裁量による国選付添人制度および検察官関与の対象事件の範囲拡大等が、2021 年には少年法適用年齢の 18 歳未満への引き下げが議論されるなかで 18 歳・19 歳を「**特定少年**」と位置づけ、18 歳未満、20 歳以上とは異なる扱いが規定されることとなった。20 歳未満を少年として扱い、犯罪少年については全件家庭裁判所送致という基本的な枠組みは維持されたが、特定少年の制度がどのような影響を及ぼすかは今後の運用にかかっている。加えて、少年の保護観察についても、2021 年の少年法改正により、特定少年に関して、原則逆送事件の対象拡大、公訴提起された場合の推知報道禁止の解除、審判対象からの虞犯の除外、保護処分の新設等がなされた。

次に少年矯正については、2010年の「少年矯正を考える有識者会議提言」を受け、2014年に少年鑑別所法と少年院法が制定されている（少年院法は、同名の旧法を廃止して制定）。これを受け、少年鑑別所の新たな業務として「**法務少年支援センター**」という別称を掲げ、少年鑑別所が有する専門知識や技術を広く活用した地域援助も行っている。この地域援助は、機関名として「少年」を掲げているがその対象は少年のみならず成人も含まれており、援助が必要な本人のみならず、本人にどのようにかかわっていくかという悩みをもつ家族や学校教諭等も対象とされており、出所者支援に広く活用できる貴重な社会資源となっている。

一方、少年院については、この20年の間に収容者数が約3分の1程度にまで減少しており閉庁が相次いでいる。これにより、同じ少年院において複数の矯正教育課程を実施することを強いられ、場合によっては家族面会に不便が生じることも考えられ得るという新たな課題を突き付けられることとなっている。

最後に、児童福祉領域においてである。児童福祉領域における非行少年への対応の中核は児童相談所が担うこととなるが、児童相談所は近年増加する虐待への対応に追われており、非行少年への対応に限界が生じているといわれている。警察庁の少年相談、法務少年支援センター、児童自立支援施設等との連携を強化し、予防的な働きかけを行うことが求められている。

2. 刑事司法領域におけるソーシャルワークの展開

元来、**司法ソーシャルワーク**は、「法的解決にとどまらず、福祉・生活課題のそのものの緩和や解決を目指」し、「それを支えるための専門的援助を担う」ものであると定義され、その担い手は主に家庭裁判所と保護観察所の職員であると指摘されている[(7)]。しかし、いうまでもなく、家庭裁判所調査官や保護観察官によって行われるのは、刑事司法の枠組みのなかで行われる**（有権的な）ケースワーク**である。もとより、ソーシャルワークが目的とする「人々が生活していく上での問題を解決なり緩和することで、質の高い生活（QOL）を支援し、個人のウェルビーイングの状態を高める」[(8)]ということとは、いささか志向性を異にするものであるといえる。こうした狭義の司法ソーシャルワークのあり方を根源から問う契機となったのが、2009年の地域生活定着支援センター設置である。厚生労働省が所管する地域生活定着支援センターには、刑事司法の枠組みのなかで行われる（有権的な）ケースワークではなく、本来的な意味におけるソーシャルワークが求められることとなり、ソーシャルワークの枠組みからの理解と臨床とが求められる広義の司法ソーシャルワーク、**刑事司法ソーシャルワーク**の視点をもつことが必要とされるようになってきたのである。

そもそも、「犯罪者」となる人は、他人から大切に扱ってもらった経験がなく、その結果、自分を大切にできない人が多いといわれている[(9)]。虐待等の何らかの幼児期逆境体験や貧困・社会的排除、社会的孤立といった状態を経験していることが多く、自己肯定感・自己効力感が低く、他者との関係性を適切に築くことが難しい場合も少なくない。そのため、他者からみた場合は、単に犯罪行為であったと

図5　犯罪行為の背景にある隠された困りごと

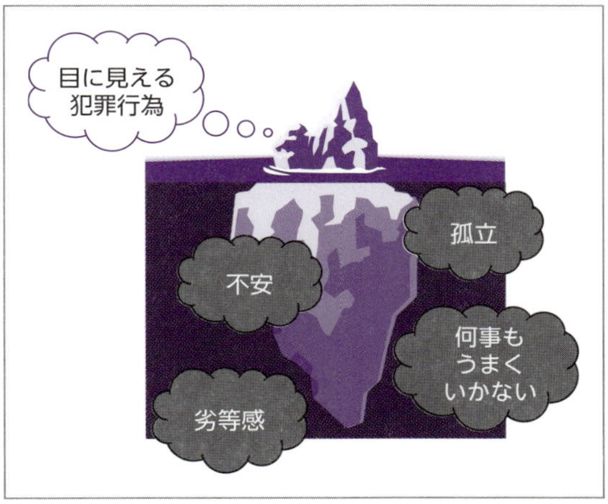

出典：掛川直之「地域における出所者支援の現在地」『社会福祉研究』第146号、5頁、2023年

しても、その行為は、その人の困りごとの一部にすぎないということも多い。不安や孤立、劣等感、何をやってもうまくいかないといった不全感が芽生えているにもかかわらず、適切に支援要請を発することができないがために、自分で何とかしようと考え、その結果、犯罪行為が唯一の自己解決の方法になってしまっていることさえある（**図5**）。このように考えると、犯罪行為も支援ニーズを知るための一つの手がかりとして捉えることができ、犯罪行為の背景にある「生きづらさ」をみようとする視点を持つことが必要となってくる(2)。そのため、刑事司法ソーシャルワークには、クライエントを単に「犯罪者」としてみるのではなく、クライエント本人とクライエントの行った犯罪行為とを分離して考えることが求められることになるのである。同時に、**逆境的小児期体験**（**ACEs**）研究や**トラウマインフォームドケア**（**TIC**）の視点をもってケースにあたることも必要になってくる(10)。

また、犯罪行為を手離すためには、社会的役割や依存先のある人間関係が不可欠である(11)。にもかかわらず、刑務所は、社会から隔離し、つながりを断絶し、「自分で考え、自分で決める」ことを否定する機関となっている(1)。だが、つながりを断絶や否定されたままでは犯罪行為を手離すことができない。そこで求められるのが、「**対話可能な他者**」の存在（への気づき）と、安心して「**ただ居ることのできる場所**」である(12)。クライエントの多くが、他者から大切にしてもらった経験が乏しいからこそ、大切にしてもらっているということを身をもって体感することが犯罪からの離脱にとっても必要になってくるわけである。他者から大切にされることによって、安心して閉じこもることができる居場所を得られることとなるのだ。もっとも、社会的な孤立が犯罪行為の背景にあった出所者にとっては、土日や祝祭日をはじめ盆暮れ正月には、出所後の社会のほうが孤立しやすい。一見、自立しているかのように見えたとしても、実は単に孤立しているだけといったこともあり得る。それぞれが抱える生きづらさの内実を言わないこと（／言えないこと）のつらさを考えると、やはり安心して対話することのできる「隣人」づくりが不可欠となる。こうした他者との関係性を築いていく過程こそが、犯罪行為を手離すプロセスにもつながっていくのだと考えられる。

一方、近年、薬物依存症者の**回復共同体**であるDARCに代表されるような、出所当事者同士の対話の場が必要であるという見解が散見される。むろん、類似の経験をもつ者としてのロールモデルの存在は、犯罪行為を手離すためにも有益であると考えられる。しかしながら、この回復共同体を過信して、すべての事例に適用可能であると捉えることには一定の危険が伴う。たとえば、出所当事者同士だから虚勢を張り合ったり、本音を話しにくいこともあり得る。このように考えると、出所当事者を集めることが有効であると妄信的に捉えることは、時に暴力的でさえあり得る。ソーシャルワーカーのなかにも、無批判にこの治療共同体を推奨する向きもあるが、こうした暴力性に気づき、「**回復共同体神話**」ともいうべき新たなステレオタイプから脱却する必要が出てきているとも考えられる。

併せて、出所者支援にかかわるソーシャルワーカーは、クライエントに犯罪行為を止めさせるだけの存在というわけでは当然ない。再犯防止は決して目的ではなく、支援の反射効のごく一部でしかあり得ない（そのため、支援の効果を測るときに再犯の有無が基準にならないように留意する必要がある）。犯罪行為は、誰の目から見ても許される行為ではないため、支援においてもとかく抑圧的になりがちである。そして、品行方正に生きることを強いる「**理想的な出所者像**」を求めがちである(1)。しかし、彼らはすでに刑に服した人々であり、決して社会を「**檻**(おり)**のない監獄**」にしてはならない。もとより、出所者が出所後に失う最たるものが他者からの「信頼」であるとすれば、ソーシャルワーカーはその信頼を一時的に肩代わりする役割を担うこととなる(1)。そのうえで、日中の居場所や余暇の過ごし方を含め、クライエントの広い意味での社会「参加」のあり方を考えていく必要がある。そのためにソーシャルワーカーは、できるだけ多くの選択肢を示しながら、クライエントが心から納得できる**意思決定**に至る過程を支援していくわけである(13)。つまり、生きづらさに対する**合理的配慮**が求められているのだ。そのときには、本人の気持ちをいかに尊重できるかがポイントとなる[14]。だが、本人の気持ちは容易には捉えにくいため、本人とソーシャルワーカーとが対話を繰り返しながらともに考えていくプロセスこそが重要であり、時間をかけてクライエントが社会生活を営むうえでの主体性を取り戻していくことが求められる。すなわち、犯罪行為を手離すためには、その人を立ち直らせたいという思いを有する、対話可能な他者との出会いや関係性が肝になる。その関係性を通して、自分が社会にとって役に立つ人間であるという、肯定的な自己イメージをもてるように支えていかなければならない。ソーシャルワーカーは、出所当事者にもつイメージを「困った人」から「困っている人」へ、認識を転換していくことが必要になる。

3. 成長期を迎える司法福祉／司法ソーシャルワーク

藤原正範の論考[15]をもとに司法福祉／司法ソーシャルワークの展開を考えると、以下の４期に分類することができる。

第０期は、日本司法福祉学会の設立前、1960年代に東京家庭裁判所労働組合を中心とした司法制度研究として開始された、山口幸男らによる一連の活動にある[16]。ここでは、裁判所のなかでの司法機能と福祉機能の併存が目指されてきた。第１期は、この東京家庭裁判所労働組合を中心とした司法制度研究が発展した、2000年の**日本司法福祉学会**設立に始まる。第２期は、社会福祉諸法の改正と成年後見制度など司法福祉の領域拡大とともに、少年法の改正が相次ぐ時期に重なる。また、2009年からの第２次社会福祉士養成カリキュラムにおいて「**更生保護制度**」が選択科目として導入されたのもこの時期であった。この第２次カリキュラム改正により社会福祉学／ソーシャルワーク論のなかに、「更生保護」という司法の領域が公にもち込まれることとなった。こうした動きとパラレルに、刑事司法機関へのソーシャルワーカーの配置、地域生活定着支援センターの設立、各社会福祉士会等の刑事司法領域への進出という福祉の領域が、司法の領域へと進出するという新たな事態が生じてきた。第３期は、2021年からの第３次社会福祉士・精神保健福祉士養成カリキュラムが導入され、「更生保護制度」に代わって「**刑事司法と福祉**」が必修科目とされた。この第３次カリキュラム改正により、より明確に社会福祉学／ソーシャルワーク論のなかに、司法福祉学／刑事司法ソーシャルワーク論が位置づけられていく流れがつくられていくこととなった。

司法のなかでの福祉のあり方が問われた第０期から第２期を黎明期（れいめいき）とすると、福祉のなかでの司法のあり方が問われ始めた第３期以降を成長期と捉えることが可能となる。また、第０期から第２期までは、家庭裁判所調査官を中心に、保護観察官、法務教官等の刑事司法関連機関における実務経験者に加

図６　司法福祉の概念

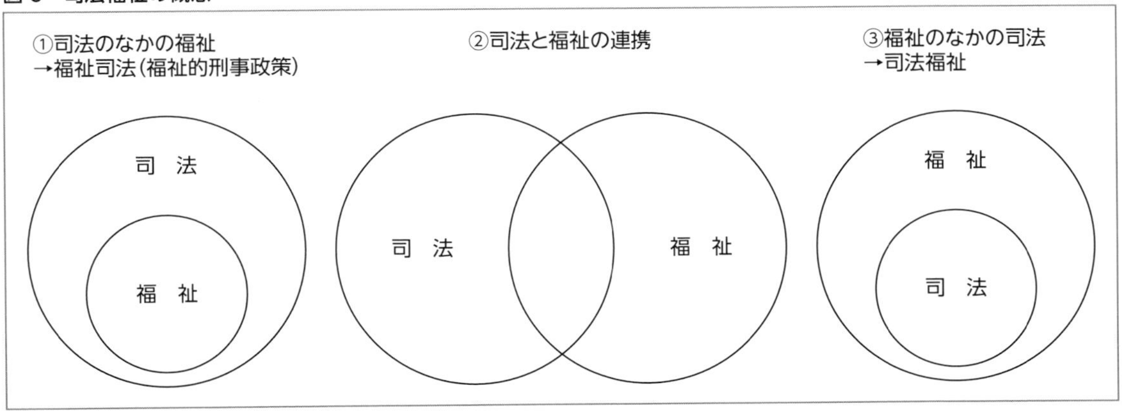

え、刑事法研究者が大勢を占めていたが、第３期に入ると、こうした法務省の諸機関における実務経験を有しない社会福祉学領域の司法福祉研究者が現れ始めているのも大きな特徴といえる。

図６は、**司法福祉**のあり方を図式化したものである。時系列的には①から③に発展しているが、これからの司法福祉学は、③をベースに、②を進め、①について福祉が司法の下請け化することのないように監視する役割を担っているといえる。このように司法と福祉をめぐる領域においては、そのあり方をめぐってコペルニクス的転回が求められている。もはや、社会福祉学／ソーシャルワーク論を踏まえない司法福祉学／論は存在し得ないのである。

4. 犯罪被害者／犯罪被害者家族と犯罪加害者家族の視点

犯罪加害者が存在するということは、ごく一部の被害者なき犯罪といわれる犯罪以外については、**犯罪被害者**が存在することになる。もっとも、犯罪被害者やその家族は決して日の当たる存在ではなかった。犯罪被害者の権利の確立を求め、犯罪被害者やその家族が運動を展開し、1999年に日本弁護士連合会が「犯罪被害者に対する総合的支援に関する提言」を公表し、日本における犯罪被害者の権利擁護の嚆矢（こうし）となる犯罪被害者保護二法が2000年に制定されることとなった。2004年には犯罪被害者等基本法が制定され、翌2005年には第一次犯罪被害者等基本計画が閣議決定されるに至った。2007年には被害者参加制度が創設され、2013年には被害者参加旅費等の支給、国選被害者参加弁護士制度を利用するための資力要件の緩和等が行われた。2017年には刑法の性犯罪規定が改正されることとなり、被害者の権利利益への十分な配慮と二次被害の防止等が附帯決議された。

犯罪被害者等基本計画では、❶尊厳にふさわしい処遇を権利として保障すること、❷個々の事情に応じて適切に行われること、❸途切れることなく行われること、❹国民の総意を形成しながら展開されることが基本方針とされ、①損害回復・経済的支援等への取組、②精神的・身体的被害の回復・防止への取組、③刑事手続への関与拡充への取組、④支援等のための体制整備への取組、⑤国民の理解の増進と配慮・協力の確保への取組が行われることが重点課題として定められ、現在の第四次基本計画まで引き継がれている[17]。これまで、日本における犯罪被害者支援は、犯罪加害者に対する**厳罰化・重罰化**政策によってごまかされ、その本質が見えづらくなっていた。しかし、犯罪被害者に対する支援は、犯罪加害者に対する権利擁護と同様に重要な課題である。犯罪被害者に対する支援の拡充もまた喫緊の課題であるといえる。

犯罪被害者にも増して日の当たらない存在といえるのが**犯罪加害者家族**である。犯罪加害者家族は、罪を犯した者と親族または親密な関係にあったという事実から、犯罪加害者同様に非難や差別の対象とされることが多く、たとえ社会生活において不利益を被ったとしても、犯罪加害者家族としての罪悪感や社会からのバッシングを受けるおそれなどから、沈黙を余儀なくされてきた存在であるといえる[18]。しかしながら、社会から排除されやすい属性をもつにもかかわらず、加害者家族を支援する団体はわずかしかなく、しかもそのほとんどが民間によるものであり、公的な支援はほとんど存在しないのが現状である。見逃されがちな支援ニーズを捉え、必要な支援を展開していくことが求められている。

あらためていうまでもなく、犯罪加害者を支援することは、新たな犯罪被害者や犯罪加害者家族を減らすことにもつながる。犯罪加害者、犯罪被害者、双方への視点をもって支援を考えていくうえでも、福祉のなかの司法という視点が不可欠である。

注

（1）掛川直之『犯罪からの社会復帰を問いなおす：地域共生社会におけるソーシャルワークのかたち』旬報社、2020年

（2）掛川直之「地域における出所者支援の現在地：矯正／共生を強制することはできるのか？」『社会福祉研究』146号、2～9頁、2023年

（3）掛川直之「持続可能な地域生活定着支援センター運営にむけての一考察：『地域生活定着支援センターの受託団

体変更に関する全国調査』結果から」『龍谷大学矯正・保護総合センター研究年報』9号、98～113頁、2020年
（4）荻野太司・掛川直之「地方再犯防止推進計画策定の偏在性」『龍谷大学矯正・保護総合研究年報』12号、94～109頁、2023年
（5）本庄武「拘禁刑の創設：『懲罰』から『更生』につながるか」『法学セミナー』816号、24～29頁、2023年
（6）矢原隆行『矯正職員のためのリフレクティブ・プロセス』矯正協会、2024年
（7）野田正人「司法ソーシャルワーク」仲村優一・一番ヶ瀬康子・右田紀久恵監、岡本民夫・田端光美・濱野一郎・古川孝順・宮田和明編『エンサイクロペディア社会福祉学』中央法規出版、706～707頁、2007年
（8）日本学術会議第18期社会福祉・社会保障研究連絡委員会『社会福祉・社会保障研究連絡委員会報告 ソーシャルワークが展開できる社会システムづくりへの提案』2003年
（9）浜井浩一『エビデンスから考える現代の「罪と罰」：犯罪学入門』現代人文社、2021年
（10）三谷はるよ『ACEサバイバー――子ども期の逆境に苦しむ人々』筑摩書房、2023年、野坂祐子『トラウマインフォームドケア――“問題行動”を捉えなおす援助の視点』日本評論社、2019年
（11）水藤昌彦編著『当事者と援助者の「共助する関係」――刑事司法領域での対人援助の基本』現代人文社、2020年
（12）掛川直之『なぜ罪に問われた人を支援するのか？――犯罪行為を手離す方法をさぐる』旬報社、2024年
（13）掛川直之「刑事司法ソーシャルワークに取り組む」掛川直之・飯田智子編著『出所者支援ハンドブック：刑事司法ソーシャルワークを実践する』旬報社、2022年
（14）山田真紀子「高齢者による犯罪と支援の留意点」掛川直之・飯田智子編著『出所者支援ハンドブック：刑事司法ソーシャルワークを実践する』旬報社、43～68頁、2022年
（15）藤原正範「司法福祉の学としての確立を目指して」『司法福祉学研究』17号、3～7頁、2017年
（16）山口幸男「学際研究開発と実践研究：ひとつの経験」『近畿大学法学』53巻3・4号、485～512頁、2006年
（17）伊藤冨士江「犯罪被害者に対する支援の取り組みの現状と課題：『第四次犯罪被害者等基本計画』施行にあたって」『社会福祉研究』140号、2～11頁、2021年
（18）阿部恭子「加害者家族支援の現状と支援にむけて」阿部恭子編『加害者家族支援の理論と実践〔第2版〕：家族の回復と加害者の更生に向けて』現代人文社、2021年

11 多文化の背景をもつ人と福祉

門　美由紀

1. 多文化の背景をもつ人々の生活課題

1）多文化の背景をもつ人々を取り巻く社会構造

i　日本に暮らす「外国人住民」の多様性

日本に暮らす「**外国人住民**」と出会い、来日時期や背景、世代や世帯構成を知るにつれ、我々はその多様性をあらためて実感する。第二次世界大戦中に強制連行や母国で土地や仕事を奪われ労働のために日本での生活を余儀なくされ、戦後も引き続き日本で生活を営んできた在日韓国・朝鮮人などの**オールドカマー**がいる。それに対し**ニューカマー**もしくは新渡日と呼ばれた、1970 年代以降に帰国、入国した中国帰国者とその家族、インドシナ難民、1980 年代以降に増加した観光ビザで来日し労働や生活を営む非正規滞在者、親族訪問や日本文化を知るためまたはデカセギを目的に来日した日系ブラジル人・ペルー人らとその家族、エンターテイナーとして来日後に日本人男性と結婚し子どもを産んだフィリピン人女性などもいる。そのうちかなりの数の人々が、日本に定住、永住し歳を重ねてきた。

その後もさまざまな政治、経済、社会、文化的要因に影響を受け、外国人住民の数は増減がありつつも中長期的には増加している。21 世紀に入ってからは、2008 年の世界金融危機、2011 年の東日本大震災、2019 年末からのコロナ禍等、複数の危機的状況が、外国人住民の就労環境や居住、子どもの教育、医療等、さまざまな社会的生活支援ニーズを顕在化させ、日本に暮らす**マイノリティ**としての立場をあらためて浮き彫りにした。2022 年に始まったロシアによるウクライナ侵攻を契機とした日本でのウクライナ避難民の受け入れは、日本に暮らす難民申請者のおかれた状況と対応への課題をあらためて突きつけた。無国籍、無戸籍、非正規滞在者、仮放免者等、制度の狭間におかれる人々の人権にかかわる課題も依然としてある。

2023 年末現在の日本には、312 万 9774 人の外国人が暮らしており、総人口に占める割合は 2.5％、無国籍を除く国籍数は 195 にのぼる [(1)]。地域にはマジョリティを占める「日本人」だけでなく、多様な文化的背景をもつ者が、さまざまな理由により国境を越え来日し、生活を営んでいる。

リスク社会に生きるなか、人々は**トランスナショナル**な（国を越えた）移動を含む多様な選択をその時々で行うようになっている。一方、外国人の在留資格のうち最も多いのは在留期限が無期限かつ就労に制限のない「永住者」であり、在留外国人の約 29％（89 万 1569 人）を占めるに至っている。

日本に暮らす外国人に対する呼称は、外国人住民、外国籍住民、外国にルーツをもつ人、多文化の背景をもつ人など、さまざまである。実質的な定住の状況を踏まえ移民と位置づける者もいるが、国はまだそのように認めてはいない。両親のルーツは、双方とも外国籍、外国出身だが日本の国籍を取得（帰化）、両親のいずれかまたは双方が外国出身（のため子は日本国籍）等、多様なバリエーションが存在している。成長過程における国を越えた移動経験も、中途来日、日本生まれ日本育ち、母国または複数の国の間で往還を経験等、さまざまである。来日背景や理由も母国の政治、経済、社会、文化的要因等にかかわり多様であり、滞在目的も留学、就労、国際結婚、親や子による呼び寄せ等多岐にわたる。さらには同じ国の出身でも、言語や文化、宗教等のエスニシティも多様にみられる。

このようにその内実は複雑かつ多様で個別性を有

しており「外国人」と一くくりにはできないが、本章では多様な来日背景、目的、エスニシティを有するが、何らかのルーツを外国にもつという共通点と、日本の各地で日々生活を営む住民、すなわち「生活者」であるという点を踏まえ「外国人住民」という呼称で統一する。

ii　外国人住民の生活課題の複合化と生活支援ニーズの表出

外国人住民は、日本での生活の営みの長い歴史のなかで、日本人とともに権利獲得や生活保障にかかわるさまざまな運動や取り組みを展開してきた。外国人住民の増加や民間レベルの運動に呼応する形で、外国人住民への権利保障や生活支援を施策化する地方自治体もみられた。それら民間団体による実践・運動や地方自治体による施策は、公共私のセクターや児童・高齢・障がいといった対象別の領域等によって時には分断され、彼らの生活の全体性、かつ一人ひとりのライフサイクルや彼らを取り巻く環境を踏まえて展開されているとは言い難い側面もあり、市民団体から問題提起がなされたこともあった。

外国人住民は「労働力」＝モノではなく、「生活者」＝人であり、支援にあたっては人の生活の全体性に対する視点が必要とされる。外国人住民にかかわる地域福祉実践においては、国を越えた移動の経験や日本以外のさまざまな国・地域の要因の影響を受ける存在として位置づけ、彼らを取り巻く政治、経済、社会、文化といった外部環境システムを、トランスナショナルな視野から理解することが欠かせない。

日本で暮らす外国人住民に生活課題が生じ、それらが複合化していく背景・規定要因としての生活支援ニーズは、次のように捉えることができる。まず政治的側面としては、日本に包括的な移民政策および管轄の省庁がない現状では「外国人労働力受け入れ政策」等、経済的な視点の強い施策が外国人住民の立場を大きく左右する。経済的側面としては、在留資格とそれに規定される就労可能な職種、雇用形態や勤務シフト、給与や社会保障といった「生活を規定する就労条件」がある。活用可能な社会資源や社会的ネットワークの不足、人間関係の脆弱さ等、いわば「不十分な生活インフラや排除」という社会的側面や、文化や習慣の異なる国で生活することにかかわる「言語、生活習慣等の相違や差別・偏見」といった文化的側面も存在する。それらが相まって生活課題が生じる。さらに、外国人住民を取り巻く生活のなかでのさまざまな壁は、そうした課題の解決を困難にし、その結果、課題が複合化した段階でようやく支援の必要性が顕在化するケースも少なくない。母国にいるときに比べ、人的ネットワークが限定的であったり、生活の状態が低位であるなど、移住による社会資源とのつながりの希薄化や分断も相まって、結果として生活支援ニーズの解消が自助努力では困難になりがちである。

2）外国人住民を取り巻くさまざまな壁

i　社会的にバルネラブルな状態におかれること

日本に暮らす外国人住民には、**シティズンシップ**（市民としての権利）の制約がある。Marshal(2)は市民的権利、政治的権利、社会的権利の３要素に市民権を分けた。日本に暮らす外国人住民にはまず、参政権や政治的団結権といった政治的権利がない。加えて教育を受ける権利、最低限の生活を送る権利といった社会的権利についても、在留資格により制限を受けたり、日本国籍の者とは異なる対応がなされている。

たとえば特別永住者、永住者、日本人の配偶者等、永住者の配偶者等、定住者といった在留資格を有する者は、生活保護の申請自体は可能である。だが「生活に困窮する外国人に対する生活保護の措置について」（昭和29年５月８日社発第382号厚生省社会局長通知）に基づく準用措置のため、結果に不満があっても不服申し立てを行う権利はない。

現代日本の福祉的課題にかかわり、古川は「現代社会に特徴的な社会・経済・政治・文化のありように関わって、人びとの生存（心身の安全や安心）、健康、生活（のよさや質）、尊厳、つながり、シティズンシップ、環境（のよさや質）が脅かされ、

図１　外国人住民を取り巻く壁

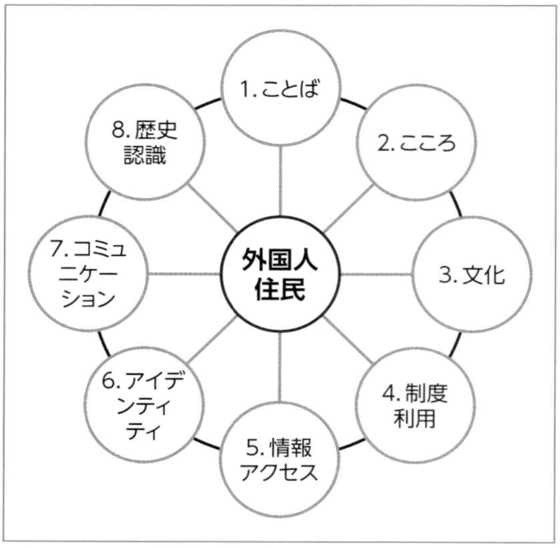

あるいはそのおそれのある状態にあること」を**社会的バルネラビリティ**と定義した[3]。外国人住民はさまざまな生活上の「壁」の存在も相まって、日常生活でさまざまな困難が生じた際に社会的にバルネラブルな状態に陥りやすい。災害等突発的な出来事を契機に外国人住民のこうした脆弱性（バルネラビリティ）が顕在化し、それに気づいたボランティアやNPO、研究者等が多言語による情報提供や相談対応、「やさしい日本語」といった支援に取り組むなど、**多文化共生**の理念とそれに基づく実践が進展してきた。

ソーシャルワークの価値を基盤とした気づき、知識、技術をもってクライエントの環境、その接点へと働きかけていく際には、外国人住民を取り巻く「壁」を認識し丁寧に整理分析することが、信頼関係の構築と個別性に応じた支援には欠かせない。外国人住民への／との地域福祉実践にあたっては、それらを踏まえ、生活課題解決の方法をともに考え、地域や社会に働きかけていくことが求められる。

より具体的な課題把握と必要な対応を検討するための視点として、次に外国人住民を取り巻く「壁」を八つに分け（**図１**）、その特徴を述べる。

ii　ことばの壁

外国人住民が日々生活を送るなかで、コミュニケーションや手続き等を行う際に日本語は欠かせない。多言語による情報提供も必要であるが、地域に居住する外国人住民の言語すべてに対応することは難しい。また実際、国立国語研究所の調査[4]によると、英語を母語（最もよくできる言葉）とする者は８％にとどまる。日常生活に困らない言語（複数回答可）では、日本語が62.6％、英語は44.0％であった。1995年の阪神・淡路大震災での災害支援を契機に取り組みが進められるようになった**やさしい日本語**[5]も、近年、行政窓口や医療機関、学校等、さまざまな現場で活用されている。

言語の理解においては国や地域、言語によって異なる言語・非言語コミュニケーションの類型と特徴の把握に基づくコミュニケーションスタイルの違いへの理解が必要である。日本語運用能力（話す・聞く・読む・書く）、（日本生まれ・育ちの場合は特に）母語の運用能力、それらに影響を及ぼす学歴、母国での職業等への理解も求められる。また、通訳ボランティアやコミュニティ通訳、医療通訳、法廷通訳といった社会資源を把握し適切に活用すること、自身が対応する場合には「やさしい日本語」に関する知識とスキルも必要となる。

iii　こころの壁

近年、「ありふれた日常の中にある、ちょっとした言葉や行動や状況であり、意図の有無にかかわらず、特定の人や集団を標的とし、人種、ジェンダー、性的指向、宗教を軽視したり侮辱したりするような、敵意ある否定的な表現」[6]、すなわち、**マイクロアグレッション**という考え方が知られるようになりつつある。外国人住民に対し抱く無意識の思い込みや偏見により、日本生まれ日本育ちであるのに外見的特徴から判断し「日本語が上手ですね」といった声かけを行ったり、「（○○人だから）運動神経がいいんだね」といった評価をするなどである。日頃から外国人住民と接している多言語相談窓口や地域日本語教室等、支援の現場においても時にこうした発言がみられる。

悪意や敵意はなかったとしても、外国人、○○人といったおおざっぱなカテゴリー化は、ステレオタイプ的なものの見方を生み出しがちで、その結果、相手を傷つけたり抑圧することにもなり得る。外国人住民を生活課題の自力解決が常に困難な弱い存在、可哀そうな存在と決めつけての、**パターナリズム（家父長的温情主義）**的な態度やまなざしがみられることもある。

一方、マイノリティとしての外国人住民もまた、日本社会や日本人に対し偏見をもつことがある。異なる国・地域出身者の間で、さらには同国出身であっても出身地や経歴等に基づく偏見や、差別的態度がみられることもある。

iv　文化の壁

次に「文化の壁」としては、文化を国や地域、エスニシティ、宗教等といった多様な側面から把握、理解することと、家族の多様性や人の移動の活発化を踏まえ、一個人のなかにも複層的な文化が存在することを理解し、対応する必要がある。

言語や、住居、ファッション、料理といった物理的な目に見える文化等の理解にとどまらず、時間の感覚やコミュニケーションスタイル、より抽象的な概念といった、価値や観念にかかわる文化の異同を把握し尊重することは、排除から包摂へ向けた第一歩ともいえる。文化的背景の異なる人々とコミュニケーションをとったりともに生活を営むなかで、生活習慣や価値観の相違は顕在化してくる。人は、生まれてから現在に至るまで家族や地域、学校といったさまざまなグループ、コミュニティのなかで育ち、生活を営んできたことから、自身のなかにもまた複数の「文化」をもつことに気づくかもしれない。

v　制度利用の壁

外国人住民が利用可能な日本の福祉サービスは、在留資格によって異なることがある。また、母国での同様の制度の有無や内容の相違を確認、理解しながら相手に対し、制度説明をわかりやすく行う工夫が必要とされる。

社会のさまざまな仕組み（制度、サービス等）が母国と異なっていたり、日常的に利用する機会のない支援を必要とする際に言葉の壁も相まって情報を適切に得ることができず、行政やNPO等の支援機関に自らアクセスしたり手続きを行うことが難しいケースがみられる。

社会福祉制度においては、法律に基づき各地域で機関や窓口が設置され、サービス提供が行われる。一方、外国人住民を主な対象としたことばの壁に対応する地域日本語教室、コミュニティ通訳派遣等のサービス提供は、自治体ごとに取り組みに差があり、民間団体が自主的に取り組むなどの補完的役割を担っていることもある。外国人住民の数が少なく、地域のなかで散住・散在している場合や、外国人労働者の雇用等により急激に外国人の居住が増えた地域では、企業や行政等受け入れ側の対応が追いついておらず、支援を行う民間団体もない場合がある。結果として、制度利用が困難であったり、公的セーフティネットへのアクセス困難や排除もみられる。技能実習生の受け入れ企業が雇用主責任を理解していなかったり、警察や行政等の公的機関が対応にあたって制度や資源を十分に理解しておらず、結果として外国人住民の権利保障が十分になされないこともある。法制度の周知と徹底、それに基づき適切なサービス利用が可能となるような対応が求められている。

国は多文化共生を「国籍や民族などの異なる人々が、互いの文化的ちがいを認め合い、対等な関係を築こうとしながら、地域社会の構成員として共に生きていくこと」(7) としているが、市民の力に加え政策化および制度的な対応を含む人権の保障が具体的に必要とされる。

vi　情報アクセスの壁

外国人住民への情報提供と外国人住民自身の情報アクセスの課題については長年、支援現場での実践や調査 (8) 等を通して指摘されてきた。外国人住民が社会資源について限定的にしか情報をもたず、通訳や行政書士等、専門的スキルを有する人的資源や支援機関にアクセスする方法を把握していないことがある。多言語や「やさしい日本語」によるウェブサイトなどでの情報提供や多言語相談窓口の数は増えているが、限定的な言語対応や就労環境と合わない開設時間などの結果、必要な情報に適切なタイミングでアクセスできず、生活課題が複合化することは少なくない。多言語情報や多言語での対応が可能な行政や窓口、ウェブサイトを可視化し、適切なタイミングでの活用が実現するような工夫が求められる。

近年ではSNSや動画、自動翻訳システムやアプリの活用など、世代や出身国・地域により好んで利用される媒体の違いも踏まえての、さまざまな情報提供手段の活用も行われるようになっている。それらが適切に周知され活用されるようになれば、ことばの壁、情報アクセスの壁を低くすることができる。

vii　アイデンティティの壁とコミュニケーションの壁

多文化の背景をもつ子どもと外国出身の母親との間のコミュニケーション困難においては、言語の問題だけでなく、親子間のアイデンティティのずれ、価値観の相違等も影響しており、さまざまな問題が生じている。子育て、子の教育、就職、婚姻等、人生のライフステージのさまざまな場面で問題が顕在化し、親子間の不和や断絶につながることもある。自身の民族・文化にかかわるアイデンティティを批判されることでの心の揺らぎといった課題もみられる。

人権、民主主義、法の支配等の分野で活動する国際機関である欧州評議会では近年、複言語・複文化主義という考え方を言語教育政策の推進に位置づけている。個人のなかの複数の言語や文化、経験などが、相互に関連しあったり、補いあったりしながら一つの「その人のことば（の総体）」として存在しているとの考え方に基づき、ことばの学びを通し自分とは異なるものを受け入れ、尊重する寛容な「姿勢」、自分を含めたすべての人のなかに存在する言語と文化の複数性を肯定的に捉える「態度」を育むことを目指している(9)。

viii　歴史認識の壁

最後に、近年の外国人住民の集住地域におけるヘイトスピーチやネットでのヘイト等の現状を踏まえ、歴史認識の壁を挙げる。

外国人住民が日本、そして日本の各地に暮らす、その歴史的背景を知ること、そのなかで行われてきた排除や差別の現実を知ること、ともに日本や地域を形づくってきた取り組みの事実を共有することは、超少子高齢社会において対等な仲間、パートナーとしてともに共生社会を形づくっていくにあたり、大変重要な要素と考える。逆にいえば、地域の歴史のなかに外国人とともに暮らしを営んできた事実を明確に位置づけて初めて「日本人－外国人（○○人）」という二分法ではなく、ともに暮らす地域住民として、地域共生社会に向けた取り組みをともに行っていく、その素地が整う。

2. 外国人住民の生活課題を支える相談援助実践の捉え直し

1）「多文化ソーシャルワーク」の提起

i　アメリカで検討されてきたカルチュラル・コンピテンス

アメリカでは、社会の様相の変化や、文化的背景の異なるアジア系外国人などの増加に伴い、カウンセリングやソーシャルワークの現場で文化的多様性に配慮した援助の必要性が認識され、**カルチュラル・コンピテンス**（cultural competence：**多文化対応力**）の理論的検討と指標化が行われてきた。ソーシャルワーク実践領域でも文化的多様性の検討と対応が必要とSue(10)は指摘する。

アメリカのソーシャルワーカーの専門職能団体であるNASW（The National Association of Social Workers）はこうした議論を倫理綱領に反映し、ソーシャルワーク実践での基準化を進めている。倫理綱領の倫理基準のうち「1．ソーシャルワーカーのクライエントに対する倫理的責任」では、「1.05　カルチュラル・コンピテンスと社会の多様性」に言及している。NASWが2015年に出した「ソーシャルワーク実践におけるカルチュラル・コンピテンスの基準と指標」では、「倫理と価値、自己への気づき（自己覚知）、異文化についての知識、異文化に対応するスキル、サービス提供、エンパワメントとアドボカシー、多様な人材、専門的教育、言語とコミュニケーション、カルチュラル・コンピテンスを進展させるリーダーシップ」の10基準を提示した。

ii　ソーシャルワークの価値

2014年に新たなソーシャルワーク専門職のグローバル定義がIFSW（International Federation of Social Workers）およびIASSW（International Association of Schools of Social Work）のメルボルン総会で採択された。定義ではソーシャルワークの中核をなす諸原理の基盤として「民族固有の知」を挙げている。このことは、多文化・多民族にかかわる多様性の尊重がこれまで必ずしも十分ではなかったことについて、先住民、アジア諸国等が課題提起を行った結果でもある。

iii　「多文化」をつける理由

このように多文化ソーシャルワークとあえていうまでもなく、ソーシャルワークの国際定義そのものが、多様性尊重を原理としている。だがいまだ日本は「同一言語・同一文化」の国であるとの意識も強い。ソーシャルワークに「多文化」を冠することで認識変容を促すことが現段階では必要ともいえる。また、「社会正義、人権、集団的責任」といった原理はまさに、民間による運動とそれに呼応する施策対応のなかで示されてきた価値と重なる。日本、さらには国内の各地域の政治・経済・社会・文化的特徴を踏まえつつ、その地においてこれまで取り組まれてきたさまざまな活動・施策対応を通して培われてきた「知」を基盤とすること、同時に日本に暮らす多様な文化的背景をもつ人々の「民族固有の知」を基盤とした原理に基づく働きかけが求められる。そのためには、個別のケースワークにとどまらない、より広い範囲も対象とした空間軸を意識したソーシャルワーク実践がおのずと求められる。同時に、国内における外国人住民の権利獲得に向けた活動や運動の歴史的経緯を時間軸のなかで理解し踏まえることが、ソーシャルワークの価値に基づく実践展開において求められる。

iv　多文化ソーシャルワーク

石河久美子は**多文化ソーシャルワーク**を「①多様な文化的背景を持つクライエントに対する、②クライエントとワーカーが異なる文化に属する援助関係において行われる、③クライエントが自分の文化と異なる環境に移住、生活することによって生じる心理的・社会的問題に対応する」(11) ソーシャルワークと定義する。②については、支援者と相談者が日本以外の同じ文化的背景をもつケース、日本以外の異なる文化をもつ者同士の支援－被支援関係もあるが、支援者の多くが日本文化を背景としているのが現状である。

外国人住民が暮らす地域においてもまた、圧倒的多数はマジョリティとしての「日本人」である。外国人住民への生活支援、さらにはエンパワメントにあたっては、個別支援にとどまらず地域を基盤とする支援の仕組みづくりも求められる。

v　マジョリティである「私」に気づく
――自己覚知

多文化対応への長年の取り組みがある移民社会のアメリカと日本とでは、当然ながら異なる点も多い。しかし、アメリカで人種的マジョリティである白人の特権を生み出す構造において、**白人性**（**ホワイトネス**）に基づく人種差別がなされたように、日本においてマジョリティを占める「日本人」ソーシャルワーカーが、気づかぬうちに外国人住民に対し自らの文化や価値観に基づく対応を行い、結果として差別的または抑圧的対応を行っている可能性は低くない。

植民地併合の時代に日本は、日本語使用や文化的同化を要求してきた。それを前提にオールドカマーは日本の言語や文化、制度を当然理解し内在化していると我々は前提し、在日韓国・朝鮮人などに対する文化的多様性への配慮や情報アクセス、制度利用の壁についての認識と対応が不十分であった。1970

年代以降には、中国帰国者や難民・労働目的の外国人、国際結婚、留学生といった多様なニューカマーが日本で暮らすようになった。工場等に勤務する外国人住民が団地に集住しているような産業都市もあれば、農山村等に国際結婚移住者や技能実習生等が散在している地域もある。多様な来日背景と目的をもつ外国人住民一人ひとりの個別性を尊重した支援を我々は実践できているだろうか。

現在、相談援助のあらゆる場面でクライエントとしての外国人住民と出会う機会がある。Lum (12) は、ワーカーには自己と他者の文化的側面のそれぞれに対する気づきが必要であるとする。これまで不問にしてきた自分自身の価値観を問い直し、日本に暮らすマジョリティである「日本人」としての「私」に気づくことは、生活者としての外国人住民の文化的多様性を理解し支援すること、地域でともに暮らしともに地域をつくっていくことへ向けた第一歩といえる。

vi　インターセクショナリティ——多様性に基づく連帯へ

差別や抑圧は、ジェンダー・肌の色・障がい・SOGI（性的指向、性自認）に関する属性が複合的・重層的に組み合わさる形で生じ、きわめて深刻なものとなるが、包摂や統合において無意識の前提とされるマジョリティの基準を否定し、あらゆる存在の差異性を前提に「同じではないことの連帯」(13) を目指すことこそ、**インターセクショナリティ**（intersectionality）の核心だと三成は指摘する (14)。日本人住民と外国人住民、マジョリティとマイノリティ、支援者と被支援者という二項対立によるカテゴリー化をやめることで、一人ひとりの多様な属性、アイデンティティが立ち現れる。多様性をもつ一人の生活者として地域コミュニティに位置づくと同時に、アイデンティティや志向性の複数性に基づきさまざまなコミュニティでかかわりが生まれつながりができていくことで、多様性を有する一人の個別性をもった生活者として地域に根差し、本当の意味での「多文化共生」、ゆるやかな連帯へとつながっていくのではないだろうか。

vii　コミュニティソーシャルワークの「コミュニティ」を捉え直す

2000 年に社会福祉法で地域福祉の推進が明記されて以来、各自治体ではコミュニティソーシャルワークと位置づけたさまざまな取り組みを展開している。大阪府は 2004 年度から地域における見守り・発見・相談・つなぎの機能を担うコミュニティソーシャルワーカーの配置を中学校区単位で行っている。

一方、多文化ソーシャルワークにおいて、ミクロレベルからより視野を広げメゾレベルでの「場」に焦点を当てた場合、「コミュニティ」＝「生活圏としての地域」では不十分である。日本に暮らす外国人住民の多くはトランスナショナルな移住を経験しており、地域や国を越えた「（出身国や地域・民族・文化・言語・宗教等を背景とする）エスニックコミュニティ」も、重要な「コミュニティ」の一つである。また、多文化の背景をもつ者（日本人を含む）や文化的多様性への関心や理解がある者で構成される「多文化コミュニティ」も考えられる。先の地域性による「コミュニティ」に対し、共同性による「コミュニティ」といえる。

大阪府のコミュニティソーシャルワークの定義を援用し、こうした複数の「コミュニティ」の重なりあいを念頭におくならば、多文化福祉コミュニティの形成には「支援を必要とする人々の生活圏や人間関係等環境面を重視した援助を行うとともに、コミュニティを基盤とする支援活動を発見して支援を必要とする人に結びつけたり、新たなサービスを開発したり、地域レベルや国レベルにおける公的制度との関係を調整したりすることをめざ」（下線部筆者加筆・改変）すことが必要とされる。

viii　多文化コミュニティソーシャルワーク

以上を踏まえ**多文化コミュニティソーシャルワーク**を定義づけるならば、それは、地域・エスニック・多文化といった複層的なコミュニティを基盤に、一人ひとりを取り巻く環境を重視した支援を行うものである。その際に、多様な主体による支援活動やサービスの発見と新たな開発によりそれらを活用し、また、公的制度との関係調整やアドボカシーを通じ必要な政策的対応の実現を目指す。その実践は、移住生活に伴う心理・社会的問題を含むクライエントの生活支援ニーズに対し、支援者－被支援者間の多様な文化的背景への相互理解を深めつつ、ソーシャルワークの価値・知識・技術と、それらに含まれるカルチュラル・コンピテンスに基づいて行われるものといえる。

3. 地域での実践

1）地域における多様な実践の形

外国人住民への支援を行う民間団体の実践をソーシャルワークの支援方法やアプローチから捉え直すと、さまざまなソーシャルワーク的実践が展開されている。歴史的な変遷をみると、むしろ制度的対応が不十分ななか、当事者や支援団体、地域住民といった多様な主体によって、個別のケースワークにとどまらず、そこからみえた共通のニーズや課題の解決に向けた、外国人住民自身によるグループワークや地域でのコミュニティワーク、日本人とともに行う運動や制度・政策提言などのソーシャルワーク的実践が行われてきた。

地域コミュニティで生活を営む一人ひとりが地域に暮らす当事者として向かいあい、ともに生活課題の解決を目指す、近年のそうした多文化コミュニティソーシャルワーク的な実践を次に紹介し、最後に、多文化コミュニティソーシャルワークの体系化へ向けた課題を考える。

2）包摂的アプローチ
——地域での社会活動への参画

i　拠点がつくり出す地域とのつながり

住民登録のうち外国籍の比率が2023年時点で10％を超える横浜市中区は、1859年の横浜港開港より外国人居留地として栄え、現在も横浜中華街をはじめ、多様な文化がみられる。市民団体や、区が委託する中区国際交流ラウンジ（以下、なかラウンジ）等では、多文化共生に向けたさまざまな取り組みが行われている。

なかラウンジの外国につながる若者の居場所「Rainbow スペース」（2018年～）では、映画制作等の表現活動や後輩への学習支援などが行われている。また地域での防災訓練や夏期のラジオ体操等に、若者らが通訳や実施サポートとして参加している。また、なかラウンジ主催の日本語教室のうち来日間もない外国人を対象とした「はじめての日本語教室」では、日本語学習だけでなく、先輩外国人による日本語学習の体験談、生活情報、地域ケアプラザ（地域包括支援センター）が行う地域でのボランティア活動機会等の提供を行っている。

ii　施策による多文化共生の取組推進

2021年度に策定された「第2期中区多文化共生推進アクションプラン（令和3年度～6年度）」では、「基礎的な支援の充実＋地域とのつながりづくり」を基本目標に、各種取り組みが進められている。2022年度には生活に必要な基本情報（病気等の際の対応、ごみの出し方、子どもの教育、相談窓口）の概要と具体が把握できる動画およびウェブサイトが公開された。区役所の手続き時になかラウンジを紹介し訪問を促すことで、基本的な生活情報と必要時に相談可能な社会資源を同時に把握することが可能になった。

iii　地域福祉に位置づけられる多文化共生

2021年度に策定された「第4期中区地域福祉保健計画『中なかいいネ！』」では、中区の特性の一つに多文化共生を挙げ、「中区民に関わりのある地域福祉保健計画を一緒に進める機関・団体等」として「NPO法人 かながわ外国人すまいサポートセンター」「なか国際交流ラウンジ」を位置づけている。地区別計画においても、現状と課題、取り組みにおいて、地域に暮らす外国人住民について触れる地区が多くみられる。

iv　複層的なコミュニティの重なりあい

横浜市中区でのこれらの取り組みは、地域での社会活動への参画までを視野に入れた包摂的なアプローチということができる。地域・エスニック・多文化といった**複層的なコミュニティ**において、外国につながる若者が主体となり地域を支える一助となることもあれば、地域福祉施設が外国人住民の地域参加を支えることもある。「支援者－被支援者」関係は固定化されたものではなく、地域においては状況に応じ柔軟な変容がみられるものでもある。そして、なかラウンジや地域ケアプラザといった地域の基盤的拠点が、外国人住民の生活にかかわるさまざまな支援活動やサービスをつないだり、時には新たなサービスを開発することで、多文化共生に向けた政策的対応が試みられていることがわかる。

3）孤立予防アプローチ ——切れ目のない支援を目指す

ⅰ　ライフステージの多様な段階を支える

外国人住民の滞在の長期化や定住化が進むなか、これまで取り組みが脆弱だったライフステージの段階における、移住生活に伴う心理・社会的問題を含むクライエントの生活支援ニーズに対し、切れ目のない支援を通し孤立予防を目指す福祉的対応が、地域で進みつつある。

ⅱ　親子を支える ——生まれる前から就学まで

子育てを初めて経験する者にとって、出産までの流れや受診の時期、必要な予防接種や育児の方法を把握し行っていくことは、母国にいても容易ではない。日本において言葉や文化、制度利用の壁があるなか、見通しを立てそれらの準備を行う際に戸惑いがみられたり、時には出産後にうつやひきこもりになることもある。

公益財団法人かながわ国際交流財団は、「やさしい日本語」を含む11言語による「外国人住民のための子育てチャート——妊娠・出産から小学校入学まで」をはじめ、ウェブサイト、動画、ブックレット、チャート等を製作、運営する。出産前から就学までの時間軸での流れの見える化と支援者向けを含む情報等を提供し、生まれる前から就学までの親子の孤立予防、スムーズな子育てを目指した支援を行っている。

ⅲ　高齢者とその家族を支える

在日韓国・朝鮮人などのオールドカマーに加え、1970年代以降日本に帰国、入国した中国帰国者やインドシナ難民、1980年代以降に増加した日系人、労働者、国際結婚をした者等とその家族にも日本で高齢期を迎えた者がいる。その子孫、親族にとっては介護の課題と向き合う時期を迎えている。だが、多文化の背景をもつ人々が抱える医療、介護等の生活支援ニーズに対し、日本の法制度、施設やサービスの現状や周知はまだ十分とはいえない。

近年では、在日韓国・朝鮮人や中国帰国者を対象としたデイサービスや訪問介護、入居施設等が設立運営される地域もある。高齢期に向けた課題の検討、制度化を目指す団体設立やネットワーキングも、愛知県や神奈川県等でみられる。中国帰国者２世の王榮（木下貴雄）氏が代表を務める「外国人高齢者と介護の橋渡しプロジェクト」は2015年度の介護通訳者研修事業に始まり、愛知県からの委託を受けての調査実施（「外国人高齢者に関する実態調査報告書」2021年）、外国人向けの介護保険制度説明リーフレットおよび介護支援者向けの多文化共生理解促進リーフレット作成（2021年）などを行っている。

多文化高齢社会ネットかながわ（TKNK）は、1988年に設立した中国帰国者家族をはじめ多文化の背景をもつ人々の日本語、学習、生活支援を行う民間団体の「ユッカの会」が公益社団法人神奈川県社会福祉協議会の「令和３年度地域福祉活動支援事業協働モデル助成」を受けて発足したネットワークである。高齢期の１世の介護、壮年期の２世の親の介護が現実のものとなってきたことから、３年をかけ外国人住民や受け入れ施設等への調査、多文化理解講座、やさしい日本語講座、情報データベース作成等を行っている。福祉専門職、多文化共生にかかわる地域活動実践者、日本語教育専門家等、多様なメンバーによる取り組みであり、外国人住民の協力を得ながら展開している。

4）エンパワメントアプローチ
――コミュニティをつくり働きかける

i　居場所づくり・つながりづくり

公益財団法人とよなか国際交流協会（とよなか国流）は、「周縁化される外国人のための総合的な仕組みづくり」、エンパワメント、社会参加等をミッションの中心に位置づけ、大阪府豊中市という地域を基盤に「外国人版社協」を目指し事業を展開している。多言語相談事業をはじめ、さまざまな相談や事業を通し聴こえてくるニーズを踏まえ、若者のエンパワメント事業や、地域の図書館での母子事業を実施するなど、ケースワークとグループワーク、コミュニティワークを連動させて展開している。

これらの場では、相談者としてやってきた外国人住民が、相談から事業参加へ、さらには自身が支援者や事業企画者となっていくなど、場を拠点にその役割が変容していくことも少なくはない。外国人住民を含む地域住民とともに、多様な文化的背景をもつ人々が集まる場をつくり出していく試みといえる。

ii　「地域的共同性の構築」プロセス

川崎市桜本地区での在日韓国・朝鮮人、行政職員はじめ日本人がともに取り組んだ「ふれあい館」の設立に至る運動は、誰もが地域に暮らす当事者であるとの視点に立ち、誰もが排除されない地域づくりに向け、地域における保育、障がい者施設等の活動へと広がりをみせていった。そのプロセスを、原[15]は地域におけるコンフリクトに抗する取り組みとして「**地域的共同性の構築**」と位置づけた。

ふれあい館を受託運営する社会福祉法人青丘社は、「誰もが力いっぱい生きていく」ことを中心目標に据え、地域を拠点に、エスニックコミュニティや多文化コミュニティのなかで顕在化してきたニーズにとどまらず、地域に根づく組織として地域コミュニティのニーズにも応答してきた。外国人住民に限らず、地域の多様な人々のエンパワメントを目指し、社会開発を行い社会的結束を強めていくことを通した、社会変革的な実践といえる。

iii　「当事者性」を中心におく

神奈川県川崎市のカラカサン（移住女性のためのエンパワメントセンター）は、「日本に暮らす移住（外国籍）女性と子どもたちのエンパワメント」を目標に、DV 被害にあったフィリピン人の母親とその子を主な支援対象としている。母子へのケースワークを中心に、エンパワメントを目的とした母親の自助グループ活動、子どもプログラム等の実施、アドボカシー活動を行う。ミクロレベルでの支援を中心に、グループワークを行い、メゾ、マクロレベルの働きかけとしての調査実施や提言等を展開している。エンパワメントと解放、社会変革を目指した活動と位置づけられる。

5）相談援助専門職によるアプローチ

i　多文化ソーシャルワーカーの養成と配置

工場等での労働力需要を背景に外国人集住がみられた地域においては、他地域よりも早くから多文化ソーシャルワークにかかわる取り組みがみられた。愛知県では県国際課が公益財団法人愛知県国際交流協会（以下、協会）に委託し、**多文化ソーシャルワーカー**の養成・活用事業を実施、協会に3名を配置、2012 年に協会に事業移管している。2017 年からは県協会と一般社団法人愛知県社会福祉士会の共催による多文化ソーシャルワーク研修会も実施されている。

公益財団法人北九州国際交流協会が市から受託運営する北九州市多文化共生ワンストップインフォメーションセンターでは社会福祉士が多文化ソーシャルワーカーとして配置され、複雑なケースへの対応やアウトリーチ、ケース会議など、各専門機関と連携しての継続的支援を行っている。

ii　多文化ソーシャルワークを体系化する試み

愛知県をはじめ、各地で多文化ソーシャルワークを体系化する試みが進められている。公益財団法人かながわ国際交流財団は2011年に実態調査を、2008年度から2016年度にかけては講座を受託、実施した。当時の検討委員が2017年に自主団体としてかながわ多文化ソーシャルワーク実践研究会を立ち上げ、多文化ソーシャルワーク実践講座の実施など、価値を基盤においた多文化ソーシャルワークの体系化とプログラム化を試みている。

公益社団法人神奈川県社会福祉士会では、2014年に神奈川国際・多文化ソーシャルワーク研究会を自主活動グループとして承認、2020年度より多文化ソーシャルワーク委員会となり、認定社会福祉士認証研修に位置づく「多文化ソーシャルワーク研修」をはじめ各種研修やフィールドワーク、事例検討等を進めている。

ⅲ　ネットワーキングを通した広域の支援体制づくり

公益社団法人埼玉県社会福祉士会は、2006年に多文化共生ソーシャルワーク勉強会（現在は委員会）を立ち上げ、誰でも参加できる隔月の勉強会や年に一度の公開研修、フィールドワーク、公益財団法人埼玉県国際交流協会の相談事業サポートの受託等を行ってきた。社会福祉士、民生委員、弁護士、行政書士、自治体国際課担当職員、国際交流協会職員、民間団体スタッフ（外国人住民含む）、大学教員、近隣県社会福祉士等が参加し、情報交換、ケース検討、支援が必要となった際の相互サポートを行っている。

4. 多文化コミュニティソーシャルワークの体系化へ向けて

こうしたさまざまな実践や取り組みは、必ずしも多文化コミュニティソーシャルワーク実践そのものとはいえないかもしれない。しかしそれらのさまざまな活動と、必ずしも言語化されていなくとも活動の基盤となっている価値・知識・技術はソーシャルワーク的な要素を含むものといえるだろう。かつ、その活動の多くは地域・エスニック・多文化といった複層的なコミュニティのいずれか、もしくは複数にまたがって展開されている。

日本において、相談援助領域における「多文化」にかかわる専門性の体系化と内実化はまだ十分とはいえない。地域においても、その土台となる政策化や制度化は引き続き課題であり続けており、ここに挙げたような福祉的実践が当たり前のように各地で展開されている状況にもない。

地域を基盤に多職種が集えるプラットフォームづくり、多職種間での「ソーシャルワーク」の価値・技術・知識の共有、各専門職領域において蓄積されてきた専門性からの学び、研修講座等の企画・実施、日常業務のなかでの協働によるケース対応等、さまざまな取り組みを通して関係性を構築し学びあっていくことは今後欠かせない。また、障害者権利条約が国連で審議された過程において当事者より提起された「我々のことを我々抜きに決めるな」というスローガンは、多文化領域においてもまた、常に心にとどめておかなくてはならないものであり、さまざまな検討や取り組みの場でともに取り組むことが当たり前であるような土壌づくりが求められる。

外国人住民の抱える生活支援ニーズへの対応にあたっては、最適な制度・社会資源の活用が可能となるような有効なネットワーク・情報共有の仕組みをソーシャルワーカー自らが機軸となって構築していく根気や、差別や排除に抗し制度化や政策化を目指してアドボカシーやソーシャルアクションを行う覚悟もまた必要とされる。

外国人支援を行う組織には、外国人住民の生活支援ニーズが生じる背景と取り巻く壁を理解し、異質性を有するシステム間の接点となり、生活支援ニーズを解消するものとして、また、国や自治体による施策の展開が後追いになりがちななか、対応に至るまでの時間的なずれや、外国人住民のニーズと社会サービスとの間に存在する認識やサービス内容などにおけるずれを調整し、異質性を架橋する**インターフェース装置**としての機能が求められる。そうした組織を形づくり動かしていくのは「人」である。外国人住民が生活を営む地域としての「場」をつくり、多文化コミュニティソーシャルワークを展開することのできる人材の育成が必要とされる。

注

（1）出入国在留管理庁「令和５年末現在における在留外国人数について」2024年
（2）Marshall, T. H. and Tom Bottomore,*Citizenship and Social Class*,Pluto Press,1987.（岩崎信彦・中村健吾訳『シティズンシップと社会的階級——近代化を総括するマニフェスト』法律文化社、1993年）
（3）古川孝順『社会福祉研究の新地平』有斐閣、2008年
（4）国立国語研究所日本語教育基盤情報センター「『生活のための日本語：全国調査』結果報告＜速報版＞」2009年
（5）「優しい」「易しい」の二つの意味が込められた「やさしい日本語」では、漢字にふりがなをつける、文章をわかりやすく書いたり話したりする、ゆっくり話す、敬語を使わず語尾はです・ますにするといった工夫がある。
（6）デラルド・ウィン・スー、マイクロアグレッション研究会翻訳『日常に埋め込まれたマイクロアグレッション——人種、ジェンダー、性的指向：マイノリティに向けられる無意識の差別』明石書店、2020年
（7）総務省「多文化共生の推進に関する研究会報告書」2006年
（8）地域における多言語情報の流通に関わる調査・研究プロジェクト編『多言語生活情報の提供・流通——その現状とこれから』神奈川県国際交流協会、2005年
（9）つなぐウェブサイト　https://tsunagu.jpf.go.jp/
（10）Sue,D.W.,*Multicultural Social Work Practice*,John Wiley&Sons,Inc.,2006.
（11）石河久美子『多文化ソーシャルワークの理論と実践——外国人支援者に求められるスキルと役割』明石書店、2012年
（12）Lum. D. *Culturally Competent Practice: A Framework for Understanding Diverse Groups and Justice Issues (edition 3)*, Brooks/Cole, 2007.
（13）清水晶子「『同じ女性』ではないことの希望——フェミニズムとインターセクショナリティ」岩渕功一編『多様性との対話——ダイバーシティ推進が見えなくするもの』青弓社、2021年
（14）三成美保「マイノリティの包括的権利保障に向けた法的アプローチ」『日本労働研究雑誌』No.735、24～36頁、2021年
（15）原史子「子どもの権利と多文化福祉コミュニティ」三本松政之・朝倉美江編著『多文化福祉コミュニティ——外国人の人権をめぐる新たな地域福祉の課題』誠信書房、2020年

推薦図書

- 特定非営利活動法人 移住者と連帯する全国ネットワーク『外国人の医療・福祉・社会保障 相談ハンドブック』明石書店、2019年
- 牧里毎治監修、公益財団法人とよなか国際交流協会編集『外国人と共生する地域づくり——大阪・豊中の実践から』明石書店、2019年
- 「外国につながる子どもたちの物語」編集委員会編、みなみななみイラスト『まんがクラスメイトは外国人課題編——私たちが向き合う多文化共生の現実』明石書店、2020年

12 開拓的な社会福祉実践
①自殺対策

引土絵未

1. 自殺の現況

1）社会問題としての自殺

i　自殺問題の顕在化

自殺という事象が社会問題として顕在化したのは、1998年の自殺者の急増がその契機であるとされる。その後14年もの間、年間自殺者が3万人を超える状態が継続し、2012年にようやく3万人を下回った（**図1**）。

1998年からの自殺者急増の背景として男性の自殺率の急増が顕著であり、「最も影響力があった要因は、失業あるいは失業率の増加に代表される雇用・経済環境の悪化である可能性が高い」(1)ことが指摘されている。労働者（被雇用者および管理職）の自殺者数は全体の3割を占め、特に40～50代の自殺率の高さが指摘された。また、労働者の自殺問題として顕在化したのが「**過労自殺**」である。1980年代後半より長時間労働による「過労死」が社会問題化し、1990年に発生した大手広告代理店社員の過労による自殺に係る訴訟をきっかけに、「過労自殺」という概念が共有された。これらの働き盛りの男性の自殺者の急増を受け、労働問題と自殺の関連について焦点化され、職場でのうつ病などメンタルヘルス対策を中心とした取り組みが自殺対策として位置づけられることとなった。

また、中年男性とは別の自殺者の多い年齢層として高齢者が挙げられる。高齢者の自殺率の高さは世界各国で指摘されており、特に日本国内では東北地域など高齢化の進んだ農村地域における高齢者の自殺率の高さが問題視されてきた。**高齢者の自殺**の背景としてうつ状態がその主要な要因であることか

図1　自殺者数の長期的推移

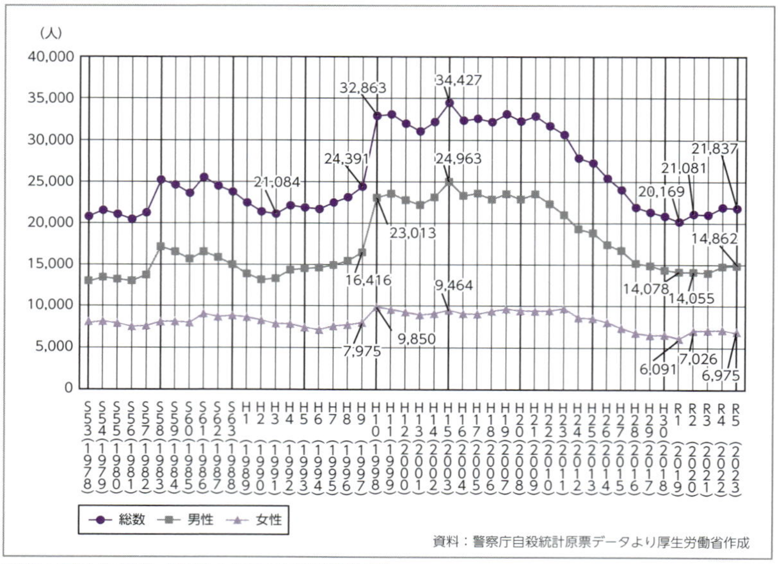

出典：厚生労働省『令和6年版自殺対策白書』

ら、高齢者自殺の多い地域ではうつ病の予防啓発、早期発見・介入を目的とした地域活動が実施されてきた。

このように東北地域や山間部での自殺率の高さはかねてより問題視されており、1998年の自殺者急増でも同様の傾向がみられた。一方で、それまで自殺率が低いとされてきた大都市部での自殺率の急増が新たな傾向として指摘され、大都市部における自殺予防対策の必要性に迫られることとなった。

ii 新たな様相

1998年の自殺者急増による中高年層を中心とした自殺対策を経て、2012年以降自殺者は全体的に減少傾向へと転じた。そのなかで、減少率の低さや横ばい傾向が指摘されたのが、若年層である。先進国（G７）における若年層の死因上位３位によると、10代で死因の１位が自殺となっているのは、先進国（G７）では日本のみとなっている(2)。

また、2019年末に発生した新型コロナウイルス感染症の世界的なパンデミックを経て2020年には、11年ぶりに自殺者が増加に転じた後に横ばいとなっており、特に女性と子どもの自殺率の増加が指摘されている。

女性の自殺率の増加については、男性よりも非正規雇用の多い女性が、新型コロナウイルス感染症による経済状況の悪化の影響を受けたことが指摘されている。また、ドメスティックバイオレンスや虐待の相談件数も増加しており、これらの家庭内葛藤が女性を自殺へと追い込んでいたことなどが指摘されている。従来、女性の自殺率は男性よりも低く、女性特有の他者とのコミュニケーションによるストレス軽減が寄与していると考えられているが、コロナ禍での自粛生活が女性特有のコミュニケーションを喪失させることとなったことも女性の自殺者増加の背景として推察されている。

子どもの自殺については、既述のとおりコロナ禍以前より深刻な状況にあったものが、コロナ禍により表面化したとも指摘される。

子どもは自殺の原因・動機が不詳である場合が多く、特定した原因・動機としては家庭と学校の問題が多いこと、学校の休み明けに自殺者が多くなることが指摘されている(2)。また、自殺未遂歴との関連では、自殺未遂が自殺の１年以内である場合が過半数を占め、特に女子小学生・高校生では、自殺から１か月以内に自殺未遂歴があった自殺者の割合が高いことが明らかになっている(2)。

子どもの自殺対策として、2023年４月に発足したこども家庭庁が中心となり、同年、「こどもの自殺対策緊急強化プラン」が取りまとめられた。強化プランの主な内容は、こどもの自殺の要因分析、自殺リスクの早期発見、自殺予防のための専門家チームによる対応、電話・SNS等を活用した相談体制の整備、遺されたこどもへの支援などが挙げられる(2)。

自殺という事象は、あらゆる世代で生じ得る、不条理な人生の最期であると考える。かつて自殺は個人にその原因があると考えられ、「個人的な問題」として位置づけられてきた。一方で、ここまで述べてきたように、時代背景により影響を受ける一定の年齢や性別など属性が明らかにされるなかで、自殺は「社会的な問題」でもあることが共通理解となってきている。

２）自殺の背景

i 自殺者の心理

「人には自ら命を断つ権利があるのか」という問いに対しさまざまな立場が想定されるが、「自ら命を断つ権利がある」状態とは、一部の国で合法化されている安楽死や自殺幇助（ほうじょ）（患者本人の自発的意思に基づく要求により意図的に生命を断つ行為）に代表されるような、「合理的判断に基づき自ら命を断つ」状態であると考えられているのではないだろうか。

自殺に追い込まれる人はどのような心理状態にあるのか、ここでは代表的なものについて述べる。

一つは**心理的視野狭窄（きょうさく）**といわれる状態である。心理的視野狭窄とは、死ぬ以外の解決策や選択肢がみえなくなる状態のことであり、「自殺することが現在の困難から抜け出す唯一の選択肢だ」との気持ちに支配されるようになる。自殺に追い込まれている状態では、柔軟性を欠いた極端な思考になるとされる。

次に、「死にたい」と「生きたい」という相反する気持ちの間を揺れ動いているという特徴があるとされる。このような状態は「**両価性**」と表される。自殺を考えている人は、常に死にたいと感じているのではなく、一方で「生きたい」と強く感じている。NPO法人ライフリンクが実施した自死遺族を対象とした大規模調査による「自殺実態白書2008」(3) では、7割の人が亡くなる前に相談機関につながっていたことを明らかにしている。この調査結果からも、自殺で亡くなる人が「生きたい」という気持ちをもちながら自殺へ追い込まれていることをうかがい知ることができる。

そして、共通する感情として、悲しみ、気分の落ち込み、孤独、無力感、希望のなさ、自分には価値がないなどが挙げられる。自殺は何らかの大きな一つの要因があるのではなく、複合的な要因が重なることで生じるといわれている。健康問題や経済問題、労働問題、人間関係の課題や家庭内葛藤などさまざまな解決困難な課題に立ち向かうなかで、精神的に疲弊し、合理的な判断ができない状態に追い込まれていく。そのようななかでこれらの感情が生じることは想像に難くない。

ii　自殺の危険因子

多くの場合いくつかの**危険因子**が重なり自殺関連行動へと結びつくとされる。一方で、危険因子すべてが自殺につながるわけではなく、危険因子を軽減すること、そして**保護因子**を強化することで自殺予防につながるとされる。さまざまな危険因子が知られているが、WHO (4) では危険因子を個人、人間関係、地域、システムと社会に分類している。以下では代表的なものについて提示する。

個人的危険因子には、過去の自殺企図、精神障害、アルコールとほかの物質の有害な使用、失業もしくは経済的損失などが挙げられている。過去に自殺企図の経験があることは、現時点での最も大きな危険因子であるとされ、自殺関連行動に対するアセスメントと介入の重要性が指摘されている。また、自殺で亡くなった人のうち9割が精神障害を有していたとの報告もあり、精神障害と自殺の関連性は広く知られている。自殺関連行動と関連のある精神障害として、うつ病、統合失調症、アルコール・薬物依存症などが挙げられ、二つ以上の精神障害を有する人は自殺の危険性が高まることも指摘されている。また、アルコール・薬物依存症などの物質の有害な使用は自殺の危険性を高めるとされ、全自殺死亡のうち、22%はアルコール使用に起因しているとの報告もある。そして、失業などによる経済的に不安定な状況が抑うつやアルコールの有害使用などを引き起こし自殺の危険を高めるとされる。

人間関係上の危険因子として、孤立感と社会的支援不足、人間関係の葛藤・不和・喪失が挙げられる。孤立は個人が属する人間関係（家族、友人、重要な他者など）から分断された感覚をもつときに生じる。そして、離別や子どもの親権争い、パートナーの死などの人間関係の葛藤・不和・喪失は、悲嘆や心理的ストレスの原因となる可能性を含んでおり、自殺の危険性が増すことが指摘されている。

地域における危険因子として、災害、差別、トラウマ・虐待などが含まれる。自然災害の経験は、住居や雇用、家族や友人の喪失により被災者に甚大な精神的ストレスをもたらす。東日本大震災後にも被災地の自殺率の増加が指摘されている。また、差別と自殺の関連性の例として、収監中や拘置中の人々、LGBTQの人々、いじめの影響を受けた人々、難民や亡命者などが挙げられる。そして、トラウマ・虐待については、情緒的ストレスを増加させ、うつ病や自殺関連行動の引き金となることが指摘されている。小児期の逆境体験（身体的暴力、性的・心理的虐待、ネグレクト、家族の暴力、両親の離別など）は自殺の危険を高めることも指摘されている。

システムと社会における危険因子には、ヘルスケアへのアクセスの障壁、不適切なメディア報道・ソーシャルメディアの使用などが挙げられる。個人的要因で挙げられたように精神障害は危険因子となるため医療機関へつながることが非常に重要となるが、特に精神科疾患に対するスティグマが受診を妨げ、自殺の危険性を高めることが指摘されている。OECDの調査では、日本は精神科受診率が低いことも指摘されており、精神科疾患に対するスティグマがその課題とされている。また、不適切なメディア報道は脆弱（ぜいじゃく）性の高い人々の自殺の危険を高めることが指摘されている。自殺に用いられた手段について明確に表現しないこと、自殺を普通のこととみなす言葉を使わないこと、支援に関する正しい情報を提供することなどの「自殺報道ガイドライン」がWHOより発行されている。

3）自殺予防対策

i　政策からみる自殺予防対策

1998年の自殺者急増以後、自殺問題への社会的関心を高めたのは、民間団体の取り組みによるところが大きい。2000年に自死遺児が親を自殺で亡くした経験を社会に発信したことに端を発し、それまでタブー視されてきた自殺という体験を遺族の立場から言語化する動きへとつながった。このような活動は、NPO法人自殺対策支援センターライフリンクや自死遺族、自死遺族支援団体などによる自殺対策基本法の制定を求める署名運動へと発展し、これらの動きに呼応するように、2006年に自殺対策基本法が議員立法として提出され、2006年**自殺対策基本法**が制定されるに至った。

自殺対策基本法の目的は、「自殺対策を総合的に推進して、自殺の防止を図り、あわせて自殺者の親族等の支援の充実を図り、もって国民が健康で生きがいを持って暮らすことのできる社会の実現に寄与すること」であり、2007年には初の自殺対策の大綱となる「**自殺総合対策大綱**」が閣議決定された。自殺総合対策大綱では、〈自殺は追い込まれた末の死〉〈自殺は防ぐことができる〉〈自殺を考えている人は悩みを抱え込みながらもサインを発している〉という自殺に対する三つの基本的な認識が示された。また、⑴社会的要因も踏まえ総合的に取り組む、⑵国民一人ひとりが自殺予防の主役となるよう取り組む、⑶自殺の事前予防、危機対応に加え未遂者や遺族等への事後対応に取り組む、⑷自殺を考えている人を関係者が連携して包括的に支える、⑸自殺の実態解明を進め、その成果に基づき施策を展開する、⑹中長期的視点に立って、継続的に進めるという六つの基本的考え方が示された。その後、2012年、2017年、2022年に大綱の見直しがあり、それぞれ新たな大綱が閣議決定されている。

自殺対策基本法の制定や自殺総合対策大綱の策定を受け、都道府県では自殺対策連絡協議会が設置され、地方公共団体では総合的な自殺対策に関する計画策定、関係団体との連携による自殺対策の体制構築などの活動が実施されてきた。2009年には、地域における自殺対策力の強化を目的とした「地域自殺対策緊急強化基金」が造成され、自治体での自殺対策の普及が促進されることとなった。

国における自殺対策の推進体制として、2006年に国立精神・神経センター（現・国立研究開発法人国立精神・神経医療研究センター）精神保健研究所に「自殺予防総合対策センター」が設置され、自殺対策に関する情報の収集・発信、調査研究、研修等が実施された。2016年4月より、内閣府が担ってきた自殺対策の推進業務が厚生労働省へ移管された。これは、内閣府にて二度の自殺総合対策大綱の策定に基づく取り組みが実施され、自殺者減少の成果がみられた一方で、地域レベルの実践的な取り組みを中心とする自殺対策への転換を進めることがその背景とされている。また同年に、厚生労働省内に自殺対策推進室が設置され、「自殺予防総合対策センター」は「**自殺総合対策推進センター**」へと改組された。2020年には、一般社団法人いのち支える自殺対策推進センターが指定調査研究等法人として指定され、国による自殺対策推進体制の大きな方針転換となった。

ii　地域における自殺予防対策

自殺を考える人が属する地域集団に働きかけ、自殺のリスクの高い人を見つけ出し、適切な支援に結びつけていく。加えて、自殺予防を目的とした地域住民の社会的ネットワークの向上を目指す。これらの取り組みが地域を対象とした自殺予防対策とされる。地域における自殺予防対策は、高齢者の自殺の多い東北地方を中心に1990年代より実施されてきた。高齢自殺者の大半が直前にうつ病を呈していることから、これらの活動は、うつ病予防の啓発や教育、うつ病者の早期発見・介入を中心に実施されていることは前述のとおりである。うつ病予防の啓発・教育として、啓発キャンペーン、リーフレット配布、うつ病者の早期発見・介入では、うつスクリーニング、**ゲートキーパー**養成研修、保健師訪問などが挙げられるが、行政が中心となり実施している点が特徴となる。地域における自殺対策を効果的に実施するためには、自殺問題が地域において解決すべき問題であるとの共通認識を醸成し、住民が主体的にかかわるなかで地域のネットワークを構築していくことであるとされる(5)。

ここで地域における自殺予防対策の中心的な取り組みとされるゲートキーパー養成研修について述べる。ゲートキーパー養成研修とは、悩んでいる人に気づき、話を聴き、適切な支援につなげ、見守る役割を担うゲートキーパーを養成することを目的とした研修である。これらのゲートキーパー養成研修は、世界各国で実施され、その効果も実証されている。ゲートキーパー養成研修の対象者は、自殺予防対策にかかわるボランティアだけでなく、保健医療福祉専門職、行政等相談窓口職員、民生委員・児童委員などが想定されている。研修の一例として**表1**に提示するように、自殺のリスクアセスメント、傾聴、支援や社会資源の提供などの技術について、講義やグループワークなどを用いて習得することを目指している。

ここまで自殺が多い地域での取り組みについて述べたが、視点を転換し、自殺が少ない地域である自殺希少地域についても触れておきたい。日本における自殺希少地域を対象とした調査から、地域において自殺を抑制する自殺予防因子が提示されている(6)。その五つの自殺予防因子とは、①コミュニティはゆるやかな紐帯を有する、②身内意識（内向きには結束が強いがよそ者に対し排他的である傾向）が希薄である、③援助希求への抵抗が小さい、④他者への評価は人物本位である、⑤意欲的な政治参加を行うであるとされる。自殺予防因子の一つ目に挙げられているゆるやかな人間関係については、自殺予防を含め地域ネットワークにおいてはより緊密な人間関係が有効であるとの考えが一般的であったのに対し、人間関係の密度ではなく関係性の質の重要性が指摘されている。

表1　ゲートキーパー研修一例

メンタルヘルス・ファーストエイドの５つのステップ
1）自傷・他害のリスクをチェックしましょう 2）判断・批判せずに話を聞きましょう 3）安心と情報を与えましょう 4）適切な専門家のもとへ行くよう伝えましょう 5）自分で対処できる対処法（セルフ・ヘルプ）を勧めましょう

出典：内閣府「ゲートキーパー養成研修テキスト」

ⅲ　直接支援としての自殺予防の取り組み

今まさに自殺しようと考える人への取り組みとして、自殺未遂者への取り組み、**自殺予防**におけるソーシャルワークの視点、インターネットを活用した取り組みについて述べる。

すでに述べたとおり自殺企図歴は重大な自殺の危険因子であり、自殺未遂者への取り組みは直接支援としての自殺予防において重要な取り組みの一つである。自殺未遂者への支援では、救急医療機関において自殺未遂者の身体的な治療と同時に、自殺のリスク評価に基づき多職種による精神科治療へとつなげていく。しかし、救急医療機関での支援は基本的に、短期間、限定的なかかわりとなることが現状である。前述のとおり、自殺の背景には精神科的課題だけでなく生活課題、人間関係の課題、地域における課題などが複合的に関連しており、精神科的課題の解決だけでは、自殺へと追い込まれた現状は変えられない。このような状況において、救急医療機関での自殺未遂者と地域の社会資源をつなげ、継続的なフォローアップを実施する取り組みが行われている。

このような救急医療機関での自殺予防だけでなく、ソーシャルワーカーは自殺予防にかかわる支援者チームの重要な一員である。ソーシャルワーカーは自殺に追い込まれたクライエントとかかわる可能性が高いとされるが、一方で、自殺予防にかかわる援助を行いながらもその援助が自殺予防であるという認識をもちにくいという側面も指摘されている。日常的なソーシャルワークが自殺予防につながるという認識をもつことが重要であるといえる。加えて、日常的なソーシャルワークに自殺予防の視点を含めることでより実践的な自殺予防の取り組みとなる。このような自殺予防の視点として、**自殺の危険性**をアセスメントすること、適切な支援へとつなげることなどが挙げられる。**表2**に自殺の危険性をアセスメントする方法を提示しているが、これらの項目について自殺に傾いている人に直接確認することが原則とされている。ソーシャルワーカーを含め専門職にとっても、自殺について言語化することはためらわれる場合が少なくないと考えられるが、自殺について話すことによって、その人に自殺の考えを引き起こすことはなく、実際には、自分たちが苦しんでいる課題や疑問について隠さずに話すことができることをありがたいと感じ安心するとされている[(7)]。

最後に、自殺予防の新たな形として、インターネットを活用した自殺予防について触れておきたい。インターネットを活用した自殺予防として、自殺関連用語の検索データから自殺のハイリスク者を同定し、援助資源の広告を提示する方法が挙げられる。また、若年層の自殺予防対策として、SNSによる相談も実施されており、電話相談とは異なる有用性があるとされている。

表2　自殺の危険性のアセスメント

自殺の危険性をアセスメントする方法
1）死や自殺に関わる現在の精神状態や考え
2）いま現在の自殺の実行計画：その人がどの程度、自殺の準備をしているか、またその行動がどのくらい差し迫ったものか
3）その人のサポート・システム（家族や友人など）

出典：横浜市立大学医学部精神医学教室監「自殺予防　プライマリ・ヘルスケア従事者のための手引き」

2. 自殺で遺された人々への支援

1）自殺で遺された人々を取り巻く課題

自殺で遺された人々への支援は、自殺に追い込まれた人々への支援と同様に重要な支援の一つである。自殺で遺された人々を**自死遺族**と呼ぶことが一般的となっているが、「自らを殺す」という表現に含まれる反社会的な言説から脱却することを目指した結果とされる。自殺はさまざまな要因から追い込まれた結果生じた死であるという理解から、「自死」という表現が用いられている。また、自殺で遺された人々として基本的には親族が想定されるが、親しい友人や恋人、職場の同僚などもその支援対象とされている。

自殺で遺された人々がおかれる状況はさまざまに挙げられており、自殺以外の死別体験と共通する点も多くあるが、ここでは自死遺族の代表的な心理的特徴を以下に挙げる。一つ目に自責感・罪悪感が挙げられる。「あの時こうしていれば」「自分のせいで自ら命を絶ってしまった」と考えれば考えるほど後悔の念が生じるとされる。また、周囲から「あなたのせいで」と責められる経験もこのような自責感・罪悪感を生じさせることとなる。二つ目は、恥と孤立である。自殺はそのほかの死と比べ、恥の感情を生じさせるとされ、自死遺族は家族を亡くしたこと、そして、自殺で亡くしたという二重の苦悩を抱えるといわれている。その結果、周囲から孤立していくとされる。三つ目に、「家族を愛していた」「死んで安心した」という葛藤である。亡くなった家族を理想化し、一方で家族を憎く感じ、そんな感情をもつ自分を責めるという状態に陥るとされる。最後がうつ状態であり、継続的な悲しい気分、人生に意味がないと感じる思い、今にも涙が出てきそうな感じなどが挙げられる。以上の心理状態が時間とともに変化しながらも永きに渡り維持されることもあり、いわゆる「日にち薬」により回復していかない自分自身に失望するという悪循環に陥ることもある。これらの状態は自殺以外の死別でも同様のプロセスがあるが、自死遺族は自殺のリスクが高まることも指摘されている。

また、遺族の立場による困難性の相違も指摘されている。親を自殺で喪った子どもが児童期の場合、子どもへの配慮として真実を伝えないことも少なくないが、その結果、子どもが真実を知った時に「自殺で亡くなることは隠されなければならないことである」というメッセージを伝えることとなる。思いやりとしての嘘ではなく、子どもが理解できる方法で正直に伝えることが大切であるとされる。次に、配偶者を自殺で喪った場合、周囲から強く批判を受けることが指摘される。配偶者を喪った苦悩と同時に、配偶者の親族から「自殺においやった」と責められる苦悩を抱えることとなる。そして、子どもを自殺で喪った場合、親としてより大きな自責の念に駆られること、学校や職場など子どもの所属する場での犯人探しの思いに駆られることなどが挙げられる。

遺された人々の課題には、上記の心理的な課題に加え、身体的課題、生活上の課題が含まれる。自殺に伴う葬儀や行政手続き、解約手続きなどの膨大な実務的作業に追われ、また、相続や負債の整理が生じる場合もあるなかで、就労や学業、それによって生じる人間関係の課題に向き合っていかなければならない。

表3　自死遺族支援における基本的姿勢

・遺族の心理や反応を十分理解したうえで対応する。
・静かでプライバシーが守られ、感情表出ができるよう配慮された場で対応する。
・受容と共感をもった傾聴（話をよく聴き、相手の気持ちをしっかり受けとめる）と穏やかな対応。また相談対応に必要な十分な時間をとる。
・判断を交えない態度（遺族の考えに解釈や判断をせずに「私が何をすればあなたの役に立つのでしょうか？」と問いかける姿勢）に徹する。
・遺族自らが望む支援を行う（遺族の主体性を尊重する）。
・遺族にただ寄り添う（まずともにいる）。
・混乱している遺族の問題を整理しながら、ニーズを明確にする。
・メンタルヘルスの問題だけに注目しがちであるが、経済、教育、裁判、偏見、信仰など、具体的な問題に気をつけて話を聴く。
・「困ったことがあったらいつでも相談して下さい」という支援の表明と約束。

出典：「自死遺族を支えるために～相談担当者のための指針～自死で遺された人に対する支援とケア」

2）遺された人々への支援

自死遺族を取り巻く課題について述べたが、当然ながらその課題やそこから生じるニーズの表れ方は一人として同じものはなく、遺族一人ひとりの状況に合わせた支援が必要となる。**表3**に自死遺族支援における基本的な姿勢を提示しているが、遺族のニーズに基づき、侵襲的なかかわりにならないことに留意することが重要であるとされる。

これらの基本的姿勢に基づき、遺族のニーズに基づいた情報（手続きに関する情報、遺族の心理や反応に関する情報、自助グループに関する情報、メンタルヘルスに関する情報など）を提供し、必要な支援窓口へとつないでいくことが必要となる。

3）支援者への支援

苦心して自殺予防に取り組んでいても自殺という事象を完全に防ぐことは困難であり、支援者はクライエントの自殺に対峙（たいじ）することとなる。自殺が生じた後の対応も自殺予防の一つと位置づけられており、上記の自死遺族支援に加え、組織としての対応（利用者・職員のケア、事例検討会）などが含まれる。

また、クライエントの自殺が支援者に与える影響は大きく、支援者自身も専門職としての苦悩や喪失感などの**グリーフ**（悲嘆）を抱えることとなる。その意味では、支援者も自殺で遺された人々の一人と位置づけることができる。しかし、クライエントの自殺に対峙した支援者のケア体制は十分に整っているとはいえない現状にあり、特に病床数の小さい医療機関では職員のメンタルケアが実施されていない傾向があることも指摘されている。このように支援者のケア体制が十分ではない環境において、クライエントの自殺に対峙した支援者は、クライエントの自殺とそれに伴うグリーフを共有することができず、一般社会と同様に、自殺という事象による孤立の構造におかれることとなる。

クライエントの自殺に対峙した支援者にとって必要なことは、その経験と感情を安全に語ることのできる機会をもつことである。心理的安全性を確保するために必要なことは、自殺に対峙した支援者一人ひとり異なる。職場のなかでフォーマル・インフォーマルな共有の機会を望む場合もあれば、職場ではない中立的な場を望む場合もある。そして経験と感情について安全に共有できるタイミングも一人として同じものはない。自殺に伴う経験と感情を棚上げにすることも、重要な安全装置の一つとなる場合もある。支援者一人ひとりがクライエントの自殺とそのグリーフに向き合うことができるサポート体制は、自殺予防対策における重要な課題である。

注

（1）内閣府経済社会総合研究所『自殺の経済社会的要因に関する調査研究報告書』2006年
（2）厚生労働省『令和6年版 自殺対策白書』2024年
（3）NPO法人ライフリンク「自殺実態白書2008」
（4）WHO、国立精神・神経医療研究所自殺予防総合対策センター訳『自殺を予防する——世界の優先課題』2014年
（5）本橋豊編『自殺対策ハンドブックQ＆A——基本法の解説と効果的な連携の手法』ぎょうせい、2007年
（6）岡檀『生き心地の良い町——この自殺率の低さには理由がある』講談社、2013年
（7）横浜市立大学医学部精神医学教室監「自殺予防　プライマリヘルスケア従事者のための手引き」

12 開拓的な社会福祉実践
②アイヌ等の先住民の理解および支援

ヴィラーグ ヴィクトル
Virág Viktor

1. 先住民の理解

先住民は、一般的に「異なる文化や民族の人々が移住してきた時点で、ある国や地域にもともと住んでいた人々の子孫」として定義され、その**先住地**に入植した新たな人々や彼らの文化等が支配的になったという負の遺産を歴史的な背景としてもちやすい(1)。

このような先住民のグローバル人口は、約4億7600万人である(2)。これは世界全人口の6.2%（約16人に1人）で、日本を含めて、世界各国の約半分に当たる90か国に先住民がおり、その7割はアジアに住んでいる。先住民は全人類の文化的な多様性の大半を代表しており、約5000の文化をもっている。一方、各国の中で**マイノリティ**の立場になりやすく、先住民言語の多くも消滅の危機に直面している。

1）概念的な理解

「ソーシャルワーク専門職のグローバル定義」は、多様性尊重を中核的な原理の一つとして定め、**地域・民族固有の知**をソーシャルワークの知識基盤に含めている(3)。なお、本定義の注釈や訳注が指摘しているように、後者においては特に先住民の知が重視されている。

グローバル定義は、国際連合（以下、国連）による諸基準に則って、先住民の範囲を以下のように定めている。

① 地理的に明確な先祖伝来の領域に居住している（あるいはその土地への愛着を維持している）。

② 自らの領域において、明確な社会的・経済的・政治的制度を維持する傾向がある。

③ 彼らは通常、その国の社会に完全に同化するよりも、文化的・地理的・制度的に独自であり続けることを望む。

④ 先住民あるいは部族というアイデンティティをもつ。

日本の場合は、たとえばアイヌと琉球の人々がこの定義に該当する(4)。それぞれの先住地は、開拓前の北海道および樺太や千島列島と、沖縄征服前の琉球王国・琉球諸島（沖縄県）に相当する地域である。ただし、国内では法的に先住民とされているのはアイヌのみである。先住地を含む人口規模上のマイノリティ性も踏まえ、ここではアイヌを中心に扱う。

2）社会的な文脈

アイヌを取り巻く社会的な文脈を、法的な文脈、歴史的な文脈、人口学的な文脈に分けることができる(5)。

i 法的な文脈

アイヌは、グローバル定義が定めている範囲に当てはまるだけでなく、国内では法的にも先住民として位置づけられている。アイヌの先住性は、司法では札幌地方裁判所による1997年の「二風谷ダム判決」によって、立法では両院による2008年の「アイヌ民族を先住民族とすることを求める決議」によって、国家行政では同決議に関する内閣官房長官談話によって認められている。なお1997年に、アイヌ文化の振興並びにアイヌの伝統等に関する知識の普及及び啓発に関する法律（アイヌ文化振興法。2019年廃止）が、2019年に、アイヌの人々の誇り

図1　北海道人口と土地処分の推移

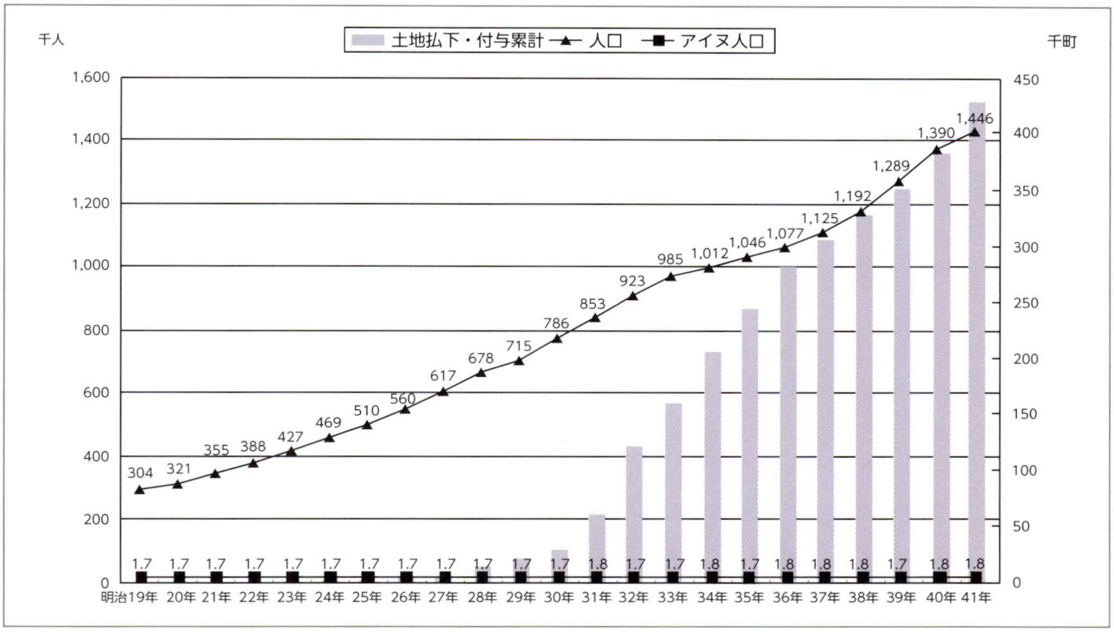

出典：内閣官房「アイヌ政策のあり方に関する有識者懇談会報告書」2009年

が尊重される社会を実現するための施策の推進に関する法律（アイヌ施策推進法）が制定されている。

ⅱ　歴史的な文脈

アイヌは、日本の国家による**植民地主義**と同化主義の歴史を経験してきた(6)。この詳細な歴史について、内閣官房の有識者報告は次のように要点をまとめている(7)。

先住地への侵略は、幕府によって15世紀に始まり、数回の武装衝突に至った。その結果、アイヌは日本の封建制度のなかで労働力の搾取と段階的な労働条件の悪化を経験した。これは、本州から伝わった各種感染症などによるアイヌ人口の急激な減少とも重なり、アイヌの文化に深刻な打撃を与えた。

明治時代以降、近代的な国家政策のもと、北海道では、土地の剥奪・搾取と日本の本土からの大量移住が顕著になった。19世紀後半から、アイヌの伝統的な生活習慣と文化の禁止をはじめとした**同化政策**が開始された。**図1**と**表1**はこのプロセスをデータで表している。つまり、アイヌが先住地の北海道でさえ極小マイノリティとなった。

19世紀末から、アイヌの福祉に関する各種政策等も徐々に現れたが、さまざまな格差や社会問題は現代でも残っている(8)。

表1　北海道のアイヌ人口の推移

	明治5年	昭和5年
アイヌ人口（人）	15,275	15,703
北海道人口（人）	111,196	2,812,335
構成比（%）	13.7	0.6

出典：内閣官房「アイヌ政策のあり方に関する有識者懇談会報告書」2009年

ⅲ　人口学的な文脈

北海道の最新データでは、道内アイヌ人口は1万3118人である(9)。ただし、国連の推測はこれを上回る3～5万人となっている(10)。この差は、自己申告による調査において差別を恐れるなどの理由により回答しない者が多いことが挙げられる。

また、道外のアイヌ人口はさらに把握困難である。東京在住のアイヌ人口について、過去には2700人という報告がある(11)。しかし、専門家による首都圏アイヌ人口の推測は1万人となっている(12)。

2. 先住民が直面しやすい課題

世界中の先住民の共通課題として、貧困、健康、文化などをめぐる問題を取り上げることができる[13]。なお、これらの背景には、日本のアイヌが経験してきた上記の歴史のように、植民地化とその後の同化政策などによって先住民の文化や生活様式が受けてきた打撃と、現在に至る差別的な実態がある。

たとえば、今日の構造的な問題としては、先住地における土地や自然資源の剥奪・搾取が存在する。また、先住民の自治権や文化的・言語的な権利の侵害も取り上げられる。

以下のような課題の傾向は、世界的にのみでなく、日本では道内外アイヌについてもみられる[14][15][16]。

1）貧困・格差

世界的には、先住民は世界人口の6.2％でありながら、貧困人口の約15％、極度の貧困人口の約3分の1を占めている。また、平均を上回る失業率なども課題である。

日本では、アイヌの所得が平均と比べて低くなっているため、生活保護などの制度利用率が平均より高い。たとえば、調査によると、道内アイヌの4分の1以上は生活が「とても苦しい」と感じており、半分弱は収入を不安に思っている。

2）教育・学歴

世界的にみて、貧困や格差の背景には教育の問題がある。具体的には、先住民の言語や文化に配慮した教育の機会が十分に保障されていないことが課題になりやすい。たとえば、母語と母文化の教育のみでなく、母語による教科学習の機会も不十分な場合が多い。教育において先住民の言語および文化が支配的な言語および文化と対等に位置づけられないと、子どもたちは**母文化・継承文化**について平等に学習できない。これは、文化的な**アイデンティティ**の喪失や自己肯定感の低下につながりやすい。さらに、学校における差別やいじめが加われば、高い中退率と低い進学率に結びつく。最終的に、学歴格差は職業格差とそれによる経済格差を生む。

日本のアイヌについても、所得格差の背景には学歴格差、とりわけ平均を下回る高校および大学進学率との関連をデータからうかがえる。たとえば、道内アイヌを全世代でみた場合、高校経験率は6割弱で、大学経験率は5％以下にとどまっている。高校と大学の中退率も平均を大きく上回っており（6倍以上）、進学をあきらめた理由や中退の理由としても、経済的な理由が挙げられる。

3）健康

国際的に先住民の平均寿命は平均を下回っていることが多く、国によっては20歳の差も見受けられる。また、妊婦や乳幼児の死亡率が高くなりやすい。ほかにも、栄養失調、各種の慢性疾患や伝染病も平均より高い場合がある。このような**健康格差**の背景として、文化や言語に対応した保健医療サービスの不足を指摘できる。なお、伝統的な生活様式と食文化の急速な変化も要因になり得る。

残念ながら、国内では、アイヌに特化した健康格差を示す医療等データはまだあまり収集されていない。

4）メンタルヘルス

世界各地で、特に先住民の若者の自殺率が深刻で、平均の11倍に上る国もある。先住民が経験してきた**歴史的なトラウマ**は、うつ病や物質依存の発症につながりやすい。この傾向は、雇用や教育などのために先住地から離れる場合によくみられる。その背景には、ルーツやコミュニティからの孤立と社会の中で受ける差別による低い自己肯定感がある。

日本においても、世界的にみられる依存問題に類似して、アイヌの場合は喫煙、飲酒、ギャンブル（パチンコ等）を定期的に楽しむ人の割合が平均より高い。

5）同化と差別

グローバルな傾向として、多くの先住民の文化と言語は消滅の危機にさらされている。この100年間で地球上の言語の9割が消滅すると予測されており、そのほとんどが**先住民言語**である。先住地の自治権やあらゆる政策策定への参画権・自己決定権の侵害が背景にある。歴史的には、先住民の文化や言語が対等に認められず、劣っているものとして各国の同化政策の対象にされてきた。特に、家族分離と寄宿学校における同化教育を強制した国もあり、「盗まれた世代」としてコミュニティのトラウマ体験となっている。

アイヌ文化におけるさまざまな習慣も、明治時代に野蛮なものとして禁止された歴史がある。また、いわゆる「旧土人学校」では日本語などの同化教育が行われてきた。さらに、親世代の差別に対する恐怖が原因で、アイヌ語が世代間で継承されない時代を経て、現在は国連教育科学文化機関（ユネスコ）から「極めて深刻な消滅の危機にある」言語と指摘されている。なお、差別の実感は現代まで続いており、道内アイヌの約4割は、差別を経験しているか、差別を経験した人を知っている。道外アイヌについては、1割強は北海道を出た理由として差別を挙げていながら、2割強は道外でも差別を感じている。そのなかで、ルーツを隠して生活しなければならないと思っている人が多く、自分がアイヌであることを、約2割は配偶者に、3分の1以上は子どもに隠しており、4割弱は当事者性について知っている周りの人が皆無である。

3. 先住民に関する実践原則

国際ソーシャルワーカー連盟（以下、IFSW）は、「先住民に関するIFSW方針文書」において基本的な実践原則を示している。これによると、専門職は先住民を支援する努力、その文化の尊重、またそれに必要な文化的な力量と文化的な感受性を身につけなければならない。また、先住民に関する実践は、先住民固有の知の尊重と、ミクロ・メゾ・マクロの各レベルおよび支援プロセスの各段階（アセスメント、プランニング、介入、評価など）における個人からコミュニティを含めた当事者の参加、自己決定、協働が求められる。

なお、先住民が直面しやすい多くの課題の背景には、領土問題や土地管理などのように、**先住権・自治権**の問題がある。したがって、先住民の支援は、従来の権力構造の変革を念頭に、社会制度を含めて抑圧や差別の実態への対抗・挑戦を含むため、必然的に**政治性**をもっている(17)。

1）人権に基づいた実践

IFSW方針は、先住民の人権保障、とりわけ国際労働機関（以下、ILO）の「原住民及び種族民条約」（ILO条約）と国連の「先住民族の権利に関する国際連合宣言」（国連宣言）を実践の基盤としている。

i　ILO条約

ILO条約は、先住民の生活・就労条件と健康・教育水準の改善に向けて、各種政策等の策定や制度・サービス設計における当事者参加の機会保障を求めている。また、先住民にかかわる制度・サービスの運営においても、その評価を含めた当事者の管理権の保障について規定している。

実践のなかで、常に当事者コミュニティと協働することが重要視されている。たとえば、社会保障と保健医療サービスでは、当事者による企画・運営と当事者との協働によるコミュニティを基盤としたサービスが強調されている。さらに、先住民当事者の対人援助人材の養成および雇用も必要とされている。

ii　国連宣言

一方、国連宣言は、集団的な自己決定権（自治権）と経済的・社会的な条件を向上させるために、是正措置、つまり先住民が特別な扱いを受ける権利について言及している。そして、先住民に関する政策等には、企画段階から参加し、その策定・実施後の管理・運営にかかわる権利についても記述されている。

なお、両人権文書とも、グローバル定義と同じように、伝統的な治療法など、つまり必ずしも近代科学主義ではない、先住民固有の知に基づく問題解決アプローチの尊重を肯定している。

2）歴史と文化に対する理解

先住民に関する実践アプローチは、前述の抑圧や差別の歴史の理解が必要である[18]。それをもとに、エンパワメントとストレングス視点が重要であり、個別支援でも生活課題の背景にある歴史や抑圧などの**構造的な要因**に焦点を当てることが当事者の解放につながる。

また、先住民の文化を理解するためには、第一に「**文化**」の概念的な理解が欠かせない[19]。具体的に、ソーシャルワークにおける文化は「人々の世界観や自分像を形成し、コミュニケーション、考え方、行動、対人関係、感情などのあり方に影響を及ぼしている」社会的な構築物として捉えられる。すなわち、先住民の文化も固定的な「箱物としての文化」よりも、常に変わり続け、発展し続ける流動的な「生きた文化」として捉えられる。

i　歴史的な理解

実践において先住民の歴史を理解する際に、①先住地の搾取、②家族形態の破壊、③社会政策におけるパターナリズム、④不可視化、⑤自己決定の壁がポイントとなる。

これらについては、日本の場合、たとえば次のようなことが想定される。①は、開拓の歴史のなかで、アイヌの先住地と自然資源の剥奪が該当する。②は、戸籍制度の導入による日本の家制度のアイヌへの強要と、それによる集落共同体（コタン）の崩壊を意味する。③の例として、権威主義的な保護の名のもとで進められた北海道旧土人保護法の差別的な歴史が挙げられる。④は、アイヌの人口とニーズに関する正確な統計の欠如から読み取ることができる。⑤は、集団的な自己決定権（自治権）と先住地の土地管理を含む先住権がアイヌに十分に保障されていないことが代表的な例である。

ii　文化的な理解

同じく、実践における先住民の文化の理解においては、①多様性の中の多様性、②逆境とレジリエンス、③信仰の多様性、④多文化の影響、⑤ステレオタイプの影響がキーワードとして浮き彫りになる。

これらを日本のアイヌに照らし合わせると、次のようなことが考えられる。①は、同じアイヌの中でも多様性があり、文化については一般化ができないことを示している。たとえば「自分がアイヌであること」や差別体験などの人生経験、あるいは生活のなかのアイヌ文化の度合いは、人によって違うのみでなく、年齢・性別・性的指向・階層・障がいの有無などのほかの多様性要素の影響も考慮しなければならない。②に関して、アイヌは他国の先住民のように植民地主義や同化の歴史をたどりながらも、それを貫く力（復元力）があったため、アイヌ文化は今日に至っているといえる。③について、先住民文化はしばしば「伝統」と「進歩」のジレンマに直面している傾向があり、アイヌも、先祖代々の文化（儀式などを含めて）をそのまま継承したい人がいると同時に、アイヌ文化を現代風に発展させようとする人も少なくない。④として、先住地から離れて大都市に暮らすアイヌを取り上げると、日本のほかにグローバルな文化や生活様式の影響も受けており、日本人の結婚相手をはじめとして、多文化家族も珍しくなく、歴史が長い。⑤は、先住民に対する社会の中の固定概念や偏見・思い込みが当事者に影響を与えていることを意味し、否定的な場合は自己肯定感の低下をもたらす。たとえば、高度経済成長期から北海道観光が盛んになるにつれて、アイヌに対して「大地の上で調和のとれたエコの生活」のような肯定的なステレオタイプもあれば、「未開の野蛮な民族」という否定的なステレオタイプもある。このような思い込みは、アイヌに対する社会的な眼差しと当事者の心や生活にも複雑な影響を及ぼしている。

3）各レベルの実践

ミクロ・メゾ・マクロのそれぞれの実践レベルにおいて求められるアプローチは以下のとおりである。

i　ミクロ

個別支援において、**文化的な知識**（前述の歴史的・文化的な理解）のほかに、文化的な認識と文化的なスキルが必要である[20]。

文化的な認識は、自分の文化と違う文化に対する自己覚知と自己洞察からなる。先住民に対する偏見の自己分析や実践における自己内省が必要となる。なお、実践において先住民に対する謙虚な姿勢と、相手に学ばせてもらいたいという意識も重要である。先住民文化については、尊重と関心に加え、虚心と非審判的な態度が求められる。

文化的なスキルは、先住民文化に適した支援内容を選択し、支援計画の立案を含む。一般化された先住民文化ではなく、目の前にいる特定の当事者の文化からして適切と思われる支援内容を検討しなければならない。支援内容の検討にあたり、実際にその人のニーズと文化（アイヌ文化と日本文化のバランス）を把握する必要がある。そのためには、相手の生きた経験と自分のニーズに関する知識を認め、本人に聞き取る必要がある。

なお、先住民文化独自の支援内容、とりわけ伝統的な信仰に基づくものは、科学的な根拠に基づく専門的な支援の範囲を超えて、スピリチュアルな領域に該当するため、当事者がこのような伝統的な治療法などを求める場合、近代科学に裏付けられなくても、その選択を支持することが重要である。

ii　メゾ

コミュニティ実践において、先住民に関する一般論ではなく、実際にかかわっている先住民コミュニティの文化（価値観、習慣など）について学ぶことが原則である[21]。先住民の文化や伝統を尊重しながら、特定のコミュニティのリーダーに敬意を払い、コミュニティの自己決定を認める必要がある。信頼を得るためには、コミュニティのなかで自分の存在を知ってもらうことが前提であり、誠実で純粋な姿勢を開示し続けることが重要である。

コミュニティへの介入は、①地域開発、②社会計画、③ソーシャルアクションを含む[22]。①は、コミュニティオーガニゼーションの手法を活用して、コミュニティの構成員同士の関係強化と、連帯感の形成に取り組む。②では、コミュニティにおける今後のニーズの予測と、それらを充足できるサービス設計を目指す。直接的にかかわるよりも、コミュニティの構成員が社会計画の過程をたどれるように、支援者はコンサルタントの役割を果たす。③において、支援者はコミュニティのエンパワメントに向けて、たとえば行政のような外的アクターに対して対抗する・交渉する・対立を解消する力を、コミュニティが培えるように働きかける。

iii　マクロ

先住民のマクロ実践は**アドボカシー**を中心としており、①語られ方とイメージへの挑戦、②専門的責任の吟味、③芸術による働きかけ、④インターネットの活用、⑤声の代弁、⑥恐怖への対応にわたっている[23]。

①は、先住民に対する差別やステレオタイプに働きかけ、それを撤廃し、影響を軽減することで、社会における権力構造の改善につながる。②は、先住民にとって抑圧的な存在にならないように、特に公的な社会サービスにおいて雇用されている場合、専門職の立場や役割を意識することを意味する。③においては、先住民の権利獲得に向けた社会的な啓発として、音楽、演劇、美術、文学、映画などを活用する。④は、先住民に関する情報の社会的な普及と当事者に対する情報提供、また、当事者同士がつながる手段として支援者が身につけなければならない重要なスキルである。⑤にあたり、支援者は当事者に代わってではなく、当事者とともに先住民の権利を擁護・代弁すると同時に、当事者が自分の権利を自分で訴えられるように促進することも求められる。⑥は、先住民の権利保障がほかの人々の逆差別などにつながるという間違った世論に対する啓発等

の活動を含む。

4. 先住民に関する実践例

ここでは、当事者との**協働・パートナーシップ**のもとで行われた日本の社会福祉業界へのさまざまな働きかけによるアドボカシー実践について取り上げる[(24)]。

1）概要と背景

本実践の目的は、グローバル定義の日本展開にも先住民、とりわけ日本のアイヌに関する内容が明記されるようになることであった。アドボカシー実践は、日本の展開案作成ワーキンググループを働きかけの主な対象とし、首都圏のアイヌ・コミュニティと協働しながら展開された。

グローバル定義の日本展開に関連内容を含める必要があった背景として、専門的なものと社会的なものがあった。専門的な背景は、グローバル定義に「地域・民族（特に先住民）固有の知」の概念が入り、先住民の課題に焦点が当たっていることである。また、2016年に採択されたグローバル定義のアジア太平洋における地域展開も、「当地域（特に先住民）固有の歴史と植民地化の歴史」を認め、「民族（特に先住民）固有の知とローカルな知」を重視している[(25)]。なお、社会的な背景には、アイヌの先住性に関する法的な背景と歴史的な背景、そしてアイヌ人口の規模とアイヌに関する課題を示す統計などが含まれる。

2）展開過程と成果

アドボカシーの具体的な手法として、シンポジスト報告、オープンレター作成、パブリックコメント提出が活用された。

ワーキンググループが開催したシンポジウムにおいて、アイヌに関するソーシャルワークについて報告し、前述の背景に基づいて、グローバル定義の日本展開にも先住民に関する内容を追記するように提案された。報告に先立って、その内容について、当事者と数回の打ち合わせと確認が行われた。それに加え、ワーキンググループの設置団体であった社会福祉専門職団体協議会と日本社会福祉教育学校連盟宛てに『展開を考えるにあたって忘れないで欲しいこと』というタイトルで、当事者によるオープンレター（公開状）が作成された。そのなかで、首都圏のアイヌ団体の事務局長が簡単な自己紹介を経て、約20年にわたるアイヌ相談実践歴に基づいた課題意識を共有し、ソーシャルワーカーにアイヌを知ってほしい、働きかけてほしいという思いを伝えた。最後に、公開された日本展開案に対して、パブリックコメントが提出され、その内容が当事者の意見を忠実に反映するために、首都圏のアイヌ活動家（2団体より計４人）と協議検討が繰り返され、コメントに名前が明記された。

グローバル定義の日本展開の最終版に照らし合わせると、本アドボカシー実践におけるさまざまな働きかけや要望の主張は、次のような成果があった[(26)]。日本展開において、「日本人」や「我が国」などではなく、「日本で暮らす人々」や「日本に住む全ての人々」のように、より包摂的な表現が使われた。そして、文内は、「差別や抑圧の歴史」が認められ、「多様な文化を尊重した実践」について強調された。また、上記のような先住民に関する内容を含めて、グローバル定義とアジア太平洋展開の精神を、日本展開も継承していることが明記された。

注

(1) United Nations Permanent Forum on Indigenous Issues, Who are Indigenous Peoples?, United Nations, 2006.
(2) United Nations Development Programme, 10 Things to Know about Indigenous Peoples, United Nations, 2021.
(3) International Association of Schools of Social Work, International Federation of Social Workers, Global Definition of the Social Work Profession, International Association of Schools of Social Work, International Federation of Social Workers, 2014.（日本社会福祉教育学校連盟・社会福祉専門職団体協議会訳『ソーシャルワーク専門職のグローバル定義』国際ソーシャルワーク学校連盟・国際ソーシャルワーカー連盟、2015年）

（4）Virág Viktor『多様性時代のソーシャルワーク――外国人等支援の専門職教育プログラム』中央法規出版、2018年
（5）Virág Viktor「アイヌ・ソーシャルワークにおけるアドボカシー実践――グローバル定義のナショナル展開プロセスにおける首都圏先住民族コミュニティとの協働」『ソーシャルワーカー』第18号、35～46頁、2019年
（6）Virág Viktor, Contemporary Marginalization of the Indigenous Ainu People in view of the History of Colonization and Assimilation,『日本社会事業大学研究紀要』第66号、153～164頁、2020年
（7）内閣官房「アイヌ政策のあり方に関する有識者懇談会報告書」2009年
（8）Virág Viktor「ソーシャルワーク専門職のグローバル定義と先住民族アイヌの福祉――国際専門職団体の立場と国内状況」『ソーシャルワーカー』第14号、27～44頁、2015年
（9）北海道環境生活部「北海道アイヌ生活実態調査」2017年
(10) United Nations Commission on Human Rights, Report of the Special Rapporteur on Contemporary Forms of Racism, Racial Discrimination, Xenophobia and Related Intolerance, United Nations Commission on Human Rights, 2006.（反差別国際運動日本委員会仮訳「現代的形態の人種主義、人種差別、外国人嫌悪および関連する不寛容に関する特別報告者の報告書」国際連合人権委員会、2006年）
(11) 東京都「東京在住ウタリ実態調査報告書」1989年
(12) 日本学術会議地域研究委員会人類学分科会『アイヌ政策のあり方と国民的理解』日本学術会議、2011年
(13) United Nations Permanent Forum on Indigenous Issues, State of the World's Indigenous Peoples, United Nations, 2009.
(14) 北海道環境生活部「北海道アイヌ生活実態調査」2017年
(15) 小内透編『現代アイヌの生活と意識』北海道大学、2008年
(16) 内閣官房「北海道外アイヌの生活実態調査報告書」2011年
(17) Mel Grey, Michael Yellow Bird, John Coates, Toward an Understanding of Indigenous Social Work, Mel Grey, John Coates, Michael Yellow Bird eds. , Indigenous Social Work around the World: Towards Culturally Relevant Education and Practice, Ashgate, 49-58, 2010.
(18) Maria Yellow Horse Brave Heart, Incorporating Native Historical Trauma Content, Lorraine Gutierrez, Maria Zuniga, Doman Lum eds. , Education for Multicultural Social Work Practice: Critical Viewpoint and Future Directions, Council on Social Work Education, 201-211, 2004.
(19) Hilary N. Weaver, First Nations Peoples: Ethnic-Specific Communities of People, Krishna L. Guadalupe, Doman Lum eds. , Multidimensional Contextual Practice: Diversity and Transcendence, Thomson Brooks/Cole, 287-307, 2005.
(20) Hilary N. Weaver, Cultural Competence with First Nations Peoples, Doman Lum ed. , Culturally Competent Practice: A Framework for Understanding Diverse Groups and Justice Issues (4th Ed.), Brooks/Cole Cengage Learning, 223-247, 2011.
(21) Hilary N. Weaver, Organization and Community Assessment with First Nations People, Rowena Fong, Sharlene Furuto eds. , Culturally Competent Practice: Skills, Interventions, and Evaluations, Allyn and Bacon, 178-195, 2001.
(22) Eddie F. Brown, Bethney N. Gundersen, Organization and Community Intervention with American Indian Tribal Communities, Rowena Fong, Sharlene Furuto eds. , Culturally Competent Practice: Skills, Interventions, and Evaluations, Allyn and Bacon, 178-195, 2001.
(23) Linda Briskman, Social Work with Indigenous Communities: A Human Rights Approach (2nd Ed.), Federation Press, 2014.
(24) 前掲（5）
(25) Asian and Pacific Association for Social Work Education, International Federation of Social Workers Asia-Pacific Region, Amplification of the Global Definition for the Asia Pacific Region, Asian and Pacific Association for Social Work Education and International Federation of Social Workers Asia-Pacific Region, 2016.（日本社会福祉教育学校連盟・社会福祉専門職団体協議会訳「ソーシャルワーク専門職のグローバル定義のアジア太平洋地域における展開」アジア太平洋ソーシャルワーク教育連盟・国際ソーシャルワーカー連盟アジア太平洋地域、2016年）
(26) 日本社会福祉教育学校連盟・日本ソーシャルワーカー連盟「ソーシャルワーク専門職のグローバル定義の日本における展開」日本社会福祉教育学校連盟・日本ソーシャルワーカー連盟、2017年

参考文献

- Virág Viktor「先住民に対する国際ソーシャルワークの実践」『国際ソーシャルワークを知る――世界で活躍するための理論と実践』中央法規出版、133～154頁、2022年

12 開拓的な社会福祉実践
③ LGBTQ 等の性的マイノリティの理解および支援

Virág Viktor（ヴィラーグ ヴィクトル）

1. LGBTQ 等の理解

性的マイノリティとは、「男性を好きになる女性」と「女性を好きになる男性」という社会の二分法的な枠組みに当てはまらない多様な性（セクシュアリティ）のあり方をもつ人々が含まれる。性的マイノリティの権利は人権であるが、このような「**性の多様性**」のほとんどの要素は、より広範囲の「人間の多様性」のしばしば外見上だけではわからない内的側面の一部であるため、特別な配慮を要する。

セクシュアリティ（性）は、そのあり方を問わず、すなわちマイノリティとマジョリティを含めて、本人の情緒・思考・行動のみでなく、社会福祉特有の人と環境の相互作用に注目する枠組みを通じて、（発覚した場合に）周囲の人々によるその人に対する感じ方・考え方・扱い方にも大きく影響している。そして、性的マイノリティの場合は、厳しい抑圧（偏見、先入観、差別）とさまざまな社会的な排除につながる可能性がある。

1）概念的な理解

日本において、社会福祉士等を含むソーシャルワーカーの倫理綱領は、人々を全人的な存在として捉える原理を定めている(1)。これは、生物的、心理的、社会的、文化的、スピリチュアルな次元の理解を含む。この枠組みによって、性のあり方を以下の五つの要素に分けることができる。

① 生物的な次元：**身体的な性別**、つまり「体の性別」

② 心理的な次元：**性的アイデンティティ**、つまり「心の中の性別」

③ 社会的な次元：**性行動**、つまり「性的な関係をもつ相手の性別」

④ 文化的な次元：**ジェンダー表現**、つまり「振る舞い方の性別」

⑤ スピリチュアルな次元：**性的指向**、つまり「恋愛対象の相手の性別」

i 全人的にみるセクシュアリティ

これらの軸に沿って、多様な性のあり方について**表1**のように整理できる(2)。ただし、このまとめ方はあくまでも簡単な典型例を示すモデルであり、実際に人間の性のあり方はさらに多様であるため、載っていない組み合わせ、すなわち性のあり方もあり得る。また、現実にはそれぞれの要素も二択ではなく、むしろスペクトラムであり、かつライフコースのなかで変わる場合もあるため、流動的な性質をもつ。

ii 多様な性のあり方

表1における a）と b）は異性愛者で、かつ「体の性別」と「心の性別」も一致しているいわゆるシスジェンダーの女性と男性で、要するに性的マジョリティである。c）はレズビアン【L】、d）はゲイ【G】、e）と f）はバイセクシャル【B】の女性と男性というセクシュアリティであり、性的マイノリティの位置づけになる。なお、主に性的指向を指す「同性愛」と「同性とセックスすること」は必ずしも同じことではなく、異性愛者でも同性との性行動の経験をもっていることは珍しくない（例えば、思春期において、あるいは女子高校・男子高校や刑務所などのように異性がいない特殊な環境のもとで）。表では、g）と h）のパターンになるが、特に保健分野において WSW（women who have sex with women）と MSM（men who have sex with men）

表1　全人的な枠組みで捉えた性の多様性

性のあり方	全人的枠組みの次元とセクシュアリティの要素				
	【生物的】身体的な性別	【心理的】性的アイデンティティ	【社会的】性行動（の相手）	【文化的】ジェンダー表現	【スピリチュアル】性的指向（の対象）
a)　異性愛女性	女性	女性	男性	女性	男性
b)　異性愛男性	男性	男性	女性	男性	女性
c)　同性愛女性	女性	女性	女性	女性	女性
d)　同性愛男性	男性	男性	男性	男性	男性
e)　両性愛女性	女性	女性	女性と男性	女性	女性と男性
f)　両性愛男性	男性	男性	女性と男性	男性	女性と男性
g)　同性とセックスする女性	女性	女性	女性と男性	女性	男性
h)　同性とセックスする男性	男性	男性	女性と男性	男性	女性
i)　トランスジェンダー MtF	男性	女性	?	女性	?
j)　トランスジェンダー FtM	女性	男性	?	男性	?
k)　X ジェンダー MtX	男性	その他	?	その他	?
l)　X ジェンダー FtX	女性	その他	?	その他	?
m)　トランスセクシュアル MtF	（男性→）女性	女性	?	女性	?
n)　トランスセクシュアル FtM	（女性→）男性	男性	?	男性	?
o)　クエスチョニング女性	女性	?	?	?	?
p)　クエスチョニング男性	男性	?	?	?	?
q)　インターセックス	女性と男性	?	?	?	?
r)　アセクシュアル女性	女性	女性	−	女性	?
s)　アセクシュアル男性	男性	男性	−	男性	?
t)　アロマンティック女性	女性	女性	?	女性	−
u)　アロマンティック男性	男性	男性	?	男性	−
v)　パンセクシュアル女性	女性	女性	女性と男性とその他	女性	女性と男性とその他
w)　パンセクシュアル男性	男性	女性	女性と男性とその他	男性	女性と男性とその他

という用語が使われる。

続いて、i）からn）は性的指向や性行動よりも、身体的な性別と性的アイデンティティ、またジェンダー表現をめぐるマイノリティ性のパターンである。i）とj）は、生まれながらの「体の性別」と「心の性別」が異なるトランスジェンダー【T】というあり方で、アイデンティティはMtF（male to female）の場合に男性から女性へ、FtM（female to male）の場合に女性から男性へと移行している。また、k）とl）の「Xジェンダー」は日本の当事者コミュニティにおける独自の概念で、女性でも男性でもない性的アイデンティティをもつことである（英語ではnon-binaryが近い表現になる）。なお、アイデンティティ（「心の性別」）とジェンダー表現（振る舞い方の性別）だけではなく、たとえば性適合手術によって身体的な性別（「体の性別」）まで変わる場合、m）とn）のように「トランスセクシュアル」という表現を使うことがある。

次に、表のo）とp）は、生まれながらの女性と男性を想定して、クエスチョニング【Q】、つまりセクシュアリティの要素のどれかについて悩んでいる、模索中である例である。一定の確率で生まれるq）のインターセックス【I】の人々は、出生時に両性の身体的な特徴をもっているが、性別選択という自己決定権や暴力対象などの人権侵害の特にハイリスクのマイノリティ集団であると国際連合（以下、国連）も指摘している[(3)]。

最後に、「無性愛者」を意味するr）とs）のアセクシュアル【A】は、性的な関係に関心のない、性行動を望まないという性のあり方である。場合によっては、t）とu）のアロマンティックのあり方が区別されるが、身体的な関係はもつかもしれないが、恋愛関係をもたないという意味である。そして、v）とw）のパンセクシュアル【P】は、相手として女性と男性、またその他（たとえばXジェンダーなど）も選ばれる場合を示す。

これらのすべてのセクシュアリティのあり方を、英語の頭文字を合わせて「LGBTQIAP＋」と表す場合があり、「＋」はその他の多様な性のあり方の存在を示している。なお、ここでは「LGBTQ等」という略式表記を使うが、漢字の「等」は同じくその他の存在を表している。

2）人口規模

上述のようなLGBTQ等の性的マイノリティについて、自己申告などの調査手法によってその人口比を把握することは困難であるが、直近の詳細な国内調査では次のような結果となっている[(4)]。性的指向については、同性愛者（LG）は0.4％、両性愛者（B）は1.8％、無性愛者（A）は0.9％になっており、さらに5.6％の人は「決めたくない・決めていない」（Q）と答えている。また、性的アイデンティティについては、0.6％はトランスジェンダー（T）と名乗っている。これらを合わせると、9.3％、つまり約10～11人に1人という人口割合になる。

2. LGBTQ等が直面しやすい課題

国際ソーシャルワーカー連盟（以下、IFSW）は、LGBTQ等について、「性的指向とジェンダー表現に関する方針文書」を発行している[(5)]。これは、主な国際的な課題として、①同性愛関係等の犯罪扱い、②医療等専門職による性的マイノリティ性の病理扱い、③宗教等における罪の意識、④LGBTQ等に対する社会の中の文化的な偏見、また、⑤交差性の問題（intersectionality、すなわち性的マイノリティ性に加えて、たとえば障害や人種・民族などのほかのマイノリティ性が加わった複合的な差別）を指摘している。

1）グローバルな動向

ここでは詳細なデータを割愛するが、国連がLGBTQ等の人々の人権擁護のために展開している「自由で平等」というキャンペーンが必要な理由として、人権高等弁務官事務所は、当事者を取り巻く世界的な状況について以下のようにまとめている[(6)]。

「世界中の国々の半分以上は、同意に基づいた同性愛関係を何らかの形で犯罪扱いしているが、これは偏見を生むのみでなく、何百万人の当事者を恐喝・逮捕・拘束などの危険にさらす。多くの国は、トランスジェンダーの人々に対して、医療的処置や不妊手術、その他の過剰な負担のかかる条件を強要したうえでしか性的アイデンティティに合った法的身分を認めていない。インターセックスの子どもたちは、しばしば不要な手術の対象とされてしまい、それらによる身体的・心理的な苦痛を受けている。多くの場合、不十分な法的な保護が敵対的な世論と相まって、レズビアン、ゲイ、バイセクシャル、トランスジェンダー、インターセックスなどの人々に対する幅広い差別をもたらしている。これらは、就労者の解雇、生徒のいじめや退学処分、患者に対しては保健医療サービスの提供拒否などを含む」（筆者訳）

2）国内の動向

日本でも、LGBTQ等が直面しやすい課題の背景として、社会や家族の中の偏見と差別がある。たとえば、同性間の恋愛感情が認められつつありながらも、性行為に対する抵抗感はまだ強い(7)。また、性的指向にしても、性的アイデンティティとジェンダー表現にしても、残念ながら身近な人（自分の同僚、友人、子ども）ほど、マイノリティ性への抵抗感が高い傾向がある。なお、学校でも成人後も、暴力を含む差別言動を経験している当事者が少なくない。

これらの背景も踏まえ、直面する課題の中には、自分のセクシュアリティについて安心して相談できる身近な相手（保護者や教員）の不在が取り上げられる(8)。実際に、不登校や仕事関連の困難・ハラスメントを報告する人も少なからずいる。その結果、実質的な生活困窮やメンタルヘルスの課題の高い経験率も目立つ。後者は、自殺や自傷まで含む。

支援の課題として、サービス利用の不安や困難経験が挙げられる(9)。相談しない理由として、安心して相談できる場所の欠如とサービスにおける差別・ハラスメントに対する恐怖が指摘される。したがって、課題を抱えても、サービスを利用しない選択をとる当事者も多い(10)。具体的な困難経験として、支援者の無理解、包摂的でないサービス環境、LGBTQ 等にとっての安全性の周知不足が報告されている。最終的に、安心して支援を受けられないこのような状況は、さらなる課題の深刻化や状態の悪化をもたらす。

3. LGBTQ 等に関する実践原則

「ソーシャルワーク専門職のグローバル定義」は、多様性尊重を中核的な原理の一つに明記しており、その注釈では、性的指向等に基づく抑圧への取り組みを専門職の中核的な任務の中に位置づけている(11)。同じく、本定義の日本展開は、性（セクシュアリティのあり方）などにかかわらず、つながりを実感できる社会への変革と包摂の実現に向けての協働について述べている(12)。また、グローバル倫理原則声明は、性的アイデンティティ、性的指向、家族構成、配偶関係などに基づく差別への挑戦や性的マイノリティの権利を侵害・制限する文化的な慣行を認識し、それについて問題提起する責任を定めている(13)。日本の社会福祉専門職の倫理綱領と行動規範にも該当箇所がある(14)(15)。

なお、前述の IFSW 方針文書は、特に注意が必要な実践領域として、①生命・自由・安全への権利、②対人暴力、③経済格差、④健康格差、⑤HIV/AIDS、⑥青少年と教育の六つを挙げており、上記の国内の課題の傾向とも共通する点が多い。これらを踏まえて、実践において構造的な問題に働きかける反差別的な実践と、当事者への配慮に焦点をおく文化的な力量の両アプローチの原則が重要になる。

1）反差別的な実践

本支援アプローチでは、ミクロの生きづらさの背景にあるメゾとマクロの各種差別などに注目し、働きかけ、挑戦する(16)(17)。たとえば、**ホモフォビア**（同性愛者嫌悪）、**バイフォビア**（両性愛者嫌悪）、**トランスフォビア**（トランスジェンダー嫌悪）、**ヘテロセクシズム**（異性愛中心主義、すなわち同性愛排除）や**ヘテロノルマティビティ**（異性愛規範）、**シスセクシズム**（シスジェンダー中心主義、すなわちトランスジェンダー排除）などの差別的な感情・考え方が含まれている。

なお、ここで注目するのは個人による意図的な差別行為よりも、しばしばその原因ともなる、意識されにくい社会の中の構造的な差別である。このような差別の仕組みは、①制度的な差別、②文化的な差別、③個人的な差別、④専門的な差別、⑤内在化された差別を含む。①は、LGBTQ 等の人々の法制度や社会サービスなどからの排除を意味する。②は、異性愛やシスジェンダーを基準とするあらゆる社会・文化的な規範が背景にある。③は、このような構造的な要因（社会の中にある「当たり前」）に影響を受ける個人による差別行為である。④は、対人援助専門職の歴史のなかでみられてきたLGBTQ 等に対する欠陥論的な病理化や医学化の傾向を指し、社会福祉実践のなかでは特にその危険性を認識しなければならない。⑤は、社会にある差別や偏見（さまざまな否定的なメッセージなど）に由来する当事者の自己肯定感の低下等の問題について指摘している。

これらの構造的な背景をもつ各種差別は深刻なストレス要因だけでなく、実質的に当事者が相当な社会的な不利益を被る原因ともなる。そのため、LGBTQ 等に関する実践では、権利擁護や啓発活動を通じて、このような差別の当事者へのネガティブな影響を軽減しながら、社会・世論・専門職業界からの差別や無知の撤廃に向けて、各種レベルで構造的な働きかけが求められる。

2）文化的な力量

文化的な力量は、文化の異なる実践場面において効果的に実践できる認識・知識・スキルの集合体である(18)。このアプローチは、文化を広義に捉え、サブカルチャーやマイノリティとしての LGBTQ 等の支援も含まれる。

以下は、性的マイノリティを支援するために求められる文化的な認識、文化的な知識、文化的なスキルの基本について整理されている(19)(20)(21)。

i　文化的な認識

LGBTQ 等を支援するために必要な文化的な認識は、**自己認識**と**他者認識**に分けられる。前者は、支援者自身がもつ性の各要素に対する自己覚知と、家庭環境や社会などの背景を踏まえて、今までの人生において自分のセクシュアリティが形成されてきた過程の意識化を含む。後者は、性のあり方が異なる人々に対する自分の態度への気づきと、同じく家庭環境や社会などの背景を踏まえて、今までの人生において性のあり方が異なる人々に対する自分の態度が形成されてきたプロセスの自己分析を意味する。

支援者がもつこれらの意識や態度は、当事者との関係形成をはじめとして、支援そのものを大きく左右するため、それらが自分の実践に及ぼす影響まで把握する自己省察が重要である。

ii　文化的な知識

性的マイノリティに関する文化的な知識は、たとえばここでも挙がっている性の多様性に関する各種用語の理解が前提である。また、当事者コミュニティ（特に支援者が実際に担当する分野・地域における LGBTQ 等の人々）の人口統計的な特徴を知り、さまざまな生活課題や社会問題の抱えやすさなどの傾向を示す社会指標を把握しなければならない。そして、セクシュアリティに関して社会の中にある「当たり前」（さまざまな「べき論」など）を疑う**クリティカル・シンキング**の視点を身につけることが求められる。

当事者コミュニティについては、統計データだけではなく、集団史、特に社会の中で受けてきた抑圧や差別の歴史を理解することが重要である。なお、性に関する多様な価値観について知り、受容することが LGBTQ 等の支援において不可欠である。さらに、性的マイノリティにとって使いやすい・使いにくい社会資源や制度を把握しなければならない。最後に、セクシュアリティに関するさまざまな理論について学び、支援において応用できるようになることが必要である。

iii　文化的なスキル

LGBTQ 等に関する特有の関係構築スキル、アセスメント・スキル、介入スキルは、たとえば以下のようなものがある。

関係構築においては、第一に、「すべての要支援者が性的マジョリティである」という異性愛とシスジェンダーの想定を避けることが最も重要である。また、バイステックの個別支援の7原則の中で、特に非審判的態度、受容、秘密保持、そして自分の性のあらゆる要素を自分で定義する権利を含む性的マイノリティの自己決定権が重視される。当事者が安心できる、LGBTQ 等も利用者として歓迎されていると感じられる包摂的な施設・機関環境の整備も求められる。そのためには、口頭や書面の言葉づかい（たとえば、性別欄には「その他」を選択肢として設ける、「パートナー」のようになるべく中立的な単語を使うなど）、待合室のインテリアなどの設備等を通して、性的マイノリティに対しても肯定的な言語・非言語メッセージを発信しなければならない（LGBTQ 等フレンドリーのロゴマークやシールの提示がそのよい例である）。

また、アセスメントの段階では、利用者のセクシュアリティが、抱えている問題（つまり支援が必要な課題）にどの程度の影響を及ぼしているかを判断することが必要である。そのなかで、性的マイノリティならではのヴァルネラビリティとリスク要因と同時に、特有のレジリエンスと社会資源（個人とコミュニティのストレングスなど）の把握も重要である。要注意の領域の一例として、家族が挙げられる。関係が悪くなりがちな**出身家族**（実家など）とともに、場合によってさらに頼りになる**選択家族**（パートナーなど）との関係性についてもアセスメントの対象となる。

最後に、介入（支援実施）は、アセスメントに沿って、性の多様性が問題に影響を及ぼす・及ぼさない場合によって個別化の原則のもとで行われる。しかし、LGBTQ 等は社会の中で一般的に被抑圧状態にあることが多いため、ミクロ・メゾ・マクロの各レベルでエンパワメントおよびアドボカシー手法の活用が想定される。

なお、専門職として、特に①ブローカー（仲介者）機能、②イネーブラー（後援者）機能、③エデュケーター（教育者）機能、④メディエーター（媒介者）機能が強調される。①では、LGBTQ 等にとって使いやすい社会資源の紹介と新たなソーシャルサポートシステムの構築を行う。②は、当事者が自身のストレングスやレジリエンスへの気づきと自己肯定感の向上を促進させることが中心になる。③は、問題（差別）への新しい対処法を身につけるための支援を意味する。④には、対立解消と権利擁護などによる差別への挑戦が含まれる。

3）実践の基本姿勢

社会福祉実践においては、支援を受ける人が必ずしも性的マジョリティであるという想定（異性愛中心主義・シスジェンダー主義）を避けると同時に、性的マイノリティは必ずしも支援を要するという想定（病理化）も回避しなければならない。なお、当事者をどのように特定・発見できるか（カミングアウトさせるか）に注目するよりも、オープンで安全な居場所（当事者が希望すればカミングアウトしやすい社会環境）の整備が重要である。したがって、セクシュアリティについて本人に確認する場合は、いわゆる**継続的なカミングアウト**の負担（つまり、支援者を含めて、当事者が新しい人に出会うたびに自分の大事な一部を自己開示しなければならないことに起因するストレス）を軽減させるために、その専門的な理由の明確化が求められる。

4. LGBTQ 等に関する実践の現状

最後に、日本の当事者と支援者への調査からみえる LGBTQ 等にとって利用しやすいサービスと、現場においてまだまだ課題となっている対応等は以下のとおりである。

1）当事者が望む支援

特定の分野ではあるが、アンケートに回答した当事者が望む福祉等サービスのあり方について**図1**でまとめている。このように LGBTQ 等の人々も利用しやすい支援の背景には、支援者が示す先述のような実践の基本姿勢がある。具体的に、相談者・利用者がセクシュアリティについて支援者に伝えることができた理由として、調査では支援者が、特に人権テーマや多様性への理解と、自身が**アライ**（ally、LGBTQ 等の理解者）であることの**自己開示**を取り上げている[22]。つまり、理解そのものを超えて、それを当事者に実際に示したこと、すなわち理解を開示する重要性が強調されている。

2）残されている実践課題

一方、調査時点の 2023 年現在、まだ支援の課題も多いことがわかる[23]。そもそも、LGBTQ 等の支援経験を認識し、報告している実践者は、半分以

図 1　LGBTQ 等にとって利用しやすい行政・福祉サービス

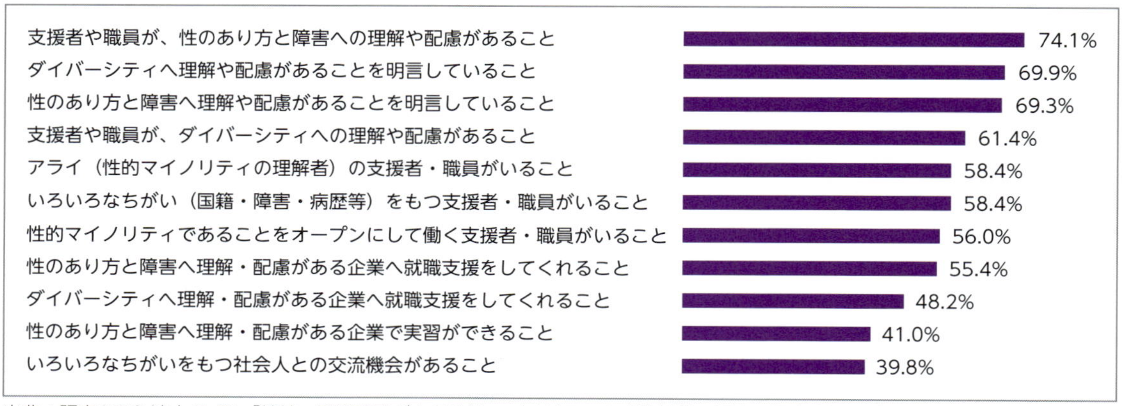

出典：認定 NPO 法人 ReBit『精神・発達障害がある性的マイノリティの求職活動に関する調査速報』プレスリリース、2021 年

図 2　不十分／不適切と感じた自分の支援経験

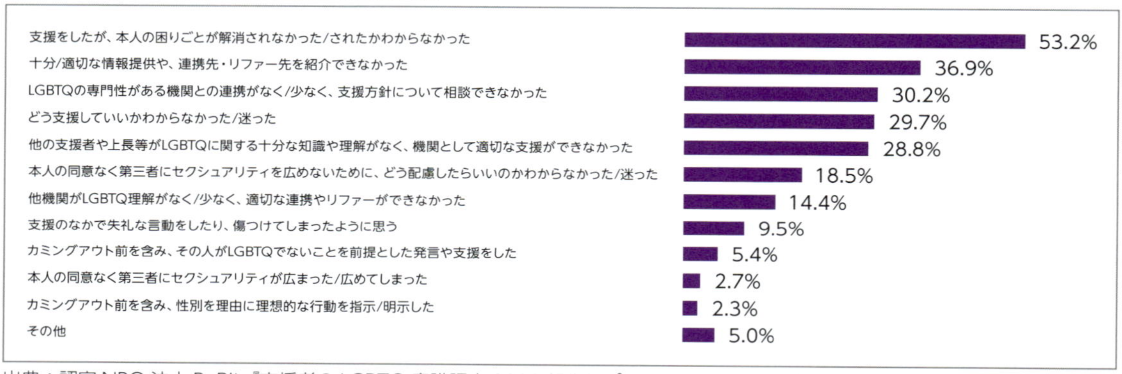

出典：認定 NPO 法人 ReBit『支援者の LGBTQ 意識調査 2023 報告』プレスリリース、2023 年

下（48.2%）にとどまっている。もちろん、人口割合からすると、実際はもっと多くの支援者が実践のなかで LGBTQ 等の利用者等と出会っているはずであるため、上記の反差別的な実践が注目する構造的な要因（各種差別等）による不可視化の影響が強いと考えられる。

また、支援現場における問題も少なからず残されている実態がある。調査対象の支援者の約 9 割（89.6%）は、「十分／適切な支援ができなった」、自分の対応にとりわけ**図 2** のような課題があったと感じている。そして、約 7 割（72.0%）は、ほかの支援者による**図 3** のような不適切な言動を見聞きしたことがある。これからの実践現場では、このような支援者側の課題と向き合い、乗り越えなければならない。

注

（1）日本ソーシャルワーカー連盟『ソーシャルワーカーの倫理綱領』2020 年

（2）Virág Viktor, LGBT Issues and Social Work Responses: International Standards and Practice Principles,『長崎国際大学論叢』第 20 号、65 ～ 75 頁、2020 年

（3）OHCHR, *United Nation for LGBT Equality Factsheets*, Office of the United Nations High Commissioner for Human Rights, 2019.

（4）釜野さおりほか『家族と性と多様性にかんする全国アンケート結果概要』JSPS 科研費 JP21H04407「性的指向と性自認の人口学――全国無作為抽出調査の実施」研究チーム（代表：釜野さおり）、2023 年

（5）IFSW, *Policy Statement on Sexual Orientation and Gender Expression*, International Federation of Social Workers, 2014.

（6）OHCHR, United Nation's Free & Equal, Office of the United Nations High Commissioner for Human Rights, 2013.

（7）釜野さおりほか『大阪市民の働き方と暮らしの多様性と

図３　他の支援者の不適切な言動を見聞きした経験

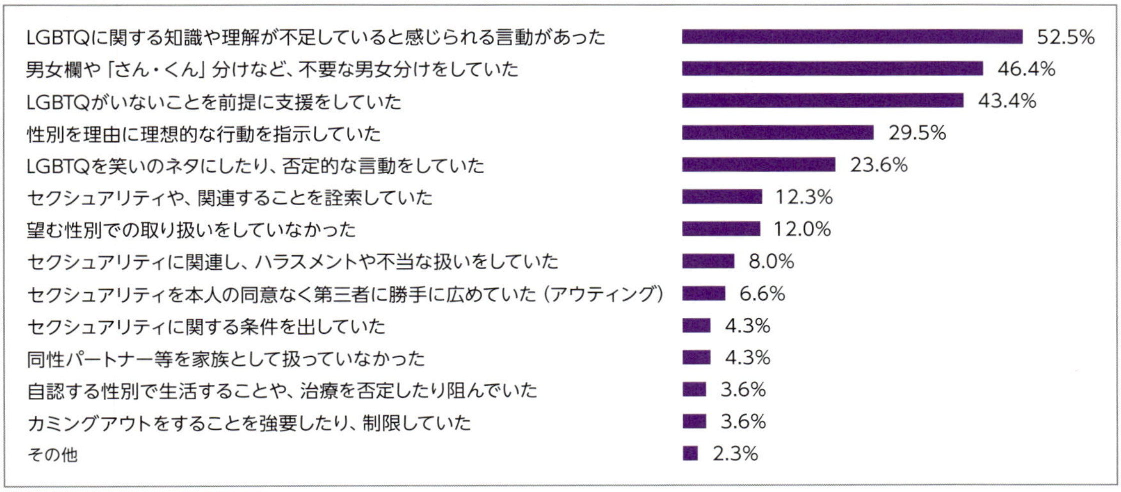

出典：認定 NPO 法人 ReBit『支援者の LGBTQ 意識調査 2023 報告』プレスリリース、2023 年

共生にかんするアンケート報告書（単純集計結果）』JSPS 科研費 JP16H03709「性的指向と性自認の人口学――日本における研究基盤の構築」・「働き方と暮らしの多様性と共生」研究チーム（代表：釜野さおり）、2019 年

(8) 認定 NPO 法人 ReBit『LGBTQ 子ども・若者調査 2022 速報』プレスリリース、2022 年

(9) 認定 NPO 法人 ReBit『精神・発達障害がある性的マイノリティの求職活動に関する調査速報』プレスリリース、2021 年

(10) 認定 NPO 法人 ReBit『LGBTQ 医療福祉調査 2023 結果』プレスリリース、2023 年

(11) International Association of Schools of Social Work, International Federation of Social Workers, *Global Definition of the Social Work Profession*, International Association of Schools of Social Work, International Federation of Social Workers, 2014.（日本社会福祉教育学校連盟・社会福祉専門職団体協議会訳『ソーシャルワーク専門職のグローバル定義』国際ソーシャルワーク学校連盟・国際ソーシャルワーカー連盟、2015 年）

(12) 日本社会福祉教育学校連盟・日本ソーシャルワーカー連盟『ソーシャルワーク専門職のグローバル定義の日本における展開』2017 年

(13) IASSW, Global Social Work Statement of Ethical Principles, International Association of Schools of Social Work, 2018.（日本ソーシャルワーク教育学校連盟仮訳『ソーシャルワークにおける倫理原則のグローバル声明』国際ソーシャルワーク学校連盟、2018 年）

(14) 日本ソーシャルワーカー連盟『ソーシャルワーカーの倫理綱領』2020 年

(15) 公益社団法人日本社会福祉士会「社会福祉士の行動規範」2021 年

(16) Flavio Francisco Marsiglia, Stephen S. Kulis, *Diversity, Oppression, and Change: Culturally Grounded Social Work*, Lyceum, 2009.

(17) Neil Thompson, *Anti-Discriminatory Practice: Equality, Diversity and Social Justice (5th ed.)*, Palgrave Macmillan, 2012.

(18) Doman Lum, *Culturally Competent Practice: A Framework for Understanding Diverse Groups and Justice Issues（4th ed.）*, Brooks/Cole Cengage Learning, 2011.

(19) C. T. Tully, Gay and Lesbian Persons, Alex Gitterman ed. , *Handbook of Social Work Practice with Vulnerable and Resilient Populations (2nd ed.)*, Columbia University, 582-650, 2001.

(20) C. T. Tully, Cultural Competence with Lesbian, Gay, Bisexual, and Transgender Persons, Doman Lum ed. , *Culturally Competent Practice: A Framework for Understanding Diverse Groups and Justice Issues (4th ed.)*, Brooks/Cole Cengage Learning, 415-436, 2011.

(21) K. L. Walters, J. F. Longres, C. Han et al. , Cultural Competence with Gay and Lesbian Persons of Color, Doman Lum ed. , *Culturally Competent Practice: A Framework for Understanding Diverse Groups and Justice Issues (3rd ed.)*, Brooks/Cole Cengage Learning, 389-426, 2007.

(22) 認定 NPO 法人 ReBit『支援者の LGBTQ 意識調査 2023 報告』プレスリリース、2023 年

(23) 同上

Ⅸ　社会福祉の国際的展開

概　説

柴田謙治

1. Ⅸ「社会福祉の国際的展開」を設定する意義

Ⅰ「社会福祉学の思考軸」で述べられたように、日本の社会福祉学の歴史研究では、イギリスやアメリカ、そしてスウェーデンなどを社会福祉の先進国ないしは典型国として位置づけ、それらの国における社会福祉の成立・展開のありようを基準として比較や分析が行われてきた。

また、対象論がイギリスの貧困研究やソーシャルニード論の、政策論がドイツやイギリスの社会政策論の影響を受けて発展してきたことは周知の事実である。そして支援の主要な方法であるソーシャルワーク論はアメリカやカナダから取り入れたものであるし、運営論は戦後期にはアメリカのソーシャルワーク論の一つであるソーシャルアドミニストレーションを取り入れ、低成長期にはイギリスのソーシャルポリシー論の下位にあるソーシャルアドミニストレーションを取り入れて発展してきた。

このように日本の社会福祉学には、外国の社会福祉理論から概念や定義、分析視角や研究方法などから刺激を受けて成立してきたという経緯がある。

2. Ⅸ「社会福祉の国際的展開」の編集方針

それでは『エンサイクロペディア社会福祉学』では社会福祉の国際性について、どのように取り扱うことができるのだろうか。初版では、Ⅺ「世界の社会福祉」という大項目のもとに、1「総説」、2「各国・地域の社会福祉」、3「社会福祉の国際比較」、4「国際社会福祉の展開」、5「国内における国際社会福祉問題」という中項目を設けて、国外の社会福祉、国境を超えた福祉国家論と社会福祉実践、国内でみられる国際的な社会福祉の課題と対応を網羅していた。

小項目中心の辞書的な性質も備えていた初版では、2「各国・地域の社会福祉」において、イギリス、デンマーク、スウェーデン、ノルウェー、フィンランド、フランス、ドイツ、オーストリア・スイス、オランダ・ベルギー・ルクセンブルグ（ベネルクス諸国）、イタリア、アメリカ、カナダ、オーストラリア、ニュージーランド、ロシア、東欧諸国（ポーランドを中心に）、中国、韓国、東南アジア（タイ）、東南アジア（シンガポール、ベトナム、マレーシア）、南アジア（インドを中心に）、中央アジア諸国（モンゴルを中心に）、アフリカ諸国（エジプトを中心に）、ラテンアメリカ諸国という24の小項目を収載し、幅広い国々をカバーする構成としていた。

その後「国外の社会福祉」を論じた研究では、宇佐見耕一ほか編著『新 世界の社会福祉』（全12巻、旬報社）において、国別の社会福祉が紹介された。また「国境を超えた福祉国家論」である比較福祉国家論では、『現代福祉国家の国際比較――日本モデルの位置づけと展望』（日本評論社、1997年）をはじめとする埋橋孝文による著作や、『福祉国家の形成・再編と社会福祉政策』（中央法規出版、2006年）をはじめとする野口定久による著作、『後発福祉国家論――比較のなかの韓国と東アジア』（東京大学出版会、2008年）をはじめとする金成垣による著作などが刊行された。そして「国境を超えた社会福祉実践」については、本書初版の4「国際社会福祉の展開」を発展させた内容の著書として、木村真理子、小原眞知子、武田丈編著『国際ソーシャルワークを知る――世界で活躍するための理論と実践』

（中央法規出版、2022年）が刊行された。いずれも「世界の社会福祉」について論じた、貴重な研究成果である。これらの成果も踏まえつつ、あらためて本大項目の構成を次のように整理した。

前述のように、小項目中心であった初版では、Ⅺ「世界の社会福祉」は、1「総説」、2「各国・地域の社会福祉」、3「社会福祉の国際比較」、4「国際社会福祉の展開」、5「国内における国際社会福祉問題」を網羅して構成されており、国際情勢の不安定化もあるなかで、網羅的な視点の重要性も減じてはいない。このような国際的な環境の変化のなかで、ソーシャルワークのグローバル定義や社会正義などを、グローバルな視点で訴えていくことも重要である。

しかしその後の日本では、5「国内における国際社会福祉問題」が、重要な課題となってきたことも事実である。たとえばⅠ「社会福祉学の思考軸」では、支援活動の主体として外国籍の介護職従事者が期待されているというコンテクストのなかで、専門職者としての動機づけをもって活動できるような条件整備と専門職としての適切な位置づけ、地域社会の一員として定住できるような環境整備の重要性が指摘されている。

このような福祉職の人材という観点に加えて、今日の日本の大都市や地方都市などでは中国からの帰国者なども含めて、少なからぬ外国籍の人々が働き、生活しており、そのような人々と日本人による「地域共生社会の構築」が喫緊の課題である。このような課題に社会福祉の領域がどのようにアプローチするのかが問われている。また、難民や移民、貧困と格差などについても、国際的な課題として取り上げる必要がある。そして日本の社会福祉では、国際連合をはじめとする国際機関で採択された条約や権利にかかわる宣言などが政策決定に影響を与え、国内体制の整備につながることもあり、民間団体が国際機関に提出するカウンターレポートの影響も含めて、国際機関の役割や機能は重要である。このような理由により、第2編では大項目の名称を「世界の社会福祉」から「社会福祉の国際的展開」に変更し、「国内における国際社会福祉問題」に焦点を当てることとした。

3. Ⅸ「社会福祉の国際的展開」の構成

初版の5「国内における国際社会福祉問題」は①「国内における国際化の現状」、②「国内の外国人への支援」という小項目が設定され、前者では出入国者数や外国人登録数上位都道府県の国籍別割合、在留資格別外国人登録者数の推移などが紹介され、後者では異文化ソーシャルワークが紹介されていた。第2版では、初版の①「国内における国際化の現状」を継承・発展させて、最初にグローバル化時代における社会福祉の課題を確認し、次いで②「国内の外国人への支援」を発展させて、中国からの帰国者、難民、日系ブラジル人などの外国人労働者について、現状と社会福祉による支援を掘り下げることにした。そして最後に、国際機関の役割と機能について論じることにした。

1「グローバル化時代の社会福祉の課題」では、外国人労働者の雇用の現状と課題などが述べられている。2「中国からの帰国者をめぐる社会福祉問題」では、中国帰国者の定義と経緯、定着支援と課題などが述べられ、3「難民をめぐる社会福祉問題」では、インドシナ難民と条約難民、第三国定住難民の定住プロセスと生活のしづらさなどが述べられている。4「外国人労働者をめぐる社会福祉問題——日系ブラジル人を中心として」では、外国人労働者の歴史と日系ブラジル人の位置づけや現状、外国人労働者の社会福祉問題などが論じられており、5「国際機関（条約・宣言など）の役割と機能」では、国際連合の本部の役割や計画、基金、専門機関の活動などが説明され、主要なNGO（Non-Governmental Organization）についても紹介されている。

1 グローバル化時代の社会福祉の課題

原島　博

1. グローバル化のなかの日本社会

日本社会は、**グローバル化**の時代を通して、さまざまな国籍と民族的背景をもつ人々の暮らす社会へと変化している。

2023年末時点における中長期在留外国人数は312万9774人、特別永住者数は28万1218人で、これらを合わせた在留外国人数は341万992人となり、前年末（307万5213人）に比べ、33万5779人（10.9%）増加した[(1)]。

日本の産業の人手不足に対して、2023年10月時点の外国人労働者数は204万8675人で、前年比22万5950人増加し、届出が義務化された2007年以降、過去最高を更新し、対前年増加率は12.4%と、前年の5.5%から6.9ポイント増加している[(2)]。今日の外国人材の活用は少子高齢化による人材不足に対する政府の政策として位置づけられるようになった。明らかに日本社会に外国人の新たな移入の時代が始まっている。

1）外国人の移入と定住化

日本への**外国人の移入**の歴史を振り返る。まず1905年の韓国併合以降から太平洋戦争あたりに国家総動員法によって労働力として来日した**オールドカマー**の韓国・朝鮮人とその家族、そして、戦後、祖国に生活の基盤のない韓国・朝鮮人は日本に残留し、在日韓国・朝鮮人となった。戦後、在日韓国・朝鮮人は外国人として扱われ、日本の社会保障や福祉制度の対象とされず、その立場は、日本政府が難民条約を批准するまで続いた。1980年代に入り、日本政府によるインドシナ難民（ベトナム、カンボジア、ラオス）の受け入れ、また、この時期に日本の好景気に引き寄せられ来日したアジア系外国人が急増し、同時期に、豊かさにあこがれるアジアの女性たちが日本を目指して国際結婚ブームが起こった。さらに、中国との国交回復により、1981年に初めて「残留孤児訪日調査団」が来日し、以降1999年まで30回にわたり肉親との血縁関係確認のための訪日が続き、帰国できた孤児とその家族・親族の日本定住が進んだ。1990年代には、人手不足を補うため、日系人に対して就労可能な在留資格が発給され、日系ブラジル・ペルー人が日本の製造業を支えた。このように日本社会はオールドカマーから**ニューカマー**の時代へと変遷していった。バブル経済がはじけたことにより、バックドアから入国した非正規（不法）滞在外国人労働者は母国に帰り、その数は減少した。日本政府は、非正規滞在外国人に対するアムネスティによる正規化の措置は取らなかった。その結果、非正規滞在外国人家族のなかには、日本生まれの子どもに在留資格が与えられる一方、両親は強制送還されたケースもあった。また、日本語しか話せない子どもたちが親の母国に強制送還された。アジアから興行ビザで来日して就労したフィリピン人女性と日本人男性との間に生まれた子どもたちがいる。そのなかには父親に認知されずにフィリピンで暮らすことになった子どもたちがいる。子どもたちのなかには、父親を探すために日本に来る場合もあり、自分のルーツを確かめている。親密な男女関係や婚姻は国境を越える時代となり、子どもの認知や国籍確認に関する問題へと発展している。

今日の日本の少子高齢化のなかで、正規に定住化した外国人の高齢化もここ数年で急速に進んでいる。2024年1月の在留外国人の65歳以上高齢者は、21万4000人となり、2023年1月に比べて1万人増えた。在留外国人住民の65歳以上の構成割合は6.4%である。日本人の高齢者の割合に比べて低いとはいえ、上昇率は日本人より高くなっている。在留外国人のなかで最も高齢者の割合が高いのは世代を重ねているオールドカマーの在日韓国・朝鮮人、そして、1990年代の出入国管理及び難民認定法（入管法）の改正により定住化した日系ブラジル・ペルー人[(3)]や、1980年代から急増した国際結婚によって定住した外国人女性も高齢化を迎えている[(3)]。国際結婚カップルの間に生まれ、二つの文化（バイ・カルチャー）の家庭環境で成長した子どもたちは、社会人となり、結婚をして日本の社会を支える世代となっている。

日本政府はインドシナ難民を受け入れるために、1981年に難民の地位に関する条約（難民条約）を批准した。この条約の批准により、内外人平等の原則のもと、インドシナ難民は、社会保障および福祉サービスの制度的対応が可能となった。それまで、日本の制度の適用を受けられなかった在日韓国・朝鮮人にも同様に開かれていった。今日、ニューカマーの子どもから高齢者まで各世代のライフステージや個別の課題に対応するために適切な制度やサービスをトータルに考えていかなければならない時代を迎えている。

2）避難民・難民の移入と対応

もう一つの今日的な国際関係の動きとして、世界のいたるところで**避難民**や**難民**が生み出されている状況がある。紛争や戦争など政治的な理由により日本に入国する避難民や難民が増加している。日本政府は、インドシナ難民受け入れ以降、第三国定住制度を通してミャンマーから難民を受け入れてきた。他方、制度によらない難民性の高い人々が日本に避難するケースも増えている。たとえば、シリア、アフガニスタン、ウクライナなどからの避難民、国籍を認められずに長年迫害されて行き場のないロヒンギャ民族やクルド民族など民族的少数者が日本で暮らしている。これらのなかには難民認定申請者が多くいるが、ほかの先進国諸国に比べると日本の難民認定はきわめて厳しい。難民認定を受けない親から生まれる子どもは無国籍となってしまい、子どもの人生にとってとても大きな社会的障壁となる。2023年6月の入管法の改正は、難民認定のあり方を見直すことなく、かえって難民性の高い人々を排除しやすいものになってしまったことは残念である。また、入管施設における外国人収容者の扱いについても課題が指摘されており、国連の人権委員会からの改善勧告が出された。

国連により「人間の安全保障」が唱えられ、2030年に向けた「持続可能な開発目標（SDGs）」を共有しているグローバル社会の一員である日本では、地域共生社会の実現に向けて、仕事や学び、結婚や家族形成を目的として定住化する外国人、また、迫害や恐怖から逃がれて日本にやって来る避難民・難民の人権が尊重され、誰ひとり取り残されることのない対応が求められていることは確かである。欧米諸国の多文化主義に陰りがみえるなかで、日本は国際的にどのような方向性を選択するか問われている。

2. 日本の人手不足と外国人材の活用について

今日の日本社会では、1990年代のバブル期に次ぐ人手不足の時代を迎え、外国人材の活用がスタートしている。どのようなことが産業界に生じているかを捉えながら、**外国人労働者**と日本社会のあり方を考えたい。

1）企業別規模などでみた人手不足の推移から

厚生労働省のD. I.[(4)]を用いた2019年労働経済分析による、**図1**をみると、全規模・全産業の推移から、人手不足感は2013年に過剰から不足に転じた後、さらに高まっていることが示されており、2019年調査では、－35%ポイントと、1990年代初頭のバブル期に次ぐ水準に達している。同値を企業規模別でもみており、中小企業が－39%と人手不足感が最も高くなっていることがわかる。同労働経済分析の**図1**の⑵をみると、特に、非製造業におい

図１　企業規模別等でみた雇用人員判断 D. I. の推移

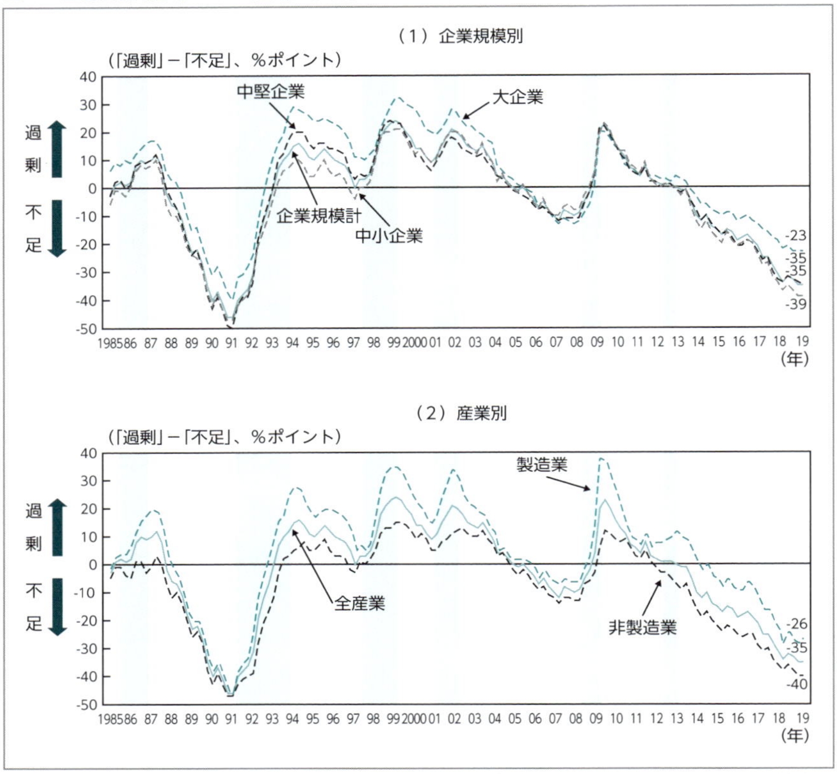

注１：回答企業の人手状況を「過剰と回答した企業から、「不足」と回答した企業の D. I. を算出。
注２：グラフのシャドー部分は景気後退。
注３：⑵の集計対象は、企業規模計。
出典：厚生労働省「令和元年版労働経済の分析――人手不足の下での「働き方」をめぐる課題について」

ては人手不足感が高い [5]。

同報告書では、雇用形態別の人手不足感は、相対的に正社員の人手不足感が高まっており、当該人手不足感は、「製造業」「建設業」の業種において高まっていると述べている [6]。会社側の人手不足の業種のうち、「医療・福祉」は 12 業種のうち 10 位となっている。また、近年、中小企業を中心に地方層の人手不足感 D. I. の水準が高まっていることを報告している。また、都市圏の人手不足感は低く、地方の人手不足感は高い現状が報告されている。

2）働く側の所感でみた人手不足 D. I. について

厚生労働省の資料によると、**図２**の⑴が示すとおり、職場のマネジメントを担う管理職では、正社員全体と比較すると、相対的に人材不足感を感じている割合が高いことがわかる。管理職側のこのような認識から、職場での人材不足の厳しさをうかがうことができる。管理職の人手不足感は、「接客・サービス職」「建設・採掘職」「販売職」「技術系専門職」「医療・福祉関係専門職」「輸送・機械運転職」「教育関係専門職」「製造・生産工程職」「事務系専門職」「営業職」「事務職」の順となっている（**図２**の⑵）。「医療・福祉関係専門職」においては、先にみた会社側の認識よりも、現場に近い正社員・管理職全体からみた人材不足感のほうが高くなっている。

3）外部調達としての採用対象の拡大について

三大都市圏の人手不足感は低く、地方の人手不足

図２　働く側の所感で見た人手不足の D. I.

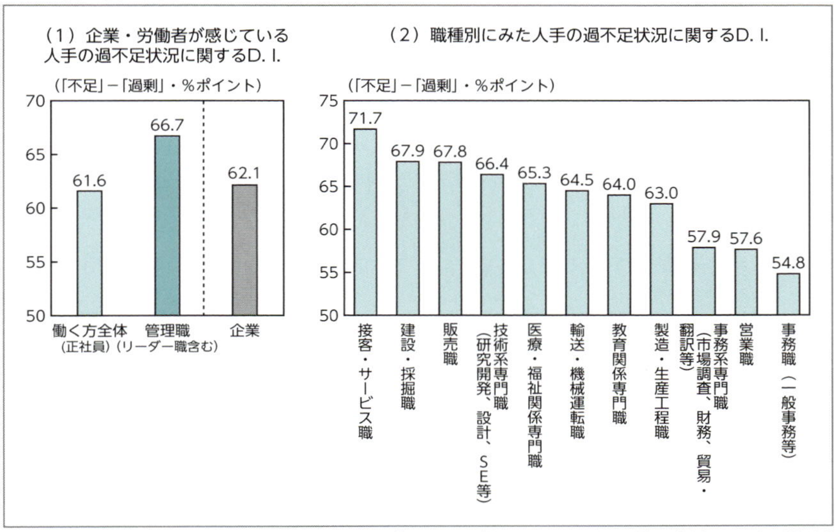

出典：独立行政法人労働政策研究・研修機構「人手不足等をめぐる現状と働き方等に関する調査」（2019 年）の個票を厚生労働省政策統括官付政策統括室にて独自集計

感は高い現状があるが、人手不足感の高い中小企業や地方では、人手不足解消の取り組みができる企業とできない企業に分かれている。取り組みの傾向としては、応募条件の緩和、新卒雇用強化など外部調達を進めてきたが、募集しても応募が少ないため雇用に結びつかない現状にあることがわかる。

人手不足企業では、**図３**でみるように、人手適当企業と比較すると正社員では、「15 ～ 34 歳」「男性」「外国人労働者」、非正規社員では、「55 ～ 64 歳」「女性」「外国人労働者」の採用を積極的に行っている。国内の日本人労働力の活用に限界があることから外国人労働者の雇用が現実的になっていることが示されている。

同調査では、募集しても応募がないと回答した企業を産業別にみると、「宿泊業、飲食サービス業」「建設業」「医療、福祉」の人手不足感が相対的に高いことがわかる。特に、「医療、福祉」「宿泊業、飲食業」などでは、今後、さらに人材確保が困難とな

図３　企業が求める労働力の年齢と性別（正社員と非正社員の対象比較）

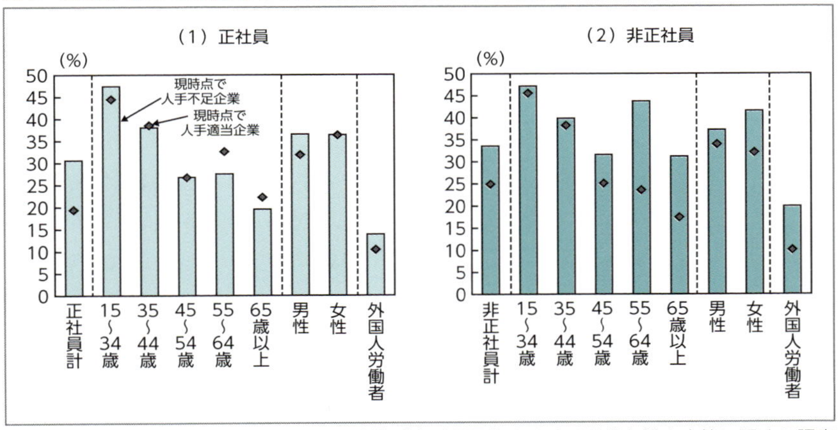

出典：独立行政法人労働政策研究・研修機構「人手不足等をめぐる現状と働き方等に関する調査（企業調査票）」（2019 年）の個票を厚生労働省政策統括官付政策統括室にて独自集計

るであろう。

このような状況から外国人雇用が政策的に進展しており、外国人雇用と特に介護福祉分野の現状を次に取り上げる。

3. 外国人雇用と現状

1990年代の好景気バブル期には、外国人労働力として日系人の受け入れのために入管法が改正されると同時に、人手不足の業種に対応して、日本の技術を開発途上国へ移転する目的をもった外国人技能実習制度がそれを補う役割を担うようになった。

また、日本国内の介護需要の高まりに対しては「医療・福祉」分野では看護師・介護福祉士養成のために、EPA（経済連携協定）を通して、2008年からインドネシア、2009年からフィリピン、2014年からベトナムとの協力が開始された。2019年には在留資格「特定技能」が新設され、即戦力になる外国人雇用が可能となった。前述したように、コロナ禍に影響を受けてきた企業の経済活動が動き出したことから外国人労働者を雇用する機会が増えていくことが予想される。

図4　技能実習生受け入れ数の変遷

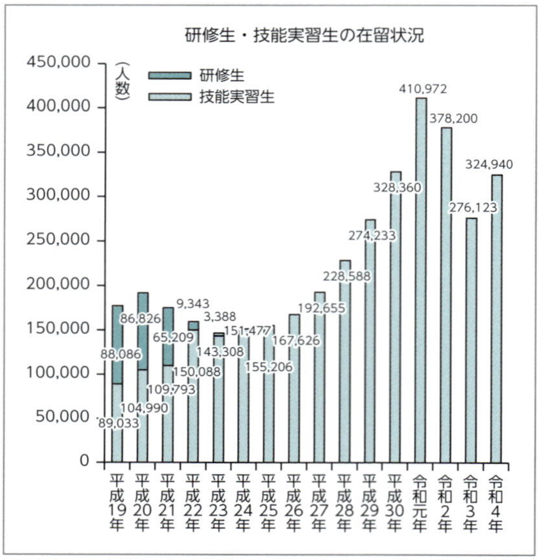

※平成22年7月に制度改正が行われ、在留資格「研修」が「技能実習1号」に、在留資格「特定活動（技能実習）」が「技能実習2号」となった。

出典：法務省出入国管理庁・厚生労働省人材開発統括官「外国人技能実習制度について」2023年

人手不足を補うために活用されてきた技能実習生制度、そして、新たに導入された特定技能制度と課題について次に概説する。

1）技能実習制度と課題

技能実習制度は、1993年4月に創設された。その目的は、外国人の技能実習の適正な実施及び技能実習生の保護に関する法律（技能実習法）第1条により、「技能実習の適正な実施及び技能実習生の保護を図り、もって人材育成を通じた開発途上地域等への技能、技術又は知識の移転による国際協力を推進すること」とされている。外国人技能実習制度は、日本が先進国としての役割を果たしつつ国際社会との調和ある発展を図っていくため、技能、技術または知識の開発途上国等への移転を図り、開発途上国等の経済発展を担う「人づくり」に協力することを目的としている。現在は、研修先の建設業や食品製造業など86職種で、最長で5年間、働きながら技能を学ぶことができる制度である。つまり技能実習は本来、海外への技能移転を目的としているため、日本国内の人手不足を補うための制度設計はされていない。

技能実習制度による技能実習生の受け入れは、**図4**に示されているように2019年の41万人をピークに、以後2年は新型コロナウイルス感染症が大きな要因となり減少している。2021年の技能実習生の数は27万6123人である[(7)]。その影響がなければ、引き続き右肩上がりだったことが推察できる。2015年に急激に増加したのは2013年に、2020年の東京オリンピックが決まり、関連施設整備が急務にもかかわらず、建設業界の高齢化および人手不足が原因だったことが考えられる。ちょうど同時期に、建設業に限りオリンピックまでの時限措置で在留資格「特定活動」ができたことから、国外からの労働力調達が企図されたことが理解できる。このような背景からも、技能実習制度は、発展途上国への技術移転を意図しながらも、国内の労働力不足に影響を受け変容していったことは否めない。

人手不足を補う都合のよい制度として技能実習制度が機能してきたことから、2017年11月1日に施行された技能実習法に基づいて、新しい技能実習制度が実施されることになった。この間、2017年1月には、外国人技能実習機構が設立され、技能実習生を支援する仕組みがつくられた。この外国人技能実習機構は、本部のほか13の地方事務所・支所を設置して、技能実習計画の認定、監理団体の許可にかかわる調査、受け入れ企業等の監理団体に対する実地検査の実施、技能実習生に対する母国語相談の提供など技能実習制度の実際の運用を担うことを目的としている。

新しい支援の仕組みがつくられたが、依然として技能実習生を取り巻く環境で厳しい情況が続き、以下のような問題が報告されている。

ⅰ　低賃金、残業代未払い、長時間労働

外国人技能実習制度における問題点として、指摘されることが多いのが「賃金」と「労働時間」である。団体監理型の技能実習生の場合、2か月間の講習が終了すると、受け入れ先に雇用される労働者となるため、日本の労働関係法令が適用される。そのため技能実習制度においても、賃金は最低賃金以上、労働時間も原則として1日8時間、週40時間までとなっている。時間外労働や深夜勤務、休日勤務にはもちろん割増賃金が支払われなければいけない。しかし、実際にはこれらが遵守されていない事態が頻発しており、タイムカードや勤務記録の改ざんを行う悪質な場合もある。厚生労働省によると、2020年に労働基準監督機関が受け入れ先に行った監督指導は8124件で、そのうちの5752件が労働基準関係法令違反にあたるものだった(8)。違反の内訳から、安全な労働基準が守られないうえ、労働時間が長く、割増賃金が払われていない状況がある。このようなことが研修生の失踪の原因となっている。

ⅱ　暴行やセクシュアルハラスメント、労災隠し

技能実習生に対する暴行や脅迫、セクシュアルハラスメント、パスポートや在留カードを取り上げるといった人権侵害も相次いでいる。たとえば「日本語がわからず、上司に殴られた」「社長に呼び出され、お尻を触られた」「パスポートと通帳を取り上げられた」といった苦情が寄せられている。また、仕事中にけがをしたのに治療を受けさせてもらえないといった「労災隠し」も起きている。

ⅲ　実習生の犯罪、失踪

警察庁(9)によると、2017年の技能実習生の検挙は1642人で、統計を取り始めた2012年から増え続けている。なかには凶悪犯罪にかかわってしまうケースもある。石川県では2018年5月、ベトナム人技能実習生の男が同僚を刃物のようなもので切りつけ、殺人未遂容疑で逮捕される事件があった。実習生が経済的に困窮しているという背景があると推測される。一方で実習生の失踪も相次いでおり、2021年の法務省の報告では、技能実習生の失踪者数は7167人となった。

2023年5月11日には、「外国人材の受入れ、共生に関する関係閣僚会議」のもとに設置された「技能実習制度及び特定技能制度の在り方に関する有識者会議」から中間報告書が出された。また、同年11月に最終報告書が出され、2024年6月の法改正により**「育成就労」制度**が創設、3年以内に施行されることとなった(10)。

現行の制度に内在する課題の主なものとして、まず一つ目は、転職の自由が保障されていない点である。技能移転を目的とすることから同一の実習先で実習を継続すべきとされている。すなわち、労働条件や住環境に問題があっても研修先を転籍できない制約がある。二つ目は、技能実習制度において、手数料、研修費用、渡航費用などを技能実習生が借金をして来日している点である。出身国によって違いはあるが、今日の技能実習生の半数を占めるベトナム人においては、入管庁の調べからも一人当たり70万円近く負担していることがわかっている。この金額はベトナムの平均年収の半分にも及ぶ。そのため親や親族に借金をして来日していることから、途中で帰国することは許されない。たとえ、途中で帰国したとしても、借金の返済は残ってしまう。奴

隷労働のような構造を生み出している悪質ブローカーも存在する。その解決のためには、国際的な職業紹介システムにおいて、外国人の費用の負担を軽減するためのルールづくりをする必要がある。三つ目として、外国人技能実習の適正な実施と外国人技能実習生の保護を行う立場にある外国人技能実習機構が、実習先の企業においてみられる暴力行為、技能実習生の意思に反する強制帰国、妊娠・出産に対する制約などの外国人技能実習生の相談に十分対応できておらず、また、実習先の企業や管理団体の側について対応をするなど技能実習生を支援する役割意識が弱い点がある。

本来の技能実習制度の目的が発展途上国に対する人づくりの国際協力であるならば、技能実習生が今日の日本の国内産業の人手不足の調整弁となってはならない。

2）特定技能制度の新設

特定技能制度は、国内において人材を確保することが困難な状況にある産業分野において、一定の専門性・技能を有する外国人を受け入れることを目的とする制度である。2018 年に可決・成立した改正入管法により在留資格「特定技能」が創設され、2019 年 4 月より幅広い業務での雇用が可能となった。

表 1 に示されているように、在留資格「特定技能」には、第 1 号と第 2 号の 2 種類がある [(11)]。特定技能 1 号は、在留期間が通算 5 年認められている。技能水準および日本語能力は試験によって判断される。家族の滞在は認められておらず、単身生活でなければならない。特定技能 1 号の期間は登録支援機関による支援を受けることができる。特定技能 2 号は、在留期間が 3 年で、1 年または 6 か月ごとに更新することが条件となっている。技能水準と日本語能力については、試験にて判断される。特定技能 2 号になると、登録支援機関の支援はなくなるため、自力で社会資源を活用して生活課題に対応しなければならない。家族帯同する場合、異文化社会のなかで家族の生活課題は複雑化するため、地域の社会資源を有効に使うことができるようにするためのサポートは欠かせない。ホスト社会の受け入れ姿勢が重要となる。また、同じ民族同士のつながりをつくることが家族の安定にもつながる。特定技能 2 号では、家族（配偶者と子ども）の帯同が認められている点が特徴となっている。2022 年以前は「建設」と「造船・舶用工業」の 2 分野のみであったが、2023 年より「介護」分野を除く 11 分野に対象が拡大した。「介護」分野については、在留資格「介護」などの別の移行先があることから 2 号の創設は見送られている。

本制度の特定産業分野としては、①介護、②ビル

表 1　特定技能制度のポイント

	特定技能 1 号のポイント	特定技能 2 号のポイント
在留期間	1 年、6 か月又は 4 か月ごとの更新、通算で上限 5 年まで	3 年、1 年又は 6 か月ごとの更新
技能水準	試験等で確認 （技能実習 2 号を良好に修了した外国人は試験等免除）	試験等で確認
日本語能力水準	生活や業務に必要な日本語能力を試験等で確認 （技能実習 2 号を良好に修了した外国人は試験等免除）	試験等での確認は不要
家族の帯同	基本的に認められない	要件を満たせば可能（配偶者、子）
受入れ機関又は登録支援機関による支援	対象	対象外

出典：公益財団法人国際人材協力機構（JITCO）ホームページ

クリーニング、③素形材・産業機械・電気電子情報関連製造業（2022 年に統合）、④建設、⑤造船・舶用工業、⑥自動車整備、⑦航空、⑧宿泊、⑨農業、⑩漁業、⑪飲食料品製造業、⑫外食業の 12 業種を対象としている（**表２**）。

特定技能の在留資格で入国している者は、2023 年末時点で 20 万 8425 人である。国籍・地域では、ベトナム、インドネシア、フィリピン、中国の順で多い。特定産業分野別では飲食料品製造業分野が最も多く、第２位は素形材・産業機械・電気電子情報関連製造業分野、第３位は介護分野の順になっている (12)。

2019 年度から運用されたが、コロナ禍で経済活動が低下したことによりこれから特定技能により雇用される外国人は増えることが予想される。１号から２号へ更新して長期的に日本に在留する外国人人口も増えるであろう。２号については、家族帯同が可能となるため、地域社会の民族および文化の多様化が進むと認識しておく必要がある。

3）技能実習制度と特定技能制度との違いと特徴

前記で技能実習制度と特定技能制度について概説してきたが、これら二つの制度の違いと特徴について整理しておきたい。

ⅰ　理念

技能実習法第３条では「労働力の需給の調整の手段として行われてはならない」という基本理念が定められている。一方、特定技能制度の基本方針は「深刻化する人手不足に対応するため、生産性向上や国内人材の確保のための取組を行ってもなお人材を確保することが困難な状況にある産業上の分野において、一定の専門性・技能を有し即戦力となる外国人を受け入れていく仕組みを構築する」としている。技能実習制度と特定技能制度の基本的な理念は異なっている。

表２　主な国籍・地域別　特定産業分野別　特定技能１号在留外国人人数

（令和５年 12 月末現在）

国籍・地域	総数	介護分野	ビルクリーニング分野	素形材・産業機械・電気電子情報関連製造業分野	建設分野	造船・舶用工業分野	自動車整備分野	航空分野	宿泊分野	農業分野	漁業分野	飲食料品製造業分野	外食業分野
総数	208,425	28,400	3,520	40,069	24,433	7,514	2,519	632	401	23,861	2,669	61,095	13,312
ベトナム	110,628	7,937	1,611	24,886	16,583	1,191	1,165	93	122	8,002	389	41,883	6,766
インドネシア	34,253	7,411	686	5,983	2,201	1,274	216	37	73	6,743	2,141	6,574	914
フィリピン	21,364	3,497	294	3,905	2,452	4,098	815	413	26	2,495	10	2,601	758
中国	13,456	1,032	222	2,780	1,301	770	20	5	26	2,009	124	4,547	620
ミャンマー	11,873	4,730	330	623	466	29	124	20	56	437	0	2,839	2,219
カンボジア	4,664	290	133	156	690	9	46	0	3	2,294	1	980	62
ネパール	4,430	2,282	113	31	134	0	4	22	33	563	0	140	1,108
タイ	4,359	237	49	1,454	224	142	24	1	6	905	0	1,199	118
その他	3,398	984	82	251	382	1	105	41	56	413	4	332	747

注：本表の数値は速報値である。
出典：出入国在留管理庁「特定技能在留外国人数（令和５年 12 月末現在）」

ⅱ　就労期間

技能実習生は最長5年働けるのに対して、特定技能1号で通算5年まで、2号では在留期間の更新に上限がなく働くことができる。特定技能2号については、永続的に働くことが可能であり、配偶者や子どもの帯同が可能となっている。

ⅲ　需給調整

技能実習では発展途上国の国内需要に対して人材養成が計画される一方で、特定技能は日本国内の労働需要の調整手段として使われるという特徴がある。そのため特定技能については5年間（2019年～2023年）で34万人の受け入れ人数の上限を設定している。技能実習生が特定技能へ変更をすることができる仕組みがつくられているため、技能実習生の人材養成量を計画することは困難と思われる。

ⅳ　転職の自由

技能実習制度は転職が不可であるのに対して、特定技能制度は転職可能となるため、技能実習制度に比べ適性や希望にかなった就労ができる。

ⅴ　制度間の移動

「技能実習」から「特定技能」への移行が可能になった。在留資格「特定技能」1号、2号ができたことにより、技能実習制度の技能実習2号または3号を良好に修了することを条件に、「技能実習」から「特定技能1号」に移行することが可能となった。技能実習から特定技能への移行の条件は2点ある。①技能実習2号を良好に修了していること、②技能実習の職種・作業内容と、特定技能1号の業務に関連性が認められることである。自分の国へ帰国しなければならなかった技能実習生には引き続き日本で働いてもらえ、人数制限がなくなる（介護・建設除く）(13)。

先に述べたように、日本の労働力人口減少のなかで、技能実習制度は発展途上国の国づくりと人づくりのための本来の国際協力から日本国内の人手不足に対応する仕組みへと変化している側面がある。また、理念の異なる二つの制度間の人の移動は制度的に矛盾するように思われる。他方、スタートして間もない特定技能制度が人手不足を解決するための仕組みとなり得るには、外国人労働者の権利を保障し、安心して働くための職場や生活環境を整えることが求められる。

4. 外国人介護人材受け入れの入り口の拡大と課題

2000年の介護保険制度の開始とともに、日本に定住していた外国人がヘルパー研修を受け、介護分野で就労を始めるようになった。日本の高齢化に伴い高齢者ケアに従事する人手不足が増加しつつあるなかで、東南アジアのフィリピン、インドネシア、ベトナムは、日本の介護分野の人手不足を確保するトランスナショナルなケア市場となっている。2023年10月末現在、医療・福祉職の外国人労働者は9万839人、そのうち医療業は2万3853人、社会保険・社会福祉・介護事業は6万6660人と介護職が多くを占める。これは2万6086人だった2018年と比べると約3.5倍の伸びである。

情報サービス大手の「リクルート」の研究機関が、GDP（国内総生産）の将来の予想と、性別や世代別の働く人の割合などの見通しから分析した2040年時点での職種別人手不足において、介護サービスがトップとなることを予測している。

図5にあるように、現在、**外国人介護人材**受け入れには四つの仕組みが存在する。まず、**EPA**（**経済連携協定**）に基づく制度であり、2か国間の経済連携強化のなかに「介護」が位置づけられている。現在、この仕組みを利用して、インドネシア、フィリピン、ベトナムから介護福祉士候補者が来日している。彼らは、来日前後に国費負担による1年間の日本語研修を受け、介護施設等で3年間の実務を経験した後、介護福祉士国家試験を受験する。これに合格すれば、家族帯同することが可能である。同業種内であれば、転職もできる制度である。

二つ目に、**在留資格「介護」**（2017年～）による入り口がある。養成施設ルート（留学生として入国

図５　外国人介護人材受け入れの仕組み

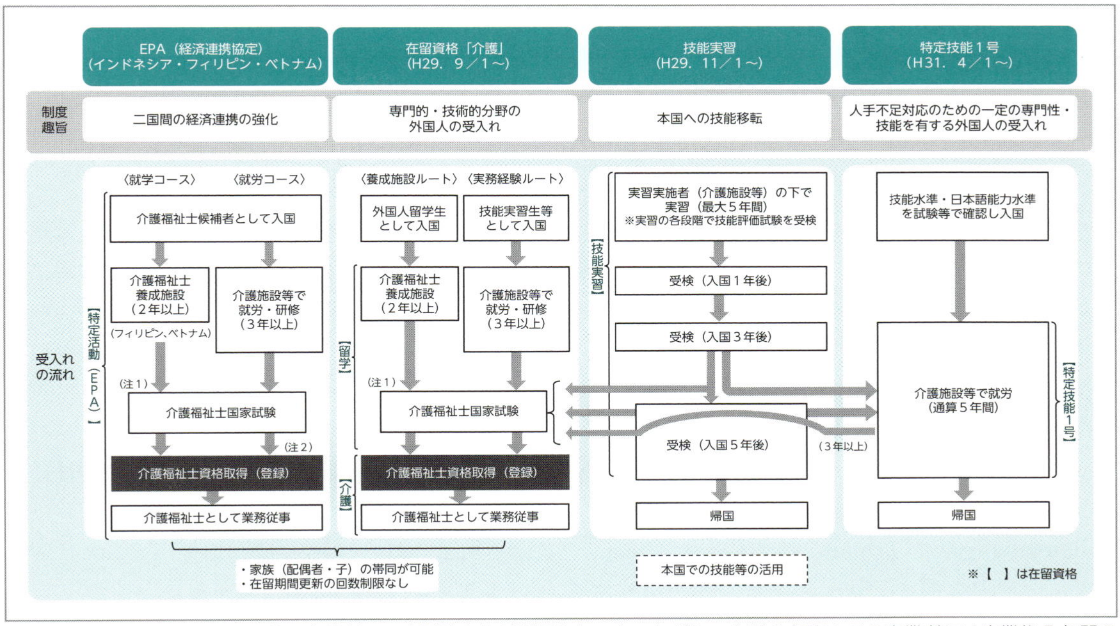

注１：平成 29 年度より、養成施設卒業者も国家試験合格が必要となった。ただし、令和８年度までの卒業者には卒業後５年間の経過措置が設けられている。

注２：４年間にわたり EPA 介護福祉士候補者として就労・研修に適切に従事したと認められる者については、「特定技能１号」への移行に当たり、技能試験及び日本語試験等を免除。

出典：厚生労働省ホームページ

して介護の専門学校を卒業することが条件）または実務経験ルート（EPA、技能実習、特定技能で入国して国家試験受験が条件）で、**介護福祉士**資格を取得した外国人で、定住と家族帯同が可能である。

三つ目に、本国への技能移転を目的とする技能実習（2017 年～）である。これは、東南アジア 16 か国からの送り出しが可能である（2023 年４月現在）。外国人技能実習機構の令和４年度業務統計によると、介護分野における技能実習計画認定件数は 7982 件で、国籍別ではベトナム 2363 人、インドネシア 1982 人、ミャンマー 1836 人等である。日本語能力検定Ｎ４（簡単な会話ができる）を取得すれば来日・就労が可能で、最長５年間就労することができる。こちらは、日本での就労を目指すものではなく、本国で介護技術を活用するためのモデルであるため研修終了後は、帰国することになる。アジア地域の国々の人口の高齢化が進んでいるため、将来母国の高齢者介護のマンパワーとして活躍することも期待できる。技能実習「介護」は日本の人手不足対応のため一定の専門性・技能を有する外国人の受け入れを前提につくられている。即戦力として、日本人と同等の条件で働くことになるため、報酬についても差別をしないものとされている。技能実習生は、介護現場で研修生として働くため、特定技能１号と業務内容は同じであっても報酬は低く設定されていることから格差がある。

四つ目として、特定技能１号（2019 年～）がある。この制度は東南アジア 13 か国に対応している。在留資格取得のための試験（日本語と介護知識）は日本を含む 11 か国において 11 言語で受験可能である。

外国人介護者の雇用として四つの入り口があるが、介護の需要に対して、質と量を満たすことができるかが課題である。雇用先での介護利用者への適切な対応ができるだけの介護職の技術を保障すること、また、支援機関による日本での生活に必要な支援を適切に提供することができるかが定着の鍵となるといえるだろう。

5. 海外労働者(Overseas Workers)の送り出し国(東南アジア)の権利擁護の動向

日本で働く外国人は、ベトナム、インドネシア、フィリピンなどの東南アジアの出身者が多く、これらの国々はいずれも海外への移住者の送り出し大国であり、日本以外の国々へも移住者を送り出している。それぞれの送り出し国の政府は、**海外移住労働者**として一定の管理を行っている。たとえば、フィリピンでは、労働雇用省傘下に海外雇用庁(POEA)や海外労働者福祉庁(OWWA)、インドネシアは労働移住省(Kementerian Ketenagakerjaan)と大統領府直轄の移住労働者保護庁(Badan Nasional Penempatan dan Perlindungan Tenaga Kerja Indonesia:BNP 2 TKI)、ベトナムは労働傷病兵社会省(MOLISA)の傘下に海外労働局(DOLAB)が設置されている[14]。

海外移住労働者の保護については、フィリピンでは、1995年に施行された「移住労働者と海外在住フィリピン人法」(共和国法第8042)で国家に対する移住者の貢献を認める一方で、国家の発展のために移住労働を促進はしないことや海外就労がフィリピン人の尊厳や基本的人権や自由を奪うものであってはならないことを明記している。保護にあたっては、海外雇用庁、社会福祉開発省や海外移住者を支援するNGOが、斡旋機関の登録と管理、雇用契約の承認、移住者に対する出国前研修を提供している。ソーシャルワーカーは、出国前研修だけではなく、海外移住労働者の帰国後の家族及び社会的再統合の支援の役割を担っている。

インドネシアについては、政府が国家戦略計画の目標に基づいて、労働者を海外へ送り出してきた。2004年に移住労働者派遣・保護に関する法律が制定されたが、労働者保護についての規定が不十分であったため、見直しがなされて2017年に「インドネシア移住労働者保護法」が制定された。同法第2条には、権利の平等、人権と尊厳の承認、ジェンダー平等と並んで団結権が明記された。また、送り出しのプロセスにおいて地方政府の権限が強化され、民間斡旋機関が行ってきた研修を地方政府の職業訓練所が担当することになった。移住労働者保護庁は、2006年に大統領直轄の機関として設立され、インドネシア人の海外労働の普及促進、人材派遣、保護、監視などを行うことを任務として海外就労に関する手続きを一括して行うためのワンストップサービスの窓口を設置した。さらに、在外公館には、労働担当ポストを新設して、問題のある雇用主による雇用に対応することができる態勢がつくられた[15]。インドネシアは、家事・介護労働や製造業などの分野で多くの労働者を海外に派遣している。しかし、渡航する労働者の技能や言語能力の向上、不法就労や逃亡の防止、虐待や人権侵害の対策など、多くの課題も抱えている。労働移住省と移住労働者保護庁は、これらの課題に対応するためにさまざまな施策や制度を実施している。

ベトナムについては、ILOや政府の協力のもとで斡旋機関を統括する送り出し機関(VAMAS)が斡旋機関に対する行動規範を定めている[16]。2018年版の行動規範は、2010年の初版と比べると、ILOによる公正なリクルートメント、家事労働は条約(第189号)、SDGs(持続可能な開発目標)に重点をおいた改正がなされた[17]。DOLABは、海外で働くベトナム人労働者の権利や福祉を保護するために、海外労働助成基金やデータベースシステムを運営している。また、送り出し機関の業界団体であるベトナム海外労働者派遣協会(VAMAS)は毎年、送り出し機関のランキングを公表している。これが悪質なブローカーを排除することにつながるかは不明であるが、一つの取り組みとして評価できるであろう。また、VAMAS、国際労働機関(ILO)および国際移住機関(IOM)が共同でワークショップを開催し、積極的に海外労働の課題とあり方について議論を重ねている。

フィリピン、インドネシアについては、海外移住労働者の権利を守る市民団体のネットワークによって人権擁護と法改正のための政府に対するロビー活動が強力に行われてきた。ベトナムについては、国際規範に基づいて斡旋機関に対する法令遵守を求める行動規範を整備してきたが、今後、海外移住労働者の権利侵害などが多発していることから法的、制度的な課題対応においてNGO／NPOなどの役割が重要となるといえる[18]。

6. 展望

外国人の日本への移入について歴史的経過を踏まえて述べてきた。そして、今日の急速な高齢化による産業分野の人手不足の側面を提示した。人手不足への対応策としての外国人材の活用、さらに介護福祉分野での労働需要と供給に焦点を当て外国人材の活用制度の進展を概括した。少子高齢化により人手不足は今後も続く傾向にあり、長期的に外国人材の需要は高まるといえる。特に介護分野は人手不足となることが予想されるため、現在の制度では対応に限界が予見される。働く外国人の職場環境の整備や家族を帯同する滞日外国人家族の定住支援体制を整えていくことが重要である。安定した家族関係のなかで働くことができる環境は送り出し国と受け入れ国の双方の社会にとってメリットになるからである。

このようなことからも日本政府は、「**すべての移住労働者及びその家族の構成員の権利の保護に関する国際条約**」に批准し、国内の法制度（**在留外国人基本法**など）を整備することは、在留外国人の人権、および行政、企業、地域社会の責務を明確することにもなるであろう。マクロの視点として、日本政府と送り出し国政府やNGOとの政策的対話は健全な制度を構築するうえで必要となるといえる。政策の変化と課題を注視する研究者や専門家の役割も重要である。メゾ・ミクロレベルでは、滞日外国人とその家族に対する行政による生活支援のより有効な仕組みを検討していくことが課題といえる。日常生活圏域では、自治体や教育、医療、福祉分野の相互連携が求められ、ソーシャルワーカーをはじめとする支援者の役割は重要である。外国人労働者も住民であることを再認識し、外国人へのヘイトが拡大することのない共生社会を築くための取り組みが異なるレベルで進められていくことが求められる。

注

(1) 出入国在留管理庁「令和５年末現在における在留外国人数について」
(2) 厚生労働省「「外国人雇用状況」の届出状況まとめ（令和５年10月末時点）」
(3) 荻野政男「在留外国人の高齢化に伴う居住問題コラム」一般社団法人自治体国際化協会多文化共生ポータルサイト
(4) D. I.（Difusion Index）とは、回答者に所感を問う調査項目について、所感の報告性が異なる回答結果（たとえば「よい」や「悪い」を用いて算出した割合の差分として指数化したものであり、データの動きを集約して、その特徴を一目で把握できるようにしたものである。
(5) 厚生労働省「令和元年版 労働経済の分析――人手不足の下での「働き方」をめぐる課題について」79頁
(6) 独立行政法人労働政策研究・研修機構「人手不足等をめぐる現状と働き方等に関する調査」2019年
(7) 出入国在留管理庁・厚生労働省人材開発統括官「外国人技能実習制度について」2023年
(8) 厚生労働省「労働基準監督機関が受け入れ先に行った監督指導件数」2020年
(9) 警察庁「技能実習生の検挙数、失踪数」2020年
(10) 出入国在留管理庁「技能実習制度及び特定技能制度の在り方に関する有識者会議最終報告書」
(11) 公益財団法人国際人材協力機構（JITCO）「特定技能制度のポイント」
(12) 出入国在留管理庁「特定技能在留外国人数」令和５年12月
(13) 外国人採用サポートネット
(14) 小川玲子「移住労働者の権利擁護の潮流」『Migrants Network』移住者と連帯する全国ネットワーク、211号、20～21頁、2020年
(15) 前掲(14)
(16) 前掲(14)
(17) 前掲(14)
(18) 本調査は2019年8月～2020年2月に行われた定松文（恵泉女学園大学）との協働研究「アジアにおけるトランスナショナルなケア市場の形成」（日本経済研究センター研究奨励金）および科研費基盤(A)(19H006707)、基盤(B)(19H01578)による。

2 中国からの帰国者をめぐる社会福祉問題

牧田幸文

1. 中国帰国者とは

中国帰国者とは、終戦直後の混乱で満州（現在の中国東北地方）に残留を余儀なくされ、1972年の日中国交正常化以降に中国から日本へ永住帰国した**中国残留邦人**（以下、残留邦人）とその家族のことである。残留邦人は、敗戦当時13歳以上の人たちを「**中国残留婦人等**(1)」とし、13歳未満の人たちを「**中国残留孤児**」と年齢で区別されている。国費による帰国援護は残留邦人と配偶者そして20歳未満児(2)と限定されていたため、多くは家族全員が国費で帰国することができなかった。そのため、帰国した残留邦人は私費で残りの家族を中国から呼び寄せており、中国帰国者の総数は約10万人と推定されている(3)。

厚生労働省は残留邦人とその家族への援護と地域での支援を提供している。まず援護の内容は中国から日本への里帰りのための一時帰国、永住帰国、そして帰国後の日本での定着・自立援護となっている。定着・自立援護とは具体的に、移住先地域での日本語学習の場の提供、個別相談支援、老後の安定した暮らしを維持することができる支援など、中国帰国者の暮らしを支えるための多様な支援も含まれる。

中国帰国者への支援が現在でも継続されている理由は、終戦直後の引き揚げ援護から漏れ落ち、長年の中国での暮らしを経て、その多くが1980年代から帰国した遅い帰国となったことによる。日本への帰国時期にもよるが、多くの残留邦人とその配偶者は中高年となって帰国している。また、中国帰国者たちは帰国者支援センター等で日本語を学ぶが、多くは十分ではない状況で就職しており、経済的、社会的な不利益を負ったまま、現在高齢期を迎えている。

特に終戦時に13歳以上だった中国残留婦人等らは、自主的に中国に残留したと日本政府が判断したため、援護対象から長い間外されていた。また、残留邦人たちの成人になった子どもたちは援護対象から除外されていたため、私費で日本に移住している。そのため、中国帰国者のなかには、援護対象とならず、中国帰国者定着促進センターでの日本語や生活についての研修を受けずに日本での生活をスタートさせている人たちが少なくない。利用可能な政府からの援護は、終戦当時13歳以上かどうか、当事者かその配偶者か、また中国帰国者一世(4)もしくは二世なのかという年齢と国籍によって限定されてきた。そのため、多くの残留邦人は日本に帰国しても日本人として健康的、経済的に豊かに生活するための社会権を享受できずに年齢を重ねている。

2. 中国残留邦人となった経緯

現在の中国東北部に位置する満州国に、日本政府は1932年から1945年の間に、22万359人の**開拓団員**と10万1514人の**青少年義勇隊員**、合計32万1873人を満州移民として送り込んだ。日本政府は1937年に、20年間に100万戸、500万人を満州に定着させようとする移民事業「100万戸移民計画」を国策として進めた。そのため全国で農業従事者を募集したが、定員に満たず、政府は長野県、山形県、広島県等に村単位で移住人数を割り当てる分村・分郷移住を促進した。その結果、満州の各地に1127の開拓団が設立され、約27万人が農業に従事していた。

満州移民の募集では、成人男性は召集免除とされていたが、終戦間際の1945年7月には、ソ連軍から領土を守るため、成人男性のほとんどが召集され満州の北部に配置された。そのため終戦時に開拓団に残されたのは高齢者と女性、子どもたちだった。1945年8月18日に満州国が崩壊すると、当時残された女子、子どもそして高齢者ら22万人はすぐに日本へ引き揚げることができず、翌年5月の引き揚げが始まるまでに半数の約12万人が死亡や不明となった。残った多くの女性や子どもたちは収容所生活を強いられ、生きていくために女性たちは中国人と結婚、孤児は養子として中国人家庭に入り、日本に帰る日を待ち望んでいた。

1946年5月から日本への**集団引き揚げ**が開始されたが、1949年10月の中華人民共和国の成立によりいったん中断する。その後、中国と日本の民間支援団体によって1952年から集団引き揚げは再開され、1959年7月[(5)]に中止されるまでの6年間実施された。1959年に日本政府が公布した「未帰還者に関する特別措置法」は、未帰還者を自分たちの意思によって中国に残った人たちとし、1万3600余名分の戸籍を抹消した。以降、中国に残された人たちは日本政府によって中国人として扱われ、その後中国残留邦人と称されるようになった。戸籍抹消は、残留邦人たちを公式に日本政府の引き揚げ援護の対象から外すことを意味し、その後の帰国と日本での生活にネガティブな影響を与えた[(6)]。

残留邦人は自分たちの意志で中国に残ったのだろうか。マクロな国際政治のもとで個人に何があったのかを知ると、残留邦人たちの遅い帰国となぜ帰国後も支援が必要なのかがよくわかる。戦後直後と引き揚げ期間、国交が断絶した期間における個別の実情については、国家賠償請求訴訟の陳述書や、残留と帰国に関する手記や証言集に詳しい。

たとえば、NPO法人中国帰国者の会『わたしたちは歴史の中に生きている』には、終戦直後の混乱期に母親、17歳の本人、15歳の妹が相次いで中国人と結婚した語りが掲載されている。引き揚げ事業は日本人のみを対象としていたため、中国人と結婚し、子どもがいる人たちは、家族を置いて帰国できず、残留を余儀なくされた[(7)]。また、当時中国人家庭に養子として入った幼少の孤児たちの多くは、引き揚げ事業について知らず、長年日本人であることも知らずに中国で暮らしていた。その後、1972年の日中国交正常化により日本への帰国が可能となったが、残留邦人たちはすでに中年期に達していた。

3. 遅い帰国と援護

日本政府は、戦後の混乱期に中国で生き抜くために、養子になる、あるいは結婚せざるを得なかった残留邦人の個別の事情を考慮せず、本人が選択的に中国に残ったとみなした。そのことが1972年の日中国交正常化以降[(8)]も引き続き残留邦人、特に残留婦人等の帰国を困難なものにしていた。多くの残留孤児が永住帰国するのは1985年前後[(9)]であり、残留婦人等は、1994年まで国費による永住帰国の援護を受けることができなかった。

残留邦人の帰国は三つの時期にある。第一の時期は、初期として1973年から1980年、そして第二の時期は1981年から1990年代前半までの帰国の本格期、そして第三は1990年代中盤から現在までの後期である[(10)]。

第一の時期には、民間ボランティアが中心になって肉親探しが始められた。それはまだ帰国が制度化される前であった。この時期には、日中の国交断絶中でも日本の家族や支援団体に何らかの連絡をとっていた残留婦人等や年長の残留孤児たちが一時帰国や永住帰国し始めた。一方で、終戦当時年少で家族や日本とのつながりの形跡をもたない残留孤児たちの肉親探しと帰国促進は「日中友好手をつなぐ会」(1973年)や「日中孤児問題連合会」(1976年)が中心となって積極的に帰国援護を日本政府に働きかけた。これらの民間ボランティア団体は、残留孤児の情報を収集し、政府に対して肉親を探すための予算、帰国後の受け入れ体制とセンターの設置等を提案した。しかし、残留邦人は中国籍だったため、帰国(一時帰国と永住帰国)には、日本の親族が書類を申請することになっていた。前述したように残留孤児たちにとって帰国への第一のハードルは肉親を見つけ出すことであった。

1981年から民間団体による積極的な帰国促進運動によって、**残留孤児訪日調査**が始まり、第二の帰国の時期を迎える。残留邦人の永住帰国を支援する中国残留孤児問題全国協議会（1981年）、公益財団法人残留孤児援護基金（1983年）が設立された。さらに1984年から、**中国帰国孤児定着促進センター**（以下、定着促進センター[11]）、や**中国帰国者自立研修センター**（以下、自立研修センター）が設立され、日本での中国残留邦人の受け入れ体制が整えられた。

しかし、この時期でも**身元保証人制度**が第二のハードルとして残留邦人の帰国を遅らせた。1959年で日本国籍を失った残留邦人たちは、外国人[12]として日本への入国手続きを求められていた。そのため、身元が判明した孤児や残留婦人たちでも永住帰国には身元保証人が必要となり、身元保証人となる肉親が帰国手続きと帰国費用を負担することが条件[13]となっていた。しかし、日本にいる親族の家庭等の事情により、親族が身元保証人になることを拒否した場合、残留孤児は身元が判明しても永住帰国することができなかった[14]。親族から身元保証人となることを拒否された残留孤児は、1989年の特別身元引受人制度ができるまで、国費による永住帰国ができなかった。

一方で、日本の家族や個人の身元が判明しなかった残留孤児たちは、1985年に身元引受人制度[15]ができるまで永住帰国できずにいた。さらに残留婦人等については、1991年に**特別身元引受人制度**の適用範囲が彼女/彼らにまで広げられるまで、国費での帰国は困難であった。

藤沼氏による残留婦人・孤児たちのオーラルヒストリーでは、身元が判明しても、身元保証人制度によって残留邦人は永住帰国できない状況が明らかにされている[16]。たとえば、1973年という早い段階で本籍と親戚を見つけた川添さん[17]は、親戚が身元保証人となることを拒否したため、1990年に特別身元引受人を募集し、2年後に国費で永住帰国した。篠崎さん[18]もまた、1976年という早い段階で兄を見つけ、身元保証人になってもらった。しかし、篠崎さんは残留婦人だったため、国からの支援金を受けることができず、永住帰国はできなかったという。最終的に篠崎さんは1989年に自費で永住帰国した。

このように1980年代は、年齢と身元保証人制度によって、早く帰国できるはずの人々の帰国が遅れ、国からの支援を受けずに私費で帰国をしていた人たちが多くいた。国は基本的に残留邦人の帰国を援護の範囲としていたが、帰国の申請や帰国後の生活保証を家族・親戚に求める身元保証人制度は明らかに自助を要するものであった[19]。

帰国の後期は、1993年の残留婦人の「強行帰国」が引き金となる。「強行帰国」は、高齢になった残留婦人たちが、国費による帰国援助を待っていては「生きて帰れない」として起こした事件であった[20]。「強行帰国」事件が、「**中国残留邦人等の円滑な帰国の促進及び永住帰国後の自立の支援に関する法律**」（以下、自立支援法）の議員立法制定を進めた。これにより法務省は、入国の際に残留邦人を日本人として扱い、身元保証を要求しないとする判断を下した。その結果、帰国手続きは政府が直接行い、素早い円滑な帰国が促進された。

残留邦人等の帰国とその後の生活を自助から国の責務とした自立支援法は、身元保証人制度という残留邦人を外国人として扱ってきた制度的な壁を排除することで、希望するすべての残留邦人と配偶者の帰国を促進した。しかし、自立支援法が制定された1994年には、すでに残留孤児は49歳以上、残留婦人等は62歳以上となっていた。つまり、遅い帰国は、日本での生活を人生の後半からスタートさせることになり、それは中国帰国者一世の生活基盤を脆弱なものにしてしまった。

4. 中国帰国者への定着支援と問題
——引き揚げ援護から自立支援へ

日本での中国残留邦人の**定着支援事業**は、民間のボランティア団体と中国帰国者の訴えによって整備されてきた。1977年からは日本での生活の適応を指導することができる**自立指導員**が派遣された。永住帰国する人たちが増加する1984年から定着促進センターが、1988年からは自立研修センターが全国15か所で開所された。この時期から中国帰国者への支援は「引き揚げ援護から自立支援」へと転換する[21]。

定着促進センターで中国帰国者は、帰国後6か月間の日本語教育、地域定着に向けた生活指導そして就職相談等の日本社会に適応するための研修を受けた[22]。1985年以降、定着促進センターは、身元が判明していない人たちへ身元引受人をあっせんする場にもなった。定着先に移住した中国帰国者たちは、近隣にある自立研修センターに通い、日本語習得、生活、就職に関する研修を受けた。中国帰国者たちは、研修中は生活保護を受けながら、相談員や自立指導員の付き添いのもと就職活動をした。自立指導員は都道府県に登録されたボランティアからなり、居住地の確保、学校の手続き、就労、生活保護の申請など細やかな支援を行った。しかし、以上のような支援制度を活用することができたのは、身元保証人および身元引受人を確保し、国費で永住帰国した人たちだけであった。私費で帰国した人たちは、日本語学習や生活の支援を受けずに就労先を探し、日本社会に入った[23]。

自立支援法は、国の責務として残留邦人の帰国後の自立生活を支援するために、それまでの自助および共助に加え、公助の視点を取り入れた。一方で自立支援法は、国と地方公共団体の役割は明記するものの、具体的支援については記載されておらず、欠陥システム[24]と指摘されている。その理由に、帰国後の厳しい経済状況があった。

厚生労働省・援護局中国孤児等対策室が行った「中国帰国者生活実態調査」(1995年)によると、帰国者世帯の雇用率は67.3%と低い。そのなかで80%が技能工、製造業、建設、労務作業者として働き、技術専門職についている人たちはたった4%であった。年金の受給状況は、帰国者本人では9.3%であった。一方で、生活保護の適用は、残留孤児、残留婦人世帯ともに38.5%であった。5年後の「中国帰国者生活実態調査」(2000年)では、残留孤児世帯の雇用率は60.8%、残留婦人世帯では59.7%とわずかに減少していた。年金を受給している中国帰国者は52%と増加していた。生活保護受給率は残留孤児世帯で65.5%、残留婦人世帯で64.8%となっており、1995年調査の受給率と比較すると著しく高くなっていた。このことは残留孤児の平均年齢が58歳、残留婦人は66.9歳に達し、加えて一緒に日本に移住した配偶者たちも高齢期を迎えていたことと関係する。

中国帰国者の高齢化と低い年金受給率を考慮して、1996年4月に中国残留邦人等に係る新たな国民年金の特例措置が導入されたが、受給額は月額2万2000円と満額の3分の1であった。追納して満額を受給するという選択肢があったが、満額受給しても老齢基礎年金では生活することはできない。そうした事情により帰国者一世の65.1%が生活保護を申請していた[25]。短い就労期間、わずかな年金受給と非熟練労働による低い収入は、多くの中国帰国者を生活保護受給へと向かわせた[26]。

自立支援法は、残留邦人の帰国促進をスムーズにし、帰国直後の生活を支える自立支度金の支給と自立指導員を配置したが、基本的には中国帰国者に対して就労による自立を求め、自助努力を課していた。そのため、就労できない、あるいは老齢年金受給もわずかな中国帰国者は、生活保護を申請するほかない状況だった。しかし、生活保護受給は、行政による居住、生活、子どもたちへの教育費に対する監視を伴い、中国帰国者は制限のある生活を強いられた。たとえば中国帰国者が養父母に会うことや介護、墓参りをするために中国へ渡航している期間は、保護費の提供は停止された。中国帰国者からすれば、生活保護を受給することになったのは、そもそも早期の帰国措置をとらなかった日本政府の責任である。そうした遅い帰国による日本での老後の暮らしを心配する声があがった。しかし、中国帰国者とその支援者たちが提出した「**中国帰国者の老後の生活保障に関する請願**」は2001年6月29日に審議未了不採択となり、その後請願不採択を踏まえて、東京・神奈川で老後生活の保障を求めるデモが起き、以降国の責任を求める訴訟へと発展した。

2001年12月1日に中国残留婦人らが国に賠償を求めて東京地裁に提訴した。その後2002年12月、

629人の残留孤児たちが東京地裁等に国家賠償を求めて集団提訴[27]した。訴状の趣旨は、①終戦時中国に遺棄し、そのまま長年にわたり祖国への帰還措置を取らなかったこと、②辛苦の末帰国を果たした中国残留邦人に対し、定着、自立、生活保障等の施策を講じないでいることを不法行為として、その被害を慰籍すべき賠償金を要求した[28]。国家賠償請求訴訟は、残留邦人が支援者とともに活動し、自分たちの日本での生活を改善するために、自立を求めた主体的な運動となった[29]。中国帰国者にとってこの提訴は、それまでの支援を受けてきた暮らしと制度に制約されてきた人生を取り戻し、人間の尊厳と「日本人としての平等」を取り戻す運動[30]でもあった。この訴訟は、地域に暮らす中国帰国者のコミュニティを形成し、その後の地域活動の土台を形成した。

2005年7月に大阪地方裁判所での初判決が原告敗訴となり、以降その他の地域でも全面敗訴が続いた[31]。しかし、与党プロジェクトチームによって2007年7月、中国残留邦人等に対する新たな支援策が取りまとめられ、同年12月、新たな支援策を実施するための改正支援法（以下、新支援法）が公布された。

5. 新支援法

新支援法は三つの大きな支援の柱を提示した。第一に、老齢基礎年金の満額支給である。国が国民年金保険料に相当する額を一時金として支給し、そのなかから未納の保険料を本人が収めることによって、満額の老齢年金を受け取る[32]仕組みをつくった。

第二は、支援給付である。満額の老齢年金の支給でも中国残留邦人とその配偶者の世帯収入が一定の基準に満たない場合、生活保護に基づいて算出された支援給付が支給される。その目的は残留邦人等がおかれた特別な事情、①長期にわたって中国等への残留を余儀なくされたため、日本人として義務教育を受けるチャンスがなく、日本語が不自由な状況、②帰国が遅れたため、老後の備えが不十分であることに配慮し、最低生活を保証するものであった。支援給付は世帯の状況に応じて、金銭給付と現物給付に分けられ、前者は生活支援給付、住宅支援給付、出産支援給付、生業支援給付、葬祭支援給付、後者は医療支援給付、介護支援給付となっている。支援給付と生活保護との運用上の違いは、子どもや孫世代と同居している場合、同居を理由に支援給付の停止がないよう、子ども等世帯の収入認定方法に一定の配慮がされた。また多くの中国帰国者が希望する中国への親族訪問や墓参りの場合、2か月程度であれば渡航費用を収入認定しないなど、彼女／彼らのトランスナショナルな家族関係を考慮した内容となっている。

2013年からは中国残留邦人等の死亡後、配偶者に配偶者支援金の給付を開始するため、「中国残留邦人等の円滑な帰国の促進並びに永住帰国した中国残留邦人等及び特定配偶者の自立の支援に関する法律」へと法律が改正された。配偶者も高齢で生活習慣に不慣れで、言語についても不自由している状況、そして日本に骨を埋める覚悟で残留邦人と一緒に来日したことに配慮した支援である。具体的には、従来の支援給付に加え、配偶者支援金として老齢基礎年金の3分の2相当額が支給される。

以上のような老齢基礎年金の満額支給と支援給付によって、中国帰国者の世帯は生活保護受給から国民年金と支援受給による生活へと移行した。

第三は、地域社会における生活支援である。具体的には、中国帰国者の地域での生活を支援するボランティアや交流事業を充実させるための補助金支給、二世に対する就労支援等となっている。地域社会における中国帰国者の生活支援は、2000年代に入って開所された支援・交流センター[33]が中心的な役割を担っている。支援・交流センターは、中国帰国者が、周囲の人とのつながりのなかで、それぞれの世代にふさわしい「自立」ができるよう日本語学習支援事業、交流事業、地域支援事業、生活相談事業、情報提供事業、介護予防教室事業や語りかけボランティア訪問事業を行っている。日本語学習など従来の支援事業に加え、介護予防教室や語りかけボランティア訪問事業は、高齢化が進む中国帰国一世・二世を対象に健康や介護情報を提供し、孤立することを防ぐことを目的としている。

6. 高齢中国帰国者一世とケア

永住帰国した中国残留邦人とその家族たちは改正された新支援法によって、日常生活で直面する経済的な課題を解消しつつあった。しかし、高齢期の中国帰国者は、ケアサービス利用の際に「言葉の違い」「文化・習慣の違い」に直面している。

2020年に**中国残留孤児援護基金**が実施した「健康・介護に関する調査」によると、中国帰国者一世の平均年齢は77.3歳と後期高齢者となっている。中国帰国者一世は加齢により、健康、医療、介護サービスを受けるなかで言葉や生活習慣の違いが課題となっている。調査では、53%が「健康に問題あり」と回答している。さらに「身の周りのことができるか」については、33.1%が「支障あり」と回答し、要介護（1～5）の認定を受けている人たちは31.1%であった。同基金が5年前に調査した要介護認定率の14.3%と比べて2倍になっている。現在介護サービスを受給している人の割合は、25.9%とまだ低いが、介護サービス受給者の48%が「中国語サービスが使えない」と回答しており、言葉の問題があることが示されている。介護サービス受給については87%が「満足、まあ満足」と回答しているが、「日本語が上手くないため、サービスを利用していない」という回答もあり、「帰国者対象の介護センターの設立」や「中国語ができるヘルパーの要望」という中国語のケアサービス提供の要望がある。さらに介護サービス利用の際に生じる言葉の問題から「日本の介護施設は怖い」「精神的に虚しいから利用したくない」との声もあり、介護サービス利用の心配事が挙げられていた。

日本の高齢者福祉は地域包括支援サービスのもとで、介護サービス、医療、近隣住民とのネットワーク等の社会資源の活用が促進されている。しかし、中国帰国者一世たちは、こうした地域の近隣住民ネットワークに十分包摂されていないようである。

現在、中国語で介護サービスを提供している施設や介護事業所は、39都道府県507か所ある[(34)]。なかでも、東京、長野、大阪、神奈川等の大都市と中国帰国者が多い地域には、中国語を話すスタッフが多く、結束型のケアサービスの提供がある。しかし、中国語での介護サービス提供がない地域では、家族介護の負担と、高齢中国帰国者の孤立が課題となっている。中国残留孤児援護基金の調査では、「介護サービス自体を知らない」「申請や手続きに通訳を頼むことになり、面倒で申請していない」という声が挙げられていた。中国語による介護サービスの要望だけでなく、情報として「地域が運営するいきいきサロン」や「高齢者介護予防教室」についての中国語の案内がほしいという声があり、地域で中国帰国者が活用できる橋渡し型のケアサービスの提供が少ないという課題が残っている[(35)]。

一方で、中国語での介護事業所や介護サービスがなかった京都市では、2011年に中国帰国者二世たちが「夕陽紅の会」[(36)]を結成した。その具体的な活動は、介護予防教室の開催による高齢者の居場所づくりと医療や介護についての情報提供である。また介護予防教室は、一世の希望に合わせた公的介護サービスの利用につなげている。2018年からは外出が困難な**高齢中国帰国者**の家や施設に出向いて、中国語で話をする**傾聴ボランティア**と**医療通訳ボランティア**を派遣している。夕陽紅の会のボランティアメンバー[(37)]は、地域の日本語教室に通い、日本語やパソコンを学んできた中国帰国者二世たちである。ほかには、地域の支援相談員、他地域の在日コリアン系介護事業所の職員、中国帰国者・外国人高齢者障害者生活支援研究会[(38)]のメンバーも**夕陽紅の会**に参加した。これまで地域定着支援を受けていた中国帰国者が、一世の介護ニーズに対応するために働きかけ、地域住民、外国人支援団体等の多様なアクターとつながり、橋渡し型の社会関係資本を構築している。こうした活動は、中国帰国者だけでなく、ニューカマーが高齢化している多文化共生コミュニティでのケアサービスや情報提供のヒントになるだろう。

7. 二世の高齢化と問題

中国帰国者の高齢化は一世だけでなく、二世でも進んでいる。中国帰国者二世は、前述した夕陽紅の会のボランティアのように自分たちの経験や気づきを活かして地域ケアに貢献する人たちがいる一方で、一世と同様の高齢による経済的な問題を抱えた人たちも少なくない。特に成人、中年期に私費[39]・呼び寄せによって帰国（来日）した人たちが現在50歳代から70歳代[40]となり、老後の生活課題に直面している。中国残留孤児援護基金が2019年に実施した「中国帰国者二三世質問紙調査」では、中国帰国者二世の58.2%が私費で帰国していた。そのため、自立研修センター等で集中的な日本語教育の機会を得ることができず、日本語は「日常会話程度」の人たちが多く、「職場でのコミュニケーションが取りにくい」という問題を抱えていた。また、成人で日本に移住したことにより「中国での資格や経験が生かされない」という問題も抱え、中国帰国者二世の41%が不就労、29%が生活保護等の公的支援で暮らしている。50歳以上になると、生活保護受給者は37%に増加している。高齢の中国帰国者二世もまた不就労、年金受給額が少ないことから、生活保護受給者となっている。新支援法で導入された支援給付は、中国帰国者一世への支援であり、一世の世話をするために一緒に帰国した二世を対象としていない。そのため、中国帰国者二世の老後は、親の世代よりも経済的に不安定になる人も少なくない。中国残留邦人の残された課題として、中国帰国者二世を公的支援の対象とする議論が高まり、生活支援を求める請願が国会に提出された[41]。

8. 外国の背景をもつ人たちの高齢化と多文化共生

1945年8月の終戦から1973年まで中国に取り残された残留邦人たちは、戦後の複雑な日中関係と政策によって、日本への帰国が遅れた。残留邦人の帰国が遅れた主要な原因は、1959年に日本政府が中国に残留した人たちの戸籍を抹消したことから始まる。それは残留邦人をいつまでも外国人として扱い、円滑な帰国を主導しなかったことにつながる。また、日本政府の援護と支援は、残留邦人とその家族を、年齢、世代に分け、永住帰国してからも当事者と配偶者、援護で帰国した子ども世帯と私費で帰国した世帯にそれぞれに生活上の課題を残した。こうした歴史的背景と制度をみることで、なぜ中国帰国者への支援が現在でも必要であるのかが明らかとなる。また、制度的な制約を改善することに声をあげたのは残留邦人とそのボランティアであった。

現在、中国帰国者一世は後期高齢者となり、二世の世代も高齢者となりつつある。永住帰国以降、中国帰国者一世が長年抱えていた経済的な問題は新支援法で一部解消され、現在は健康と介護問題へシフトしている。日本に帰国した残留邦人は国籍上日本人であるが、彼女／彼らのトランスナショナルな生活文化は日本人とは違い、定住先の地域コミュニティの文化とは異質である。そのため、利用可能な介護サービスから漏れ落ち、利用が限定されている状況である。それは、長年文化と言語や生活習慣が異なる人々へのケア提供の想像力が日本社会では乏しかったことにも関係する。

中国帰国者のみならず、**オールドカマー**の在日コリアン、そして1980年代から日本に移住して暮らす日系人、少数ではあるがフィリピン人やインドネシア人、ベトナム人ら多文化の背景をもつ人たちが近年続々と高齢期に達している。文化や言語に沿ったケアのニーズは今後も増加するだろう。介護保険制度は国籍を問わない制度であるが、利用する側からみるとまだまだ多様な言語と文化に対応したサービスの選択肢は少ない。そうしたなか、多文化の背景をもつ高齢者の暮らしを地域で支えるには、言語や文化に加えて、利用者たちの個別のライフコース、出身国と日本との歴史的背景を理解した介護サービスの提供が必要である。それには、多文化の背景をもつ人たちの集住地域で形成されている結束型のケアの社会関係資本とともに、多文化を理解した地域での橋渡し型ケアの社会関係資本の構築が**多文化共生コミュニティ**[42]になくてはならない。

注

（1）「中国残留婦人等」と呼ばれるのは、当時女性たちだけでなく、13 歳以上の男性で残留した人たちが全体の１割程度とされているため「等」と表記する。

（2）1994 年から 65 歳以上の高齢残留邦人の永住帰国にあたり、扶養するため同伴帰国する子１世帯を援護対象とする。翌年には 60 歳以上と変更され、1997 年からは 55 歳以上と対象が拡大された。

（3）蘭信三「総論課題としての中国残留日本人」蘭信三編著『中国残留日本人という経験「満洲」と日本を問い続けて』勉誠強出版、21 頁、2009 年

（4）中国帰国者１世は、中国残留邦人とその配偶者の世代を意味する。

（5）1958 年５月２日に起きた長崎国旗事件が発端となり、日本赤十字社、日中友好協会、日本平和連絡会が主導していた引き揚げはいったん中止となる。しかしすぐに引き揚げは中断されず７月まで継続された。詳細については南誠『中国帰国者をめぐる包摂と排除の歴史社会学』

資料１　川添緋紗子さん（中国残留孤児のプロフィール）

1936 年	３月　吉林省延吉市で生まれる　父は軍事郵便局に勤務、ハルピン、林口に転勤
1945 年	９歳、８月ソ連の爆撃に遭い逃避行、牡丹江の難民収容所で母が出産後なくなる、ハルピンへ移動中、父が生まれたばかりの妹を中国人に預ける、10 月ハルピンの花園小学校の難民収容所で父がなくなる。　養父に引き取られる
1947 年	人口調査の時、日本国籍を取得（中国で）
1949 年	13 歳、瀋陽の夜間学校へ入学
1951 年	15 歳、12 月青島で養母と暮らし始める
1952 年	１月青島の小学校６年生に入学、夏に師範学校に入学
1955 年	19 歳　師範学校を卒業後、山東省の小学校教師になる
1957 年	20 歳　１月結婚（子どもは２人）その数年後養父がなくなる（73 歳）
1966 年	文化大革命で拘束、つるし上げに遭う　下放政策により、家族は 10 年間別居
1973 年	日本の本籍、親戚もわかるが、身元保証人になってくれる人がいないことが判明
1987 年	51 歳　養母が亡くなる（89 歳）。日本の戸籍が抹消されていることが判明
1989 年	山東省で厚生省が開いた、残留孤児の代表を集めた会議に出席
1990 年	54 歳　一時帰国して、特別身元引受人を募集
1993 年	11 月　57 歳　夫（57 歳）、長男（19 歳）とともに永住帰国（国費）
1994 年	９月　長女（34 歳）の家族３人が帰国（自費）

出典：藤沼敏子『あの戦争さえなかったら　62 人の中国残留孤児たち（下）』津成書院、268 頁、2020 年

資料２　篠崎鳩美さん（中国残留婦人のプロフィール）

1930 年	広島県高田郡に生まれる
1944 年	14 歳、加茂郡最上の傷痍軍人療養所の看護見習いになる
1945 年	４月、15 歳で満州（現在の中国北東地方）高田開拓団へ移住する。 終戦後収容所から中国人宅に行く 母は弟と妹を連れて（中国人と）再婚
1946 年	12 月、16 歳　中国人と結婚、母は離婚
1947 年	母が再再婚したが、まもなく病死
1976 年前後	娘を伴って一時帰国　（正確な年月日は不明）兄が身元引受人となる
1989 年	59 歳　次男と娘を伴って永住帰国　（自費）＊残留婦人であったため、国費では永住帰国できなかった。 ２年目に長男家族、弟家族を呼び寄せる

出典：藤沼敏子『不条理を生き貫いて』津成書院、257 頁、2019 年

資料３　冨樫ムツ子さん（中国残留孤児のプロフィール）

1934 年	広島県山県郡の戸河内町で生まれる。父の仕事で３歳の時に兵庫県豊岡市に引っ越す
1945 年	３月　10 歳、両親、伯母夫婦、伯母夫婦の養女になっていた姉（20 歳）と６人で満州（現在の中国北東地方）山県郡の大田開拓団に移住。東安省蜜山県へ。13 歳上の兄は２年前から満ソ国境の軍隊（終戦後２年間シベリア抑留後帰国）
1946 年	３月母が死亡、４月中国人の家の養女になる
1953 年	19 歳で結婚（子どもは男の子２人）、武漢市に移り、百貨店の店員、会社のアナウンス、事務などの仕事をする
1978 年	44 歳　すでに帰国していた兄の所在がわかる。 兄が手続きをして一時帰国
1980 年	45 歳　兄が保証人となり次男と永住帰国（自費）　おじの会社で働く　夫と長男は中国に残る

出典：藤沼敏子『あの戦争さえなかったら　62 人の中国残留孤児たち（下）』津成書院、119 頁、2020 年

明石書店、63 ～ 64 頁、2016 年を参照。

（6）前掲（5）、19 頁

（7）NPO 法人中国帰国者の会編『わたしたちは歴史の中に生きている――「中国残留邦人」と家族 10 の物語』かりん舎、36 ～ 53 頁、2011 年

（8）1972 年の日中国交正常化以降も中国はまだ文化大革命の最中であって、日本政府は「彼女 / 彼らを中国公民である」としていた。蘭信三・高野和義「地域のなかの中国帰国者」蘭信三編著『中国残留日本人という経験「満洲」と日本を問い続けて』勉誠強出版、317 頁、2009 年

（9）1987 年は残留邦人の第一次大量帰国となる。この年に残留孤児は 42 歳以上、残留婦人たちは 55 歳以上になっていた。

（10）前掲（8）、321 頁

（11）1987 年から大阪、北海道、福島、福岡、愛知で定着促進センターが開所される。以降、1988 年から埼玉県中国帰国者自立支援研修センターが開所され全国 15 か所に設置された。

（12）1975 年法務省入国管理局は、中国からの入（帰）国者に係る登録事務取扱について、中国旅券を所持する者には外国人登録申請を指導していた。

（13）旅費を準備できない場合は、その旨を家族・親族から市町村長へ書類を提出し証明を得て国費を申請するという複雑で時間がかかる制度であった。

（14）前掲（8）、321 ～ 323 頁、浅野慎一・佟岩『中国残留日本人孤児の研究――ポスト・コロニアルの東アジアを生きる』御茶の水書房、192 ～ 194 頁、2016 年

（15）身元引受人制度とは、厚生省援護局長の発給する「定着促進センターへの入所通知（永住帰国旅費支給決定通書）」をもって入国証を与え、帰国後は定着促進センターに入所し、入所中に身元引受人を斡旋するシステム。旅費は国費支給された。

（16）藤沼氏は中国帰国者計 96 人にインタビューをしている。その内容は満州開拓団、終戦直後、結婚、一時帰国、永住帰国そして日本での暮らしについてのライフヒストリーであり、それぞれの満洲、中国での暮らしは多様であったが、日本政府のいう個人の選択による残留というのは、個々の人生岐路にあって、仕方なく残留したことが明らかにされている。藤沼敏子『不条理を生き貫いて 34 人の中国残留婦人たち』津成書院、2019 年、藤沼敏子『あの戦争さえなかったら（上）』津成書院、2020 年を参照。

（17）資料１を参照。

（18）資料２を参照。

（19）浅野と佟は残留日本人の詳細な調査により、身元引受人制度と身元保証制度は、日本政府が中国残留日本人の帰国を「家族の私事」と位置づけていて、「肉親と残留孤児が対立した場合、日本政府が民事不介入の立場を貫いた」ため、帰国を遅らせたと批判する。前掲（14）、199 頁を参照。

（20）当時残留婦人たちは、特別身元引受人を確保すると国費による永住帰国ができるようになっていた。しかし、彼女たちはなかなか特別身元引受人が決まらず、一時帰国から中国に帰る際に、ビザを持たず、永住帰国に変更した。NPO 法人中国帰国者の会編、前掲（7）、259 頁を参照。

（21）前掲（8）、326 頁を参照。

（22）定着センターにおける日本社会適応に向けた研修内容は、初期の集中研修として構成されていた。そして、また日本社会への「同化」的な性格が色濃いという指摘がある。小林悦夫「中国帰国者に対する日本語教育の展開――所沢センターの実践」前掲（3）、274 頁参照。また小林は、帰国者への日本語学習支援は、公的サービスといえどもほとんどボランティアによって行われ、制度化された日本語教育がないことを指摘している。この問題は、継続して増加する外国人市民への日本語教育の課題として残っている。

（23）しかし、中国帰国者の集住地域ではボランティアや自立指導員らによって日本語教室が開催され、私費で帰国した中国帰国者の家族が日本語を学びながら暮らしていた。日本語教室のボランティアは日本語だけでなく日々

の生活の相談者として中国帰国者の生活を支えている。
(24) 飯田奈美子「中国帰国者の支援制度から見るコミュニティ通訳の現状と課題――通訳者の役割考察」『立命館人間科学研究』第21号、80頁、2010年、庵谷磐「中国残留日本人施策の展開と問題点――ボランティアの視点から」前掲(3)、244頁
(25) 厚生省社会・援護局「中国帰国者生活実態調査結果」平成12年9月
(26) 就労、賃金、年金、生活保護については、浅野と佟によるインタビュー調査で詳細な語りが掲載されている。これらは、遅い帰国による経済的な悪循環をもたらした。前掲(14)、277～296頁参照。
(27) その他鹿児島、名古屋、京都、広島を含む15の地方裁判所で2000人を超える残留孤児が提訴するという集団訴訟に発展する。中国「残留孤児」国家賠償訴訟弁護団全国連絡会編『政策形成訴訟――中国「残留孤児」の尊厳を求めた裁判と新支援策実現の軌跡』中国「残留孤児」国家賠償訴訟弁護団全国連絡会、2009年を参照。
(28) 中国帰国者の会「中国残留婦人国家賠償裁判ニュース、なぜ訴え、何を求めてきたか」『会報』2003年12月10日発行を参照。
(29) 前掲(14)、388頁
(30) 名和田澄子「法廷における中国残留孤児の生活史――その主体性の確立を目指して」『社会福祉学研究』第3号、85～86頁、2008年、前掲(14)、437頁
(31) 2006年12月、神戸訴訟がただ一つ、原告が勝訴した。神戸地裁は「孤児の損害は日中国交回復後、政府が早期に救済する責任を果たさなかった結果で、戦争が理由ではない」と国の法的責任を認める判決を出す。前掲(27)参照。
(32) すでに本人が納付している保険料がある場合は、その納付済保険料相当額は本人に「一時金」として支給がされた。
(33) 首都圏センター、北海道センター、東北センター、東海・北陸センター、近畿センター、中国・四国センター、九州センターが国からの委託事業として開設され、それぞれのセンター所轄の地域の実情に合わせた支援活動が提供されている。たとえば、中国・四国センターは、日本語教室のほかにグランド・ゴルフ、太極拳、和紙ちぎり絵教室に加え高齢者介護予防教室など多様な交流活動教室を運営している。
(34) 厚生労働省社会・援護局「中国語の対応が可能な介護事業所一覧」2019年
(35) 河本尚枝「高齢中国帰国者の生活支援ニーズ――ソーシャル・キャピタルの観点から」『広島大学大学院人間社会科学研究科紀要』105頁、2021年
(36) 牧田幸文「中国帰国者のエンパワメントと地域ケア作り――夕陽紅の会の取り組み」加藤博史・小澤亘編著『地域福祉のエンパワメント――協働がつむぐ共生と暮らしの思想』晃洋書房、2012年
(37) 夕陽紅の会設立を提案したボランティアメンバーの一人は中国で看護師として働いていたが、中国残留邦人の親とともに日本に帰国し、日本ではケアマネジャーとして施設で働いている。彼女は中国での資格を日本で活用できなかったが、知識とネットワークを活かして地域に貢献している。ほかにもボランティアで参加するなかで、介護の資格を取得し、現在は居宅介護事業所で働きながら、週末の介護予防教室を手伝っている人もいる。前掲(36)、36頁参照。
(38) 文部科学省科学研究費補助金研究課題番号22530564、「外国人高齢者障害者の生活支援に関する調査――外国人福祉委員制度の確立に向けて」基盤研究（C）研究成果報告書2013年3月「すべての人にとって幸福で、違いを生かしあえる地域社会の実現を」
(39) 援護対象は残留邦人本人と未成年の子どもだけだったため、成人した子どもたちは私費で呼び寄せられていた。しかし、1994年から扶養が必要な65歳以上の残留邦人のために、成人の子1世帯を援護対象とした。そして、年齢枠は1997年には55歳以上の残留邦人の子ども世代と対象を広げた。
(40) この世代は、おおむね残留婦人等の子ども世代である。
(41) 2022年9月25日、九州弁護士会連合は「中国帰国者の残された課題の解決と日中友好の展望を考える」シンポジウムを開催する。シンポジウムの資料と浅野慎一「二世問題の解決なくして、残留日本人問題の解決なし」の資料を参照。また、筆者が参加する夕陽紅の会にも日中友好協会京都府連合会から、2世への支援の拡大を希望する署名活動協力の連絡があり、現在広がりをみせている。
(42) 朝倉美江『多文化共生地域福祉への展望――多文化共生コミュニティと日系ブラジル人』高菅出版、2017年

3 難民をめぐる社会福祉問題

荻野剛史

1. 日本で暮らす難民の概況

1）概況

国をまたいだ人の移動の歴史を概観すると、現在まで多くの人々が望まない国際移住を行ってきた。多くは飢餓や戦乱から逃れるためであるが、こういった人々の受け入れに関する日本の経験として、1970 年代からのインドシナ難民受け入れや、また近年では、ロシアの侵攻によるウクライナからの避難民の受け入れがある。

「難民」と「避難民」、いずれもその意味合いには幅がある。国際移住者としての「**難民**」は、何らかの災難から国外に逃れ、難民に関する条約や避難先国における関係法令による保護下にある人々、および条約や法律による保護を求める人々を指すことが多い。一方「**避難民**」に関し、世界的には「**国内避難民**（IDP：Internally Displaced People）」など災難から逃れるために国内外問わず別の土地に避難した人々を指し、当該避難者に対する保護的な条約や法の有無は問われない形で用いられてきた。すなわち、関連する条約や法の関与の有無により、「難民」と「避難民」が区別される場合が多い。本章では、避難先国での生活が特に長期（あるいは永久的）になることが一般的である難民をめぐる社会福祉問題について述べる。

難民の捉え方について今一度確認すると、後述する理由で祖国（国籍国または常居所国〔常に居住していた国〕。以下同様）から逃れ現在では祖国以外の国に所在しており、何らかの公的な枠組みにより難民と認定・認識されている人々を指す。

過去の事例をみると、極々一般的に暮らしていた人々が難民としての生活を強いられる背景には、祖国における政変、迫害、紛争などが挙げられる。また近年では「**環境難民**」という言葉が示すとおり、気候変動などによる居住環境の悪化に伴う国際移住も生じている。すなわち難民は、個人では対処し得ないほどの大きな影響を環境から受けた人々だが、これらの事象が終結・解決して難民が祖国に帰れる状態になるまでには、多くの場合、数十年単位での時間を要する。このため祖国から追われた人々が難民として祖国外の国に定住することは、難民問題における一つの解決方法として捉えられている。

日本は、世界的に「難民を受け入れない国」と認識されているものの、他国と比べた場合その人数は少数だが、次項から詳述するインドシナ難民、条約難民、第三国定住難民をそれぞれ 1 万 1319 人、1117 人、250 人、定住者として受け入れてきた経緯がある。しかし、難民自身や周囲の人々に対するサポートの脆弱さ、難民認定にかかわる諸問題、難民に対する理解のなさなどを背景とする生活のしづらさ・諸問題が、日本での暮らしのさまざまな局面で生じている。

2）インドシナ難民

インドシナ難民とは、ベトナム難民・ラオス難民・カンボジア難民の総称である。

1970 年代、インドシナ三国（ベトナム・ラオス・カンボジア）では政情不安が高まっていたところ、1975 年にベトナム戦争が終結し、その翌年に南ベトナム共和国（南ベトナム）をベトナム民主共和国（北ベトナム）が吸収する形でベトナムを統一、現在のベトナム社会主義共和国が誕生した。また同じ 1970 年代にラオス・カンボジアでも政変が生じ、これに伴う混乱が生じた。これらの政変を嫌い、また、この政変に伴う迫害から逃れるため多くの人々が難民としての保護を求めて周辺各国に避難した。こうした人々を総称してインドシナ難民と呼び、出身国によりそれぞれベトナム難民・ラオス難民・カンボジア難民と呼ばれる。

1975年5月12日、海上で救助された人々が千葉港に到着した。ベトナムから逃れたインドシナ難民初の日本到達である。この頃日本には難民を保護する法的な仕組みがなかったため、日本政府はいったん彼らを「水難者」として救助し、難民としての受け入れ制度が整っていた他国に移送していた。その後1978年の閣議決定によりインドシナ難民の本邦定住が開始され、定住受け入れ制度が終了する2005年までの間に、1万1319人が本邦定住を果たした。

表1は、1978～2005年におけるインドシナ難民定住許可数の推移である。内訳は、ボート・ピープル（ボート等で直接日本に到来、あるいは途中海上で救助されて日本に到達し日本で定住した者。表中では「国内」と表示）3536人、海外キャンプ滞在者（第三国の難民キャンプに在住している際、日本政府による面接を受けて日本に来訪した者。同「海外」）4372人、元留学生など（インドシナ三国で政変が生じる前から日本に留学生などとして在留しており、政変によって帰国できなかった人。同「元留学生」）742人、合法出国者（合法出国計画〔ODP：Orderly Departure Program〕に基づき、すでに日本で定住しているインドシナ難民から呼び寄せられた家族。同「ODP」）2669人である。

最も早期に日本での定住を始めたインドシナ難民の場合、すでに50年間近く日本で暮らしている。当初は、主に「支援の受け手」だった彼らは、この間日本で生活の再構築を図るべくさまざまな場面で活躍を試み、現在では彼らの多くが安定した生活を日本で営んでいる。一方で安定した生活の実現に至っていない人たちも存在する。加えてごく一部ではあるものの、難民問題全体としてはまれといえる祖国帰還を果たした人々も存在する。

表1　インドシナ難民定住許可数の推移（1978～2005年）

年	国内	海外	元留学生	ODP	合計
1978～1979年	5	92	0	0	97
～1989年	2,638	2,500	742	461	6,285
～1999年	892	1,670	0	1,587	4,152
～2005年	1	110	0	677	788
計	3,536	4,372	742	2,669	11,319

出典：アジア福祉教育財団難民事業本部（更新年不明）より筆者作成

3）条約難民

次に、条約難民について述べる。

条約難民とは、**難民条約**（難民の地位に関する条約と難民の地位に関する議定書の総称）に基づき、避難先の政府機関（日本の場合は法務大臣）に対し難民である旨の認定を申請し、認定された者を指す。前述のインドシナ難民とは異なり難民の発生国に限定なく、また次に述べる第三国定住難民とは異なり、難民として認定されるまでは、実質的にいずれの国でも保護されていない点に特徴がある。

日本の場合、おおむね次のプロセスによって、難民条約上の難民か否かの認定が行われる。

①【申請】難民としての保護を希望する人が、地方出入国在留管理局、支局や出張所において、法務大臣宛に難民認定申請を行う（この時点で、庇護申請者と呼ばれる）。また有効な在留資格を有していない場合、本邦上陸から6か月以内に難民認定申請を行ったなどの要件を満たしていることを条件に、「仮に本邦に滞在することを許可」したことを意味する「仮滞在許可」が与えられ、その間は退去強制手続が停止される扱いがなされる。また庇護申請者はその必要に応じ、難民認定審査期間中の生活費などの支給を申請することができる。

②【審査】法務省内で諸審査（書面審査や面接）が行われる。

③【審査結果の通知】審査結果が庇護申請者に対して、以下の審査結果が通知される。

(ア) 条約難民上の難民として認定（この時点で「難民」と呼ばれる）。この場合は、希望に応じて日本定住のための諸支援が日本政府から給付される。

(イ) 難民として認定は認定されないものの、人道的な配慮として一定期間の本邦在留を認める。

(ウ) 不認定。

②の審査は、法務省の難民調査官によって行われ、難民条約上の「難民」の定義に基づき、次の基準によって行われる。

(ア) 庇護申請者が、迫害を受けるおそれがあるという十分に理由のある恐怖を有している。

(イ) 庇護申請者が、国籍国（無国籍者の場合は常居所国。以下同じ）の外にいる。

(ウ) 庇護申請者が、国籍国の保護を受けることができないか、国籍国の保護を受けることを望んでいない。

(エ) 「迫害を受けるおそれ」の理由が、「人種」「宗教」「国籍」「特定の社会的集団の構成員であること」「政治的意見」のいずれかである。

（荻野 2013 : 45）一部改変

表 2　難民認定状況（2013 ～ 2022 年）

年	申請者数	認定数	その他の庇護	認定数及びその他の庇護の合計
2013	3,260	6（3）	151	157
2014	5,000	11（5）	110	121
2015	7,586	27（8）	79	106
2016	10,901	28（2）	97	125
2017	19,629	20（1）	45	65
2018	10,493	42（4）	40	82
2019	10,375	44（1）	37	81
2020	3,936	47（1）	44	91
2021	2,413	74（9）	580	654
2022	3,772	202（15）	1,760	1,962

注：（　）内は、一次審査で難民不認定となり、不服申立ての結果、難民認定を受けた者の数（内数）。

出典：2013 ～ 2016 年は、法務省入国管理局編「平成 29 年版 出入国管理」60 ～ 62 頁、2017 年。2017 ～ 2022 年は、出入国在留管理庁編「2023 年版 出入国在留管理」63 ～ 65 頁、2023 年より筆者作成

上記の諸点の立証責任は庇護申請者側に課されている。(イ)と(ウ)の立証は、比較的難しいものではないかもしれない。しかし(ア)は「恐怖」という心の動きの有無を問うものであり、また、その「恐怖」が「十分に理由のある」ものであることを立証することが求められる難民認定申請における大きなポイントの一つである。

表 2 は、直近 10 年間における難民認定状況である。

2013 年は申請数が 3260 人だったものが 2017 年には 1 万 9629 人と、ここ 10 年で最高数に達している。一方認定数は 2022 年の 202 人を最高に、毎年 10 人前後～ 50 人前後で推移している。また「その他の庇護」、すなわち難民としての認定には至らなかったものの、申請者の状況にかんがみて一定の庇護が与えられた人数は 2022 年の 1760 人を最高に、毎年 30 ～ 600 人ほどで推移している。申請者の国籍国に関し、2020 年はトルコ、ミャンマー、ネパールが、2021 年にはミャンマー、トルコ、カンボジアが、そして 2022 年はカンボジア、スリランカ、トルコが各年における申請者数の上位 3 か国となっている。また認定者の国籍に関し、2020 年はイエメン、中国、アフガニスタンが、2021 年はミャンマー、中国、アフガニスタンが、そして 2022 年はアフガニスタン、ミャンマー、中国が、それぞれ認定者の上位 3 か国となっている（出入国在留管理庁 2021 ; 2022 ; 2023）。なお 2022 年に認定数が急増しているが、アフガニスタン国籍者の認定者急増による部分が大きい（147 人 : 全認定者 202 人）。

審査では国籍国において、庇護申請者が主張する恐怖が生じるような社会状況が生じているか否か、その状況による庇護申請者に対する影響の程度などによって検討されると考えられるが、日本の場合この点の審査が非常に厳しいとされ、難民認定数は低い状況が続いている。

4）第三国定住難民

最後に、第三国定住難民について述べる。

第三国定住難民制度とは、難民キャンプ等祖国外

表３　日本が受け入れた第三国定住難民数（2010～2023年）

陣	年	来日元難民キャンプ	来日世帯・人数	陣	年	来日元難民キャンプ	来日世帯・人数
第１陣	2010年	タイ	５世帯27名	第８陣	2017年	マレーシア	８世帯29名
第２陣	2011年	タイ	４世帯18名	第９陣	2018年	マレーシア	５世帯22名
第３陣	2012年	タイ	辞退	第10陣	2019年	マレーシア	６世帯20名
第４陣	2013年	タイ	４世帯18名	第11陣	2022年	マレーシア	４世帯６名
第５陣	2014年	タイ	５世帯23名	第12陣	2022年	マレーシア	16世帯29名
第６陣	2015年	マレーシア	６世帯19名	第13陣	2023年	マレーシア	20世帯21名
第７陣	2016年	マレーシア	７世帯18名	合計			90世帯250人

出典：出入国在留管理庁編「2023年版 出入国在留管理」129頁、2023年より筆者作成

ですでに保護されている難民を、国際的な仕組みに基づき第三国（祖国・現在の所在国以外の国）が定住者として受け入れる制度であり、この制度に基づき日本など第三国に定住者として受け入れられた人々を**第三国定住難民**と呼ぶ。

一般に、難民発生国（難民の祖国）と地続きで国境を接している周辺国では難民キャンプの設置や食料支援などの負担が強いられる。言い換えれば、難民発生によって生じる負担が難民発生国の周辺国に集中する。このような不均衡を是正するため、**国連難民高等弁務官事務所**（UNHCR: The Office of the United Nations High Commissioner for Refugees）の主導のもと、この制度が行われている。日本の場合、UNHCRに対する拠出などで間接的に難民保護に関する負担を負ってきたが、2010年からの５年間、パイロットケースとしてタイ王国にある難民キャンプで暮らしていたミャンマー難民を定住者として受け入れてきた。また2015年からは、それまでのパイロットケースをもとに本格的な受け入れを開始し、マレーシアに滞在しているミャンマー難民を受け入れている。

日本政府はUNHCRから提出された候補者リスト上にある難民に対して面接を行い、来日する者を選定しているが、その結果、2010年（パイロットケース開始）から2022年の間に、合計90世帯・250人を受け入れてきた（**表３**）。

2. 難民の定住プロセス・生活のしづらさと支援者

移民、たとえば労働を目的とした国際移住者が移住先での生活でさまざまな生活のしづらさを経験することは想像に難くないだろう。難民の場合、一般に移民が経験する生活のしづらさに加えて、強いられた移住に伴う生活のしづらさ、そして難民という言葉に含まれるイメージから生じる生活のしづらさが加わる。ここでは難民の定住プロセスおよび、各局面で生じうる生活のしづらさとその縮減のための支援について述べる。

1）難民の定住プロセス

難民の定住プロセスに関する論考はいくつか存在する（Timberlake, et al 1984；小松 1986；Berry 1986；Stein 1986；Drachman 1992；小泉 1997；Valtonen 2004；荻野 2013　ほか）。これらを踏まえ、かつ日本の状況に即して述べると、おおむね次の諸局面から成るプロセスを経る。

ｉ　日本到達
――安定した在留資格の獲得

難民としての保護を求める場合であっても、ほかの外国人と同様に**在留資格**の取得が求められる。制度上、インドシナ難民と第三国定住難民の場合は、個々の難民認定申請を経ることなく安定した在留資

格（定住者）が付与される。

一方条約難民としての保護を求める人は**難民認定申請**を行い、法務省の難民審査官による審査を受け、法務大臣名で難民条約上の難民としての認定を受けることで在留資格を得ることが必要となってくる。条約難民としての保護を求めた庇護申請者は、申請の時点で在留資格を有していなければ「仮滞在許可」が与えられる。この許可は在留資格とは異なるものの、これがあることで退去強制手続が停止されるほか、健康保険などの社会保障サービスの対象となる。加えて、たとえば都道府県をまたいだ移動ができないといった各種の条件が課される。

ii　生活の再建

難民として認定され「**定住者**」など安定した在留資格が取得できると、難民は祖国で崩壊した生活の再構築のための活動を行う。「人生の再スタート」といっても過言ではない。この「再スタート」にあたり、まずは生活の基盤——居所や就業・就学、ある程度の金銭など——の確保を行うことになる。

Stain（1986）が指摘するとおり、多くの難民は祖国からの脱出に伴い失ったもの——社会的地位、人間関係、財産、生きがいなど——を回復すべく活発に活動する。「ゼロからのスタート」ではなく「マイナスからのスタート」と表現したほうが適切だろう。しかし、言語や生活様式が異なる国においてこれらを回復させるには、難民と社会の間に存在する「言語の壁」「制度の壁」「心の壁」（鈴木 2009）を越える必要があり、相当な意志や努力が難民自身に求められる。また難民自身の努力だけで越えられるものではなく、関係機関や地域社会、彼らが属する職場・学校の人々など、特に難民と近しい人々の理解や協力が重要な要素となってくる。地域社会からの信用を得るべく、難民自身も地域住民を対象とした社会貢献活動なども行う（荻野 2022）。

iii　一定の社会統合の達成

「マイナスからのスタート」だった日本における難民の暮らしは、難民自身の努力や周囲の協力により、定住開始から相当な期間を経て一定程度の社会統合を達成する。社会統合は、いまだ統一的な定義がある概念ではないものの、森による指摘のとおり、移民や難民の移住先における「個人のアイデンティティ・権利の尊重、差別の排除、参加の促進、ホスト社会と移民・難民の双方向の相互適応過程（mutual adjustment）」（森 2016）といった要素が含まれている概念である。難民の側面からは、就労などの社会参加によって生活を成立させるための収入を得て、大きな支障なく家庭生活を営み、さらには周囲との一定の社会関係があった状態で生活すること、加えて一定程度の自身の文化（祖国の暮らしで得た生活様式）を表出できる状態などを指すと考えられる。

もっとも、祖国で崩壊した生活の再構築が質的にも量的にもどこまで達成できるのか、未知数である。難民自身の努力は求められるものの、それまでの日本の暮らしで得た支援的な社会資源の量・質に大きく影響を受ける。ある難民は良質な日本語習得機会に恵まれ、サポーティブな人間環境を得て、また、祖国の経験を活かせるような安定的な職を得ることで一定程度の社会統合に至るかもしれない。一方でこのような機会や資源の獲得・利用が難しかった場合は、社会統合に至るまで、さらに長い時間を要するかもしれない。

iv　高齢期

一定の社会統合を達成した難民も、来日から数十年経ることで高齢期を迎える。インドシナ難民の場合のように、世界的にみると、例外的に祖国帰還を果たし祖国で老いの時期を迎える場合もあるものの、多くの場合移住先で高齢期を迎える。

加齢により人によっては高齢者によくみられる疾病を抱え、介護を要する状態となる。祖国で暮らしていれば、多くの場合、子どもなどの近親者によるケアを受けながら自宅で暮らし続けることになるが、日本の暮らしで子どもたちは就労している場合が多く、家族によるケアを受けられることは期待しづらい。このため、日本人同様病院や社会福祉施設でサービスを受けることになる。

そして、いつの日か他界の時を迎える。

2）難民が経験する生活のしづらさと支援

以上、先行研究の知見と日本の実情を踏まえた日本における難民の定住プロセスを述べた。ここで述べたプロセスは一例であり、前述「iii　一定の社会統合の達成」が示すごとく、日本での暮らしでどれほど難民自身が努力し、どれほど支援的な環境・資源を得られたかによって、難民の生活のありようは大きく異なってくる。ここでは、前項で述べた難民の定住プロセスの各局面において起き得る困難・生活のしづらさと、これらの諸問題を縮減するために必要なサポートを述べる。

i　日本到達
――安定した在留資格の獲得

この局面は、脱出してきた祖国に戻ることなく今後日本で安定的な生活を営めるか否かが決定する、庇護申請者にとって最も重大な局面である。ここでは、難民認定にかかわる問題と難民認定中における生活の基盤確保に関する問題が生じる。

まず難民認定にかかわる問題に関して述べる。難民認定申請を行うには、少なくとも(a)難民認定制度の存在・手続きの方法を正確に知り、(b)申請に必要な書類を準備し、(c)提出先に赴いて提出するというプロセスが必要である。(b)に関し、特に「申請者が難民であることを証明する資料」の作成には、難民条約や出入国管理及び難民認定法に則す形で自身の難民該当性を客観的に明瞭に示すことが必要であり、難民自身のみで必要な書類を準備することは、きわめて困難である。よって実際には、難民支援を標榜する民間団体の支援を受けながら「証拠集め」を行う。しかし異国の地である日本でこういった民間団体に確実にアクセスできる保証はない。

また、難民認定中における生活の基盤の確保に関しても大きな問題が生じる。外務省は関係団体（**アジア福祉教育財団難民事業本部**）に委託する形で庇護申請者に対して保護措置（金銭の給付）を実施している（生活費・住宅費・医療費実費）。法務省は難民認定申請にかかわる標準処理期間を6か月と定めているものの、2021年の平均では32.2か月と大幅に超過している。しかしこのプログラムでは生活費等の支給期間は4か月間にとどまっており、また受給にあたっていくつかの条件があるため、必ずしも本措置の存在によって申請期間中における生活の基盤が確保されるものではない。

難民認定申請と申請期間中における課題を指摘した。一般的に、在日外国人が異国で生活の困難を経験している場合、出身国の在外公館（大使館や領事館）に援助を求めることが選択肢の一つとなる。しかし庇護申請者や難民、そしてこれから難民としての保護を求めようとしている外国人（以下、庇護申請者等）はしばしば出身国政府と敵対的な関係にある。庇護申請者等の存在が明らかになり、出身国政府関係者による連れ去りや迫害などを防ぐため、こと庇護申請者等がかかわる問題において在外公館の援助を求めるのは、絶対に、例外なく避けなければならない。それゆえ公的な仕組みでサポートされない面は、庇護申請者等への支援を主たる活動目的とするNPO団体や、弁護士などの支援活動が重要であり、実際に相談会の実施や生活物資の提供、難民認定にかかわる法務的なサポートが行われている。また、同じ境遇にある者同士の助け合いや、同国出身者のコミュニティに援助を要請することもある（なお、同国出身者同士であっても、出身民族の違いなどによって敵対関係にある場合もあり得ることから、慎重に行うべきである）。

ii　生活の再建開始

生活の基盤確保にあたり重要な役割を果たしているのは、前述のアジア福祉教育財団難民事業本部が実施している「**定住支援プログラム**」である。これは、かつてインドシナ難民に対して、現在では認定を受けた条約難民および第三国定住難民に対して、日本語や日本での生活方法に関する教育、また希望に応じた就職および職場適応訓練のあっせんを180日間にわたり提供するプログラムである。

このプログラムを終えた難民は、本格的に地域社会での生活を始める。もっとも180日のプログラムを終えても日本語などの習得は十分とはいえず、たとえば「経済的な問題」「教育・学習の問題」「意思疎通・コミュニケーションの問題」「生活習慣・価値観・将来設計の相違」(原口 2001) といった、ほかの在日外国人とも共通するさまざまな生活のしづらさを抱える。これらの問題の解消にあたり社会保障諸サービスの利用が考えられるものの、特に日本語や日本での生活方法の習得が十分ではない場合、公的なサービスへのアクセスに困難が生じる事例は多数存在する (日本語の不十分さに加え、社会保障という概念が十分浸透していない国から来日した場合は、生活のしづらさ解消のために社会保障サービスを探す・利用するという発想には至らないだろう)。

これらの問題の解決にあたり、近年では、在日外国人に関係する政府機関の相談窓口が集まった「**外国人在留支援センター**」(FRESC: Foreign Residents Support Center) が出入国在留管理庁によって設置されるなど国レベルでの取り組みもある。しかし地域生活に密着している点で、ここでも難民を支援対象とするNPOの活動が大きな力を発揮する。これに加え地域の人々がもつ力は非常に大きく、そして有効である。たとえば、ある地域社会の住民たちは、近隣に居住するインドシナ難民に対して、生活の基盤確保、地域住民等との交流促進、そしてアクシデント解決にかかわるサポートを提供している (荻野 2014)。また、特定の日本人住民が特定のベトナム難民に対して個別的なサポートを提供してきた (荻野 2013)。加えて同胞同士による助け合いも、特に情緒的な面において一定の手助けとなる。

iii　一定の社会統合の達成

この局面に至ると、多くの難民は一定の社会統合を達成していることから、日常生活上で大きな課題が生じることは限定的である。難民としての特徴——難民性——は縮減傾向にある。日本での暮らしの長期化や帰化などに伴い、彼らを「**元難民**」と表現したほうが適切かもしれない。

それでも外国人性——外国 (日本以外の国) のルーツをもっていること、必ずしも日本の生活様式に明るいわけではないこと、祖国に対する望郷の念を有すること——は消えることはなく、ほかの在日外国人と共通の課題も抱える。日本語能力を十分に習得しても、日本での暮らし方の細かな点 (たとえば、いわゆる「根回し」の重要性) については知らない点も多く残っており、知らないことで多くの資源・機会を逸するかもしれない。あるいは日本人と同じように暮らしていても、国籍の相違によって排除を受けることもある。加えて就職や結婚・離婚、子の入学・進学、親の介護といった次々に生じるライフイベントへの対応も必要となってくる。また、自身や家族が大きな疾病に罹患する可能性も生じる。これらのイベントに対する対処方法は、多くの場合自身の親の動きを通じて認識・学習し、そして自分が実行するが、親から引き継ぐことのできなかった難民1世にとって、祖国では見聞きしたことがない・経験したことがないイベントに対処することが求められる。こういった場合も、同胞同士による助け合いが一定程度役立つ。これらの出来事を経験した難民が、その知識をもって同胞を助けるという流れだが、彼らがもっている知識は、必ずしも正確とはいえない (誤解が含まれていたり、古い知識であったり、部分的なものであったりする)。よって問題発生の有無にかかわらず、近隣住民やNPOなどが適宜サポートを提供することが不可欠である。

iv　高齢期

この局面では、前述のとおり難民としての性質に基づく課題はおおよそ生じないと考えられる。一方で、自身の加齢や外国人性に基づく生活のしづらさ——収入に関する課題、健康・介護に関する課題、葬祭・埋葬に関する課題——を経験する。

まず収入に関する課題に関し、ほかの高齢者同様に年金が主たる収入源となる。しかし、難民を含む外国人に関し、年金への加入に制限が生じた・生じる場合がある。これには外国人も国民年金の加入対象となったのが制度上1982年からであったこと、その後も「外国人は国民年金に加入しない・できない」という、難民 (外国人)・周囲の日本人に誤解があったこと等によって加入期間がなかった・短かかったという背景がある。その結果、無年金や、年金額が非常に低い場合がある。

次に健康・介護に関する課題について、加齢によって医療や介護が必要となる場合が多くなる。病院や介護施設といった専門機関でケアを受けることになるが、ここでも習慣の違いが大きな障壁となる。医療機関において望む治療と提供される治療が大きく異なる（入院によって家族の元を離れたくなかったり、必ずしも積極的な治療・延命を望まないなど）こともあるだろうし、日本へ到達年齢が遅ければ遅いほど、前述の「言語の壁」によって難民と医療者の間での意思疎通に困難が生じる。これらの点に対し、医療通訳者の活用が有効である。加えて、介護施設、たとえば通所介護（デイサービス）で日本人向けの回顧的なプログラム（日本の昔の曲を歌うなど）を実施した場合も、難民にとってそのプログラムに回顧という意味はもち得ないだろう。加えて、それまでの日本での暮らしぶりによっては、ほかの利用者との交流もままならないといった危惧も生じる。外国人が多数居住する地域では特定の国の出身者を主たる利用対象者とした通所介護事業所も散見されるようになったが、特に条約難民の場合、彼らの出身国は限定されていないため、出身国別の通所介護事業所を設立することは現実的ではない。

さらに葬祭・埋葬に関する課題について、インドシナ難民の場合は、自ら宗教施設を設置するといった動きがみられるものの、条約難民のように出身国や民族が一様ではない場合、自分たちのための宗教施設を設置することは困難である。彼らの信教に沿う宗教施設が近隣、あるいは日本国内にない場合は、入る墓がないという問題が生じる（特に土葬は、土壌や水質の汚染を心配し、周辺住民による反対運動が起きることは珍しくない）。

3）難民とは認定されなかった人々が抱える課題

以上、日本における難民の定住プロセスを概観した。最後に難民条約上の難民としての保護を求めたものの、認定されなかった人々が抱える生活のしづらさを概観する。

前項で述べたとおり、難民として認定されない限り、永続的・安定した在留資格を得ることは困難である。難民認定申請で不認定という結果であっても、祖国に戻ることで生命の危険にさらされる可能性が高ければ帰国という選択はできるはずもなく、結果的に不安定な身分のまま日本にとどまり続けるしかない。

難民認定申請において不認定（人道的配慮による在留許可も含む）の場合、法的には㋐不認定に対する審査請求、㋑不認定の取り消しを求める裁判の提訴、㋒難民認定申請の再申請という手段を取ることができる。しかし、いずれの場合も一般的には年単位の長い期間を要する。この間の生活費等につき前述の保護措置を申請できるものの、いくつかの条件や受給期間の制限があり、まず、住居や就業といった生活の基盤の確保・維持に大きな課題が生じることになる。不安定な法的身分であることで就業等が難しく、何もできないという期間が長期間生じる。

また、難民認定申請が３回目以降になると強制送還が可能となる。この場合、入管施設に収容される可能性が生じる。収容され、申請によって仮放免となり、またある時は明確な基準なく再収容となるなど、きわめて不安定な状態におかれることになる。これらの点に対しては、前述の難民支援を標榜する民間団体や法律家が状況改善のための支援を行っている。

3. 残された課題

これまでみてきたように、日本における難民保護には多くの課題が存在し続けている。難民認定制度及び関連法に関する課題、便宜的とも思える外国からの避難者に対する扱いに関する課題はすでに多く指摘されている。実態にそぐわない法律やその運用が、罪を犯してしまう者を生み出しているといっても過言ではないだろう。この点に関しては、法律家とともに今後も注視し続ける必要があるが、ここでは、今後解決するべき社会福祉的な課題をいくつか述べる。

1）難民認定申請のサポートへのアクセスに関する課題

条約難民を念頭に、難民認定申請のサポートへのアクセスに関する課題を指摘する。

インドシナ難民の来日に伴い、1951 年公布・施行の出入国管理令が、1982 年に出入国管理及び難民認定法に改められてから 40 年以上が経過した。この間、日本の難民行政をとりまく環境は大きく変化し、たとえば「**難民参与員制度**」の導入や、再申請の回数を原則的に制限するなどの改正が行われた。一方で、申請期間中は一定程度の本邦在留にかかわる法的基盤（**仮滞在**）をもてたり保護費の申請も可能になるといった、保護的な仕組みも導入されている。

こういった保護的措置を利用するには、それぞれのルールを正確に理解でき、そのルールに基づき手続等を行える環境があることが求められる。しかし言語が異なる国において、難民としての保護を求める外国人自身がこれらの情報を入手し、正確に理解・解釈し、的確に手続きを実行することはきわめて困難である。仮に言語の問題がなかったとしても、それぞれの書類で求められている記入内容の精緻さまで知ることは不可能である。

幸いにも、（外国人一般ではなく）難民としての保護を求める外国人に対する支援を標榜する団体が存在し、さまざまな活動が行われている。こういった団体にアクセスできればサポートを受けられる可能性につながると思われるものの、保護を求める人々がすぐさまアクセスできるか、この点については疑問が残る。この点に関し、先ずは実態を明らかにする取り組みを行い、よりアクセスが可能となる方策を明らかにすることが求められる。

2）社会統合実現に向けた各局面における支援体制の整備

次に、社会統合実現に向けた各局面における支援体制の整備の必要について述べる。

前述のとおり、社会統合とは、おおむね難民を含む国際移住者が個人のアイデンティティや権利が保持され、差別されることなく社会参加を実現し、加えてホスト社会との相互適応がある状態を表す概念であり、近年、その実現の必要性が指摘されている。この概念は、国際移住者（ここでは難民、難民として保護を求める外国人）が移住先において何かを達成・獲得・実現することの指摘のみならず、国際移住者とホスト社会との関係性――ホスト社会との相互適応がある状態――をも表している。よって、難民自身に加えて、ホスト社会に対してもアプローチが必要である。

難民自身に対しては、支援体制のさらなる拡充が求められる。すでに述べたとおり、移住先における難民の生活は「マイナスからのスタート」、すなわち、不本意な祖国からの脱出によって多くを失い、それらの回復への試みから始まる。前述のとおり、難民と認定された直後には公的な支援があるものの、その後の支援は多くない。社会統合の実現にあたって必要な支援を質的・量的に明確にしたうえで支援体制の構築が求められる。

またホスト社会に対しては、地域に暮らす難民に対する支援体制に関する支援が必要である。これまでは難民の周囲に暮らす人々が自発的に、手弁当でサポートにあたってきた経緯がある。しかし、難民が自身の「マイナス」を回復し、一定の社会統合を果たすまでの間、特定の個人だけがサポートをし続けることは、よほどの覚悟や理由・背景がない限り困難である。難民を「負担」ではなく「地域社会の担い手になる人々」と捉えつつ、地域の専門職がキーパーソンとなって、難民支援に関する体制づくりを進める必要がある。

むろん、これは難民に対する支援を地域社会に「丸投げ」することではまったくない。主に自治体といった公的機関も参画し、費用・役務負担、そして報酬のあり方なども含めた形で議論しつつ進めることが必要である。

3）受け入れ国における難民の理解に関する課題

最後に、以上の２点に共通する点として、受け入れ国における**難民の理解**に関する課題がある。インドシナ難民の受け入れが始まってから50年近くが経過した現在、難民の存在や難民への理解が進んだかという課題がある。

先に指摘した先行研究では、難民と同じ地域に居住している日本人住民が難民と協同したり、彼らに対して必要なサポートを提供している姿が明らかにされている（荻野 2013；2014）。しかし日本全体を見わたした場合、難民に対する肯定的な理解がなされているか、疑問が残る。たとえば、2019年11月７日～17日に実施された「基本的法制度に関する世論調査」では、今後いっそう難民を受け入れるべきとする回答は24.0％（「積極的に受け入れるべきである」と「どちらかといえば積極的に受け入れるべきである」の合計）であるものの、慎重な受け入れを必要とする回答は56.9％（「どちらかといえば慎重に受け入れるべきである」と「慎重に受け入れるべきである」の合計）であり、受け入れ促進の２倍以上となっている。その理由は、犯罪者が紛れ込む可能性や、社会での摩擦発生に対する懸念などである（内閣府大臣官房政府広報室 更新年不明）。

こういった不安を払拭するための取り組みは当然に求められるものの、そもそも難民の適切な理解に資する適切な情報提供がなされているかという課題がある。報道のみならず、多くのメディア上では比較的ネガティブな事象を多く取り扱う傾向があると思われるが、これまで、そして今後、難民全体が社会にどのように依存してきたのか・依存するのか、一方でどのような貢献を果たしてきたのか・果たすのか、この点を誰もが正確に理解できるような情報提供の仕組みが必要である。

参考文献

- アジア福祉教育財団難民事業本部（更新年不明） 日本の難民受け入れと支援。
- Berry, John W. , The Acculturation Process and Refugee Behavior, Williams, Carolyn L. and Westermeyer, Joseph eds., Refugee mental health in resettlement countries, Hemisphere, 25-37, 1986.
- Drachman, D. , A stage-of-migration framework for service to immigrant population, Social Work, 37 (1), 68-72, 1992.
- 原口律子「インドシナ定住難民の社会適応――サポート・システムの分析を基軸として」『共生社会学』1、1～47頁、2001年
- 小泉康一「『難民経験』と文化変容――強制移動民の定住の分析枠組み」『比較法史研究』6、119～141頁、1997年
- 小松隆二『難民の時代――国際交流と日本人』学文社、1986年
- 森恭子「社会統合の概念とソーシャル・キャピタル」『生活科学研究』38、43～52頁、2016年
- 内閣府大臣官房政府広報室「基本的法制度に関する世論調査（令和元年11月調査）」「3　難民認定制度の在り方」
- 荻野剛史『「ベトナム難民」の「定住化」プロセス――「ベトナム難民」と「重要な他者」とのかかわりに焦点化して』明石書店、2013年
- 荻野剛史「インドシナ難民の生活問題解消に向けた地域支援者によるサポートの特性」『社会福祉学』55(1)、100～112頁、2014年
- 荻野剛史「滞日インドシナ難民による社会貢献活動」『東洋大学社会学部紀要』60(1)、5～16頁、2022年
- 出入国在留管理庁「令和２年における難民認定者数等について」
- 出入国在留管理庁「令和３年における難民認定者数等について」
- 出入国在留管理庁「令和４年における難民認定者数等について」
- Stein, B. N., The Experience of Being a Refugee: Insights from the Research Literature, Williams, C.L., Westermeyer, J. eds. Refugee mental health in resettlement countries, Hemisphere Publishing, 5-23, 1986.
- 鈴木江理子「『新たな住民』の到来と地域社会――共に生きる社会に向けて」『国立民族学博物館調査報告』83、229～244頁、2009年
- Timberlake, Elizabeth M. and Cook, Kim O., Social work and the Vietnamese refugee, Social Work, 29 (2), 108-13, 1984.
- Valtonen, Kathleen, From the Margin to the Mainstream: Conceptualizing Refugee Settlement Processes, Journal of Refugee Studies, 17(1), 70-96, 2004.

4 外国人労働者をめぐる社会福祉問題
―― 日系ブラジル人を中心として

朝倉美江

1. 外国人労働者とは

1）外国人労働者の歴史：在日朝鮮人

日本社会はグローバル化によって、多様な国にルーツをもつ人々が増加傾向にある。宮島喬は「日本は30年来、外国人受入国であり、さらに今や『移民国』（immigration country）となっている」と論じ、現在の日本を「移民国家」(1) と称している。そして、その際に重要なこととして、日本は旧植民地出身移民をもった国だったということ、1910年の「韓国併合」によって植民地化した地から、労働者として渡来する朝鮮人の存在が事実として厳とあることを指摘している。

移民とは、国連の人口統計局で「通常の居住地以外の国に移動し、少なくとも12か月間当該国に居住する人のこと（長期の移民）」と定義され、国籍は問われていない。多くの国では一般的に国外に移住した本人を移民と呼び、移民の子を移民2世という。日本では、移民が帰化し日本国籍を取得した場合は、移民とは呼ばないのが一般的である。さらに、日本は現時点で政策として移民の受け入れを表明していないが、**外国人労働者**の受け入れは是認し、事実上、移民を受け入れている状況にある。

日本における外国人労働者の問題を考える際に原点となるのは、宮島の指摘のとおり**在日朝鮮人**の問題である。戦後日本社会のなかで、在日朝鮮人の人口はエスニック・マイノリティ集団の中核を占めてきた。その状況が大きく変化するのは、1980年代以降の経済のグローバル化の進展に伴う国境を越える労働力移動である。そして、1980年代以降来日したアジア出身の定住者であるニューカマーズに対して、在日朝鮮人はオールドカマーズ（オールド・タイマーズ）と位置づけられてきた。在日朝鮮人とは、日本による植民地統治（1910～1945年）、および戦後の朝鮮半島における政治的混乱を背景に渡日し、朝鮮半島にルーツがあり日本に定住し、在日朝鮮人社会への帰属意識をもつ人々の呼称である。

日本では、敗戦後の1951年に**出入国管理法**（入管法）が制定され、外国人の入国は「在留資格」によって管理されている。現在29種類に分類されているが、大きく分けると活動が制限されている在留資格と、身分または地位に基づいて活動が制限されていない在留資格がある。在留資格のポイントは、就労が可能であるかどうか、ということである。つまり、日本人の雇用を脅かさない範囲で外国人の雇用を認めることはどの程度まで可能か、ということが問われることになる。

また、日本が主権を回復した日（1952年4月28日）に、旧植民地出身者は一方的に「外国人」と宣告され、一般外国人を対象とする出入国管理令および外国人登録法が全面的に適用されることとなった。植民地時代の在日朝鮮人は、国語は「日本語」とされ、「皇国臣民の誓詞」に象徴される徹底した「皇民化教育」が強制され、その民族性が剥奪されていった。そして、解放後の朝鮮人は、本国はもちろん日本においても、奪われた言葉、文化、歴史、民族性の復権という難事業に取り組んできた。

さらに、2023年は、関東大震災における**朝鮮人・中国人虐殺**から100年後にあたる。1923年の関東大震災における朝鮮人の犠牲者は6661人、中国人犠牲者は750人以上と報じられた。朝鮮人・中国人虐殺は、日本国内で起きた他民族大量虐殺（ジェノサイド）というほかない。外村大は「都が70年代に刊行した『東京百年史』では、朝鮮人暴動の流言が広がると青年団、在郷軍人などでつくる組織が自警団と称し朝鮮人を迫害したと書かれています。顔つきが朝鮮人らしいとか、言葉が不明瞭だというだけで『半死半生の目』にあわせ、警察に突き出したり惨殺したとの記述もあります。政府の中央防災会議の報告書は、被害者は朝鮮人が最も多いとしつつ、『中国人、内地人も少なからず被害にあった』とし、犠牲者は震災による死者（約10万5000人）の１％～数％に及ぶ」(2) と論じている。

在日朝鮮人と日本人との間には「国籍」の壁があり、それは在日朝鮮人が日本人から「外国人」になった経緯や法令が示している。さらに、その背景には関東大震災で顕在化した「心の壁」がある。田中宏は「在日朝鮮人と日本との間に『国籍』の壁があるとすれば、出稼ぎ労働者と日本との間には、それに加えて『国境』が横たわっている」(3) という。在日朝鮮人を原点とした外国人労働者は、それぞれの国の経済・社会状況、日本の社会・経済状況のなかにある入管法の位置づけ、**トランスナショナルな移住**を推進する媒介機関の存在など、多様な背景・要因のなかで誕生している。

２）下層労働者と位置づけられた在日朝鮮人

1938年４月、国家総動員法公布後、さらに朝鮮人は労働者約80万人、軍人・軍属約36万人が動員され、強制連行先は全国に3256事業所、１万451人の死亡者名簿が確認されている。強制動員は北海道だけで推計約14万5000人、事故や病気、虐待で多くの労働者が亡くなったという。伊藤智永は、日本のなかの**植民地朝鮮**の事実と真実 (4) を取材し続けている。

在日朝鮮人は主に下層労働者として、工業地帯や零細工場、港湾や炭鉱、鉄道や道路、ダム建設工事、軍需産業等に従事した。1920年から1930年代の職業分布では、都市部の一般中小工場の雑工・職工から土工、日雇い労働者など下層労働が中心であった。1940年代に入ると、鉱業、工業一般、土建業が有職者全体の66.5％を占め、次いで商業、古物商、運輸業など自営業の順になってきた。

徐阿貴は在日朝鮮人コミュニティの代表的な集住地として、大阪の猪飼野（いかいの）、京都の東九条、川崎の桜本および池上町、東京の三河島、東上野、枝川地区、下関、福岡などを挙げ、猪飼野の主要産業は、ビニールサンダルなどのプラスチック加工、鉄くずや廃品回収などで、多くが零細な家内工業である (5) ことを紹介している。

文貞實も在日朝鮮人によるエスニック・コミュニティの調査から「戦前から三河島、町屋には高内里の人がいて、編み上げ靴の仕事をしていた――その他の仕事といえば役所の汲み取りの仕事やぼろの仕事など日本人がやらない最底辺の仕事で生計を立てていた」(6) など戦前からつくられたケミカルシューズ産業の集積地では、戦後も中小零細企業を中心とした生産ネットワークが継続していることを明らかにしている。

他方、「長田のケミカルのいいところは、誰でも大将になれること。得意先だけもてれば独立できる」「昭和40年代ごろ、在日は高校出ても働くところがなかった。（ケミカルは）地場産業だからみんな携わっていくしかなかった。でも、在日のひとは独立が早くて、朝８時から深夜１時まで埃まみれで働いて、働いて、みんな独立していった。自分も昭和50年にはメーカーとして独立した」という在日朝鮮人たちの主体的な語りも紹介されている。在日朝鮮人の多くが次世代においても日本の排除のメカニズム（階層移動を遮断する就職差別など）によって、結果的にエスニック産業を維持する方向が選択されたという構造があるが、彼らの選択は東京都足立区のヘップサンダル内職業を担うインフォーマルな女性労働とも共通している。「足立にくればサンダル」「内職はオモニたちの仕事」という親戚・同郷のネットワークの存在をバネにした在日１世の済州島出身女性たちの、ミシン内職一本で子どもを育て、家をもつにいたるライフ／生の実践が見いだせたという。

さらに徐は、グローバル化の進展のなかにおける2000年代の韓流は、集住地のビジネスの活性化や、若い世代による韓国社会への関心、世界に散らばるコリアンディアスポラとの交流の深まりなどが、在日朝鮮人コミュニティの脱領域的でポストナショナルな性格を強めることを展望している。下層労働者と位置づけられた在日朝鮮人たちのコミュニティが、彼／彼女たちをエンパワメントしてきた。さらにグローバル化のもとで、在日朝鮮人の位置づけに変化の兆しがあることに期待したい。

3）非正規労働者と位置づけられた日系ブラジル人

外国人労働者とは、日本国籍をもたない労働者であるが、1980年代以降、その在留資格は、身分に基づく在留資格である「**定住者**」もしくは「国際貢献」という名目によって認められている「**技能実習制度**」[7]による「技能実習」が大部分を占めてきた。定住者は日系人を3世（4世は2018年から「特定活動」、2023年からは「定住者」）までに限り就労を認めるというものであり、研修・技能実習は1981年に留学の一形態として「研修」が認められ、日本の技能を途上国に移転するための国際貢献として位置づけられたものである。したがって、研修生は労働者ではないという位置づけであった。しかし、1989年の入管法改正以降その要件は緩和され続け、深刻な労働力不足を背景に、実際は中小企業の低賃金労働者として位置づけられ、「時給300円の労働者」[8]として劣悪な労働環境のなかでの多くの人権侵害が告発されてきた。2007年にはアメリカ国務省から「人身取引の一形態」との批判も受け、2009年の改正入管法で、研修生を1年目から労働諸法令の対象となる技能実習生と位置づけるようになった。しかし、その後も人権侵害は続き、2024年6月に外国人技能実習制度に代わる制度として、**育成就労制度**が創設された（3年以内に施行予定）。これにより労働力不足の分野で未熟練労働者を正面から受け入れる仕組みへと大きく転換した。

厚生労働省の「外国人雇用状況の届出状況」(2023年10月末現在）によると、現在我が国で働いている外国人労働者は204万8675人と2007年以降連続

図1　在留資格別外国人労働者数の推移

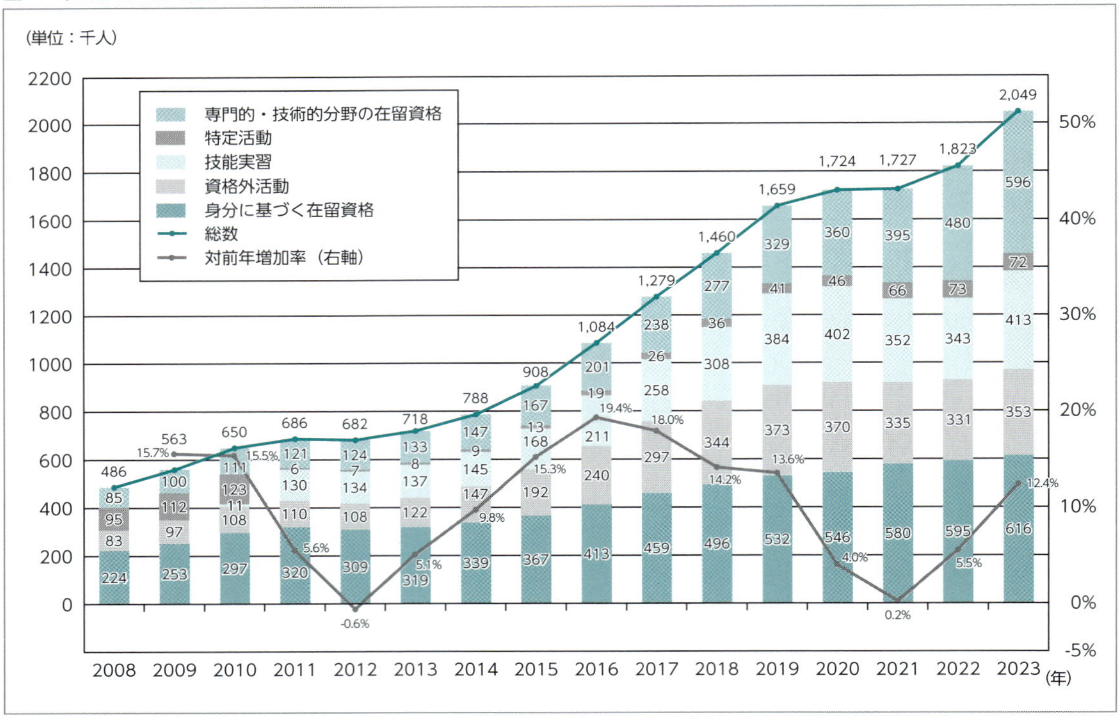

出典：厚生労働省「『外国人雇用状況』の届出状況まとめ（令和5年10月末時点）」

して過去最高を更新し、国籍別の内訳は、ベトナム25.3％、中国19.4％、フィリピン11.1％、ネパール7.1％、ブラジル6.7％となっている。また、在留資格では「身分に基づく在留資格」が30.1％で最も多く、「専門的・技術的分野の在留資格」29.1％、「技能実習」が20.1％であった。産業別では「製造業」が27.0％、「卸売り業・小売業」12.9％となっており、「医療・福祉」は外国人労働者数、事業所数ともに急増している。また、事業所規模別では「30人未満」が最も多く36.1％である。

現在も、多くの**日系ブラジル人**が外国人労働者として、また製造業等の単純労働力として位置づけられている。彼らは1980年代後半からデカセギとして派遣会社を経由し、来日してきたことに大きな特徴がある。今日**非正規雇用**の割合は上昇し、もはや日系ブラジル人特有の課題ではなくなっている。しかし、そのような状況に至った背景について、樋口直人は「南米系移民は、そうした労働市場の劣化を体現する存在であり、何年日本で働いても不安定な派遣労働に固定化され、上昇異動が実質的になかったのである」(9) と指摘している。

さらに、丹野清人は日系ブラジル人労働者の位置づけを「日系人どもは死なぬように生きぬように」と明確に示している。その根拠として「日系人の労働市場は、全体として、賃金も低く、経営の安定度も低い方にシフトしてしまった。いまや、省人化投資のできない古く・低生産性の事業所が生き残るための労働資源に、多くの日系人労働者はなっている」(10) ことを明らかにしている。日系人の位置づけは外国人労働者の日本社会における位置づけを象徴しているといえる。さらに、外国人労働者の位置づけは、近年日本の非正規雇用が拡大し、雇用破壊が進展していることとつながっており、私たちの課題として深刻化しつつある。

2. 外国人労働者としての日系ブラジル人

1）日系ブラジル人の歴史

外国人労働者の急増は1980年代後半からである。なかでも日系ブラジル人がその多くを占めてきた。日系ブラジル人とは、1908年、神戸港からブラジルに向けて笠戸丸に乗船した781人の日本人からその歴史が始まった人たちである。近代化が進む当時の日本においては農村が崩壊しつつあり、国内政治・経済が行き詰まり、国内での生活が困難な人が増大するなかで、国の政策としてブラジルへの移住が推進された。この**移住推進政策**が貧困者を日本というコミュニティから排除したともいえる。

ブラジル到着後の彼らは、農場で奴隷のように働かされた。そういった過酷な環境のなか、日系ブラジル人は、日系人たちの**コロニア**（コミュニティ）を形成し、助けあって生活し、近年はブラジル社会において勤勉で高学歴であるという評価を得られるまでになっていた。戦前から戦後にかけて約25万人の日本人がブラジルに移住し、現在は1世から6世まで約160万～190万人の日系ブラジル人がブラジルで暮らしている。

日系ブラジル人のルーツであるブラジルは、19世紀終わり頃から本格的に移民が流入した国であり、イタリア、ポルトガル、スペイン、ドイツ、ポーランドなど多くの国からコーヒー生産の労働者として移民が増加していった。日本移民もその一翼として流入したのである。つまり、歴史的にブラジルは移民国家であり、日系ブラジル人とはブラジル社会のなかで移民として生活していた人たちである。

では、そもそもなぜブラジルに日本人が移住するようになったのか。若槻泰雄によると1887年頃から日本人が自分の国のことを語るとき、「国土狭小・人口過剰」という言葉が常用されていたという。なかでも、1873年に行われた地租改正は農民に打撃を与え、生活困難な人たちが増大するなかで国の政策としてブラジルへの移住が推進された。

他方、ブラジルでは黒人奴隷制度が廃止され、それに伴って労働力の補充が必要となり、日系ブラジル人は、農業移民として主に南東部のコーヒー農園に送り込まれた。さらに、日本は第二次世界大戦後も人口が急増するなかで、1949 年に衆議院本会議で「人口問題に関する決議案」が採択され、そのなかで海外移住も政策化された。そして 1952 年に戦後第 1 回のブラジル・アマゾン移住が開始された。

つまり、日本国内ですべての日本人が生活することが困難な状況のなか、日本の余剰人口を海外に移す、というのが移民政策の目的であったといえる。そうであるならば、国は移民に対してその移住の条件を明確に示し、その後も生活の目処が立つまではその支援をする責任がある。にもかかわらず、若槻は、「戦前の日本移民も、ジュート（黄麻）とこしょうの栽培に成功したとして、高く評価あるいは宣伝されているが、それは入植した 10%の人がマラリア、次いで黒水病で倒れ、80%は辛うじて 3000km 彼方のサンパウロ方面に脱出し、この粒粒辛苦と累累たる屍の上に築かれた成果なのである」[11] として国の移住事業の失敗を告発している。さらに戦後も、「自国の政府によって、アマゾンの奥深く原始林の中に投入された人びとの、現状を訴える悲鳴も、助けを求める懸命な叫び声も、結局、遠く密林の奥に尽き果てた」という。このような事実が「**棄民政策**」という言葉の想像以上の過酷さを物語っている。

ブラジルへ渡った日本人たちは「錦衣行（故郷に錦を飾ること）」という夢をもっていたといわれている。その夢を打ち砕いたのは敗戦であり、日本に帰るに帰れない状況で、永住を決意した人々が多い。ブラジル移民のなかの一人は、移住 32 年目に「原爆で廃墟になった広島に戻ることは、もはや不可能な選択でした。永住を決意するというより、ブラジルに骨をうめなければならない」[12] と決意したという。そのような決意のもと、当初コーヒー農園で奴隷のように働かされていた日系ブラジル人たちは、多くの苦難を乗り越え、政界、法曹界、医学界、商業、工業の分野で社会的に活躍し、社会的地位も上昇させ、子どもたちの教育にも熱心で、大学進学率も高いと評価されるようになってきたのである。

2）デカセギ労働者として「環流」した日系ブラジル人

日系ブラジル人の**デカセギ**を目的とした「環流」が急増したのは、ブラジルの 1980 年代のハイパーインフレで「失われた 80 年代」とも評される未曾有の不況があった。それと同時に、日本では 1980 年代後半、製造業を中心とした、いわゆる 3K 労働といわれる単純労働力不足の深刻さがあった。当時の経済格差、円高等を背景に、日系ブラジル人の環流とともにビザを免除されていたパキスタン・イラン等から観光の名目で入国した人々がその後「資格外就労者」として働いており、その対応が求められる状況があった。当時、国は単純労働者としての外国人は受け入れないという方針を掲げていた。その矛盾のなかで、日系という血統に基づく受け入れという特殊な位置づけによって「定住者」という在留資格が登場したのである。

具体的には「第六次雇用対策基本計画」(1988 年）では、「外国人労働者」が「専門的・技術的労働者」と「**単純労働者**」に分けられ、前者は可能な限り受け入れ、後者は慎重に対応するという方針が示された。その方針に沿って 1989 年に出入国管理及び難民認定法（入管法）が改正され、日系人には「定住者」ビザが発給されることとなった。

したがって「日系ブラジル人」とは、本来はブラジルで生活している日本をルーツにもつブラジル人の呼称であり、日本で生活している日系ブラジル人をルーツにもつブラジル人は「在日ブラジル人」という呼称が適切だと思われる。そのうえで、本章ではブラジルと日本を行ったり来たりする、トランスナショナルな移住をしているブラジル人という位置づけで日系ブラジル人として表記している。

この時期の日系ブラジル人の日本への移住は、両国の**デカセギ斡旋（あっせん）組織**のネットワークの確立によって増大してきたことに特徴がある。斡旋組織が渡航費用を融資し、その借金を抱えて日本に移住し、その後は、日本での職場、住居、日本でのさまざまな手続き、工場のトラブル等は派遣業者が対応するという「市場媒介型」の移住システム(13)であった。

さらに、ブラジルから工場に直行させられた日系ブラジル人等の移民が抱えた問題は、1995年に日本経営者団体連盟の『新時代の「日本的経営」』の報告書で示された「雇用の柔軟化」や1996年の労働者派遣事業の適正な運営の確保及び派遣労働者の保護等に関する法律(労働者派遣法)の改正、1999年の労働者派遣原則自由化、2004年には製造業の派遣も可能になるなど、非正規雇用が拡大するなかで、まさに先鋭化、深刻化していた。

「定住者」という在留資格の意味は、丹野清人によると「現実には、労務倒産が発生するほどに人手不足は深刻化していたし、(働き手の見つからない)空き雇用はなくなっていない。こうした状況下で、労働者を受入れたのではなく住人を受入れ、日本に住むための金銭の獲得手段は認めるとして始まったのが、在留資格『定住者』での日系人の受入れであった」(14)という。そして、「外国人労働者がそこに存在しつつも、社会生活を欠いているがゆえに地域社会から認知されない存在となること」から、彼らの定住は「顔の見えない定住化」(15)として捉えられてきた。「**顔の見えない定住者**」である日系ブラジル人は、まさにコミュニティから排除された存在として位置づけられてきた。

グローバル化に伴い、国境を越えて移動する外国人労働者は世界中で増加しつつある。そして、それは日本も例外ではなくなっている。1980年代後半から急増した外国人労働者の多くは、先述のとおり派遣という不安定な雇用形態で働かされ、日本人よりも労働条件が悪く、社会保険の未加入や労働災害への適切な対応がされないなど多くの課題が指摘されてきたが、外国人労働者を支援する仕組みや組織は未整備のままである。

当時、日系ブラジル人の実態調査を行った手塚和彰は「外国人は要するに短期的に安上がりで雇い、景気の状況によりいつでも解雇できる労働者がバブル経済期の企業にとって必要であったための受け入れであった」(16)と指摘している。つまり、外国人労働者のなかでも日系人の場合は、必要なときだけ雇用するという**フレキシブルな労働力**として期待されていたのである。

3)日系ブラジル人の不安定定住の現状と貧困化

1980年代後半以降の日系ブラジル人のデカセギは、1908年以降、戦後の高度経済成長期以前までにブラジルに渡った政策移民とは異なり、個人の選択によって行われており、それは「移民の個人化」として捉えられている。しかし、個人によって行われているとはいえ、実際には移住の斡旋システムによって組織的に行われている。

このシステムは「切り離し装置」(17)として機能しており、具体的には業務請負業として工場が必要とするときにだけ活用できる労働力として、日系ブラジル人は位置づけられている。そのように位置づけられた日系ブラジル人の多くは、派遣会社から製造業の工場などに派遣され、休日出勤や長時間労働を強いられ、住宅も派遣会社の寮や会社の借り上げの民間アパートなどで生活している。健康保険の未加入や労働災害、賃金未払いや突然の解雇通告など労働問題も多く発生している。

筆者が実施した岐阜県における外国籍住民の生活実態調査では、その生活の特徴は、何より不安定性にあった。それは生活の基盤となる雇用の不安定さに規定され、住居、さらに住居の安定によってつくられるはずの人間関係の不安定、脆弱(ぜいじゃく)さ、そのうえ子どもの学校や友人関係にもその影響は大きくかかわってくる。さらに、彼らは国境を越えて移動することから、2国間の家族のあり方や地域の生活文化を含むアイデンティティにかかわる生活・人生のあり方を問うような、より深刻な不安定さを抱えた「**不安定定住**」であることに独自の特徴がある。

日系ブラジル人の雇用環境は、入国当初から不安定であったが、その不安定性を顕在化させたのは世界金融恐慌を引き起こしたリーマンショックであった。2008年は、リーマンショックによる雇用環境の悪化のもと多くの労働者が派遣切りに遭い、同年末には「派遣村」による緊急支援が行われた。派遣切りに遭ったのは、近年急増してきた非正規労働者たちであったが、そのなかで最も早く派遣切りの被害に遭ったのは日系人などの外国人労働者であった。

2007年のピーク時には32万人弱であった日系ブラジル人が、2013年には18万人と半分近くになってしまったことについて、樋口直人が「一般に、不況で仕事がないというだけで移民は帰国するわけではなく、リーマンショックの影響が大きい米国やスペインでも、これほどの帰国ラッシュは生じていない」ことから、日系ブラジル人の帰国は「『日系人』としての相対的に安定した法的地位にもかかわらず、20年たっても脆弱な生活基盤しか築けなかったことの証左である」(18) と述べているとおり、日系ブラジル人の定住は不安定なままであった。

2008年、リーマンショックによる世界金融恐慌の影響で、日本で暮らしていた多くの日系ブラジル人が失業した。失業した日系人に対し、日本政府は2009年に帰国費用1人30万円、扶養家族1人20万円という「**日系人離職者に対する帰国支援事業**」を実施した。この事業の支援金を2010年3月までに2万649人が利用した。2010年1月から同年3月までの間における駆け込み利用も多かった。さらに、ある福祉事務所では、生活保護の利用よりもこの支援金が優先されるとして、帰国支援事業の手続きを強制的にさせた (19) という事実もあった。

ブラジルでは、リーマンショック後に急激に増加した帰国者を専門的に支援する組織が必要となった。その状況について、サンパウロ労働局長補佐官は「今まで想像していなかったこととしてブラジルの日系コミュニティの貧困層の問題があります。デカセギの人々の帰国から、貯蓄の激減、健康面、心理的、孤独、家族間の不和やほかの多くの問題が生じています。そして、ブラジル社会の習慣と労働市場の以前との変化に違和感を感じることもあります。数年、私たちとはまったく異なる現実を生きてきた者がどのように社会復帰できるのでしょうか」と危惧し、さらに「グローバル化がもたらした労働者の国から国への急激な移民、現在の労働社会の変動、これらに対して新たな状況を生み出すために立ち向かうことが必要だと思います」と述べている。

そのような認識のもと、2009年にはサンパウロ州の労働管理局が代表する「プロジェクト・イミグランテス（移民企画）」がつくられ、社会拡充プログラム課（NPS）の協力により、サンパウロ市リベルダーデ区に、2011年、**帰国労働者情報支援センター**（NIATRE：Nucleo de Informação e Apoio a Trabalhadores Retornados do Exterior）が誕生した。NIATREでは、①就職相談、②教育・学校制度紹介、③事業についてのアドバイス、④仕事・学校の書類等作成の援助、⑤年金や確定申告の相談・指導などを行っている。

NIATREの相談員は、「ここに来る相談者のほとんどは、お金がない。食べられなくなって帰国したという人たちである。ブラジル政府は起業支援もしているが、その8割は失敗し、また日本へ行くという人も多い。さらに子どもの再適応の問題が深刻である」と指摘していた。日本でもブラジルでも社会関係から排除されているということが、帰国後の再適応の困難さの背景にある。

とはいえ、日系ブラジル人の送出国としてのブラジルは、移住前の相談支援機関、さらに帰国後の受け入れ相談支援機関をもっている。その経営基盤や組織運営等は脆弱であるともいえるが、日系コミュニティの助けあいを基盤として、グローバル化のなかで発生している困難な課題を国との連携のもとで解決しようとする取り組みが展開されていることの意味は大きい。

3. 外国人労働者の社会福祉問題

1）トランスナショナルな移住による不安定定住と貧困

日本で生活している日系ブラジル人は21万1840人（2023年末現在）である。彼らの多くは、当初デカセギとして来日してきたが、家族でのデカセギが多かったこと、さらに派遣労働という不安定な雇用形態であり、期待していたほどの収入が得られなかったこと、ブラジルの経済・社会情勢の混乱により帰国の目処が立たなかったことなどが影響し、定住化傾向にある。

日系ブラジル人の社会福祉問題として最も深刻なのは、生活困窮・貧困問題である。先述のとおり、雇用が不安定であることから生活基盤となる居住も不安定であり、さらに、日本の社会保障・社会福祉制度等の多言語対応が不十分なままであることから、必要な制度も利用困難な状況に置かれている。市町村など自治体の相談窓口や社会福祉専門職の対応がほとんどなされないなか、各地の**コミュニティ・ユニオン**が相談にのったり、解雇や労災などの個別紛争の解決を支援したりしてきた。

コミュニティ・ユニオンは、既存の労働組合の組織率が低下しているなか、地域を基盤とし、個人単位で加盟し、経営者と団体交渉し、問題を解決するという、新しい労働組合として各地に誕生した。組合員へのインタビュー調査でも「3Kの仕事を20年もやって疲れた」「自分たちは一生懸命頑張ってきたのに日本には法律がないという感じがする」というように、細切れの雇用契約のもとで重労働を長年担ってきたこと、不当な雇用条件に対して裁判等で闘い続けてきたことへの疲れもあり、定住を考えていたが、帰国するという決断をした人もおり、その疲れ果て、あきらめきったような表情が忘れられない。

さらに、2020年から拡大したコロナ禍は多くの人々に及び、深刻な課題が顕在化し、誰もが当事者になったといえる。しかし他方で、感染が広がり始めた当初から留学生や技能実習生は帰国できなくなり、日系人などの外国人労働者も解雇されるなど、外国ルーツの人々の状況はより深刻であり、食糧支援や居住支援などがNPOや教会、寺院などを拠点に展開された。

また、2020年3月からは、**生活福祉資金のコロナ特例貸付**が開始された。しかし、当初その対象は、日本人以外は永住者に限るという運用がなされていた。このような実態に対し、移住者と連帯する全国ネットワークが厚生労働省に申し入れをし、その後、外国人への適切な運用が周知されたこともあり、社会福祉協議会（以下、社協）の貸付窓口に外国ルーツの人々が相談に訪れることになった。

社協の相談窓口に外国ルーツの人々が殺到するという状況になり、**情報や相談の多言語化**の必要性が認識されるようになった。そして、社協職員はあらためて自分の地域に多くの外国ルーツの人々が生活しているということを知ることになった。いうまでもないことだが、実際はコロナ禍で外国ルーツの人々が増加したわけではなく、それ以前から生活課題を抱えていながら、情報も相談も届いていなかったという外国ルーツの人々が多くおり、そうした脆弱な環境はコロナ禍でより深刻化したのである。

また、先述のとおり、技能実習生への人権侵害も続いていたことから2024年6月に外国人技能実習制度に代わる育成就労制度が創設された（3年以内に施行予定）。しかし、新制度により長期滞在する外国人労働者の増加が予測されることから、税金や社会保険料を故意に支払わない永住者の永住許可を取り消せるという規定が盛り込まれた。外国人労働者の問題は、彼らが市民としてその権利を保障されていないということに問題の本質がある。

2）差別とヘイトデモ

新型コロナウイルス感染症の拡大により、多くの人々が生活困窮状態に陥った。そのようななか、2022年11月、小学生と1歳の子どもを抱えた日系ブラジル人女性が安城市役所を訪れ、生活保護の申請をしようとした。その際、窓口で対応した職員は「外国人には生活保護費は出ない」「国に帰ればいい」など、虚偽の説明と暴言を浴びせたという。この日系ブラジル人女性は、2人の息子を育てていたが、生活が困窮し、愛知県の県営住宅の家賃を滞納したり、全財産が約4000円になるといった状況に陥り、生活保護を申請するに至った。知人らが食料やおむつ、ミルクなどを差し入れ、弁護士らの支援によって同年の12月中旬には生活保護費の支給が決まった。女性は「ミルクはいつもより倍くらいに薄めて飲ませるしかなく、最後は水のようだった。精神的に追い詰められ、市役所に行くのが怖くなった。外国人も一人の人間として見てほしい」と話した[20]という。

憲法第25条では「すべての国民は、健康で文化的な最低限度の生活を営む権利を有する」と規定しているが、「すべての国民」とは誰なのかが問われている。近藤敦は「社会権の中心的な権利としての生存権は、今日の福祉国家においては**内外人平等の原則**が採用される。しかし、日本では、一定の外国人には、今なお一定の制限が残っている」[21]という。さらに、生活保護の本質は社会的連帯原理に基づいていることから、「少なくとも定住外国人に対しては準用でなく日本人と同様に適用するための法整備を早急に行う必要がある」[22]と指摘している。

現時点では、定住外国人である日系ブラジル人に対しては、生活保護は準用にとどまっており、法改正が求められている。そして、生活保護の窓口ではいまだに不適切な対応が行われていることもある。大澤優真は「外国人の困窮化が深刻になっている一方で、社会保障制度の対象外となり、困窮状態から脱することができず、命や健康に瀕している外国人が存在している。命を失う人もいる」[23]とその深刻な実態を告発している。そのうえで、外国人に対して生活保護にとどまらずほかの社会保障制度、さらには外国人保護法なるものの制定も視野に入れて検討する必要があるという。また、1952年に日本国民でなくなった在日朝鮮人に対して、当時6万人近い朝鮮人が生活保護を受給し、これを打ち切ることは人道上許されないとして保護が維持されたという経過がある[24]。この経験を活かし、日本にしか生活基盤のない困窮する外国人への保護の対応は早急に検討する必要がある。

在日朝鮮人への支援を長年地道に展開してきた団体の一つに青丘社がある。川崎市の桜本地域では、1969年に在日大韓基督教会川崎教会を母体とした**青丘社**が桜本保育園を創設し、そこで在日朝鮮人の子どもたちの多文化保育が始まった。その後、1970年代からようやく在日2世たちによって差別の実態が明らかにされ、裁判闘争、地域活動が始まった。さらに、1996年には「川崎市外国人市民代表者会議」が条例で設置され、現在、韓国、中国、ブラジル、フィリピン、インドネシア、イタリア、アメリカなどの国籍の26人以上の外国人市民が代表となっている。2005年には「川崎市多文化共生社会推進指針」が策定され、全国の多文化共生のまちづくりを先導してきた。

この間青丘社では、民族保育、差別をなくすことを目指した「**ふれあい館**」(1998年開設)の活動、在日高齢者のトラジの会、介護保険事業の実践など、多様な活動・事業を展開してきた。そのような活動が、川崎市の在日外国人教育基本指針、在日高齢者福祉手当、差別のない人権まちづくり条例の制定などを進めてきた。にもかかわらず、2015年には**ヘイトデモ**が街を襲うようになった。そのような厳しい状況下にあっても長年の地道な活動を基盤とした当事者や市民の対抗する声も広がり、2016年には「**本邦外出身者に対する不当な差別的言動の解消に向けた取組の推進に関する法律(ヘイトスピーチ解消法)**」が成立した。しかし、2021年3月にふれあい館に届いた脅迫状には「死ね」の文字が14回も繰り返されるなど、いまなお差別は深刻で重要な課題である。

3)外国人労働者の高齢化問題と子どもたち(移民2世)の問題

外国人労働者など外国にルーツをもつ人々の増加は、必然的に外国人高齢者の増加につながっている。**外国人高齢者**と介護の橋渡しプロジェクト代表の王榮(木下貴雄)は、外国人高齢者の介護には、①コミュニケーションの壁、②識字の壁、③食・味覚の壁、④習慣の壁、⑤心の壁という五つの壁があり、その先に終末期ケア、看取り、葬儀、墓などといった異文化「終活」に関する問題があることを指摘している。

王は2014年に「外国人高齢者と介護の橋渡しプロジェクト」を発足させ、2015年から介護通訳の実践を開始している。介護通訳とは、異文化背景をもつ在住外国人住民等が介護サービスを利用する際に介護サービス提供業者等との間で言語サポートを行うこと、また通訳する人のことを指す。この介護通訳者の養成研修とボランティア派遣を実施してきたなかで、介護通訳の必要性は明確になった。しかし、介護通訳が介護保険サービス対象外であることから利用をあきらめざるを得ない。このような実践のなかで、いくつかの自治体などで介護通訳の研修や介護通訳派遣制度などが創設されつつあるが、数少ない事例にとどまっている。王は「さまざまな事情によって、生まれ故郷を離れてこの日本に生活基盤を置く異文化背景を持つ人々が、この異国の地・日本で高齢期を迎えた時、経済的基盤が脆弱で、社会的地位もなく、年金などの各種保険制度からもこぼれ落ちている。さらに、高齢とともに辛うじて維持してきた第2言語である日本語も忘れ、認知症によって母語しか話せなくなってしまう外国人高齢者の老後生活を想像することができるだろうか」[25]と外国人高齢者への支援の仕組みづくりを提起している。

また、外国人労働者の雇用の不安定な実態や貧困化の問題は、その子どもたちの生活・教育環境の悪化をもたらし、学習の権利を侵害するとともに将来への希望も喪失させている。そのようななかで**「デカセギ第2世代」**といわれる移民の子どもたちもまた、親世代と同様、派遣労働である「単純労働者」になりつつあり、今後もそうなる可能性が高い。

外国人集住都市の先駆でもある浜松市で生活している移民家族の子どもの69%が日本生まれである。移民の第2世代が、「デカセギ第2世代」として単純労働の貧困層にならないためにも、不就学問題を解決することが必要不可欠である。浜松市では、2011年度から「外国人の子どもの不就学ゼロ作戦事業」に取り組み、2013年9月にそれを達成したと報告されている。浜松市以外にも豊橋市、可児市などでも取り組まれ、成果を上げている。

外国人労働者の受け入れ拡大に舵を切った政府は、2018年12月に「外国人材の受入れ・共生のための総合的対応策」を取りまとめ、2019年に**日本語教育の推進に関する法律**（**日本語教育推進法**）を制定した。そのなかで、ようやく生活者としての外国人に対する支援として、日本語教育や母語への配慮などについて示された。それらの推進にあたって、国と自治体には日本語教育を推進する責務、外国人雇用事業者の責務が明記された。

以上のとおり、近年ようやく「生活者」としての「外国人」支援が始まったところである。外国人労働者の社会福祉問題としては、貧困・差別の問題、さらに高齢化の問題、移民2世の教育・貧困などといった深刻な問題が山積している。それらの実態を正確に把握し、共有することが最も重要な課題となっている。

4. 多文化共生地域福祉への課題と展望

1）外国人労働者から生活者へ

日本は人口減少社会となり、いろいろな分野で労働力不足が顕在化してきた。外国人労働者の在留資格は、これまで身分に基づく在留資格である「定住者」もしくは国際貢献という名目によって認められている「技能実習制度」による「技能実習」が大部分を占め、「留学生」や「非正規滞在」の外国人労働者も一定数存在していた。現実的には、日本は好むと好まざるとにかかわらず、すでに「移民社会」になってきているのである。しかし、政府は一貫して移民政策はとらないと主張し続けてきた。

そのようななか、人口減少と労働力不足の深刻化を背景に、2018年に入管法が改正され、政府は外国人労働者の受け入れに大きく舵を切った。この改正では、一定の知識や経験が必要で家族を帯同できない「特定技能1号」（通算5年まで）と、より熟練した技能が必要で、家族の帯同を認める「特定技能2号」（在留期間更新可）という新たな在留資格が設けられ、永住が可能となった。しかしこの在留資格は、雇用者に外国人労働者を雇うことができる権利を付与したものであり、外国人労働者の人権を擁護する制度とはなっていない。以上のとおり日本は移民は認めていないが、入管法の改正によって外国人労働者の受け入れを拡大し続けている。この背景には、生産活動の中心にいる国内の生産年齢人口がピークを迎えた1995年の8726万人から、2026

年には4529万人まで減るという労働力不足の深刻化がある。

今後、ますます必要とされる外国人労働者の永住が可能となり、生活者としての支援策が必要不可欠な状況になったことから、2022年6月には「我が国が目指すべき外国人との共生社会のビジョン」と、それを実現するために取り組むべき中長期的な課題および具体的施策を示すロードマップが策定された。そこで示された四つの重点課題は、①円滑なコミュニケーションと社会参加のための日本語教育等の取組、②外国人に対する情報発信・外国人向けの相談体制の強化、③ライフステージ・ライフサイクルに応じた支援、④共生社会の基盤整備に向けた取組である。このロードマップによると、外国人は「**やさしい日本語**」を学んで地域や会社で活躍できるようにすることが描かれている。このロードマップに沿って、外国ルーツの生活者への支援を充実させていくことは喫緊の課題である。

2）多文化共生地域福祉への展望

外国人労働者のなかでも「定住者」という永住可能とされている日系ブラジル人など日系南米人等の増加を背景に、2006年、総務省は「**地域における多文化共生推進プラン**」を策定し、地方公共団体における「多文化共生の推進に係る指針・計画」を策定することが推進された。2023年4月1日時点で策定した都道府県、市町村は54%である。

田中宏は「オールドカマーに加えてニューカマーをむかえつつある日本は、その歴史認識をただすとともに、外国人の権利の不可侵性を自覚し、『ともに生きる社会』をめざすために、大胆な発想の転換を迎えなければならない時代を迎えている」と1990年代に主張している。この田中の言葉は、今なお私たちが共有すべき課題である。

日系ブラジル人の問題とは、その誕生の歴史が示すとおり、日本の貧困にあった。貧困問題を国内で解決することができず、海外に多くの「棄民」を送り続けたという歴史がある。さらに、隣国である朝鮮半島との歴史も私たちは真摯に学ぶ必要がある。

多くの在日朝鮮人が暮らす川崎の桜本地域は、近年、多くの東南アジア人や日系ブラジル人などが暮らす多文化地域となってきた。青丘社では、2022年4月に三つ目の拠点「みんなの家」を開設した。「みんなの家」のテーマは「つながる」だという。そのパンフレットでは、「コミュニティワークの推進を多くの人のつながりで歩みを進めることで、共生のまち・さくらもとの地域文化の創造に寄与します。町内会、商店街のみなさんや、多様な文化活動、人権活動を行う人たちとつながり、額に汗して働く者のまち、差別と戦争の時代をしっかり生きぬいた人々の歴史を大切に発信、共有する活動を通じて、『誰もが故郷と呼べる街』づくりを支えます」と表明している。

この「誰もが」のなかに国籍・言語・文化の異なる人たちが含まれており、彼ら彼女らを明確に位置づけた地域福祉の構築が求められている。地域福祉の推進主体である住民に外国人労働者などのマイノリティを権利主体として明確に位置づけ、現在の地域を変革し、グローバルな枠組みのなかで、多文化共生コミュニティを創造する**多文化共生地域福祉**(26)への展開に期待したい。

外国人労働者は、ソーシャルワークの新しい定義で示された多様性を象徴する存在である。それは、単に対象者が多様であるという意味にとどまるのではなく、多様性を明確に意識することによって、コミュニティのなかに多様性を受けとめられる新しい価値や新しい力が生まれるという意味である。そして、多様な主体の人権を尊重することは、すべての人の人権を尊重することである。

私たち一人ひとりに生まれた地域、家族があるように、外国ルーツの人々には、国境を越えた母国の家族・文化・宗教などがある。誰もが介護保険サービス・子ども食堂などを利用できるようにするためには、多様な言語（通訳や翻訳）や文化（食事や宗教等）に配慮したサービスや活動が必要である。それらを含めた移民の「統合法」とともに人種差別禁止法と国内人権機関の設置が不可欠である。

2023年6月9日に入管法が改正された。入管の強制送還の機能強化が柱となる内容で、送還が停止される難民認定の申請を原則２回までに制限するものである。多くの支援団体が「命を守れ、殺すな」などと、廃案を訴えてきたなかでの成立となった。他方、同日、「特定技能２号」を２分野から11分野へ拡大することが閣議決定された。この制度によって、人口減少社会のなか多くの外国人労働者の永住への道が拓かれた。前者は外国人を排除するものであり、後者は外国人労働者の受け入れを拡大するものである。この法・制度改正は、日本社会の「外国人」への人権意識の著しい低さを象徴している。この事実に社会福祉学、社会福祉の現場がどう向き合うのかが問われている。

注

(1) 宮島喬『「移民国家」としての日本――共生への展望』岩波新書、2頁、2022年
(2) 朝日新聞DIGITAL　2022年12月7日
(3) 田中宏『在日外国人――法の壁、心の溝』岩波書店、228頁、1991年
(4) 伊藤智永『忘却された支配――日本のなかの植民地朝鮮』岩波書店、29～47頁、2016年
(5) 徐阿貴「オールドカマーとしての在日朝鮮人コミュニティ」吉原直樹・三本松政之ほか編著『コミュニティ事典』春風社、2017年
(6) 文貞實『ライフ・トークの社会空間――1990～2000年代の女性野宿者・在日朝鮮人・不安定労働者』松籟社、176頁、320～321頁、2022年
(7)「技能実習」に代わる「育成就労」が2023年11月に提案され、2024年に「育成就労」関連法が成立した。
(8) 外国人研修生権利ネットワーク編『外国人研修生――時給300円の労働者』明石書店、2009年
(9) 樋口直人「日本型多文化共生を超えて――南米系移民の経験が示す移民政策への含意」別冊環⑳『なぜ今、移民問題か』藤原書店、241頁、2014年
(10) 丹野清人「日系人どもは死なぬように生きぬように――それが日系人労働者の置かれた状況」移住者と連帯する全国ネットワーク・情報誌『Migrant Network 216』2021年
(11) 若槻泰雄『外務省が消した日本人――南米移民の半世紀』毎日新聞社、244頁、2001年
(12) 高橋幸春『日系人の歴史を知ろう』岩波ジュニア新書、148～149頁、2008年
(13) 樋口直人「移住システムと移民コミュニティの形成」梶田孝道・丹野清人・樋口直人『顔の見えない定住化――日系ブラジル人と国家・市場・移民ネットワーク』名古屋大学出版会、79頁、2005年
(14) 丹野清人「外国人から見る『移動』の意味」北川由紀彦・丹野清人『移動と定住の社会学』放送大学教育振興会、27頁、2016年
(15) 丹野清人「企業社会と外国人労働市場の共進化――移住労働者の包摂過程」梶田孝道・丹野清人・樋口直人『顔の見えない定住化――日系ブラジル人と国家・市場・移民ネットワーク』名古屋大学出版会、71～72頁、2005年
(16) 手塚和彰「日本におけるブラジル人の就労をめぐる法的諸問題」東京大学大学院法学政治学研究科付属比較法政国際センター『日伯比較法及び在日ブラジル人就労者に関するシンポジウム報告集』2003年
(17) 丹野清人「人手不足からフレキシブルな労働力へ」梶田孝道・丹野清人・樋口直人『顔の見えない定住化――日系ブラジル人と国家・市場・移民ネットワーク』名古屋大学出版会、180頁、2005年
(18) 前掲(9)
(19) 毎日新聞　2009年9月15日
(20)「エルクラノの会」による安城市への謝罪申し入れ書、2022年12月24日
(21) 近藤敦「外国人の態様と権利の性質」近藤敦編著『外国人の人権へのアプローチ』明石書店、18頁、2015年
(22) 申惠丰「社会的権利」近藤敦編著『外国人の人権へのアプローチ』明石書店、73頁、2015年
(23) 大澤優真『生活保護と外国人――「準用措置」「本国主義」の歴史とその限界』明石書店、2023年
(24) 副田義也『生活保護制度の社会史』東京大学出版会、68～69頁、1995年
(25) 王榮（木下貴雄）「多文化共生社会の先にある現実　外国人高齢者の老後をどう支えるか～救いの制度に言葉の壁　尊厳ある多文化介護を実現するために」『地域福祉実践研究　2022.5』日本地域福祉学会、2022年
(26) 朝倉美江『多文化共生地域福祉への展望――多文化共生コミュニティと日系ブラジル人』高菅出版、240頁、2017年

参考文献

- 朝倉美江『多文化共生地域福祉への展望――多文化共生コミュニティと日系ブラジル人』高菅出版、2017年
- 朝倉美江「貧困の広がりと新しいコミュニティ」文貞実編著『コミュニティ・ユニオン――社会をつくる労働運動』松籟社、2019年
- 梶田孝道・丹野清人・樋口直人『顔の見えない定住化――日系ブラジル人と国家・市場・移民ネットワーク』名古屋大学出版会、2005年
- 田中宏『在日外国人――法の壁、心の溝』岩波書店、1991年
- 三浦知人「一周遅れのトップランナー――さくらもと共生のまちづくりの四十年」井出栄策編『壁を壊すケア』岩波書店、2021年

5 国際機関（条約・宣言など）の役割と機能

小野道子

本章では、**国際連合**（United Nations: UN、以下、国連）の本部の役割、計画や基金、専門機関などの国連の各機関の活動内容について説明する。

また、国連総会で採択されている社会福祉にかかわる宣言や条約について、条約の実施状況がどのようにモニタリングされ、日本の社会福祉施策にどのような影響を及ぼしているのかを論じる。

最後に、社会福祉に密接な分野で活動を行っているNGOについても紹介する。

1. 国連本部の役割

国連は、第二次世界大戦を妨げられなかった国際連盟の反省を踏まえ、1945年10月24日に設立された。本部はアメリカのニューヨークに置かれ、設立当初は51か国であったが、現在（2024年1月）、193か国が加盟している。日本は、1956年12月18日に80番目の加盟国となった。

国際連合憲章（国連憲章）第1条には、国連の目的として、国際の平和と安全を維持すること、国同士の友好関係を発展させること、経済的、社会的、文化的、また人道的な国際問題の解決、人権や基本的自由の尊重を促進することなどが定められている。国連には、総会、安全保障理事会、経済社会理事会、信託統治理事会、国際司法裁判所、事務局の六つの主要機関がある（**図1**）。そのなかで、特に社会福祉に深く関連する総会と経済社会理事会について紹介する。

図1　国連の主要機関と各機関

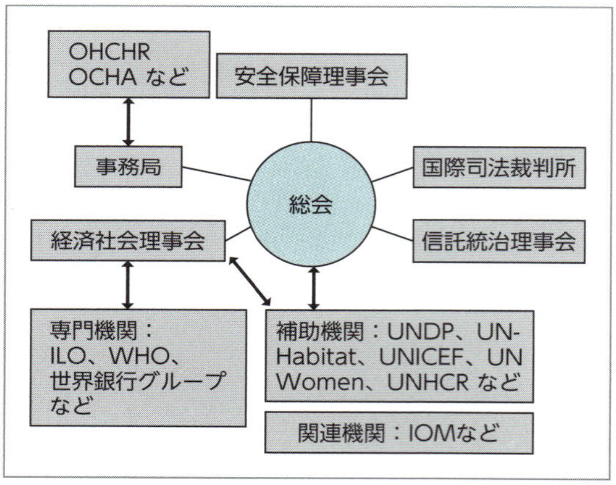

1）総会

総会（General Assembly）は国連の主たる審議機関であり、政策を決定する国連を代表する機関である。総会はすべての加盟国の代表から構成され、各国が1票ずつの投票権をもつ。平和と安全保障、新加盟国の承認、予算のような重要問題についての決定は3分の2の多数を必要とする。その他の問題に関する決定は単純多数決で行われる。国連が関与するすべての問題を討議し、決議できるが、その決議は加盟国や理事会への勧告であり、安全保障理事会と異なり、決定事項に拘束力はない。各種宣言や条約の採択も総会の審議事項である。社会開発や人権問題に関しては、第3委員会で議論されている。

年に1回、9月に通常総会が開催されるほか、特別総会などが随時招集される。総会の下に常設委員会や特別委員会、総会によって設立された関連機関などの諸機関が付置されている。

2）経済社会理事会

経済社会理事会（Economic and Social Council: ECOSOC）は、国連と専門機関、その他各種機関の経済社会活動を調整する主要な機関である。経済開発と社会問題（人口、子ども、青少年、女性、高齢者、障害者など）を扱っている。

経済社会理事会の理事国は、アフリカ、アジア、ラテンアメリカなど地理的配分に基づいて割り当てられる54か国で構成され、任期は3年である。経済社会理事会は、加盟国政府だけでなくNGOとも協議ができる（国連憲章第71条）。2024年1月現在、世界各国の6494のNGOが経済社会理事会から協議資格を与えられている。
（https://www.unic.or.jp/links/ngo/）

協議資格には3種類あり、「総合協議資格」は、「経済社会理事会およびその補助機関のほとんどの活動に関係」するNGO（138団体）に、「特殊協議資格」は、「経済社会理事会の一部の活動分野だけについて特別の能力と関心を有する」NGO（5390団体）に、「ロスター資格」は、「場合によって経済社会理事会あるいはその補助機関の活動に有用な貢献を行いうる」NGO（966団体）に与えられている。日本のNGOも77団体が上記3種類のいずれかの協議資格をもっている。

2. 国連の各機関

国連には、総会の補助機関としての計画や基金、専門機関（国連と連携協定を締結している機関）や関連機関（国連と連携協定は締結していないが、国連と密接な関係にある国際機関）がある。これらの機関は、国連ファミリーや国連システムとも呼ばれている。

1）計画と基金など総会の補助機関

計画や基金は総会の補助機関として、国連総会決議により設置される。計画は、特定の目標を達成するために設立され、事業を計画、実行する。たとえば、国連開発計画（UNDP）は、SDGsの達成に関する事業を立案し、そのために国連の専門機関や部局が実行する開発プロジェクトを支援している。

基金は、寄付や寄付金を受け入れ、資金が必要な事業に資金を提供し支援するものである。たとえば、国連児童基金（UNICEF）であれば子どもに関する事業の寄付を受け入れ事業を運営する。しかし、現在では、UNDPなども寄付を受け入れ、必要な事業に資金を提供しており、UNICEFも特定の目標を達成するための事業を計画、実行しているので、この区別は厳格ではない。

ここでは、社会福祉に関連する主な計画と基金を紹介する。

i　国連開発計画

国連開発計画（United Nations Development Programme: UNDP）は、貧困や格差、気候変動など開発に関しての先導的な機関である。毎年『人間開発報告書』を刊行し、各国の人間開発指数、ジェンダー開発指数、ジェンダー・エンパワーメント指数、人間貧困指数などの各種指標を発表している。1994年の『人間開発報告書』では、国家の安全保障に対峙する概念として、「人間の安全保障」が取り上げられ、2001年、人間の安全保障委員会が創設された。　https://www.undp.org/

ii　国連人間居住計画

国連人間居住計画（United Nations Human Settlements Programme: UN-Habitat）は、第1回国連人間居住会議の2年後、1978年に設立された。本部はナイロビにあり、90以上の国や地域で、都市スラムの環境改善、都市貧困層の削減、災害後の復興、都市水道や衛生施設の提供などにおいて、政策提言や技術支援を行っている。急速に都市化が進む世界において持続可能な都市化と居住環境の改善に取り組んでいる。世界4か所に地域本部があるが、アジア太平洋地域の統括事務所が福岡市に置かれている。　https://unhabitat.org/

iii　国連児童基金

国連児童基金（United Nations Children's Fund: UNICEF）は、第二次世界大戦によって荒廃した国々の子どもたちの緊急支援活動のために設立された。設立当初は、戦後復興の緊急支援として始まった基金であるが、開発途上国の子どもや女性の長期的な支援を行う常設機関として存続することとなった。1989年に「子どもの権利条約」が採択されて以降は、条約を指針として、保健栄養、教育、水衛生、子どもの保護などの人道的支援や開発援助、さらに子どもの権利に関するアドボカシーなど幅広い活動を行っている。最近では、イノチェンティ研究所などを中心に、先進国の子どもの貧困やウェルビーイングについての研究も行っている。

https://www.unicef.org/

iv　ジェンダー平等と女性のエンパワメントのための国連機関（国連女性機関）

2010年7月の国連総会決議において、既存のジェンダー関連4機関であるジェンダー問題事務総長特別顧問室、女性の地位向上部、国連女性開発基金、国際女性調査訓練研修所を統合し、「**ジェンダー平等と女性のエンパワメントのための国連機関**」（United Nations Entity for Gender Equality and the Empowerment of Women :UN Women）として新たな機関が発足した。国連女性機関は、政策の策定について、国連女性の地位委員会（経済社会理事会の機能委員会）やその他の政府間機関を支援している。また、加盟国がジェンダー平等と女性のエンパワメントに関するグローバルな基準を実行できるよう支援している。　https://www.unwomen.org/

v　国連難民高等弁務官事務所

国連難民高等弁務官事務所（United Nations High Commissioner for Refugees: UNHCR）は、第二次世界大戦後に避難を余儀なくされていた難民を支援する機関として1950年に設立された。当初は3年の予定であったが、その後、5年ごとに更新され、2003年総会で「難民問題が解決するまで」期限が延長された。紛争や迫害により故郷を追われた難民や避難民の保護、無国籍者の庇護など、130か国以上の国で活動している。　https://www.unhcr.org/

2）国連の専門機関

国連の専門機関は、経済・社会・文化・教育・保健その他の分野で国際協力を推進するために設立された。国連憲章第57条、第63条に基づき、国連の経済社会理事会との間に連携協定を有し、国連と緊密な連携を保っている国際機関である。

国連と連携はするものの、別の機関であるため、国連非加盟国でも加盟できる。国連には15の専門機関があるが、ここでは、そのうち、特に社会福祉に関連する機関について紹介する。

i　国際労働機関

国際労働機関（International Labour Organization: ILO）は、働く権利を促進するため1919年に設立され、1946年に国連の最初の専門機関となった。すべての女性と男性にディーセント・ワーク（働きがいのある人間らしい仕事）の実現を目指し、労働基準を設定し、政策を発展させ、プログラムを策定している。ILOが策定する「国際労働基準」は、各国の担当当局（日本であれば厚生労働省）が労働政策を実施する際の指針となる。ILOはまた、児童労働や強制労働撲滅のための取り組みも行っている。

https://www.ilo.org

ii　世界保健機関

世界保健機関（World Health Organization: WHO）は保健について指示、調整する機関として1948年に設立された。グローバルな保健問題についてリーダーシップを発揮し、感染症や疾患など健康に関する規範や基準を設定し、194の加盟国への技術的支援やモニタリング評価を行っている。WHO憲章においては、健康の定義として、単に病気の有無や病弱ということではなく、肉体的、精神的、社会的に満たされた状態にあることを掲げ、人種、宗教、政治信条や経済的・社会的条件によって差別されることなく、最高水準の健康に恵まれることが基本的人権であると謳っている。新型コロナウイルス感染症は、日本をはじめとする先進諸国にも大きな影響を与えたが、感染症への対応や災害時のメンタルヘルスについてもWHOがリーダーシップをとっている。　https://www.who.int/

ⅲ　世界銀行グループ

世界銀行グループ（World Bank Group）は、国際復興開発銀行（International Bank for Reconstruction and Development: IBRD、1944年設立）、国際開発協会（International Development Association: IDA、1960年設立）など五つの国際機関が含まれる。「世界銀行」という場合にはIBRDとIDAを指す。世界銀行は途上国政府に対して低金利や無利子の融資や贈与を供与することで貧困削減、経済成長と開発の促進、人々の生活水準を改善することを目標としている。毎年『世界開発報告』を刊行しており、オープンデータサイトで貧困や経済、教育、ジェンダーなどの各種データを公開している。世界銀行のなかには社会的保護や社会保障のアドバイザーなど開発に関するさまざまな分野の専門家がおり、国際的な援助潮流を理論と実践の両面において主導している。

https://www. worldbankgroup.org

3）国連の事務局内にある機関

国連の事務局内にある機関のうち、特に人権と人道援助に関する二つの組織を紹介しておく。

ⅰ　国連人権高等弁務官事務所

国連人権高等弁務官事務所（Office of the High Commissioner for Human Rights: OHCHR）は、国連の人権機関の中心となる機関である。人権理事会、条約によって設けられた機関（条約の順守状況を監視する専門家委員会）、その他の人権機関の事務局を務めている。また、人権状況を監視・報告し、技術援助活動を行い、各国が人権の規範や基準を採択、順守するよう促している。2011年にはLGBTに関する国連報告書を作成し、LGBTの人々に対する権利擁護キャンペーンなども行っている。

https://www.ohchr.org/

ⅱ　国連人道問題調整事務所

国連人道問題調整事務所（United Nations Office for the Coordination of Humanitarian Affairs: OCHA）は国連事務局の一部局として、国際緊急人道支援の調整、緊急物資・人員・資金の動員、アドボカシー、政策策定、情報管理などを担っている。紛争や自然災害などの人道的危機に際して、国連人道機関が個別に活動するのではなく、保健、栄養、水衛生、教育、保護などの各支援分野で、リード・エージェンシー（保健はWHO、保護はUNHCRなど）が調整を行うことで支援活動の効果を高めるためのアプローチ（クラスター・アプローチ）が2005年以降採用されているが、その中核を担う機関である。　https://www.unocha.org/

4）国連の関連機関

国連と連携協定は締結していないものの、それぞれの専門領域で国連と密接な連携をとりながら活動している。

ⅰ　国際移住機関

国際移住機関（International Organization for Migration: IOM）は、設立当初は国連システム外に設立された移住者の福祉と人権を守る活動を専門的に行う機関であったが、2016年に国連に関連機関として加入した。各国政府や移住者にサービスや助言を与え、移住問題についての理解を深め、移住を通して社会経済開発を進めることを奨励している。

https://www.iom.int/

3. 条約・宣言

国連の主導で採択された条約や宣言は、国際的な人権規範や日本の社会福祉制度を充実させるために大きな役割を果たしてきた。ここでは、すべての宣言や条約について触れることはできないが、特に日本の社会福祉の発展に大きな影響を及ぼしている宣言や条約について紹介する。

1）宣言

法的拘束力はないが、各宣言はその後、拘束力をもつ条約が策定される際の基盤となっている。

ⅰ 世界人権宣言

1948年12月10日、第3回国連総会において採択された。国連憲章に定める「人権」や「基本的人権の尊重」を具体化したもので、これにより、すべての人間は差別されずに基本的人権を享受できることが確認され、人権および自由を尊重し確保するために、「すべての人民とすべての国とが達成すべき共通の基準」であることを宣言した。**世界人権宣言**には法的拘束力はないものの、その後のすべての人権に関する条約の基礎となる重要な宣言である。12月10日は国連人権デーとして定められた。

ⅱ 児童権利宣言

1959年11月20日、第14回国連総会で採択された。子どもは子どもとしての権利をそれぞれもつとした宣言で、子どもの権利が初めて国際文書で明文化された。この宣言により、効力のある子どもの権利条約の策定が考えられるようになった。11月20日は世界こどもの日として定められた。

ⅲ 障害者の権利宣言

1975年12月9日、第30回国連総会において採択された。その4年前、1971年には「知的障害者の権利宣言」が採択されている。障害が先天的かどうかにかかわらず生活に必要なことを自身で確保することが困難な状態を障害として包括的に捉え、すべての障害者の権利を宣言した。12月9日は障害者の日として定められている。

2）条約

宣言と同様、国連総会において採択されるが、宣言と異なり、批准した国には法的な拘束力が求められる。条約の発効後、各国政府が批准する際には、国内法の改定などの法整備が求められる。また、各国政府は条約に批准後、各条約機関・専門家委員会に対して定期的に報告書を提出する義務がある。各条約機関・専門家委員会は、各国の条約履行状況をモニタリング、審査する。このように、条約は国際的な人権基準づくりという観点からだけでなく、国内での法整備や人権侵害、差別の撤廃にも大きな効果をもたらす。

以下では、各条約の中身と条約機関・専門家委員会によるモニタリング機能、各条約が日本でどのように実施され、当該分野の福祉制度にどのような影響を与えているのかについて紹介する。

ⅰ 国際人権規約

世界人権宣言の内容について法的拘束力をもつ条約として具体化され、人権条約のなかで最も基本的で包括的なものである。1966年12月16日の第21回国連総会において全会一致で採択された。

国際人権規約（International Covenants on Human Rights）は、「経済的、社会的及び文化的権利に関する国際規約（社会権規約、A規約）」と「市民的及び政治的権利に関する国際規約（自由権規約、B規約）」から構成されている。B規約については、規約に定める権利を侵害された個人が、自由権規約委員会に直接通報し、救済を求めることができる制度（「市民的及び政治的権利に関する国際規約の選択議定書（第一選択議定書）」）も同時に採択された。A規約、B規約と第一議定書は1976年に発効している。さらに、B規約について、死刑制度の廃止を求める第二選択議定書も1989年に採択され、1991年に発効した。A規約についての個人からの通報制度に関する選択議定書も2008年に採択され、2013年に発効している。

■ 条約の実施状況管理

A規約、B規約については、それぞれ18人の専門家から成る社会権規約委員会と自由権規約委員会が設置され、各国政府が提出する報告書や個人からの通報を審議し、総括所見を発表する。さらに、各国の人権状況をモニタリングするために、人権委員会が経済社会理事会の下部機関として設置されていたが、2006年に総会の補助機関の人権理事会として強化された。人権理事会は、人権と基本的自由の保護・促進及びそのための加盟国への勧告、大規模かつ組織的な侵害を含む人権侵害状況への対処及び勧告、各国の人権状況の普遍的・定期的審査（全加盟国が4年に1回人権理事会の審査を受ける）、総会への年次報告書の提出などを主たる任務としている。総会の3分の2の多数により重大な人権侵害を行った国の理事国資格を停止することができる。

■ 日本での条約実施状況

日本政府は、1979年にA規約、B規約ともに批准しているが、A規約選択議定書およびB規約の二つの選択議定書についてはいずれも未批准であり、批准を求められている。国際人権規約への批准は、国内法としての効力をもち、国際人権規約は憲法に次ぐ法規範として国会制定法よりも優位となった。それゆえ、裁判所において国際人権規約を直接または間接に援用する判決も出されるようになった。人権機関の設置やヘイトクライム犯罪化のための刑法改正、国籍にかかわらないDV被害者保護、難民や庇護希望者への待遇改善などは、今も日本政府への改善事項として求められている。

ii 女性に対するあらゆる形態の差別の撤廃に関する条約（女性差別撤廃条約）

女性差別撤廃条約（Convention on the Elimination of all Forms of Discrimination against Women: CEDAW）は1979年の第34回国連総会において採択され、1981年に発効した。女性や女児に対するあらゆる差別を撤廃することを基本理念とする。締約国に対し、政治的および公的活動、また経済的および社会的活動における差別の撤廃のために適当な措置をとることを求めている。個人や集団が条約違反に対して女性差別撤廃委員会に申し立てできる通告制度に関する選択議定書が1999年に採択され、2000年に発効した。

■ 条約の実施状況管理

締約国の代表23人（任期4年、2年ごとに半数改選）から構成される女性差別撤廃委員会が条約の実施状況を検討するために設置され、締約国が提出する報告書を検討し、提案や勧告を行う。締約国は条約の批准から1年以内に第1回政府報告書、その後4年ごとに政府報告書を提出する義務がある。

■ 日本での条約実施状況

日本は1980年に署名し、1985年に批准しているが、通告制度に関する選択議定書は未批准である。日本政府は条約の署名にあたって、父系優先血統主義から父母両系血統主義へ変更するための国籍法と戸籍法の改正、男女雇用機会均等法の制定など国内法を整備し、家庭科の男女必修化の検討も開始した。2017年の女性差別撤廃委員会からの第7、8回日本政府報告への総括所見においては、女性の婚姻年齢の18歳への引き上げ、再婚禁止期間の廃止、選択的夫婦別姓制度の導入などを勧告されている。またジェンダー固定観念やマイノリティへの差別、女性に対するあらゆる暴力を禁止することも求められている。日本政府はこれらの勧告を受け、国内法や施策の整備を実施してきた。

iii 子どもの権利条約

子どもの権利条約（Convention on the Rights of the Child: CRC）は1989年11月20日、第44回国連総会において全会一致で採択され、1990年に発効した。196の国と地域が加入しており、国連加盟国の数よりも多く、最も広く受け入れられている人権条約である。18歳未満を子どもと定義し、子どもが保護の対象であるだけでなく、独立した人格と尊厳をもつ権利主体であることも明示した。差別の禁止、生命、生存および発達に関する権利、子どもの最善の利益、子どもの意見の尊重が条約の一般原則として示されている。武力紛争における子どもの関与に関する子どもの権利、児童買春および児童ポルノに関する子どもの権利に関する二つの選択議定書が2000年に採択され2002年に発効した。個人通報制度についての選択議定書も2011年に採択され2014年に発効した。

■ 条約の実施状況管理

締約国の代表18人（任期4年、2年ごとに半数改選）から構成される子どもの権利委員会が設置され、締約国が提出する報告書を検討し、提案や勧告を行う。締約国は条約の批准から2年以内に第1回政府報告書、その後5年ごとに政府報告書を提出する義務がある。

日本での条約実施状況

日本は1994年に158番目という遅さで批准した。批准にあたっての国内法の整備が不十分であったため、批准後にさまざまな整備が行われた。第4、5回日本政府報告書（2017）への子どもの権利委員会からの総括所見（2019）では、マイノリティや外国人の子ども、LGBTの子どもなどを含むあらゆる差別の禁止、体罰禁止、独立した子どもの権利擁護機関（オンブズパーソン）設置などが勧告されている。子どもの意見の尊重や児童相談所における一時保護期間中の学習権の保障など、これまでの子どもの権利委員会からの勧告を受けて改善されているものもある。オンブズパーソンについては、自治体での子どもの権利条例や子どもの救済機関の設置が進められているが、今後も数を増やす必要がある。2016年、児童福祉法に子どもの権利条約の理念が取り入れられる改正が行われた。この改正により、初めて国内法においても子どもが権利の主体として位置づけられ、子どもの最善の利益や子どもの意見の尊重が明記された。さらに、2023年4月に施行されたこども家庭庁設置法やこども基本法においても、これらの理念が盛り込まれた。

iv　障害者の権利に関する条約

障害者の権利に関する条約（Convention on the Rights of Persons with Disabilities: CRPD）は2006年12月13日、国連総会において全会一致で採択され、2008年に発効した。非障害者に保障されている諸権利を障害者にも保障することを定めている。障害とは障害者ではなく社会がつくり出しているものという社会モデルの考え方が反映されている。条約に反する人権侵害を受けた個人が障害者権利委員会に通告できることを定めた選択議定書も2006年に採択され、2008年に発効している。

条約の実施状況管理

締約国から選ばれる18人の専門家（任期4年、2年ごとに半数改選）から構成される障害者権利委員会が設置され、締約国が提出する報告書を検討し、提案や勧告を行う。締約国には、条約批准から2年以内、その後4年ごとに報告書を提出する義務がある。

日本での条約実施状況

日本政府は2007年9月に条約に署名し、2014年に批准しているが、通告制度に関する選択議定書には未批准である。署名後、批准に向けて国内の障害者関連法の整備や取り組みを進めた。2009年に障がい者制度改革推進本部を内閣府に設置し、2011年に障害者基本法を改正した。2012年には、障害者の日常生活及び社会生活を総合的に支援するための法律（障害者総合支援法）を制定した。2013年には障害を理由とする差別の解消の推進に関する法律（障害者差別解消法）を制定し、これにより、省庁や地方自治体における障害者差別をなくすためのガイドラインの作成や啓発活動が進んだ。同年の障害者の雇用の促進等に関する法律（障害者雇用促進法）の改正では、障害者の範囲に身体障害者と知的障害者に加え、精神障害者も追加され、対象企業の適用範囲の拡大や法定雇用率の引き上げも行われた。障害者権利委員会による初めての審査が2022年8月に行われ、緊急にとるべき措置として、強制入院を含めた脱施設化と地域移行の促進、インクルーシブ教育の推進などが勧告された。

v　難民の地位に関する条約

難民の地位に関する条約（Convention Relating to the Status of Refugees）は1951年7月28日、第6回国連総会において採択され、1954年に発効した。同条約は、難民の定義、難民の権利や義務について規定している。特に、難民の権利として保障されるものとして、難民を生命や自由が脅威にさらされるおそれのある国へ強制的に追放したり、帰還させてはいけないというノン・ルフールマン原則や庇護申請国へ不法入国し、また不法にいることを理由として、難民を罰してはいけないことが規定されている。同条約では、1951 年 1 月 1 日以前に発生した難民は対象外であったため、1967 年に「難民の地位に関する議定書」が採択され、発効した。

条約の実施状況管理

ほかの条約のように専門家委員会は設置されていないが、UNHCR が条約の実施状況の監視も任されている。2018 年 12 月、国連総会で「難民に対するグローバル・コンパクト」が承認された。法的拘束力はないが、難民危機を限られた国で背負うのではなく、世界で責任を分担し連携するための指針となっている。

日本での条約実施状況

日本は 1981 年に難民条約に批准し、1982 年に難民議定書に批准している。日本では 1970 年代後半以降のインドシナ難民の大量発生と日本での受け入れが進むなかで、難民条約と議定書に批准した。難民条約への加入により、国民年金法での外国人の国籍条項撤廃などの法改正があった。2004 年には、仮滞在許可制度、難民申請中の送還執行停止、異議申立てにおいて外部の専門家が審査に参加し意見を述べる参与員制度の導入など出入国管理及び難民認定法（入管法）が改正された。しかし、難民申請者の数が増えるにつれ、難民支援手続きの滞り、難民申請者への権利を十分に保障できていない状況が続いている。

vi すべての移住労働者及びその家族の権利保護に関する条約（移住労働者権利条約）

移住労働者権利条約（International Convention on the Protection of the Rights of All Migrant Workers and Members of Their Families: ICRMW）は 1990 年 12 月 18 日に国連総会で採択され、2003 年に発効しているが、2024 年 1 月現在、批准国は 58 か国に限られており、日本を含め多くの先進諸国 = 移民受け入れ国は、移住労働者の増加による国内の失業や治安の悪化などを懸念して未批准である。法的地位（在留資格）にかかわらず、移住労働者がその国の労働者と同一の報酬、社会福祉、医療サービスを受け、労働組合に加入すること、また雇用の終了に伴って所得や貯蓄を送金し、個人の所持品を持ち帰ることができる権利を有することが規定されている。移住労働者の子どもは、出生と国籍の登録および教育を受ける権利を有することも規定している。

条約の実施状況管理

14 名の専門家（任期 4 年、2 年ごとに半数改選）によって構成される移住労働者委員会が設置され、締約国が提出する報告書を検討し、提案や勧告を行う。

日本での条約実施状況

日本では本条約は批准されていないものの、すでに日本においても移住労働者の受け入れは始まっており、国内法の整備を検討しながら条約の批准を検討する段階にきている。

vii 高齢者の権利条約の可能性

国連は、現在、高齢者の人権に関する条約の制定について検討している。すでに 2010 年国連総会において高齢化に関するワーキンググループが設置され、継続的な検討が行われている。2013 年の人権理事会では高齢者の人権に関する独立専門官が設置された。米州機構は 2015 年に「高齢者の人権保障に関する米州条約」を決議しており、年齢による差別の禁止、高齢者の自己決定、自律的で独立した生活を可能にする仕組みへのアクセスを権利として認めている。400 を超える国際 NGO が高齢者の権利条約の成立に向けて国連へのアドボカシー活動を行っているが、コロナ禍で高齢者の生命や健康が侵害される状況が明らかになり、高齢者の権利条約の必要性はさらに高まっている。

4. 国際 NGO など

国境を越えて活動する大規模の国際 NGO は、国連システムの外において、国連と密接にかかわりながら、国際的な人権や社会福祉に関する規範づくりに大きな役割を果たしている。先に述べた経済社会理事会から協議資格を与えられている国連諮問機関として国連のさまざまな会議に参加するなど、各分野での専門アドボカシー団体として条約の制定過程や条約の実施に関して各国政府のモニタリグに携わっている団体もある。

非政府組織（NGO）のなかには、障害者や女性、子どもなど当事者たちの意見を反映させることの重要性を訴え、当事者のかかわりを促進させている団体もある。「私たち抜きに私たちのことを決めないで（Nothing about us without us）」という障害者運動のスローガンは有名であるが、国連の各種会議における子どもフォーラムの開催など当事者の声を聴き、国連政策に反映させる取り組みが進められている。国連などが主催する国際会議において、子どもにも理解できる「子どもにやさしい版（Child-friendly version）」条約解説書や障害者への情報保障のための点字や手話の導入など、当事者の参加を確保するためのさまざまな取り組みを NGO が担うこともある。

1）社会福祉・ソーシャルワークの国際団体

i　国際ソーシャルワーク学校連盟

国際ソーシャルワーク学校連盟（International Association of Schools of Social Work: IASSW）は、1928 年に設立された最も古く大規模なソーシャルワーク教育を専門とする NGO である。国連の経済社会理事会の協議資格をもち、世界や地域、国内でのソーシャルワーク教育の促進に努めている。学校（大学など）だけでなく、個人も会員になることができる。日本では、日本ソーシャルワーク教育学校連盟を調整団体として、連盟に加盟する全国のソーシャルワーク教育学校が加盟している。

https://www.iassw-aiets.org/

ii　国際ソーシャルワーカー連盟

国際ソーシャルワーカー連盟（International Federation of Social Workers: IFSW）は、1956 年に設立され、世界 129 か国（2020 年現在）の加盟団体、述べ 300 万人以上のソーシャルワーカーを代表する NGO である。国連の経済社会理事会の協議資格を得ており、ILO や UNICEF などからも認定を受けている。日本では、日本ソーシャルワーカー連盟を調整団体として、特定非営利活動法人日本ソーシャルワーカー協会、公益社団法人日本社会福祉士会、公益社団法人日本医療ソーシャルワーカー協会、公益社団法人日本精神保健福祉士協会の 4 団体が加盟している。　https://www.ifsw.org/

iii　国際社会福祉協議会

国際社会福祉協議会（International Council on Social Welfare: ICSW）は、1928 年に設立された NGO である。国連の経済社会理事会の協議資格を得ており、ILO などからも認定を受けている。社会福祉の向上、社会正義の実現、社会開発の推進を目的として、国際会議の開催や研究・調査活動などを行っている。日本国内委員会は、北東アジア地域（事務局：香港）に属している。

https://www.icsw.org/

2）国際赤十字委員会

国際赤十字委員会（International Committee of the Red Cross: ICRC）は、社会福祉分野の最初の国際機関といえる。1864 年に欧州 16 か国がジュネーブ条約（赤十字条約）に調印することで設立された。ICRC は NGO として扱われるが、NGO が会員からの会費や寄付によって資金を賄うのに対して、ICRC は資金の 80％以上を各国政府からの拠出金から得ているため、国際 NGO という定義が適切なのか議論されるところではある。ICRC は、紛争や自然災害などの緊急人道支援ではいち早く支援現場に駆けつける人道支援機関の要である。

https://www.icrc.org/

3）子ども福祉

ⅰ　Save the Children

1919年、第一次世界大戦で荒廃したヨーロッパの子どもたちへの支援から始まった国際的な子ども支援組織である。UNICEFなど国連機関と連携してアドボカシーや人道支援活動を行うことも多く、日本を含む120か国で活動している。
https://www.savethechildren.net/

ⅱ　World Vision

1950年代に東アジアの子どもたちを支援するために始まったキリスト教精神に基づく団体である。現在では、日本を含め世界100か国以上で活動を行っている。　https://www.wvi.org

4）障害者福祉

ⅰ　Disabled Peoples' International

130か国以上が加盟し、世界6ブロックに分かれ、障害のある人の権利の保護と社会参加の機会平等を目的に活動をしている。本部はカナダのオタワにあり、国連の経済社会理事会に特別諮問資格をもち、障害者の権利に関する条約の策定にも携わった。
http://www.dpi.org/

ⅱ　Humanity & Inclusion (HI)

1982年にカンボジアで地雷被害を受けた難民への義足支援活動からフランスのリヨンで始まった団体である。現在はヨーロッパ6か国とアメリカに支部があり、60か国以上の国々で、地雷廃絶キャンペーン、貧困や紛争下での障害者への支援活動を行っている。2018年にHandicap Internationalから現在の名称に変更した。　https://www.hi.org

5）高齢者福祉

ⅰ　HelpAge International

1983年に設立され、90か国以上で活動している。本部はイギリスのロンドンにあり、世界の貧困高齢者の権利やウェルビーイングの尊重のために活動している。　https://www.helpage.org/

5. 国際機関と日本のNGO/NPO

国連機関が開発途上国において人道支援や開発援助プロジェクトを実施する際に、NGOとパートナーシップ協定を結んで事業を委託することが多い。かつては国際NGOといえば、欧米諸国に本部を置く団体であったが、最近では、UNICEFやUNHCRのImplementing Partner（IP）として日本のNGOが受託することもある。たとえばAMDAや難民を助ける会（AAR）などは経済社会理事会の協議資格をもち、UNHCRのIPとしての事業も複数実施している。

また、移住連（NPO法人移住者と連帯する全国ネットワーク）は、日本在住の移民や外国につながる人々の権利と尊厳が保障される法制度の確立を目指して日本国内でのアドボカシー活動を行っている。海外の機関とも連携して、国際条約の審査過程においてNGOレポートとして情報提供を行い、国境を越える移民の課題にも取り組んでいる。

このように、日本のNGOやNPOのなかにも社会福祉士の資格をもつ職員が配置されたり、国際機関や海外のNGOと連携して国境を越えた活動を行う団体が増えてきている。

推薦図書

- 宇佐美耕一ほか編『世界の社会福祉年鑑 第21集［特集］国際人権レジームと社会福祉』旬報社、2021年
- 岡伸一・原島博編著『国際社会福祉＜新 世界の社会福祉12＞』旬報社、2020年
- 国際連合広報局『国際連合の基礎知識 第42版』関西学院大学出版会、2018年
- JANIC「NGOデータブック2021――数字で見る日本のNGO」2021年

参考URL

- 国際連合広報センター　https://www.unic.or.jp/
- 外務省　https://www.mofa.go.jp/mofaj/fp/unp_a/page22_001254.html

事項索引

さ

し

そ

た

ち

ね

の

は

ひ

ふ

人名索引

エンサイクロペディア社会福祉学 第2編

Encyclopedia of Social Welfare studies　2nd edition

2025年4月30日　発行

編集代表――――古川孝順

編集幹事――――今井小の実・岩崎晋也・金子光一・空閑浩人・柴田謙治・湯澤直美

発 行 者――――荘村明彦

発 行 所――――中央法規出版株式会社

〒110-0016　東京都台東区台東3-29-1　中央法規ビル

TEL　03-6387-3196

https://www.chuohoki.co.jp/

印刷・製本――――株式会社アルキャスト

装丁・本文デザイン――株式会社ジャパンマテリアル

定価はカバーに表示してあります。

ISBN978-4-8243-0209-0

A209